ADAC
Reiseführer

Freizeitparadies Alpen

Inhalt

Deutschland

Österreich

Erlebniswelt Berge

Aktive Erholung vom Gipfel bis ins Tal

Wandern ist in – mehr denn je. Und das ist kein Wunder: Ein bestens instand gehaltenes, meist hervorragend ausgeschildertes Wegenetz bietet gerade in den Alpen unzählige Möglichkeiten, die großartige Landschaft zu erkunden, Gipfel zu ersteigen oder ihnen zumindest nahe zu kommen. Doch auch wer sich lieber ohne Rucksack und Bergschuhe fit hält oder allzu große Anstrengungen scheut, kann in diesem einzigartigen Natur- und Kulturraum ebenso spannende wie erholsame Tage verbringen.

ADAC-Experten haben in diesem Band für Sie die attraktivsten Sommer-Destinationen der Alpen zusammengestellt: Wir informieren Sie umfassend über die Angebote der abwechslungsreichsten Urlaubsregionen der Alpen. Sie lernen natürlich die schönsten Wanderwege, Hütten und Gipfelziele kennen, aber genauso die vielen anderen Sport- und Freizeitmöglichkeiten – vom Rafting über Mountainbiken bis zum Baden in klaren Gebirgsseen. Sie finden hier tolle Tipps für die Familie und genussvolle Empfehlungen für den Wellness-Urlaub. Wir führen Sie durch die schönsten Alpenstädte und informieren Sie über die aktuellsten Themen rund um den Sommer in den Alpen.

Die Fülle an Informationen ist überwältigend, aber für Sie überschaubar gegliedert. Mit einem Blick können Sie mit Hilfe unserer Test-Diagramme die individuellen Stärken der einzelnen Regionen erfassen. Die Details finden Sie in anregenden Texten, vielen Bildern und vor allem in übersichtlichen Kästen – dort steht alles, was Sie für Ihre Urlaubsplanung wissen müssen. Auf Panoramakarten gewinnen Sie einen optischen Eindruck von der jeweiligen Region.

Bei Ihrem nächsten Alpenurlaub und Ihren Entdeckungstouren in die Bergwelt wünschen wir Ihnen viel Freude und viele unvergessliche Erlebnisse!

Ihre ADAC-Redaktion

ADAC Prädikat

Die Anzahl der »Sonnen« im Test-Diagramm gibt einen schnellen Überblick über den Umfang und die Vielfalt des touristischen Angebots.

bis

SPORT & SPASS

Ausschlaggebend für die Bewertung ist das Angebot an Sportmöglichkeiten, von klassischen Bergsportangeboten wie Klettern und Klettersteiggehen, über Mountainbiken und Canyoning bis hin zu Nordic Walking, Golf und Wanderreiten. Außerdem spielt hier der »Spaß-Faktor« eine wichtige Rolle: Erlebnis-Bäder, Sommerrodelbahnen, Hochseilgärten, Freizeitparks und Co.

WANDERN & BERGTOUREN

Das Maximum von fünf Sonnen verdienen sich Regionen, in denen sowohl Wanderer als auch Bergsteiger optimale Möglichkeiten vorfinden. Ein hervorragendes Wanderwegenetz, interessante Gipfelziele und Bergtouren, die bis in die Gletscherregionen führen, sind in den Top-Regionen obligatorisch. Für Wanderer kann somit eine Drei-Sonnen-Region bereits alle Ansprüche erfüllen.

KULTUR & CO.

Eine wichtige Rolle bei der Vergabe der Sonnen spielt hier, ob eine Region über interessante Museen verfügt, Konzerte, Freilichttheater oder Festivals durchführt oder mit besonderen Sehenswürdigkeiten aufwarten kann. Zu Buche schlägt außerdem die Attraktivität des Ortes.

WELLNESS & GENUSS

Regionen mit vielen Sonnen verfügen über ein breites, gesundheitsförderndes Angebot, das vom klassischen Kurbetrieb mit Thermalbädern oder Heilstollen bis zu speziellen Wellness-Angeboten von Hotels reicht. Meditations-, QiGong- oder Yoga-Kurse werden ebenfalls positiv bewertet.

Schwierigkeitsangaben bei Wander- und Bergtouren

Die Einteilung »leicht, mittelschwer, schwer« gibt an, welche technischen Schwierigkeiten zu erwarten sind. Nahezu alle vorgestellten Bergwanderungen oder Bergtouren führen in alpines Gelände, eine leichte Bergwanderung kann somit durchaus anstrengend sein! Für Bergtouren ist grundsätzlich alpine Erfahrung, Trittsicherheit und Schwindelfreiheit notwendig.

Die schönsten **Urlaubsregionen** der Alpen

in Deutschland, Österreich, der Schweiz,
Italien, Frankreich und Slowenien

Grünten, Immenstadt, Oberstaufen

ADAC Prädikat

SPORT & SPASS

WANDERN & BERGTOUREN

KULTUR & CO.

WELLNESS & GENUSS

Das Tor zu den Alpen

Wie grüne Wellen bauen sich die Höhenzüge des Westallgäus vor den Allgäuer Bergen auf und bilden mit der Nagelfluhkette den sanften Übergang zum Hochgebirge. Dazwischen liegen, eingebettet in grüne Bergwiesen, der Große Alpsee und der Grünten. So beschaulich wie die Landschaft präsentiert sich das Urlaubsangebot. Erholung mit der Familie steht an erster Stelle, mit interessanten kulturellen Angeboten überraschen die malerischen Orte.

Der Große Alpsee bei Immenstadt, eingebettet in grüne Berghänge, lockt Wassersportler an. Weiße und bunte Segel tupfen kleine Punkte in das Blau.

Abseits großer Verkehrsverbindungen gelegen, ist die Region ein Hort der Ruhe geblieben. Saftig grüne Wiesen und dunkle Wälder überziehen die Hügelkuppen, im tiefblauen Wasser des Alpsee spiegeln sich die Allgäuer Voralpen, die hier gemächlich ansteigen, auf dem Nagelfluhkamm aber doch eine Höhe von über 1700 m erreichen. Die Wanderer, die dort oben auf dem herrlichen Höhenweg zwischen Hochgrat, Stuiben und Mittagberg unterwegs sind, genießen die wohl schönsten Ausblicke übers Westallgäu sowie über die Oberstdorfer und Kleinwalsertaler Felsgipfel, den Bregenzerwald und das Alpsteingebiet. Unten im Tal liegen der kleine Ort Steibis und Oberstaufen, das vor allem durch seine Schroth-Kuren berühmt wurde.

Neben dem traditionellen Kurangebot kann man sich in der herrlichen Umgebung noch auf andere Weise fit halten: Insgesamt 89 km lang sind die zwölf Routen im Nordic-Walking-Park Richtung Hochgrat, weitere Nordic-Walking-Runden sind u. a. in Sonthofen ausgeschildert. Im Gunzesrieder Hochtal, das sich auf der Südseite an die Nagelfluhkette schmiegt, kann man Abseits vom Tourismusrummel hier die Natur genießen, etwa bei einer Wanderung entlang der Gunzesrieder Ache. Gegenüber, auf der anderen Seite der Iller, ragt der 1738 m hohe Grünten in den Himmel. Seine Flanken sind

the perfect day

8 Uhr: Frisch in den Tag mit Nordic-Walking um das Werdensteiner Moos
10.30 Uhr: Erlebnisbesichtigung der Privat-Brauerei Zötler in Rettenberg mit Bierprobe & Brauer-Mahlzeit
14.30 Uhr: Fahrt zum Bergbauernmuseum, das höchst gelegene Freilichtmuseum Deutschlands
17 Uhr: Freizeit- & Gesundheitsbad Wonnemar in Sonthofen. Genießen Sie die Wellnessoase oder entspannen Sie sich bei traditionellen Massagen. (www.wonnemar.de)

WANDERN & BERGTOUREN

TOP TIPP **Mittagbahn – Alpsee Bergwelt** Ausgangspunkt ist die Bergstation Mittagbahn (1451 m). Von dort geht es weiter zum Steineberg (1660 m). Am Grat entlang des Steinköpfle gelangt man zum Abstieg zur Alpe Gund (1502 m) und weiter zur Alpe Mittelberg (1368 m). Vorbei am Naturfreundehaus (1459 m) führt die Route talabwärts über die Alpe Große Starkatsgund (1211 m) zum Startpunkt des Alpsee-Coasters. Die Kombi-Karte »Bergfahrt Mittagbahn + Rodelkarte Alpsee-Coaster« ist an der Mittagbahn.

Kuhnigundenweg Spannender Familienweg rund um das Allgäuer Bergbauernmuseum	Ausgangspunkt: Bergbauernmuseum in Diepolz; über die Höfle Alp zum Kapfweg; zurück nach Diepolz durch Hochmoorlandschaften und Wälder; Zeit: ca. 1,45 Std.; Einkehr: Höfle Alp
Um den Großen Alpsee Wanderung um den größten Natursee des Allgäus	Ausgangspunkt: Bühl Parkplatz, Seestraße; Alpseewies; Trieblings; Jägerhaus; Gschwend; Rieder; Bühl Parkplatz; Zeit: ca. 3,15 Std.; Einkehr: Jägerhaus, Strandcafé

überzogen mit einem Netz schöner Wanderwege und sein Inneres ist durchlöchert wie ein Allgäuer Käse. Denn an seinen Südhängen wurde früher Eisenerz abgebaut. Ein Lehrpfad bei dem ehemaligen Knappendorf Burgberg sowie geführte Wanderungen zu den Gruben und den alten Stollen geben Einblicke in die mühevolle Arbeit von damals. Nicht weit von den Stollen entfernt, oberhalb des Luftkurortes Sonthofen hat sich die Starzlach über Jahrmillionen wild und ungestüm in den Fels gefressen. Durch die schmale Klamm führt ein gut befestigter Steig. Zu Füßen des Grünten, im »Brauereidorf« Rettenberg, dreht sich mit Seminaren, Diplomen und Starkbierfesten fast alles ums Bier, das hier seit über 550 Jahren gebraut wird. Den notwendigen Durst kann man sich im Bergstättgebiet holen, bei Wanderungen rund um Hauchenberg und Thaler Höhe. Das nette alte Residenzstädtchen Immenstadt zwischen Iller, Alpseen und Nagelfluhkette war früher ein bedeutender Handelsplatz an der Salzstraße, die von Innsbruck über das Oberjoch zum Bodensee führte. Kontrolliert wurde die wichtige Verbindungsroute vom Stadtschloss aus und von vier Burgen, von denen allerdings nur noch geheimnisvolle Ruinen übrig geblieben sind.

ALLGEMEINE INFORMATIONEN

Urlaubsregion	Ferienregion **Alpsee-Grünten**; Tel. 0 18 05/25 77 33; E-Mail: info@alpsee-gruenten.de; www.alpsee-gruenten.de **Oberstaufen** Tourismus Marketing; Tel. 083 86/9 30 00; E-Mail: info@oberstaufen.de; www.oberstaufen.de
Orte	**Blaichach** www.blaichach.de • **Burgberg** www.burgberg.de • **Immenstadt** www.immenstadt.de • **Rettenberg** www.rettenberg.de • **Sonthofen** www.sonthofen.de • **Steibis** www.steibis.de
Entfernungen	Hamburg 799 km; Berlin 727 km; Köln 586 km; Frankfurt a. M. 416 km; Stuttgart 211 km; München 157 km

TOP TIPP **Kulturwerkstatt Sonthofen**
In der früheren Schmiedewerkstatt ihres Vaters hat Monika Bestle eine Kulturwerkstatt mit Kulturgarten und Bistro eingerichtet. Mit Frühstückskonzerten, Kultur-Café, Kindertheater, Kleinkunst.
Tel. 0 83 21/ 24 92,
www.kult-werk.de

TOP TIPP **Familienvitalpark**
Freizeitvergnügen auf 20.000 m² mit Naturbad, Beachvolleyball, Sport- und Gymnastikprogramm, DSV-Nordic Walking Zentrum und Ferienwohnungen.
Tel. 08 321/55 04,
www.familienvitalpark.de

Hütten

Grüntenhaus (1535 m)
Das älteste »Berghotel« im Allgäu wurde 1855 eröffnet. Bauherr war Carl Hirnbein, Pionier der Alpwirtschaft und des Tourismus. Umfassender Rundblick vom 20 Min. höher gelegenen Gipfel. Schönster Aufstieg von Burgberg (751 m) über den Waldsteig. Zeit: ca. 2,5 Std.;
Tel. 0 83 21/33 72

Berghütte Bärenfalle
(1100 m)
Die schön gelegene Alpe strahlt durch ihren urigen Stil und der herrlichen Sonnenterrasse eine Gemütlichkeit der besonderen Art aus. Tel. 0 83 25/389

Wanderkarten

Freytag & Berndt WK 363, Oberstdorf, Kleines Walsertal, Sonthofen; 1:50 000
Karte des **Bayerischen Landesvermessungsamtes**; UK L17 Kempten und Umgebung; 1:50 000
Karte des **Bayerischen Landesvermessungsamtes**; UK L 11, Lindau-Oberstaufen und Umgebung, 1:50 000

Bad Hindelang – Oberjoch

Bad Hindelang liegt in einem weiten Talkessel, umgeben von den Gipfeln der Allgäuer Alpen.

ADAC Prädikat

SPORT & SPASS

WANDERN & BERGTOUREN

KULTUR & CO.

WELLNESS & GENUSS

the perfect day

10 Uhr: Kurze Wanderung an der Ostrach zum märchenhaften Kutschenmuseum in Hinterstein
12 Uhr: Mit Bus oder PKW nach Jungholz, Wanderung auf dem Holzschnitzerweg mit Skulpturen junger Künstler
15.30 Uhr: Zurück nach Oberjoch, Entspannen im Hochmoorschwimmbad, nach Hindelang
19 Uhr: Kurze Wanderung zur Bergandacht zum Sonnenuntergang (jeden Donnerstag) beim Kreuz auf der »Imne« bei Hindelang/Gailenberg (1040 m)

Reine Luft für Adler und Allergiker

Der majestätische Gipfel des Hochvogels, das sonnige Oberjoch und die sanften Talauen der wilden Ostrach: Die Umgebung von Bad Hindelang bietet Bergsport, Wandern und Wohlfühlen auf drei Etagen. Bergsteiger und Wanderer können in den Gipfelregionen Adler, Murmeltiere und Gämsen beobachten; Allergiker holen in den Höhenlagen in Oberjoch tief Luft – und Familien freuen sich, im Tal die intakte Natur- und Kulturlandschaft genießen zu können.

Wenn der bayerische Prinzregent Luitpold vor gut 100 Jahren zur Jagd ins Ostrachtal kam, pflegte er zum Entsetzen der Jagdgenossen selbst an kühlen Tagen im eisigen Zipfelsbach ein Bad zu nehmen. »Blau wie eine Pflaume« sei er oft aus dem Wasser gestiegen, heißt es. Auch heute noch tauchen die Urlauber im Hintersteiner Kneipp-Kurgarten »Prinzegumpe« ins kühle Nass des Zipfelsbaches. Wohltuende Linderung verschiedener Leiden verspricht auch eine Kur im Schwefel-Mineralbad bei der höchstgelegenen Schwefelquelle Deutschlands im Hotel Prinz-Luitpold-Bad.
Begeistert war der Prinzregent sicher auch von dem Weg durch Hintersteiner- und Bärgündeletal, vorbei an zahlreichen Wasserfällen, hinauf zum Prinz-Luitpold-Haus. Er hatte 1881 den Bau der Hütte und der Weganlagen auf seinem Grund nicht nur genehmigt, sondern auch noch huldvoll gestattet, das Haus nach ihm zu benennen. Prinzregent Luitpold kannte die Gegend gut, schließlich war hier, zwischen Giebel und Hochvogel, sein Jagdrevier. Wie damals kreisen auch heute noch die Adler majestätisch über den Allgäuer Bergen.
Bester Ausgangspunkt für alle Touren zwischen Breitenberg, Großem Daumen, Nebelhorn, Schneck, Hochvogel und Gaishorn ist das ab Hinterstein autofreie Hintersteinertal. In der Felsregion locken der

lange, aussichtsreiche Jubiläumsweg und der luftige Hindelanger Klettersteig. In den Hochtälern führen bequeme Wanderwege – die sich auch ideal für Touren mit dem Mountainbike eignen – zu bewirtschafteten Alpen.
Beate Fink, die auf der Laufbichelalpe Käse in Rucksackgröße produziert, ist eine der ersten Sennerinnen in der Region, denn im Allgäu sind die Bewirtschaftung der Alpen und die Käserei nach wie vor

WANDERN & BERGTOUREN

TOP TIPP

Die gewaltige Pyramide des **Hochvogel** (2592 m) gehört zu den markantesten Gipfeln der Allgäuer Alpen. Der Blick von hier ist fantastisch und reicht vom Karwendel über die Stubaier Alpen bis in die Schweizer Berge. Ausgangspunkt ist das Prinz-Luitpold-Haus (1846 m), das von Hinterstein aus über das Bärgündeletal zu erreichen ist (Zeit: ca. 2,5 Std., siehe Hüttentipps). Der anspruchsvolle Aufstieg bietet Bergerlebnis pur. Vor allem, wenn man den leichten Klettersteig (Klettersteigausrüstung!) über die Kreuzspitze (2367 m) wählt, der über dem »kalten Winkel« wieder in den Normalweg mündet. Das steile Schneefeld, das auch im Sommer hart gefroren sein kann, ist eine der Schlüsselstellen (Leichtsteigeisen!). Abstieg über Normalweg oder den Klettersteig. Zeit: ca. 5 Std.; Führungen und Infos: Hindelanger Bergführerbüro; Tel. 0 83 24/95 36 50; www.bergschulen.de oder Bergschule Oberallgäu; Tel. 0 83 21/49 53; www.alpinschule.de

Jubiläumsweg (2164 m) Lange, anspruchsvolle Bergwanderung auf aussichtsreichem Felssteig	Ausgangspunkt: Hinterstein (866 m); Willersalpe (1456 m) – unterhalb von Rauhhorn und Kugelhorn zum Schrecksee (1802 m) – Abstieg ins Hintersteinertal möglich, ansonsten vorbei an Schänzlekopf – Sattelköpfen – Glasfelderkopf – zur Bockkarscharte (2164 m) – Prinz-Luitpold-Haus (1846 m); Abstieg zum Giebelhaus (1065 m), mit Bus zurück nach Hinterstein. Trittsicherheit, Erfahrung und Ausdauer unbedingt nötig; Zeit: ca. 10 Std.; Einkehr: Prinz-Luitpold-Haus
Iseler (1876 m) – **Kühgundkopf** (1907 m) Abwechslungsreiche Überschreitung mit Aufstiegshilfe	Ausgangspunkt: Bergstation Iselerbahn (1560 m); Iseler (1876 m) – Kühgundkopf (1907 m) – Wiedhag – Oberjoch (1136 m). Leichte, längere Bergwanderung, die etwas Trittsicherheit erfordert; Zeit: ca. 5 Std.; Einkehr: Abstecher zur Iselerplatzhütte (1586 m) möglich, Gasthäuser in Oberjoch
Zipfelsalp (1526 m) Blumenreicher Rundweg mit uriger Einkehr	Ausgangspunkt: Bad Oberdorf (822 m); Palmweg zur Iselerplatzhütte (1586 m) – Zipfelsalp (1526 m) – Zipfelsfälle – Hinterstein (866 m) – Bärenweg – Vaterlandsweg – Bad Oberdorf. Mittelschwere Wanderung. Zeit: ca. 4 Std.; Einkehr: Zipfelsalp, Iselerplatzhütte
Wertacher Hörnle (1685 m) Über Wiesenwege zur Alpenrosenblüte	Ausgangspunkt: Unterjoch/Obergschwend (1013 m); Buchelalpe – Hörnlesee mit Alpenrosenhang – Wertacher Hörnle (1685 m) – über Oberallgäuer Rundwanderweg zum Spieser (1649 m) – Hirschalpe (1493 m) – auf Maximiliansweg zurück nach Unterjoch/Obergschwend. Zeit: ca. 5–6 Std.; Einkehr: Buchelalpe, Hirschalpe
Engeratsgundsee (1878 m) Durch zauberhafte Alpenflora zum Bergsee	Ausgangspunkt: Hinterstein/Bushaltestelle Hinterer Erzberghof (1045 m); Schwarzenberghütte (1400 m) – Gundlesalpe (1621 m) – Engeratsgundsee (1878 m); bis Käseralpe (1400 m) auf gleichen Weg zurück – dann direkter Abstieg zur Engeratsgundalpe (1156 m) – Giebelhaus (1065 m); mit Bus zurück nach Hinterstein; mittelschwere Wanderung; Zeit: ca. 5 Std. Einkehr: Schwarzenberghütte, Engeratsgundalpe, Giebelhaus

Hütten

Prinz-Luitpold-Haus (1846 m)
Wasserfälle säumen den Weg vom Bärgündeletal hinauf zu der malerisch gelegenen DAV-Hütte. Um die Hütte türmen sich die bizarr gefalteten Wände von Fuchskarspitze (2314 m) und Wiedemerkopf (2163 m), vor allem die Gelbe Wand ist ein Tipp für Kletterer. Hier kreuzen sich der Panoramaweg vom Nebelhorn und der Jubiläumsweg. Beliebtestes Gipfelziel ist der Hochvogel (2592 m). Zustieg: von Hinterstein mit dem Bus zum Giebelhaus (1065 m), von hier aus zu Fuß durchs Bärgündeletal und auf gut ausgeschildertem Weg zur Hütte; Zeit: ca. 2,5 Std. ab Giebelhaus; www.prinz-luitpoldhaus.de

Hirschalpe (1493 m)
Die Alpe unter dem Spieser (1649 m) bietet den schönsten Blick auf die Hintersteiner Berge. Unbedingt probieren muss man die gute Hirschsalami. Schönster und bequemster Aufstieg von Oberjoch (1136 m) über den Panoramaweg. Zeit: ca. 1 Std.; Tel. 01 75/2 07 89 61

Stubentalalpe (1271 m)
Auf der Alpe bei Jungholz (1058 m) gibt es Schmalzbrot nach Großvaters Hausrezept und im Herbst ein Schlachtfest mit Schlachtplatte von den im Sommer auf der Alm aufgezogenen Schweinen. Am besten gemütlich mit dem Mountainbike in etwa 20 Min. auf dem geteerten Fahrweg zur Alpe; Tel. 01 74/3 45 34 97

DAV-Tipp

DAV Deutscher Alpenverein

Steinmeile des DAV Oy-Mittelberg
Der Spaziergang durch 200 Mio. Jahre Erdgeschichte beginnt am Kurhaus Oy und führt über Mittelberg, Gerhalde und den Pestfriedhof zurück nach Oy. Der naturkundlich-geologische Lehrpfad wurde von der DAV-Sektion Oy errichtet und wird nach wie vor von den Mitgliedern betreut. Themen der sieben Stationen sind u.a. die Geologie der Allgäuer Alpen, Moränenwälle und ein historischer Abriss der Region.

SPORT & SPASS

TOP TIPP

Zwölf Nordic-Walking-Strecken mit einer Gesamtlänge von 106 km stehen Gesundheitsbewussten im **Nordic-Walking-Park in Bad Hindelang** zur Verfügung. Die Strecken sind ausgeschildert, können verlängert oder abgekürzt werden und sind in drei Kategorien eingeteilt. Die leichteste Runde ist 3,9 km lang, die längste 15,3 km. Ausgangspunkte sind in Bad Hindelang, Unterjoch, Oberjoch und Hinterstein. In einer Broschüre (bei der Kurverwaltung erhältlich) sind die Routen mit Streckenprofilen genau beschrieben, sie enthält außerdem noch interessante Tipps sowie Kräftigungs- und Koordinationsübungen. Wer nicht walkt, kann auf einem der drei Heilklima-Wanderwege oder auf dem Kneipp-Wanderweg (ebenfalls gut beschildert und in der Broschüre beschrieben) Energie tanken und die Umgebung erkunden. Kurse bei: Nordic-Fitness-Zentrum-Alpin, Tel. 0 83 24/93 04 34, www.nordic-fitness-zentrum.de; NordicPower,Tel. 0 83 24/27 34,

Bikepark am Imbergerhorn Bad Hindelang	4 Routen; mittelschwer bis extrem, führen von der Bergstation Hornbahn 1523 Höhenmeter ins Tal. Schon die Leichteste setzt gute Ausrüstung und Fahrtechnik voraus. Tel. 0 83 24/24 04; www.hornbahn-hindelang.de. Mountainbikeführer mit 20 Touren und Karte bei der Tourist-Information Hindelang.
Klettern Prinz-Luitpold- Haus/ Bad Hindelang	Alpine Kletterrouten beim Prinz-Luitpold-Haus. Infos, Kurse, Führungen: Hindelanger Bergführerbüro, Tel. 0 83 24/95 36 50, www.bergschulen.de, oder Bergschule Oberallgäu; Tel. 0 83 21/49 53, www.alpinschule.de Wochenkletterkurse für Kinder und Jugendliche (Anmeldung!) in der DAV-Jugendausbildungsstätte Bad Hindelang; Tel. 0 83 24/9 30 10
Canyoning/Rafting	Abenteuer in Allgäuer Tobeln und Gumpen; geführte Touren und Ausrüstungsverleih bei Oberjoch Adventures; Thomas Heckelmiller; Tel. 0 83 24/73 99
Waldspielplatz mit Erlebnispfad Wertach	Fantasievoll mit Holz gestalteter Waldspielplatz im Großen Wald; mit Waldlehrpfad. In ca. 20 Min. vom Parkplatz Großer Wald zu erreichen.

TOP TIPP

Hammerschmieden
Mit ohrenbetäubendem Lärm sausen die schweren Hämmer auf rotglühendes Eisen. Im 15. und 16. Jh. war das Ostrachtal ein Zentrum der süddeutschen Waffenschmiede. Wo früher mit Wasserkraft Hellebarden und Spieße geschmiedet wurden, entstehen heute in jahrhunderteralter Technik gefertigte Schaufeln, Schellen und Pfannen. Hammerschmieden, die noch im Betrieb sind, können in Bad Hindelang, Bad Oberdorf und Wertach besichtigt werden. Infos bei den Tourist-Informationen: www.bad-hindelang.info; www.wertach.de

Restaurants

Obere Mühle
Das historische Gebäude in Bad Oberdorf ist heute Schaukäserei, Museum und Gasthof zugleich. In der original holzgetäfelten Stube werden Spezialitäten aus regionalen Produkten serviert, z.B. ein feines Kalbs-Carpaccio mit Fleisch vom artgerecht aufgewachsenen heimischen Kalb. Ideenreiche Küche für Feinschmecker; Tel. 0 83 24/28 57

Männersache. Die Emanzipation lässt sich zwar selbst am Berg nicht aufhalten, doch Tradition gilt hier noch viel: So dürfen nur die Milchkühe auf der Alpe die wohlklingenden Glocken tragen, während sich das Jungvieh mit geschmiedeten Schellen begnügen muss. Wie seit Generationen wird die Willersalpe oberhalb von Hinterstein bewirtschaftet, zu der nicht einmal ein Fahrweg führt. Den Transport von Bier (aufwärts) und Käse (abwärts) besorgen die engagierten Älpler mit ihren Haflingern.

Überhaupt ist man in Bad Hindelang darauf bedacht, schonend mit der Natur umzugehen und ein stimmiges Miteinander von Naturschutz, Landwirtschaft und Tourismus zu fördern. Unter dem Markenzeichen »Hindelang – Natur & Kultur« werden Käse, Milch- und Fleischwaren von Bauern angeboten, die sich zum Schutz der Natur strenge Regeln auferlegt haben. Für Urlauber bedeutet das doppelten Genuss: eine intakte Berglandschaft und gesunde Qualitätsprodukte.

Besonders saubere Luft

Gesundheit und Wellness spielen auch in Oberjoch eine wichtige Rolle – und im Winter natürlich das Skifahren. Angenehm ist die

Höhenlage vor allem für Allergiker: Hausstaubmilben gibt es keine, Pollen und Schimmelpilzsporen nur sehr wenige. Eine Reha-Klinik für Kinder und Jugendliche sowie Deutschlands einzige Hochgebirgsklinik für Erwachsene nutzen das besondere Klima; gemeinsam mit Hotels und Privatvermietern bieten sie »Ferien von der Allergie« an. Ideal als Starthilfe für Wanderer ist in Oberjoch die Iselerbahn. Von der Bergstation aus hat man nach einer 40-minütigen Wanderung den Gipfel des Iseler erreicht und kann die herrliche Aussicht genießen – oder geht in einer abwechslungsreichen Überschreitung weiter zum Kühgundkopf.

Zu Füßen liegt einem dann mitten im bayerischen Allgäu auch ein Stück Tirol: Nur ein messerscharfer Grat am Sorgschrofen, dem letzten Felsgipfel über dem Wertachtal, verbindet das Bergdorf Jungholz mit Österreich, wozu es offiziell gehört. Über den steil abfallenden Fels führt nicht einmal ein Fußweg. Die teilweise bewaldeten Höhenrücken rund um Jungholz eignen sich ideal für ausgiebige Familienwanderungen und abwechslungsreiche Mountainbiketouren.

Unten, im breiten Tal der Wertach, hätte der Wasserfreund Prinzregent Luitpold heute seine Freude: Vor Jahrzehnten ist dort die Wertach zum Grüntensee aufgestaut worden. Noch relativ neu ist im Nachbartal der Rottachsee, der erst 1992 zum zweitgrößten See des Allgäus aufgestaut wurde. Bei der Ufergestaltung wurden neben Bade- und Wassersportbereichen ausgedehnte Flachwasser- und Schilfzonen angelegt. Anstelle des einst mäandernden Bachs entwickeln sich so neue Biotope. Wer auf dem Seerundweg am Ufer entlangwandert, kann unzählige Frösche, Libellen und Vögel beobachten, die sich inzwischen hier angesiedelt haben.

Auf ihre Kosten kommen in dieser Region aber nicht nur Natur- und Wanderfreunde, sondern auch Kunstliebhaber. Das gesamte Allgäu ist ja reich gesegnet mit Kirchen und Kapellen, im Wertachtal befinden sich zwei besondere Kostbarkeiten: Die Kapelle St. Sebastian bei Wertach ist als »Kleine Wies« bekannt, weil sie im Chor im kleinen Maßstab Architekturformen ihres berühmten Vorbildes wiederholt. Einen Besuch lohnt die Wallfahrtskirche Maria Rain im nahen Oy. Die Ausstattung in Chor und Kirchenschiff verbindet in erstaunlicher Harmonie Spätgotik und Rokoko. Zurück in Bad Hindelang wartet ein weiterer Kunstschatz im 1660 vom Augsburger Fürstbischof Sigismund Franz in Auftrag gegebenen Jagdschloss. Im heute als Rathaus genutzten Gebäude erstrahlt ein prachtvoller, frühbarocker Saal in altem Glanz.

ALLGEMEINE INFORMATIONEN

Urlaubsregion	Ferienregion **Bad Hindelang – Bad Oberdorf – Oberjoch – Unterjoch – Hinterstein**; Tel. 0 83 24/89 20; E-Mail: info@hindelang.net; www.bad-hindelang.info
Entfernungen	Hamburg 809 km; Berlin 641 km; Köln 585 km; Frankfurt a. M. 428 km; Stuttgart 227 km; München 162 km

Wanderkarten

Freytag & Berndt, WK 363, Oberstdorf, Kleines Walsertal, Sonthofen; 1:50 000
Freytag & Berndt, WK 352, Ehrwald, Lermoos, Reutte, Tannheimer Tal; 1:50 000
Karte des **Bayerischen Landesvermessungsamtes**, UK L10, Füssen und Umgebung; 1:50 000

Oberstdorf, Hörnerkette, Kleinwalsertal

ADAC Prädikat

SPORT & SPASS

WANDERN & BERGTOUREN

KULTUR & CO.

WELLNESS & GENUSS

Im Reich von Steinbock und Murmeltier

Flankiert von den Grasbergen der Hörnerkette im Westen und den mächtigen, felsigen Klötzen von Breitenberg, Großem Daumen und Nebelhorn im Osten, zieht sich das breite Illertal Richtung Oberstdorf. Dass dort zumindest für Autofahrer Endstation ist, verwundert nicht: Vom Widderstein über den Allgäuer Hauptkamm mit Trettachspitze und Mädelegabel bis zur Höfats schaffen eindrucksvolle Kalkgipfel das fantastische Panorama. Die Quellflüsse der Iller bilden einen Fächer lang gestreckter Täler und eröffnen auch weniger berggängigen Urlaubern traumhafte Ausflugsziele.

Während an der Kanzelwand schon der Frühling eingezogen ist, zeigen sich die Oberstdorfer Berge noch im Winterkleid.

Vierschanzentournee, Nordische Skiweltmeisterschaften und Skiflugwochen haben Oberstdorf zu einem weltweit bekannten Wintersportort gemacht. Aber entdeckt wurde das Bergdorf von Sommerfrischlern und Bergsteigern schon Mitte des 19. Jh. Kein Wunder, bietet die Region doch für jeden etwas: Fast eben sind die Spazierwege in den abwechslungsreichen Tälern, bequem die Wanderwege über die blumenreichen Bergwiesen der Alpen und anspruchsvoll die alpinen Steige in der Felsregion im Naturschutzgebiet Allgäuer Hochalpen. Bereits 1848 rühmte der damalige Pfarrer die Region als »die Schweiz im Kleinen«, und der erste Oberstdorfführer beschreibt 1856 unter anderem die Besteigung von Nebelhorn, Höfats, Daumen und Mädelegabel. Johann Baptist Schraudolph, der erste autorisierte Bergführer in Oberstdorf, führte bis 1879 schon 416 Touristen auf die Mädelegabel und schwindelfreie Kletterer wie den Bergpionier Hermann von Barth auf die elegante Trettachspitze. Auch der berühmte

the perfect day

5.30 Uhr: Sonnenaufgangsfahrt Fellhornbahn, Sonnenaufgang über dem Allgäuer Hauptkamm, Frühstück
8 Uhr: Aussichtsreiche leichte Gratwanderung vom Fellhorn zum Söllereck, Abstieg über Hochleite und Gasthof Schwand, dort gemütlich rasten
14 Uhr: Weiter absteigen zum Skiflugstadion, Besichtigung der Skiflugschanze bei Oberstdorf
17 Uhr: Entspannung in der Therme Oberstdorf

WANDERN & BERGTOUREN

TOP TIPP

Abgehoben vom Alltag sechs Tage von Hütte zu Hütte durch die fantastische Bergwelt wandern: Die **Allgäuer Hüttentour** (1) bietet Bergerlebnis pur. Die Steige verlaufen stets im Gipfelbereich zwischen 1500 und 2600 m und bieten Traumausblicke, Fels zum Anfassen, die ganze Pracht der Alpenflora und gastliche Hütten. Nötig sind Ausdauer, Kondition und vor allem auf dem Heilbronner Weg Trittsicherheit und Schwindelfreiheit. Ausgangspunkt ist Mittelberg (1215 m) im Kleinwalsertal. Über die Fiderepasshütte (2065 m) und den Krumbacher Höhenweg zur Mindelheimer Hütte (2058 m, Übernachtung). Weiter zur Rappenseehütte (2091 m, Übernachtung) und über den Heilbronner Weg zur Kemptener Hütte (1844 m, Übernachtung). Die folgende Etappe zum Prinz-Luitpold-Haus (1846 m, Übernachtung) ist sehr lang und anstrengend. Über das Laufbacher Eck (2178 m) zum Edmund-Probst-Haus am Nebelhorn (1929 m), Übernachtung oder mit der Seilbahn ins Tal. Abstieg an den Gaisalpseen vorbei nach Reichenbach (867 m) bei Oberstdorf. Mit dem Bus zurück zum Ausgangspunkt.

Hahnenköpfle (2158 m) Lange Wanderung über den fantastischen steinernen Gletscher des Gottesackerplateaus	Ausgangspunkt: Riezlern/Bergstation Ifenhütte (1586 m); Aufstieg zum Hahnenköpfle (2158 m) – Gottesackerplateau – Obere Gottesackerwände/Torkopfscharte (1963 m) – Windecksattel (1752 m) – Abstieg durchs Mahdtal – Innerschwende (1058 m) – Riezlern (1088 m); mit Bus zurück zur Talstation; mittelschwer, Trittsicherheit erforderlich; nur bei guter Sicht; unbedingt Markierungen beachten; Zeit: ca. 8 Std.; Einkehr: »Bergadler« bei der Bergstation
Breitachklamm Schöne leichte Wanderung zu großartigem Naturschauspiel	Ausgangspunkt: Riezlern (1088 m); Schwendetobel – Breitachweg – Waldhaus (1000 m) – Zwingsteg – Breitachklamm (enge, eindrucksvolle Schlucht, Infos: Tel. 0 83 22/48 87) – Parkplatz; zurück mit dem Bus; Zeit: ca. 3 Std.; Einkehr: Waldhaus, Restaurant Breitachklamm
Besler (1680 m) Überraschende Ausblicke auf königlichem Reitweg	Ausgangspunkt: Obermaiselstein am Riedbergpass (859 m); Königsweg – Jagdhütten – Besler – Beslerkopf (1653 m) – Freyburger Alpe – Simonsalpe – Gundalpe – Schwabenalpe (1205 m) – der Lobach folgen bis zur schmalen Straße – Richtung Ried – kurz vor Ried abbiegen nach Haubeneck – Obermaiselstein; am Gipfel (kann ausgelassen werden) Trittsicherheit und Schwindelfreiheit nötig; Zeit: ca. 5 Std.; Einkehr: Obere Gundalpe
Rund um den Widderstein (2533 m) Durch Purpurenzianwiesen um den höchsten Berg des Kleinwalsertals	Ausgangspunkt: Bödmen/Kleinwalsertal (1250 m); Gemsteltal – Untere Gemstelalpe (1321 m) – Gemstelpass (1971 m) – Widdersteinhütte (2009 m) – für trittsichere, schwindelfreie Bergwanderer Abstecher auf den Gipfel des Widdersteins (plus 2 Std., Steinschlaggefahr) – ansonsten direkt weiter zum Hochalppass (1938 m) – durchs Bärgunttal zur Bärgunthütte (1407 m) – Baad (1243 m); mit Bus zurück nach Bödmen; mittelschwer; Zeit: ca. 6 Std.; Einkehr: Widdersteinhütte, Bärgunthütte
Rund um die Höfats Eindrucksvolle Tour, vorbei an vielen Almen und einer malerischen Bergsiedlung	Ausgangspunkt: Oberstdorf (815 m); Hohenadlweg – Oytalhaus (1010 m) – Untere Gutenalpe (1092 m) – Stuibenfall – Käseralpe (1401 m) – Älpelesattel (1780 m) – steil bergab zur Dietersbachalpe (1325 m) – Gerstrubneralpe (1216 m) – malerisches, fast verlassenes Bergdorf Gerstruben (1154 m) – Hölltobel – Oberstdorf; mittelschwer, landschaftlich eindrucksvoll; Zeit: ca. 6 Std.; Einkehr: Oytalhaus, Käseralpe, Dietersbachalpe, Gerstruberalpe

Heilbronner Weg, ein großartiger, teils mit Drahtseilen abgesicherter Höhenweg in 2500 m Höhe, wurde schon 1899 eingeweiht. Wenig später ließ sich der wagemutige Pfarrer Johannes Schiebel an einem

Hütten

Schwarzwasserhütte
(1651 m) Oberhalb der Melköde im Kleinwalsertal genießen Gäste frisch gepressten Apfel-Karotten-Saft, selbst gebrannten Bauernobstler und den Blick auf den Hohen Ifen. Landschaftlich reizvoller Zustieg von Baad (1243 m) in ca. 2 Std.; Tel. 00 43/55 17/3 02 10

Mindelheimer Hütte (2058 m)
Die auf einem Aussichtsbalkon unter den Schafalpenköpfen (2320 m) gelegene Hütte hat mit Photovoltaikanlage, Energie- und Wassermanagement sowie Abwasserentsorgung seit langem eine Vorreiterrolle als umweltverträgliche Berghütte. Hüttenwirt Jochen Krupinski verwöhnt Gäste mit Fleisch von Oberstdorfer Vieh aus dem Stillachtal. Ausgangs- oder Endpunkt des Mindelheimer Klettersteigs; Zustieg von Mittelberg (1215 m) durchs Wildental in ca. 3 Std.; Tel. 0 83 22/700-153, Fax: 01 71/6 70 66 73

Waltenberger Haus (2084 m)
Eine einfache, urige Hütte unter dem Bockkarkopf (2608 m), die noch ohne Materialseilbahn auskommt. Haltbare Sachen

liefert der Hubschrauber vor Saisonbeginn, frische Lebensmittel muss Hüttenwirt Mandi Böllmann zu Fuß zur Hütte bringen. Wer vom Holzstapel im Tal ein Scheit für den Ofen mitnimmt, wird mit einem »Schnäpsle« oder »Schokolädle« belohnt. Gipfelziele für Bergwanderer sind Bockkarkopf und Mädelegabel (2644 m) sowie für Kletterer die Trettachspitze (2595 m); Zustieg von Oberstdorf/Ebene (920 m) in ca. 3 Std.; Tel. 0 83 22/700-156

Oberstdorf, Hörnerkette, Kleinwalsertal

Hütten

Kemptner Hütte (1844 m) Die gastliche Hütte am Mädelejoch ist Stützpunkt für Bergwanderer, die auf dem E 5 oder dem Heilbronner Weg unterwegs sind. Ernst und Elvi Wagner haben die Hütte mehr als 25 Jahre lang bewirtschaftet. Die Tradition führen Tochter Gabi und Ehemann Martin Braxmair fort. Zustieg von Oberstdorf (815 m) über Spielmannsau in ca. 4 Std.; Hütten-Hotline: 0 83 22/700-152, www.kemptner-huette.de

Edmund-Probst-Haus (1930 m) Ein idealer Platz, um den Sonnenuntergang am Nebelhorn zu genießen. Trotz direkter Nähe zur Bergbahn ist die Hütte urig und gemütlich geblieben. Besonders zu empfehlen sind die selbst gebackenen Kuchen; Ausgangspunkt für den Hindelanger Klettersteig und herrliche Wanderungen. Von der Nebelhornbahn 5 in wenigen Minuten zu erreichen; Hütten-Hotline: 0 83 22/700-153

DAV Deutscher Alpenverein

DAV-Tipp

Rappenseehütte (2091 m) Ein unvergessliches Erlebnis ist es, am Rappensee bei der Rappenseehütte die Abendstimmung zu genießen. Die Rappenseehütte ist eine der größen AV-Hütten, aber trotzdem sehr gemütlich. Sie ist ein hervorragender Ausgangspunkt für die Begehung des Heilbronner Höhenweges zur Kemptner Hütte (1844 m) und für die Besteigung einiger schöner Allgäuer Gipfel wie dem Hohen Licht (2651 m). Zustieg zur Rappenseehütte vom Parkplatz Oberstdorf/Ebene (920 m) durch das Stillachtal in ca. 3 Std.; www.rappenseehuette.de, Hütten-Hotline: 0 83 22/700-153

Heilbronner Weg
Der Heilbronner Weg führt aussichtsreich durch Scharten, über kleine Gipfel und einige Eisenleitern, von der Rappenseehütte bis zur Kemptner Hütte (oder anders herum). Unterwegs bieten sich fantastische Ausblicke bis zum Alpenhauptkamm bzw. weit ins Allgäu hinein.

Hanfseil in den »Höllenschlund« der Breitachklamm abseilen. Tief beeindruckt sorgte er 1904 für die Erschließung des Naturschauspiels am Beginn des Kleinwalsertals.
Der langsam, aber stetig gewachsene Tourismus hat das Bergdorf Oberstdorf, in dem heute 2,5 Mio. Übernachtungen jährlich gezählt werden, geprägt. Zum Glück blieb der dörfliche Charakter aber weitgehend erhalten: Wie seit je trotten die Kühe jeden Tag auf die Gemeinschaftsweide, vorbei an noblen Boutiquen und alten Holzhäusern, die der »Große Brand« 1865 verschont hat.

Mittelberg ist die älteste Ortschaft im Kleinwalsertal.

Den eigenen Wurzeln treu geblieben

»Da gschiida Chatza chönna au Müüs vrtrenna« (»den gescheiten Katzen können auch Mäuse entrinnen«), sagt ein Sprichwort im österreichischen Kleinwalsertal, im südwestlichen Bereich des Oberstdorfer »Täler-Fächers«. Wer dabei eher an Schweizer Mundart denkt, ist auf der richtigen Spur. Auch Tracht und Baustil verraten, dass die Kleinwalsertaler trotz jahrhundertelanger Nachbarschaft zum Allgäu und österreichischer Staatsbürgerschaft ihren eigenen Wurzeln treu geblieben sind. Ihre Vorfahren wanderten im 13. Jh. vom Wallis über Hochtannberg und Hochalppass, am mächtigen Widderstein vorbei, durchs Bärgunttal in die neue Heimat. Der »Große Walserweg« der »armen Lüt aus dem Wallis« ist seit einigen Jahren wieder ein beliebter Fernwanderweg.

Schweizer Spuren im österreichischen Kleinwalsertal

Die Siedler aus der Schweiz sind heute Österreicher – in einem Tal, das auf Fahrwegen nur von Deutschland her erreichbar ist. Das vom Mutterland abgeschnittene Kleinwalsertal konnte sich erst als deutsches Zollanschlussgebiet wirtschaftlich entwickeln. EU, Euro und Schengener Abkommen haben die Sonderrolle und die damit verbundenen Kuriositäten – wie die österreichische Briefmarke zum DM-Preis – teilweise wieder verschwinden lassen. Aber während überall Grenzen fallen, schafften es findige Bürokraten, neue aufzubauen: War das Kleinwalsertal bis vor kurzem von Deutschland aus telefonisches Inland, so müssen die Allgäuer Nachbarn nun die österreichische Vorwahl eingeben und den teuren Auslandstarif zahlen. Das wird freilich niemanden davon abhalten, zum Wandern und Bergsteigen in das herrliche Hochtal zu kommen. Mehrere Bergbahnen erschließen aussichtsreiche Höhenwege, einmalig ist das fantastische Schrattenkalkgebiet des »Gottesackers« am Hohen Ifen: Tiefe Spalten und messerscharfe Grate prägen diese einzigartige Felslandschaft, die einem zu Stein gewordenen Gletscher gleicht und trotz ihrer Kargheit Botaniker mit einer Reihe seltener Pflanzen wie dem Schweizer Mannsschild überrascht.

Grenzkamm mit Klettersteig

Östlich des Kleinwalsertals schiebt die Gipfelkette von Söllereck, Fellhorn, Kanzelwand und Schafalpenköpfen, über die der aussichtsreiche, mittelschwere Mindelheimer Klettersteig führt, einen felsigen Riegel zwischen Österreich und Deutschland. Auf der deutschen Seite zieht sich das lange, autofreie Stillachtal nach Einödsbach, dem südlichsten ständig bewohnten Ort Deutschlands. Im gemütlichen Gasthof ziert ein mächtiger Yakkopf die Wand: Er stammt von Moses, der es nur kurze Zeit verstand, sein Asyl im hintersten Winkel des Allgäus zu genießen. Dann begann er, Kühen und Touristen nachzustellen, Ersteren aus Liebe, Letzteren aus Unmut – unangenehm belästigt fühlten sich beide. So fand Moses schließlich ein trauriges Ende; festgenagelt über den Wirtshaustischen stört er keinen von beiden mehr.

Auch das Trettachtal »eine Bergrippe weiter« beginnt harmlos mit einem fast ebenen Talboden. Wer von Spielmannsau jedoch weiter will zur Kemptner Hütte, kommt ins Schwitzen, wird dafür aber auch reichlich belohnt mit der fantastischen Landschaft der Allgäuer Alpen. Einen umfassenden Eindruck bekommt man davon auf dem Heilbronner Weg, einem mittelschweren Höhenweg zwischen Kemptener Hütte und Rappenseehütte. Besonders abwechslungsreich wird die Tour, wenn man sich auch Gipfelziele wie Krottenkopf, Mädelegabel, Hohes Licht und Biberkopf vornimmt. Wesentlich anspruchsvoller ist der Ausflug auf die Trettachspitze, das markante »Allgäuer Matterhorn«. Wer diesen kühnen Felszacken bezwingen will, sollte den 3. Schwierigkeitsgrad auf jeden Fall beherrschen.

Gämsen kann man im Naturschutzgebiet Allgäuer Hochalpen häufig beobachten.

Keine klettertechnischen Probleme bringen die Routen der »Via Alpina« und des berühmten Europäischen Fernwanderweges E 5 mit sich, die sich in Oberstdorf kreuzen. Ein Leckerbissen für konditions-

Top Tipp Der mittelschwere **Mindelheimer Klettersteig** ❷ über die Schafalpenköpfe ist eine luftige Gratkletterei mit Aussicht. Ausgangspunkt ist Mittelberg/ Kleinwalsertal (1215 m). Zur Fiderepasshütte (2065 m), von dort in wenigen Minuten zum Einstieg. Senkrechte Leitern und luftige Brücken testen gleich im ersten Teil die Schwindelfreiheit. Es folgt eine ausgesetzte Turnerei

an Eisenbügeln, Fels und Leitern über den wilden Zackengrat der Schafalpenköpfe (2320 m). Die Genusstour setzt trotz der Seilsicherungen Trittsicherheit und Schwindelfreiheit sowie Kraft und Ausdauer voraus. Nach dem Ausstieg kurzer Abstecher zur Mindelheimer Hütte (2058 m) oder direkter Abstieg durch das Wildental nach Mittelberg; Zeit: ca. 8 Std.; Einkehr: Fiderepasshütte, Mindelheimer Hütte
Geführte Touren:
Bergschule Oberallgäu, Tel. 0 83 21/49 53, www.alpinschule.de;
Oase alpin, Oberstdorf, Tel. 0 83 22/75 38, www.oase-alpin.de
Bergschule Aktiv am Berg Tel. 0 83 22/61 26 www.aktiv-am-berg.de

Skiflugschanze Oberstdorf
Per Aufzug kommen Besucher bis zum Start in 72 m Höhe. Die Aussicht ist fantastisch, doch es wird auch klar, wie viel Mut es erfordert, sich von dort oben in die Tiefe zu stürzen! Der Schanzenrekord liegt übrigens bei 223 m. Tel. 0 83 22/9 87 53, www.skiflugschanze.de

Oberstdorf, Hörnerkette, Kleinwalsertal

Nordic-Fitness-Sports-Park
110 km lang und perfekt beschildert sind die Nordic-Walking-Routen der Allgäuer Hörnerdörfer, sie liegen zwischen 761m und 1650 m. Die 19 Routen zwischen Balderschwang, Fischen und Ofterschwang sind in drei Schwierigkeitsgrade eingeteilt, in einer Broschüre sind genauer Verlauf und Streckenprofil eingezeichnet. Informationen zu Kursen bei den jeweiligen Gästeinformationen.

Oberstdorf-Therme
Nach einem Tag in den Bergen kann man sich in der Therme in Oberstdorf in stilvollem Ambiente fantastisch erholen. Große Saunalandschaft mit fünf verschiedenen Saunen, Dampfbäder, Infrarotsauna, Natursolebecken, Wassergymnastik, Wellness- und Massage-Angebote; Tel. 0 83 22/60 69 60, www.oberstdorf-therme.de

starke Bergsteiger ist auch eine Vier- bis Sechs-Tage-Tour von Hütte zu Hütte, weit abgehoben vom Alltag, zwischen Fels und Bergblumen – vom Kleinwalsertal über den Allgäuer Hauptkamm mitten durch das Naturschutzgebiet Allgäuer Hochalpen bis zum Nebelhorn. Klettersteiggeher können von dort über den mittelschweren Hindelanger Klettersteig die gesamte Kette parallel zur Iller bis Hindelang überschreiten.

Naturfreunde sollten sich viel Zeit nehmen, um Murmeltiere und Alpensalamander, Gämsen und Steinböcke, Raufußhühner und Birkhühner in Ruhe zu beobachten. Informationsstationen im Walserhaus in Hirschegg im Kleinwalsertal, in Oberstdorf und auf dem Fellhorn vermitteln einen Eindruck von alpiner Natur und Kultur, vom geologischen Aufbau der Berge und vom Leben mit den alpinen Gefahren in den Allgäuer Hochalpen. Um den Schutz von Edelweiß und der übrigen Alpenflora in den fast senkrechten Grashängen der Höfats im Oytal, im östlichsten Teil des Oberstdorfer Tälerfächers, bemüht sich seit Jahrzehnten auch die Allgäuer Bergwacht mit ihren wichtigen Rettungs- und Naturschutzstützpunkten, den so genannten Edelweißposten.

Eine Schatzkammer für Pflanzenfreunde ist auch die Hörnerkette, die bei Fischen westlich des breiten Illertals familientaugliche Gipfel-Alternativen eröffnet: Ofterschwangerhorn, Sigiswangerhorn und Bolsterlangerhorn verraten mit ihren Namen bereits, welche Dörfer

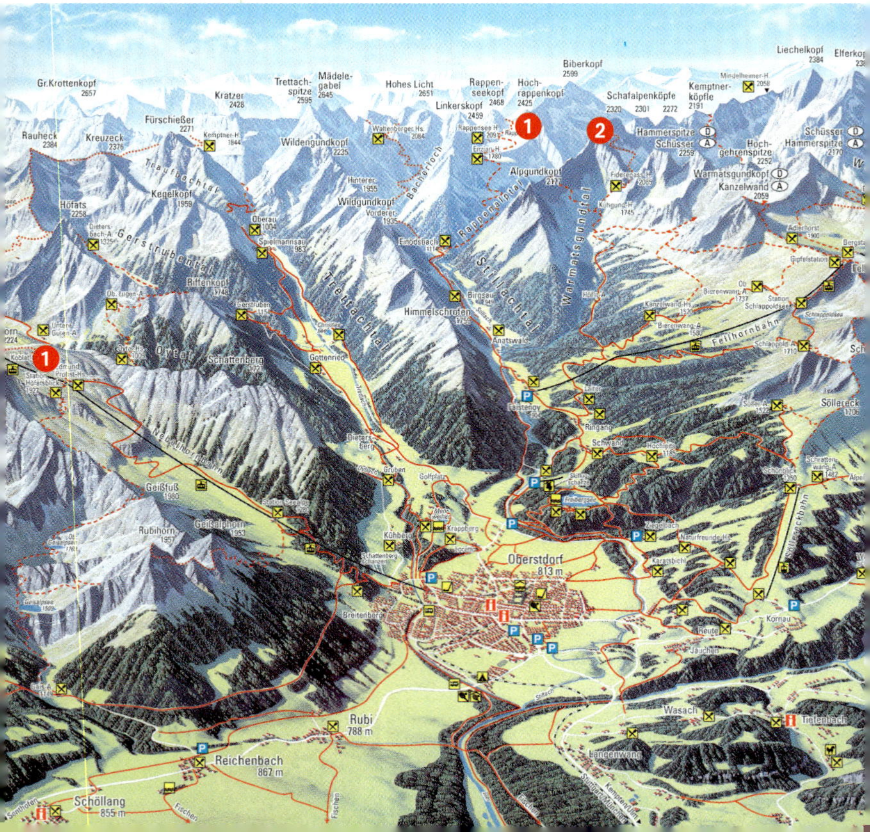

ALLGEMEINE INFORMATIONEN

Hörnerdörfer	Tourismusgemeinschaft **Hörnerdörfer**; Tel. 0 83 26/3 64 60; E-Mail: info@hoernerdoerfer.de; www.hoernerdoerfer.de
Kleinwalsertal	**Kleinwalsertal** Tourismus; Tel. 00 43/55 17/5 11 40; E-Mail: info@kleinwalsertal.com; www.kleinwalsertal.com
Oberstdorf	Tourismus **Oberstdorf**; Tel. 0 83 22/70 00; E-Mail: info@oberstdorf.de; www.oberstdorf.de
Weitere Orte	**Baad** www.kleinwalsertal.com • **Balderschwang** www.balderschwang.de • **Bolsterlang** www.bolsterlang.de • **Fischen** www.fischen.de • **Hirschegg und Mittelberg** www.kleinwalsertal.com • **Obermaiselstein** www.obermaiselstein.de • Ofterschwang www.ofterschwang.de • **Riezlern** www.kleinwalsertal.com
Entfernungen	Hamburg 810 km; Berlin 738 km; Köln 597 km; Frankfurt a. M. 427 km; Stuttgart 220 km; München 168 km

ihnen zu Füßen liegen. Bei Riedbergerhorn wird es schwieriger: Einer der Talorte ist hier das ruhige, gemütliche Bergdorf Balderschwang. Wer vom Illertal dorthin gelangen will, muss über den höchsten Straßenpass Deutschlands fahren: den 1420 m hohen Riedbergpass. Bevor man von Obermaiselstein aus über ihn fährt und sich den Gipfelzielen widmet, sollte man jedoch noch der eindrucksvollen Sturmannshöhle einen Besuch abstatten.

Restaurants

Königliches Jagdhaus
In historischem Ambiente speisen Feinschmecker wahrhaft königlich. 1856 wurde das Holzblockhaus erbaut, Prinzregent Luitpold bewohnte es, wenn er zur Jagd nach Oberstdorf kam. In Kaminstube, blauem Salon und der Gartenwirtschaft unter alten Bäumen serviert Kurt Podobnik Allgäuer und internationale Spezialitäten mit ausgesuchten, frischen Zutaten; Tel. 0 83 22/98 73 80

Berggasthof Laiter
Kässpätzle und Wildgerichte (der Hausherr ist selbst Jäger) sind die inzwischen legendären Spezialitäten des Berggasthofs im Stillachtal. In der alten Holzstube verweilt man gerne. Deshalb sollte für die Rückwanderung die Taschenlampe dabei sein. Über breiten Weg in ca. 20 Min. von der Talstation der Fellhornbahn zu erreichen; Tel. 0 83 22/48 60

Wanderkarten

Freytag & Berndt; WK 363 Oberstdorf, Kleines Walsertal, Sonthofen; 1:50 000

Ostallgäu

ADAC Prädikat

SPORT & SPASS

WANDERN & BERGTOUREN

KULTUR & CO.

WELLNESS & GENUSS

Im Land der Seen und Schlösser

Neuschwanstein und Hohenschwangau haben das Land der Königsschlösser und Seen in der ganzen Welt bekannt gemacht. Doch der Königswinkel im Ostallgäu hat noch weit mehr zu bieten: Säuling, Tegelberg und Ammergauer Berge locken mit ausgedehnten Wandermöglichkeiten, die Füssener Seenplatte ist mit mehr als einem Dutzend zauberhafter Seen und idyllischer Kurorte ein ideales Urlaubsziel für Familien und Erholungsuchende.

Schloss Neuschwanstein mit seiner unverwechselbaren Silhouette thront auf einem Felssporn über Hohenschwangau und dem malerischen Alpsee.

»Von den Bergen bin ich ganz weg!«, soll Prinzessin Marie gerufen haben, als der bayerische Kronprinz und spätere König Maximilian II. seine frisch angetraute Gattin zur Hochzeitsreise nach Schwangau brachte. Als Sommerresidenz hatte er zwischen Alpsee und Schwansee das romantische Ritterschloss Hohenschwangau wieder aufgebaut. Seiner bergbegeisterten Gattin schenkte er ein »Schweizerhaus« in der Bleckenau, dem idyllischen Tal zwischen Säuling und Tegelberg. Sohn Ludwig II. übertraf seinen Vater noch im Schlösserbauen: Kühn setzte er Neuschwanstein auf einen Felssporn über Hohenschwangau. Königsschlösser, Seen und Berge bilden ein unvergleichliches Gesamtkunstwerk von Natur und Kultur, das zu Recht Besucher aus aller Welt anlockt. Romantisch ist der Anblick vor allem am Abend, wenn Hohenschwangau in freundlich gelbem und Neuschwanstein in geheimnisvoll blauem Licht vor den dunklen Bergen stehen – das Schloss, in dem das tragische Schicksal des Märchenkönigs besiegelt wurde, als man ihn trotz des Widerstands der tapferen Schwangauer Feuerwehr verhaftete.

Die Schwangauer lassen bis heute nichts auf ihren König kommen. Denn hier erweist sich seine Verschwendungssucht nach wie vor als

the perfect day

10 Uhr: Spaziergang von Füssen durch das Faulenbacher Tal zum reizvollen Alatsee, Mittagessen im dortigen Restaurant, anschließend auf dem Waldweg zurück
14 Uhr: Stadtbummel durch die historische Altstadt von Füssen mit Hohem Schloss
16.30 Uhr: Kleine Rundfahrt auf dem Forggensee
20 Uhr: Wellness in der Königlichen Kristalltherme Schwangau bei Kerzenlicht in der Edelstein-Meditationsgrotte

Segen: Ende des 19. Jh. brachte der Schlösserbau Brot und Arbeit, heute sichert er den Tourismus. Und die Königinmutter, die preußische Prinzessin Marie, war eine der ersten Bergsteigerinnen. Um 1850 war dies keine schickliche Beschäftigung für eine Frau, aber als Königin konnte sie sich Exzentrik leisten. Die königlichen Sommerfrischler hinterließen neben den Schlössern auch Jagdhäuser, Reitwege, Bergpfade, Straßen und die Eisenbahn. Ungewollt schufen sie so die Grundlage für die touristische Erschließung.

Oasen abseits des Trubels

Noch immer ist die Landschaft schön wie zu königlichen Zeiten – viel zu schade, um sie während eines Tagesausflugs mit eiliger Schlossführung nur kurz zu streifen. Abseits der Großparkplätze könnte der die Einsamkeit liebende König auch heute noch zauberhafte und zumindest wochentags ruhige Flecken entdecken. Etwa den geheimnisvollen, tiefgrünen Alatsee am Ende des Faulenbacher Tales. Im

WANDERN & BERGTOUREN

TOP TIPP

Herausfordernd steht der **Säuling** (2047 m) als markanter Einzelgänger hinter den Königsschlössern. Trotz guter Wege ist die Tour auf den Gipfel anstrengend: Über 1200 Höhenmeter führt der Steig von Hohenschwangau (808 m) aus durch Wald und Latschen über eine Leiter zur Gemswiese und durch Schrofen zum Kreuz auf dem Westgipfel (ca. 4 Std.). Als Lohn wartet ein herrlicher Blick über die Königsschlösser, die Füssener Seenplatte und das schwäbisch-bayerische Alpenvorland. Reizvoll ist auch der anspruchsvollere Aufstieg über die Bleckenau (1167 m, mit Pendelbus von Hohenschwangau aus zu erreichen) durch die Nordflanke zum Gipfel (ca. 3 Std.). Abstieg über Säulinghaus (1693 m) und Pilgerschrofen, Einkehr: Säulinghaus, Bleckenau

Tegelberg (1707 m) – **Bleckenau** (1167 m) Leichte Wanderung mit kühnen Felsen und königlicher Jagdhütte	Ausgangspunkt: Bergstation Tegelbergbahn 2, Schwangau (1707 m); Branderfleck – Niederer Straußbergsattel – Jägerhütte – einstige königliche Jagdhütte Bleckenau (1167 m, Rückfahrt mit Hüttenbus) – Abstieg durch die wilde Pöllatschlucht – Gipsmühle – Talstation Tegelbergbahn (830 m); Zeit: ca. 5 Std.; Einkehr: Jägerhütte, Bleckenau
Hochplatte (2082 m) Anspruchsvolle Gipfelüberschreitung mit Traumblick	Ausgangspunkt: Wanderparkplatz bei Halblech, mit Kenzenbus zur Kenzenhütte (1285 m); Kenzensattel (1650 m) – Gumpenkar – Fensterl (1916 m) – Westgipfel (2082 m) – Gipfelgrat – Ostgipfel (2079 m) – Gamsangerl – Kenzenhütte (Bus); Trittsicherheit und Schwindelfreiheit erforderlich, teilweise Seilsicherung, bei Gewitter gefährlich; Zeit: ca. 5–6 Std. ab Kenzenhütte; Einkehr: Kenzenhütte
Geiselstein (1884 m) Leichte Rundtour um das »Ammergauer Matterhorn«	Ausgangspunkt: Wanderparkplatz bei Halblech, mit Kenzenbus zum Wankerfleck (ca. 1200 m); Geiselsteinjoch – Gumpenkar – Kenzensattel (1650 m) – Kenzenhütte (1285 m, Bus); leicht, aber teilweise steil; Zeit: ca. 4 Std.; Einkehr: Kenzenhütte
Tegelberg – Linderhof Ausgedehnte Wanderung durchs Ammergebirge zum Schloss Linderhof	Ausgangspunkt: Bergstation Tegelbergbahn 2, Schwangau (1707 m); Lobental – Kenzenhütte (1285 m, evtl. Übernachtung) – Bäckenalmsattel (1536 m) – Sägertal – Linderhof (943 m, Bus); leichte, aber lange Wanderung, evtl. als 2-Tages-Tour (Busverbindung vorher prüfen); Zeit: ca. 7 Std.; Einkehr: Kenzenhütte

Hütten

Kenzenhütte (1285 m)
Die Hütte ist der Treffpunkt schlechthin für Wanderer und Kletterer zu Füßen von Hochplatte (2082 m) und Geiselstein (1884 m). Erreichbar mit dem Kenzenbus ab dem Wanderparkplatz bei Halblech. Zu Fuß dauert der Aufstieg durch das wildromantische Halblechtal ca. 3 Std. Tel. 0 83 68/3 90

Drehhütte (1210 m)
Auf der urigen Hütte auf der Drehalpe am Tegelberg kocht Wirtin Hedwig Müller wunderbare Gerichte. Zur Brotzeit sind Kaminwurzn von der Gams zu empfehlen. Schnellster Aufstieg ist vom Wanderparkplatz Adlerhorst östlich von Schwangau auf der Bergstraße direkt zur Drehhütte (ca. 1 Std.). Landschaftlich lohnender ist der Weg über die Rohrkopfhütte (1361 m). Tel. 0 83 62/35 85, www.drehhuette.de

Bleckenau (1167 m)
In der einstigen königlichen Jagdhütte verbrachte der spätere Märchenkönig Ludwig II. glückliche Kindertage. Das urige Holzhaus mitten im Naturschutzgebiet Ammergebirge ist eine beliebte Einkehr und Zielpunkt des Naturpfades »Ahornreitweg«; auch mit Hüttenbus von Hohenschwangau aus erreichbar. Lohnend ist der Aufstieg durch die wilde Pöllatschlucht mit dem Wasserfall und einem herrlichen Blick auf die Schlösser und das Pöllattal (ca. 1,5 Std.); Tel. 0 83 62/8 11 81

Nordic Walking
Fünf ausgewiesene Routen mit insgesamt 40 km, in drei Schwierigkeitsgraden gibt es allein in Schwangau. Besonders interessant macht diese Strecken die einmalig schöne Kulisse der Königsschlösser, der Seenlandschaft und der Berge. Prospekt mit Routenplan und Kontaktadressen bei der Tourist Information Schwangau erhältlich. In Füssen gibt es insgesamt 55,3 km ausgeschilderte Routen, in Hopfen am See 15,3 km und in Weißensee 24,3 km.

TOP TIPP

Königliche Kristall-Therme Schwangau Märchenhafte Therme, die mit 15 Tonnen Edel- und Halbedelsteinen verziert ist. Die Steine wurden nach der Heilslehre der Hildegard von Bingen angeordnet. Natursole-Heilwasser-Becken mit verschiedenen Salzgehalten. Mit Strömungskanal, Whirlpools, Unterwasser-Massageliegen, stimmungsvollen Saunawelten, osmanischem Hamam, Edelstein-Meditationsgrotte, Kristall-Wellness-Center (Tel. 0 83 62/9 30 89 30). Von jedem Becken aus ist Schloss Neuschwanstein zu sehen. Im Freibereich zwei große Becken, Rutsche, Kleinkinderbereich, Spielplatz und Liegewiese. Tel. 0 83 62/81 96 30, www.kristalltherme-schwangau.de

SPORT & SPASS

TOP TIPP

Gurte anlegen, beherzt loslaufen – und schweben: Beim Tandemflug mit dem **Paraglider** kann sich der Passagier voll auf den Piloten verlassen, den Flug in Ruhe genießen und hinunterschauen auf die Königsschlösser, auf Alp-, Schwan- und Forggensee und auf die Ammergauer Gipfel. Der Startplatz am Tegelberg auf 1690 m Höhe garantiert ein Flugerlebnis der Extraklasse.
Tandemflüge und Kurse für Gleitschirm- und Drachenflieger: Flugschule Aktiv, Tel. 0 83 62/92 14 57, www.flugschule-aktiv.de oder 1. DAeC-Gleitschirmschule, Tel. 0 83 62/3 70 38, www.erste-daec-gleitschirm-schule.de

Kletterzentrum Allgäu Rieden	Kletterhalle des DAV mit ca. 70 Touren für Anfänger und Geübte; Tel. 0 83 62/94 01 87, www.alpenverein-fuessen.de Lohnende alpine Routen z.B. am Geiselstein und am Säuling; Kletterkurse und Führungen: Bergschule Ostallgäu, Füssen, Tel. 0 83 62/64 64
Windsurfen/ Segeln Hopfensee, Forggensee	Hervorragende Bedingungen für Surfer und Segler. Schnupper-, Anfänger- und Kinderkurse, Bootsverleih: Surfschule Hopfen am See, Tel. 0 83 64/14 87. Forggensee Yachtschule Dietringen, Rieden, Tel. 0 83 67/4 71, www.segeln-info.de
Inlineskating Füssener Seenplatte	Die flachen, meist geteerten Radwege in der Umgebung der Seen eignen sich ideal zum Inlineskaten. Kurse und geführte Touren bietet Monika Bartel-Weber an, mehrfache Deutsche Meisterin im Inlineskaten, Tel. 0 83 62/8 12 26

Frühjahr leuchtet hier das Blau der Leberblümchen, im Frühsommer das Violett des Knabenkrauts. Sogar rund um Schwansee und Alpsee sind Spaziergänger oft allein, weil sich nur wenige Schlossbesucher ein paar Schritte ins Abseits wagen. Wanderern und Naturfreunden kann das nur recht sein.

Wer vom Rummel nichts wissen will, findet in Buching, Halblech und Trauchgau ländliche Ruhe. Und ein ausgedehntes Wandergebiet, das von den Halblechauen bis ins Kenzengebiet mitten im Naturschutzgebiet Ammergauer Berge reicht. Naturerlebnis wird hier groß geschrieben, sogar der Bürgermeister ist geprüfter Natur- und Landschaftsführer. Erwandert werden können nicht nur Berggipfel, sondern auch weitere kulturelle Juwele der Region: Eine lange, aber sehr schöne Route führt über die Kenzenhütte zum Königsschloss nach Linderhof, eine andere, gemütlichere, zur berühmten Wieskirche. Der breite Felsrücken der Hochplatte ist ein alpines Bergziel bei Halblech, der elegante Geiselstein, auch das »Ammergauer Matterhorn« genannt, lockt die Kletterer.

»Ammergauer Matterhorn«: der Geiselstein (1884 m)

Die Füssener Seenplatte ist ideal für Spaziergänge, für Nordic Walking, Inlineskate- und Radtouren – und ein Dorado für Wassersportler. Der größte der Seen, der Forggensee, wurde 1954 aufgestaut. Der Weiler Forggen

versank in den Fluten des Lechs, entstanden ist ein 12 km langer und fast 17 km² großer See. An seinem Ufer steht das eigens für das Musical »Ludwig II.« errichtete Theater (www.ludwig2musical.de).
Kultur beschränkt sich im Ostallgäu aber nicht allein auf Märchenkönig und Königsschlösser. Schon seit Urzeiten war die Region besiedelt. Im heutigen Kurort Füssen badeten einst komfortgewohnte Römer in einer Therme. Später, im 8. Jh., kam der heilige Magnus von St. Gallen, um die Region zu missionieren. Der »Apostel des Allgäus« gründete das Kloster St. Mang, das im Barock neu aufgebaut wurde und zusammen mit dem imposant über dem Lech thronenden Hohen Schloss das Wahrzeichen von Füssen ist. Eine besondere Kostbarkeit des »Museums der Stadt Füssen«, das im Hohen Schloss untergebracht ist, ist Jakob Hiebelers eindrucksvolle Darstellung des Totentanzes in der Annakapelle.
Ein weiteres kulturelles Kleinod der Region ist die Kirche St. Coloman, die malerisch in einer Wiese bei Schwangau liegt. Unzählige Paare kommen zum Teil von weit her, um in diesem Gotteshaus getraut zu werden. Auch wenn sie nicht wie einst König Maximilian II. die Flitterwochen im Schloss Hohenschwangau verbringen können, so werden sie doch eines mit Prinzessin Marie teilen: die Begeisterung für die Schönheit dieser königlichen Region zwischen idyllischen Seen und majestätischer Bergwelt.

KULTUR & CO

TOP TIPP

Trotz Massenandrang – die **Königsschlösser** sind ein Muss. Bayernkönig Maximilian II. baute die Ruine Hohenschwangau wieder auf, Ludwig II. verwirklichte mit Neuschwanstein seinen Traum. Tickets nur beim Ticketservice Hohenschwangau, Tel. 0 83 62/ 93 08 30, www.ticket-center-hohenschwangau.de

Hohes Schloss Füssen	Zweigstelle der bayerischen Staatsgemäldesammlung und Städtische Galerie; Sammlung spätgotischer, zumeist schwäbischer Malerei sowie Gemälde des ausgehenden 16. Jh. und altdeutsche Skulpturen; Tel. 0 83 62/93 08 32-0
Walderlebniszentrum Füssen-Ziegelwies	Lehrpfade durch Berg- und Auwald, Führungen, Ausstellungen, auch Veranstaltungen für Kinder; Tel. 0 83 62/92 39 99, www.wez-ziegelwies.de

ALLGEMEINE INFORMATIONEN

Urlaubsregion	Tourismusverband **Ostallgäu**; Tel. 0 83 42/91 13 13; E-Mail: tourismus@ostallgaeu.de; www.ostallgaeu.de
Orte	**Halblech** www.halblech.de • **Füssen** www.fuessen.de • **Rieden** www.rieden.de • **Roßhaupten** www.rosshaupten.de • **Schwangau** www.schwangau.de
Entfernungen	Hamburg 790 km; Berlin 679 km; Köln 569 km; Frankfurt a. M. 412 km; Stuttgart 211 km; München 97 km

Wanderkarten

Karte des **Bayerischen Landesvermessungsamtes**, UK L10, Füssen und Umgebung; 1:50 000

Pfronten und Nesselwang

ADAC Prädikat

SPORT & SPASS

WANDERN & BERGTOUREN

KULTUR & CO.

WELLNESS & GENUSS

Wandern zwischen Arnika und Baldrian

Sanfte Hügel und schroffe Felsen, romantische Wasserfälle und geheimnisvolle Burgruinen bestimmen das Bild am Eingangstor zum Hochgebirge der Ostallgäuer und Tiroler Bergwelt. Hier wollte Bayernkönig Ludwig II. seinen letzten Traum verwirklichen. Doch dazu kam es nicht mehr. Ein Märchenschloss kann die Region deshalb nicht bieten, dafür aber traumhafte Voraussetzungen, um einen Urlaub lang die Seele baumeln zu lassen und den Körper auf Trab zu bringen.

Zweifellos, für seine Märchenschlösser wählte Ludwig II. die schönsten Orte am bayerischen Alpenrand. Einer davon war der Falkenstein bei Pfronten, auf dem bereits die Ruine einer im 13. Jh. erbauten Burg stand. Ein fantastisches Schloss im gotischen Stil sollte auf dem kühnen Felsen entstehen – doch gebaut wurden nur die Wasserleitung und der Fahrweg. Nach dem Tod Ludwigs wurden angesichts der leeren Staatskassen alle Bauarbeiten eingestellt. Statt des Traumschlosses ragen so auch heute noch die mittelalterlichen Mauern der höchstgelegenen Ruine Deutschlands in den Himmel.

Fantastisch ist der Platz dort oben, ebenso wie der schmale Felspfad, der von der Ruine Falkenstein über den Zirmgrat zur Saloberalpe führt. Tief unter der fast senkrecht abfallenden Wand liegt die Ruine Vilseck im Tiroler Vilstal; im hügeligen und seenreichen Voralpenland grüßen die eindrucksvollen Mauern der Zwillingsburgen Eisenberg und Hohenfreyberg; im Wald an der Alpspitze versteckt

Nordic-Walking-Park Allgäu
13 ausgewiesene Routen verschiedener Schwierigkeitsgrade, zwischen 0,7 und 11 km lang, mit bis zu 550 m Höhendifferenz. Prospekt mit allen Routen bei den Tourismusbüros. Wöchentlich drei Einsteigerkurse und ein Aufbaukurs, Nordic-Walking-Treffs, Vollmond-Touren, geführte Touren. Anmeldung und Information: Nordic-Fitness-Center Nesselwang, Tel. 0 83 61/92 30 40, www.nesselwang.de; Kurse in Pfronten u.a. bei: Allgäu Nordic Walking, Martina Mayr; Tel. 0 83 63/71 57

WANDERN & BERGTOUREN

TOP TIPP Selbst wenn es keinen Geopfad geben würde, wäre die **Bergwanderung vom Breitenberg über den Aggenstein nach Vils** sehr zu empfehlen. Garniert mit den interessanten Informationen des Lehrpfads, ist sie ein Muss für trainierte, trittsichere Bergwanderer. Ausgangspunkt ist die Bergstation der Breitenbergbahn (1509 m). Dem gut beschilderten Geopfad folgen und auf schmalem, steilem Bergsteig zum Aggenstein (1986 m). Abstieg zur Bad Kissinger Hütte (1792 m). Über Sebenalp, Vilser Jöchl (1718 m) und Vilser Alm nach Vils. Der Vils entlang zurück zur Talstation der Breitenbergbahn. Ausführliches Begleitheft zum Geopfad bei Tourismusbüros und Bergbahn; Zeit: ca. 4,5 Std.; Einkehr: Kissinger Hütte, Vilser Alm

Vom Falkenstein zum Zirmgrat (1293 m) Abwechslungsreiche Gratwanderung mit Panoramablick

Ausgangspunkt: Pfronten-Steinach, Parkplatz beim Bahnhof (849 m); Mariengrotte – Falkenstein – Einerkopf (1260 m) – Zwölferkopf (1283 m) – felsiger Bergweg zum Zirmgrat – Abstieg zur Saloberalpe (1088 m) – weiterer Abstieg Richtung Vils – bei Wegkreuzung weiter Richtung Pfronten-Steinach – an der Vils entlang zurück zum Ausgangspunkt. Technisch leichte Bergwanderung, die etwas Kondition erfordert; Zeit: ca. 4 Std.; Einkehr: Burggaststätte Falkenstein, Saloberalpe

Alpengarten Spaziergang durch bezaubernde Bergflora

Herrliche Spazierwege führen durch den liebevoll angelegten Park mit über 450 verschiedenen Pflanzen an der Steinacher Ach entlang. Mit Ruhepunkten und Kneippanlagen; Wassertreten und Entspannen zwischen Enzian und Edelweiß, Spinnwebhauswurz und Himmelsleiter. Mit Gesteinsgarten. Immer zugänglich, kein Eintritt, Führungen auf Anfrage. Informationen unter Tel. 0 83 63/6 98 88, www.pfronten.de

the perfect day

9.30 Uhr: Leichte, abwechslungsreiche Wanderung von Nesselwang über Wasserfallweg und Nesselburg zur Wallfahrtskirche Maria Trost, zurück über den Kreuzweg
13.30 Uhr: Fahrt nach Pfronten, Entspannen und Kneippen im Kurpark
16 Uhr: Fahrt zum Parkplatz Falkenstein, Wanderung zur höchstgelegenen Burgruine Deutschlands mit Fernblick bei klarem Wetter
18.30 Uhr: Abendessen im Burghotel auf dem Falkenstein (Tel. 0 83 63/91 45 40)

sich die Ruine der Nesselburg. Ideale Gebiete für Familientouren, bei denen Bergbahnen den Aufstieg erleichtern, sind die Alpspitze mit der Sommerrodelbahn und der Edelsberg bei Nesselwang sowie der Breitenberg bei Pfronten mit einem großen Abenteuerspielplatz an der Talstation. Eine anspruchsvolle, lehrreiche Tour für geübte, trittsichere Bergwanderer ist der Geopfad am Aggenstein. Bei nahezu allen Touren ist man vom Frühjahr bis zum Herbst umhüllt vom Duft der blühenden Bergwiesen. Arnika, Bergbaldrian, Enzian, Frauenmantel und weitere 80 verschiedene Blumen und Kräuter gedeihen hier. Im Allgäu ist die wohltuende Kraft des Heus schon lange bekannt. Die

Hütten

Ostlerhütte (1338 m)
In Panoramalage thront die Hütte auf dem Felskamm des Breitenberg. Über den breiten Berghang ist sie leicht zu erreichen. Zeit: von Pfronten ca. 3 Std.; mit Breitenbergbahn und Sessellift 30 Min.; Tel. 0 83 63/4 24

Pfronten liegt in einem ebenen Talboden, zu Füßen der Allgäuer Alpen.

»Pfrontener Bergwiesen-Heukur« kombiniert Kräuterkraft und Wärme, wohlige Entspannung und die Linderung einer ganzen Reihe von Beschwerden sind die angenehmen Folgen (Info: Heu-Kurverband e.V., Tel. 0 83 63/91 13 65). Und damit nicht genug: Das Heu der ungedüngten, nicht beweideten Bergwiesen wird auch für Köstlichkeiten wie das Heusüppchen, Schinken im Heumantel, in Heu gegarter Lammbraten und Heuschnäpsle verwendet.
Leichte Wanderungen entlang der Naturlehrpfade, Runden im Nordic-Walking-Park, abwechslungsreiche Radtouren und erfrischendes Badevergnügen im Alpspitz-Bade-Center (Nesselwang) oder im Alpenbad Pfronten runden das Gesundheits- und Wohlfühlprogramm ab. Ebenso wie ein Abendspaziergang hinauf zur Ruine Falkenstein.

DAV-Tipp

DAV Deutscher Alpenverein

Wie Ritter und Burgfräulein können Kinder sich auf den **Burgruinen Hohenfreyberg und Eisenberg** fühlen, während Erwachsene die Aussicht auf das Allgäu und dessen Berge genießen. Aufstieg von Zell aus über die Schlossalm in ca. 30 Min.

ALLGEMEINE INFORMATIONEN

Nesselwang (867 m)	Tourist-Information **Nesselwang**; Tel. 0 83 61/92 30 40; E-Mail: info@nesselwang.de; www.nesselwang.de
Pfronten (853 m)	**Pfronten** Tourismus; Tel. 0 83 63/6 98 88; E-Mail: info@pfronten.de; www.pfronten.de
Entfernungen	Hamburg 794 km; Berlin 722 km; Köln 581 km; Frankfurt a. M. 411 km; Stuttgart 206 km; München 132 km

Wanderkarten

Karte des **Bayerischen Landesvermessungsamtes**, UK L17, Kempten und Umgebung; UK L10, Füssen und Umgebung; 1:50 000

Oberammergau

ADAC Prädikat

SPORT & SPASS

WANDERN & BERGTOUREN

KULTUR & CO.

WELLNESS & GENUSS

Im Land der Königsschlösser

Kultur- und Naturerlebnis gehen in der Region Oberammergau eine grandiose Symbiose ein. Die Stadt der Passionsspiele, Schloss Linderhof und Kloster Ettal sind nicht nur Touristenattraktionen, sondern auch Ausgangsorte für reizvolle Wanderungen und erlebnisreiche Mountainbike-Touren. Während der südliche Teil für versierte Bergwanderer und Familien einiges bietet, kann man sich im Norden in den Moorbädern der Kurorte Bad Bayersoien und Bad Kohlgrub erholen oder auf abwechslungsreichen Strecken durch Nordic Walking fit halten.

Hervorragend ausgewiesene Strecken rund um Oberammergau laden zum Wandern und Walken ein.

»In der Ferne, am Ende des Tals, ragt die Kirche zu Ettal empor aus dem dunklen Tannengrün«, schrieb 1865 König Ludwig II. an seinen Freund Richard Wagner. Der bayerische Monarch meinte damit das Graswangtal, durch das die Ammer fließt. Die Ammerquellen sprudeln aus den Berghängen neben der Straße zwischen Ettal und Graswang: Südlich befinden sich die Großen Ammerquellen, nördlich, beim Rahmbauern, die Kleinen Ammerquellen. Majestätisch säumen die Höhenzüge der Ammergauer Alpen die Ufer des Flusses. Die Täler mit den weit verzweigten Bächen, den glasklaren Ammerquellen, den dunklen Wäldern und den teils schroffen Felsen machen diese unter Naturschutz stehende Region so reizvoll. Auch wenn die Ammergauer Alpen im Vergleich zum benachbarten Wettersteingebirge nur weniger spektakulär erscheinen, finden sich hier viele lohnende Gipfeltouren und einsame Wanderwege.

Kein Wunder, dass sich König Ludwig westlich von Graswang, nur wenige Kilometer von Kloster Ettal entfernt, eines seiner Märchenschlösser bauen ließ. Das Rokoko-Schlösschen Linderhof mit seinem

the perfect day

9 Uhr: Mit der Laberbergbahn zum Laberjoch; Bergtour über das Ettaler Manndl zum Kloster Ettal
12 Uhr: Besuch des Klosters und des Brauereimuseums
14 Uhr: Mit dem Bus nach Linderhof, Besichtigung des Schlosses und der Grotte
17.30 Uhr: Rückfahrt mit dem Bus nach Oberammergau

wundervollen Park zählt neben Neuschwanstein zu den meistbesuchten Ausflugszielen in Bayern. Es ist aber auch Ausgangspunkt für Bergwanderungen zum Höhenzug nördlich des Graswangtales. Dieser führt vom Teufelskopf und dem Dreisäulerkopf über den Brunnenkopf, die Kleine und Große Klammspitze weiter zum Grubenkopf. Das urige Brunnenkopfhaus bietet sich als ideale Übernachtungsmöglichkeit an.
Vom Schloss Linderhof führt ein malerischer Weg durch die parkartige Landschaft des Naturschutzgebietes zum Kloster Ettal: Über den Kohlbachweg geht es nach Graswang, ein idyllisches, kleines Dörfchen. Der Weg wechselt nun auf die südliche Seite des Tals und führt an den Großen Ammerquellen vorbei zum Benediktenhof und

WANDERN & BERGTOUREN

TOP TIPP

Eine abwechslungsreiche, anspruchsvolle Bergtour führt vom **Kloster Ettal** (877 m) aufs **Ettaler Manndl** (1633 m). Ein gemütlicher Wanderweg verläuft nach Nordosten in den Tiefentalgraben. Vorbei an der Tiefental-Diensthütte schlängelt sich der Pfad in engen Kehren durch den Wald bis zu den Felswänden, durch die ein gesicherter Steig führt. Der Anstieg zu dem markanten Doppelgipfel erfordert Trittsicherheit; wer nicht schwindelfrei ist, sollte auf jeden Fall unten bleiben. Für den Rückweg bietet sich die Route über den romantisch gelegenen Soilsee (1398 m) hinunter nach Oberammergau an. Ein Bus bringt den Wanderer wieder zurück zum Kloster Ettal. Zeit: ca. 4 Std.; Einkehr: keine

Kofel (1342 m) Kurze Bergtour mit einem gut gesicherten Steig	Ausgangspunkt: Parkplatz Jugendherberge Oberammergau (837 m); Fußweg zum Friedhof, dort auf dem Grottenweg Richtung Süden – vorbei an der Mariengrotte zur Lichtung vor dem Dottenbühl – rechts über die Wiese in den Wald – dem kurvenreichen Pfad bis zum Gipfelfelsen folgen – über gesicherten Steig die letzten Meter zum Gipfel – Abstieg unterhalb des Brunnbergs durch den Wald zur Kolbenalm (1042 m); Zeit: ca. 3 Std.; Einkehr: Kolbenalm
Oberammergau – Graswang – Linderhof Schöne, leichte Wanderung durchs blumenreiche Tal	Ausgangspunkt: Bahnhof Oberammergau; Arme-Seelen-Straße ins Naturschutzgebiet Weidmoos – Waldweg durch den Dikkenwald – vorbei an den Rahmbauernhöfen durch das Graswangtal – weiter ins Kohlbachtal – dort weiter zum Schloss Linderhof; Rückfahrt mit dem Bus; Zeit: ca. 4 Std.; Einkehr: Gasthöfe in Oberammergau, Graswang und Linderhof
Teufelstättkopf (1758 m) Abwechslungsreiche Höhenwanderung von Gipfel zu Gipfel	Ausgangspunkt: Schloss Linderhof (943 m); dem E4 folgend zum August-Schuster-Haus (1564 m) – markierter Steig zum Teufelstättkopf – Weiterweg auf der Nordseite des Gipfelkamms zum Laubeck (1758 m) – Übergang zum Hennenkopf (1768 m) – unter dem Dreisäuler Kopf (1629 m) vorbei zum Brunnenkopfhaus (1602 m) – auf dem bequemen Wanderweg zurück nach Linderhof; Zeit: ca. 6–7 Std.; Einkehr: August-Schuster-Haus, Brunnenkopfhaus
Klammspitze (1924 m) Längere Bergtour mit Panoramablick für anspruchsvollere Wanderer	Ausgangspunkt: Linderhof (943 m); auf markiertem Weg zum Brunnenkopfhaus (1602 m) – auf schmalem Pfad zum Südgrat der Großen Klammspitze (1924 m) – in leichtem Felsgelände zum Gipfel – teils ausgesetzter Übergang (kurze Stellen mit Drahtseil gesichert) zum Feigenkopf (1867 m) – Abstieg zum Bäckenalmsattel (1536 m) – durch das Sägertal zurück; Trittsicherheit und Schwindelfreiheit im Felsgelände erforderlich; Zeit: ca. 6–7 Std.; Einkehr: Brunnenkopfhaus

Hütten

Berggasthof Kolbenalm
(1040 m) Der urige Wirt Lorenz Gröbmöller hat erst vor kurzem die Alm im Ammertal komplett umgebaut und erweitert. Nach einem langen Wandertag entspannt man in der gemütlichen Stube bei einem deftigen Holzfällersteak und Live-Musik; Zustieg von Oberammergau in ca. 20. Min.; Tel. 0 88 22/63 64

Kolbensattelhütte (1270 m)
Die Hütte liegt malerisch im Kolbensattel. Legendärer Kaiserschmarrn, frische Buttermilch und viele weitere Köstlichkeiten schmecken auf der Sonnenterrasse am besten. Das handgeschnitzte weiße Schaukelpferd ist das Maskottchen der Hütte und wird von Kindern heiß geliebt; direkt an der Bergstation der Kolbenbahn gelegen; Tel. 0 88 22/12 22

August-Schuster-Haus
(1564 m) Die Hütte liegt fast auf dem Gipfel des Pürschlings (1566 m). Herrlicher Panoramablick von der Aussichtsterrasse auf Schloss Linderhof, die Zugspitze und die Ammergauer Alpen. Die gemütliche Gaststube lädt ein zu zünftigen Hüttenabenden. Schnellster Zustieg über schönen, leichten Wanderweg von Unterammergau (836 m) in ca. 2 Std.; Tel. 0 88 22/35 67

Laberhaus (1686 m)
Direkt an der Bergstation der Laberbergbahn liegt das Laberhaus. Herrlicher Blick von der Terrasse über die oberbayerischen Seen bis zum Estergebirge. In der Stube sind die Plätze an den großen Panorama-Fenstern begehrt. Das Haus ist ein guter Ausgangspunkt für Wanderungen zum Ettaler Manndl. Tel. 0 88 22/42 80

Brunnenkopfhaus (1602 m)
Familie Mannhofer führt die urige Hütte, die am Europäischen Fernwanderweg liegt. Ausgangspunkt ist Schloss Linderhof (943 m); Zustieg in ca. 1,5 Std.; Tel. 0 88 21/8 24 89

Im edlen und geschmackvollen Ambiente des **Johannesbades** in Bad Kohlgrub kann man zwischen verschiedenen Angeboten wählen: So gibt es z.B. eine Blütengrotte, die Atemwegsbeschwerden lindern hilft, oder das Römische Bad mit Laconium und Tepidarium – ein sanftes Schwitzbad, das schon die römischen Patrizier genossen. Im Kräuterbadl atmet man die aromatische Luft frischer Bergkräuter ein. Und zur Abkühlung taucht man in Eiskristalle oder stellt sich unter die prickelnde Aromadusche. Moorpackungen und Massagen runden das Gesundheitsprogramm ab; Tel. 0 88 45/8 40; www.johannesbad-schober.de

Klettergarten Frauenwasserl Oberammergau
Die Kletterwand hat in ihren drei Sektionen insgesamt 22 Routen mit dem Schwierigkeitsgrad 4+ bis 7, die bis 33 m lang sind. Der sonnige Felsen eignet sich für Einsteiger und Fortgeschrittene. Auf der B 2 nach Ettal links Richtung Linderhof, nach 1,5 km rechts, 1 km zum Parkplatz.

Nordic Walking
Landschaftlich besonders reizvolle Nordic-Walking-Strecken sind in Bad Bayersoien und Bad Kohlgrub ausgewiesen. Sie führen durchs Hochmoor, an Seen und Weihern entlang oder zum Höhentraining durch alpines Gelände am Hörnle, an der Bergstation Vorderes Hörnle. In einer Broschüre sind die neun, in drei Schwierigkeitsgrade eingeteilten Routen mit Höhenprofilen und interessanten Tipps beschrieben; www.bad-kohlgrub.de

Wildwassersport Saulgrub
Für alle Wildwasserfans ist die 11,7 km lange Strecke auf der Ammer vom Kammerl zur Rottenbucher Brücke genau das Richtige; Schwierigkeitsgrad WW II–III. Schwierigste Stelle der Ammer: abwärts durch die Felsenge und den Wirbel »Scheibum«. Befahrvorschriften bei der Tourist-Info Saulgrub.

KULTUR & CO

TOP TIPP

So mythen- und märchenhaft wie König Ludwig selbst zeigt sich das prunkvolle **Schloss Linderhof**, in dem er viel Zeit verbrachte. In dem 50 Hektar großen Park mit Parterregärten, Brunnen, Wasserkaskaden und einem Maurischen Teehaus lohnt sich auch der Besuch der Venusgrotte. Sie ist einem Bühnenbild der Oper »Tannhäuser« nachempfunden. Dort ließ sich der König über den künstlichen kleinen See chauffieren und genoss die Werke von Wagner bei bunten Lichteffekten; Schloss Linderhof, Tel. 0 88 22/92 03 49, www.linderhof.de

Passionsspielhaus Oberammergau	Aufführungen des historischen Schauspiels »Oberammergau 1630«; zudem jeden Sommer wechselnde Aufführungen oder Konzerte, Auskunft: Tel: 08 22/23 10
Kloster Ettal Ettal	Berühmtes Barockkloster mit Basilika, Brauereimuseum und Klosterbrennerei; Tel. 0 88 22/740, www.oberammergau.de

weiter nach Ettal (ca. 4 Std.) zur 1330 gegründeten Benediktinerabtei. Umgeben von Wiesen und Wäldern, wird das gewaltige Bauwerk von einer mächtigen Kuppel überragt. Ettal zählt mit seiner herrlichen Basilika zu den schönsten Zeugnissen des bayerischen Barock und beherbergt mit dem Gnadenbild – einer marmornen Madonna aus dem Mittelalter – einen kostbaren Kunstschatz.

Zum Klosterbesuch gehört ein Abstecher ins Biermuseum und in die Destillerie, wo der berühmte Ettaler Klosterlikör gebrannt wird. Aber nicht nur für Kunst-, Bier- und Schnapsliebhaber lohnt sich der Weg. In der Umgebung des Klosters locken auch herrliche Berg- und Klettertouren wie zum Beispiel auf das nördlich gelegene Ettaler Manndl oder zur Notkarspitze im Süden.

Der Hauptverkehrsweg führt Richtung Westen, über den Ettaler Sattel hinunter ins Loisachtal und ins Werdenfelser Land. In der Gegenrichtung macht die Straße – genau wie die Ammer – eine Wendung nach Norden, nach Oberammergau. Die oberbayerische Bilderbuchstadt wurde vor allem durch die Passionsfestspiele bekannt. Rund eine halbe Million Besucher kommen in die Region, wenn dem Gelübde entsprechend alle zehn Jahre – das nächste Mal im Jahr 2010 – Aufführungen stattfinden. Als 1632 in der Region die Pest ausbrach, gelobten die Bewohner, alle zehn Jahre die Passionsspiele aufzuführen. Über den Gräbern der Pesttoten wurde die erste Bühne errichtet, heute steht dort ein großes Theater. Noch immer ist bei den rund 100 Aufführungen nahezu der ganze Ort beteiligt, mehr als 2000 Oberammergauer Bürgerinnen und Bürger sind aktiv dabei.

Aber auch außerhalb der Spielzeit sind Ober- und Unterammergau ein lohnenswertes Reiseziel – besonders für Familien. Von den berühmten heimischen Holzschnitzern gefertigte Kruzifixe und Figuren stehen in den Schaufenstern, der Zwiebelturm der Pfarrkirche St. Peter und Paul ragt in den – wenn man Glück hat – weiß-blauen

Eines der schönsten Zeugnisse bayerischen Barocks: Kloster Ettal

Himmel. Herrliche Lüftlmalereien schmücken die Häuserfassaden, Blumenkästen mit üppig blühenden Geranien zieren die Balkone. Das breite Tal lockt mit leichten Fahrradtouren und einfachen, aber schönen Bergwanderungen.

Im benachbarten Unterammergau gehört die Schleifmühlklamm unterhalb des Pürschlings mit ihrem Lehrpfad, dem Wildbach und den imposanten Wasserfällen zu den reizvollsten Spaziergängen. Östlich von Oberammergau ragt die Spitze des Laber in den Himmel, westlich führt die Kolbensesselbahn zur Kolbensattelhütte in ein nettes Familienwandergebiet in der Region des Pürschlings. Von Oberammergau führt der Altenau-Talweg, ein herrlicher Spazierweg, durch das offene, weite Ammertal Richtung Bad Bayersoien und Bad Kohlgrub, dem höchstgelegenen Heilbad Deutschlands. Die beiden Orte sind umgeben von einer der größten Moorlandschaften des Landes, die sich über Jahrtausende in den weiten, von eiszeitlichen Gletschern ausgeschürften, seenreichen Talbecken bildete. Schöne Nordic-Walking-Routen führen durch dieses ungewöhnliche Gelände. Die heilende Kraft der Bäder und Packungen aus dem Hochmoor lindern Schmerzen bei Rheuma und Gelenkerkrankungen. Wer nicht mit Kuren beschäftigt ist, der lässt sich mit der Schwebebahn auf das Hörnle bringen oder fährt mit dem Fahrrad die Geizenmoortour (15 km). Oder er besucht die Schleierfälle bei Hargenwies, wo die inzwischen zu einem stattlichen Fluss angeschwollene Ammer eindrucksvoll über Felsstufen stürzt, bevor sie dann die letzten Ausläufer der Oberammergauer Berge hinter sich lässt und ruhig plätschernd ins idyllische, sanft gewellte Alpenvorland davonfließt.

ALLGEMEINE INFORMATIONEN

Oberammergau (837 m)	Touristinformation **Oberammergau**; Tel. 0 88 22/92 27 40; info@oberammergau.de; www.oberammergau.de
Orte	**Bad Bayersoien** www.bad-bayersoien.de • **Bad Kohlgrub** www.bad-kohlgrub.de • **Ettal u. Graswang** www.ettal.de • **Unterammergau** www.unterammergau.de • **Saulgrub**
Entfernungen	Hamburg 863 km; Berlin 675 km; Köln 629 km; Frankfurt a. M. 481 km; Stuttgart 254 km; München 89 km

Restaurants

Parkhotel Bayersoien
Das gehobene Wellness- und Kurhotel in Bad Bayersoien wartet im Gourmet-Restaurant mit klassischen Gourmetmenüs, internationalen Spezialitäten und bayerischen Schmankerln auf. Außerdem werden viele Gerichte aus der südafrikanischen Küche kredenzt. Der exklusive Weinkeller beherbergt viele preisgekrönte Jahrgänge aus den besten Anbaugebieten der Welt; Tel. 0 88 45/1 20; www.parkhotel-bayersoien.de

Wanderkarten

Karte des **Bayerischen Landesvermessungsamtes**; UK L12, Mangfallgebirge, Tegernsee, Schliersee, Rosenheim; 1:50 000

Garmisch-Partenkirchen

ADAC Prädikat

SPORT & SPASS

WANDERN & BERGTOUREN

KULTUR & CO.

WELLNESS & GENUSS

Der Wank hoch über Garmisch-Partenkirchen ist eine erstklassige Aussichtsloge vis-à-vis von Alpspitze (links) und Zugspitze.

Sommerparadies am Fuße der Zugspitze

Der Olympiaort von 1936 hat in Bezug auf den Wintertourismus etwas Nachholbedarf, im Sommer läuft Garmisch-Partenkirchen allerdings zur Höchstform auf: Rund um die Zugspitze gibt es alles, was der bergbegeisterte Urlauber sich vorstellen kann – und als Sahnehäubchen ein umfangreiches Kulturprogramm.

Bereits die Anreise nach Garmisch-Partenkirchen ist ein Erlebnis. Aus dem Flachland geht es hinein ins enge Loisachtal, das wie eine Pforte den Zustrom ins Werdenfelser Land kanalisiert. Am Ende des Tales wartet das Paradies, zumindest wenn man nach den landschaftlichen Gegebenheiten urteilt: Über einem weiten, offenen und sonnigen Talbecken ragt wie eine Mauer die mächtige, kilometerlange Kette des Wetterstein mit ihren markanten Gipfeln auf.

the perfect day

9 Uhr: Ausflug zur Partnachklamm; anschließend Anstieg auf den Eckbauer und mit der nostalgischen Gondelbahn zurück ins Tal
12 Uhr: Fahrt mit der Zahnradbahn zum Eibsee mit anschließender Wanderung
16 Uhr: Mit der Gondelbahn auf den Wank und den Panoramaweg um den Ameisberg wählen
21 Uhr: Im Wankhaus übernachten: auf der Terrasse den traumhaften Sonnenuntergang genießen und nach einem gemütlichen Hüttenabend ins Bett fallen

Bis 1935 waren Garmisch und Partenkirchen noch getrennte Märkte, erst mit der Vergabe der Olympischen Winterspiele 1936 wurden beiden benachbarten Orte zu einer Marktgemeinde zusammengelegt. Doch nicht alles ist zusammengewachsen: Noch heute gibt es zwei Skiklubs, zwei Trachtenvereine, zwei Feuerwehren und zwei Fingerhaklergruppen.
Wahrzeichen der Stadt ist die Olympiaschanze, die 2007 eiligst für das Neujahrsspringen errichtet und 2008 fertiggestellt wurde. Innerhalb kürzester Zeit hat sie sich zum Besuchermagneten entwickelt. Bei einer Führung lernt man nicht nur die technischen Hintergründe der topmodernen Schanze kennen, sondern genießt auch einen wunderschönen Blick auf Garmisch-Partenkirchen. Die Zugspitze hat als höchster Berg Deutschlands zweifellos die größte Anziehungskraft, nicht zuetzt, weil der Gipfel mit Bergbahnen bequem erreichbar ist. Beim zentral gelegenen Bahnhof im Ort startet die 1930 in Betrieb

genommene Zahnradbahn über den Eibsee zum Schneeferner. Vom Eibsee aus schwebt außerdem eine kühne Seilbahn in zehn Minuten direkt zum Zugspitz-Gipfel. Vom Schneeferner schließt eine weitere Seilbahn die Lücke zwischen Zahnradbahn und Fast-Dreitausender. Oben reicht der Blick in einem 360-Grad-Rundblick bis zu 200 km weit. Kein Wunder, dass die Zugspitze bei Ausflüglern und Bergsteigern ganz oben auf der Wunschliste steht; entsprechend stark frequentiert sind die langen Anstiege durch das Reintal und das Höllental, die neben ausreichender Kondition entsprechende Bergerfahrung erfordern. In der Regel braucht man für beide Touren jeweils zwei Tage: Die Reintal-Variante schaffen auch ausdauernde und geübte Wanderer, die Höllentaltour hingegen verlangt in etlichen Felspassagen Trittsicherheit und Schwindelfreiheit sowie auf dem kleinen, aber nicht zu unterschätzenden Gletscher des Höllentalferners Erfahrung im Umgang mit Seil, Steigeisen und Pickel. Sehenswerte Ausflugsziele gibt es in der Region zur Genüge. Eng und dunkel sind die Schluchten von Höllental- und Partnachklamm. Selbst im Som-

WANDERN & BERGTOUREN

TOP TIPP

Auf den höchsten Berg Deutschlands – zu Fuß. Der längste, aber einfachste **Zugspitzweg** 1 führt durch das Reintal und erfordert zwei Tage Zeit, stabiles Wetter und für den Steilaufschwung vom Schneeferner zum Gipfel Trittsicherheit und Schwindelfreiheit. Alternativ kann man dieses etwas anspruchsvollere Schlussstück auch mit der Gletscherbahn überwinden. Der Anstieg beginnt beim Olympia-Skistadion in Garmisch-Partenkirchen (708 m) und führt durch die Partnachklamm und das Reintal zur Reintalangerhütte (1366 m, Übernachtung). Am zweiten Tag geht es steil bergauf, erst zur Knorrhütte (2051 m), dann über die immer karger werdenden Böden des Zugspitzplatts zum Schneeferner (2650 m). Über eine Schuttreiße und einen teils mit Drahtseil gesicherten Steig erreicht man das Münchner Haus (2960 m) und die Seilbahnstationen und kurz darauf den mit einem goldenen Kreuz geschmückten Gipfel (2962 m). Zeit: ca. 11 Std.; Einkehr: Bockhütte, Reintalangerhütte, Knorrhütte, Sonn Alpin, Münchner Haus. Geführte Touren: Werdenfelser Bergführerbüro, Tel. 0 88 21/18 07 44, www.bergfuehrer-werdenfels.de; Bergsteigerschule Zugspitze, Tel. 0 88 21/5 89 99, www.bergsteigerschule-zugspitze.de

Eckbauer (1236 m) Über Wamberg in die Partnachklamm	Ausgangspunkt: Garmisch-Partenkirchen (708 m), Olympia-Skistadion; Kainzenbad – Wamberg (996 m) – Eckbauer – Vorder-Graseck (800 m) – Partnachklamm – Olympia-Skistadion; einfache Wanderung mit schönen Ausblicken; Zeit: ca. 4 Std.; Einkehr: Gasthäuser in Wamberg, Eckbauer, Forsthaus Graseck, Gasthaus und Kiosk am Eingang zur Partnachklamm
Kramer (1985 m) Lange Bergwanderung auf einen großartigen Aussichtsberg	Ausgangspunkt: Almhütte (780 m), Garmisch; Kramerplateauweg – St. Martin (1028 m) – Kramersteig – Kramer – Stepbergalm (1583 m) – Stepbergalpensteig – Almhütte; mittelschwere Wanderung, Trittsicherheit erforderlich; Zeit: ca. 7 Std.; Einkehr: St. Martin, Stepbergalm
Osterfelderkopf (2050 m) Eindrucksvolle Bergabwanderung vor der Zugspitze	Ausgangspunkt: Osterfelderkopf (2050 m), Bergstation der Alpspitzbahn; Hupfleitenjoch – Knappenhäuser – Höllentalangerhütte (1379 m) – Höllentalklamm – Hammersbach; Rückkehr zur Seilbahn-Talstation mit der Zugspitz-Zahnradbahn; traumhafte, mittelschwere Bergwanderung auf teils schmalen Steigen; Zeit: ca. 3,5 Std.; Einkehr: Höllentalangerhütte, Klammeingangshütte

TOP TIPP

Ein Muss ist die **Alpspitz-Ferrata** 2 – und das nicht nur für ausgemachte Klettersteigfans: Der mit Eisenstiften und Drahtseilen gesicherte Weg durch die Nordwand der Alpspitze ist so schweißtreibend wie spektakulär. Trittsicherheit, Schwindelfreiheit und ein Klettersteig-Set samt Helm sowie das bergsteigerische Know-how vorausgesetzt, ist die Ferrata als mittelschwer einzustufen. Route: Mit der Alpspitzbahn auf den Osterfelderkopf (2050 m). Von dort in südlicher Richtung auf dem Nordwandsteig unter dem Höllentorkopf vorbei. Etwa 100 m nach einem markanten Felsturm zum Felsansatz und bald die ersten Leitern hinauf. Durch Rinnen und zerklüftete Felspartien; später steiler auf den Nordwestgrat. Ihn entlang bis zum Gipfelaufschwung und über eine Rinne zum Kreuz. Leichtester Rückweg über den Nordwandsteig zur Seilbahnstation. Zeit: ca. 5 Std; geführte Touren: Bergführerbüro Werdenfels, Tel. 0 88 21/18 07 44, www.bergfuehrer-werdenfels.de

DAV-Tipp

DAV Deutscher Alpenverein

Münchner Haus (2960 m)
Das Münchner Haus – unmittelbar neben Deutschlands höchstem Gipfel – trägt die Hausnummer »Partenkirchen 1«. Die Hütte ist komplett mit Lärchenschindeln verkleidet und lädt zur aussichtsreichen Rast ein. 1897 erbaut, wird sie seit 1925 von der Familie Barth bewirtschaftet. Nur 27 Lager stehen zur Verfügung. Wer einen Platz ergattert, kommt in den Genuss eines einmaligen Sonnenauf- und -untergangs; Tel. 0 88 21/29 01, www.muenchner-haus.de

Garmisch-Partenkirchen

Hütten

Kreuzeck-Haus (1652 m)
Hoch über Garmisch gelegen, ist das Kreuzeck-Gebiet ein perfekter Aussichtspunkt. In der Nähe des Kreuzeck-Hauses startet im Winter die berühmte 3,7 km lange »Kandahar«-Abfahrt. Im Sommer kann man einfache Wanderungen vor prächtiger Kulisse unternehmen. Etwas anspruchsvoller ist der Weg über das Hupfleitenjoch zur Höllentalangerhütte und durch die Höllentalklamm nach Hammersbach (Zeit: ca. 4 Std.); Tel. 0 88 21/22 02

Reintalangerhütte (1366 m)
Hüttenwirt Charly Wehrle ist ein Original. Vor der Hütte wehen tibetische Gebetsfahnen, Sherpa Gyalzen macht seit einigen Jahren den besten Kaiserschmarrn, abends gibt es gelegentlich ein kleines Konzert mit bayerischen, aber auch nepalesischen Stücken,

und in der Früh werden die Zugspitzaspiranten mit Hackbrett, Gitarre und Kontrabass geweckt. Ausgangspunkt ist das Skisprungstadion in Garmisch-Partenkirchen, durch das Reintal geht es zur Hütte; Zeit: ca. 5 Std.; Tel. 0 88 21/29 03, www.reintalangerhuette.de

Wankhaus (1780 m)
Marion Becker und Jürgen Stoll heißen die beiden sympathischen Hüttenwirte, die seit einigen Jahren das Wankhaus in Panoramalage über dem Loisachtal bewirtschaften. Von hier sieht man das Wettersteingebirge in seiner ganzen Breite. Von der Bergstation der Wankbahn ca. 10 Min. Gehzeit; Tel. 0 88 21/5 62 01, www.becker-stoll.de

Wanderkarten

Karte des **Bayerischen Landesvermessungsamtes**; UK L 31, Werdenfelser Land; 1:50 000
Alpenvereinskarte; Blätter 4/2 und 4/3, Wetterstein- und Mieminger Gebirge; 1:25 000

ALLGEMEINE INFORMATIONEN

Garmisch-Partenkirchen	**Garmisch-Partenkirchen** Tourismus; Tel. 0 88 21/18 07 00; E-Mail: tourist-info@gapa.de; www.garmisch-partenkirchen.de
Orte	**Eschenlohe** www.eschenlohe.de • **Farchant** www.farchant.de • **Grainau** www.grainau.de • **Oberau** www.oberau.de • **Ohlstadt** www.ohlstadt.de
Entfernungen	Hamburg 863 km; Berlin 674 km; Köln 676 km; Frankfurt a. M. 481 km; Stuttgart 301 km; München 88 km

mer dringt kaum ein Sonnenstrahl in die nur wenige Meter breiten Klammen, die durch die Kraft des Wassers tief in die umgebenden Felswände gefräst wurden. Auf Stegen und Brücken, teilweise auch durch in den Fels gesprengte Stollen können die eindrucksvollen Schluchten bequem durchwandert werden. Angenehme Erfrischung bietet der glasklare Eibsee am Fuß der Zugspitze.
Auf schattige Kühlung bedachte Klettersteigfreunde steuern die Alpspitze an; sie bietet mit der »Nordwand-Ferrata« einen bestens gesicherten Klettersteig. Ein Muss für Blumenfreunde ist die Tour zum Alpenblumengarten am Schachen: Mehr als 1000 verschiedene Blumen- und Pflanzenarten offenbaren hier die bunte Vielfalt der Alpenflora. Gleich daneben steht das einstige Jagdschloss des Märchenkönigs Ludwig II. Der im maurischen Stil eingerichtete »Türkische Saal« ist verschwenderisch ausgestattet mit opulent bestickten Textilien,

Pfauenfedern und farbigen Glasfenstern. Den schönsten Blick auf die Zugspitze und den ganzen Wetterstein genießt man naturgemäß von den Gipfeln gegenüber, vom Kramer oder vom Estergebirge mit dem Wank. Der Garmischer Sonnenberg ist wie Zugspitze, Osterfelderkopf, Kreuzeck und Eckbauer mit Bergbahnen bequem zu erreichen, bietet aber auch mehrere Anstiegsmöglichkeiten auf schönen und einfachen Steigen. Es gibt viel Augenfälliges zu sehen, doch manches will auch entdeckt werden. Etwa die Wallfahrts- und Klosterkirche St. Anton, malerisch etwas oberhalb von Partenkirchen gelegen und auf einem Kreuzweg leicht zu erreichen. Weitere interessante Ziele sind die Schalmerschlucht am Fuß des Wank, der Pflegersee östlich des Kramer oder die Reste der einst großen Burg Werdenfels. Die Kuhflucht-Wasserfälle oberhalb von Farchant sind am schönsten nach der Schneeschmelze oder nach einem sommerlichen Gewitterregen, wenn das Wasser mit aller Kraft aus der senkrechten Felswand schießt und in mehreren Kaskaden talwärts fließt. Vielseitig ist Garmisch-Partenkirchen auch beim kulturellen Angebot. Im Werdenfels Museum (Tel. 0 88 21/21 34) sind interessante Zeugnisse zu Kultur und Geschichte der Region ausgestellt, im historischen Ortskern erfreuen Häuser mit Lüftlmalerei. Das Richard-Strauss-Institut erinnert mit wechselnden Ausstellungen an den in München geborenen Komponisten und prominentesten Ehrenbürgers des Ortes. Die traditionellen Richard-Strauss-Tage werden durch ein umfangreiches Programm im Rahmen des Kultursommers ergänzt.

Partnachklamm

Fantastische, 700 m lange und bis zu 80 m tief eingeschnittene Klamm. 1912 wurde der erste gesicherte Steig durch die Felsschlucht gebaut. Nachdem 1991 ein Felssturz Teile des Weges verschüttete, wurde ein 108 m langer Tunnel in den Fels gesprengt,

durch den man die gefährdete Zone umgeht. Ansonsten führt der Weg fast immer nur wenige Meter über dem Wasser der Partnach entlang, die seitlichen Felswände steigen senkrecht bis überhängend in die Höhe. Tel. 0 88 21/31 67

Klettergarten

Schwindelfreiheit und Klettergeschick testet man im neuen Panorama-Hochseilgarten. Mit wachsendem Schwierigkeitsgrad geht es bis zu 17 Meter in die Höhe über abenteuerliche Wege – aber immer gesichert. Tel. 01 70/634 96 88; www.kletterwald-gap.de

Restaurants

Reindl's Partenkirchner Hof
Erstklassiges Hotel mit erstklassiger Küche. Ob feine bayerische Spezialitäten oder leichte französische Speisen in Verbindung mit einem guten Tropfen aus dem Weinkeller: Man kann nichts Falsches wählen; www.reindls.de Tel. 0 88 21/94 38 70;

Bräustüberl
Die Anlaufstelle für Freunde der Gemütlichkeit und des Bieres. Das echt oberbayerische Lokal in Garmisch-Partenkirchen ist außen mit Lüftlmalerei geschmückt, innen herrscht ausgelassene Fröhlichkeit; Tel. 0 88 21/23 12

Kochelsee – Walchensee

ADAC Prädikat

SPORT & SPASS

WANDERN & BERGTOUREN

KULTUR & CO.

WELLNESS & GENUSS

Vielfalt im Zwei-Seen-Land

Die abwechslungsreichen Möglichkeiten machen die Region Kochel-/Walchensee zu einem der beliebtesten Ausflugsziele der Münchner. Familien bietet die Region kinderfreundliche Ausflugsziele und Bademöglichkeiten, Mountainbikern und Wanderern abwechslungsreiche Routen. Für Wassersportler ist der Walchensee ein Surf- und Tauchparadies.

Kurve um Kurve schlängelt sich die Kesselbergstraße vom Kochelsee hinauf zum Pass. Auf der einen Seite blitzt immer wieder das dunkle Blau des Sees durch die Baumwipfel, auf der anderen Seite leuchten die schroffen Felsformationen des Jochbergs imposant in der Mittagssonne. Kleine Aussichtsbuchten laden zu kurzen Pausen ein, um den Blick über die weitläufige Landschaft des Alpenvorlandes bis zum Ammersee zu genießen.

Schon in der Bronzezeit war die Strecke zwischen Kochel- und Walchensee die wichtigste Verkehrsverbindung zwischen Oberbayern und dem Innsbrucker Land. Herzog Albrecht IV. ließ seinerzeit den morastigen Weg ausbauen, um den Handel voranzutreiben. Mit einer Steigung von bis zu 25 % ist die rund 3 km lange alte Kesselbergstraße eine beliebte, aber anspruchsvolle Mountainbiketour.

Franz-Marc-Museum
Der Künstler Franz Marc kam um 1900 oft nach Kochel am See, um sich mit seinen Freunden Paul Klee oder Wassily Kandinsky zu treffen. In vielen Bildern der Künstlergruppe des »Blauen Reiters« finden sich Motive aus dem Zwei-Seen-Land. Das kleine, aber feine Museum in Kochel beherbergt eine stattliche Auswahl an Gemälden, Zeichnungen, Plastiken und persönlichen Dingen von Franz Marc; Tel. 0 88 51/ 71 14, www.franz-marc-museum.de

Familienfreundliche Wandertouren

Auf der Passhöhe nehmen mehrere schöne Wanderungen ihren Ausgangspunkt. Auf der Ostseite führt ein abwechslungsreicher Weg zum Jochberg und zur Jocher-Alm. Für Familientouren sind die Wege ideal, und die Aussicht hinab zu den tiefblauen Seen ist grandios. Die Künstler des »Blauen Reiters« wie Franz Marc, der in Kochel wohnte, ließen sich durch dieses Naturschauspiel inspirieren. Werke dieser Zeit sind im Franz-Marc-Museum in Kochel zu bewundern.

Westlich des Kesselbergpasses beginnt der leicht begehbare, aber sehr steile Reitweg hinauf zum Herzogstand. Wer nach der schweißtreibenden zweistündigen Wanderung am Herzogstandhaus angekommen ist, versteht sehr schnell, warum Ludwig II. 1865 hier ein Königshaus erbauen ließ. Auch wenn von dem alten Gemäuer nichts mehr zu sehen ist, die atemberaubende Aussicht hat sich seit damals kaum verändert: Sie reicht von München bis Innsbruck, von den Allgäuer Alpen über das Karwendel bis zum Wilden Kaiser. Wer mag, fährt mit der neuen Kabinenbahn wieder abwärts zum Walchensee oder übernachtet auf dem Herzogstandhaus, um am nächsten Morgen den mittelschweren Gratweg zum Heimgarten anzutreten und über den Rotwandkopf zum Walchensee abzusteigen.

An schönen Sommertagen fegen dort unzählige bunte Segel übers Wasser. Entlang der Uferstraße, die teilweise für den Autoverkehr gesperrt ist, haben Surfer und Taucher ihr Tageslager aufgebaut. Regelrecht bevölkert wird die Strecke von Eltern mit Kinderwagen, Inlineskatern und Fahrradfahrern. Nur wenige ahnen wohl, dass – so

the perfect day

9 Uhr: Fahrt mit der Herzogstandbahn, kleine Wanderung zum Herzogsstand; Panoramablick genießen, Einkehr im Herzogstandhaus
11 Uhr: Abstieg zum Walchensee, Fahrt zum Kochelsee
15 Uhr: Besuch des Franz-Marc-Museums in Kochel
7 Uhr: Schwimmen im Kochelsee oder Besuch des Erlebnisbades »trimini«

WANDERN & BERGTOUREN

TOP TIPP

Zu den schönsten Gratwanderungen Bayerns zählt der mittelschwere Höhenweg vom **Herzogstand** (1731 m) zum **Heimgarten** (1790 m), der Ausdauer und Trittsicherheit erfordert. Vom Parkplatz der Talstation der Herzogstandbahn (815 m) wandert man in Kehren gegen Norden den Berg hinauf zum Herzogstandhaus (1627 m). Von hier schlängeln sich Serpentinen am Martinskopf vorbei zum ersten Gipfelkreuz beim Aussichtspavillon des Herzogstand (1731 m). Auf der westlichen Seite des Gipfels beginnt der Gratweg. Der schmale Pfad führt ausgesetzt auf und ab über den Felsengrat. Dann durch Latschen hinauf zum Heimgarten. Beim Heimgarten-Haus (1788 m) beginnt der Abstieg nach Süden, vorbei an der malerisch gelegenen Ohlstädter Alm (1423 m). Unterhalb des Rotwandkopfes zieht der Weg im weiten Bogen zurück zum Walchensee; Zeit: ca. 6 Std.; Einkehr: Herzogstandhaus, Heimgartenhütte

Hirschhörndlkopf (1516 m) Leichte Wanderung auf sanften Gipfel	Ausgangspunkt: Parkplatz am Schützenhaus in Jachenau (790 m); ins Tal der Kleinen Laine – an der Brücke rechts der Beschilderung Hirschhörnlkopf folgen – Aufstieg in Serpentinen zur Pfund-Alm (1400 m) – über die Almwiese zum Gipfel; Abstieg über die Kotalm und den Kotbach; Zeit: ca. 4,5 Std.; Einkehr: keine
Jochberg (1565 m) Abwechslungsreicher, leichter Wanderweg mit traumhaftem Zwei-Seen-Blick	Ausgangspunkt: Parkplatz Passhöhe am Kesselberg (850 m); Straße überqueren – steiler Waldweg führt Richtung Osten unter dem Desselkopf in den Wald hinein – nach ca. 1300 m gabelt sich der Weg, links weiter zum Jochberg – vorbei an Felswänden über den freien Wiesenrücken zum Gipfel – Abstieg über die Jocher-Alm (1381 m) – Richtung Urfeld zurück zum Kesselberg; Zeit: ca. 5 Std.; Einkehr: Jocher-Alm
Simetsberg (1840 m) Längere Wanderung zu einem einsamen Berggipfel	Ausgangspunkt: Parkplatz südlich von Einsiedl (805 m, Richtung Obernach) – dann dem Forstweg folgen; bei den nächsten beiden Gabelungen links halten – Weg wird zum schmalen Pfad. Durch Waldpassagen, steile Grasleiten, sanfte Almwiesen und Latschen zur kleinen Diensthütte Simetsberg – weiter zum Gipfelkreuz hinauf; Abstieg wie Aufstieg; Zeit: ca. 6 Std.; Einkehr: keine

die Sage – ein Riesenfisch auf dem Grund des Walchensees leben soll, der einst mit seiner Flosse den Kesselberg zerschlagen wird. Das zu Tal stürzende Wasser werde das Land bis zur bayerischen Hauptstadt überschwemmen, heißt es. Schon heute stürzt das Wasser in die Tiefe, allerdings kontrolliert in dicken Rohren, zur Stromerzeugung. Ein Besuch des Infozentrums (Tel. 0 88 51/7 72 11) des Kraftwerks Walchensee, das 1924 erbaut wurde, ist ein schöner Abschluss nach einem herrlichen Wandertag.

ALLGEMEINE INFORMATIONEN

Urlaubsregion	Tourist Info **Kochel am See**; Tel. 0 88 51/3 38; E-Mail: info@kochel.de; www.kochel.de; www.kochelamsee.com Tourist Info **Walchensee**; Tel. 0 88 58/4 11; E-Mail: info@walchensee.de; www.walchensee.de
Orte	**Jachenau** www.jachenau.de • **Schlehdorf** www.schlehdorf.de
Entfernungen	Hamburg 858 km; Berlin 669 km; Köln 670 km; Frankfurt a. M. 475 km; Stuttgart 295 km; München 83 km

Hütten

Herzogstandhaus (1575 m)
Moderner Berggasthof mit Tradition, guter Küche und einer herrlichen Aussicht. Ausgangspunkt: Parkplatz an der Talstation Herzogstandbahn, mit der Bahn bis fast zur Hütte oder zu Fuß in ca. 2 Std. über herrlichen Bergsteig; Tel. 0 88 51/2 34

Jocher-Alm (1381 m)
Die Jocher-Alm liegt mitten in blumenreichen Bergwiesen unterhalb des Jochberg-Gipfels (1565 m). An den Holztischen vor dem Almhaus genießt man nicht nur die Brotzeit, sondern auch den Blick zur Benediktenwand. Ausgangspunkt: Parkplatz Kesselberg (859 m); Zeit: ca. 2 Std.; Tel. 01 78/4 47 55 74, Mo. geschlossen

Heimgarten-Hütte (1788 m)
Gemütliche Hütte mit prächtiger Aussicht, nur wenige Meter vom Gipfel des Heimgarten entfernt. Die junge Wirtsfamilie gibt sich alle Mühe, um die Gäste zufrieden zu stellen; Ausgangspunkt: Walchensee über Herzogstand oder Rotwandkopf; Zeit: ca. 3 Std.; Tel. 01 71/9 50 77 87

Erlebnisbad trimini
Badespaß in allen Varianten mit Innen- und Außenbecken, Outdoor-Heißbecken, Wasserrutschbahn, Biosauna mit Farblichttherapie und Bergblick, Dampfbädern und Whirlpool. Fitness- und Aerobicstudio, Massagen und Fangopackungen, Kinderspielhöhle mit Wasserfontäne und ein Ballpool; Tel. 0 88 51/53 00, www.trimini.de

Wanderkarten

Karte des **Bayerischen Landesvermessungsamtes** UK L 18; Bad Tölz – Lenggries; 1:50 000
Wanderkarte Kochel a. S./ Walchensee 1:30 000 bei den Touristen-Informationen erhältlich

Mittenwald

ADAC Prädikat

SPORT & SPASS
WANDERN & BERGTOUREN
KULTUR & CO.
WELLNESS & GENUSS

Nordic-Walking-Zentrum zwischen Karwendel und Wetterstein

Berge bestimmen das Blickfeld, Geigen das Leben: Die Marktgemeinde am Fuß der Karwendelkette war ein wichtiger Handelsort, als Ende des 17. Jh. Matthias Klotz die Kunst des Geigenbauhandwerks an die Isar brachte. Bis heute wird diese Tradition gepflegt, dazu bieten Berg und Tal viele Möglichkeiten für abwechslungsreiche Wanderungen und ausgetüftelte Nordic-Walking-Trails.

Blick auf Mittenwald mit der Pfarrkirche und dem Wettersteinkamm

the perfect day

9 Uhr: Bergfahrt mit der Karwendelbahn und kurze Wanderung auf die Nördliche Linderspitze, anschließend Talfahrt
12 Uhr: Fahrt mit der Sesselbahn nach St. Anton, Mittagessen
14 Uhr: Abstieg zum Lautersee und Relaxen auf der Liegewiese
17 Uhr: Spaziergang durch die Buckelwiesenlandschaft zwischen Krün und Mittenwald

Zum Greifen nah ragen die Berge über Mittenwald auf. Wie eine breite Wand endet oder – je nach Blickwinkel – beginnt die Karwendelkette, jener lange und unberührte Gebirgszug zwischen dem Isartal und dem Achensee, der zum Großteil unter Naturschutz steht. So jäh die Kalkmauern auch aufragen, bedrohlich ist die Nähe nicht. Zum einen ist das nach Süden offene Tal von der Sonne verwöhnt, zum anderen breitet sich westlich von Mittenwald und damit gleich gegenüber den Felsabbrüchen eine sanft geschwungene Hügellandschaft aus, die eher an ein Mittelgebirge als an die Alpen erinnert.

Im Mittelpunkt der Wald- und Wiesenlandschaft steht der Hohe Kranzberg, genau zwischen Karwendel, Wetterstein und Estergebirge. Er misst gerade einmal 1391 Meter und ist dennoch einer der schönsten Aussichtspunkte weit und breit mit einem imposanten Blick auf die Bergketten, die ihn umgeben. Rundum erstreckt sich ein fantastisches Terrain für Nordic Walker, auf die man hier in der Region ein besonders Augenmerk richtet. Denn 2005 wurde in Zusammenarbeit mit dem Deutschen Skiverband (DSV) das »DSV-Aktiv-Zentrum Alpenwelt Karwendel« eröffnet. Herzstück des Zentrums ist das 95 km umfassende Netz mit Nordic-Walking-Strecken aller Schwierigkeitsgrade. Doch zurück zum Kranzberg, der auch ein wunderbares Wanderziel ist – nicht zuletzt weil auf dem Gipfel mit dem Kranzberghaus eine gemütliche Einkehr steht. Den passenden Kontrast zur Strenge des Hochgebirges bilden die malerischen Seen, die sich um den Hohen Kranzberg scharen. Nordöstlich verstecken sich Wildensee und Luttensee, südlich der Bergkuppe Ferchen- und Lautersee, die von Mittenwald am bequemsten mit einem Bus zu erreichen sind, am schönsten jedoch zu Fuß auf wunderbaren Wegen entlang des Lainbachs. An Sommertagen trifft man sich hier zum Baden und Sonnenbaden, an kühlen Tagen zu ausgedehnten Spaziergängen, wobei Gasthäuser bestens fürs leibliche Wohl sorgen.

Wer endlich einmal selbst hinauf auf die Berge möchte, muss nicht unbedingt bergerfahren sein. Die Karwendelbahn bringt Gipfelaspi-

WANDERN & BERGTOUREN

TOP TIPP

Mittenwalder Klettersteig Die schwierigen Stellen sind nur kurz, der Ausgangspunkt mit der Karwendelbahn bequem zu erreichen, sodass der Mittenwalder Höhenweg auch für Klettersteigneulinge geeignet ist. Mit herrlichen Ausblicken geht es über die Gipfel der Linderspitzen (2374 m), Sulzleklammspitze (2323 m) und Kirchlspitze (2303 m), häufig auf, teilweise auch etwas unterhalb des Grates bis in den flachen Wiesensattel unter der Rotwandlspitze (2192 m), wo der lange Abstieg über die Brunnsteinhütte (1523 m) zurück nach Mittenwald beginnt. Trittsicherheit und Schwindelfreiheit sowie Klettersteigausrüstung erforderlich; Zeit: ca. 7 Std.; Einkehr: Brunnsteinhütte; geführte Touren bei Vivalpin, Tel. 0 88 21/9 43 03 23, www.vivalpin.de und den Mittenwalder Bergführern, Tel. 0 88 23/9 26 96 66, www.bergfuehrer-mittenwald.de

Hoher Kranzberg (1391 m) Genussreiche Wanderung mit traumhaften Ausblicken	Ausgangspunkt: St. Anton (1223 m), Sesselbahn von Mittenwald; Hoher Kranzberg – Ferchensee (1060 m) – Lautersee (1013 m) – Lainbach – Mittenwald; einfache Bergab-Wanderung, Bademöglichkeit an den Seen; Zeit: ca. 2 Std.; Einkehr: St. Anton, Hoher Kranzberg, Gasthäuser am Ferchen- und Lautersee
Grünkopf (1587 m) Der zahme Eckpunkt des Wettersteins	Ausgangspunkt: Mittenwald (911 m); Lainbach – Lautersee (1013 m) – Ferchensee (1060 m) – Grünkopf – Ederkanzel (1181 m) – Burgbergsteig – Mittenwald; einfache, längere Wanderung mit traumhaften Ausblicken; Zeit: ca. 4,5 Std.; Einkehr: Ederkanzel
Schöttelkarspitze (2050 m) Beliebter Panoramagipfel in der Soierngruppe	Ausgangspunkt: Krün (875 m); Seinskopf (1961 m) – Feldernkreuz (2048 m) – Schöttelkarspitze – Soiernhaus (1622 m) – Lakaiensteig – Fischbachalm (1403 m) – Krün; mittelschwere Tour für konditionsstarke, trittsichere Wanderer, teilweise schmale Steige; Zeit: ca. 8 Std.; Einkehr: Soiernhaus, Fischbachalm

Hütten

Dammkarhütte (1667 m)
Fast übersieht man den Flachbau im Dammkar, so duckt sich die Hütte hinter einen Wall, der im Winter Schutz vor Lawinen bietet. Das Gelände ist hochalpin, die Felsszenerie spektakulär, der Anstieg für trittsichere Geher aber ohne Schwierigkeiten. Ausgangspunkte sind Mittenwald (ca. 2 Std.) oder die Bergstation der Karwendelbahn 1 (ca. 1 Std.); Tel. 01 73/3 51 46 59

Brunnsteinhütte (1523 m)
Wer vom Mittenwalder Höhenweg kommt, der wird die Brunnsteinhütte wie eine Oase inmitten heißer Latschenflanken empfinden – endlich gibt es etwas zu trinken. Wegen innovativer Pilotprojekte im Bereich Umwelttechnik wurde der Hütte vom Alpenverein ein Umweltgütesiegel verliehen. Anstiege von Mittenwald (ca. 2 Std.) oder vom Parkplatz 1,5 km vor der Grenze (ca. 1,5 Std.); Tel. 01 72/8 90 96 13, www.brunnsteinhuette.de

Mittenwalder Hütte (1518 m)
Abweisend schaut sie aus, die steile Westflanke der Westlichen Karwendelspitze (2384 m), und dennoch gibt es hier eine Hütte. Ein Gratrücken am Fuß der eigentlichen Felswände bietet ausreichend Platz für die kleine Alpenvereinshütte, ein beliebtes Ausflugsziel. Leichter Anstieg von Mittenwald in ca. 1,5 Std.; Tel. 01 72/8 55 88 77, www.mittenwalder-huette.de

Soiernhaus (1622 m)
Im ehemaligen königlichen Jagdhaus darf heute jeder einkehren. Die kleine Hütte steht etwas oberhalb der Soiernseen und ist umgeben von einem markanten Gipfelkranz. Anstieg von Krün (875 m) über die Fischbachalm (1403 m) und den landschaftlich sehr schönen Lakaiensteig; Zeit: ca. 2,5 Std.; Tel. 01 71/5 46 58 58

Leutaschklamm
Rund 100 m tief hat sich die Leutascher Ache, die das Hochplateau der Leutasch Richtung Isartal entwässert, in das Kalkgestein gegraben. Die großartige Klamm kann erst seit einigen Jahren von Mittenwald aus erkundet werden. Ein kühner, aber einfach zu begehender Steig führt entlang der senkrechten Felswände, knapp oberhalb des Wassers, in die Klamm hinein.

ranten in acht Minuten hinauf auf den Kamm der Karwendelkette mit ihrem imposanten Tiefblick nach Mittenwald. Ein bequemer Weg führt noch weiter hinauf auf die Nördliche Linderspitze: ein echter Gipfel mit traumhaftem Ausblick, der dazu einen ersten Eindruck von der Dimension des Karwendels vermittelt. Wer weiter möchte, kann auf dem Mittenwalder Höhenweg den Kamm bis zur Rotwandlspitz überschreiten. »Höhenweg« klingt zwar harmlos, doch er entpuppt sich schnell als leichter, aber waschechter alpiner Klettersteig, der entsprechende Bergerfahrung voraussetzt und nicht unterschätzt werden sollte. Für die Tour ist zudem eine vollständige Klettersteigausrüstung notwendig. Einfach ist dagegen der Abstieg durch das Dammkar hinunter nach Mittenwald, für den man lediglich etwas Kondition und wegen des Gerölls Trittsicherheit und feste Bergschuhe benötigt. Das karge Schuttkar zwischen mächtigen Felsabbrüchen zählt im Winter zu den anspruchsvollsten Skiabfahrten Deutschlands.

Bis zum Beginn des 17. Jh. war Mittenwald ein Handelszentrum an der wichtigen Verkehrsachse Venedig–Augsburg, einer der ältesten Römerstraßen. 1684 führte dann der Mittenwalder Matthias Klotz nach langen Lehrjahren beim italienischen Meister Amati den Geigenbau in Mittenwald ein – mit Erfolg. Fast in jedem Haus befand sich eine Werkstatt. Selbst heute noch wird die Geigenbautradition gepflegt, und in Mittenwald ist die einzige Geigenbauschule Deutschlands. Im Geigenbau-Museum (Tel. 0 88 23/25 11) sind einige wertvolle Geigen von Jakob Stainer, Matthias Klotz – ein Denkmal vor der Pfarrkirche erinnert an ihn – und anderen Mittenwalder Meistern ausgestellt.

Die traditionsreiche Marktgemeinde ist auch der höchstgelegene Luftkurort Bayerns. Ein malerischer Ort, mit einer Kirche des Wessobrunner Baumeisters Josef Schmutzer und zahlreichen mit Lüftlmalereien verzierten Häusern, die wie der Geigenbau zum Ruf Mittenwalds beigetragen haben. Die Kultur ist hier wie in den anderen Gemeinden des Oberen Isartals nicht nur verwurzelt, sie wird auch gelebt. Ein Beweis dafür sind zahlreiche traditionellen Feste, die hier den Sommer über gefeiert werden.

TOP TIPP 2005 wurde das DSV-Aktiv-Zentrum Alpenwelt Karwendel eröffnet. Es umfasst **18 Nordic-Walking-Strecken**, die nach verschiedenen Schwierigkeitsgraden eingeteilt und insgesamt 95 km lang sind. Sämtliche Routen wurden von der Sporthochschule Köln geprüft und abgenommen. Als Berater unterstützt Peter Schlickenrieder, der 2002 bei der Olympiade eine Silbermedaille im Langlaufen gewann, das Zentrum. Mehrmals wöchentlich finden verschiedene Kurse und geführte Touren statt. Interessant sind auch Pauschalangebote, die Sauna- und Fitnesscenterbesuche, Massagen, Fahrten mit den Bergbahnen oder Ernährungsberatungen beinhalten. Auskünfte: Tourist-Information Mittenwald, Tel. 0 88 23/3 39 81, www.mittenwald.de

Blumenreiche Buckelwiesen

Zu den Besonderheiten der Region zählt auch die Kulturlandschaft, vor allem die hier ungewöhnlich großflächigen Buckelwiesen. Die welligen, blumenreichen Wiesen umgeben die idyllisch gelegene, 1998 eingeweihte Kapelle Maria Rast auf einem Rücken zwischen Mit-

ALLGEMEINE INFORMATIONEN

Mittenwald (912 m)	Tourist-Information **Mittenwald**; Tel. 0 88 23/3 39 81; E-Mail: kurverwaltung@mittenwald.de; www.mittenwald.de
Orte	**Krün** www.kruen.de • **Wallgau** www.wallgau.de
Entfernungen	Hamburg 884 km; Berlin 695 km; Köln 697 km; Frankfurt a. M. 502 km; Stuttgart 322 km; München 109 km

tenwald und dem nördlich gelegenen Krün. Sie entstanden am Ende der Eiszeit durch Frostpressung und Verwitterung des wasserdurchlässigen Kalksteinbodens. Weite Teile des für Geologen und Botaniker gleichermaßen interessanten Geländes werden noch heute traditionell bewirtschaftet, also nicht gedüngt und mit der Sense gemäht – viel Arbeit für wenig Lohn. Auf Wander- und Radwegen oder beim Nordic Walking, kann jeder die Buckelwiesen erkunden und sich an der Blumenpracht erfreuen.

Die schönsten Routen sind im Mountainbikeführer der Tourist-Information aufgelistet. Lohnende Wege durchziehen die Buckelwiesen, führen vorbei an idyllischen Seen oder hinein in wunderbare Täler. Dass die Landschaft einmalige Schätze birgt, blieb schon den Reisenden von einst nicht verborgen. Der Fremdenverkehr spielte im Oberen Isartal bereits im 19. Jahrhundert eine wichtige Rolle, und daran hat sich bis heute nichts geändert. Bereits 1879 wurde bei Krün ein erstes Hotel am Barmsee errichtet, der noch heute zu den beliebtesten Badegewässern weit und breit zählt. Zwischen den Ausläufern des Estergebirges, Krün, Wallgau und dem Barmsee dehnen sich weite Wiesen aus, geschmückt mit zahlreichen Holzstadeln. Zum Greifen nah ist hier lediglich die Soierngruppe mit der Soiernspitze (2257 m) und der Schöttelkarspitze (2050 m). Wie ein Hufeisen umschlingt die Soierngruppe den Soiernkessel. Türkis leuchtet hier oben das Wasser der beiden Soiernseen, deren mystische Schönheit schon Bayernkönig Ludwig II. faszinierte. Ein mindestens genauso schönes Bild geben im Tal die Wiesen mit der Kette des Wettersteins ab – ein beliebtes Postkartenmotiv, an dem niemand vorbeikommt.

Ausflugsziel beim Kranzberg: der Lautersee

Restaurants

Arnspitze
Feinschmecker kennen das kleine Familienrestaurant schon lange. Küchenchef Herbert Wipfelder zaubert Köstlichkeiten gehobener bayerischer, französischer und italienischer Küche;
Tel. 0 88 23/24 25,
www.arnspitze-mittenwald.de

Alpengasthof Gröblalm
Unter Einheimischen in Mittenwald ist die Gröblalm als Windbeutel-Alm bekannt, hier gibt es die größten Windbeutel weit und breit. Wer zuviel gegessen hat, geht danach in die familieneigene Schnapsbrennerei;
Tel. 0 88 23/91 10,
www.groeblalm.de

Wanderkarten

Karte des **Bayerischen Landesvermessungsamtes**; UK L 30 Karwendelgebirge; 1:50 000
Alpenvereinskarte; Blätter 4/3 Wetterstein- und Mieminger Gebirge, 5/1 Karwendel; 1:25 000
Freytag & Berndt; WK 323, Karwendel; 1:50 000

Bad Tölz – Lenggries

ADAC Prädikat

SPORT & SPASS

WANDERN & BERGTOUREN

KULTUR & CO.

WELLNESS & GENUSS

Bayern aus dem Bilderbuch

Ferien und Wasser: Das sind zwei Begriffe, die zusammengehören. Umso besser, wenn noch Berge dazukommen. Und Action und Fun für die jungen Gäste, Kunst und Kultur für die jung Gebliebenen. Dazu noch Wellness für alle. Wo man das ganze Angebot bekommt, ohne um die halbe Welt zu reisen? Im Isarwinkel, am Rand der Bayerischen Alpen!

Lässt man Kinder eine Berglandschaft zeichnen, sehen die Ergebnisse meist sehr ähnlich aus: oben die Bergspitzen, viel Wald und Almen mit Kühen und Blumen. Im Tal Bauernhöfe, Dörfer, die Eisenbahn, ein Fluss, ein See und ein großes Schwimmbad mit Wasserrutsche. Diese Kinderfantasie gibt es in natura zwischen der Kurstadt Bad Tölz und dem vor allem als Skiort bekannten Lenggries, nur eine knappe

Beim **Rafting** auf der Isar lässt man sich kühles Nass um die Ohren spritzen und bekommt einen lebhaften Eindruck von der Arbeit der alten Flößer. Das Abenteuer ist familienfreundlich: Auch Kinder ab etwa 4 Jahren dürfen mit in die Schlauchboote. Informationen: Viactiva, Tel. 0 80 45/91 69 16, www.viactiva.de; Active Events, Tel. 0 80 42/50 13 27, www.active-events.de; FF, Tel. 0 80 42/95 39

WANDERN & BERGTOUREN

TOP TIPP

Wie der Rücken eines riesigen Urwelttieres erhebt sich die **Benediktenwand** ❶ (1800 m) am Alpenrand über Benediktbeuern. Der lange Höhenweg von der Seilbahn-Bergstation am Brauneck (1555 m), zur Benediktenwand ist eine der schönsten und aussichtsreichsten Bergwanderungen in den Bayerischen Alpen und entsprechend beliebt. Nur der Abschnitt über die Achselköpfe (1709 m) verlangt etwas Trittsicherheit und Schwindelfreiheit, er kann aber auf der Hauptroute nördlich bequem umgangen werden. Vom Gipfel mit seinem einzigartigen Panorama geht es nach Süden zur Bichleralm (1438 m) steil hinab und »ein Stockwerk tiefer« auf dem Höhenweg über sonnige Almterrassen (Scharnitzalm, Krottenalm) zurück zum Brauneck (ca. 3 Std.). Einkehr: Brauneckhaus, Tölzer Hütte, Stie-Alm (mit Schaukäserei), Quengeralm

Zwiesel (1348 m) – **Blomberg** (1237 m) Über den Tölzer Hausberg mit hervorragender Aussicht	Ausgangspunkt: Waldherralm, Wackersberg (750 m); Seiboldsalm – Schnaiteralm (1245 m) – Zwiesel – Blomberghaus (1203 m) – Blomberg – Heiglkopf (1205 m) – Waldherralm; einfache Wanderung; Zeit: ca. 4 Std.; Einkehr: Waldherralm, Blomberghaus
Geierstein (1491 m) Wunderschöne Rundtour in ursprünglichem Gelände, teilweise auf recht steilen Steigen	Ausgangspunkt: Schloss Hohenburg, Lenggries (708 m); Markeck (1057 m, Ausblick!) – Geierstein – über den Gipfelgrat und am Ende links steil hinab (unangenehm bei Nässe) zur Weggabelung – links hinab nach Lenggries und auf Feldwegen und Sträßchen am oberen Ortsrand zurück zum Ausgangspunkt; etwas Trittsicherheit im Gipfelbereich erforderlich, Abstieg vom Gipfel bei Nässe unangenehm; Zeit: ca. 5 Std.; Einkehr: keine
Seekarkreuz (1601 m) Ein herrlicher, einfacher Aussichtsberg mit gemütlicher Einkehr	Ausgangspunkt: Schloss Hohenburg, Lenggries (708 m); auf Forstweg bis knapp hinter die Sticklalm (910 m) – rechts auf Wanderweg zur Lenggrieser Hütte (1338 m) – auf Gipfelweg zum Seekarkreuz und zurück zur Hütte – auf gutem Pfad nach Westen hinab und über die Grasleite und Mühlbach zurück zum Ausgangspunkt; einfache Bergwanderung; Zeit: ca. 5 Std.; Einkehr: Lenggrieser Hütte
Staffel (1532 m) Gemütliche Bergwanderung über der lieblichen Kulturlandschaft der Jachenau	Ausgangspunkt: Niggeln in der Jachenau (742 m); Raitgraben – Staffelalm – Staffel – Staffelalm – auf gutem Steig nach Westen zu Forststraße im Wilfetsgraben – Fleck – Niggeln; einfache Bergwanderung; Zeit: ca. 4 Std.; Einkehr: keine

the perfect day

10 Uhr: Mit dem Sessellift auf den Blomberg 1, kleine Wanderung zum Zwiesel mit großem Gipfelpanorama, danach Mittagessen im Blomberghaus
13 Uhr: Zu Fuß zur Mittelstation, auf der Sommerrodelbahn zur Talstation hinab und nach Bad Tölz; Stadtbummel und Kaffeetrinken
18 Uhr: Abendliche Ballonfahrt am Alpenrand mit Ballooning Reichart; Tel. 0 80 41/7 71 55, www.ballooning-reichart.de
20 Uhr: »Zauberfondue« in Bad Heilbrunn: sich beim Abendessen verzaubern lassen

In Bad Tölz wetteifern malerische Fassaden und schmucke Cafés um die Gunst der Besucher.

Autostunde Fahrt von München entfernt. Auf den Mauern einer 1180 erbauten großen Burg wurde das alte Tölz errichtet. Frühen Reichtum erlangten seine Einwohner ab dem 13. Jh., als sie von ihrem Standort am Schnittpunkt zweier wichtiger Verkehrswege profitierten – der Isar und der alten Salzstraße von Bad Reichenhall ins Allgäu. Das »neue Tölz« entstand 1845 – mit der Entdeckung von Jodquellen am Fuß des Blombergs. Seit 1899 führt der Ort das »Bad« im Namen. Diverse Kureinrichtungen gibt es zwar immer noch, doch die Ferienregion hat längst einen modernen, vielgestaltigen Gesundheitstourismus etabliert. Sinnbild für den Imagewandel ist das große Spaßbad »Alpamare« mitten in Bad Tölz. Sieben Wasserrutschen gibt es da, das längste Rohr misst 330 m, auf der steilsten Rutschfahrt geht es mit 92 Prozent Gefälle in die Tiefe.

Wer danach Lust auf einen richtigen Badesee hat, fährt an Lenggries vorbei zum Sylvensteinsee. Sein 42 m hoher Staudamm, 1959 errichtet, dient nicht der Stromerzeugung, sondern dem Hochwasserschutz. Im Sommer wird das Wasser im See oft über 22 °C warm, kinderfreundliche Badeplätze findet man nahe der 400 m langen Straßenbrücke am Südufer sowie südlich der Ortschaft Fall.

Familienfreundliche Bergerlebnisse

Vom Sylvensteinsee nach Westen bis Vorderriss erscheint das Isartal als eine unbesiedelte, an die kanadische Wildnis erinnernde Busch- und Kieslandschaft. Hier können Kinder mit Steinen und Wasser spielen, über die weiten Kiesflächen stromern und zwischen Büschen, feuchten Mooswiesen und Waldstücken zu biologischen Exkursionen starten.

Im idyllisch gelegenen Vorderriss verbrachte übrigens der Schriftsteller Ludwig Thoma von 1867 bis 1873 seine Jugend. Dann und wann hatte er während dieser Jahre auch den bayerischen Märchenkönig Ludwig II. im Königshaus nebenan zum Nachbarn.

Die Isar ist die Lebensader des Tölzer Landes. Seit den Stadtgründungen von München (1158) und Landshut (1204) war sie ein wichtiger Transportweg, auf dem Holz und Holzkohle, seit dem 16. Jh.

Hütten

Lenggrieser Hütte (1338 m)
Die gemütliche DAV-Hütte unter dem Seekarkreuz (1601 m) ist ein beliebtes Ausflugsziel. Besonders lecker schmecken hier der Schweinebraten (nur am Wochenende) und zum Kaffee die selbst gemachten Kuchen. Von Schloss Hohenburg bei Lenggries entweder über die Stickelalm (910 m) oder über Mühlbach und die Grasleite erreichbar, jeweils 2 Std. (schöner Rundweg, lohnender Abstecher zum Seekarkreuz, 1 Std.). Di Ruhetag, 44 Schlafplätze; Tel. 01 75/5 96 28 09

Stie-Alm (1520 m)
Die Stie-Alm mit ihrer bekannten Schaukäserei ist ein großes Berggasthaus am Fuß des »Idealhanges« im Ski- und Wandergebiet Brauneck. Zugleich ist sie der höchstgelegene Bergbauernhof in Deutschland und Aufzuchtbetrieb für Kaltbluthengste. Die ausgezeichnete Küche bietet Fleisch vom eigenen Almvieh, selbst gebackenes Holzofenbrot sowie Milch und Käse aus eigener Herstellung. In ca. 30 Min. von der Bergstation der Brauneck-Bergbahn erreichbar; 115 Schlafplätze in Doppelzimmern und Lagern; Tel. 0 80 42/23 36, www.stie-alm.de

Alpamare Bad Tölz
High-Speed-Wasserrutschen, Indoor-Surfen, Wellenbad, Thermalbecken;
Tel. 0 80 41/50 99 99;
www.alpamare.de

TOP TIPP

Nordic – Fitness – Park Tölzer Land 2
Rund 40 km misst das Streckennetz in diesem 2003 eröffneten Fitnesspark für Nordic Walking. Es gibt sechs Strecken von 2,3 km bis 11,5 km Länge am linken Isar-Hochufer zwischen Bad Tölz und Wackersberg. Am anspruchsvollsten ist die 8,6 km lange »schwarze« Route auf den Blomberg (667 Höhenmeter). An den Ausgangspunkten sind Tafeln aufgestellt, unterwegs weisen Schilder die Richtung. Die Tölzer Nordic-Walking-Hotels bieten spezielle 2- und 7-Tage-Pauschalen. Schnupper- und Aufbaukurse sowie Erlebnistouren und Fitnesstests bei Montevia, Tel. 0 88 51/61 46 30, www.montevia.de

auch die gefragten »Kisten« (Truhen) und »Kästen« (Schränke) der Tölzer Schreinerzunft nach Norden trieben. Ein weiteres Transportgut war Kalk, der in mehr als 40 Kalköfen zwischen Mittenwald und Tölz gebrannt wurde. Den Rohstoff, angeschwemmte Kieselsteine, sammelten Frauen – die »Stoaklauberinnen« – aus dem Bett der Isar und trugen sie zu den kegelförmigen, gut 6 m hohen Öfen. Heute ist in Lenggries noch einer der alten Kalkbrennöfen zu besichtigen (am westlichen Isarufer am Kalkofenweg, mit Infotafeln). Und auf der 26 km langen Flussstrecke vom Sylvensteinspeicher bis nach Bad Tölz vergnügen sich Jung und Alt beim Rafting.

Gleichermaßen beliebt und familienfreundlich sind die Radwege der Region, allen voran der ausgeschilderte Isarradweg mit seinem Teilstück zwischen Bad Tölz und dem Sylvensteinsee. Eine Empfehlung verdient auch die Rundtour auf schönen Wegen und Nebenstraßen zwischen Bad Tölz und Lenggries: links der Isar über Wackersberg und Arzbach hin, rechts der Isar über Obersteinbach, Untermberg, Mühle und Gaißach zurück. Immer am Saum der Berge entlang, ohne große Steigungen, fährt man durch das seit Jahrhunderten gewachsene Bauernland. Wer mit dem Mountainbike unterwegs ist, kann sich im dichten Netz von Wirtschaftswegen und Forststraßen nach Lust und Laune vergnügen.

Weite Bereiche der lieblichen Berglandschaft auf beiden Seiten der Isar sind jedoch »Fußgängerzone«. Der Sessellift auf den Blomberg über Bad Tölz und die Gondelbahn zum Brauneck erschließen einzigartige Aussichten, schöne Höhenwege und gemütliche Berggasthäuser. Auch Familien mit Kindern freuen sich über die Aufstiegshilfen, vor allem am Blomberg, wo man auf einer gut 1,2 km langen Sommer-

ALLGEMEINE INFORMATIONEN

Urlaubsregion	**Tölzer Land** Tourismus, Tel. 0 80 41/50 52 06; E-Mail: info@toelzer-land.de; www.toelzer-land.de
Orte	**Bad Heilbrunn** www.bad-heilbrunn.de • **Bad Tölz** www.bad-toelz.de • **Benediktbeuern** www.benediktbeuern.de • **Jachenau** www.jachenau.de • **Lenggries** www.lenggries.de
Entfernungen	Hamburg 830 km; Berlin 641 km; Köln 632 km; Frankfurt a. M. 448 km; Stuttgart 270 km; München 55 km

rodelbahn rasant und mit viel Spaß zu Tal rutschen kann. Spannendes Naturerleben vermittelt das Zentrum für Umwelt und Kultur ZUK im Kloster Benediktbeuern mit Hofbesichtigungen, Moorexkursionen, Kräuter-, Bach- und Waldwanderungen. Das im Jahr 1803 säkularisierte Kloster mit seinen zwei Zwiebeltürmen vor der Bergkulisse der Benediktenwand gehört zu den Wahrzeichen Oberbayerns. Heute sind hier neben dem Umweltmuseum eine Jugendherberge, ein Jugendclub und eine Jugendbildungsstätte untergebracht.

Die Benediktenwand ist übrigens der höchste Wanderberg der Region. Kenner schwärmen darüber hinaus von Geierstein, Seekarkreuz und Schönberg auf der anderen Seite der Isar. Regelrechte Geheimtipps sind die Gipfel über dem bezaubernden Hochtal der Jachenau, etwa Staffel, Hirschhörnlkopf oder Rabenkopf. Überhaupt die Jachenau: Wer sie zu Fuß, auf dem Fahrrad oder Mountainbike besucht, fühlt sich in ein lebendiges Bilderbuch versetzt. Über den weiten Talboden verstreut liegen kleine Orte und malerische Höfe, die zu den schönsten in ganz Bayern zählen.

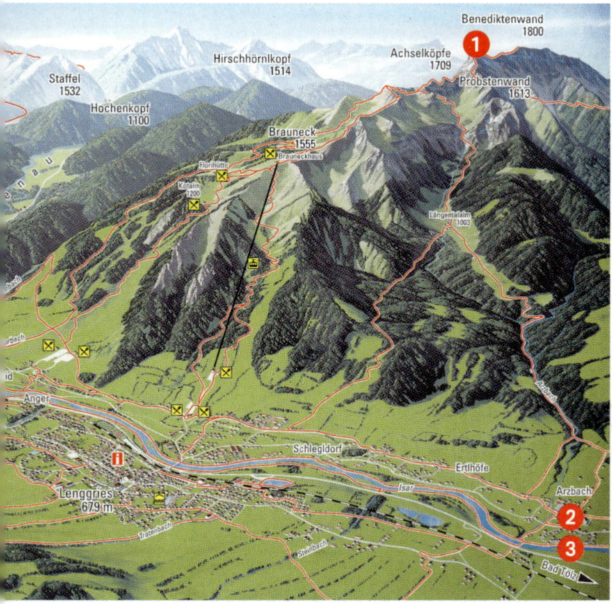

TOP TIPP Frei von Wettersorgen klettert man im 2004 eröffneten **Kletterzentrum** 3 des Alpenvereins auf der Flinthöhe in Bad Tölz. Die hochmoderne Anlage bietet 165 Routen indoor und 25 Routen outdoor bei Wandhöhen bis zu 12 m und Kletterschwierig-

keiten zwischen III und X. Mit Bistro und Seminarraum; Tel. 0 80 41/7 95 20 30, www.kletterzentrum-badtoelz.de.

Wer Naturfels bevorzugt, erreicht mit kurzen Zustiegen die schönen Klettergärten in Bad Heilbrunn (viele leichtere Routen) und auf dem Brauneck. Kletterkurse für Groß und Klein bietet u.a. die Bergschule Hydroalpin in Lenggries, Tel. 0 80 42/9 85 31, www.hydroalpin.de

Wanderkarten

Karte des **Bayerischen Landesvermessungsamtes**, UK L18, Bad Tölz – Lenggries und Umgebung; 1:50 000
Wanderkarte der Tourist-Information Bad Tölz; 1:25 000 (mit Radwegen, Mountainbikerouten und zusätzlichem Wanderführer)

Tegernseer Tal

ADAC Prädikat

SPORT & SPASS

WANDERN & BERGTOUREN

KULTUR & CO.

WELLNESS & GENUSS

Blicke ins Paradies

Die Landschaft um den Tegernsee steht für viele Urlauber als Synonym für Oberbayern pur. Wie in einem bunten Reiseprospekt finden sie hier alles, was das Herz in den Ferien begehrt – Berge, Seen und bayerische Lebensart.

Irgendwie sind sie wirklich zu beneiden, die Menschen, die am Tegernsee leben. Haben sie doch alles direkt vor der Haustür, was einen Oberbayern-Prospekt ziert. Kein Wunder also, dass an den Wochenenden zahlreiche Münchner »ins Tal« kommen und dass die Gegend für so manchen, der einst als Tourist kam, zur zweiten Heimat wurde.

Ein oberbayerisches Bilderbuchidyll: Der Ort Tegernsee liegt am Ostufer des gleichnamigen Sees. Der Wallberg beherrscht die alpine Kulisse.

Eingangstor für die meisten Gäste ist die Ortschaft Gmund am Nordufer des 6 km langen, etwa 2 km breiten und bis zu 72 m tiefen Sees. Welch malerischer Flecken sich hinter diesen nüchternen Zahlen verbirgt, lässt sich genüsslich vom Biergarten des Wirtshauses Kaltenbrunn (etwa 1 km westlich vom Ortskern) überblicken. Der ehemals herzogliche Gutshof auf dem grünen Uferhügel zählt zu den schönsten Aussichtspunkten des Tegernseer Tales. Als könne ihn kein Wässerchen trüben, glitzert der blaue See zwischen grünen Bergen. Die Gemeinden am Ufer fügen sich diskret ins harmonische Gesamtbild. Rechts herum geht es nach Bad Wiessee, links nach Tegernsee. Hinten, am Südende des Sees, liegt Rottach-Egern. Und ganz hinten, wenige Kilometer vor der Grenze zu Österreich, befindet sich das vergleichsweise ländlich ruhige Dorf Kreuth.

Die Berge rundum sind typische Vertreter der bayerischen Voralpen: nicht besonders hoch und von eher sanften Formen. Nur selten stößt ein kleiner, schroffer Kalkgipfel oder eine vorwitzige Felsnadel zwi-

the perfect day

9 Uhr: Mit der Wallbergbahn und dann zu Fuß (Zeit: ca. 30 Min.) zum Wallberg-Gipfel; Abstieg mit Einkehr in der Wallbergmoos-Hütte
13 Uhr: Entspannen im See- und Warmbad Rottach-Egern
16 Uhr: Seerundfahrt
18 Uhr: Besuch im traditionsreichen Tegernseer Bräustüberl – Bier aus der Herzoglichen Brauerei Tegernsee und bayerische Küche (www.braustuberl.de)

schen dunklen Waldbuckeln hervor. Wenngleich die alpinistischen Herausforderungen sich in Grenzen halten, haben die kleinen Berge im Vorfeld der großen Alpen einen herausragenden Vorteil zu bieten. Gerade hier finden sich nämlich die besten Logenplätze mit freiem Blick hinüber zu den »richtigen Bergen« im Alpenhauptkamm.
Das bekannteste Bergmassiv am Tegernsee ist der Wallberg über Rottach-Egern. Unübersehbar – wie ein Wall eben – steht er im Süden des Tales. Eine Gondelbahn führt bis kurz unter den Gipfel und eine mautpflichtige Panoramastraße hinauf zum Wallbergmoos. Genügend Spielraum für Wanderer und Bergsteiger ist trotzdem geblieben. Hinter

WANDERN & BERGTOUREN

TOP TIPP Das Felsmassiv von Ross- und Buchstein gehört zu den imposantesten Vertretern der Tegernseer Berge und hat Wanderern und Kletterern einiges zu bieten. Seinen Bekanntheitsgrad verdankt es allerdings der **Tegernseer Hütte** (1650 m) ❶, die wie ein Adlerhorst zwischen den beiden Gipfeln klebt. Die Rast im Minibiergarten über dem Abgrund ist ein außergewöhnliches – wenn auch selten exklusives – Erlebnis. Der kürzeste Aufstieg beginnt am großen Wanderparkplatz (ca. 850 m) an der Straße von Kreuth zum Achenpass. In steilen Serpentinen geht es über die Sonnbergalmen zum Fuß des Massivs. Der direkte Weg zur Hütte führt dann entlang der soliden Sicherungen über die Felsen hinauf. Wem dies zu exponiert erscheint, der wählt die leichtere – aber längere – Variante, die nach links abzweigt. Zeit: ca. 2,5 Std.; auf die beiden Gipfel (beim Buchstein unbedingt Trittsicherheit nötig!) jeweils ca. 15 Min.; Tel. 01 75/4 11 58 13

Neureuth (1261 m) Traditionstour der Tegernseer und Münchner	Ausgangspunkt: Bahnhof Tegernsee (ca. 750 m); den Wegweisern am Bahnhofsvorplatz folgend nach links Richtung Hotel Bayern – kurzer Höhenweg nach Norden – in Serpentinen durch Wald auf den freien Rücken – Neureuth; Rückweg evtl. über den Winterweg zum Lieberhof; einfache, breite, markierte und beschilderte Steige; Zeit: ca. 3 Std.; Einkehr: Neureuthhaus
Baumgartenschneid (1444 m) Reizvoller Aufstieg und prächtiger Tegernsee-Blick	Ausgangspunkt: Wanderparkplatz oberhalb vom Schwaighof, zwischen Tegernsee und Rottach (ca. 800 m); Berggasthof Galaun (1060 m) – Riederstein (1207 m) – Baumgartenschneid; Rückweg auf gleicher Route; zum Galaun breiter Wirtschaftsweg, danach mittelschwerer, markierter Bergsteig; Zeit: ca. 3,5 Std.; Einkehr: Berggasthof Galaun
Risserkogel (1825 m) Kammwanderung zum höchsten Tegernseer Berg	Ausgangspunkt: Bergstation der Wallbergbahn (1624 m); Abstieg zum Wallberghaus – weiter auf dem Waldlehrpfad, der zuerst die Setzberg-Ostflanke quert und dann meist am Kamm zum Gipfel des Risserkogel führt; Rückweg auf gleicher Route; am Gipfelkamm Trittsicherheit erforderlich (stellenweise Drahtseilsicherung); Zeit: ca. 4 Std.; Einkehr: Wallberg-Bergstation, Wallberghaus
Hirschberg (1670 m) Beliebter Wanderklassiker	Ausgangspunkt: Wanderparkplatz in Scharling bei Kreuth (760 m); Aufstieg auf breitem Wirtschaftsweg zur Hirschlache – Wanderpfad durch die Nordflanke oder über den Kratzer – Hirschberghaus – Rauheck – Gipfel; Rückweg auf gleicher Route; leichte Bergwanderung; Zeit: ca. 4 Std.; Einkehr: Hirschberghaus
Fockenstein (1564 m) Hausberg der Wiesseer mit obligatorischer Einkehr	Ausgangspunkt: Wanderparkplatz beim Wirtshaus Sonnenbichl über Bad Wiessee (840 m); Zeiselbachtal – Aueralm (1270 m) – Neuhüttenalm – Fockenstein – Abstieg zur Aueralm, dann über Waxlmoosalm und Waxlmooseck zurück zum Ausgangspunkt; leichte, aber relativ lange Bergwanderung, bis Neuhüttenalm Wirtschaftsweg, dann Bergsteig; Zeit: ca. 5 Std.; Einkehr: Aueralm

Hütten

Neureuthhaus (1263 m)
Viele Wege führen hinauf zur beliebten Berggaststätte, die auf einem freien, aussichtsreichen Rücken über Tegernsee steht. Kürzester Zustieg vom Parkplatz am Lieberhof, ca. 1 Std.; keine Übernachtung; Tel. 0 80 22/44 08

Berggasthof Galaun (1060 m)
Die gemütliche Privathütte unterhalb des Riedersteins ist auf dem teilweise steilen Wirtschaftsweg in ca. 1 Std. erreichbar; Tel. 0 80 22/27 30 22

Tegernseer Hütte (1650 m)
In einzigartiger Lage zwängt sich die Hütte des Tegernseer Alpenvereins zwischen die felsigen Gipfel von Ross- und Buchstein. Der Aufstieg auf der Standardroute dauert ca. 2,5 Std.; Tel. 01 75/4 11 58 13, www.dav-tegernsee.de

Schwarzentennalm (1027 m)
Die Almgaststätte im weiten Kessel zwischen Hirschberg, Ross- und Buchstein ist beliebte Einkehrstation für Mountainbiker und Wanderer, die von Bad Wiessee oder der Achenpass-Straße heraufkommen; ca. 1 Std. von Klamm an der Achenpassstraße; Tel. 0 80 22/8 30 91

Hirschberghaus (1511 m)
Die beliebte Einkehrstation am viel begangenen Weg zum Hirschberg ist von Scharling bei Kreuth in ca. 2 Std. erreichbar; Tel. 0 80 29/4 65

Aueralm (1270 m)
Die rustikale Almwirtschaft unter dem Fockenstein ist bekannt für deftige, regionale Kost. Aufstieg vom Sonnbichl oberhalb Bad Wiessee durch das Zeiselbachtal in ca. 2 Std.; Tel. 0 80 22/8 36 00

Wallbergmoos-Hütte (1117 m)
Ausgezeichnete regionale Küche, jeden Freitag gibt es Speisen nach altbayerischen Rezepten; Sonnenterrasse; Di Ruhetag; erreichbar auf der Mautstraße von Rottach-Egern oder im Abstieg vom Wallberg; Tel. 0 80 22/56 38; www.wallbergmoos.de

dem breiten Klotz verbergen sich ein paar stattliche Trabanten von unterschiedlicher Statur. Während am bizarr gezackten Kalkriff des Blankenstein ohne Kletterkenntnisse nichts geht, ist der benachbarte Risserkogel auch für trittsichere Wanderer ein lohnendes Ziel.

Bollwerk der Blauberge

Mit seinen steilen Felspartien und tiefen Schluchten wirkt der lange Kamm der Blauberge auf den Betrachter eher abschreckend: Wie ein Bollwerk riegelt er das Kreuther Tal nach Süden hin ab. Entsprechend abenteuerlich ist der mühsame Aufstieg durch die Wolfsschlucht und lang der Weg über den Grat zum höchsten Gipfel, dem Halserspitz. Deshalb geben sich viele mit dem Schildenstein zufrieden, dem zahmen Außenposten im Westen.

Fast ein Muss für den wandernden Tegernsee-Besucher ist der Aufstieg zur Tegernseer Hütte, die spektakulär zwischen Ross- und Buchstein über einer steilen Felswand steht. Ebenfalls zu den Klassikern gehört der Hirschberg bei Kreuth. Und auch hier lockt nicht der Berg allein, sondern das ganzjährig geöffnete Hirschberghaus eine halbe Stunde unterhalb des Gipfels. Der Leonhardstein hat kein Wirtshaus nötig, um auf sich aufmerksam zu machen. Der markante Felszahn über Kreuth behauptet sich geradezu keck zwischen den deutlich

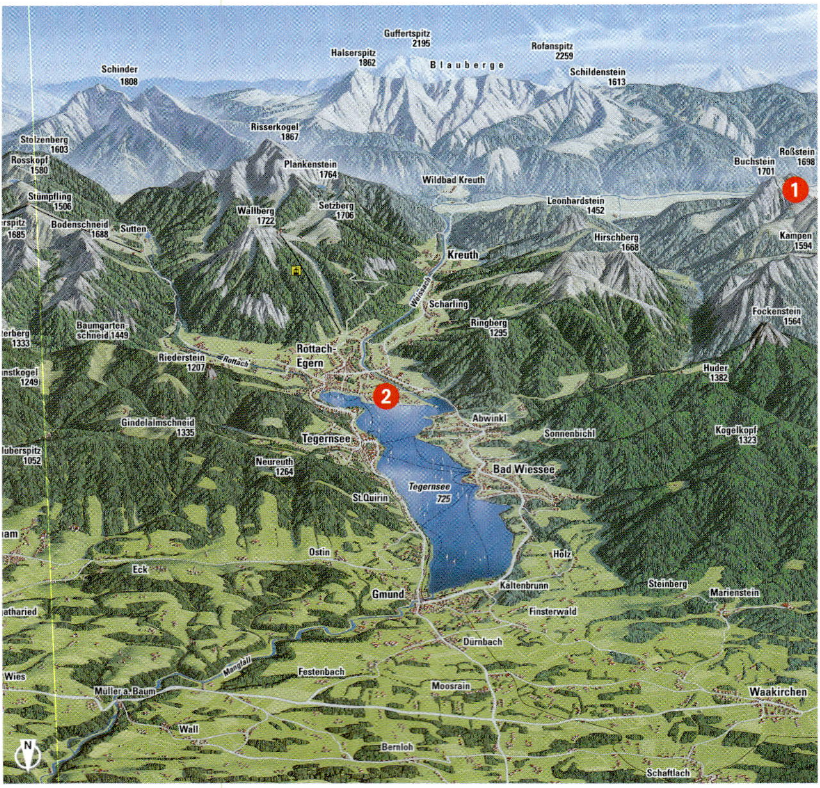

höheren Nachbarn. Auf Wanderer wirkt er auf den ersten Blick abschreckend, doch hinter der schroffen Vorderseite verbirgt sich ein breiter, bewaldeter Rücken, über den ein markiertes Steiglein steil und holprig zum luftigen Gipfel führt.

Gemütliche Almen und aussichtsreiche Gipfel

Bevorzugtes Wanderziel von Bad Wiessee aus ist der Fockenstein – und natürlich die gemütliche Aueralm am Aufstiegsweg. Während dort fast immer reger Betrieb herrscht, muss man sich die Aussicht vom Gipfel des gleich nebenan liegenden Ochsenkamp meist nur mit wenigen Gleichgesinnten teilen. Was den Wiesseern die Aueralm, das ist den Tegernseern auf der anderen Seite des Sees das Neureuthhaus. Die Rottacher wiederum schätzen den Nachmittagsausflug zum Berggasthaus Galaun unter dem Felskegel des Riedersteins. Östlich vom Wallberg schlängelt sich eine Mautstraße entlang der tief eingeschnittenen Rottach zu den Wiesenböden der Sutten und danach weiter zum abgelegenen Wirtshaus Valepp. Lediglich einige Almgaststätten, Almen und Forsthütten sind in diesem Gebiet zu finden; es ist Ausgangspunkt für einige großartige Touren, etwa zum aussichtsreichen Kamm der Bodenschneid, durch die wilde Schlucht der Valepp zur Erzherzog-Johann-Klause und hinauf zum Schinder. Zahlreiche Künstler und viel Prominenz hat es im Laufe der Zeit an den Tegernsee gezogen, etwa die Schriftsteller Ludwig Thoma und Ludwig Ganghofer, den Kammersänger Leo Slezak und den norwegischen Maler Olaf Gulbransson, die freilich am Tegernsee um die Jahrhundertwende nicht ausschließlich den edlen Künsten frönten, sondern es auch verstanden – vorzugsweise im Tegernseer Bräustüberl – , ganze Nächte durchzufeiern. Diese Oase für passionierte Wirtshausbesucher existiert übrigens noch immer.

Und noch immer gibt es reichlich Gelegenheiten und Plätze, die an die alte Geschichte vom »Brandner Kaspar« erinnern. Dem soll einst von höchster Stelle erlaubt worden sein, einen Blick ins Paradies zu werfen. Und er staunte nicht schlecht, als er dort seine Tegernseer Heimat wiedererkannte.

Beliebtes Ausflugsziel: das Hirschberghaus

ALLGEMEINE INFORMATIONEN

Urlaubsregion	**Tegernseer Tal** Tourismus GmbH; Tel. 0 80 22/92 73 80; E-Mail: info@tegernsee.com; www.tegernsee.com
Orte	**Bad Wiessee** www.bad-wiessee.de • **Gmund** www.gmund.de • **Kreuth** www.kreuth.de • **Rottach-Egern** www.rottach-egern.de • **Tegernsee** www.tegernsee.de
Entfernungen	Hamburg 829 km; Berlin 641 km; Köln 631 km; Frankfurt a. M. 447 km; Stuttgart 288 km; München 56 km

TOP TIPP Nicht nur dann, wenn das kristallklare Wasser des Sees noch oder schon zu kalt ist, empfiehlt sich der Besuch im **See- und Warmbad in Rottach-Egern** 2. Die Erlebniswelt rund ums Wasser bietet Trainingsmöglichkeiten, Entspannung und Spaß gleichermaßen. Vom Seeufer nur durch einen Sandstrand getrennt ist das große, 26 °C warme Sportbecken in wettkampftauglicher Größe. Daneben gibt es ein 560 m² großes Spaßbecken, einen Strömungskanal und eine 51 m lange Wasserrutsche. 33 °C warmes Massagebecken mit Whirlpools und acht Luftperl-Liegen. Kinderbecken mit Verbindungsrutsche, diverse Spielgeräte; Tel. 0 80 22/9 28 90

Wanderkarten

Karte des **Bayerischen Landesvermessungsamtes**; UK L12, Mangfallgebirge, Tegernsee, Schliersee, Rosenheim; 1:50 000

Schliersee – Spitzingsee

ADAC Prädikat

SPORT & SPASS

WANDERN & BERGTOUREN

KULTUR & CO.

WELLNESS & GENUSS

Bergspitzen mit Seeblick

Die Region um Schliersee und Spitzingsee hat eine lange touristische Tradition. Gründe dafür gibt es viele, denn die malerische Voralpenlandschaft ist nicht nur für Bergwanderer ein Paradies; Kultur und Brauchtum werden gepflegt, aber nicht verramscht.

Eindrucksvoll präsentiert sich beim Blick von den Wiesenhügeln bei Westenhofen nach Süden die Landschaft um den Schliersee. Der Schliersee zählt zu den saubersten Seen Oberbayerns und erwärmt sich im Sommer rasch auf über 20 °C – ideale Bedingungen also für Badefreuden mit Bergblick. Besiedlung und Verkehr sind auf das Ostufer beschränkt. Auf der Westseite können Wanderer und Radler auf breiten Uferwegen weitgehend unberührte Natur genießen. Ein besonders reizvoller Fleck ist die knapp 200 m lange Insel Wörth – selbstredend mit Wirtshaus und Biergarten. Während im Ort Schliersee der Fremdenverkehr pulsiert, überwiegt in den südlichen Gemeinden Fischhausen und Neuhaus ländlicher Charme. So bieten sich dem Gast rund um den See die unterschiedlichsten Attraktionen: vom quirligen Ferien-

Hütten

Bodenschneidhaus (1353 m)
Die Alpenvereinshütte unter der Bodenschneid wird von Tegernseer wie Schlierseer Seite das ganze Jahr über gern besucht. Der Aufstieg vom Spitzingsattel (1127 m) über die Obere Firstalm dauert ca. 1,5 Std.; Tel. 0 80 26/46 92

Rotwandhaus (1737 m)
Die große Alpenvereinshütte unter der Rotwand ist Ausgangs- und Mittelpunkt für etliche reizvolle Touren im Rotwandgebiet: zur Rotwand (1884 m), auf den Auerspitz (1811 m) sowie für Klettereien an den Ruchenköpfen (1805 m). Seit 1990 dreht sich neben dem altehrwürdigen Haus das riesige Rad einer modernen Windkraftanlage. Aufstieg vom Spitzingsee in ca. 2,5 Std.; Tel. 0 80 26/76 83

WANDERN & BERGTOUREN

TOP TIPP Die **Rotwand** (1) (1884 m) ist einer der beliebtesten Münchner Hausberge. Die abwechslungsreiche, leichte Tour führt durch eine Landschaft wie aus dem Bilderbuch: durch Bergwälder und über satte Almwiesen, bis sie ganz oben sogar schroffe, felsige Regionen streift und vom Gipfel aus noch eine grandiose Aussicht bietet. Hinzu kommt kurz unterhalb des Gipfels eine schöne Hütte, auf der man bestens rasten kann. Ausgangspunkt ist der Parkplatz beim Spitzingsee (1085 m). Über breite Forstwege hinauf zur Wildfeldalm (1607 m) und zum Rotwandhaus (1737 m). Auf dem schmalen Bergweg (Trittsicherheit erforderlich!) zum Gipfel; Rückweg über den Lämpersberg (1817 m) zur Bergstation der Taubensteinbahn (1613 m) und mit ihr oder zu Fuß über den schönen Wanderweg zum Spitzingsee; Zeit: mit Bahn ca. 4 Std., ohne Bahn ca. 5 Std.; Einkehr: Rotwandhaus, Taubensteinhaus

Huberspitz (1052 m) Gemütliche Wanderung mit Gipfeleinkehr	Ausgangspunkt: Ortsteil Breitenbach im Nordwesten des Schliersee (800 m); den Wegweisern und Markierungen folgend teilweise steil zur Kammhöhe; rechts in wenigen Min. zum Berggasthaus Huberspitz am höchsten Punkt; Rückweg auf gleicher Route; leichte Wanderung auf Wirtschaftsweg und Bergsteig; Zeit: ca. 2,5 Std.; Einkehr: Berggasthaus Huberspitz
Bodenschneid (1669 m) Aussichtsbalkon zwischen Schliersee und Tegernsee	Ausgangspunkt: Spitzingsattel (1127 m); Obere Firstalm (1369 m) – Bodenschneidhaus (1353 m) – Bodenschneid – Kammweg zum Suttenstein (1398 m) – Untere Firstalm (1318 m) – Spitzingsattel; im Almbereich nicht schwierige Wanderung auf breiten Wegen, Bergsteige in der Gipfelregion, Trittsicherheit erforderlich; Zeit: ca. 5,5 Std.; Einkehr: Firstalmen, Bodenschneidhaus
Aiplspitz (1759 m) Schneidiger Felserker hoch über dem Leitzachtal	Ausgangspunkt: Spitzingsattel/Bergstation der Taubensteinbahn (1613 m); Rauhkopf (1689 m) – Tanzeck – Aiplspitz; Abstieg zur Schönfeldhütte (1410 m) – weiter zum Spitzingsattel (1127 m); Bergsteige, am Gipfelgrat Trittsicherheit und Schwindelfreiheit erforderlich (Drahtseilsicherung); Zeit: mit Bahn ca. 3 Std., ohne Bahn ca. 4,5 Std.; Einkehr: Taubensteinhaus, Schönfeldhütte

the perfect day

9 Uhr: Fahrt zum Spitzingsee – mit eigenem PKW oder Linienbus
10 Uhr: Auffahrt mit der Taubensteinbahn. Sanft ansteigende Panoramawanderung in etwa 1,5 Std. zum Jägerkamp
12 Uhr: Abstieg in den Kessel der Schönfeldalm und gemütliche Mittagsrast in der Schönfeldhütte, Abstieg zum Spitzingsee
15 Uhr: Fahrt zum Schliersee, Schifffahrt zur Inselgaststätte auf der Insel Wörth. Wer das letzte Schiff verpasst, kann sich mit dem Solartaxi des Wirtshauses zurück an Land bringen lassen (Tel. 0 80 26/46 41)

park mit 950 m langer Sommerrodelbahn auf der Schliersbergalm über Seerundfahrten und Talwanderungen bis hin zum berühmten, seit 1893 bestehenden Schlierseer Bauerntheater.

Geradezu Kulturgut geworden ist hier in seinem einstigen Revier der Mythos um den Wildschützen Georg Jennerwein. Nachdem der leidenschaftliche Wilderer am 6. November 1877 am Hohenpeißenberg hinterrücks erschossen wurde, avancierte er zum Volkshelden und Märtyrer, dessen Tod in einem schaurig-pathetischen Lied besungen wird. Auf dem Friedhof in Westenhofen am Ortsanfang von Schliersee blieb sogar sein Grabkreuz aus dem Jahr 1877 erhalten. Südlich des Schliersee geht es hinauf ins Gebirge und zum Spitzingsee. Der kleine Bergsee auf 1067 m Höhe ist Mittelpunkt eines beliebten Wander- und Ausflugsgebietes. Zwei Bergbahnen ermöglichen den Kraft sparenden Aufstieg in sonnige Höhen. Unübersehbar thront der mächtige Klotz der Brecherspitz zwischen den beiden Seen. Die Aussicht von seinem steinigen Gipfel kann einfach nur eine außergewöhnliche sein. Und wie so oft fasziniert dort oben nicht allein der Blick in die Ferne, sondern auch jener auf die nähere Umgebung, vor allem natürlich auf die tiefblauen, malerisch in die Bergwelt eingebetteten Seen.

Drüben, über dem Spitzingsee, steht schließlich einer der bekanntesten Berge der Bayerischen Voralpen, die Rotwand. Um ihn scharen sich weitere respektable Berggestalten wie Aiplspitz und Jägerkamp, die sich zu einer schönen Rundtour verbinden lassen. Idyllische Almkessel mit urigen Hütten sowie meist sanft gerundete Gipfel prägen diese einzigartige Berglandschaft. Ein Glück, dass das Rotwandgebiet durch den jahrelangen Kampf einiger Idealisten vor der totalen Erschließung bewahrt werden konnte.

ALLGEMEINE INFORMATIONEN

Urlaubsregion	Tourismusverband **Schliersee**; Tel. 0 80 26/6 06 50; E-Mail: tourismus@schliersee.de; www.schliersee.de
Orte	**Fischhausen • Neuhaus • Schliersee • Spitzingsee • Westenhofen**
Entfernungen	Hamburg 830 km; Berlin 642 km; Köln 632 km; Frankfurt a. M. 448 km; Stuttgart 289 km; München 55 km

Ferienpark Schliersbergalm
Die Schliersbergalm (1064 m) ist von Schliersee aus mit der Gondelbahn oder in 45 Min. zu Fuß über einen schönen Wanderweg zu erreichen. Oben warten vor allem für Kinder viele Attraktionen wie Alpenroller, Riesentrampolin und Streichelzoo. Hinunter geht es dann wieder mit der Seilbahn oder mit den Schlitten über die 950 m lange Sommerrodelbahn, Tel. 0 80 26/67 22, www.schliersbergalm.de

Wanderkarten

Karte des **Bayerischen Landesvermessungsamtes**; UK L 12 Mangfallgebirge; 1:50 000

Bayrischzell – Wendelstein

ADAC Prädikat

SPORT & SPASS
WANDERN & BERGTOUREN
KULTUR & CO.
WELLNESS & GENUSS

Ferienglück unter dem Wendelstein

In den eher sanft geformten Bayerischen Alpen fällt der Kalkkegel des Wendelstein naturgemäß auf. Er bildet den Mittelpunkt einer typisch oberbayerischen Ferienregion mit schönen Tälern, saftigen Wiesen und glasklaren Bächen. Bauernhäuser mit blumengeschmückten Balkonen vervollständigen die Postkarten-Idylle. Am Wendelstein selbst und auch an den umliegenden Gipfeln finden Wanderer manch spannende Tour mit großartiger Aussicht.

Warmfreibad Fischbachau
Erholsamer Freizeitspaß bei jeder Witterung: beheizte Becken, Wärmehalle, 62 m lange Wasserrutsche, Kinderbecken, Spielplatz, Minigolf, Tennis, Fahrradverleih; geöffnet von Mai bis Sept., Tel. 0 80 28/25 66

Wahrzeichen und Wächter: Der Wendelstein thront als markanter Kalkkegel hoch über Bayrischzell.

Gut geschützt durch die umgebenden Bergketten, schmiegt sich Bayrischzell an den Rand des grünen Leitzachtals. Der gastliche Ort mit den gutbürgerlichen Wirtshäusern, einladenden Cafés und komfortablen Übernachtungsmöglichkeiten bleibt dank der Umgehungsstraße vom Durchgangsverkehr weitgehend verschont. An manchen Stellen wirkt der Ort geradezu malerisch: Die schmucken Häuser und stattlichen Höfe stehen stolz inmitten grüner Wiesen und tragen Balkone, die sich unter der Blumenlast beinahe biegen.
An Bayrischzell vorbei fließt die Leitzach durch das breite Wiesental und biegt bei Aurach in Richtung Norden ab. Eingebettet zwischen den bewaldeten Bergrücken von Schliersberg und Schwarzenstein begeistert das weite Tal den Besucher mit einer geradezu verschwenderischen Fülle an Natur. Vor allem im Frühjahr verwandeln sich die Wiesen in ein Blumenmeer, dahinter bilden die markanten Berge zwischen Breitenstein, Wendelstein, Miesing und Aiplspitz die passende Kulisse. Am westlichen Rand des Tales, weit abseits der Straße, plätschert die Leitzach in ihrem naturbelassenen Bett durch einsame

the perfect day

9 Uhr: Wanderung von Kiefersfelden in die Gießenbachklamm
11.30 Uhr: Mit der Sesselbahn aufs Hocheck und auf der Sommerrodelbahn bergab
12 Uhr: Mit dem Auto über das Sudelfeld nach Bayrischzell, dazwischen Pausen an den schönsten Panoramaplätzen
14 Uhr: Kaffeefahrt auf den Wendelstein (verbilligtes Seilbahnticket inkl. Kaffee und Kuchen in der Berggaststätte) mit Gipfelbesteigung; dann mit der Seilbahn wieder hinunter
16.30 Uhr: Mit dem Auto aufs Sudelfeld und hinauf zur Walleralm; dort einen traumhaften Sonnenuntergang genießen

Wiesen und Wälder. Oberhalb von Fischbachau steht die Rokoko-Kirche von Birkenstein, die hier 1709 samt einer Klause erbaut wurde und heute gleichermaßen Ziel von frommen Wallfahrern wie interessierten Ausflüglern ist.

Aussichtsberg der Extraklasse

So lieblich wie die Orte zeigen sich auch die Berge – zumindest ein Großteil der hier eher sanften Bayerischen Alpen. Mit einer Ausnahme: Die felsige Gipfelhaube des Wendelstein überragt ihre Nachbargipfel deutlich und bietet eine der schönsten Aussichten weit und breit. Sowohl von Osterhofen bei Bayrischzell im Süden als auch von Brannenburg im Nordwesten reichen Bergbahnen bis unter den Kalkkegel, ein gut ausgebauter Weg führt schließlich auf den höchsten Punkt mit Wetterstation (seit über 100 Jahren!) und Observatorium. Oben gibt es viel zu schauen: Berchtesgadener und Chiemgauer Alpen, Zahmer und Wilder Kaiser, die eisbedeckten Gipfel der Hohen Tauern mit Großglockner und Großvenediger, die Bayerischen Voralpen, der markante Guffert, daneben Karwendel und Wetterstein mit der Zugspitze, im Norden das Flachland, der Blick hinaus nach München und bei ganz guter Fernsicht bis zu den Höhen des Bayerischen Waldes.

WANDERN & BERGTOUREN

TOP TIPP

Dank seiner markanten Form und dem unübersehbaren, 50 m hohen Sendemasten ist der **Wendelstein** (1838 m) 1 einer der auffälligsten Berge der Region. Und einer der besuchenswertesten: Auf einem exponierten Felsen thront malerisch das 1890 erbaute Wendelsteinkircherl, die Wetterstation und die Bergstation der von zwei Seiten heraufführenden Bergbahnen liegen ganz in der Nähe. Besonders interessant ist es, mit der ältesten Zahnradbahn Deutschlands, die sich seit 1912 von Brannenburg im Inntal bis kurz unter den Gipfel schraubt, hinaufzufahren. Von der Bergstation ist der höchste Punkt auf einem gut ausgebauten Steig in rund 20 Min. zu erreichen. Direkt hinter der Bergstation liegt die 300 m lange, sehenswerte **Wendelsteinhöhle**. Schmale Gänge führen zum »Höhlendom« und zur »Kältefalle«, wo selbst im Sommer häufig noch Eisreste zu finden sind. Der **Geo-Park Wendelstein** umfasst vier Wanderwege mit insgesamt 35 Schautafeln zur Entstehung und Geologie der Alpen. Ausgangspunkt der Wege ist die Bergstation; Tel. 0 80 34/30 80; www.wendelsteinbahn.de

Seebergkopf (1538 m) Isolierter Gipfel zwischen Wendelstein und Rotwand	Ausgangspunkt: Bayrischzell (800 m); Neuhütte (1235 m) – Seebergkopf – Seebergalm (1364 m) – Niederhofer Alm – Wackbachtal – Ursprungtal – Bayrischzell; einfache, etwas Kondition erfordernde Wanderung auf teils sehr schmalen Steigen; Zeit: ca. 5 Std.
Großer Traithen (1852 m) Aussichtsreiche Kammwanderung	Ausgangspunkt: Rosengasse (1200 m), Zufahrt von der Sudelfeldstraße bei Tatzlwurm; Rosengassenalm – Fellalm (1621 m) – Großer Traithen – Steilner Joch (1500 m) – Steilner Grat (1564 m) – Himmelmoosalm (1320 m) – Rosengassenalm – Rosengasse; einfache, allerdings lange und bei Nässe unangenehm rutschige Wanderung für Konditionsstarke; Zeit: ca. 6 Std.

Hütten

Brünnsteinhaus (1342 m)
Egal ob Wanderer oder Mountainbiker, wer das Brünnsteinhaus am Fuß des felsigen Gipfelaufbaus des Brünnstein (1634 m)

sieht, der freut sich über eine Erfrischung. Anstiege von der Rosengasse (1200 m) und von Tatzlwurm (764 m) jeweils ca. 2 Std.; Tel. 0 80 33/14 31

Hubertushütte (1535 m)
Der Gipfel des Breitenstein (1622 m) liegt bereits im Blickfeld, doch dann kommt auf einmal die kleine Hubertushütte. Gleich einkehren oder erst auf den Gipfel? Egal, Hauptsache man kehrt überhaupt ein und lässt sich die Brotzeit schmecken. Schnellster Anstieg von Birkenstein (853 m) bei Fischbachau über die Kesselalm (ca. 2 Std.);

Sillberghaus (1060 m)
Mehr ein Ausflugsziel als ein Bergsteigerstützpunkt, allerdings ein sehr beliebtes mit großer Sonnenterrasse. Zustieg vom Ursprungtal (820 m) südlich von Bayrischzell aus (ca. 30 Min.); Tel. 0 80 23/5 23

Restaurants

Feuriger Tatzlwurm
Das komfortable Hotel mit seinem guten Restaurant befindet sich am Kreuzungspunkt der von Brannenburg und Oberaudorf zum Sudelfeld führenden Straßen. Trotz des bayrisch-gemütlichen Eindrucks finden sich auf der Speisekarte neben Deftigem auch feine Wild- und Fischgerichte; Tel. 0 80 34/3 00 80, www.tatzlwurm.de

Gasthof zur Post
Vom Spanferkel in Dunkelbiersoße bis zum traditionellen Münchner Zwiebelfleisch: Die Speisekarte listet eine feine Auswahl urbayerischer Gerichte auf.

Gemütlich sitzt man im Bräustüberl mit seinem Kachelofen oder in der holzgetäfelten Poststube mit den alten Schützenscheiben; in Bayrischzell; Tel. 0 80 23/81 97 10

Gasthof Waller
Hier kommt keiner zufällig vorbei, zu unscheinbar und klein ist die Straße von Niederaudorf zum Kloster Reisach. Dennoch ist das bayerische Wirtshaus in Niederaudorf immer gut besucht. Ein schöner Biergarten, urgemütliche Stuben und eine gutbürgerliche Küche sprechen für sich – wer einmal hier war, kommt immer wieder. Tel. 0 80 33/14 73, Mo Ruhetag

Weniger Weitblick, dafür schöne Nahsichten bietet das Sudelfeld südwestlich von Bayrischzell, ein beliebtes Ziel für Ausflügler und Wanderer: ein Bergrücken mit ausgedehnten Almwiesen, über die im Winter die Skifahrer carven und im Sommer Wanderer zwischen weidenden Kühen Richtung Gipfelglück ziehen. Die Deutsche Alpenstraße führt von Bayrischzell in großzügigen Serpentinen hinauf auf die Passhöhe und von dort hinunter nach Brannenburg. Das Sudelfeld ist eine der wenigen Bergstraßen in den Bayerischen Alpen und dementsprechend frequentiert. Vor allem Motorradfahrer schätzen die Serpentinen und Kurven; Ausflügler gehen die Strecke gemütlicher an und fahren auf der Mautstraße hinauf zur Walleralm am Oberen Sudelfeld.

Schritt für Schritt in die Einsamkeit

Einsam ist es hier natürlich nicht, zu leicht sind die Almen und Gipfel zu erreichen. Doch mit jedem Meter Entfernung lässt man den Trubel weiter hinter sich und taucht ein in die überraschend menschenleere Bergwelt. Ob bei einer Wanderung auf den Großen Traithen, gegenüber auf das Wildalpjoch oder auf den Seebergkopf direkt über Bayrischzell, Wanderer finden hier aussichtsreiche und lohnende Gipfel. Über das Sudelfeld führt die kürzeste und landschaftlich schönste Verbindung ins Inntal. Beim Berggasthaus Tatzlwurm teilt sich die Straße, mautpflichtig ist die Strecke Richtung Brannenburg, während die Deutsche Alpenstraße weiter nach Oberaudorf führt. Wieder ein schöner Urlaubsort mit schmuckem Ortskern und mit dem Hocheck, einem sonnigen Almplateau mit Traumblick über das Inntal. Erst vor wenigen Jahren wurde das traditionsreiche Skigebiet einer Generalüberholung unterworfen. Von der neuen Vierersesselbahn und der Sommerrodelbahn profitieren aber auch die Sommerurlauber.

ALLGEMEINE INFORMATIONEN

Bayrischzell (800 m)	Tourist-Info **Bayrischzell**; Tel. 0 80 23/6 48; E-Mail: tourist-info@bayrischzell.de; www.bayrischzell.de
Orte	**Aurach • Brannenburg • Fischbachau** www.fischbachau.de • **Geitau • Kiefersfelden** www.kiefersfelden.de • **Oberaudorf** www.oberaudorf.de • **Osterhofen • Rechenau**
Entfernungen	Hamburg 846 km; Berlin 657 km; Köln 648 km; Frankfurt a. M. 464 km; Stuttgart 304 km; München 71 km

Südlich davon, direkt an der Grenze zu Österreich, liegt Kiefersfelden. Der historische Ortsteil befindet sich abseits der Durchgangsstraße: Herrliche Bauernhöfe, schmucke Fachwerkvillen, prächtige Handwerker- und Arbeiterhäuser zeugen von einer reichen Vergangenheit. Die Kiefersfeldener Bürger verdienten sich ihr Geld nicht allein mit der Landwirtschaft, sondern ebenso in den Marmorschleifereien, bei der Innschifffahrt und in den einst großen Hammerschmiedewerken.

Ritterliches Spektakel im Volkstheater

Auch Kiefersfelden ist ein beliebtes Ziel für Bergsteiger. Nicht-Wanderern bietet der Ort aber ebenso viele Attraktionen – etwa die einfache Wanderung in die wildromantische Gießenbachklamm (etwa. 30 Min.) eine Fahrt mit dem Wachtl-Express, der als »Museums-Eisenbahn« Kiefersfelden mit Wachtl in Tirol verbindet, oder eine Schifffahrt auf dem Inn. Bekannt geworden ist Kiefersfelden jedoch vor allem durch die Ritterspiele. Seit 1618 werden im ältesten Volkstheater Deutschlands jeden Sommer Werke von dem »Bauernshakespeare« Joseph Schmalz aufgeführt. Als Schauspieler stehen ausschließlich die Einwohner von Kiefersfelden auf der Bühne.

Zahlreiche Forststraßen führen durch die Bergwälder rund um den Wendelstein und ermöglichen so abwechslungsreiche Rundtouren für **Mountainbiker** 2. Zu den einfacheren Strecken zählt die Umrundung der Rotwand (1884 m) von Bayrischzell

durch das Kloo-Aschertal zum Elendsattel (1143 m) und über den Spitzingsee (1084 m) und das Leitzachtal zurück (39 km, 640 Höhenmeter). Sehr sportlich und anstrengend ist dagegen die Umrundung des Wendelstein (50 km, 1420 Höhenmeter). Eine Herausforderung ist die extrem steile Straße von Rechenau (720 m an der Deutschen Alpenstraße zwischen Tatzlwurm und Oberaudorf) hinauf zum Brünnsteinhaus (1342 m). Gemütlich sind die Touren im Leitzachtal, sofern man sich im Talboden bewegt.

Wanderkarten

Karte des **Bayerischen Landesvermessungsamtes** UK L12; Mangfallgebirge; 1:50 000

Chiemgau und Reit im Winkl

ADAC Prädikat

SPORT & SPASS

WANDERN & BERGTOUREN

KULTUR & CO.

WELLNESS & GENUSS

Zeit für Familienurlaub

Die idyllischen kleinen Orte in den Chiemgauer Bergen sind nicht nur im Winter beliebte Urlaubsziele. Im Sommer locken abwechslungsreiche Bergwanderungen, malerische Bergseen, gemütliche Hütten, geheimnisvolle Burgen und traditionelle bayerische Wirtshäuser. Kinder sind zwischen Aschau, Inzell und Reit im Winkl besonders gerne gesehene Gäste, entsprechend bunt ist das Ferienprogramm.

Der Direktor des Bremer Arbeitsamtes war es, der Ruhpolding zu einem der populärsten Ferienorte in den bayerischen Bergen und zum Symbol des aufkeimenden Tourismus in der Nachkriegszeit machte. Er kam vor rund 60 Jahren auf die Idee, Menschen in Sonderzügen zur Erholung in die Berge zu fahren. Zwar sind diese Glanzzeiten vorbei, doch nach wie vor ist der Chiemgau ein gerade bei Familien beliebtes Urlaubsziel. Die Gipfel sind eher sanft, die Orte gemütlich, und der Chiemsee ist nicht weit. Und man legt viel Wert darauf, Eltern und Kindern den Urlaub angenehm zu gestalten. Das honorierten auch die Fachleute und zeichneten Ruhpolding vor einigen Jahren als ersten »Kinderlandort« Oberbayerns aus.
Während die Eltern das familienorientierte Übernachtungsangebot schätzen, begeistert die kleinen Gäste eher der fantasievoll gestaltete

DAV Deutscher Alpenverein **DAV-Tipp**

Spitzsteinhaus (1252 m) Auf dieser Hütte werden regionaltypische Schmankerl angeboten, hergestellt aus den Produkten der umliegenden Bergbauern. Als Gipfel lockt der Spitzstein (1568 m), der in 45 Min. erreichbar ist. Aufstieg zur Hütte ab Erlerberg ca. 1 Std.; Tel. 0 53 73/83 30

WANDERN & BERGTOUREN

TOP TIPP Zwei der bekanntesten und beliebtesten Gipfel der Region sind verbunden durch die **Kampenwand-Geigelstein-Höhenwanderung** (1), die von Aschau (615 m) nach Sachrang (738 m) führt. Mit der Kampenwandbahn geht es zunächst von Aschau aus bergwärts bis zum Münchner Haus (1467 m), dann wandert man gemütlich mit leichteren An- und Abstiegen über die Dalsenalmen (1020 m) auf den Weitlahnerkopf (1615 m). Nun weiter nach Süden hinauf zum Gipfel des Geigelstein (1813 m). Nach einer Stärkung in der Priener Hütte (1411 m) geht es bergab bis nach Sachrang. Zurück nach Aschau mit dem Bus; Zeit: ca. 5 Std., Einkehr: Münchner Haus, Priener Hütte

Hochgern (1743 m) Leichte Bergwanderung mit einer kurzen Etappe, die Trittsicherheit verlangt	Ausgangspunkt: Unterwössen-Au (620 m); breiter Forstweg zur Agergschwendalm (1030 m) – Enzian-Hütte – in breiten Kehren zum Hochgernhaus (1462 m) – Richtung Osten zum Hochgern (1744 m); Abstieg wie Aufstieg; Dauer: ca. 5,5 Std. Einkehr: Hochgernhaus, Enzian-Hütte
Hemmersuppenalm (1260 m) Klassische Bergwanderung bei Reit im Winkl	Ausgangspunkt: Ortszentrum Reit im Winkl (696 m); Talwiesen – Blindau (707 m) – Gschwendtalm – Hindenburghütte – Hemmersuppenalm (1260 m); Rückweg wie Hinweg; mittelschwere Wanderung; Dauer: ca. 2,5 Std.; Einkehr: Hindenburghütte
Hörndlwand (1684 m) Interessante Wanderung auf markante Felsnadel	Ausgangspunkt: Parkplatz beim Gasthaus Seehaus zwischen Ruhpolding und Weitsee; Seehaus – Branderalm – Ostertal – Hörndlwand; Rückweg wie Hinweg; im Gipfelbereich Trittsicherheit erforderlich, sonst leicht; Zeit: ca. 4 Stunden; Einkehr: Branderalm. Im Anschluss an die Wanderung bietet sich ein Bad im Weitsee an.

the perfect day

9.30 Uhr: Führung im Schloss Hohenaschau mit Prientalmuseum
12 Uhr: Mit der Seilbahn auf die Kampenwand, Höhenwanderung über die Hochplatte zur Bergstation, mit der Bergbahn nach Marquartstein
15 Uhr: Besuch des Märchenparks in Marquartstein
18 Uhr: Rückfahrt nach Aschau, Abendessen im Gasthaus »Zum Baumbach«

Freizeitpark (www.freizeitpark.by) mit Märchenpark, Kristallbergwerk und Dinosaurierfundstelle. Wer sich mehr für vorgeschichtliche Erkenntnisse interessiert, dem sei ein Kuriosum in Siegsdorf empfohlen: Nachdem vor 30 Jahren hier ein 40000 Jahre altes Mammutskelett ausgegraben wurde, entstanden gleich zwei Museen, die Erdgeschichte anschaulich und spannend dokumentieren. Einblicke in die wirtschaftliche Vergangenheit eröffnet das Holzknecht-Museum (www.holzknechtmuseum.com) mit einem weiten Freigelände und interessanten Veranstaltungen.

Reit im Winkl mit den Felsengipfeln des Wilden Kaisers

Alle, die sich eher nach Ruhe in alpiner Umgebung sehnen, machen in Inzell einen Abstecher zum Bergwald-Erlebnispfad und fahren dann weiter zu den kleinen Orten Weißbach und Schneizlreuth. Umgeben von steilen Berghängen genießen die Gäste hier vor allem vielfältige Wandermöglichkeiten, darunter die historischen Salinenwege Richtung Thunsee.

Im Prien- und Achental im westlichen Chiemgau kommen Kulturfreunde ebenfalls auf ihre Kosten. Zwei mächtige Burgen überwachen die Eingänge der beiden Täler. Erhaben thront die Burg von Marquartstein über dem Achental. Überragt wird sie noch von Hochgern und der Hochplatte auf der anderen Seite der Tiroler Ache, beides Wanderberge für Genießer. Von der Bergstation der Sesselbahn Großstaffen z. B. führen angenehme Wanderwege an etlichen Almen vorbei zum Gipfelkreuz der Hochplatte.

Wer dem Achental Richtung österreichischer Grenze folgt, kommt zuerst nach Unterwössen – wo begeisterte Wassertreter eine der längsten Natur-Kneipp-Anlagen Deutschlands finden – und landet dann in Reit im Winkl, dem größten Touristenort der Region. Die waldbedeckten Berge, die bis zu 2000 m ansteigen, werden im Südwesten überragt vom gezackten Massiv des Kaisergebirges. Schon König Max II. von Bayern weilte häufig in Reit in Winkel, heute lockt der Luftkurort mit seinem ausgewogenen Klima und einem vielfältigen Freizeitangebot. Leichte Bergwanderwege, zahlreiche beschauliche Seen in der Umgebung und schließlich einer der schönsten Golfplätze Europas machen Reit im Winkl so beliebt, dass 80 % der Bevölkerung vom Tourismus leben können. Trotzdem findet man selbst in der Hochsaison ruhige Plätze zum Ausspannen, wie etwa an Eggenalmkogel oder Fellhorn.

Wer beim Ausgangspunkt Seegatterl nicht die Wanderschuhe anzieht, sondern in die Mautstraße einbiegt, gelangt zur Winklmoos-

Restaurants

Gasthof Zellerwand
Direkt an der Straße von Marquartstein nach Schleching steht das gepflegte Gasthaus, das seit 1853 in Familienbesitz ist. Mit nostalgischer Gaststube, einem schattigen Biergarten und einer klassisch bayerischen Küche, bei der viele Ökoprodukte der Schlechinger Bauern verwendet werden; Tel. 0 86 49/2 17

Streichenwirt
Ein Bilderbuchwirtshaus oberhalb von Schleching direkt an der Streichenkirche: innen schlichte, aber gemütliche Gaststuben und vor dem Haus eine Terrasse mit herrlichem Blick auf den Geigelstein; bodenständige Küche; Tel. 0 86 49/2 65

Chiemgau und Reit im Winkl

TOP TIPP

Im **Hochseilgarten** ② Aschau führen in 8 bis 14 m Höhe verschiedene Parcours über Seile, Stahlkabel, Bäume und künstliche Hindernisse. Speziell ausgebildete Hochseilgartentrainer betreuen alle Wagemutigen, die von einer Plattform zur anderen hangeln, klettern und balancieren wollen. Die Parcours haben unterschiedliche Schwierigkeitsgrade; Anmeldung und Info: Michael Paul; Tel. 0 80 52/54 60; www.chiemgauer-hochseilgarten.de

Hütten

Priener Hütte (1411 m)
Unterhalb des Geigelsteingipfels steht in sonniger Lage die stattliche Alpenvereinshütte. Sie ist ein beliebtes Ziel von Wanderern und Mountainbikern. Zustieg von Sachrang (738 m) in ca. 3 Std.; Tel. 0 80 57/4 28

Hindenburghütte (1260 m)
Auf einem Almgebiet mit Mooren und Buckelwiesen liegt die Hindenburghütte. Ein Besuch lohnt sich wegen der leckeren Küche mit bayerischen Schmankerln wie ofenfrischen Schweinshaxen, Jagerpfandl, Hüttengröstl, hausgemachten Kuchen sowie Strudel und Fruchtschnäpsen; Ausgangspunkt ist Reit im Winkl (Parkplatz im Ortsteil Blindau), der Zustieg dauert ca. 1,5 Std.; Tel. 0 86 40/84 25

Nordic Walking
Nordic-Aktiv-Zentrum des Deutschen Skiverbands in Inzell mit 3 ausgeschilderten Routen, Kursen und geführten Touren; 7 km lange, mittelschwere Runde sowie interessante Nordic-Walking-Pauschalen in Ruhpolding; mehrere ausgeschilderte Strecken, Kurse und geführte Touren in Aschau; Infos bei den Tourismusämtern; www.chiemsee-nordic-walking.de

Alm, der Heimat der sympathischen Ex-Skirennläuferin Rosi Mittermaier. Der Besuch der sehenswerten Hochalm lohnt sich allein schon wegen des Panoramablicks auf die Loferer Steinberge. Außerdem ist das Hochplateau zwischen Dürrnbachhorn und der Kammerköhrplatte ideal für ausgedehnte Wanderungen und Mountainbike-Touren, aber auch für erholsame Spaziergänge.

Am Eingang zum benachbarten Priental steht die mittelalterliche Burganlage Hohenaschau, die zu einer Besichtigungstour durch Fürstenzimmer und Prientaler Museum einlädt. Der Ort Aschau hat kulturell einiges zu bieten und Gourmets kommen in der »Residenz« auf ihre Kosten, wo Sternekoch Heinz Winkler Delikatessen aus seiner Nobelküche serviert. Hausberge von Aschau sind Hochries und Kampenwand, wo eine Seilbahn Kletterern und Wanderern das Erreichen ihres Zieles vereinfacht.

Im eher bodenständigen Sachrang südlich von Aschau ragt keine Burg wachsam in die Höhe; kontrolliert wird nicht einmal mehr an der nahen Grenze zu Österreich. Bergwanderwege führen hinauf zum Geigelstein, dem Blumenberg des Chiemgau, oder auf den Spitzstein mit seinem freien Blick weit über das Alpenvorland. Bekannt wurde

Sachrang einst durch den »Müllner Peter«, der Anfang des 19. Jh. in dem Bergort lebte und Kirchenmusiker, Komponist, Heilkundiger und Arzt in einem war. Ihm ist das Museum im ehemaligen Schulhaus gewidmet. Ein nostalgischer Charme ist aber nicht nur dem Museum, sondern der Region an sich nach wie vor eigen – fast so wie zu den Gründerzeiten des Tourismus.

ALLGEMEINE INFORMATIONEN

Urlaubsregion	**Chiemgau-Tourismus**; Tel. 08 61/5 82 23; E-Mail: info@chiemgau-tourismus.de; www.chiemgau-tourismus.de
Orte	**Aschau** www.aschau.de • **Bergen** www.bergen-chiemgau.de • **Inzell** www.inzell.de • **Marquartstein** www.marquartstein.de • **Mettenham** • **Oberwössen** • **Reit im Winkl** www.reit-im-winkl.de • **Ruhpolding** www.ruhpolding.de • **Sachrang** www.sachrang.de • **Schleching** • **Siegsdorf** www.siegsdorf.de • **Schneizlreuth** www.schneizlreuth • **Unterwössen** • **Weißbach**
Entfernungen	Hamburg 884 km; Berlin 695 km; Köln 685 km; Frankfurt a. M. 501 km; Stuttgart 342 km; München 108 km

TOP TIPP

Der Sachranger **Öko-Kulturweg** beginnt gleich hinter dem Müllner-Peter-Museum. Auf der 5 km langen Strecke werden an 12 Stationen die Zusammenhänge zwischen Natur, Landwirtschaft und Kultur der bäuerlich geprägten Alpenregion im oberen Priental erklärt. Die informative Wanderung ist gut kombinierbar mit dem Besuch des ehemaligen Schulhauses Sachrang, in dem das Museum über den Kirchenmusiker und Heilpraktiker »Müllner Peter« untergebracht ist. Im Obergeschoss ist das Lehrer-Hickl-Zimmer mit der Original-Einrichtung von 1910 sehenswert. Außerdem lohnt sich ein Rundgang durch den Heilkräutergarten. Mi 10-12 Uhr, Do-So 14-17 Uhr; Tel. 0 80 75/3 78

Bergwald-Erlebnispfad Inzell
Auf 3,5 km Länge führt der schön angelegte Pfad vom Forsthaus Adlgass zum Frillensee. An interaktiven Erlebnisstationen und Info-Tafeln erfahren Besucher spielerisch und mit allen Sinnen viel über die Bedeutung und den unermesslichen Wert intakter Bergwälder. U.a. mit Barfußgehen über verschiedene Waldbeläge, Baumtelefon und Baumartenstationen.

Wanderkarten

Karte des **Bayerischen Landesvermessungsamtes**, UKL 7 Chiemsee, Chiemgauer Alpen; 1:50 000

Berchtesgadener Land

Die Wahrzeichen der Region schlechthin: St. Bartholomä am Königssee vor der Watzmann-Ostwand.

ADAC Prädikat

SPORT & SPASS

WANDERN & BERGTOUREN

KULTUR & CO.

WELLNESS & GENUSS

the perfect day

9 Uhr: Mountainbike-Tour zur Gotzenalm, von dort zu Fuß zum Feuerpalfen; Aussicht genießen, danach Einkehr
15 Uhr: Bootsfahrt auf dem Königssee, Besuch von St. Bartholomä
19 Uhr: Fahrt zum Hintersee, deftiger Schweinsbraten im Gasthof Auzinger

Auf den Spuren der Wittelsbacher

An Sehenswürdigkeiten mangelte es dem Berchtesgadener Land schon zu den Zeiten nicht, als noch das bayerische Königshaus mit Vorliebe hier logierte. Und auch heute hat die Region rund um Watzmann und Königssee vielseitige Freizeitmöglichkeiten zu bieten: von hochalpinen Erlebnissen über romantische Bootsausflüge bis zu sportlichen Herausforderungen.

Dass König Max II. von Bayern ein leidenschaftlicher Jäger war, hat im Berchtesgadener Land Spuren hinterlassen. Auf der Gotzenalm ließ er sich eine feudale Jagdhütte bauen, und die königliche Villa im Zentrum von Berchtesgaden zählt noch heute zu den stattlichsten Anwesen im Ort. Man kann den Wittelsbachern ihre Wahl nicht verdenken: Die Schönheit der Landschaft und die Ursprünglichkeit der Natur, zumindest so wie sie seinerzeit war, dürfte den adligen Wünschen entgegengekommen sein. Das sah auch später Prinzregent Luitpold so, ebenfalls ein Vollblutjäger. Ihm verdankt man die Einführung der Elektroboote auf dem Königssee. Nicht aus Gründen des Umweltschutzes, wie man meinen könnte, sondern weil er damit besser auf die Pirsch gehen konnte und das Wild nicht vom Lärm vertrieben wurde.

Adlige sieht man heutzutage in Berchtesgaden kaum noch. Überhaupt hat der Tourismus nicht mehr viel von der alten Noblesse. Dennoch zählt das Berchtesgadener Land immer noch zu den reizvollsten und attraktivsten Gebieten in den Bayerischen Alpen. Der Königssee ist ein Publikumsmagnet, auch wenn die Anlegestelle mit den Geschäften und Lokalen mittlerweile etwas billig und lieblos erscheint. Aber rund um den See gibt es herrliche Wandermöglichkeiten, zum Beispiel in Richtung Watzmann, am Jenner oder zur Gotzenalm. Letztere ist übrigens auch ein lohnenswertes Mountainbike-Ziel; davon gibt es in der Region allerdings noch viele mehr, beispielsweise die Wallfahrtskirche Ettenberg oberhalb von Marktschellenberg oder die klassische Umrundung des Hohen Göll, eine anspruchsvolle Tagestour mit anstrengenden Bergauf- und rasanten Bergab-Passagen. Die Touren sind nicht nur bei den Gästen, sondern auch bei den Einheimischen beliebt.

Doch zurück zum Wandern: Als ideale Reviere gelten auch die Gebiete am Untersberg, rund um Ramsau und – mit deutlich alpinem Charakter – die Wege hinauf zur Blaueisspitze und zum Hochkalter, die allerdings erfahrenen Bergsteigern mit der entsprechenden Ausrüstung vorbehalten sind. Kletterer lockt die berühmte Watz-

WANDERN & BERGTOUREN

TOP TIPP

Eine Tour zum **Watzmann-Hocheck** (2651 m) ist ein großartiges Erlebnis, aber auch sehr lang und anstrengend. Dafür steht man dann allerdings auf dem Wahrzeichen der gesamten Region. Wanderer, die diesen Gipfel in Angriff nehmen, sollten über eine gute Kondition und Trittsicherheit verfügen. Ausgangspunkt ist der Parkplatz an der Wimbachbrücke zwischen Schönau und Ramsau (ca. 700 m). Durch die Wimbachklamm zur Stuben-Alm und auf Weg 441 weiter zum Watzmannhaus (1928 m), wo übernachtet wird. Am nächsten Tag zuerst im Zickzack, später etwas steiler über zerklüftete Felspartien zum Grat und auf diesem zum Hocheck. Abstieg wie Aufstieg; anstelle der Route durch die Klamm kann man auf dem Fahrweg bleiben, der ebenfalls wieder am Parkplatz einmündet. Zeit: insgesamt ca. 12 Std.; Einkehr: Watzmannhaus

Wimbachgrieshütte (1326 m) Landschaftlich sehr reizvolle, ausgedehnte Talwanderung	Ausgangspunkt: Parkplatz Wimbachbrücke (ca. 700 m, zwischen Schönau und Ramsau); auf gutem Wanderweg taleinwärts zum Wimbachschloss (937 m), einem ehemaligen Jagdschloss der bayerischen Könige – Wimbachgrieshütte (Übernachtungsmöglichkeit); Rückkehr auf gleicher Route; einfache, aber lange Wanderung im Tal zwischen Watzmann und Hochkalter; Zeit: ca. 5–6 Std.; Einkehr: Wimbachgrieshütte
Grünstein (1304 m) Mittelschwere Wanderung zu einem der schönsten Aussichtsgipfel der Region	Ausgangspunkt: Parkplatz Hammerstiel in Hinterschönau (755 m); auf dem Forstweg bis zur Gabelung – weiter auf steilerem Wanderpfad bis Grünsteinhütte (1200 m) – Grünstein-Gipfel; Rückweg wie Hinweg; Zeit: ca. 4 Std.; Einkehr: Grünsteinhütte
Predigtstuhl (1618 m) – **Karkopf** (1738 m) Aussichtskanzeln des Lattengebirges südlich von Bad Reichenhall	Ausgangspunkt: Bergstation der Seilbahn von Bad Reichenhall; von der Bergstation südlich zum Hochschlegel (1688 m) – Karkopf; kurze und leichte, aber aussichtsreiche Wanderung zur höchsten Erhebung des Lattengebirges; Rückweg wie Hinweg, Rückkehr ins Tal mit der Bergbahn; Zeit: ca. 2 Std.; Einkehr: Predigtstuhlhotel

Restaurants

Windbeutelbaron/ Alpengasthaus Graflhöhe
»Windbeutelbaron« ist kein Filmtitel, sondern die Bezeichnung für ein Gasthaus in Berchtesgaden und seinen Chef: Hans Ebner zaubert die größten Windbeutel nach geheimem Rezept, gefüllt mit Sauerkirschen und Vanilleeis, mit Himbeer- oder Schokoladensauce u.v.m.; Panoramaterrasse, Kinderspielplatz; Mi Ruhetag; Tel. 0 86 52/25 77, www.windbeutelbaron.de

Schellenberger Eishöhle
Die einzige Eisschauhöhle Deutschlands im Untersberg-Massiv bietet fantastische Eindrücke von unterschiedlichsten Eisformationen, die auch im Sommer nicht schmelzen. Bei einer Führung (ca. 45 Min.) erläutern Höhlenführer die Entstehung der Höhle und bringen den Besuchern die Erschließung der eisigen Hohlräume näher. Festes Schuhwerk und Trittsicherheit nötig; vom Parkplatz ca. 2 km nach Marktschellenberg Aufstieg zur Höhle in ca. 3 Std.; Einkehr in der Toni-Lenz-Hütte nahe der Höhle möglich; (Tel. 00 43 06 64/1 34 16 90), www.eishoehle.net

DAV-Tipp

DAV Deutscher Alpenverein

Das **Watzmannhaus** (1928 m) ist eine traditionsreiche Unterkunft in einem der schönsten deutschen Bergmassive – und ein idealer Standort für Touren zu den Watzmannkindern oder für die Überschreitung des Watzmann; Zustieg von der Wimbachbrücke in ca. 4 Std.; Tel. 0 86 52/96 42 22, www.watzmannhaus.de

Berchtesgadener Land

SPORT & SPASS

TOP TIPP

Die **Mountainbike-Tour zur Gotzenalm** führt an einen der schönsten Plätze im Königsseegebiet (1685 m). Zwar muss man sich die fantastische Aussicht hart erarbeiten, aber wer über eine gute Kondition verfügt, darf sich die Tour zutrauen. Start bei der Kurdirektion in Berchtesgaden (571 m). Hinauf nach Hinterbrand (ca. 1100 m; wer sich die ersten Höhenmeter sparen will, fährt mit dem Auto und beginnt die Tour hier) und fast auf gleicher Höhe zur Königsbachalm (1191 m). Dann steil hinauf zur Gotzental-Alm und zum Plateau der Gotzenalm. Abstecher zu Fuß zum Aussichtspunkt Feuerpalfen möglich; die Mühe wird belohnt durch einen fantastischen Blick auf den 1000 m tiefer liegenden Königssee und in die Watzmann-Ostwand mit der Kapelle von St. Bartholomä davor. Rückweg auf der gleichen Route. Länge/Charakter: bis zur Königsbachalm unproblematisch, danach steiler und anstrengend; ca. 37 km, 1200 Höhenmeter; Zeit: ca. 4 Std.; Einkehr: Königsbachalm, Gotzenalm

Klettersteig Bad Reichenhall	Neu eingerichteter, schwieriger Pidinger Klettersteig am Hochstaufen (1771 m); Zustieg ab Parkplatz Urwies bei Piding (nordöstl. von Bad Reichenhall); geführte Touren: Bergschule Watzmann, Tel. 0 86 57/7 11, www.bergschule-watzmann.de; Bergschule Berchtesgadener Land, Tel. 0 86 52/53 71, www.berchtesgaden-bergschule.de

mann-Ostwand, ambitionierte Bergsteiger die Überquerung der Watzmanngipfel. Vielfältige Möglichkeiten für Sportkletterer und für alpine Touren gibt es unmittelbar bei der Blaueishütte.

Spaziergänge in Natur und Kultur

Aber es geht auch gemütlicher: Naturliebhaber finden im Nationalpark viele interessante geführte Touren zur Wildfütterung oder mit detaillierten Informationen zu Flora und Fauna (Tel. 0 86 52/6 43 43; www.nationalpark-berchtesgaden.de). Ideale Ergänzung zu einem Ausflug in die Berge ist ein Abstecher in die moderne Watzmann-Therme mit ihrer großzügigen Badelandschaft.

In Anbetracht der besonderen Geschichte von Berchtesgaden hat der Ort aber auch kulturell einiges zu bieten. Allem voran das Schloss, das einst ein Augustiner-Chorherrenstift war und von den Wittelsba-

ALLGEMEINE INFORMATIONEN

Urlaubsregion	**Berchtesgaden** Tourismus; Tel. 0 86 52/65 65 00; E-Mail: info@berchtesgadener-land.com; www.berchtesgadener-land.com
Orte	**Bad Reichenhall** www.bad-reichenhall.de • **Berchtesgaden** www.berchtesgaden.de • **Bischofswiesen** www.bischofswiesen.de • **Marktschellenberg** • **Ramsau** www.ramsau.de • **Schönau** www.koenigssee.de • **St. Leonhard** (Österreich)
Entfernungen	Hamburg 930 km; Berlin 741 km; Köln 731 km; Frankfurt a. M. 547 km; Stuttgart 388 km; München 154 km

Hütten

Blaueishütte (1680 m)
Die Blaueishütte hoch über Ramsau ist ein idealer Ausgangspunkt für hochalpine Touren etwa auf die Blaueisspitze (2481 m) oder den Hochkalter (2607 m). Gute Alpin- und Sportklettermöglichkeiten in unmittelbarer Nähe; Betten und Matratzenlager; Zustieg von Ramsau (Parkplatz Pfeiffenmacherbrücke) in ca. 3 Std. oder von Ramsau-Hintersee in ca. 2,5 Std.; Tel. 0 86 57/2 71, www.blaueishuette.de

Carl-v.-Stahl-Haus (1763 m)
Direkt an der Grenze zwischen Deutschland und Österreich gelegen, ist man von hier aus in ca. 2 Std. auf dem Schneibstein (2276 m), einem schönen

Aussichtsberg. Ganzjährig bewirtschaftet, Aufstieg ab Parkplatz Hinterbrand ca. 2,5 Std., von der Jennerbahn ca. 30 Min.; Tel. 0 86 52/27 52

Reichenhaller Haus (1750 m)
Fast direkt am Gipfel des Hochstaufen (1771 m) befindet sich das Reichenhaller Haus. Es ist Stützpunkt unter anderem für jene, die den schwierigen Klettersteig in der Nordwand des Hochstaufen gehen (Pidinger Klettersteig). Von Bad Reichenhall in ca. 4 Std. zu erreichen; Tel. 0 86 51/55 66

chern nach der Säkularisation 1803 zur Sommerresidenz umfunktioniert wurde. Die wechselvolle Historie kann man im Schloss-Museum (Tel. 0 86 52/94 79 80; www.haus-bayern.com) anschaulich nachvollziehen. Vom Schlossplatz aus bietet sich dann ein Spaziergang durch die Fußgängerzone an, vorbei am Hotel Post am Marktplatz, dem ältesten Gasthaus Berchtesgadens, dessen Ursprünge bis auf das Jahr 1328 zurückgehen.
Nachtschwärmer sollten in Berchtesgaden keine allzu großen Erwartungen hegen. Die Einheimischen zieht es ins nahe Salzburg, wo das Angebot ungleich größer ist. Denn grundsätzlich ist das Berchtesgadener Land heute eher ein Fall für Natur- und Bergliebhaber, weniger

Schönes Wanderziel: die Bindalm im Klausbachtal, dahinter die Südabstürze der Reiteralpe

für das illustre Volk, wie es sich zu Zeiten der Wittelsbacher gern hier aufhielt. Das gilt insbesondere für die kleineren Nachbargemeinden, für das beschauliche Marktschellenberg und das romantische Ramsau mit der berühmten Kirche, eines der populärsten Postkartenmotive der Region.
Eine Ausnahme stellt der traditionsreiche Kurort Bad Reichenhall mit seinen Kuranlagen und der Spielbank dar. Die Salzgewinnung und die Solequellen prägten die Geschichte des Ortes, und wer sich für Historie interessiert, kann ihr zum Beispiel in der Alten Saline begegnen, die König Ludwig I. von Bayern 1834 erbauen ließ (www.salzwelt.de). Bad Reichenhall bezog seine Sole durch eine hölzerne Leitung von Berchtesgaden her, die bereits 1817 eröffnet worden war. Ihre Entwicklung war maßgeblich von König Max I. und seinem berühmten Minister Montgelas vorangetrieben worden – ein Zeichen dafür, dass der Adel Berchtesgaden nicht nur als Jagdgebiet schätzte.

TOP TIPP Geräuschlos über smaragdgrünes Wasser gleiten, gebannt in die gewaltigen Bergwände blicken und dem beeindruckenden Echo lauschen: Wer mit einem der **Elektroboote über den Königssee** gleitet, bekommt weit mehr geboten als nur eine Fahrt übers Wasser. Dieses hat übrigens Trinkwasserqualität – der fjordartige Königssee ist der sauberste See Deutschlands. Auf der Halbinsel St. Bartholomä, die die Boote ansteuern, steht die weltbekannte kleine Kirche gleichen Namens unter der mächtigen Ostwand des Watzmann, und im Fischerstüberl gleich nebenan gibt's frischen Fisch aus dem See; (Tel. 0 86 52/31 19, www.fischervomkoenigssee.de) Tel. 0 86 52/96 36 18, www.bayerische-seenschifffahrt.de

Wanderkarten

Karte des **Bayerischen Landesvermessungsamtes** UK L4; Berchtesgadener Alpen, Königssee, Bad Reichenhall; 1:50 000

Bregenzerwald

ADAC Prädikat

SPORT & SPASS

WANDERN & BERGTOUREN

KULTUR & CO.

WELLNESS & GENUSS

Sanfte Hänge und schroffe Gipfel hoch über Au und Schoppernau: Der Bregenzerwald bietet Wanderern vielfältige Möglichkeiten.

Auf idyllischen Wegen zu hohen Zielen

Über den sanft geschwungenen Bergen im Vorderen Bregenzerwald liegt eine zarte Lieblichkeit. Sie erinnert daran, dass geologisch gesehen hier das Allgäu seine westlichen Ausläufer hat. Zugleich geben die schroffen Gipfel Richtung Hochtannberg einen herben Vorgeschmack aufs Hochgebirge. Im Bregenzerwald kann man so auf gemütlichen Spazier- und Radwegen von Dorf zu Dorf pilgern oder sich auf interessanten Wanderrouten und Mountainbikestrecken durch dunkle Hochgebirgswälder und über blumenreiche Almen langsam zu hohen Zielen vortasten. Außerdem sorgt ein breit gefächertes Freizeit- und Wellness-Angebot dafür, dass sich auch Familien und Genießer wohl fühlen.

the perfect day

9 Uhr: Wanderung durch das »Naturerlebnis Holdamoos« in Au
11 Uhr: Fahrt nach Hittisau ins Familienbad mit Erlebnisrutsche, Beachvolleyball u.v.m.
15 Uhr: Blick in die Vergangenheit der Bregenzerwälder Käseherstellung beim Besuch des Alpsennereimuseum Hittisau
20 Uhr: Schubertiade-Konzert im Angelika-Kauffmann-Saal, Schwarzenberg (Tel. 0 55 12/ 23 65)

Auf einer Strecke von 76 km windet sich die Bregenzerache von ihrer Quelle unter der Mohnenfluh am Hochtannbergpass bis zur Mündung in den Bodensee durch den Bregenzerwald. Dazwischen schieben sich ihr immer wieder mächtige Höhenzüge in den Weg: das Kalkriff der Kanisfluh bei Au, die Winterstaude bei Bezau. Tief ins Tal eingegraben hat sich der Fluss im Vorderen Bregenzerwald, zwischen Müselbach und Kennelbach. Von 1902 bis 1983 schnaufte das Wälderbähnle, das jetzt auf einer kleinen Teilstrecke als Museumsbahn verkehrt, durch dieses wildromantische Naturparadies, in dem Tiere und Pflanzen heute wieder unbehelligt leben können. Da stören auch die vorbeigleitenden Kajaks, Kanus oder Raftingboote nicht, die beim einstigen Bahnhof von Lingenau – in dem heute das Outdoorcenter »High 5« (Tel. 0 55 13/41 40) seinen Sitz hat – zu Wasser gelassen werden. Immer am Sonntagnachmittag wird hier auch Bungee-Jumping von der 106 m hohen Brücke angeboten.

Das Erscheinungsbild der 22 Dörfer entlang der Bregenzerache ist geprägt von teilweise über 100 Jahre alten Bauernhöfen. Der Stall und das meist zweistöckige Wohnhaus mit dem »Schopf«, einer Art Veranda im Eingangsbereich, befinden sich immer unter einem Dach, die Fassaden sind mit Holzschindeln bedeckt und verleihen den Bauernhöfen ihr für diese Region so typisches Aussehen. Schließlich ist der Baustoff Holz im Bregenzerwald in Hülle und Fülle vorhanden. Diese Einheitlichkeit wird in fast allen Orten von der kühlen Funktionalität mindestens eines hochmodernen Gebäudes durchbrochen. Die Spannung zwischen Alt und Neu unterstreicht den hohen Stellenwert, den die zeitgenössische Architektur in Vorarlberg einnimmt. Beispiele dafür sind die Sennschule in Egg und die Schule in Warth – und der Käsekeller am Ortseingang von Lingenau: ein schlichter, rechteckiger Klotz aus Sichtbeton mit Vertiefungen in der Außenfassade, die – zumindest wenn sie nachts angestrahlt werden – aussehen wie die Löcher im Käse. 33 000 Laibe lagern im Käsekeller, werden

WANDERN & BERGTOUREN

TOP TIPP

Die **Kanisfluh** (2044 m) ist zwar nicht der höchste, aber mit Sicherheit der markanteste Gipfel des Bregenzerwalds. Obwohl man es angesichts der finsteren, schroffen Nordabstürze kaum glauben kann: Von Süden her führt ein relativ einfacher, aber recht langer Bergsteig über den breiten, aber am Ende steilen Grasrücken zum Gipfel. Ausgangspunkt ist Au/Argenstein (780 m). Am Ahorn-Berggut (1090 m) vorbei auf gut ausgeschildertem Weg zur Feuersteinalpe (1350 m) und weiter zum Alpengasthof Edelweiß (1495 m). Nun auf steilem Zickzack-Steig über den Grasrücken zum Hählesattel (1870 m). Von dort über den einfachen Grat problemlos zum Hauptgipfel Hohlenke. Herrlicher Blick ins Lechquellengebirge, ins Allgäu und ins Tal der Bregenzerache; Abstieg wie Aufstieg; Zeit: ca. 7 Std.; Einkehr: Alpengasthof Edelweiß

Winterstaude (1877 m) Mittelschwere, blumenreiche Rundtour im Herzen des Bregenzerwaldes	Ausgangspunkt: Schetteregg (1075 m); Schettereggalpe (1245 m) – steil zum Tristenkopf (1741 m) – Strangerhöhe (1778 m) – über ausgesetzten, teils mit Drahtseilen gesicherten Hasenstricksteig zur Scharte (1730 m) – über steile Blumenwiese zum Gipfel – Abstieg über Südostgrat zum Bühler Sattel (1750 m) – Überschreitung Hohe Kirche (1747 m) – Bullerschkopf (1761 m) – Abstieg nach Norden über Falzalpe (1140 m) nach Schetteregg; Zeit: ca. 7,5 Std.; Einkehr: keine
Körbersee (1662 m) Leichte Rundwanderung im Pflanzenschutzgebiet	Ausgangspunkt: Hochtannbergpass (1676 m); Kalbelesee – Fuchswald – Körbersee (1662 m, evtl. Abstecher zur Batzenalp, hin und zurück ca. 40 Min.) – Saloberalm – Salobersattel (1794 m) – Fuchswald – Hochtannbergpass; Zeit: ca. 3 Std.; Einkehr: Hochtannbergpass, Körbersee, bei Abstecher Batzenalp
Mohnenfluh (2542 m) Anspruchsvolle, lange Tour auf herrlichen Aussichtsberg	Ausgangspunkt: Schröcken (1269 m); Alpe Felle (1385 m) – über abschüssiges Schrofengelände zur Hochgletscheralpe (1835 m) – über teils mit Drahtseilen gesicherten, ausgesetzten Steig (Trittsicherheit unbedingt erforderlich!) zum malerischen Butzensee (2115 m) – über Geröllfeld zum Mohnensattel (2315 m) – weiter über Südflanke zum Gipfel mit herrlicher Aussicht auf Lechtaler Alpen, Verwall und Bregenzerwald; Abstieg wie Aufstieg; Zeit: ca. 8 Std.; Einkehr: keine

TOP TIPP

Die Fahrt mit dem **Wälderbähnle** zwischen Bezau und Bersbuch gehört zum Pflichtprogramm für Familien. Angetrieben wird die Museumsbahn, deren Schmalspurgleise sich entlang der

Bergenzerache schlängeln, von fast 100-jährigen Dampfloks oder historischen Diesellokomotiven. Befahren wird nur dieses kurze Teilstück. Andere Abschnitte der insgesamt 34,5 km langen, aufgelassenen Trasse werden inzwischen als sehr empfehlenswerte Rad- und Spazierwege genutzt. Fahrzeiten: Sa, So, Feiertage und auf Anfrage. Tel. 0 55 14/22 95; www.waelderbaehnle.at

Wasserwanderweg

Ein spannendes Erlebnis, das alle Sinne anspricht: Der Wasserwanderweg bei Hittisau führt durch Schluchten, über historische Brücken, vorbei an Biotopen und Auen, aber auch an historischen Mühlen und Sägewerken, einem Waschhäuschen und dem ersten Wasserkraftwerk des Bregenzerwaldes. So erleben Besucher die verschiedenen Bedeutungen und Nutzungen des Wassers hautnah. Besonders eindrucksvoll ist die leichte Wanderung ins Tal der Bolgenach bei Regenwetter. Infobroschüre beim Tourismusbüro Hittisau. Zeit: ca. 2 Std.

Restaurants

s'Schulhus Krumbach
Die Haubenköchin Gabi Strahammer verwöhnt zusammen mit ihrem Mann in einem ehemaligen Schulhaus ihre Gäste mit naturbelassenen Spitzenprodukten aus der heimischen Landwirtschaft. Jedes Gericht wird frisch zubereitet, selbst Allergiker finden hier absolut verträgliche Gaumenfreuden; mit Degustation und Kochkursen; Tel. 0 55 13/87 15, www.schulhus.com

Romantikhotel Hirschen
Eine besondere Adresse ist das traditionsreiche, mit vier Sternen ausgezeichnete Romantikhotel im malerischen Ortszentrum von Schwarzenberg. In dem barocken Gebäudemit der Schindelfassade werden erstklassige Gerichte serviert, die in erster Linie aus regionalen Produkten hergestellt werden; Tel. 0 55 12/2 94 40

WELLNESS & GENUSS

TOP TIPP

Der **Natur-Erlebnispark Holdamoos** bei Au ist ein idealer Ort, um die Vielfalt der Natur bewusst wahrzunehmen und aus ihr Kraft zu schöpfen: beim Spaziergang durch den duftenden Kräutergarten mit über 200 Kräutern und Heilpflanzen, beim Besuch der Kneippanlagen oder beim Meditieren in der Nähe des Kraftplatzes. Nicht nur Nordic Walkern sind die schön angelegten Wege des weitläufigen Parks sehr zu empfehlen. Im Mittelpunkt steht eine idyllische Vorsäßhütte, die 1582 erbaut wurde und noch immer wie anno dazumal eingerichtet ist. 15-minütiger Spaziergang vom Parkplatz der Diedamskopfbahnen in Au bis zum Holdamoos; Führungen: Tel. 0 55 15/22 88

Aqua Mountain Lingenau	Neu eröffneter Gesundheits- und Badepark mit Außenbecken, Sauna-, Vital- und Kosmetikbereich, einem gesundheitsorientierten Aqua-Fitnesszentrum sowie einer betreuten Kinderwelt. Tel. 0 55 13/63 21
Stutenmilchhof Hittisau	Stutenmilchhof mit Haflingern, die mit ausgesuchten Kräutern gefüttert werden. Stutenmilchprodukte regenerieren, reinigen, entspannen und schützen Haut und Haar. Vorträge, Stallführungen, Hofladen; Tel. 0 55 13/81 49, www.stutenmilchkosmetik.at

von Robotern sorgfältig gewendet und mit Salzwasser gebürstet. Schmackhaft und interessant für Genießer und Feinschmecker sind die Führungen inklusive der Verköstigung von Käsespezialitäten mit einem guten Glas Wein.

Überhaupt hat der Bregenzerwald Genießern einiges zu bieten: Neun Restaurants – und damit mehr als in jeder anderen Region Österreichs – wurden mit den begehrten Hauben ausgezeichnet. Zu empfehlen sind auch die 49 Käsewirte, die unter anderem traditionelle Wälderkost wie »Käsknöpfle« anbieten und oft in den gemütlichen Stuben der typischen Bregenzerwälder Häuser für ihre Gäste den Tisch decken. Fündig werden in der Region auch die kulturellen Feinschmecker. Ein besonderes Häppchen ist die Schubertiade in Schwarzenberg mit ihren erstklassigen Konzerten, Liederabenden und Lesungen. Veranstaltungsort ist meistens der neu gestaltete, jetzt hochmoderne Angelika-Kauffmann-Saal. Symbolisch soll der Saal dafür stehen, die Tradition der Barockmalerin und berühmtesten Tochter des Ortes mit dem Geist neuer Zeit zu verbinden. Sehenswert ist auch der denkmalgeschützte Dorfkern von Schwarzenberg mit seinen kreisförmig angeordneten historischen, schindelbedeckten Häusern – ein Anblick, der auch aus der Vogelperspektive fasziniert. Das sagen zumindest die Gleitschirmflieger, die gegenüber auf der 1711 m ho-

Die mit Holzschindeln verkleideten Bauernhäuser sind typisch für die Region.

hen Niedere bei Andelsbuch optimale Bedingungen vorfinden. Aufwinde, eine relativ gut einschätzbare Thermik und leicht erreichbare Startplätze sind Gründe dafür, dass sich Orte wie Andelsbuch, Bezau und Schoppernau inzwischen zu renommierten Gleitschirmzentren entwickelt haben.

Nicht nur von oben, sondern auch von den Wanderwegen aus (2000 km umfasst das Wegenetz) ist deutlich zu erkennen, dass sich der Bregenzerwald seine Ursprünglichkeit bewahren konnte. Zu verdanken ist dies vor allem der Landwirtschaft. In den meist kleinen Betrieben ist sie nicht nur Tradition, sondern als lebendige Gegenwart spürbar. Almenland ist Wanderland – insofern ist es nur nahe liegend, eine der zahlreichen Sennalpen als Ziel zu wählen. Oben angekommen, wartet mit den hauseigenen Produkten eine köstliche Stärkung. Um diese wertvolle kleinbäuerliche Struktur zu erhalten, arbeiten Tourismus und Landwirtschaft eng zusammen, etwa in einem der größten gemeinsamen Projekte, der »Käsestraße Bregenzerwald«. Dabei handelt es sich nicht um einen festen Routenverlauf, sondern um einen Verbund von entdeckenswerten Stationen und Betrieben, die sich allesamt auf die Fahnen geschrieben haben, regionale Strukturen zu bewahren und zu stärken. Ihren Beitrag liefern Sennereien, Sennalpen, Restaurants, Bauernhöfe, Metzger und Bäcker, aber auch Bergbahnen und traditionelle Handwerker wie Küfer oder Schindelmacher. Sie alle tragen das Logo der Käsestraße und signalisieren so dem Gast, dass es hier etwas »typisch Wälderisches« zu entdecken gibt.

Das gibt es auch im Hinteren Bregenzerwald, dort wo sich nach Schoppernau der Hochtannbergpass in zwölf Kehren steil bergauf windet. Oben auf 1600 m liegt Warth in einer von eiszeitlichen Gletschern ausgehobelten Senke, eingerahmt von wilden Bergen wie Widderstein, Mohnenfluh und Braunarlspitz. Zum herrlichen Panoramablick des Karhorns hinauf führt ein mittelschwerer Klettersteig. Ein traumhafter Weg lockt Wanderer vom Kalbelesee bei der Passhöhe zum malerischen Körbersee. Wer weiterwandert, kommt schon bald zur Batzenalpe mit ihrem kleinen Alpmuseum. Und von dort ist es nicht mehr weit zu einem kleinen Wildbach: der hier noch jungen Bregenzerache.

ALLGEMEINE INFORMATIONEN

Urlaubsregion	**Bregenzerwald** Tourismus GmbH; Tel. 0 55 12/23 65; E-Mail: info@bregenzerwald.at; www.bregenzerwald.at
Orte	**Alberschwende** www.alberschwende.at • **Andelsbuch** www.andelsbuch.at • **Au-Schoppernau** www.au-schoppernau.at • **Bezau** www.bezau.at • **Bizau** www.bizau.co.at • **Damüls** www.damuels.at • **Hittisau** • **Krumbach** • **Mellau** www.mellau.at • **Schetteregg** • **Schröcken** • **Schwarzenberg** www.schwarzenberg.at • **Sibratsgfäll** www.sibra.at • **Sulzberg** • **Warth** www.warth.at
Entfernungen	Hamburg 854 km; Berlin 782 km; Köln 642 km; Frankfurt a. M. 472 km; Stuttgart 267 km; München 238 km

Hütten

Biberacher Hütte (1862 m)
Die Hütte liegt in hochalpiner Umgebung auf dem Schadonapass im Lechquellengebirge. Lohnende Gipfelziele sind die Hochkünzelspitze (2397 m) und die Braunarlspitze (2648 m). Zustieg: ca. 3 km vor Schröcken (1269 m) führt der Weg hinein in den Schandelstobel; Zeit: ca. 2,5 Std. Tel. 0 55 19/2 57

Alpsennereimuseum Hittisau
In historischer Alpsennküche werden Arbeitsweisen und Geräte der traditionellen Käseherstellung und Milchverarbeitung gezeigt; Mi. 10 Uhr oder auf Voranmeldung, Tel. 0 55 13/62 09 50

Wanderkarten

Freytag & Berndt, WK 364 Bregenzerwald; 1:50 000

Alpenregion Bludenz

ADAC Prädikat

SPORT & SPASS

WANDERN & BERGTOUREN

KULTUR & CO.

WELLNESS & GENUSS

Vielseitiges Wanderparadies vor dem Arlberg

An Abwechslung mangelt es in der Alpenregion Bludenz nicht: Fantastische, ursprüngliche Täler wie das Große Walsertal oder das Brandnertal bieten Wandermöglichkeiten in Hülle und Fülle. Im Klostertal ist der Sonnenkopf ein bequem erreichbares, hochalpines Ziel. Und das sehenswerte, äußerst lebendige Städtchen Bludenz sorgt für ein überraschend breit gefächertes Kultur- und Freizeitprogramm.

Rekordverdächtige 1100 km Wanderwege ziehen sich in der Alpenregion Bludenz über Berg und Tal. Und beide, Berg und Tal, formen das vielfältige Gesicht der Region. Dies zeigt sich bereits im Großen Walsertal, das sich nördlich von Bludenz aus dem Walgau hinaufwindet nach Faschina, der höchstgelegenen der sechs Talgemeinden. Im Herbst 2000 erklärte die UNESCO das Große Walsertal zum Biosphärenpark, zu einer der weltweit 391 Modellregionen für nachhaltige Wirtschafts- und Lebensweise. Hier wird auf natur- und umweltverträgliche Landwirtschaft gesetzt, um die uralten Wälder, die wilden Schluchten, die blühenden Almen und die klaren Quellen und Bäche im Biosphärenpark weiterhin zu erhalten. Besonders ernst genommen wird dies im malerischen kleinen Biodorf Marul, in dem alle landwirtschaftlichen Produkte mit einem Gütesiegel ausgezeichnet sind. Feriengäste finden stets frische regionale Produkte auf der Speisekarte; naturnahe Erholungs- und Freizeitangebote stehen im Vordergrund.

Ein Tal der Gegensätze

Geologisch gesehen ist das Walsertal zweigeteilt: Während im westlichen Teil die sanft gewellten, mit sattgrünen Almwiesen überzogenen Skiberge anzeigen, dass diese Gipfel aus weichem Schiefer (Flysch) geformt sind, ragen auf der gegenüberliegenden Talseite bei Marul die schroffen Gipfel der Kalkhochalpen aus den Schuttkaren – wie etwa die mächtige Rote Wand, die alpin erfahrene Bergwanderer über die malerische Alpe Laguz besteigen können. Diese spannenden Gegensätze bieten ideale Voraussetzungen für eine ungewöhnlich vielfältige Flora: Im Gadental bei Buchboden, dem größten Naturschutzgebiet Vorarlbergs, sind allein acht verschiedene Waldtypen zu finden. Interessant ist dort auch die Kessischlucht, in der das Wasser riesige Becken in den Felsen geschliffen hat.

Wer das Tal in seiner ganzen Vielfalt kennen lernen will, sollte auf dem historischen Walserweg von der Propstei St. Gerold bis hinauf nach Faschina wandern (in etwa 5 Std.). Informationstafeln weisen jeweils auf die Besonderheiten am Wegesrand hin und erläutern die Geschichte des Tals. Die nahm ihren Lauf, als sich in St. Gerold vor rund 1000 Jahren der Eremit Gerold niederließ. Aus der Einsiedelei

Restaurants

Altes Gericht
Vorzüglich speisen in stilvollem Ambiente: Das Alte Gericht ist ein historisches, vorwiegend aus Holz gefertigtes Bauwerk in Sulz; serviert werden der Jahreszeit entsprechende, sorgfältig mit Produkten der Region zubereitete Gerichte. Bewertet mit 14 von 20 Gault-Millau-Punkten; Tel. 0 55 22/4 31 11

the perfect day

9 Uhr: Vom Brandnertal aus mit der Lünerseebahn zum Lünersee; Aufstieg zur Totalphütte
11 Uhr: Ausgiebige Rast bei der schön gelegenen Hütte
12 Uhr: Abstieg zum Lünersee, Wanderung um den See zurück zur Bahn, Abfahrt ins Brandnertal
15 Uhr: Fahrt nach Bludenz, Erholung im Val Blu
20 Uhr: Besuch einer der Kulturveranstaltungen in Bludenz

wurde unter Einfluss des Schweizer Klosters Einsiedeln eine Propstei – und der kulturelle Mittelpunkt der Region. Zur Probstei gehören außerdem ein prächtiger Garten und eine Pferdezucht. Sehenswert sind auch die Arbeiten der St. Gerolder Werkstätten; in den Ateliers für Grafik, Malerei und Keramik werden auch Kurse angeboten.

Auf den Spuren der Walser

Geprägt wurde das Große Walsertal jedoch nicht nur von der Geistlichkeit, sondern vor allem durch die im 14. Jh. vom schweizerischen Wallis zugewanderten Menschen. Sie ließen sich in dem unbesiedelten Tal weit verstreut über die Berghänge nieder. Im Auftrag der Grafen Montfort, den in der Region herrschenden Adeligen, kontrollierten sie die Pässe und Grenzen der unwegsamen Gegend. Dafür durften sie sich freie Bauern nennen und mussten keinen Zins bezahlen. In dem abgeschiedenen Tal bewahrten sie ihre Eigenständigkeit – ihre Kultur, ihren Dialekt, ihre Lebensphilosophie. Obwohl längst ein Tunnel bei Faschina das Große Walsertal mit Damüls im Bregenzerwald verbindet, ist das Tal vom Durchgangsverkehr völlig verschont geblieben. Der große Verkehrsstrom fließt durchs Rheintal, Walgau und Klostertal Richtung Arlbergpass oder zum Bodensee. Für den öffentlichen Verkehr gesperrt ist die Straße, die durch das malerische Gamperdonatal hinauf in den »Nenzinger Himmel« führt, zu einem winzigen, idyllischen Bergdorf zwischen Schesaplana, dem höchsten Berg des Rätikons, und den Liechtensteiner Bergen. Wie es der Name vermuten lässt, führt ein Bibelweg durch das schon wegen seiner Landschaft himmlische Hochtal: besinnliche Worte, die dazu bewegen, die Schönheit der Natur in Ruhe auf sich wirken zu lassen.

Dazu sollte man sich auch im Brandnertal Zeit nehmen, das südlich von Bludenz zum Lünersee und zur Schesaplana ins Herzen des Rätikons führt. Auf diesem mächtigen, fast 40 km langen Kalkstock verläuft die

Von der UNESCO zum Biosphärenpark erklärt: das malerische Große Walsertal bei Bludenz

Alvierbad, Brand
Der kristallklare Naturbadesee liegt mitten im Dorf; mit Abenteuercamp und Erlebnisbereich für Kinder, schöner Liegewiese und Sonnenterrasse.

Lawinenlehrpfad Blons
Auf speziell markierten Wanderwegen können hier im Großen Walsertal alle Arten von technischen Lawinenverbauungen begutachtet werden. Dokumentationen verschiedener Lawinenabgänge im Gemeindezentrum Blons; www.blons.at

Reiten, Sonntag
Mehrtägige Ausritte durchs Walsertal und auf die Alpe mit Ponys und Islandpferden; Indianerausritte und Abenteuerwochen für Kinder, Kurse; Pferdehof Drei Linden; Tel. 0 55 54/ 51 56; www.drei-lindenhof.at

Canyoning
Schmale, eindrucksvolle Schlucht des Alviebachs, ideal für Canyoning-Abenteuer; weitere Möglichkeiten im Großen Walsertal; geführte Touren und Ausrüstungsverleih: Alpin-Live; Brand; Tel. 0 55 59/5 95. High-Live Natur; Faschina; Tel. 0 55 10/3 22; www.thomas-schaefer.at

Alpenregion Bludenz

Grenze zur Schweiz beziehungsweise zu Liechtenstein. Und auch hier waren die Walser die ersten, die das Tal dauerhaft besiedelten. Zahlreiche wunderschöne alte Walserhöfe zeugen von dieser Vergangenheit. Kaum satt sehen kann man sich im Naturschutzgebiet Lünersee, das vom Talschluss aus bequem mit der Bergbahn erreichbar ist. Knapp 2 Std. dauert der leichte Rundweg um den von schroffen Kalkgipfeln umgebenen See. Trittsichere, schwindelfreie Bergwanderer sollten hinaufsteigen zur Schesaplana: Ein mittelschwerer Bergsteig führt vom Lünersee aus zur Totalphütte und weiter zum aussichtsreichen Gipfel. Der schöne Ferienort Brand ist Ausgangspunkt einer langen, anspruchsvollen Route über den teilweise mit Drahtseilen abgesicherten Leibersteig zur Mannheimer Hütte und von dort über den Gletscher weiter bis zur Schesaplana.

TOP TIPP

Eine mittelschwere, abwechslungsreiche **Mountainbike-Tour** führt von Bludenz (588 m) zur Elsalpe (1594 m). Die gesamte Strecke ist nach dem neuen Vorarlberger Mountainbike-Beschilderungskonzept ausgewiesen. Von Bludenz aus auf der Bergstraße nach Laz (922 m), weiter zum Gasthof Schönblick. Von hier schlängelt sich die neu erbaute Natur-Panoramastraße mit leichtem Anstieg und herrlichen Ausblicken hinauf zum Fischweiher (1350 m). Kurzer Abstecher zum Alpengasthof Muttersberg auf dem Madeisakopf (1402 m), um die fantastische Aussicht zu genießen. Am Muttersberg entlang zum Tiefenseesattel (1562 m), weiter zur Elsalpe (1594 m). Nach kurzer Rast und einer Alpjause 14 km Abfahrt auf derselben Route; Zeit: ca. 3 Std.; ca. 1000 Höhenmeter; Einkehr: Gasthof Schönblick, Alpengasthof Muttersberg, Elsalpe. Daneben gibt es viele weitere hervorragend ausgeschilderte Routen in der Region; Karte bei den Fremdenverkehrsämtern erhältlich. Verleih, geführte Touren: High-Live Natur, Faschina; Tel. 0 55 10/3 22; www.thomas-schaefer.at

Im Banne mystischer Steinkreise

Wer die wilden Bergregionen lieber aus sicherer Distanz betrachtet, ist in Bürserberg mit dem Tschengla-Hochplateau, dem zweiten Ferienort des Tals, gut aufgehoben. Zu schätzen wussten diesen Ort wohl bereits steinzeitliche Astronomen, wie die Funde mehrerer prähistorischer Steinkreise vermuten lassen. Diese Megalith-Anlagen wurden vor wenigen Jahren erst entdeckt, sie erstrecken sich oberhalb der Gemeinde Bürs bis hinauf zur Alpe Rona in Bürserberg. Neben mystisch angehauchten Ausflügen führen herrliche, sonnige und für trittsichere Bergwanderer einfache Wege z. B. zum Schillerkopf und zur Mondspitze. Von dort oben ist der Tiefblick ins grüne Walgau beeindruckend. Den direkten Weg dort hinunter hat sich der Alvierbach durch das Konglomeratgestein gefressen und die eindrucksvolle Bürser Schlucht geschaffen, durch die von Bürs ein Steig führt.
Vor dem nächsten Ausflug zu den Gipfeln lohnt sich ein Besuch im reizvollen Bludenz, dem kulturellen und wirtschaftlichen Zentrum des Vorarlberger Oberlands. Vier Länder und fünf Täler bilden den eindrucksvollen Rahmen. Der Altstadt verleihen verwinkelte Gassen, malerische Laubengänge und prächtige Bürgerhäuser einen besonderen Charme. Auf einem Fels über der Stadt thronen die Pfarrkirche St. Laurentius (830 erstmals erwähnt, 1514 in heutiger Form erbaut)

Wer im **Biosphärenpark Großes Walsertal** unterwegs ist, sollte auch einen Abstecher ins **Heimatmuseum** in Sonntag machen. Die Sammlungen sind äußerst sehenswert und liebevoll zusammengestellt. Den Rahmen bildet ein herrliches historisches Gebäude, das ehemalige Gasthaus von Sonntag. Zu betrachten sind u.a. Walserküche und -schule, Spinn- und Webstube, Brauchtumsraum, Alpkammer, Handwerkerraum und eine prächtige alte Bürgerstube; Tel. 0 55 54/52 19; www.walsermuseum.at

ALLGEMEINE INFORMATIONEN

Urlaubsregion	Alpenregion **Bludenz**; Tel. 0 55 52/3 02 27; E-Mail: alpenregion@bludenz.at; www.alpenregion.at **Biosphärenpark Großes Walsertal**; Tel. 0 55 50/2 03 60; E-Mail: info@biosphärenpark.at; www.grosseswalsertal.at
Orte	**Blons** www.blons.at • **Brand** www.brand.at • **Bürs** www.buers.at • **Bürserberg** www.buerserberg.at • **Dalaas und Wald** www.dalaas-wald.at • **Faschina** www.faschina.at • **Fontanella** www.fontanella.at • **Klösterle** www.kloesterle. at • **Marul und Raggal** www.raggal.net • **Nenzing** www.nenzing.at • **Sonntag** • **St. Gerold** www.st-gerold.at
Entfernungen	Hamburg 854 km; Berlin 782 km; Köln 642 km; Frankfurt a. M. 472 km; Stuttgart 267 km; München 238 km

und das Schloss Gayenhofen (1764 neu erbaut). Das älteste erhaltene Bauwerk ist das Obere Tor, in dem sich heute das sehenswerte Stadtmuseum befindet. Wie auf dem Fresko des Turms zu sehen ist, wurde Bludenz 1420 von Herzog Friedrich IV. zur Stadt erhoben.
Einen guten Überblick verschafft die Fahrt mit der Muttersberg-Seilbahn auf den Madeisakopf. Von dort aus ist die Aussicht auf den »Fünftälerstern«, der Bludenz umgibt, einzigartig: Der Blick schweift vom Großen Walsertal über den Walgau zum Rheintal, weiter in südlicher Richtung zum Brandnertal mit der Schesaplana, dann ins Montafon mit der Silvretta-Gruppe und schließlich nach Osten ins Klostertal in Richtung Arlberg. Dort lockt ein Berg mit dem viel versprechenden Namen »Sonnenkopf«. Eine Bergbahn macht den Anstieg bis auf 1841 m leicht; Themenwege, ein Abenteuerspielplatz, schöne Wanderziele und herrliche Mountainbike-Routen gewährleisten einen interessanten Aufenthalt.

WANDERN & BERGTOUREN

TOP TIPP

Eine eindrucksvolle hochalpine Bergwanderung führt auf den höchsten Berg des Rätikons, die **Schesaplana** (2965 m). Schon die Zufahrt durch das romantische Brandnertal bis zur Talstation der Lünerseebahn hat ihre Reize. Mit der Seilbahn geht es hinauf zur Douglashütte (1979 m) am malerischen Lünersee, der umgeben ist von schroffen Kalkgipfeln. Am See entlang bis zur Abzweigung zur Totalphütte (2318 m). Auf dem Weg zur Hütte begeistert immer wieder der herrliche Blick zurück auf den Lünersee. Weiter auf einem abwechslungsreichen Bergsteig zur Toten Alpe (2520 m). Auf gut markiertem, teilweise gesichertem Steig zum Gipfel. Fantastische Aussicht, vor allem auf die Schweizer Berge, vom Tödi bis zur Bernina, sowie Richtung Bregenzerwald und den Bodensee; Abstieg wie Aufstieg; anspruchsvolle Bergwanderung, Trittsicherheit und Schwindelfreiheit erforderlich; Zeit: ca. 7 Std.; Einkehr: Douglashütte, Totalphütte

Burtschakopf (2274 m) Aussichtsreiche Rundtour über dem Klostertal	Ausgangspunkt: Klösterle/Bergstation Sonnenkopfbahn (1841 m); Burtschasattel – Burtschakopf – Thüringer-Alpe (1819 m) – Eisentäli – Nenzigast-Alpe (1476 m) – Klösterle (1073 m); Trittsicherheit und Schwindelfreiheit erforderlich; Zeit: ca. 7 Std.; Einkehr: Bergrestaurant Sonnenkopf, Nenzigast-Alpe
Glatthorn (2134 m) Blumenreiche, leichte Bergwanderung im Biosphärenpark	Ausgangspunkt: Faschina, Bergstation Hahnenkopf (1777 m); über den landschaftlich reizvollen, blumengesäumten Kammweg wandern – Franz-Josef-Hütte (1978 m) – Schluchtensattel – Glatthorn – Staffelalm (1620 m) – Faschina (1486 m); Zeit: ca. 3,5 Std.; Einkehr: Franz-Josef-Hütte, Staffelalm
Garmilsattel (1810 m) Leichte Allwetter-Rundtour von Alpe zu Alpe	Ausgangspunkt: Sonntag, Bergstation Stein; Unterpartnom-Alpe (1552 m) – Oberpartnom-Alpe (1652 m) – Garmilsattel (1810 m; trittsichere Wanderer sollten einen Abstecher auf den Gronggenkopf, 1978 m, machen; ca. 40 Min.) – Abstieg zur malerischen Alpe Laguz (1584 m) am Fuß der mächtigen Roten Wand; mit Wanderbus über Marul nach Sonntag; Zeit: ca. 3 Std.; Einkehr: Unter- und Oberpartnom-Alpe, Laguz-Alpe
Schillerkopf (2006 m) Mittelschwere Aussichtstour mit Gletscherblick	Ausgangspunkt: Bürserberg/Parkplatz Schwaben-Haus (1100 m); Schillerweg – Schillersattel (1847 m) – Schillerkopf, herrliche Aussicht auf die Schesaplana, die Lechtaler Gipfel und die Schweizer Berge – Tälisteig – Alte-Statt-Weg – Bürserberg; mittelschwere Bergwanderung; Zeit: ca. 5 Std.; Einkehr: keine

Hütten

Sarottla-Hütte (1611 m)
Urige, sehr gemütliche Hütte am Fuße der Zimba (2643 m), einem schönen Kletterberg. Der Zustieg von Brand durchs wildromantische Sarottlatal ist ein idealer Familienausflug, Trittsicherheit ist jedoch erforderlich. Bei der Hütte bietet sich ein mächtiges, hochalpines Bild; mit Übernachtung; Zeit: ca. 2,5 Std.;
Tel. 06 64/9 65 29 95

Mannheimer Hütte (2679 m):
Der nicht zu unterschätzende Leibersteig führt von Brand (1007 m) aus zur großen, schönen Mannheimer Hütte (ca. 6 Std.), die direkt in hochalpiner Umgebung am Brandner Gletscher liegt. Auf den Gipfel des Hausbergs, der Schesaplana (2965 m), ist es noch etwa eine Stunde; Trittsicherheit und Schwindelfreiheit erforderlich; mit Übernachtung; Tel. 0 55 59/5 55

Alpe Laguz (1584 m)
Traumhaft schöne, gemütliche Alpe am Fuß der mächtigen Roten Wand (2704 m), auf den Tisch kommen köstlich zubereitete Walserspezialitäten. Die Alpe Laguz ist eine der ältesten Alpen der Region. Schöne Familientour von Marul aus mit dem Mountainbike oder zu Fuß (ca. 1,5 Std.). Ganz Gemütliche können auch den Wanderbus nehmen; keine Übernachtung;
Tel. 0 55 50/43 97

Totalphütte (2385 m)
Die Rast auf der netten Hütte oberhalb des Lünersees (1970 m) ist der wohlverdiente Lohn nach einer Besteigung der Schesaplana (2965 m). Wer Zeit hat, sollte hier übernachten, um die fantastische Landschaft und die herrliche Alpenflora zwischen Gipfel und See richtig genießen zu können; leichter Zustieg von der Bergstation der Lünerseebahn (1979 m) in ca. 1,5 Std.;
Tel. 06 64/2 40 02 60

Wanderkarten

Freytag & Berndt, WK 371
Bludenz, Klostertal, Montafon
1:50 000

Montafon – Silvretta

ADAC Prädikat

SPORT & SPASS

WANDERN & BERGTOUREN

KULTUR & CO.

WELLNESS & GENUSS

Kletterberge und Gletschereis

Traumhafte Gipfel und schroffe Felswände bieten unzählige bergsportliche Herausforderungen, im Tal bilden blühende Wiesen und blumengeschmückte Dörfer den sanften Kontrast. Und als ob dies nicht schon genug wäre, überzeugen auch noch das Freizeitangebot für Familien und die Sportmöglichkeiten, die das Montafon in Hülle und Fülle zu bieten hat.

Im Herzen des Rätikons ragen Sulzfluh, Drei Türme und Drusenfluh in den Himmel.

Umgeben von den Gipfeln des Verwall im Osten, den markanten Kalkfelsen des Rätikon im Westen und dem kristallinen Gestein der Gletscherberge der Silvretta, ist das Montafon prädestiniert für alle Berg- und Aktivsportarten. 500 km Wanderwege sind, wie in ganz Vorarlberg, entsprechend ihren Anforderungen einheitlich untergliedert und beschildert, ebenso die insgesamt 325 km langen Mountainbike-Strecken. Die eindrucksvollen Wände des Rätikon bieten unzählige Klettermöglichkeiten, und in der Silvretta locken herrliche Hochtouren.

Doch das 39 km lange Tal mit seinen elf Gemeinden und den wunderschönen Seitentälern hat weit mehr zu bieten. Zum Beispiel eine interessante Geschichte: Einzelne Parzellen waren bereits in vorchristlicher Zeit besiedelt. Ein wichtiger Saumpfad führte vom Montafon aus über Gargellen und das Schlappiner Joch nach Graubünden. Dort, wo heute das Wasser des Silvretta-Stausees glitzert, fanden bis zum Ersten Weltkrieg große Viehmärkte statt, ebenso in Schruns, dem Hauptort des Tals. Das widerstandsfähige Montafoner Braunvieh war begehrt, bis zu 2000 Tiere wechselten auf den Märkten die Besitzer. Auch die Walser entdeckten auf ihrer Suche nach einer neuen Heimat das Montafon. Im frühen Mittelalter sorgten die Erzvorkommen im Silbertal bei Schruns noch für Wohlstand. Gefördert wurde in erster

the perfect day

9 Uhr: Fahrt mit der Golmer Bahn, Wanderung zur Geißspitze, Abstieg zur Lindauer Hütte
13 Uhr: Ausgiebige Rast auf der Lindauer Hütte, Besichtigung des herrlichen Alpengartens
15 Uhr: Durch das malerische Gauertal zurück zur Talstation in Tschagguns/Latschau
17 Uhr: Besichtigung des Schauraums des Kraftwerks an der Talstation
20 Uhr: Abendessen genießen im Montafoner Hof in Tschagguns

WANDERN & BERGTOUREN

TOP TIPP

Eine aussichtsreiche, landschaftlich faszinierende **Höhenwanderung** ❶ führt vom Golmer Joch (2124 m) über die Geißspitze (2334 m) zur Lindauer Hütte. Zurück zum Parkplatz geht es durch das idyllische Gauertal. Ausgangspunkt ist die Bergstation der Golmer Bergbahnen (1892 m) bei Tschagguns/Latschau. Bequemer Aufstieg zum Golmer Joch, dann mit leichtem Auf und Ab meist auf dem Kamm zum Latschätzkopf (2219 m) und zum Hätaberg-Joch (2154 m). Auf dem schmalen, aber sehr schönen Geißspitzsteig über den Wilden Mann (2291 m), dann über steilen Grashang hinauf zum Gipfel der Geißspitze. Eindrucksvoller Blick auf Sulzfluh, Drei Türme und Drusenfluh. In steilen Kehren hinunter zur Lindauer Hütte (1744 m), dort ausgiebig rasten und den herrlichen Alpengarten besichtigen. Durch das idyllische Gauertal auf der westlichen Talseite zurück zur Talstation der Golmer Bergbahnen; mittelschwere, aber lange Bergwanderung, die Trittsicherheit erfordert; Zeit: ca. 6 Std.; Einkehr: Berghof Golm, Lindauer Hütte. Außerdem werden im Montafon täglich Wanderungen von geprüften Wanderführern angeboten. Plan und Infos in den Tourismusämtern.

Saulakopf (2517 m) Mittelschwere Bergwanderung zu prächtigem Aussichtsgipfel	Ausgangspunkt: Vandans, Gasthaus Rellstal (1490 m), mit dem Wanderbus zu erreichen; Heinrich-Hueter-Hütte (1766 m) – Saulajochsteig – kurz vor dem Saulajoch (2000 m) nach Norden abbiegen und auf dem schmalen, felsigen Bergsteig, teils mit Drahtseilen abgesichert, steil hinauf zum Gipfel; Abstieg wie Aufstieg; Trittsicherheit und Schwindelfreiheit nötig; landschaftlich großartig, imposanter Felsengipfel; Zeit: ca. 6 Std.; Einkehr: Gasthaus Rellstal, Hueter-Hütte
Hohes Rad (2934 m) Fantastischer, aber anspruchsvoller Aussichtsberg in hochalpiner Umgebung	Ausgangspunkt: Bielerhöhe am Silvretta-Stausee (2036 m); durch das Bieltal steiler Aufstieg zum Radsee (2470 m) – felsiger Steig zum Radsattel (2652 m), herrlicher Blick auf Piz Buin, Vermuntgletscher, Ochsentalergletscher – Geröllhang und leichte Kletterstelle (Schwierigkeitsgrad 1) – über steiles Schrofengelände zum Gipfel – Abstieg direkt durch Blockwerk ins Radkar – Bielerhöhe; nur für völlig trittsichere, geübte Bergwanderer; Zeit: ca. 7 Std.; Einkehr: keine
Silbertaler Winterjöchle (1945 m) Traumhafte, leichte Wanderung in unvergleichlicher Landschaft	Ausgangspunkt: Silbertal (889 m); Gasthaus Fellimännle (1093 m) – Untere Gaflunaalpe (1360 m) – Untere Dürrwaldalpe (1473 m) – Untere Freschhütte (1572 m) – Schwarzsee – Obere Freschhütte (1890 m) – Pfannsee – Langersee – Silbertaler Winterjöchle; herrlicher Blick auf den Patteriol (3056 m), landschaftlich einzigartig; etwas Kondition erforderlich; Abstieg wie Aufstieg; Zeit: ca. 6 Std.; Einkehr: Freschhütte

Linie Silber, wie der Name des Tals schon vermuten lässt. Ein schönes Zeugnis dieser Zeit ist die Knappenkapelle am Kristberg. Errichtet zu Beginn des 15. Jh., ist sie die älteste erhaltene Kirche des Montafons. Zur Kapelle und in das wunderschöne Wandergebiet gelangt man mit der Kristbergbahn (www.kristberg.at). Unten im malerischen Dorf Silbertal, das vor einigen Jahren zur schönsten Blumengemeinde Vorarlbergs gekürt wurde, befindet sich ein sehenswertes Bergbaumuseum; spannend sind auch die Führungen durch die historischen Stollen bei Bartholomäberg. Die reich ausgestattete Kirche des schmucken kleinen Dörfchens Bartholomäberg ist ein wahres Kleinod mit einer herrlich bemalten Kassettendecke, dem gotischen Knappenaltar (1525) und einer hervorragend klingenden Orgel. Der größte Kunstschatz ist das romanische Vortragekreuz (1150).

DAV-Tipp

DAV Deutscher Alpenverein

Lindauer Hütte (1744 m)
Wie vielfältig die Alpenflora ist, kann man im herrlichen, liebevoll gepflegten Alpengarten bei der Lindauer Hütte erleben. Aber auch sonst ist die gemütliche, herrlich gelegene Hütte unbedingt einen Besuch wert: Umgeben von den mächtigen Felsgipfeln von Sulzfluh (2818 m), Drei Türme (2830 m) und Drusenfluh (2827 m) liegt sie in einem grünen, malerischen Talkessel. Die Gipfel können übrigens nicht nur von Kletterern, sondern auch von trittsicheren Bergwanderern gut bestiegen werden. Ein schöner, leichter Wanderweg führt durch das reizvolle Gauertal von Tschagguns /Latschau (994 m) aus in ca. 2 Std. zur Hütte;
Tel. 0 664 50 33 456,
www.alpenverein-lindau.de

SPORT & SPASS

TOP TIPP

Der **Aktivpark Montafon** 2 in Schruns ist ein über 35 000 m² großes Sport- und Freizeitzentrum, in dem alles geboten wird: ein fantastisches Erlebnisbad; Beachvolleyball, Tennisplätze, Skaterplatz, Fußballstadion; für Kinder gibt's einen Erlebniswald mit vielen Spielstationen, Kletterburg, Trampolin, Airhockey, Bootteich etc.; außerdem regelmäßiges Sportprogramm (Nordic Walking, Beachvolleyball, Inlineskating); Kinder- und Jugendanimation; Mountainbiketouren, Mountainbikeverleih u.v.m.; Tel. 0 55 56/72 16 60; www.aktivpark-montafon.at

Klettern Rätikon/Silvretta	Mehrere Klettergärten in Schruns/Gantschier, Latschau, Vandans, Partenen, Bielerhöhe; ca. 25 Routen eingerichtet, 3.–7. Schwierigkeitsgrad; fantastische alpine Routen an Sulz- und Drusenfluh, den Drei Türmen, der Kirchlispitze; geführte Touren, Kurse, Klettertouren: BergAktiv Montafon; Tel. 06 64/ 4 31 14 45; www.montafon.bergfuehrer.at oder bei Montafon Guides, Tel. 06 64/1 02 60 28, www.montafon-guides.at
Mountainbike Bartholomäberg	Ausgangspunkt: Bartholomäberg (1087 m) – Sailerslegi/ Goritschang – Rellseck (1483 m) – Alplegi (1802 m) – Alpe Latons (1750 m) – Singletrail zur Falle – Botzis – Gasthaus Innerberg (1151 m) – Kirche Innerberg – Bartholomäberg; anspruchsvoll; Zeit: ca. 3 Std.; geführte Touren/Verleih: Aktivpark Montafon (s. o. TopTipp)

Wer sich für Geologie interessiert, sollte von der Kirche aus dem 16 km langen geologischen Lehrwanderweg folgen, der zuerst zu einem traumhaften Aussichtspunkt, dem Rellseck, führt, dann dem mehr als 2000 m hohen Gipfelkamm folgt und zu einem 180 Mio. Jahre alten Korallenriff leitet.

Ganz so alt sind die Sagen, die in Silbertal jährlich aufgeführt werden, zwar nicht, trotzdem war dieses Kulturgut bereits bei vielen in Vergessenheit geraten. Der Kulturverein von Silbertal hat es sich deshalb zur Aufgabe gemacht, den reichen Schatz zu pflegen. Auf einer Freilichtbühne wird jedes Jahr vor eindrucksvoller Bergkulisse eine der Sagen unter die Haut gehend aufgeführt.

Ein weiteres Juwel des Silbertals ist die Landschaft, die man bei einer Wanderung zum Winterjöchl entdecken kann: Der Weg führt durch eine ursprüngliche Bergwelt mit gletschergeschliffenen Rundhöckern, Zwergföhrenwäldern und einer wildromantischen, mit Seen geschmückten Hochmoorlandschaft. Eindrucksvoll ragt der Patteriol, der höchste Berg des Verwall, mächtig über dem Langersee am Winterjöchl auf.

Fantastisch ist auch der Blick vom Silbertal hinüber nach Süden, auf die andere Talseite des Montafon. Dort ragen die schroffen Kalkzacken des Rätikons in den Himmel: Sulzfluh, Drei Türme, Drusenfluh und Zimba sind die markantesten, in Kletterkreisen gut bekannten Gipfel. Unten im weit gewordenen Talboden zwischen Verwall und Rätikon schmiegt sich Schruns an den Bartholomäberg. Der Hauptort des Tals blühte schon im 14. Jh. auf, der Bergbau und viel begangene

Wassererlebnisstollen Tominier

1,5 km langer Stollen zwischen der Seilbahnbergstation der Vermuntbahn und dem Vermuntstausee in Partenen. Märchenhafte Wasserprojektionen, Kunst- und Toninstallationen sowie Lichteffekte schaffen gruselig-schöne Eindrücke während der Suche nach dem geheimnisvollen »Stein der Weisen«. Eine Waldfee erzählt die Geschichte König Midas', ein Bergkobold reißt freche Sprüche. Schließlich löst ein weiser Mann das Rätsel des wirklichen Steins der Weisen; fantasievoll gestaltete Stationen, die einen Besuch lohnen; Tel. 0 55 56/7 01 83 167, www.vermuntbahn.at, www.illwerke-tourismus.at

Säumerwege sorgten für frühen Wohlstand. Anfang der 1920er Jahre wurde Schruns zu einem beliebten Urlaubsort – im Sommer lockten die nahen Kletterberge, im Winter herrliche Skihänge, die 1951 durch die Hochjochbahnen erschlossen wurden.
Der wohl berühmteste Schrunser Gast war Ernest Hemingway. Allerdings war er in den zwei Wintern, die er 1925 und 1926 im Montafon verbrachte, noch keineswegs bekannt, sondern vielmehr auf der Suche nach einem günstigen Quartier, das er in Schruns im Hotel Taube fand. Im schmucken Ortskern befindet sich auch das sehenswerte Montafoner Heimatmuseum, in dem Hemingway natürlich ebenfalls seine Spuren hinterlassen hat – ebenso wie im interessanten Tourismus-Museum in Gaschurn.
Wer in Ruhe die Landschaft genießen will, sollte von Tschagguns aus in eines der beiden märchenhaft schönen Seitentäler wandern: Durch das Gampadelstal gelangt man zur Tilisunahütte. Die andere Alternative führt von Tschagguns/Latschau durch das romantische Gauertal zur Lindauer Hütte, die in einem eindrucksvollen Talschluss liegt, umgeben von Sulzfluh, Drei Türmen, Drusenfluh und Geißspitze. Geübte, trittsichere Bergwanderer können diese Gipfel ebenso erobern wie ambitionierte Kletterer. Für weniger Gebirgstüchtige ist schon die Wanderung zur Hütte ein Erlebnis, das mit dem Besuch des Alpengartens bei der Hütte wunderbar abgerundet werden kann.
Zurück aus der idyllischen, ursprünglichen Bergwelt, sollte man in Tschagguns/Latschau einen Blick in das imposante Wasserkraftwerk der Illwerke werfen. Wie man in dem Schauraum erfährt, ist dieses Pumpspeicherwerk nur einer der Mosaiksteine der umfangreichen, ausgetüftelten Nutzung der Wasserkraft im Montafon – des wichtigsten Wirtschaftsfaktors der Region.

Die Silvretta-Hochalpenstraße

Die Stromgewinnung durch Wasserkraft brachte – und bringt – aber daneben entscheidende Impulse für den Tourismus: Aus dem Karrenweg von einst zwischen Partenen und Bielerhöhe wurde 1954 eine kleine Straße, die 1962 zur Silvretta-Hochalpenstraße (mautpflichtig) ausgebaut wurde. Inzwischen ist die kühne Verbindung zwischen

ALLGEMEINE INFORMATIONEN

Urlaubsregion	**Montafon** Tourismus; Tel. 0 55 56/72 25 30; E-Mail: info@montafon.at; www.montafon.at
Orte	**Bartholomäberg** www.bartholomaeberg.at • **Bielerhöhe** • **Gargellen** www.gargellen.at • **Gaschurn** www.gaschurn-partenen.com • **Gortipohl** www.gortipohl.at • **Partenen** www.gaschurn-partenen.com • **Schruns** www.schruns-tschagguns.at • **Silbertal** www.silbertal.at • **St.Anton** • **St. Gallenkirch** www.stgallenkirch.at • **Tschagguns** www.schruns-tschagguns.at • **Vandans** www.vandans.net
Entfernungen	Hamburg 869 km; Berlin 807 km; Köln 650 km; Frankfurt a. M. 487 km; Stuttgart 298 km; München 254 km

Hütten

Saarbrücker Hütte (2538 m)
Eine urige Schutzhütte in der Silvretta mit fantastischem Blick auf die Gletscherwelt um Seehorn (3121 m) und Großlitzner (3109 m). Schöne Wanderung vom Vermuntstausee (1747 m) durch die grandiose Hochgebirgswelt der Silvretta zur Hütte in ca. 2 Std.; Tel. 0 55 58/42 35

Wiesbadener Hütte (2443 m)
Ein auch für Bergwanderer gut zu bewältigender Steig führt vom Silvretta-Stausee (2034 m) aus ins wilde Herz der Silvretta, zur Wiesbadener Hütte (2307 m). Zu sehen ist von dort aus auch der Piz Buin (3312 m). Wer ihn besteigen möchte, sollte sich einen Bergführer nehmen, hochalpine Erfahrung ist unbedingt notwendig. Aber auch ohne Gipfelziel lohnt sich der Weg (ca. 2 Std.) zu der gemütlichen Hütte; Tel. 0 55 58/42 33

Heinrich-Hueter-Hütte (1766 m)
Wunderschöne, urig-gemütliche Hütte am Fuße der schroffen Kalkgipfel von Zimba (2643 m) und Saulakopf (2517 m). Sehr familienfreundlich. Eine wunderschöne Wanderung führt von Vandans (648 m) entlang des Rellsbachs zur Hütte (ca. 4 Std.). Bequemer, ist die Fahrt mit dem Wanderbus von Vandans aus zum Alpengasthof Rellstal (1490 m), von dort dauert der Zustieg ca. 30 Min.; bei Voranmeldung geführte Klettertouren auf Zimba und Saulakopf; Tel. 0 55 56/7 65 70, www.hueterhuette.at

Montafon – Silvretta

Montafon und Paznaun eine der meistbefahrenen Panoramastraßen Europas. In 32 Kehren windet sie sich 700 Höhenmeter durch das von Lawinenrinnen zerfurchte Vermunttal hinauf zum Silvrettastausee; dort verkehrt übrigens Europas höchstgelegene Schifffahrtslinie. Vor allem ist hier jedoch ein bequem erreichbarer Ausgangspunkt für fantastische Touren ins Hochgebirge. Geübte Bergsteiger lockt die anspruchsvolle Hochtour auf den Piz Buin, den höchsten Berg Vorarlbergs. Erfahrene Bergwanderer können zur Wiesbadener Hütte oder auf den Gipfel des Hohen Rad steigen. Einmalig ist das Panorama, das sich Gipfelstürmern auf dem Hohen Rad bietet: Es reicht von der Zugspitze im Osten bis zum Rheinwaldhorn über dem San-Bernardino-Paß im Westen.

Weniger bequem ist der Weg von Partenen aus über die 4000 Stufen der Europatreppe zur Bergstation der Vermuntbahn. Die Treppe war einst notwendig, um zum einen die Druckrohrleitung, in der das

Wasser 700 Höhenmeter hinunter ins Kraftwerk bei Partenen stürzt, und zum anderen den ehemaligen Schrägaufzug zu warten. Sie ist wohl das längste Fitnessgerät der Welt, das Ski-Nationalteams ebenso wie Fußballmannschaften und Marathonläufer gern nutzen, um Abwechslung in ihren Trainingsplan zu bringen.

Auf ganz andere Art weiß man in Gaschurn am Fuße der Silvretta den Rohstoff Wasser zu nutzen: Das herrlich gelegene, ungewöhnliche Alpenbad »Mountain Beach« wurde 2003 mit dem Österreichischen Staatspreis für Tourismus ausgezeichnet. Das Erlebnisbad besteht aus einer gelungenen Kombination von Naturseen, die unterteilt sind in Bade- und Regenerationsbereich. Das Wasser wird ohne chemische Zusätze durch 13000 Pflanzen gereinigt, verbunden sind die Seen mit der wohl einzigen »Luftmatratzen-Raftingstrecke« des Alpenraums. Besonders wohltuend ist das Relaxen im Alpenbad nach einer eindrucksvollen Hochtour oder schönen Wanderung.

Wanderkarten

Freytag & Berndt; WK 371 Bludenz, Klostertal, Montafon; WK 372 Arlberggebiet; Paznaun, Verwallgruppe; WK 373 Silvretta Hochalpenstraße, Piz Buin; 1:50 000

Lech und Zürs am Arlberg

ADAC Prädikat

SPORT & SPASS

WANDERN & BERGTOUREN

KULTUR & CO.

WELLNESS & GENUSS

Lecher Gipslöcher
Oberhalb des verkehrsfreien Oberlech, in einer Höhe von etwa 1900 m, bildeten sich vor 250 Mio. Jahren aus einer Lagune große Kalk- und Gipslagerstätten. Niederschläge wuschen das weichere Material aus. Hunderte zum Teil kreisrunde Einbrüche (Dolinen) bildeten sich und schufen eine einzigartige, bizarre Landschaft, durch die ein geologischer Lehrpfad führt. Informationsbroschüren zu allen Themenwegen der Region beim Tourismusverband; Tel. 0 55 83/2 16 10

Blumenmeer statt Skiparadies

Was macht einen Wintersportort der Nobelklasse im Sommer attraktiv? »Sehr viel und immer mehr«, betonen die Sommerurlauber, die hier in Lech nicht nur ein idyllisches, reich mit Blumen geschmücktes Dorf vorfinden, sondern auch eine fantastische Bergregion, in der es sich herrlich wandern lässt.

Kaum sind mit dem Schnee die letzten noblen Gäste verschwunden, erwacht die Natur zu neuem Leben und taucht Lech in ein Blumenmeer. Das 2004 zur »Schönsten Blumengemeinde Österreichs« erkorene Bergdorf schmiegt sich in grüne Matten, ringsum ragen schützende Berge in die Höhe. Die Almwiesen sind mit einer außergewöhnlichen Vielfalt an Blumen gesegnet, deren Namen so schön sind wie sie selbst: Fuchsknabenkraut und Kugelorchidee, Türkenbund und Alpenrose. Auch das touristische Angebot zeigt im Sommer ein anderes Profil; statt Promis stehen Familien im Mittelpunkt.

Der junge Lech sprudelt munter durch das berühmte Skidorf, das sich im Sommer familienfreundlich zeigt.

Attraktive Angebote der Hotels ermöglichen es, mit Kind und Kegel auf gehobenem Niveau herrliche Ferien zu verbringen. Bergbahnen erleichtern den Weg nach oben, das schöne Waldschwimmbad am Lech ist beheizt und der Wanderbus pendelt regelmäßig zwischen Lech, Zug und dem Formarinsee am Fuße der Roten Wand, auf die eine anspruchsvolle Bergwanderung führt. Für Sommergäste gilt der Nulltarif: Ab der ersten Übernachtung erhalten sie die active inclusive card, mit der sie Busse und Bergbahnen kostenfrei nutzen, Museen und Büchereien ohne zusätzliche Ausgaben besuchen können. Für die Betreuung von Kindern zwischen drei und 15 Jahren ist ebenfalls gesorgt.

Themenwanderungen führen zu den geologisch interessanten Lecher Gipslöchern und erschließen das »Steinerne Meer« mit seiner Vielfalt an versteinerten Korallen, Schnecken und Muscheln zwischen dem Formarinsee und dem Spuller See im Lechquellengebirge. Wer eher an Kultur interessiert ist, wandert auf den »Spuren der Walser«

the perfect day

10 Uhr: Fahrt mit dem Wanderbus zur Formarinalpe; von dort Aufstieg am Formarinsee vorbei zur Freiburger Hütte
11.30 Uhr: Bei der Freiburger Hütte kurze Rast, dann weiter durchs Steinerne Meer und über den landschaftlich herrlichen Wanderweg zum Spuller See
16 Uhr: Mit dem Wanderbus vom Spuller See wieder zurück in Richtung Lech
16.30 Uhr: Im wunderschönen beheizten Waldbad (Haltestation des Wanderbusses zwischen Zug und Lech) einige Runden schwimmen und die herrliche Abendstimmung genießen

WANDERN & BERGTOUREN

TOP TIPP

Eine anspruchsvolle Tour für geübte, trittsichere Bergwanderer und Bergsteiger führt auf den mächtigen Felsklotz der **Roten Wand** (2704 m) im Lechquellengebirge. Ausgangspunkt ist die Formarinalpe (1871 m) am Ende der Mautstraße von Lech/Zug. Auf schönem Wanderweg hinauf zum Formarinsee (1789 m), nun über steilen Bergsteig zum Sattel der Schwarzen Furka (2363 m). Westseitig, teils mit Drahtseilen gesichert, queren, über gestufte Felsen hinauf zum Oberen Sättele. Über schuttige Nordwestflanke steil hinauf zum Nordgrat. Diesem folgen bis zum Gipfel. Die leichte Kletterei (Schwierigkeitsgrad 1) erfordert Trittsicherheit und Schwindelfreiheit. Fantastische Fernsicht zum Bodensee, in die Silvretta, die Bernina und die Ötztaler Alpen. Abstieg wie Aufstieg; Zeit: ca. 7 Std.

Rüfikopf (2362 m) Mittelschwere Genusswanderung mit Aufstiegshilfe	Ausgangspunkt: Lech, Bergstation Rüfikopf (2350 m); kurzer Anstieg auf den Rüfikopf – durchs Ochsengümple zum Bockbachsattel (2336 m) – nach Westen zum Friedrich-Mayer-Weg – auf diesem gemütlich bis unterhalb des Wöstersattels (2100 m) – in steilen Serpentinen hinunter zur Tälialp (1681 m) – Stubenbach (1490 m) – Lech; landschaftlich sehr abwechslungsreich; Trittsicherheit erforderlich; Zeit: ca. 5 Std.; Einkehr: Rüfikopf
Steinernes Meer Geologische Themenwanderung durch Traumlandschaft	Ausgangspunkt: Alpe Formarin (1871 m; Mautstraße von Lech/Zug); Freiburger Hütte (1918 m) – auf dem Themenweg durchs Steinerne Meer (ca. 2000 m) – zurück zur Freiburger Hütte – Alpe Formarin; neben dem leichten, herrlichen Weg ist ein kleines Korallenriff mit versteinerten Muscheln und Meerestieren zu sehen; Zeit: ca. 3,5 Std.; Einkehr: Freiburger Hütte

nach Bürstegg am Fuße des Warther Horn. Hier rodeten die eingewanderten Walser um 1300 die Wälder und schufen Platz für Weiden und eine erste Siedlung.

Zwischen Warther Horn und Karhorn haben die Bergführer der Region einen relativ leichten Klettersteig errichtet, der ideal für Einsteiger ist. Gipfel wie die Roggalspitze hingegen sind guten Kletterern mit alpiner Erfahrung vorbehalten. Einfacher zu erreichen sind Ziele wie die Ravensburger Hütte beim Spuller See, die Göppinger Hütte am Fuße der Braunarlspitze oder die Stuttgarter Hütte auf der anderen Talseite, von der aus Höhenwege sternförmig in die Lechtaler Alpen hineinführen.

Auch aus medizinischer Sicht ist der Aktivurlaub aufgrund der Höhenlage in Lech und Zürs ideal. »Welltain« lautet das Motto der Arlberger für ihre Fitnessangebote. Für Nordic Walker, Läufer und Bergwanderer werden Pakete angeboten, die Urlauber fit machen.

ALLGEMEINE INFORMATIONEN

Urlaubsregion	**Lech Zürs** Tourismus GmbH; Tel. 0 55 83/2 16 10; E-Mail: info@lech-zuers.at; www.lech-zuers.at
Orte	**Lech • Zürs • Zug**
Entfernungen	Hamburg 894 km; Berlin 822 km; Köln 681 km; Frankfurt a. M. 511 km; Stuttgart 306 km; München 188 km

Hütten

Ravensburger Hütte (1947 m)
Gemütliche Hütte beim Spuller See. Hausberg ist der Spuller Schafberg (2679 m), ein leichter, aussichtsreicher Wandergipfel. Ausgangspunkt ist der Parkplatz an der Staumauer des Spuller Sees (1827 m, Mautstraße von Lech/Zug); schöne, leichte Wanderung zur Hütte (ca. 45 Min.), im Blickfeld die herrliche Roggalspitze (2673 m) mit ihren interessanten Kletterrouten; Tel. 06 64/5 00 55 26

Göppinger Hütte (2245 m)
Aussichtsreich auf dem Gamsboden im Lechquellengebirge gelegene Hütte. Schöner Ausgangspunkt für anspruchsvolle Bergwanderungen auf die Braunarlspitze (2649 m) oder die Hochlichtspitze (2600 m). Auch der Hüttenzustieg von Unterälpele (1562 m, an der Mautstraße von Lech/Zug gelegen) ist lohnend (ca. 2 Std.); Tel. 0 55 83 35 40

DAV-Tipp

DAV Deutscher Alpenverein

Freiburger Hütte (1918 m)
Besonders familienfreundliche, idyllisch gelegene Hütte auf dem Rauhen Joch über dem Formarinsee. Herrliche Wanderungen ins »Steinerne Meer« über den Geologischen Lehrpfad zum Spuller See (1827 m) hinüber und auf den Formaletsch (2292 m); schöner, einfacher Zustieg von der Formarinalpe (1871 m, Ende der Mautstraße von Lech/Zug) in ca. 30 Min.; Tel. 06 50/5 66 00 39

Wanderkarten

Freytag & Berndt; WK 364 Bregenzerwald; 1:50 000
Freytag & Berndt; WK 371 Bludenz, Klostertal, Brandnertal, Montafon; 1 50 000
Freytag & Berndt; WK 372 Arlberggebiet, Paznaun, Verwallgruppe; 1:50 000

Tannheimer Tal

Picknick mit Panoramablick – Nach einem anstrengenden Aufstieg schmeckt eine zünftige Brotzeit nochmal so gut.

ADAC Prädikat

SPORT & SPASS

WANDERN & BERGTOUREN

KULTUR & CO.

WELLNESS & GENUSS

Reizvolle Vielseitigkeit zwischen Gipfeln und Seen

Die Spielplätze für aktive Urlauber sind im Tannheimer Tal vielfältig, aber auch sehr klar definiert: Die Felsregionen um Gimpel, Rote Flüh und Aggenstein gehören den Kletterern, Klettersteiggehern und alpinen Wanderern. Die grünen Bergkuppen im Süden sind Genusswanderern, sportlich ambitionierten Mountainbikern und Paraglidern vorbehalten. Und die malerischen Bergseen laden Wassersportler ein, während sich im breiten Talboden Radfahrer und Nordic Walker aktiv erholen.

»Da liegt am Fuße der Berge der heitere Wasserspiegel eines Sees und daneben erheben sich – gleich aus den Wiesen ansteigend – ungeheure, in die kühnsten Formen zerspaltene Felsennadeln«, rühmte bereits 1856 einer der ersten Reiseführer das Tannheimer Tal. Für den Schriftsteller Ludwig Steub (1812–1888) war es schlichtweg »das schönste Hochtal Europas«. Reisende kamen schon früh auf der alten Salzstraße von Reutte her über den Gaichtpass. Radler und Wanderer, die auf dem wiederhergestellten alten Passweg bergauf keuchen, können nur darüber staunen, dass auf dem steilen Weg über der wildromantischen Schlucht allein im Jahr 1659 insgesamt 16000 Salzfässer transportiert wurden – eine enorme Leistung für Mensch und Tier. Die Salzfuhrwerke waren vor allem im Winter unterwegs, wenn die Bauern Zeit für den begehrten Nebenverdienst hatten und ihre Rösser nicht zu anderen Arbeiten benötigten.

Zu dieser Jahreszeit schätzen heute Langläufer, Winterwanderer und Alpinskifahrer das schneesichere, sonnige Hochtal. Im Sommer hat

the perfect day

4.30 Uhr: Sonnenaufgangsfahrt von Schattwald mit der Wannenjochbahn 3, Aufstieg zum Wannenjoch (1890 m), Sonnenaufgang genießen
7 Uhr: Hüttenfrühstück auf der Stuibenalpe, Wanderung am Stuibenbach entlang ins Tal
12 Uhr: Fahrt nach Haldensee, kleine Wanderung zur Strindenschlucht, Spaziergang am See oder Ruderrunde
17 Uhr: Badespaß im Freibad Wasserwelt Haldensee (bis 19 Uhr geöffnet; Tel. 0 56 75/62 85)

das Tannheimer Tal aber noch viel mehr Möglichkeiten zu bieten, denn die markanten Felsgipfel von Gimpel, Roter Flüh und Kellespitze sind gar nicht so abweisend, wie sie vom Tal her wirken. Die Kletterrouten sind neu saniert und gut abgesichert. Vom Schartschrofen führt der Friedberger Klettersteig zur Roten Flüh. Auch trittsichere, schwindelfreie Wanderer können den Blick von diesem Gipfel genießen, wenn sie den Steig von Nesselwängle über das Gimpelhaus wählen. Ausgedehnte Wandermöglichkeiten findet der begeisterte Bergfreund aber vor allem auf der anderen Talseite von der Krinnenspitze bis zum Gaishorn. Ideale Bedingungen herrschen hier auch für Paraglider, die mit der Bergbahn aufs Neunerköpfle zum Startplatz auf 1800 m fahren.

Stille Täler und schöne Routen

Wie bunte Adler kreisen sie hier lange über dem Haldensee, der die Engstelle des Tals fast ausfüllt. Zwischen Wasser und Bergen bleibt kaum Platz für Straße und Fußweg. Doch gerade das macht die Strecke von Bad Hindelang über Oberjoch und durch das Tannheimer Tal Richtung Weißenbach im Lechtal so interessant für Cabrio- und

WANDERN & BERGTOUREN

TOP TIPP Mit drei zauberhaften Bergseen und Almwiesen voller Arnika, Orchideen, Enzian und Edelweiß gehört die **Drei-Seen-Wanderung** (1) zu den schönsten im Tal. Von Tannheim (1097 m) führt ein Wiesen- und Waldweg zum idyllisch im Talkessel gelegenen Vilsalpsee (1165 m). Ab jetzt geht es bergauf, zuletzt über eine kleine, seilgesicherte Felsstufe zum Traualpsee (1631 m). Eine Etage höher liegt der kleine Lachensee in der Nähe der Landsberger Hütte (1805 m). Für den Abstieg gibt es drei Alternativen, die alle über die Schochenspitze (2069 m) zur Gappenfeldalpe führen. Die erste Möglichkeit ist, von dort direkt ins Tal zu steigen. Die knieschonende Variante ist der Höhenweg zum Neunerköpfle (1862 m), von dort bringt die Bergbahn Wanderer ins Tal. Am schönsten ist es jedoch, die Tour zur 4-Seen-Wanderung auszubauen und über Almwege zur Strindenscharte und von dort zum Haldensee (1124 m) zu wandern; Zeit für Variante 3: ca. 6 Std.; Einkehr: Landsberger Hütte, Gappenfeldalpe. Geführte Wanderungen: Berg- und Wanderführer Josef Sint; Tel. 0 56 75/66 75

Aggenstein (1987 m) Höhenweg mit kleiner Gipfelkletterei	Ausgangspunkt: Grän, Bergstation Füssener Jöchle (1818 m); Tannheimer Höhenweg – Bad Kissinger Hütte (1792 m) – über steilen, felsigen Steig zum Aggenstein (1987 m); Bad Kissinger Hütte – Abstieg direkt nach Enge (1210 m) – Lumberg – Grän (1138 m). Trittsicherheit und Schwindelfreiheit für den Gipfel erforderlich; Zeit: ca. 5 Std.; Einkehr: Bad Kissinger Hütte
Krinnenspitze (2000 m) Eckpfeiler mit Panoramablick	Ausgangspunkt: Nesselwängle, Bergstation Krinnenalpe (1547 m); Gamsbocksteig – teilweise mit Seilen gesicherter Steig zur Krinnenspitze (2000 m) – Gräner Ödenalpe (1714 m) – Alpenrosenweg – Bergstation; Trittsicherheit und Schwindelfreiheit nötig; Zeit: ca. 2,5 Std.; Einkehr: Gräner Ödenalpe, Krinnenalpe
Gaichtspitze (1986 m) Wenig begangener, blumenreicher Wiesenweg	Ausgangspunkt: Gaicht (1117 m); Wiesenweg bis zum aussichtsreichen Gipfel der Gaichtspitze; Abstieg wie Aufstieg; auf den Wiesen blüht die blassgelbe, unter Naturschutz stehende Straußglockenblume; Zeit: ca. 5 Std.; Einkehr: Gasthäuser in Gaicht

Hütten

Bad Kissinger Hütte (1792 m)
Die Hütte liegt auf einem Sonnen- und Aussichtsbalkon am Aggenstein (1987 m). Die frühere Pfrontener Hütte hat mit der DAV-Sektion auch den Namen gewechselt. Zustieg entweder von Enge (1210 m) aus auf schönem Weg zur Hütte (ca. 1,5 Std.) oder von der Bergstation Füssener Jöchle (1818 m) über den abwechslungsreichen Tannheimer Höhenweg (ca. 2 Std.); Tel. 06 76/3 73 11 66

Landsberger Hütte (1805 m)
Bergblumenfreunde genießen die Blütenpracht rund um die nette Hütte, die umgeben ist von schönen Wanderzielen wie Rote Spitze (2130 m), Lachenspitze (2126 m) und Schochenspitze (2069 m). Hüttenwirt Bruno Friedl bewirtet die vielen Stammgäste mit hervorragend zubereiteten Tiroler Spezialitäten; Tel. 0 56 75/62 82

Tannheimer Hütte (1713 m)
Kleine, urige Hütte zwischen Gimpel (2173 m) und Kellespitze (2238 m). Hüttenwirtin Petra Wagner bewirtet ihre Gäste mit frischgebackenem Kuchen aus dem Holzofen. Wer eine Bierkiste von der Materialbahn am Gimpelhaus mitbringt, wird »hochprozentig« belohnt. Nur 18 Lager, unbedingt reservieren! Tel. 06 76/3 42 32 39

Tannheimer Tal

SPORT & SPASS

TOP TIPP Mit 26 abwechslungsreichen Routen verschiedener Schwierigkeitsgrade bietet die **Nordic Walking Arena Tannheimer Tal** ❷ eines der größten Angebote Tirols für Nordic Walker. Ideales Gelände für Einsteiger im Talbereich, vor allem am Vilsalpsee. Bei allen Routen ist angegeben, wenn sie sich auch für Läufer und Wanderer gut eignen. Informationen und Broschüren bei den Fremdenverkehrsbüros und unter www.tannheimertal.com; weitere Infos erhalten Sie beim Tourismusverband Tannheimer Tal, Tel. 0 56 75/6 22 00 oder unter www.tannheimertal.com

Mountainbike Nesselwängle	70 km ausgeschilderte Mountainbikewege aufgeteilt auf elf Strecken warten auf Sie; Mountainbike-Tourenkarte bei den Tourist-Informationen, Tel. 0 56 75/6 25 30; www.tannheimertal.com
Klettern	Alpine, neu abgesicherte Kletterrouten an Aggenstein, Gimpel und Roter Flüh, von leicht bis extrem schwierig. Klettergarten an der Läuferspitze, erreichbar mit der Füssener-Jöchle-Bahn. In der Tourist-Info Tannheim 10 m hohe Indoor-Kletterwand. Weitere Infos erhalten Sie beim Tourismusverband Tannheimer Tal, Tel. 0 56 75/6 22 00 oder unter www.tannheimertal.com

Motorradfahrer. Dagegen sind im Vilsalptal, einem Seitental, das unter Naturschutz steht, Autos unerwünscht (Fahrverbot zwischen 10 und 17 Uhr, es verkehren Busse und Pferdekutschen). Unbehelligt von Motorenlärm und Abgasen können die Urlauber den Seerundwanderweg genießen. Ein Muss ist auch der Abstecher zum Wasserfall im wilden Talschluss hinter der Vilsalpe. Wer höher hinauf will, sollte unbedingt die Drei-Seen-Tour in Angriff nehmen, die zu den schönsten Bergwanderungen der Region gehört.

Auf der anderen Talseite, am Aggenstein, werden sich einige Wanderer wundern, wenn sie in der Bad Kissinger Hütte statt eines Wirts auf eine zierliche, aber energische Hüttenwirtin treffen. »Die Leute

Restaurants

Landhotel Hohenfels, Tannheim

In herrlicher Aussichtslage über Tannheim befindet sich das Abendrestaurant »Tannheimer Stube« im Landhotel Hohenfels. Serviert wird Feines aus der österreichischen Küche, das der Küchenchef mit internationalen Spezialitäten geschickt kombiniert. Das Restaurant wurde 2004 mit zwei Gault-Millau-Hauben ausgezeichnet; Tel. 0 56 75/62 86, www.hohenfels.at

DAV Deutscher Alpenverein

DAV-Tipp

Tannheimer Höhenweg

Herrlicher Panoramawanderweg entlang der Sonnenseite des Hochtals. Gewaltig präsentieren sich die Hauptgipfel der Tannheimer Berge, wie Köllenspitze, Gimpel, Gehrenspitze. Den Einstige erleichert von Grän aus die Gondelbahn zum Füssner Jöchl (1818 m), von dort aus zur Bad Kissinger Hütte (1788 m; Tel. 0676/3731166. Von dort Abstig ins Tal zurück nach Grän. Gehzeit: ca. 3-4 Std.

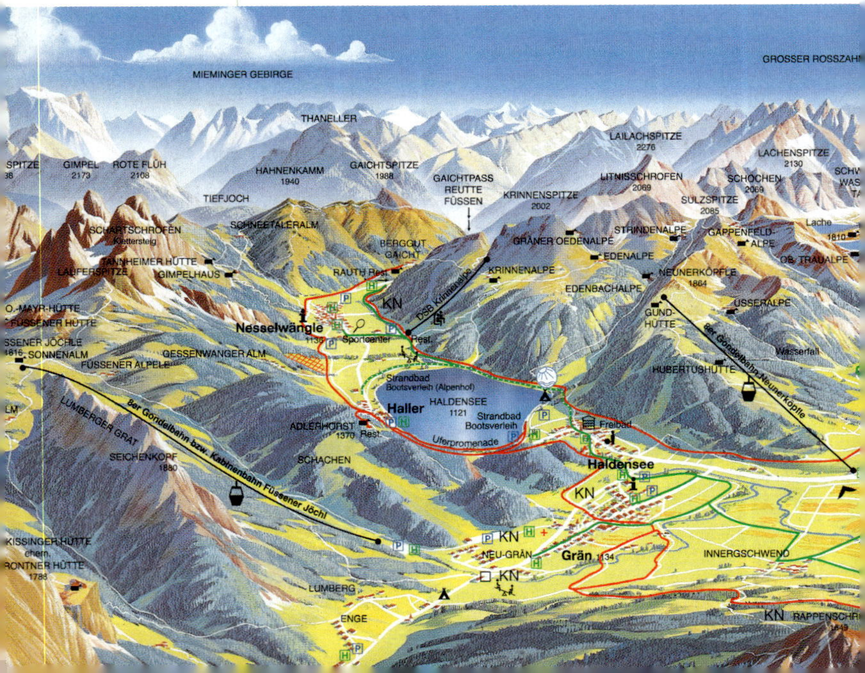

erwarten einen Hüttenwirt mit Lederhose und Vollbart«, erzählt Andrea Walch aus ihrer Pionierzeit. Inzwischen ist zumindest den Stammgästen klar, dass auch eine Frau die Hüttenruhe um 22 Uhr durchsetzen kann. Wer in den 18 Lagern der urige Bergsteigerunterkunft am Gimpel nicht mehr unterkommt, bleibt gleich nebenan im gastlichen Gimpelhaus. Wer Glück hat, kann auch dort einen gemütlichen Hüttenabend mit echter heimischer Volksmusik erleben, die im Tal vielerorts gepflegt wird.

Tradition und Moderne

Nicht nur musikalisch wird im Tannheimer Tal die Tradition hochgehalten. Im Herbst gibt es sogar einen eigenen Talfeiertag: Mit Prozession, Hochamt und Musik wird daran erinnert, dass einheimische Schützen im Jahr 1796 mit etwas List einen drohenden Einmarsch französischer Truppen verhindern konnten. Längst sind aus »Fremden« willkommene Gäste geworden, egal aus welchen Ländern sie anreisen. Schließlich hatten es die Tannheimer dem zu Ludwig Steubs Zeiten langsam aufblühenden Tourismus zu verdanken, dass sie im Sommer im Tal bleiben konnten.

ALLGEMEINE INFORMATIONEN

Urlaubsregion	**Tannheimer Tal** Tourismus; Tel. 0 56 75/6 22 00; E-Mail: info@tannheimertal.com; www.tannheimertal.com
Orte	**Gaicht • Grän-Haldensee • Nesselwängle-Haller • Schattwald • Tannheim • Zöblen**
Entfernungen	Hamburg 809 km; Berlin 737 km; Köln 596 km; Frankfurt a. M. 426 km; Stuttgart 221 km; München 146 km

TOP TIPP

Heimatmuseum Tannheimer Tal
Liebevoll eingerichtete Stuben, Sammlungen alter Musikinstrumente und Handwerksgeräte im Stofflerhaus in Tannheim. Guter Einblick in das Leben im Tal, bevor der Tourismus Wohlstand brachte; Eintritt frei; Tel. 0 56 75/6 22 00

Paragliding
Ideales Fluggebiet, Startplatz bei der Bergstation am Neunerköpfle auf 1800 m; Kurse und Tandemflüge; Flugschule Tannheimer Tal, Tel. 06 64/3 38 21 63, www.flugschule-tannheimertal.at

Wanderkarten

Freytag & Berndt; WK 352 Ehrwald-Lermoos, Reutte, Tannheimer Tal; 1:50 000

Tiroler Zugspitz Arena

ADAC Prädikat

SPORT & SPASS

WANDERN & BERGTOUREN

KULTUR & CO.

WELLNESS & GENUSS

Eine Arena für alpine Gladiatoren und Genießer

Der klingende Name bei dieser Region ist vor allem im benachbarten Deutschland ein Begriff, weil es dort keinen höheren Berg gibt als die Zugspitze. Diesen Superlativ behält der 2962 m hohe Berg auch über dem Talkessel von Lermoos und Ehrwald, und doch ist die Zugspitze hier nur eines von vielen attraktiven Revieren für eine alpine Urlaubsgestaltung.

Sommerrodelbahnen und Tubing

Am Ortsrand von Biberwier lädt die längste Sommerrodelbahn Tirols zum lustigen Bergabvergnügen ein. Mit der ersten Sektion der Marienbergbahn geht's bequem zum Start. 1300 m lang führt die Fahrrinne durch insgesamt 40 Kurven, kitzelt bei einem Jump die Nerven und verschwindet einmal in einem Minitunnel. Im Auslauf befindet sich außerdem die erste Sommertubingbahn Österreichs, wo man in großen aufgeblasenen Reifen auf Plastikmatten den Hang hinunterrutschen kann. Eine weitere Sommerrodelbahn gibt es in Bichlbach bei der Almkopfbahn.

Ehrwald mit Sonnenspitze (rechts) und den Gipfeln der Mieminger Kette

Die Seilbahnfahrt in der Panoramagondel der Tiroler Zugspitzbahn von Ehrwald-Obermoos auf die Zugspitze führt deutlich vor Augen, warum der Begriff »Arena« für die Region gut gewählt ist. Aus der Vogelperspektive lässt sich die klare landschaftliche Gliederung des Talbeckens deutlich erkennen, mit dem topfebenen Lermooser Moos als »Kampfplatz« und den wie im antiken Amphitheater rundum aufsteigenden steilen Zuschauerrängen: die Riesenwand des Zugspitzmassivs im Osten, die Mieminger Kalkgipfel im Südosten, die Lechtaler Alpen im Westen und die Ammergauer Alpen im Norden. Genauso deutlich lassen sich die Ein- und Ausgangstore dieser Arena ausmachen: das Loisachtal, der nach Heiterwang und weiter nach Reutte ziehende Einschnitt, das Gaistal in Richtung Leutasch und der Fernpass im Süden, zum Inntal hin; als eine Art Geheimgang könnte man in diesem System das Seitental von Berwang bezeichnen. Über den Fernpass zogen übrigens einst auf der Via Claudia Augusta auch römische Legionäre in den kühlen Norden – an eine Arena dachten

the perfect day

8.30 Uhr: Bergwanderung von der Bergstation Ehrwalder Alm zur Coburger Hütte, gemütliche Rast und zurück zur Bahn
14 Uhr: Fahrt zum Heiterwanger See: dort Rundfahrt mit dem Linienschiff (alternativ: Rudern oder Baden)
18 Uhr: Rückfahrt nach Ehrwald, Abendessen im Landhotel Spielmann, speziell mit »Spielmanns Nachspeisenteller«
20.30 Uhr: Besuch des Ehrwalder Bauerntheaters »Die Zugspitzler«

sie wahrscheinlich nicht beim Marsch durch das oberste Loisachtal. Und wohl auch nicht, dass später einmal Urlauber als Hobby-Archäologen dort nach ihren Spuren suchen würden (nähere Informationen zu den Grabungen beim Tourismusverband).
Wenn die Menschen vor mehr als 2000 Jahren in den Arenen Gladiatoren zujubelten und sich von Grausamkeiten unterhalten ließen, so haben sich die Zeiten Gott sei Dank gewandelt: In der Zugspitz-Arena sind Gladiatoren und Genießer friedlich vereint. Das Angebot zum Wandern, Klettern und Radfahren lässt für die einen wie die andern keine Wünsche offen. So vielfältig sind hier die Möglichkeiten, dass sich auch ein spannendes Aufbauprogramm zusammenstellen lässt, um vom Genießer zum Gladiator zu werden.

Die Zugspitze immer im Blick

Einer der sanftesten und doch spektakulären Einstiege in die Wanderungen der Region beginnt in Ehrwald, wo die Kabinenbahn zur Ehrwalder Alm für ein müheloses Bergauf sorgt. Von den grünen Almwiesen führt ein Fahrweg in den lichten Bergwald und auf jene breite Terrasse, die hier unter den Karen und Gipfeln der Mieminger Berge nach Westen zieht. Bei Ganghofers Rast darf man die Aussicht genie-

WANDERN & BERGTOUREN

TOP TIPP

Die reine **Bergabwanderung von der Zugspitze** (2962 m) beginnt erst nach einer bequemen Überquerung des Gipfels mit der Zugspitzbahn hinauf und ein Stück bergab zur Station Sonnalpin (2576 m) auf dem Zugspitzplatt. Auf einem Moränensteig geht es nun abwärts zur Knorr-Hütte (2051 m) und weiter durch die obersten Latschenfelder (Legföhren) über das weitläufige Karstplateau zur Felsscharte des Gatterl (2024 m). Hier wechselt der Pfad über die Landesgrenze und auf die Südseite des Wettersteinkamm. Kurze Querung zum Feldernjöchl (2045 m) und zum herrlichen Rastplatz »Am Brand« (2120 m), bevor der Max-Klotz-Steig bergab führt zur Hochfeldernalm (1732 m). Dann passiert der Weg die Pestkapelle (1617 m) und zieht flach hinunter zur Ehrwalder Alm (1502 m). Um einem »Knieschnackler« vorzubeugen, endet die Tour auch mit einer Seilbahnfahrt; Zeit: ca. 5–6 Std.; Einkehr: Knorr-Hütte, Hochfeldernalm, Ehrwalder Alm. Die Tiroler Zugspitzbahn verkauft für 26,50 € eine »Gatterlkarte«, in der alle genannten Seilbahn-Fahrten sowie der Bus von der Ehrwalder Almbahn zur Talstation der Zugspitzbahn enthalten sind. Geführte Wanderungen: Ski- und Bergsport Total; Tel. 0 56 73/30 00; www.bergsport-total; Tiroler Bergsport; Tel. 0 56 73/23 71; www.intersport-leitner.com

Daniel (2340 m) Lange Bergwanderung auf den höchsten Gipfel der Ammergauer Alpen	Ausgangspunkt: Lermoos (994 m); Kohlberg – Duftel-Alm (1496 m) – Daniel; Abstieg wie Aufstieg; Trittsicherheit u. Schwindelfreiheit nötig; nur für konditionsstarke Bergwanderer; Zeit: ca. 7 Std.; Einkehr: Duftel-Alm
Hinterer Tajakopf (2408 m) Anspruchsvolle Wanderung mit schönen Zugspitz-Blicken	Ausgangspunkt: Bergstation Ehrwalder Alm (1502 m); Knappensteig zum Sattel (1585 m) nahe dem Igelsee – Abzweigung Ganghofersteig – Brendlsee – Brendlkar (ca. 2000 m) – Tajatörl – Hint. Tajakopf – Coburger Hütte (1917 m) – Seebensee – Hoher Gang – Ehrwald (oder ab Seebensee zurück zur Ehrwalder Alm); Trittsicherheit und gute Kondition erforderlich; Zeit: ca. 7–8 Std.; Einkehr: Coburger Hütte
Thaneller (2341 m) Aussichtspyramide bei Berwang – einfach für Geübte	Ausgangspunkt: Berwang (1342 m); Grießltal – entlang dem Südrücken zum Gipfel; einfache Bergtour für geübte Wanderer; Zeit: ca. 5 Std.; Einkehr: keine

Hütten

Coburger Hütte (1917 m)
Auf drei Seiten von Felsgipfeln eingerahmt thront die Hütte auf einem grünen Absatz über dem kleinen Drachensee; der Ausblick zum Seebensee, ins Ehrwalder Tal und zum Zugspitzmassiv ist großartig. Hausberge sind der

Vordere Drachenkopf (2302 m) und der Hintere Tajakopf (2408 m); Zustieg von der Bergstation Ehrwalder Alm in ca. 2 Std.; Tel. 06 64/3 25 47 14

Wiener-Neustädter-Hütte
(2209 m) Trotz der bequemen Möglichkeit, mit der Tiroler Zugspitzbahn in wenigen Minuten zum Gipfel zu schweben, wollen zahlreiche Bergsteiger denselben Punkt mühsam aus eigener Kraft erreichen, und sie sind froh, sich auf halber Strecke in der kleinen Hütte im schattigen österreichischen Schneekar stärken zu können, bevor sie die Felspartien des »Stopselziehers« angehen. Tagesausflügler erreichen die Hütte von Ehrwald-Obermoos in ca. 3 Std. und genießen neben einer kräftigen Brotzeit den herrlichen Tiefblick ins Tal; Tel. 06 76/4 77 09 25

Wolfratshauser Hütte
(1751 m) Die Alpenvereinshütte erstrahlt nach der Renovierung 2004 in neuem Glanz; ihre gemütliche Atmosphäre aber ist geblieben. Bei Touren im Gebiet des Grubigsteins (2233 m) kann man hier gemütlich rasten – der Zugspitzblick wird gratis serviert. Von der Seilbahn-Bergstation Grubigalm bummelt man über den Höhenweg in ca. 1 Std. zur Hütte; Tel. 05 64/9 05 89 20

ßen und kurz darauf bei der bewirtschafteten Seebenalm den Durst löschen. Bald danach biegt der Fahrweg in den von Felsgipfeln eingerahmten Kessel mit dem malerischen Seebensee ein; das berühmte Postkartenmotiv »Seebensee mit Zugspitze« lässt sich kein Fotograf entgehen. Bis hierher handelt es sich tatsächlich um eine Höhenpromenade und wer die Kondition hat, um noch eine knappe Dreiviertelstunde auf dem Serpentinensteig bis zur Coburger Hütte zu steigen, kann dort befriedigt über die eigene Leistung einkehren.

Die Zugspitze bleibt bei Wanderungen über dem Lermooser Moos stets optischer Bezugspunkt, egal, ob man am Grubigstein bei Lermoos wandert – evtl. ebenfalls mit Seilbahnhilfe bis zur Grubigalm – oder in der sonnigen Südflanke des Daniel, wo es nur mit eigener Kraft nach oben geht. Auch das in einem Seitental etwas versteckt und damit abseits vom Durchgangsverkehr gelegene Berwang besitzt zwei lohnende Wandergipfel: im Süden den vor allem im Frühsommer wegen seiner Blumenpracht bekannten Hönig sowie im Nordwesten die wuchtige Felspyramide des Thaneller.

Wer ein echter Wandergladiator sein will, darf sich an den höchsten Gipfel wagen, auch wenn die Felswände der Zugspitze zunächst keine Schwachstelle erkennen lassen. Eine solche versteckt sich halb »ums Eck« herum auf der Südseite und heißt Gatterl. Diese Scharte im langen, felsigen Wettersteinkamm ermöglicht auch Wanderern einen unvergesslichen Zugspitztag der besonderen Art. Er beginnt per Seilbahn über den Gipfel zum Zugspitzplatt mit seinem dahinschmelzenden Gletscherrest, dann führt die Tour aus dem fast lebensfeindlichen Geröll- und Felsgelände zu den Lärchenwäldern und den Almmatten bei der Ehrwalder Alm. Ein wesentlich direkterer Weg auf bzw. von der Zugspitze führt über die Wiener Neustädter Hütte, ist im steilen, teilweise mit Drahtseilen gesicherten Felsgelände (»Stopselzieher«) nahe dem Gipfelgrat jedoch deutlich anspruchsvoller als jener über das Gatterl.

Bei so viel Steilfels in der Arena darf die zwischen Wandern und Klettern angesiedelte bergsteigerische Spielart nicht fehlen: Klettersteig-Fans wenden sich den Mieminger Bergen zu. Dort lockt eine rassige Route durch die 200 m hohen Seebenwände, darüber sozusagen die Fortsetzung auf den Vorderen Tajakopf. Beide Anstiege gelten als höchst anspruchsvoll und sind nichts für Einsteiger; mit Hilfe eines Bergführers (www.bergsport-total.at, www.intersport-

Restaurants

Landhotel Spielmann
In dem traditionsreichen Haus in Ehrwald schaffen zahlreiche alte Bauernmöbel eine stilvoll-gemütliche Atmosphäre. Seit Jahren loben die Gourmets von Gault-Millau die Küche mit ihrem originellen Angebot Tiroler und internationaler Speisen; Tel. 0 56 73/2 22 50, www.landhotels.at/spielmann

Auf grünen Terrassen begegnen sich Haflingerpferde und Berggängige Drahtesel.

Klettersteig Vorderer Tajakopf
Ausgangspunkt: Bergstation Ehrwalder Alm (1502 m); Zustieg über Seebensee zum Einstieg in 1800 m Höhe; entlang der Westkante, teilweise über senkrechte Felsstufen zum Gipfel; Abstieg zu Coburger Hütte und Seebensee, dann über Hohen Gang direkt ins Tal; sehr schwierig und anstrengend; nur für erfahrene Klettersteiggeher; Zeit: ca. 8 Std.

leitner.com) können klettergewandte und erfahrene Bergwanderer durchaus einmal den Balance- und Kraftakt in der Vertikalen wagen. Nervenkitzel ist garantiert. Und während die Erwachsenen an den großen Bergen klettern, dürfen die Kinder im Tal unter bester Betreuung spielerisch die Natur kennen lernen.

Im »Stopsezieher« auf dem Weg zur Zugspitze

Hundert Touren auf zwei Rädern

Auch beim Thema Radfahren verwöhnt die Zugspitz-Arena Genießer ebenso wie Mountainbike-Gladiatoren. Im Boden des Lermooser Mooses sind die Höhenunterschiede naturgemäß zu vernachlässigen; bei einer Rundtour kann man sich also ganz dem wechselnden Panorama widmen. Flache Radausflüge lassen sich auch von Heiterwang entlang den Ufern von Heiterwanger See und Plansee unternehmen, die sich wie Fjorde zwischen die Ammergauer Berge zwängen. Alle weiteren Touren führen dann aber in die Ränge der Arena hinauf – da zwickt es bald in den Waden, wenn man nicht mit der entsprechenden Kondition angereist ist. Über 100 Touren lassen sich in dem Netz von Straßen, Radwegen und Trails zusammenstellen. Glanzpunkte sind dabei Ausflüge von Biberwier zu den Seen unter dem Fernpass sowie die Strecke von Ehrwald zur Ehrwalder Alm und durch das lange Gaistal in Richtung Leutasch. Eine besonders reizvolle Herausforderung für Biker ist die Rundtour um den Daniel, bei dessen Bergauf-bergab sich auf rund 50 km Streckenlänge gut 400 Höhenmeter summieren; die Rastplätze sind zahlreich, wobei zur Abkühlung auch Plansee und Heiterwanger See locken. Für harte Konditionstests eignen sich die Auffahrten von Biberwier zum Marienbergjoch. Wer beim Radeln auf Geselligkeit Wert legt, kann sich von Mai bis Mitte Oktober geführten Touren anschließen, die in unterschiedlichen Leistungsgruppen angeboten werden (www.bikeguiding.at). Und sollten einmal die Kräfte nachlassen, werden Radler und Rad auch per Eisen- oder Seilbahn transportiert. Bei der neuesten Sportattraktion in der Tiroler Zugspitz-Arena bilden die Berge »nur« die eindrucksvolle Kulisse: Auf dem neuen Golfplatz, zwischen Lermoos und Ehrwald elegant am Rand des Mooses angelegt, bleiben Genießer und Gladiatoren stets am Boden.

TOP TIPP Die **Mountainbike-Tour »Rund um den Daniel«** ist eines der Highlights im riesigen Radtourenangebot der Region. In jedem der an der Route gelegenen Orte kann man starten, ein idealer Ausgangspunkt ist Heiterwang (994 m). Am Heiterwanger See und dem Plansee-Westufer bis zur schmalen Brücke beim Hotel Seespitz (980 m) gemütlich einrollen. Am Ostende des Sees flach bergauf zum Sattel »In der Neidernach« (1003 m), durchs Neidernachtal bergab nach Griesen (816 m) im Loisachtal. Weiter zur »Schanz« und nach Ehrwald. Vorbei am neuen Golfplatz rollt man wieder eben nach Lermoos (994 m), um von dort auf dem Panoramaweg zum höchsten Punkt in Lähn (1112 m) zu gelangen und nach Heiterwang zurückzufahren; Streckenlänge: knapp 50 km; Höhenmeter: rund 400 m; Zeit: ca. 3,5 Std.; Einkehr: diverse Gelegenheiten an Heiterwanger See und Plansee sowie in den Ortschaften entlang der Strecke. Geführte Touren und Bike-Testmöglichkeiten (Mietbikes werden ins Hotel geliefert!): Bikeguiding Zugspitz Arena; Tel. 0 56 73/41 26

ALLGEMEINE INFORMATIONEN

Urlaubsregion	**Tiroler Zugspitz Arena**; Tel. 0 56 73/2 00 00; E-Mail: info@zugspitzarena.com; www.zugspitzarena.com
Orte	**Berwang • Biberwier • Bichlbach • Ehrwald • Heiterwang • Lermoos • Lähn-Wengle • Namlos**
Entfernungen	Hamburg 832 km; Berlin 698 km; Köln 620 km; Frankfurt a. M. 450 km; Stuttgart 245 km; München 112 km

Wanderkarten

Freytag & Berndt WK 352, Ehrwald-Lermoos-Reutte-Tannheimer Tal; 1:50 000

Paznaun

ADAC Prädikat

SPORT & SPASS

WANDERN & BERGTOUREN

KULTUR & CO.

WELLNESS & GENUSS

Berglandschaft, wie sie schöner kaum sein kann: Die Trisanna durchfließt Ischgl und das gesamte Paznaun.

Der Reiz der Gegensätze

Es gab Zeiten, da war das Paznaun einer der entlegensten Winkel der Ostalpen. Heute ist das Tal hinter den Bergen mittendrin im touristischen Geschehen – und dennoch, zumindest weitgehend, sich selbst treu geblieben. Von bodenständiger Bergbauernkultur zur quirligen Fun-Arena, von der leichten Wanderung zur anspruchsvollen Gletschertour – die Urlaubsregion zwischen Silvretta, Samnaun- und Verwallgruppe hat viele Facetten.

Es gibt zahlreiche Gründe, um westlich von Landeck ins Tal der Trisanna abzubiegen: Im Winter machen schneesichere Pistenskigebiete das Paznaun interessant, im Frühjahr locken klassische Skitouren in der Silvretta. Doch auch im Sommer und im Herbst kommen bergbegeisterte Urlauber voll auf ihre Kosten, egal ob man gleich in See Station macht oder über die Silvretta-Hochalpenstraße hinauf bis zum blau schillernden Stausee auf der Bieler Höhe fährt. An den See, der früher gleich nach der engen Einfahrt ins Tal zu sehen war, erinnert heute nur noch der Name des kleinen Ortes, in dem vor allem Familien mit Kindern ein abwechslungsreiches Programm angeboten wird. Etwas abseits der Durchgangsstraße liegt Kappl, das seinen ty-

the perfect day

8 Uhr: Mountainbike-Tour von Ischgl zunächst auf dem bequemen Talweg nach Westen, dann von Tschafein zur Larainalpe und zur Zollhütte (2133 m) im hintersten Laraintal; auf dem Rückweg Einkehr in der Larainalpe
11.30 Uhr: Relaxen im geheizten Waldbad von Ischgl
13 Uhr: Ausflug über die Silvretta-Hochalpenstraße zum Silvretta-Stausee an der Bieler Höhe
16 Uhr: Besuch der aktuellen Ausstellung im Alpinarium Galtür; und wer noch nicht genug erlebt hat: ran an die Kletterwand!

pischen Dorfcharakter bewahren konnte. Bis auf 2500 m Höhe kleben winzige Weiler, Bergbauernhöfe und Almen – die hier Alpe heißen – an den extrem steilen Sonnenhängen des Unteren Paznaun, verbunden durch mehr als 90 km herrliche Spazier- und Wanderwege. So reizvoll diese bäuerliche Kulturlandschaft für den Gast heute ist – die Menschen, die sie einst schufen und pflegten, mussten sich ihr Brot hart verdienen. Erst der Fremdenverkehr milderte die Not etwas und brachte neue Einnahmequellen.

Silvretta – ein Zauberwort

Diese wusste vor allem die einst bitterarme Berggemeinde Ischgl zu nutzen. Nach wie vor steht zwar die prächtige Kirche mitten im Dorf, doch mit der Eröffnung der ersten Seilbahn 1963 entwickelte sich der Ort zu einem der renommiertesten Wintersportzentren der Alpen. Hotels und Pensionen prägen das Ortsbild, moderne Seilbahnanlagen führen hinauf zur Idalp, und alles scheint sich um Action und Fun

TOP TIPP Entspannung und Erholung zum Nulltarif bei der Bergstation der Bergbahn See bietet der **Gesundheits und Wellnesspark** Medrigalm. Im Freigelände sind verschiedene Stationen eingerichtet, die gerade nach einer anstrengenden Wanderung sehr wohltuend wirken. Mit Kneippbecken für Arme und Füße, Fußreflexzonenpfad, Aromatherapie, Chromotherapie, Kristallen und Steinen; Tel. 0 50 99/04 00 www.bergbahn.com

WANDERN & BERGTOUREN

TOP TIPP Der Aufstieg zum berühmtesten Gipfel der Silvretta, dem **Piz Buin** (3312 m), ist eine anspruchsvolle Hochtour, vorbehalten jenen, die im Umgang mit Seil und Steigeisen geübt sind. Es empfiehlt sich, diese Tour mit einem Bergführer zu machen, da die Route von der Wiesbadener Hütte aus über spaltenreiche Gletscher und einen luftigen Grat mit einigen Kletterpassagen führt. Vom Gipfel atemberaubende Aussicht über die 3000er der Silvretta, zu den schroffen Zacken des Verwall und bis weit hinein ins Engadin. Zeit: Aufstieg Bieler Höhe – Wiesbadener Hütte ca. 3 Std.; Hütte – Gipfel ca. 4 Std. Infos: Bergführerbüro Galtür-Silvretta; Tel. 0 54 43/85 65. Übrigens: Für Wanderer liegt bei den Tourismusbüros eine kostenlose Broschüre mit 80 gut beschriebenen Tourentipps bereit.

Mittagspitze (2249 m) Abwechslungsreiche Rundtour über einen stillen Samnaungipfel	Ausgangspunkt: Kappl, Bushaltestelle Lochau (1170 m); Visnitztal – Visnitzalpe (1825 m) – Mittagspitze; Abstieg kurz zurück auf der Aufstiegsroute, dann rechts steil hinab über Forstwege und Steige durch den Mittereckwald. Im Gipfelbereich Trittsicherheit erforderlich; Zeit: ca. 5,5 Std.; Einkehr: Visnitzalpe
Rauher Kopf (2478 m) Großartige Bergtour auf einen einsamen Außenposten der Silvretta	Ausgangspunkt: Mathon, Bushaltestelle am Dorfeingang (1440 m); Außerbergler Alpe (2080 m) – Rauher Kopf; Rückweg auf gleicher Route oder Abstieg über den NO-Kamm nach Ischgl; teilweise steiles Gelände, Trittsicherheit erforderlich; Zeit: ca. 6 Std.
Madleinsee (2437 m) Leichte Wanderung zu einem romantischen Alpensee	Ausgangspunkt: Ischgl, Bushaltestelle bei der Post (1370 m); Aufstieg auf dem alten Heuweg auf der östlichen Seite des Madleinbaches; Rückweg auf gleicher Route; evtl. Abstecher nach Osten zwischen gigantischen Lawinenverbauungen zum Aussichtspunkt Mutmanör; keine nennenswerten Schwierigkeiten; Zeit: ca. 5 Std.
Hohes Rad (2934) Sehr lange, außergewöhnlich lohnende Rundtour mit kurzer Klettereinlage am Gipfel	Ausgangspunkt: Bieler Höhe (2036 m), Zufahrt über Silvretta-Hochalpenstraße; Bieltal – Radsee (2477 m) – Radsattel (2652 m) – Radschulter (2697 m) – Hohes Rad; Abstieg von der Radschulter nach N zur Bieler Höhe; ohne Gipfel leichte Wanderung, für den Gipfelanstieg etwas Kletterei und Trittsicherheit erforderlich; Zeit: ca. 6,5 Std.; Einkehr: mehrere Möglichkeiten an der Bieler Höhe

TOP TIPP **Alpinarium Galtür** Wechselnde Ausstellungen, Vorträge, Seminare und Tagungen erfüllen die Erinnerungs- und Begegnungsstätte mit Leben. Tel. 0 54 43/2 00 00, www.alpinarium.at

Hütten

Wiesbadener Hütte (2443 m)
Die traditionsreiche Hütte im hinteren Ochsental wird umrahmt von den Gletscherbergen der Silvretta: Dreiländerspitze (3197 m), Piz Buin (3312 m) und Silvrettahorn (3244 m). Der Aufstieg zu diesen Gipfeln setzt Gletschererfahrung und entsprechende Ausrüstung voraus – oder die Begleitung eines Bergführers. Doch auch der leichte Hüttenanstieg von der Bieler Höhe (2036 m) aus bietet ein großes Hochgebirgserlebnis. Zeit: ca. 3 Std.; Tel. 0 55 58/42 33, www.wiesbadener-huette.com

Heidelberger Hütte (2264 m)
Sie steht auf Schweizer Gebiet im hintersten Winkel des Fimbertales. Ideal ist die Strecke für Mountainbiker. Hausberge sind Piz Tasna (3179 m), Breite Krone (3079 m) und Larainfernerspitze (3009 m). Eine reizvolle Rundwanderung führt über das Ritzenjoch durch das Laraintal zurück ins Paznaun. Zeit: ca. 4 Std.; Tel. 06 64/4 25 30 70

Jamtalhütte (2165 m)
Der traditionelle Skitourenstützpunkt bietet auch im Sommer attraktive Touren: z.B. zur Dreiländerspitze. Aufstieg von Galtür durch das Jamtal; Zeit: ca. 3 Std.; Tel. 0 54 43/84 08; www.jamtalhuette.at

Niederelbehütte (2310 m)
Die urige Hütte liegt am malerischen Seßsee, unter den grauen Felszacken des Verwall. Aufstieg von Kappl über die Seßladalpe durch ein einsames Hochtal; Zeit: ca. 3 Std.; Tel. 06 76/8 41 38 52 00, www.kappl.at/niederelbehuette

SPORT & SPASS

TOP TIPP Eine durchschnittliche Kondition genügt, um im 5000 m² großen **Hochseilgarten** in Ischgl an den originellen Gerätschaften Selbstvertrauen und Mut, Schwindelfreiheit und Gleichgewichtssinn zu testen. Unter Anleitung einer versierten Crew geht es gut gesichert durch schwankende Seilschlaufen, über Netze, Balken und Holzstämme und einige luftige Hindernisse mehr. Besonders aufregend ist der »Cable Walk«, ein kniffliger Balanceakt über ein gespanntes Seil. Tel. 0 50/90 01 00; www.ischgl.com

Mountainbiken Heidelberger Hütte	Ausgangspunkt: Ischgl; auf breiten Wirtschaftswegen durch das Fimbertal zur Heidelberger Hütte (2264 m); Zeit/Charakter: 3 Std., mittelschwer. Broschüre mit 36 Touren kostenlos erhältlich bei den Tourismusbüros. Geführte Touren, Fahrtechnik-Seminare, Tel. 0 54 44/55 43, www.ischglbike.at/academy
Klettersteig Ischgl	Ausgangspunkt: Bergstation Silvretta-Seilbahn; Länge: 200 m; Zeit: ca. 45 Min.; sehr ausgesetzt und steil zur Greitspitze, durchgehende Stahlseilsicherung; Klettersteig-Ausrüstung und Erfahrung unbedingt notwendig
Kletterwand Galtür	Großzügige Indoor-Kletteranlage im Alpinarium, an der Außenseite befindet sich Österreichs größte Naturkletterwand. Professionelle Anleitung durch Galtürer Bergführer; Tel. 0 54 43/85 65, E-Mail: bergfuehrer.galtuer@cable.vol.at

zu drehen – zumindest im Winter. Im Sommer präsentiert sich Ischgl etwas ruhiger, man scheint Luft zu holen für die nächste Runde. Wer weiter durch harmonisches Bauernland taleinwärts fährt, hat den Trubel schnell hinter sich gelassen. Auf der anderen Seite der Trisanna tauchen Reste der uralten Siedlung Paznaun auf, die dem Tal seinen Namen gab; rätoromanische Orts- und Flurbezeichnungen weisen immer wieder auf die Besiedlungsgeschichte hin. Hinter Mathon und Valzur verbreitert sich das enge V-Tal endlich. Im einzigen größeren Wiesenboden liegt der sympathisch ruhige Bergsteigerort Galtür. Wenige Kilometer weiter wird die Talstraße zur mautpflichtigen Silvretta-Hochalpenstraße, die sich über die Bieler Höhe hinüber ins Montafon windet. Silvretta, so heißt das Zauberwort, das schon Generationen von Bergsteigern ins Paznaun gelockt hat. Ein Name, der Fantasien beflügelt – wie glänzender Firn unter blauem Himmel. Und tatsächlich finden in dieser vielseitigen Gebirgsgruppe die Anhänger nahezu aller alpinen Freizeitaktivitäten die schönsten Voraussetzungen für Entspannung, Abenteuer oder Nervenkitzel. Die 3000er-Experten streben mit Steigeisen, Seil und Pickel über ausgedehnte Gletscher-

ALLGEMEINE INFORMATIONEN

Ischgl (1376 m)	Tourismusverband **Paznaun**; Ortsstelle **Ischgl**; Tel. 0 54 44/5 26 60; E-Mail: info@ischgl.com; www.ischgl.com
Orte	**Galtür** www.galtuer.com • **Kappl** www.kappl-see.com • **See** www.kappl-see.com
Entfernungen	Hamburg 918 km; Berlin 852 km; Köln 697 km; Frankfurt a. M. 547 km; Stuttgart 338 km; München 266 km

felder zu dunklen Felsgipfeln. Die meisten zum Piz Buin, dem Star unter all den Spitzen und Hörnern, der auf keiner alpinistischen Erfolgsliste fehlen darf. Doch wie so oft stehen auch in der Silvretta neben den Publikumsmagneten kaum weniger attraktive Zacken, von denen aus man mitunter völlig ungestört die Aussicht genießen kann.

Lange Täler wie das Jamtal ziehen vom Paznaun nach Süden in die Silvretta. Im Hintergrund der Jamtalferner.

Unten, im »grünen Bereich«, tummeln sich die Wanderer und Mountainbiker. Und das mit dem größten Vergnügen: Breite Almwege führen durch die langen Täler weit ins Hochgebirge hinein – und nicht selten steht im hintersten Winkel eine Hütte, von deren Terrasse aus sich das grandiose Panorama besonders gut genießen lässt.

Eines der beliebtesten Ziele für Wanderer ist die Jamtalhütte, in deren Umgebung gleich 17 Dreitausender aufragen. Ebenso reizvoll, aber sehr weit ist der Weg durch das Fimbertal zur Heidelberger Hütte, die

Sanfte Hänge und schroffe Zacken: Wanderer im Verwall.

als Ausgangspunkt für Rundwanderungen ideal ist. Bei Ischgl mündet dieses längste aller Seitentäler ins Paznaun; da freuen sich eigentlich nur die Mountainbiker, Fußgänger dagegen steigen gern ins Hüttentaxi ein. Östlich vom Fimbertal beginnt die Samnaungruppe, die jenseits der Idalp- und Alp-Trida-Pisten unerschlossen und einsam geblieben ist – ein Paradies für Individualisten und Entdecker.

In hartem Kontrast zu den leuchtenden Gletscherkämmen im Süden stehen die schroffen Felsgestalten im Norden. Unvermittelt schießen die grünen Flanken und graubraunen Mauern des südlichen Verwall aus dem Tal bis an und über die 3000-m-Linie. Dort, wo unter den Felsen die Wanderzone endet, schlängeln sich schöne Höhenwege durch die Sonnenseite, von Hütte zu Hütte, zu idyllischen Bergseen und Blumenböden. Wenn dann noch im Frühsommer die Hänge mit Alpenrosen überzogen sind, braucht man keine weiteren Gründe, um immer wieder zur Urlaubszeit bei Landeck ins Tal der Trisanna einzubiegen.

Wanderkarten

Freytag & Berndt, WK 372 Arlberggebiet – Paznaun – Verwallgruppe; 1:50 000

Pitztal

ADAC Prädikat

SPORT & SPASS

WANDERN & BERGTOUREN

KULTUR & CO.

WELLNESS & GENUSS

Zeitreise unter dem Dach Tirols

Südlich der Imster Schlucht versteckt sich ein schmales Tal zwischen hohen Bergen. Jahrhundertelang hat sich dort nur wenig verändert, der Strom der Zeit schien einfach vorbeizufließen; bis 1983 die Gletscherwelt mit modernen Bergbahnen erschlossen wurde und damit im Pitztal ein neues Zeitalter begann. Neben armen Bergbauernhöfen stehen heute luxuriöse Hotels und Freizeitanlagen. Während früher die wenigen Sommergäste vor allem kamen, um auf die Berge zu steigen, lockt die Region heute auch mit einem trendigen, actionreichen Sportprogramm.

Luis-Trenker-Steig
Durch die bei Arzl tief in den Felsen gefressene wilde Pitzenklamm führt der gut ausgebaute Luis-Trenker-Steig. Die teilweise auf Holzstegen verlaufende Weganlage schlängelt sich manchmal direkt über dem schäumenden Wasser an den steilen Felswänden entlang. Auch für Kinder ist diese Tour ein faszinierendes Abenteuer. Seinen Namen erhielt der Steig, weil der Vater des berühmten Bergsteigers Luis Trenker aus Arzl stammte; Zeit: ca. 1 Std.

the perfect day

8.30 Uhr: Auffahrt von Mandarfen mit der Rifflseebahn zum Rifflsee. Am Ostufer des Sees entlang zur nahen Rifflseehütte; zweites Frühstück vor grandiosem Panorama
10 Uhr: Über den Seebach zum Fuldaer Höhenweg. Der gut ausgebaute Steig führt ohne nennenswerte Schwierigkeiten mit geringen Höhenunterschieden und fantastischer Aussicht zum Taschachhaus (2432 m)
13 Uhr: Mittagsrast vor großer Hochgebirgskulisse am Taschachhaus
15 Uhr: Bequemer Abstieg durch das Taschachtal nach Mittelberg

WANDERN & BERGTOUREN

TOP TIPP Ein kühles Sommerabenteuer ist die von ortskundigen Bergführern organisierte **Eis-Safari** (1) durch die Pitztaler Gletscherwelt. Sie ist auch für Gletscher-Neulinge geeignet. Die eisigen Höhen an der Bergstation (3438 m) werden mühelos per Auffahrt mit dem Pitzexpress und der Panoramabahn erreicht. Die große Runde beinhaltet die professionelle Anleitung zum Gehen mit Steigeisen und die Durchquerung eines Eisbruchs mit Abseilen in eine Gletscherspalte nebst Spaltenbergung. Inmitten atemberaubender Szenerie führt der Abstieg über den Gletschersteig zum Taschachhaus (2432 m). Nach einer gemütlichen Brotzeit wird von dort mit dem Mountainbike zurück ins Tal gefahren. Tagestour inklusive Bergführer, Ausrüstung, Jause, Liftkarte und Leihbike: 83 €; Info: Club Alpin Pitztal, Tel. 0 54 14/8 69 10, www.club-alpin.net

St. Leonharder Höhenweg Ausgedehnte Panoramawanderung für Trittsichere	Ausgangspunkt: Mittelstation Hochzeigerbahn (2000 m); Kugleter See – Hoher Gemeindekopf (2771 m) – Ludwigsburger Hütte (1935 m; evtl. Übernachtung) – Maurerköpfl (2528 m) – Innere Schwarzenbergalpe – Abstieg nach St. Leonhard/Eggenstall (1366 m); schmale Bergsteige, Trittsicherheit erforderlich; Zeit: ca. 8 Std.; Einkehr: Bergstation Hochzeiger, Ludwigsburger Hütte
Hohe Geige (3395 m) Relativ leichter, häufig bestiegener Dreitausender	Ausgangspunkt: Plangeroß (1612 m); Aufstieg zur Rüsselsheimer Hütte (2323 m, evtl. Übernachtung) – Richtung Weißmaurachkar, bei der Verzweigung links ins Hochkar – in Serpentinen durch die Südflanke zur Mulde unter dem Gipfel – über Firn und Geröll zum höchsten Punkt; Rückweg auf gleicher Route; steile, markierte Steige, Fels und Geröll, Trittsicherheit erforderlich; Zeit Plangeroß-Hütte: ca. 2 Std.; Hütte-Gipfel: ca. 5 Std.; Einkehr: Rüsselsheimer Hütte
Wildspitze (3770 m) Großartige Gletschertour auf den höchsten Gipfel Nordtirols	Ausgangspunkt: Mittelstation Pitztaler Gletscherbahn (2860 m); Mittelbergferner – Mittelbergjoch (3166 m) – über den oberen Taschachferner Richtung Mitterkarjoch – am Südwestrücken zum Südgipfel; Rückweg auf gleicher Route; anspruchsvolle Hochtour über weite, spaltenreiche Gletscher; hochalpine Erfahrung und Ausrüstung (Pickel, Steigeisen, Seil) notwendig; Bergführer empfehlenswert; Zeit: ca. 7 Std.; Club Alpin Pitztal; Tel. 0 54 13/8 50 00; www.club-alpin-pitztal.at
Mainzer Höhenweg Hochalpiner Weg über den südlichen Geigenkamm	Ausgangspunkt: Plangeroß (1612 m); Aufstieg zur Rüsselsheimer Hütte (2323 m, Übernachtung) – Weißmaurachjoch (2953 m) – Rheinland-Pfalz-Biwak (3252 m) – Pitztaler Jöchl (2996 m) – Braunschweiger Hütte (2758 m, Übernachtung) – Mittelberg; Trittsicherheit und alpine Erfahrung nötig, für Firnfelder Steigeisen erforderlich; Zeit: ca. 2,5 Tage; Einkehr: Rüsselsheimer Hütte, Braunschweiger Hütte

Vom Plattenrain im Unteren Pitztal aus ist die Sicht auf den markanten Tschirgant und ins Inntal bei Imst fantastisch.

»Was findet man im Pitztal? Links Felsen, rechts Felsen, und in der Mitte drin ist nichts.« So lautete das harsche Resümee einer frühen Reisebeschreibung. Wer heute bei Imst von der Inntal-Autobahn abbiegt, um ins Pitztal zu fahren, weiß sehr wohl, dass dem keinesfalls so ist: Besucher erwartet eine großartige Berglandschaft und ein von spannenden Kontrasten geprägtes Tal.

Von ihrem Ursprung im Herzen der Ötztaler Alpen zwängt sich die Pitze über 40 km lang zwischen die mächtigen Felswände von Geigenkamm im Osten und Kaunergrat im Westen. Weit, sonnig und zum Inntal hin offen empfängt der vordere Talbereich mit den Orten Arzl, Wenns und Jerzens den Besucher. Geschützt von den Bergen, lässt das milde Alpenklima auf einer Höhe von 1000 m Obst und Gemüse, ja sogar Getreide gedeihen. Dass es hier den Menschen allzeit besser ging als in den kargen Hochregionen im hinteren Talabschnitt, zeigt sich an den stattlichen Häusern von Wenns, unter denen vor allem das Richterhaus (»Platzhaus«) mit seiner prächtigen Renaissancebemalung hervorsticht. Die grünen Kögel und Almböden im Vorfeld des Hochgebirges sind ein Paradies für Spaziergänger, Wanderer und Nordic Walker. Etwas Besonderes bietet der Kulturweg: Er führt von Piller aus zum Gacher Blick auf der Pillerhöhe zu einem prähistorischen Brandopferplatz. 1500 Jahre, von der Bronzezeit bis zur Eisenzeit, wurden auf dem Steinaltar Tiere, Schmuck und Münzen geopfert. Lohnend ist die Wanderung aber auch wegen der herrlichen Aussicht ins Inntal.

Völlig anders wird das Landschaftsbild südlich von Jerzens, im inneren Pitztal. Die Berge rücken näher zusammen, dichter Wald und Buschwerk bedecken die steilen, über 1000 m hohen Flanken. Die Gipfel reichen oft über die 3000-m-Grenze. Nur wenige Häuser haben Platz im schmalen Talboden. Über 22 km erstrecken sich die 23 Weiler von St. Leonhard, der einzigen Innerpitztaler Gemeinde. Vorbei an mehr als 40 tosenden Wasserfällen geht es schließlich nach Mittelberg, wo sich das Tal in Mittelberg- und Taschachtal gabelt. Beide führen hinein ins hohe Gebirge, in eine grandiose Gletscherwelt, die von der Wildspitze überragt wird, dem höchsten Berg Nordtirols.

Die rasante Entwicklung von einem bitterarmen, abgeschiedenen Tal zu einer modernen Tourismusregion zeigt sich besonders deutlich

TOP TIPP Atemberaubende 94 m über der Arzler Pitzenklamm spannt sich die **Pitzenklammbrücke** ❷, eine Hängebrücke mit einer Spannweite von 137,7 m. Für die meisten reicht es schon, über Europas höchste Fußgängerbrücke zu spazieren, Wagemutige

können hier beim **Bungee-Jumping** ihre Nerven testen. Denn es gehört eine große Portion Mut dazu, das sichere Geländer loszulassen, um im freien Fall in die Tiefe zu stürzen. Weniger Mutige können sich auch von der Brücke abseilen lassen;
Info: Pitztal Bungy;
Tel. 0 54 12/6 15 71,
www.pitztal-bungy.com

Mountainbiken
Pitztal Bike Weg
Ausgangspunkt Imst (827 m); auf interessanten Wegen bis Mittelberg/Gletscherstube (1891 m); Dauer/Charakter: ca. 5 Std.; 42 km; 1400 Höhenmeter, überwiegend mittlere Schwierigkeit
Mountainbike-Karten bei den Tourist-Infos erhältlich; geführte Touren: Club Alpin Pitztal;
Tel. 0 54 14/8 69 10,
www.club-alpin.net

Hütten

Ludwigsburger Hütte (1935 m)
Die familienfreundliche, früher unter dem Namen Lehnerjochhütte bekannte Alpenvereinsunterkunft steht in aussichtsreicher Position unter den Spitzen des nördlichen Geigenkamm. Sie ist Ausgangspunkt für die Besteigung des Fundusfeiler (3079 m) sowie hochwillkommene Zwischenstation am langen St. Leonharder Höhenweg; Ausgangspunkt: Zaunhof bei Wiese (1266 m); Zeit: ca. 2 Std.; Tel. 0 54 14/8 75 37

Kaunergrathütte (2817 m)
Die traditionsreiche Alpenvereinshütte ist zwar ein lohnendes Ziel für Wanderer, die rundum mächtig aufragenden Urgesteinsgipfel sind jedoch kletter- und hochgebirgserfahrenen Bergsteigern vorbehalten. Der markanteste – und auch am häufigsten bestiegene – Berg ist die Watzespitze (3532 m). Kaum weniger große Brocken sind Verpeilspitze (3423 m) und Seekarlesschneid (3207 m); Ausgangspunkt: Plangeroß (1612 m); Zeit: ca. 3,5 Std.; Tel. 0 54 13/8 62 42

Riffelseehütte (2289 m)
Die Alpenvereinshütte steht auf einer Sonnenterrasse am Ufer des Rifflsees mit hervorragender Aussicht zum Ötztaler Hauptkamm. Im Sommer ist sie Ausgangspunkt für den Cottbuser und den Fuldaer Höhenweg; Ausgangspunkt: Tieflehn (1650 m); Zeit: ca. 2,5 Std.; bequemer ist es, mit der Rifflseebahn bis kurz vor die Hütte zu fahren; Tel. 06 64/39 50 06 2

Braunschweiger Hütte (2758 m)
Das Alpenvereinshaus über der Quelle der Pitze war einst Ausgangspunkt für große Gletschertouren. Die erste Bergsteigerunterkunft des Tales liegt heute zwischen zwei Liftgebieten, die Gipfelauswahl ist entsprechend eingeschränkt. Hauptziele sind der Mainzer Höhenweg und die Wildspitze (3768 m); Ausgangspunkt: Mittelberg (1736 m), weiter durch das Taschachtal; Zeit: ca. 2,5 Std.; Tel. 06 64/5 35 37 22, www.braunschweiger-huette.at

ALLGEMEINE INFORMATIONEN

Urlaubsregion	Tourismusverband **Pitztal**; Tel. 0 54 14/8 69 99; E-Mail: info@pitztal.com; www.pitztal.com
Orte	**Arzl • Jerzens • Mandarfen • Mittelberg • St. Leonhard • Wenns** • alle www.pitztal.com
Entfernungen	Hamburg 888 km; Berlin 755 km; Köln 676 km; Frankfurt a. M. 506 km; Stuttgart 301 km; München 169 km

an den Siedlungen im Talschluss. Neben bescheidenen Almen und bodenständigen Bergbauernhöfen stehen heute moderne, große Hotels. Ausgelöst wurde der Boom 1983 durch die Erschließung der Gletscher als Ganzjahresskigebiet. Aus dem urtümlichen, abgeschiedenen Tal wurde eine spannende Freizeitarena, in der nahezu alles geboten wird, was trendig ist: vom Bungee-Jumping in Arzl über Canyoning in den wilden Schluchten, Mountainbiken hinauf zu den Hütten und Paragliden von der Bergstation Hochzeiger.

Die ersten Touristen im Pitztal waren selbstverständlich die Bergsteiger. 1892 wurde die Braunschweiger Hütte als wichtige Zwischenstation auf dem Weg zur Wildspitze fertig gestellt. Weitere Alpenvereinshütten und Bergwege kamen hinzu, die Region wurde dadurch immer stärker erschlossen. Oberste Priorität für Gipfelstürmer hat jedoch nach wie vor die Besteigung der Wildspitze. Dank dem Pitzexpress, der Gletscherbahn, ist aus der Zweitagestour eine Halbtagestour geworden. Trotzdem führt die Route über tückisch zerklüftete Gletscher. Gleiches gilt für die zahlreichen anderen eisgekrönten Gipfel um Sexegerten-, Taschach- und Mittelbergferner. Auch wenn Seilbahnen in der Nähe sind: Wer hier weiter nach oben will, betritt hochalpines Gelände und muss entsprechend ausgerüstet und ausgebildet sein. Auf alle Fälle ist man am Seil eines Bergführers auf der sichersten Seite.

Bei 380 km markierten Wanderwegen finden sich jedoch auch genügend Alternativen. Intensiv erwandern und erleben kann man die atemberaubende Landschaft auf den aussichtsreichen Höhenwegen. Je nach Zeit und Bergerfahrung stehen Fuldaer, Cottbuser, St. Leonharder und Offenbacher Höhenweg zur Auswahl. Eine anspruchsvolle Hochtour ist der über etliche 3000er führende Mainzer Höhenweg. Aus einer interessanten Kombination verschiedener Routen entstand der Pitztal-Höhenweg, der in sechs Tagesetappen von der Hochzeigerbahn zur Braunschweiger Hütte führt.

Endstation für Wanderer

Ziemlich wilde Berggestalten halten an Geigenkamm und Kaunergrat den Wanderer auf Distanz. Selbst die Hüttenanstiege sind ausgewachsene Bergtouren – wie z. B. die Tour von Plangeroß zur Kaunergrathütte. Die schroffen Felsflanken und -grate von Seekarlesschneid, Verpeil- und Watzespitze fordern den klassischen, vielseitig talentierten Alpinisten; so wird für die meisten die Hütte Endstation sein. Auf der gegenüberliegenden Seite, am Geigenkamm, steht die Rüsselsheimer Hütte. Die frühere Chemnitzer Hütte ist ein ausgesprochen beliebtes Ziel, zumal trittsicheren Bergwanderern auch der Weg nach oben offen steht: Der Aufstieg zum Gipfel der Hohen Geige ist relativ problemlos. Auf beiden Talseiten, im Naturpark Kaunergrat und am Geigenkamm, fühlen sich die 1953 wieder eingebürgerten Steinböcke derart wohl, dass dort inzwischen die größten Steinwild-Kolonien Tirols heimisch geworden sind. Um den Bestand in Grenzen zu halten, endet das eine oder andere Tier schon mal in den Kochtöpfen der Rüsselsheimer Hütte. Bei Steinbockbraten und Gletscherblick lässt es sich dann trefflich philosophieren über ein faszinierendes Alpental zwischen gestern und heute, zwischen Pitzexpress und einsamer Bergwelt.

Wanderkarten

Freytag & Berndt, WK 251 Ötztal, Pitztal-Kaunertal, Wildspitze; 1:50 000

Ötztal

ADAC Prädikat

SPORT & SPASS

WANDERN & BERGTOUREN

KULTUR & CO.

WELLNESS & GENUSS

Ein Tal mit vielen Gesichtern

Wer denkt, das Ötztal fällt nach langen, intensiven Wintern in den Sommerschlaf, der täuscht sich. Denn die Berge bieten auch für Wanderer und Bergsteiger reichlich Möglichkeiten. Unten im Tal spaziert man auf den Spuren von Ötzi, entspannt in modernen Erlebnisbädern oder verausgabt sich beim extremen Radmarathon. Und entdeckt das Ötztal von einer neuen, eher beschaulichen, aber sicherlich nie langweiligen Seite.

Die »Heumandln« beweisen: Auch Sölden, das heute als modernes touristisches Zentrum des Ötztals gilt, hat eine bäuerliche Tradition.

Kaum ein anderes Tal in den Tiroler Bergen schafft es, derart unterschiedliche Geschmäcker und Interessen unter einen Hut zu bringen. Im Winter mag das Ötztal – und hier speziell der Hauptort Sölden – der Inbegriff für Partys und ausgelassene Stimmung sein, doch im Sommer hat das Ötztal seinen Besuchern weit mehr zu bieten.

Das tief zwischen die Stubaier und Ötztaler Alpen eingeschnittene Tal führt vom Inntal aus in südlicher Richtung bis zum Alpenhauptkamm und ist mit rund 60 km das längste Seitental des Inn. Das Landschaftsbild ist entsprechend vielfältig und reicht vom klimatisch begünstigten Taleingang auf rund 700 m Höhe bis zur mehr als 3700 m hohen Wildspitze. Der höchste Tiroler Gipfel liegt inmitten der größten Gletscherregion der Ostalpen und steht bei Bergsteigern nach wie vor ganz weit oben auf der Wunschliste. Das Ötztal selbst ist relativ schmal, die Bergflanken links und rechts sind steil und abweisend. Sie verbergen mehr, als sie zeigen, erst ganz weit hinten im Gurgler Tal werden die wunderschönen Gletschergipfel wie auf einem Tablett serviert – ein atemberaubender Anblick, vor allem bei Sonnenaufgang.

the perfect day

9 Uhr: Auf dem »Ötztal Mountainbike Trail« von Oetz bis Längenfeld
11 Uhr: Baden und Relaxen in der Therme Längenfeld
13 Uhr: Mittagessen bei den Mesner Stuben in Längenfeld
15 Uhr: Besuch im Ötzi-Dorf in Umhausen
19 Uhr: Deftiges Tiroler Abendessen im Gasthaus Moos im Ortsteil Moos bei Sölden

In Zwieselstein teilt sich das Ötztal in das Gurgler Tal mit Obergurgl und das Venter Tal mit dem gleichnamigen, idyllischen Bergdorf auf 1900 m Höhe. Vent ist ein lohnenswertes Ziel für alle Bergbegeisterten und bietet sowohl Spaziergängern und Wanderern als auch Bergsteigern der extremen Richtung zahlreiche Ziele. Dazu tragen vor allem die vielen Hütten bei, die die Anstiege auf die unzähligen Dreitausender wie Similaun, Wildspitze oder Hochvernagtspitze verkürzen, aber auch mehrtägige Wanderungen von Unterkunft zu Unterkunft ermöglichen.

Die Tour zur Similaunhütte auf dem Niederjoch, die bereits auf Südtiroler Gebiet steht, ist schon deshalb interessant, weil das Haus nur eine halbe Stunde von der Fundstelle des Ötzi entfernt ist. Ein Denkmal steht wenige Meter von der Stelle entfernt, an der am 19. September 1991 das Ehepaar Simon zufällig die Mumie entdeckte.

WANDERN & BERGTOUREN

TOP TIPP

Die **Venter Hüttenwanderung** 1 ist eine echte Genusstour, eine gute Kondition und etwas Trittsicherheit sollte man dennoch mitbringen. Der Auftakt der Rundtour ist bequem, die Sesselbahn Wildspitze bringt einen von Vent (1900 m) zur Stableinalm (2360 m). Auf gutem Steig geht es erst flach, dann zunehmend steiler hinauf zur Breslauer Hütte (2848 m). Ohne große Höhenunterschiede quert man aussichtsreich die sonnseitigen Hänge ins Vernagttal und steigt kurz zur Vernagthütte (2755 m) auf. Die Alpenvereinshütte liegt inmitten eines schönen Wiesenfleckens, eingerahmt von Moränenwällen. Leicht fallend führt der Weg um den Kamm der Guslarspitzen (3126 m) zum Hochjochhospiz (2413 m), das auf einer kleinen Terrasse rund 150 m über dem Rofental liegt. Durch das Tal wandert man schließlich an den Rofenhöfen (2011 m), den höchstgelegenen ganzjährig bewirtschafteten Höfen im Ötztal, vorbei und zurück nach Vent. Leichte, aber lange Bergwanderung; Zeit: ca. 8 Std.; Einkehr: Breslauer Hütte, Vernagthütte, Hochjochhospiz, Gasthof Rofenhof; geführte Touren beim Bergführerbüro Vent; Tel. 0 52 54/81 06, www.bergfuehrer-vent.at

Andreas-Hofer-Weg Zum Naturschutzgebiet Piburger See	Ausgangspunkt: Brandachbrücke bei Oetz (812 m); Ötztaler Ache – Habichen – Wellerbrücke – Piburger See (914 m) – Piburg (959 m); abwechslungsreiche, leichte Wanderung; Zeit: ca. 2 Std.; Einkehr: Piburger See
Schmugglerweg (1377 m) Hochalpine, schwierige Tour auf historischen Pfaden	Ausgangspunkt: Sölden (1368 m); Windachtal – Siegerlandhütte (2710 m) – Windachscharte (2862 m) – Timmelsalm (1975 m) – Gasthaus Hochfirst (ca. 1760 m, Südtirol); Rückweg mit dem Bus über das Timmelsjoch; die hochalpine Tour kann man jeden Mittwoch unter Leitung eines Bergführers machen; Zeit: ca. 8 Std.; Einkehr: Lochlealm, Gasthaus Fiegl, Siegerlandhütte, Gasthaus Hochfirst
Hohe Mut (2653 m) Traumhafter Aussichtsrücken mit Postkartenmotiv	Ausgangspunkt: Obergurgl, Bergstation Hohe Mut (2653 m); Bärenhoppet – In Kirchen (2641 m) – Rotmoostal – Schönwieshütte (2266 m) – Zirbenwald – Obergurgl (1907 m); einfache, überaus aussichtsreiche Bergabwanderung; Zeit: ca. 4,5 Std.; Einkehr: Hohe-Mut-Häusl, Schönwieshütte
Kreuzspitze (3457 m) Dreitausender für Bergwanderer	Ausgangspunkt: Vent (1900 m); Niedertal – Martin-Busch-Hütte (2501 m, evtl. Übernachtung) – Kreuzspitze; Rückweg auf dem Anstiegsweg; lange, mittelschwere Tour auf einen der höchsten für Wanderer erreichbaren Dreitausender der Ostalpen; Zeit: ca. 9 Std.; Einkehr: Martin-Busch-Hütte

DAV-Tipp

DAV Deutscher Alpenverein

Brandenburger Haus
(3272 m)
Majestätisch thront die stattliche Berghütte auf dem Südrücken der Dahmannspitze (3401 m), hoch über den ausgedehnten Firnfeldern des Gepatsch- und Kesselwandferners. Damit ist das Brandenburger Haus die höchste Alpenvereinshütte in den Ostalpen. Alle Anstiege führen im Schlussteil über zum Teil spaltige Gletscher, entsprechende Erfahrung und Ausrüstung sind daher Voraussetzung. Hüttenwirt Thomas Pirpamer bewirtschaftet die Hütte im Sommer, im Winter kümmert er sich um das Hochjoch Hospiz (2413 m). Ausgangspunkt ist Vent (1900 m), über das Hochjoch Hospiz und den Kesselwandferner zur Hütte;
Zeit: ca. 7 Std.;
Tel. 06 64/5 40 25 74
oder 06 76/6 30 59 98

Naturerlebnis

Stuibenfall
Rund 150 m stürzen die Wasser des Horlachbaches auf ihrem Weg von Niederthai ins Ötztal bei Umhausen in die Tiefe. Damit gilt der Stuibenfall als Tirols größter und schönster Wasserfall. Ein Wanderweg führt zu der Sehenswürdigkeit, die von Mai bis Oktober jeden Mittwoch beleuchtet wird. Eine kostenlose Informationsbroschüre zum Stuibenfall ist im Informationsbüro erhältlich.

Hütten

Breslauer Hütte (2844 m)
Die Alpenvereinshütte am Fuß der Wildspitze (3768 m) ist ein beliebtes Ausflugsziel. Schöner Höhenweg zur Vernagthütte (2766 m), wichtiger Stützpunkt für die Wildspitze, den höchsten

Tiroler Gipfel. Ausgangspunkt ist Vent; Zeit: ca. 3 Std.; der Anstieg kann bei Benutzung der Sesselbahn bis Stablein (2356 m) auf ca. 1,5 Std. verkürzt werden; Tel. 0 52 54/81 53, www.venter.at

Gampealm (2020 m)
Die urige Hütte oberhalb von Sölden empfiehlt sich für gemütliche Familienausflüge. Einerseits, weil das kleine Almdorf wirklich malerisch liegt, andererseits ist die

Hütte von der Ötztaler Gletscherstraße aus in einer Viertelstunde zu Fuß erreichbar. Tiroler Küche, hausgemachte Mehlspeisen; Spielplatz für Kinder; Tel. 0 52 54/21 44

Similaunhütte (3017 m)
Die über 100 Jahre alte Hütte auf dem Niederjoch mit Traumblick auf den Similaun (3599 m) liegt auf Südtiroler Grund, befindet sich aber im Besitz der Familie Pirpamer aus Vent. Außen wurde sie frisch mit Holzschindeln verkleidet und auch innen zeigt sie sich renoviert. Rund eine halbe Stunde oberhalb der Hütte befindet sich die Fundstelle des legendären Ötzi. Ausgangspunkt ist Vent, Anstieg durch das Niedertal über die Martin-Busch-Hütte (2501 m); Zeit: ca. 4,5 Std.; Tel. 04 73 66 97 11

Auch wenn der Steinzeitmann aus dem Eis nun bei den Nachbarn in Südtirol im Archäologischen Museum in Bozen ausgestellt ist, nutzen die Ötztaler den »Ötzi-Effekt« bestmöglich aus. Nicht nur dass viele zur Fundstelle pilgern, im »Ötzidorf« in Umhausen kann man auch Ötzis Lebensweise kennen lernen. Mit wissenschaftlicher Hilfe hat man dort ein prähistorisches Dorf nachgebaut, das eine der touristischen Attraktionen im Tal geworden ist.
Überhaupt bietet das Ötztal seinen Besuchern eine umfangreiche und attraktive Infrastruktur. Dazu gehört beispielsweise das besagte Ötzi-Dorf oder das Ötztaler Heimat- und Freilichtmuseum in Längenfeld/Lehn. Daneben gibt es aber auch das naturverbundene und romantische Ötztal, das man zum Beispiel im Naturschutzgebiet am Piburger See erleben kann, einem idyllischen Bergsee bei Oetz, der im Sommer schnell angenehme Badetemperatur erreicht.
Am Rettenbach- und Tiefenbachferner sind die Pisten das ganze Jahr über bestens präpariert, die Gletscherstraße bis zum Rand des ewigen Eises ist gleichzeitig ein beliebtes Ausflugsziel, und Gondelbahnen bringen Gäste bequem hinauf in die Welt der Dreitausender. Von der Bergstation der Schwarzen-Schneid-Bahn sind es nur noch wenige Minuten auf den Gipfelkamm der Schwarzen Schneid und damit zum höchsten Punkt der »Big 3«, einer der neuesten Attraktionen von Sölden. Drei Plattformen auf drei mit Bergbahnen erschlossenen Dreitausendern bieten Platz zum Schauen und Staunen. Auf der Schwarzen Schneid markiert ein Obelisk in der Mitte einer runden Holzplattform den Gipfel mit 360-Grad-Rundumblick. Unter dem Gipfelkreuz des Gaislachkogels ragt ein auf hohen, dünnen Stelzen stehendes Rondell ins Freie, und neben der Gondelbahn-Bergstation unter dem Tiefenbachkogel überrascht die spektakulärste Plattform: Ein 25 m langer, von zwei Stahlseilen gehaltener Steg schwebt kühn über dem Abgrund und bietet traumhafte Aus- und Tiefblicke.

Bade- & Wellness-Tempel

Unten im Tal haben die Söldener im Nachbarort Längenfeld kräftig investiert und mit dem neuen »Aqua Dome« das Thema Wellness ins Ötztal geholt – eine aufwändig gestaltete Bade- und Wellnesslandschaft mit Aufsehen erregender Architektur.
Zurück nach Sölden, in einen Ort mit zwei Seiten, die unterschiedlicher nicht sein könnten: Westlich des Tales wurden die Hänge zwischen Gaislachkogel und Hochsölden komplett für den Skizirkus geopfert, während das Windachtal gegenüber absolut einsam und ursprünglich geblieben ist. Hier ist sie noch zu finden, die unberührte Bergwelt. Das lange Tal führt bis unter das Zuckerhütl, den höchsten Gipfel der Stubaier Alpen; hier erleichtert keine Seilbahn den Anstieg, lediglich ein Taxi verkürzt den Zustieg.
Oetz am Eingang des Ötztals zeichnet sich durch sein außergewöhnlich mildes Klima aus. Die Vegetation ist geradezu üppig, sogar Pfirsiche, Aprikosen und Edelkastanien gedeihen hier dank der geschützten Lage. Was für ein Kontrast zum Talschluss, wo die Sommer

SPORT & SPASS

TOP TIPP Mit dem Mountainbike durch das gesamte Ötztal: Der **»Ötztal Mountainbike Trail«** (2) zählt zu den klassischen Routen in Tirol, ist allerdings höchst anspruchsvoll. Von Ötztal Bahnhof (704 m) im Inntal bis zur Langtalereckhütte (2430 m) unterhalb des Gurgler Ferners – und damit von den Apfelplantagen bis zum ewigen Eis – führt die Strecke, die nur von konditionsstarken Fahrern an einem Tag zu bewältigen ist. In Zahlen ausgedrückt: rund 78 km Länge und 2210 Höhenmeter. Bequemer ist es, die Tour auf zwei Tage aufzuteilen. Am Taleingang bei Ötztal Bahnhof und Sautens (809 m) ist die Strecke noch relativ harmlos. Ab Sölden (1377 m) kommen dann die schweren Anstiege, erst auf die Gaislachalm (1968 m) mit Trial ins Venter Tal und schließlich von Obergurgl (1900 m) zur Langtalereckhütte (2430 m). Man fährt überwiegend auf Rad- und Schotterwegen und ruhigen Asphaltstraßen. Infos und geführte Touren: Outdoor Vacancia, Sölden; Tel. 0 52 54/31 00; Mountainbike-Verleih in nahezu allen Bike-Handlungen und Sportgeschäften

Klettersteige	Sowohl der Klettersteig am Lehner Wasserfall bei Umhausen als auch der Reinhard-Schiestl-Klettersteig bei Längenfeld sind anspruchsvolle Sportklettersteige mit teils senkrechten Stellen; Infos und Führungen: Bergführerstelle Längenfeld-Huben; Tel. 0 52 53/55 21; www.bergfuehrer-laengenfeld.com; Bergsport- und Erlebnisschule Sölden; Tel. 0 52 54/23 40 oder 0 52 54/29 48; www.bergfuehrer-soelden.com
Rafting Ötztaler Ache, Inn	Geführte Touren auf Ötztaler Ache und Inn: Feelfree Touristik Oetz; Tel. 0 52 52/6 03 50; www.rafting-tirol.at; Wassercraft, Oetz, Tel. 0 52 52/67 21; www.rafting-oetztal.at; Vacancia, Sölden, Tel. 0 52 54/31 00, www.vacancia.at
Canyoning Auer Klamm, Albach bei Oetz	Eindrucksvolle Canyoning-Touren verschiedener Schwierigkeitsgrade, auch für Einsteiger: Feelfree Touristik, Oetz, Tel. 0 52 52/6 03 50, www.rafting-tirol.at; Gecko Outdoor Sports, Tel. 08 21/55 30 30, www.gecko-sports.de Wassercraft, Oetz, Tel. 0 52 52/67 21, www.rafting-oetztal.at

kurz und die Gletscher nahe sind. Vor allem ganz hinten, wo das von stolzen Dreitausendern und zahlreichen Gletschern umgebene Gurgler Tal liegt. In den Wintermonaten liegt hier so viel Schnee, dass die Straße übers Timmelsjoch, die kurvenreich ins Südtiroler Passeiertal führt, sogar gesperrt werden muss. Doch auch im Sommer hat das Gebiet seinen Besuchern einiges zu bieten, denn Obergurgl ist ein Paradies für Wanderer und Bergsteiger. Das offene und sonnenverwöhnte Tal ist umgeben von stolzen Dreitausendern und bietet auch Wanderern die Möglichkeit, gefahrlos bis in den Bereich des ewigen Eises zu steigen oder auf Logenplätzen wie dem Ramolhaus zu übernachten. Wer dort oben einmal einen der traumhaften Sonnenunter- und -aufgänge verfolgt hat, wird dieses Erlebnis wohl nie vergessen.

So mancher sportliche Höhepunkt wartet auch im Tal. Die Ötztaler Ache ist das passende Terrain für rasante Rafting- und Kajakausflüge. Canyoning kann man im Ötztal ebenso ausprobieren wie Inlineskating oder Street Soccer, wobei auch hier Sölden die Nase vorn hat.

Restaurants

Gasthof zum Stern
Im alten Dorfkern von Oetz steht der historische Gasthof, dessen Wurzeln aus dem 16. Jh. stammen. So besagt es zumindest eine Inschrift am Gebäude. Ein traditionelles Haus mit sehenswertem Interieur und bodenständiger Küche; Tel. 0 52 52/63 23

Ötztaler Stube
Was nach Wirtshaus klingt, ist in Wirklichkeit ein Gourmetrestaurant im noblen Fünf-Sterne-Hotel Central in Sölden. Hochdekorierte Haubenküche mit internationaler Prägung; Tel. 0 52 54/2 26 00, www.central-soelden.at

TOP TIPP Eine Reise in die Steinzeit: Wie Ötzi einst gelebt hat, das vermittelt das im Jahr 2000 eröffnete **Ötzidorf** (3) in Umhausen. Auf rund 9000 m2 wurde eine Dorfgemeinschaft aus Ötzis Zeit

unter wissenschaftlicher Leitung nachgebaut. Dazu gehören ein Hüttenlager, Brotbackofen, Bogenschießplatz und ein Jägerbiwak; Tel. 0 52 55/5 00 22; www.oetzi-dorf.com

TOP TIPP **Aqua Dome** (4)
Die »Tirol Therme Aqua Dome« in Längenfeld ist das neue und spektakuläre Erlebnisbad im mittleren Ötztal. Neben der Therme mit Thermenhalle und verschiedenen Außen- und Innenbecken gibt es noch das Spaß- und Wellness-Center Aqua Dome mit Saunadorf, Beauty-Angeboten und dem Arche-Noah-Familienbereich. Hier gibt es einen Kinderaußenbereich mit Kaskadenwasserfällen, einen Pool mit Sandbänken und ein Kinderrestaurant. Zum exklusiven Relaxen empfiehlt sich der Aqua Dome Club, zum Übernachten das angrenzende Hotel; Tel. 0 52 53/54 00, www.aqua-dome.at

Nur wenige Minuten sind es von der Straße bis zu den Einstiegen überaus schwieriger Sportkletterrouten in Klettergärten. Der »Ötztal Mountainbike Trail« führt durch das ganze Tal von Ötztal Bahnhof bis zur Langtalereckhütte oberhalb von Obergurgl; dazwischen liegen rund 78 km und 2210 Höhenmeter. Wem das zu wenig ist, der sollte sich beim alljährlichen Ötztaler Radmarathon anmelden: Von Sölden führt die Route nach Kühtai, via Innsbruck über den Brenner bis nach Sterzing. Nächstes Ziel ist der Jaufenpass, dann fährt man ins Passeiertal und über das Timmelsjoch zurück ins Ötztal – 238 km und 5500 Höhenmeter– und das an nur einem Tag.

Tipp für Allergiker
Das **Hotel Josl** in Obergurgl bietet pollenfreien Aufenthalt auf 2000 m sowie spezielle Allergiebehandlungen, wie z.B. das Asthmacamp für Kinder. Biologisches Essen und Schonkost erfreuen empfindliche Mägen, besonders Zölliakie-Geplagte, Tel. 0 52 56/62 05, www.josl.at

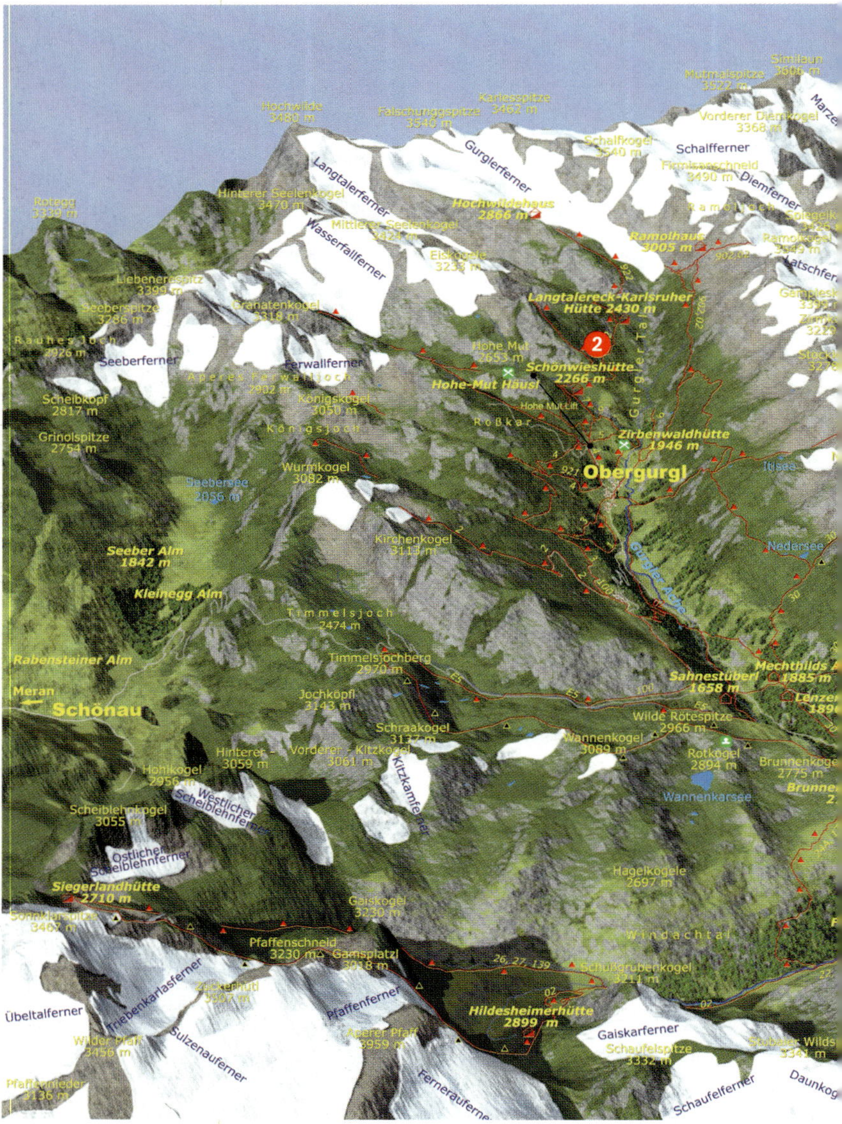

ALLGEMEINE INFORMATIONEN

Urlaubsregion	Urlaubsregion **Ötztal**; Tel. 05 72 00; E-Mail: info@oetztal.com; www.oetztal.com
Orte	**Gries** www.tiscover.at/gries.laengenfeld • **Längenfeld** www.laengenfeld.com • **Obergurgl** www.obergurgl.com • **Oetz** www.oetz.oetztal.com • **Sautens** www.sautens.com • **Sölden** www.soelden.com • **Umhausen** www.tiscover.at/umhausen • **Vent** www.vent.at
Entfernungen	Hamburg 910 km; Berlin 835 km; Köln 697 km; Frankfurt a. M. 527 km; Stuttgart 322 km; München 195 km

Wanderkarten

Österreichische Landeskarte; Blätter 146 Oetz, 172 Weißkugel, 173 Sölden, 174 Timmelsjoch; 1:50 000

Alpenvereinskarte; Blätter 30/1 Ötztaler Alpen, Gurgl; 30/2 Ötztaler Alpen, Weißkugel; 30/5 Ötztaler Alpen, Geigenkamm; 31/1 Stubaier Alpen, Hochstubai; 1:25 000

Freytag & Berndt; WK 251 Ötztal, Pitztal, Kaunertal, Wildspitze; 1:50 000

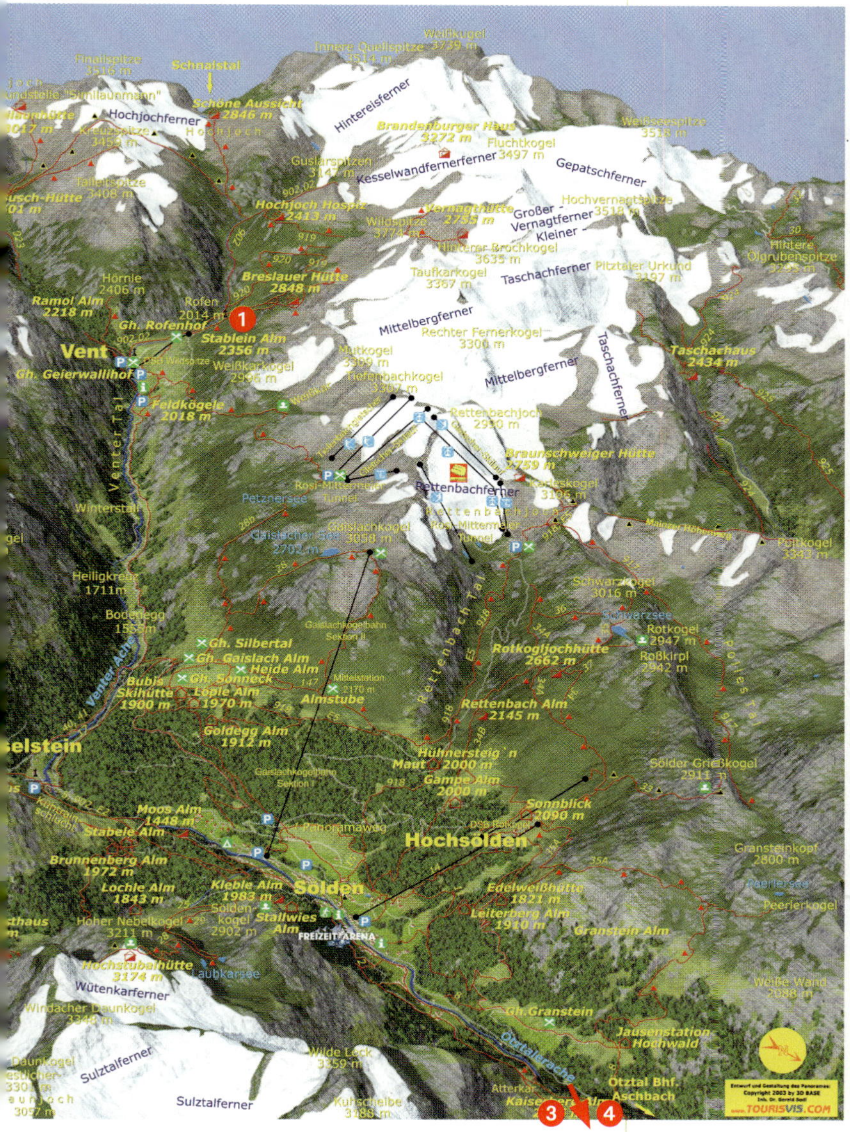

Seefeld mit Leutaschtal

ADAC Prädikat

SPORT & SPASS ★★★★★
WANDERN & BERGTOUREN ★★★★★
KULTUR & CO. ★★★
WELLNESS & GENUSS ★★★

Sommerfrische im Langlaufparadies

Golfen statt Winterwandern, Mountainbiken statt Langlaufen, Bergsteigen statt Skifahren – die Olympiaregion Seefeld gibt sich auch im Sommer betont sportlich. Die Kulisse ist in der gesamten Region faszinierend, Unterschiede gibt es dagegen bei den beiden Hauptorten Seefeld und Leutasch, die zwei Welten symbolisieren: Während Seefeld mondän, fast schon luxuriös ist, gibt man sich wenige Kilometer weiter in Leutasch bäuerlich und familiär.

Wie eine Arena liegt das Seefelder Plateau inmitten der Bergketten. Vor kalten Nordwinden schützt die Mauer des Wetterstein; links und rechts bilden die Ausläufer des Karwendel und der Felsklotz der Hohen Munde, dem markanten und nicht zu übersehenden Eckpunkt der Mieminger Kette, den Rahmen. Im Süden liegt die breite Furche des Inntals, dahinter ragen die Stubaier Alpen in den Himmel. Die Arena selbst ist eine von der Sonne verwöhnte, zweigeteilte Wiesenterrasse mit Seefeld auf der einen und Leutasch auf der anderen Ebene. Dazwischen liegt ein sanft gewellter, dicht bewaldeter Höhenrücken.

Restaurants

Hotel Klosterbräu
Schön das Ambiente, fein die Küche – die »Ritter-Oswald-Stube« in einem ehemaligen Kloster in Seefeld aus dem 16. Jh. gefällt nicht nur Feinschmeckern; Tel. 0 52 12/2 62 10; www.klosterbraeu.at

Restaurant Monika
Das bürgerliche Gasthaus passt ideal zur Leutasch. Verwendet werden vor allem Produkte aus heimischen Bauernhöfen, die nach alter Familientradition bewirtschaftet werden. Die Speisen werden frisch zubereitet, die Beilagen sind hausgemacht; Tel. 0 52 14/66 11

WANDERN & BERGTOUREN ★★★★★

TOP TIPP Viel zu schauen gibt es auf der **Panoramawanderung** vom Seefelder Joch (2060 m) auf die **Seefelder Spitze** (2221 m) und weiter zur **Reither Spitze** (2374 m). Bergauf geht es ganz bequem mit der Standseilbahn und einer Seilbahn bis zum Seefelder Joch. Auf den nahen Aussichtsgipfel der Seefelder Spitze führt ein Wanderweg. Wer bei dieser Kulisse Lust auf mehr bekommt, der kann gleich weitergehen. Erst durch die Schuttmassen des kargen Reither Kar, dann auf gesichertem Steig durch leichte Felsen auf die Reither Spitze, eine Aussichtskanzel direkt über dem Inntal. Abstieg zur etwas unterhalb liegenden Nördlinger Hütte (2239 m). Von hier aus zur Seilbahnbergstation Härmelekopf und gelenkschonend mit den Bahnen ins Tal. Mittelschwere Wanderung, Trittsicherheit erforderlich; Zeit: ca. 3 Std.; Einkehr: Nördlinger Hütte; geführte Touren bei der Leutascher Bergwanderschule, Tel. 0 52 14/6 32 30 oder bei der Bergwanderschule Karwendel, Tel. 06 76/3 00 98 59

Eppzirler Alm (1455 m) Einfache Wanderung in einen großartigen Almboden	Ausgangspunkt: Gießenbach (1011 m); Gießenbachtal – Eppzirler Tal – Eppzirler Alm; Rückweg auf dem Anstiegsweg; einfache Wanderung, Zeit: ca. 2 Std.; Einkehr: Eppzirler Alm
Scharnitzjoch (2046 m) Leichte Wanderung für Konditionsstarke durch ein einsames Tal	Ausgangspunkt: Leutasch/Lehner (1105 m); Puittal – Scharnitzjoch – Scharnitztal – Wangalm – Klamm (1172 m); Rückkehr nach Lehner mit dem Bus; Zeit: ca. 5 Std.; Einkehr: Wangalm
Hohe Munde-Ostgipfel (2592 m) Lange Bergtour auf einen außergewöhnlichen Aussichtsgipfel	Ausgangspunkt: Moos/Bergstation des Mundelifts (1605 m); Rauthhütte – Moosalm – Ostflanke der Hohen Munde – Munde-Ostgipfel; trittsichere Bergsteiger gehen noch weiter auf den Westgipfel (2662 m); Rückweg auf dem Anstiegsweg; Trittsicherheit und Schwindelfreiheit nötig; Zeit: ca. 6 Std.; Einkehr: Rauthhütte

the perfect day

9 Uhr: Bergfahrt auf das Seefelder Joch und Rundwanderung über Seefelder Spitze, Reither Spitze und Nördlinger Hütte zur Bergstation Härmelekopf; mit der Bahn zurück nach Seefeld
15 Uhr: Besuch des Ganghofermuseums in Leutasch
16.30 Uhr: Relaxen am Möserer See
18 Uhr: Spaziergang zur Friedensglocke bei Mösern

»Olympiaregion« nennt sich das Hochplateau, auf dem Seefeld, Leutasch, Mösern, Reith und Scharnitz liegen, nicht von ungefähr. Während der Olympischen Winterspiele von Innsbruck 1964 und 1976 wurden hier die nordischen Wettbewerbe ausgetragen; 1985 fanden die Nordischen Skiweltmeisterschaften statt. Im Sommer präsentiert sich die Langlaufhochburg als Freizeit- und Familienparadies mit einer schier grenzenlosen Auswahl an Aktivitäten: Golfen kann man auf einem herrlichen Golfplatz bei Seefeld; einer der unzähligen Spaziergänge führt zur Friedensglocke des Alpenraums bei Mösern, die an einem traumhaften Platz hoch über dem Inntal steht. Mountainbiker können entweder bequem auf dem Plateau über Wiesen und durch Wälder radeln oder in einem der grandiosen Karwendeltäler die sportliche Herausforderung suchen. Urige Almen, gemütliche Hütten und aussichtsreiche Berge locken Wanderer in die Höhe. Und selbstverständlich werden auch geführte Nordic-Walking-Touren angeboten (Tel. 0 52 12/23 13, Anmeldung erforderlich). Kinder haben ihre Freude im Fun-Spielpark Leutasch mit Sommerrodelbahn (Tel. 0 52 14/62 19) oder – vor allem bei Schlechtwetter ein Tipp – im Play Castle Seefeld (Tel. 0 52 12/5 26 90; www.marcati.at).

Gegensätzlicher als Leutasch und Seefeld können zwei Nachbarorte kaum sein, doch genau das ist wohl das Geheimnis des Erfolgs. Wie willkürlich hingestreut liegen die 24 Ortsteile von Leutasch inmitten wunderschöner Wiesen. Traumhafte Höfe und malerische Häuser bestimmen das Bild, ursprünglich und familiär geht es zu – eine alpenländische Idylle wie im Heimatfilm. Ein Klischee, das nicht zuletzt Ludwig Ganghofer zu verdanken ist: In seinem Jagdhaus Hubertus im Gaistal verbrachte der Schriftsteller, dessen Werke viel gelesen und häufig verfilmt wurden, mehrere Jahre seines Lebens. Dort verfasste er unter anderem auch sein bekanntestes Werk, »Das Schweigen im

Oben die einsamen Gipfel, unten der quirlige Ort: Seefeld liegt geschützt im Talboden, umgeben von beeindruckenden Bergen.

Olympia Seefeld
Großzügiges Hallenbad mit Badelandschaft, Wildbachströmung, Felsinseln, eigener Halle mit Nichtschwimmer- und Kinderplanschbecken, Freibecken, Saunawelten, Warmwasser-Säulenhalle, Wellnessangeboten; Tel. 0 52 12/32 20, www.seefeld-sports.at

Hütten

Oberbrunnalm (1523 m)
Gut, die Lage der benachbarten Eppzirleralm ist etwas schöner, gegen diesen Almkessel kommt man nicht an. Dafür ist hier alles eine Spur ruhiger, gemütlicher, uriger. Die Almhütte aus Holz ist klein und auf den Tisch kommt nur Hausgemachtes. Wer Ruhe und Ursprünglichkeit sucht, der ist hier genau richtig; Ausgangspunkt ist Gießenbach (1011 m) durch Gießenbach- und Karltal auf Forstwegen zur Alm; Zeit: ca. 1,5 Std.; Tel. 06 64/9 24 44 60

Nördlinger Hütte (2239 m)
So stellt man sich eine Hütte vor: aussichtsreich gelegen hoch über dem breiten Inntal, nach Süden ein überwältigender Blick auf die Stubaier Alpen, nach Westen eine Terrasse, auf der man die Abendsonne genießen kann. Hüttengipfel ist die Reither Spitze (2374 m), die in ca. 20 Min. zu erreichen ist. Von Seefeld aus zur Bergstation Härmelekopf; von dort ca. 1 Std.; Tel. 06 64/1 63 38 61, www.noerdlingerhuette.at

Pleisenhütte (1757 m)
Die einzige private Schutzhütte des Karwendel ist etwas Besonderes. Maßgeblich verantwortlich für das gemütliche Ambiente der kleinen Hütte war der »Pleisen-Toni«. Wer einmal dort war, kommt immer wieder, wegen der schönen Lage oder der Pleisenspitze (2569 m), dem Hüttengipfel; Ausgangspunkt ist Scharnitz (964 m), Karwendeltal; Zeit: ca. 3 Std.; Tel. 06 64/9 15 87 92

Hallerangeralm (1774 m)
Vor rund 100 Jahren war der Zugang in dieses Jagdgebiet streng verboten. Heute dürfen alle ins Herz des Karwendel, von Scharnitz aus (964 m) durch das Hinterautal am Ursprung der Isar vorbei bis in den romantischen Talboden mit seiner einmaligen Kulisse. Von hier genießt man den schönsten Blick auf den Lafatscher mit seiner markanten Felsverschneidung, ein klassisches Postkartenmotiv aus dem Karwendel; Zeit: ca. 3 Std.; Tel. 0 52 13/52 77, www.halleranger-alm.at

Walde«. Im Ganghofer-Museum in Leutasch wird sein Leben und Wirken dokumentiert, ebenso die Dorfgeschichte.

Ursprüngliche Bergwelt Tirols

Seefeld dagegen ist fast schon mondän, vor allem in den Wintermonaten, wenn viel Nerz das Straßenbild prägt. Anziehungspunkte sind das Casino, eine erstklassige, mit Sternen überhäufte Hotellerie (darunter gleich vier Fünf-Sterne-Hotels) und die Fußgängerzone. Da wird fast der Platz für das »Seekirchl« knapp, das idyllisch am Ortsrand von Seefeld steht – ein Hort der Ruhe inmitten des quirligen Tourismusortes. Viel versprechend ist auch die Flucht nach oben: Eine Standseilbahn und zwei Seilbahnen erschließen Seefelder Joch sowie Härmelekopf und erleichtern den Zugang zu der Gipfelwelt um die Reither Spitze, die entsprechend frequentiert ist.

Nur wenige Meter abseits davon taucht man bereits in die einsame Bergwelt ein, etwa auf dem für trittsichere Geher äußerst lohnenden Panoramasteig des Freiungen-Höhenwegs zum Solsteinhaus. Gegenüber lockt das Massiv der Hohen Munde. Der stumpfe Kegel ragt mit seiner breiten Ostflanke unübersehbar über dem Seefelder Plateau auf und begeistert vor allem durch seine freie Lage. Ein Aussichtsberg der Extraklasse, doch vor dem Gipfelgenuss steht ein schweißtreibender Anstieg.

Die eher schroffen, teils mit senkrechten Felswänden aufragenden Berge nördlich des Plateaus sind für den Großteil der Besucher ein schönes, aber unerreichbares Beiwerk. Lediglich die Gehrenspitze wird häufiger bestiegen, der große Rest bleibt Kletterern vorbehalten, die sich auch von etwas brüchigem Kalk nicht abschrecken lassen. Dafür ist es in diesen Routen garantiert einsam.

Das gilt auch für den Großteil des Karwendel. Der rund 920 km^2 große Gebirgszug ist nach wie vor ursprünglich und weitgehend

ALLGEMEINE INFORMATIONEN

Urlaubsregion	Olympiaregion **Seefeld**; Tel. 0 50 88 00; E-Mail: region@seefeld.com; www.seefeld.com
Orte	**Leutasch** www.seefeld.com • **Mösern** www.seefeld.com • **Reith** www.seefeld.com • **Scharnitz** www.seefeld.com • **Seefeld** www.seefeld.com
Entfernungen	Hamburg 899 km; Berlin 710 km; Köln 712 km; Frankfurt a. M. 517 km; Stuttgart 337 km; München 125 km

unberührt. Kilometerlange Täler führen zu schönen Almen und gastlichen Hütten. Dank mehrerer Natur-, Ruhe- und Landschaftsschutzgebiete, die zum Alpenpark Karwendel zusammengefasst wurden, ist die Berggruppe auch in Zukunft vor Erschließungen sicher. Interessantes sowohl über Geologie als auch über Flora und Fauna erfährt man im Informationszentrum in Scharnitz. Dort kann man sich auch zu einer der geführten Exkursionen anmelden (Tel. 0 52 45/2 50; www.karwendel.org).

Die Berge sind nicht zu übersehen, einige der Naturschönheiten auf dem Hochplateau wollen dagegen erst entdeckt werden. So zum Beispiel der Möserer See oberhalb des gleichnamigen Ortes, der zu den wärmsten Badeseen Tirols zählt. Lotten- und Wildmoossee leuchten wie kleine Juwelen inmitten ausgedehnter Wälder und schöner Wiesen – falls sie Wasser haben. »Im Winter viel Schnee, im Sommer viel See«, lautet die Bauernregel für die beiden »aperiodischen Gewässer«, die alle paar Jahre austrocknen. Damit die Gäste der Olympiaregion Seefeld unterwegs nicht »austrocknen«, gibt es zuhauf kulinarische Verführungsstationen. Manch geplante Wanderung ist allerdings so schon frühzeitig zu einem gemütlichen Ende gekommen.

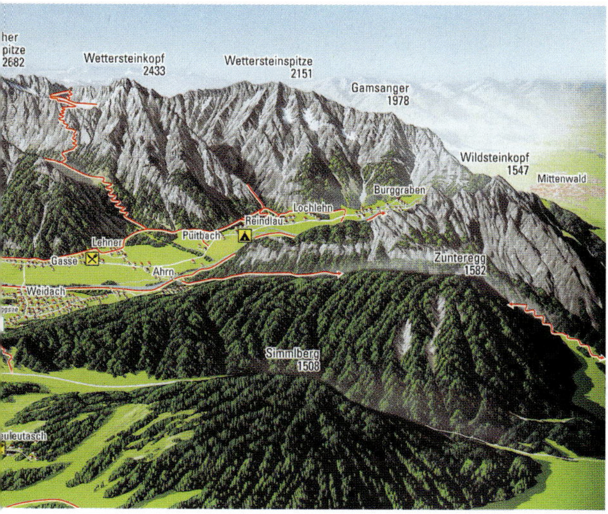

TOP TIPP Ob Einsteiger oder Sportfreak: **Mountainbike-Touren** in die langen Karwendeltäler machen einfach Spaß. Kilometerweit geht es auf teils flachen, dann auch wieder kräftig ansteigenden Forstwegen hinein

ins Herz des Karwendel. An erster Stelle der Beliebtheitsskala steht dabei das Karwendeltal mit der urigen Larchetalm inmitten einer wunderschönen Wiese als Rastpunkt und dem Karwendelhaus (1771 m) als Ziel. Herrlich sind auch die Touren ins Hinterautal zur Quelle der Isar und weiter bis zum Hallerangerhaus oder ins Gleirschtal zur Pfeishütte.

Geführte Touren:
Tirolalpin Natur-Sport-Events;
Tel. 0 52 14/51 52;
www.tirolalpin.at,
Alpinschule Mountain Spirit
Tel. 06 64/9 79 47 05
oder 0 52 14/2 01 70
www.alpinschule-mountainspirit.at
Sport Aktiv
Tel. 06 99/14 61 00 00

Wanderkarten

Österreichische Landeskarte Blatt 117, Zirl Blatt 118, Innsbruck, 1:50 000
Alpenvereinskarte Blatt 4/3, Wetterstein- und Mieminger Gebirge – Östliches Blatt; Blatt 5/1, Karwendelgebirge – Westliches Blatt, 1:25 000
Freytag & Berndt WFK 322-1 Seefeld–Leutasch–Scharnitz; 1:25 000

Innsbruck und Umgebung

ADAC Prädikat

SPORT & SPASS

WANDERN & BERGTOUREN

KULTUR & CO.

WELLNESS & GENUSS

Beste Aussichten in der Alpenmetropole

So unterschiedliche Gebirgsgruppen wie Karwendel, Tuxer und Stubaier Alpen umrahmen den weiten Kessel um die Alpenmetropole Innsbruck und bieten Bergsteigern und Wanderern traumhafte Bedingungen. Doch auch für Familien sind die 25 Feriendörfer der Region ein ideales Ziel. Und das Sahnehäubchen bildet schließlich ein umfassendes, zum Teil recht abenteuerliches Sport- und Freizeitprogramm.

Herrliche Mountainbike-Routen führen von Innsbruck hinauf in Richtung Nordkette mit Blick auf die Stadt.

the perfect day

8.30 Uhr: Fahrt auf mautpflichtiger Bergstraße ins Halltal; Besuch der Anlagen des ehemaligen Salzbergwerks und der Herrenhäuser
10 Uhr: Wanderung über das Issjöchl zum Lafatscher Joch (2081 m) im Herzen des Karwendel; Rückweg über den Issanger und Einkehr im stilvollen Gasthaus St. Magdalena, Rückfahrt nach Innsbruck
15 Uhr: Besichtigung der Sprungschanze im Bergisel-Stadion
17 Uhr: Stadtbummel durch Innsbruck, von der Hofburg zum Goldenen Dachl, durch die Gassen der Altstadt zur prächtigen, historisch geprägten Maria-Theresia-Straße; die Atmosphäre genießen und den Tag ausklingen lassen

Wer hoch über dem Inntal wandert, will nicht so recht vom Fleck kommen. Zu vielgestaltig ist das Panorama, zu stark sind die Eindrücke und Erinnerungen. Mit der ersten Gondel schwebt man 1400 m hinauf zur Bergstation der Nordkettenbahn. Nur wenige Schritte sind es von dort bis zum Gipfelkreuz auf der Hafelekarspitze. Hier oben, genau 1760 m über den Dächern von Innsbruck, scheint die Welt mehrheitlich aus Bergen zu bestehen. Gegenüber, im Süden, zwängt sich das Wipptal zwischen Stubaier, Tuxer und Zillertaler Alpen gen Brenner. Rechts, vor den Zacken der Kalkkögel, geht es hinein ins Sellrain, welches im Winter wegen seiner klassischen Skitourenziele geschätzt wird. Die Landschaft ist ausgesprochen reizvoll, es gibt malerische Seen, glitzernd klare Bergbäche und ein urige Alpenvereinshütten. Die Gipfel sind tadellos – einige davon sogar über 3000 m hoch und dennoch auf gletscherfreien Pfaden zu erreichen. Im Frühsommer leuchten Felder von Alpenrosen an den Hängen, die Pflanzenvielfalt ist legendär. Ein ursprünglich gebliebenes Wanderparadies, das abseits der breiten Durchgangsstraßen gelegen ist und sich keineswegs verstecken muss. Tief unten liegt die sympathische Alpenmetropole Innsbruck, in dem Kaiser Maximilian I. das berühmteste Gebäude der Stadt, das Goldene Dachl, errichten ließ. Ein Besuch in einem der hervorragenden Museen gehört ebenso zu einem Innsbruck-Aufenthalt wie ein Einkaufsbummel durch die

Maria-Theresien-Straße. Und auch für Adrenalinsüchtige ist einiges geboten: zum Beispiel ein Bungee-Sprung von der 192 m hohen Europabrücke. Oder mit mehr als 100 km/h durch die Steilkurven der Olympia-Bobbahn in Igls rasen. Oder sich bei Hall mitten durch die tosenden Wasserfälle des Fallbachs abseilen. Oder sich doch wieder hinauf zu den steilen Graten begeben?

Beeindruckende Kalkkögel

Nach dem Tiefblick auf Innsbruck schweifen die Augen beim Rundblick von der Hafelekarspitze über die sonnigen Wiesenterrassen um Oberperfuss und Axams zu den Kalkkögeln. Von der Hafelekarspitze führt der Goetheweg, einer der schönsten Höhenwege des Karwendels, hinüber zur Mandlscharte. In fast gleich bleibender Höhe schlängelt sich der schmale Steig entlang der Innsbrucker Nordkette. Diese ist eigentlich die südlichste Karwendelkette, aber weil sie im Norden Innsbrucks aufragt, wird sie Nordkette genannt. Der Goetheweg – auf den der Dichter garantiert nie einen Fuß gesetzt hat – ist kein Parcours für forsche Flitzer: weniger aufgrund einiger luftiger Engstellen, die mit soliden Drahtseilen gesichert sind, als wegen der atemberaubenden Blicke in die Falten und Abgründe des Karwendels.

Im größten Naturpark der Ostalpen

Dieses wildromantische Bergland zwischen Isar und Inn steht als Alpenpark Karwendel unter Schutz. Mit insgesamt 920 km² ist dies der größte Naturpark der Ostalpen und zugleich eines der größten unbesiedelten Gebiete Mitteleuropas. Rigoros beherrschen die Felsen die Szenerie:

WANDERN & BERGTOUREN

TOP TIPP Schöner als die von stattlichen Karwendelspitzen umrahmte **Halleranger Alm** (1774 m) kann eine Berghütte kaum liegen. Unscheinbar, aber lohnend und für geübte Bergwanderer relativ einfach zu besteigen ist der Hausberg der Alm, die **Suntingerspitze** (2321 m). Aufstieg vom Parkplatz kurz vor dem Salzbergwerk (1482 m, über Mautstraße von Hall aus erreichbar) durch das malerische Halltal zum Issjöchl und weiter zum Lafatscherjoch (2081 m). Kurzer Abstieg zur Halleranger Alm. Weiter auf schönem, mittelschwerem Bergsteig zum Gipfel mit seiner prächtigen Aussicht auf die Felsgipfel des Karwendel. Abstieg wie Aufstieg. Wer genügend Zeit hat, sollte auf der schönen, sehr gut bewirtschafteten Halleranger Alm übernachten; Zeit: ca. 2,5 Std. zur Alm, ca. 2 Std. auf den Gipfel, ca. 3 Std. Abstieg; Einkehr: Halleranger Alm

Zirbenweg Bequeme Panoramawanderung durch uralten Zirbenbestand	Ausgangspunkt: Igls/Bergstation Patscherkofelbahn (2246 m); Jausenstation Boscheben (2030 m) – Zirbenweg – Tulfeinalm (2035 m); fast ebene Bergpromenade auf 2000 m; Zeit: ca. 2 Std.; Abstecher auf gutem Steig zur Glungezerhütte und auf den Glungezer (2678 m, ca. 3 Std.); zurück nach Tulfes mit der Glungezerbahn, mit Bus zum Ausgangspunkt (Rundtourkarte!); Einkehr: Patscherkofelhaus, Boscheben, Tulfeinalm, Glungezerhütte
Schlicker Seespitze (2804 m) Steiler Zacken im schroffen Kamm der Kalkkögel	Ausgangspunkt: Grinzens/Kemater Alm (1673 m); durch das Senderstal – Adolf-Pichler-Hütte (1977 m) – Franz-Senn-Weg – Seejöchl (2518 m) – Schlicker Seespitze; Rückweg auf gleicher Route; bis Seejöchl einfach, Gipfelanstieg durch brüchiges Gelände, Trittsicherheit und Schwindelfreiheit erforderlich; Zeit: ca. 6 Std.; Einkehr: Adolf-Pichler-Hütte

Hütten

Bettelwurfhütte (2079 m)
Allein schon der Aufstieg zu dieser Alpenvereinshütte ist ein unvergessliches Erlebnis. Wer höher hinaufsteigen will, auf den Gipfel des Großen Bettelwurf (2726 m), sollte allerdings über etwas mehr Erfahrung verfügen, als für eine durchschnittliche Bergwanderung erforderlich ist.

Die Aussicht von Gipfel und Hütte ist mehr als grandios. Ein Karwendel-Klassiker! Aufstieg aus dem Halltal (Mautstraße von Hall bis zum Parkplatz kurz vor St. Magdalena) in ca. 2,5 Std.; Tel. 0 52 23/5 33 53, www.bettelwurfhuette.at

Lizumer Hütte (2019 m)
Inmitten der Wattener Lizum oberhalb von Wattens (564 m) steht diese bei Wanderern beliebte Alpenvereinshütte. Leichte Wanderungen führen auf aussichtsreiche Gipfel wie Geier- oder Hippoldspitze (2857 m / 2643 m). Aufstieg vom Militärlager Walchen (1410 m) in ca. 2 Std.; Tel. 0 52 24/5 21 11; www.lizumerhuette.at

TOP TIPP Weithin sichtbar liegt **Schloss Ambras** etwas oberhalb von Innsbruck. Erzherzog Ferdinand II. (1529-1595) begründete die wertvolle Ambraser Sammlung. Heute sind im Museum u.a. die Kunst- und Wunderkammer sowie die Heldenrüstkammer des Erzherzogs zu sehen. Im Hochschloss befindet sich die Habsburger Portraitgalerie mit mehr als 200 wertvollen Bildnissen. Außerdem befindet sich im Schloss eine Sammlung spätmittelalterlicher Bildnisse und als Prunkstück der Georgsaltar Kaiser Maximilians I. Schloss Ambras zählt zu den bedeutendsten Sehenswürdigkeiten Innsbrucks; Tel. 0 52 52/47 45, www.khm.at/ambras

ALLGEMEINE INFORMATIONEN

Urlaubsregion	Tourismusverband **Innsbruck und Feriendörfer**; Tel. 05 12/5 98 50; E-Mail: office@innsbruck.info; www.innsbruck.info
Orte	**Aldrans • Ampass • Axams** www.innsbruck.info/axams • **Birgitz • Götzens • Gries im Sellrain** www.innsbruck.info/gries • **Grinzens • Hall-Wattens** www.regionhall.at • **Igels • Mutters • Natters • Oberperfuss • Sellrain • Sistranz • Tulfes • Wattens • Zirl**
Entfernungen	Hamburg 940 km; Berlin 751 km; Köln 742 km; Frankfurt a. M. 558 km; Stuttgart 320 km; München 164 km

Mitten durch die Latschenhänge, ja sogar bis herab in die Wiesen greifen sie mit ihren grauen Geröllfingern. Die Statik der Gipfel muss selbst bei wohlwollender Beurteilung als fragwürdig bezeichnet werden, weshalb heutzutage im Karwendel mehr gewandert als geklettert wird. Die heroischen Kletterrouten im brüchigen Fels sind außer Mode gekommen. Die bunten Mountainbiker hingegen werden nicht mehr als Exoten angesehen, sondern akzeptiert. Generationen von Münchner wie Innsbrucker Alpinisten haben im Karwendel ihre Lehrjahre absolviert. Eine lange Bekanntschaft verbindet sie mit diesem eigenwilligen Gebirge, noch in bester Erinnerung sind einigen von ihnen die strahlend schönen Sommerabende auf der Halleranger Alm im Halltal bei Hall. Einige sind auch von St. Martin aus Tiroldurch das Vomperloch heraufgekommen – auf abenteuerlichen Steigen entlang der wilden, düsteren Schlucht, eingezwängt zwischen himmelhohen Wänden. Ein heiteres Landschaftsbild eröffnete sich ihnen dann am Überschalljoch, wo die Bergkämme auseinander treten, als wollten sie Platz machen

SPORT & SPASS

TOP TIPP

Der originelle **Glungezer Klettersteig** verläuft in der Grundrichtung eher horizontal als vertikal. Einen »richtigen« Klettersteig kann man sich in dieser Wanderregion auch kaum vorstellen. Trotzdem ist es 1989 dem Wirt der Glungezerhütte (2600 m) gelungen, eine sportliche Variante zum Normalweg auszutüfteln. Die Markierung leitet in oft überraschenden Windungen über Blöcke, Türmchen und Grate. Was immer sich in dem Blockgelände unterhalb des Glungezers (2678 m) an Schwierigkeiten bietet, es wird beherzt angegangen. Logisch kann eine solche Route nicht sein, aber ungemein spannend und kurzweilig. Ein Vergnügen auch für geländegängige Kinder, die man an kniffligen Stellen ans kurze Seil nehmen sollte. Ausgangspunkt ist oberhalb der Bergstation der Glungezerbahn bei der Tulfeinalm (2035 m), der Endpunkt kurz unterhalb der Glungezerhütte; Zeit: ca. 3 Std.; Einkehr Glungezerhütte

Mountainbiken Rosskogelhütte	Ausgangspunkt: Oberperfuß (812 m); Haggenweg – Stiegreith (1363 m) – Rosskogelhütte (1777 m) – Abfahrt auf derselben Route; Zeit/Charakter: 9 km, 3 Std., Teer- und Schotterwege, steil, anstrengend, tolle Fernsicht Viele weitere herrliche Touren in der Region, Karte mit Mountainbike-Routen bei den Tourismusbüros; Verleih: versch. Sporthändler der Region

Hütten

Glungezerhütte (2600 m)
Der Glungezer (2678 m) im Tuxer Kamm, südlich vom Inntal, zählt zu den traditionellen Wanderzielen der Innsbrucker Bergfreunde, die Alpenvereinshütte kurz unterhalb des Gipfels ebenso.

Der kurze Aufstieg von der Bergstation der Glungezerbahnen bei der Tulfeinalm (ca. 1,5 Std.) lässt ausreichend Zeit für Abstecher zu Kreuz- oder Viggarspitze (2746 m / 2306 m). Etwas mehr Betrieb herrscht am Zirbenweg hinüber zur Bergstation am Patscherkofel – einer einmaligen, 7 km langen Panorama-Promenade; Tel. 0 52 23/7 80 18, www.glungezer.at

Adolf-Pichler-Hütte (1977 m)
Der relativ kurze Aufstieg zu dieser Alpenvereinshütte führt mitten hinein in eine faszinierende, fast dolomitenartige Bergszenerie. Auch wer keinen der schroffen Gipfel der Kalkkögel besteigt oder nur bis ins Seejoch (2518 m) wandert, wird begeistert sein. Aufstieg von der Kemater Alm oberhalb von Grinzens durch das Senderstal in ca. 1 Std.; Tel. 0 52 38/5 31 94

Potsdamer Hütte (2009 m)
Die ursprüngliche, gemütliche Alpenvereinshütte steht in einem der hintersten Winkel der Sellrainberge – kein Modeziel, vielmehr eines für Genießer. Nicht versäumen sollte man die zauberhafte Tour auf den Roten Kogel (2832 m) – und den Kaiserschmarrn, die Spezialität von Hüttenwirt Lois. Aufstieg vom Fotscher Bergheim (1464 m) bei Sellrain durch das Fotscher Tal in ca. 1,5 Std.; Tel. 0 52 62/6 62 40

für die sattgrünen Böden des Halleranger. Welch ein Privileg, an einem perfekten Tag wie diesem unterwegs zu sein und im Licht der untergehenden Sonne auf der Bank vor der Halleranger Alm zu sitzen. Der Weg vom Halleranger zurück ins Inntal führt über das Lafatscher Joch und durch das Areal des ehemaligen Salzbergwerks im Halltal durch ein wesentliches Kapitel Nordtiroler Geschichte: Seit dem frühen Mittelalter wurde unter dem Issjöchl mit einfachen Methoden Salz gewonnen. Den ersten richtigen Stollen trieben die Salzknappen 1272 auf Anordnung des Herzogs Meinhard von Tirol in den Boden. Die Erzeugung und der Verkauf des weißen Goldes verhalfen dem 1303 zur Stadt ernannten Hall zu Reichtum und einer prächtigen Altstadt. Erst 1968 musste der Abbau in Tirols ältestem Industriebetrieb wegen mangelnder Rentabilität eingestellt werden. Gut erhalten ist das reizvolle mittelalterliche Zentrum von Hall. Sehenswert ist das ungewöhnliche Königshaus aus dem Jahr 1406, in dem sich heute das Rathaus befindet, und die spätgotische Pfarrkirche St. Nikolaus, eine der bedeutendsten Kirchen Tirols. Zurück zur Mandlscharte und dem Goetheweg. Wer von hier aus nach Südosten blickt, bleibt natürlich zuerst an den hohen Spitzen des Zillertaler Hauptkamm hängen, bevor er sich hinabbewegt zu den überwiegend grünen Tuxer Alpen. Bei der Aufteilung der Alpen wurden diese einst als Tuxer Voralpen den Zillertaler Alpen zugeschlagen. Mittlerweile haben die Gebirgsverwalter befunden, dass die ungleichen Nachbarn weder geografisch noch geologisch zusammenpassen und die Vorberge als Tuxer Alpen zu einem eigenständigen Gebirge befördert. Unter Freunden unbeschwerter Wanderlust und erstklassiger Aussichten wurden die »Tuxer« schon immer als gute Adresse angesehen.

Alpengarten Patscherkofel
Höchstgelegener botanischer Garten Europas (2000 m) mit mehr als 400 verschiedenen hochalpinen Pflanzen; Bergstation Patscherkofel; Tel. 0512/37 72 34; www.patscherkofelbahnen.at

Mountainbiken Rosskogelhütte
Ausgangspunkt: Oberperfuß (812 m); Haggenweg – Stieglreith (1363 m) – Rosskogelhütte 1777 m) – Abfahrt auf derselben Route; Zeit/Charakter: 9 km, 3 Std., Teer- und Schotterwege, steil, anstrengend, tolle Fernsicht Viele weitere herrliche Touren in der Region, Karte mit Mountainbike-Routen bei den Tourismusbüros; Verleih: versch. Sporthändler der Region

Hochalpines Szenario für Wanderer im Sellrain

Wanderkarten

Freytag & Berndt, WK 241 Innsbruck, Stubai, Sellrain, Brenner; WK 322 Wetterstein, Karwendel, Seefeld-Leutasch, Garmisch-Partenkirchen; 1:50 000

Stubaital

ADAC Prädikat

SPORT & SPASS ★★★★★

WANDERN & BERGTOUREN ★★★★★★

KULTUR & CO. ★★★★

WELLNESS & GENUSS ★★

Wanderparadies am Fuß des Gletschers

Auf gerade einmal 33 km – von der Autobahnausfahrt bis zum Gletscher – entfaltet das Stubaital eine Landschaft, die von der ersten Begegnung an Neugier weckt und Lust auf eine genauere Erkundung macht. Über den Wiesen und schmucken Ortschaften – von Mieders über Telfes, von Fulpmes bis Neustift und Ranalt – locken Berge und Hochtäler zu erholsamen Wanderungen und spannenden Entdeckungstouren.

Traumziele für Alpinisten: Wilder Pfaff und Zuckerhütl

Als würde man unvermittelt in einen Breitwandfilm hineinfahren, so öffnet sich bei der Autobahnausfahrt nahe Schönberg das Stubaital – weit, sonnig und einladend. Die grünen Böden im Vordergrund mögen noch so reizvoll sein, das Auge ist gefesselt von der beispiellosen Kulisse im Talschluss. Ein Wall aus eisigen Riesen bildet im Süden den Horizont. Breite Gletscherarme reichen tief hinunter ins Tal. Zuoberst, unverkennbar, ragt der weiße, ebenmäßige Kegel des Zuckerhütl in den Himmel – ohne Frage eine der schönsten Berggestalten der Ostalpen. Vielleicht sollte man erst einmal in eine Parkbucht fahren und in aller Ruhe schauen und staunen. Denn dieses Tal, das sich hinter Schönberg hinein in die Stubaier Alpen zieht, ist einfach wunderschön: ein traumhaftes Wander- und Erholungsparadies.

Der vordere Abschnitt zwischen Mieders und Neustift wird flankiert von der Felsburg der Serles auf der einen und den wilden Kalkkögeln auf der anderen Seite. Die Serles ist einer der »heiligen« Berge, den ein gestandener Tiroler wenigstens einmal in seinem Leben bestiegen haben sollte. Die Kalkkögel gegenüber sind kantige, oft schaurig verwitterte Zinnen, Türme und Klötze mit steilen und steinigen Steigen zwischen den schroffen Gipfeln und auf diese hinauf. Auf die Große Ochsenwand führt ein Klettersteig, der es in Sachen Schwierigkeit

the perfect day

9 Uhr: Auffahrt von Fulpmes mit der Gondelbahn Schlick 2000 zum Kreuzjoch, Bummel über den Alpenpflanzen-Lehrpfad
11 Uhr: Klettergarten und Klettersteige im Schlicker Alpin-Erlebnispark oder Wanderung auf den Hohen Burgstall (2611 m)
13 Uhr: Erlebnisweg Schlick 2000: vom Panoramasee zur Schlicker Alm mit Barfusswanderweg, Einkehr; weiter zur Bruggeralm (Mittelstation); Talfahrt nach Fulpmes
17 Uhr: Fahrt nach Gleins oberhalb von Schönberg zum Alpengasthaus Gleinserhof (1420 m) Tel. 0 52 25/6 21 00

und Exponiertheit sogar mit den anspruchsvollen Eisenwegen der Dolomiten aufnehmen kann. Doch schon wenig weiter, am Seejöchl, ändert sich die Kulisse sichtbar: Hell und zerfurcht sind noch die Kalkwände der Schlicker Seespitze, während ihr »Nachbar«, der Gamskogel auf der anderen Seite des Jochs, behäbig seinen Gipfel aus Schiefergneis erhebt.
In den Dörfern im Talboden, der bereits seit der Bronzezeit besiedelt ist, scharen sich sauber herausgeputzte Ferienpensionen und Familienhäuser, prächtige Hotelbauten und alte Bauernhäuser um stattliche Kirchen. Einen größeren Handwerksbetrieb gibt es lediglich im ehemaligen Bergwerksort Fulpmes, wo Werkzeuge und alpine Ausrüstung wie Steigeisen, Pickel, Eisschrauben und Karabiner der Marke »Stubai« geschmiedet werden. Dass dieses Handwerk im Tal eine lange Tradition hat, zeigt ein Besuch des kleinen Schmiedemuseums in Fulpmes, in dem die lokale Geschichte der Eisenindustrie anschaulich dargestellt wird.

WANDERN & BERGTOUREN

TOP TIPP Eine Hochtour auf das Dach der **Stubaier Alpen** 1 ist ein Traumziel für den routinierten Alpinisten. Wem es an entsprechender Erfahrung mangelt, der sollte unbedingt einen Bergführer engagieren. Der Traditionalist steigt zu Fuß (mit Hüttenübernachtung) hinauf in die eisigen Höhen, der Pragmatiker fährt mit der Gletscherbahn und absolviert eine stramme Tagestour. Star unter den weißen Riesen ist das **Zuckerhütl** (3505 m). Wer den stolzen Gipfel geschafft hat, wird danach gewiss noch den unmittelbaren Nachbarn, den Wilden Pfaff (3332 m), »mitnehmen«. Bergführer: Stubai Alpin; Tel. 0 52 26/34 61; www.stubai.org/alpin; www.bergsteigen-stubaital.at

Rinnenspitze (3000 m) Gletscherfreier Gipfel über der Franz-Senn-Hütte	Ausgangspunkt: Oberisshütte im Oberbergtal (1742 m); Franz-Senn-Hütte (2149 m) – weiter auf markiertem Steig vorbei am Rinnensee – über Rinnennieder zum Gipfel; Rückweg auf gleicher Route. Blockgelände, Trittsicherheit erforderlich, teilweise gesichert; Zeit: ca. 6 Std.; Einkehr: Oberisshütte, Franz-Senn-Hütte
Kreuzspitze (3082 m) Leichte 2-Tages-Tour mit Panoramablick	Ausgangspunkt: Falbeson bei Ranalt; Neue Regensburger Hütte (2287 m, Übernachtung) – Südanstieg zum Gipfel auf markiertem Steig durch das Jedlasgrübl; Rückweg auf gleicher Route; Trittsicherheit erforderlich; Zeit: zur Hütte ca. 3 Std., zum Gipfel ca. 5 Std.; Einkehr: Falbesoner Ochsenalm, Neue Regensburger Hütte
Großer Trögler (2902 m) Berühmter Aussichtsgipfel vor den Stubaier Eisriesen	Ausgangspunkt: Mittelstation Fernau der Gletscherbahn (2300 m); Aufstieg auf markiertem Steig durch die steinige Westflanke; Rückweg auf gleicher Route. Trittsicherheit erforderlich; Zeit: ca. 3,5 Std.; Überschreitung zur Sulzenauhütte möglich, stellenweise mit Drahtseilen gesichert; Einkehr: Dresdner Hütte an der Mittelstation
Mairspitze (2780 m) Leichte 2-Tages-Tour zur Panoramaloge über der Nürnberger Hütte	Ausgangspunkt: Ranalt; durch das Langental zur Nürnberger Hütte (2288 m, Übernachtung) – durch die Ostflanke und über den Kamm zum Gipfel – Rückweg auf gleicher Route; leichte Bergwanderung; Zeit: zur Hütte ca. 3 Std., zum Gipfel ca. 3 Std.; Einkehr: Nürnberger Hütte

TOP TIPP Der großartige Rundweg **WildeWasserWeg** 2 ist in 4 Tagesetappen zu begehen – von der Tschangelair Alm zur Sulzenauhütte (3,5 Std.), weiter zur Dresdner Hütte (3 Std.) und Regensburger Hütte (7 Std.) und

zurück ins Tal (2 Std.). Schwindelfreiheit, alpine Erfahrung und Trittsicherheit werden vorausgesetzt. Einkehr: Grawa-Alm, am breitesten Wasserfall der Ostalpen, dem Herzstück des Weges. Tel. 0 52 25/62 962 www.wildewasserweg.at.

TOP TIPP Die **Gipfelplattform „Top of Tyrol"** 3 (3200 m) eröffnet einen spektakulären 360-Grad Ausblick über 109 Dreitausender. Die im Fels verankerte Stahlkonstruktion ist mit der Gletscherbahn ab der Bergstation Schaufeljochbahn über einen kleinen Steig in wenigen Minuten erreichbar. Tel. 0 52 26/81 4; www.stubaier-gletscher.com

Hütten

Franz-Senn-Hütte (2149 m)
Die moderne, nach dem Mitbegründer des Alpenvereins benannte Hütte steht über dem Talschluss des Oberbergtales und ist im Sommer wie im Winter ein gern besuchtes Ziel. Viele der Anstiege im Hüttenbereich führen über Gletscher. Eisfrei und daher auch für Wanderer geeignet ist die lohnende Tour auf die Rinnenspitze (3000 m). Aufstieg von der Oberisshütte zur Franz-Senn-Hütte ca. 1,5 Std.; Tel. 0 52 26/22 18, www.fankhauser.at

Neue Regensburger Hütte (2287 m)
In reizvoller Umgebung steht die Hütte am Rande des flachen Bodens des Hohen Moos, eingerahmt von schroffen Bergen. Die meisten Anstiege sind anspruchsvoll, das Topziel für Wanderer ist die Kreuzspitze. Aufstieg zur Hütte durch das Falbesontal in ca. 2,5 bis 3 Std.; Tel. 0 52 26/25 20, www.regensburgerhuette.at

Sulzenauhütte (2191 m)
1975 wurde die Hütte am Nordfuß des Wilden Freiger durch eine Lawine zerstört und 1978 wieder aufgebaut. Das Haus

steht inmitten einer einzigartig wilden Szenerie. Die Aufstiege über die Gletscher sind infolge des Gletscherrückganges zunehmend heikler geworden. Zu den leichteren Gipfelzielen zählen Großer Trögler und Mairspitze. Doch allein schon der zweistündige Aufstieg von der Grabaalm aus, die zwischen Ranalt und der Talstation der Gletscherbahn liegt, ist ein großartiges Landschaftserlebnis; Tel. 0 52 26/24 32, www.sulzenau.com

Hochgenuss für Mountainbiker

Bei Neder verlockt das Pinnistal zum Abschweifen und Aufsteigen. Ein für den Verkehr gesperrter Wirtschaftsweg führt in das durch ein paar Almen erschlossene Hochtal – eine Genussstrecke für Mountainbiker. Gut 1000 m über den Blumenwiesen zackt eine Reihe verwegener Kalkspitzen in den Tiroler Himmel: Zwölfer-, Ilm- und Kirchdachspitze sind offensichtlich keine einfachen Wandergipfel. Gleiches gilt für den gewaltigen Urgesteinsbrocken über dem Talschluss: Um dem Habicht, einem der prominentesten Stubaier Berge, aufs Haupt steigen zu können, sollte man solide bergsteigerische Erfahrung und Ausdauer mitbringen.

Hinter Neustift, bei Mieders, teilt sich das Stubaital – das im Grunde das Tal der Ruetz ist – in zwei Äste. Mit einem Schlag ändert sich der Charakter der Landschaft. Unter- wie Oberbergtal führen hinein ins hohe Gebirge. Die Bergbauern, von denen nur noch wenige übrig geblieben sind, hatten an den steilen Hängen einst ein hartes Leben. Heutzutage prägt der Tourismus die Region, und viele der hoch gelegenen Höfe und Almen sind geschätzte Ausflugsziele. Die Straße ins Oberbergtal zweigt ab von der Hauptroute und führt in einen ruhigen, grünen Winkel, in dem die einzigen Siedlungen aus sporadischen Ansammlungen von Höfen und Almhütten bestehen. Vom Ende des Tales geht es hinauf zur Franz-Senn-Hütte und von dort geradewegs hinein ins Reich der Dreitausender. Insgesamt überragen im Stubai 71 Gipfel diese magische Grenze. Die Gletscherberge um den Alpeiner Ferner sind zwar traditionsreiche Skitourenziele, haben aber auch im Sommer ihre Reize.

Die große Bergsteigerunterkunft am Alpeiner Bach trägt einen berühmten Namen: Franz Senn ist als Mitbegründer des Alpenvereins und unermüdlicher »Gletscherpfarrer« in die alpine Geschichte eingegangen. Er verbrachte seine letzten Lebensjahre von 1881 bis 1884 als Pfarrer in Neustift. Die feierliche Eröffnung der nach ihm benannten Hütte 1885 durfte er jedoch nicht mehr miterleben. Franz Senn, der »Rufer im alpinen Ödland«, gab wesentliche Impulse für dessen touristische Erschließung.

Letzter Ort im Unterbergtal, dem Haupttal, ist Ranalt. Einstmals war es das Ende der Stubaier Welt, heute ist der Ort Durchgangsstation auf dem meist eiligen Weg zum Gletscherskigebiet. Wo früher die Bergsteiger in schweren Lodenhosen und mit großen Rucksäcken loszogen, beginnt jetzt eine neue Bergwelt mit Seilbahnen, Pisten

ALLGEMEINE INFORMATIONEN

Urlaubsregion	Tourismusverband **Stubai Tirol**; Tel. 05 01/88 10; E-Mail: info@stubai.at; www.stubai.at
Orte	**Fulpmes • Mieders • Neustift** www.neustift.com • **Ranalt • Schönberg • Telfes**
Entfernungen	Hamburg 960 km; Berlin 771 km; Köln 761 km; Frankfurt a. M. 577 km; Stuttgart 337 km; München 184 km

und Ganzjahresbetrieb. Mittendrin steht die Dresdner Hütte, die 1875 errichtete erste Alpenvereinshütte im Stubai. Auch hier sind es nur wenige Schritte, die in die Einsamkeit und Wildnis führen. Ungezähmt und in makelloser Schönheit strahlt das Dach der Stubaier Alpen über Tälern und Trubel. Um der noblen Dreifaltigkeit – Wilder Freiger, Wilder Pfaff und Zuckerhütl – auf den Firnpelz zu rücken, kann man eine Menge an Höhenmetern mit der Seilbahn zurücklegen. Das nachhaltigere Erlebnis bringt indes der anstrengendere und schwierigere Weg über die Nürnberger Hütte oder über Sulzenau- und Müllerhütte. Wer sich an die klassischen Anstiege in Eis und Urgestein wagt, muss allerdings mit Seil, Pickel und Steigeisen umgehen können – oder einen Bergführer engagieren. Der grandiose Ausblick belohnt die Mühen des Aufstiegs.

TOP TIPP **Schlicker Alpin-Erlebnispark 4**: Oberhalb von Fulpmes nahe der Bergstation Kreuzjoch. In den Wänden des Wetzsteinschrofens haben ein paar Engagierte einen pfiffigen Kletter-Erlebnispark ausgetüftelt. Im Klettergarten finden sowohl Sportkletterer als auch Familien mit Kindern Routen für jeden Anspruch. Daneben gibt es kurze Klettersteige, einen 25 m hohen Abseilfelsen, einen Panoramaweg sowie eine Biwak-Grotte. Das absolute Schmankerl ist die 40 m lange Seilrutsche von Gipfel zu Gipfel; www.schlick2000.at

In Fulpmes befindet sich der herrliche **Waldseilgarten Adventurepark 5** mit 70 Übungen in 8 Parcours und Grillstation für Spanferkel. www.outdoorprofi.at

Mountainbiken
Ausgangspunkt: Neder (970 m); Auffahrt über Omesberg und Kaserstattalm zur Starkenburger Hütte (2237 m); ca. 1300 Höhenmeter, breite Wirtschaftswege, steil und anstrengend; evtl. Abfahrt über Schönegg ins Obergbergtal; Karte mit Mountainbike-Touren bei den Tourismusbüros erhältlich

Klettersteige
Ausgangspunkt des Fernau-Klettersteigs ist die Mittelstation Fernau/Gletscherbahn (2300 m); ca. 2,5 Std., 200 Höhenmeter, teilweise sehr ausgesetzte Tour über den Ostpfeiler des Egesengrates; Erfahrung, Helm und Klettersteigausrüstung notwendig

Wanderkarten

Freytag & Berndt, WK 241 Innsbruck, Stubai, Sellrain, Brenner; 1:50 000

Achensee-Region

ADAC Prädikat

SPORT & SPASS ★★★★★

WANDERN & BERGTOUREN ★★★★

KULTUR & CO. ★★

WELLNESS & GENUSS ★★

Sportliches Urlaubsparadies zwischen Karwendel und Rofan

Das sanfte Hochtal mit dem Achensee als leuchtendem Juwel gibt sich betont sportlich. Wer es gemütlich mag, der geht im Talboden walken oder radeln, wer es anstrengender liebt, den zieht es auf die Gipfel, die von der geruhsamen Wanderung bis zur anstrengenden Bergtour mit Klettersteigeinlage viel zu bieten haben. Und gegen den drohenden Muskelkater hilft Tiroler Steinöl.

Der Name verspricht Bewegung: »Tirols Sport- und Vitalpark« nennt sich die Urlaubsregion rund um den Achensee, der die tiefe Furche zwischen Karwendel und Rofan so schön und romantisch ausfüllt. Rund 10 km lang, maximal 1 km breit und bis zu 133 m tief ist dieses blaue Juwel, das die Region trennt, aber auch verbindet. Bereits im Jahr 1887 begann mit einem Dampfschiff die Achenseeschifffahrt (Tel. 0 52 43/52 53), die auch heute noch die bequemste und schönste Art ist, zwischen Maurach im Süden, Pertisau und Achenkirch im Norden

Nordic Walking in der Urlaubsregion
30 ausgeschilderte Strecken verschiedener Schwierigkeitsgrade für Nordic Walker und Läufer, insgesamt über 160 km Länge; 13 Trails als »Naturerlebnis-Strecken« ausgewiesen; in allen Orten regelmäßig geführte Touren und Kurse, Trainingsanleitungen und medizinische Beratung; interessante Pauschalangebote bei Hotels; Info sowie Broschüre mit Routen und Adressen bei Achensee-Tourismus, Tel. 0 52 46/53 00

WANDERN & BERGTOUREN ★★★★

TOP TIPP

Der **Hochiss** ❶ (2299 m) ist der höchste Gipfel im Rofan und wird von der Seilbahnbergstation bei der Erfurter Hütte (1831 m) bestiegen. Etwas abschreckend mag der erste Blick auf den steilen Gipfelaufbau zwar wirken, doch der Weg ist für trittsichere Geher ohne Probleme. Fasziniert blickt man auf den karstigen Gschöllkopf, auf die Felsabbrüche der Dalfazer Wände, entdeckt auf den Wiesen zwischen kurzen Felsabsätzen ganze Gamsrudel und hält in der Scharte zwischen Hochiss und Spieljoch plötzlich den Atem an. Unvermittelt öffnet sich der Blick auf die kilometerlangen Nordabbrüche des Rofan. Der landschaftlich schönste Abstieg führt über das Streichkopfgatterl (2243 m) und die Dalfazalm (1693 m) zurück nach Maurach, erfordert aber kurz unter dem Gipfel Trittsicherheit im Roten Klamml, einer mit Drahtseilen gesicherten steilen Rinne. Mittelschwere Wanderung, für trittsichere Bergwanderer ohne Probleme, am Gipfelaufbau teils gesichert; Zeit: ca. 5 Std.; Einkehr: Erfurter Hütte, Dalfazalm, Mauritzalm

Gaisalm (938 m) Traumhafte Wanderung am Ufer des Achensees	Ausgangspunkt: Pertisau (952 m); Prälatenbuche – Breitgries – Gaisalm – Hotel Scholastika – mit dem Schiff zurück nach Pertisau; einfache Wanderung mit kurzen An- und Abstiegen; Zeit: ca. 3 Std.; Einkehr: Gaisalm
Hochplatte (1813 m) Einfacher Wandergipfel bei Achenkirch	Ausgangspunkt: Achenkirch (916 m), Parkplatz der Christlumlifte; Bründlalm – Jochalm (1430 m) – Seewaldhütte (1582 m) – Hochplatte; Rückweg auf dem Anstiegsweg; einfache, längere Wanderung; Zeit: ca. 5 Std.; Einkehr: Seewaldhütte
Lamsenspitze (2508 m) Aussichtsgipfel mit kurzen Klettereinlagen	Ausgangspunkt: Gramaialm (1263 m), Zufahrt auf Mautstraße von Pertisau (952 m); Gramaier Grund – Lamsenjochhütte (1953 m; evtl. Übernachtung) – Brudertunnel – Lamsscharte – Lamsenspitze; Abstieg auf dem Normalweg direkt zum Lamsenjochhaus; anstrengende Bergtour mit kurzem Klettersteig und leichten Kletterstellen im Gipfelbereich; Zeit: ca. 9 Std.; Einkehr: Gramaialm, Lamsenjochhütte

the perfect day

9 Uhr: Besuch des Vitalberg in Pertisau
10 Uhr: Wanderung am Achenseeuferweg zur Gaisalm und weiter nach Achenkirch
13.30 Uhr: Besuch des Heimatmuseums Achental
14.55 Uhr: Mit dem Schiff ab Scholastika (bei Achenkirch) über den Achensee zur Haltestelle Seespitz
15.55 Uhr: Mit der Dampfzahnradbahn nach Jenbach und wieder zurück zum Achensee
16.30 Uhr: Relaxen am Ufer des Achensees
17.40 Uhr: Mit dem Schiff von der Haltestelle Seespitz zurück nach Pertisau

Eingeschlossen von steilen Berghängen wirkt der Achensee wie ein Fjord – im Hintergrund das Karwendel.

zu verkehren. Der See ist ein Paradies für Wassersportler, auch wenn die Badetemperatur nur in Ausnahmen über die 20°C-Marke klettert. Vor allem Segler, Surfer und neuerdings auch Kite-Surfer schätzen den reichlich vorhandenen Platz und den Wind, der spätestens nachmittags wie in einer Düse zuverlässig durch das in Süd-Nord-Richtung verlaufende Tal bläst.
Berge und Wasser: Dieser Kontrast steht für traumhafte Landschaftseindrücke und eine spannende Urlaubsvielfalt. Westlich des größten Tiroler Sees (481 Mio. m³ Trinkwasser) erhebt sich das Karwendel mit einem unerschöpflichen Reservoir an Gipfeln, Wegen und Touren. Zwischen Bergen und See breitet sich Pertisau auf einer wunderschönen Landzunge aus: in der einen Richtung die Uferpromenade, in der anderen die kilometerlangen, traumhaften Karwendeltäler. Eine Mautstraße führt durch das großartige Falzthurntal zur Gramaialm und damit mitten hinein in die faszinierende Bergwelt des Alpenparks Karwendel. Die ausgedehnte Berggruppe zählt zu den größten Schutzgebieten der Ostalpen, weite Bereiche stehen sogar unter Naturschutz. Zahlreiche Wanderungen und Bergtouren beginnen hier, die Gramaialm selbst ist zudem ein beliebtes Ausflugsziel mit entsprechendem Andrang.
Wer dagegen Ruhe und Einsamkeit sucht, der muss in der Achenseeregion nicht weit gehen. Gleich neben den touristischen Magneten ist es häufig überraschend ruhig und beschaulich, etwa in Steinberg. Das kleine Dorf zwischen Guffert, Unnütz und Rofanspitze liegt in einem Seitental und ist auf der Straße nur von Achenkirch zu erreichen. Hier stört kein Durchgangsverkehr die Idylle, Steinberg steht für geruhsame und erholsame Ferien und ist ein idealer Ausgangspunkt für Wanderungen.

Vielfalt auf kleinem Raum

Auf seiner Ostseite wird der fjordartige Achensee vom Rofan überragt, einer Berggruppe, die auf kleinem Raum die ganze Vielfalt der Kalkalpen mit ausgedehnten Almwiesen, kargen Karstflächen, kurzen Felsstufen, kleinen Seen, kecken Felszacken sowie unzähligen Blumen und Tieren zur Schau stellt. Auf der Nordseite zeigen sich die Berge mit ihren jähen und düsteren Wänden abweisend und bedrohlich,

DAV-Tipp

Rund um die **Gufferthütte** (1465 m) oberhalb des Achensees lädt ein geologischer Lehrpfad zur Entdeckungsreise in die Geschichte der Erde ein. Von der Terrasse der frisch renovierten Hütte bieten sich schöne Ausblicke ins Rofangebirge.

Restaurants

Pletzachalm
Die gemütliche Alm im Gerntal ist tagsüber ein beliebtes Ausflugsziel, man kann jedoch bei rechtzeitiger Anmeldung auch abends dort essen. Dann ist es angenehm ruhig und die frisch gefangenen Forellen aus dem Teich schmecken doppelt so gut; in der Nähe von Pertisau; Tel. 0 52 43/55 73, www.pletzachalm.at

Hütten

Erfurter Hütte (1831 m)
Wie die Zacken einer Krone ragen die Felsen der Dalfazer Wände hinter der Alpenvereinshütte auf. Der für Touren im Rofan ideal gelegene Stützpunkt wird seit über 50 Jahren von der Familie Kostenzer bewirtschaftet und befindet sich direkt neben der Bergstation der Rofanbahn; Tel. 0 52 43/55 17

Dalfazalm (1693 m)
Eine wunderschöne Alm mit gemütlicher Sonnenterrasse, von der man gar nicht mehr aufstehen möchte. Zu gut schmeckt der Kaiserschmarrn, zu schön ist der Blick über den Achensee auf das Karwendel. Anstiege von Buchau und der Bergstation der Rofanbahn; Zeit: ca. 2 Std. bzw. ca. 45 Min.; Tel. 06 64/9 15 98 07

Lamsenjochhütte (1953 m)
Wiesenpolster umgeben die Hütte, doch gleich oberhalb dominiert graues Geröll. Mit ihren Steinmauern passt sich die Hütte gut an die umliegenden Karwendelgipfel an. Die Lage ist wunderschön, vor allem wenn die markante Ostwand der Lamsenspitze (2508 m) von der aufgehenden Sonne in zarte Rottöne getaucht wird. Anstieg von der Gramaialm; Zeit: ca. 2 Std.; Tel. 0 52 44/6 20 63, www.lamsenjochhuette.at

doch von Süden, etwa von der mit der Rofan-Seilbahn bequem zu erreichenden Erfurter Hütte, sind fast alle Gipfel auch für Wanderer einfach zu besteigen. Wie die Spinne in ihrem Netz steht die Erfurter Hütte im Zentrum der Wanderwege. Naturgemäß zieht es die meisten auf die höchsten Gipfel, also auf Rofanspitze oder Hochiss, doch auch die weniger bekannten Nachbarn wie das Spieljoch oder das etwas abseits stehende Ebner Joch verdienen einen Besuch. Vor allem Letzteres überrascht wegen seiner vorgeschobenen Lage über dem Inntal mit außergewöhnlichen Aus- und Tiefblicken.
Gegenüber am Seeberg, auf den durch einen lang gezogenen Gratkamm verbundenen Gipfeln von Seebergspitze und Seekarspitze, ist es dagegen wieder überraschend einsam. Rinnen, Grate, Schuttkare und Felsstufen gliedern die breite Flanke, die sich über 1000 m aus dem glasklaren Wasser des Achensees erhebt. Der lang gezogene Bergkamm ermöglicht geübten Gehern eine aussichtsreiche Überschreitung, Wanderer wählen dagegen den schmalen Steig, der mal am, dann wieder nur wenige Meter oberhalb des Wassers in leichtem Auf und Ab von Pertisau ans Nordufer des Achensees führt. Auf halber Strecke liegt die Gaisalm auf einer Halbinsel, eine grüne Oase zwischen See und Berg sowie ein wunderbarer Platz zum Rasten.
Auf den ersten Blick sieht alles ganz normal aus, doch der Seeberg ist etwas Besonderes: In seinem Inneren befinden sich ölhaltige Gesteinsschichten, die vor rund 180 Mio. Jahren entstanden sind. Ein erstes Vorkommen am Fuß des Seebergs entdeckte Martin Albrecht

SPORT & SPASS

TOP TIPP Wer Pferde liebt, der muss nach Achenkirch. Das Posthotel besitzt das größte private Lipizzanergestüt Europas. Angeboten werden Ausflüge im Sattel eines blaublütigen Lipizzaners und Geländeritte mit rustikalen Haflingern oder schottischen Shetland-Ponys. In der hoteleigenen Reitschule lernt man das Reiten auf klassische Art ebenso wie das Gespannfahren. Zur Verfügung stehen je ein Marathonwagen, ein Jagdwagen, eine Wagonette, ein Landauer, eine Viktoria-Kutsche und ein Planwagen. Posthotel Achenkirch; Tel. 0 52 43/65 22, www.posthotel.at

Nordic Walking in der Urlaubsregion	30 ausgeschilderte Strecken verschiedener Schwierigkeitsgrade für Nordic Walker und Läufer, insgesamt über 160 km Länge; 13 Trails als »Naturerlebnis-Strecken« ausgewiesen; in allen Orten regelmäßig geführte Touren und Kurse, Trainingsanleitungen und medizinische Beratung; interessante Pauschalangebote bei Hotels; Info sowie Broschüre mit Routen und Adressen bei Achensee-Tourismus, Tel. 0 52 46/53 00
Paragliding Flugschule Achensee	Ideales Fluggelände am Achensee; Passagierflüge und Schnuppertage in Maurach und Pertisau; Tel. 0 52 43/2 01 34, www.gleitschirmschule-achensee.at
Windsurfen Surfschule Schwarzenau, Achensee	Wind- und Kitesurfen, Verleih von Surfboards und Anzügen: Surfschule Schwarzenau, Tel. 06 64/3 50 80 66, www.kite-surfen-achensee.at Surfkurse und Surfbrettverleih: Yachtschule Schwaige; Tel. 0 52 46/62 63

ALLGEMEINE INFORMATIONEN

Urlaubsregion	**Achensee-**Tourismus; Tel. 0 52 46/53 00; E-Mail: info@achensee.info; www.achensee.info
Orte	**Achenkirch • Maurach • Pertisau • Steinberg • Wiesing**
Entfernungen	Hamburg 862 km; Berlin 673 km; Köln 664 km; Frankfurt a. M. 479 km; Stuttgart 320 km; München 86 km

im Jahr 1902 und baute es für medizinische Zwecke ab. Im Jahr 1908 fand er die Fortsetzung der ölhaltigen Gesteinsschicht etwa 4 km Luftlinie entfernt im Bächental im Karwendel auf 1400 m Höhe. Das Vorkommen beläuft sich dort auf rund 7 Mio. Tonnen. Das Gestein wird heute noch im Tagebau abgebaut. Tiefschwarz ist das gewonnene Steinöl, dem aufgrund seiner Fettstoffe und des hohen Gehalts an natürlich gebundenem Schwefel eine besonders wohltuende Heil- und Pflegekraft zugeschrieben wird. So soll Steinöl bei Gelenkentzündungen, Rheuma, Venenentzündungen und Ausschlägen helfen. Das alte Bergwerk am Seeberg wurde 1983 als Schaubergwerk hergerichtet. Eine echte Sehenswürdigkeit, die allerdings vor einigen Jahren wieder geschlossen wurde. Stattdessen baute man für viele Millionen Euro ein Erlebniszentrum in Pertisau mit künstlichem Bergwerksstollen (Tel. 0 52 43/52 26 und www.vitalberg.at).

Wagemutige heben mit dem neuen Skyglider **Airrofan** ab, um sich ganz wie ein Adler zu fühlen. Das neuartige Fluggerät in Form eines Adlers ist 800 m lang und bietet mit 200 m Höhenunterschied und 85 km/h Geschwindigkeit am Gschöllkopf ein ganz besonderes Flugerlebnis hoch über dem Achensee. Tel. 0 52 43/52 92 www.rofanseilbahn.at

Viel Platz und zuverlässige Winde: Surfer schätzen den Achensee.

So ändern sich die Attraktionen. In den Karwendeltälern stand früher die Jagd im Vordergrund, und Kaiser Maximilian schätzte den Achensee als Angelrevier. Heute stehen in Tirols Sport- und Vitalpark Aktivitäten zu Wasser, zu Lande und in der Luft im Blickpunkt. Rund 450 km Wanderwege stehen bereit für Bergsteiger, Wanderer und Walker, die in der Region um den Achensee bestens aufgehoben sind, denn jede Menge gut ausgeschilderte Wege ziehen ohne große Höhenunterschiede durch die sanften Täler. Aber auch Radfahrer kommen auf ihre Kosten: Neben anstrengenden Mountainbike-Touren können sie auf der Via Bavarica hinüber nach Bayern radeln. Der Radweg führt seit 2004 von München zum Achensee und verbindet Bayern mit Tirol. Ergänzt wird das Sportangebot noch durch 160 km Laufstrecken. Da ist es nur gut, dass das Steinöl auch gegen Muskelkater helfen soll.

Wanderkarten

Freytag & Berndt WK 321; Achensee, Rofan, Unterinntal; 1:50 000
Alpenvereinskarte Blätter 5/3 Karwendelgebirge – Östliches Blatt 6 Rofan; 1:25 000

Alpbachtal mit Tiroler Seenland

ADAC Prädikat

SPORT & SPASS

WANDERN & BERGTOUREN

KULTUR & CO.

WELLNESS & GENUSS

Blumengeschmückte Bauernhäuser kontrastieren in Alpbach mit sanften Wiesenhängen und schroffen Felsgipfeln.

Mehr als »Das schönste Dorf Europas«

Dass es rechts und links des Tiroler Inntals viel zu entdecken gibt, dafür ist Alpbach mit dem Tiroler Seenland das beste Beispiel. Die nostalgischen Bauernhöfe von Alpbach, Ausflüge in die wildromantischen Klammen der Brandenberger Ache oder Spaziergänge durch Rattenberg – von genussvoller Gemütlichkeit bis hin zu actionreichen Sportangeboten ist für jeden etwas dabei.

An Auszeichnungen wie »schönstes Dorf Europas« oder »schönstes Blumendorf Europas« mangelt es Alpbach nicht. Zu Recht ist das schmucke Bergdorf mit seinen prächtigen Bauernhöfen eine bekannte Schönheit und deshalb auch gut besucht. Anerkennung gebührt aber auch den vielen Wandermöglichkeiten zwischen Wiedersberger Horn, Schatzberg und Gratlspitz, die zum Teil bis ins benachbarte Zillertal führen. Am Talschluss scheint es hingegen das schlichtere

the perfect day

9 Uhr: Besichtigung des Bergbauernmuseums in Inneralpbach, einem 1636 erbauten Bauernhof, in dem heute 800 Einrichtungs- und Gebrauchsgegenstände ausgestellt sind
11 Uhr: Wanderung auf dem Oberen Höhenweg von Inneralpbach nach Alpbach
12 Uhr: Unterwegs Einkehr beim Gasthaus Rossmoos oberhalb von Alpbach
14 Uhr: Radtour von Kramsach zum Reintaler See (Bademöglichkeit) und weiter über Breitenbach auf die andere Innseite
15 Uhr: Rückfahrt über Rattenberg (Kaffeepause bei der Konditorei Hacker) nach Kramsach
19 Uhr: Abendessen im Wirtshaus Berglsteiner See bei Kramsach

ALLGEMEINE INFORMATIONEN

Urlaubsregion	Ferienregion **Alpbach & Tiroler Seenland**; Tel. 0 53 36/60 06 00; E-Mail: info@alpachtal-seenland.at; www.alpachtal-seenland.at
Orte	**Alpbach • Brandenberg • Brixlegg • Kramsach • Rattenberg • Reith**
Entfernungen	Hamburg 906 km; Berlin 717 km; Köln 708 km; Frankfurt a. M. 523 km; Stuttgart 364 km; München 131 km

WANDERN & BERGTOUREN

TOP TIPP Für geübte, trittsichere Bergwanderer mit einer guten Kondition ist die Überschreitung der **Sagtaler Spitze** (2241 m) ein lockendes, abwechslungsreiches Ziel. Zuerst von Alpbach mit der Wiedersbergerhornbahn zur Bergstation (1804 m). Aufstieg zum Wiedersberger Horn (2127 m) – über den Grat hinauf zum Standkopf (2228 m) und weiter auf die Sagtaler Spitze. Nun auf teils ausgesetztem, mit Drahtseilen abgesichertem Bergsteig zum Gamskopf (2205 m). Auf dem ab jetzt wieder einfacheren Weg absteigen zum Krinnjoch (1998 m) und weiter zur Farmkehralm (ca. 1500 m). Über den Jagdsteig nach Inneralpbach (1050 m). Mit Bus zurück nach Alpbach; Zeit: ca. 6 Std.; Einkehr: Farmkehralm

Erzherzog-Johann-Klause (814 m) Leichte Wanderung zu schönem Berggasthof	Ausgangspunkt: Kaiserhaus bei Brandenberg; auf schmalem Weg durch die Kaiserklamm (Alternativ: Forstweg Nr. 16) – Trauersteg – der Brandenberger Ache entlang – rechts halten bis zur Erzherzog-Johann-Klause – auf Weg 16 a über Rumpfalm bis Trauersteg – entweder auf Forstweg zurück oder durch die Klamm; Zeit: ca. 2,5 Std.; Einkehr: Erzherzog-Johann-Klause
Rosskopf (1940 m) Aussichtsgipfel für alle über dem Inntal	Ausgangspunkt: Kramsach, Bergstation Sonnwendjoch (1790 m); kurzer, steiler Anstieg zum Gipfel – absteigen zur Kreuzeinalm – Anderls Almhütte – Labeckalm – Eilalm – Forstweg bis Gasthof Haaserwirt – Sportplatz Aschau bei Brandenberg; mit Bus oder Taxi zurück nach Kramsach; leichte Bergwanderung; Zeit: ca. 3 Std.; Einkehr: Sonnwendjoch, Anderls Almhütte, Haaserwirt

Inneralpbach geradezu zu genießen, etwas im Schatten von Alpbach zu ruhen. Wie auf einer Sonnenterrasse liegt als ideales Ferienziel für Familien Reith über dem Inntal: Mit dem großen Kinderpark und dem »Juppi Kids Club«, einer ganztägigen Kinderbetreuung, tut man hier viel für die Jüngsten. Vom Alpbachtal sollte man auch ein Auge auf die Orte im Tiroler Seenland werfen: Das lebhafte Brixlegg z.B. ist besonders für seine anspruchsvolle Gastronomie mit den vornehmen Tiroler Weinstuben bekannt. Wohltuend ist ein Besuch des Mineralheilbades Mehrn mit seinen heilkräftigen Quellen. Wer Action vor Genuss und Wellness stellt und mit Inlines und Skateboard umzugehen weiß, für den ist der über 3000 m² große »Cradle Skatepark« in Rattenberg ein Anziehungspunkt.

Vielfältiges Kramsach

Etwas ruhiger geht es auf der anderen Talseite zu. Das bodenständige Kramsach ist ein idealer Ausgangsort für Touren nach Norden, z. B. entlang der wild schäumenden Brandenberger Ache, auf der man früher das Holz aus dem Gebirge transportiert hatte. Besonders reizvoll ist ein Ausflug zur Erzherzog-Johann-Klause und der Kaiserklamm. Zwar nur wenige hundert Meter lang, lässt sich doch eindrucksvoll erkennen, wie sich das reißende Wasser hier in Jahrmillionen in den Kalkfelsen gefräst hat. Bekannt ist Kramsach aber auch für das Bauernhausmuseum. Für alle, die es eher schöngeistig mögen, ist ein Ausflug nach Rattenberg mit seiner lebendigen Glasbläsertradition ein lohnendes Ziel. Es geht aber auch dort sportlicher – beispielsweise bei einer Kajaktour auf der Brandenberger Ache oder im neuen Hochseilklettergarten Kramsach.

Hütten

Zottahof (1250 m)
Berggasthof oberhalb von Alpbach an der Straße mit kleinen Stuben und Terrasse. Schöne Aussicht. Spezialität ist der Kaiserschmarrn, der in üppigen Portionen serviert wird; Tel. 0 53 36/51 14

Erzherzog-Johann-Klause (814 m)
Bei Wanderern und Mountainbikern beliebter Berggasthof an der Brandenberger Ache. Bekannt für seine gute Küche. Schöne Terrasse; Tel. 0 53 37/83 46

Museum Tiroler Bauernhöfe
Weitläufiges Museumsgelände außerhalb von Kramsach mit sehenswerten Höfen, Ausstellungen und vielen Veranstaltungen; Tel. 0 53 37/6 26 36, www.museum-tb.at

Wanderkarten

Freytag & Berndt, WK 151
Zillertal, Tuxer Alpen, Jenbach-Schwarz; 1:50 000

Zillertal und Tux

ADAC Prädikat

SPORT & SPASS

WANDERN & BERGTOUREN

KULTUR & CO.

WELLNESS & GENUSS

Kontrastreicher Naturpark

Moderne Wellness-Hotels und uralte Holzhäuser, Sommerskilauf und Klettergärten, eisgepanzerte Dreitausender und sanfte Wandergipfel, quirlige Orte und stille Seitentäler – das Zillertal bietet modernste Infrastruktur und mit dem Hochgebirgs-Naturpark Zillertaler Alpen auch reichlich unberührte Natur. Entsprechend groß ist der Andrang. Noch populärer wurde »die« Ferienregion in den Tiroler Bergen durch die »Schürzenjäger«.

Hochgebirgs-Naturpark
1991 wurde der 379 km² große Hochgebirgs-Naturpark Zillertaler Alpen unter Schutz gestellt. Weder durch Straßen, noch durch Seilbahnen erschlossen, stellt die Region ein für Tiere und Pflanzen einzigartiges Refugium dar. Wanderern steht das Gebiet offen, acht Hütten und eindrucksvolle Wege schaffen die nötigen Voraussetzungen für interessante Touren. Themenwege, Lehrpfade und Rundwanderwege sind ausgeschildert, weitere Auskünfte, geführte Touren und Unterlagen bei der Info-Stelle des Naturparks im Europahaus Mayrhofen. Tel. 0 52 85/6 36 01, www.naturpark-zillertal.at

Zugegeben, wenn man bei Jenbach von der Inntal-Autobahn ins Zillertal abbiegt, sieht es nicht nach Urlaub aus. Die Straße ist stark befahren, gesäumt von architektonisch höchst fragwürdigen Gewerbeansiedlungen, die selbst in einer Stadt unangenehm auffallen würden. Zum Glück konzentriert sich der Verkehr auf die Hauptstraße, schon wenige Meter abseits entdeckt man ein völlig anderes Tal: Ein sehr liebliches Tal, zumindest zwischen Strass am Taleingang und Mayrhofen, dem Hauptort, der von der wuchtigen Pyramide der Ahornspitze überragt wird. Ein breites Wiesental, durch das sich die Ziller mit dem eiskalten Schmelzwasser der Zillertaler Gletschergipfel ihren Weg Richtung Inn bahnt. Rechts und links wird es flankiert von grünen, teilweise dicht bewaldeten Hängen, die aber zwischendurch immer wieder große, sonnige Lücken lassen: Raum für Mensch und Tier.

Bis auf eine Höhe von rund 1200 m stehen Bauernhöfe, umgeben von blühenden Wiesen und schattigen Wäldern. Die Almen beginnen auf Höhe der Baumgrenze. Aufgereiht wie die Perlen einer Kette folgen die Orte aufeinander, die alten Ortskerne liegen etwas abseits. Um sie zu erkunden, muss man schon die Hauptstraße verlassen. Wer zu Fuß geht, der entdeckt etwa den wunderschönen Dorfplatz von Stumm oder die Wallfahrtskirche Maria Brettfall in Strass gleich am Taleingang. Interessant sind die unterschiedlichen Kirchtürme: Auf der linken Uferseite der Ziller tragen sie rote, auf der rechten grüne Dachschindeln. Ausnahmen bestätigen die Regel, doch letztlich markieren die verschiedenen Farben die Grenze zwischen den beiden Diözesen Innsbruck und Salzburg.

Es gibt viele Arten, um das Zillertal zu erkunden: Am schnellsten geht es mit dem Auto, nur sieht man dabei am wenigsten – es sei denn, man wählt die Variante über die mautpflichtige Zillertaler Höhenstraße. Diese verlässt in Ried kurz vor Kaltenbach die Talstraße und führt hinauf bis auf 2000 m Höhe, um schließlich bei Hippach kurz vor Mayrhofen wieder die Talsohle zu erreichen. Ein Erlebnis für die Augen, vor allem wenn man die Straße in Nord-Süd-Richtung befährt und dabei auf die Gletscher der Zillertaler Alpen blickt.

Die anstrengendste, aber vielleicht auch reizvollste Variante, das Tal kennenzulernen, ist die Fahrt mit dem Fahrrad auf dem Zillertaler Radweg von Strass bis nach Mayrhofen. Teils auf Nebenstraßen, dann wieder auf Radwegen und Schotterstraßen geht es abseits des Ver-

the perfect day

9 Uhr: Bergfahrt mit der Spieljochbahn, Wanderung zum Kellerjoch mit Besuch des Schaubergwerks
12 Uhr: Brotzeit in der Kellerjochhütte mit Traumblick über das Inntal
15 Uhr: Talfahrt, anschließend mit dem Auto auf die Zillertaler Höhenstraße
16.30 Uhr: Einkehr in der Jausenstation Grünalm, anschließend kurze Wanderung auf den Arbiskopf (2133 m), Rückfahrt auf der Hauptstraße
19 Uhr: Abendessen beim Landgasthof Linde in Stumm

kehrs zwischen Wiesen und durch ruhige Dörfer sanft bergauf ins Tal hinein. Eine andere, betont nostalgische Alternative ist die Fahrt mit der über 100 Jahre alten Zillertalbahn, die mit kommoden 30 km/h zwischen Jenbach und Mayrhofen verkehrt. Viel schneller als ein Radfahrer ist man damit allerdings auch nicht. Am schönsten ist der Blick von oben, aus der Luft. Gleitschirmflieger bezeichnen das Zillertal gern als »das beste Fluggebiet der Alpen«. Darüber lässt sich streiten, aber fest steht, dass es hier tatsächlich überaus viele Flugberge, hervorragende Streckenflugmöglichkeiten und leicht zu erreichende Startplätze gibt. Mehrere Flugschulen bieten Kurse und Tandemflüge an. Am originellsten ist dabei Pizza Air, nach eigenen Angaben die »kleinste Fluglinie der Welt«; die Flotte besteht derzeit aus drei Tandem-Paraglidern.

Spaß, Action und Geschwindigkeit erwarten Kids und Erwachsene im **Arena Coaster**, der ersten **Alpen-Achterbahn** im Zillertal. Der 1450 m lange Coaster-Spaß beginnt direkt bei der Talstation der Zillertal Arena in Zell und sorgt mit etlichen Wellen, Steilkurven und Jumps sowie 360° und 540° Kreisel für jede Menge Adrenalin.

Wunderschön und einsam: der Stilluppgrund

Spaziergänger finden bereits unten im Talboden und an den Seitenhängen reichlich Wanderwege. Ein Muss für Genusswanderer sind jedoch die Pfade in die »Gründe«, wie im Zillertal die Nebentäler genannt werden. Am bekanntesten sind die vier Quelltäler der Ziller, die sich bei Mayrhofen vereinigen. Im Vorderen Zillertal lohnt dagegen eine Wanderung in den stillen Märzengrund, der am Fuß des Großen Galtenberg entlang bis fast zum Donnenjoch weit in die Kitzbüheler Alpen reicht. Der Zustieg ist lang und bis zum Wiesenbo-

Hütten

Kreuzjochhütte (2000 m)
Die urige Hütte östlich von Zell am Ziller ist ein beliebtes Wanderziel. Neuerdings auch bei Nordic Walkern, denn dort endet eine Walking-Strecke. Herrliche

Aussicht, Hausmannskost, Verkauf von landwirtschaftlichen Produkten. Erreichbar ist die Hütte von der Bergstation der Kreuzjochbahn K; Zeit: ca. 30 Min; keine Übernachtung; Tel. 06 64/3 07 54 48

Jausenstation Grünalm (1725 m)
Kleine urgemütliche Hütte an der Zillertaler Höhenstraße, am Zellberg westlich von Zell am Ziller. Zu essen gibt es Almspezialitäten und Speisen aus eigener Herstellung. Ausgangspunkt für Touren auf den Marchkopf (2499 m) oder Wimbachkopf (2442 m); keine Übernachtung; Tel. 06 64/5 25 74 16

Kellerjochhütte (2237 m)
Bei einem Besuch dieser kleinen Hütte sollte man unbedingt viel Zeit zum Schauen mitbringen. Die Hütte steht völlig frei auf dem Gipfelrücken des Kellerjochs und gewährt einen einmaligen Blick über das Inntal. Mehr Aussicht bietet da nur das Kreuzjoch (2344 m), das in ca. 20 Minuten zu besteigen ist. Anstieg von der Bergstation der Spieljochbahn; Zeit: ca. 2 Std.; Tel. 0 52 42/7 24 33

Furtschaglhaus (2293 m)
Grandios gelegene Hütte in hochalpiner Umgebung mit dem von Spalten zerrissenen Schlegeiskees und den markanten Gipfeln von Großem Möseler (3480 m) und Hochfeiler (3509 m). Die bereits im Jahr 1889 erbaute Alpenvereinshütte der Sektion Berlin ist ein beliebter Stützpunkt für Bergsteiger und Wanderer sowie Ziel für Ausflugsgäste. Anstieg vom Ende der Mautstraße am Schlegeisspeicher; Zeit: ca. 2,5 Std.; Tel. 06 76/9 57 98 18

den der Gmündasten eher eintönig, doch wer weiter vordringt und schließlich die Hämmerer Alm erreicht, der befindet sich weit abseits von den üblichen Wanderrouten inmitten einer idyllischen Berglandschaft. Deutlich alpiner geben sich die Seitentäler, die von Gerlos Richtung Süden ziehen. Schwarzachgrund, Wimmertal, Schönachtal und Wildgerlostal heißen die vier parallel verlaufenden Einschnitte, die durch scharfe Bergkämme getrennt sind und deren Talschlüsse von West nach Ost immer alpiner werden. Den Höhepunkt bilden die Gipfel der Reichenspitzgruppe, die das Wildgerlostal mit dem Stausee Durlaßboden spektakulär abschließen.

WANDERN & BERGTOUREN

TOP TIPP

Zu den populärsten Zielen erfahrener Bergsteiger zählt die **Zsigmondyspitze** (3089 m). Das kühne Felshorn galt lange als unbesteigbar, ehe Emil und Otto Zsigmondy im Jahr 1879 das Gegenteil bewiesen und als erste den Gipfel betraten. Zunächst geht es vom Gasthof Breitlahner (1257 m) hinauf zur Berliner Hütte (2042 m), ehe man am nächsten Tag über den Schwarzensee zur Feldscharte steigt und schließlich in leichter Kletterei (Schwierigkeitsgrad 2) über den Südgrat und die Südwestwand den Gipfel erreicht. Eine landschaftlich reizvolle, aber anspruchsvolle Bergtour (keine Bergwanderung!), die Erfahrung im Felsgelände voraussetzt; Zeit: insgesamt ca. 10 Std.; Einkehr: Grawandhütte, Alpenrosehütte, Berliner Hütte; geführte Touren: Alpinschule Mount Everest – Peter Habeler, Tel. 0 52 85/6 28 29, www.habeler.com

Kreuzjoch (2558 m) Aussichtsreiche, leichte Bergwanderung	Ausgangspunkt: Zell, Bergstation Kreuzjochbahn (1760 m); Rosenalm – Güterweg zur Gründlalm (1831 m) – über Almwiesen zum Törljoch (2189 m) – kurzer Abstecher auf Gipfel der Karspitze (2257 m) – über Gratrücken zum Kreuzjoch; Abstieg wie Aufstieg; technisch einfacher Bergsteig; Zeit: ca. 5 Std.; Einkehr: Rosenalm
Hochfeld (2350 m) Reizvolle Wanderung auf den Hausberg von Ramsau	Ausgangspunkt: Gerlossteinhaus (1620 m) bei der Bergstation der Gerlossteinbahn; Gerlossteinalm – Gerlossteinwand (2166 m) – Freikopf – Hochfeld – Geiskopf (2277 m) – Heimjoch – Gerlossteinhaus; leichte Bergtour auf guten Pfaden; Zeit: ca. 4 Std.; Einkehr: Gerlossteinhaus
Isskogel (2264 m) Wildromantische Berg-und-Tal-Wanderung	Ausgangspunkt: Bergstation Isskogelbahn Weg Nr.1 - Ebenfeld - Isskogelgipfel (1,5 Std.) - weiter Nr. 1 folgend Abstieg zur „Wilden Krimmlalm" - abwärts Weg Nr. 2 folgend durch das „Wilde Teufeltal" über die Arzlahner Alm - durch den Wald zur Jausenstation Krummbachrast - Weg talauswärts nach Gerlos. Gesamtgehzeit: ca. 4 Std.; Einkehr: Jausenstation Krummbachrast
Ahornspitze (2976 m) Beherrschende Pyramide im Talschluss	Ausgangspunkt: Mayrhofen, Bergstation der Ahornbahn (1950 m); Edelhütte (2238 m) – Fellenbergkar – Ahornspitze; Rückweg auf dem Anstiegsweg; am steilen Gipfelaufbau Trittsicherheit erforderlich; Zeit: ca. 5 Std.; Einkehr: Edelhütte
Schönbichler Horn (3134 m) Dreitausender für Bergwanderer	Ausgangspunkt: Schlegeisspeicher (1782 m), Zufahrt (Maut) aus dem Zemmtal; Schlegeistal – Futschaglhaus (2293 m) – Furtschaglkar – Schönbichler Horn; Rückweg auf dem Anstiegsweg oder Überschreitung des Gipfels zur Berliner Hütte (2042 m) mit Abstieg durch den Zemmgrund zum Gasthof Breitlahner (1257 m); einfache Bergtour; Zeit: ca. 8 Std.; Einkehr: Furtschaglhaus

Abwechslungsreicher Urlaub

Die Spieljochbahn bei Fügen sowie die Kreuzjoch- und Gerlossteinbahn bei Zell am Ziller erleichtern den Zugang in die hochgelegenen Wanderregionen. Vom Spieljoch aus führen Wege auf das Kellerjoch, das mit Ausblicken ins Inntal und hinüber ins Karwendel begeistert. Von der Rosenalm bei Zell am Ziller schweift der Blick dagegen Richtung Süden auf die schneebedeckten Dreitausender des Alpenhauptkamm. Das Vordere Zillertal ist eben ideal für Familienurlauber und Bergwanderer, denen es nicht so sehr um möglichst viele Höhenmeter geht, sondern eher darum, einen abwechslungsreichen Urlaub in den Bergen zu verbringen. Dazu passen auch die eher kleinen Orte mit ihren Hotels, Erlebnisbädern und verschiedensten Sportmöglichkeiten, abgerundet durch eine Prise Kultur. Das Angebot reicht von klassischen Brauchtumsveranstaltungen, die manchmal leider einen sehr kommerziellen Touch bekommen, bis zur volkstümlichen Musik, die im Zillertal dank der berühmten »Schürzenjäger« eine besondere Tradition hat. Ein Teil der Gäste freut sich über dieses Angebot, die anderen sollten sich davon nicht abschrecken lassen.

Szenenwechsel bei Mayrhofen

Unübersehbarer Orientierungspunkt während der Fahrt durchs Vordere Zillertal ist die markante Ahornspitze, sie lockt Besucher direkt nach Mayrhofen, in den lebhaften Hauptort der Region mit seinen zahllosen Hotels und Restaurants. Vor etlichen Jahren kam der Ort unerwartet zu Ruhm, als hier die berühmt-berüchtigte »Piefke-Saga« gedreht wurde. Die Ahornspitze markiert aber auch einen drastischen Wechsel im Landschaftsbild. War das Zillertal bis Mayrhofen noch breit und sanft, die Berge mehr schmückendes Beiwerk als dominierend, so ändert sich das nun mit einem Schlag. Wie ein Riegel schließen die Ausläufer der Ahornspitze den flachen Talboden ab, das Zillertal verzweigt sich in vier tief eingeschnittene, von steilen Berghängen flankierte Täler: Ziller Grund, Stilluppgrund, Zemmtal

Der Hausberg Mayrhofens, die fast 3000 m hohe Ahornspitze, bildet den Abschluss des hinteren Zillertals.

Hütten

Karl-von-Edel-Hütte (2238 m)
Winzig wirkt die Hütte inmitten des riesigen Fellenbergkar am Fuß der Ahornspitze (2973 m). Der Gipfel ragt markant über Mayrhofen (633 m) auf und ist für geübte Geher leicht zu besteigen, die Hütte selbst ist ein schönes Ausflugsziel. Interessant ist, dass die Hütte noch »gesäumt« wird: Die Versorgung erfolgt ausschließlich mit Pferden und Maultieren. Anstieg von der Bergstation der Ahornbahn; Zeit: ca. 1,5 Std.; Tel. 06 64/9 15 48 51

Gamshütte (1921 m)
Klein und gemütlich ist die mit Holzschindeln verkleidete Hütte am Nordostrücken der Mittleren

Grinbergspitze (2867 m), hoch über Finkenberg. Ein schönes Ausflugsziel mit freiem Blick zum Alpenhauptkamm, aber auch ein wichtiger Stützpunkt: Je nach Startpunkt ist die Hütte der Anfangs- oder Endpunkt des Berliner Höhenwegs; Tel. 06 76/3 43 77 41

Wasserspaß für kleine und große Wasserratten gibt es in der **Erlebnistherme Zillertal** in Fügen mit großem Erlebnisbecken mit Massageliegen, Wellenbecken, Strömungskanal, Außenbereich und großer Rutsche. Tel. 0 52 88/63 24 00, www.erlebnistherme-zillertal.at

und Tuxer Tal führen hinein ins Hochgebirge und damit ins Zentrum der Zillertaler Alpen. Vier Täler, vom Aufbau her ähnlich, doch in der Entwicklung vollkommen unterschiedlich.

DAV Deutscher Alpenverein **DAV-Tipp**

Berliner Hütte (2042 m) Die wohl berühmteste Berghütte im Zillertal ist nicht nur gut 125 Jahre alt, sondern auch noch eine der größten und schönsten Unterkünfte. Seit 1997 steht die Berliner Hütte der DAV-Sektion Berlin unter Denkmalschutz. Das Interieur ist nostalgisch, sehenswert sind vor allem die Speisesäle mit original Zillertaler Handwerkskunst und der einstige Damensalon. Ausgangspunkt ist der Gasthof Breitlahner (1257 m) an der Straße zum Schlegeisspeicher; Zeit: ca. 3 Std.; Tel. 0 52 86/52 23

Wanderparadies Tuxer Tal

In Serpentinen windet sich die Straße von Mayrhofen über das am Hang liegende Finkenberg. Weiter oben bildet das Tuxer Tal die Grenze zwischen den sanfteren Tuxer Alpen und den schrofferen Zillertaler Bergen. Dieser Kontrast hat seinen Reiz. Für Wanderer gibt es reichlich Möglichkeiten, auf guten Pfaden oder mit Hilfe von Bergbahnen die Höhen der Tuxer Berge zu erreichen und die oft einsame Gipfelwelt zwischen Mittlerer Grinbergspitze, dem östlichen Eckpunkt des lang gezogenen Tuxer Hauptkammes, dem Hohen Riffler mit seinem markanten Gipfeleisfeld und der Pyramide des Olperer zu betrachten. Einsam ist dabei nur der vordere Teil des Bergzuges, unter dem Olperer herrscht dagegen Hochbetrieb. Zum einen tummeln sich auf den weiten Gletscherfeldern die Skifahrer und Snowboarder 365 Tage im Jahr, zum anderen zieht es vermehrt Ausflügler hinauf ins Reich des ewigen Eises. Eine moderne Zweiseilumlaufbahn mit dem passenden Namen »Gletscherbus« führt bis kurz unter den Gipfel der Gefrorenen Wand. Kühn klebt die Bergstation am Grat, umwerfend ist der Blick von der Aussichtsterrasse auf den Hauptkamm der Zillertaler Alpen.
Entsprechend frequentiert ist das Tuxer Tal. Zwischen Vorderlanersbach und Hintertux drängen sich Pensionen und Hotels entlang der Straße. Doch man muss nur wenige Meter gehen, um quasi in der zweiten Reihe das ursprüngliche Gesicht zu entdecken: traumhafte alte Holzhäuser, mit Steinen gedeckte Dächer und blumenreiche Gärten. Besonders schön ist die denkmalgeschützte Hofsiedlung im Weiler Gemais aus dem 18. Jh. Wie es in den prächtigen Gebäuden aussieht, zeigt das 1999 von der Gemeinde Tux renovierte Mehlerhaus

Der Schlegeisspeicher im Zemmgrund ist nur über eine Mautstraße zu erreichen.

SPORT & SPASS

TOP TIPP

Der ca. 200 m lange, mittelschwere **Spannagel Klettersteig** führt in der Nähe des Spannagelhauses durch bombenfestes Urgestein. Die hervorragende Qualität des Fels und die landschaftlich reizvolle Lage machen den Steig zu einem der Schönsten der Region. Eine Begehung kann ausnahmslos nur mit Klettersteigausrüstung und der dazu notwendigen Bergerfahrung erfolgen. Für Ungeübte ist ein Bergführer erforderlich! Zustieg: Von Hintertux mit der Bergbahn zur Sommerbergalm (2100 m), in ca. 1 Std. auf gut markiertem Steig zum Einstieg in der Kleegrube (2200 m). Abstieg auf markiertem Steig zum Spannnagelhaus (2531 m) von dort zurück zur Bergstation. Beim Klettersteig befindet sich ein Klettergarten mit zahlreichen Routen vom 2. bis zum 7. Schwierigkeitsgrad. Kurse und Führungen:
Natursport Tirol, Tel. 0 52 87/8 72 87, www.natursport.at; Alpinschule Mount Everest – Peter Habeler, Tel. 0 52 85/6 28 29, www.habeler.com; Bergsportschule Tux, Tel. 0 52 87/8 73 72, www.bergsportschule-tux.at; Bergsport Zillertal, Tel. 0 52 85/6 37 36, www.bergsport-zillertal.at

Mountainbike Zillertal Radweg	Ausgangspunkt: Strass (523 m) – Bruck – Fügen – Kaltenbach – Stumm –Zell – Mayerhofen (633 m); leichte Tour auf Nebenstraßen, Radwegen und Schotterstraßen; Zeit: ca. 3 Std.; Rückfahrt mit der Zillertalbahn; viele weitere interessante, teils sehr anspruchsvolle Strecken, in der Bikemap des Tourismusverbandes. Geführte Touren: Action-Club-Zillertal, Tel. 0 52 85/6 29 77, www.action-club-zillertal.com
Paragliding Zell/Fügen Gerlos	Startplätze u.a. Rosenalm, Karspitz, Kreuzjoch; Flugschule, Tandemflüge: Kalle Air, Tel. 05284/5511 www.kalleair.at; Pizza Air, Zell am Ziller, Tel. 06 64/2 00 42 29, www.zell.cc; PROaktiv, Tel. 06 64/3 13 98 00, www.fly-hochzillertal.com; Stocky Air, Tel. 06 64/3 40 79 76
Canyoning	Touren durch die Stillup und andere Schluchten: Action Club Zillertal, Tel. 0 52 85/6 29 77, www.action-club-zillertal.com; Mountain Sports Zillertal, Tel. 0 52 85/6 29 86, www.mountain-sports-zillertal.com; Natursport Tirol, Tel. 06 64/3 12 02 66, www.natursport.at

aus dem 17. Jh. Bis 1992 war es sogar noch bewohnt, heute können die alten Holzstuben und die Küche – als Mittelpunkt der ehemals bäuerlichen Wohnkultur – besichtigt werden.
Wer absolut ruhige, einsame Urlaubstage verbringen möchte, der ist im Bergsteigerdorf Ginzling im Zemmtal bestens aufgehoben.

Aussichtspunkt Schlegeisspeicher

Von Mayrhofen aus führt nur eine schmale Straße durch die Dornaubergklamm (Zemmschlucht) in dieses enge Tal, das sich erst beim Schlegeisspeicher etwas weitet. Der riesige Stausee fasst 126,5 Mio. m^3 Wasser. Die 725 m lange und 131 m hohe Staumauer ist über eine Mautstraße zu erreichen (Infos: Tel. 0 52 85/8 12 72 54 55, www.tauerntouristik.at) – ein lohnendes, leicht zu erreichendes Ausflugsziel mit einem traumhaft schönen Blick auf die zerrissenen Eisfelder des Schlegeiskees sowie auf den Großen Möseler und den Hochfeiler. Der höchste Gipfel der Zillertaler Alpen beeindruckt mit seiner stei-

Hütten

Olperer Hütte (2289 m)
Oberhalb des Schlegeisspeichers (1782 m) gelegen, genießen Besucher hier aufgrund der südseitigen Lage im Riepenkar, direkt unter dem massiven Olperer (3476 m), den ganzen Tag Sonne mit der großartigen Aussicht über den See hinweg auf den Zillertaler Hauptalpenkamm mit dem Gletscherfeld des Schlegeiskees und den eisgekrönten Gipfeln Hochfeiler (3510 m), Großer Möseler (3473 m), Hoher Weißzint (3371m) und Hochferner (3473 m). Die Hütte befindet sich am Fernwanderweg 502. Tel. 05282 55000 oder 0720346930; www.olperer-huette.de

Restaurants

Landgasthof Linde
Der historische Landgasthof in Stumm gefällt nicht nur wegen seines klassisch-gediegenen Ambientes, sondern vor allem wegen der verfeinerten Tiroler Küche. Dafür verantwortlich ist Hannes Ebster: Sein Zillertaler Berglamm oder die Zillertaler Ofenleber sind regionale Köstlichkeiten, die man nicht überall findet; Tel. 0 52 83/2 77; www.landgasthof-linde.at

Wirtshaus zum Griena
Ein uraltes Bauernhaus am Ortsrand mit originalem Interieur und einer Speisekarte, auf der man Gerichte von anno dazumal findet. Ein Fall für Romantiker; Tel. 0 52 85/6 27 78

Gasthof Forelle
Klassisches Tiroler Wirtshaus in Vorderlanersbach mit schöner alter Zirbenstube. Spezialität des Hauses sind Forellen aus der eigenen Zucht;
Tel. 0 52 87/8 72 14,
www.forelle.at

Unterwirt
»Das habe ich doch schon mal gesehen«, werden sich einige Gäste beim Betreten des Unterwirts in Lanersbach denken. Richtig, die Gaststube diente bereits öfter als Filmkulisse. Kein Wunder, das fast 400-jährige Gebäude könnte auch ein Museum sein; Tel. 0 52 87/8 76 55

len Eiswand. Wie bei fast allen Gipfeln entlang des Zillertaler Hauptkamms ist die Besteigung schwierig und setzt entsprechende alpine Erfahrung und Ausrüstung voraus. Für Bergwanderer bilden sie die fotogene Kulisse, etwa beim Übergang vom Furtschaglhaus über das Schönbichler Horn zur Berliner Hütte. Eine lohnende Tour, nicht zuletzt wegen der Berliner Hütte, die als einzige Berghütte Europas unter Denkmalschutz steht. Sie wurde zu Beginn des letzten Jahrhunderts großzügig ausgebaut und ähnelt mit ihrem stilvollen Interieur eher einem Grandhotel.

Einsam, ohne Ortschaft oder eine Dauerbesiedlung, ziehen der Stilluppgrund und der Ziller Grund von Mayrhofen Richtung Alpenhauptkamm. Kilometerlange Bergkämme, riesige Schuttkare und zahlreiche Gipfel, die nur alle paar Jahre einmal bestiegen werden, säumen die von Gletschern geformten Täler. Hier offenbart sich auch die Faszination des Hochgebirgs-Naturparks Zillertaler Alpen, der seit 1991 weite Bereiche der Zillertaler Alpen umfasst.

Eine charakteristische Pyramide überragt das Tuxer Tal: der Olperer (3476 m).

Berliner Höhenweg

Auf der anderen Seite bilden bereits die Länge und Schwierigkeit der Touren im Stillupp- und Ziller Grund einen »natürlichen Filter«. Lediglich zwei Hütten sind als Stützpunkte vorhanden, darunter die Kasseler Hütte im Talschluss des Stillupptals. Mit dem Berliner Höhenweg führt einer der beliebtesten Höhenwanderungen an der Alpenvereinshütte vorbei. In sieben Tagen verläuft die Tour durch die schönsten Ecken der Zillertaler Alpen, vorbei an den endlosen Karen über dem Stillupptal. Je nach Ausgangspunkt bildet dabei die Ahornspitze über Mayrhofen den Anfangs- oder Endpunkt der Tour, die nicht zuletzt wegen ihres 360-Grad-Rundblicks und der vorgeschobenen Lage immer wieder gern bestiegen wird.

Spannagelhöhle
Mit einem Höhlenführer kann man die mit 10 km Länge größte Naturhöhle der Zentralalpen erkunden, die sich am Hintertuxer Gletscher befindet. Eingang am Spannagelhaus (2531 m); Tel. 06 64/5 15 82 73, www.spannagelhaus.at

Erlebnisreich Weg
Von Gerlos nach Gerlos-Gmünd ist auf verschiedenen Stationen die Beziehung zwischen Mensch und Ökologie erlebbar. Der Weg bietet darüber hinaus künstlerische Impressionen, die anhand von 3 m hohen Skulpturen aus Baumstämmen und Gestein dargeboten werden. Gehzeit: ca. 1 Std. ab ArenaFunten-Club

Wanderkarten

Österreichische Landeskarte; Blätter 119 Schwaz, 120 Wörgl, 149 Lanersbach, 150 Mayrhofen; 1:50000
Freytag & Berndt; WK 151 Zillertal, Tuxer Alpen, Jenbach, Schwaz; K 152 Mayrhofen, Zillertaler Alpen, Gerlos, Krimml; 1:50 000

ALLGEMEINE INFORMATIONEN

Urlaubsregion	**Zillertal** Tourismus GmbH, Tel. 0 52 88/8 71 87; E-Mail: info@zillertal.at; www.zillertal.at
Orte	Erste Ferienregion im **Zillertal, Fügen-Kaltenbach** www.best-of-zillertal.at • Tourismusverband **Zillertal Arena, Zell-Gerlos** www.zillertalarena.at • Tourismusverband **Mayrhofen-Hippach** www.mayrhofen.at • Tourismusverband **Tux-Finkenberg** www.finkenberg.at
Entfernungen	Hamburg 829 km; Berlin 641 km; Köln 631 km; Frankfurt a. M. 447 km; Stuttgart 288 km; München 54 km

Die schönen Seiten des Lebens!

www.bergfried.at

Aktivität & Abenteuer im Wander- und Naturparadies Tuxertal. World of Wellness – Feel Well auf 1200 m² – bietet mit Erlebnis-Felshallenbad, Outdoor- & Indoor Hot-Whirlpool, traumhafter Sauna- und Erholungswelt, Schönheits- und Gesundheitsbädern, Massage-, Ayurveda- und Kosmetikabteilung, Erholung pur. Die traumhaften Komfortzimmer, Luxus-Hotelsuiten und Familienappartements verfügen über modernsten Komfort. Familienspaß in der Playarena auf 1000 m². Kinderbetreuung im Hotel von Mo – Fr 10:00-19:00. Ein tolles und gemütliches Wander-, Veranstaltungs-, Aktiv- & Fitnessprogramm versprechen Ihnen Ihre Gastgeber Familie Stock.

Aktiv & Verwöhnwochen buchbar: 26.06. - 18.07.09 ab € 548,-
7 Tg. Bergfried Verwöhn-Vollpension, 2x Mountainbiketouren, quer durch den Tuxer Eisbruch, gef. Wanderungen, Z-Aktivcard oder € 50,– Wellnessgutschein

Aktiv- und Wellnesshotel Bergfried ****
Familie Stock · Lanersbach 483 · 6293 Tux · Zillertal · Tirol · Österreich
Telefon +43/52 87/872 39 · Fax +43/52 87/875 66 · e-mail: info@bergfried.at

www.alpenhof-gerlos.at

Der Alpenhof ist eine Ferien- und Familienidylle mit höchstem Komfort. Großzügige Suiten, familienfreundliche Appartements und gemütliche Zimmer stehen zur Wahl. Der Erholungspark sowie die große Wohlfühloase laden zum Träumen ein (Erlebnishallenbad 10 x 20m, Saunalandschaft, Tennis, Squashhalle, Kinderspielzimmer, Trampolin 6 x 11m, Fun Court, Golfsimulator u.a). **Wahlmenü, Frühstücks-, Salat-, Vorspeisen-, Dessert- und Nachmittagsbuffet**

FAMILIEN-ANGEBOT: 7 Tage HP f. 3 Personen · in Suite (50 m²)
ab € 1.020,– weitere Person € 165,–
HERBSTANGEBOT: 7 Tage HP, 2 Erwachsene im DZ **€ 798,–**
2 Erwachsene in Suite **€ 868,– Im Winter ab € 1.050,–**

Ferienanlage Hotel ALPENHOF **** • Fam. Stöckl
A-6281 Gerlos 125 • hotel@alpenhof-gerlos.at
Tel. 00 43/(0) 52 84/53 74 · Fax 53 74-55

Kaiserwinkl

ADAC Prädikat

SPORT & SPASS

WANDERN & BERGTOUREN

KULTUR & CO.

WELLNESS & GENUSS

Wo der Gast König ist

Gleitschirmflieger am Unterberghorn in Kössen genießen den schönsten Blick über den Kaiserwinkl, einen besonders malerischen Flecken zwischen dem wilden Kaisergebirge und den sanfteren Bergen der Chiemgauer Alpen. Für traumhafte Ansichten muss man allerdings nicht unbedingt in die Luft gehen: Da reichen bereits Spaziergänge am Ufer des Walchsee oder im Kaiserbachtal.

Das beschauliche Urlaubsparadies Kössen – und in der Ferne grüßen die Felswände des Wilden Kaiser.

Wasser, Wiesen und Berge, das bieten viele Ferienziele in den Alpen. Trotzdem ist die Region zwischen den Chiemgauer Alpen im Norden und dem Kaisergebirge im Süden, die den wohlklingenden Namen Kaiserwinkl trägt, etwas Besonderes. Vielleicht liegt es am Kontrast zwischen den eher rund geformten Bergen der Chiemgauer Alpen und den schroffen Felszacken des Zahmen Kaiser, der von hier aus gar nicht zahm wirkt; vielleicht aber auch an dem fast kreisrunden, tiefblauen Walchsee mit seinem wohlig warmen Wasser. Umgeben von malerischen Schilfzonen, füllt er inmitten ausgedehnter Wiesen den Talboden aus. Doch es könnten ebenso die zahlreichen Wander- und Mountainbike-Möglichkeiten sein, die immer wieder neue Blickwinkel auf See, Wiesen und das Kaisergebirge eröffnen. Auf andere Besucher wiederum werden die traumhaft gelegenen Golfplätze eine besondere Anziehungskraft ausüben. Wie auch immer: Die Reize des schönen Kaiserwinkls sind einzigartig und attraktiv.

Sie locken genauso wie die himmelhohen Felsmauern des benachbarten Wilden Kaiser. Derartige Wände und Zacken hat der Zahme

the perfect day

9 Uhr: Fahrt ins vormittags noch angenehm ruhige Kaiserbachtal zur Griesneralm, zweites Frühstück dort genießen
11 Uhr: Rückfahrt nach Kössen, Wanderung zum Taubensee, Einkehr in der schön gelegenen Taubenseehütte, dann wieder zurück wandern nach Kössen.
15 Uhr: Am Landeplatz in Kössen den Gleitschirmfliegern bei ihren Flügen über dem Unterberghorn zuschauen, Fahrt nach Walchsee
16 Uhr: Gemütlich Eisessen in Walchsee, dann mit dem Ruder- oder Tretboot im herrlichen Abendlicht über den See gleiten

Kaiser zwar nicht zu bieten, doch die steilen Nordabstürze mit ihren Karen und Rinnen sind als Kontrast zu den welligen Hügeln der Ausläufer der Chiemgauer Alpen und zum idyllischen Walchsee imposant genug – eine Kombination landschaftlicher Gegensätze, die viel Abwechslung verspricht: Der rund 98 ha große und bis zu 20 m tiefe Walchsee ist ein kleines Wassersport- und Badeparadies, wobei er mit sommerlichen Wassertemperaturen von bis zu 24 °C auch verfrorene Naturen zu einem Sprung ins erfrischende Nass bewegen kann.

Im Hinterland versteckt sich die zweite Attraktion, die »Schwemm«: Nordtirols größte erhaltene Moorlandschaft beheimatet eine Fülle seltenster Tier- und Pflanzenarten. Das rund 63 ha große Gebiet befindet sich nur wenig abseits des quirligen Dorfes Walchsee mit seinen Hotels – und dennoch liegen Welten dazwischen. Darüber

WANDERN & BERGTOUREN

TOP TIPP

Stripsenkopf (1807 m) und **Feldberg** (1813 m) heißen die beiden Aussichtslogen des Zahmen Kaiser, von denen aus man den schönsten Blick auf die Felsfluchten des Wilden Kaiser genießt. Erst in Serpentinen, dann dicht unter den Abstürzen entlang leitet der Weg von der Griesneralm (1024 m) im Kaiserbachtal hinauf zum Stripsenjochhaus (1577 m) im gleichnamigen Sattel am Fuß der Felswände des Totenkirchl. Ein schöner Steig führt weiter auf den Stripsenkopf, der seit dem Jahr 2002 wieder wie bereits Anfang des 20. Jh. von einem hölzernen Pavillon gekrönt wird. Der Weg hinüber zum Feldberg ist kaum zu verfehlen, er führt stets auf einem markanten Höhenrücken entlang. Ein Kreuz markiert den Gipfel und damit das Ende des Aufstiegs, ab jetzt geht's bergab: erst entlang des Kammes bis zum Sattel bei der Scheibenbichlalm, dann steil hinunter zur Griesneralm; Zeit: ca. 6 Std.; Einkehr: Stripsenjochhaus

Taubenseehütte (1165 m) Leichte Wanderung zu einem idyllischen See	Ausgangspunkt: Kössen, Parkplatz Hohe Brücke an der Straße zur Jausenstation Mühlberg (660 m); Mühlberg – Schaffler – Ast zu Moosenalm (920 m) – Schafflerkaralm – Taubenseehütte – Taubensee (1180 m) – Hirzinghütte (1050 m) – Frankenalm – Rinderbrachalm (860 m) – Mühlberg – Hohe Brücke; schöne Wanderung ohne Schwierigkeiten; Zeit: ca. 4 Std.; Einkehr: Jausenstation Mühlberg, Taubenseehütte
Harauer Spitze (1117 m) Panoramatour über dem Walchsee	Ausgangspunkt: Walchsee (658 m); Hausberg – Kranzingerberg (1015 m) – Harauer Spitze – Ottenalm (965 m) – Riederalm (710 m) – Walchsee; einfache Wanderung über einen schönen Bergkamm; Zeit: ca. 3 Std.; Einkehr: Ottenalm, Riederalm
Unterberghorn (1773 m) Leichte Wanderung auf den Kössener Hausberg	Ausgangspunkt: Bergstation der Unterberghornbahn (1500 m), Gondelbahn von Thurnbichl/Kössen; Unterberghorn – Lackalm (1410 m) – Schnappenalm – Stegeralm (1078 m) – Veitenalm (920 m) – Schwendt – Kössen; wunderbare Bergabwanderung mit traumhaften Blicken auf Wilden und Zahmen Kaiser; Zeit: ca. 5 Std.; Einkehr: Bärenhütte, Lackalm, Untere Schnappenalm
Pyramidenspitze (1997 m) Anspruchsvolle Bergtour im Zentrum des Zahmen Kaiser	Ausgangspunkt: Bergstation der Sesselbahn Zahmer Kaiser (ca. 1030 m); Gruberberg – Jofenalm (1342 m) – Winkelalm (1193 m) – Winkelkar – Pyramidenspitze – Winkelalm – Großpoitneralm – Durchholzen (690 m); eindrucksvolle Bergtour, im Gipfelbereich leichter Klettersteig, Trittsicherheit und Schwindelfreiheit erforderlich; Zeit: ca. 7 Std.; Einkehr: keine

Hütten

Wandberghütte (1350 m)
Gleich mehrere Wege führen von Walchsee (658 m) hinauf zum Berggasthaus. Ob man nun über die Brennalm und den Brennkopf (1353 m) oder über die Kohlenriedalm und die Westneraualm aufsteigt, traumhafte Ausblicke zum Zahmen Kaiser sind garantiert; Zeit: ca. 3 Std.; Tel. 06 64/4 32 17 70

Taubenseehütte (1165 m)
Die Einkehr in der schön gelegenen Hütte muss sein, doch den benachbarten Taubensee darf man dabei nicht übersehen. Der kleine See füllt eine wunderschöne Talsenke aus und ist von der Hütte in rund 10 Min. zu erreichen. Im glasklaren Wasser fühlen sich die Fische wohl, sogar Süßwasserkrebse soll es geben. Mehrere Anstiegsmöglichkeiten von Kössen, u. a. vom Parkplatz Waldbad (589 m) oder vom Parkplatz Hohe Brücke an der Straße zur Jausenstation Mühlberg (660 m); Zeit: ca. 1,5 Std.

Stripsenjochhaus (1577 m)
Zum Greifen nah ragen die senkrechten Felsmauern des Totenkirchl auf. Die jähen Abstürze des Wilden Kaiser sind ein Paradies für Kletterer, die Hütte ein wunderbares Ziel für Wanderer. Anstieg von der Griesneralm (1024 m) im Kaiserbachtal in ca. 1,5 Std.; Tel. 06 64/3 40 80 40

Restaurants

Restaurant »Fish & Ribs«
Frischer können Fische gar nicht sein als hier in Kössen. Wer Zeit hat, der angelt sich sein Essen im dazugehörigen Angelteich selbst. Schneller geht es natürlich, wenn man einfach eine der Forellen bestellt; Tel. 0 53 75/68 07

Hotel Peternhof
Als erste Adresse für gehobene Gaumenfreuden gilt in Kössen das Restaurant im Hotel Peternhof, dessen regionale (Kaiserschmarrn) bis internationale Küche für jeden etwas zu bieten hat; Tel. 0 53 75/62 85; www.peternhof.com

erheben sich die Ausläufer der Chiemgauer Alpen. Runde Bergrücken mit ausgedehnten Almflächen, auf denen die Kühe einen glücklichen Sommer verbringen und Wanderer reichlich Möglichkeiten für leichte Touren finden; unterwegs ist die Wandberghütte eine Einkehrstation mit herrlichen Ausblicken.

Wildpark Wildbichl
Hirsche, Steinböcke und Bergziegen sind nur einige der vielen Bewohner des im Jahr 1980 eröffneten Wildparks Wildbichl. In naturbelassener Umgebung können Wildschweine, Luchse und Gämsen, aber auch Kolkraben und Eulen aus nächster Nähe beobachtet und fotografiert werden. Spazierwege führen vorbei an 80 000 m² Gehegefläche, ein Lehrpfad zeigt zudem über 60 heimische Gewächse. Der Wildpark liegt auf dem Niederndorferberg kurz vor dem Grenzübergang nach Sachrang. Mit dem Auto von Walchsee nach Niederndorf, von dort Richtung Sachrang; Tel. 0 53 73/6 22 33; www.wildbichl.com

Wenn der Kaiser erglüht

Die passende Kulisse bildet der Zahme Kaiser, immer schön anzuschauen, einmalig allerdings an Sonnwend, wenn entlang der Grate die Feuer entzündet werden und die geschwungene Silhouette sichtbar wird. Beliebtestes Gipfelziel im Zahmen Kaiser ist die Pyramidenspitze. Von der anderen Seite, von Kufstein aus, ist dies eine lange, aber leichte Bergtour. Wer in Durchholzen startet, der sollte nicht nur Kondition, sondern auch Trittsicherheit und Schwindelfreiheit mitbringen. Spätestens oben auf der Pyramidenspitze rückt der zerfurchte Zackengrat des Wilden Kaiser ins Blickfeld, und schnell wird klar, warum die Gipfel rund um die Pyramidenspitze trotz ihrer schroffen Abstürze »nur« der Zahme Kaiser sind.

Der Wilde Kaiser ist eine Felsburg, eine mächtige Kalkbastion über grünen Tälern. Hohe, senkrechte, teils überhängende Wände bestimmen das Bild. Ein Paradies für Kletterer: Namen wie Fleischbank, Totenkirchl, Karlspitze oder Predigtstuhl zergehen Kletterern auf der Zunge, wecken sofort Erinnerungen oder Sehnsüchte nach bekannten, klassischen Kletterrouten im festen, rauen Fels. Für Wanderer gibt es zwischen den Wänden, Graten und Rinnen kaum Platz, doch die wenigen Möglichkeiten führen immer hautnah an faszinierenden Felsabbrüchen vorbei auf stolze Gipfelziele. Ein landschaftlicher Höhepunkt ist sicherlich die Steinerne Rinne, die zwischen imposanten Felswänden

Der Walchsee ist mit konstanten Temperaturen zwischen 20 bis 24 °C ein kleines Paradies für Wassersportler und Sonnenanbeter

ALLGEMEINE INFORMATIONEN

Urlaubsregion	Tourismusverband **Kaiserwinkl**; Tel. 05 01/1 00; E-Mail: info@kaiserwinkl.com; www.kaiserwinkl.com
Orte	**Kössen** www.koessen.at • **Schwendt** • **Rettenschöß** www.kaiserwinkl.com • **Walchsee** www.walchsee.at
Entfernungen	Hamburg 878 km; Berlin 689 km; Köln 680 km; Frankfurt a. M. 496 km; Stuttgart 336 km; München 103 km

wie ein Schlauch zum Ellmauer Tor zieht. Ein teils mit Drahtseilen gesicherter alpiner Steig führt hinauf. Wer ihn wählt, sollte auf jeden Fall trittsicher sein. Doch zuschauen ist auch von unten erlaubt – und das geht am besten bei der Griesneralm im Naturschutzgebiet Wilder Kaiser. Das beliebte Ausflugsziel liegt wunderschön im Talschluss des malerischen Kaiserbachtals, dicht unter den jähen Felswänden, die scheinbar direkt aus den hellgrünen Buchenwäldern emporwachsen. Ein leichter Steig führt Bergwanderer von hier aus bequem in etwa eineinhalb Stunden hinauf zum Stripsenjoch, einem fantastischen Aussichtspunkt zwischen Wildem und Zahmem Kaiser.

Mittelpunkt des Kaiserwinkl ist Kössen am Fuße des Unterberghorns. Der beschauliche Ort mit seinen 3900 Einwohnern und fast ebenso vielen Gästebetten liegt auf der Sonnenseite des weiten Talkessels mit wunderbarem Blick auf den Wilden Kaiser und das Unterberghorn. Der Kössener Hausgipfel mit seinem pultartig abfallenden Bergrücken steht weitgehend isoliert und ist bekannt für seine außerordentlich gute Thermik. Entsprechend groß ist die Zahl der Gleitschirmflieger, die oft stundenlang über dem Gipfel schweben. Zumindest am Unterberghorn sind die Wanderer in der Minderheit, die Hauptrolle spielen hier eindeutig die Paraglider.

Auf der Tiroler Ache, die sich nördlich von Kössen einen Durchlass hinüber nach Bayern – und damit zum Chiemsee – gegraben hat, sind dagegen die Kajakfahrer unter sich. Der Fluss zählt zu den leichteren Wildwasserflüssen, darf allerdings keinesfalls unterschätzt werden. Von der Straße ist dieser Abschnitt nirgendwo zu sehen, lediglich bei Klobenstein, direkt an der Grenze zu Bayern, überspannt eine Brücke den Einschnitt und erlaubt auch Wanderern einen Einblick. Den sollte man genießen, denn auf dem Schmugglerweg, der weitgehend parallel zur Tiroler Ache ins bayerische Schleching führt, wandert man vor allem durch wunderbar schattigen Wald, auf Ausblicke in die Schlucht aber muss man hier verzichten.

Dass es einmal keinen Ausblick gibt, ist jedoch sehr untypisch für den Kaiserwinkl, der mit fantastischen Perspektiven wirklich nicht geizt. Ob Zahmer oder Wilder Kaiser, beide bilden eine grandiose Kulisse für einen herrlichen Aktivurlaub. Der Kaiserwinkl ist eben etwas Besonderes – in der Luft ebenso wie im Wasser, auf schönen Almen ebenso wie im steilen Fels, das werden Kletterer, Bergwanderer, Mountainbiker, Paraglider und Wassersportler gleichermaßen begeistert bestätigen.

TOP TIPP Über dem Kössener Unterberghorn hängt jeden Tag eine Traube bunter **Paraglider**. Der isoliert stehende Bergrücken bietet eine wunderbare Thermik und ist mit der Gondelbahn bequem zu erreichen. Die Drachenflieger

wussten das schon früher zu schätzen, seit dem Boom der Gleitschirme wissen es auch die Paraglider, die »Schwammerlflieger«. Das Unterberghorn zählt zu den beliebtesten Tiroler Flugbergen. Am Landeplatz mit »Fliegerbar« kann man auf einem Großbildschirm sogar live den Startplatz beobachten. Tandemflüge, Grund- und Schnupperkurse sowie Höhenflugkurs bei der Flugschule Kössen; Tel. 0 53 75/65 59; www.fly-koessen.at.

Wanderkarten

Österreichische Karte, Blätter 90 Kufstein und 91 Sankt Johann in Tirol; jeweils 1:50 000;
Freytag & Berndt WK 301, Kaisergebirge; 1:50 000
Alpenvereinskarte Blatt 8, Kaisergebirge; 1:25 000

Wildschönau

ADAC Prädikat

SPORT & SPASS

WANDERN & BERGTOUREN

KULTUR & CO.

WELLNESS & GENUSS

Oberau hat nicht nur idyllische Plätze wie diesen, sondern auch das hervorragende Bergbauernmuseum »z'Bach«.

Franziskusweg
Der leichte Spaziergang auf dem Franziskusweg verläuft zwischen den Kirchdörfern Niederau und Oberau und vorbei am Bergbauernmuseum. Dieser Besinnungsweg mit neun Bronzeplastiken ist ein Zeichen des Friedens und dem »Sonnengesang des heiligen Franziskus« gewidmet. Ein Stück kann man auch mit Stock angehen: hier verläuft einer von sieben Nordic Walking-Trails des 1. Österreichischen Nordic Fitness Sports Parks, Zeit: ca. 1 Std.

Nordic Walking
Im »Nordic Fitness Park Wildschönau« bei Oberau sind sieben Strecken zwischen 2,4 km und 10,3 km in verschiedenen Schwierigkeitsbereichen ausgewiesen. Mit Verleihstation und Nordic-Walking-Kursen; www.nordicfitnesscenter.at, www.bewegenistleben.com

the perfect day

9 Uhr: Mit dem Bummelzug von Mühltal durch Blumenwiesen und Wildwasserauen zur Kundler Klamm: Wanderung durch die Klamm; zurück mit dem Zug
14 Uhr: Besichtigung des Bergbauernmuseums »z'Bach«
19 Uhr: Abendessen beim Kellerwirt in Oberau; zum Ausklang des Tages Besuch eines der zahlreichen, anspruchsvollen Volksmusikabende

Verborgene Idylle jenseits des Inntals

Gut abgeschirmt vom großen Verkehrsstrom im Inntal liegt die Wildschönau versteckt im Norden der Kitzbühler Alpen. Die eher sanfte Berglandschaft lockt seit vielen Jahren Urlauber an; gemütliche Wanderungen und ein familienfreundliches Freizeitangebot kennzeichnen die Erholung in diesem Hochtal.

Ein breiter Bergrücken trennt die Wildschönau bei Wörgl vom Inntal. Zwei tiefe Einschnitte verbinden die Täler: Durch den einen führt von Wörgl aus die Hauptstraße nach Niederau; westlich davon, bei Kundl, hat sich die eindrucksvolle, wildromantische Kundler Klamm Richtung Auffach tief in den Fels eingeschnitten, die aber allein Fußgängern vorbehalten ist.
In einem weiten Bogen zieht sich das am Ende zweigeteilte, 24 km lange Hochtal Wildschönau von Hopfgarten im Brixental aus nach Südwesten. Die grünen Bergrücken zu beiden Seiten deuten auf ein viel versprechendes Wander- und Mountainbikegebiet hin, zwei Bergbahnen erlauben Ausflüglern ein bequemes Bergauf-bergab. Fünf malerische Orte, die sich dem Fremdenverkehr und der Landwirtschaft verschrieben haben, strahlen Gemütlichkeit aus und laden zum Verweilen ein. Winzig und romantisch ist das Bergdorf Thierbach, der höchstgelegene Ort der Region, mit dem Erlebnisbergwerk Lehenlahn. Hier wird die Zeit zwischen 1450 und 1861 wieder lebendig, als in der Wildschönau noch Kupfer und Silber gefördert wurde. Bei aller Behaglichkeit müssen Gäste jedoch keineswegs auf ein attraktives Sport- und Freizeitangebot verzichten, mit dem vor allem Oberau als größter Ort des Tals aufwarten kann. Wasserratten zieht es ins »Bergbadl«, ein landschaftlich herrlich gelegenes Freibad. Außerdem befindet sich in der Wildschönau die größte Paragliderschule Tirols. Ideale Fluggebiete sind das Markbachjoch bei Niederau – auf das 1946 der erste Sessellift Tirols gebaut wurde – und die Bergstation der Schatzbergbahn bei Auffach. Ein ausgezeichneter Nordic-Walking-Park und reizvolle Mountainbike-Trails vervollständigen das Angebot.

Interessante Einblicke in die Vergangenheit des Tals gewährt das ausgezeichnete Bergbauernmuseum »z'Bach« in Oberau, das 2002 den Museumspreis des Landes Tirol bekam. Spannend ist auch ein Ausflug ins Tiroler Holzmuseum in Auffach. Die zum Teil kuriosen Exponate zeigen, was aus Holz alles hergestellt werden kann. Daneben werden informative Einblicke in die Holzwirtschaft gewährt. Wer will, kann sich auch auf den Holzweg begeben – einen interessanten Themenweg. Neben dem großen Freizeitangebot sind in der Wildschönau vor allem die herrlichen Wandermöglichkeiten interessant. Die Gartlspitze ist eine lohnende, mittelschwere Gipfeltour. Eine leichte Höhenwanderung führt von der Bergstation Markbachjoch über das Halsgatterl auf den aussichtsreichen Roßkopf. Und ein Muss ist der Besuch der Kundler Klamm, in der vor langer Zeit ein Drache gehaust haben soll. Wer das Wasser nicht nur anschauen will, dem sei eine Canyoning- oder Rafting-Tour empfohlen. Oder aber ein Abstecher nach Wörgl, zur neuen WAVE Wasserwelt, einem Erlebnisbad (www.woerglerwasserwelt.at). Auch das ist schließlich einer der Vorzüge der Wildschönau: Auf der einen Seite ist es im Tal ruhig und gemütlich und auf der anderen Seite sind Innsbruck, Kitzbühel und Kufstein nur einen Katzensprung entfernt.

Restaurants

Kellerwirt
Die ehemalige Propstei der Benediktiner vom Kloster Seeon in Oberau ist heute ein klassisches Wirtshaus mit typisch Tiroler Küche. Beim Kellerwirt hat der Starkoch Hans Haas vom Münchner Restaurant Tantris seine Lehrjahre verbracht; Tel. 0 53 39/81 16; www.kellerwirt.com

WANDERN & BERGTOUREN

TOP TIPP

Eine der schönsten, auch für weniger geübte Bergwanderer gut geeigneten Panoramatouren der Region führt vom **Markbachjoch zum Rosskopf** (1731 m). Ausgangspunkt ist die Bergstation der Markbachjochbahn (1448 m). Wanderweg an der Jochhütte vorbei zum Halsgatterl (1562 m), Aufstieg zum Rosskopf, sich Zeit nehmen, um die Aussicht zu genießen. Abstieg zum Halsgatterl, nun aber zur Norderbergalm, zur Anton-Graf-Hütte (1334 m) und nach Niederau absteigen, an der Straße entlang zurück zur Talstation in Niederau. Aussichtsreiche, leichte Wanderung, die gleich an mehreren gemütlichen Hütten vorbeiführt. Zeit: ca. 4 Std.; Einkehr: Rübezahlhütte an der Bergstation, Jochhütte Norderbergalm, Anton-Graf-Hütte

Riedlhof (1050 m)	Der Riedlhof oberhalb von Oberau ist für Skifahrer oder Wanderer ein echter Einkehrtipp. Die bekannten Riesen-Schnitzel oder die Haus-Spezialität Ragout vom Zebu-Rind zählen ebenso zum Angebot wie u. a. eine deftige Brettljause, Tel. 0 53 39/88 82
Gratlspitz (1898 m) Steile Wege zum Paradeberg über Alpbach	Ausgangspunkt: Rossalm bei Alpbach (1050 m); Bischoferalm – Hauserjoch – zum Westgrat queren – steil hinauf zu seilgesicherter Felsstufe – dem Grat entlang über Kuppen wieder einfacher zum Gipfel – über den Ostgrat absteigen – nach rechts steil hinunter zu aussichtsreicher Schulter – hinab nach Hausberg – auf Sträßlein zum Höhenweg Reith – Höhenweg bis Rossalm; mittelschwer, Trittsicherheit und Schwindelfreiheit nötig; Zeit: ca. 5 Std.; Einkehr: Rossalm, Bischoferalm

ALLGEMEINE INFORMATIONEN

Urlaubsregion	Tourismusverband **Wildschönau**; Tel. 0 53 39/82 55; E-Mail: info@wildschoenau.com; www.wildschoenau.com
Orte	**Auffach • Mühltal • Niederau • Oberau • Thierbach**
Entfernungen	Hamburg 893 km; Berlin 704 km; Köln 695 km; Frankfurt a. M. 511 km; Stuttgart 351 km; München 118 km

Wanderkarten

Freytag & Berndt, WK 301 Kufstein, Kaisergebirge, Kitzbühel; WK 321 Achensee, Rofan, Unterinntal; 1:50 000

Wilder Kaiser – Brixental

ADAC Prädikat

SPORT & SPASS

WANDERN & BERGTOUREN

KULTUR & CO.

WELLNESS & GENUSS

Des Kaisers ganze Vielfalt

Im Norden flankiert das hell leuchtende, zerfurchte Felsmassiv des Wilden Kaiser die Region, im Süden wellen sich die sanften, von einem Blumenmeer überzogenen Grashügel der Kitzbüheler Alpen. Dazwischen verstecken sich neun Orte, die ein über 700 km langes Wanderwegenetz miteinander verbindet. Und die Gegend ist nicht nur für Wanderer und Kletterer interessant – die Freizeitangebote sind abwechslungsreich, die Sportmöglichkeiten vielfältig.

WANDERN & BERGTOUREN

TOP TIPP Der alpine Steig hinauf auf die **Ellmauer Halt** (2344 m), den höchsten Gipfel des Wilden Kaiser, kommt einem Klettersteig schon sehr nahe. Wer hier einsteigt, sollte nicht nur gut trainiert, trittsicher und schwindelfrei sein, sondern auch alpine Erfahrung mitbringen und sich in felsigem Gelände gut zurechtfinden. Klettersteigset und Helm sind zu empfehlen. Vom Parkplatz Wochenbrunner Alm (981 m) oberhalb von Ellmau auf einfachem Weg zur Gruttenhütte (1620 m, evtl. Übernachtung). Durch den Karkessel Hochgrubach geht man in Richtung Rote Rinnscharte. In mehreren Stufen geht es auf alpinem, schmalem Steig hinauf zu den Gamsängern. Über große Trittbügel an der Gelben Wand entlang, dann über eine Eisenleiter und mit Drahtseilen abgesicherte Stellen zur Babenstuber Hütte (nicht bewirtschaftet) und weiter zum Gipfel mit seinem grandiosen Rundblick; Abstieg wie Aufstieg; Zeit: ca. 9 Std.

Goinger Halt (2192 m) Mittelschwere Tour für Trittsichere auf den leichtesten Kaisergipfel	Ausgangspunkt: Parkplatz Wochenbrunner Alm oberhalb von Ellmau (981 m); Gaudeamushütte (1263 m) – über Almwiesen, Latschenfelder, dann durch weites Schotterfeld des Kübelkar (teils Drahtseile) zum Ellmauer Tor (2000 m) – nordöstlich über steiles Gelände (teils Drahtseile), dann über Schrofen und einen letzten felsigen Absatz zum Gipfel; Abstieg wie Aufstieg; Trittsicherheit und Schwindelfreiheit unbedingt notwendig; Zeit: ca. 5 Std.; Einkehr: Gaudeamushütte
Walleralm (1171 m) Vom malerischen See zu idyllischer Alm	Ausgangspunkt: Parkplatz am Ostufer des Hintersteiner Sees (892 m, bei Scheffau); auf gut markiertem Waldweg zur Walleralm und dem Kreuzbichl (1199 m), einem herrlichen Aussichtspunkt – über den Almweg zur Hölzentalalm (993 m) – Jausenstation Maier (922 m) – am südlichen Ufer dem schönen Seeweg zurück zum Parkplatz folgen; leichte Wanderung; Zeit: ca. 3,5 Std.; Einkehr: Seestüberl beim Parkplatz, Walleralm, Jausenstation Maier
Hohe Salve (1827 m) Leichte Wanderung um den prächtigen Aussichtsgipfel	Ausgangspunkt: Söll/Bergstation Hohe Salve; Salvenhaus – zur Abzweigung am Wegkreuz (1647 m) – dem Höhenrundweg folgen zum Berggasthaus Rigi – Kälberalm – Keat-Alm (1480 m) – über den Bergwelt-Panoramaweg zur Silleralm – Mittelstation Hochsöll (1440 m); dort Hexenwasser-Themenpark; mit der Bergbahn zurück nach Söll; leichte Wanderung; Zeit: ca. 3 Std.; Einkehr: auf den Almen, Berggasthaus Hochsöll
Filzenscharte (1686 m) Wanderung im malerischen Windautal mit eisigen Perspektiven	Ausgangspunkt: bei Westendorf ins Naturschutzgebiet Windautal, über die Mautstraße bis zum Parkplatz Foisching (1170 m); Obere Foisching-Alm (1450 m) – Filzenscharte, von hier prächtiger Blick auf die Gletscherberge der Hohen Tauern – Abstieg zur Rotwandalm (1559 m) – zuerst über Almwiesen, dann durch den Wald und idyllisch an der Windauer Ache entlang – Baumgarten-Alm (1242 m) – Foisching; leichte Wanderung; Zeit: ca. 3,5 Std.; Einkehr: Rotwandalm

Stanglwirt

Der Stanglwirt in Going heißt seit 250 Jahren Gäste willkommen; er ist nicht nur in der Region, sondern inzwischen bereits weltweit bekannt: Das Hotel zählt zu den besten in Österreich. Im Restaurant werden sorgfältig zubereitete, verantwortungsvoll im eigenen Biohof erzeugte Köstlichkeiten serviert. Der hoteleigene Golfplatz, ein Lipizzanergestüt mit Reitschule, eine Tennisschule, ein umfassender Beauty- und Wellness-Bereich sowie ein Kinderbauernhof, in dem die Kinder ganztägig betreut werden, vervollständigen diese Urlaubsoase der Sonderklasse; Tel. 0 53 58/20 00

the perfect day

9 Uhr: Fahrt von Söll aus auf die Hohe Salve, über den Höhenrundweg zur Keat-Alm, Abstieg zur Mittelstation Hochsöll
12 Uhr: Abstecher in den Themenpark »Hexenwasser«, dann mit der Bahn zurück nach Söll und mit dem Auto weiter nach Ellmau
14 Uhr: Besuch des Kaiserbad in Ellmau
18 Uhr: Mit dem Auto nach Scheffau und zum Hintersteiner See fahren; Abendspaziergang am See mit Einkehrmöglichkeit

Vor rund 200 Mio. Jahren wurde hier ein Korallenriff aus der Tiefe gehoben, dem Gletscher während der Eiszeit den richtigen Schliff verliehen haben. Entstanden ist ein 15 km langer, bizarr geformter Gebirgszug, dessen Grate und Türme im hellen Sonnenlicht fast weiß schimmern: der Wilde Kaiser.

Zwischen seinen Felszacken schaffen steile Schuttkare und markante Einschnitte wie das Ellmauer Tor Übergänge, die auch von trittsicheren, schwindelfreien und in alpinem Gelände erfahrenen Bergwanderern überschritten werden können. Sehr viel schwieriger ist es da, auf einen der kühnen Kaisergipfel selbst zu gelangen. Das einfachste, aber trotzdem immer noch anspruchsvolle Ziel ist die Goinger Halt, die einen atemberaubenden Tiefblick in die Steinerne Rinne bietet. Dieser steile Schlauch, durch den ein eindrucksvoller alpiner Steig führt, ist umgeben von den senkrechten Wänden der Fleischbank, der beiden Karlspitzen und des Predigtstuhl. Noch anspruchsvoller ist der teils mit Drahtseilen und mit einer Leiter abgesicherte Steig auf den höchsten Kaisergipfel, die Ellmauer Halt. Da der Wilde Kaiser isoliert am Alpenrand in die Höhe ragt, ist die Aussicht fantastisch. Zu sehen sind nahezu alle wichtigen Gipfel der Ostalpen: Großglockner, Großvenediger, Wildspitze und Ortler in der Ferne, der Watzmann ganz in der Nähe. Und nach Norden – über den Zahmen Kaiser hinweg – reicht der Blick weit ins bayerische Alpenvorland hinein.

Themenpark »Hexenwasser«
Der interessante Themenpark wurde 2003 mit dem Tourismus-Staatspreis ausgezeichnet. Er umfasst mehr als 30 Spiel- und Wellness-Stationen und führt vorbei an Hexenbach, Hexenwald und Hexenwasser mit Kneippbekken, Kletterteich, Wasserlabyrinth, Hexenseilbahn, Barfußweg und einer alten Kornmühle. Direkt bei der Mittelstation Hochsöll, täglich werden Sonderaktionen für Familien angeboten; Tel. 0 53 33/52 60, www.hexenwasser.at

Viele Ziele für Fotofreunde

Obwohl die Gipfel des Wilden Kaiser weitgehend Kletterern vorbehalten sind, ist die Region im Ganzen gesehen ein Paradies für Wanderer. Denn die eiszeitlichen Gletscher haben bei den Kitzbüheler Alpen südlich des Kaiser ganze Arbeit geleistet und die Schieferberge abgehobelt, ihnen runde, grasbedeckte Kuppen verpasst, die im Winter Skifahrer begeistern und im Sommer Wanderern eine

Respektvoller Abstand: Selbst von Ellmau aus sind die hellen Kaiser-Wände beeindruckend.

Hütten

Gruttenhütte (1620 m)
Große Hütte in sonniger, aussichtsreicher Lage direkt unter den eindrucksvollen Südwänden der Ellmauer Halt (2344 m). Guter Ausgangspunkt für Klettertouren auf der Südseite des Kaisers sowie für herrliche, anspruchs-

volle Bergwanderungen über das Ellmauer Tor, den Hohen Winkel (Kopftörl) oder die Rote Rinnscharte auf die Nordseite des Wilden Kaiser. Ein anspruchsvoller, teils gesicherter Steig führt auf die Ellmauer Halt (2344 m); Zustieg von der Wochenbrunneralm (981 m, mit dem Auto von Ellmau aus erreichbar) in ca. 2 Std. über schönen Wanderweg; Tel. 0 53 58/22 42

Tiefentalalm (1439 m)
Die älteste Alm in den Kitzbüheler Alpen wurde 1530 erbaut. Gemütliche, urige Stuben mit einer 500 Jahre alten Steinfeuerstelle, auf der früher die Mahlzeiten zubereitet wurden. Heute werden in der Alm hausgemachte Produkte vom Bauernhof und köstliche Kuchen angeboten. Über die Mautstraße von Kelchsau aus in den Langen Grund zum Parkplatz Almerla (1285 m). Einfacher Zustieg in ca. 45 Min. Ideal auch als MountainbikeTour von Kelchsau aus (ca. 1 Std.); herrlicher alter Zirbenwald; keine Übernachtung; Tel. 06 64/9 75 72 21

Brechhornhaus (1660 m)
Herrlicher Ausblick vom Kreuzjöchlsee auf die Kitzbüheler Alpen. Schnellster Zustieg von der Bergstation der Talkaserbahn in ca. 45 Min.; eine schöne, aber anspruchsvolle MountainbikeTour führt von Westendorf (784 m) über Vorderwindau zur Hütte (ca. 1,5 Std.); Tel. 06 64/3 80 70 1

unerschöpfliche Auswahl bieten. Den Aufstieg erleichtern dabei ein rundes Dutzend Bergbahnen.

Im Sölltal zwischen Kaiser und Kitzbüheler Alpen liegen vier malerische Orte: Für Fotofreunde bietet Going mit der schmucken Pfarrkirche, die genau vor den Südwänden des Kaiser ins Bild gerückt werden kann, das optimale Motiv. Der größte Ort ist Ellmau, der sich inzwischen als Topadresse für Golfer etabliert hat. Nach wie vor fühlen sich hier auch Wanderer wohl, vor allem, wenn sie möglichst schnell an Höhe gewinnen wollen: Österreichs längste Standseilbahn bringt die Fahrgäste in einer Fahrzeit von nur vier Minuten von 804 m auf 1550 m Höhe ins Wanderparadies bei der Bergstation Hartkaiser. Ein weiterer Anziehungspunkt Ellmaus ist die große Wellness-, Sport- und FreizeitArena »Kaiserbad«. Scheffau ist der kleinste Ort im Sölltal. Idyllisch schmiegen sich die Häuser abseits der Hauptverkehrsstraße an die Südausläufer des Kaisers. Die Hälfte des Ortsgebietes liegt bereits im Naturschutzgebiet Wilder Kaiser, das 1963 ausgewiesen wurde. Und am Hintersteiner See bei Scheffau zeigt sich der Kaiser von seiner lieblichen Seite. Blühende Almwiesen halten die Felsen auf Abstand, Spazier- und Wanderwege führen um den See und hinauf zu schönen Zielen wie der Walleralm oder der Steiner Hochalm.

Auf den Spuren der Hexensagen

Vierter Ort am Fuße des Kaiser ist Söll. Hier ist der Blick weniger auf die Felsregionen gerichtet, als vielmehr auf die imposante Graspyramide der Hohen Salve, dem markanten Auftakt der Kitzbüheler Alpen. Bergbahnen führen auf den prächtigen Aussichtsgipfel. Oben befindet sich die höchste Kirche Österreichs, das 1589 erbaute Salvenkirchlein. Es lohnt sich allerdings auch, bereits an der Mittelstation in Hochsöll einen Halt einzulegen. Hier sollen im 16. Jh. zwei als Hexen bekannte Frauen gehaust haben. Auf den Spuren der vielfältigen Sagen, die sich um die beiden ranken, wurde der Themenpark »Hexenwasser« geschaffen.

Auf der Südseite der Hohen Salve liegt Hopfgarten, ein romantisches kleines Städtchen mit einer prächtigen Barockkirche, einem historischen Marktplatz und schmalen Gässchen. Von hier aus zieht sich fast parallel zum Sölltal das Brixental durch die Kitzbüheler Alpen.

ALLGEMEINE INFORMATIONEN

Urlaubsregion	**Wilder Kaiser-Brixental** Tourismus GmbH; Tel. 0 53 58/50 50; E-Mail: info@skiwelt.at; www.wilderkaiser-brixental.at
Orte	**Brixen im Thale** www.brixenimthale.at • **Ellmau** www.ellmau.at • **Going** www.going.at • **Hopfgarten** www.hopfgarten.at • **Itter** • **Kelchsau** • **Scheffau** www.scheffau.net • **Söll** www.soell.at • **Westendorf** www.westendorf.com
Entfernungen	Hamburg 882 km; Berlin 693 km; Köln 684 km; Frankfurt a. M. 500 km; Stuttgart 341 km; München 107 km

33

SPORT & SPASS

TOP TIPP

»Des Kaisers schönster Garten« nennt sich die 62 ha große **Golfanlage** in Ellmau. Ein 18-Loch- und ein 9-Loch-Platz bieten ideale Voraussetzungen für Anfänger und Könner. Ein besonderer Reiz ist das frontale Anspielen der Felskulisse des Wilden Kaiser und des Ortes Ellmau; Golfkurse jeder Leistungsklasse bei der Golfschule Wilder Kaiser (Golfclub Wilder Kaiser), Ellmau; Tel. 0 53 58/42 82; www.wilder-kaiser.com – Ein zweiter öffentlicher 9-Loch-Golfplatz befindet sich in Ellmau beim Mühlberghof. Ohne Clubzwang und Handicap, mit Golfschule. Ideal für Einsteiger; Kaisergolf Ellmau; Tel. 0 53 58/23 79; www.muehlberghof.com

Nordic Walking Westendorf/ Hochbrixen	Drei verschieden schwere Routen rund um Westendorf und die Bergstation Talkaser; Karte und Infos beim Verkehrsamt; Tel. 0 53 34/62 30; Nordic-Walking-Kurse in allen Orten; Nordic-Walking-Schule Hochbrixen (Bergstation); Tel. 0 53 34/84 33
Paragliding Westendorf/Söll/ Hopfgarten	Eine der Topadressen für Gleitschirmflieger ist der Talkaser bei Westendorf. Am Startplatz bei der Choralpe (1800 m) herrschen meist gute thermische Bedingungen. Ein weiterer Top Tipp ist die Hohe Salve. Kurse, Tandemflüge und Schnupperkurse bei der Flugschule Westendorf; Tel. 0 53 34/68 68; www.para.at
Klettern Wilder Kaiser	500 Routen aller Schwierigkeitsgrade; rauer, fester Kalkstein; meist alpine Touren mit oft langen Zustiegen und anspruchsvollen Abstiegen; weniger erfahrenen Kletterern wird ein Bergführer empfohlen; Bergsteigerschule Wilder Kaiser; Tel. 0 53 72/6 25 75; www.bergsteigerschule.at; Alpinschule Wilder Kaiser; Tel. 0 53 58/30 62; www.alpinistik.com
Mountainbiken Brixental	Ausgangspunkt: Dorfplatz Brixen (800 m) – Brixenbachalm – Wiegalm (1505 m) – Gaisberg (1767 m) – Bärstättalm (1451 m) – Gaisbergmoos – Kirchberg (837 m) – Brixen; mittelschwere Tour; Zeit: ca. 3 Std.; die gesamte Region ist ein Dorado für Mountainbiker; Karten bei Verkehrsämtern; geführte Touren: Abenteuerschule Hofer; www.outdoorhofer.com

Die Bergwelt zeigt sich lieblich, sanfte Almen und kleine Seen ersetzen schroffe Felsen. Besonders reizvoll sind die ursprünglichen Seitentäler wie die Kelchsau. Schon der kleine Ort selbst gibt sich mit seinen historischen Häusern traditionell. Wer weiterfährt, muss sich entscheiden: Der Kurze Grund führt hinauf ins Wandergebiet der Bamberger Hütte, im Langen Grund geht die Mautstraße weit hinein, sodass es nur noch eine gemütliche Wanderung zur ältesten Alm der Region, der Tiefentalalm, ist. Ein weiteres Kleinod ist das malerische Windautal, in das von Westendorf aus, einem sonnigen Ort mit blumengeschmückten Häusern, eine Mautstraße führt. Weitaus schöner ist es allerdings, diese Täler mit dem Mountainbike zu erkunden. Oder zu Fuß über den Brixentaler Höhenweg auf herrlichen, einfachen Steigen von Tal zu Tal zu wandern. Der neunte Ort der Ferienregion ist Brixen im Thale mit seiner weithin sichtbaren Barockkirche, die auch gerne »Bauerndom« genannt wird. Das einstige Bergbaudorf wurde schon von den Kelten besiedelt, heute bietet es Urlaubern im Rahmen des Kultursommers ein abwechslungsreiches Programm.

Kaiserbad Ellmau
Das Kaiserbad Ellmau ist eigentlich nicht nur ein Bad, sondern eine große, moderne Sport- und Wellness-Anlage mit großem Außenbereich und attraktiven Innenanlagen. Außen: Erlebnisbad mit Rutschen, Sportbecken, Sprunganlage, Abenteuer-Wasserspielplatz, Biobadeteich, Beachvolleyball; Innen: Hallenbad, Whirlpool, Wellness-Bereich, Saunawelten; Sport: Kletterwand, Squash, Tennis etc.; Tel. 0 53 58/38 11

»Entdecke deine Natur« ist das Motto im **Alpinolino** im Entdeckerpark auf der Choralpe. Bei der Murmeltier-Ralley oder der Tierischen-Rätsel-Tour wird die faszinierende Welt der Alpen mit ihren kleinen und großen Geheimnissen erforscht. Durch spielerische Themenaufbereitung erfährt man Wissenswertes aus heimischer Natur und Tierwelt; Dauer: 1 Std., Länge: 1,5 km Tel. 0 53 34/20 00 www.westendorf.de, www.alpinolino.at

Wanderkarten

Freytag & Berndt; WK 301 Kufstein – Kaisergebirge – Kitzbühel, WK 121 Großvenediger – Oberpinzgau; jeweils 1:50 000

Kitzbühel und Kirchberg

ADAC Prädikat

SPORT & SPASS

WANDERN & BERGTOUREN

KULTUR & CO.

WELLNESS & GENUSS

Glamour unterm Hahnenkamm

Wer Kitzbühel als Partybühne der noblen Gesellschaft sieht, liegt zwar nicht falsch, kennt aber nicht die ganze Wahrheit. Denn rund um das Kitzbüheler Horn und den Hahnenkamm eröffnen sich vielfältige Möglichkeiten: Kunstfreunde werden überrascht sein, was sie in der traditionsreichen Bergstadt für Schätze entdecken, Wanderer genießen die Stille auf einsamen Pfaden, und für Sportler bietet sich eine ganze Palette interessanter Angebote, egal ob aktiv dabei oder passiv auf den Zuschauerrängen.

Partybühne mit Geschichte und Aussicht: Kitzbühel umgeben sanfte, grüne Wanderhügel. Der Wilde Kaiser im Hintergrund ist eine grandiose Kulisse.

Es muss etwas Besonderes an Kitzbühel sein, denn die unzähligen Schönen und Reichen, die sich hier zumindest zeitweise niederlassen, können ja nicht alle irren. Zwar liegt der Wilde Kaiser mit seinen spektakulären Felszacken nur als Kulisse in der Ferne, und die eisbedeckten Bergriesen der Hohen Tauern im Süden verstecken sich noch hinter den Grasbuckeln der Kitzbüheler Berge. Doch zwischen Kalkgraten und Eisgipfeln scheinen die Alpen hier ein grünes, sanft geformtes Intermezzo einzulegen. Von mächtigen, kilometerdicken Gletschern der Eiszeit wurden die Schieferberge zu wenig spektakulären, aber dafür umso herrlicheren Mountainbike-, Wander- und Skibergen geformt. Ein Beispiel dafür ist der Hahnenkamm (Ehernbachhöhe), an dem immer im Januar die besten Abfahrtsläufer der Welt auf der berühmten »Streif« um Hundertstelsekunden kämpfen. Ein gesellschaftliches Großereignis, bei dem jeder dabei sein muss, der glaubt, Rang und Namen zu haben. Ähnlich ist es im Sommer, wenn sich die besten Tennisspieler beim ATP-Tennisturnier, den »Generali Open«, begegnen. Oder wenn sich die Stars der Golfszene im Juni zu wichtigen Wettkämpfen in Kitzbühel versammeln.
Doch das ist nur eine Seite. Jenseits der Schickeria-Fassade wartet eine reizende Stadt mit einer interessanten Geschichte darauf, von

the perfect day

9 Uhr: Mountainbike-Tour zum Seidlalmsee auf dem Hahnenkamm (Bademöglichkeit), Einkehr auf der Seidlalm
13 Uhr: Besuch im Schaubergwerk »Erbstollen Kupferplatte« bei Jochberg
16 Uhr: Badeausflug zum Schwimmbad am Schwarzsee
19 Uhr: Abendessen beim Gasthof Falkenstein in Kirchberg/Spertental

den Gästen entdeckt zu werden. Das Straßenbild ist geprägt von bemalten Häusern mit breiten Fronten, verspielten Erkern, gemeißelten Steinportalen und weit vorspringenden Giebeldächern.
Bereits die Kelten bedienten sich an den reichen Kupfer- und Silbervorkommen, und zur Römerzeit führte eine wichtige Straße durch die Region. Kitzbühel entwickelte sich zu einem Bergbau- und Handelszentrum. 1271 wurde Kitzbühel, das damals noch zu Bayern gehörte, zur Stadt erhoben und mit einer mächtigen Befestigungsanlage wehrhaft gemacht, um den südöstlichsten Zipfel des Landes zu stärken. Seit 1506 gehört die Stadt zu Tirol.
In dieser Zeit florierte der Bergbau. Rund 1500 Bergleute arbeiteten in den Schächten, die bis zu 900 m tief in den Berg reichten. Im 18. Jh. wurden jährlich 134 t Kupfer gefördert, danach wurden die Erträge geringer, bis der Bergbau 1926 gänzlich eingestellt wurde. Einen guten Eindruck davon, wie die Knappen in den Schächten und Stollen damals arbeiteten, bekommen die Besucher des Schaubergwerks Kupferplatte am Jochberg.
Kitzbühel war eine reiche Stadt, aber Pest und Dreißigjähriger Krieg brachten auch hierher Not und Elend sowie eine neue Welle der

WANDERN & BERGTOUREN

TOP TIPP

Ein herrlicher Höhenspaziergang führt auf dem **Panoramaweg von der Hahnenkamm-Bergstation** (1655 m) Richtung Westen bis zum Wiesensattel vor der Ehrenbachhöhe (1802 m). Der kurze und gemütliche Weg ist gespickt mit Sehenswürdigkeiten: Bereits an der Hahnenkamm-Bergstation lohnt sich ein Abstecher ins Bergbahnmuseum. Wenige Schritte weiter kommt man am Starthaus des Hahnenkammrennens vorbei. Dort hat man einen Blick auf die legendäre Mausefalle, die erste Schlüsselstelle der berühmten Abfahrtstrecke »Streif«. Am Ende des Panoramawegs bei der St.-Bernhard-Kapelle kann man aus dem Spaziergang eine Wanderung machen, indem man nicht zurückgeht, sondern zur Ehrenbachhöhe hinaufsteigt und noch 2 Std. bis zum Pengelstein (1939 m) wandert (einfach, Abstieg wie Aufstieg). An Einkehrmöglichkeiten mangelt es nicht. Kaum ein anderer Berg in Tirol ist so gut mit Hütten erschlossen wie der Hahnenkamm.

Kitzbüheler Horn (1966 m) Von der Mittelstation zum Gipfel mit Panoramablick	Ausgangspunkt: Mittelstation der Kitzbüheler Hornbahnen (1266 m); Alpenhaus – Alpenblumengarten – Kitzbüheler Horn; prächtiger Blick; Rückweg wie Hinweg oder mit der Bahn ins Tal direkt nach Kitzbühel; leichte Wanderung; Zeit: ca. 2 Std.; Einkehr: Adlerhütte, Alpenhaus
Schwarzkogel (2030 m) Mittelschwere Tour zu einem der höchsten Gipfel rund um Kitzbühel	Ausgangspunkt: Aschau (1014 m); Kleinmoosalm (1622 m) – Schwarzkogelscharte (1950 m) – schöner Bergsteig über den gestuften Rücken zum Schwarzkogelgipfel; Abstieg wie Aufstieg; Trittsicherheit nötig; Zeit: ca. 5 Std.; Einkehr: in Aschau
Roßgruber (2156 m) Herrliche, mittelschwere Höhenwanderung am Pass Thurn	Ausgangspunkt: Pass Thurn, Bergstation Resterhöhe (1728 m); Panoramahöhenweg – Tanztörl (1940 m) – Hartkaser (1901 m) – Panorama-Alm (1989 m) – ab hier schmalerer Bergsteig, Trittsicherheit erforderlich, bis zum Gipfel; Abstieg wie Aufstieg; herrlicher Blick auf die Hohen Tauern und den Großvenediger; Zeit: ca. 4,5 Std.; Einkehr: Resterhöhe, Panorama-Alm

TOP TIPP

Eine anspruchsvolle und schöne **Mountainbike-Tour** führt zum Torsee. Vom Ausgangspunkt Jochberg/Wagstättlift Talstation führt die Schotterstraße mit leichter Steigung durch den Wald. Beim Sintersbacherwasserfall kann man eine Rast einlegen bevor es, begleitet von einer beeindruckenden Landschaft, weiter geht zum Teufelssprung. Bis zur Oberkaseralm muss das Rad geschoben werden (keine offizielle Route). Am Torsee, der eingebettet von den Gipfeln Saalkogel, Gamshag sowie dem Mittagskogel liegt, kann man die Seele baumeln lassen. Ab der Oberkaseralm geht es wieder runter ins Tal. Einkehr: Kelchalm, Gesamtlänge: 32 km, 1200 Höhenmeter
Geführte Touren: www.bikeacademy.at, Tel. 0 53 57/3 52 18, 06 64/2 83 72 20

Restaurants

Wirtshaus zum Rehkitz
Wirtshaus in einem romantischen alten Bauernhaus in herrlicher Berglage. Es ist entsprechend gemütlich, wenn auch eine gewisse Kitzbüheler Noblesse unvermeidbar scheint. Klassische österreichische und internationale Küche; beliebter Promitreff in Kitzbühel; Tel. 0 53 56/6 61 22

Gasthof Falkenstein
Ein bodenständiger und beliebter Gasthof im Spertental bei Kirchberg. Typische Tiroler Küche mit Zutaten vom Biobauer; besonders zu empfehlen sind die Wildspezialitäten Tel. 0 53 57/81 16

SPORT & SPASS

Golf Kitzbühel	Je zwei 18-Loch- und 9-Loch-Plätze (www.kitzbuehel-golf.com): Am exklusivsten und anspruchsvollsten ist der Championship-Platz Eichenheim in Aurach, mit Golfschule; Tel. 0 53 56/6 66 15. Hervorragend ist auch der 18-Loch-Platz Schwarzsee; Schnupperkurs, Golf-Akademie; Tel. 0 53 56/71 64 50
Badezentrum Aquarena Kitzbühel	Große, moderne Schwimmhallen; Wasserrutsche, Kleinkinderbecken; Aquagymnastik, Wellness-Bereich mit Sauna und Türkischem Bad; Tel. 0 53 56/6 43 85
Nordic Walking Kirchberg	2006 eröffnetes Nordic-Walking-Kompetenzzentrum in Kirchberg, mit einem nach Schwierigkeitsgraden unterteilten 70 km langen Streckennetz; dreimal wöchentlich geführte Touren; Info beim Tourismusverband Kirchberg, Tel. 0 53 57/20 00, www.kirchberg.at; weitere 5 Trails beim Liftparkplatz Jochberg
Wildpark Aurach	Bei einem zügigen Spaziergang können im größten Freigehege Tirols auf 40 Hektar 200 Tiere entdeckt werden. Neben zahlreichen heimischen Tieren wie Rotwild, Luchsen und Wildschweinen sind hier auch Exoten wie Yaks, Zebus und Kängurus; Tel. 0 53 56/6 52 51, www.wildpark-tirol.at.

Restaurants

Restaurant Rosengarten
Wenn es besonders fein und gehoben sein soll, dann empfiehlt sich ein Ausflug ins Restaurant Rosengarten im Drei-Sterne-Hotel Taxacher Hof in Kirchberg. Ländlich-elegantes Ambiente und eine hochgelobte Gourmetküche, die mit zwei Hauben von Gault-Millau ausgezeichnet ist; Tel. 0 53 57/25 27, www.geniesserrestaurant.at

Kitzbüheler Rundwanderweg
Ein Höhepunkt für Wanderfreunde ist der 60 km lange Kitzbüheler Rundwanderweg. Die Tour führt vom Kitzbüheler Horn über die Bichl- und Kelchalm bis nach Jochberg und weiter auf der gegenüberliegenden Seite des Tales über den Pegelstein zum Hahnenkamm. Gipfelstürmer überwinden dabei 3.373 Höhenmeter, die entweder im Rahmen einer Mehrtages-Tour mit Hütten-Übernachtungen oder als einzelne Etappen erwandert werden können. Traumhafte Aussichten sind überall garantiert!

Gläubigkeit. Da der Bergbau nach wie vor für Wohlstand sorgte, konnte man es sich leisten, Kunstmaler, Bildhauer und Baumeister in die Stadt zu holen, die im 17. und 18. Jh. bedeutende Werke der Barockkunst schufen, allen voran die in Kitzbühel ansässige Künstlerfamilie Faistenberger. Als die Einnahmequelle Bergbau versiegte, begann eine andere zu sprudeln: Mit den ersten Wintersportgästen kam 1892 ein neuer Aufschwung. Boutiquen und Luxusherbergen zeugen im Ortskern heute davon, dass das Publikum hier nicht aufs Geld achten muss.

Pfarrkirche St. Andreas und Liebfrauenkirche, Kitzbühel

Vom umfassenden Freizeitangebot in der Region profitiert allerdings jeder: Das Kulturprogramm, die Gastronomie, die Sportanlagen, die Mountainbike-Strecken oder die Wanderwege zu den Gipfeln machen die Gegend auch für den »normalen« Gast attraktiv. Oft helfen

Bergbahnen beim Überwinden der Höhenmeter, etwa am markanten Kitzbüheler Horn. Egal ob man nun zu Fuß, mit dem Mountainbike, der Bergbahn oder mit dem Auto über die schöne Panoramastraße (mautpflichtig) zum Gipfel kommt, oben ist einfach jeder vom atemberaubenden Panorama fasziniert: Karwendel, Rofangebirge, Wilder Kaiser, Leoganger Steinberge, Berchtesgadener Alpen, Hohe Tauern, Großglockner, Großvenediger, Zillertaler Alpen – sie alle sind bei guten Verhältnissen zu sehen. Doch auch den nahe liegenden Dingen sollte man Beachtung schenken. Etwa dem in eine bizarre Felslandschaft eingebetteten Alpenblumengarten beim Alpenhaus. Wer vom Parkplatz am Ende der Panoramastraße in etwa 30 Min. zum Gipfel steigt, kommt direkt am hochalpinen Blumenparadies vorbei. Weitere blumenreiche Spazierwege findet man im Dreieck zwischen Kitzbühel, Kirchberg und Reith. Sie führen zu Schwarzsee, Gieringer Weiher und Vogelsberger Weiher. Für Liebhaber alpiner Ruhe und Beschaulichkeit lohnt es sich, ein paar Schritte weiter abseits zu gehen. Etwa ins bodenständige Kirchberg westlich von Kitzbühel und von dort weiter ins Landschaftsschutzgebiet Spertental mit dem malerischen kleinen Dorf Aschau. Ein interessanter Naturlehrpfad bei der Hintenbachalm gewährt Einblicke in die Besonderheiten von Flora und Fauna. Leichte Wanderwege führen aufs Brechhorn, anspruchsvoller ist der Steig auf den höchsten Gipfel der Kitzbüheler Alpen, den Großen Rettenstein, das schroffe, felsige Oberhaupt der grasigen Hügel.

Auch südlich von Kitzbühel, Richtung Pass Thurn, findet man ruhige Wanderwege und interessante Orte: etwa das kleine Aurach mit einem weitläufigen Wildpark, einer schönen Kirche und herrlichen alten Bauernhöfen. Im netten Bergdorf Jochberg führt eine leichte Wanderung (Zeit: ca. 1 Std.) zum imposanten Sintersbacher Wasserfall. Über einen mittelschweren Steig gelangt man auf der westlichen Talseite durch den Saukasergraben hinauf zur malerischen Blauen Lacke (Zeit: ca. 3 Std.) am Fuße der felsigen Abbrüche des Kleinen Rettensteins. Party-Löwen und »Adabeis« (solche, die unbedingt überall dabei sein müssen) trifft man dort oben nur selten. Und wenn, dann zeigen sie sich von ihrer ganz normalen, menschlichen Seite. Vielleicht macht genau dies den besonderen Reiz von Kitzbühel aus: Glamour und Natur liegen hier so nahe beieinander, dass man jederzeit für sich selbst entscheiden kann, was einem wichtiger ist.

ALLGEMEINE INFORMATIONEN

Kirchberg (837 m)	Tourismusverband **Kirchberg**; Tel. 0 53 57/20 00; E-Mail: info@kirchberg.at; www.kirchberg.at
Kitzbühel (762 m)	**Kitzbühel** Tourismus; Tel. 0 53 56/7 77; E-Mail: info@kitzbuehel.com; www.kitzbuehel.com
Orte	**Aschau • Aurach • Jochberg • Reith**
Entfernungen	Hamburg 906 km; Berlin 717 km; Köln 707 km; Frankfurt a. M. 523 km; Stuttgart 364 km; München 130 km

Hütten

Gipfelhaus Kitzbüheler Horn (1970 m)
Ob man zu Fuß, mit dem Rad oder mit der Bahn das Horn

erklimmt, die Aussicht ist in jedem Fall grandios. Das Gipfelhaus ist äußerlich urig und innen modern-rustikal mit großem SB-Restaurant und Tiroler Küche; große Sonnenterrasse und Kinderspielplatz; Tel. 0 53 56/6 47 73, www.gipfelhaus-kitzbuehel.com

Hocheckhütte (1670 m)
Gemütliche Hütte unterhalb der Bergstation der Hahnenkammbahn, zwischen Starthäuschen der »Streif« und »Mausefalle«; Übernachtung nur auf Anfrage; Tel. 0 53 56/6 25 54, www.hocheckhuette.at

Kobingerhütte (1504 m)
Aussichtsreiche Hütte, vom Gaisberglift in einer schönen Wanderung in ca. 1 Std. zu erreichen. Bei der Hütte liegt eine nette kleine Bergkapelle. Serviert wird gute Hausmannskost, die Produkte stammen vorwiegend aus der eigenen Landwirtschaft; Tel. 0 53 57/36 33

Wanderkarten

Freytag & Berndt; WK 301 Kufstein, Kaisergebirge, Kitzbühel; 1:50 000
Freytag & Berndt; WK 121 Großvenediger, Oberpinzgau; 1:50 000

Pillerseetal und Ferienregion St. Johann in Tirol

ADAC Prädikat

SPORT & SPASS ✱✱✱✱✱

WANDERN & BERGTOUREN ✱✱✱✱✱

KULTUR & CO. ✱✱✱✱

WELLNESS & GENUSS ✱✱✱

Landleben im Schatten des Kaiser

Sie gehören nicht zu den bekannten und glamourösen Zielen im Tiroler Land, aber trotzdem bieten das Pillerseetal ein vielseitiges Freizeitprogramm und St. Johann vor allem im Ortskern den Charme eines kleinen Alpenstädtchens. Umrahmt von schroffen Gipfeln, prägen abgerundete Berge, kristallklare Seen und ursprüngliche Dörfer das Bild einer Region, in der Bergwanderer und Mountainbiker umfangreiche Tourenmöglichkeiten finden. Dazu gibt es attraktive Angebote für Familien und viel Spaß für Kinder.

Wenn es um berühmte Gipfel und Namen geht, liegt handfeste Konkurrenz in der Nachbarschaft: der Wilden Kaiser, daneben Kitzbühel mit dem Hahnenkamm und auf der Ostseite die Leoganger und Loferer Steinberge. Aber man kann auch ohne prominente Berge glänzen, dafür ist der östlichste Winkel Tirols der beste Beweis. Da gibt es zum einen St. Johann mit seinem kleinstädtischen Flair. Fieberbrunn und Hochfilzen im Süden sind ohnehin etablierte Wintersportorte und bieten ebenso wie St. Jakob in Haus, St. Ulrich am Pillersee und ganz im Norden Waidring an der Grenze zu Bayern auch im Sommer

WANDERN & BERGTOUREN

TOP TIPP

Das **Wildseeloderhaus** auf 1854 m ist nicht nur eine der schönstgelegenen Berghütten im Pillerseetal, sondern auch ein Ausgangspunkt für viele Touren. Man erreicht es von Fieberbrunn aus über den Lauchsee, dann weiter über Rettenwand und Lucht bis zum Gasthof Streuböden, dann geht es rechts weiter über die Wildalm zum Wildseeloderhaus, das direkt am idyllischen Bergsee liegt; Gehzeit: ca. 3 Std. Schneller und bequemer kommt man mit der Gondelbahn bis zum Lärchfilzkogel und über den Fieberbrunner Höhenweg zum Ziel. In ca. 2 Std. erreicht man den Gipfel des Wildseeloder (2117 m) oder den Hennegipfel (2078 m).

Römersattel (1205 m) Auf altem Wallfahrtsweg in den Pinzgau	Ausgangspunkt: Hochfilzen (959 m); Biathlonanlage – Schüttachstraße – Römersattel – Vorderkaserklamm – Ausgang Klamm – Bushaltestelle; Rückweg nach Hochfilzen mit dem Bus oder Zug; Zeit: ca. 4 Std. Bei Schießübungen ist der Weg gesperrt.
Steinerne Stiege Panoramarundweg bei St. Ulrich	Ausgangspunkt: Latschenbrennerei in St. Ulrich; Steinerne Stiege – Kalktal – Kirchberggipfel (1680 m) – Gerstbergalm – Winterstelleralm – Lindtal – Latschenbrennerei St. Ulrich; reizvolle Tour für bergerfahrene Wanderer, Zeit: ca. 4 Std.; Einkehr: Winterstelleralm, Lindtalalm, Gerstbergalm
Naturlehrpfad Steinplatte (1413 m) – Erlebniswandern für Jung und Alt bei Waidring	Ausgangspunkt: Parkplatz an der Mautstraße Steinplatte; Gasthof Brennhütte – Durchkaseralm – Windbühel; Stationen mit Informationen und Spielmöglichkeiten für Kinder; Zeit: ca. 2 Std.; Einkehr: Gasthof Brennhütte

the perfect day

9 Uhr: Auffahrt mit der Gondelbahn Waidring/Steinplatte und Besuch des »Triassic Parks« (www.steinplatte.co.at)
13 Uhr: Spaziergang am Pillersee und Besuch des Bienenlehrpfades
16 Uhr: Schwimmen am idyllisch gelegenen Lauchsee in Fieberbrunn (www.lauchsee.at)
19 Uhr: Abendlicher Bummel durch den alten Ortskern von St. Johann

viele Freizeitmöglichkeiten. Einen besonderen Reiz – um den sie von den Tiroler Nachbarn vielleicht sogar beneidet werden – übt hier die Kombination von Bergen und Wasser aus: Da ist natürlich der Pillersee bei St. Ulrich, dann gibt es den besonders idyllischen Badesee in Waidring und den kleinen Lauchsee bei Fieberbrunn. Der Pillersee ist übrigens groß genug, um neben Liegewiesen, Spielplätzen und Beachvolleyball auch noch ruhige Plätze für Angler zu bieten. Der Besuch der gotischen Wallfahrtskirche St. Adolar am Nordende des Pillersees macht die leichte Wanderung entlang des stillen Ostuferwegs besonders lohnend.

Von den Seen im Tal hinauf zu den Bergen: Die sind stattlich, aber im Gegensatz zu ihren Nachbarn nicht bedrohlich. Die Wanderwege sind alpin, aber nicht extrem, und viele eignen sich auch für Mountainbiker. Und Hütten gibt es reichlich.

Eine Besonderheit ist die Steinplatte bei Waidring, die Wanderer, Kletterer, Mountainbiker und Geologen gleichermaßen fasziniert. Denn das herrliche Hochplateau mit seiner markanten Steilwand ist Europas einziges Trockenriff, das vor Jahrmillionen aus einem Korallenmeer entstanden ist. Unzählige Organismen haben das mächtige Riff aufgebaut. Vor allem im Gipfelbereich sind die im hellgrauen Kalk eingeschlossenen Versteinerungen gut zu erkennen.

Felszinnen überm grünen Talboden Die Loferer Steinberge überragen Waidring, das direkt an der Grenze zu Bayern liegt.

Sommerrodelbahn St. Johann
1000 m lang, mit zwei fast parallel laufenden Bahnen, 15 Kurven. Hinauf mit der Sesselbahn Hochfeld; Tel. 0 53 52/6 22 93; www.bergbahnen-stjohann.at

Ballonfahrt St. Johann
Ballonfahrt über die Gipfel des Pillerseetals, der Kitzbüheler Alpen oder des Wilden Kaiser. Anmeldung: Ballooning tyrol; Tel. 0 53 52/6 56 66; www.ballooningtyrol.com

Viel Abwechslung für Familien

Ideal zum Wandern und Mountainbiken ist auch die Gegend um St. Johann in Tirol im Nordwesten der Region. Hinauf auf den Harschbichl geht's mit der Gondelbahn, von dort aus können Wanderer aufs markante Kitzbüheler Horn steigen oder über die üppig blühenden Almwiesen am Bergsee vorbei zurück ins Tal wandern. Eine besondere Attraktion für Groß und Klein ist die Sommerrodelbahn mit zwei fast parallelen Strecken, ihr Start ist bei der Bergstation der Hochfeldbahn. Besonders die kleinen Gäste werden vom umfassenden Freizeitprogramm begeistert sein: Erste Adresse für die Kinder ist das Familienland in St. Jakob mit Ritterburgen, Piratenschaukeln, Floßfahrten und vielem mehr. Im »Tatzi-Club« finden die Kinder ihr spezielles Programm, wenn der Ausflug mit den Eltern doch zu langweilig sein sollte. Wer aber lieber gemeinsam etwas unternimmt, findet genügend Möglichkeiten. Zum Beispiel eine Tour mit den Inlineskates im Gelände des Biathlonzentrums Hochfilzen. Man sollte sich nicht entmutigen lassen, wenn plötzlich ein Skater im Expresstempo mit eleganten Bewegungen an einem vorbeizieht. Immerhin sind es Profisportler, die sich hier auf den weitläufigen, auch für Gäste zugänglichen Trainingsstrecken für die Wintersaison vorbereiten. Gemütlicher geht es in den Dörfern zu. Das gilt für die kleinen Orte Waidring und St. Jakob ebenso wie für St. Ulrich. Und auch im abgelegenen Hochfilzen auf fast 1000 m Höhe lebt es sich recht beschaulich. Wer Lifestyle und Trendsport sucht, wird in Fieberbrunn fündig: im Fun- und Actionpark mit Kletterturm und Hochseilgarten oder im Erlebnisbad Aubad. St. Johann selber besticht durch bodenständige Behaglichkeit und gehobene Gastlichkeit. Gepflegte Gasthöfe bieten ebenso ein Bett für dich Nacht wie komfortable Vier-Sterne-

Der Wilde Kaiser, vom Bergsee bei St. Johann aus gesehen.

Die Kirche von St. Ulrich und der Pillersee

Trias Park Steinplatte
Eintauchen in die Zeit vor 250 bis 200 Millionen Jahren kann man ab Sommer 2008 auf der Waidringer Steinplatte. Dann öffnet dort der neue Trias Park seine Pforten. Im großen, unterirdischen Ausstellungsareal erhalten Besucher eine Fülle von Informationen über die »Trias«, die Zeit in der die Steinplatte noch ein Korallenriff war. Lebensgroße Modelle von Dinosauriern und Urzeitlebewesen können bestaunt werden; im großen Freigelände können Besucher sogar selbst nach Fossilien graben. Zudem bieten der weltweit höchstgelegene Sandstrand und ein Minimeer Spaß am und im Wasser;
Infos unter Tel. 0 53 53/ 53 30

Hotels. Das Besondere: ein Tunnel vor dem Ort schützt den gesamten Ortskern vor Durchgangsverkehr und so bleibt der Hauptplatz mit der kleinen Fußgängerzone den Einheimischen und Urlaubern zum Flanieren vorbehalten. Hier trifft man sich auch am Abend in gemütlichen Lokalen, schönen Restaurants oder fetzigen Discos – für die Abendunterhaltung ist einiges geboten. Bei einem Spaziergang durch den Ort kommen auch historisch Interessierte auf ihre Kosten. Sehenwert ist die alte Einsiedlerkapelle aus dem 17. Jahrhundert oder das Schwarzinger Haus mit seine prachtvollen Fassade.

Hütten

Jausenstation Gerstberg (1119 m)
Nostalgische Einkehrstation bei St. Jakob in einem 700 Jahre alten Bergbauernhof. Urige »Rauchkuchl«, Sonnenterrasse mit schöner Aussicht;
Di Ruhetag; Tel. 0 53 54/5 23 39

Wintersteller Alm (1423 m)
Urige Almhütte in St. Ulrich mit Übernachtungsmöglichkeit im Matratzenlager. Ende Mai bis Anfang Oktober geöffnet. Zünftige Almjause!
Tel. 06 64/ 5 05 04 85

ALLGEMEINE INFORMATIONEN

Urlaubsregion	Tourismusverband **Pillerseetal**; Tel. 0 53 54/5 63 04; E-Mail: info@pillerseetal.at; www.pillerseetal.at Ferienregion **St. Johann in Tirol**; Tel. 0 53 52/63 33 50; E-Mail: info@ferienregion.at; www.ferienregion.at
Orte	**Fieberbrunn • Hochfilzen** www.pillerseetal.at • **St. Jakob in Haus** www.pillerseetal.at • **St. Ulrich am Pillersee** www.stulrich.at • **Waidring** www.pillerseetal.at
Entfernungen	Hamburg 910 km; Berlin 721 km; Köln 712 km; Frankfurt a. M. 528 km; Stuttgart 368 km; München 135 km

Wanderkarten

Freytag & Berndt, WK 301
Kufstein-Kaisergebirge-Kitzbühel; 1:50 000

Matrei, Kals am Groß-glockner, Defereggental

ADAC Prädikat

SPORT & SPASS

WANDERN & BERGTOUREN

KULTUR & CO.

WELLNESS & GENUSS

Bauernland unter Gletschereis

Den Weg durch den Felbertauerntunnel nach Matrei in Osttirol nehmen viele nur, um Staus am Brenner oder auf der Tauernautobahn zu umgehen. Andere wissen es besser und bleiben hier. Auf der Südseite der Hohen Tauern, zwischen Großglockner und Großvenediger, genießen sie das große Urlaubserlebnis inmitten einer streng geschützten und seit Jahrhunderten gepflegten Natur- und Kulturlandschaft.

Nachdem Bergwandern zum »Trendsport« ausgerufen wurde, hätte man Osttirol als »Trendregion« bezeichnen müssen. Und das bereits vor einer Ewigkeit: 1868 baute der Alpenverein hier seine ersten Hütten und legte frühzeitig ein ganzes Netz von Wegen durch Täler und über hoch gelegene Pässe an. Trotzdem gilt Osttirol bis heute als Geheimtipp. Das liegt vor allem an seiner geografischen Lage abseits der großen Verkehrswege auf der Südseite des Felberntauerntunnels. Der 1965 erbaute Straßentunnel und Passübergang eröffnet zwar eine Alternative zu den staugeplagten Transitstrecken von Brenner

Venediger-Höhenweg
Der Venediger-Höhenweg ist eine der schönsten Weganlagen seiner Art in den Alpen. Einzelne Abschnitte erfordern Kondition und etwas Trittsicherheit. Der Weg beginnt beim Venedigerhaus Innergschlöß. Für die Strecke über Badener Hütte, Bonn-Matreier-Hütte, Eisseehütte und Johannishütte zur Essener-Rostocker-Hütte

sind vier Tage zu veranschlagen. In Ströden hat man direkten Anschluss an den Lasörling-Höhenweg, der auf der anderen Talseite entlang führt; Stationen: Reichenberger Hütte, Bergerseehütte, Lasörlinghütte, Zupalseehütte, Arnitzalm, Zunigalm. Die gesamte Höhenwegrunde über dem Virgental dauert etwa acht Tage, sie kann aber nach Belieben verkürzt und individuell gestaltet werden.

the perfect day

7 Uhr: Von Kals am Großglockner über die Mautstraße zum Lucknerhaus; leichter Wanderweg »Glocknerspur Berge Denken«
11 Uhr: Besuch der Großglocknerausstellung in Kals
13 Uhr: Fahrt nach Virgen, auf dem Wallfahrtsweg nach Obermauern und Besichtigung der Wallfahrtskirche »Maria Schnee« mit ihren spätgotischen Wandfresken
17 Uhr: Spaziergang auf dem »Weg der Sinne« in Virgen

WANDERN & BERGTOUREN

TOP TIPP Im Stil der Pioniere geht es auf den höchsten Berg Österreichs: Beim **»Glockner Treck Kals«** (1) transportieren Haflinger die Rucksäcke der Teilnehmer vom Lucknerhaus (1920 m) zur Salmhütte (2638 m). Für die von Bergführern sicher geleitete **Besteigung des Großglockners** (3798 m) über die Erzherzog-Johann-Hütte (3454 m, Übernachtung) sind gute Kondition, Schwindelfreiheit und Trittsicherheit erforderlich.

Seespitze (3021 m) Im letzten Teil anspruchsvolle Bergwanderung	Ausgangspunkt: Mariahilf im Defereggental (1422 m); Seespitzhütte (2327 m, evtl. Übernachtung) – Oberseitsee – Seespitze; ab Oberseitsee wird die Wanderung anspruchsvoller, im Gipfelbereich ein leichter Kletterabschnitt, eine Felsplatte ist gesichert; Zeit: ca. 7 Std.; Einkehr: Seespitzhütte
Kalser Höhe (2434 m) Einfache Höhenpromenade mit großartiger Aussicht	Ausgangspunkt: Bergrestaurant Blauspitz (2305 m), Sessellifte von Kals; Kalser Höhe (2434 m) – Kals-Matreier-Törl – Europapanoramaweg – Bergrestaurant Blauspitz; Zeit: ca. 2 Std.; Einkehr: Bergrestaurant Blauspitz, Kals-Matreier-Törl-Haus; Variante: Erfahrene Wanderer können die Runde mit dem Weg über die Blauspitze (2575 m) und den Weißen Knopf (2577 m) um ca. 1 Std. verlängern
Clarahütte (2036 m) Leichte Bergwanderung in toller Nationalparklandschaft	Ausgangspunkt: Parkplatz/Bushaltestelle Ströden (1403 m) im Virgental; Pebellalm – Umbalfälle – Clarahütte; zurück auf gleichem Weg; Zeit: ca. 6 Std.; Einkehr: Pebellalm, Islitzer Alm, Clarahütte
Sajathütte (2600 m) Etwas anspruchsvoll, aber schön	Ausgangspunkt: Wanderparkplatz Frößach (1478 m); Blumenweg Sajatmähder – Sajathütte – Prägratener Höhenweg – Ochsnerhütte (2128 m) – Timmeltal – Wiesachweg – Wanderparkplatz Frößach; Zeit: ca. 6 Std.; Einkehr: Saathütte

Österreichs Höchster: Als elegante Pyramide aus Fels und Eis baut sich der Großglockner über dem Ködnitztal auf.

und Tauerntunnel. Doch wer den Tunnel nur auf der Durchreise zu den Adriastränden passiert, versäumt das Beste: eine spektakuläre Naturlandschaft, in der die vielen Jahrhunderte bäuerlichen Lebens und Arbeitens ansehnliche Spuren hinterlassen haben.

Auf hohen Wegen von Hütte zu Hütte wandern – dafür ist das Virgental prädestiniert. An den auf der südlichen Talseite verlaufenden Lasörling-Höhenweg schließt sich auf der nördlichen Talseite der Venediger-Höhenweg an; er führt unter den eindrucksvollen Gletschern des Großvenediger entlang durch den Nationalpark Hohe Tauern. Während der knapp zwei Wochen dauernden Wanderung sind Abstiege ins Tal fast überall möglich. Viele private Hütten am Weg sind im Besitz von Bauern, die dort ihre eigenen Erzeugnisse wie Brot, Milchprodukte und Fleisch anbieten. Bequem ist die Fahrt mit dem Taxibus von Virgen zur Wetterkreuzhütte unter dem Zupalsee und von Prägraten/Hinterbichl zur Johannishütte. Auch Arnitzalm und Zunigalm sind so erreichbar. Der öffentliche Bus fährt von Matrei durch das ganze Virgental bis hinauf nach Ströden.

Die Steige entlang des Lasörling-Höhenwegs sind bestens markierte, überwiegend echte Bergsteige, teilweise mit großen Höhenunterschieden. Wer von Ganz, einem der Ausgangspunkte des Höhenweges bei Matrei, auf den Großen Zunig gestiegen ist, wird schwitzen, aber nicht klagen: Der Zunig gilt als bester Aussichtsberg in Osttirol. Weiter unterhalb im Zunigsee spiegelt sich der Großglockner.

Auf dem faszinierenden Weiterweg lässt sich drei Tage später der Dreitausender Lasörling ersteigen. Im hintersten Iseltal gelangen Wanderer am Lasörling-Höhenweg zu den berühmten Umbalfällen und wechseln auf die andere Talseite über. Der anschließende Venediger-Höhenweg ist noch ein Stück anspruchsvoller. Hochalpine Dramatik verspricht der Abstecher von der Eisseehütte zum Wallhorntörl. Wie

Nationalpark Hohe Tauern

Der Nationalpark Hohe Tauern ist weit mehr als eine Institution zum Schutz der großartigen Landschaft. Interessierte Besucher werden nicht »hinausgeschützt«, sondern eingeladen, die Schönheiten der Natur hautnah zu

erleben. Die Nationalparkverwaltung bietet zahlreiche geführte Wanderungen, Vorträge und Packages an, manche davon speziell für Kinder. Für den Tourismus in der Region schafft sie so ein reichhaltiges, unverwechselbares Angebot zur aktiven Erholung. Zentrale Anlaufstelle ist das modern gestaltete Nationalparkhaus in Matrei. Nationalpark Hohe Tauern Tirol; Tel. 0 48 75/51 61, www.hohetauern.at

DAV Deutscher Alpenverein **DAV-Tipp**

Zu Füßen des Großglockner
Die Stüdlhütte ist nach Johann Stüdl benannt, einem der Gründer des DAV, die 1869 den Alpenverein in München aus der Taufe hoben. Nachdem 1996 ein Ersatzbau für die alte Hütte eingeweiht wurde, zählt die Stüdlhütte heute zu den modernsten AV-Hütten der Alpen. Von ihr aus starten jedes Jahr zahlreiche Bergsteiger, um den Großglockner zu besteigen; Tel. 0 48 76/82 09, www.stuedlhuette.at

Jagdhausalmen
Fast wie ein Gebirgsdorf im Himalaja wirken die aus dem 13. Jh. stammenden Jagdhausalmen (2000 m). Die Steinhütten waren 40 Jahre lang ganzjährig bewohnt. Heute sind die Hirten nur im Sommer auf den Almen und bieten Gästen kleine, selbst zubereitete Jausen an. Von Erlsbach über die Mautstraße zur Oberhausalm (1786 m). Durch das Patschertal (Lehrpfad) mit dem größten zusammenhängenden Zirbenwald der Ostalpen ca. 1 Std. hinauf zur Alm.

durch ein Fenster blickt man hier über weite Gletscherflächen zum nahen Großvenediger, der auch konditionsstarken Bergwanderern zugänglich ist – wegen der langen, spaltengefährlichen Gletscherroute allerdings nur am Seil eines Bergführers.
Parallel zum Virgental im Süden verläuft das Defereggental. Ganz hinten, bei Erlsbach, beginnt die Panoramastraße über den Staller Sattel (mit Bergsee) und hinab ins Antholzertal nach Südtirol. Ganz hinten steht der Hochgall; er ist jedoch erfahrenen Bergsteigern vorbehalten. Zur Barmer Hütte an dessen Fuße gelangen auch Wanderer ohne Probleme. Wenn sie trittsicher und schwindelfrei sind, dürfen sie sich sogar an Dreitausendern wie dem Roßhorn, dem Fennereck oder dem Großen Lenkstein mit seinem fantastischen Gipfelpanorama versuchen. Sehr begehrt ist die Seespitze über dem Hauptort St. Jakob. Von der bewirtschafteten Seespitzhütte leitet ein steiler Aufstieg zum Oberseitsee. Dieses Naturjuwel allein lohnt schon den Aufstieg. Doch fast alle gehen weiter und erreichen das geräumige, äußerst aussichtsreiche Gipfelplateau. Die kurze, einfache Kletterei (Drahtseil) am Grat schreckt die wenigsten ab. Max Planck, Nobelpreisträger für Physik und prominenter Urlaubsgast, schaffte den Aufstieg auf die Seespitze und zurück übrigens noch mit 80 Jahren.

Wo die Glockner-Fotos entstehen

Einen schönen und interessanten Streifzug durch die bergbäuerliche Kultur im Defereggental erschließt der Themenweg »Leben am Steilhang« von Bruggen nach St. Veit. Ein weiteres lohnendes Ziel ist die Brunnalm; erreichbar mit dem Sessellift auf der anderen Talseite. Wer sportlichen Ehrgeiz besitzt, hat mit dem Großen Leppleskofel ein kurzes und mit den beiden Degenhörnern zwei lange, gleichermaßen lohnende Wanderziele zur Auswahl. Verlässt man das Defereggental

in Richtung Huben im Iseltal und fährt von dort gleich wieder hinauf, gelangt man nach Kals im Ködnitztal – an den Fuß des höchsten Berges Österreichs. Auf der Mautstraße zum Lucknerhaus kommt man dem Großglockner schon recht nahe. Ein Tipp für Fotografen: Die berühmten Glocknerfotos aus der Werbung werden immer auf der Wiese neben dem Lucknerhaus geschossen. Empfehlenswert ist der gut einstündige Lehrweg »Glocknerspur-Berge Denken« zur Lucknerhütte und zurück; der Weg wird instand gehalten und eignet sich für Familien. Unter den vielen Lehr- und Themenwegen in der Region nur einzelne herauszuheben fällt schwer. Auf dem wunderschönen »Weg der Sinne« durch die Feldflur bei Virgen erfährt man, warum die Kulturlandschaft mit Wiesen und Hecken so artenreich ist. Der Weg ist auch für Blinde geeignet; diese können die Informationen ertasten. Für ein spektakuläres Abenteuer empfiehlt sich der Wasserschaupfad entlang der Umbalfälle.
Eine herrliche Aussicht bietet sich vom Europapanoramaweg: Hier gibt es gezählte 61 Dreitausender zu bestaunen. Der fast ebene Wanderweg von der Bergstation der Goldriedbergbahn zum bewirtschafteten Kals-Matreier-Törl-Haus ist sehr leicht zu bewältigen. Genau gegenüber ragt steil und felsig der Großglockner auf.

Größter Zirbenwald der Ostalpen

Auch im Defereggental sind hochinteressante Themenwanderungen ausgeschildert. Von der Oberhausalm, die auf einer Mautstraße von Erlsbach hinter St. Jakob erreichbar ist, führt ein Lehrweg durch den größten Zirbenwald der Ostalpen. Ab dem Scheitelpunkt des Lehrpfads führt eine lohnende Wanderung zur faszinierenden Jagdhausalm, die heute noch Südtiroler Bauern gehört und im Mittelalter zeitweise ständig bewohnt war. Im Gebiet des Nationalparks gibt es sieben Wege, zu denen Informationsmaterial in den Nationalparkhäusern in Matrei und Kals ausliegt. Ausstellungen erläutern die Landschaft. Zusätzlich bieten Nationalpark-Ranger geführte Wanderungen an. Hoch hinaus auf die vergletscherten Traumberge Großvenediger und Großglockner gelangt man mit einem Bergführer der Region. Neben Touren auf die prominenten Gipfel organisieren diese auch Paragliding, Rafting, Canyoning und Mountainbike-Ausflüge.

ALLGEMEINE INFORMATIONEN

Urlaubsregion	**Nationalparkregion Hohe Tauern Osttirol**; Tel. 0 48 75/65 27; E-Mail: info@hohetauern-osttirol.at; www.hohetauern-osttirol.at
Orte	**Kals a. G.** www.kalsamgrossglockner.info • **Matrei** www.tiscover.at/matrei-osttirol • **Prägraten** www.tiscover.at/praegraten • **St. Jakob im Defereggental** www.defereggental-info.at • **Virgen** www.tiscover.at/virgen
Entfernungen	Hamburg 969 km; Berlin 781 km; Köln 771 km; Frankfurt a. M. 587 km; Stuttgart 428 km; München 194 km

Hütten

Sajathütte (2600 m)
1977 eröffnete Friedl Kratzer sein erstes »Schloss in den Bergen« im Sajatkar hoch über dem heimatlichen Prägraten im Virgental. Nach der Zerstörung durch eine Lawine im April 2001 wurde die Sajathütte neu errichtet und im Juli 2002 eingeweiht mit Indoor-Kletterwand (10 m) und offenem Kamin. Oberhalb der komfortablen Hütte lockt der kurze, sportliche Klettersteig auf die Rote Säule (2820 m). Sehr empfehlenswert für trittsichere und schwindelfreie Bergsteiger ist der Aufstieg zur Kreuzspitze (3164 m, klettersteigartige Sicherungen). Der schönste Hüttenanstieg von Prägraten-Bichl über den »Blumenweg Sajatmähder« dauert ca. 3,5 Std.; oder mit Taxibus (Tel. 0 48 77/ 53 69) von der Johannishütte (2116 m) über die Sajatscharte (2750 m); Tel. 06 64/5 45 44 60, www.sajathuette.at

Venedigerhaus Innergschlöß (1700 m)
Malerische Lage im einzigartigen Talschluss von Innergschlöß, Ausgangspunkt für den spektakulären Gletscherlehrweg Innergschlöß (ca. 4 Std.); mit Hüttentaxi und Pferdekutsche ab Matreier Tauernhaus erreichbar (zu Fuß ca. 1 Std.); Tel. 0 48 75/88 20

Glorerhütte (2644 m)
Gemütliche Hütte am Übergang von Kals a. G. ins Mölltal nach Heiligenblut gelegen, Zustieg vom Lucknerhaus (1920 m, Mautstraße von Kals a. G.) in ca. 2 Std.; Tel. 06 64/3 03 22 00, www.glorerhuette.at

Wanderkarten

Freytag & Berndt Wanderkarte; Blätter WK 123 Defereggen- und Virgental; WK 181 Kals, Heiligenblut, Matrei; 1:50 000
Freizeitkarte Matrei in Osttirol der Tourismusinformation; 1:50 000 (mit Ortsplänen und Zentrumsplan Matrei)
Kompass Wanderkarte Nr. 39 (für Kals a. G.); 1:50 000
Nationalpark-Wanderkarte 1:50 000 (für gesamte Region)

Lienz und Umgebung

ADAC Prädikat

SPORT & SPASS
WANDERN & BERGTOUREN
KULTUR & CO.
WELLNESS & GENUSS

Urlaubsparadies mit Geschichte

Die Region Osttirol liegt abgekoppelt vom Rest des Bundeslandes Tirol zwischen Kärnten, Salzburg und Südtirol. Dabei fristet seine Bezirkshauptstadt Lienz keineswegs ein abgeschiedenes Dasein, vielmehr läuft an diesem Ort vieles zusammen: die Flüsse, die Gebirgszüge, und es gibt unzählige Möglichkeiten, Urlaub aktiv zu gestalten. Das Klima der Region ist vom milden, südlichen Einfluss geprägt und bietet somit optimale Voraussetzungen für die vielen Outdoor-Aktivitäten.

Panoramablick vom Zettersfeld aus auf Lienz und die Felsbastion des Spitzkofel

Aus allen Richtungen scheinen die Höhenrücken auf Lienz zuzulaufen: die Schobergruppe aus dem Norden, westlich liegen die Defregger Alpen, im Süden türmen sich die wild zerklüfteten Kalkfelsen der Lienzer Dolomiten, und gen Osten stößt man alsbald auf die Kreuzeckgruppe. Dazwischen schlängeln sich Isel und Drau bis zu ihrem Zusammenfluss bei Lienz durch die Täler. Etwas weiter westlich, im Villgratental, erinnert der Dialekt der Einwohner schon stark an die Aussprache der Südtiroler.

Wenn man von Lienz aus nach Norden schaut, wird einem der Weitblick von einem wuchtigen Bergklotz verstellt, der Schleinitz. Sie ist das Tor zur idyllischen Bergwelt der südlichen Schobergruppe. Wer hinauf will, nimmt am besten zunächst die Bergbahn oder fährt über die Mautstraße von Lienz aus auf das Zettersfeld. Auch die nächste Etappe bewältigt man kräfteschonend mit dem Sessellift, und schon steht man auf dem Steinermandl. Fast 1500 Höhenmeter Aufstieg kann man sich auf diese Weise sparen. Dadurch gewinnt man Zeit

the perfect day

9 Uhr: Fahrt mit den Bergbahnen von Lienz aufs Steinermandl, leichte Wanderung zu den Neualplseen
11 Uhr: Gemütliche Rast mit Picknick und (Sonnen-)Bad
13 Uhr: Wanderung zurück aufs Steinermandl, mit den Bergbahnen hinab nach Lienz
15.30 Uhr: Besuch des Museums auf Schloss Bruck
18 Uhr: Spaziergang durch die malerische Altstadt von Lienz, viele Einkehrmöglichkeiten

für einen tollen Abstecher an einem warmen Sommertag: Bei einer Wanderung zu den Neualplseen sollte niemand versäumen, sich am Seeufer nach einem gemütlichen Picknick zum Sonnenbad auszustrecken, denn trotz der Höhenlage herrscht dort oft ein angenehm mildes Klima. Danach lockt natürlich der nahe Gipfel der Schleinitz. Die Tour dort hinauf über unzählige Steinblöcke hinweg macht Freude, oben begeistert ein traumhaftes Panorama: Vom slowenischen Triglav im Süden bis zum Ortler im Norden reiht sich Gipfel an Gipfel. Wer allerdings weiter in die Schobergruppe vordringen will, muss sich gut vorbereiten. Diese abgelegene, fast weglose Region ist nur etwas für erfahrene Bergwanderer mit gutem Orientierungssinn. Für diese ist es allerdings ein unvergleichliches Erlebnis, auf einsamen Pfaden am Barrenlesee vorbei hinauf zum Hohen Prijakt zu steigen.

Thurntaler (2407 m)
Sein Gipfel bietet einen grandiosen Blick in die Sextener Dolomiten und auf den Karnischen Hauptkamm. Man fährt mit der Seilbahn von Sillian und wandert von der Bergstation (2089 m) gemütlich über den flachen Gratrücken zum Gipfel. Einkehr: Restaurant Gadein; Zeit: ca. 1 Std. Als Alternative nimmt man die Fahrstraße von Außervillgraten zur Thurnthaler Rast (1978 m) unter die Räder und geht von dort auf den Gipfel. Zeit: ca. 1,5 Std.; Einkehr: Almgasthof Thurntaler Rast

Liebliche Deferegger Alpen

Unmittelbar auf der anderen Seite des Iseltals fällt der Blick auf die sanfteren Deferegger Alpen mit dem von Lienz aus erreichbaren Hochstein und dem Bösen Weibele. Die Sessellifte am Hochstein helfen beim Aufstieg, als Alternative zur Bahn bietet sich eine Mautstraße an, die bis fast vor die Hochstein-Hütte führt. Dahinter wölbt sich das Böse Weibele als sanfte Kuppe in den Himmel. Gut trainierte und

WANDERN & BERGTOUREN

TOP TIPP Der **»Große Törlweg«** ist die Paradetour in den Lienzer Dolomiten. Er führt in zwei Tagen von der Lienzer Dolomitenhütte (1620 m, über eine Mautstraße erreichbar) zur Karlsbader Hütte (2260 m, Übernachtung) und über Laserztörl (2497 m), Kühleitentörl (2283 m), Baumgartentörl (2330 m) und das unauffällige Leitentörl (2361 m) zum Hochstadelhaus (1780 m). Von hier zu Fuß oder mit dem Hüttenbus zurück ins Tal. Beeindruckend ist vor allem die schroffe Hochgebirgslandschaft. Inzwischen sind einige Wegvarianten hinzugekommen, und so lässt sich die Tour auch auf fünf Tage und noch einige weitere »Törl« ausdehnen. Broschüre des Tourismusverbandes Lienzer Dolomiten; Tel. 0 48 52/6 52 65

Neualplseen (2433 m) Gemütliche, leichte Wanderung zu idyllischen Bergseen	Ausgangspunkt: Lienz/Bergstation Steinermandl (2213 m); Neualplseen (2433 m) – schönes Seeufer zum Picknicken und Sonnenbaden – wer noch Reserven hat und trittsicher ist, sollte auf den Gipfel der Schleinitz (2905m) steigen (ca. 2,5 Std. zusätzlich); Abstieg wie Aufstieg; Zeit: ca. 3 Std.; Einkehr: Bergstation Steinermandl
Böses Weibele (2521 m) Lohnende, mittelschwere Aussichtswanderung	Ausgangspunkt: über Mautstraße von Lienz zur Hochsteinhütte (2023 m) – Hochstein (2057 m) – Böses Weibele (2521 m) – Abstieg vom Gipfel südwestlich – Moar-Kasern (1943 m) – über den Pustertaler Almweg zur Gamperle-Hütte (2042 m) – Bannberger Alm; Zeit: ca. 5 Std.; Einkehr: Hochsteinhütte, Gamperle-Hütte
Hochgrabe (2951 m) Lange Tour durch ein wildromantisches Tal auf einen großen Aussichtsberg	Ausgangspunkt: mit dem Auto von Außervillgraten durch das Winkeltal zur Volkzeiner Hütte (1886 m); an der linken Talseite Beginn des gut markierten Weges – Wilde Platte (2512 m) – Hochgrabe (2951 m); Abstieg wie Aufstieg; mittelschwere Wanderung; Zeit: ca. 7 Std.; Einkehr: Volkzeiner Hütte

Lienz und Umgebung

Hütten

Hochschoberhütte (2322 m)
Ein freundlicher Hüttenwirt, schmackhafte Hausmannskost und drei wunderschöne Bergseen in unmittelbarer Nähe – die Hochschoberhütte des ÖAV ist der angenehmste Ausgangspunkt für die Erkundung der westlichen Schobergruppe. Anstieg zu Fuß durch das Leibnitztal, ab Parkplatz Leibnitzbachbrücke (1640 m); Zeit: ca. 2 Std.; Tel. 06 64/9 15 77 22

Karlsbader Hütte (2260 m)
Von diesem zentralen DAV-Stützpunkt in den Lienzer Dolomiten hat man einen wunderbaren Blick über das Iseltal. Hier beginnt z. B. der Große Törlweg. Zustieg ab Lienzer Dolomitenhütte (Mautstraße, Parkplatz); Zeit: ca. 2 Std.; Tel. 06 64/9 75 99 98

Kalser Hütte (1790 m)
Die Hütte betreibt eine eigene Sennerei, in der Butter und Käse herstellt wird. Dazu gehört auch ein uriges Hüttenmuseum. Anstieg zu Fuß ca. 3 Std.; Auffahrt zur Hütte möglich, Schlüssel für Schranke unter Tel. 0 47 10/26 44; Hütte: Tel. 06 64/9 75 03 99

Lienzer Hütte (1977 m)
Die ÖAV-Hütte am Ende des Debanttals ist der perfekte Ausgangspunkt für viele Touren in der östlichen Schobergruppe. Die Zufahrt ist auch eine lohnenswerte Mountainbike-Tour. Zu Fuß vom Parkplatz bei Seichenbrunn (1686 m) über die Fahrstraße (ca. 1 Std.) zu erreichen; schöner ist jedoch der »Lehrweg« (ca. 1,5 Std.); Tel. 0 48 52/6 99 66

SPORT & SPASS

TOP TIPP Die gemütliche Radwanderung vom Südtiroler Innichen ins Osttiroler Lienz auf dem **Drauradweg** ist die absolute Kulttour in der Region. An der 39 km langen, durchweg asphaltierten Route entlang der Drau sind Servicestellen, Raststationen und Grillplätze eingerichtet. Einplanen sollte man einen kurzen Abstecher für den Wasserschaupfad Galitzenklamm (4 km vor Lienz). Ausgangspunkt: Bahnhof Innichen; Radverleih in Innichen, in Lienz können die Fahrräder zurückgegeben werden. Der Tourismusverband Lienzer Dolomiten bietet Bahnfahrt, Radtransport sowie Eintritt in die Galitzenklamm oder eine andere Sehenswürdigkeit als Paket an; Tel. 0 48 52/6 52 65; www.lienz-tourismus.at

Mountainbike Lienz	Ausgangspunkt: Lienz (673 m); Debanttal – Lienzerhütte (1977 m) – Faschingalm (1662 m) – Lienz; sehr gute Kondition ist erforderlich, teilweise asphaltiert; Höhendifferenz: ca. 1400 m; Länge: 45 km; Zeit: ca. 5 Std.; Einkehr: Lienzerhütte, Faschingalm
Rafting, Kajak, Canyoning	Einsteiger- und Familientour auf der Isel von Ainet nach Lienz; Wildwasser für Fortgeschrittene in den Dolomitenbächen; Geführte Touren, Kajak- und Kanuverleih: Osttirol Adventures, Tel. 06 64/3 56 04 50, www.osttirol-adventures.at
Paragliding Lienz	Frühstück bei Sonnenaufgang auf der Terrasse der Hochstein-Hütte (2023 m), danach mit dem Gleitschirm ins Tal (auch Tandemflug); Flugschule Bruno Girstmair, Lienz, Tel. 06 76/4 77 57 83, www.girstmair.com. Der Startplatz ist 5 Min. von der Hütte entfernt. Zufahrt von Lienz über Mautstraße/Taxi. Landeplatz: Lienz/Postleite (673 m)

trittsichere Wanderer beginnen hier ihre Tour über den Bergkamm zwischen Hochstein und Rotsteinberg.
Im Süden von Lienz ändert sich das Landschaftsbild erneut, es wird wieder wilder. Im Gegensatz zum harten Urgestein der Schobergruppe bestehen die Felszacken hier aus hellem Kalkstein. Auf der ersten Terrasse über Lienz liegt der Tristacher See vor einer schroffen Felswand. Eine Stufe darüber thront die Lienzer Dolomitenhütte über dem Abgrund. Weiter führt der Weg zur Karlsbader Hütte in das Zentrum der Lienzer Dolomiten, und so wandert man auf dieser leichten Tour selten allein. Doch auch hier gibt es einsamere Pfade wie z. B. den Großen Törlweg, der je nach Routenwahl in zwei bis fünf Tagen quer durch die Lienzer Dolomiten führt.

Stille Seitentäler

Wer lieber in gemäßigteren Gefilden unterwegs ist, dem sei eine Fahrt mit Rad oder Auto auf die Sonnenterrassen und Almen des Hochpustertals empfohlen. Sie werden durch die Pustertaler Höhenstraße verbunden, auf der auch schon der Tross des Giro d'Italia unterwegs war. Verfolgt man das enge Drautal weiter, gelangt man nach Sillian, das vom Schloss Heinfels überragt wird. Hier zweigt das Villgratental nach Norden ab. Gemeinsam mit seinem Seitenarm, dem Winkeltal, bildet es den Zugang zum westlichen Teil der Deferegger Berge. In dieser Gegend ist deutlich weniger los als um Lienz, und man muss

sich die prächtigen Aussichtsgipfel der Umgebung schon eigenständig ohne Aufstiegshilfen erwandern. Eine der wenigen Ausnahmen ist die natürliche Aussichtsplattform des Thurnthaler, die durch eine Fahrstraße von Außervillgraten sowie eine Kleinkabinenbahn von Sillian aus erschlossen ist. Die kurze Wanderung (ca. 1 Std.) zum höchsten Punkt sollte man allerdings noch auf sich nehmen, denn die Sicht auf die nahen Felsriffe der Sextener Dolomiten und die Karnischen Alpen ist einzigartig. Sillian bildet zusammen mit Kartitsch im Gailtal auch den Ausgangspunkt für Unternehmungen auf dem Karnischen Hauptkamm und in den westlichen Lienzer Dolomiten. Der Karnische und der Gailtaler Höhenweg sind als traumhafte Weitwanderwege sehr beliebt.
Dass in der Region Lienz vieles zusammenläuft, ist jedoch nicht erst seit dem Tourismus-Boom bekannt. Schon weit früher wurde erkannt, wie verkehrsgünstig dieser Flecken liegt. Von den Kelten über die Römer und die Alpenslawen bis hin zu den Bajuwaren spannt sich der Bogen der frühen Besiedler, die ihre Spuren hinterlassen haben: Von der Römerstadt Aguntum sind noch Reste zu sehen, und auf einem Hügel in Lavant wurden Spuren römischer, frühchristlicher und mittelalterlicher Siedlungen entdeckt. Das Heimatmuseum im Schloss Bruck in Lienz stellt neben Funden aus Aguntum auch die Gemälde von Franz von Defregger (1835–1921) sowie Werke des von ihm beeinflussten Osttiroler Malers Albin Egger-Lienz (1868–1926) aus, der das Leben der Bauern jenseits verklärender Romantik auf Leinwand bannte. Ein Kulturwanderweg in Lienz lädt ein, mehr über ihn zu erfahren. Die Stadt ist somit auch kulturell ein Brennpunkt.

Die idyllischen Neualplseen oberhalb von Lienz sind bequem zu erreichen.

ALLGEMEINE INFORMATIONEN

Urlaubsregion	Tourismusverband **Lienzer Dolomiten**; Tel. 0 48 52/6 52 65; E-Mail: tvblienz@aon.at; www.lienz-tourismus.at **Osttirol Werbung**; Tel. 0 48 52/65333; E-Mail: info@osttirol.com, www.osttirol.com Tourismusverband **Hochpustertal**; Tel. 0 48 42/66 66; E-Mail: info@hochpustertal.com; www.hochpustertal.com
Orte	**Außervillgraten • Innervillgraten • Kartitsch • Sillian** www.hochpustertal.com • **Lienz** www.lienz-tourismus.at
Entfernungen	Hamburg 997 km; Berlin 808 km; Köln 798 km; Frankfurt a. M. 614 km; Stuttgart 455 km; München 221 km

Wanderkarten

Freytag & Berndt WK 182, Lienzer Dolomiten, Lesachtal; 1:50 000
Freytag & Berndt WK 181, Kals, Heiligenblut, Matrei; 1:50 000

Hochkönig

ADAC Prädikat

SPORT & SPASS

WANDERN & BERGTOUREN

KULTUR & CO.

WELLNESS & GENUSS

Wunschlos glücklich zwischen Felsriegeln und Sonnenterrassen

Wie eine grüne Welle schieben sich die Dientner Berge zwischen die Salzach im Süden und das mächtige Kalkmassiv des Hochkönig im Norden. Idyllische Orte mit langer Geschichte und gutem Sportangebot schmiegen sich auf sonnige Plateaus, steile Kletterwände ragen in den Himmel. Dazwischen machen blühende Bergwiesen und herrliche Almen Genusswanderer und Mountainbiker wunschlos glücklich.

Vor der mächtigen Kulisse des Hochkönig genießt das Bergdorf Dienten viele Sonnentage.

Der höchste Gipfel der Berchtesgadener Alpen zeigt sich mit fast 3000 m Höhe als mächtiges Bollwerk mit einer kilometerlangen senkrechten Wandflucht im Süden – ein Paradies für Kletterer und Klettersteiggeher. Mit dem »Königsjodler« führt einer der längsten und schwierigsten Klettersteige Österreichs über nicht weniger als acht zerfurchte Kalktürme von der Erichhütte zum Gipfel des Hochkönig. Auf der Nordseite zeigt sich ein völlig anderes Bild: eine Karstfläche, die im obersten Bereich vom sanft gewellten Gletscherfeld der Übergossenen Alm bedeckt wird. Der Sage nach lebten hier einst übermütige Sennerinnen, die in Milch badeten, den Weg mit Käseleibern pflasterten und sich, statt zu beten, mit lustigen Jägergesellen vergnügten. Als sie schließlich auch noch einen müden Wanderer mit einem Fußtritt vor die Tür beförderten, war das Maß voll. Die himmlische Strafe brach in Form eines heftigen Schneesturms über sie herein, sodass Sennerinnen und Alm für immer unterm ewigen Eis verschwanden. Und aus diesem Eis ragt seitdem nur noch die sanfte, runde Gipfelkuppe des Hochkönig heraus, die gekrönt wird vom Matrashaus, einem wichtigen Stützpunkt für müde Gipfelstürmer.
Eine Etage tiefer, unterhalb der Kalkwände, eröffnet sich ein fantastisches, blühendes Almgebiet. Leichte Genusswanderungen führen

the perfect day

9 Uhr: Wanderung vom Dientner Sattel am Fuße der Südwand des Hochkönig entlang zum Arthurhaus
11 Uhr: Ausgiebige Rast mit Brotzeit im Arthurhaus, mit dem Wanderbus zurück zum Dientner Sattel
13 Uhr: Fahrt über Dienten (kurze Dorfbesichtigung) und das Salzachtal auf die Pongauer Sonnenterasse nach Goldegg
15 Uhr: Besuch des Pongauer Heimatmuseums im Schloss Goldegg
17 Uhr: Erfrischendes Bad und Sonnenuntergang genießen am Goldegger Moorsee

zu den meist bestens bewirtschafteten Almen. Ein idealer Einstieg in die Region ist das Arthurhaus, zu dem man von Mühlbach aus über die Mandlwandstraße fährt. Eine leichte 30-minütige Wanderung führt zur Mitterfeldalm, wo sich die Geister endgültig scheiden: Konditionsstarke, trittsichere Bergwanderer steigen weiter zum Gipfel des Hochkönig, Kletterer fassen die Routen der Mandlwände und der Torsäule ins Auge und alle anderen machen es sich auf der sonnigen Terrasse gemütlich.

Herrlich ist auch die Wanderung vom Arthurhaus am Fuße der Südwand entlang bis zum Dientner Sattel. Wer möchte, kann noch weiter bis zum Filzen-Sattel im Südwesten des Hochkönig-Massivs gehen. Von dort aus führt die Straße hinunter ins Urslautal und bis nach Maria Alm. Auf der anderen Talseite ragen bereits die schroffen Gipfel des Steinernen Meeres in die Höhe. Wer nicht so gut zu Fuß ist, kann die einmalige Landschaft auch mit dem Auto oder dem Motorrad kennen lernen: Eine einmalig schöne Straße führt von Bischofshofen aus über Mühlbach, Dienten und Filzen-Sattel bis nach Saalfelden.

Malerisches Industriezentrum von einst

Einen ersten Halt ist bereits Mühlbach wert, ein malerisches Bergdorf auf einer weiten, von sonnigen Wiesen umgebenen Hochfläche. 5000 Jahre lang wurde hier Bergbaugeschichte geschrieben, bevor

WANDERN & BERGTOUREN

TOP TIPP

Ein herrliches und für konditionsstarke, trittsichere Bergwanderer relativ leicht zu erreichendes Ziel ist der **Hochkönig** (2941 m) ❶. Der einfachste Zustieg führt vom Arthurhaus (1502 m, von Mühlbach über die Mandlwandstraße erreichbar) zur Mitterfeldalm (1669 m). Auf steilen, felsigen Bergsteigen (teils gesichert) durch das Ochsenkar. An der Torsäule (2587 m) vorbei zur Schrammbach-Scharte. Über die Firnreste der Übergossenen Alm weiter zur Gipfelkuppe mit dem Matrashaus. Es empfiehlt sich, dort zu übernachten; Abstieg wie Aufstieg; Zeit: Aufstieg ca. 5 Std., Abstieg ca. 3 Std.; Einkehr: Matrashaus, Mitterfeldalm

Taghaube (2159 m) Panoramakanzel am Fuße des Hochkönigs	Ausgangspunkt: Dientner Sattel (1357 m); Erichhütte (1546 m) – über Westkamm auf Felssteig (Schwierigkeitsgrad 1) zum Gipfel; fantastischer Blick in die Südwand des Hochkönig; Trittsicherheit und Schwindelfreiheit im Gipfelbereich erforderlich; mittelschwere Bergwanderung; Zeit: ca. 4 Std.; Einkehr: Erichhütte
Vom Dientner Sattel zum Arthurhaus Herrliche Wanderung zwischen Almwiesen und Felswänden	Ausgangspunkt: Dientner Sattel (1357 m); Wiedersbergalm (1542 m) – Riedingtal – Windraucheggalm (1470 m) – Arthurhaus (1502 m); mit dem Wanderbus zurück zum Ausgangspunkt; leichte, landschaftlich ungemein reizvolle Wanderung; Zeit: ca. 3 Std.; Einkehr: Wiedersbergalm, Windraucheggalm, Arthurhaus
Klingspitz (1988 m) Schöne, mittelschwere Kammwanderung in den Dientner Bergen	Ausgangspunkt: Dienten, Bergstation Gabühelbahn (1634 m); Lettenalm – Marbach-Höhe (1814 m) – Klingspitz – Abstieg auf selbem Weg bis zur Lettenalm – dann zur Sommereralm (1405 m) – Dienten (1078 m); Zeit: ca. 5,5 Std.; Einkehr: Lettenalm

Hütten

Matrashaus (2941 m)
Großes Alpenvereinshaus auf dem Gipfel des Hochkönig. Wer fantastische Sonnenauf- und Sonnenuntergänge erleben will, sollte eine Nacht hier verbringen.

Durch die relativ freie Lage des Hochkönig eindrucksvoller Rundblick. Leichtester Zustieg vom Arthurhaus (1502 m, am Ende der Mandlwandstraße) über die Mitterfeldalm zum Gipfel; anspruchsvolle Bergwanderung; bei Übernachtung unbedingt vorher reservieren; Zeit: ca. 5 Std.; Tel. 0 64 67/75 66

Mitterfeldalm (1669 m)
Die Nuss-Mohn-Gipfel sind in Kletterkreisen schon legendär. Auch sonst lohnt sich der Weg: Für Familien, weil die Kinder auf der großen Spielwiese mit Hasen, Hunden, Katzen, Pferden und Kühen spannende Stunden erleben; für Kletterer, weil sie an der nahen Mandlwand und der Torsäule alpine Routen in allen Schwierigkeitsgraden finden; für Bergsteiger, weil sie von der Alm aus über den mittelschweren Schafsteig unter den Mandlwänden entlang wandern oder zum Hochkönig aufsteigen können; und für Genießer, weil die Nuss-Mohn-Gipfel längst nicht die einzigen Köstlichkeiten sind, die hier serviert werden. Zustieg über schönen, leichten Almweg in ca. 30 Min. vom Arthurhaus; Tel. 06 64/2 52 86 43

Lettenalm (1290 m)
Malerische kleine Alm vor den Felswänden des Hochkönig. Angeboten werden Bio-Produkte der eigenen Landwirtschaft, besonders schmackhaft sind die Bauernkrapfen. Schöne Wanderung auch mit kleineren Kindern. Ausgangspunkt ist der Rupertiparkplatz (1250 m, Zufahrt über die Mandlwandstraße von Mühlbach); Zustieg ca. 15 Min.; keine Übernachtung; Tel. 0 64 67/74 31

die Förderung des Kupfererzes 1977 endgültig eingestellt wurde. Die Blütezeit war zwischen 2000 und 300 v. Chr., als hier ein prähistorisches »Industriezentrum« florierte. Einblicke in die Geschichte des Bergbaus geben das Bergbaumuseum und der Erlebnisstollen sowie ein Themenwanderweg.
Zwischen den Steilwänden des Hochkönig im Norden und den sanften, hier nicht ganz bis zur 2000er-Grenze reichenden Graskämmen der Dientner Schieferberge führt die Straße nach Dienten, einem kleinen Dorf mit blumengeschmückten alten Häusern. Erhaben thront die St.-Nikolaus-Kirche über dem Ort. Hier teilt sich die Route: Ein Weg führt hinauf zum Filzen-Sattel und weiter nach Maria Alm. Die andere Straße schlängelt sich zwischen schroffen Felswänden entlang des Dientenbaches ins Salzachtal.
Wer ohne Wanderschuhe oder Mountainbike auf die Südseite der Dientner Berge kommen will, fährt dort weiter und kurz an der Salzach entlang Richtung St. Johann, bevor es wieder Richtung Norden geht: hinauf auf die Salzburger Sonnenterrasse zu geschichtsträchtigen Orten. In Schwarzach trafen sich 1731 die verfolgten Protestanten und schlossen den Salzbund: Alle Anwesenden tauchten den Finger in Salz und leckten ihn ab zum Zeichen, sich trotz Lebensgefahr zum Glauben zu bekennen. Der historische Salzleckertisch steht im Gemeindehaus, ein Brunnen stellt die historische Szene dar. Seine Rolle als wichtiger Bahnknotenpunkt dokumentiert Schwarzach im Museum Tauernbahn, in dem der aufwändige Bau der Strecke durch das Gasteinertal mit dem Tunnel nach Kärnten, der »Tauernschleuse«, dargestellt wird (www.museum-tauernbahn.at).

Geschichtsträchtige Region

Schon 1800 v. Chr. besiedelten Menschen das sonnige Plateau von St. Veit etwas oberhalb von Schwarzach. Der Schriftsteller Thomas Bernhard (1931–1989) kam oft zur Kur in den idyllischen Ort mit den prächtig bemalten Häusern, die sich gemeinsam mit der schönen Basilika um den Marktplatz scharen. In einem Bauernhaus befindet sich das Seelackenmuseum, das sich hauptsächlich mit Bernhards Leben und Werken beschäftigt. Ergänzt wird die Sammlung mit regionalhistorischen Dokumenten und archäologischen Funden.

ALLGEMEINE INFORMATIONEN

Urlaubsregion	**Hochkönigs Bergreich**; Tel. 0 62 16/20 20 27 270 E-Mail: region@hochkoenig.at; www.hochkoenig.at Tourismusgemeinschaft **Salzburger Sonnenterrasse**; Tel. 0 64 15/75 20; E-Mail: info@sonnenterrasse.at; www.sonnenterrasse.at
Orte	**Dienten** www.dienten.co.at • **Mühlbach** www.muehlbach.co.at • **Goldegg** • **Schwarzach** • **St. Veit** alle www.sonnenterrasse.at
Entfernungen	Hamburg 980 km; Berlin 792 km; Köln 782 km; Frankfurt a. M. 598 km; Stuttgart 439 km; München 205 km

Klettern

Traumhafte Kletterrouten ab dem 4. Schwierigkeitsgrade an Mandlwänden und Torsäule. Da es sich um alpine Touren handelt, empfiehlt es sich, sich über einen der Tourimusverbände einen Bergführer vermitteln zu lassen. Idealer Stützpunkt für Kletterer ist die Mitterfeldalm (1690 m).

Hütten

Riedingalm (1370 m)
Wunderschönes altes Holzhaus; am Ende des Riedingtals herrliche Wasserfälle, ideales Ziel mit Kindern. Herrliche Mountainbike-Strecke von Mühlbach zur Alm. Zustieg über leichte, schöne Wanderwege von Mühlbach-Mandlwandstraße, Parkplatz Riedingtal; Zeit: ca. 40 Min.; keine Übernachtung; Tel. 06 64/9 16 36 42

Erichhütte (1546 m)
Auf der Südseite des Hochkönig gelegene Hütte, westlich der Taghaube (2159 m). Ausgangspunkt für den schwierigen Königsjodler-Klettersteig oder für die schöne Bergwanderung auf die Taghaube (2159 m). Anstieg vom Dientner Sattel (1357 m) in ca. 45 Min.; herrliche Höhenwanderung im Almgelände unterhalb der Südwände des Hochkönig zum Arthurhaus (1502 m); Tel. 06 64/2 64 35 53

Restaurants

Arthurhaus (1502 m)
Schönes Bergrestaurant in herrlicher Lage unter den Südwänden des Hochkönig. Hervorragende Küche, Streichelzoo und Kinderspielplatz; schöne Sicht auf Hochkönig, Mühlbach und die Dientner Berge. Ausgangspunkt für Touren auf dem Normalweg zum Hochkönig und Wanderungen über die Almen, z. B. zur Erichhütte. Zufahrt über die Mandlwandstraße von Mühlbach aus; Tel. 0 64 67/72 02

Wanderkarten

Freytag & Berndt; WK 103 Pongau, Hochkönig, Saalfelden; 1:50 000

Apropos Geschichte: Spannende Ausgrabungen – etwa die Grundmauern eines römischen Gutshofes – wurden in Goldegg gemacht, dem dritten Ort der Salzburger Sonnenterrasse. Sie sind Beweise dafür, dass hier einst die wichtige Römerstraße Richtung Hohe Tauern verlief. Auch in Sachen Idylle steht Goldegg den Nachbarorten in nichts nach: Das Ensemble, das Kirche, Schloss und historische Holzhäuser am Ufer des Moorsees bilden, könnte nicht malerischer sein. Wasserratten sei verraten, dass der Goldegger See bis zu 26 °C warm werden kann und somit in den Alpen den Temperaturrekord hält. Vor dem erfrischenden Sprung ins glasklare Wasser sollte aber ein Besuch des Pongauer Heimatmuseums im Schloss auf dem Programm stehen. Die Grundmauern stammen aus dem 14. Jh., hervorzuheben ist vor allem der prachtvolle Rittersaal mit seinen herrlichen Fresken und der kunstvoll bemalten Renaissance-Täfelung.

Wer auf sportliche Art und Weise wieder hinüber Richtung Mühlbach möchte, der nimmt am besten das Mountainbike und fährt von der Sonnenterrasse über den Althauser Sattel hinauf zu den Kämmen der Dientner Berge. Eine eindrucksvolle Tour, denn von dort aus hat man den nötigen Abstand, um die kilometerlangen Südwände des Hochkönig aus der Entfernung in ihrer ganzen Pracht auf sich wirken zu lassen.

TOP TIPP

Der **»Königsjodler«** 2 ist einer der längsten und schwierigsten Klettersteige der österreichischen Alpen. 1700 steile, teils atemberaubend ausgesetzte Klettermeter führen über die Teufelshörner von der Hohen Scharte (2282 m) bis zum Hohen Kopf (2875 m). Insgesamt müssen acht Türme überquert werden. Ausgangspunkt: Dientner Sattel (1357 m); zur Erichhütte (1546 m) und weiter zum Einstieg an der Hohen Scharte (ca. 2 Std.); Einstieg bis Hoher Kopf (ca. 4 Std.); vom Hohen Kopf problemlos zum Matrashaus auf dem Gipfel des Hochkönig (ca. 20 Min.); Abstieg durchs Birgkar (ca. 4 Std.); Gesamtzeit: ca. 10 Std.; 900 Höhenmeter Klettersteig, insgesamt 1600 Höhenmeter; Klettersteig nicht für Anfänger oder Kinder geeignet! Komplette Klettersteigausrüstung unbedingt erforderlich. Vermittlung von Bergführern über die Tourismusbüros.

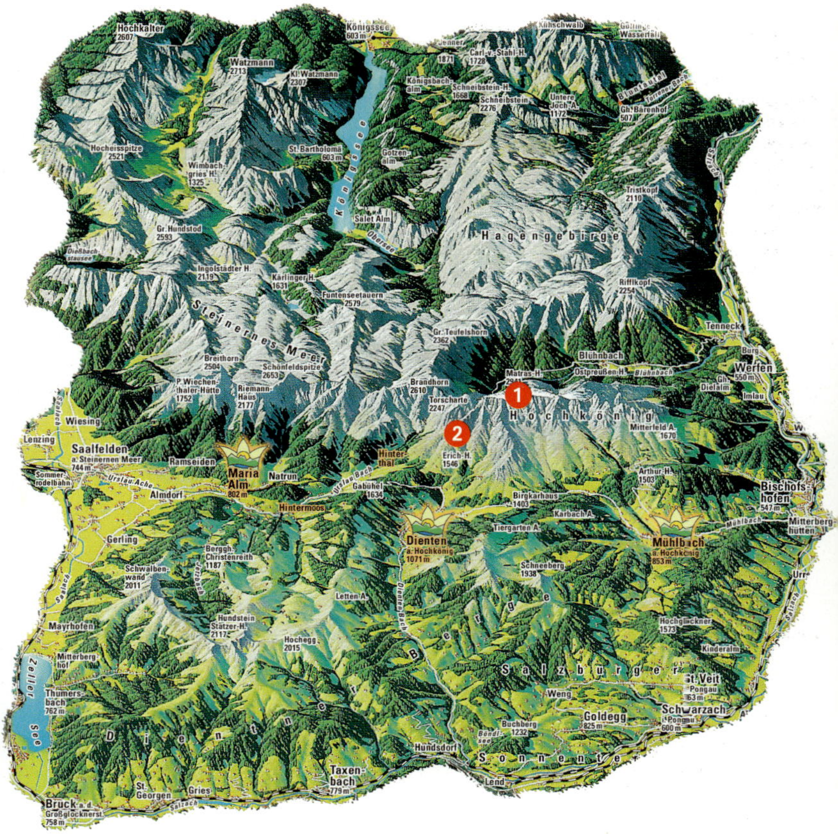

Saalfelden – Leogang – Maria Alm

ADAC Prädikat

SPORT & SPASS

WANDERN & BERGTOUREN

KULTUR & CO.

WELLNESS & GENUSS

Restaurants

Gerlingerwirt
Dieses alte und unverfälschte Gasthaus in Saalfelden-Gerling verwöhnt mit Pinzgauer Köstlichkeiten nach alten Rezepten. Legendär sind die »Bladl'n« des Gerlingerwirts: wahlweise mit Kohl, Kraut oder Marmelade gefüllte Teigtaschen; www.gerlingerwirt.at, Tel. 0 65 82/7 25 42

Alte Schmiede
Die Alte Schmiede liegt hoch oben über Leogang an der Bergstation der Asitzbahnen. Eine beeindruckende Sammlung alter Gebrauchs-, Handwerks- und Kunstgegenstände aus der Region verleihen den verschiedenen Stuben und der Bar eine besondere Atmosphäre. Auf der Speisekarte findet sich auch eine große Vielfalt regionaler Gerichte; www.alteschmiede-leogang.com, Tel. 0 65 83/8 24 60

the perfect day

9 Uhr: Wanderung von Leogang-Hütten aus zum Naturlehrpfad beim Birnbachloch, einem geheimnisvollen See mit unbekannter Tiefe
14 Uhr: Erlebnisbad »Sonnrain« in Leogang oder Moorbadesee Ritzensee in Saalfelden
18 Uhr: Besichtigung der Schnapsbrennerei von Siegfried Herzog in Saalfelden-Breitenbergham, ggf. mit Verkostung der mehrfach preisgekrönten Produkte
20 Uhr: Bummel durch Saalfelden oder Besuch eines Heimatabends in Leogang

Am Meer aus Steinen

»Die Lage kann nur eine höchst glückliche genannt werden.« So steht es geschrieben in einem alten Reiseführer über die Gegend um Saalfelden, Leogang und Maria Alm. Dem Autor hatten es »die Täler, von Bächen durchschnitten«, »die fruchtbaren Ebenen« und »die Hochgebirge« angetan. Und in der Tat: Voller Harmonie fügen sich die schroffen Kalkmassive des Steinernen Meer und der Leoganger Steinberge mit den sanften, grünen Kuppen und Höhenzügen der Kitzbüheler Alpen südwestlich davon zu einem eindrucksvollen Gesamtbild zusammen. Doch nicht nur die Landschaft begeistert die Gäste: Die moderne Infrastruktur sorgt zudem für ein breites, abwechslungsreiches Freizeitangebot.

Den ganzen Tag über wurde schweres Brennmaterial auf die Berge geschafft. Kaum ist dann die Dunkelheit angebrochen, steigt aus dem Tal eine Leuchtrakete auf, Rufe schallen von Berg zu Berg: das Signal, die Sonnwendfeuer nacheinander zu entzünden. Sowohl die Grate der Leoganger Steinberge und des Steinernen Meer als auch die Almhöhen der Grasberge rundum erstrahlen im Licht von Hunderten von Höhenfeuern. Ein einmaliger Anblick, den niemand so schnell vergessen wird und der eine lange Tradition hat: Die

WANDERN & BERGTOUREN

TOP TIPP Gut trainierten Bergwanderern vermittelt der aussichtsreiche **Saalachtaler Höhenweg** einen umfassenden Eindruck. Der gesamte Weg führt von der Bergstation Biberg (1434 m) bei Saalfelden über den Asitzkogel zum Spielbergerhorn (2044 m). Die reine Gehzeit der technisch relativ leichten Tour beträgt ca. 8 Std. Trittsicheren Genießern und Gipfelsammlern reicht aber auch bereits der folgende Abschnitt: Von der Bergstation am Biberg aufsteigen zum Schönangerl (1539 m). Während der folgenden Kammwanderung reiht sich Gipfel an Gipfel: Weikersbacher Köpfl (1618 m), Durchenkopf (1764 m) und Haiderbergkopf (1875 m). Durch ein Hochmoor nun weiter zum Funeck (1806 m). Wieder dem Kamm entlang zum Geierkogel (1853 m), zum Schabergkogel (1888 m) und dem Asitzkogel (1914 m). Abstieg zur Asitzhütte (1758 m), von dort mit der Bergbahn nach Leogang. Mit dem Bus zurück nach Saalfelden; Zeit: ca. 4 Std.; Einkehr: Berghaus Bibergalm, Asitzhütte

Breithorn (2504 m) Eindrucksvoller Steig im Steinernen Meer	Ausgangspunkt: Maria Alm, Parkplatz Sanden (1150 m); mittelschwerer Bergsteig zur Ramseiderscharte – mit Drahtseilen abgesicherte Steintreppe – Riemannhaus (2177 m) – Bergsteig zum Gipfel; Abstieg wie Aufstieg; Zeit: ca. 6,5 Std.; Einkehr: Riemannhaus
Steinalm (1269 m) Interessanter Bergsteig an der Einsiedelei vorbei	Ausgangspunkt: Saalfelden/Bürgerau (850 m); Schloss Lichtenberg – Totenbretter – Einsiedelei am Palfen (1000 m) – kurz zurück bis zur Abzweigung des Fuchssteigs – über teils mit Drahtseilen gesicherten, aussichtsreichen Steig zur Steinalm – Abstieg auf dem wesentlich einfacheren Normalweg; mittelschwer; Zeit: ca. 2 Std.; Einkehr: Ensiedelei, Steinalm; Variante für Geübte: von der Steinalm über hochalpinen, aber sehr interessanten Steinkarlsteig zur Haidensperre, über Waldweg zurück nach Bürgerau (ca. 2 Std.)

Mit 2634 m ist das Birnhorn der höchste Gipfel der Leoganger Steinberge, die eindrucksvoll hinter Leogang in den Himmel ragen.

Feuer, die zur »Sonnwend« entzündet werden, symbolisieren das Sonnenlicht, sie sollen weit ins Land strahlen und auf Feld und Flur das Wachstum fördern.

Zu einer Zeit, da es einzig von der landwirtschaftlichen Ernte abhing, ob die oft armen Bergbauern der Region ihre Familien ein weiteres Jahr ernähren konnten, war dieser Brauch ein existenzielles Flehen um die Gunst der Natur. Denn bevor die »Fremden« kamen, lebten die Menschen hier vor allem von der Landwirtschaft. Eine weitere wichtige Rolle spielte der Bergbau. Erst mit der Erschließung durch die Eisenbahn 1875 entwickelten sich Handel, Gewerbe und der Tourismus. Die ersten, die kamen und die Reize der Gegend zu schätzen wussten, waren die Bergsteiger. Für sie wurden Steige und Wege hinauf in die wilde Natur gebaut und Unterkunftshütten errichtet.

Während sich Leogang zum quirligen Wintersportort entwickelt hat und sich im Sommer eher als ruhiges Bergdorf zeigt, herrscht in Saalfelden das ganze Jahr über reges Treiben. Zahlreiche Wirtschaftsbetriebe, Einkaufszentren und ein interessantes Kulturprogramm tragen dazu bei. Einen Namen gemacht hat sich Saalfelden auch unter den Jazz-Fans, die jedes Jahr am letzten Augustwochenende zum großen, international anerkannten Jazz-Festival anreisen und sich von der Musik und der eindrucksvollen Kulisse beeindrucken lassen.

Doch neben der Kultur locken natürlich die eindrucksvollen Berggipfel. Warum man dort hinaufsteigen soll? Aufs Steinerne Meer unbedingt des wilden Hochplateaus wegen, das dem Gebirgsstock seinen Namen gab. Tatsächlich bildet der zerklüftete Kalk, der sich in einer durchschnittlichen Höhe von 2200 m auf einer Fläche von 60 km² ausdehnt, ein Meer aus Steinen: Grau, so weit das Auge reicht, karg, still – begrenzt von Gipfeln, die auf Routen unterschiedlicher Schwierigkeitsgrade erreichbar sind: Das Mitterhorn, das Persailhorn, die Schönfeldspitze, die mit ihren 2653 m die höchste Erhebung der Region ist, der Sommerstein und wie sie alle heißen. Manche steigen

Hütten

Riemannhaus (2177 m)
Aussichtsreiche Lage hoch über Saalfelden und Maria Alm am Hauptkamm des Steinernen Meeres. 20 Betten, 120 Lager. Lohnendes Ziel einer Wanderung aus dem Pinzgauer Becken oder als Rastplatz vor der Überquerung des angrenzenden Hochplateaus nach Berchtesgaden oder vor der Besteigung einer der zahlreichen Gipfel, die das Plateau begrenzen.
Tel. 06 64/2 11 03 37

Passauer Hütte (2033 m)
Idealer Platz, um nach dem Aufstieg von Leogang (ca. 2,5 Std.) neue Kräfte für den anspruchsvollen Steig hinauf zum Gipfel des Birnhorn (ca. 1,5 Std.) zu sammeln; Tel. 06 64/3 37 85 29

auch für ihr Seelenheil hinauf: Am Namenstag des hl. Bartholomäus, am 24. August, wandern Wallfahrer jedes Jahr über das Steinerne Meer hinunter zum Königssee und zur Kirche St. Bartholomä. Zwei Tage sind sie unterwegs und übernachten am Hauptkamm des Steinernen Meer im Riemannhaus. Von dort aus bietet sich ihnen eine spektakuläre Sicht auf die Gletschergipfel der Hohen Tauern mit Österreichs höchstem Berg, dem 3798 m hohen Großglockner.

Wer diese Wallfahrtsroute gehen möchte, dem sei auf dem Weg zurück ins Tal nach Saalfelden ein Abstecher zur Eremitage in einer Höhle oberhalb des Schlosses Lichtenberg am Palfen empfohlen, wo seit 1664 Einsiedler leben. Früher zogen sich meist religiöse Fanatiker in die direkt in den Felsen gebaute Klause zurück. Als Gegenleistung für die Versorgung durch die Ortsbewohner übernahmen sie die Feuerwache; über eine Glocke wurde Alarm geschlagen. Heute sind die häufig wechselnden Einsiedler Männer, die verschiedenen Orden wie den Benediktinern angehören, oder weltliche »Brüder«, die sich für einige Zeit in die Einsamkeit zurückziehen wollen. Auf Anfrage führt der Einsiedler auch durch die Klause, zu der eine Kapelle gehört. Im Sommer bewirtet er seine Besucher im Freien mit einer einfachen Brotzeit – bei einem grandiosen Blick weit in das Pinzgauer Saalachtal hinein.

DAV Deutscher Alpenverein – DAV-Tipp

Das Steinerne Meer ist ein einzigartiges, ökologisch sehr sensibles Karstplateau. An die Unterkunftshäuser, wie z. B. das Riemannhaus und die Ingolstädter Hütte, werden deshalb hohe ökologische Anforderungen gestellt. Die Region eignet sich ideal für Touren von Hütte zu Hütte und bietet ein beeindruckendes hochalpines Gebirgserlebnis.

Über Wiesen gelangen Wanderer bis zu den schroffen Südabstürzen des Steinernen Meers.

Auch auf den Grasbergen der Kitzbüheler Alpen, die sich im Westen des Talkessels erheben, finden Wanderer und auch Mountainbiker tolle Routen vor. Die Wege schlängeln sich idyllisch durch die Almwiesen – und immer wieder fasziniert der Blick zu den schroffen Kalkwänden. Wer es bequem haben will, fährt von Saalfelden aus mit dem Sessellift hinauf auf den Biberg und saust – nach einem Panorama-Rundgang – auf der Sommerrodelbahn wieder hinunter. Wer ausgiebig wandern möchte, kann eine Etappe des Saalachtaler Höhenwegs in Angriff nehmen und vom Biberg über den Durchenkopf und den Schabergkogel zur Bergstation der Asitzbahn queren, mit der man zurück nach Leogang gelangt.

Florierender Bergbau bis 1970

Ein Erlebnis für die ganze Familie ist die Wanderung entlang des Montanlehrpfades im Leoganger Schwarzleotal. Hier wurden ein halbes Jahrtausend lang bis zum Jahr 1970 Kupfer, Blei, Kobalt, Nickel und Silbererz abgebaut. Einen spannenden Überblick über die Bergwerksgeschichte bietet das Bergbaumuseum mit dem Schaubergwerk. Die Spuren, die der Bergbau in der Natur hinterlassen hat, kann man auch vom Gipfel des Spielberghorns aus erkennen, der vom Schwarzleotal aus über Almwege zu erreichen ist.

Paradies für Kletterer

Eine Herausforderung für Kletterer bietet die andere, schroffe Talseite mit den steil abfallenden Kalkstöcken der mächtigen Südwand des Birnhorn, dem mit 2634 m höchsten Gipfel der Leoganger Steinberge. Bergsteigern ist der Normalweg von Leogang aus über die Passauer Hütte hinauf zur Kuchlnieder und weiter über einen anspruchsvollen Steig hinauf zum Gipfel zu empfehlen. Ein traumhaftes Gebiet für gemäßigte Wanderer und Mountainbiker ist der malerische Talkessel von Maria Alm am südlichen Rand des Steinernen Meeres. Eingebettet in saftig grüne Wiesen, flankiert von den Felswänden, liegt das reich mit Blumen geschmückte Dorf, das auch ein guter Ausgangspunkt für Bergtouren ist, wie z. B. auf die Schönfeldspitze oder das Selbhorn.
Wagemutigere Mountainbiker finden ihr Dorado aber im »Leoganger Bike Park«. Selbst eingefleischte Downhill- und Freeride-Freaks werden auf den schwierigen Strecken am Asitz vor knifflige Probleme gestellt. Die Routen sind jedoch so angelegt, dass Einsteiger die schwierigen Passagen auch umfahren können. Wer weniger die Action als vielmehr das Naturerlebnis sucht, für den bietet die Region insgesamt 740 km lange Mountainbike-Strecken und 480 km Radwege im Tal.
Ob Mountainbiker, Wanderer oder Kletterer, abends treffen sich alle im Tal. Selbst wenn die Berge nicht in Flammen stehen und kein Jazz erklingt, endet der Tag beschaulich: Beim alten Kirchenwirt von Leogang oder beim Flanieren durch den Stadtkern von Saalfelden, wo es gemütliche Gaststätten sowie Bars und Diskotheken gibt.

ALLGEMEINE INFORMATIONEN

Urlaubsregion	**Saalfelden Leogang** Touristik GmbH; Tel. 0 65 82/7 06 60; E-Mail: info@saalfelden-leogang.at; www.leogang-saalfelden.at
Orte	**Leogang** www.leogang-saalfelden.at • **Maria Alm** www.maria-alm.info • **Saalfelden** www.leogang-saalfelden.at
Entfernungen	Hamburg 935 km; Berlin 746 km; Köln 737 km; Frankfurt a. M. 553 km; Stuttgart 394 km; München 160 km

TOP TIPP

»Klettern« einmal anders: Im **Hochseilgarten von Saalfelden** erleben Kletterneulinge, was es heißt, sich durch das Klettern neue Bereiche zu erschließen. Ein kompetentes Team von Trainern sorgt für die

optimale Sicherheit. Kreativität und persönlicher Einsatz machen den Besuch der Anlage zu einem selbst für geübte Kletterer spannenden Erlebnis. Zum Hochseilgarten gehört auch ein Teamparcours mit speziellen Übungsmöglichkeiten am Boden; Info: Outdoor-Team Geisler; Tel. 0 65 82/7 49 26; www.outdoor-teamtraining.at

Mountainbiken
Bike Park Leogang
Ein Dorado für Biker bei der Asitzbahn: Downhill mit allen Raffinessen, Freeride, 4-Cross, Dual, Dirt Jump; auch für Einsteiger geeignet; Material kann ausgeliehen werden; Tel. 0 65 83/82 19; www.bikeparkleogang.com

Wanderkarten

Freytag & Berndt, WK 101 Lofer Leogang Steinberge; 1:50 000
Freytag & Berndt, WK 103 Pongau Hochkönig Saalfelden; 1:50 000

Saalbach Hinterglemm

ADAC Prädikat

SPORT & SPASS
WANDERN & BERGTOUREN
KULTUR & CO.
WELLNESS & GENUSS

Manege frei für Mountainbiker und Genusswanderer

Auf einer Länge von 30 km windet sich das Glemmtal durch die steil in die Höhe ragenden Kitzbüheler Alpen. Wo das Tal ein wenig breiter wird, liegen Saalbach und sein »Oberdorf« Hinterglemm. Während der riesige Skizirkus im Winter kaum einen Wunsch offen lässt, heißt es im Sommer »Manege frei« für abenteuerlustige Mountainbiker und für Wanderer, die den Komfort moderner Seilbahnen schätzen.

In Sachen Skilauf war man im Glemmtal von Anfang an vorn mit dabei. 1946 bauten die Saalbacher den längsten Lift Österreichs, der 120 Skifahrer pro Stunde nach oben brachte. Heute befördern die 60 Bergbahnen in derselben Zeit 50 000 Menschen zum Gipfel, und in Saalbach-Hinterglemm stehen dreimal mehr Gästebetten, als das Tal Einwohner zählt. Von dem ursprünglichen Dorf ist nur wenig übrig geblieben. Im Sommer ist ein Teil der Hotels, Restaurants und Bars geschlossen; nur eine kleine, aber gute Auswahl der Bergbahnen ist in Betrieb. Sie machen es leicht, auf bequeme Weise die Kämme der steilen Pinzgauer Grasberge zu erreichen. Ob Kohlmaiskopf oder gegenüber Zwölferkogel und Schattberg: Alle sind perfekte Panoramaberge mit einem grandiosen Blick auf Großglockner und Großvenediger bis hin zu Wildem Kaiser, Steinernem Meer und Hochkönig. Bei diesen Perspektiven ist eine der genussvollen, nicht besonders schwierigen Höhenwanderungen verlockend, etwa der Glemmtaler Panoramaweg, ein Klassiker. Die erforderlichen Höhenmeter werden mit der Schattbergbahn überwunden. Über die Kämme führt der Weg nun meist knapp unterhalb der Zweitausendermarke bis zur Bergstation der Zwölferkogelbahn, die Wanderer ins Tal bringt.

Traumhafte Aussichten: Von malerischen Hütten auf die Grasberge über dem Glemmtal

Mountainbiker stürzen sich am Reiterkogel die 1,9 km lange Freeride-Strecke hinunter. Der Singletrail ist gespickt mit Sprüngen und Hindernissen. Auf der 81 km langen und 3800 Höhenmeter überwindenden Marathonstrecke der »World Games« kann man seine Kondition testen. Zu diesem hochklassigen Wettkampf reisen jährlich im August um die 1500 Mountainbiker aus aller Welt an. Doch auch für weniger Ambitionierte ist die Region ein Traum: Mit den Bergbahnen können sie eine

the perfect day

9.30 Uhr: Mountainbike-Kurs am Reiterkogel
12 Uhr: Baden und Erholen im Freibad Saalbach-Hinterglemm
15 Uhr: Spaziergang mit den Kindern durch den Märchenpark, über den Montelinoweg und zum Berg Kodok
17 Uhr: Golf-Schnupperstunde auf dem landschaftlich herrlich gelegenen Golfplatz in Saalbach

ALLGEMEINE INFORMATIONEN

Urlaubsregion	Tourismusverband **Saalbach Hinterglemm**; Tel. 0 65 41/68 00 68; E-Mail: contact@saalbach.com; www.saalbach.com
Entfernungen	Hamburg 958 km; Berlin 769 km; Köln 760 km; Frankfurt a. M. 576 km; Stuttgart 416 km; München 183 km

Startposition zwischen 1500 und 2000 m erreichen und sich von dort aus auf das 160 km umfassende Streckennetz begeben.
Wer noch mehr Abenteuer sucht, wagt sich per Paraglider in die Lüfte oder nimmt beim Raften und Canyoning den Kampf mit dem Wasser auf. Manchen Beobachtern mag es vorkommen, als seien sie im Zirkus, wenn Menschen an Kletterseilen hängend die Schluchten im Vogelalpgraben überwinden. Und so ganz Unrecht haben sie damit nicht. Denn kaum hat die warme Sonne die Artisten des Saalbacher Skizirkus' vertrieben, schlägt der Mountainbike-, Wander- und Freizeitzirkus seine Zelte im Glemmtal auf – zumindest so lange, bis wieder Schnee auf den Gipfeln liegt.

WANDERN & BERGTOUREN

TOP TIPP Markant ragt der schroffe Gipfel des **Spielberghorn** (2044 m) aus den runden Kuppen der Kitzbüheler Alpen heraus. Entsprechend steil ist der Weg dort hinauf, belohnt wird man jedoch mit einer fantastischen Aussicht. Ausgangspunkt ist Saalbach (1003 m). Am Spielbergbach entlang auf einfachem Wanderweg zum Spielberghaus (1311 m) am Schanzel, wo im 30-jährigen Krieg mit 400 Holzstämmen eine wuchtige Grenzbefestigung errichtet wurde. Über schöne Almwiesen zur Oberen Spielbergalm und weiter zum Spielbergtörl (1670 m). Mittelschwerer Anstieg zum Gipfel; Abstieg bis zum Spielbergtörl, dann über den Saalachtaler Höhenweg zur Bergstation der Kohlmaisgipfelbahn; mit der Bahn zurück zum Ausgangspunkt; Zeit: ca. 4 Std.; Einkehr: Spielberghaus

Hohe Penab (2112 m) Mit Bergbahnhilfe ins Herzen des Glemmtals	Ausgangspunkt: Hinterglemm, Bergstation Zwölferkogel (1984 m); auf schönem, aussichtsreichen Bergweg zum Gipfel des Penab – über Seekar zu den kleinen Seen (1933 m) – Abstieg zu den Ellmaualmen (1500 m) – Breitfuß Grundalm – Hintermais (1324 m) – Hinterglemm; mittelschwere Wanderung; Zeit: ca. 2,5 Std.; Einkehr: Ellmaualm
Floraweg Jäusern (1875 m) Leichte Almenwanderung mit Gipfelglück	Ausgangspunkt: Saalbach, Bergstation Schattberg (2018 m); über Floraweg – kurzer Abstieg zur Limbergalm (1713 m) – Aufstieg zur Marxten Hochalm (1809 m) – Abstieg durch den Stemmergraben zur Brandl Alm – durch den Löhnersbachgraben – Rammernalm – Moserweg – Jausern (929 m) – Spazierweg entlang der Saalach zurück nach Saalbach oder mit dem Bus; Zeit: ca. 5 Std.; Einkehr: Limbergalm, Rammernalm, Jausern

Mountainbike
Sich austoben oder wichtige Erfahrungen sammeln im Bike-Park Reiterkogel: Äußerst anspruchsvolle Freeride-Strecke über fast 500 Höhenmeter, Dualparcours mit Sprüngen und Hindernissen. Bei den »World Games« im September stehen Marathon, Halbmarathon, Downhill und Cross Country auf dem Programm, mitmachen kann jeder gute Fahrer. Infos, Kurse und Material: »Bike'n Soul Shop Saalbach« an der Talstation Reiterkogelbahn; Tel. 06 64/2 40 96 40, www.bike-n-soul.at

Wanderkarten

Freytag & Berndt, WK 382 Zell am See, Kaprun, Saalbach, 1:50 000

Zell am See und Kaprun

ADAC Prädikat

SPORT & SPASS ✳✳✳✳✳

WANDERN & BERGTOUREN ✳✳✳✳✳

KULTUR & CO. ✳✳✳

WELLNESS & GENUSS ✳

Gletscher, See und Abenteuer

Barfuß durchs Moos spazieren oder mit Steigeisen hohe Gipfel erklimmen? Mit dem Snowboard über Gletscher fegen oder mit dem Surfbrett über Wellen tanzen? Über Almhöhen wandern oder mit Kletterschuhen schwierige Routen meistern? Wellness in einem der Schwimmbäder genießen oder doch lieber den Golfschläger auspacken? In der »Europa Sportregion Zell am See und Kaprun« hat man die Qual der Wahl.

Mit 3798 m ist der Großglockner der höchste Berg Österreichs. In der »Europa Sportregion Zell am See und Kaprun« scheint er zum Greifen nah, und doch steht er in der zweiten Reihe. Im Blickfeld sind andere: das markant aufragende Kitzsteinhorn mit seinem Sommerskigebiet und das mächtig über den Stauseen thronende Große Wiesbachhorn, das nur mit Pickel, Steigeisen und der nötigen Erfahrung bestiegen werden kann. Und dann gibt es da noch vis-à-vis den zahmen Bergrücken der Schmittenhöhe: Sie ist ein Aussichtsberg der Sonderklasse. Daneben lässt sich hier hervorragend testen, ob man dem Abenteuer, einen der eleganten Gletscherberge zu erobern, gewachsen ist. Wer allerdings glaubt, mit dem Pinzgauer Spaziergang, der bei der Bergstation beginnt, eine lockere Partie gewählt zu haben, täuscht sich gewaltig. Schon bald entpuppt sich der großartige Weg entlang der »Südhänge« der Kitzbüheler Alpen bis zum Pass Thurn als lange, ernst zu nehmende Unternehmung. Die Auswahl an Höhenwegen, auf denen man sich ans Hochgebirge herantasten kann, ist groß, möglichen Gipfelstürmern »in spe« ist zu empfehlen, sich bei anspruchsvolleren Hochtouren von einem Bergführer begleiten zu lassen.

Doch es geht auch ganz gemütlich: Die Gletscherbahn aufs Kitz-

Goldwaschen
Die Rentabilität sollte dabei nicht im Vordergrund stehen, doch in der Regel wird die Mühe belohnt, zumindest mit einigen kleinen Goldblättchen. Gänzlich unerfahrene Schatzsucher können an einem Goldwaschlehrgang teilnehmen. Goldwaschplätze im Raurisertal u.a. in Bodenhaus, Tel. 0 65 44/2 00 22, www.goldwaschen.net, und auf der Heimalm, Tel. 0 65 44/63 34, www.goldwaschen.at

the perfect day

9 Uhr: Von Kaprun mit der Gletscherbahn zur Gipfelstation; Aufstieg zum Gipfel des Kitzsteinhorn, Aussicht genießen
12 Uhr: Mit der Bergbahn zurück nach Kaprun, mit dem Schrägaufzug hinauf zu den Stauseen, Besichtigung, möglichst an einer Führung teilnehmen (TauernTouristik, Tel. 0 65 47/2 00 19-2 32 01)
16 Uhr: Von Kaprun nach Zell am See fahren, Erholen im Schwimmbad
19 Uhr: Abendspaziergang durch Zell am See

WANDERN & BERGTOUREN ✳✳✳✳

TOP TIPP: Eine hochalpine, sehr reizvolle Bergwanderung führt über den **Alexander-Enzinger-Weg** (1) von der Bergstation der Maiskogelbahn (1540 m) zur Krefelder Hütte (2302 m) am Fuße des Kitzsteinhorn. Leichte Wanderung zum Gasthof Glocknerblick (1670 m). Nun auf gut markiertem, aber anspruchsvollem Bergpfad über den Grat zu Drei-Wallner-Höhe (1861 m), Schoppachhöhe (2069 m) und Stangerhöhe (2212 m). Den Grat nach Süden verlassen und durch das Grubalmkar zur Krefelder Hütte. Abstieg zur Salzburger Hütte bei der Mittelstation der Kitzsteinhornbahn. Mit der Bahn zurück ins Tal, mit Bus zum Ausgangspunkt; Zeit: ca. 4.30 Std.; Einkehr: Glocknerblick, Krefelder Hütte, Salzburger Hütte

Kitzsteinhorn (3203 m) Kurzer Steig für Geübte zu fantastischem Aussichtsgipfel	Ausgangspunkt: Kaprun, Bergstation Gletscherbahn; über den mit Drahtseilen gut abgesicherten Alpin-Steig zum Gipfel; Abstieg wie Aufstieg; Schwindelfreiheit, Trittsicherheit und Erfahrung in felsigem Gelände notwendig; Zeit: ca. 1 Std.; Einkehr: Restaurant an der Bergstation
Pinzgauer Spaziergang Ein Abschnitt des schönen Höhenwegs	Ausgangspunkt: Zell am See, Bergstation Schmittenhöhe (2000 m); Pinzgauer Hütte (1695 m) – Hochsonnbergalm – Rohrertörl (1919 m) – Klammscharte (1993 m) – Hochsonnberg – Abstieg über den Steinbachriedl – Gasthof Hochbrack (1197 m) – Lengdorf (770 m); mit Bus zurück nach Zell; mittelschwer, aber lang; Zeit: ca. 6 Std.; Einkehr: Hochbrack

steinhorn bringt die Gäste bis auf 3029 m Höhe. Die Aussicht auf die Firngipfel der nahen Glocknergruppe, auf die Hohen Tauern und zum Steinernen Meer in der Ferne ist grandios. Wer will, kann oben sofort die Skier anschnallen, während sich 2300 Höhenmeter tiefer andere schwitzend in das manchmal bis zu 25 °C warme Wasser des Zeller Sees stürzen.

Faszinierend ist der von Gipfeln umgebene Kessel des Kapruner Tals noch immer, auch wenn sich sein Gesicht verändert hat. Denn wo damals die Wasserfälle in Stufen ins Tal stürzten, ragen heute gewaltige, bis zu 120 m hohe Staumauern auf. 14 Jahre Bauzeit waren nötig, bis 1952 das damals größte Wasserkraftwerk Europas eingeweiht werden konnte. Richtig bewusst werden einem die Dimensionen der Anlage erst bei einer Besichtigung der Mooser- und Drossensperre und vor allem bei einem Spaziergang über die Mauern der Stauseen. Zum Erlebnis wird bei einer Führung aber schon die erste Etappe: die Auffahrt mit dem größten offenen Schrägaufzug Europas. Bis zu 130 Menschen können auf der Plattform stehen, die an Stahlseilen 431 Höhenmeter nach oben gezogen wird. Am Mooserboden angekommen, kann man sich bei einem Blick ins Besucherzentrum »Erlebniswelt Strom und Eis« ein Bild von den Anstrengungen machen, die notwendig waren, um eine derart gewaltige Kraftwerksanlage zu bauen.

Eine weitere, ebenso Aufsehen erregende technische Meisterleistung war der Bau der Großglockner-Hochalpenstraße, die 1935 eröffnet wurde. In engen Kehren führt die insgesamt 48 km lange Traumstraße von Bruck aus durch das Fuscher Tal zur Franz-Josephs-Höhe und weiter nach Heiligenblut. Am Straßenrand informieren immer wieder große Tafeln über die Geschichte der Hochalpenstraße. Autos, die in den ersten Jahrzehnten nach der Eröffnung über den Pass rollten, sind heute im Kapruner Fahrzeugmuseum ausgestellt

Urlaubsparadies zwischen dem Gletschereis des Kitzsteinhorn und dem bis zu 25 °C warmen Wasser des Zeller See

TOP TIPP **Sigmund-Thun-Klamm** 2 Die Besucherattraktion ist von der Hauptstufe der Kraftwerke Kaprun aus zu erreichen. Die Klamm ist 800 m lang, das tosende Wasser hat

sich bis zu 80 m in den blaugrünen Schiefer gefressen und fantastische Auswaschungen und Tropfsteinhöhlen geschaffen. 1893 wurde die Klamm mit einer Steganlage zugänglich gemacht. Mit ihrer nächtlichen Beleuchtung, 250 Glühlampen und zehn Bogenlampen, wurde sie zur alpinen Erlebniswelt.

Zell am See und Kaprun

Hütten

Fürthermoaralm (1806 m)
Die Alm liegt unterhalb der Mooserbodensperre, die von Kaprun aus mit dem Postbus und dem Schrägaufzug zu erreichen ist. Auf der Alm wird noch gemolken,

gebuttert und gekäst. Ein Kräuterlehrpfad ist in der Nähe. Erfahrene Bergsteiger können hier auch zu größeren Touren starten, wie zum Beispiel zum Grießkogel (3066 m) oder zum Hocheiser (3206 m); Tel. 0 65 47/7 15 86 90

Krefelder Hütte (2300 m)
Ein gemütlicher Stützpunkt für Wanderungen und Bergtouren ist die Krefelder Hütte am Kitzsteinhorn, das von hier aus bestiegen werden kann. Lohnend auch die Wanderung über den »Alexander-Enzinger-Weg« zum Maiskogel (1675 m). Klettergarten mit 40 Routen an der Rettenwand, ca. 30 Min. von der Hütte entfernt; Tel. 0 65 47/77 80

Rauriser Tauernhaus
500 Jahre alte, sehr gemütliche Gaststube und historische, sehenswerte Rauchkuchl. Einfacher Zustieg vom Parkplatz Fleckweide (1120 m) bei Rauris durch das ungewöhnlich schöne Seidlwinkltal mit unzähligen Wasserfällen (ca. 2 Std.); traumhafte Mountainbike-Strecke; Tel. 0 64 15/62 40

Talmuseum Rauris
Untergebracht im prächtigen, 1563 erbauten Gewerkenhaus in Rauris. 17 Schauräumen, in denen die Geschichte des Bergbaus und der Bergbauern, Brauchtum und Kultur sowie die Tier- und Pflanzenwelt dokumentiert sind. Außerdem: Geschichte des Observatoriums auf dem Sonnblick, umfassende Mineraliensammlung mit einzigartigen Bergkristallen und Halbedelsteinen; Tel. 0 65 44/62 53

Einen Bergriegel weiter östlich schlängelt sich das Raurisertal ins Herzen des Nationalparks Hohe Tauern. Goldsucher waren es, die das ehemalige Bergknappendorf Rauris zu einem angesehenen Ort machten. Bereits vor 4000 Jahren war das Tauerngold aus dem Raurisertal bekannt, Mitte des 16. Jh. förderten über 2000 Knappen jährlich rund 4 Tonnen Gold. Als die Vorkommen magerer wurden und der letzte Stollen Ende des 19. Jh. geschlossen wurde, geriet das Gold in Vergessenheit. Erst viel später erinnerte man sich wieder an das Edelmetall: Geld lässt sich heute mit den Touristen verdienen, die geduldig versuchen, die begehrten Goldblättchen aus dem Sand der Bergbäche zu waschen.

Wer noch mehr über die Vergangenheit der Region erfahren möchte, kann sich im Talmuseum Rauris informieren oder im mittelalterlichen Kastnerturm, einem in ein Heimatmuseum verwandelten Kornspeicher in Zell am See. Danach lädt die Uferpromenade zum Spaziergang ein. Im Kern der lebendigen Alpenstadt lässt es sich ausgezeich-

ALLGEMEINE INFORMATIONEN

Urlaubsregion	**Zell am See-Kaprun**; Tel. 0 65 42/77 00; E-Mail: welcome@zellamsee-kaprun.com; www.zellamsee-kaprun.com **Rauris** Tourismus GmbH; Tel. 0 65 44/2 00 22; E-Mail: info@raurisertal.at; www.raurisertal.at
Orte	**Thumersbach** www.europasportregion.info • **Bruck** www.tiscover.at/bruck-grossglocknerstrasse • **Maishofen** www.tiscover.at/maishofen
Entfernungen	Hamburg 953 km; Berlin 764 km; Köln 755 km; Frankfurt a. M. 571 km; Stuttgart 412 km; München 178 km

net shoppen, abends bummeln und in Gastgärten gut essen. Los ist im Sommer fast immer etwas: Große Sommerfeste mit Feuerwerken und verschiedene Konzerte sind Anziehungspunkte in Zell am See ebenso wie in Kaprun.

Wanderkarten

Freytag & Berndt, WK 382
Zell am See, Kaprun, Saalbach; 1:50 000

Oberpinzgau

ADAC Prädikat

SPORT & SPASS

WANDERN & BERGTOUREN

KULTUR & CO.

WELLNESS & GENUSS

Wildromantische Täler zu hohen Gletscherbergen

Prächtige Tauerngipfel mit weitläufigen Gletschern, beschauliche Grasberge mit blumenreichen Almen und wilde Täler mit beeindruckenden Wasserfällen: Das alles ist der Oberpinzgau, ein Paradies für Bergsteiger, Wanderer, Mountainbiker sowie für die ganze Familie.

Die Kürsingerhütte ist ein guter Ausgangspunkt für die Besteigung des Großvenedigers.

»Hätten die Griechen dieses Tal gekannt, sie hätten hierher ihre freudlose Unterwelt verlegt.« Als dieser Satz 1872 in der Alpinzeitschrift »Alpenfreund« erschien, führte ein schmaler Saumpfad durch das wilde Krimmler Tal. Wasserfälle tosten bedrohlich nahe neben dem Weg; felsig, öde und oft schneebedeckt waren die Hochlagen, durch welche die Säumer ihre schwer beladenen Lasttiere über den Alpenhauptkamm nach Süden trieben.

Die Kulisse hat sich nur wenig verändert, doch was früher bedrohlich wirkte, ist heute wildromantisch: Eingehüllt in einen glitzernden Dunstschleier stehen Wanderer auf den Aussichtsterrassen des Wasserfallweges, der 1901 angelegt wurde. Unmittelbar vor ihnen stürzen riesige Wassermengen über 380 m tosend in die Tiefe. Es ist ein gigantisches Naturschauspiel, den höchsten Wasserfall der Alpen aus der Nähe zu beobachten, langsam auf dem gut abgesicherten Weg zum oberen Ende der Steilstufe zu wandern und hinunterzuschauen in den Gischtschleier, der Tag und Nacht das enge Tal umhüllt.

So eindrucksvoll die Krimmler Wasserfälle sind, sind sie doch nur eines der vielen Schaustücke, die dem Nationalpark Hohe Tauern zu seiner großen Attraktivität verhelfen. Der größte Nationalpark Mitteleuropas erstreckt sich auf 1787 km^2 über die Bundesländer Kärnten, Salzburg und Tirol. Die Oberpinzgauer Tauerntäler liegen weitgehend innerhalb der geschützten Zone. Einmalige Einblicke in die Geologie, die Arten-

the perfect day

9 Uhr: Mit dem Nationalparktaxi ins Hollersbachtal und Wanderung zur Geierschlafwand
14 Uhr: Fahrt nach Krimml, Besichtigung der Wasserfälle (Wasserfallweg)
17 Uhr: Bummel durch Krimml
18 Uhr: Fahrt zurück bis Wald, dann auf der idyllischen alten Gerlosstraße nach Königsleiten, anschließend Besuch des Planetariums

vielfalt und die landschaftlichen Gegebenheiten der Region gewähren die interessanten Exkursionen, die der Nationalpark in wöchentlichem Rhythmus anbietet (Programm, Anmeldung und Auskunft unter Tel. 0 65 65/6 55 80). Aber man kann die reizvolle Landschaft bis hin zu den vergletscherten Gipfeln natürlich auch auf eigene Faust entdecken. Herrliche Wanderwege, die meist auch für Mountainbiker geeignet sind, führen durch die langen Täler; gemütliche Hütten sind oft das Ziel. Wer weiter hinauf möchte, muss sich im Hochgebirge auskennen und über die entsprechende Ausrüstung verfügen. Doch dann ist die

WANDERN & BERGTOUREN

TOP TIPP

Eine landschaftlich reizvolle Wanderung entlang eines reißenden Gebirgsbaches führt durch das **Wildgerlostal zur Zittauer Hütte** (2328 m). Ausgangspunkt ist der Parkplatz beim Gasthof Finkau am Durlaßboden-Speicher. Vorbei an Wasserfällen, umrahmt von imposanten Gipfeln, geht es durch die Leitenkammerklamm zur Felsstufe des Klamml. Der Weg ist kühn in den Felsen gehauen, aber gut abgesichert. Nun ist es nicht mehr weit bis zur malerisch gelegenen Zittauer Hütte am Unteren Gerlossee. In dem großen Bergsee spiegeln sich Gletscher und umliegende Gipfel: Gabler (3263 m), Reichenspitze (3303 m) und Wildgerlosspitze (3280 m). Reizvoll für Wanderer, aber anspruchsvoll ist der Abstieg über die Rainbachscharte (2724 m) ins Krimmler Achental. Ansonsten Abstieg wie Aufstieg; Gehzeit zur Hütte: ca. 4 Std.

Seebach-See (2083 m) Auf romantischen Pfaden durch das Obersulzbachtal	Ausgangspunkt: Parkplatz Hopffeldboden (1080 m); über einen Steg auf die linke Talseite zum Wanderweg – bei der Gstreifbrücke den Obersulzbach wieder queren – steiler Anstieg zur Seebachalm – weiter zum Seebach-See; zurück über Poschalm und Brendlalm mit unvergesslichem Blick auf den rund 300 m hohen Seebachfall und den 80 m hohen Gamseckfall; im Tal zurück zum Parkplatz; leicht aber lang; Zeit: ca. 5 Std.; Einkehr: Brendlalm
Von der Rudolfshütte (2311 m) **ins Stubachtal** Hochgebirge für Einsteiger	Ausgangspunkt: Enzinger Boden im Stubachtal (1468 m); mit der Bergbahn hinauf zur Rudolfshütte (2311 m) mit Blick auf die Gletscher und die stattlichen 3000er wie Eiskögele (3436 m) und Granatspitze (3086 m) – vorbei am Weißsee über den Oberen Winkel zur Französachalm – am Ufer des Grünsees entlang – Abstieg zum Enzinger Boden. Einfache Bergwanderung, wenig anstrengend; herrliche Kulisse; Zeit: ca. 2 Std.; Einkehr: Rudolfshütte, Mittelstation Grünsee
Hintersee (1313 m) Leichte Wanderung durch die Schößwendklamm zum malerischen Bergsee	Ausgangspunkt: Parkplatz Schößwendklamm (1096 m) im Felbertal; durch die Schößwendklamm mit ihren einzigartigen Felsformationen und herrlichen Wasserfällen – weiter bis zum Tauernhaus Spital (1169 m), einem urigen Wirtshaus, das seit 1870 in Familienbesitz ist – zum schön gelegenen Hintersee (1313 m); Blick auf den 80 m hohen Schleierfall; auf gleichem Weg zurück; Zeit: ca. 4 Std.; Einkehr: Tauernhaus Spital
Großer Rettenstein (2366 m) Markante Aussichtskanzel in den Nationalpark Hohe Tauern	Ausgangspunkt: Neukirchen, Bergstation (2094 m) Wildkogel; Weg Nr. 35 zur Herrensteigscharte – nordöstlich weiter auf Weg Nr. 36 zum Schöntaljoch (2029 m) – durch steiles, felsiges Gelände zum Gipfel mit seinem einmaligen Panorama auf Großvenediger (3677 m) und die Gipfel der Hohen Tauern; Erfahrung und Trittsicherheit sind Voraussetzung für diese anspruchsvolle Tour; Zeit: ca. 6 Std.; Einkehr: Bergrestaurant Wildkogel

Hütten

Krimmler Tauernhaus (1622 m)
Historische Raststation am Saumpfad über die Hohen Tauern. Besonders gemütlich ist die urige Gaststube. Zustieg an den Krimmler Wasserfällen vorbei durch das landschaftlich schöne Krimmler Achental. Gipfelziele sind die

Dreiherrenspitze (3499 m), die Reichenspitze (3303 m) und die Richterspitze (3052 m). Ausgangspunkt: Parkplatz Trattenköpfl an der Gerlospassstraße (1166 m); Tel. 0 65 64/83 27, www.krimmler-tauernhaus.at.

Neue Fürther Hütte (2201 m)
Der Hüttenzustieg von Hollersbach (806 m) ist zwar lang und anstrengend, aber landschaftlich unvergleichlich. Ein Bachlehrpfad am Anfang, Stauseen, Almen und schließlich ein großartiger Talschluss mit herrlichen Wasserfällen machen jeden Schritt lohnend. Die urige Hütte liegt ganz in der Nähe des Kratzenbergsees (2162 m), einem der höchstgelegenen und größten Bergseen der Alpen. Zu empfehlen ist die Tour auf den Larmkogel (3022 m, ca. 3 Std.) mit seiner herrlichen Aussicht auf Großglockner, Großvenediger, die Kitzbüheler Alpen bis hin zum Kaisergebirge. Ausgangspunkt: Hollersbach; Dauer: ca. 6 Std.; Taxitransport bis etwa zur Ofeneralm (1534 m) möglich; Gehzeit: ca. 3 Std.; Tel. 0 65 62/83 90

Berghotel Rudolfshütte (2311 m)
Großes, komfortables Haus mit 15 m hoher Indoor-Kletterwand. In der Nähe Klettergarten, Klettersteig und zwei Gletscherlehrpfade. Ausgangspunkt für viele Hochtouren, z.B. auf das Eisкögele (3434 m). Zustieg vom Enzinger Boden im Stubachtal in ca. 3 Std. oder mit der Gletscherbahn Weißsee direkt zur Hütte; Tel. 0 65 63/82 21, www.rudolfshuette.at

Auswahl groß. Der bekannteste und höchste Gipfel der Region ist der Großvenediger. Elegant schiebt sich die Gletscherflanke 3677 m in den Himmel, umgeben von 53 weiteren Dreitausendern. Wie ein Diamant glitzert sie an schönen Tagen im Sonnenlicht.

Erfahrene Bergsteiger, die den Großvenediger bezwingen wollen, steigen durch das Obersulzbachtal zur Kürsingerhütte, um von dort aus über den Gletscher zum Gipfel zu gelangen. Die technischen Anforderungen sind nicht allzu groß; da der Weg jedoch durch spaltenreiche Zonen führt, ist ein Bergführer zu empfehlen. Alle anderen können die interessante Welt der Gletscher auch etwas weiter unten, in der Nähe der Obersulzbachhütte entdecken: Der dort angelegte Gletscherlehrpfad erklärt vor allem die Auswirkungen des Gletscherschwunds auf die Entwicklung von Fauna und Flora. Zu sehen sind aber auch die bizarren Abbrüche des Obersulzbachkees.

Ganz andere Schätze birgt das Nachbartal, das Untersulzbachtal: Über 500 Jahre lang wurde dort Kupfererz geschürft, zu Spitzenzeiten bis zu 25 t im Jahr. Quasi nebenbei förderte man noch bis zu 80 kg Silber. Heute vermittelt ein Schaubergwerk einen lebendigen Einblick in die Geschichte des Bergbaus. Zu mineralogischem Weltruhm gelangte das Tal, als 1865 an der Knappenwand wertvolle Bergkristalle in enormen Mengen entdeckt wurden.

Das benachbarte Habachtal kann sich sogar mit Smaragden schmücken, die man früher hier fand. Ein besonders prachtvolles Exemplar des grünen Edelsteins soll Bestandteil der britischen Kronjuwelen sein, ein weiteres glänzt in einer Monstranz im Salzburger Dom. Eine sehenswerte Sammlung von Mineralien, die im Habachtal gefunden wurden, ist im Heimatmuseum in Bramberg ausgestellt. Wer sich selbst auf die Suche machen will, kann sich einer der Mineralexkursionen anschließen (Tel. 0 65 66/72 51). Etwas Mut muss man dazu aber schon mitbringen, schließlich bewachen schwarz gekleidete Naturgeister, hagere Männchen und schroffe Kerle mit schiefrigen Augen und Glimmerstückchen in den Bärten, die Edelsteine des Habachtals – so erzählen es zumindest die Sagen.

Unter Geiern

Eine lebendige Sehenswürdigkeit hat das Hollersbachtal zu bieten: Bis zu 80 Weißkopfgeier verbringen jedes Jahr an der Geierschlafwand die Sommernächte. Auch tagsüber bleiben sie in der Nähe und scheinen mit den Steinadlern und den wieder angesiedelten Bartgeiern um die Wette zu segeln. Eine Geierwand gibt es auch im Stubachtal; seit jedoch 1923 das Wasserkraftwerk am Enzingerboden gebaut worden ist, zeigen sich die Weißkopfgeier dort nur noch selten. Hinein in das landschaftlich ausgesprochen schöne, 18 km lange Tal führt eine mautfreie Panoramastraße. Vor dem Start sollte man sich unbedingt beim Tourismusverband Uttendorf die Info-Broschüre holen, in der auf 22 besonders sehenswerte Abschnitte entlang der Route hingewiesen wird. Wer die restlichen 18 in der Broschüre erwähnten Punkte entdecken will, der muss mit der Weißsee-Gletscherbahn hinauffahren zum Berghotel Rudolfshütte, das in einem gewaltigen »Amphitheater« aus Fels und Eis steht. Eine schöne Hochtour führt geübte Bergsteiger aufs Eiskögele. In der Nordwand fanden Bergsteiger 1965 sieben Riesenbergkristalle mit einem Gesamtgewicht von 1622 kg. 10 Min. von der Rudolfshütte entfernt befindet sich ein Bergsturzgebiet, in dem Geologen über 100 verschiedene Mineralien entdeckten und Hobbysammler auch heute noch fündig werden können. Wesentlich lieblicher sind die Berge auf der anderen Talseite des Oberpinzgaus: Die grünen, mit Bergblumen übersäten Gipfel der Kitzbüheler Alpen locken vor allem Wanderer und Mountainbiker. Schöne Ziele sind der Gaißstein bei Stuhlfelden und der Wildkogel bei Bramberg. Da die Bergstation der Wildkogelbahn bereits auf mehr als 2000 m liegt, ist dieser Aussichtsberg auch ganz bequem zu erreichen. Ein unvergessliches Erlebnis ist es, dort oben zu beobachten, wie die letzten Sonnenstrahlen den Gipfel des Großvenediger streifen, während alle anderen Berge und die Täler bereits im Schatten liegen.

Die eindrucksvollen Krimmler Wasserfälle

Von den Gipfeln nun hinunter ins Salzachtal, zu den kleinen Orten des Oberpinzgaus, die weitgehend ihren ländlichen Charme bewahren konnten und – wie etwa Neukirchen – mit zauberhaften Ortsbildern begeistern. Der bedeutendste Ort ist Mittersill, der schon früher ein wichtiger Umschlagplatz zwischen Hohen Tauern und Kitzbüheler Alpen war. Auch heute treffen sich hier alle, die von der Felbertauernstraße, dem Pass Thurn und vom Gerlospass kommen, um weiter der Salzach entlang Richtung Zell am See und Salzburg zu fahren. Vorher lohnt es sich aber, einen Spaziergang durch Mittersill zu machen und das Heimatmuseum im Felberturm zu besuchen, eine einzigartige Dokumentation Pinzgauer Kulturgeschichte: Zu sehen ist auch ein Waggon der historischen Pinzgaubahn. Die dazu gehörende Lok steht im Bahnhof; fast wie vor 100 Jahren keuchen auch heute noch die Züge 53 kurvige Kilometer durch das Salzachtal. Von Zell am See aus geht es der Reihe nach vorbei an den sieben Tauerntälern mit all ihren Kostbarkeiten bis zur Endstation im Bahnhof von Krimml.

Krimmler Wasserfälle mit WasserWunderWelt
Interessanter Wasser-Themenpark am Beginn des 4 km langen Wasserfallweges; spektakuläre Aussichtsterrassen am Weg; Tel. 0 65 64/72 12; www.wasserfaelle-krimml.at

ALLGEMEINE INFORMATIONEN

Urlaubsregion	Tourismusbüro **Krimml**; Tel. 0 65 64/7 23 90; E-Mail: info@krimml.at; www.krimml.at Tourismusverband **Uttendorf-Weißsee**; Tel. 0 65 63/8 27 90; E-Mail: info@uttendorf.at; www.uttendorf.com
Orte	**Bramberg** www.urlaubsarena-wildkogel.at • **Hollersbach** • **Mittersill** www.mittersill.at • **Neukirchen** www.neukirchen.at • **Niedernsill** • **Piesendorf** • **Stuhlfelden** • **Wald-Königsleiten**
Entfernungen	Hamburg 930 km; Berlin 740 km; Köln 731 km; Frankfurt a. M. 548 km; Stuttgart 387 km; München 153 km

Wanderkarten

Freytag & Berndt, WK 121 Großvenediger, Oberpinzgau; 1:50 000

Gasteiner Tal

ADAC Prädikat

SPORT & SPASS

WANDERN & BERGTOUREN

KULTUR & CO.

WELLNESS & GENUSS

Wandern, Wellness und die heilenden Kräfte der Natur

Die »Prunkstube unseres lieben Herrgotts« nannte ein Dichter einmal stolz das Tal der Ache »Gastuna«. Den wanderfreudigen Gasteinertal-Touristen unserer Zeit fällt es wohl nicht schwer, dem Lokalpatrioten beizupflichten. Der Tourismus prägt die Geschichte des berühmten Tauerntals aber nicht erst seit dem Aufkommen des Alpinismus: Erste Hinweise auf die Gasteiner Thermen und ihre heilenden Kräfte finden sich schon um 1230 – und der erste Kaiser war hier bereits im 15. Jh. zum Kuren und Kurieren zu Gast.

Wichtigster Wirtschaftsfaktor war zu jener Zeit allerdings der Bergbau. Schon seit Mitte des 14. Jh. wurde vor allem am Radhausberg zwischen Böckstein und dem Naßfeld nach Gold und Silber gegraben. Im 15. und 16. Jh. förderten die Gasteiner 650 kg Gold und 2500 kg Silber jährlich; nach dieser Blütezeit wurden die Erträge geringer, bis Mitte des 19. Jh. der Abbau weitgehend eingestellt wurde. Noch heute kann man entlang der Wanderwege die Ruinen der alten Fördertürme und die halb verfallenen Eingänge der Stollen entdecken. Völlig erhalten und sorgfältig restauriert wurde die mittelalterliche Bergbausiedlung von Altböckstein mit dem Montanmuseum, einem sehenswerten Stück Zeitgeschichte im letzten Ort des Gasteinertals – dort, wo sich das Tal gabelt.

Westlich führt eine Mautstraße durchs Naßfelder Tal hinauf nach Sportgastein. Das Gebiet mit seinen herrlichen Almen ist ein ideales

Ungebändigte Natur und Luxushotels mit Geschichte: Bad Gastein

the perfect day

8.30 Uhr: Mit der Bergbahn von Bad Gastein zur Bergstation des Graukogels; Wanderung zum Palfnersee, von hier zum Reedsee
12 Uhr: Rast am Reedsee; Abstieg ins Kötschachtal, mit dem Bus vom Grünen Baum nach Bad Gastein
15.30 Uhr: Fahrt nach Böckstein, Besuch des Montanmuseums in Altböckstein
18 Uhr: Wellness in der Felsentherme Bad Gastein oder in der Alpen Therme Hofgastein

WELLNESS & GENUSS

TOP TIPP Gesundheit aus dem Berginnern: Der weltweit einzigartige **Heilstollen** von Gastein führt 2,5 km in den Berg hinein. Die Luft ist dort hochrein, staub- und allergenfrei. Rheumatiker, Allergiker und Menschen, die an Atemwegserkrankungen leiden, profitieren vom warmen, feuchten Klima und dem hohen Gehalt an Radon, einem Edelgas, das den Stoffwechsel anregt. Auch zur Vorbeugung wird die Einfahrt in den Radhausberg bei Böckstein empfohlen, da das Stollenklima die körperlichen Abwehrkräfte steigert und den Kreislauf sanft und schonend anregt; neben den medizinisch verordneten und betreuten Kuren werden auch Schnuppereinfahrten angeboten (Dauer ca. 2,5 Std.); Beratung sowie weitere Kur- und Wellness-Angebote im Kurzentrum beim Heilstollen; Tel. 0 64 34/3 75 30; www.gasteiner-heilstollen.com

Felsentherme Bad Gastein	Großzügig angelegte Bade- und Wellness-Bereiche in der Nationalparktherme mit Innen- und Außenbecken, durch die täglich 1 Mio. Liter Gasteiner Thermalwasser fließen. Verschiedene Saunen, natürliche Felsengrotte mit Wasserfall; Tel. 0 64 34/22 23; www.felsenbad-gastein.com
Radon-Thermal-Dunstbad Bad Gastein	Im stilvollen, historischen Bad von Bad Gastein, das 1784 eröffnet wurde direkt bei den Heilquellen. Das Wasser sprudelt mit einer Temperatur von 45 °C aus der Erde. Im Dunstbad ist der Gast vom heilenden Wasserdampf der Quellen umgeben. Massage- und Wellness-Angebote; Tel. 0 64 34/61 27; www.dunstbad.at
Kraftplätze am Fulseck Dorfgastein	Wanderung zu ausgesuchten Orten, an denen die Kräfte der asiatischen Yin-und-Yang-Lehre wirken. Ausgangspunkt: Bergstation Fulseck bei Dorfgastein; entlang der einzelnen Stationen des Kraftweges zum Arltörl (1797 m), zur Heumoosalm (Einkehr) und zur Mittelstation (1450 m); zu Fuß oder mit der Seilbahn zurück nach Dorfgastein; einfache, landschaftlich herrliche Wanderung; Zeit: ca. 3 Std.; geführte Touren möglich; Tel. 0 64 34/74 47

Revier für Spaziergänger, die gerne einmal Höhenluft schnuppern möchten. Denn die Kulisse in dem von steilen Hängen und Karen umgebenen Talkessel ist hochalpin: Vom Schareck herab glänzt der Gletscher, mehrere Wasserfälle stürzen von der zerfurchten Flanke des Hohen Geisel Richtung Talboden. Fast eine Stunde dauert der gemütliche Spaziergang entlang des Naturschaupfades ans Ende des Tals, wo der Nationalpark Hohe Tauern beginnt. Wer von hier auf dem nun steilen Weg zur Hagener Hütte steigt, bewegt sich auf historischen Spuren: Schon in vorgeschichtlicher Zeit führte ein bedeutender Saumpfad über den Korntauern nach Kärnten. Heute gibt es eine wesentlich bequemere Möglichkeit, auf die Alpensüdseite zu gelangen: Östlich von Böckstein, im malerischen Anlauftal, befindet sich die »Tauernschleuse«, ein Eisenbahntunnel, der Böckstein mit Mallnitz verbindet.

Die erste größere Ansiedlung befand sich etwa in der Mitte des Gasteinertals, bei Bad Hofgastein, dem Hauptort des Tals. Von hier aus wurde auch der Bergbau verwaltet, der erheblichen Wohlstand brachte. Prächtige Bauten zeugen noch heute vom einstigen Reichtum. Als der Bergbau zum Erliegen kam, tat sich eine neue Einnahmequelle auf: der Tourismus. 1828 wurde Hofgastein zum Kurort ernannt,

Hütten

Bad Gasteiner Hütte (2467 m)
Direkt auf dem Gipfel des Gamskarkogels gelegene, gemütliche Alpenvereinshütte. Bereits 1829 erbaut, gilt sie als erste für Bergsteiger errichtete Unterkunft in den Ostalpen; schöner, abwechslungsreicher, mittelschwerer Zustieg von Bad Gastein/Grüner Baum (1100 m) über die Poserhöhe und die Toferercharte in ca. 4 Std.;
Tel. 06 64/3 56 67 07

Rockfeldalm (1821 m)
Von Bad Hofgastein mit der Schlossalmbahn zur Bergstation, von dort über den Hermann-Kreilinger-Steig in ca. 1,5 Std. zu erreichen (Trittsicherheit erforderlich). Die Alm ist vor allem für ihren guten Käse bekannt; keine Übernachtung;
Tel. 06 64/1 86 99 34

Fundneralm (1430 m)
Ideale Wanderung oder Mountainbike-Tour für die ganze Familie zu der urig-gemütlichen Alm. Unbedingt kosten sollte man die selbst gemachten Gasteiner Spezialitäten wie Pofesen, Bauernkrapfen und Hauswürste. Kinder können am Bergbach, auf der Almwiese oder im Bergwald die Natur erkunden; keine Übernachtung; Tel. 0 64 32/87 31

WANDERN & BERGTOUREN

TOP TIPP

Ein abwechslungsreicher **Höhenweg** führt von der Bergstation der Graukogelbahn (1954 m bei Bad Gastein über die **Palfnerscharte** (2321 m) **zum Reedsee** (1832 m). Eine Tour, bei der man sich viel Zeit zum Schauen und Genießen nehmen sollte, denn die Landschaft rund um den Graukogel im Nationalpark Hohe Tauern ist unvergleichlich schön. Von der Bergstation aus die Westflanke des Gaukogels bis zum malerischen Palfnersee (2100 m) queren. Aufstieg über felsdurchsetzte, blumenreiche Almwiesen zur Palfnerscharte, weiter zum Windschursee (1955 m) und zum Reedsee, einem herrlich im Bergwald gelegenen See, in dem sich die Gletscher der Tischlergruppe (3002 m) spiegeln. Steiler Abstieg ins Kötschachtal, dann bequem hinauswandern zum Grünen Baum. Entweder mit dem Bus oder über die Kaiser-Wilhelm-Promenade zurück nach Bad Gastein; mittelschwere Bergsteige, Trittsicherheit erforderlich; Zeit: ca. 6 Std.; Einkehr: Almgasthof an der Bergstation, versch. Almen und Restaurants im Kötschachtal

Hagener Hütte (2446 m) Auf historischen Pfaden in den Nationalpark Hohe Tauern	Ausgangspunkt: Sportgastein (1588 m); vorbei an den idyllischen Almen im Talkessel des Naßfelds zur Veit-Alm (1650 m) – steil hinauf über den breiten Eselrücken zum Eselkar (2011 m) – über flacheres Gelände zur Passhöhe mit der gemütlichen Hagener Hütte; Abstieg wie Aufstieg; geübte, trittsichere Bergwanderer können von der Hütte aus in ca. 1,5 Std. zum Hohen Geisel (2974 m) aufsteigen; Zeit: ca. 5 Std.; Einkehr: Hagener Hütte, Almen im Naßfeld
Gasteiner Höhe (1994 m) Leichte, blumenreiche Wanderung zu malerischen Seen	Ausgangspunkt: Dorfgastein/Hauserbauer (1079 m); Mayerhof-Alm (1593 m) – Sattel vor dem Kleinen Paarsee (1900 m) – Gasteiner Höhe (1994 m), herrlicher Blick übers Gasteinertal, auf die Tauerngipfel und den Hochkönig – Abstieg zum Oberen Paarsee (1880 m) und evtl. zum Unteren Paarsee (1856 m) – zurück auf den Sattel, Abstieg wie Aufstieg; Zeit: ca. 5 Std.; Einkehr: Hauserbauer, Steinerhochalm

Kraftplätze am Fulseck
Wanderung zu ausgesuchten Orten, an denen die Kräfte der asiatischen Yin-und-Yang-Lehre wirken. Ausgangspunkt: Bergstation Fulseck bei Dorfgastein; entlang der einzelnen Stationen des Kraftweges zum Arltörl (1797 m), zur Heumoosalm (Einkehr) und zur Mittelstation (1450 m); zu Fuß oder mit der Seilbahn zurück nach Dorfgastein; einfache, landschaftlich herrliche Wanderung; Zeit: ca. 3 Std.; geführte Touren möglich; Tel. 0 64 34/74 47

allerdings ohne eigene Heilquellen zu besitzen. Das Thermalwasser beziehen die Hofgasteiner noch heute direkt von den Bad Gasteiner Heilquellen am Fuße des Graukogel.

Aus 18 Quellen sprudeln täglich 5 Mio. Liter des bis zu 47 °C heißen Radon-Thermalwassers. Das leicht radioaktive Edelgas verhilft dem Wasser zu seiner heilsamen Wirkung, vor allem bei rheumatischen Erkrankungen, Allergien und Atemwegsbeschwerden. Der erste berühmte Badegast war Kaiser Friedrich III. im Jahr 1435. Der Kurbetrieb blühte auf, aus allen europäischen Fürstenhäusern kamen die Gäste. Seine Glanzzeit als Welt- und Nobelkurort erlebte Gastein in den Jahrzehnten vor dem Ersten Weltkrieg: In dem idyllischen Tauerntal gaben sich Kaiser und Könige ein Stelldichein, hier wurde so manche weitreichende politische Entscheidung getroffen. Noch heute faszinieren die geschichtsträchtigen Hotelpaläste, die sich um den mitten durch den Ort tosenden, 341 m hohen Wasserfall drängen: ungebändigte Natur umgeben von prächtigen Luxustempeln einer längst vergangenen Zeit.

Die Basis des einstigen Weltruhms ist geblieben: Mit Thermen, tosenden Wasserfällen und einer großartigen Landschaft verfügt das Tal über ein breit gefächertes, modernes Sport- und Freizeitangebot. 2005 wurde die »Bewegungsarena Gastein« mit einem gut ausge-

Restaurants

Landgasthaus Vier Jahreszeiten
Vorzügliches Restaurant in einem stilvollen, historischen Bauernhof in Böckstein mit hervorragender Küche. Ideal für Genießer, die Wert auf Gemütlichkeit legen; unbedingt reservieren; Tel. 0 64 34/3 02 48

schilderten, 130 km langen Wegenetz für Nordic Walker und Läufer eröffnet. Ein gepflegter Golfplatz, Mountainbike-Routen und ein Island-Pferdehof sorgen außerdem für Abwechslung. Hauptattraktionen sind jedoch die beiden renovierten Thermen in Bad Gastein und Bad Hofgastein, die in Sachen Wellness und Erlebnis auf dem absolut neuesten Stand sind.

Neben der entspannenden Erholung lockt das reizvolle Bergerlebnis: Abgesehen von Ankogel und Schareck gibt es zwar keine Renommierberge, dafür werden Wanderer und Mountainbiker in der unteren und mittleren Höhenlage regelrecht verwöhnt, etwa am großartigen Gasteiner Höhenweg oder an den zahlreichen gepflegten Promenaden rund um Bad Gastein. Deutlich höher hinauf führen Touren zu den urigen Almhütten oder zu einem der insgesamt 20 Bergseen, die sich in den einsamen Hochkaren verstecken.

Ideal für Wanderer und Familien

Im Gegensatz zu den mondänen Nachbarorten ist Dorfgastein am Beginn des Tals ein beschauliches Bergdorf. Die kecken Felsnasen des Schuhflickers ziehen die Wanderer an, ebenso die malerischen Paarseen. Auch beim Schlechtwetterprogramm haben die Dorfgasteiner einiges zu bieten: Zum Beispiel die Burg Klammstein, die im 10. Jh. erbaut wurde und somit das älteste Bauwerk im Gasteinertal ist (www.burgklammstein.at). Oder die Naturhöhle »Entrische Kirche« (unheimliche Höhle) oberhalb der wildromantischen Gasteinerklamm: Die mit schillernden Tropfsteinen geschmückten unterirdischen Hallen dienten während der Gegenreformation (1730–1733) den verfolgten Protestanten als geheimer Versammlungs- und Zufluchtsort.

Ebenfalls tief ins Berginnere führt der Gasteiner Heilstollen. Auf das wohl wirkungsvollste Kurmittel des Tals stieß man ganz zufällig, als bei der Suche nach neuen Goldadern 1940 ein Stollen in den Radhausberg bei Böckstein getrieben wurde. Gold fand niemand, dafür machte man eine weit wertvollere Entdeckung: Erkrankte Bergleute stellten fest, dass sie plötzlich eine fast wundersame Heilung erfuhren. Wissenschaftler untersuchten das Phänomen und entdeckten statt Edelmetall ein Edelgas: das Radon. Hinzu kommt die hohe Lufttemperatur (bis zu 41,5 °C) und eine extrem hohe Luftfeuchtigkeit im Stollen. Nach wie vor sind die Heilungserfolge der seit 1953 durchgeführten Liegekuren tief im Berginneren außerordentlich und auch wissenschaftlich belegt.

ALLGEMEINE INFORMATIONEN

Urlaubsregion	**Gasteinertal** Tourismus; Tel. 0 64 32/3 39 31 17; E-Mail: info@gastein.com; www.gastein.com
Orte	**Bad Gastein • Bad Hofgastein • Böckstein • Dorfgastein**
Entfernungen	Hamburg 996 km; Berlin 806 km; Köln 797 km; Frankfurt a. M. 613 km; Stuttgart 452 km; München 218 km

TOP TIPP Das Gasteinertal ist mit seinen zahlreichen Almen und herrlichen Seitentälern eine ideale **Mountainbike-Region** – sowohl für reine Genussfahrer als auch für sportlich ambitionierte Biker. Bei der landschaftlich eindrucksvollen Tour auf die Grabnerhütte (1717 m) bei Dorfgastein kommen alle auf ihre Kosten: Mit 15 km und über 800 Höhenmetern (teils auf Asphalt, teils auf Schotter) ist die Tour anspruchsvoll. Mit der Heumoosalm liegt aber eine urige, sehr gemütliche Einkehr am Weg, ebenso wie das Bergrestaurant Grabnerhütte und die Brandlalm.

Von Dorfgastein (830 m) hinauf zum Feinschmeckerlokal Hauserbauer weiter zur Heumoosalm (1616 m) und zur Grabnerhütte. Abfahrt zur Mittelstation mit der Brandlalm (1450 m). Über den Gruber-Waldweg zurück zum Hauserbauer und nach Dorfgastein. Geführte Mountainbike-Touren und Verleih: Radsport Eckschlager, Bad Hofgastein; Tel. 0 64 32/63 23; Sport Fleiß, Bad Gastein.

Wanderkarten

Freytag & Berndt; WK 191 Gasteinertal, Wagrain, Großarl; 1:50 000

Salzburger Sportwelt

ADAC Prädikat

SPORT & SPASS

WANDERN & BERGTOUREN

KULTUR & CO.

WELLNESS & GENUSS

In der Heimat der Stars

In der Heimat von Skistars wie Hermann Maier (Flachau) und Annemarie Moser-Pröll (Kleinarl) dreht sich zwar viel um den Wintersport, aber lange nicht alles. Zwischen Tauern und Dachstein, entlang der jungen Enns, warten geschichtsträchtige Orte, sanfte Wanderberge und schroffe Zacken darauf, erkundet zu werden. Dabei haben Familien ebenso viel Spaß wie sportlich ambitionierte Urlauber.

An Sankt Johann im Pongau vorbei schlängelt sich die Salzach Richtung Tennengebirge.

Mächtig und stolz ragt der Pongauer Dom über dem Salzachtal bei St. Johann in den Himmel. Nachdem ein verheerender Brand 1855 den Ort nahezu völlig zerstörte, wurde die Pfarrkirche neu errichtet und zum weithin sichtbaren Symbol. Damals konnte noch niemand ahnen, dass das wuchtige Bauwerk einmal den westlichen Einstieg in die Sportwelt Amadé markieren würde. Genauso undenkbar wäre zu dieser Zeit auch die Vorstellung gewesen, dass 3 km vom Zentrum der Pongauer Einkaufs- und Ausgehmetropole entfernt ein neuer Ortsteil entstehen könnte, in dem sich restlos alles um den Urlaub auf gehobenem Niveau dreht: das Alpendorf. Kinder und Jugendliche sind begeistert vom Erlebnispark und dem Ferienprogramm im Alpendorf, die Eltern schöpfen in Sachen Sport und Wellness aus dem Vollen. Dort oben befinden sich auch die Talstationen der beiden St. Johanner Bergbahnen, die hinaufführen in das Wanderparadies am Gernkogel. Und damit immer noch nicht genug: Nur einige Minuten entfernt wartet eine fantastische, 4 km lange und bis zu 300 m tiefe Schlucht darauf, entdeckt zu werden: die Liechtensteinklamm. Sie ist eine der schönsten und tiefsten Wildwasserschluchten der Alpen, ein spektakulärer, aber einfach zu begehender Steig führt hindurch.

the perfect day

9 Uhr: Mountainbike-Tour von Filzmoos zur Hofalm am Fuße der Bischofsmütze mit Einkehr in der Unteralm
13 Uhr: Ausflug nach Radstadt; auf dem Millenniumweg vieles über die Geschichte Österreichs erfahren, dann am idyllischen Marktplatz einen Kaffee trinken
17 Uhr: Fahrt mit dem Auto auf den Roßbrand, Sonnenuntergang genießen
19.30 Uhr: Zurück nach Filzmoos, Abendessen im Restaurant Hubertus – bei Johanna Maier, der besten Köchin Österreichs

Nach diesem Ausflug führt die Tour durch die Sportwelt nach Wagrain. »Blumenreichster Ort Österreichs« darf sich die nette, von den sanften Ausläufern der Niederen Tauern umgebene Gemeinde nennen. Kein Wunder, dass sich der Dichter Karl Heinrich Waggerl hier niederließ und bis zu seinem Tod 1973 in Wagrain lebte. Heute ist im Waggerl-Haus alles Wissenswerte über den heimatverbundenen Dichter dokumentiert; auf der »Waggerlwiese«, einer reizenden kleinen Parkanlage, blühen sämtliche Pflanzen, die er in seinem »Heiteren Herbarium« beschrieben hat. Das Grab Waggerls befindet sich auf dem Kirchboden am Ortsrand von Wagrain, ganz in der Nähe der letzten Ruhestätte von Joseph Mohr, der das berühmteste Weihnachtslied der Welt verfasste: »Stille Nacht«. Wer keine der Sehenswürdigkeiten Wagrains verpassen möchte, folgt am besten der Beschilderung des Kulturspaziergangs,

WANDERN & BERGTOUREN

TOP TIPP

Eine aussichtsreiche, mittelschwere Kammwanderung führt **von der Kleinarler Hütte** (1756 m) **über den Penkkopf** (2011 m) **zum Gründegg** (2168 m) (1). Von Kleinarl (1007 m) geht es auf einem Güterweg zur Hirschleiten (1206 m). Über steileren Hüttenweg zur Kleinarler Hütte (ca. 2 Std.) wandern. Von hier aus nicht direkt zum Gründegg, sondern in nördlicher Richtung auf den Penkkopf. Nun auf einem Bergsteig, fast immer am Kamm entlang, bis zum Gründegg. Dort die herrliche Aussicht auf die Hohen und die Niederen Tauern genießen und nach Süden absteigen zur Roßfeldalm (1706 m). Durch den Stöcklwald hinunter ins Tal nach Hinterkleinarl (1044 m). Mit dem Bus oder auf dem schönen Wanderweg entlang des Kleinarler Baches zurück zum Ausgangspunkt; Zeit: ca. 7 Std.; Einkehr: Kleinarler Hütte

Lackenkogel (2051 m) Einfache Wanderung auf markante Gipfelpyramide	Ausgangspunkt: Flachau, Parkplatz Sattelbauer (1283 m); schöner Fußweg zur Lackenalm (1680 m) – erst über leicht bewaldeten Rücken, dann steil zum Sattel (1950 m) – auf schönem Bergsteig über den Südkamm zum Gipfel; Rückweg wie Hinweg; Zeit: ca. 4 Std.; Einkehr: Sattelbauer, Lackenalm
Glingspitze (2433 m) Aussichtsberg für Trittsichere über dem malerischen Tappenkarsee	Ausgangspunkt: Parkplatz Schwabalm (1192 m) südlich von Kleinarl; Tappenkarsee – Tappenkarseealm (1768 m) – kurz unterhalb der Tappenkarseehütte (1820 m) queren zum Tauernhöhenweg – durch das Tappenkar zum Haselstein (2150 m) – über steilen Grashang zum Gipfel; bis zur Hütte einfache Wanderung, im Gipfelbereich Trittsicherheit erforderlich; Abstieg wie Aufstieg; Zeit: ca. 7 Std.; Einkehr: Tappenkarseealm, Tappenkarseehütte
Roßbrand (1770 m) Beliebter Gipfel bei Radstadt mit herrlichem Dachsteinblick	Ausgangspunkt: Radstadt (858 m); Weg 462 – Bürgerbergalm (1172 m) – Oberer Schwemmberg – Radstädter Hütte (1750 m) – Roßbrand – südwärts durch lichten Wald absteigen zur Münzgrub – Gastof Pertill (1161 m) – Breitenberg – Radstadt; leichte Wanderung, meist auf schattigen Waldwegen; Zeit: ca. 6 Std.; Einkehr: Bürgerbergalm, Radstädter Hütte, Gasthaus Pertill
Ennskraxen (2410 m) Anspruchsvolle, abwechslungsreiche Bergtour auf den Kleinarler Felsriesen	Ausgangspunkt: Kleinarl (1007 m); Jausenstation Ennskraxn – Steinkaralm (1700 m) – am idyllischen Blauen See (1990 m) vorbei – über teils mit Drahtseilen gesicherte, recht brüchige Felsstufen auf steilem, ausgesetzten Bergsteig zum aussichtsreichen Gipfel; Abstieg wie Aufstieg; lange Bergtour, die Erfahrung, Trittsicherheit und Schwindelfreiheit voraussetzt; Zeit: ca. 7 Std.; Einkehr: Jausenstation Ennskraxn, Steinkaralm

Hütten

Buchauhütte (1750 m)
Besonders für Familien interessant ist die relativ neue Hütte unterhalb des Sonntagskogel (1849 m) zwischen St. Johann und Wagrain. Mit Produkten vom Bauernhof, Streichelzoo, Kinderspielplatz und Kletterburg; schnellster Zustieg von der Bergstation der Panoramabahn St. Johann–Alpendorf in ca. 10 Min.; herrliche Mountainbike-Strecke über Sternhof, Kreistenalm und Obergassalm zur Hütte; Tel. 0 64 12/72 67

Kitzsteinalm (1506 m)
Oberhalb von Kleinarl steht diese urige kleine Hütte. Angeboten werden deftige Brotzeiten und hausgemachte Schnaps. Ausgangspunkt für Gipfeltouren zum Penkkopf (2011 m) und Gründegg (2168 m); keine Übernachtungsmöglichkeiten; Zustieg von Kleinarl über Sauwaldstraße in ca. 1,5 Std.; Tel. 0 64 13/80 88

Tappenkarseehütte (1820 m)
Schöne, gemütliche Hütte oberhalb des Tappenkarsees. Nach dem traumhaften, problemlosen Zustieg von der Schwabalm (1192 m) südlich von Kleinarl am malerischen Tappenkarsee vorbei (ca. 1,5 Std.) machen hausgemachter Speck und köstlicher Heidelbeerschmarrn alle Strapazen wett; lohnende Gipfelziele sind Glingspitze (2433 m) und Draugstein (2356 m); Tel. 0 64 18/3 08

Unterhof-Erlebnis-Alm (1280 m)
Am Almsee bei der Filzmooser Hofalm befindet sich eine der schönsten Almen der Region. Neben der allseits gelobten Bauernkost wird auch noch Unterhaltung geboten, etwa bei Volksmusikveranstaltungen. Schöner Spielplatz und Naturpark; Zufahrt von Filzmoos aus mit dem Auto über die Hofalm-Mautstraße; es fahren auch Pferdekutschen. Außerdem ist die Strecke ideal für Mountainbiker. Ein schöner, leichter Wanderweg führt in ca. 1,5 Std. zur Alm; Tel. 06 64/3 56 67 51

Restaurants

Hoagascht
Das urige Lokal in einem 250 Jahre alten ehemaligen Kuhstall in Flachau überrascht mit kreativer Küche, deren Spezialitäten von Österreich über Italien bis in fernöstliche Gefilde reichen; Tel. 0 64 57/3 24 90, www.hoagascht.at

Restaurant Hubertus
Die Topadresse nicht nur im Pongau, sondern im gesamten Salzburger Land. Johanna Maier gilt als beste Köchin des Landes, und die Küche im Restaurant Hubertus in Filzmoos wird zu Recht überschwänglich für ihre kreativen Spitzenleistungen gelobt. Der Nachteil: Das Restaurant ist meist über längere Zeit ausgebucht; Tel. 0 64 53/ 82 04, www.hotelhubertus.at

Wassersport
Entspannung und Spaß bietet das Hallen- und Freibad im Erlebnispark Filzmoos. Eine Aroma-Biosauna, eine finnische Sauna mit speziellen Aufgüssen und das Eukalyptus-Dampfbad garantieren wohliges Behagen. Tel. 0 64 53/2 00 44, www.erlebnispark.net

Hochseilgarten
Erste Erfahrungen mit den Tücken des Gleichgewichts in schwindelnder Höhe kann man in den Hochseilgärten Flachau sammeln: ein kleine Mutprobe und ein großer Spaß für alle. ACS, Tel. 06 64/2 82 37 98, www.acs-alpincenter.at; ACF, Tel. 0 64 57/3 19 59, www.rafting24.com

SPORT & SPASS

TOP TIPP **Nordic Walker** 2 und Läufer finden in der Salzburger Sportwelt beste Voraussetzungen. In den meisten Orten sind Routen beschildert, Kurse und geführte Touren werden regelmäßig – zum Teil sogar kostenfrei – angeboten. Die Strecken sind durchweg abwechslungsreich und landschaftlich großartig. Besonders eindrucksvoll sind die 8 Trails in Filzmoos unterhalb der wuchtigen Felswände von Gosaukamm und Bischofsmütze. Außerdem: 7 beschilderte Routen in Flachau, darunter eine Marathonstrecke, kostenloses Lauftraining und geführte Touren. Mehrere neu ausgeschilderte Strecken in Altenmarkt-Zauchensee; Nordic-Walking-Park zwischen Kleinarl, Jägersee und Wagrain mit 4 Routen und einer Marathonstrecke; 2006 neuer Nordic-Fitness-Sports-Park in St. Johann mit Übersichtstafeln und Info-Broschüre. Informationen bei den Tourismusbüros; Kurse: Fun&Pro Sportcamp Flachau, Tel. 0 64 57/21 62, www.fun-pro.com oder bei Nordic Sports Altenmarkt, Karl Sieder, Tel. 0 64 52/72 05, www.nordic-sports.com

Mountainbiken
Wagrain

Der neu errichtete Mountain Bike Park Wagrain begeistert mit perfekt geshapten Trails und Geschicklichkeitsparcours. Der Park umfasst 300 Höhenmeter mit einer Vielzahl an Strecken, Kurven, Wellen und Trails. Anfängern oder erfahrenen Mountainbikern wird ein Mix aus sanften, weiten Strecken mit engen Kurven und Wellen geboten, z. B. auf Touren wie »On Air« oder dem Kulttrail »Symphony«. Tel. 0 64 13/7 13 29, www.mountainbikeparkwagrain.com

Canyoning/Rafting
Flachau

Beste Rafting- und Canyoning-Möglichkeiten in versch. Schluchten; von der Familientour bis zur abenteuerlichen Herausforderung; geführte Touren bei: ACF Adventure Center Flachau, Tel. 0 64 57/3 19 59, www.acf.co.at; Alpincenter Salzburger Sportwelt Flachau, Tel. 06 64/2 82 37 98, www.acs-alpincenter.at

einer interessanten Runde durch den Ort, die noch zu einigen weiteren besuchenswerten Stationen führt.

Im Süden von Wagrain, bei Kleinarl, zeigen die Niederen Tauern ein raueres Gesicht: Wuchtig ragt der Felsklotz der Ennskraxn hinter dem kleinen Ort auf. Wer dort hinaufwill, sollte geübt sein und über Kraftreserven verfügen. Wesentlich einfacher ist es, mit dem Auto oder dem Mountainbike Richtung Talende zum grün schimmernden Jägersee zu fahren. Ein Rundwanderweg führt durch das Landschaftsschutzgebiet, stilvoll rasten kann man in dem historischen Gasthaus am See. Wer eines der reizvollsten Ausflugsziele des Pongau kennen lernen will, muss mit dem Auto noch etwas weiter bis zur Schwabalm fahren, um dann einen steilen, aber einfachen Anstieg zu bewältigen. Doch der lohnt sich, denn schon taucht schimmernd die Wasserfläche des größten Gebirgssees der Ostalpen, der Tappenkarsee, auf. Es ist schwer zu sagen, was schöner ist: wenn die Sonnenstrahlen funkelnd mit den Wellen spielen oder wenn das Wasser glatt wie ein Spiegel daliegt und die Pyramide der Glingspitze spielerisch auf den Kopf stellt.

Sicher hoch hinaus

Parallel zum Kleinarltal zieht sich weiter im Osten das Tal der jungen Enns von Flachau zur Gasthofalm, bei der die Tauernautobahn unter den wilden Gipfeln der Radstädter Tauern im Tunnel verschwindet. Wer seine Fitness verbessern will, ist hier richtig: Zwei Hochseilgärten, eine Kletterwand, mehrere Anbieter von Rafting- und Canyoning-Touren, Nordic-Walking-Trails und dazu noch schöne Wanderungen und Mountainbike-Strecken garantieren, dass man hier einen Urlaub lang Kondition tanken kann.

Damit das Programm nicht in Stress ausartet, sollte man sich jedoch auch ein wenig Zeit nehmen für den »Weg der guten Wünsche«: eine eineinhalbstündige Rundtour in Flachau, die besonders auf die kleinen Naturschönheiten am Wegesrand aufmerksam macht, die man sonst allzu leicht übersehen kann.

Ein Fehler wäre es auch, das Heimatmuseum in Altenmarkt zu übersehen: Eines der Schmuckstücke dort ist die mechanische Grundner Krippe aus dem 18. Jh. Für Gäste setzen die Mitarbeiter des Museums die einzigartigen Figuren auch gern in Bewegung. Überragt wird Altenmarkt übrigens nicht nur vom Lackenkogel, sondern auch von der mächtigen gotischen Dekanatskirche mit der Madonna von Altenmarkt. Entdeckenswert ist aber ebenso die schöne Wanderung von Altenmarkt aus über die alte Zauchenseestraße hinauf zum Zauchensee, an dessen Ufer sich malerisch ein Almdörflein schmiegt.

Bei Altenmarkt macht die Enns einen nahezu rechtwinkligen Bogen und fließt in östlicher Richtung weiter bis Radstadt, einer herrlichen, mittelalterlichen Stadt, die eindrucksvoll auf einem Felsplateau über dem Fluss thront. Bereits von Kelten und Römern besiedelt, wurde die Siedlung aufgrund ihrer strategisch wichtigen Lage und wegen des aufblühenden Handels 1289 zur Stadt erhoben und mit Stadtmauer, Stadtgraben und mächtigen Wehrtürmen versehen, von denen drei noch erhalten sind. In einem davon, im Kapuzinerturm, befindet sich das Heimatmuseum; im historischen Schloss Lerchen werden außerdem volkskundliche Ausstellungen und Mineralien gezeigt. Wer mehr über die historischen Hintergründe erfahren möchte, sollte sich 1000 Schritte Zeit nehmen: So viele benötigt man im Durchschnitt, um dem Millenniumweg rund um die Stadtmauer zu folgen und dabei die 1000-jährige Geschichte Österreichs und der Stadt kennen zu lernen. Sehenswert sind jedoch nicht nur Museen und Befestigungsanlagen, sondern auch der schöne, von prächtigen Häusern umgebene Marktplatz im Zentrum. Hier befindet sich der »Walk of Sports« – schließlich will sich Radstadt nicht nur als Kulturstadt, sondern auch als Sportstadt profilieren. So wie sich auf dem »Walk of Fame« in Hollywood die Filmstars verewigen, haben in Radstadt schon fast zwei Dutzend Sportgrößen ihre Spuren hinterlassen.

Wer die Stadt einmal von oben sehen will, sollte sich den Hausberg der Radstädter vornehmen, den Rossbrand. Die schönste Art der Annährung führt über schattige Waldwege zum Gipfel; wesentlich schneller ist es, mit dem Auto über die Mautstraße hinaufzufahren. Allemal

Alpendorf Sankt Johann
Eine kleine Urlaubsstadt für sich, in der sich alles um Spaß, Sport, Wellness und Unterhaltung dreht. Mit Streichelzoo, Ponyreiten, Kinderzug, Malwänden, Bootfahren, Minirennbahn, Kletterwand, Riesenrutschen, Go-Kart-Bahn, Funpark, Skating-Area und vielem mehr im großen Kinderparadies. Im »Kids-Club« finden Pfadfindertraining, Bergpiraten-Nachmittage, Rafting, Olympische Kinderspiele usw. statt; auch für die Eltern wird ein abwechslungsreiches Sport- Wellness- und Wanderprogramm angeboten; Tel. 0 64 12/62 60 20, www.alpendorf.at

Die spektakuläre Liechtensteinklamm

atemberaubend ist der fantastische Blick auf das wuchtige Massiv des Dachstein, die steilen Wände der Bischofsmütze und die wilden Zacken des Gosaukamm.

Zu Füßen dieser grandiosen Felsarena liegt zwischen den licht bewaldeten Hügeln das verträumte Filzmoos. In der gotischen Kirche hat das Filzmooser Kindl seine Wahlheimat gefunden: Der Sage nach entdeckten Schafhirten das kleine, geschnitzte Jesuskind in der Wildnis auf einem verfaulten Baumstumpf. Der Pfarrer von Altenmarkt brachte es in seine Kirche, doch es verschwand und wurde von den Hirten am selben Platz wiedergefunden. Daraufhin wurde es in das »einen halben Büchsen-Schuss entlegene Peterskirchlein übersetzt, allwo es bis zum heutigen Tag verblieben«, wie in dem Filzmooser Wallfahrtsbüchlein nachzulesen ist. Hinauf zu den Almen führen viele herrliche Wanderwege, Mountainbike-Strecken unter-

Das Kleinarltal bietet zahlreiche Wandermöglichkeiten für die ganze Familie.

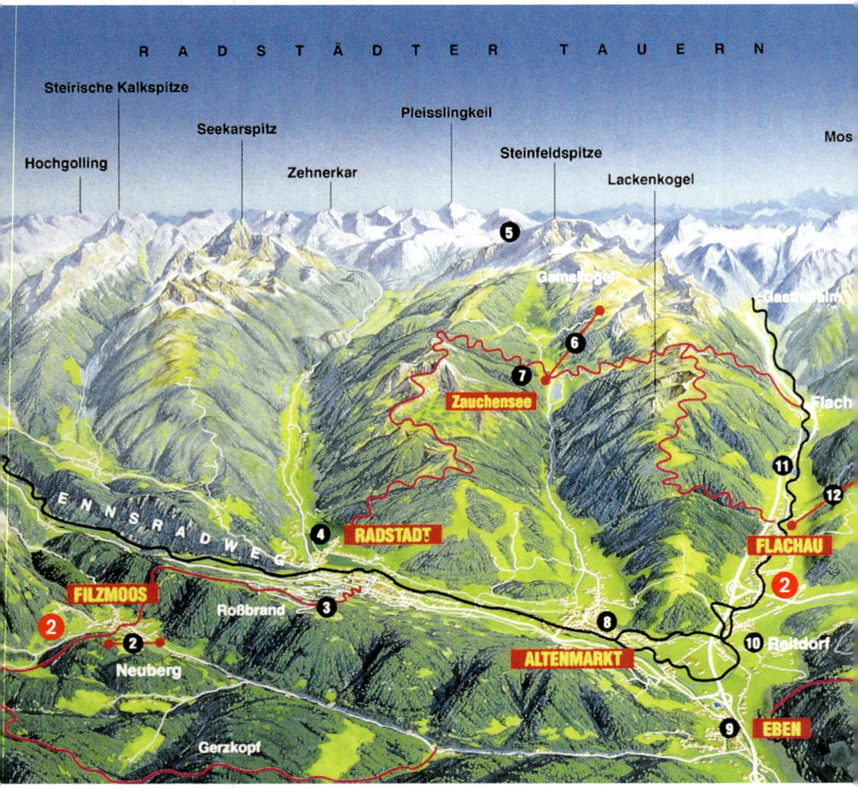

schiedlicher Schwierigkeit und einige Reitwege. Eine Mautstraße ermöglicht die Zufahrt zur Hofalm direkt unterhalb der Bischofsmütze. Dieser imposante Felsturm ist allerdings nur sehr erfahrenen Alpinkletteren vorbehaltenen. Noch eindrucksvoller als der von Menschenhand erschaffene, weithin sichtbare Pongauer Dom bei St. Johann im Westen markiert der Gipfel der Bischofsmütze den östlichen Grenzpunkt der gerade auch im Sommer so vielfältigen Ferienregion der Salzburger Sportwelt Amadé.

Almenweg
Auf den verschiedenen Etappen des Almenwegs kann man gemütlich von Alm zu Alm wandern, imposante Landschaftsbilder und die Stille der Salzburger Berge und Seen genießen. Das beste daran: am Wegesrand laden urige Almen zur gemütlichen Einkehr mit bodenständigen Gerichten.
www.salzburger-almenweg.at

ALLGEMEINE INFORMATIONEN

Urlaubsregion	**Salzburger Sportwelt Amadé**; Tel. 0 64 57/29 29; E-Mail: info@sportwelt-amade.co.at; info@salzburgersportwelt.at; www.salzburgersportwelt.at
Orte	**Altenmarkt – Zauchensee** www.altenmarkt-zauchensee.at • **Eben** www.eben.info • **Filzmoos** www.filzmoos.at • **Flachau** www.flachau.com • **Kleinarl** www.kleinarl.info • **Radstadt** www.radstadt.com • **Sankt Johann – Alpendorf** www.sanktjohann.com • **Wagrain** www.wagrain.info
Entfernungen	Hamburg 975 km; Berlin 786 km; Köln 776 km; Frankfurt a. M. 592 km; Stuttgart 433 km; München 199 km

Wanderkarten

Freytag & Berndt; WK 191 Gasteinertal, Wagrain, Großarltal; 1:50 000
Freytag & Berndt; WK 201 Schladminger Tauern, Radstadt, Dachstein; 1:50 000

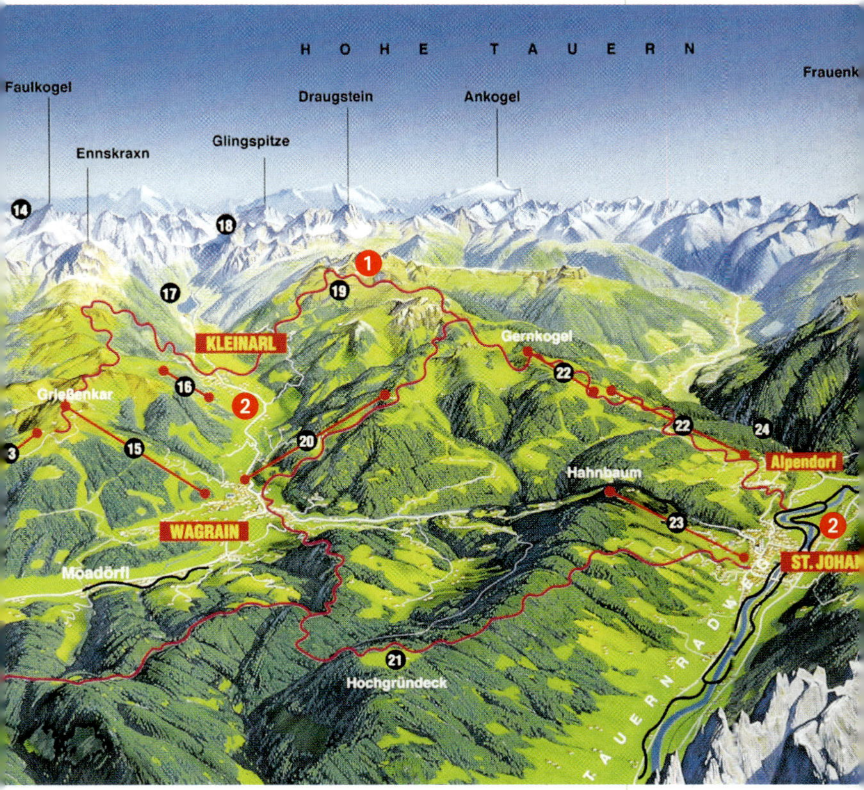

Lungau

ADAC Prädikat

SPORT & SPASS

WANDERN & BERGTOUREN

KULTUR & CO.

WELLNESS & GENUSS

Höhepunkt zwischen dem malerischen Weißpriachtal und dem Lignitztal: die Lungauer Kalkspitze (2471 m)

Riesen, Berge und ein Gespenst

Der Lungau ist nicht nur der südlichste, sondern wohl auch einer der am engsten mit dem Brauchtum verbundenen Bereiche des Salzburger Landes. Im Westen begrenzen die wilden Gipfel des Nationalparks Hohe Tauern das einsame, weite Talbecken. Im Norden strecken die Niederen Tauern ihre Gipfel gen Himmel; im Süden schmiegen sich die abgerundeten »Nocken« der Nockberge an den Horizont. Dazwischen Felder, Wälder und idyllische Flusstäler – all das mit genug Platz für malerische Orte voller Überraschungen.

Gekleidet ist der 6 bis 8 m große Samson fast wie ein römischer Krieger. Im Inneren der bis zu 80 kg schweren Figur muss ein kräftiger Lungauer Höchstleistungen vollbringen, wenn er bei den farbenprächtigen Prozessionen von zwei Zwergen durch die Orte geführt wird, begleitet von Schützengarde und Musikkapelle. Der Lungauer Brauch wurde im 17. Jh. erstmals dokumentiert. Damals trugen die Lungauer den Samson als Symbol für Stärke und Fruchtbarkeit bei den Fronleichnamsprozessionen mit. Als Samson im 18. Jh. von der Kirche aus der Prozession verbannt wurde, rief man die separaten Samsonumzüge ins Leben, die heute noch regelmäßig in vielen Orten des Lungaus stattfinden.

Neben Samson gehören die traditionellen grün gesäumten grauen Strickjacken und der »Eachtling«, die Lungauer Kartoffel, die fast schon Kultstatus besitzt, zum Alltag der Lungauer. Nicht wegzudenken sind auch die Prangtage, bei denen bis zu 12 m hohe, mit Blumengirlanden herrlich geschmückte Säulen in einer Prozession

the perfect day

9 Uhr: Von Mauterndorf mit der Seilbahn auf den Großecksattel, Wanderung aufs Speiereck

12 Uhr: Gemütliche Rast in der Speiereckhütte, dann mit der Seilbahn zurück nach Mauterndorf

14 Uhr: Ausflug nach Mariapfarr, Erholung im Wellnesszentrum Samsunn

17 Uhr: Besichtigung der Burg Mauterndorf, anschließend Abendessen in der Burgschenke

durch die Dörfer getragen werden. Dieser Brauch entstand vor 300 Jahren, als eine Ungezieferplage den Lungau heimsuchte. Nach der Prozession bleiben die Prangstangen bis zum 15. August in der Kirche, dann werden die getrockneten Blumen abgenommen und als Weihkräuter verwendet.

Zu reizvoll, um vorbeizufahren

In Zederhaus werden die Prangstangen am Johannistag (24. Juni) durch den Ort und in die sehenswerte barocke Pfarrkirche St. Johannes getragen. Bekannt ist das idyllische Zederhaustal nicht allein wegen dieses Brauchs, sondern auch aufgrund seiner Lage an der Tauernautobahn. Dabei ist das Tal viel zu reizvoll, um einfach nur durchzufahren. Besonders die schönen historischen Bauernhöfe wie der Denkmalhof Maurergut (Tel. 0 64 78/3 12), bei dem natürlich der fürs Lungau so typische »Troadkasten« nicht fehlen darf, sind sehenswert. In den rechteckig gemauerten, mit einem Spitzgiebel versehenen Speicherhäuschen wurde das Korn gelagert. Von durchziehenden italienischen Künstlern wurden die Speicher wunderschön

WANDERN & BERGTOUREN

TOP TIPP

Das **Mosermandl** (2680 m) liegt aber genau im Herzen des Gebirgszuges und gilt als prächtiger Aussichtsgipfel für trittsichere, geübte und an Felsen gewohnte Bergwanderer. Ausgangspunkt ist die Untere Esslalm (1514 m) im Ridingtal bei Zederhaus. Über die Franz-Fischer-Hütte (2020 m), die Windischscharte (2306 m) und den Windischkopf (2467 m) geht es zum Gipfel (ca. 4 Std.); etwas kürzer, aber dafür anspruchsvoller (Schwierigkeitsgrad 1) ist die Route vorbei am Essersee (2088 m) über den Südgrat zum Gipfel (ca. 3 Std.). Beide Routen sind am steilen Gipfelaufschwung mit Drahtseilen gesichert. Ideal für geübte, schwindelfreie Bergsteiger ist die Überschreitung; sonst Aufstieg wie Abstieg (ca. 2–3 Std.); Einkehr: Franz-Fischer-Hütte.

Oberer Landschitzsee (2050 m) Leichte, aussichtsreiche Seenwanderung im Lessachtal	Ausgangspunkt: von Lessach mit dem Tälerbus zur Jausenstation Laßhoferhütte (1294 m); nach Norden bis zur Abzweigung – östlich hinauf zu den Bacheralmen – Unterer Landschitzsee (1778 m) – mittlerer und oberer Landschitzsee; Abstieg wie Aufstieg; Zeit: ca. 5 Std.
Gstoßhöhe (1890 m) Leichte Wanderung auf Panoramagipfel	Ausgangspunkt: Ramingstein, Parkplatz Burg Finstergrün (974 m); an der Burg vorbei – Geschrieteshütten (1431 m) – Mühlhauserhütten – Gstoßhöhe (wunderschöne Aussicht auf das Murtal und von den Nockbergen bis zu den Gletschern der Tauern); Abstieg bis Mühlhauserhütten – nun nach Westen Richtung Mislitz weiter – Ramingstein; leicht, gut markierte Wege; Zeit: ca. 5 Std.; Einkehr: Gasthäuser in Ramingstein
Rotgüldensee (1996 m) Lehrreicher Steig im Nationalpark Hohe Tauern	Ausgangspunkt: von Muhr zum Parkplatz bei der Arsenhütte (1368 m); dem Naturkundelehrpfad folgen (Infos über Flora, Fauna und Arsenabbau in dem Gebiet) – Rotgüldenseehütte (1716 m) – Unterer Rotgüldensee (1720 m) – am Ufer entlang bis ans Ende – nun anspruchsvollerer, steiler Pfad zum idyllisch von den wilden Gipfeln der Hafnergruppe eingerahmten Oberen Rotgüldensee (1996 m); Abstieg wie Aufstieg; Zeit: ca. 4,5 Std.; Einkehr: Arsenhütte, Rotgüldenseehütte

Hütten

Franz-Fischer-Hütte (2020 m)
Schöne, beim Zaunersee gelegene gemütliche Hütte. Guter Ausgangspunkt für verschiedene Bergwanderungen, u. a. zur Besteigung des Mosermandl (2680 m). Von Zederhaus mit dem Auto ins Ridingtal zur Unteren Esslalm (1502 m); schöner Aufstieg zur Hütte (ca. 1,5 Std.); Tel. 0 64 78/3 93

Vital- und Wellnessoase Samsunn
Im Herbst 2004 in Mariapfarr neu eröffnetes Wellness- und Gesundheits-Center. Eines der Highlights ist der Kristalldom: Die einfallenden Lichtstrahlen brechen sich an den wasserumspülten Swarovski-Kristallen und schaffen so ein einzigartiges Farbenerlebnis. Mit verschiedenen Saunalandschaften, Massagen, medizinischen und physiotherapeutischen Dienstleistungen, Fitness-Angeboten; Tel. 0 64 74/2 00 20, www.samsunn.at

verziert. Zusammen mit den herrlichen, farbenprächtig bemalten Häusern des Lungaus zieren sie das Tal.
Einen Besuch wert ist auch der Naturpark Ridingtal, der sich vom Südportal des Tauerntunnels nach Westen zieht. Das Informationszentrum befindet sich am malerischen Schliereralmsee, zu Füßen des Mosermandl, einem herrlichen Aussichtspunkt im Herzen der Radstädter Tauern, der aber nur für geübte und trittsichere Bergwanderer erreichbar ist. Eine Mautstraße führt ins Tal hinein bis zur Königalm. Ambitionierte Bergwanderer brechen hier zu reizvollen Touren auf: Eine der schönsten führt hinauf zum Weißeck. Genusswanderer und Familien werden aufs Auto verzichten und das Tal über den Ridingweg erkunden, der gemütlich im Talboden entlang und an einigen bewirtschafteten Almen vorbei zur Königalm führt. Wer sich auf dem Gipfel des Weißeck nach Süden wendet, blickt ins malerische Quelltal der Mur, das zum Nationalpark Hohe Tauern gehört. Bis zum Ende des 19. Jh. wurde hier nicht nur Gold und Silber, sondern auch Arsen (1500 kg jährlich) abgebaut. Folgt man dem Lauf der Mur, so kommt man schließlich nach St. Michael, das von Bergwäldern umrahmt im Talkessel liegt. Bunte, stattliche Häuser und eine sehenswerte Pfarrkirche machen den Ort attraktiv. Begeisterte Pässefahrer werden von hier aus über den Katschbergpass Richtung Süden fahren. Doch eigentlich sollte man noch im Lungau verweilen, um auch die weitern Orte kennen zu lernen.

Restaurants

Burgschenke Mauterndorf
In urigem Ambiente entweder Lungauer Spezialitäten kosten oder sich bei einem Ritteressen ins Mittelalter zurückversetzen lassen: mit stilgerechter Kleidung und Unterhaltung sowie mit entsprechenden Speisen und Sitten; Tel. 0 64 72/72 94, www.burgschaenke.at

Sehenswert: Burg Mauterndorf

Zum Beispiel Mauterndorf am Zufluss der Taurach ins Lungauer Becken. Die mächtige Burg Mauterndorf, die als älteste Mautstelle Österreichs 1143 erstmals erwähnt wurde, überragt die prächtigen alten Bürgerhäuser. Schon im Mittelalter wussten die Salzburger Erzbischöfe die Reize des Lungaus zu schätzen und wählten die Burg häufig als Sommerresidenz. Heute ist die Besichtigung der Anlage vor allem für Kinder ein unvergessliches Erlebnis. Für Familien ist übrigens auch der Hausberg, das Speiereck, ein beliebtes Ziel – vor allem, weil eine Seilbahn den Aufstieg wesentlich erleichtert.
Mit landschaftlicher Idylle lockt das Weißpriachtal, das sich zwischen Mauterndorf und Mariapfarr nach Norden zieht. Eine kleine Straße führt weit hinein, am besten man verlässt das Auto und erkundet das Tal mit dem Mountainbike. Danach bietet sich ein Abstecher in den heilklimatischen Kurort Mariapfarr an, nicht nur um die reichen Kirchenschätze im Pfarr- und Wallfahrtsmuseum zu

Das historische Almhüttendorf im Göriachtal ist nicht nur für Mountainbiker ein lohnendes Ziel.

ALLGEMEINE INFORMATIONEN

Urlaubsregion	Ferienregion **Lungau**; Tel. 0 64 77/89 88; E-Mail: info@lungau.at; www.lungau.at
Orte	**Göriach** www.taurachsoft.at • **Lessach** www.lessach.at • **Muhr** www.taurachsoft.at • **Katschberg** www.katschberg.at • **Mariapfarr** www.sonnengarantie.at • **Mauterndorf** www.mauterndorf.at • **Ramingstein** www.ramingstein.at • **St. Michael** www.sanktmichael.eu • **Tamsweg** www.tamsweg.at • **Thomatal** www.thomatal.at • **Zederhaus** www.zederhaus.at
Entfernungen	Hamburg 1015 km; Berlin 826 km; Köln 817 km; Frankfurt a. M. 633 km; Stuttgart 474 km; München 240 km

bestaunen. Immerhin werden hier auch die meisten Sonnenstunden Österreichs gezählt, 1900 sollen es pro Jahr sein. Das Kuriose daran: Nur wenige Kilometer entfernt, in Tamsweg, liegt der Kältepol Österreichs. Das sollte aber niemanden vom Besuch des zentral gelegenen Ortes mit seinem großen Freizeitangebot (Erlebnisbad, Museen, Reiten, Rafting) abhalten. Wie eine kleine Burg wirkt die gotische Wallfahrtskirche St. Leonhard oberhalb des Ortes. Neben frühbarocken Altären beeindruckt vor allem das Licht, das durch die 19 farbig gestalteten Glasfenster fällt. Reizvoll sind auch die Seitentäler, die sich links (Göriachtal) und rechts (Lessachtal) des breiten Rückens des Hochgolling von Tamsweg aus nach Norden ziehen. Trittsichere, geübte Bergsteiger starten die Tour auf den höchsten Gipfel der Niederen Tauern am besten vom Göriachtal aus. Bevor man losmarschiert, sollte man einen Blick auf die herrlichen alten Höfe und das historische Almhüttendorf am Fuße des Hochgolling werfen.

Verwunschenes Lessachtal

Idyllisch und wie vom Lauf der Zeit abgekoppelt zeigt sich das Lessachtal. Neben den beeindruckenden Wasserfällen und den lockenden Tourenzielen (wie den Landschitzseen) am Talende ist vor allem der Friedhof im Dorf Lessach sehenswert: Die aus schwarz und silbern bemalten Holzbrettern gefertigten Truhengräber (Sarchen) sind einzigartig in Österreich, die kunstvoll gefertigten schmiedeeisernen Grabkreuze ergänzen das eindrucksvolle Gesamtbild. Der einzige Ort des Lungaus, der unter 1000 m liegt, ist Ramingstein südlich von Tamsweg. Das abgeschiedene ehemalige Bergbaudorf versteckt sich in den bewaldeten Ausläufern der Nockberge. Bis ins 19. Jh. hinein wurde auch hier Bergbau betrieben und Eisen, Gold und Silber abgebaut. Bei einer eindrucksvollen Führung können die finsteren Stollen besichtigt werden. Überragt wird der Ort von der Burg Finstergrün aus dem 12. Jh., einer mächtigen Anlage mit drei Burghöfen, Wehrgängen, einem prächtigen Rittersaal und einem (freundlichen) Schlossgespenst, wie man sagt. Vor dem müssen sich die Besucher aber ebenso wenig fürchten wie vor Samson, der natürlich auch in Ramingstein regelmäßig im Sommer durch den Ort getragen wird.

Nordic Walking
Im Heilklimatischen Kurort **Mariapfarr** gibt es den größten zertifizierten Nordic-Walking-Sports-Park Österreichs mit 15 Wegen und einer Gesamtlänge von 120 km. Einführungskurse und Touren: Alois Jäger, Tel. 0 64 73/72 97, 06 64/5 77 55 85

Die Höhenlage (1750 m) des Nordic-Fitness-Parks in **Schönfeldt/Thomatal** mit allergiefreiem Klima ist ideal für Allergiker und Asthmatiker. Touren und Kurse: Monika Leitner, Tel. 0 47 36/3 21

Im ersten Lungauer Nature Fitness Park in **Ramingstein** führen drei Strecken (3,7 bis 8,5 km) vorbei am Silberbergwerk, der Burg Finstergrün, dem kleinen Königstuhl und dem Kulturbahnhof. Tel. 06475/805 www.ramingstein.at

Unternberg: Zwei gut beschilderte Routen des Nature Fitness Park Lungau mit je 5,3 km Länge – vom Dorfplatz ausgehend an der Mur entlang in den Ortsteil Neggerndorf. Hier trennen sich die Wege und man walkt über Wiesen bzw. durch den Wald in naturbelassener Umwelt zum Ausgangspunkt zurück. Info: TVB Unternberg, Tel. 0 64 74/21 46

Wanderkarten

Freytag & Berndt; WK 202 Radstädter Tauern – Katschberg – Lungau; 1:50 000

Werfen – Werfenweng – Pfarrwerfen

ADAC Prädikat

SPORT & SPASS
WANDERN & BERGTOUREN
KULTUR & CO.
WELLNESS & GENUSS

Hütten

Werfener Hütte (1969 m)
Eindrucksvoll am Südgrat des Hochthrons (2360 m) gelegene Hütte. Anstieg von Mahdegg (Mautstraße von Werfenweng aus) in ca. 2 Std. Vom Wengerwinkl ca. 2,5 Std; Gipfelziele sind der Hochthron (2362 m) und die Fieberhörner (2276 m, herrliche Kletterwände oder leichte Wanderung); Tel. 06 64/9 86 48 28

Ostpreußenhütte (1628 m)
Am Fuße des Hochkönig. Ein breiter Wanderweg führt von Werfen aus hinauf (ca. 3,5 Std.). Interessantes Gipfelziel ist der Hochkönig (2941 m); Tel. 0 64 68/71 46

the perfect day

10 Uhr: Besichtigung der Eisriesenwelt
12.30 Uhr: Rast auf dem Oedl-Haus, mit der Seilbahn zurück nach Werfen
14 Uhr: Fahrt nach Werfenweng, Besichtigung des Skimuseums
17 Uhr: Spaziergang vom Wengerwinkl zur Gamsblickalm (ca. 15 Min.) Dort eines der köstlichen Wildgerichte genießen. Entweder zu Fuß oder mit dem Shuttlebus zurück; Tel. 0 64 66/5 14

Sonnige Ziele in eisigen Welten

Eine mächtige Burg und ein noch mächtigerer Gebirgszug, der seine abenteuerlichsten Schätze im Berginneren versteckt. Sonnenterrassen mit malerischen kleinen Orten und ein Freizeitangebot, das sowohl Familien als auch Bergwanderern und Trendsportlern alle Urlaubswünsche erfüllt. Das alles bietet die Region.

So stellt man sich als Kind eine Ritterburg vor: Uneinnehmbar ragen die dicken Mauern der Burg Hohenwerfen aus dem 11. Jh. über der Salzach auf. Im Bauernkrieg des 16. Jh. schafften es die Bauern dennoch, die Burg zu erobern. In der folgenden Zeit stand die Sicherung des Pass Lueg im Vordergrund. Heute werden die Waffen auf Hohenwerfen nur noch bei regelmäßig stattfindenden Ritterspielen und Vorführungen gekreuzt.

KULTUR & CO

TOP TIPP Kristallklare Eisnadeln, mächtige, blau glitzernde Eiswälle, bizarre Eisformationen und mit langen Eiszapfen geschmückte riesige Gewölbe – der Ausflug in die **Eisriesenwelt**, die größte Eishöhle der Welt, ist ein einzigartiges, aber kühles Erlebnis. Warme Kleidung und feste Schuhe sind unbedingt notwendig, auch im Hochsommer herrschen Temperaturen unter dem Gefrierpunkt. Vom Parkplatz Eisriesenwelt (Transport mit Shuttle-Bussen) bei Werfen ca. 20 Min. Fußweg zur Seilbahn; von der Bergstation ca. 20 Min. zum Eingang der Höhle, die Führung dauert ca. 75 Min.; Gesamtdauer: ca. 3-4 Std.; Tel. 0 64 68/52 91; www.eisriesenwelt.at

Noch wuchtiger als die Burg wirken die Felswände, die sie umgeben: das Hagengebirge mit den Ausläufern des Hochkönig im Westen, die hell schimmernden Gipfel des Tennengebirge im Osten. Dazwischen liegt Werfen, einer der schönsten Orte im Salzachtal. In engen Bogen windet sich die Salzach hier kurz vor dem Pass Lueg, wo Hagen- und Tennengebirge sich fast ineinander schieben, durch die Felsen; Salzachöfen heißt die 2 km lange Durchbruchstelle zwischen Werfen und Golling, die auf gut befestigtem Steig vom Pass Lueg aus besichtigt werden kann. Sehr anspruchsvoll ist die Strecke für Kanuten, herrlich auch zum Raften und Canyoning (Crocodile Sports; Tel. 06 62/64 29 07).
Die wahren Werte des Tennengebirges liegen in seinem Inneren verborgen: 665 Höhlen durchziehen das Massiv, darunter die größte Eishöhle der Erde, die Eisriesenwelt. Mehr als 30000 m^3 Eis, bis zu 20 m dick, verwandeln das 47 km lange Höhlensystem mit schimmernden Eisgebilden in eine märchenhafte Kulisse. Zu verdanken ist dieses eindrucksvolle Naturwunder so genannten Kaltluftseen, die auch im Sommer

46

Ein Paradies für Wanderer ist der Wengerwinkl bei Werfenweng.

nicht durch das Höhlensystem entweichen können und das Eis selbst bei hohen Außentemperaturen konservieren. Faszinierend ist auch der Blick vom Höhleneingang, der fast 1000 m über dem Salzachtal mitten unter der Steilwand des Hochkogel liegt. Der Aussichtsgipfel ist für gute Bergwanderer leicht zu besteigen – vom Dr.-Friedrich-Oedl-Haus aus, an dem jeder Eishöhlen-Besucher vorbeikommt.

Der Hochkogel ist bei weitem nicht das einzige lockende Ziel des Tennengebirge. Um zu einem der schönsten Ausgangspunkte zu kommen, fährt man von Werfen nach Pfarrwerfen, das auf einer Sonnenterrasse über der Salzach liegt. Die Pfarrkirche St. Cyriak wirkt auf den ersten Blick wie eine kleine Burg. Sehenswert sind die sieben gut erhaltenen Wassermühlen aus dem 16. und 17. Jh. Von hier aus fährt man fast direkt auf die Felswände zu, bis sich auf 900 m ein malerisches Hochtal öffnet. Umgeben von Almwiesen und lichten Wäldern liegen die blumengeschmückten Häuser von Werfenweng. Wer hier seinen Autoschlüssel einen Urlaub lang abgibt, bekommt zahlreiche Vergünstigungen und bleibt trotzdem mobil: Pferdekutschen, Elektroautos und Mountainbikes gehören zum normalen Straßenbild. Das Skimuseum des Salzburger Landes dokumentiert die ersten Schwünge im glitzernden Schnee genauso wie die neuesten Entwicklungen in der Renntechnik.

Eindrucksvoll ist der Talschluss im Wengerwinkl: Mächtig ragen hier die Kalkwände mit fantastischen Klettertouren in den Himmel. Der markanteste Gipfel ist der Eiskogel, den trittsichere Bergwanderer über die Dr.-Heinrich-Hackel-Hütte und die markante Tauernscharte einfach besteigen können.

ALLGEMEINE INFORMATIONEN

Urlaubsregion	Tourismusverband **Werfen**; Tel. 0 64 68/53 88; E-Mail: info@werfen.at; www.werfen.at
Orte	**Pfarrwerfen** www.pfarrwerfen.at • **Werfenweng** www.werfenweng.org
Entfernungen	Hamburg 958 km; Berlin 769 km; Köln 760 km; Frankfurt a. M. 576 km; Stuttgart 416 km; München 183 km

Eiskogelhöhle
Ein spannendes Abenteuer ist die ca. fünfstündige Exkursion in die völlig naturbelassene Eiskogelhöhle. Wild und ursprünglich zeigt sie sich: Im schwachen Licht der Lampen wirken die gewaltigen Dome und Tunnel noch größer. Neben fantastischen Eisformationen glänzen geheimnisvolle Sintersäulen. Gute Ausdauer und Trittsicherheit sind Voraussetzung für diese anstrengende, faszinierende Tour. Gesamtzeit: ca. 11 Std.; Anmeldung erforderlich; Tel. 0 64 68/75 54

Restaurants

Die mit vier Hauben ausgezeichnete Küche des Restaurant-Hotels **Obauer** kredenzt klassische Gerichte sowie immer neue Kreationen aus saisonalen Produkten. Tel. 0 64 68/52120 www.obauer.com

Wanderkarten

Freytag & Berndt; WK 392 Tennengebirge, Lammertal; 1:50 000

Schladming, Ramsau am Dachstein

ADAC Prädikat

SPORT & SPASS

WANDERN & BERGTOUREN

KULTUR & CO.

WELLNESS & GENUSS

Zwischen Hohem Dachstein und Niederen Tauern

Der schroffe Dachstein und das Landschaftsidyll der Ramsau, die zackigen Gipfel und die verträumten Täler der Niederen Tauern – die Dachstein-Tauern-Region vereint viele Gegensätze. Dem Feriengast kann das nur recht sein, zumal die ausgezeichnete Infrastruktur mit Bussen und Seilbahnen eine bequeme Annäherung an die Sehenswürdigkeiten rund um das obere Ennstal erlaubt.

Vom Spiegelsee aus sieht man den Dachstein am besten – nämlich gleich zweimal. Getreu seinem Namen spiegelt der kleine See auf der Reiteralm bei Pichl in seinem Wasser das grandiose Dachstein-

Freizeitpark Pichl
Mit großem, natürlichem Badesee, Beachvolleyball, Wikingerschiff und vielem mehr; Tel. 0 64 54/75 25

WANDERN & BERGTOUREN

TOP TIPP

Die anspruchsvolle Tour auf den **Hohen Dachstein** (2995 m) 1 ist ein Muss für jeden erfahrenen Bergsteiger. Zwar verkürzt die Auffahrt mit der Gletscherbahn aus der Ramsau bis auf 2694 m den Anstieg erheblich, dennoch ist für den letzten Gipfelanstieg über den geschichtsträchtigen Klettersteig alpine Erfahrung notwendig. Auch die Höhe sollte keinesfalls unterschätzt werden. Ausgangspunkt ist die Ramsau/Bergstation Hunerkogel; über den gesicherten Gletschersteig zur Seethaler Hütte (2740 m). Weiter über den mittelschweren Klettersteig (Erfahrung und Klettersteigausrüstung unbedingt erforderlich!) zum Gipfel. Entweder auf demselben Weg zurück oder über den ebenfalls gesicherten Westgrat zum Gosaugletscher absteigen. Über die Steinscharte (2721 m) zurück zum Hunerkogel. Alpine Erfahrung unbedingt erforderlich, im Zweifelsfall einen Bergführer nehmen (Tel. 0 36 87/8 14 24); Zeit: ca. 5 Std.; Einkehr: Seethaler Hütte (keine Übernachtungsmöglichkeit)

Vom Großsölktal ins Kleinsölktal Mittlere Bergwanderung von Tal zu Tal	Ausgangspunkt: St. Nikolai (1127 m) im Großsölktal; Hohensee (1543 m) – Schwarzensee (1916 m) – Tuchmoaralm (1509 m) – Haltestelle Tuchmoaralm (ca. 1100 m) – Rückfahrt mit Tälerbus; Zeit: ca. 6 Std.; Einkehr: Tuchmoaralm
Panoramaweg 100 Leichte Mehrtagestour mit unvergesslichen Eindrücken	Ausgangspunkt: Mandling (815 m); auf halber Hanghöhe entweder 3 Tage links der Enns oder 4 Tage rechts der Enns entlang; Endpunkt ist jeweils Öblarn; Übernachtung in Berggasthöfen, Gepäcktransport möglich; Info/Buchung: Tel. 0 36 87/2 22 68
Klafferkessel/ Oberer Klaffersee (2311 m) Anspruchsvolle Bergwanderung zu malerischen Seen	Ausgangspunkt: Parkplatz Riesachfälle (1079 m) im Untertal; Preintaler Hütte (1657 m, evtl. Übernachtung) – über Bergpfad in den Klafferkessel – Oberer Klaffersee (2311 m) – Preintaler Hütte – Riesachfall – Parkplatz; Zeit: ca. 3 Std. bis zur Hütte, ca. 10 Std. insgesamt; Einkehr: Preintaler Hütte
Spiegelsee (1850 m) Leichte Wanderung mit tollem Dachsteinpanorama	Ausgangspunkt: Parkplatz am Ende der Mautstraße Reiteralm (1741 m); Gasselhöhe (2001 m) – Rippetegg (2126 m) – Spiegelsee mit berühmter Spiegelung des Dachsteinpanoramas – auf demselbem Weg zurück zum Parkplatz; Zeit: ca. 3,5 Std.

the perfect day

9 Uhr: Gondelfahrt zum Dachsteingletscher, Aussichtsplattform
10 Uhr: Gletscherwanderung zur Seethaler Hütte, Blick in die beeindruckende Dachstein-Südwand
13 Uhr: Talfahrt und Spaziergang zur Austriahütte, Besuch des Alpinmuseums
19 Uhr: Regionales Spezialitäten-Abendessen im Pehab-Kirchenwirt in Ramsau-Ort

Dachstein im Doppelpack: Einzigartig schön zeigt sich das Massiv beim Spiegelsee auf der Reiteralm.

Panorama. Der fast 3000 m hohe Gebirgsstock ist zweifelsohne die landschaftliche Hauptattraktion der Region. Aber auch in den südlich des Ennstals gelegenen Niederen Tauern, unterteilt in Schladminger und Wölzer Tauern, finden sich traumhafte Plätze, die weitaus mehr für die Augen bieten als »nur« den Blick auf das imposante Kalksteingebilde des Dachstein. Eingebettet in Urgestein liegen z.B. die von den Gletschern der Eiszeit geformten glasklaren Klafferseen im Herzen der Schladminger Tauern. Sie gehören zu den absoluten Schmuckstücken dieser Gegend. Um sie bewundern zu können, muss man allerdings einige Mühen auf sich nehmen, denn der Weg vom Parkplatz im Untertal ist lang und sollte am besten durch eine Übernachtung auf der Preintaler Hütte unterbrochen werden.

Hier befindet man sich auf dem bekannten Tauernhöhenweg, der die hochalpine Umgebung des gesamten Gebirgszugs quert. Wem derartige alpine Ziele etwas zu hoch gegriffen erscheinen, für den gibt es im Ennstal inzwischen eine tolle Alternative: Der »Panoramaweg 100« führt stets unterhalb der schroffen Gipfel in idyllischen, gut »wanderbaren« Regionen von Unterkunft zu Unterkunft; das Gepäck kann man sich dabei sogar transportieren lassen. Die Tour lässt sich auf bis zu sieben Tage ausdehnen.

Wer nicht so viel Zeit hat, aber trotzdem einen intensiven Eindruck von der Bergwelt der Tauern bekommen möchte, nutzt am besten die Bergbahnen: von Haus bis unter den Hauser Kaibling oder von Schladming auf die Planai und den Hochwurzen. Eine andere Möglichkeit ist, mit dem Auto über die Mautstraße auf die Reiteralm zu fahren. Bei allen Alternativen begeistert natürlich vor allem der herrliche Dachstein-Blick.

Interessante Ziele für einen gemütlichen Ausflug sind auch die verschiedenen Tauerntäler. Hier seien besonders die Sölktäler erwähnt. Im gleichnamigen Naturpark hat man auf einsamen Pfaden auf jeden Fall seine Ruhe. Wer will, kann sich aber auch für eine der zahlreichen geführten Themenwanderungen anmelden, um mehr über Natur und Kultur des Parks zu erfahren. Ein weiteres zauberhaftes Tal ist das sagenumwobene Seewigtal. Mit drei idyllischen Seen, die durch

Märchenwanderweg
Ein leichter Weg führt von Ramsau an Märchenfiguren vorbei auf den Rittisberg. Zurück in die Ramsau geht's mit einem geländetauglichen Roller.

Restaurants

Pehab-Kirchenwirt
Steirische und besondere regionale Spezialitäten genießt man am besten beim Kirchenwirt in Ramsau-Ort. In gemütlich eingerichteten Stuben kommen vorzugsweise Gerichte auf den Tisch, die von regionalen Anbietern stammen. Deswegen wurde der Kirchenwirt auch als »Gute Steirische Gaststätte« ausgezeichnet;
Tel. 0 36 87/8 17 32,
www.pehab.at

Wasserfälle miteinander verbunden sind, zählt es zum Schönsten, was die Schladminger Tauern zu bieten haben. Etwas östlich und daher bereits in den Wölzer Tauern befinden sich Donnersbach und Donnersbachwald – ideale Ausgangspunkte zur Erkundung dieser Untergruppierung der Niederen Tauern. Praktisch für Bergsteiger: Es gibt Tälerbusse mit über die ganze Region verteilten Haltestellen. Bequem kommt man so nach Überschreitungen wieder an den Ausgangspunkt oder in die Unterkunft zurück.

Kinderklettersteig
Eine Möglichkeit, dem Nachwuchs die Berge schmackhaft zu machen, ist der Kinderklettersteig am Sattelberg in der Ramsau, der vom Kindermaskottchen »Ramsaurier« betreut wird und satte 200 Höhenmeter aufweist. Am Drahtseil entlang geht es über Felsen, Türme, Kuppen und Überhänge. Deshalb sind Helm und Klettersteigausrüstung auch unbedingt erforderlich. Am besten mit Bergführer, der Leihausrüstung gleich dabei hat; Tel. 0 36 87/8 18 33; www.ramsau.com

Abwechslungsreiches Kulturprogramm

Auch geschichtlich und kulturell gibt es im Ennstal einiges zu entdecken. Jährlich stattfindende Veranstaltungen wie die »Aicher Herbst Kultur«, die Musikveranstaltungen »Pre Mid« und »Mid Europe« in Schladming und Haus oder das Oldtimertreffen »Ennstal-Classic« sind nur einige Höhepunkte eines umfangreichen Kulturprogramms. Geschichtlich ist besonders Schladming, der Hauptort des oberen Ennstals, interessant. An zahlreichen Orten sind Spuren der Bergbauvergangenheit anzutreffen, wie etwa beim »Bruderladenhaus« mit dem Stadtmuseum oder bei den restaurierten Bergwerksanlagen im Rohrmoser Obertal. Eine ähnliche Bergbauvergangenheit hat das weiter ennsabwärts gelegene Dorf Öblarn, wo man die Montan-

Das schmucke Zentrum des Marktstädtchens Gröbming

geschichte auf dem Kupferweg erkunden kann. Darüber thront der beeindruckende Grimming. An seine Ostausläufer schmiegt sich das malerische 1000-jährige Dörfchen Pürgg. Die denkmalgeschützten Häuser gruppieren sich eng um die romanisch-gotische Georgskirche. Eine weitere Sehenswürdigkeit ist die Johanniskirche aus dem späten 12. Jh. In seinem Inneren ist das Kirchlein vollständig mit herrlich restaurierten romanischen Fresken bemalt. Neben biblischen Szenen stellen sich auch in origineller Weise eine im Mittelalter populäre Fabel dar, nämlich den »Krieg der Katzen und Mäuse«.
Spricht man in den Schladminger Tauern über Geschichte, so kommt man am populären Erzherzog Johann von Habsburg nicht vorbei. Unter anderem bestieg er als Erster die Hochwildstelle und den Hochgolling, beides hervorragende Aussichtsberge mit anstrengenden

Anstiegen. Kurz vor dem Sölkpass, dem Übergang ins Murtal auf der Südseite der Tauern, ist eine Hütte nach ihm benannt. Der für seine steirischen Landschaftsschilderungen bekannte Volksschriftsteller Peter Rosegger hat dem unternehmungslustigen Erzherzog in einer seiner Geschichten ein literarisches Denkmal gesetzt.

Faszinierende Kulturlandschaft

Verfolgt man das Ennstal nun auf seiner Nordseite wieder flussaufwärts, passiert man das nette Städtchen Gröbming mit seinem schmucken Ortskern und den leicht ersteigbaren Stoderzinken, in dessen exponierten Gipfelfelsen ein hölzernes »Friedenskircherl« klebt. Danach trifft man auf eine der faszinierendsten Kulturlandschaften des Alpenraumes: die steirische Ramsau. Auf einer Terrasse über dem Tal liegen die Höfe und kleinen Ansiedlungen verstreut, an den Südhängen darüber blicken die dazugehörigen Almen hinunter auf Ramsau, die Enns und in die Tauern. Überragt wird dieses Idyll von der mächtigen Dachstein-Südwand, in deren steilen Wandfluchten Alpingeschichte geschrieben wurde. Im Alpinmuseum bei der Austriahütte, die nur einen kurzen Spaziergang vom Parkplatz der (mautpflichtigen) Dachstein-Panoramastraße entfernt liegt, ist sie für den Besucher anschaulich aufbereitet.

SPORT & SPASS

TOP TIPP

Die Ramsau ist ein Paradies für **Läufer und Nordic Walker** 2. Hier trainieren auch viele Spitzensportler. Für jede Leistungsklasse findet sich die passende, ausgeschilderte Strecke (1-42 km lang); mit zentralem Ausgangspunkt und 5 Brunnen mit Trinkwasserqualität entlang der Routen. Neben den 8 Trails in der Ramsau und 4 zertifizierten Routen in Pichl-Vorberg stehen Individualisten 200 markierte Rundwege zur Auswahl. Regelmäßig geführte Touren und Kurse; sportmedizinische Betreuung möglich, viele Hotels haben sich auf Läufer und Nordic Walker spezialisiert, so z.B. das von der Nordic-Walking-Organisation ausgezeichnete Nordic-Walking Hotel Steiererhof in Pichl; detaillierte Infos und Broschüren bei den Tourismusbüros; Ramsau: Tel. 0 36 87/8 18 33, www.ramsausport.com;
Nordic-Walking-Kurse: Sportinstitut fit&fun, Tel. 0 36 87/8 24 85

Mountainbike	Großes Tourenangebot, mittelschwer ist die Viehbergalm-Runde: von Pruggern (680 m) über Gröbming und Mitterberg am Salzastausee (770 m) vorbei zur Viehbergalm (1445 m). Abfahrt durch »die Öfen« nach Gröbming, zurück nach Pruggern (Zeit: ca. 5 Std.). Nervenkitzel ist auf der berüchtigten Downhill-Strecke an der Planai garantiert: 1080 Höhenmeter, 4,5 km lang, mit Überraschungen gespickte Strecke zur Talstation.
Canyoning Schladming	In der Region Dachstein-Tauern bieten sich unzählige Möglichkeiten zum Canyoning in den unterschiedlichsten Schwierigkeitsbereichen. Man sollte die Touren aber immer nur mit ausgebildetem Führer machen. Infos und Führungen bei der Best Adventure Company; Tel. 0 36 85/2 22 45; www.bac.at
Klettersteig/ Klettern Hoher Dachstein Südwand	Die klassische Kletterroute durch die Dachstein-Südwand (Schwierigkeitsgrad 4) ist ein Leckerbissen für Kletterer; man sollte sich aber nur mit Bergführer in die Tour begeben oder viel alpine Erfahrung mitbringen. Außerdem führt ein sehr schwieriger Klettersteig durch die Südwand. Infos und Führungen: AlpinSchule Schladming; Tel. 0 36 87/2 37 98; www.raffalt.com

Hütten

Austriahütte (1638 m)
Vom Parkplatz am Ende der Dachstein- Panoramastraße in ca. 30 Min. erreichbar. Zur Hütte

gehört ein Alpinmuseum, in dem die alpinistische Geschichte des Dachstein spannend dargestellt wird; Tel. 0 36 87/8 15 22

Dachstein-Südwandhütte (1871 m)
Eindrucksvolle Lage unmittelbar unterhalb der Dachstein-Südwände, Ausgangspunkt für Klettertouren und den sehr schweren

Klettersteig »Johann« zur Seethaler Hütte. Vom Parkplatz am Ende der Dachstein-Panoramastraße ca. 45 Min. entfernt;
Tel. 0 36 87/8 15 09

Hans-Wödl-Hütte (1528 m)
Im sagenumwobenen Seewigtal am herrlichen Hüttensee gelegen, dem mittleren von drei durch Wasserfälle verbundenen Bergseen. Vom Parkplatz beim Seewigtal-Stüberl (1143 m) in 1,5 Std. zu erreichen;
Tel. 0 36 86/42 23

Schladming, Ramsau am Dachstein

Die glasklaren Klafferseen in den Schladminger Tauern

Um den Originalschauplätzen dieser zum Teil schauderhaften Bergabenteuer näher zu kommen, nimmt man heute einfach die Dachstein-Gletscherbahn und fährt auf den Hunerkogel. Die Aussicht von der Bergstation ist fantastisch; wer einen besonders lohnenden Blick in die imposante Südwand werfen will, muss über einen gesicherten Gletscherweg in 45 Min. zur Seethaler Hütte steigen. Auf Gipfelaspiranten aber wartet nun noch die anspruchsvollste Passage, denn der Gipfelaufbau des Hohen Dachsteins ist nur über einen

mittelschweren Klettersteig zu erklimmen. Hier wurden 1843 die ersten Seile (Schiffstaue) gespannt und erstmals Eisen als Steighilfen in den Fels geschlagen. Den Relikten aus dieser Pionierzeit muss man sein Leben jedoch längst nicht mehr anvertrauen. Wer es auf den Gipfel schafft, kommt aus dem Schauen nicht mehr heraus: Das faszinierende Dachstein-Panorama, das sich so schön im Spiegelsee auf den Kopf gestellt hat, wird nun durch die fast noch eindrucksvollere Sicht in der Gegenrichtung auf die gewaltigen Bergketten der Niederen und Hohen Tauern ersetzt.

ALLGEMEINE INFORMATIONEN

Urlaubsregion	Regionalverband **Schladming-Dachstein**; Tel. 0 36 87/2 33 10; E-Mail: info@schladming-dachstein.at; www.schladming-dachstein.at Tourismusverband **Ramsau am Dachstein**; 0 36 87/8 18 33 33; E-Mail: office@ramsau.com; www.ramsau.com
Orte	**Donnersbachwald** www.donnersbachwald.at • **Gröbming** www.groebmingerland.at • **Haus** www.haus.at • **Pichl-Reiteralm** www.pichl.at • **Sölktal** www.soelktaeler.at
Entfernungen	Hamburg 997 km; Berlin 808 km; Köln 798 km; Frankfurt a. M. 615 km; Stuttgart 455 km; München 220 km

Wanderkarten

Freytag & Berndt, WK 201 Schladminger Tauern – Radstadt – Dachstein; 1:50 000

Ausseerland

ADAC Prädikat

SPORT & SPASS

WANDERN & BERGTOUREN

KULTUR & CO.

WELLNESS & GENUSS

Künstler, Genießer und ein »Tintenfass«

Das Ausseerland im steirischen Teil des Salzkammerguts war und ist traditionell ein beliebtes Refugium für Schauspieler und Schriftsteller – wird doch der schwarzblau wie Tinte leuchtende Altausseer See auch als (für Schriftsteller schließlich unentbehrliches) »Tintenfass« bezeichnet. Bei aller Vornehmheit, die sich durch die Anwesenheit von Prominenz nach und nach ins einfache Landleben mischte, gibt es vielfältige Freizeitmöglichkeiten für Bergwanderer, Mountainbiker und alle, die es sich einfach nur gut gehen lassen wollen.

Malerisch ist der Blick über den Grundlsee am Fuß des wuchtigen Backenstein.

Geografisch gesehen ist Bad Aussee der Mittelpunkt Österreichs. Und irgendwie scheint im Ausseerland auch die österreichische Seele zu ruhen. Oder wie sonst soll man sich die heftige Leidenschaft vieler berühmter und kreativer Menschen für die grüne Oase zwischen den schroffen Ausläufern von Dachstein und Totem Gebirge erklären? Schriftsteller wie Arthur Schnitzler, Jakob Wassermann, Hugo von Hofmannsthal und Friedrich Torberg logierten am Ufer des Altausseer Sees mit seiner wild aus dem Wasser aufragenden, 1754 m hohen Trisselwand. Am benachbarten Grundlsee residierten die Schauspieler, vornehmlich die vom berühmten Wiener Burgtheater. Sie blieben über die Sommermonate und genossen, so erzählt man, sogar die vielen Regentage. Nach wie vor faszinierend ist die Region für Künstler und Berühmtheiten, unter ihnen Schauspieler Klaus Maria Brandauer, der in Altaussee geboren wurde. Mit seinen alten Villen und stolzen Bürgerhäusern ist dieser Ort einer der sehenswertesten im Salzkammergut. Mit einem großen Namen kann sich selbst der abgeschiedene Toplitzsee schmücken, in dem die Nazis 1945 einen sagenhaften Schatz versenkt haben sollen. Erzherzog Johann nämlich war es, der am Ufer

the perfect day

9 Uhr: Mountainbike-Tour von Bad Mitterndorf durchs Salzatal nach Gößl, weiter zum Toplitzsee
12 Uhr: Einkehr in der idyllischen Fischerhütte direkt am Ufer des Toplitzsees
14 Uhr: Rückfahrt am Grundlsee entlang
17 Uhr: Entspannen im VitalBad in Bad Aussee
20 Uhr: Abendspaziergang an der Promenade des Altausseer Sees

des Sees im Jahr 1819 die Postmeisterstochter Anna Plochl kennen lernte. Die beiden verliebten sich ineinander und blieben, allen Standesunterschieden zum Trotz, glücklich zusammen. Ein romantischeres Plätzchen hätten sich die beiden aber auch nicht aussuchen können: der dunkle, stille See, umsäumt von alten Bergwäldern, und über eine Felswand rauscht ein Wasserfall. Ein Idyll, das noch heute bezaubert; vor allem, wenn man mit dem Ruderboot oder mit einer Plätte (einem flachen Holzboot) über den See gleitet. Am Ende des Sees angekommen, führt ein kurzer, aber steiler Weg weiter zum noch kleineren Kammersee. Auch hier plätschert ein Wasserfall über eine der Felswände: der Traun-Ursprung. Das besonders charmante und abwechslungsreiche Ausseerland lässt sich auf vielfältige Weise erkunden. So führt um den Altausseer See eine wunderschöne 8 km lange Promenade, die zum Teil in den Fels gesprengt wurde. Wer seinen Spaziergang lehrreicher gestalten will, wählt die »Via Artis«, einen erlebnisreichen Künstlerweg, der den Spuren zahlreicher Künstler im Ausseerland folgt. Texttafeln schildern interessante Hintergründe und amüsante Anekdoten zu historischen Gebäuden und reizvollen, für berühmte Künstler bedeutungsvollen Plätzen in der Natur.
Egal, ob man am See bummelt oder sich an den Stationen der »Via Artis« bildet, der Blick bleibt immer wieder an einem der markantesten Berge der Region hängen: dem Loser, mit seiner mächtigen Felsbastion für viele das Wahrzeichen der Region. In 15 Kehren führt eine 9 km lange Mautstraße steil hinauf auf 1600 m – ein Schmankerl für Motorradfahrer! Mit jeder Kurve ergeben sich neue, atemberaubende Ausblicke auf den Dachstein, ins Tote Gebirge und natürlich hinunter ins Tal zu den Seen. Oben führen herrliche Wanderwege auf das geologisch interessante Gipfelplateau mit seinen zerfurchten Karstflächen und Almwiesen. Ein ideales Revier für Wanderer ist auch die Tauplitzalm, die sich von Bad Mitterndorf aus über eine interessante, 10 km lange Mautstraße oder von Tauplitz aus mit der Sesselbahn erreichen lässt.

WELLNESS & GENUSS

TOP TIPP Um die Alpenflora in ihrer ganzen Fülle kennen zu lernen, muss man nicht unbedingt auf hohe Gipfel steigen: Der **Alpengarten in Bad Aussee** ❶ ist bequem mit dem Auto zu erreichen. Auf einer Fläche von 12 000 m² wachsen über 1000 verschiedene Alpenpflanzen, Stauden und Gehölze. Der Spaziergang durch die geschmackvoll gestaltete Anlage ist nicht nur für Blumenfreunde ein erholsamer Genuss. Eintritt: 3 €; geöffnet 8–18 Uhr; Tel. 0 36 22/5 25 11 14

3-Seen-Tour Genusstour mit dem Boot: Die Rundfahrt beginnt an der Schiffsanlegestelle Grundlsee. Mit dem Motorschiff 6,5 km nach Gößl, dann schöner Spazierweg (20 Min.) zum Toplitzsee, dort mit dem Schiff zu den Wasserfällen und zum romantischen Kammersee; Besichtigung des Ursprungs der Traun; Rückfahrt mit dem Boot; Dauer: ca. 3 Std; Info: Tel. 0 36 22/86 13; www.3-seen-tour.at

Hütten

Loser Hütte (1504 m)
Eine Institution ist die Loser Hütte, auch wenn sie eher Berggasthof als Hütte ist. Beim Hüttenwirt Heli gibt es üppige und herzhafte Pfannengerichte aus dem riesigen Loserpfandl. Das wusste auch schon Altbundeskanzler Helmut Kohl zu schätzen. Beim hausgebrannten Zirbenschnaps sollte man sich dann eher zurückhalten; Tel. 0 36 22/7 12 02

Pühringer Hütte (1838 m)
Im Herzen des Toten Gebirges steht die kleine und gemütliche Hütte – bekannt für die gute Küche und vor allem für den Kaiserschmarrn. Bewirtschaftet von Anfang Juni bis Ende September; Tel. 06 64/9 33 32 41

Blaa-Alm (902 m)
In einem idyllischen Seitental unterhalb des Loser steht die romantische Blaa-Alm. Ein beliebtes Ausflugsziel nicht nur wegen der Lage, sondern auch wegen der herzhaften Küche, die typische Gerichte wie Blunzngröstl oder Kaiserschmarrn anbietet; stilvolle Gästezimmer; Tel. 0 36 22/7 11 02

Lenzbauerhütte (1560 m)
Die beliebte Hütte auf der Tauplitzalm ist kein Fall für Asketen. Auf dem Rückweg von der 6-Seen-Rundwanderung kann man sich den bekannt guten Schweinsbraten und als Nachtisch die hausgemachten Schnapskrapfen munden lassen; Tel. 06 64/5 04 01 66

Alpenbad Bad Mitterndorf
Erlebnisbad mit großzügig angelegten Liegewiesen, beheiztem Becken, Riesenrutschbahn, Strömungskanal und Sportanlagen; tägl. 10–19 Uhr geöffnet; Eintritt: 3,30 Euro; Tel. 0 36 23/34 20

Restaurants

Fischerhütte
Am versteckten und wildromantischen Toplitzsee steht die Fischerhütte, ein urgemütliches Gasthaus, das für seine Fischspezialitäten bekannt ist. Schöner Spaziergang von Gößl am Grundlsee zur Fischerhütte. Sehenswert sind die kuriosen Fundstücke von diversen Tauchexpeditionen im sagenumwobenen Toplitzsee;
Tel. 0 36 22/82 96

Grimmingwurzn
Das Haubenlokal in Bad Mitterndorf ist bekannt für kreative internationale und bodenständige Ausseer Küche;
Tel. 0 36 23/31 32

WANDERN & BERGTOUREN

TOP TIPP

Eine landschaftlich reizvolle und nicht allzu schwere Bergtour führt **vom Grundlsee zur Pühringer Hütte** ❷ im Toten Gebirge. Von Gößl/Schachen (720 m) geht es auf einer Forststraße zur Schweiber-Alm. Über das Drausengatterl und den Lahngang kommt man zum einsamen Lahngangsee. Am See entlang und an Jagdhütten vorbei weiter auf dem Ausseer Weg durch ein Hochtal zur Pühringer Hütte (1638 m). Zeit: ca. 4 Std.; Rückweg wie Anstieg; Einkehr: Pühringer Hütte

3-Seen-Wanderung Traumtour durch das größte Seenhochplateau Mitteleuropas	Ausgangspunkt: Bergstation Tauplitz (1652 m); Steirersee – Schwarzsee – zurück zum Steirersee – am Südufer zur Steirerseehütte – zum Ostufer des Großsees – am Nordufer entlang – zurück zur Bergstation; Zeit: ca. 4,5 Std.; Einkehr: Naturfreundehaus, Lenzbauerhütte
Altaussee – Albert-Appel-Haus (1638 m) Blumenreiche Wanderung ins Tote Gebirge	Ausgangspunkt: Altaussee-Fischerndorf; Seewiese – Stummernalm – Hochklopfsattel – Augstwiesen – Albert-Appel-Haus; Zeit: ca. 7 Std.; Einkehr: Albert-Appel-Haus
Loser (1838 m) Panoramablick von der Felsbastion	Ausgangspunkt: Parkplatz Loser Hütte (1504 m); Loserboden – Gipfel des Loser – Loserfenster – Augstsee – Parkplatz; Zeit: ca. 3 Std.; Einkehr: Loser Hütte
Loser Geo-Erlebnisweg (1600 m) Leichte Wanderung mit vielen Informationen	Ausgangspunkt: Parkplatz Loser Bergrestaurant; gut ausgeschilderte Rundwanderung am Augstsee vorbei; Zeit: ca. 2 Std.; Einkehr: Loser Bergrestaurant. In einem Wanderführer sind die 25 Stationen leicht verständlich erklärt. Themen: Formenschatz des alpinen Karstes, Einfluss der Eiszeit, geologische Rahmenbedingungen. Der Wanderführer ist erhältlich bei Tourist-Infos, auf der Loser Alm und an der Mautstelle

Sechs Seen liegen hier auf 1600 m Höhe, malerisch eingebettet in die mit Blumen übersäten Wiesen. Dieses Gelände eignet sich auch für nicht allzu schwere Mountainbike-Touren. Auf dem Weg zurück von Tauplitz ins Herz des Ausseerlandes lohnt sich ein kurzer Abstecher

zur Skiflugschanze am Kulm, der größten Naturschanze der Welt. Doch damit genug vom Sport. Im Ausseerland mag man es gemütlich, das zeigt die nostalgisch-elegante Atmosphäre in den Orten. Alte Villen dokumentieren den Wohlstand, den die Ausseer früher vor allem dem Salzabbau zu verdanken hatten. Da sich der Fremdenverkehr als neuer Wirtschaftsfaktor behutsamer entwickelte als anderswo, pflegen Einheimische und Gäste hier auch ein eher persönliches Verhältnis. Manchmal, bei den traditionellen Festen mischen sich die Fremden dann sogar in der klassischen Tracht unters einheimische Volk.

Traditionsbewusst und heimatverbunden, wie sie sind, ist die Tracht für die Ausseer weit mehr als schmucke Sonntagsfolklore. Und so ist es nur logisch, dass sie auch bei modernen kulturellen Ereignissen – etwa den von Klaus Maria Brandauer initiierten Theateraufführungen in Altaussee – in ihrem traditionellen Festtagsgewand erscheinen. Gerade das macht wohl den speziellen Charakter des Ausseerlandes aus. Es sei eben eine Region für gescheite Leute, schrieb Hugo von Hofmannsthal, während der berüchtigte Dauerregen die Landschaft wieder einmal in Grau hüllte. »Denn die Dummen fahren heim, wenn es regnet.«

ALLGEMEINE INFORMATIONEN

Bad Aussee (659 m)	Tourismusverband **Ausseerland-Salzkammergut**; Tel. 0 36 22/5 40 40; E-Mail: info@ausseerland.at; www.ausseerland.at **Salzkammergut** Tourismus-Marketing GmbH; Tel. 0 61 32/2 69 09-0; E-Mail: info@salzkammergut.at; www.salzkammergut.at
Orte	**Altaussee** www.altaussee.at • **Bad Aussee** www.badaussee.at • **Bad Mitterndorf** www.bad-mitterndorf.at • **Grundlsee** www.grundlsee.at • **Pichl-Kainisch** www.pichl-kainisch.at • **Tauplitz/-alm** www.tauplitz.at
Entfernungen	Hamburg 1005 km; Berlin 770 km; Köln 806 km; Frankfurt a. M. 622 km; Stuttgart 463 km; München 229 km

Die **Salzkammergut Erlebnis Card** für 4,90 € gewährt Ermäßigungen bis 30 % auf mehr als 110 Attraktionen wie z.B. Schafbergbahn St. Wolfgang, Dachstein Riesen-Eishöhle, Salzwelten, Wolfgangsee-Schifffahrt, Museen, Bäder u.v.m. Erhältlich in allen Tourismusbüros und Infostellen.

VitalBad
Entspannung pur: Sole-Mineral-Hallenbad, SalzWasserBergBad, Sauna, Dampfbad, Solarium, Massagen. Gesichts- und Körperbehandlungen, Fitness-Training. Tel. 0 36 22/55 30 00; www.vital.at

TOP TIPP Ein Besuch der **Salzwelten Altaussee** ③ führt in die größten Salzlagerstätten Österreichs. Die rötlich schimmernde Barbarakapelle und der große unterirdische Salzsee mit der Seebühne sind besonders sehenswert; Tel. 0 61 32 2 00 24 00, www.salzwelten.at

Wanderkarten

Freytag & Berndt, WK 281 Dachstein-Ausseer Land; 1:50 000

Freytag & Berndt, WK 082 Bad Aussee – Totes Gebirge – Bad Mitterndorf – Tauplitz; 1:50 000

Hallstätter See

ADAC Prädikat

SPORT & SPASS

WANDERN & BERGTOUREN

KULTUR & CO.

WELLNESS & GENUSS

Die **Salzkammergut Erlebnis Card** für 4,90 € gewährt Ermäßigungen bis 30 % auf mehr als 110 Attraktionen wie z.B. Schafbergbahn St. Wolfgang, Dachstein Riesen-Eishöhle, Salzwelten, Museen, Bäder u.v.m. Erhältlich in allen Tourismusbüros.

Hütten

Dachsteinalm (1739 m)
Von der Dachsteinbahn Obertraun führt ein schöner Spaziergang zum Schilcherhaus auf der Gjaidalm, einem hervorragenden Ausgangspunkt für Wanderungen. Der extrem schwierige Klettersteig durch die Seewand und einige Kletterrouten enden kurz unterhalb der Hütte; Tel. 0 61 31/5 96

Goiserer Hütte (1592 m)
Die Hütte auf dem Kalmberg gehört zu den beliebtesten Ausflugszielen rund um Bad Goisern. Deftige Jausen; Tel. 06 64/9 87 22 41

the perfect day

9 Uhr: Wanderung von Bad Goisern zum Aussichtspunkt Blaschek-Warte an der Ewigen Wand; zurück in Bad Goisern, Fahrt ins Weißenbachtal zur Chorinsky Klause (historische Holztriftanlage)
12 Uhr: Wanderung oder Fahrt nach Hallstatt, dann mit der Salzbergbahn hinauf zum Rudolfsturm; mittagessen im historischen Restaurant oder Picknick im Grünen mit Panoramablick auf den See
14 Uhr: Besuch der Salzwelten Hallstatt
19 Uhr: Romantisches Abendessen beim Seewirt in Hallstatt

Höhlen, Hochgebirge und Hallstattkultur

Zwischen den romantischen Ufern des Hallstätter Sees und dem Massiv des Dachstein häufen sich auf kleinstem Raum spektakuläre Sehenswürdigkeiten und Naturmonumente. Auch sportlich hat die 1997 von der UNESCO zum Weltkultur- und Weltnaturerbe erklärte Region mit anspruchsvollen Kletterrouten, interessanten Höhlenwanderungen und Mountainbike-Touren einiges zu bieten.

Malerisch kleben die Häuser von Hallstatt eng zusammengedrängt am Ufer. Dahinter, schroff und wild, der Dachstein. Einziger Grund, an dem Ort zu siedeln, war das Salz: Seit 7000 Jahren bauen die Hallstätter im Salzberg oberhalb des Dorfes das »weiße Gold« ab. Noch heute gelangen Besucher durch die Stollen des ältesten Bergwerks der Welt (www.salzwelten.at) und mit einer 64 m langen Rutsche tief ins Innere des Berges. Dort besichtigen sie den effektvoll beleuchteten Salzsee und kommen zur Fundstelle des »Mannes im Salz«. 1734 hatten Bergarbeiter den einige tausend Jahre alten, völlig erhaltenen Körper gefunden. 1846 entdeckte ein Bergarbeiter nur wenig unterhalb der Stollen ein aufschlussreiches Gräberfeld, das schließlich einer ganzen Epoche seinen Namen gab: der Hallstattkultur im Übergang von der Bronze- zur Eisenzeit um 800–400 v. Chr. Wer die prähistorischen Gräber besichtigen möchte, fährt mit der Salzbergbahn von

WANDERN & BERGTOUREN

TOP TIPP

Begehrtestes Ziel für Bergsteiger ist der **Hohe Dachstein** (3004 m). Während der Gipfel einiges an Erfahrung voraussetzt, können auch schwindelfreie, trittsichere Bergwanderer bis zur reizvoll gelegenen Simonyhütte (2205 m) am Hallstätter Gletscher aufsteigen. Von Obertraun mit der Bergbahn zur Gjaidalm (1750 m), auf gut markiertem, mittelschwerem Bergsteig in ca. 2,5 Std. zur Simonyhütte (Tel. 0 36 22/5 23 22, www.simonyhuette.at). Ab hier anspruchsvolle Gletschertour über den Hallstätter Gletscher und einen kurzen Felsgrat (Schwierigkeitsgrad 1-2, teils Drahtseilsicherung) zum großartigen Gipfel (ca. 3,5 Std.). Abstieg wie Aufstieg. Weniger geübte Bergsteiger sollten von der Simonyhütte aus mit einem Bergsteiger gehen. Geführte Touren, Kletterkurse und alpine Basiskurse in der Hütte.

Großer Donnerkogel (2055 m) Mittelschwerer Bergsteig auf Eckpfeiler des Gosaukamm	Ausgangspunkt: Gosau, Bergstation der Gosaukammbahn; Zwieselalm (1587 m) – Gablonzer Hütte (1550 m) – gut markierter Bergsteig zum Gipfel; Abstieg wie Aufstieg; wer Kraftreserven hat, steigt von der Bergstation über schönen Wanderweg zur Talstation ab; Zeit: ca. 3 Std.; Einkehr: Gablonzer Hütte, Gasthaus Gosausee
Heilbronner Rundwanderweg Eindrucksvolle Tour am Fuß des Dachstein	Ausgangspunkt: Obertraun, Bergstation der Krippensteinbahn (2100 m); Krippensteinhöhle – aussichtsreicher Wanderweg zum Heilbronner Kreuz (1959 m) – Hirzkarsee – Krippeneck – Bergstation Gjaidalm (1740 m) – lohnender Abstecher (ca. 15 Min.) zur Dachsteinalm; mit Bergbahn zurück nach Obertraun; leichte Bergwanderung; Zeit: ca. 3 Std.; Einkehr: Krippenstein, Dachsteinalm

Das malerisch gelegene Hallstatt war lange Zeit nur mit dem Schiff zu erreichen.

Hallstatt aus zur Bergstation; von dort ist es ein Katzensprung. Außerdem beginnt dort der Soleweg, der entlang der ältesten »Pipeline« der Welt nach Ebensee führt: Über eine Strecke von 40 km wird das salzhaltige Wasser aus dem Hallstätter Bergwerk durch Rohre zum Traunsee geleitet. Dort wird das Wasser in der mit Holz angeheizten Saline verdampft, zurück bleibt das Salz. Nach diesem System wird seit 1607 Salz gewonnen.

Faszinierend ist die 1,5 Std. lange geführte Wanderung durch die bizarr geformte Eislandschaft in der gewaltigen Dachsteinhöhle bei Obertraun. 50 km lang ist das Labyrinth der Mammuthöhle mit ihren eigenartigen Felsformationen. Während sich die Höhlen mit der Krippensteinbahn erreichen lassen, führt ein Spazierweg von Obertraun aus zur Koppenbrüllerhöhle mit Tropfsteinen und Sinterbildungen. Obertraun ist ein idealer Ausgangspunkt für Kletter- und Wandertouren in das Dachsteingebiet. Dann ins gemütliche Bad Goisern, wo regelmäßig Kurse und Wettkämpfe im traditionsreichen Bogenschießen angeboten werden. Und schließlich ins abgelegene Bergbauerndorf Gosau, wo interessante Mountainbike-Touren beginnen.

Das liebliche Hochtal zieht sich fast bis zum Gletscher des Dachstein im Südosten hinauf, während es im Südwesten abrupt endet: Schroff schießt der Gosaukamm in die Höhe. Guter Ausgangspunkt für Touren ist die Gablonzerhütte bei der Bergstation der Gosaukammbahn. Einsteiger können sich hier beim Abenteuer-Klettersteig über das Törleck austoben. Erfahrene steigen weiter zum großen Donnerkogel und schließlich zum Donnermandl.

ALLGEMEINE INFORMATIONEN

Urlaubsregion	Tourismusverband **Inneres Salzkammergut**; Tel. 0 61 35/83 29; E-Mail: info@inneres-salzkammergut.at; www.inneres-salzkammergut.at **Salzkammergut** Tourismus-Marketing GmbH; Tel. 0 61 32/2 69 09-0; E-Mail: info@salzkammergut.at; www.salzkammergut.at
Orte	**Bad Goisern • Gosau •** **Obertraun** www.inneres-salzkammergut.at • **Hallstatt** www.inneres-salzkammergut.at
Entfernungen	Hamburg 997 km; Berlin 762 km; Köln 799 km; Frankfurt a. M. 615 km; Stuttgart 456 km; München 222 km

Mountainbike Zentrum Salzkammergut
Erstklassig erschlossenes Routennetz durch die gesamte Region: Hunderte Kilometer, abwechslungsreich, GPS-erfasst, von gelassen bis hochsportlich. Alle Infos: www.biken.at/mountainbike-zentrum; Bikeverein: www.mauna-loa.at

Dachsteinhöhlen
Nur ein kleiner Teil der Dachsteinhöhlen ist für die Öffentlichkeit zugänglich, es werden jedoch geführte Höhlentrekkingtouren in die unerschlossenen Bereiche, z.B. der Mammuthöhle, angeboten. Speziell für Kinder ist die »Kleine Abenteuerführung« durch verschlungene Höhlengänge; Tel. 0 61 31/53 10, www.dachsteinwelterbe.at

Kraft- und Glücksplätze
Orte für Energie, Wohlbefinden und Harmonie - Das Wissen um die wohltuende Kraft der zahlreichen Natur-, Sakral- und Sagen-Plätze, die sich im Salzkammergut befinden, wird seit langer Zeit kontinuierlich übertragen. Alle 212 Plätze sind in der Broschüre „Salzkammergut – Glück empfinden" verzeichnet oder unter www.salzkammergut.at

Wanderkarten

Freytag & Berndt, WK 281 Dachstein-Ausserland-Filzmoos-Ramsau; 1:50 000

Wolfgangsee

ADAC Prädikat

SPORT & SPASS

WANDERN & BERGTOUREN

KULTUR & CO.

WELLNESS & GENUSS

Noch immer liegt ein Hauch Nostalgie über St. Wolfgang am Wolfgangsee.

Sportarena vor zauberhafter Kulisse

Ein Singspiel hat den Wolfgangsee in den 1930er Jahren berühmt gemacht. Doch bevor das »Weiße Rössl« zum Sympathieträger wurde, sorgten Kurgäste für den Bekanntheitsgrad der Region, allen voran Kaiser Franz Joseph, der hier regelmäßig den Sommer verbrachte. Ein Hauch von Nostalgie schwebt nach wie vor über der Landschaft. Und wie immer, wenn Berge und Seen aufeinander treffen, eröffnen sich gerade für sportlich Aktive ungezählte Möglichkeiten: egal ob man die Wanderschuhe schnürt, am Strand eine Runde Beachvolleyball spielt oder beim Canyoning verwegene Sprünge wagt.

Ja, das »Weiße Rössl« gibt es noch. Inzwischen ist aber aus dem Schauplatz des gleichnamigen Singspiels von Ralph Benatzky ein attraktives Vier-Sterne-Romantikhotel geworden. Genau wie damals keucht die 1893 in Betrieb genommene Zahnradbahn in knapp einer Stunde von St. Wolfgang hinauf zum Schafberg. Neben den »Dampf-Nostalgiezügen« werden heute Dieseltriebwagen eingesetzt, die den Höhenunterschied von 1188 m in einer guten halben Stunde bewältigen.

Für die traumhafte Aussicht vom Gipfel sollte man sich auf jeden Fall viel Zeit gönnen. Neuankömmlinge wie Stammgäste, alle stehen sie dort oben und lassen den Eindruck der Landschaft, die wohl kein Künstler hätte harmonischer gestalten können, auf sich wirken: Am Horizont ragen Watzmann, Hochkönig und Dachstein in den Himmel. Umringt von grünen, meist mit hellen Felszacken gekrönten Bergen, strahlen weit unten sieben tiefblaue Seen. Der kleinste von allen, der Suissensee, liegt direkt unter der senkrechten Gipfelwand des Schafberg. An ihm kommen die Wanderer vorbei, die sich an den Drahtseilen entlang durch die felsige »Himmelspforte« tasten, um dann auf wunderschönen Almwegen, vorbei an zwei weiteren Seen und der Mauruskapelle, nach St. Wolfgang abzusteigen.

Weniger alpin, aber genauso erlebnisreich, ist der historische Pilgerweg, der von St. Gilgen aus am Ufer des Wolfgangsees entlang über

Hütten

Himmelspforthütte (1783 m)
Direkt bei der Himmelspforte auf dem Schafberggipfel steht die gemütliche Hütte. Man sitzt auf der schönen Sonnenterrasse, genießt die herrliche Aussicht bei regionaler Hausmannskost; Tel. 06 64/4 33 12 77

Stroblerhütte (1250 m)
Bei Wanderern beliebte Hütte auf der Postalm, dem größten zusammenhängenden Almgebiet Österreichs, etwas oberhalb des Postalmplateaus Höhe. Eine urige und gemütliche Hütte, die für hausgemachte Strudel, Knödel und Schmarrn bekannt ist; Tel. 06 64/2 54 22 37

Wanderkarten

Freytag & Berndt, WK 282
Attersee-Traunsee-Höllengebirge-Mondsee-Wolfgangsee; 1:50 000

the perfect day

9 Uhr: Biketour zum Schwarzensee mit Einkehr beim Alpenrestaurant »Zur Lore«
15 Uhr: Musikalische Weltreise im »Musikinstrumente-Museum der Völker« in St. Gilgen
17 Uhr: Wellness im Hotel »Weißes Rössl« inkl. Kaiserwanne
20 Uhr: Besuch des Operettenabends in St. Wolfgang (jeden Fr 20.30 Uhr, Michael-Pacher-Haus)

SPORT & SPASS

TOP TIPP Vielfältige Möglichkeiten bietet die Region Wolfgangsee für **Nordic Walker und für Läufer** ①. Insgesamt sind 150 km lange Laufstrecken mit unterschiedlichen Profilen ausgeschilderte. 17 Lauf- und Nordic-Walking-Strecken sind in einer Broschüre beschrieben. Broschüre (kostenlos), Pulsmesser, Stoppuhren und Literatur (leihweise) bei Kurdirektion St. Wolfgang, ebenso Infos über Lauftreffs und Seminare; Tel. 0 61 38/80 03, www.wolfgangsee.at

Mountainbike Zwölferhorn	Von Abersee durch das Schafbachtal auf das Zwölferhorn; Ausgangspunkt: Abersee; Zeit/Charakter: ca. 5 Std., Schotterstraßen, schwer; Radverleih Pro Travel, St. Wolfgang; Tel. 0 61 38/25 25

Die **Salzkammergut Erlebnis Card** für 4,90 € gewährt Ermäßigungen bis 30 % auf mehr als 110 Attraktionen wie z.B. Schafbergbahn St. Wolfgang, Dachstein Riesen-Eishöhle, Salzwelten, Wolfgangsee Schifffahrt, Museen, Bäder u.v.m. Erhältlich in allen Toursimusbüros und Infostellen.

den markanten Falkenstein nach St. Wolfgang führt. Von dort schleuderte der heilige Wolfgang (924–994) seine Axt ins Tal und gelobte, dort, wo er sie finde, eine Kirche zu bauen: Bis zur Engstelle des Sees flog die Axt! Unter den unzähligen Pilgern und Besuchern der Wallfahrtskirche war im 19. Jh. viel Prominenz vom Wiener Hof: Auch Kaiser Franz Joseph besuchte St. Wolfgang häufig während der insgesamt 83 Sommer, die er im nahen Bad Ischl, dem ältesten Solebad Österreichs, verbrachte. Die kaiserliche Familie hat wohl viel dazu beigetragen, dass Bad Ischl zu einem der berühmtesten Heilbäder der Welt wurde.

Auch sportlich präsentiert sich die Region beim Blick über den See und seine Ufer: Nordic Walker und Jogger nutzen das gut ausgeschilderte Wegenetz, Inlineskater sausen vorbei, Mountainbiker kommen strahlend von ihrer Tour zurück, Beachvolleyballer sind im Strandbad zu Gange. Das Wasser ist übersät mit Segelbooten und Windsurfern. Über dem Zwölferhorn bei St. Gilgen nutzen Paraglider die Thermik. Der Wolfgangsee zeigt sich so als moderne Sportarena voller Möglichkeiten; mit dem operettenhaften Idyll eines »Weißen Rössl« als zauberhafter Kulisse.

TOP TIPP **Arboretum St. Gilgen** ② Lehrreicher Spaziergang durch die Walderfahrungswelt: Auf der 1 ha großen Fläche werden in zehn Waldgesellschaften 66 Baumarten verschiedener

Vegetationszonen vorgestellt. Eigenheiten der Baumgemeinschaften und der darin lebenden Tier- und Pflanzenarten sind auf Schautafeln spannend erläutert; Tel. 0 62 28/22 03; durchgehend geöffnet, Eintritt frei

ALLGEMEINE INFORMATIONEN

Urlaubsregion	**Wolfgangsee** Tourismus Gesellschaft; Tel.: 0 61 38/80 03; info@wolfgangsee.at; www.wolfgangsee.at **Salzkammergut** Tourismus-Marketing GmbH; Tel. 0 61 32/2 69 09-0; E-Mail: info@salzkammergut.at; www.salzkammergut.at
Orte	**Bad Ischl • Fuschl am See • St. Gilgen • St. Wolfgang** www.wolfgangsee.at **• Strobl**
Entfernungen	Hamburg 973 km; Berlin 784 km; Köln 775 km; Frankfurt a. M. 591 km; Stuttgart 431 km; München 198 km

Pyhrn – Priel und Nationalpark Kalkalpen

ADAC Prädikat

SPORT & SPASS

WANDERN & BERGTOUREN

KULTUR & CO.

WELLNESS & GENUSS

Zwischen Kalkalpen und Totem Gebirge

Im Süden Oberösterreichs, rund um die Wintersportorte Hinterstoder und Vorderstoder, finden Familien, Wanderer und Bergsteiger vor schroffer Bergkulisse auch im Sommer ein beschauliches Urlaubsziel. Die Freizeitmöglichkeiten bieten vor allem Eltern mit Kindern viel Abwechslung.

Im Gebiet der Hutterer Höss oberhalb von Hinterstoder beherrschen die Gipfel des Toten Gebirge mit Spitzmauer und Großem Priel den Horizont.

Einen gewissen Bekanntheitsgrad erlangte das Pyhrn-Priel-Gebiet vor Jahren durch die Weltcup-Skirennen in Hinterstoder. Als Sommerdestination gehört die Region jedoch noch immer zu den eher unentdeckten Zielen. Landschaftlicher Blickfang ist das Tote Gebirge; es lockt mit seinen interessanten Überschreitungen, etwa dem historischen Salzsteig, der von Hinterstoder in 6 Std. zur steirischen Tauplitzalm führt. Aushängeschild im Pyhrn-Priel-Gebiet ist jedoch

der Nationalpark Kalkalpen, der erst 1997 gegründet wurde. Seitdem können auf einer Fläche von 20825 ha um Sengsengebirge und Reichraminger Hintergebirge 50 Säugetier- und 80 Vogelarten ungestört leben und mehr als 1000 Blumenarten, Farne und Moose gedeihen. Die beiden Gebirgszüge sind knapp 2000 m hoch und bilden einen Riegel, der den Norden des Pyhrn-Priel-Gebietes abgrenzt.
Den Nationalpark und noch eine Menge schöner Sehenswürdigkeiten lassen sich auf dem 2008 neu eingerichteten Kalkalpenweg erkunden. Auf 156 km führt er Wanderer in elf gemütlichen Tagestouren durch die Attraktionen der Gegend. Jeder Abschnitt steht dabei unter einem bestimmten Thema, bei dem große und kleine Wanderer lernen und staunen können.
Zu Füßen des Hohen Nock, dem höchsten Gipfel des Sengsengebir-

the perfect day

9 Uhr: Wanderung von Windischgarsten zur Dümlerhütte. Auf dem Rückweg Baden im Gleinkersee
14 Uhr: Mit dem Sessellift auf den Wurbauerkogel bei Windischgarsten. Talfahrt mit der Sommerrodelbahn oder dem Alpine Coaster
17 Uhr: Fahrt nach St. Pankraz ins Wilderermuseum
19 Uhr: Erholen im Panorama-Hallenbad mit Saunalandschaft in Spital am Pyhrn.

51

WANDERN & BERGTOUREN

TOP TIPP Ideal für Familien ist der **Themenwanderweg »Auf der Alm«** ❶. Start ist am Parkplatz bei der Karlhütte auf dem Hengstpass östlich von Windischgarsten. In knapp 1000 m Höhe führt er über Almwiesen und durch Bergwälder zur Puglalm und zur Laussabauernalm. Weiter geht es zur Rot-Kreuz-Kapelle. Von dort ist es nicht mehr weit bis zum Ausgangspunkt bei der Karlhütte; Zeit: ca. 2 Std. Einkehr: Puglalm, Laussabauernalm, Karlhütte

Zellerhütte (1575 m) Mittelschwere Bergwanderung mit Badeeinlage	Ausgangspunkt: Vorderstoder; Steinerwirt – Schaffergut – Schafferteich – Binder – Weg 201 – Zellerhütte; Möglichkeit zum Aufstieg zum Lagelsberg (2008 m); Rückweg über Weg 290 – Windhagersee – Vorderstoder; Zeit: ca. 7 Std.; Einkehr: Zellerhütte
Proviantweg zum Hengstpass (985 m) Leichte Tour auf einer historischen Handelsroute	Ausgangspunkt: Windischgarsten; Dörfl – Fraitgraben – Zottensberg – Egglalm – Hengstpass. Auf der historischen Eisenstraße, von der noch Spuren zu sehen sind, wurde jahrhundertelang Proviant und Eisen transportiert; Zeit: ca. 3 Std.; Rückweg wie Hinweg oder mit Bus; Einkehr: Karlhütte auf dem Hengstpass
Klettersteig auf den Großen Priel (2515 m) Schwere, hochalpine Tour	Ausgangspunkt: Hinterstoder, Johannishof; Schiederweiher – Polsterlucke, Prielschutzhaus – Klinserscharte – Südgrat – Goldkarwand – Großer Priel; Rückweg wie Hinweg. Großartige Tour, nur für erfahrene Bergsteiger; Helm und Klettersteigausrüstung notwendig; Zeit: Tagestour; Einkehr: Prielschutzhaus

ges, liegt mit Windischgarsten der Hauptort und das wirtschaftliche Zentrum der Region. Wahrzeichen ist die mächtige Pfarrkirche, deren Ursprung im frühen 12. Jh. liegt und die 1463 neu erbaut wurde. Einen Besuch wert ist auch der Friedhof mit den schmiedeeisernen Grabkreuzen aus dem 17. und 18. Jh.

Etwa 4 km südlich von Windischgarsten, in Rossleithen, liegt am Weg nach Hinterstoder eines der beiden letzten Sensenwerke Österreichs, die früher erheblich zum Wohlstand der Region beigetragen haben. Interessante Führungen sind täglich möglich. Angetrieben werden die Maschinen wie eh und je von der Wasserkraft des Pießling-Ursprungs, einer der größten Karstquellen der Alpen. Der Besuch des Werkes lässt sich ideal mit einer kurzen Wanderung zu dem winzigen See verbinden, aus dem die Pießling hervorsprudelt. Die eigentliche Quelle soll tief unterm Warscheneck verborgen liegen. Forscher konnten bisher 1,5 km des Weges verfolgen, den das Wasser im Berginnern zurücklegt; der weitere Verlauf liegt nach wie vor, im wahrsten Sinne des Wortes, im Dunkeln.

Noch ein anderes Geheimnis verbarg sich lange im Warscheneckgebiet, genauer in der »Höll«: die Felsbilder, die heute in dem kleinen Ort Spital am Pyhrn in den prachtvollen Barockräumen des ehemaligen Stiftes ausgestellt sind. Ähnliche in den Felsen geritzte Zeichen wurden nahezu überall auf der Welt gefunden. Sehenswert sind in Spital auch die Kirchen: die spätgotische, doppelstöckige Felsenkirche St. Leonhard und die Barockkirche Mariä Himmelfahrt mit ihren großartigen Fresken.

TOP TIPP Gleich mehrere Sehenswürdigkeiten entdecken die Besucher des ehemaligen **Stifts in Spital**. Kunstfreunde wird vor allem die barocke Stiftskirche faszinieren. Interessant ist auch das **Österreichische Felsbildermuseum**, das in den prachtvollen, mit Stuckdecken, Kachelöfen und Intarsienarbeiten geschmückten Barockräumen des ehemaligen Stifts untergebracht ist. Im Mittelpunkt stehen die Felsbilder aus dem Warscheneckgebiet, in der Sonderausstellung »Höhlenbär und Bärenjäger« ist ein Höhlenbärenskelett zu sehen, außerdem Funde aus der Altsteinzeit; außerdem im Stift: Schatzkammer, Gruft sowie Huf- und Hackenschmiede; Tel. 0 75 63/3 18, www.felsbildermuseum.at

Hütten

Gowilalm (1375 m)
Die Gowilalm liegt östlich von Spital unter dem Kleinen Pyhrgas (2023 m). Sie ist Ausgangspunkt für Touren auf den Kleinen oder Großen Pyhrgas (2244 m) oder einfach eine herrlich gelegene Einkehrstation. Deftige Speisen mit Produkten aus dem eigenen Biobauernhof; Tel. 0 75 63/3 82

Dümler-Hütte (1495 m)
Die mit dem Prädikat »Familienfreundlich« ausgezeichnete Hütte befindet sich zwischen dem Gleinkersee und der Wurzeralm im Warscheneckgebiet. Die große, kürzlich renovierte Hütte liegt auf weitläufigen Almflächen mit vielen Wandermöglichkeiten; Tel. 0 75 62/86 03

Karlhütte
Auf dem Hengstpass östlich von Windischgarsten kann man in der urigen Karlhütte einkehren. Bekannt für deftige Bauernkost und Pfandlgerichte; großer Gastgarten. Tel. 0 75 62/53 67

Pyhrn – Priel und Nationalpark Kalkalpen

Wer sich mehr für Natur als für Kultur interessiert, fährt mit der Wurzeralmseilbahn von Spital hinauf zum Teichlboden. Dort wandert man in zwei Stunden bequem durch zwei Millionen Jahre Geschichte. Der 2008 neu angelegte Themenweg bietet jede Menge Wissenswertes und viele Überraschungen, die auch den

Eines der letzten historischen Sensenwerke bei Hinterstoder

Kleinen Spaß machen, wie zum Beispiel einen Bach, der einfach verschwindet. Ebenfalls bequem Hochgebirgsluft schnuppern können die Fahrgäste der Frauenkarbahn, wenn sie die Bergstation auf 1870 m erreicht haben. Trittsicher und schwindelfrei müssen Besteiger des Warscheneck sein, die über den gesicherten Steig von Südosten auf den Gipfel gelangen. Keine alpine Erfahrung, aber etwas Kondition ist notwendig, um die Macht des Wassers in der spektakulären Dr.-Vogelgesang-Klamm bei Spital kennen zu lernen. Wer noch weiter bergauf wandert, wird auf der Bosruck Hütte mit einem herrlichen Alpenpanorama und selbstgemachten Zirbenschnaps belohnt.

Natur pur – auch das sommerliche Stodertal hat in dieser Hinsicht dem Besucher jede Menge zu bieten. So wie im Winter in Hinterstoder die Ski ausgepackt werden, schnüren die Gäste im Sommer hier die Wanderschuhe. Zum malerisch im Talboden eingebetteten Schiederweiher führt ein kurzer Spaziergang. Dahinter ragen die höchsten Gipfel des Toten Gebirges schroff in den Himmel. Hat man Glück, spiegeln sich Spitzmauer, Brotfall und Großer Priel im glasklaren Wasser. Wer ebenes Gelände bevorzugt, sollte mit der Seilbahn hinauf zu den weitläufigen Hutterer Böden fahren, wo verschiedene leichtere Themenwanderwege zur Auswahl stehen. Alpiner sind die Wanderungen eine Etage höher von der Hutterer Höss aus, die ebenfalls per Seilbahn erreicht werden kann. Dort erwartet den Bergwanderer ein

Alpin Coaster
Mit dem Sessellift zum Wurbauerkogel und auf der Rodelbahn oder mit der Alpenachterbahn ins Tal: mit eingebauten Kreiseln, Jumps und Wellenstrecken, bis zu 40 km schnelle Fahrt; Tel. 0 75 62/52 75, www.hiwu.at

Nordic Walking
4 ausgeschilderte Strecken (zwei mit 5 km, je eine mit 9 und 13 km) bei Hinterstoder im Stodertal; zweimal wöchentlich Kurse und geführte Touren. Informationen: Karin Zeiner, Tel. 06 64/4 55 63 94

Running & Walking Arena
in Hinterstoder: Die schönsten Strecken werden von den einheimischen Kennern und den RunnersFun-Spezialisten konzipiert, genau vermessen und markiert; genaue Längen- und Höhenangaben auf Infotafeln. Mehr unter www.runnersfun.com

Das malerische Zentrum von Windischgarsten

ALLGEMEINE INFORMATIONEN

Urlaubsregion	Tourismusverband **Pyhrn-Priel**; Tel. 0 75 62/52 66; E-Mail: info@pyhrn-priel.net; www.pyhrn-priel.net
Orte	**Edlbach • Hinterstoder • Klans/Steyrling • Rosenau/Hengstpass • Roßleithen • Spital am Pyhrn • St. Pankraz • Windischgarsten • Vorderstoder** alle www.pyhrn-priel.net
Entfernungen	Hamburg 960 km; Berlin 759 km; Köln 762 km; Frankfurt a. M. 578 km; Stuttgart 518 km; München 284 km

grandioses Panorama, das bis zum Dachstein reicht.

Während in der übrigen Region ruhiger Naturgenuss im Vordergrund steht, setzt man in Windischgarsten auf Action: »Mit dem Lift rauf, mit Adrenalin runter«, verspricht ein Plakat an der Talstation der Wurbauerkogelbahn. Empfehlenswert für Einsteiger ist die Fahrt auf der 1523 m langen Sommerrodelbahn. Wer die 16 Kurven bis zum Ziel gut überstanden hat und mehr Adrenalin möchte, fährt noch einmal mit dem Sessellift nach oben und steigt in den Alpine Coaster, eine alpine Achterbahn-Variante. Teilweise bis zu 6 m über dem Boden geht es rasant und gut gesichert durch mehrere Kreisel, Steilkurven, über Sprünge, Brücken und Wellen. Wer danach immer noch nicht genug hat und etwas von der Sache versteht, wagt sich auf eine der beiden Mountainbike-Strecken. Entsprechendes Fahrkönnen ist schon bei der Freeride-Strecke nötig, den Könnern vorbehalten bleibt die Downhill-Strecke mit bis zu 3 m hohen Jumps und Drops.

Dr.-Vogelgesang-Klamm
Mit 1,5 km ist die Klamm bei Spital die zweitlängste Felsenschlucht Österreichs. Über 500 Stufen steigt man vom Ortsteil Grünau aus durch finstere Schluchten, an wild herunterstürzendem Wasser entlang und an glatt geschliffenem Fels vorbei durch die Klamm. Der Weg ist auch für Kinder gut zu gehen. Ein idealer Rastplatz nach der Tour ist die Bosruckhütte. Ein schöner Feldweg führt zurück zum Parkplatz in Spital/Grünau.

Wanderkarten

Freytag & Berndt, WK 081 Grünau – Almtal – Steyrtal – Sengsengebirge; 1:50 000
Freytag & Berndt, WK 082 Bad Aussee – Totes Gebirge – Bad Mitterndorf – Tauplitz; 1:50 000

Bad Kleinkirchheim und Nationalpark Nockberge

ADAC Prädikat

SPORT & SPASS

WANDERN & BERGTOUREN

KULTUR & CO.

WELLNESS & GENUSS

Wandern und Wellness für Genießer

Wanderungen in den sanft anmutenden Nockbergen, Mountainbike-Touren, Kuren und Wellness in den Thermalbädern von Bad Kleinkirchheim, dazu der perfekt erschlossene Nationalpark Nockberge: Diese Region versprüht Urlaubslaune pur.

In den 1970er Jahren plante man, das unberührte Bergland um die Nockalmstraße großflächig zu erschließen. Doch alpine Vereine und örtliche Medien riefen erfolgreich zum Kampf auf. Es war einer der Fälle, wo kein fauler Kompromiss gemacht wurde und der Erhalt der Landschaft siegte. Seit 1980 bringt die Verwaltung des Nationalparks Schutz, Pflege und Vermarktung der Region zwischen den alten Zirbenwäldern und den baumlosen Bergkämmen unter einen Hut. Entlang der Nockalmstraße wurden Informationstafeln über Flora und Fauna aufgestellt und ein Almmuseum errichtet.

Wem das Wasser in den Bächen und Seen der Region zu kalt ist, sollte das Thermal-Römerbad in Bad Kleinkirchheim besuchen; vom Gebirgsbach und der großen Wasserrutsche sind besonders Kinder begeistert. Die ruhigere Alternative ist die Therme St. Kathrein mit ihrer großen Auswahl an therapeutischen Anwendungen. Nicht zu vergessen das heilkräftige Radonwasser, das schon seit 500 Jahren genutzt wird. Es strömt mit 36 °C aus der Erde und fließt mit 28 – 34 °C durch die Becken.

Wandern kann jeder auf eigene Faust. Am interessantesten ist es aber mit Wanderführer Rudi Ortner. Auf der Tour zeigt Rudi viele Details, die sonst niemandem auffallen würden. Vielleicht wächst am Wegesrand sogar ein Speik. Schon sein Geruch verrät, dass er es in sich hat

Hütten

Hiasl-Alm (1670 m)
Auf der Hochrindl oberhalb von Ebene Reichenau am Dreihüttenweg gelegen; bei einer Einkehr muss man unbedingt die Hausspezialität »Zirbenjaus'n« probieren; Tel. 06 64/4 03 25 56, www.biohiasl.at

Nordic Walking
Drei Routen (leicht, mittel und schwer) an der Gipfelstation der Nationalparkbahn Brunnach. Bei Wunsch steht eine Sportwissenschaftlerin zur Beratung zur Verfügung und bietet Schnuppertouren an; Tel. 0 42 40/82 82, www.vondenbergenindiethermen.com

the perfect day

9 Uhr: Auffahrt mit der Nationalparkbahn zur Brunnachhöhe zum Nordic Walking
11 Uhr: Gemütlicher Abstieg ins Tal zur Lärchenhütte, wo man die müden Beine mit einem Speik-Fußbad und einer deftigen Hüttenjause wieder belebt
14 Uhr: Von der Lärchenhütte über den Kulturwanderweg nach Bad Kleinkirchheim
17 Uhr: Entspannung pur in einem der Thermalbäder

WANDERN & BERGTOUREN

TOP TIPP **Vom Falkertsee (1872 m) auf den Falkert (2308 m)**: Den idyllischen Falkertsee erreicht man über die Straße von Pattergassen bei Kleinkirchheim. Der Steig führt über steile Wiesenhänge zur Hundfeldscharte (2150 m). Ein westseitig bewachsener und ostseitig steil abbrechender, felsiger Kamm führt zum Gipfel mit seiner schönen Aussicht auf den Falkertsee. Nun folgt man dem Weg Richtung Tanzboden gemächlich bergab. An der Falkertscharte steigt man durch den Graben zwischen den schroffen Felswänden des Falkerts und des Moschelitzen (2310 m) vorbei an einer Gumpe und am Bach entlang hinunter zum Falkertsee; Trittsicherheit nötig, aber keine technischen Schwierigkeiten; Zeit: ca. 3 Std.; Einkehr: Gasthäuser am Falkertsee.

Dachfirstwanderung Anstrengende, aber äußerst lohnende Kammwanderung	Ausgangspunkt: Turracher Höhe (1783 m); Schoberriegl (2208 m) – Bretthöhe (2320 m) – Lattersteig – Kärntner Grenzweg – Turracher Höhe; Zeit: ca. 8 Std.; Einkehr: keine Möglichkeit, deshalb unbedingt genügend Verpflegung mitnehmen
Drei-Seen-Wanderung Leichter Themenweg auf der Turracher Höhe	Ausgangspunkt: Turracher Höhe (1783 m), Beginn bei einer Holzplastik an der Straße; Grünsee – Schwarzsee (1841 m) – Muldenmoor – Turracher Höhe; schöne Waldwege mit Holzskulpturen und Anleitungen zum Schärfen der Sinne für ein intensiveres Wahrnehmen der Natur; Zeit: ca. 3 Std.

Auf dem Weg von Bad Kleinkirchheim zur Kaiserburg; in der Mitte ist das Thermal-Römerbad zu erkennen.

– das Speiköl. Wie wohltuend die Pflanze wirkt, zeigt ein Speik-Fußbad auf einer der Almhütten entlang der Wanderwege.

Eine der über 100 Routen führt auf den höchsten Punkt der Nockberge, auf den Großen Rosennock. Anstrengend ist hier vor allem der lange Gipfelhang, doch man wird belohnt: Kamm an Kamm, wie eine Gruppe riesiger Wale, die aus dem Meer auftauchen, liegen einem die Nockberge zu Füßen. Was man sieht, ist eine von der Eiszeit geformte Landschaft, der ihre Bewohner einen eigenen Stil verpasst haben. Erst vor kurzem ist der Einfluss des Tourismus dazugekommen – und damit auch die vielen gepflegten Hütten. Eine bequeme Möglichkeit, gleich mehrere zu besuchen, bietet der Dreihüttenweg auf der Nockalm, der von der Bergstation der Nationalparkbahn Brunnach zum Erlacher Haus, zur Erlacher Bockhütte und zur Bockhütte führt. Auch diese steinige Naturlandschaft war, wie viele Regionen Kärntens, einmal ein kleines Bergbaugebiet.

Ein ideales Gelände finden auch die Nordic Walker auf der Nockalm vor, Interessierte können an der Bergstation an einer sportwissenschaftlichen Einführung in den Trendsport teilnehmen. Nach anfänglichen Widerständen erobern nun auch die Mountainbiker die Region. Neue Pfade, weg von der traditionellen Beobachtung, hat die Nationalparkverwaltung eingeschlagen: etwa mit dem »Weg der Elemente«, einem esoterischen Themenwanderweg auf einer Traumalm neben der Nockalmstraße. Ein eigener Führer gibt Einblick in die Kunst, diese 1,5 km lange Strecke intensiv zu erleben.

Römerbad
Wasser und Wellness auf drei Ebenen bietet das neue Thermal Römerbad mit vier Saunen, 4 000 m² Thermalwasserbecken, (90 m²) Sprudel, 2 Außensaunen umgeben von Parklandschaft und Liegebereichen mit Gipfelblick. Außerdem: Wellness-Ebene, Kneipp-Pfad, Schneedusche, Erlebniswege, Biotop und großer Kinder-Erlebnisbereich auf ca. 500 m²
Tel. 04 22 40/8 28 22 01
www.therme-badkleinkirchheim.at

Karlbad
Traditionelles »Bauernbad« an der Nockalmstraße. In den Lärchenwannen wird das Wasser mit heißen Steinen erhitzt. Öfter ausgebucht, deshalb reservieren; Tel. 0 42 46/34 30

ALLGEMEINE INFORMATIONEN

Urlaubsregion	**Bad Kleinkirchheimer** Tourismus; Tel. 0 42 40/82 12; E-Mail; info@badkleinkirchheim.at; www.badkleinkirchheim.at; www.nockberge.at
Orte	**Feld a. See** www.feld-am-see.at • **Patergassen** www.nockymountains.at/orte/patergassen.stm • **Falkertsee** www.falkert.at • **Reichenau** www.ebene-reichenau.at • **Turracher Höhe** www.turracherhoehe.at
Entfernungen	Hamburg 1078 km; Berlin 889 km; Köln 880 km; Frankfurt a. M. 695 km; Stuttgart 536 km; München 302 km

Wanderkarten

Kompass 063, Bad Kleinkirchheim, Nationalpark Nockberge; 1:25 000

Heiligenblut

ADAC Prädikat

SPORT & SPASS

WANDERN & BERGTOUREN

KULTUR & CO.

WELLNESS & GENUSS

Wo Österreich am höchsten ist

Der Großglockner ist mit 3798 m der höchste Berg Österreichs; er bestimmt nicht nur das Bild, sondern auch die Urlaubseindrücke. Egal ob man die Region über die berühmte Großglockner-Hochalpenstraße »erfährt«, ob man sie in einem der seltener besuchten Täler erwandert oder sie vom legendären Gipfel betrachtet: Obwohl Eingriffe in die faszinierende Hochgebirgslandschaft nicht unterblieben sind, erleben Gäste im Nationalpark Hohe Tauern einen gelungenen Kompromiss aus Bewahrung und Erschließung der Bergnatur.

Wanderungen im Nationalpark
Täglich geführte Wanderungen in einen anderen Winkel des Nationalparks. Sommerprogramm erhältlich bei allen Infostellen des Nationalparks; Tel. 0 48 25/61 61

Ein klassisches Motiv: die Kirche von Heiligenblut mit dem Großglockner

Mächtig und elegant ragt der Großglockner hinter der Kirchturmspitze von Heiligenblut empor. Das berühmte kleine Bergdorf schmiegt sich in einer Höhe von 1288 m malerisch in den Talkessel am oberen Ende des Mölltals. Blickfang ist die gotische Pfarrkirche St. Vinzenz, in der ein geheimnisvolles Fläschchen aufbewahrt wird. Der Legende nach soll es Blutstropfen des Heilands enthalten und so dem Ort seinen Namen gegeben haben. Entsprechend prächtig ist der Innenraum der Kirche gestaltet, sehenswert ist vor allem der fast 11 m hohe Hochaltar aus dem Jahr 1520.

Auf dem Friedhof von Heiligenblut hat so manches Opfer des Großglockner seine letzte Ruhestätte gefunden, darunter auch der Markgraf Alfred Pallavicini. Ihm war es 1876 gelungen, als Erster durch die nach ihm benannte kühne Eisrinne zu steigen, die sich durch die Nordostwand zieht. 2500 Stufen musste ihm sein Bergführer dazu ins Eis hacken. Zehn Jahre später stürzte Pallavicini in der Glocknerwand, ganz in der Nähe »seiner« Rinne, tödlich ab. Seitdem wurden viele Namen in das metallene Buch auf dem Friedhof eingraviert, in dem seit 1886 alle Bergsteiger verewigt werden, die am Großglockner verunglückt sind.

the perfect day

9 Uhr: Vom Glocknerhaus an der Pasterze über den Gletscherweg zur Kaiser-Franz-Josefs-Höhe
12 Uhr: Wilhelm-Swarovski-Beobachtungswarte auf der Kaiser-Franz-Josefs-Höhe mit Ausstellung zur Tierwelt des Hochgebirges
13 Uhr: Fahrt auf der Großglockner-Hochalpenstraße und gemütliche Almjause in der »Knappkasa«
16 Uhr: Werkstattbesichtigung im Holzblockhaus der Töpferei Pechmann bei Heiligenblut an der Großglocknerstraße; Tel. 0 48 24/ 26 90, www.keramik-pechmann.at
19 Uhr: Fahrt nach Döllach zum Döllacher Dorfwirtshaus mit seinen regionalen Spezialitäten

Wer auf den höchsten Berg Österreichs steigen will, muss die Tour mit dem nötigen Respekt und dem entsprechenden Können angehen. Auch auf der einfachsten Gipfelroute über die Erzherzog-Johann-Hütte ist gutes bergsteigerisches Können erforderlich und die Begleitung eines Bergführers zu empfehlen. Mit der gebotenen Vorsicht allerdings wird eine Glocknerbesteigung zum unvergesslichen Erlebnis. Leichter und ebenfalls sehr eindrucksvoll ist die siebentägige Glocknerrunde, auf der man den höchsten Berg Österreichs umwandert.

Weniger Bergtüchtigen bleibt der faszinierende Blick von der mit dem Auto erreichbaren Franz-Josefs-Höhe: Vor dem kühnen Aufschwung des Großglockner schieben sich die zerfurchten Eismassen der Pasterze, des mit 9 km längsten Gletschers der Ostalpen, Richtung Tal. Auf dem »Gletscherweg Pasterze«, einer leichten Bergwanderung, wird anhand der Tafeln, die den Gletscherstand markieren, nur allzu deutlich, wie rasch das »ewige« Eis in den vergangenen Jahrzehnten geschmolzen ist.

Beeindruckend ist der Blick auch von der gegenüberliegenden Seite – doch ein Ausflug dorthin lohnt nicht nur deswegen: Mühelos gleitet man mit der Bergbahn von Heiligenblut Richtung Schareck. Auf der kleinen Gipfelkuppe beginnt ein Lehrpfad, der in die Tiefe der geologischen Geschichte führt (Begleitheft in der Tourist-Information erhältlich). Tief hinab geht es wirklich: Steil und ausgesetzt, aber mit Drahtseilen abgesichert, führt der »Geotrail Tauernfenster«

WANDERN & BERGTOUREN

TOP TIPP

Der **Großglockner** (3798 m) 1 gehört zu den begehrtesten Gipfelzielen der österreichischen Alpen. Selbst der Normalweg über die Erzherzog-Johann-Hütte (3451 m), Österreichs höchstgelegene Hütte, ist anspruchsvoll. Es empfiehlt sich, einen Bergführer zu nehmen. Steigeisen, Seil und Pickel sind Pflicht. Ausgangspunkt ist das Glocknerhaus (2136 m). Über den Wiener Höhenweg zur Salmhütte (2638 m); weiter zur Hohenwartscharte, die mit Metallstiften und Drahtseilen gesichert ist, und zur Erzherzog-Johann-Hütte (Übernachtung); Aufstieg in steilem Firn über das Glocknerleitl, dann Felskletterei zum Kleinglockner (anseilen!); Abstieg in die Obere Glocknerscharte, ausgesetzte Querung mit atemberaubendem Tiefblick in die Pallavicini-Rinne; über Felsen (Schwierigkeitsgrad 2) zum Gipfel; Abstieg wie Aufstieg; Zeit: ca. 5 Std. bis Erzherzog-Johann-Hütte, ca. 2,5 Std. zum Gipfel

Glocknerrunde Siebentägige, eindrucksvolle Tour rund um Österreichs höchsten Berg	Ausgangspunkt: Glocknerhaus; Fusch – Kaprun – Alpinzentrum Rudolfshütte – Sudetendeutsche Hütte – Kals – Salmhütte – Glocknerhaus; Ausdauer, Bergerfahrung und Trittsicherheit erforderlich. Es sind jedoch keine Kletter- oder Gletscherpassagen zu überwinden. Tagesetappen 900–1600 Höhenmeter; Infobroschüre beim Nationalpark erhältlich; Infos zu geführten Touren beim Tourismusverband Heiligenblut, Tel. 0 48 24/20 01, oder beim Bergführerverein Heiligenblut, Tel. 0 48 24/27 00, www.grossglockner-bergfuehrer.at
Sandkopf (3090 m) Anstrengende Tour zu einmaliger Aussichtskanzel	Ausgangspunkt: Parkplatz Schachner-Kaser bei Apriach (1794 m); sehr steil über den Mönchsberg zum Kamm (2760 m) – auf Schotter zum Gipfel; Abstieg wie Aufstieg; technisch leicht; traumhafte Aussicht zu Sonnblick und Großglockner; Zeit: ca. 7 Std.; Einkehr: keine

Hütten

Salmhütte (2638 m)
Schöne, urige Berghütte im Oberen Leitertal
Etwas oberhalb der Hütte, beim Kriegerdenkmal, spektakulärer Blick auf die Südflanke des Glockner. Aufstieg von Heiligenblut-Winkl (1264 m) durch das Leitertal; Zeit: ca. 5 Std. oder Aufstieg vom Glocknerhaus (2136 m) über Stockerscharte (2442 m) und den Wiener Höhenweg; Zeit: ca. 3,5 Std.; Tel. 0 48 24/20 89

Zittelhaus (3105 m)
Traumlage für Sonnenauf- und -untergänge auf dem Gipfel des Hohen Sonnblicks; Wetterstation. Zustieg vom Gasthof Alter Pocher (1807 m) im Kleinen Fleißtal teils über flachen Gletscher; Steigeisen und Stöcke mitnehmen, Bergerfahrung notwendig;
Zeit: ca. 4 Std.; Tel. 0 65 44/6 41

Adolf-Noßberger-Hütte (2488 m)
Idyllisch am Großen Gradensee im Gradental gelegen, gemütlich-urig eingerichtet; eindrucksvoller Gletscherschliff in der Nähe der Hütte; Aufstieg: Parkplatz im Gradental bei Döllach (ca. 1700 m); Zeit: ca. 2,5 Std.; Tel. 06 64/9 84 18 35; www.nossberger.at

Sturm-Archehof Heiligenblut
Zucht vom Aussterben bedrohter Haustiere, eigene Bioprodukte. Interessante Führungen mit Erläuterungen zu den Tieren, Biotop, Programm für Kinder; Di, Mi und Fr; Tel. 0 48 24/23 27

Schaukäserei Kasereck Großglocknerstraße
Beim Käsemachen zuschauen und die Spezialitäten probieren; Bioladen, Almrestaurant; 6 km von Heiligenblut entfernt an der Großglocknerstraße;
Tel. 0 48 24/2 46 29

Heiligenblut

ALLGEMEINE INFORMATIONEN

Urlaubsregion	**Nationalparkregion Hohe Tauern Kärnten**; Tel. 0 48 25/2 00 49; E-Mail: tourismus@nationalpark-hohetauern.at; www.nationalpark-hohetauern.at
Orte	**Großkirchheim/Döllach** www.grosskirchheim.at • **Heiligenblut** www.heiligenblut.at • **Mörtschach** www.nationalparkgemeinde-moertschach.at • **Winklern** www.winklern.at
Entfernungen	Hamburg 1035 km; Berlin 846 km; Köln 837 km; Frankfurt a. M. 653 km; Stuttgart 493 km; München 260 km

Großglockner-
Hochalpenstraße
Die Großglockner-Hochalpenstraße ist auf jeden Fall einen Tagesausflug wert. An der Mautstelle bekommt man einen Fahrtbegleiter, in dem die zahlreichen Sehenswürdigkeiten beschrieben sind. Eine davon ist die Ausstellung zum Bau der Straße bei der Fuscher Lacke. Ein kurzer Lehrweg über die Kelten, Säumer und Römer befindet sich beim

Hochtor-Tunnel. Die Wilhelm-Swarovski-Beobachtungswarte auf der Kaiser-Franz-Josefs-Höhe ist ebenfalls einen längeren Halt wert. Mit Ferngläsern kann man dort Wildtiere ebenso wie die Bergsteiger am Großglockner beobachten. Die Eintrittspreise sind in der Mautgebühr enthalten; Tel. 06 62/8 73 67 30, www.grossglockner.at

zur Mauskarscharte. Nach der Überschreitung des Roßköpfl folgt man dem Klagenfurter Jubiläumsweg zum Hochtor, dem höchsten Punkt der Großglockner-Hochalpenstraße. Regelmäßig erläutern Mitarbeiter des Nationalparks Hohe Tauern bei geführten Touren auf dem Lehrpfad die verschiedenen Gesteinsarten. Man staunt nicht schlecht, wenn sie plötzlich die Hand hinter einen Felsen stecken und sie angefüllt mit feinstem Badestrand-Sand wieder hervorziehen. Genauso imposant wie die Geologie sind die atemberaubende Hochgebirgslandschaft und der Panoramablick über Hunderte von Gipfeln zwischen Watzmann und Triglav.

Die geführte Wanderung über den »Geotrail Tauernfenster« ist nur ein Punkt eines vielfältigen, auch für Kinder interessanten Programms, das vom Nationalpark Hohe Tauern angeboten wird. Auf einer Tour ins Fleißtal hat man sogar die Chance, Gold zu finden. Erfolgreiche Goldwäscher dürfen den funkelnden Ertrag ihrer harten Arbeit natürlich mitnehmen. Meistens ist allerdings der Spaßwert deutlich höher als der Goldwert. Hochtäler wie das Große und das Kleine Fleißtal östlich von Heiligenblut sind im Nationalpark durch Wege und Hütten bestens erschlossen. Ausdauernde Wanderer mit Bergerfahrung können hohe Gipfel wie den Sandkopf, das Petzeck und das Böse Weibl erreichen. Ein besonders interessantes Ziel ist der Hohe Sonnblick, denn auf seinem Gipfel befindet sich nicht nur die höchste Wetterwarte Österreichs, sondern auch das Zittelhaus, ein idealer Platz, um Sonnenuntergänge zu genießen.

Obwohl die Gegend um Heiligenblut eine ausgesprochene Bergsteiger- und Wanderregion ist, muss sich auch bei Regenwetter niemand langweilen: Familienfreundliche Abwechslung versprechen zahlreiche Ausstellungen, etwa die im Nationalparkhaus »Alte Schmelz« in Döllach oder die regional-handwerkliche Sammlung im »Schmutzerhaus« in Mörtschach. Wissenswertes über die Tierwelt des Hochgebirges erfährt man in der Wilhelm-Swarovski-Beobachtungswarte im Besucher-Zentrum auf der Franz-Josefs-Höhe, das man über die Großglockner-Hochalpenstraße erreicht. Unbedingt Zeit nehmen sollte man sich dort auch für die Großglockner-Ausstellung. Sie verschweigt nicht, dass im Glocknergebiet Wirtschaft und Natur bereits in Konflikt geraten sind. Ein Beispiel dafür sind die Stauseen unterhalb

DAV Deutscher Alpenverein **DAV-Tipp**

Nationalpark Hohe Tauern
Der Nationalpark ist eines der wenigen, noch weitgehend unerschlossenen Gebiete der Alpen. In der einzigartigen Hochgebirgslandschaft lassen sich immer wieder große Rudel von Alpensteinböcken beobachten.

der Pasterze. Während im Osttiroler Teil des Nationalparks das nötige Bewusstsein und somit der Schutz rechtzeitig kam, war im Gebiet um Heiligenblut die Erschließung bereits seit Jahrzehnten im Gange. Umso deutlicher sieht man hier die Rettungsversuche und die gelungenen sanften Alternativen, die das harte Reglement des 1971 in Heiligenblut gegründeten Nationalparks gebracht hat.
Auch der Bau der 48 km langen Hochalpenstraße war 1930 ein massiver Eingriff in die Naturlandschaft. Trotzdem: Sie ist ein imponierendes Bauwerk, führt in landschaftlich tief beeindruckende Regionen und gehört zweifellos zu den schönsten Routen der Alpen. Sie führt von Heiligenblut aus kurvenreich zu ihrem höchsten Punkt, dem 2505 m hohen Hochtor, bevor sie sich 1200 Höhenmeter hinunterschlängelt nach Bruck im Salzburger Land. Ihr Verlauf folgt größtenteils der Trasse eines Römerweges, dessen Reste beim Bau entdeckt wurden. Auch im Schutzgebiet selbst hinterlässt der Mensch nach wie vor seine Spuren, allerdings in verträglicher Weise, und so ist die bergbäuerliche Prägung ein Markenzeichen des Nationalparks geworden. Wie die Arbeit der Bauern seit Jahrhunderten auf die Landschaft Einfluss nimmt, zeigt der Kulturlandschaftsweg bei Winklern. Die idealen Ergänzungen dazu bilden das Freiluftmuseum Stockmühlen und der ganz in der Nähe liegende Mentlhof bei Apriach. Hier wird deutlich, wie aus einer Urlandschaft langsam immer mehr Kulturlandschaft geworden ist.

TOP TIPP Ein richtiges **Goldgräberdorf** wurde im Kleinen Fleißtal originalgetreu nachgebildet. Vom Goldrausch befallene Besucher dürfen ihr eigenes Gold aus dem Bachsand waschen und mit nach Hause nehmen. Schaufel, Schüssel und Gummistiefel werden gestellt. Von Heiligenblut Zufahrt ins Kleine Fleißtal, Parkplatz an der Handelsbrücke, von dort ca. 20 Min. zu Fuß; Tel. 0 48 24 20 01 21

Wanderkarten

Freytag & Berndt, WK 181 Kals, Heiligenblut, Matrei; 1:50 000
Freytag & Berndt, WK 121 Großvenediger, Oberpinzgau; 1:50 000
Freytag & Berndt, WK 122 Großglockner, Kaprun, Zell am See; 1:50 000

Nassfeld-Hermagor

ADAC Prädikat

SPORT & SPASS

WANDERN & BERGTOUREN

KULTUR & CO.

WELLNESS & GENUSS

Ein landschaftliches Kleinod ist der malerische Weissensee, ein Urlaubsparadies für Naturliebhaber.

Wildes Abenteuer und stiller Genuss

1000 km Wanderwege, 800 km Mountainbike-Routen sowie Canyoning- und Rafting-Möglichkeiten laden ein, das »Abenteuer Alpen« aktiv zu erleben. In aller Stille dagegen warten der Weissensee und der Karnische Höhenweg auf den Wanderer. Zu leiblichen Genüssen verführen die einladenden Gasthöfe und Almen. Sogar eine Zeitreise ist möglich: Der Geotrail führt den Besucher 500 Mio. Jahre zurück.

Es darf geschrien und gekreischt werden: Beim Piratenrafting auf der Gail gehört das dazu. Kinder ab vier Jahren werden in die wilde Mannschaft aufgenommen, die mit wehender Piratenflagge einen Abenteuerspielplatz erstürmen darf. Rasante Action bieten auch die vielen Möglichkeiten im Kärntner Erlebnispark am Pressegger See bei Hermagor – der größten und häufig auch wärmsten »Badewanne« des Gailtales.

Auf ruhigere Naturen warten die Ponys in St. Daniel. Ein Ritt in Verkleidung führt zur Märchenhütte, in der eine Märchenfee wohnt; beim Geschicklichkeitsreiten werden schließlich Märchenprinzessin und Märchenprinz gekrönt (Infos unter Tel. 0 42 82/31 31). Am Abend, »wenn die Sonne tief errötet und mit dem mondgetränkten Weissensee verschmilzt«, ist große Hochzeit zwischen der jungen Frau vom Südufer und dem jungen Mann vom Nordufer – so steht es zumindest in einer Sage, die sich um den Weissensee rankt. Wer mehr darüber erfahren möchte, sollte auf dem Märchenweg am Ufer entlangspazieren.

Nicht nur Spaziergänger, auch Fischer, Läufer, Walker, Radler und Wanderer finden rund um den fjordartigen See ein ideales Revier. Letzteren ist vor allem die anstrengende, aber sehr lohnende Tour auf den Latschur zu empfehlen. Optimaler Ausgangspunkt ist der Parkplatz in Neusach. Über Kuckwände, Almspitz und Bärenkofel führt der Weg zum aussichtsreichen Gipfel. Zurück geht es auf direktem Weg ans Ostende des Weissensees, nach Ortsee. Mit einer gemütlichen Schiff-

the perfect day

9 Uhr: Mit dem Millennium-Express auf das Nassfeld. Von dort kurze, mittelschwere Wanderung auf den Gartnerkofel (2195 m). Oder mit der Gartnerkofelsesselbahn zum Fuße des Gartnerkofels.
12 Uhr: Abstieg und Wanderung zur Tressdofer Alm. Einkehr im Restaurant Kristall oder bei der Tressdofer Alm (Schaukäserei)
14 Uhr: Mit dem Millennium-Express auf die Madritsche. Von dort steil bergab mit der Sommerrodelbahn Pendolino.
19 Uhr: Abendessen in einem der zahlreichen Restaurant in Hermagor und Umgebung.

fahrt nach Neusach klingt der Tag in der Latschurgruppe aus. Auch für jene, die es nicht auf die Gipfel, dafür aber unters Wasser zieht, ist der Weissensee entdeckenswert: Beim Schnuppertauchen kann man die faszinierende Unterwasserwelt mit versunkenen Baumstämmen, großen Hechten und winzigen Fischen kennen lernen. Obwohl – oder vielleicht gerade weil – das Angebot für Urlauber so groß ist, legen die Veranstalter übrigens bei allen Aktivitäten viel Wert auf die Umweltverträglichkeit. Als Anerkennung dafür wurde die Region mit dem »EU-Preis für Tourismus & Umwelt« ausgezeichnet.

WANDERN & BERGTOUREN

TOP TIPP

Das Naturdenkmal **Garnitzenklamm** (1) ist vom Klammanfang bis -ende ca. 4 km lang. Die Schlucht des Garnitzenbaches mit seinen zahlreichen Wasserfällen ist durch alpine Steiganlagen und 9 Brücken erschlossen. Auf 12 informativen Schautafeln wird beschrieben, wie die ungezähmte Kraft des Wassers die 460-250 Mio. Jahre alten Gesteine geformt hat. Zufahrt von Hermagor nach Möderndorf, Parkplatz am Schluchteingang; Zeit ca. 5 Std.

Gartnerkofel Bergwanderung auf einen traumhaften Aussichtsberg	Ausgangspunkt: Hotel Berghof, Sonnenalpe Nassfeld (1500 m). Der Markierung folgend, bis zum Wegkreuz unterhalb des Gartnerkofelfelsens,. Hier geht´s nach rechts in Richtung Osten. Weiter bis zum Garnitzen-Törl, dann links über einen steilen Hang bis zum Gipfel (2198 m). Einkehr: Watschiger Alm, Alpenhof Plattner
Karnische Höhenwanderweg Weitwanderweg entlang des Karnischen Hauptkamms Etappe: Zollnersee-Hütte – Alpenhof Plattner	Ausgangspunkt: Zollnersee-Hütte (1738m) Auf Markierung 403 bis zum Zollnersee (Naturschutzgebiet) und weiter bis zur Straniger Alm (1479 m). Südlich des Trogkofels bis zum Rudnigsattel. Abstieg unter den Nordwänden des Rosskofels bis 1674 m, ansteigend zur Tressdorfer Höhe (1850 m), dann abwärts über die Rossalm (1691 m) zum Nassfeld. Ca. 2 km Wanderung bergauf bis zum Alpenhof Plattner (Übernachtungsmöglichkeit).

SPORT & SPASS

TOP TIPP

Alle, die hoch hinaus wollen, sind im **Felsenlabyrinth** auf der Tressdorfer Alm genau richtig. Hier gibt es Outdoor-Erlebnisse mit unterschiedlichen Möglichkeiten. Das Areal bietet: Klettersteige mit verschiedenen Schwierigkeitsgraden, (Wald) Hochseilgarten, TopRope-Kletterfelsen und die Flying Fox-Meile. Neue: Kinderparcours mit Kinder-Flying Fox. NTC Nassfeld; Tel. 0 42 82/71 00, www.felsenlabyrinth.at,

Kärntner Erlebnispark Presseggersee	Mit Nautic Jet, Butterfly, Sky Dive, Trampolin, Miniautos und Kleinkinderparadies; Freibad mit Riesenrutsche; Tennis; Rudern, Segeln; Tel.: 0 42 82/33 88, www.erlebnispark.cc
Mega Dive Größte Schaukel der Alpen	Festgezurrt in einem Tragegurt schaukelt man rund 70 Meter unter der Podlanigerbrücke, einer der höchsten Brücken des Lesachtals.

Märchenwanderweg
Idyllischer Wanderweg am Seeufer entlang von Techendorf nach Naggl. Schildert Märchen und Sagen der Region.

Nordic Fitness
Die Region verfügt über zahlreiche markierte Nordic Walking-Trails und Laufrouten unterschiedlichster Schwierigkeitsgrade für Anfänger und leistungsorientierte Sportler. Das Angebot in Hermagor umfasst einen Nordic.Fitness.Sports.Park, am Weissensee einen Aktiv.Fitness. Park. Das Wegenetz in Nassfeld-Hermagor-Pressegger See bietet 17 ausgeschilderte Lauf- und Nordic Walking-Trails von 4,4 km bis 14,2 km mit einer Gesamtlänge von 145 5 km in traumhafter Naturlandschaft. Kern des Angebots am Weissensee sind zwölf ausgeschilderte Laufparcours und neun Nordic Walking-Trails aller Schwierigkeitsgrade mit 3,7 bis 9,1 km Länge. Alle Strecken sind vermessen und verschiedenfarbig markiert. Weitere Nordic Walking-Strecken stehen Gitschtal, in Dellach und in Kirchbach zur Verfügung
Tel: 0 42 82/3 13 10,
info@naturarena.com,
www.naturarena.com,

Sommerrodelbahn »Pendolino«, Nassfeld
Mit der neuen, rund 2 km Fahrvergnügen bietenden, längsten Sommerrodelbahn Kärntens hat die Urlaubsregion Nassfeld ein besonderes Highlight für Ihre Gäste parat. Von der Bergstation des Millennium-Express (Madritsche) geht´s in rasantem – oder wahlweise – langsamen Tempo bis zur Tressdofer Alm.

Restaurants

Dr.-Steinwender-Hütte (1720 m)
Über eine Schotterstraße von Weidenburg mit dem Auto erreichbar, ist die Hütte der ideale Ausgangspunkt für wanderbegeisterte Familien. Der nahe Zollnersee ist ein landschaftlicher Glanzpunkt der Region. Auf den Hohen Trieb (2199 m) führt ein kleiner Klettersteig. An die tragischen Schicksale, die sich während des Ersten Weltkriegs in dieser Region abspielten, erinnert die Friedenskapelle bei der Hütte; Tel. 0 47 18/6 25

Kohlröslhütte (1533 m)
Beliebtes Wanderziel vom Weissensee aus über die Naggleralm. Die Aussicht von der wunderschönen Hütte auf die Karnischen Alpen ist fantastisch; schnellster Zustieg über schönen, leichten Wanderweg von der Bergstation Naggleralm in ca. 30 Min.; Tel. 06 50/7 16 71 00

Rattendorferalm (1535 m)
Schöne Wanderungen in der Umgebung (Geotrail, Käsewanderweg), populäre Mountainbike-Strecke, eigene Käserei, von Rattendorf mit dem Auto erreichbar; Tel. 06 64/5 12 15 28

Schaukäserei Treßdorfer Alm
Herstellung verschiedener Käsesorten nach traditionellen Rezepten direkt auf der schön gelegenen Alm ganz in der Nähe der Mittelstation des Millenium-Express. Täglich Führungen und Schau-Käsen (10 und 13 Uhr). Schmackhafte Brotzeiten mit selbst hergestellten Naturprodukten. Ausgangspunkt für Wanderer: Parkplatz an der Straße aufs Nassfeld, auf »Treßdorfer Almweg« in 30 Min. zur Alm.

Einst umkämpft: die Karnischen Alpen

Naturschutz spielte noch keine Rolle, als die merkwürdigen Gräben ausgehoben wurden, die hoch oben auf den Kämmen der Karnischen Alpen verlaufen. Es sind Schützengräben, die an den Ersten Weltkrieg erinnern, als hier zwischen Österreich und Italien erbittert gekämpft wurde. Längst ist diese Grenze uninteressant geworden, friedlich wandern und radeln die Gäste heute von einer Seite auf die andere. Wie etwa auf dem Gailtaler Käserundwanderweg, der »Via delle malghe«, einer grenzüberschreitenden Tour zu den im Sommer bewirtschafteten Almen. Den Ausgangspunkt stellt die Stranigeralm dar, die man von Stranig aus mit dem Auto erreichen kann. Erste Station ist die Kleinkordinalm. Nach dem Besuch der Rattendorferalm geht es hinüber auf die italienische Seite zur Cason di Lanza. Über Meledis und die Großkordinalm führt die Rundtour zurück zur Stranigeralm. Entdecken lässt sich der Weg zu Fuß (ca. 7 Std.), mit dem Mountainbike und sogar zu Pferd. Die meisten Almen in dieser Region sind zwar über Fahrwege zu erreichen, diese dürfen aber zum Teil nicht von Privatfahrzeugen genutzt werden. Da sich die Bestimmungen schnell ändern, ist es am besten, sich beim Fremdenverkehrsamt oder im Quartier zu erkundigen.

Garantiert nach oben bringt einen der Millennium-Express, eine Gondelbahn, die von Tröpolach auf die Sonnenalpe Nassfeld führt. Von der Mittelstation Tressdorferalm sind es nur wenige Minuten zu Fuß zur Schaukäserei. Wer weiter bis zur Bergstation auf der Madritschenhöhe fährt, kann von dort auf den Rosskofel steigen, einen außergewöhnlichen Aussichtsberg (Zeit: ca. 4 Std). Alle, die stattdessen Richtung Gartnerkofel wandern, treffen auf den Geotrail, der mit seinen zahlreichen beschilderten Stationen quer über die Kämme der Karnischen Alpen verläuft und sich aus mehreren separaten Naturpfaden zusammensetzt. Einer davon führt durch die fantastische Garnitzenklamm bei Möderndorf, die man unbedingt besuchen sollte. Doch auch der Abschnitt auf dem Nassfeld ist sowohl geologisch wie auch landschaftlich gesehen sehr reizvoll. Selbst wenn man es kaum glauben will: Vor Jahrmillionen wogte hier ein Meer – ein Beweis sind die Fossilien, die man immer wieder findet.

Ideal für Wanderer ist auch die Umgebung von Hermagor: Eine anspruchsvolle Tour führt von Weißbriach aus über den Sattelnock auf den Reißkofel mit seinem ausgesetzten Gipfelgrat. Lohnend ist es, die Abstiegsroute über die herrlich gelegene E.-T.-Compton-Hütte zu wählen und von dort zurück nach Weißbriach zu steigen. Eine wesentlich gemütlichere, aber landschaftlich nicht weniger schöne Talwanderung führt von Weißbriach aus durch das Gitschtal nach Hermagor, wo der wohl einzige Wünschelruten-Wanderweg in Kärnten beginnt. Bei dieser Themenwanderung, die zu verschiedenen, von Experten detailliert beschriebenen Kraftfeldern leitet, kann man seine übersinnlichen Kräfte entdecken und auf den Prüfstand stellen. Ausgangspunkt ist das Harmonie-Zentrum im Gasthof Bachmann in Obervellach. Wer nicht an diese Dinge glaubt, hat mehr Zeit, die

offensichtlichen landschaftlichen Reize dieses wunderschönen Spaziergangs zu genießen, der im großen Bogen um Hermagor führt. Geschichtlich Interessierte sollten einen Besuch im Gailtaler Heimatmuseum im Schloss Möderndorf in Hermagor einplanen. Kunstfreunde müssen nach Nötsch fahren, um auf ihre Kosten zu kommen. Dort lebten Franz Wiegele und Anton Kolig. Ihre Werke sind im Kunstmuseum ausgestellt, ein hervorragend gestalteter Kunstwanderweg führt in Nötsch zu Plätzen, die die Maler einst inspirierten oder eine wichtige Rolle im Leben der Künstler spielten.
Nach diesen Ausflügen werden viele gern zurückkehren an den märchenhaften Weissensee mit seinem blaugrünen Wasser, das so klar ist, dass man bis in eine Tiefe von 15 m blicken kann. Einige der Uferabschnitte sind mit weißem Sand bedeckt – diese waren es übrigens, die dem Weissensee zu seinem Namen verhalfen.

ALLGEMEINE INFORMATIONEN

Naturarena Kärnten	**Karnische Tourismus GmbH**; Tel. 0 42 82/31 31; E-Mail: info@naturarena.com; www.naturarena.com
Orte	**Hermagor mit Sonnenalpe/Nassfeld • Kirchbach • Neusach • Nötsch im Gailtal • Oberdorf • Techendorf • Weißbriach** (alle www.naturarena.com)
Entfernungen	Hamburg 1139 km; Berlin 950 km; Köln 941 km; Frankfurt a. M. 757 km; Stuttgart 597 km; München 364 km

TOP TIPP

Canyoning 3
Durchwandern, -schwimmen und -klettern der einzigartigen Schluchtlandschaft, z. B. der Vorderberger Klamm. Die Touren werden in verschiedenen Schwierigkeitsstufen angeboten. Leichte Einsteigertouren sind auch für Familien mit Kindern ab 12 Jahren geeignet. Fit und Fun Camp, Vorderberg am Naturschwimmbad;
Tel. 06 76/5 04 91 69,
www.fitundfun-outdoor.com

Hütte

Zollnersee-Hütte
(1720 m)
Über eine Schotterstraße von Weidenburg mit dem Auto erreichbar ist die Hütte der ideale Ausgangspunkt für wanderbegeisterte Familien. Der nahe Zollnersee ist ein landschaftlicher Glanzpunkt der Region. Auf den Hohen Trieb (2199 m) führt ein kleiner Klettersteig. An die tragischen Schicksale, die sich während des Ersten Weltkriegs in dieser Region abspielten, erinnert die Friedenskapelle bei der Hütte; Tel. 0 47 18/6 25

Wanderkarten

Freytag & Berndt; WK 223 Naturarena Kärnten – Gailtal – Gitschtal – Lesachtal – Weissensee – Oberes Drautal; 1:50 000

ADAC Prädikat

SPORT & SPASS

WANDERN & BERGTOUREN

KULTUR & CO.

WELLNESS & GENUSS

Wohlfühlurlaub im sonnigen Süden

See oder Berg, Wanderung oder Radtour, Sport oder Kultur: Zwischen Millstätter See und Wörthersee bleiben keine Wünsche offen. Die Badeseen – wie der lang gezogene Ossiacher oder der liebliche Faaker See – sind beliebt bei Sonnenanbetern und Wassersportlern. In den berühmten Thermen von Warmbad Villach oder Bad Bleiberg lassen sich die Gäste nach allen Wellness-Regeln verwöhnen. Mit einem vielseitigen Kulturprogramm begeistern einladende Städte wie Spittal, Villach und Klagenfurt.

Die Freundlichkeit der Menschen muss etwas mit dem sonnigen Klima zu tun haben. Der Alpenhauptkamm im Norden hält das schlechte Wetter wohl ebenso zurück wie miese Laune, stattdessen erobern das mediterrane Klima und ein heiteres Gemüt von Süden her die Region. In Städtchen wie Millstatt oder Spittal pulsiert das Leben, es macht Spaß, sich zur Einstimmung einfach durch die Gassen treiben zu lassen, bevor am Wasser Erfrischung wartet.

Außer in den Strandbädern kühlt man sich am besten auf Österreichs längstem Kneippwanderweg am Mirnock ab. Die umliegenden Berge, vor allem die Millstätter Alpe und der nahe Nationalpark Nockberge, bieten Wanderern schier unbegrenzte Möglichkeiten. Ein Beispiel, wie Wanderlust und Kulturinteresse verbunden werden können, ist der beschilderte Villenweg in Millstatt, der zu prächtigen Bauten aus der Zeit des Kaiserreiches führt. Nicht weniger eindrucksvoll ist die großartige Klosteranlage. Unter den kulturellen Angeboten ragt

Burgruine Landskron
In einer Flugshow sind täglich Adler und Falken zu sehen; www.adlerflugschau.com
Ganz in der Nähe liegt der Affenberg, wo um die 90 Japanmakaken auf 80 000 m² zu Hause sind. Für angemeldete Kindergruppen werden Spezialführungen mit anschließender Affenparty organisiert; Tel. 0 42 42/43 03 75, www.affenberg.com

WANDERN & BERGTOUREN

TOP TIPP

Eine prächtige Aussicht begleitet die Bergwanderer auf dem leichten Panoramaweg von der Bergstation der Verditzbahnen zum **Mirnock** 1 (2110 m). Ausgangspunkt ist Afritz. Mit der Bergbahn geht es hinauf zur Amberger Alpe (1832 m). An der Kulnighütte und dem Schwarzsee vorbei zum breiten Gipfel des Palnock (1901 m). Kurzer Abstieg zur Bucheralpe (1810 m), dann über die Almwiesen zum Lahnernock (1861 m), wieder kurzer Abstieg, dann Anstieg zum Mirnock; Abstieg wie Aufstieg; leichter Bergwanderweg, bei Nebel ist die Orientierung allerdings schwierig; Zeit: ca. 4 Std.; Einkehr: Kulnighütte

Dobratsch (2166 m) Mittelschwere Wanderung zu einmaligem Aussichtspunkt	Ausgangspunkt: Roßtratten am Ende der Villacher Alpenstraße (1732 m); auf Almweg zuletzt recht felsig, zum Gipfel mit einer prachtvollen Aussicht über die gesamte Region; auf dem Gipfel große Sendeanlage, zwei Kirchen und das Ludwig-Walter-Haus; Abstieg wie Aufstieg; Zeit: ca. 2,5 Std.; Einkehr: Ludwig-Walter-Haus
Goldeck (2142 m) Leichte Almwanderung über Spittal	Ausgangspunkt: Bergstation der Goldeckbahn (2059 m); kurzer Aufstieg zum Gipfel des Goldeck – Abstieg über breiten Rücken zur Gusenalm (1750 m) – Wanderweg zum Gasthof Seetal am Ende der Panoramastraße (1800 m) – Aufstieg zum Marten Nock (2039 m) – Abstieg zur Goldeckhütte (1929 m) – Krendlmarhütte (1637 m) – Abstieg nach Spittal (560 m, ca. 1 Std. zusätzlich) oder zur nahen Mittelstation und mit der Bahn ins Tal; Zeit ca. 4,5 Std.; Einkehr: Goldeckhütte, Gusenalm, Seetal, Krendlmarhütte

the perfect day

9 Uhr: Bergwanderung auf den Dobratsch
14 Uhr: Fahrt nach Bad Bleiberg, Besuch des Schaubergwerks Terra Mystica
16 Uhr: Thermenbesuch in Bad Bleiberg
19 Uhr: Fahrt nach Klagenfurt, Stadtleben genießen

auch das Museum für Volkskultur im prächtigen Renaissance-Schloss Porcia in Spittal heraus. Rustikaler geht es auf Burg Sommeregg hoch über dem Millstätter See bei den Ritterspielen zu. Ein bestens ausgestattetes Foltermuseum erinnert außerdem daran, dass die »gute alte Zeit« doch auch unangenehme Seiten hatte.

Kulturangebot und Wasser, das sind auch die Urlaubsargumente der Seenregion um Villach. Neben Ossiacher, Faaker und Afritzer See locken die Thermalquellen: 40 Mio. Liter Wasser sprudeln täglich bei Warmbad Villach aus dem Boden. Auch im etwas höher gelegenen Bad Bleiberg setzt man auf diese Heilkräfte, Badevergnügen und Kuren gehen dabei Hand in Hand. Der familiäre Ort bietet neben seinem Thermalbad auch ein Heilklimastollen und das historische Bergwerk Terra Mystica.

Badespaß vor alpiner Kulisse in Villach

Wer auf der breiten Kuppe der Gerlitzen hoch über dem Ossiacher See steht, den Blick über das ganze Gebiet schweifen lässt und die vielen bunten Schirme der Paraglider zwischen den Wölkchen schweben sieht, der hebt innerlich selbst ein bisschen ab. Nicht weniger traumhaft ist die Aussicht von der breiten Kammhöhe des Mittagskogel: Tief unten fällt der Blick auf den glitzernden Faaker See; rundum breiten sich die Kärntner Berge und slowenischen Alpen aus. Etwas Mühen muss man für einen derartigen Rundblick schon auf sich nehmen, immerhin dauert es 2,5 Std., bis man vom Ende der Forststraße (von Latschach über Illitsch-Rauth) auf dem Gipfel des Mittagskogels angelangt ist.

Durchtrainierte Radsportfreaks können Rekorde auf der Rad-WM-Strecke von 1987 aufstellen, weniger Ambitionierte nehmen den Drauradweg oder den nahen Gailtalradweg unter die Reifen. Ideal ist die Region auch für alle, die lieber aufs Pferd steigen. Auf ihre Kosten kommen vor allem Wanderreiter, die entlang der rund 1400 km langen beschilderten Reitwege in 80 Reiterhöfen Station machen können.

Kunst und Kultur wird auch am Wörther See groß geschrieben, ebenso wie Badespaß. Menschenscheu darf man an Kärntens größtem Badesee allerdings nicht sein. Auch an den vielen kleinen Seen der näheren Umgebung belagern zahlreiche Badegäste und Wassersportler die Ufer. Kaum zu glauben, dass die Gegend einmal sehr einsam war. Früher lebten hier nur ein paar Bauern und Fischer. Mit dem Bau der Eisenbahn kamen gegen Ende des 19. Jh. die Gäste. Hotels wurden errichtet, die teilweise heute noch in Betrieb sind. Neben der Noblesse

Nordic Walking

5 Trails rund um den See im Nordic Fitness Sports Park Faaker See zwischen 4 und 9 km, leicht und mittelschwer; Informationen und Broschüre mit Streckenprofilen: Tourismusbüro Faak am See, Tel. 0 42 54/2 11 00. Laufen und Nordic Walking auf landschaftlich reizvollen Strecken im Nordic-Walking Treff Moosburg (Streckenlänge 4, 3 und 21,5 km), Infos zu Kursen und geführten Touren: Tel. 0 42 72/8 34 00 29. Nordic-Walking-Routen an der Gerlitzen-Mittelstation, drei Schwierigkeitsgrade mit verschiedenen Streckenlängen, durchgehend markiert mit Checkpoints und Stretching-Stationen; Tel. 0 42 48/27 22. Ausgeschilderte Strecke auch in Ossiach und Villach-Warmbad; in nahezu allen Orten geführte Touren und Kurse.

liebten die Komponisten den See: Johannes Brahms, Alban Berg und Gustav Mahler verbanden hier Urlaub und Arbeit auf erfreuliche Weise. Auch das Lustschloss der Großadeligen Khevenhüller in Velden

Kristallklettersteig
Der schwierigste Klettersteig Österreichs führt mit ca. 400 m Kletterlänge über 150 Höhenmeter. Zustieg : Ostaumauer Weißsee –Gletscherlehrweg Sonnblickkees – Seilbrücke über Gletscherbach (ca. 20 Min.). Abstieg: nach Ausstieg (Steinmänner) Richtung Gletscherlehrweg Sonnblickkees – Rudolfshütte (ca. 30 Min.). Charakteristik: kompakter Fels , kleine Tritte, Quergänge, Pfeiler und Übergänge; Zeit: 1,5 – 3,5 Stunden nach Kondition und Können. Technisch und konditionell extrem anspruchsvoller Klettersteig!

ALLGEMEINE INFORMATIONEN

Millstätter See	**Millstätter See** Tourismus GmbH; Tel. 0 47 66/3 70 00; E-Mail: info@millstatt-see.co.at; www.millstatt-see.co.at
Villach-, Faaker See, Ossiacher See	**Villach-Warmbad/Faaker See/Ossiacher See** Tourismus GmbH; Tel. 0 42 42/42 00 00; E-Mail: office@vi-fa-os.at; www.da-lacht-das-herz.at
Wörthersee	**Wörthersee** Tourismus GmbH; Tel. 0 42 74/3 82 88; E-Mail: office@woerthersee.com; www.woerthersee.com
Orte	**Afritz** www.afritz-am-see.at • **Bad Bleiberg** www.bleiberg.or.at • **Döbriach** www.doebriach.net • **Klagenfurt** www.info.klagenfurt.at • **Maria Wörth** www.maria-woerth.at • **Millstatt** www.millstaettersee.at • **Ossiach** www.ossiach.at • **Pörtschach** www.poertschach.at • **Seeboden** www.seeboden.at • **Spittal** www.spittal-drau.at • **Steindorf-Bodensdorf** www.bodensdorf.com • **Velden** www.velden.at • **Villach** www.villach.at • **Weißbriach** www.weissbriach.at
Entfernungen	Hamburg 1099 km; Berlin 909 km; Köln 900 km; Frankfurt a. M. 716 km; Stuttgart 556 km; München 323 km

Hütten

Millstätter Hütte (1876 m)
Produkte aus der eigenen Sennerei und die tolle Aussicht auf den See und seine Umgebung. Die Hütte ist mit dem Prädikat »Familienfreundlich« ausgezeichnet. Zustieg von Schwaigerhütte (1560 m, über Mautstraße von Millstatt aus zu erreichen); Zeit: 45 Min.; Tel. 0 67 67/29 70 08

Gusenalm (1740 m)
Jausenstation auf der Südseite des Goldeck bei Spittal. Auffahrt auf das Goldeck mit der Bergbahn möglich. Dort das überwältigende Panorama zu genießen, dann zu Fuß hinab zur Gusenalm. Zeit: ca. 1 Std.; alternativ: die Zufahrt über die Goldeck-Mautstraße von Zlan zum Parkplatz; Zeit: 30 Min.

Bertahütte (1567 m)
Die Hütte liegt auf einem Sattel unter dem Mittagskogel. Beliebtes Wanderziel vom Faaker See (2,5 Std.) oder mit dem Auto über Forststraße bis ca. 30 Min. vor der Hütte möglich; Tel. 06 99/10 50 21 84

diente als Urlaubsresidenz, bevor es in jüngster Vergangenheit als Kulisse für die Fernsehserie »Ein Schloss am Wörthersee« beansprucht wurde. Nicht weniger berühmt ist das wunderschöne Ensemble auf der Halbinsel von Maria Wörth mit seinen Kirchen.
Inzwischen bleiben die Gäste nicht nur, weil es am Wörthersee »so schön« ist, die Region begeistert vor allem auch mit einer Vielzahl an Freizeitmöglichkeiten. Nicht zuletzt gehört auch ein Abstecher nach Klagenfurt zum Urlaubsprogramm. Entdeckt werden kann die Stadt auf unterschiedlichen Themenwegen. So kann man sich auf die Spuren der Klagenfurter Dichterin Ingeborg Bachmann begeben, die vielen Schlösser besichtigen oder auf einer ausgeklügelten Tour Museen und Galerien besuchen. Eine andere Route führt durch die Altstadt, die nach einem Großbrand im 16. Jh. wieder aufgebaut wurde. Seinen besonderen Reiz erhält Klagenfurt durch die liebevoll restaurierten Innenhöfe, in denen kleine Cafés zum Ausruhen einladen. Bevor man sich gemütlich zurücklehnt, sollte man noch die berühmte Burg Hochosterwitz besuchen. Der Zugangsweg führt durch 14 Tore, so ist es kein Wunder, dass die prächtige Festung nie eingenommen werden konnte. Und dann ist es auch schon wieder Zeit, zurückzukehren an einen der tiefblauen Seen, um sich im kühlen Wasser zu erfrischen.

TOP TIPP Bereits seit der Römerzeit sind die **Warmbader Quellen** ❷ bekannt für ihre stimulierende Wirkung auf Kreislauf und Stoffwechsel. Rund um die Quellen haben sich drei Einrichtungen etabliert; die Hotels Warmbaderhof (Tel. 0 42 42 3 00 10) und Karawankenhof (Tel. 0 42 42 3 00 20) sowie die Erlebnistherme Warmbad-Villach (Tel. 0 42 42 3 00 27 50); gemeinsam bieten sie alles an, was das Wellness-Herz begehrt, natürlich auch Nichthotelgästen. Mit medizinisch geleiteter Kur- und Therapieabteilung, Kosmetikstudios, Aromakabinen und Saunalandschaften. Im Erlebnisbad außerdem Wellness-Inseln, Tropenschauer, Nebelgrotte und großes Außenschwimmbad; www.warmbad.at

Wanderkarten

Freytag & Berndt WKS 221, Millstätter See-Spittal/Drau; 1:50 000
Freytag & Berndt WKS 222, Bad Kleinkirchheim-Nockberge; 1:50 000
Freytag & Berndt WK 224, Faaker See, Villach, Unteres Gailtal; 1:50 000
Freytag & Berndt WK 233; Kärntner Seen, Villach; Klagenfurt; 1:50 000

Gstaad, Saanenland, Lenk

ADAC Prädikat

SPORT & SPASS

WANDERN & BERGTOUREN

KULTUR & CO.

WELLNESS & GENUSS

Glamour und Gemütlichkeit

Im Saanenland trifft sich die gehobene Gesellschaft: Gstaad gehört zu den mondänsten Urlaubsorten der Schweiz. Kultur und Gastronomie haben hier einen hohen Stellenwert und es wird nicht einfach nur gewandert, in Gstaad spielt man Tennis, Golf oder Polo. Ganz anders das benachbarte Pays d'Enhaut, dessen sanfte Landschaft kaum von touristischem Trubel gestört wird, oder das Simmental: Dort dominiert alpine Ursprünglichkeit.

Blasmusik für Kühe: Wildhorn (links) und Spitzhorn (rechts) bilden die Bergkulisse im Saanenland.

Gstaad ist einer der Nobelkurorte der Schweizer Alpen und rangiert ohne Zweifel in derselben Kategorie wie St. Moritz oder Davos. Viel Prominenz macht hier Urlaub, und nicht wenige der politischen und gesellschaftlichen Größen nennen eines der oftmals prächtigen Chalets ihr eigen. Es gibt mehrere Luxushotels; nicht minder exklusiv sind die Restaurants, von denen einige die Gastrokritiker zum Schwärmen bringen. Im autofreien Dorfkern dominieren die teuren Geschäfte, und auch die Events, die jeden Sommer in Gstaad stattfinden, tragen zum Flair bei: Beim »Saveurs«, einem Gourmetfestival, geben sich international renommierte Spitzenköche ein Stelldichein. Die »Cartier Trophy« gehört weltweit zu den größten Polo-Events, und auch Tennisprofis zieht es jedes Jahr hierher: Seit 1968 werden die »Swiss Open Gstaad« ausgetragen. Nicht weniger hochrangig ist auch der kulturelle Höhepunkt des Sommers: Das Menuhin-Festival ist das älteste Klassik-Festival der Schweiz. Ins Leben gerufen wurde es vor fast 50 Jahren von Yehudi Menuhin, der Gstaad 1957 als Wohnsitz für sich und seine Familie entdeckte. Den berühmten Geiger und Dirigenten faszinierte und inspirierte nicht nur die großartige Alpenarena des Saanenlandes, sondern auch das Zusammentreffen von Kulturen:

the perfect day

9 Uhr: Wanderung von der Bergstation Wispile zum Lauenensee; per Bus zurück nach Gstaad
13 Uhr: Mittagessen und Bummel in Gstaad
16 Uhr: Golfpartie auf dem Golfplatz Saanenland
20 Uhr: Abendessen im Grand Hotel Bellevue

Alemannische und romanische Mentalität verschmelzen hier miteinander, was auf den Menschenschlag nicht ohne Einfluss bleibt. Die Region hat so eine Brückenfunktion inne zwischen deutschsprachiger und französischsprachiger Schweiz.

Geprägt von Offenheit und Großzügigkeit ist auch das landschaftliche Erscheinungsbild, das dominiert wird von weiten Tälern und sanft gerundeten Bergen. Nirgends ist es wirklich steil, schroff oder sonderlich hoch. Das hat den Vorteil, dass im Saanenland die Sonne weit länger scheint als in andern Regionen der Berner Alpen, so dass die Urlauber im Talboden entspannt Golf und Tennis spielen oder eines der vielen anderen Urlaubsangebote nutzen können, die hier in üppiger Vielfalt zur Verfügung stehen. Mit über 150 km markierten Routen ist die Region für Mountainbiker bestens erschlossen, und auch von ganz oben lässt sich die Landschaft erleben: bei einer Ballonfahrt oder einem Tandemflug mit dem Gleitschirm.

In der Umgebung von Gstaad hat die Region vieles von ihrem ursprünglichen Gesicht bewahrt. Die Landwirtschaft ist hier neben dem Tourismus nach wie vor ein wichtiger Wirtschaftsfaktor. Historisches

WANDERN & BERGTOUREN

TOP TIPP

Die **Stockhornkette** ❶ bildet den nordwestlichsten Rand der Alpen. Auf engem Raum sind Gesteine aus verschiedenen Epochen der Erdgeschichte zusammengewürfelt. Mit etwas Glück finden sich vor allem bei Morgeten fossile Muscheln, Ammoniten oder Korallenkalke. Die Gegend ist zudem reich an seltenen Pflanzenarten – ein geologisches und ein botanisches Bestimmungshandbuch darf also mit ins Wandergepäck. Die Route führt vom Stockhorngipfel (2190 m, bequem von Erlenbach per Seilbahn erreichbar) über die Obere Walalp (1714 m) auf einem schönen Höhenweg mit sanfter Steigung zum Leiterenpass (1905 m) und weiter zum Schibenspitz und Morgetenpass (1959 m). Von dort geht es steil hinunter zur Morgete und dann durch das Tal des Morgetebaches hinunter nach Buusche (865 m); lange Wanderung ohne technische Schwierigkeiten; Zeit: ca. 7,5 Std.

Turnen (2079 m) Schöne Bergwanderung ohne besondere Ansprüche, herrliche Rundsicht auf dem Gipfel	Ausgangspunkt: Zwischenflüh im Diemtigtal (1000 m); Meniggrund (schöne Bauernhäuser) – Brüüsch (1614 m) – Hintertärfete (1802 m, viele Sturmschäden im Wald) – Turnen – Pfaffen (1943 m) – Rinderalp (1704 m) – Gandgraben – Zwischenflüh; Zeit: 5,5 Std.; Einkehr: Zwischenflüh; Variante: Abstieg via Tschuggen nach Diemtigen, ca. 1 Std. mehr Gehzeit
Giferspitz (2542 m) Anstrengende Tour auf einen großartigen Aussichtsgipfel	Ausgangspunkt: Gstaad (1050 m); Oberbort – Turbach – Aufstieg über Bärgli zur Alp Berzgumm (1647 m) – Giferhüttli – über den Grat zum Gipfel; Abstieg: dem Weg zum Lauenehore (2477 m) folgen – Turnelssattel (2086 m), dort links nach Lauenen (1241 m) hinab; Rückkehr nach Gstaad per Bus; lange, anstrengende Wandertour, die Kondition, Bergerfahrung und Trittsicherheit erfordert; erst nach Abschluss der Schneeschmelze am Giferspitz gehen! Zeit: ca. 8 Std.; Einkehr: in Turbach und Lauenen
Hundsrügg (2046 m) Leichte Panorama-Wanderung an der bernisch-freiburgischen Kantonsgrenze	Ausgangspunkt: Bushaltestelle Sparrenmoos bei Zweisimmen (1560 m, kurzer Abstecher zum Schwarzsee ist lohnend) – Schiltenegg (leckerer Älpler-Kaffee) – Hundsrügg (Blick auf die Kalkkette der Gastlosen im Nordwesten) – Oberenegg (1721 m, man achte auf die weidenden, weißen Saanegeißen) – Hüttlistalden (1537 m) – Jaunpass (1509 m); Rückkehr per Postbus und Zug; Zeit: ca. 3 Std.; Einkehr: Zweisimmen, Sparrenmoos, Schiltenegg, Jaunpass

TOP TIPP

»Golden Pass« nennen die Verantwortlichen der Montreux-Oberland-Bahn ihren **Panoramazug** ❷, der auf einer der schönsten Bahnstrecken der Alpen von Zweisimmen nach

Montreux führt. Die Zugreise dauert knapp 2 Std. (einfache Fahrt). Die modernen Waggons sind klimatisiert und praktisch rundum verglast. Empfehlenswert ist ein Zwischenhalt in Château d'Oex im romantischen Pays d'Enhaut. Es gibt in beiden Richtungen täglich fünf Verbindungen. Eine Platzreservierung ist obligatorisch. Wer noch mehr alpine Szenarien aus dem Bahnwaggon sehen will, kann die Strecke verlängern und via Brig – Lötschberg – Spiez (dort allerdings im konventionellen Waggon) eine Rundreise machen. Dafür müssen dann rund 7 Std. einkalkuliert werden; Tel. 02 19 89 81 90; www.goldenpass.ch

Nordic Walking

Sowohl rund um Lenk als auch in der Region Gstaad gibt es Nordic-Walking-Trails. Im Lenker Talgrund sind drei Strecken ausgewiesen (Länge: 4/9/13,5 km). Garderoben und Duschen stehen bei Start und Ziel zur Verfügung. Gstaad lockt ebenfalls mit drei Routen: einer leichten 5,5-km-Runde an der Saane entlang, einer mittelschweren Strecke (7 km) und der schwierigen Route zum Rellerli (1829 m) hinauf. Infos, auch zu Kursen und geführten Touren, gibt es bei den Tourismusbüros.

Hütten

Cabane de la Sarouche (1569 m)
Berghaus im Pays d'Enhaut mit Terrasse und fantastischer Aussicht auf den Montblanc. Sehr gute regionale Küche. 16 Schlafplätze. Auf Vorbestellung Fondue- oder Raclette-Abende. Ausgangspunkt: Château d'Oex, leicht zu erreichen mit der Luftseilbahn La Braye; Tel. 02 69 24 68 05 Buchung über Skiklub Alpina, Tel. 02 69 24 66 79 (Sommer)

Wildstrubelhütte (2793 m)
Zusammen mit dem nur wenige Meter entfernten Rohrbachhaus ist die Wildstrubelhütte die höchste Berghütte im westlichen Berner Oberland. Herrliche Lage mit Blick auf Wildstrubel und Rawilpass. Ausgangspunkt: Iffigenalp; Zeit: 4,5 Std.; Tel. 03 37 44 33 39

Bergrestaurant Schwarzenberg
Schön gelegenes Bergrestaurant (1485 m) im Diemtigtal bei Zwischenflüh. Mit Almbetrieb (kann besichtigt werden) und Unterkunftsmöglichkeit. Gute Küche mit Almspezialitäten. Mit dem Auto zu erreichen; Tel. 03 36 84 13 97

TOP TIPP

Der Rellerli (1829 m) ist der **Fun-Berg** 3 der Region und bietet Aktivitäten für die ganze Familie. Von Schönried (1238 m) führt die Gondel hinauf zum Rellerligrat und mitten hinein ins Vergnügen. Denn hier oben erwarten die Urlauber ein Bungy-Trampolin und eine Kletterwand, außerdem zwei Restaurants mit Panoramaterrasse. Für den Weg nach unten hat man dann die Qual der Wahl: Sommerrodelbahn, Mountainbike, Gleitschirm – am Rellerli ist alles möglich, auch zum Wandern eignet sich das Gelände bestens.

Zentrum des Saanenlandes ist das Dorf Saanen, das seinen einzigartigen Charakter den schmalen Straßen und Gässchen verdankt, die gesäumt sind von alten Holzhäusern und beherrscht werden von der Mauritiuskirche aus dem 15. Jh. Das Tor zu einer ebenso weiten wie sanften Wanderarena und beliebt als Familienferienorte sind Schönried und Saanenmöser. Beide Orte sind auch Stationen der Montreux-Oberland-Bahn, einer geschichtsträchtigen Panoramabahn. Mit ihr gelangen Gäste bis nach Lenk im Simmental – einer Region, die kaum gegensätzlicher zum mondänen Flair von Gstaad sein könnte: Weit über die Grenzen der Schweiz und Europas hinaus bekannt wurde das Tal als Namensgeber einer Rinderrasse. Das Simmentaler Fleckvieh ist heute auf der ganzen Welt verbreitet. Dass die berühmte rot-braun gefleckte Rasse ausgerechnet hier ihren Ursprung hat, ist keineswegs Zufall: Das Simmental, eingebettet zwischen Niesen- und Stockhornkette, eignet sich mit seinen weiten Weideflächen und einem mild-feuchten Klima ideal für Viehzucht und Milchwirtschaft. Dem florierenden Fleckvieh- und auch Pferdehandel verdankt das Tal denn auch einen beachtlichen Wohlstand, der vielen Bewohnern ermöglichte, stattliche Bauernhäuser zu errichten.

Diese reich verzierten Holzhäuser prägen die Ortschaften im Simmental bis heute. Und auch sonst geht es eher beschaulich zu: Tourismus hat hier noch etwas von seiner alpinen Ursprünglichkeit bewahrt. Die Menschen, die hier ihren Urlaub verbringen, genießen die Landschaft, sei es auf kultureller Entdeckungstour im Tal oder bei ausgedehnten

ALLGEMEINE INFORMATIONEN

Chateau d'Oex (958 m)	**Chateau d'Oex** Tourisme; Tel. 02 69 24 25 25; E-Mail: info@chateau-doex.ch; Internet: www.chateaux-doex.ch
Gstaad (1050 m)	**Gstaad Saanenland** Tourismus; Tel. 03 37 48 81 81; E-Mail: info@gstaad.ch; Internet: www.gstaad.ch
Lenk (1068 m)	**Lenk-Simmental** Tourismus AG; Tel. 03 37 36 35 35; E-Mail: info@lenk-simmental.ch; www.lenk-simmental.ch
Orte	**Diemtigen** www.diemtigtal.ch • **Erlenbach • Gsteig • Rougemont • Saanen • Schönried • Zweisimmen • Zwischenflüh**
Entfernungen	Hamburg 988 km; Berlin 1042 km; Köln 665 km; Frankfurt a. M. 503 km; Stuttgart 418 km; München 514 km

Touren in den Bergen. Wanderer finden im Diemtig- und im Simmental zahlreiche Ziele für alle Ansprüche. Markante Gipfel sind das Seehorn und der Männliflue, die sich von Diemtigen aus in Tagestouren erreichen lassen. Im Simmental erschließen Bergbahnen einige Gipfel der Umgebung. Die bekanntesten sind das Stockhorn, die Mittagfluh und der Rinderberg. Lenk ist ein geruhsamer Kurort, dessen 1862 eröffnetes Kurbad sich zu einem modernen Wellness-Zentrum entwickelt hat. Das schwefelhaltige Wasser ist schon seit dem 17. Jh. für seine heilsame Wirkung bekannt. Spektakuläres Ausflugsziel im hintersten Talschluss des Simmentals sind die Simmenfälle.

Wanderkarten

Landeskarte der Schweiz, Wanderkarte, Blätter 253 Gantrisch, 262 Rochers de Naye, 263 Wildstrubel; 1:50 000
Landeskarte der Schweiz, Blätter 1245 Château d'Oex, 1246 Zweisimmen, 1247 Adelboden, 1265 Les Mosses, 1266 Lenk, 1267 Gemmi; 1:25 000

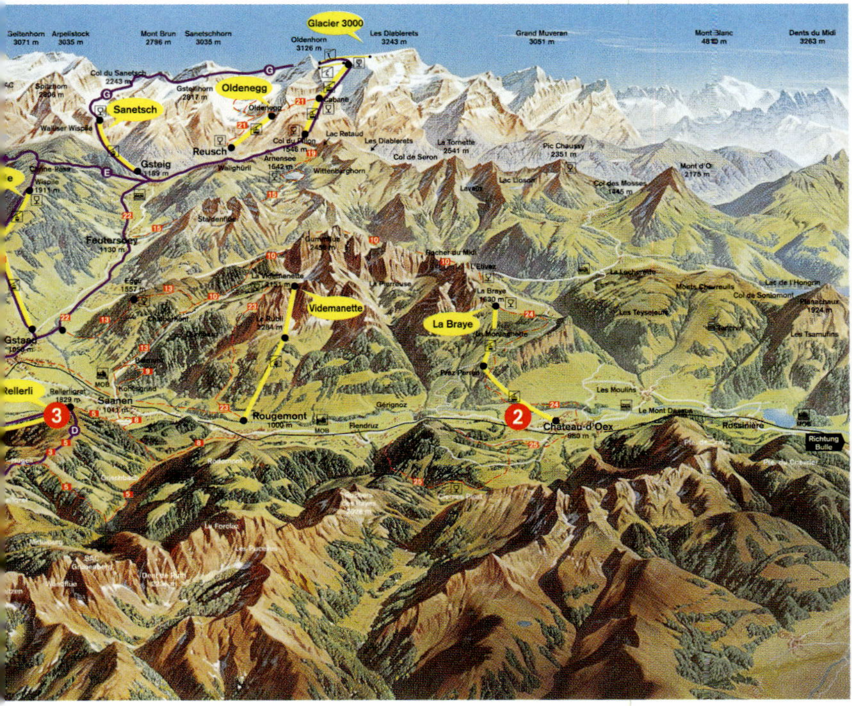

Adelboden – Frutigen – Kandersteg

ADAC Prädikat

SPORT & SPASS

WANDERN & BERGTOUREN

KULTUR & CO.

WELLNESS & GENUSS

Wandern vor grandioser Bergkulisse

Das »Frutigland« ist eines der schönsten Wandergebiete des Berner Oberlandes: grünblau schimmernde Bergseen, tosende Wasserfälle und eine Alpenflora von wunderbarer Pracht und Vielfalt. All das vor der imposanten Kulisse von Wildstrubel und Blümlisalp, deren Gipfel und Wände eine Spielwiese für ambitionierte Bergsteiger sind.

Für viele ist die Region nur Durchgangsstation: Von Kandersteg aus verkürzt der Lötschbergtunnel den Weg ins Wallis und auf die Südseite der Alpen. Der Bau des Tunnels war zu Beginn des 20. Jh. ein gigantisches Projekt: 6000 Arbeiter, von denen 64 bei den Bauarbeiten ums Leben kamen, mussten über fünf Jahre schuften, bis der Tunnel 1913 eröffnet werden konnte. Ein neuer, 36 Kilometer langer Tunnel soll die Fahrzeiten verringern. In den beiden Tälern, die bei Frutigen abzweigen, kommen Urlauber auf ganz unterschiedliche Weise auf

Nordic Walking
Wellness für Körper und Geist: Unter dieses Motto stellt Adelboden das Angebot an insgesamt fünf Nordic-Walking-Trails in der Region. Zwei davon sind auch für Einsteiger geeignet und bieten neben dem Sport- und Landschaftserlebnis Informationen zur Nordic-Walking-Technik und Tipps zu Dehnungs- und Kräftigungsübungen. Kurse werden ebenfalls angeboten (Infos beim Tourismusbüro, Tel. 03 36 73 80 80), die Ausrüstung kann man in Sportgeschäften leihen.

WANDERN & BERGTOUREN

TOP TIPP

Zwischen Adelboden und Kandersteg erhebt sich der Gipfel der **Bunderspitz** (2546 m), der sich auf einer ziemlich anstrengenden Bergtour erreichen lässt. Die Wanderung startet in Adelboden bei der Oey-Schützenbrücke (1238 m). Von hier aus lassen sich die 1000 steilen Höhenmeter der an eine Zahnlücke erinnernden Bunderchrinde (2385 m) voll einsehen. Via Berghaus Bonderalp (1755 m, Alpkäserei mit hervorragendem Hobelkäse) geht es durch das enge Hochtal hinauf, zuletzt steil im Zickzack zur Bunderchumi. Von dort links abzweigen hinauf zum Gipfel. Der Abstieg erfolgt sehr steil hinunter ins Kandertal via Obere Allme (2017 m) zur Unteren Allme (1725 m, kleine Gondelbahn nach Kandersteg); Zeit: ca. 6 Std.; Einkehr: Berggasthaus Bunderspitz, Kandersteg

Vordersilere (2019 m) Leichte Wanderung mit Panorama-Garantie	Ausgangspunkt: Gilbach (1431 m, Bushaltestelle); Sillerenbühl (1977 m, herrlicher Blick auf Wildstrubel und Niesenkette) – Vordersilere – Hahnenmoospass (1956 m) – Geilsbrüggli (1707 m) – Bergläger (1486 m) – Gilbach; Zeit: ca. 5 Std.; Einkehr: Gilbach, Bergrestaurant Sillerenbühl, Berghotel Hahnenmoospass
Oeschinensee (1593 m) Landschaftlich sehr abwechslungsreiche Bergwanderung mit extrem steilem Anstieg	Ausgangspunkt: Blausee (887 m, durch Felssturz gebildeter, tiefblauer Bergsee); Mitholz (956 m, Blick auf die Großbaustelle des Lötschberg-Basistunnels) – Uf der Flue (1133 m) – Port (1440 m) – Bergstation Sesselbahn (1682 m) – Oeschinensee (1578 m, herrlicher Blick auf Blümlisalp und Fründenhorn); Trittsicherheit erforderlich; Zeit: ca. 4 Std.; Einkehr: Blausee, Bergstation Sesselbahn, Oeschinensee
Gemmipass (2346 m) Mittelschwere, sehr lange Wanderung durch hochalpine Landschaft	Ausgangspunkt: Unter dem Birg/Bergstation Engstligenalp (1964 m); Chindbettipass (2623 m, steiler Schlussanstieg) – Rote Chumme – Daubensee (2207 m) – Gemmipass (herrlicher Blick ins Wallis, evtl. Übernachtung) – Daubensee – Schwarenbach (2060 m) – Bergstation Sunnbüel (1936 m); mit Seilbahn nach Kandersteg; Zeit: ca. 8 Std.; Einkehr: Sunnbüel, Schwarenbach, Gemmi

the perfect day

8 Uhr: Wanderung von Kandersteg über den Blausee nach Frutigen
12 Uhr: Fahrt nach Adelboden, Mittagessen im Sporthotel Adler (Wellness-Gerichte)
15 Uhr: »Wasserweg«, thematische Rundwanderung zu den Engstligen-Wasserfällen in Adelboden ab Talstation Engstligenalp-Bahn
19 Uhr: Verwöhnprogramm »Alpine Wellness« im Parkhotel Bellevue & Spa genießen

57

Beliebtes Ausflugsziel: Am Oeschinensee ist man den teils eisbedeckten Gipfeln der Blümlisalp ganz nah.

ihre Kosten: Adelboden ist das Zentrum für Familien und Wanderer; das weniger stark frequentierte Kandersteg ist Ausgangspunkt für anspruchsvolle Wanderungen und Hochtouren.

In Adelboden sind ausländische Gäste deutlich in der Minderheit. Die Schweizer stellen rund zwei Drittel der Touristen in dem hübschen Chalet-Dorf. In der Hochsaison erinnert der Ort so auch mehr an ein Schweizer Städtchen als an ein Bergdorf im Berner Oberland. Adelboden trägt das Gütesiegel »Familien willkommen«, das vom Schweizer Tourismusverband verliehen wird. Über 300 km gut ausgebaute Spazier-, Wander- und Bergwege führen auf die Almen und Berge rund um Adelboden. Besonders spektakulär ist die Wanderung zu den Engstligen-Wasserfällen, die 600 m tief ins Tal donnern und zu den höchsten Wasserfällen der Schweiz zählen. Ein Erlebnisprogramm für Kinder, Wellnessangebote und das frisch renovierte Panorama-Schwimmbad Gruebi runden das touristische Angebot ab.

Kandersteg und Umgebung sind ein Paradies für Wanderer, das schon den Schriftsteller Albrecht von Haller begeistert hat. Eine Wanderung vom Gemmipass nach Kandersteg inspirierte ihn 1729 zu seinem berühmten Gedicht »Die Alpen«, das in schwülstiger Begeisterung die herbe Schönheit der alpinen Natur beschreibt. Am intensivsten lässt sich diese Schönheit sicher bei Bergtouren auf die Blümlisalp und ihre Gipfel wie das Blümlisalphorn oder das Oeschinenhorn erfahren. Wer solche Ziele ins Auge fasst, sollte allerdings über ein hohes Maß an hochalpiner Erfahrung verfügen oder sich der Obhut eines Bergführers anvertrauen.

ALLGEMEINE INFORMATIONEN

Adelboden (1350 m)	**Adelboden** Tourismus; Tel. 03 36 73 80 80; E-Mail: info@adelboden.ch; www.adelboden.ch
Kandersteg (1176 m)	**Kandersteg** Tourismus; Tel. 03 36 75 80 80; E-Mail: info@kandersteg.ch; www.kandersteg.ch
Orte	**Frutigen** www.frutigen-tourismus.ch • **Kandergrund • Mitholz**
Entfernungen	Hamburg 969 km; Berlin 1023 km; Köln 646 km; Frankfurt a. M. 484 km; Stuttgart 399 km; München 495 km

TOP TIPP Der neue **Erlebnispfad** über den **Weltcuptrail Chuenisbärgli** vermittelt überraschende Details zum weltberühmten Riesenslalomrennen. An zehn Stationen können Wanderer beweisen, wie gut sie carven, filmen und jubeln können. In Adelboden und auf dem Chuenisbärgli den Wegweisern folgen. Infos bei Adelboden Tourismus, Tel. 3 36 73 80 80, www.adelboden.ch

Hütten

Fründenhütte (2562 m)
Hütte in erhabener Lage auf einem Felskopf oberhalb des Oeschinensees. Klassische Hütte des Schweizer Alpenclubs mit gemütlicher Stube. Warme Küche und Frühstücksbuffet. Juni bis Oktober; Tel. 03 36 75 14 33

Wanderkarten

Landeskarte der Schweiz, Wanderkarte, Blätter 253 Gantrisch, 263 Wildstrubel, 264 Jungfrau; 1:50 000
Landeskarte der Schweiz, Blätter 1247 Adelboden, 1248 Mürren, 1267 Gemmi, 1268 Lötschental; 1:25 000

Jungfrau-Region und Interlaken

ADAC Prädikat

SPORT & SPASS

WANDERN & BERGTOUREN

KULTUR & CO.

WELLNESS & GENUSS

Grappa-Bar
108 verschiedene Grappa-Sorten reicht Salvatore Ponzio im Chalet-Hotel Steinbock in Grindelwald über die Theke, darunter so berühmte Schnäpse wie den »Nonino« aus dem Piemont. Fürs kulinarische Wohl sorgt zudem der Pizzabäcker, dem ein original italienischer Pizza-Holzofen zur Verfügung steht, Tel. 03 38 53 89 89

Schilthorn (2960 m)
James-Bond-Fans kennen den Berg als »Piz Gloria«, und natürlich vermarkten die Touristiker das Schilthorn auch unter diesem Namen, seit George Lazenby hier 1969 seinen großen Auftritt hatte. Selbst die »James-Bond-Bar« darf nicht fehlen. Spektakulär ist und bleibt das Drehrestaurant: Beim gemütlichen Essen gleiten vor dem Panoramafenster Eiger, Mönch und Jungfrau vorbei. Atemberaubend ist auch die 34-minütige Seilbahnfahrt von Stechelberg aus auf das Schilthorn.

the perfect day

9 Uhr: Besuch der Staubbachfälle im Lauterbrunnental
10 Uhr: Rundfahrt von Lauterbrunnen über die Kleine Scheidegg zum Jungfraujoch Mittagessen auf dem »Top of Europe«; mit der Bahn nach Interlaken
17 Uhr: Fahrt von Wilderswil auf die Schynige Platte; Besuch des Alpengartens
20 Uhr: »Faîtes vos jeux« im Casino Kursaal in Interlaken

Im Bann von Eiger, Mönch und Jungfrau

Wie ein Magnet zieht sie die Touristen an: die Jungfraujochbahn, eine der spektakulärsten Bergbahnen der Welt. In Massen entführt sie die Menschen – meist nur für wenige Stunden – in eine beeindruckende Hochgebirgslandschaft. Trotz abschreckenden Besucherandrangs ist die Fahrt auf das Jungfraujoch ein Muss. Und auch sonst strotzt die Region nur so vor spektakulären Höhepunkten, die sie zu einer der Topdestinationen in den Alpen machen.

Selbst überzeugte Flachländer werden nach einem Besuch der Jungfrauregion beeindruckt nach Hause zurückkehren und von ihren Erinnerungen schwärmen: In den höhlenartigen Felsschluchten der Trümmelbachfälle bekamen sie die Kraft des Wassers hautnah zu spüren; die ungeheure Gewalt der Gletscher wurde ihnen beim Kriechgang durch die Schlucht des unteren Grindelwaldgletschers bewusst, und die Erhabenheit der hochalpinen Eislandschaft lernten sie auf dem Jungfraujoch kennen. Beim Bummel durch das mondäne Interlaken waren die bergungewohnten Besucher vielleicht sogar froh, wieder flachen Boden unter den Füßen zu haben. In bester Erinnerung wird aber sicher jedem auch das erfrischende Bad im Thunersee bleiben, der von den Gletschern des Jungfraugebietes gespeist wird. Dies alles sind unvergessliche Urlaubserlebnisse, die jährlich hunderttausende Touristen aus den verschiedensten Ländern begeistern. Bekannt und beliebt ist die Gegend wahrlich in aller Welt – vor allem aber bei jenen, die in relativ kurzer Zeit möglichst hoch hinaufwollen.

Nirgends kommt man dem Hochgebirge so rasch und so einfach nahe wie in der Region um das Dreigestirn Eiger, Jungfrau und Mönch. Das spielt bei der Planung vieler Pauschalreiseveranstalter eine nicht zu unterschätzende Rolle. Die zahlreichen Reisebusse an den Bahnhöfen und die Heerscharen von Reisegruppen in den Zügen ins Jungfraugebiet sprechen für sich – und für die Weitsicht von Adolf Guyer, einem Zürcher Textilindustriellen. Er verfolgte bereits Ende des 19. Jh. hartnäckig das Projekt, eine Bahntrasse bis hinauf zum Jungfraujoch zu bauen. Eine Idee, die anfangs als Fantasterei belächelt wurde. Doch Guyer ließ sich nicht beirren und konnte im Jahr 1898 die erste Sektion der Jungfraubahn noch selbst einweihen. Kurz darauf starb der Eisenbahnpionier. So blieben ihm zwar die zahlreichen Schwierigkeiten erspart, die es beim weiteren Bau der Trasse zu überwinden galt, aber er konnte auch nicht mehr miterleben, wie schließlich doch am 1. August 1912 die gesamte Strecke eröffnet wurde.

Fahrt in die Gletscherwelt

Seit diesem Tag kann jedermann das Jungfraujoch erobern. Zweieinhalb Stunden dauert die wohl beeindruckendste Eisenbahnfahrt der Alpen von Interlaken aus über Grindelwald und die Kleine Scheidegg bis zur Endstation. Sogar von Zürich aus kann man diese Reise hinauf in die Gletscherwelt an nur einem Tag absolvieren. Die vielen mehrsprachigen Hinweistafeln in den Zügen sind dringend nötig, und der Werbespruch »meet the world« ist nicht aus der Luft gegriffen. Ein babylonisches Sprachgewirr erhebt sich bei jedem spektakulären Ausblick. Und die gibt es am laufenden Band. Das Dreigestirn Eiger, Mönch und Jungfrau hat es gemeinsam mit dem Aletschgebiet sogar geschafft, in die Weltnaturerbe-Liste der UNESCO aufgenommen zu werden. Wer oben am Jungfraujoch aus dem Zug steigt, braucht in der Regel keine Bergausrüstung. Warme Kleidung und eine Sonnenbrille genügen vollauf. Denn die meisten lassen bereits nach zwei Stunden die eisige Bergwelt wieder hinter sich, kurzzeitig kehrt Ruhe ein.

Vom Thunersee aus lassen sich Eiger, Mönch und Jungfrau bequem bestaunen.

Doch trotz des Rummels ist eine Eisenbahnfahrt aufs Jungfraujoch unbedingt zu empfehlen. Die Eindrücke beim Blick in die Eigernordwand und auf das Eismeer der Gletscher sind unvergesslich, auch wenn man mit Dutzenden anderen auf der verglasten Plattform steht. Und auch das Loch, das der happige Fahrpreis (172,60 sfr ab Interlaken) in die Brieftasche reißt, schmerzt weniger, nachdem man den unvergleichlichen Rundblick vom »Top of Europe«, wie die Schweizer das Jungfraujoch stolz nennen, genossen hat.

Ausgangspunkt herrlicher Hochtouren

Nur wenige der täglich bis zu 2000 Touristen nutzen das Jungfraujoch als Ausgangspunkt für Hoch- und Gletschertouren oder

Der Eiger mit seiner gefürchteten Nordwand, daneben der wesentlich zahmere Mönch

Kletteraktionen. Wer sich hier alleine ins hochalpine Gelände wagt, muss auf eine umfassende alpine Erfahrung zurückgreifen können und entsprechende Ausrüstung besitzen. Die Begleitung eines Bergführers ist allemal zu empfehlen. Die so gut sichtbare Eigernordwand bleibt allerdings nur den geübtesten und erfahrensten Bergsteigern vorbehalten. Nicht von ungefähr spielten sich dort jahrzehntelang Bergdramen und -triumphe ab. Zumindest in Bergsteigerkreisen sind die Erstbesteiger Anderl Heckmair, Wiggerl Vörg, Fritz Kasparek und Heinrich Harrer nach wie vor Berühmtheiten. Ihnen gelang es im Juli 1938, die Eigernordwand zu bezwingen. Von ihrem Mythos hat die Wand bis heute nichts verloren, und immer noch gehört sie für Bergsteiger zu den ganz großen Herausforderungen.

Von der Hotel- oder Restaurantterrasse in Grindelwald aus lassen sich die Kletterer am Eiger mit einem guten Fernglas bequem beobachten. Der Ort bewahrt auch in Zeiten des größten Andrangs seine charmante Mischung aus mondäner Luxuswelt und bodenständigem Bergbauerndorf. Selbst geografisch liegt der Ort zwischen zwei Welten. Im Süden prägen die mächtigen Wände von Eiger, Schreckhorn und Wetterhorn das Bild. Dazwischen zwängen sich der obere und der untere Grindelwaldgletscher durch enge Schluchten. Sie haben sich in den letzten 20 Jahren weit zurückgezogen und sind lange nicht mehr so bedrohlich wie einst, als der untere Grindelwaldgletscher wiederholt bis fast ins Dorf vorgestoßen war. Nördlich von Grindelwald wirken Faulhorn, Reeti und auch das Schwarzhorn, auf das ein Klettersteig führt, wie liebliche Voralpenhügel. Das Wandergebiet rund um den Bachsee ist auch für weniger Geübte gut begehbar, z.B. lockt die Höhenwanderung von der Bussalp zur Gipfelstation des First mit unvergesslichen Ausblicken. Grindelwald bietet auch für Sport- und Actionfreaks eine riesige Auswahl. Am spektakulärsten ist der Pendel- oder Bungeesprung in die Grindelwaldschlucht (Tel. 03 38 23 41 00; www.alpinraft.ch).

Panoramafahrt

Von Interlaken aus geht die Fahrt mit dem Zug bis Grindelwald. Nun weiter mit dem Grindelwaldbus fast direkt am Gletscher vorbei hinauf zur Großen Scheidegg (1962 m) mit ihrem traumhaften Panoramablick. Über die Schwarzwaldalp (Umsteigen auf Postbus), vorbei an der Rosenlauischlucht (siehe auch Region Meiringen-Hasliberg, S. 314-315) führt die Straße nach Meiringen. Nun heißt es wieder umsteigen in den Zug. Am Ufer des Brienzersees entlang kommt man zurück nach Interlaken. Wer die Rundfahrt mit einem Höhepunkt beenden will, sollte in Brienz den Zug verlassen und mit dem Schiff nach Interlaken fahren. Die reine Fahrzeit beträgt 5 Std. (inkl. Schifffahrt), man kann aber an den Stationen Pausen einlegen. Die Fahrpläne von Zug, Postbus und Schiff sind perfekt aufeinander abgestimmt. Gefahren wird im Stundentakt ab Interlaken (7.35 bis 13.35 Uhr); Preis: 72,40 sfr; Tel. 03 38 54 16 16, www.grindelwaldbus.ch. Eine Traumtour ist diese Runde über die Große Scheidegg auch für gut trainierte Rennradfahrer. Die Straße ist durchweg asphaltiert.

Bezauberndes Lauterbrunnental

Von ganz anderer Gestalt ist die Topografie des Lauterbrunnentals. Das U-förmige Trogtal wird gesäumt von senkrechten Felswänden, über die mehrere Wasserfälle stürzen. Einer der eindrücklichsten ist der Staubbachfall, überboten wird er nur noch von den Trümmelbachfällen, wo die Gletscherwasser von Eiger, Mönch und Jungfrau zu Tal rauschen. Wie für die meisten Sehenswürdigkeiten der Jungfrauregion gilt auch hier: Der Zugang ist so hergerichtet, dass sich selbst gänzlich Ungeübte sicher fühlen. Bei den Trümmelbachfällen gibt es sogar einen kurzen Lift, beim Gang in die Schlucht sind zumindest gute Turnschuhe zu empfehlen. Angesichts dieses ganz auf die touristische Massenabfertigung ausgerichteten Komforts geht leider viel vom Reiz verloren, ein faszinierendes Naturwunder für sich zu entdecken. Wer sich daran stört, macht am besten einen großen Bogen um die Trümmelbachfälle.

WANDERN & BERGTOUREN

TOP TIPP Eine der eindrücklichsten, gut begehbaren Gratwanderungen der Schweiz führt **vom Niederhorn (1949 m) zum Gemmenalphorn (2061 m)** (1) und von dort hinunter nach Habkern (1063 m). Schon der Ausblick vom Niederhorn, das sich bequem von Beatenberg aus per Seilbahn erreichen lässt, raubt den Atem: In der Tiefe breiten sich Thuner- und Brienzersee aus, in der Ferne erheben sich die Eisriesen der Alpen, dazwischen liegen die zackigen Voralpengipfel der Stockhorn- und Niesenkette. Die Wanderung, immer am langen Güggisgrat entlang, erfordert Trittsicherheit und Schwindelfreiheit. Die schwierigsten Stellen sind mit Drahtseilen gesichert. Der Abstieg über die Almhütten der Chromatte (1497 m) nach Habkern (von dort Postbus nach Interlaken) stellt bis auf das sehr steile letzte Stücke keine besondere Schwierigkeit dar; Zeit: ca. 4,5 Std.; Einkehr: Berghaus Niederhorn, Habkern. Klassische Bergtouren, geführte Wanderungen, Anfängerkurse in Eis und Fels organisiert das Alpin Center Interlaken; Tel. 03 38 23 55 23; sowie die Bergsteigerschule Interlaken; Tel. 03 38 22 60 00; www.swissalpineguides.ch

Schwalmere (2777 m) Lange und anstrengende Bergtour mit traumhafter Aussicht auf Eiger, Mönch und Jungfra	Ausgangspunkt: Grütschalp (1486 m, Standseilbahn Lauterbrunnen/Mürren); Sousläger (1698 m) – Sousbach bis Einmündung Chantbach (1698 m) – den Chantbach entlang steil hinauf, dann auf steilem, weglosem Grashang bis zum weitläufigen Sattel unterhalb der Lobhörner (2372 m) – auf steinigem Grat (den Steinmännchen folgen) via Passhöhe (2725 m) zum Gipfel; zurück zum Sattel und über Lobhörner (2566 m) nach Suls (1903 m) – Sulwald (1533 m, von dort Seilbahn nach Isenfluh und Bus nach Lauterbrunnen); Trittsicherheit und Schwindelfreiheit notwendig; Zeit: ca. 8,5 Std.; Einkehr: Grütschalp, Sulwald
Eigergletscher (2320 m) Abenteuerlicher Gletscherpfad mit Klettersteig-Passage am Fuß der Eigernordwand	Ausgangspunkt: Lauterbrunnen/Station Wengernalp (1874 m, Haltestelle kurz vor Kleiner Scheidegg); Biglenalp – Eigergletscher (beeindruckender Blick auf das Eismeer) – Klettersteig Rotstock (nur mit Helm und kompletter Klettersteig-Ausrüstung; nur für Geübte!) – Alpiglen (1616 m, Haltestelle Bergbahn); Zeit: ca. 5 Std.; Einkehr: Wengernalp, Alpiglen
Häxeseeli (2464 m) Bergab-Wanderung zu drei Seen	Ausgangspunkt: Grindelwald/Bergstation First (2167 m); Bachsee (2265 m, fantastisches Hochgebirgspanorama) – Hagelseewli (2339 m) – Häxeseeli (2464 m) – Schilten – Oberberg (1911 m) – Ochsenläger – Lütschentälti (1854 m) – Chüemad – Axalp (1535 m); von dort Bus- bzw. Zugverbindung nach Brienz, Interlaken und Grindelwald; leichte, aber längere Wanderung; Zeit: ca. 6 Std.; Einkehr: First, Axalp

Die wildromatische **Gletscherschlucht** ist mit ihren Mühlen, Schliffen und den rosa und grünen Marmorblöcken ein Meisterwerk der Natur. Vom Hotel Restaurant Gletscherschlucht aus führen künstliche Stege über die tosenden Wasser durch Felsgalerien und Tunnels 1000 m weit ins Innere der Schlucht. Beidseitig steigen die zum Teil glattgeschliffenen Wände mehr als 100 m in die Höhe. Am Eingang der Gletscherschlucht befindet sich das Kristallmuseum mit Mineralien aus den Berner Alpen. Zu Fuß in 35 Min. vom Dorfzentrum Grindelwald aus oder mit dem Bus ab Bahnhof Grindelwald (2 km) erreichbar.

SPORT & SPASS

TOP TIPP

Auf dem **»Swiss Topwalk First«** 2 kommen all jene Nordic Walker und Bergläufer auf ihre Kosten, denen es nicht genug ist, einfach auf einen Berg zu laufen. Wer daher »Lust auf Leistung« hat, überwindet 1100 Höhenmeter von Grindelwald zur Firstbahn-Bergstation auf einer Streckenlänge von 9250 m nach laufender Stoppuhr. Das Gepäck wird mit der Bahn hinaufbefördert. Auf einer Chipkarte werden drei Zwischenzeiten eingelesen. Die Resultate können die Läufer im Internet abrufen und mit denen von Topathleten vergleichen. Für Einsteiger gibt's den Topwalk auf der halben Strecke. Auskunft: Tel. 0 3 32 22 81 68; www.swisstopwalk.ch. Zudem werden in Grindelwald Nordic-Walking-Schnupperkurse angeboten; Tel. 03 38 54 12 90. In Mürren/Wengen gibt es einen Nordic-Walking-Park mit drei Routen zwischen 5,1 und 19 km Länge; Infos: www.wengen-muerren.ch

Rafting Interlaken	Auf verschiedenen Flüssen in der Region, in verschiedenen Schwierigkeitsgraden. Besonders zu empfehlen sind Touren auf der Weißen und der Schwarzen Lütschine. Auch einfache, familientaugliche Bootsfahrten sind möglich; Tel. 03 38 23 41 00; www.alpinraft.ch
Canyoning Interlaken	Die schluchtenreiche Landschaft des Berner Oberlandes lädt zum Canyoning ein. Besonders spektakulär ist die »Chli Schliere« mit extremen Wasserrutschen und Sprüngen, einfacher die »Zulg«. Tel. 0 3 38 23 41 00; www.alpinraft.ch
Mountainbiken Große Scheidegg, Grindelwald	Ausgangspunkt: Große Scheidegg (1962 m, Zufahrt mit Grindelwaldbus) – Oberläger – First (2167 m) – Egg – Bort (1565 m) – Terrassenweg – Grindelwald (1050 m); schöne, einfach zu fahrende Strecke mit leichten Anstiegen und toller Abfahrt; geführte Touren bei der Bikeschule Berner Oberland; Tel. 03 38 22 84 92; www.mtbeer.ch
Sommerrodeln Grindelwald	725 m lange Sommerrodelstrecke in idyllischer Umgebung auf dem Pfingstegg; nach oben geht's mit der Bergbahn; Tel. 03 38 53 26 26
Hochseilpark Interlaken	Zwischen hohen alten Tannen im Rugenwald über Brücken und Seile: Parcours mit unterschiedlichen Themen und Schwierigkeitsgraden stehen zur Verfügung. Infos: Outdoor Interlaken, Tel. 03 38 26 77 19, www.outdoor-interlaken.ch

Ähnliches gilt für das mit einer kühnen Seilbahn erschlossene Schilthorn. Inzwischen auch als »Piz Gloria« bekannt, gehört der Gipfel zum Standardprogramm jener, die sich für das Berner Oberland nicht allzu viel Zeit nehmen und nur das Wichtigste sehen möchten. Das Drehrestaurant auf dem Gipfel ist tatsächlich einmalig; weltberühmt wurde es 1969 als Kulisse für den James-Bond-Film »Im Geheimdienst Ihrer Majestät«.

Man kann das Schilthorn jedoch auch zu Fuß auf einer ziemlich anstrengenden, aber sehr reizvollen Wanderung erklimmen – das Essen oben wird dann sicherlich doppelt gut schmecken. Optimaler Standort für diese und viele weitere Touren ist Mürren, das wie Wengen auf einer herrlichen Sonnenterrasse liegt. Trotz der vielen spektakulären Anziehungspunkte für Touristenströme bietet die Jungfrauregion durchaus auch Alternativen für jene, die nicht die gewohnten Trampelpfade gehen möchten. Die herrliche Tour vom First hinunter zur

Hütten

Berghotel Faulhorn (2681 m)
Ungewöhnlich viel Komfort bietet dieser Klassiker auf der Spitze des Faulhorn. Fünf Doppel- und zwei Dreibettzimmer stehen neben den Lagerplätzen zur Verfügung. Die Gäste werden stilvoll mit gefüllten Waschschüsseln und einem Erfrischungstuch in den Zimmern empfangen. Zu erreichen über eine schöne Wanderung von der Bergstation First (2167 m); Zeit: ca. 2,5 Std.; Tel. 03 38 53 27 13

Glecksteinhütte (2317 m)
Geräumige, modern eingerichtete Hütte am Südwestfuß des Wetterhorn auf einem Felssporn in den Rasenhängen östlich des Grindelwaldgletschers. Spektakulärer Blick hinunter nach Grindelwald, vor allem nachts, wenn ein Lichtermeer das Tal erleuchtet; Ausgangspunkt: Hotel Wetterhorn (1228 m, mit Grindelwaldbus erreichbar); Zeit: ca. 3,5 Std.; Tel. 03 38 53 11 40

Lobhornhütte (1955 m)
Hütte mit Panoramablick auf Eiger, Mönch und Jungfrau hoch über dem Lauterbrunnental auf der Susalp. Einfach eingerichtet. Kleine Mahlzeiten. Frische Milch, Alpkäse und Mutschli (aromatischer Bergkäse) von der in Sichtweite gelegenen Alm. Ausgangspunkt: Lauterbrunnen, Station Grütschalp (1486 m); Zeit: ca. 3 Std.; Tel. 03 38 55 27 12

Schreckhornhütte (2529 m)
Ein faszinierender, aber sehr anspruchsvoller Steig führt hinauf zur Schreckhornhütte. Der Ausblick auf den Unteren Grindelwaldgletscher sowie die Felsabstürze des Eiger ist unvergleichlich. Nur für geübte Bergsteiger mit alpiner Erfahrung! Gipfelziele wie Schreckhorn (4078 m), Lauteraarhorn (4042 m) und Finsteraarhorn (4274 m) setzen Können voraus und sind nur in Begleitung eines Bergführers zu empfehlen. Ausgangspunkt ist die Bergstation Pfingstegg (1391 m). Von dort über Stieregg, Pfingstegg und Rots Gufer zur Hütte. Zeit: ca. 5 Std.; Tel. 03 38 55 10 25

Axalp über dem Brienzersee ist ein Beispiel für die vielen nur wenig begangenen Wanderrouten der Region.

Traumziele für Alpinisten

Schier unerschöpflich sind die Möglichkeiten, die die hochalpine Bergwelt rund um Jungfrau und Eiger geübten Bergsteigern bietet. Die Gipfel des Finsteraarhorn, des Großen Fiescherhorn oder Mönch sind Traumziele für jeden ambitionierten Bergsteiger mit der nötigen Erfahrung. Berghütten wie die Konkordiahütte, die in spektakulärer Lage hoch über dem Eisstrom des mächtigen Aletschgletschers thront, erleichtern zwar den Zugang zur Welt der Viertausender; trotzdem sollten die Gefahren, die in dieser hochalpinen Region lauern, auf keinen Fall unterschätzt werden. Beim leisesten Zweifel an den eigenen bergsteigerischen Fähigkeiten sollte man immer auf die Dienste eines Bergführers zurückgreifen, wie es schon die ersten gipfelorientierten Gäste taten. Der Beruf des Bergführers hat daher in der Jungfrauregion eine lange Tradition. Und der damals verarmten Bergbevölkerung eröffnete er plötzlich ganz neue Perspektiven. Bis heute wäre ohne Tourismus das gesamte Berner Oberland eine wirtschaftliche Krisenregion, in der die meisten Menschen zur Abwanderung gezwungen wären.

Das gilt auch für das touristische Zentrum Interlaken, das schon im 18. Jh. als Reiseziel entdeckt worden war. Heute bietet die Stadt alles, was das Gästeherz begehrt. Sie ist ein idealer Ausgangspunkt für Ausflüge ins Hochgebirge, liegt aber auch an den Gestaden von Thuner- und Brienzersee, die beide ausnehmend sauberes Wasser haben, das im Sommer sogar Badetemperatur erreicht. Das Angebot an Fun- und Actionsportarten in Interlaken ist schier unübersehbar. Ein sehr junges Publikum macht davon auch reichlich Gebrauch. Um den touristischen Nachwuchs braucht sich Interlaken somit jedenfalls keine Sorgen zu machen.

TOP TIPP Mit der Eisenbahn oder mitten in die hochalpine Gletscherwelt von Eiger, Mönch und Jungfrau: Gegen zahlreiche Widerstände drückte Adolf Guyer Ende des 19. Jh. das wohl verrückteste

Bergbahnprojekt aller Zeiten durch. Die Vollendung im Jahr 1912 erlebte er nicht mehr. Bis heute ist die **Reise aufs Jungfraujoch** (3454 m) 3 die spektakulärste Eisenbahnfahrt der Schweiz geblieben – und wahrlich ein Genuss! Der Ausblick von den beiden in die Wand gehauenen Fenstern Eigerwand und Eismeer ist einmalig. Täglich gönnen sich bis zu 2000 Touristen, von denen viele aus Japan stammen, das Vergnügen, bequem und aussichtsreich weit über die Dreitausender-Grenze zu kommen. Auf dem Jungfraujoch gibt es zahlreiche Unterhaltungsangebote, vom Eispalast über Abseilaktionen bis zum Ski- und Snowboard-Park; www.jungfraubahn.ch

ALLGEMEINE INFORMATIONEN

Beatenberg (1200 m)	Tourist-Center **Beatenberg**; Tel. 03 38 41 18 18; E-Mail: info@beatenberg.ch; Internet: www.beatenberg.ch
Grindelwald (1050 m)	**Grindelwald** Tourismus; Tel. 03 38 54 12 12; E-Mail: touristcenter@grindelwald.ch; www.grindelwald.com
Interlaken (570 m)	**Interlaken** Tourismus; Tel. 03 38 26 53 00; E-Mail: info@interlaken.ch; Internet: www.interlaken.ch
Lauterbrunnen (795 m)	Tourist Information **Lauterbrunnen**; Tel. 03 38 56 85 68; E-Mail: info@lauterbrunnen.ch; www.wengen-muerren.ch
Orte	**Iseltwald** www.iseltwald.ch • **Isenfluh** www.lauterbrunnen.ch • **Oberried** www.oberried.ch • **Ringgenberg** www.ringgenberg.ch • **Stechelberg** www.wengen-muerren.ch • **Wengen, Mürren** www.wengen-muerren.ch • **Wilderswil** www.wilderswil
Entfernungen	Hamburg 958 km; Berlin 1012 km; Köln 635 km; Frankfurt a. M. 473 km; Stuttgart 345 km; München 435 km

An anderer Stelle setzt man ebenfalls auf den Nachwuchs: Beatenberg, das hoch über dem Thunersee auf einer Sonnenterrasse thront, gibt sich ausgesprochen kinderfreundlich. In dem Dorf, das sich auf einer Länge von 7 km erstreckt, gehören Kinderwagen auf der auch als Flaniermeile genutzten Hauptstraße ebenso zum guten Ton wie Kinderlachen auf den Spielplätzen.

Vom Gipfel des Niederhorn starten derweil zahlreiche Paraglider und Drachenflieger, um ihre Kreise über dem berühmten Victoria-Jung-

58

frau-Hotel zu ziehen, bevor sie in Interlaken zur Landung ansetzen. Der höchste Startplatz der Region liegt aber auf dem Gipfel des Schilthorn: Wer sich hier mit dem Paraglider in die Lüfte wagt, fliegt direkt hinein in die spektakuläre Kulisse von Eiger, Jungfrau und Mönch. Trägt die Thermik den Gleitschirm gut in die Höhe, kann der Pilot vielleicht unten erkennen, wie winzig klein sich die Touristen aus aller Welt auf der Kleinen Scheidegg drängen, um für kurze Zeit die faszinierende Welt des Hochgebirges hautnah erleben zu können.

Wanderkarten

Landeskarte der Schweiz, Wanderkarte Blätter 254 T Interlaken und 264 T Jungfrau; 1:50 000
Landeskarte der Schweiz, Blätter 1208 Beatenberg, 1228 Lauterbrunnen, 1229 Grindelwald, 1248 Mürren, 1249 Finsteraarhorn; 1:25 000

Leukerbad

ADAC Prädikat

SPORT & SPASS

WANDERN & BERGTOUREN

KULTUR & CO.

WELLNESS & GENUSS

Wohlfühlen im Wallis

Leukerbad kennt keine Nebensaison. Dutzende warmer Quellen speisen zu jeder Jahreszeit die Bädertempel und Brunnen und sorgen für körperliches und seelisches Wohlbefinden. Auch die hervorragenden örtlichen Weine tragen ihren Teil dazu bei. Wer seinen Urlaub lieber aktiv gestaltet, der findet auf dem abwechslungsreichen Wanderwegenetz die nötige Bewegung.

Der Rundblick von der Bergstation der Gemmibahn in 2350 m Höhe schweift zuallererst in die Ferne, zu den Viertausendern des Wallis. Man wird sich schwer tun mit dem Zählen, aber in weiter Ferne lassen sich das Matterhorn und die Dent Blanche erkennen, etwas näher das weiße Dreieck des Weisshorn, weiter links die Monte-Rosa-Gruppe und der Dom. Nach Norden, weit hinter dem Daubensee, liegt das Berner Oberland. Dort bleiben die Wolken oft an der Barriere der Berner Alpen hängen, was dem Wallis zu seinem sonnigen Klima verhilft.

Erst wenn man sich am Gipfelpanorama satt gesehen hat, fällt der Bäderort Leukerbad ins Auge, der fast 1000 m unter dem eigenen Standort geborgen zwischen zwei Bergrücken liegt. Von oben ist die Ringstraße um den Ort gut zu erkennen; sie sorgt dafür, dass das enge Zentrum praktisch verkehrsfrei bleibt. Fährt man von dort hinab ins Rhône-Tal, passiert man das Dorf Inden, vom gegenüberliegenden Hang schauen die Häuser von Albinen herab. An der Mündung ins Rhône-Tal liegt das sehenswerte historische Städtchen Leuk. Hier sind zwei mittelalterliche Schlösser und einige Herrenhäuser erhalten geblieben, außerdem nennt der Ort mit der Ringackerkapelle den schönsten Barockbau des Kantons Wallis sein Eigen.

Restaurants

Hotel Bristol
Die köstliche Gourmet-Küche aus vorwiegend regionalen Produkten genießt man in gepflegtem Ambiente, mittags auch gerne im Gartenrestaurant. Die Weinkarte lässt keine Wünsche offen, insbesondere Walliser Weine sollte man hier probieren; Tel. 02 74 72 75 00, www.bristolleukerbad.ch

Restaurant Sternen
Hier bekommt man in urigem Ambiente Walliser Spezialitäten wie Tomatenfondue oder Raclette serviert; Tel. 02 74 70 11 20, www.sternen-leukerbad.ch

the perfect day

9 Uhr: Mit der Gemmibahn zum Berghotel Wildstrubel, Frühstück mit Blick auf die Walliser Viertausender-Parade
10 Uhr: Gemütliche Wanderung am Daubensee (2207 m) entlang und hinab auf die Spittelmatte (1879 m). Rückweg mit Einkehr im Gasthaus Schwarenbach, auf der anderen Seeseite zurück
16 Uhr: Erholung in der Alpentherme oder im Burgerbad
20 Uhr: Gourmet-Menü im Hotel Bristol oder Walliser Spezialitäten im Restaurant Sternen

WELLNESS & GENUSS

TOP TIPP Die riesige **Lindner Alpentherme** bietet das umfangreichste Wellness-Angebot im Ort. Zu empfehlen ist ein zweistündiger Rundgang durch die Wellness-Landschaft mit elf Stationen wie Massage oder das römisch-irische Bad mit Thermal- und Heißluftbädern. Außerdem werden verschiedene Kuren und Behandlungen, Akupunktur und Naturfangopackungen angeboten. Es gibt ein Kosmetikstudio, ein medizinisches Zentrum und einen Fitness-Raum. Zum Bad gehören auch ein Restaurant mit indischer Küche und ein Café. Sogar Modeboutiquen sind in dem modernen Wellness-Tempel integriert; Tel. 02 74 72 10 10; www.alpentherme.ch

Burgerbad	Europas größte alpine Thermal-Badeanlage; zehn Becken mit unterschiedlich warmem Wasser, Kneipp-Parcours, Sprudelbecken, Dampfgrotte; Kinder- und Außenbecken mit langer Rutschbahn; insbesondere für Familien geeignet; Sauna, Fitness-Raum, Bar; Tel. 02 74 72 20 20; www.burgerbad.ch
Volksheilbad	Von einer Stiftung getragenes Heilbad mit angeschlossener Hotellerie; Thermalbad, diverse Massagen, Aromabäder, Eiskompressen, Fango- und Heublumenwickel; Tel. 02 74 72 21 00; www.volksheilbad.ch

59

Die Lindner Alpentherme bietet Wellness vor einer herrlichen Bergkulisse.

An den südseitigen Hängen von Leuk und dem gegenüberliegenden Varen wachsen die sonnenverwöhnten Weine des Wallis, die zu den besten Tropfen der Schweiz gehören.

Seit Jahrhunderten ist Leukerbad bekannt für seine Thermalquellen, die hier geradezu verschwenderisch aus der Erde sprudeln. Inzwischen kommen die Leute nicht nur für medizinische Kuren in den Bäderort, Leukerbad ist längst auf den Wellness-Zug aufgesprungen. In den großzügigen Bäderlandschaften kann man sich nach allen Regeln der Kunst verwöhnen lassen. An erster Stelle steht dafür die Lindner Alpentherme. Der lang gezogene, beeindruckende Bau verkörpert die moderne Version einer römischen Therme. Ein besonderer Tipp ist das römisch-irische Bad im Obergeschoss. Zum Ritual in diesem Bad gehören Dampf- und Wasserbäder verschiedener Temperaturen, eine Bürstenseifenmassage und die anschließende Ruhe in warmen Tüchern. Das beliebte Kneipp-Wechselbad im Burgerbad jagt einem so manchen Schauer durch die Glieder. Das dafür verwendete heiße Wasser kommt mit bis zu 51 °C direkt aus dem Berg und muss zunächst abgekühlt werden.

Zum Wohlfühl-Programm sollten neben Wein und Badegenuss auf jeden Fall auch Wanderungen gehören, etwa auf das aussichtsreiche Torrenthorn; der Anstieg lässt sich mit den Torrent-Bahnen angenehm verkürzen. Vom Gipfel des Fast-Dreitausenders lassen sich noch einige Bergspitzen mehr erspähen als von der Bergstation der Gemmibahn.

ALLGEMEINE INFORMATIONEN

Urlaubsregion	**Leukerbad** Tourismus; Tel. 02 74 72 71 71; E-Mail: info@leukerbad.ch; www.leukerbad.ch
Orte	**Albinen** www.albinen.ch • **Inden** www.inden.ch • **Leuk** www.leuk.ch • **Varen** www.varen.ch
Entfernungen	Hamburg 1000 km; Berlin 1053 km; Köln 677 km; Frankfurt a. M. 514 km; Stuttgart 430 km; München 526 km

Hütten

Lämmerenhütte (2501 m)
Die Hütte am Fuße des Wildstrubel ist Ausgangspunkt vieler Bergtouren, in der Nähe auch zahlreiche Klettereien. Ideal für Kinder: Die Kleinen können sich am nahen See und mit verschiedenem Spielzeug austoben; Zustieg von der Bergstation der Gemmibahn in 1,5 Std.; mit Übernachtungsmöglichkeit; Tel. 02 74 70 25 15, www.strubel.ch/laemmerenhuet

Wellnesshotel Grichting
Einziges Soleschwimmbad in Leukerbad; Entspannungstherapie mit Licht und Sand, römischer Tempel mit Laconium, Dampfbad, Aromagrotte, verschiedene Massagen und Packungen, Thalasso, Lehm- und Heubad, Kleopatrabad mit Milch und Ölen, Gesichtsbehandlungen; Nichthotelgäste müssen vorher reservieren; 02 74 72 77 11; www.hotel-grichting.ch

Wanderkarten

Landeskarte der Schweiz, Blatt 263T Wildstrubel; 1:50 000
Landeskarte der Schweiz, Blatt 1267 Gemmi; 1:25 000

Zermatt

ADAC Prädikat

SPORT & SPASS

WANDERN & BERGTOUREN

KULTUR & CO.

WELLNESS & GENUSS

Die größte Pyramide der Welt

Keine andere Berg-Silhouette ist so bekannt wie die des Matterhorns. Wenn Amerikaner, Japaner und Inder einen so weiten und teuren Weg in Scharen auf sich nehmen, dann muss da etwas Besonderes sein. Der Faszination dieser gewaltigen Felspyramide kann sich kein Besucher entziehen.

Zermatt ist etwas Besonderes – das erfährt jeder Tourist schon bei der Anreise in Täsch, 6 km vor dem berühmten Bergsteigerdorf: Dort endet die öffentliche Straße auf riesigen Parkplätzen, und weiter geht es nur mit der Bahn oder mit dem Taxi, wobei die Mehrheit die Fahrt mit den roten Waggons der Matterhorn-Gotthard-Bahn bevorzugt. Wenn die Hauptstraßen Zermatts auch den Fußgängern gehören, gibt es dort dennoch Verkehr, weil Elektromobile der großen Hotels Gäste und Gepäck transportieren. Wer schon in Brig – dem regionalen Zentrum im Oberwallis – in die Bahn steigt, kann ein ebenso interessantes wie amüsantes Schauspiel beobachten: Fast zu jeder Jahreszeit sind die Zugabteile mit Touristen aus Übersee besetzt, von denen die meisten erhebliche Mühen auf sich genommen haben, um an den Fuß des berühmten Berges zu gelangen. Während der Fahrt bestaunen sie dann oft alpenländisch alltägliche Dinge wie Schafe, Geranienkästen vor Fenstern oder ganz gewöhnliche Stallungen.
Die Bahn kämpft sich dabei von etwa 700 m Höhe in Brig, wo es im Sommer ausgesprochen heiß sein kann, auf 1600 m in Zermatt hinauf. Je höher die Bahn kommt, umso intensiver wird nach dem Matterhorn Ausschau gehalten. Dann eröffnen sich erste Blicke auf die Gletscherwelt. Der Zug fährt durch einige Tunnel und rollt endlich im Zermatter Bahnhof ein. Tritt man aus dem Gebäude nur wenige

Wanderer beim Weiler Findeln: Der wohl bekannteste Berg der Welt beherrscht auch hier das Bild.

the perfect day

6 Uhr: Sonnenaufgangsfahrt Rothorn paradise mit anschließendem Frühstücksbuffet
10 Uhr: Wanderung auf das Oberrothorn »Weg zur Freiheit« (1,5 Std.), Rückfahrt mit der Seilbahn vom Rothorn nach Sunnegga paradise
13.30 Uhr: Mittagessen im Restaurant »Findlerhof«
20 Uhr: Abendessen im Restaurant »Barrique« im Hotel Perren, Schlummertrunk in der »Chämi Bar« im Hotel Pollux

Schritte auf den Bahnhofsplatz hinaus, wird der Blick auf die rustikale Hauptgasse und auf den einen Berg darüber frei. Jedermann ist überwältigt. Die Fantasie wird von der Realität übertroffen.
Schon ein Spaziergang durch den Ortskern von Zermatt ist eine lohnende Angelegenheit. Uhren- und Schmuckläden wechseln sich auf der Hauptgasse mit Sport- und Souvenirläden ab. Das Matterhorn ist überall präsent, auch in Schokoladenform. Dazwischen reihen sich zahlreiche Restaurants. Eine vorherrschende Küche lässt sich nicht ausmachen. Natürlich offerieren zahlreiche Walliser Stuben ein Fondue oder Raclette in entsprechendem Ambiente. Daneben gibt es aber auch zahlreiche Pizzerien, sogar chinesische Restaurants, eine Sushi-Bar und einen McDonald's. Einige zur Gasse hin offene Bars lassen auf ein reges Nachtleben schließen. Auf diesem »Corso« schlendern Snowboarder (auch im Sommer – das größte Sommerskigebiet der Schweiz lässt grüßen), Sikhs mit bunten Turbanen, verschwitzte Wanderer, japanische Rentner und einheimische Familien aneinander vorbei.

WANDERN & BERGTOUREN

TOP TIPP

Ein Wanderweg der Superlative ist der **Europaweg**. Oben türmen sich die steilen Felsfluchten der Mischabelkette, mächtige Gletscherzungen drohen. Wilde Bäche sind zu überspringen, bizarre Felsformationen zu bestaunen. Die gesamte 31 km lange Wanderung von Sunnegga (2288 m, von Zermatt mit der Seilbahn erreichbar) über Ottavan (2214 m) bis Grächen (1619 m) in stetem geländebedingtem Auf und Ab ist kaum an einem Tag zu schaffen. Es empfiehlt sich eine Übernachtung in der Europahütte (2240 m); Zeit: ca. 11 Std.; Rückkehr von Grächen nach Zermatt mit Bus und Bahn; Informationen unter Tel. 02 79 56 36 63 und www.europaweg.ch

Gletschergarten Leichte und abwechslungsreiche Wanderung	Ausgangspunkt: Station Riffelalp der Gornergrat-Bahn (2211 m); Gletschergarten (über Dossen, ca. 2100 m) – Moos (1738 m) – Gornerschlucht – Zermatt; einfache Wanderung, hauptsächlich abwärts; Zeit: ca. 3 Std.; Einkehr: Riffelalp, Bergrestaurant Schweigmatten, Bergrestaurant Moos
Breithorn (4164 m) Leichtester Viertausender der Region mit Bergführer	Ausgangspunkt: Klein Matterhorn (3883 m); Breithornplateau – Breithorn; Zeit: ca. 4 Std.; gute Kondition der Höhe wegen unbedingt nötig! Am Seil eines Bergführers am sichersten, ansonsten große alpinistische Erfahrung notwendig; Informationen und Anmeldung zu einer Führung (in der Gruppe ab 100 sfr) übers Alpin Center Zermatt, Tel. 02 79 66 24 60
Hörnlihütte (3260 m) Bergsteigerambiente am Startpunkt der Matterhornbesteigung	Ausgangspunkt: Schwarzsee (2583 m); Hirli (2775 m) – den Grat entlang – Hörnlihütte; Trittsicherheit und Kondition erforderlich; Zeit: ca. 2,5 Std. (Aufstieg); Rückkehr auf gleicher Route; Einkehr: Restaurant Schwarzsee, Hörnlihütte
Gornergrat (3090 m) – **Riffelberg** (2582 m) Der zweitlängste Gletscher der Schweiz und 29 Viertausender auf einen Blick	Ausgangspunkt: Gornergrat; Rotenboden (2800 m) – Riffelsee – Riffelberg; leichte Wanderung, auch für Kinder geeignet; Zeit: ca. 1,5 Std.; Rückkehr mit der Zahnradbahn direkt von der Station Riffelberg; Einkehr: Restaurant Gornergrat, Restaurant Riffelberg

Hütten

Schönbielhütte (2694 m)
Die Hütte liegt oberhalb der nördlichen Seitenmoräne des Zmuttgletschers – mit ungewöhnlicher Perspektive aufs Matterhorn; von der Bergstation der Schwarzsee-Seilbahn ca. 3 Std.; Tel. 02 79 67 13 54

Hörnlihütte (3260 m)
Sie hat eine luftige Lage, nämlich auf dem Nordostgrat des Matterhorns. Von hier Zustieg zum Matterhorn-Gipfel (hochalpine Klettertour, nur mit Bergführer); häufig überfüllt; Anstieg vom Schwarzsee in ca. 2 Std.; Tel. 02 79 67 27 69

Monte-Rosa-Hütte (2795 m)
Diese Hütte befindet sich auf einer Felsinsel im Eismeer zwischen Gorner- und Grenzgletscher; Zustieg von der Station Rotenboden (Haltestelle der Gornergratbahn) über den Gornergletscher in ca. 2,5 Std.; Tel. 02 79 67 21 15

Familienwanderung
Der Rundweg führt von Grächen zum idyllischen Grächnersee, wo sich eine Kneippanlage, eine Ravensburger Spielstation und ein Restaurant befinden. Weiter geht's in Richtung Tal vorbei an Skipiste, Feuerstellen und einem Ravensburger Spielhaus durch den Wald zur zweiten Kneippanlage. Der Weg führt dann zum Restaurant Hohtschuggen mit traumhaftem Talblick. Zurück in Richtung Dorf geht's an zwei Feinschmeckerlokalen vorbei in den Weiler Egga. Wer genau hinsieht kann von dort die Spitze des Matterhorns erblicken.

SPORT & SPASS

TOP TIPP Nordic-Walking-Spaß auf höchstem Niveau: Die atemberaubende Bergwelt rund um Zermatt ist beim **»Swiss Topwalk« von der Riffelalp (2211 m) zum Gornergrat (3089 m)** eine motivierende Kulisse. Auf der 6 km langen Strecke sind fast 900 Höhenmeter zu überwinden – eine echte Herausforderung für trainierte Nordic Walker. Mit einem Chip, den man bei der Gornergrat-Bahn leihen kann, lässt sich die Zeit messen. Anschließend besteht die Möglichkeit, das eigene Resultat im Internet unter www.swisstopwalk.ch mit den Ergebnissen anderer Sportler zu vergleichen. Wer erstmal üben möchte, dem stehen drei weitere Strecken zwischen 1,5 und 2,9 km zur Verfügung. Kurse werden ebenfalls angeboten (Infos bei Zermatt Tourismus, Tel. 02 79 66 81 00).

Mountainbiken	Ausgangspunkt: Zermatt (1616 m) – Winkelmatten (1672 m) – Zmutt (1936 m) – Stafelalp (2330 m) – Schwarzsee; Zeit/Charakter: 2 Std., Schotterwege, mittelschwer; Downhill über Furgg (2432 m) und Furi (1864 m) zurück nach Zermatt; viele weitere markierte Mountainbike-Routen rund um Zermatt; Infos bei Zermatt Tourismus; Tel. 02 79 66 81 0
»Dynamischer Klettersteig«	»Dynamisch« bedeutet: Hier handelt es sich nicht um einen banalen Klettersteig, hier wird abgeseilt, am Seil gerutscht und gependelt in Tarzan-Manier. Sollte nur mit einem Bergführer begangen werden! Als Gast ist man durchgehend gesichert, die nötige Ausrüstung wird gestellt; Zeit: ca. 4 Std.; Anmeldung übers Alpin Center Zermatt; Tel. 02 79 66 24 60

Sonnenaufgangsfahrten
Was für ein Tagesbeginn: Umgeben von Gletschern, Graten und Felszacken den Sonnenaufgang erleben – gleich zwei Zermatter Bergbahnen bieten entsprechende Fahrten an. Zum einen lässt sich von der höchstgelegenen Aussichtsplattform Europas am Klein Matterhorn auf 3885 m beobachten, wie das ewige Eis in rosafarbenem Glanz erstrahlt. Anschließend sollte man sich ein typisches Bergfrühstück gönnen. Zum anderen bietet auch das Rothorn ein tolles Panorama, und nach den grandiosen Ausblicken erwartet den Urlauber ein reichhaltiges Frühstücksbuffet im Restaurant Rothorn. Anmeldung in beiden Fällen spätestens am Vortag bei Zermatt Bergbahnen; Tel. 02 79 66 01 01

Doch letztlich ist niemand wegen Zermatt allein hierher gekommen. Die Attraktion ist eine unvergleichliche, hochalpine Bergwelt, die sich hier von unten bestaunen, mit Seilbahnhilfe ein wenig erkunden oder unter entsprechenden Voraussetzungen erwandern und erklettern lässt. Das Matterhorn ist zwar zweifellos die markanteste Gipfelgestalt, wird allerdings in seiner Höhe von zahlreichen anderen Bergen der Region übertroffen. An erster Stelle ist da die Dufourspitze im Monte-Rosa-Gebiet zu nennen. Dieser Gipfel ist der höchste Punkt der Schweiz. In nördlicher Richtung bis zum Dom reihen sich fünf Viertausender aneinander. In westlicher Richtung bis zum Matterhorn gibt es weitere acht Gipfel über der magischen Grenze. Hinter dem Matterhorn in westlicher Richtung befinden sich auf Zermatter Gemeindegebiet weitere Viertausender, wobei die Dent Blanche und das Weisshorn wegen ihrer mächtigen Wände hervorzuheben sind. Zwischen den Gebirgsstöcken schieben sich breite Gletscher zu Tal. Am imposantesten ist zweifellos der Gornergletscher, dessen Eis von den Flanken des Monte Rosa ins Tal fließt und eine lange Zunge nach Westen streckt. Auch an den Gletschern dieser Region geht allerdings

Restaurants

Les Marmottes
Das neue Bergrestaurant auf dem Furri bietet das ganze Jahr über köstliche Wildgerichte für jeden Geschmack an.
Tel. 02 79 67 82 82
www.les-marmottes.ch

Restaurant Barrique/ Q-Stall Bar
Im neu renovierten Restaurant erwartet sie jeden Tag eine marktfrische Küche.
Tel. 02 79 66 52 00
www.hotel-perren.ch

ALLGEMEINE INFORMATIONEN

Urlaubsregion	**Zermatt** Tourismus; Tel. 02 79 66 81 00; E-Mail: zermatt@wallis.ch; www.zermatt.ch
Orte	**Findeln • Grächen** www.matterhornvalley.ch **• Herbriggen • Randa** www.randa.ch **• St. Niklaus** www.st-niklaus.ch **• Täsch** www.taesch.ch **• Windi • Winkelmatten**
Entfernungen	Hamburg 1016 km; Berlin 1069 km; Köln 698 km; Frankfurt a. M. 530 km; Stuttgart 445 km; München 486 km

Die römisch-katholische Kirche St. Mauritius in Zermatt

die Klimaerwärmung nicht spurlos vorüber. Von vielen ehemaligen Gletscherzungen sind nur noch die End- und Seitenmoränen zu sehen, die Eismassen haben sich zurückgezogen.

Am besten einzusehen ist diese hochalpine Welt vom Gornergrat einerseits und vom Klein Matterhorn andererseits – beides Gipfel, auf die auch Ausflügler mit Bahnen gelangen. Die Preise sind saftig, doch die Fahrt lohnt sich. Auf den Gornergrat fährt eine Zahnradbahn. An der Bergstation, wo sich auch ein Observatorium befindet, bietet sich ein überwältigender Blick auf das Matterhorn und auf das Eismeer des Gornergletschers. Auf dem Klein Matterhorn, der höchstgelegenen Seilbahn-Bergstation Europas, sieht man das Matterhorn aus einer ungewohnten Perspektive. Es sinkt scheinbar in sich zusammen, auf jeden Fall verliert es aus diesem Blickwinkel seine ebenmäßige Schönheit. So lässt sich erklären, weshalb kaum jemand das Matterhorn, den Monte Cervino, von Breuil-Cervinia in Italien aus besucht. Bei schlechtem Wetter lockt am Klein Matterhorn eine längere Eisgrotte als Trost für den entgangenen Blick. Schmaler werdende Gänge führen immer tiefer in den Gletscher hinein. Würde nicht von irgendwoher Musik dudeln, wäre es wohl sehr still und auch unheimlich hier unten. Auf dem Rückweg nach oben bekommt man die Höhe zu spüren. Irgendwie fühlt man sich nicht ganz bei Kräften und muss kräftiger atmen. An der Oberfläche blendet die grelle Höhensonne.

Langsam zieht es den Gast wieder in menschenfreundlichere Gefilde. Ab Schwarzsee lassen sich schöne Wanderungen dicht am Fuß des Matterhorns unternehmen. Besonders eindrucksvoll ist eine Tour in die unwirtliche Steinwüste bei der Schönbiel-Hütte, der gegenüber die schattige Nordwand aufragt. Auf dem Rückweg Richtung Zermatt taucht man ab dem Weiler Zmutt dann in eine »Heidi-Welt« ein, die idyllischer kaum sein könnte: Dunkelbraune Heustadel, aufgebockt auf Stelzen und mit flachen Steinscheiben als unüberwindliche Hindernisse für Mäuse, stehen in sanften Bergwiesen. Schafe mit eigentümlich verdrehten Hörnern grasen unterschiedlichste Alpenkräuter. Bäche durchziehen gurgelnd die Matten. Und schon wieder holt die Realität die Fantasie ein.

Gletscher-Palast Klein Matterhorn
Auf dem Breithornplateau kann man ins ewige Eis eintauchen: In 3810 m über dem Meer befindet sich der höchstgelegene Gletscher-Palast der Welt. Die kalte Welt unter dem Eis leuchtet geheimnisvoll blau, Eisskulpturen laden zur Betrachtung ein. Außerdem: eine Ausstellung über Gletscher, Geologie und das Rettungswesen in Zermatt; Eintritt frei; Tel. 02 79 66 01 01

Rast hoch über dem ewigen Eis: Der Gornergrat ist leicht per Bahn zu erreichen und bietet ein überwältigendes Panorama in der Welt der Viertausender.

Wanderkarten

Landeskarte der Schweiz, Zusammensetzung 5006 Matterhorn – Mischabel; 1:50 000
Landeskarte der Schweiz, Blätter 1328 Randa, 1347 Matterhorn 1348 Zermatt; 1:25 000
Bei **Zermatt Tourismus** gibt es eine Karte, die das Gebiet Zermatt–Cervinia–Täsch abdeckt; 1:25 000

Saas-Fee und Saastal

ADAC Prädikat

SPORT & SPASS

WANDERN & BERGTOUREN

KULTUR & CO.

WELLNESS & GENUSS

Im Schatten der Giganten

Jedes Jahr zieht Saas-Fee Tausende von Besuchern in seinen Bann. Alpinisten steigen von hier auf einen der umliegenden Viertausender, Sommerfrischler genießen die gute Luft in dem autofreien Bergdorf und Schneesportler erfreuen sich im Sommer an dem Gletscherskigebiet hoch über dem Saastal. Auch bei Wanderern kommt hier keine Langeweile auf. Zahlreiche Wege und Pfade führen aussichtsreich durch die Region um Saas-Fee, die Viertausender immer im Blick.

Saas-Fee wird nicht zu Unrecht auch das Gletscherdorf genannt. Schlendert man durch die malerischen Gassen des 1200-Einwohner-Ortes, sind die Eiszungen allgegenwärtig. Mächtig breitet sich der Fee-Gletscher vom Allalinhorn zur Mischabelgruppe aus. Seine und die Eisbrüche des Hohbalmgletschers wirken aus der Ferne Furcht einflößend. Aus der Nähe geben sich die großen Flächen der weißen Riesen freundlicher. Zumindest im bis zu 3600 m hohen Skigebiet um die Bergstation Mittelallalin. Skifahrer und Snowboarder finden

Sommerrodelbahn Feeblitz
Auf einer der steilsten und höchsten Rodelbahnen der Alpen geht's rasant auf- und abwärts. Ausgangspunkt: Talstation des Alpin-Express. Man wird im Rodel per Seil mit einer Steigung bis zu 55° zum Start befördert. Dort beginnt das eigentliche Abenteuer, Steilkurven, Jumps und extremes Gefälle warten auf der 900 m langen Strecke; Tel. 02 79 57 31 11, www.feeblitz.ch

WANDERN & BERGTOUREN

TOP TIPP Eine der beliebtesten Höhenwanderungen des Wallis führt **von Saas-Fee (1800 m) nach Grächen (1615 m)** im Mattertal. Auch wenn die ausgesetzten Teilstücke mit Drahtseilen und Ketten gut gesichert sind, sollte man trittsicher und schwindelfrei sein, wenn man sich auf diese Tour begibt. Vom Ortsteil Wildi nördlich von Saas-Fee führt ein gut markierter Wanderweg über Spielboden (2041 m) und Balmiboden nach Stafelälpli (2100 m). Auf dem Weg lösen sich Wälder, Alpweiden, tief eingeschnittene kleine Täler sowie steile Fels- und Geröllhalden ab. Man folgt dem Weg über die Balfrinalp (2370 m) bis zur Hannigalp (2114 m). Von hier gelangt man entweder mit der Seilbahn oder auf einem guten Wanderweg nach Grächen; von dort mit dem Bus zurück nach Saas-Fee; Zeit: ca. 7–8 Std.; Einkehr: Gasthöfe in Grächen

Kreuzboden (2397 m) – **Gspon** (1893 m) Lange Wanderung mit Panorama-Garantie	Ausgangspunkt: Saas-Grund (1559 m); Auffahrt mit der Seilbahn zum Kreuzboden (2397 m) – auf dem Panoramaweg zum Hannig (2449 m) – in nordöstlicher Richtung erreicht man die Grubenalp (2300 m) und setzt die Wanderung über die Hoferalpe oberhalb des Maiensäss Heimischgartu fort – über den Siwiboden zur Walser-Siedlung Finilu (2039 m) – dem Weg nach Gspon (1893 m) folgen – bis zur Bergstation, Abfahrt mit der Seilbahn nach Stalden (799 m); Zeit: ca. 4,5 Std.; Einkehr: Kreuzboden, Hannig, Finilu, Gspon
Erlebnisweg Almagellerhorn Leichte Wanderung mit einer 60 m langen Brücke	Ausgangspunkt: Saas-Almagell (1673 m); Auffahrt mit dem Sessellift nach Furggstalden (1893 m) – auf dem gut ausgeschilderten Erlebnisweg um das Almagellhorn (3327 m) zur Almagelleralp (2194 m) – zurück zur Bergstation Furggstalden, mit der Seilbahn ins Tal; Zeit: ca. 1,5 Std.
Alpenblumen-Promenade Leichte Wanderung mit 240 Pflanzenarten	Ausgangspunkt: Saas-Grund, mit der Gondel zum Kreuzboden (2397 m); auf dem Themen-Wanderweg »Alpenblumenpromenade« gelangt man vom Kreuzboden zurück nach Saas-Grund (1559 m); Zeit: ca. 3 Std.; Einkehr: Berggasthaus auf der Triftalp (2072 m)

the perfect day

9 Uhr: Besuch im »Abenteuerwald« in Saas-Fee an der Talstation des Alpin Express
12 Uhr: Mittagessen auf 3500 m im höchsten Drehrestaurant der Welt. Erreichbar von Saas-Fee via Felskinn und Metro-Alpin; anschließend Besuch des weltgrößten Eispavillons
16 Uhr: Besuch der Sommerrodelbahn Feeblitz in Saas-Fee
19 Uhr: Kutschfahrt in der Abendsonne durch die Natur des Saastals (Tel. 02 79 58 18 58)

Von der Blumenwiese ins ewige Eis: Die landschaftliche Vielfalt des Saastales beeindruckt immer wieder. Rechts das Allalinhorn, im Hintergrund der Talschluss mit dem Mattmark-Stausee

auf den Pisten im Sommer noch sehr gute Schneeverhältnisse. Die große Höhe lässt manchem aber schnell die Puste ausgehen. Auch für Urlauber, die nicht Ski fahren, lohnt sich ein Besuch auf dem Mittelallalin. Es ist ein Ort der Superlative: Hier befindet sich auf 3500 m das höchste Drehrestaurant der Welt. Hinauf führt die Metro-Alpin, die höchste U-Bahn der Welt. Direkt von ihrer Ankunftshalle am Mittelallalin gelangt man in die mit über 5500 m^2 weltweit größte Eisgrotte. In der Gletscherkapelle können sich Hochzeitspaare ein eisiges Jawort geben.

Von der Bergstation der Metro-Alpin ist es nicht weit auf das 4027 m hohe Allalinhorn. Der Berg mit seinem mächtigen Gletscherpanzer gilt als einer der leichtesten Viertausender der Alpen. Am Seil eines Bergführers ist er auch für Wanderer relativ gut erreichbar. Wer nicht ganz so hoch hinaus, aber trotzdem Gletscherkontakt möchte, kann sich einer geführten Tour vom Mittelallalin zur Längfluh anschließen. Hier lassen sich die fotogenen Eisabbrüche und blau schimmernden Gletscherspalten aus nächster Nähe bewundern. Während man zur Bergstation Längfluh wandert, schweift der Blick vom Allalinhorn über den Alphubel bis zur schroffen Mischabelkette. In ihrer Mitte

Themenweg 18 Viertausender

Auf dem Rundweg ab Hohsaas (3300 m) sehen Wanderer die 18 mächtigen Viertausender des Saastals in Natura sowie als Nachbildungen. Auf Informationstafeln wird die Geschichte jedes Gipfels erläutert. Der »Wunsch-Steinmann« auf dem Weg stellt das Pendant zum römischen Trevi-Brunnen dar: Ein Stein kann mit einem Wunsch versehen und auf den bereits bestehenden Steinhaufen gelegt werden. Auf jeden Fall erfüllt wird der Wunsch nach einer beschaulichen Wanderung mit eindrucksvollen Gletschern sowie idyllischer Flora und Fauna. Gehzeit: ca. 1 Std.

Weltgrößter Eispavillon: Am Mittelallalin auf 3500 m können Besucher buchstäblich in die Gletscherwelt eintauchen.

Die Häuser von Saas-Fee vor dem Alphubel

Trotinett – Talfahrt mit dem Roller
Mit einer der Bahnen bergauf, mit dem Roller bergab: Auf der 3,5 km langen Teerstraße von Furggstalden nach Saas-Almagell ist das auch für Neulinge ein Vergnügen. Schwieriger ist die 6 km lange Naturstraße von Hannig nach Saas-Fee. Trottinettmiete: Hannig-Bahn Saas-Fee, Bergbahnen Saas-Almagell

ragt der 4545 m hohe Dom in den Himmel. Der Gipfel des höchsten ganz auf Schweizer Boden stehenden Berges ist erfahrenen Alpinisten vorbehalten. Bei klarer Nacht kann man von dort sogar die Lichter von Mailand erkennen.

Nicht ganz so weit, aber mindestens genauso schön ist die Aussicht ins Saastal auf der abwechslungsreichen Panorama-Wanderung von Saas-Fee-Wildi nach Grächen. In den frühen Morgenstunden trifft man am ersten Wegabschnitt zwischen Wildi und dem Balmiboden Steinböcke, Gämsen und Hirsche. Mehr über die Blumenwelt des Saastals erfährt man auf dem Themen-Wanderweg »Alpenblumenpromenade« vom Kreuzboden nach Saas-Grund. Ein Ökolehrpfad von der Bergstation Hannig zur Bergstation Spielboden informiert auf zahlreichen Tafeln über die Lebensweise der Saastaler Bevölkerung, die Energiegewinnung, die Vegetation und über den Fee-Gletscher. Der Tourismus ist im Saastal schon lange heimisch. 1856 wurde in

Aus- und Tiefblick: Der Klettersteig aufs Mittaghorn ist spektakulär, aber – vollständige Ausrüstung vorausgesetzt – leicht zu begehen.

SPORT & SPASS

TOP TIPP »Fitness leicht gemacht«: Unter diesem Motto sind am **»Helsana swiss-running walking trail«** Hinweistafeln angebracht, die über die richtige Technik unter anderem von Nordic Walking informieren. Daneben bekommen Sportler auf der Einführungsrunde Tipps zum Kräftigen und Dehnen, zum Koordinationstraining und zur richtigen Trainingsintensität. Der Trail ist 5,5 km lang. Insgesamt rund 15 km Wege laden im Saastal zum Joggen, Walken oder Nordic Walking ein. Dazu werden Kurse und geführte Touren angeboten; Tel. 02 79 58 18 58, www.saas-fee.ch

Klettersteig Hannig, Saas-Fee	Ausgangspunkt: Talstation Alpin-Express Saas-Fee (1800 m); mit der Bahn nach Morenia (2572 m) – dem ausgeschilderten Weg zum Einstieg in den Klettersteig (2800 m) folgen – über Eisenstifte und -leitern bis auf das Mittaghorn (3143 m) – Abstieg zur Seilbahnstation oder zur Britannia-Hütte (3030 m); leichter, auch für Familien geeigneter Klettersteig; Zeit: ca. 4 Std.; Einkehr: Restaurant in Morenia
Gorge Alpine Fee-Schlucht	Abenteuer pur: Schluchtbegehung zwischen Saas Fee (1800 m) und Saas-Grund (1559 m) – »Canyoning ohne Wasser«. Dynamischer Klettersteig, gesichert geht es über Leitern, Stahlseile, Hängebrücken und Pendel nach Saas-Grund (1559 m). Die attraktivsten Teilstücke sind dort, wo so genannte Tyroliennes, Seilbahnen à la James Bond, zum Einsatz kommen. Eingehängt an einer Rolle, gleitet man – gesichert vom Bergführer – von einer Schluchtseite zur anderen. Tel. 0 2 79 58 18 58

Saas-Grund das erste Hotel errichtet. Doch erst 1951 wurde die Fahrstraße von Saas-Grund nach Saas-Fee gebaut, die den Grundstein für den touristischen Aufschwung des kleinen Ortes legte. Inzwischen ist Saas-Fee einer der meistbesuchten Ferienorte der Schweiz und bietet seinen Gästen vielfältige Freizeit-Möglichkeiten. Wem nach Abenteuern zumute ist, der wählt für die Strecke von Saas-Fee nach Saas-Grund nicht die Fahrstraße, sondern den Weg durch die Schlucht. In der »Gorge Alpine« balanciert man über Stahlseile, Leitern und Hängebrücken gen Tal.

Auch auf das Mittaghorn gelangt man mit Hilfe von Stahlseilen und Eisenstiften. Im Juli 2004 wurde hier ein leichter Klettersteig eingerichtet, der Familien sehr zu empfehlen ist. Die erforderliche Ausrüstung kann man in Saas-Fee ausleihen. Der Name Mittaghorn kommt nicht von ungefähr. Früher, als die Tageszeit noch vom Sonnenstand abgeleitet wurde, brauchte die Bevölkerung von Saas-Fee nur einen Blick aufs Mittaghorn zu werfen, um zu wissen, wann es Mittag war. Stand die Sonne direkt über dem Berg, konnten die Bewohner pünktlich zu Tisch gehen.

ALLGEMEINE INFORMATIONEN

Urlaubsregion	**Saas-Fee** Tourismus; Tel. 02 79 58 18 58; E-Mail: to@saas-fee.ch; www.saas-fee.ch
Orte	**Saas-Almagell** www.saas-almagell.ch • **Saas-Balen** www.saas-balen.ch • **Saas-Grund** www.saastal.ch
Entfernungen	Hamburg 1012 km; Berlin 1065 km; Köln 689 km; Frankfurt a. M. 526 km; Stuttgart 441 km; München 482 km

Hütten

Britannia-Hütte (3030 m)
Die Britannia-Hütte oberhalb von Saas-Almagell ist eine der meistbesuchten Hütten in den Alpen. Hier führt auch die bekannte Haute-Route vorbei, eine herrliche, mehrtägige Hochtour von Saas-Fee nach Chamonix. Schnellster Zustieg von der Seilbahnstation Felskinn oder über Egginerjoch und Chessjengletscher in ca. 45 Min.; Tel. 02 79 57 22 88

Mischabelhütte (3329 m)
Wie ein Adlerhorst thront die Mischabelhütte unterhalb der Lenzspitze über Saas-Fee. Schon der Hüttenzustieg ist eine kleine Bergtour für sich. Zuerst geht es teilweise sehr steil über einen aussichtsreichen Wanderweg, später über einen hübschen Klettersteig direkt zur Hüttenterrasse. Ausgangspunkt ist Seilbahnstation Hannig, in ca. 4 Std. zur Hütte; Tel. 02 79 57 13 17

Weissmieshütte (2726 m)
Von der Weissmieshütte genießt man einen aussichtsreichen Blick auf die Mischabelgruppe. Dank der Seilbahn Saas-Grund–Kreuzboden ist die Hütte über einen Wanderweg einfach zu erreichen (ca. 1 Std.); Tel. 02 79 57 25 54

Wanderkarten

Landeskarte der Schweiz, Wanderkarte; Blätter 274T Visp, 284T Mischabel; 1:50 000
Landeskarte der Schweiz, Blätter 1328 Randa, 1329 Saas; 1:25 000

Aletsch und Goms

Durch einen breiten Rücken sind die sonnigen Terrassen von Riederalp und Bettmeralp vom Aletschgletscher getrennt.

ADAC Prädikat

SPORT & SPASS

WANDERN & BERGTOUREN

KULTUR & CO.

WELLNESS & GENUSS

Rund um den größten Gletscher der Alpen

Er steht hier unangefochten im Mittelpunkt: der mächtige Aletschgletscher, größter Eisstrom der Alpen. An seinen Flanken erheben sich elegante Gipfel, rundherum eröffnet sich ein paradiesisches Wandergebiet. Die Region südlich der Oberwalliser Metropole Brig bekommt weniger Aufmerksamkeit, obwohl auch hier eine wilde und reizvolle Landschaft lockt.

Er ist der König der Gletscher im Alpenraum: der Aletschgletscher, seit 2001 von der UNESCO geadelt als Weltnaturerbe (mit zum Schutzgebiet zählt das ganze Gebiet Jungfrau–Aletsch–Bietschhorn). Und er strotzt nur so von Superlativen: Der Aletschgletscher ist mit ca. 23 km Länge der größte Gletscher im Alpenraum. Er besteht aus 27 Mrd. t Eis. Im Bereich des so genannten Konkordiaplatzes erreicht er eine Dicke von 900 m. Von hier fließt er mit einer Geschwindigkeit von 180 m pro Jahr in Richtung Rhônetal, wobei er Unmassen Geröll und Schutt vor sich her schiebt. Erst weit unterhalb der Waldgrenze endet der Aletschgletscher auf 1500 m Höhe.

Ein gewaltiges Naturschauspiel, aber auch Indikator für die Klimaentwicklung: Seit Jahrzehnten schmilzt mehr Eis, als in höheren Lagen nachgeliefert wird. Der Aletschgletscher zieht sich deshalb um rund 30 m jährlich zurück. In heißen Sommern können es auch über 100 m werden. Für Klimaforscher und Geowissenschaftler eröffnet sich hier ein hochinteressantes Betätigungsfeld – und das nicht erst in jüngster Zeit: Der irische Physiker John Tyndall verbrachte Mitte des 19. Jh. 30 Jahre lang jeden Sommer im Aletschgebiet, um den Gletscher zu beobachten. Er kam als erster Wissenschaftler zu der Erkenntnis, dass Eis unter Druck schmilzt. Für eine touristische Annä-

the perfect day

9 Uhr: Besichtigung des Stockalperschlosses in Brig und Spaziergang durch die Altstadt
12 Uhr: Mittagessen im Schlosskeller
14 Uhr: Besuch des Thermalbades Brigerbad
18 Uhr: Fahrt auf die Bettmeralp; Abendspaziergang zum Bettmersee
21 Uhr: Abendessen im Hotel-Restaurant Alpfrieden auf der Bettmeralp

herung an die mächtige Eiszunge, die sich von der Jungfrauregion in Richtung Rhônetal schlängelt, eignen sich am besten die Orte Riederalp und Bettmeralp, die nur mit Seilbahnen oder zu Fuß erreichbar sind. Früher wurden die weiten Terrassen an der Waldgrenze hoch über dem Rhônetal als Almen genutzt. Heute sind es ausgedehnte Feriensiedlungen, deren Infrastruktur keine Wünsche offen lässt.

Wandern zwischen Lärchen und Alpenrosen

Besonders zu empfehlen ist eine Wanderung durch das Reservat Aletschwald, das seit 1933 unter Naturschutz steht. Im Sommer blühen zwischen den uralten Lärchen und Arven die Alpenrosen. Aus dem Schutzgebiet werden schon seit Jahrzehnten die toten Bäume nicht mehr entfernt. Das verrottende Holz bildet die Grundlage für neues Leben. Eine Wanderung oberhalb des Gletschers vermittelt aber nicht nur Einsichten, sondern auch Aussichten: Der Blick reicht über das Tal hinweg weit nach Süden, unter anderem zum ebenmäßigen, beeindruckenden Weisshorn – und zum Matterhorn, dessen charakteristische, weltbekannte Silhouette unverkennbar ist.
Wer sich umfassender mit dem Aletschgletscher auseinander setzen will, sollte unbedingt die Villa Cassel auf der Riederalp besuchen. Sie ist im Besitz der Umweltorganisation Pro Natura und verfügt im Erdgeschoss über eine Ausstellung zum Thema Bergnatur. In der Villa werden außerdem botanische, zoologische und gesteinskundliche Kurse angeboten. Ein erstes Anschauungsobjekt, der

WANDERN & BERGTOUREN

TOP TIPP Vor einigen Jahren wurde der historische **Stockalperweg** ❶ über den Simplon zwischen Brig (678 m) und Gondo (850 m) wieder freigelegt. Der alte Saumpfad ist eine leichte Zweitageswanderung, eine der schönsten der Region. Bis ins 17. Jh. war der Übergang eher unbedeutend. Dann jedoch baute der Walliser Kaspar Jodok von Stockalper die Strecke zu einem durchgehenden Saumpfad aus und schuf auf diese Weise den am wenigsten beschwerlichen Übergang vom Norden in den Süden der Alpen. Napoleon Bonaparte erweiterte die Strecke zu einer regelrechten Passstraße, um den Nachschub für seine Feldzüge sicherzustellen. Heute fließt ein Großteil des Verkehrs durch den Tunnel. Als Übernachtungsmöglichkeit eignet sich Simplon-Dorf (1472 m), wo das Eco-Museum über diesen Abschnitt der Verkehrsgeschichte informiert. Zeit: ca. 14 Std.; Einkehr: Simplon-Dorf, Gondo; mit dem Bus zurück nach Brig

Riederalp (1925 m) – **Bettmeralp** (1950 m) Leichte Wanderung mit Blick auf den Aletschgletscher	Ausgangspunkt: Riederalp – Riederfurka (2065 m); durch den Aletschwald – Blausee (2204 m) – Bettmersee (2000 m) – Bettmeralp; Zeit: ca. 2,5 Std.; Einkehr: zahlreiche Möglichkeiten in Riederalp, Bettmeralp und Riederfurka
Belalp (2130 m) Auf alten Saumpfaden durch idyllische Weiler – anstrengend, aber äußerst lohnend	Ausgangspunkt: Brig (678 m, Bahnhof); Naters (673 m) – Obers Moos (950 m) – Geimen (1037 m) – Mählbäum (1157 m) – Blatten (1327 m) – Egga (1649 m) – Holzji (1825 m), Hotel Belalp; zurück bis Blatten, von dort per Bus nach Brig; Zeit: ca. 6 Std.; Einkehr: zahlreiche Möglichkeiten in Brig, Naters, Blatten; Hotel Belalp

Hütten

Berghotel Belalp (2130 m)
Ein Berghotelführer bezeichnet das Berghotel Belalp als magischen Ort. Die Sicht auf den Aletschgletscher ist einmalig, die Karte gut gewählt. Empfehlung: Mundiger Reis mit Safran, der in der Gegend angebaut wird. Von der Seilbahn Blatten in ca. 30 Min. auf breitem Fahrweg zu Fuß oder mit der Pferdekutsche zum Hotel; Tel. 02 79 24 24 22

Konkordiahütte (2850 m)
Liegt großartig auf einem Felssporn über dem Konkordiaplatz, der dicksten Stelle des Aletsch-

gletschers. Zentraler Stützpunkt für Hochtouren im Aletschgebiet, größte Hütte des Schweizer Alpenclubs; Anstieg vom Eggishorn (Seilbahn von Fiesch) oder von der Fiescheralp über den Aletschgletscher; beide Routen führen über Gletscher und setzen entsprechende Kenntnisse und Ausrüstung voraus; Zeit: ca. 5,5 Std.; Tel. 03 38 55 13 94, www.konkordiahuette.ch

Eggishorn – Sonnenaufgang
Den besten Überblick über das Tal und eine Fernsicht bis zum Matterhorn hat man vom Eggishorn. Im Sommer bringt die Seilbahn von Fiesch aus Gäste einmal wöchentlich zum Sonnenaufgang auf den Gipfel. Juli-Sept.; Anmeldung nötig; Tel. 02 79 71 27 00

SPORT & SPASS

TOP TIPP »Dam-hang« ist so etwas wie **Bungee-Jumping in Zeitlupe** 2 und auf jeden Fall Nervenkitzel pur. An der riesigen Massa-Staumauer des Gibidumsees zwischen Blatten und Riederalp wird 100 m abgeseilt. Das bedeutet ein fantastisches Gleiten, Fallen und Schweben über der Massa-Schlucht, in der tief unten das Schmelzwasser des Aletschgletschers zu Tal fließt. Schwierig ist nur eines: der erste Schritt in die Tiefe, wenn man ganz oben am Rand der Staumauer steht. Sicherheit bei diesem Abenteuer garantieren die Bergführer des Alpin Center Belalp; Info: Alpin Center Belalp; Tel. 02 79 21 60 40; www.alpin-center.ch

Canyoning Massa-Schlucht	Die Massa-Schlucht bei Blatten ist der Klassiker unter den Canyoning-Touren im Aletschgebiet. Auf 6 km im eisigen Schmelzwasser des Aletschgletschers werden 600 Höhenmeter überwunden; Dauer: ca. 6 Std.; Führung dringend empfohlen; Infos und geführte Touren beim Alpin-Center Belalp; Tel. 02 79 21 60 40; www.alpin-center.ch
Mountainbike Downhill von Fiescheralp (2212 m) nach Fiesch (1049 m)	Für diejenigen unter den Mountainbikern, die sich das mühsame Bergaufstrampeln sparen wollen: mit der Seilbahn von Fiesch hinauf auf die Fiescheralp und dann nur noch bergab! Die ausgeschilderte Downhill-Strecke ist 14 km lang, überwindet 1160 Höhenmeter, und man benötigt je nach Fahrkönnen 0,5–1,5 Std. In Fiesch können in diversen Sportgeschäften Mountainbikes ausgeliehen werden.

Mineraliengrube im Binntal
Ausgangspunkt: Grengiols (995 m, im Rhônetal) – Ausserbinn – Twingischlucht – Binn – geologischer Lehrpfad bis zur Mineraliengrube (in der Abraumhalde darf jeder, mit Hammer und Meißel bewaffnet, selbst zum »Strahler« werden und das Gestein auf bunte Schätze abklopfen); Rückkehr nach Binn auf der anderen Flussseite; Zeit: ca. 6 Std.; Einkehrmöglichkeiten: in Grengiols, Binn

Events

- Juli: Kino-Openair inmitten der wunderschönen Bergwelt, unweit des Aletschgletschers. Für den Besuch der Filme bei der Villa Cassel auf der Riederalp empfiehlt es sich, warme Kleidung mitzunehmen – die Abende hier oben können kühl werden. Nach Filmende gibt es eine Extrafahrt mit der Gondelbahn nach Mörel.

Kulturlehrpfad Bettmeralp
Den Übergang von der selbstversorgenden Landwirtschaft zum modernen Tourismus bekommt man auf anschauliche Weise beim Begehen des Kulturlehrpfades Bettmeralp präsentiert. Der Lehrpfad startet beim Backhaus in Betten. An neun Stationen erfährt man auf Text- und Bildtafeln Interessantes über Entstehung und Bewirtschaftung der alpinen Kulturlandschaft. Der Weg führt in ca. 3 Std. bis Bettmeralp; Rückweg mit der Seilbahn

Alpengarten, liegt unmittelbar in der Nähe und ist frei zugänglich. Wenn die Betten nicht von Kursteilnehmern belegt sind, dürfen in der Villa Touristen übernachten.

Auch die Geschichte des Gebäudes ist interessant: Es wurde 1900 als Sommerresidenz des britischen Bankiers Ernest Cassel erbaut. Winston Churchill gehörte zu den regelmäßigen Gästen. Nie dürfte die eigens heraufgelegte Telefonleitung eine so große Rolle gespielt haben wie 1914, als Cassel in Ferngesprächen mit englischen Ministern, dem deutschen Kaiser Wilhelm II. und dem österreichischen Thronfolger Ferdinand versuchte, den Ersten Weltkrieg zu verhindern.

Die Region besteht allerdings nicht nur aus dem Gletscher und den ihm zugewandten Bergen. Der oberste Teil des Rhônetals, das ruhige

ALLGEMEINE INFORMATIONEN

Urlaubsregion	**Aletsch** Tourismus; Tel. 02 79 28 60 00; E-Mail: info@aletsch.ch; www.aletsch.ch **Goms** Tourismus; Tel. 02 79 70 10 70; E-Mail: tourismus@goms.ch; www.goms.ch
Orte	**Belalp** www.belalp.ch • **Bellwald** www.bellwald.ch • **Bettmeralp** www.bettmeralp.ch • **Binntal** www.binn.ch • Blatten www.belalp.ch • **Breiten** www.breiten.ch • **Brig** www.brig.ch • **Ernen** www.ernen.ch • **Fiesch** www.fiesch.ch • **Grengiols** www.grengiols.ch • **Niederwald** • **Oberwald** www.obergoms.ch • **Riederalp** www.riederalp.ch • **Ulrichen**
Entfernungen	Hamburg 1025 km; Berlin 1006 km; Köln 702 km; Frankfurt a. M. 540 km; Stuttgart 428 km; München 461 km

und ursprüngliche Goms, lockt mit leichten, aussichtsreichen Wanderungen wie dem Gommer Höhenweg, der in ca. 6 Std. von Oberwald nach Niederwald führt. Und den Namen eines berühmten Mannes, der aus dem Goms stammte, hat wohl jeder schon einmal gehört: Cäsar Ritz (1850–1918). Niederwald hat dem legendären Luxus-Hotelier einen Themenweg gewidmet, ausgewählte Restaurants kreieren ihm zu Ehren spezielle »Ritz-Menues«. Schätze ganz anderer Art bietet das Binntal, das von Fiesch nach Süden abzweigt. Es gehört zu den zehn bedeutendsten Mineralienfundstellen der Welt und zieht die »Strahler«, die Mineraliensammler, in Scharen an. Bei der Fundstelle Lengenbach wurden mehrere weltweit einzigartige Minerale entdeckt, und wer Glück hat, kann manch kleine Kostbarkeit finden.
Brig, die Oberwalliser Metropole, verfügt mit dem Stockalperschloss und einer schönen Altstadt nicht nur über interessante Sehenswürdigkeiten, sie hat auch ein südliches und lebensfrohes Flair zu bieten – man kann die Nähe zu Italien förmlich spüren. Südlich von Brig schlängelt sich die Straße hinauf bis zum Simplonpass. Die Gebirgswelt links und rechts der Passstraße ist für Wanderer eine attraktive Arena, wenngleich sie weit weniger bekannt ist als das eigentliche Aletschgebiet. Eine sehr lohnende Wanderung führt über den Simplon-Höhenweg, über den man in 6 Stunden vom autofreien Bergdorf Rosswald über die Bortelhütte und das 250 Jahre alte Almdorf der Wesenalp bis nach Rothwald an der Simplonstraße gelangt.

TOP TIPP

Nordic Walking
Auf der Bettmeralp 3 sind 2005 drei neue Nordic-Walking-Strecken eröffnet worden. Sie starten am Tennisplatz des Sportzentrums Bachtla. Wer's sportlich mag, sollte den »Swisstopwalk« versuchen, der von der Fiescheralp (2214 m) aufs Eggishorn (2927 m) führt – hinunter geht's per Seilbahn. Infos: www.swisstopwalk.ch

Wanderkarten

Landeskarte der Schweiz; Blätter 264 Jungfrau, 265 Nufenenpass; 1:50 000;
Landeskarte der Schweiz; Blätter 1269 Aletschgletscher, 1270 Binntal, 1289 Brig; 1:25 000

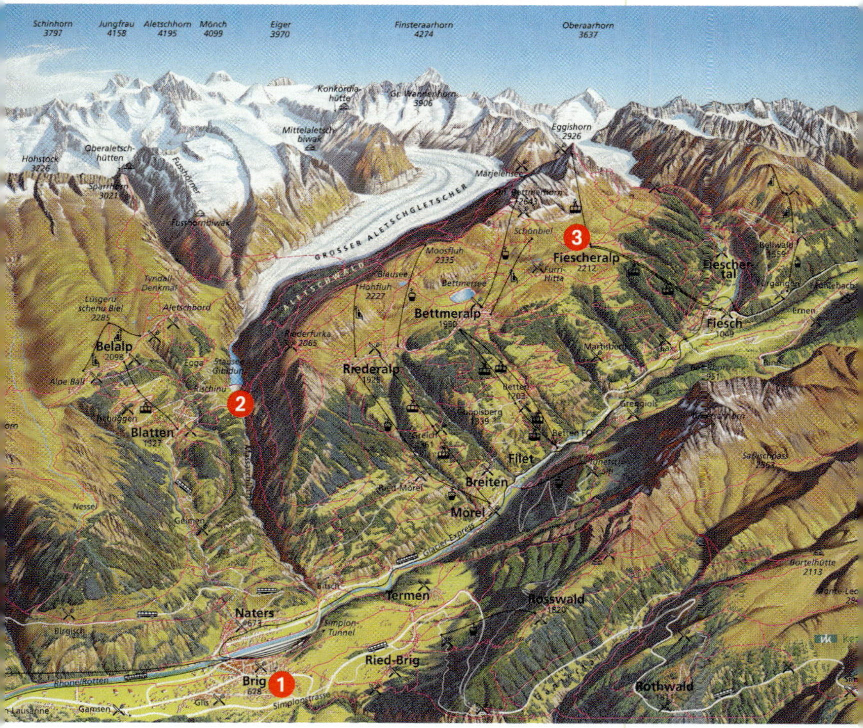

Locarno – Valle Maggia – Val Verzasca

ADAC Prädikat

SPORT & SPASS
WANDERN & BERGTOUREN
KULTUR & CO.
WELLNESS & GENUSS

Wild und mondän

Man sagt, Gegensätze ziehen sich an. So auch im Locarnese, der Region rund um Locarno. Hier geben sich mondäne Orte am Seeufer mit schlichten Bergdörfern ein Stelldichein; wildromantische Flusslandschaften bilden den Kontrast zu steinigen Bergpässen.

Badeurlaub in der Schweiz? Was auf den ersten Blick merkwürdig erscheint, entpuppt sich bei näherem Hinsehen als interessante Alternative zum klassischen Strandurlaub. Zumal im Locarnese weit mehr geboten wird als Wasser und Sonne. Wie wäre es mit einer Wanderung auf dem »Sentierone« von Mergoscia nach Sonogno entlang der grünen Verzasca? Beim Weiler Piee laden große, glatt geschliffene

Wilde Wasser, charmante Orte: Blick auf Lavertezzo im Verzascatal

Felsblöcke eines prähistorischen Bergsturzes zu einem Sprung ins erfrischende Wasser, von dessen grüner Farbe (aqua verde) sich der Name Verzasca ableitet. Schon James Bond machte im Verzasca-Tal große Sprünge. Im Film »Golden Eye« sprang er von der 220 m hohen Staumauer am Taleingang. Heute tun es ihm Abenteuerlustige gleich (Tel. 09 17 80 78 00; www.trekking.ch).

Eine gute Portion Adrenalin verspricht auch die Fahrt mit dem Kajak durch die schäumende Maggia. Etwas ruhiger, aber nicht weniger nass geht es beim Raften und Tauchen zu. Und natürlich beim Baden in den ausgewaschenen Felswannen der Verzasca oder der Maggia – ein ganz besonderes, aber wegen der Wassertemperaturen meist sehr kurzes Vergnügen. Im Lago Maggiore lässt es sich länger aushalten. An den Uferpromenaden von Locarno und Ascona auch:

the perfect day

9 Uhr: Fahrt mit der Seilbahn von Locarno nach Orselina und von dort nach Cardada (1332 m), Höhenwanderung auf die Cimetta (1671 m), von dort mit den Bergbahnen nach Locarno zurück
12 Uhr: Mittagessen an der Seepromenade in Locarno
15 Uhr: Sonnenbad unter der Ponte dei Salti in Lavertezzo im Verzascatal, Mutige wagen den Sprung ins eiskalte Wasser
20 Uhr: Bummel durch die Altstadt von Ascona

WANDERN & BERGTOUREN

TOP TIPP

Entlang der **Verzasca** führt der **»Sentierone«** von einem Dorf des Verzascatals zum nächsten – eine Wanderung, die häufig direkt am Fluss entlang und in einer großartigen Landschaft verläuft. Ausgangspunkt ist Mergoscia (731 m), das man von Locarno mit dem Postbus erreicht. Hoch über dem Stausee beginnt die Wanderung, die zunächst ins malerische Corippo mit seinem alten Dorfkern und dann nach Lavertezzo mit der »Ponte dei Salti«, einer mittelalterlichen Bogenbrücke, führt. Sonnenbeschienene Steine und viele kleine Gumpen laden immer wieder zu einem Bad in der kristallklaren Verzasca ein. Der Weiterweg über Brione, Gerra und Frasco führt schließlich nach Sonogno (919 m). Rückkehr nach Locarno mit dem Postbus; lange, aber technisch einfache Wanderung; Zeit: ca. 7 Std.

Maggia - Valle del Salto Ausflug in ein stilles Seitental des Maggiatals	Ausgangspunkt: Maggia (332 m); vom alten Dorfkern auf der linken Seite des Flusses hinauf zur Kapelle Santa Maria della Pioda – dem Treppenweg folgen und an vielen schön restaurierten Rustici vorbei hinein ins Valle del Salto – an einer Schleuse nach links auf die andere Talseite – an vielen Kapellen und Bildstöcken vorbei wieder talauswärts – zurück zur Kapelle und hinab nach Maggia; mittelschwere Wanderung; Zeit: ca. 3,5 Std.
Gridone (2188 m) Anstrengende, lange Tour auf den Panoramagipfel über dem Lago Maggiore schlechthin	Ausgangspunkt: Rasa (898 m, hierher per Seilbahn von Verdasio im Centovalli); Bordei (726 m) – ins Val di Bordei – hinauf zur Bocchetta di Valle (1948 m) – Gipfel; Abstieg über Capanna Al Legn (1785 m) – Alpe Voièe (1410 m) – Cortaccio (1067 m) – Borei – Piodina – Brissago (197 m); Rückkehr nach Verdasio per Bus; lange und konditionell sehr anspruchsvolle Tour mit 2000 Höhenmetern (!) im Abstieg; Zeit: ca. 9,5 Std.; Einkehr: Bordei, Brissago

Gemütliche Straßencafés laden zu einem Cappuccino und schicke Boutiquen zu einem Einkaufsbummel ein.
Wer dem Trubel der mondänen Orte am See entfliehen möchte, besucht das westliche Hinterland von Locarno und Ascona. Schon die Fahrt durch das Valle Onsernone mit seinen zerfurchten Bergflanken ist ein Abenteuer. In den Bergdörfern, wo Teile der Bevölkerung schon Mitte des 15. Jh. auswanderte, ist Einsamkeit garantiert. Die Fahrt mit der zwischen 1913 und 1923 erbauten Centovalli-Bahn führt über 79 Brücken und durch 24 Tunnel durch die »Hundert Täler« bis ins italienische Domodossola. Nicht Italienisch, sondern Deutsch spricht man in Bosco Gurin, dem höchstgelegenen und einzigen deutschsprachigen Ort des Tessins. Im 13. Jh. besiedelten Walser das Gebiet. Ob sie im kleinen Bach unterhalb des Dorfs badeten, ist fraglich. Den Füßen der Wanderer tut es auf jeden Fall gut.

ALLGEMEINE INFORMATIONEN

Locarno (198 m) **Ascona** (199 m)	**Locarno** Turismo Tel. 09 17 91 00 91 E-Mail: buongiorno@maggiore.ch www.maggiore.ch
Orte	**Brione** www.vaibrione.it • **Bosco Gurin** www.bosco-gurin.ch • **Cevio** www.cevio.ch • **Lavertezzo** www.verzasca.com • **Maggia** www.vallemaggia.ch • **Tenero** www.verzasca.com
Entfernungen	Hamburg 1031 km; Berlin 958 km; Köln 748 km; Frankfurt a. M. 580 km; Stuttgart 424 km; München 414 km

Restaurants

Osteria Al Palazign
Eine Speisekarte gibt es in dieser rustikalen Gaststätte in Comologno im Onsernonetal nicht, dafür dürfen die Gäste täglich mit gastronomischen Überraschungen rechnen. Ein üppiges dreigängiges Menu ist die Regel – bei mittleren Preisen;
Tel. 09 17 97 20 68,
www.palazzogamboni.ch

Hütten

Capanna Cristallina (2575 m)
Die großartige Aussicht von der Hüttenterrasse auf den vergletscherten Basòdino und die herzliche Gastfreundschaft von Eliana und Idalgo Ferretti lohnen einen Besuch. Von Robiei in knapp 3 Std. zu Fuß zu erreichen;
Tel. 09 18 69 23 30,
www.capannacristallina.ch

Capanna Efra (2039 m)
Inmitten der höchsten, heute nicht mehr genutzten Weide der Alpe Efra liegt diese Hütte, in der einst die Almhirten gewohnt haben. Ganz in Hüttennähe ein hübscher Bergsee mit Lärchen; geöffnet und teilw. bew. Ende Juni bis Ende Okt;
Tel. 09 13 59 11 26

Wanderkarten

Landeskarte der Schweiz, Blätter 276 T Val Verzasca, 275 Valle Artigorio; 1:50 000
Landeskarte der Schweiz, Blätter 1311 Comologno, 1312 Locarno, 1291 Bosco Gurin, 1292 Maggia, 1293 Osogna; 1:25 000

Schwyz

ADAC Prädikat

SPORT & SPASS

WANDERN & BERGTOUREN

KULTUR & CO.

WELLNESS & GENUSS

Gipfel, Grotten und Geschichte

Zwei vorwitzige Berge, die wie Zuckerhüte aus einer sanften Hügellandschaft ragen und eine grandiose Rundsicht versprechen; eine der längsten Karsthöhlen der Welt; geschichtsträchtige Orte; zahllose Wandermöglichkeiten von Seespaziergängen bis zu ernsthaften Bergtouren; ein vielseitiges Freizeitangebot: Dies alles hat die Region um Schwyz und Einsiedeln zu bieten – und noch viel mehr.

Gegen den strengen Aufbau der Klosteranlage in Einsiedeln wirkt das Städtchen beinahe chaotisch.

Wer »Schweiz« sagt, meint – bewusst oder nicht – immer auch Schwyz. Denn Schwyz gab dem ganzen Land seinen Namen. Der Bund, den die Schwyzer 1291 mit Vertretern der anderen beiden Urkantone Uri und Nidwalden wider die fremden Herren im Land schlossen, wird weithin als der Ursprung der Schweiz angesehen. Zwar liegt die Rütliwiese, auf der jener berühmte Schwur stattgefunden haben soll, am gegenüberliegenden Ufer des Vierwaldstättersees, doch sind auch auf der östlichen Seeseite die Spuren der Geschichte unübersehbar. Zum Beispiel am Hauptplatz in Schwyz. Das Rathaus, 1641–1645 erbaut, ziert herrliche Fassadenmalerei. Dargestellt ist die erste Freiheitsschlacht der Eidgenossen am Morgarten im Jahr 1315. Historisches hat auch Brunnen am Ufer des Vierwaldstättersees zu bieten. Steht man an der Schiffsanlegestelle, blickt man über den See, hinüber zum Rütli – und wer nicht nur schauen will, kann mit dem Schiff ans andere Ufer wechseln und sich auf den »Weg der Schweiz« machen, der in sieben Etappen vom Rütli über Altdorf und Morschach nach Brunnen führt (Infos: www.weg-der-schweiz.ch). Natürlich kann man die einzelnen Abschnitte auch separat und in Gegenrichtung erwandern. Kürzer ist in jedem Fall der Weg von der Seepromenade in Brunnen zur Bundeskapelle. Die steht an jener Stelle, an der die drei Urkantone im Jahr 1315 ihr Bündnis erneuert haben sollen.

Zu den schönsten Wanderungen gehört sicherlich der Aufstieg zum vollkommen frei stehenden Großen Mythen, von dem aus man einen

Swiss Holiday Park
Der »Swiss Holiday Park« in Morschach ist mehr als nur eine Schlechtwetter-Alternative: ein Erlebnispark mit Bade- und Saunalandschaft, Wellness sowie Sport- und Fitnessangeboten wie etwa einer Indoor-Kletterwand. Tel. 04 18 25 50 50, www.swissholidaypark.ch

the perfect day

9 Uhr: Besuch des Benediktinerklosters in Einsiedeln
11 Uhr: Fahrt nach Brunni, mit der Seilbahn zum Holzegg und dann zu Fuß auf den Großen Mythen (1899 m)
15 Uhr: Rückkehr mit der Seilbahn nach Brunni, Fahrt nach Morschach
18 Uhr: Erholung pur im »Swiss Holiday Park« – im Erlebnisbad oder in der Wellness-Oase

wunderbaren Überblick über die gesamte Region und an schönen Tagen ein Panorama vom Säntis bis zur Jungfrau genießen kann. Der Große Mythen bildet mit seinem Nachbarn, dem nur Kletterern zugänglichen Kleinen Mythen, das auffälligste Gipfelpaar in der ansonsten eher hügeligen Landschaft. Die beiden schroffen Kalkzähne, die wie unregelmäßige Zuckerhüte aus dem Boden zu wachsen scheinen, sind durch eine Laune der Natur während der Gebirgsfaltung von Süden hierher verschoben worden.

An aussichtsreichen Touren mangelt es jedenfalls nicht. Ob mit Seilbahnunterstützung von Brunnen auf den Urmiberg zwischen Vierwaldstätter und Lauerzer See, auf dem Schwyzer Panoramaweg hoch über grüne Matten und an den beiden Mythen vorbei oder stets am Bergkamm entlang von Einsiedeln nach Schwyz: Zu sehen gibt es jede Menge. Das gilt auch für jene Besucher, die sich in Einsiedeln mehr für das weltbekannte Kloster als fürs Wandern interessieren. Die Benediktinerabtei besitzt ein eigenes Gestüt und ein Weingut; im barocken Festsaal finden regelmäßig Ausstellungen und Konzerte statt, außerdem ist dort eine Streichinstrumentensammlung aus dem 19. Jh. zu bewundern. Einsiedeln gilt als einer der bedeutendsten Marien-Wallfahrtsorte nördlich der Alpen. Jährlich pilgern Zehntausende zur Gnadenkapelle mit der Schwarzen Madonna, um für sich und ihre Familien zu beten.

WANDERN & BERGTOUREN

TOP TIPP

Für einen bleibenden Eindruck von der Region ist der **Schwyzer Panoramaweg** 1 bestens geeignet. Die landschaftlich überaus reizvolle, leichte Höhenwanderung führt vorbei an den markanten Zwillingsgestalten der Mythen und bietet beeindruckende Weit- und Tiefblicke. Von Sattel (779 m) per Seilbahn nach Mostelberg (1191 m). Über Engelstockweid, Mostelegg (1266 m), Haggenegg (1381 m) nach Zwüschet Mythen und zum Gasthaus Holzegg (1405 m). Die weitere Route: Rotenflue – Müsliegg (1427 m) – Ibergeregg (1406 m) – Spirstock (1771 m) – Seebli (1430 m) – Steinboden/Laucheren. Von hier gelangt man per Sessellift nach Oberiberg und dann per Bus zum Ausgangspunkt zurück; Zeit: ca. 6–7 Std.; viele Einkehrmöglichkeiten, u. a. am Haggenegg, Holzegg, Ibergeregg, Spirstock

Fronalpstock (1921 m) – **Chlingenstock** (1935 m) Aussichtsreiche Kammwanderung überm Muotathal	Ausgangspunkt: Stoos im Muotathal (1275 m, Bergbahn Schlattli); Mettlen (1503 m) – Fronalpstock – ostwärts nach Furggeli (1732 m) – Anstieg zum Huser Stock (1904 m), Vorsicht in der Steilflanke: nur für Schwindelfreie, nie bei Nässe gehen – auf dem Kamm ostwärts zum Chlingenstock – Näppenalp – Stoos; mittelschwere Tour, die Trittsicherheit und Schwindelfreiheit erfordert; Zeit: ca. 5–6 Std.; Einkehr: Bergwirtschaft Fronalpstock
Großer Mythen (1899 m) Mittelschwere Wanderung auf markanten Gipfel – grandiose Tiefblicke inbegriffen	Ausgangspunkt: Schwyz (516 m); Mythenbad – Gasthaus Holzegg (1405 m) – über den Nordostgrat zum Gipfel; Abstieg zum Gasthaus Holzegg – den Berg nordseitig umrunden bis nach Zwüschet Mythen – Abstieg nach Dietental (946 m) – Obdorf – Schwyz; im unteren Teil leichte Bergwanderung, im Gipfelbereich Trittsicherheit und Schwindelfreiheit nötig; Zeit: ca. 6–7 Std.; Einkehr: Gasthaus Holzegg, Berggasthaus Mythen (am Gipfel)

Hütten

Berggasthaus Holzegg
(1405 m)
Das Haus am Übergang von Schwyz ins Alptal ist ein zentraler Anlaufpunkt: für jene, die mit der Seilbahn von Brunni im Alptal heraufkommen; für jene, die von Schwyz aus über Mythenbad und Holz heraufsteigen (ca. 2,5 Std.) und generell für alle, die auf den Großen Mythen (1899 m) wollen. Übernachtung nur nach Voranmeldung; Tel. 04 18 11 12 34

Hölloch
Das Hölloch im Muotathal ist mit 194 km bekannter Länge die weltweit viertgrößte Karsthöhle. Bei Führungen, die ein kundiger Höhlenforscher leitet, können Besucher die Faszination der Welt unter Tage hautnah erleben. Dort wechseln sich riesige Hallen ab mit engen Durchschlupfen, tobende Wasserfälle folgen auf unterirdische Seen, und Tropfsteinformationen aller Farben setzen Akzente neben grauen Geröllhalden. Warme Kleidung mitbringen, die Temperatur liegt konstant bei 6 °C; Besichtigungen auf eigene Faust sind nicht möglich!
Tel. 04 13 90 40 40,
www.hoelloch.ch

Von Einsiedeln nach Schwyz
Ausgangspunkt:
Einsiedeln (905 m); vom Klosterplatz aus nach Friherrenberg – Chäler – Ufem Tritt – Chli Amslen (1399 m) – Amselspitz (1491 m) – Butziflue (1506 m) – Furggelenalp – Furggelenstock (1556 m) – Brünnelistock (1593 m) – Ibergeregg (1406 m) – Hand – Rickenbach (586 m) – Schwyz (516 m); Rückkehr nach Einsiedeln mit der Bahn; einfache Wanderung auf gut markierten Wegen, die Kondition erfordert;
Zeit: ca. 7–8 Std.;
Einkehr: Ibergeregg, Hand

Wer sich nach so viel Geschichte und Kultur nach Ruhe und Abgeschiedenheit sehnt, sollte dem Muotathal einen Besuch abstatten. In dem stillen, ursprünglichen Tal, das bei Schwyz nach Osten abzweigt, gibt es über und unter der Erde einiges zu entdecken. So zum Beispiel der Böhmerwald, der sich im Osten über dem Dorf Muathal erstreckt. Dieser mit 600 ha Fläche größter Fichtennadelwald Eurpoas steht unter Naturschutz und bietet Gelegenheit für ausgedehnte Spaziergänge. Oder das Hölloch, eines der weltweit längsten Höhlensysteme im Karstgestein. Gut 190 km sind bereits bekannt, nur Bruchteile davon vermessen; womöglich ist das Hölloch noch viel größer. Besucher können zusammen mit einem kundigen Höhlenführer zu Fuß, mit Helm und Karbidlampe ausgerüstet, durch die Gänge streifen. Die Steige sind nur am Eingang ausgebaut, manchmal ist der Untergrund rutschig, meist sind sie aber gut zu begehen und an wichtigen Stellen wie Klettersteige gesichert. Im Sommer wie im Winter liegt die Temperatur in der Höhle konstant bei 6 °C – warme Kleidung gehört zu einem Abstieg in die Unterwelt also unbedingt

ALLGEMEINE INFORMATIONEN

Urlaubsregion	**Swiss Knife Valley**; Tel. 04 18 17 70 20; E-Mail: info@swissknifevalley.ch; www.swissknifevalley.ch
Orte	**Arth-Goldau** www.arth-online.ch • **Brunnen** www.brunnentourismus.ch • **Brunni** www.brunni.com • **Einsiedeln** www.einsiedeln.ch • **Hoch-Ybrig** www.hoch-ybrig.ch • **Morschach** www.morschach.ch • **Muotathal** www.verkehrsverein-muotathal.ch • **Oberiberg** www.oberiberg.ch • **Rickenbach** • **Sattel** www.sattel.ch • **Schwyz** www.wbs.ch • **Unteriberg** www.unteriberg.ch
Entfernungen	Hamburg 945 km; Berlin 886 km; Köln 622 km; Frankfurt a. M. 459 km; Stuttgart 272 km; München 341 km

dazu. Wem das kurze Hineinschnuppern in das fantastische Reich der Gänge, Kammern und Tropfsteine nicht ausreicht, kann sich auch länger im Hölloch aufhalten und zum Beispiel an der Dreitagestour mit Biwak in der Höhle teilnehmen.

TOP TIPP Das **Kloster Einsiedeln** ❷ ist schon seit dem Mittelalter ein bekannter Marien-Wallfahrtsort. Täglich um 14 Uhr beginnt eine Klosterführung, an der man ohne Voranmeldung

teilnehmen kann. Dann ist für den Besucher z. B. auch die Bibliothek zugänglich, in der etwa 230 000 gedruckte Bücher und zahlreiche Handschriften zu finden sind; Kontakt: Tel. 05 54 18 61 11; www.kloster-einsiedeln.ch.
Seit dem Mittelalter betreibt das Kloster zudem eine eigene Pferdezucht – der Marstall gilt als ältestes noch bestehendes Gestüt Europas. Die »Cavalli della Madonna« sind weit über die Landesgrenzen hinaus bekannt. Die Stallungen sind teils öffentlich zugänglich. Infos unter Tel. 07 95 67 29 24; www.marstall-einsiedeln.ch

Wanderkarten

Landeskarte der Schweiz, Zusammensetzung; Blätter 5011 Zürichsee – Zug, 5008 Vierwaldstättersee; 1:50 000
Landeskarte der Schweiz, Blätter 1132 Einsiedeln, 1151 Rigi, 1152 Ibergeregg, 1171 Beckenried, 1172 Muotathal; 1:25 000

Vierwaldstättersee

ADAC Prädikat

SPORT & SPASS

WANDERN & BERGTOUREN

KULTUR & CO.

WELLNESS & GENUSS

An der Wiege der Schweiz

Wer in Luzern eines der prächtig restaurierten Dampfschiffe besteigt, für den beginnt eine aufregende Reise in ein Stück Schweiz wie aus dem Bilderbuch: zu Ortschaften mit mediterranem Flair wie Vitznau oder Weggis sowie zu berühmten und gut erschlossenen Gipfeln wie Rigi, Pilatus oder Stanserhorn. Eine ideale Gegend für den Urlaub mit der ganzen Familie – und für alle, die sich für die historischen Wurzeln der Schweiz interessieren.

Mit ihrer einzigartigen Lage am See, dem historischen Stadtbild und zahlreichen Sehenswürdigkeiten zählt Luzern zu den schönsten Städten der Schweiz. Entspannt, lebensfroh und international ist die Atmosphäre, und es ist kein Zufall, dass es gerade die farbenfrohe Luzerner Fasnacht zu besonderer Berühmtheit gebracht hat. Ein Rundgang durch die Stadt eignet sich perfekt zur Einstimmung auf erholsame Urlaubswochen. Hinein in die Urlaubsregion rund um den Vierwaldstättersee geht es stilecht zu Wasser: Das prächtig restau-

Hütten

Heiri-Hütte (1360 m)
Aussichtsreich auf einem Alpbödeli oberhalb der Bahnstation Rigi-Klösterli der Arth-Rigi-Bahn steht die Alpwirtschaft Heiri-Hütte. Sie bietet eine urgemütliche Atmosphäre und eine einfache, aber ausgezeichnete Küche. Von der Bahnstation Klösterli in wenigen Minuten erreichbar; Tel. 04 18 55 01 32

Pilatus-Seilpark
Die Routen heißen »Drachen-Ei«, »Flying Dragon« oder »Höhenrausch«: Im »Pilatus-Seilpark« am Fräkmüntegg ist auf sieben Routen bis in schwindelnde Höhen Geschicklichkeit gefragt. Der Hochseilgarten wurde 2005 eröffnet und ist der größte Seilpark der Zentralschweiz. Einige Routen sind auch für Kinder ab 8 Jahre geeignet. Erreichbar mit der Seilbahn von Kriens. Infos: www.pilatus.ch.

the perfect day

9 Uhr: Dampfschifffahrt auf dem Vierwaldstättersee
12 Uhr: Ausflug auf das Stanserhorn
15 Uhr: Besuch in der Glashütte Glasi in Hergiswil
20 Uhr: Konzertbesuch im Kultur- und Kongresszentrum Luzern

WANDERN & BERGTOUREN

TOP TIPP Obwohl sie nicht besonders hoch ist, gehört die **Rigi** (1) zu den bekanntesten Bergen der Schweiz. Besonders ihr Gipfelpanorama besitzt Weltruhm. Mehrere Bergbahnen erschließen die Rigi. Wer ausgedehnte Wanderungen bevorzugt, kann auf deren Hilfe getrost verzichten. Die große Rigi-Traverse führt von Küssnacht (440 m) über Rigi Staffel (1603) zur höchsten Erhebung, der Rigi Kulm (1797 m). Abstieg via Klösterli (1302 m) nach Goldau (510 m). Per Bahn gelangt man zurück zum Ausgangspunkt; Zeit: ca. 8 Std.; Einkehr: auf der Rigi, in den Orten

Pilatus/Tomlishorn (2129 m) Anstrengende Wanderung auf das alpine Wahrzeichen der Region	Ausgangspunkt: Hergiswil (450 m); Bergrestaurant Brunni (825 m) – Alp Gschwänd (1216 m) – in vielen Kehren zum Klimsensattel (1907) und durch den natürlichen Felsspalt des Chriesliloches zum Pilatus-Oberhaupt – Pilatus-Esel (2120 m) – Tomlishorn; Abstieg am besten knieschonend mit einer der Bergbahnen; Zeit: ca. 5 Std.; Einkehr: Brunni, Gschwänd, Pilatus-Hotels
Rooter Berg (836 m) Sanfte Wanderung über die Hügelkette bei Luzern	Ausgangspunkt: Luzern (436 m); Dietschiberg (684 m) – Adligenswil (534 m) – Udligenswil (621 m) – Michaelskreuz (795 m) – durch die Südflanke des Rooter Berges nach Buonas (435 m) am Zuger See (30 Min. entfernt von der SBB-Station Rotkreuz, von dort Verbindung nach Luzern); Zeit: ca. 5 Std.; Einkehr: in Adligenswil, Udligenswil sowie Restaurant Michaelskreuz
»Weg der Schweiz« Zweitageswanderung um den Urner See entlang historischer Schauplätze	Ausgangspunkt: Anlegestelle Rütli (435 m, bei Brunnen); dem bestens ausgebauten und markierten Wanderweg folgen – Rütliwiese (482 m) – Breitlohn (482 m) – Seelisberg (846 m) – Beroldingen (864 m) – Bauen (430 m) – Flüelen (435 m, Übernachtung) – Tellskapelle (435 m) – Sisikon (446 m) – Morschach (646 m) – Brunnen (435 m); Zeit: Rütli – Flüelen ca. 6 Std., Flüelen – Brunnen ca. 5 Std.; einfache Wanderung; Einkehr: zahlreiche Restaurants entlang der gesamten Strecke

rierte Dampfschiff »Gallia« liegt bei der Landungsbrücke unmittelbar neben dem von Jean Nouvel gebauten Kultur- und Kongresszentrum bereit. Schnaubend, pfeifend und dampfend setzt sich der schwimmende Koloss in Bewegung und nimmt Kurs in Richtung Weggis. Von Minute zu Minute erschließen sich neue Eindrücke: Bei Weggis und Vitznau wähnt man sich beinahe im Süden, denn hier stehen Palmen am Ufer des Vierwaldstättersee.

Staunen erlaubt, Genießen erwünscht: Von den Hängen der Rigi blickt man weit über den Vierwaldstättersee mit dem Bürgenstock und bis zum Pilatus.

Darüber erhebt sich die unvergleichliche Aussichtskanzel der Rigi. Bereits 1871 wurde diese mit den ersten beiden Zahnradbahnen Europas erschlossen. Poeten und Träumer, Lustwandler und Naturfreaks wählten ihre sanften Höhen zum Refugium. Ende des 19. Jh. wurde die Rigi zum Modeberg. Bis heute bietet sie ein breites Sport- und Erholungsprogramm, ohne zum überlaufenen Ziel für den Massentourismus geworden zu sein.

Sommerrodelbahn Fräkigaudi
Die Sommerrodelbahn Fräkigaudi am Pilatus ist die längste Sommerrodelbahn der Schweiz. Oberhalb von Hergiswil geht es durch rasante Kurven und geheimnisvolle Drachenlöcher in die Tiefe. Tel. 04 13 40 66 36, www.rodelbahn.ch

Direkt gegenüber, am anderen Ufer des Vierwaldstättersees, ragt schroff der steile Abhang des Bürgenstockes aus dem Wasser. Auf seinen Schultern stehen gleich mehrere mondäne Fünf-Sterne-Hotels. Die Vorzüge dieses Ortes haben schon Politiker aus der ganzen Welt kennen gelernt, da der Bürgenstock ein beliebter Tagungsort ist. Etwas abseits gelegen, hat man dort oben seine Ruhe – und ist doch in 15 Minuten im Stadtzentrum von Luzern. Das historische Dampfschiff nimmt nun Kurs auf Hergiswil und den Alpnacher See. Wieder zeigt sich die Landschaft von einer neuen Seite: Der Blick schweift zu den schneebedeckten Gipfeln, die in der Sonne verlockend glitzern. Auch ein schneller Abstecher dort hinauf ist kein Problem. Von Alpnachstad aus führt eine der steilsten Zahnradbahnen der Welt mit 48 % Steigung auf den 2129 m hohen Pilatus. Bei guter Fernsicht ist im Norden sogar der Schwarzwald zu erkennen. Wan-

Nostalgisch und stilecht fahren Raddampfer über den See.

ALLGEMEINE INFORMATIONEN

Urlaubsregion	**Vierwaldstättersee-**Tourismus; Tel. 06 10 88 33; E-Mail: info@lakeluzern.ch; www.lakeluzern.ch
Orte	**Alpnach** www.alpnach.ch • **Brunnen** www.brunnentourismus.ch • **Buochs** www.buochs.ch • **Dallenwil** www.dallenwil.ch • **Flüelen** www.fluelen.ch • **Hergiswil** www.hergiswil.ch • **Kriens** www.kriens.ch • **Küssnacht** www.kuessnacht.ch • **Luzern** www.luzern.org • **Vitznau** www.vitznau.ch • **Weggis** www.weggis.ch
Entfernungen	Hamburg 907 km; Berlin 913 km; Köln 583 km; Frankfurt a. M. 421 km; Stuttgart 278 km; München 368 km

derer können zwischen mehreren verschieden langen Rundwegen wählen, Kletterer finden eine große Auswahl interessanter Routen, und Paraglider freuen sich auf einen langen Flug bis zum Landeplatz 1400 m tiefer.
Auf der anderen Seite des Alpnacher Sees erhebt sich mit dem Stanserhorn gleich noch ein herrlicher Aussichts- und Wanderberg. Ein Tipp für Nostalgiefreunde: Ehe man zur Weiterfahrt in eine moderne Luftseilbahn umsteigt, werden die ersten Höhenmeter mit der historischen Standseilbahn aus dem Jahr 1893 zurückgelegt. Nicht historisch, sondern hochmodern ist das Rondorama, das neue Bergrestaurant auf dem Gipfel des Stanserhorns. Der Name deutet es schon an: Ein 360°-Rundblick gewährt freie Sicht auf die fast 100 km lange Alpenkette und auf 10 Schweizer Seen – allerdings nur, wenn das Wetter es zulässt.

Sonnenaufgang am Gipfel des Pilatus: Von hier hat man einen fantastischen Blick auf den See.

Wieder am Fuß des Berges angekommen, geht die Fahrt mit der »Gallia« weiter. Vorbei an vielen Buchten dampft das Schiff energisch zur nächsten Haltestation in Brunnen. Der Vierwaldstättersee verengt sich ein letztes Mal, um sich dann als tief ins Gebirge geschnittener Urner See noch einmal auszubreiten. Schroffe Felswände ragen steil aus dem Wasser. Die Kulisse wird hier, nahe der Wiege der schweizerischen Eidgenossenschaft, zusehends alpiner. Nicht weit ist das Rütli, jene kleine Wiese, auf der die Vertreter der drei Urkantone Schwyz, Uri und Unterwalden 1291 ihren Bund gegen die fremden Herren im

TOP TIPP Zum **Gletschergarten Luzern** ② gehören die schön gestaltete Parkanlage mit interessanten Demonstrationsobjekten und ein Informationszentrum mit Multimedia-Show. Zu sehen

sind tief in den Fels geschliffene Gletschertöpfe, Versteinerungen von Muscheln und Palmen sowie weitere Spuren, die Meer und Gletscher in der Region hinterlassen haben; Tel. 04 14 10 43 40; www.gletschergarten.ch

Land besiegelten. Nur ein kurzer Abstecher ist es bis nach Schwyz, dem Ort, dem die Schweiz ihren Namen verdankt. Eine Gegend, wo Mythen und Sagen ihre Heimat haben – und natürlich Wilhelm Tell, der bei der Gründung der Eidgenossenschaft im Kampf gegen die Landvögte eine wichtige Rolle gespielt haben soll. So jedenfalls hat es Friedrich Schiller dargestellt. Natürlich erinnert man hier gern an den Volkshelden; das Tell-Denkmal in Altdorf ist weit bekannt. Endstation für die »Gallia« ist in Flüelen, das Dampfschiff tritt von hier aus die Heimreise nach Luzern an. Begeisterte Pässefahrer werden dies sicher nicht tun, sondern lieber ihr Rennrad, Motorrad oder Auto nach Altdorf lenken. Dort müssen sie sich entscheiden, ob sie lieber den eindrucksvollen Klausenpass unter die Räder nehmen oder ob sie doch lieber über den Gotthardpass Richtung Süden davonrollen wollen.

Wanderkarten

Landeskarte der Schweiz, Wanderkarte Blätter 235 Rotkreuz, 245 Stans, 246 Klausenpass und Zusammensetzung 5008 Vierwaldstättersee; 1:50 000

Landeskarte der Schweiz, Blätter 1150 Luzern, 1151 Rigi, 1170 Alpnach, 1171 Beckenried, 1172 Muotatal; 1:25 000

Engelberg

ADAC Prädikat

SPORT & SPASS

WANDERN & BERGTOUREN

KULTUR & CO.

WELLNESS & GENUSS

Den Engeln ein Stück näher

Wer von Engelberg spricht, denkt meistens an das Skizentrum am Fuße des Titlis. Bevor jedoch der Wintersport hier vor 100 Jahren Fuß fasste, war Engelberg ein reiner Sommerkurort mit eigener Badeanstalt. Heute ist Engelberg im Herzen der Zentralschweiz im Sommer sowohl ein Dorado für Wanderer als auch eine beliebte Arena für Sport und Action – vom Golfen bis zum Gleitschirmfliegen.

Umgeben von einem Gipfelkranz: Engelberger Rotstock, Hahnen und Wissberg ragen über dem Ort auf.

Haben tatsächlich Engel auf dem Berg gesungen, den man heute Hahnen nennt, als Ritter Konrad von Sellenbüren in das Hochtal kam, um hier ein Benediktinerkloster zu gründen? Die Legende zumindest behauptet das – und man ist nach einem ersten Rundgang durch das 3300-Seelen-Dorf geneigt zu sagen: »Hier ist man den Engeln tatsächlich näher als sonst irgendwo.« Schon bei der Anreise, egal ob mit dem Auto oder mit der Bahn, präsentiert sich dem Gast beim Taleingang ein herrliches Alpenpanorama. Engelberg ist umgeben von einem Gipfelkranz, einige der Berge sind mit Luftseilbahnen erschlossen.

Der Titlis ist nicht nur der höchste Berg im Tal, sondern im ganzen Kanton Obwalden. Seilbahn-Pioniere haben vor 90 Jahren damit begonnen, diesen Gipfel Schritt für Schritt mit mechanischen Aufstiegshilfen zu erschließen. Die jüngste Errungenschaft ist die im Jahr 1990 gebaute Rotair, die erste drehbare Seilbahnkabine der Welt. Heute gibt es nach dem Engelberger Vorbild Rotairs in Amerika und in Südafrika. Noch vor 100 Jahren verdienten die Engelberger Bergführer gutes Geld mit den Führungen über den Titlis-Gletscher auf den Gipfel. Sieben bis acht Stunden dauerte damals der Aufstieg. Und heute? In knapp einer Stunde werden die rund 2000 Höhenmeter

the perfect day

9 Uhr: Fahrt mit der Seilbahn zum Ristis (1606 m), Frühstück auf der Sonnenterrasse des Restaurants; dann leichte Wanderung zur Rigidalalp
12 Uhr: Mittagessen bei Älpler Werner auf der Rigidalalp. Sein Bratchäs ist einsame Spitze!
15 Uhr: Besuch im Talmuseum in Engelberg, wo die Geschichte des Orts dargestellt wird
18 Uhr: Erlebnisbad im Sporthotel Eienwäldli; Entspannen in Dampfgrotte, Felsenbad und Sauna

mit der Luftseilbahn von Engelberg zum Panorama-Restaurant 200 m unterhalb des Gipfels überwunden. Inzwischen ist der Titlis zum Markenzeichen des Tourismusortes geworden.

Wanderfreunde statt Kurgäste

Die Berge stehen noch genauso majestätisch da wie in früheren Jahren. Von der alten Kuranstalt ist dagegen nichts mehr zu sehen. Ihr verdankte Engelberg bis kurz nach der vorletzten Jahrhundertwende seinen internationalen Ruf als Bade- und Kurort. Mit dem Aufkommen der Thermalquellen waren dann jedoch die Badekuren im kalten Engelberger Wasser auf einen Schlag nicht mehr gefragt. Engelberg musste eine neue touristische Ausrichtung für den Sommer finden. Was lag da näher, als die Region mit der herrlichen Bergkulisse den Wanderern näher zu bringen? Heute verfügt Engelberg über ein gut ausgebautes Wanderwegenetz. Innerhalb weniger Minuten ist man dem Rummel im Dorf entflohen. Was einen dann erwartet, ist ein Naturerlebnis der besonderen Art – das eigentliche Kapital des Ortes und seiner Umgebung. Gemütlich geht es auf einem der vielen

WANDERN & BERGTOUREN

TOP TIPP

Der **Walenpfad von Engelberg nach Oberrickenbach** beginnt bei der Brunnihütte (1860 m, von Engelberg mit der Bergbahn erreichbar) und verläuft auf gleicher Höhe unterhalb der Walenstöcke entlang zur Alp Rosenbold (1863 m). Hier steigt der Weg an und führt auf das Walegg, dem mit 1943 m höchsten Aussichtspunkt des Walenpfades. Weiter geht die Wanderung vorbei an der Alp Oberfeld (1861 m) und dem Bannalpsee zum Restaurant Urnerstaffel (1690 m). Der kurze Wegabschnitt zur Chrüzhütte (1713 m) ist das letzte Teilstück des Walenpfades. Mit der Luftseilbahn Fell-Chrüzhütte fährt man ins schmucke Dörfchen Oberrickenbach (895 m) hinunter. Das Postauto und die Bahn bringen die Wanderer wieder zurück nach Engelberg. Diese leichte Halbtagestour braucht etwas Kondition, man wird aber mit atemberaubenden Aussichten belohnt. Zeit: ca. 3 Std.

Wissigstock (2887 m) Anspruchsvolle lange Wanderung durch hochalpine Landschaft	Ausgangspunkt: Ristis (1606 m, Seilbahn von Engelberg); Planggenstafel (1983 m) – Rugghubelhütte (2294 m, ev. Übernachtung) – Engelberger Lücke (2686 m) – Wissigstock; nur ein kurzer Abstecher ist es von der Engelberger Lücke zum Engelberger Rotstock (2819 m); Rückweg entlang der Aufstiegsroute; Zeit: ca. 9 Std.; Einkehr: Rugghubelhütte
Fürenalp – Stäuber – Alpenrösli (1840 m – 1020 m) Wanderung in einer atemberaubenden Alpenlandschaft	Ausgangspunkt: Bergstation Luftseilbahn Fürenalp (1840 m); immer leicht abwärts zur Alp Ebnet (1670 m) – Stäuber (1630 m), ein spektakulärer Wasserfall – dem Bachlauf folgend zur Alp Stäfeli (1393 m) und weiter zum Restaurant Alpenrösli (1258 m) – von dort an der Engelberger Aa entlang wieder zum Ausgangspunkt; Zeit: ca. 4 Std.; Einkehr: Bergstation Fürenalp, Alp Stäfeli, Restaurant Alpenrösli
Vier-Seen-Wanderung Wanderung zu traumhaften Gebirgsseen	Ausgangspunkt: Engelberg (1004 m) – Gerschnialp – Trübsee (1764 m) – Jochpass (2207 m) – vorbei am Engstlensee zur Engstlenalp (1834 m) – Tannen (1974 m) – Tannensee (1976 m) – Melchsee-Frutt (1902 m, direkt am Melchsee) – Stöckalp (1075 m); Rückkehrmöglichkeit mit Postauto und Zug über Kerns und Stans; Zeit: ca. 7 Std.; Einkehr: Berghaus Jochpass, Engstlenalp, Melchsee-Frutt, Stöckalp

Titlis
Mit 3020 m ist der Kleine Titlis der höchste mit Bergbahnen erreichbare Aussichtspunkt der Zentralschweiz. Der Hauptgipfel liegt noch einmal 200 Höhenmeter darüber und ist Bergsteigern vorbehalten. Spektakulär ist vor allem die Fahrt in der sich langsam drehenden Luftseilbahnkabine zum Kleinen Titlis, die es ermöglicht, den Blick auf die eindrucksvollen Gletscherabbrüche zu genießen und dabei auch das weite Panorama und die Aussicht ins Tal im Auge zu behalten. An der Bergstation befindet sich ein Restaurant mit Sonnenterrasse. Bevor man es sich dort gemütlich macht, sollte man auf jeden Fall die Eisgrotte besuchen und entlang des Gletscherweges die Welt des ewigen Eises etwas besser kennen lernen. Nicht verpassen sollte man auch den Spaziergang durch den 130 m langen Tunnel zum Südwandfenster, das eine grandiose Aussicht eröffnet; Tel. 04 16 39 50 50, www.titlis.ch

Hütten

Rugghubelhütte (2294 m)
Eine typische Berghütte des Schweizerischen Alpenclubs. Bis Ristis geht es mit der Bergbahn. Ab Ristis zu Fuß oder mit dem Maultier erreichbar. Aufstieg ab Ristis ca. 3 Std; Tel. 04 16 37 20 64

Brunnihütte (1860 m)
Die nette Hütte kann entweder zu Fuß oder mit den Bergbahnen erreicht werden. Aufstieg ab Engelberg ca. 2,5 Std.; Tel. 04 16 37 37 32

Berghaus Jochpass (2207 m)
Ausgangspunkt zu lohnenswerten Wanderungen. Berghaus mit allem Komfort. Ist erreichbar mit der Luftseilbahn und Sesselbahn ab Engelberg. Der Aufstieg zu Fuß dauert von Engelberg aus rund 4 Std.; keine Übernachtung; Telefon 04 16 37 11 87

Kitzelpfad
Eigentlich ist der Härzlisee (1860 m) in der Nähe der Brunnihütte ein Speichersee für die Beschneiungsanlage im Winter. Doch der findige Betriebsleiter der Luftseilbahn Engelberg–Brunnihütte hat das Seeufer zu einem Kneipp-Erlebnis umgestaltet. Nach der Wanderung Schuhe ausziehen und im Härzlisee kneippen – eine wohltuende Sache. Fußmassage beim Laufen über verschiedene Untergründe: Kies, Tannenzapfen oder Lehm wechseln sich ab. Hinauf zur Brunnihütte geht's mit den Bergbahnen von Engelberg aus; www.brunni.ch

Klettersteig Brunnistöckli
Der Klettersteig über das Brunnistöckli eignet sich ideal als Einsteigerklettersteig, trotzdem garantiert er u. a. mit zwei spektakulären Hängebrücken Spannung und Nervenkitzel. Mit der Bergbahn ist er direkt von Engelberg aus leicht zu erreichen. Von der Bergstation Brunnihütte (1860 m) erreicht man den Einstieg in 20 Min. Der Klettersteig selbst kann in etwa 1 Std. durchklettert werden, für den Rückweg braucht man 15 Min. Achtung: komplette Klettersteigausrüstung notwendig. Unerfahrene sollten beim Bergführerbüro Engelberg kompetente Hilfe in Anspruch nehmen! Infos unter Tel. 04 16 39 77 77 und im Bergführerbüro Engelberg, Tel. 07 74 21 75 68

SPORT & SPASS

TOP TIPP Neben ca. 360 Wanderkilometern stehen **Nordic-Walking**-Begeisterten rund um Engelberg drei ausgeschilderte Rundkurse zur Verfügung. Sie führen im Talboden durch teils flaches, teils coupiertes Gelände und verlaufen meist entlang der Engelberger Aa. Infotafeln erklären unterwegs die Nordic-Walking-Technik. Die kürzeste Strecke misst 4 km, die mittlere 5,9 km und die längste 9,2 km. Verschiedene geführte Touren und Kurse bietet das Tourist Center an, Tel. 04 16 39 77 77.

Seilpark »Flying Fox«
Engelberg

Ein unvergessliches Erlebnis ist der **Seilpark »Flying Fox«**. Auf sechs Parcours mit unterschiedlichen Schwierigkeitsgraden kann man sich an seine Grenzen herantasten. Anspruchsvolle Balancierbrücken, Nepalstege und actiongeladene Tyrolliennes warten auf Abenteuerlustige. Nach ausführlicher Sicherheitsinstruktion kann man sich alleine in die Lüfte schwingen oder an einer geführten Tour teilnehmen. Infos unter Tel. 0416111441, www.outventure.ch

Wanderwege dahin, sei es bei der Vier-Seen-Wanderung am Titlis, auf dem Grotzliweg im Gebiet der Fürenalp oder auch nur beim Sieben-Quellen-Weg, der im Tal an der Engelberger Aa entlangführt.
Allerdings ist Engelberg keineswegs ein verschlafenes Nest, in dem das beschauliche Dahinwandern der einzige Zeitvertreib ist. Die Engelberger haben durchaus auch Sinn für Aktivtourismus moderner Prägung. So sitzen die Bergführer des Ortes heute nicht mehr wie früher vor dem Gemeindehaus auf einer Bank und warten dort auf Kundschaft. Vielmehr entstanden im Tal auf ihre Initiative hin fünf Klettersteige verschiedener Schwierigkeitsgrade: Eisenwege für das etwas anspruchsvollere Bergabenteuer. Ein Geheimtipp sind diese aber schon lange nicht mehr. Kaum wird der erste Klettersteig nach der Schneeschmelze wieder geöffnet, beginnt bereits der Ansturm. Etwa der Klettersteig Brunnistöckli auf der Sonnenseite Engelbergs, der von der Bergstation des Sesselliftes Ristis–Brunnihütte schnell zu erreichen ist. Diese »Via Ferrata« ist vor allem für Familien und Einsteiger gedacht. In 45 Min. ist man von der Bergstation Brunnihütte am

Luft unter den Sohlen am Klettersteig Fürenalp

Einstieg zum nächsten Klettersteig. Dieser ebenfalls für Einsteiger geeignete Klettersteig führt auf den Gipfel des Rigidalstock und ist dank einiger origineller Passagen und dem traumhaften Panoramablick ein wunderbares Erlebnis.

Bereits zum Klassiker geworden ist der Klettersteig Fürenalp. Aber Achtung: Die Route ist nichts für Leute, die nicht schwindelfrei sind. Im Rücken die mächtige Ostwand des Titlis, in westlicher Richtung der Talkessel von Engelberg und unter einem nichts als Luft – wahrlich ein erhabenes Gefühl. Der Fünfte im Bunde ist der mittelschwere Klettersteig auf den Graustock, der Trittsicherheit erfordert. Bei allen Klettersteigen sind Helm und eine komplette Klettersteigausrüstung unverzichtbar. Und wer zum ersten Mal entlang der Drahtseile durch die Felswände steigen will, sollte sich besser von einem erfahrenen Bergführer begleiten lassen.

»Wasserwege« beim Trübsee

Wege zur Gesundheit

Die Berge um Engelberg eignen sich hervorragend zum Mountainbiken und auch zum Gleitschirmfliegen; der Titlis-Gletscherpark lockt als Ganzjahres-Schneesportgebiet, und im Tal wartet ein landschaftlich herrlicher, erst vor kurzem auf 18 Loch ausgebauter Golfplatz. Wissen über den Erhalt der persönlichen Gesundheit vermitteln die drei Brunni-Heilkräuterwege (www.brunni.ch). Dort können rund um den Härzlisee die Heilpflanzen in ihrem natürlichen Umfeld betrachtet werden. So soll der volksmedizinische Erfahrungsschatz erhalten bleiben und mit den Erkenntnissen der modernen Wissenschaft verbunden werden.

Mancher Urlauber fühlt sich in Engelberg dank des breit gefächerten Freizeitangebots und der traumhaften Bergkulisse wie im Paradies. Vielleicht ist man hier den Engeln ja tatsächlich ein Stück näher als sonst irgendwo.

Rundumblick: die sich drehende Gondel der Titlisbahn

ALLGEMEINE INFORMATIONEN

Urlaubsregion	**Engelberg-Titlis** Tourismus AG; Tel. 04 16 39 77 77; E-Mail: welcome@engelberg.ch; www.engelberg.ch
Orte	**Oberrickenbach**
Entfernungen	Hamburg 941 km; Berlin 947 km; Köln 617 km; Frankfurt a. M. 455 km; Stuttgart 312 km; München 402 km

Wanderkarten

Landeskarte der Schweiz, Blatt 245 T Stans, 255 T Sustenpass; 1:50 000
Landeskarte der Schweiz, Blatt 1190 Melchtal, 1191 Engelberg, 1210 Innertkirchen, 1211 Meiental; 1:25 000

Appenzellerland

ADAC Prädikat

SPORT & SPASS

WANDERN & BERGTOUREN

KULTUR & CO.

WELLNESS & GENUSS

Blick aufs Alpsteinmassiv: Wer im Appenzellerland wandert, ist meist umgeben von einem beeindruckenden Panorama.

Ein Berg beherrscht die Landschaft

Mit seinen mächtigen Felsflanken dominiert der Säntis das Gebiet zwischen Alpstein und Bodensee. Das hochalpine Ambiente des höchsten Voralpengipfels der Ostschweiz, die Hügellandschaft des Appenzellerlandes und die Universitätsstadt St. Gallen bilden eine touristische Einheit, die jedem Besucher Abwechslung verspricht.

»Der Schiffer, der an Schwabens fruchtbaren Ufern/ Den Bodensee mit leichten Kähnen besegelt, / Sieht südwärts seltsame Gestalten der Berge / Den Himmel begränzen / Dort streket der Camor den liegenden Rücken, / An welchen aufwärts sich der Alteman lehnet; / Dann hebet sich mit aufgethürmeten Gipfeln der höhere Säntis ...«
Als Dreiklang von Hügeln, Fels und See beschrieb im 18. Jh. Johan Jakob Bodmer das Säntisgebiet in einer Ode, die er seinem appenzellischen Freund Laurenz Zellweger widmete: im Vordergrund der Bodensee, in der Mitte die Berge – gemeint ist das saftig-grüne Hügelland des Appenzell – und im Hintergrund der Fels, das raue Alpsteinmassiv mit dem Säntis als mächtiger Spitze. Diese faszinierende Einheit löste vor 200 Jahren eine wahre Appenzell-Begeisterung aus, die bis heute anhält. Wenn an Föhntagen die drei Landschaftselemente noch näher zusammenrücken und der Säntis selbst vom Nordufer des Bodensees aus zum Greifen nah erscheint, fährt kaum einer am Bodensee entlang, ohne zumindest kurz den einmaligen Blick auf sich wirken zu lassen: Direkt aus den tiefblauen Wellen scheinen die grünen Grashänge emporzuwachsen, begrenzt von den Kalkfelsen und Schneefeldern des Säntis.

Eindrucksvoll ist auch die umgekehrte Perspektive, vom Gipfel des 2502 m hohen Säntis, der sich auf schönen, aber langen Wanderwegen von Wasserauen und Brülisau oder aber bequem mit der Seilbahn von Schwägalp aus erreichen lässt. Die Aussicht auf den Bodensee wird noch übertroffen vom Blick auf die Hochalpen im

the perfect day

9 Uhr: Ausflug nach Jakobsbad. Fahrt mit der Seilbahn auf den Kronberg. Entweder eine Wanderung in östlicher Richtung mit herrlichem Blick auf Säntis und den Bodensee oder mit der Kronberg-Bobbahn hinab ins Tal
12 Uhr: Mittagessen im Berggasthaus Scheidegg, danach weiter bis zur Talstation der Seilbahn
14 Uhr: Bad in den Dreiweihern hoch über der Stadt St. Gallen
16 Uhr: Stadtbummel durch St. Gallen, Besuch des Textilmuseums (Tel. 07 12 22 17 44)

Süden. Ein traumhaftes Panorama, das ein wenig damit versöhnt, dass der Hausberg der Ostschweizer inzwischen so verbaut ist, dass vom Gipfel nichts mehr zu sehen ist. Sind Wetter und Fernsicht gut, tummeln sich die Besucher in Massen auf der Aussichtsplattform.
Eng werden kann es im Alpstein manchmal auch auf dem sehr interessanten und daher beliebten Geologischen Wanderweg vom Hohen Kasten zur Saxerlücke, dem eindrucksvollen Endpunkt mit Blick auf die Kreuzberge. Beispielhaft zeigt hier der »Sax-Schwende-Bruch«, wie sich das Ostmassiv um mehrere hundert Meter gegenüber dem Hauptmassiv verschoben hat. An schönen Wochenenden marschieren dort Hunderte, um sich die erdgeschichtlichen Faltungs-, Bruch- und Überschiebungsprozesse anschaulich vor Augen führen zu lassen und dabei noch die fantastische Aussicht ins Rheintal zu genießen. Doch es gibt ruhigere Plätze: Wer an den Kreuzbergen entlang weiterwandert oder wer sich auf die weniger begangenen Wege in Richtung Toggenburg begibt, der findet auch im Alpstein seine ungestörte Ruhe.
Der Hohe Kasten ist aber nicht nur Ausgangspunkt für Hobbygeologen und Wanderer, sondern auch ein guter Startplatz für Gleitschirmflieger. Die lassen sich auch gern von Wasserauen aus mit der Bahn hinauf zur Ebenalp bringen. Vor dem Start sollten sie aber zumindest

Nordic Walking
Das Appenzellerland ist ein Paradies für Nordic-Walking-Fans: Insgesamt locken im »Nordic Fitness Park Appenzellerland« 350 km markierte Routen. In sieben Orten gibt es Nordic-Fitness-Center, bei dem an den Ausgangspunkten von jeweils drei unterschiedlich anspruchsvollen Rundkursen Garderoben, Duschen und ein Ausrüstungsverleih zur Verfügung stehen. Daneben werden auch Kurse und geführte Touren sowie spezielle Hotelpauschalen angeboten. Infos: www.appenzell.ch

WANDERN & BERGTOUREN

TOP TIPP

Hochalpines Ambiente, ein paar knifflige, mit Drahtseilen gesicherte Passagen und einen herrlichen Abstieg auf immer üppiger werdenden Almweiden über die Meglisalp (1517 m, idealer Rastplatz), am Seealpsee vorbei ins Appenzellerland bietet die anspruchsvolle **Tour vom Säntisgipfel (2502 m) nach Wasserauen (878 m)** ①. Die Querung des Lisengrates erfordert Schwindelfreiheit und absolute Trittsicherheit. Manchmal zeigen sich hier sogar Steinböcke. Eindrücklich ist der Wandel der Landschaft vom schroffen Fels des Säntismassivs zu den sanften Matten im Talausgang; Zeit: ca. 5 Std. Ausgangspunkt: Schwägalp, von dort mit der Seilbahn zum Gipfel. Nach der Tour von Wasserauen aus mit Bahn und Postbus zurück zur Schwägalp. Natürlich kann die Wanderung auch im Aufstieg gemacht werden! Einkehr: Schwägalp, Meglisalp

Hoher Kasten (1795 m) Mittelschwere Wanderung auf lehrreichem Pfad	Ausgangspunkt: Brülisau (922 m), Aufstieg zum Hohen Kasten, weiter auf dem Geologischen Höhenweg zur Staubern (1750 m) und Saxerlücke (1648 m); Abstieg über Bollenwees (1470 m) und Sämtisersee (1200 m) nach Brülisau; Zeit: ca. 6 Std.; Einkehr: Plattenbödeli, Hoher Kasten, Staubern
Fünfländerblick (892 m) Aussichtsreicher leichter Höhenweg	Ausgangspunkt: das sehenswerte Biedermeierdorf Heiden (807 m); Frauenrüti – Mattenbach – Grub – Rossbüchel – Fünfländerblick (896 m, Panoramablick auf Bodensee) – Unterbilchen – Landegg – Wienacht (722 m); Zeit: ca. 2,5 Std.; Rückkehr mit öffentlichen Verkehrsmitteln; Einkehr: Heiden, Grub, Fünfländerblick, Wienacht
Hochalp (1522 m) Steile, aber leichte Tour im Angesicht des Säntis	Ausgangspunkt: Schwägalp (1352 m); Gmeinen-Wiesen – Chräzerenpass (1269 m) – Spicher (827 m) – Älpli – Chenner – Hochalp (1522 m) – Langboden – Färenstetten – Egg (1029 m) – Ruppen – Urnäsch (832 m); Zeit: ca. 5 Std.; Rückkehr mit öffentlichen Verkehrsmitteln; Einkehr: Schwägalp, Hochalp, Egg, Urnäsch

Alp-Schaukäserei Schwägalp
Dem Senn beim Käsen über die Schulter schauen; geöffnet während der Alpzeit von Mai bis Okt.; Tel. 07 13 65 65 40

ALLGEMEINE INFORMATIONEN

Urlaubsregion	**Appenzellerland** Tourismus AI; Tel. 07 17 88 96 41; E-Mail: info.ai@appenzell.ch; www.appenzell.ch
Orte	**Brülisau • Grub • Heiden** www.appenzell.ch **• Herisau • Hundwil • Schönengrund • St. Gallen** www.ostschweiz-i.ch **• Urnäsch** www.urnaesch.appenzell.ch **• Wasserauen • Weissbad**
Entfernungen	Hamburg 850 km; Berlin 778 km; Köln 601 km; Frankfurt a. M. 433 km; Stuttgart 236 km; München 233 km

einen kurzen Blick in das eng an die Felswand geschmiegte Wildkirchli werfen: eine Einsiedelei mit einer interessanten Ausstellung prähistorischer Knochen und um die 40000 Jahre alter Werkzeuge. Es war eine Sensation, als diese 1904 in den eindrucksvollen Wildkirchli-Höhlen direkt bei der Einsiedelei gefunden wurden. Sie bewiesen erstmals, dass die alpine Urgeschichte wesentlich weiter in die Vergangenheit zurückreicht als bis dahin angenommen.

Doch zurück in die Gegenwart, ins Appenzeller Hügelland: Auch dort ist auf den bekanntesten Aussichtspunkten, die meist von einem Berggasthaus gekrönt sind, oft viel los. Das ist aber durchaus positiv zu verstehen: Eine »Stobete« auf der Hohen Buche bei Trogen, wo die Senner ihr Jodellied, das »Zäuerli«, anstimmen, oder ein Liedernachmittag auf der Hundwilerhöhe werden zu unvergesslichen Erlebnissen. Ebenso wie eine Wanderung durch die nur spärlich bebauten sattgrünen Hänge des Appenzells mit bester Aussicht auf See und Berge. Der Sage nach ist die weitläufige Bebauung das Ergebnis eines Lochs im Sack des Säntis-Riesen, der eigentlich eine Stadt hatte bauen wollen. Doch auf dem Weg zum Bauplatz seien die Häuser nach und nach herausgepurzelt und auf den Matten des Appenzellerlandes gelandet. In Wirklichkeit spiegeln die vielen winzigen Einzelgehöfte die Armut vergangener Jahrhunderte wider. Denn den Kleinbauern stand kaum Land zur Verfügung, oft mussten zwei Kühe und ein paar Kleintiere ganze Großfamilien ernähren. Erst im 19. Jh. entwickelte sich die Textil-Heimindustrie und bot den Bauern eine zusätzliche Einnahmequelle. Bei vielen alten Bauernhäusern sieht man daher noch heute eine Fensterreihe direkt über dem Erdboden – damit das Licht in den Keller gelangte, wo in jeder freien Minute an den Webstühlen gearbeitet wurde.

Das katholische Innerrhoden mit dem Hauptort Appenzell ist bis heute geprägt von Landwirtschaft und Almkultur, während es im reformierten Außerrhoden, vor allem im Hauptort Herisau, einem der Zentren der Industrialisierung im 18. und 19. Jh., moderner zugeht. An der 1597 beschlossenen politischen Trennung der beiden Halbkantone wird auch heute nicht gerüttelt. Touristisch arbeiten die beiden indes schon länger eng zusammen.

Alle Häuser hat der Säntis-Riese unterwegs wohl doch nicht verloren, eine Stadt konnte er immerhin noch bauen: St. Gallen, die heimliche

Restaurants

Berggasthaus Hochalp
Wer die Weite liebt und dazu eine gute Appenzeller Siedwurst mag oder einen »Brocken« Alpkäse, der ist im Berggasthaus Hochalp an der richtigen Adresse. Hier oben, weit über Urnäsch, öffnet sich der Blick auf Säntis, Churfirsten, die Hügel des Appenzellerlandes, den Bodensee und das Schweizer Mittelland. Bei der Wirtefamilie Fuchs packen alle mit an; Tel. 07 13 64 11 15

Hütten

Schäfler (1924 m)
Spektakulär und ausgesetzt liegt die Schäfler-Hütte praktisch auf dem Gipfel des gleichnamigen Berges im Alpstein. Auf allen Seiten geht es nur noch steil bergab. Die Aussicht Richtung Säntis und hinunter ins Appenzell ist beeindruckend. Geöffnet Mai–Oktober; Tel. 07 17 99 11 44 oder 07 17 97 00 38

Hundwilerhöhe (1306 m)
Ganzjährig geöffnet ist das Berggasthaus auf der Hundwilerhöhe. Wirtin Marlies Schoch verwöhnt ihre Gäste mit regionalen Spezialitäten. Im Sommer gibt es an den Wochenenden Konzerte und Diskussionsrunden. Liebespaare übernachten im Himmelbettzimmer mit einer spektakulären Fensterfront; Tel. 07 13 67 12 16

Meglisalp (1517 m)
Mitten ins Leben der Sennerinnen und Senner eintauchen lässt es sich auf der Meglisalp, einer der traditionsreichen Alpbetriebe im Alpstein mit eigener Kapelle. Mai bis Oktober; Tel. 07 17 99 11 28 oder 07 17 99 15 78

Hauptstadt der Appenzeller – zumindest was das Einkaufen und das kulturelle Leben betrifft. St. Gallen mit seinen 74 000 Einwohnern glänzt heute, nach jahrzehntelangem Dornröschenschlaf, mit einem vielseitigen kulturellen und gastronomischen Angebot. Höhepunkte jeder Besichtigung sind der Stiftsbezirk und die Stiftsbibliothek, die 1983 von der UNESCO zum Weltkulturerbe erhoben wurde. Sie beherbergt eine der wertvollsten Sammlungen frühmittelalterlicher Handschriften, darunter einen Klosterplan aus dem Jahr 820. Überaus sehenswert sind nicht nur die Bücher, sondern der Barocksaal selbst, der als einer der schönsten der Schweiz gilt. Mit Schuhen dürfen Besucher ihn nicht betreten, um den wertvollen Parkettboden zu schützen. Die Gäste schlüpfen in übergroße Filzpantoffeln. Ein weiteres Kleinod ist die Mitte des 18. Jh. erbaute Stiftskirche mit ihrem barocken, für damalige Verhältnisse dezent geschmückten Festsaal. Von der wirtschaftlichen Blüte der Textilindustrie um 1900 zeugen noch heute die repräsentativen Jugendstilgeschäftshäuser beim Bahnhof und die herrschaftlichen Villen der Textilunternehmer am Rosenberg.

Nach dem Ausflug in die Stadt kann man sich allerdings schnell wieder in die Natur zurückziehen: Die sanften Hügel des Appenzellerlandes, die sonnigen Ufer des Bodensees oder die steilen Wände des Alpstein bieten unzählige Möglichkeiten für Wanderfreunde und Erholungssuchende.

TOP TIPP Für die meisten Nordostschweizer ist der **Walter Zoo** in Gossau bei St. Gallen ein Begriff. Praktisch jedes Schulkind hat den Kleinzoo mindestens einmal besucht – sei es mit der Klasse oder in Begleitung von Oma, Onkel oder Eltern. Es gibt zwar einige exotische Tiere zu bestaunen, doch der Schwerpunkt liegt heute bei der einheimischen Fauna. Das weitläufige Gelände lädt ein zu ausgiebigen Spaziergängen, für die Kinder gibt es zahlreiche Gelegenheiten zu Sport und Spiel oder einfach zum Bestaunen der vielen Tiere; Tel. 07 13 85 29 77

Wanderkarten

Landeskarte der Schweiz, Wanderkarte 227 T Appenzell; 1:50 000
Landeskarte der Schweiz, Blätter 1115 Säntis, 1114 Nesslau, 1095 Gais, 1094 Degersheim, 1076 St. Margrethen, 1075 Rorschach; 1:25 000

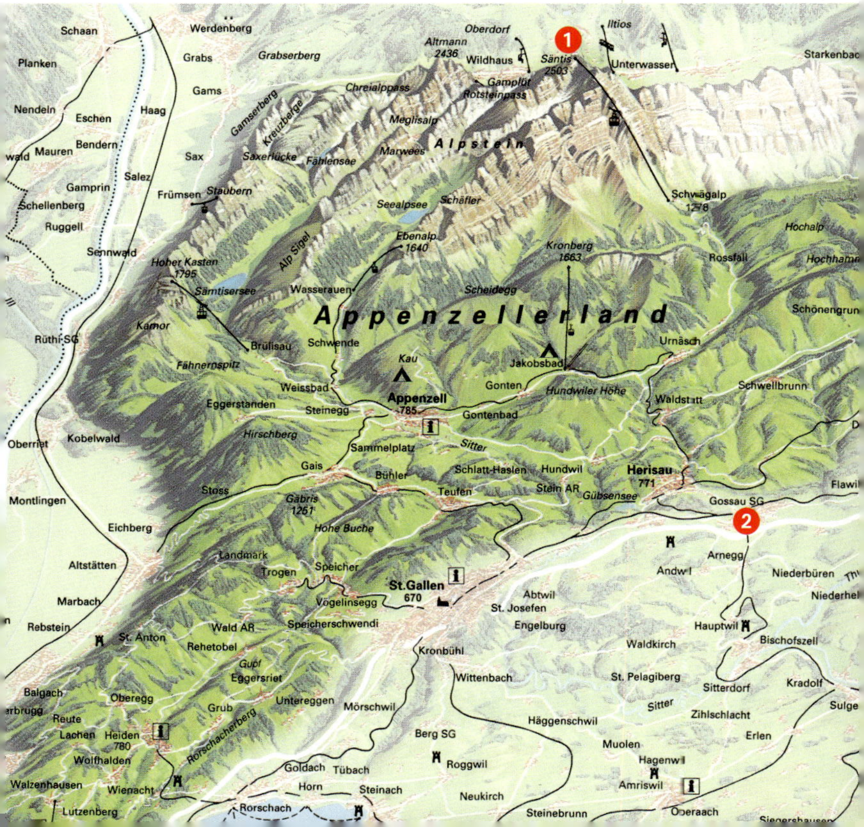

Glarner Land

ADAC Prädikat

SPORT & SPASS

WANDERN & BERGTOUREN

KULTUR & CO.

WELLNESS & GENUSS

Spannende Kontraste zwischen Linthal und Klausenpass

Eindrucksvolle Gegensätze sind es, die das Glarner Land zu einer für Wanderer und Familien spannenden Urlaubsregion machen. Versteckt von den schroff aus dem »brettlebenen« Linthal aufragenden Wänden liegen idyllische Dörfer, ein verträumter See und stolze Gipfel – die können allerdings nicht von jedem bestiegen werden. Die Spuren der Vergangenheit lassen sich aber von allen Besuchern entdecken.

Wie ein flacher, grüner Keil schiebt sich das Linthal von Norden her in die mächtigen Gebirgsstöcke der Glarner Alpen. Steil ragen im Westen die Flanken des Glärnischmassivs auf mehr als 2900 m auf, gegenüber thronen Mürtschenstock, Karrenstock, Kärpf und Hausstock. Im Süden schiebt der Tödi, der mit 3614 m höchste Gipfel der Region, einen mächtigen Riegel vor. Dieser Wucht scheint das Tal demütig in einem sanften Bogen nach Westen auszuweichen. Doch auch dort geht es steil bergauf, bis sich oben unvermutet das weite Almgelände des Urner Bodens öffnet. Wie ein Wächter ragt darüber der Claridenstock auf – mit seiner direkt zum Urner Boden hin abfallenden Nordwand. Hier verlässt man bereits das Glarner Land und kommt nach Uri, obwohl die Passhöhe auf 1948 m noch gar nicht erreicht ist. Unter Motorradfahrern gilt der Klausenpass als Geheimtipp, manche halten ihn sogar für den landschaftlich abwechslungsreichsten Pass der Schweiz. Bergfreunde sehen das ähnlich: An den Jegerstöcken finden Kletterer ihr Revier, am Claridenstock können die Steigeisen

Ein mächtiger Felsklotz über der Kantonshauptstadt Glarus: der Glärnisch. Im Hintergrund dominiert der eisbedeckte Tödi.

the perfect day

10 Uhr: Besichtigung der Schiefertafelfabrik Elm
12 Uhr: Fahrt mit der nostalgischen Niderenseilbahn (offene Kabinen) auf die Niderenalp, Wanderung zur Tschinglen-Schlucht
17 Uhr: Kühlender Sprung ins Wasser im Schwimmbad Schwändli bei Schwanden
20 Uhr: Abendessen bei Kerzenschein im stilvollen Hotel Glarnerhof in Glarus

WANDERN & BERGTOUREN

TOP TIPP

Eine Wanderung mitten durch das älteste Wildschutzgebiet Europas, den **Freiberg Kärpf**. Skulpturen erinnern an die Entstehungsgeschichte des Freibergs. Die Wanderung führt entlang des Stausees auf der Mettmenalp zum Oberstafel der Niederenalp. In der Alphütte stärkt man sich mit frischem Alpkäse. Weiter geht´s auf das Hochplateau Hintere Matt; nach dem Wildmad erfolgt der Abstieg Richtung Pleus/Elm zuerst über einen steilen Weg, dann über die Naturstraße. Route: Mettmenalp – Wildmaadfurggeli – Pleus – Ämpächli; Gehzeit 5 Std. Tipp: Beim Abzweiger Mildmaad den Weg zur neu renovierten Leglerhütte wählen und dort eine Nacht in der einmaligen Bergwelt verbringen.

Braunwaldalp (1486 m) Leichte Wanderung mit Panorama-Garantie	Ausgangspunkt: Schwanden (521 m) – Weiden – Leuggelen (875 m) – Mittlerer Stafel (1386 m) – Braunwaldalp – Braunwald Station (1286 m) – Abfahrt mit dem Schrägaufzug nach Linthal, mit dem Bus zurück nach Schwanden; Zeit: ca. 5,5 Std.; Einkehr: Leuggelen, Mittlerer Stafel, Braunwald
Gelb Chopf (2117 m) Mittelschwere Rundwanderung mit idyllischem Bergsee	Ausgangspunkt: Elm, Bergstation Empächli (1485 m) – Ober Empächli – Gelb Chopf – Chüebodensee (2050 m) – Chuenz – Bergstation Empächli, mit Seilbahn zurück nach Elm; Zeit: ca. 4 Std.; Einkehr: Bergrestaurant Schabell

angeschnallt werden und unten am Urner Boden genießen Wanderer und Spaziergänger die hochalpine Kulisse.

Es lohnt sich allerdings, die Ebene des Linthals auch an anderen Stellen zu verlassen und sich auf schmalen Straßen in die beiden Seitentäler zu wagen. Zu entdecken gibt es dort z.B. den Klöntaler See, der sich schmal in das enge Tal zwischen Glärnisch und Mutteristock hineinzwängt. Ein spektakulärer Höhenweg führt von hier aus, zum Teil mit Drahtseilen gesichert, durch die Felsflanke zum Gipfel des Vorderglärnisch. Wer nicht absolut trittsicher ist, bleibt lieber unten am Klöntaler See und begibt sich zu Fuß oder mit dem Mountainbike Richtung Pragelpass, der hinüber ins Muotathal führt.

Ein Berg bricht zusammen

Bereits zur Römerzeit wurde im Talkessel von Elm der besonders weiche Schiefer abgebaut. 1861 setzte am Tschingelberg die intensive Gewinnung von Schiefer ein. Sorglos höhlten die Arbeiter im Tagebau einen ganzen Gebirgsstock, den Plattenberg Engi, nach und nach aus, bis am 11. September 1881 der ganze Berg in sich zusammenbrach und auf 2,4 km Länge ins Tal donnerte. 84 Häuser wurden dadurch buchstäblich weggefegt, 114 Menschen unter 11 Mio. m^3 Gesteinsmassen begraben. Zehn Jahre später nahm man die Arbeit wieder auf, diesmal vorsichtiger, im Stollenbau, bis das Schieferbergwerk 1961 stillgelegt wurde. Der Schuttkegel ist heute mit Gras überwachsen; in den Stollen aus schwarzem Stein finden Führungen, manchmal auch Konzerte statt. Sehenswert ist auch die – seit 1983 ebenfalls historische – Schiefertafelfabrik im Herzen von Elm. Sie ist umgeben von schmucken Holzhäusern, die unter Denkmalschutz gestellt wurden.

Hütten

Leglerhütte (2273 m)
Schlichte, heimelige Berghütte im ältesten Wildschutzgebiet Europas. Hier wird Einfachheit geradezu zelebriert – sie soll einen Kontrast bilden zum im Vergleich dazu eher luxuriösen Leben im Unterland. Anmeldung erwünscht. 60 Lager.
Tel. 05 56 40 81 77

Martinsmad-Hütte (2002 m)
Lohnend ist schon der Hüttenzustieg von Elm durch die Tschinglen-Schlucht – vorbei an bizarren Schieferwänden, Wasserfällen und Almwiesen. Der Weg ist zum Teil abgesichert, Trittsicherheit aber unbedingt erforderlich (ca. 3,5 Std.). Einfacher geht's mit der Luftseilbahn zur Niderenalp, von dort in ca. 2,5 Std. zur Hütte. Auch für Familien mit Kindern geeignet. Mögliche Touren: z.B. auf Mittetaghorn (2415 m) und Glarner Vorab (3018 m); Klettergarten Schneehorn (gut für Kinder!), alpine Routen am Piz Grisch und am Gletscherhorn. 60 Lager;
Tel. 05 56 42 12 12

Glärnischhütte (1992 m)
Am Fuße des Glärnischmassives gelegen, idealer Ausgangspunkt für Bergtouren. 120 Lager;
Tel. 05 56 40 64 0

Europas höchstgelegener Rosengarten

Neben dem Tourismus spielt die Industrie im Glarner Land bis heute die wichtigste Rolle im Wirtschaftsleben, während die Bedeutung der Landwirtschaft auch hier immer weiter zurückgeht. Dennoch sind für eine Ferienregion die Bauern und Sennen besonders wichtig. Dass sie maßgeblich am Erhalt der Kulturlandschaft beteiligt sind, fällt gerade in Braunwald, der autofreien Sonnen- und Aussichtsterrasse des Glarner Landes, ins Auge. Wer dort hingelangen will, dem bleibt nichts anderes übrig, als im Tal auf das Bähnli, eine Standseilbahn, umzusteigen. Weit verstreut liegen oben die Bauernhöfe, die Gasthäuser und verschiedene Freizeiteinrichtungen auf den Almwiesen. Und dazwischen, wie ein Wunder, einzigartige Rosengärten. Rund 500 verschiedene Sorten sollen hier an mehr als 4000 Rosenstöcken erblühen. Eingehüllt in den Duft von Europas höchstem Rosengarten (1200 – 1900 m), werden viele Gäste in Braunwald die Wanderschuhe anziehen, um z.B. zum sagenumwobenen Oberblegisee zu marschie-

Klettersteige über die Eggstöcke

Die Eggstöcke hoch über Braunwald wirken unbezwingbar. Doch kühn angelegte, anspruchsvolle Klettersteige mit Sprossen, Leitern und Stahlseilen machen das Unmögliche möglich: Auch Kinder ab 12 Jahre kommen hier hoch – wie die Erwachsenen mit der entsprechenden kompletten Sicherheitsausrüstung ausgestattet (Klettergurt und Helm sind obligatorisch). Schwindelfreiheit, Trittsicherheit und gute Kondition erforderlich;
Tel. 05 56 53 65 65,
www.klettersteige.ch

ren. Wer noch höher hinaufwill, kann auch über einen anspruchsvollen Klettersteig bis auf den Eggstock steigen und von dort oben bestaunen, wie sich der flache grüne Keil des Linthals 1800 m weiter unten zart und doch unbeirrt weit zwischen die schroffen Bergmassive schiebt.

ALLGEMEINE INFORMATIONEN

Urlaubsregion	Touristinfo **Glarnerland**; Tel. 05 56 10 21 25; E-Mail: info@glarnerland.ch; www.glarnerland.ch
Orte	**Braunwald** www.braunwald.ch • **Elm** www.elm.ch • **Ennenda** • **Glarus** www.stadt-glarus.ch • **Kerenzerberg** www.kerenzerberg.ch **Linthal** www.linthal-rueti.ch • **Matt** • **Näfels** www.naefels.ch • **Niederurnen** • **Netstal** • **Schwanden**
Entfernungen	Hamburg 914 km; Berlin 842 km; Köln 644 km; Frankfurt a. M. 477 km; Stuttgart 288 km; München 298 km

Bizarres Felsenfenster

Das Martinsloch ist ein Felsenfenster (17 m hoch und 19 m breit) auf 2600 m im Großen Tschingelhorn bei Elm. Zweimal im Jahr (rund eine Woche vor Frühlingsbeginn und nach dem Herbstanfang) scheint die Sonne am Morgen genau durch das Loch im Fels auf den Kirchturm von Elm. In bestimmten Abständen zeigt sich auch der Vollmond, was fast noch eindrucksvoller ist. Genaue Daten beim Verkehrsbüro Elm erfragen, Tel. 05 56 42 52 52, www.elm.ch

Glarner Schabziger

Nur aus dem Kanton Glarus kommt der Glarner Schabziger, ein ausgesprochen würziger Käse, der seit bald 1000 Jahren nach dem gleichen Rezept hergestellt wird. Damit ist er der älteste Markenartikel der Schweiz. Schabziger wird in alle Welt exportiert. Im Kanton ist er in den meisten Lebensmittelgeschäften erhältlich.
www.geska.ch

Wanderkarten

Landeskarte der Schweiz, Blätter 236 T Lachen, 237 T Walenstadt, 246 T Klausenpass, 247 T Sardona; 1:50 000
Landeskarte der Schweiz Blätter 1153 Klöntal, 1154 Spitzmeilen, 1173 Linthal, 1174 Elm, 1193 Tödi; 1:25 000

Liechtenstein

ADAC Prädikat

SPORT & SPASS

WANDERN & BERGTOUREN

KULTUR & CO.

WELLNESS & GENUSS

Großes Angebot auf kleinem Raum

Wie ein mächtiger Keil schiebt sich der felsige Kamm der Drei Schwestern ins ebene, 1600 Höhenmeter tiefer liegende Rheintal. Auf der Sonnenseite flachen die bedrohlichen Wände der letzten Ausläufer des Rätikons ab und machen einem kleinen Urlaubsparadies mit herrlichen Almwiesen Platz.

Im Osten bilden die Felskämme zwischen Drei Schwestern und Falkniss die Grenze zu Österreich, im Westen trennt der Alpenrhein das Fürstentum von der Schweiz. Insgesamt 400 km Wanderwege erschließen felsige Grate und herrliche Almen bis hinunter zum Naturschutzgebiet am Ruggeller Riet entlang des Rheindamms.
Die Hauptstadt Vaduz, die von der mächtigen Burg (12. Jh.) überragt

WANDERN & BERGTOUREN

TOP TIPP

Den **Fürstensteig** ließ Fürst Johann II. 1898 errichten, um den Tourismus anzukurbeln. Und auch heute ist die Bergwanderung zum höchsten Punkt der Drei-Schwestern-Kette, dem Kuhgrat (2123 m), ein Erlebnis. Ausgangspunkt ist der Parkplatz beim Gasthaus Gaflei (1483 m) oberhalb von Triesenberg. Durch herrlichen Bergwald zum Einstieg in die steile, zerfurchte Gipsflanke, durch die sich der Fürstensteig zieht. Da der Weg gut gesichert ist, können auch trittsichere Bergwanderer den Steig mit spektakulären Tiefblicken ins Rheintal ohne Probleme meistern. Nach dem Gafleisattel (1856 m) wird der Weg zahmer und führt zur Gafleispitze (2000 m). Kurzer Abstieg, dann hinauf zum höchsten Punkt, dem Kuhgrat (2133 m). Über dem 1600 m tiefer liegenden Rheintal ragen die Gipfel in die Höhe, im Norden blitzt der Bodensee. Abstieg zurück bis unterhalb des Gafleisattels. Dort dem Wegweiser »Kamin Bargella« folgen. In Serpentinen den Steilhang hinauf bis zum Kamin, einer schmalen Felsscharte (1937 m) mit prächtiger Aussicht, hinunter nach Steg. Nun Abstieg durch das Blumenmeer der Almwiesen über den Bargellasattel zurück nach Gaflei; Zeit: ca. 5 Std.; Einkehr: Gasthaus Gaflei. Geführte Touren bietet der Liechtensteiner Alpenverein an; Tel. 02 32 98 12; www.alpenverein.li

Naafkopf (2570 m) Lange, mittelschwere Tour zu prächtigem Aussichtsberg	Ausgangspunkt: Steg/Gänglesee (1303 m); durch das malerische, blumenreiche Saminatal nach Valüna (1416 m) – Obersäss (1646 m) – durch das Naaftal zur Pfälzerhütte (2108 m, evtl. Übernachtung) – auf schmalem Bergsteig zum Gipfel mit prachtvoller Aussicht ins Rheintal, auf die Gipfel Graubündens und des Rätikons; Abstieg wie Aufstieg; Trittsicherheit und Schwindelfreiheit im Gipfelbereich erforderlich; Zeit: ca. 8 Std.; Einkehr: Valüna, Pfälzerhütte
Augstenberg (2359 m) Aussichtsreiche, mittelschwere Rundwanderung im Herzen Liechtensteins	Ausgangspunkt: Malbun/Bergstation Sareis (2003 m); Fürstin-Gina-Weg: Sareiser Joch (2000 m) – Spitz (2186 m) – Augstenberg – Pfälzerhütte (2108 m) – Alpe Gritsch (1897 m) – kurzer Aufstieg zur Tälihöhi (2056 m) – Vaduzer Täli – Malbun; Trittsicherheit und Schwindelfreiheit nötig; Zeit: ca. 5 Std.; Einkehr: Sareis, Pfälzerhütte
Ruggeller Riet (433 m) Spaziergang durch einzigartige Torflandschaft	Ausgangspunkt: Ruggell (433 m); Limseneck – Haldenmäder – Hohla Kär – Versunknes Bad – Zollhaus – Evimäder – Weienau – Bangserfeld – auf dem Rheindamm zurück nach Ruggell; wunderschöner Spaziergang durch das Naturparadies, bei dem seltene Tiere und Pflanzen entdeckt werden können; Zeit: ca. 2 Std.

Landesmuseum
Untergebracht in zwei historischen Häusern und einem Neubau, werden im Liechtensteinischen Landesmuseum in Vaduz Kulturgeschichte, Landes- und Naturkunde eindrucksvoll miteinander vereint. Zu sehen sind unter anderem Funde aus der Bronzezeit, die Knochen eines 250 Mio. Jahre alten Nothosauriers sowie eindrucksvolle Werke der Volkskunde;
www.landesmuseum.li

Kunstmuseum Liechtenstein
Die Sammlung des staatlichen Ausstellungshauses konzentriert sich auf internationale moderne und zeitgenössische Kunst. Zu bestaunen sind Werke aus den eigenen Sammlungsbeständen und Wechselausstellungen zur Kunst seit 1900. Als Highlight sind die Sammlungen des Fürsten von Liechtenstein mit thematischen Ausstellungen zu Gast.
www.kunstmuseum.li

the perfect day

8.30 Uhr: Mit dem Auto zum Gasthof Gaflei, Wanderung über den Fürstensteig auf den Kuhgrat, Gipfelrast mit Panorama genießen, Abstieg über den Gafleisattel
14 Uhr: Fahrt nach Vaduz, Besuch des Liechtensteiner Landesmuseums oder Kunstmuseums
17 Uhr: Stadtbummel in Vaduz
19 Uhr: Besuch einer kulturellen Veranstaltung in der Burg Gutenberg in Balzers

Stilles Bergparadies hoch über Vaduz am Gängle-See bei Steg

wird, ist alles andere als ein verschlafenes Bergnest. An den Hängen wächst dank Sonne und Föhn ein vorzüglicher Wein. Im Kunstmuseum zeigt Fürst Hans-Adam II. von und zu Liechtenstein Werke aus seiner Privatsammlung. Sehenswert ist auch das Landesmuseum. Im Postmuseum sind unter anderem die »kleinen Kunstwerke Liechtensteins«, die Briefmarken, samt Originalentwürfen ausgestellt.
Das Schloss, in dem der Fürst lebt und regiert, ist für die Öffentlichkeit nicht zugänglich. Entstanden ist die Grafschaft Vaduz 1342, Ende des 18. Jh. kauften die Liechtensteiner die Herrschaften Vaduz und Schellenberg und gaben dem Fürstentum ihren Namen. 1806 erlangte man die Souveränität. Bis zum Ersten Weltkrieg hielt sich Liechtenstein eng an Österreich. Danach entschied man sich für die Schweiz, ersetzte Österreichische Kronen durch Schweizer Franken und teilte mit den Eidgenossen Telefonnetz und Postwesen.
Auch Balzers, die südlichste Gemeinde des Fürstentums, wird von einer Burg bewacht. Zwischen Balzers und Triesen liegt das Blumenparadies Lawenatal. Wer das Tal hinaufwandert, kommt in die uralte Walsersiedlung Tuass, die malerischer nicht sein könnte. Im Walsermuseum ist die Geschichte der Walser hervorragend dokumentiert.

ALLGEMEINE INFORMATIONEN

Urlaubsregion	**Liechtenstein** Tourismus Tel. 02 39 63 00; E-Mail: info@tourismus.li; www.tourismus.li
Orte	**Balzers** www.balzers.li • **Eschen** www.eschen.li • **Gamprin-Bendern** www.gamprin-bendern.li • **Malbun** www.malbun.li • **Mauren-Schaanwald** www.mauren.li • **Planken** www.planken.li • **Ruggell** www.ruggell.li • **Schaan** www.schaan.li • **Schellenberg** www.schellenberg.li • **Triesen** www.triesen.li • **Triesenberg** www.triesenberg.li • **Vaduz** www.vaduz.li • **Malbun** www.malbun.li • **Planken** www.planken.li • **Ruggell** www.ruggell.li • **Triesenberg** www.triesenberg.li •
Entfernungen	Hamburg 860 km; Berlin 788 km; Köln 648 km; Frankfurt a. M. 478 km; Stuttgart 273 km; München 244 km

Hütten

Gafadurahütte (1428 m)
Wunderschöne, auf einer aussichtsreichen Waldlichtung gelegene Hütte. Ideales Ausflugsziel für Familien, egal ob zu Fuß oder mit dem Mountainbike. Wer weiter möchte, trittsicher und schwindelfrei ist, steigt hinauf zu den Drei Schwestern (2052 m, eine schwierige Passage ist mit Drahtseilen gesichert). Ausgangspunkt ist das malerische Walserdorf Planken (786 m) oberhalb von Schaan; Zeit: ca. 1,5 Std.; Tel. 00 41 79/2 60 14 58; www.alpenverein.li

Pfälzerhütte (2111 m)
Gemütliche Hütte auf dem Bettlerjoch, unterhalb des Naafkopfs (2570 m), genau auf der Grenze zwischen Österreich und Liechtenstein; Zustieg von Malbun durch das Vaduzer Täli in ca. 2,5 Std. oder durch das blumenreiche Saminatal von Steg (1303 m) aus (ca. 3 Std.); Tel. 02 63 36 79

Wanderkarten

Wanderkarte des Fürstentums Liechtenstein; 1:25 000, erhältlich u.a. bei Tourist-Infos
Freytag & Berndt; WK 371 Bludenz, Klostertal, Brandnertal, Montafon; 1:50 000

Flims – Laax – Falera

ADAC Prädikat

SPORT & SPASS

WANDERN & BERGTOUREN

KULTUR & CO.

WELLNESS & GENUSS

Paradies für Wanderer und Mountainbiker

Die Gegend um Flims, Laax und Falera steckt voller Naturwunder. Tief eingeschnittene Schluchten, steile Kalksteinklippen, bizarre Felsformationen und malerische Seen sind die ideale Kulisse für eine Ferienregion, die ihren Gästen zahllose Sportmöglichkeiten bietet. Vom Wandern und Klettern übers Paragliden bis hin zu Rafting und Mountainbiken ist hier alles drin.

Farbtupfer in einer Region voller Naturwunder: Im Herbst ist Flims ein Treffpunkt für Ballonfahrer.

Ihre spektakulärste Attraktion verdankt die »Alpenarena« von Flims, Laax und Falera einer Naturkatastrophe. In der Späteiszeit donnerten bei einem Bergsturz 15 Mrd. m^3 Fels vom Flimserstein zu Tal. Die Abbruchnische ist noch heute am Cassonsgrat oberhalb von Flims zu erkennen. Der Talboden war bis zu 800 m hoch mit Schutt bedeckt, und durch dieses Geröll bahnte sich im Laufe der Zeit der Vorderrhein seinen Weg. Heute kann man das Naturwunder der Rheinschlucht – die auch Ruinaulta genannt wird (rätoromanisch für »hoher Abbruch«) oder neudeutsch »Little Swiss Grand Canyon« – auf verschiedene Weise selbst in Augenschein nehmen, etwa bei einer Fahrt mit der Rhätischen Bahn (www.rhb.ch) direkt am Fluss entlang. Das Kernstück des Ruinaulta-Pfades zwischen den Stationen Versam und Valendas sollte man aber unbedingt zu Fuß bewältigen. Zwar geht es in etwa eineinhalb Stunden etwas mühsam bergauf und bergab, aber die Wanderung direkt unter den grotesk ausgewaschenen, mehrere hundert Meter hohen Felswänden ist ein einmaliges Erlebnis.

Wer jedoch wegen des vielfältigen Sportangebotes in die Alpenarena gekommen ist, wird sich der Rheinschlucht lieber sportlich nähern wollen. Das ist beim Rafting oder beim so genannten »River

the perfect day

9 Uhr: Fahrt per Sesselbahn von Flims nach Naraus und Panoramawanderung über Startgels nach Foppa
12 Uhr: Mittagessen im Bergrestaurant Foppa
14 Uhr: Rückfahrt mit dem Tretroller (»Trottinett«, Verleih in Foppa; Infos unter Tel. 08 19 27 79 73) nach Flims; nachmittags relaxen am Caumasee
20 Uhr: Abendessen im Restaurant Tegia Larnags in Laax; Reservierung nötig (Tel. 08 19 27 99 10)

Boogie« möglich, bei dem sich Wagemutige mit einem Mini-Floß in die Fluten stürzen und auf diese Weise das wilde Wasser hautnah erleben können. Überhaupt ist die Alpenarena ein Paradies für Sportler: Mountainbiken, Wandern, Klettern, Gleitschirmfliegen, Golfen, Reiten – kaum eine Sportart, die nicht angeboten wird. Mountainbiken etwa darf man mit der entsprechenden Rücksicht grundsätzlich auf allen Wegen, also auch auf den zahlreichen Wanderrouten. Das auf diese Weise entstandene Wegenetz umfasst insgesamt knapp 240 km. Downhiller lassen sich mit der Bahn zum Crap Sogn Gion bringen; von dort nehmen sie die anspruchsvolle Steilabfahrt hinunter nach Laax-Murschetg unter die grobstolligen Reifen. Weniger Geübte sollten leichtere Touren bevorzugen wie von Laax-Murschetg zum Caumasee, an dem es sich wunderbar rasten und baden lässt. Auch die technisch einfache, kurze Tour von Murschetg über Conn nach Flims und zurück zum Ausgangspunkt ist eine tolle Runde mit grandiosen Einblicken in die Rheinschlucht.

WANDERN & BERGTOUREN

TOP TIPP

Die **3-Seen-Wanderung** (mittelschwere Wanderung; Zeit: ca. 4 Std.) zählt zu den absoluten Wanderhighlights. Vom Restaurant Post in Flims Waldhaus westwärts zum versteckt liegenden, kreisrunden Lag Prau Pultè (1122 m). Die Kantonsstraße überqueren und weiter zum bananenförmigen Lag Prau Tuleritg. Von dort zum smaragdfarben schimmernden, unterirdisch gespeisten Lag la Cauma (997 m) mit seinen zahlreichen Buchten. Hier empfiehlt sich im Hochsommer ein Badestopp. Weiter nach Conn und anschließend zum Lag la Cresta (844 m). Von dort entweder zu Fuß durch die Felsbachschlucht oder per Bus zurück nach Flims.

Fil da Cassons (2634 m) – **Naraus** (1838 m) Wunderschöne Marathon-Wanderung für Berggänger mit Erfahrung und viel Ausdauer	Ausgangspunkt: Flims Dorf (1081 m); mit Sessellift und Seilbahn nach Cassons (2634 m); in nördlicher Richtung über die Fuorcla Raschaglius (2551 m) bis unter den Segnasgletscher (2500 m) – Segnasboden – Pas dil Segnas – La Siala (2459 m) – Muletg da Steris (2465 m) – zum wasserreichen Segnas Sut (2099 m) – Segnashütte (2102 m) – Muletg Veder – Seilbahnstation Naraus (1838 m) – von hier per Seilbahn zurück nach Flims; Zeit: ca. 8 Std.; Einkehr: Cassonsgrat Edelweiß, Segnashütte, Enzian Naraus
Flims (1089 m) – **Pinut** (2000 m) – **Bargis** (1552 m) Historischer Klettersteig Pinut mit Panoramablick für Schwindelfreie	Ausgangspunkt: Flims Dorf; per Bus bis zur Haltestelle Milchseilbahn in Fidaz (1189 m)– dem schmalen Bächlein entlang aufsteigen zum Einstieg des historischen Klettersteiges Pinut (1400 m) – über Eisentreppen, durch ein natürliches Tunnel, Felsbänder und Alpwiesen auf den Flimserstein (1900 m) – Richtung Norden zur Alp Stavel Sut (2054) – Abstieg nach Bargis (1552 m) und mit dem Bus nach Flims ca. 4 - 5 Std.; Einkehr: Alp Stavel Sut, Berghaus Bargis
Naraus (1838 m) – **Flims** (1081 m) Leichte Bergab-Wanderung mit schönem Einblick in die Alpenarena	Ausgangspunkt: Flims Busstation (1088 m); Seilbahn nach Naraus (1838 m) – über die Alpweiden Richtung Punt Desch (1760 m) – beim Abstieg nach Startgels (1587 m) säumen botanische Raritäten wie Türkenbund und Feuerlilie den Pfad – bei Startgels den Weg über den »Uaul Runcs« (Bärenboden) einschlagen – über das Val Stenna zurück nach Flims Dorf; Zeit: ca. 3,5 Std.; Einkehr: Alpenrose Startgels, Bergrestaurant Foppa

Hütten

Segneshütte (2102 m)
Die bewirtete Hütte liegt aussichtsreich oberhalb von Flims und ist ein beliebtes Ziel für Mountainbiker und Wanderer. Gegen den Hunger gibt es Feines und Uriges aus Küche und Keller.
Tel. 08 19 27 99 25

Berghaus Bargis (1549 m)
Das heimelige Berghaus Bargis im schön gelegenen Hochtal ist ein beliebtes Ausflugszeil für jung und alt. Erreichbar mit dem Arena Shuttle ab Flims, Laax und Falera.
Tel. 08 19 11 11 45

Martinsmad (2002 m)
Die Martinsmadhütte liegt in einer wilden Landschaft oberhalb Elm, eingebettet zwischen den Zwölfihörnern und dem Laaxer Stöckli am Nordabfall der Vorab.
Tel. 05 56 42 23 80

Restaurants

Edelweiß Cassonsgrat (2634 m)
Kleines Restaurant mit einmaligem Panoramablick; Spezialität ist das Gipfelraclette;
Tel. 08 19 11 58 98

Restaurant Conn
Wirt Guido Casty führt unvergleichlich gute Trinser Birnenravioli auf der Speisekarte. Aber auch wegen des faszinierenden Blicks in die Rheinschlucht ist das Restaurant immer einen Besuch wert. Top-Weinkarte!
Tel. 08 19 11 12 31

SPORT & SPASS

TOP TIPP Drei **Nordic-Walking-Rundkurse** führen durch den Flimser Großwald und bieten spektakuläre Ausblicke auf den Caumasee und die Rheinschlucht. Am 5,2-km-Trail sind Hinweistafeln aufgestellt, die Informationen zur richtigen Technik, der gesunden Belastungsintensität und zum Koordinationstraining vermitteln. Die kurze (2,9 km) und die lange Rundstrecke (10,5 km) sind ebenfalls mit Wegweisern ausgeschildert. Start zu allen drei Routen ist beim Sportzentrum Prau La Selva in Flims. Dort befinden sich Garderoben und Duschen, außerdem können Stöcke und Pulsmessgeräte entliehen werden und es gibt Schnupperkurse für Einsteiger; Tel. 08 19 20 91 91

Mountainbiken Senda Sursilvana	Ausgangspunkt: Laax Staderas; auf dem Fernwanderweg »Senda Sursilvana« (bitte Rücksicht auf Wanderer nehmen) nach Falera, weiter über Ladir – Siat – Pigniu – Andiast – nach Waltensburg, dort über den Rhein nach Ilanz – Sagogn – zurück nach Laax Murschetg; Zeit/Charakter: ca. 4 Std./ Schotter und Wanderwege, mittelschwer Insgesamt 233 km markierte Freeride-, Cross-Country- und Straßenwege; anspruchsvolle 7-km-Downhill-Strecke (Ausgangspunkt: Crap Sogn Gion; Mountainbiken ist auf allen Wegen erlaubt – bitte Rücksicht auf Wanderer nehmen! Detaillierte Karte mit Tourenvorschlägen ist in den Informationsbüros der Alpenarena erhältlich
Klettergärten Crap la Tgina	Crap la Tigna: Einseillängen-Routen in festem Hochgebirgskalk beim Cassonsgrat, komplett eingerichtet Segnasboden: Mehrseillängen-Touren bis 120 m Länge in rauem Kalk, komplett eingerichtet Crap Sogn Gion: Künstliche Kletterwand an der Außenseite des Luftseilbahn-Gebäudes; mehrere Routen in den Schwierigkeitsgraden 5–8

Paragliding
Startplätze: Cassons oder Naraus; Schnupper-, Intensiv- und Weiterbildungskurse bei X-Dream Fly Flims; Tel. 07 92 91 45 12

Hochseilgarten
Outdoor- und Indoor-Anlage, Flims Waldhaus Im Areal des Park Hotels Waldhaus; die »Outdoor Training Academy« hat hier eine Anlage unter freiem Himmel im Wald eingerichtet; außerdem Indoor-Anlage »Hochseiloase«; unter Betreuung der OTA sind beide Anlagen öffentlich zugänglich; Programme für Familien und Kinder; Tel. 07 63 87 95 78

Wassersport
Ein mitreißendes Erlebnis: Auf den Wellen den Vorderrhein hinunter – eine der faszinierendsten Strecken Europas für Kanu, Kajak und Riverrafting. Zwischen Ilanz und Reichenau gibt es sieben Ein- und Ausbootstellen sowie markierte Rastplätze. Ganz- und Halbtages-Trips mit erfahrenen Guides bei Flims Laax Falera Tourismus, Tel. 0819 20 92 00.

Kulinarik-Trails
Die Kulinarik-Trails »Berg & Sicht« (5-Gang-Menü) sowie »Wald & Wasser« (3-Gang-Menü) verbinden die körperliche Anstrengung des Wanderns mit kulinarischen Erlebnissen in ausgesuchten Restaurants. Die Broschüre mit Routen und Menüs ist bei den Informationsbüros der Alpenarena in Flims, Laax und Falera erhältlich; Tel. 08 19 20 92 00

Wandern im »Großen Wald«

Und auch Wanderer kommen voll auf ihre Kosten. Von leichten Spaziergängen im »Großen Wald« von Flims bis hin zu knackigen Bergtouren für Geübte bieten die Wanderwege genügend Abwechslung für viele Urlaubstage. Dort, wo im Winter Ski- und Snowboardfahrer die weitläufigen Pisten der »Weißen Arena« genießen, führen im Sommer aussichtsreiche Panoramawege an stattlichen Felsformationen vorbei; durch blühende Wiesen geht es zu malerischen Seen und anderen lohnenswerten Zielen. Ein Muss für Genusswanderer ist zum Beispiel der »Große Wald«, der auf jenem Plateau gewachsen ist, das die Gesteinsmassen des Bergsturzes nahe des Rheins aufgeschüttet haben. Touren im »Uaul Grond«, wie die Landschaft auf Rätoromanisch heißt, führen auf gepflegten Wegen etwa zum Cauma- oder zum Crestasee, wo sich Naturerlebnis und Entspannung im Hochsommer beim (Sonnen-)Baden ideal kombinieren lassen.
Alpiner geht es dagegen oberhalb der drei Dörfer Flims, Laax und Falera zu. Für eine Tagestour, die beim aussichtsreichen Cassonsgrat startet, nimmt man von Flims aus am besten die Bergbahnen hinauf auf 2634 m Höhe. Oben erwartet den Besucher ein herrliches Bergpanorama, unter anderem mit Blick auf die charakteristische Zackenkette der fast 3000 m hohen Tschingelhörner. Für den Weg ins Tal bieten sich dann verschiedene mehr oder weniger schnelle Varianten an. Der Cassonsgrat ist ein beliebter Startplatz für Paraglider. Wer sich für Natur und Geologie interessiert, sollte den Naturlehrpfad

besuchen; Informationstafeln erläutern die Besonderheiten aus Flora und Fauna (zweistündiger Rundweg ab Cassonsgrat). Der Panoramaweg in östlicher Richtung über den Flimserstein nach Bargis und von dort zurück nach Flims ist anstrengend, weil insgesamt fast 1600 Höhenmeter im Abstieg bewältigt werden müssen, aber sehr lohnend (Gesamtzeit: ca. 4 Std.). Müde Wanderer können ab Bargis auch mit dem Bus fahren. Alle Routen sind perfekt ausgeschildert, Ausgangs- und Endpunkte meist bequem mit Zug, Bus oder Bergbahn erreichbar.

Im Reich der Wanderer und Sportler kommt auch der Genuss nicht zu kurz. Vier Wellness-Hotels gibt es in der Region, die jede erdenkliche Form der entspannenden Behandlung bieten: von Ayurveda über Shiatsu bis Thalasso. Wem es mehr ums gute Essen geht, sollte Angenehmes und Nützliches verbinden und einem der »Kulinarik-Trails« einen Besuch abstatten. Hier stehen gemütliches Wandern und gutes Essen im Einklang miteinander. Entspannen kann man auch an einem anderen Ort, der noch dazu historische Bedeutung hat: Auf einer kleinen Erhebung am Rand des Ortes Falera errichteten bronzezeitliche Bewohner vor etwa 3500 Jahren mehrere Reihen aus insgesamt 34 aufgerichteten Steinen, so genannten Megalithen. Über die Bedeutung des als »Parc la Mutta« bezeichneten Monumentes ist wenig bekannt, es könnte sich jedoch um ein frühes astronomisches Zentrum handeln. Verlängert man nämlich die wichtigste Steinreihe, eine Linie aus sechs säulenartigen Steinen, nach Osten, so trifft sie auf einen Punkt am vor Chur gelegenen Calandamassiv, an dem die Sonne jeweils am 21. Mai und am 21. Juli aufgeht. Was sich sonst noch alles in den Steinen des »Parc la Mutta« verbirgt, lässt sich auf einem Lehrpfad auf eigene Faust oder in einer öffentlichen Führung erkunden. Fest steht: Die Region, die heute als Alpenarena bekannt ist, hat die Menschen schon vor Jahrtausenden angezogen. Was bei der Vielzahl von atemberaubenden Eindrücken, die das Gebiet an der Rheinschlucht zu bieten hat, auch nicht weiter verwundert.

Die Rhätische Bahn in der Rheinschlucht

ALLGEMEINE INFORMATIONEN

Urlaubsregion	Alpenarena **Flims Laax Falera**; Tel. 08 19 20 92 02; E-Mail: tourismus@flims.com; www.flims.com
Orte	**Trin** www.trin.ch • **Sagogn** www.sagogn.ch • **Valendas • Versam-Safien**
Entfernungen	Hamburg 917 km; Berlin 845 km; Köln 705 km; Frankfurt a. M. 535 km; Stuttgart 330 km; München 301 km

Wanderkarten

Landeskarte der Schweiz, Blätter 1194 Flims, 1195 Reichenau, 1174 Elm; 1:25 000
Wanderkarte und Bikekarte der Alpenarena, erhältlich in den Tourismusbüros der Alpenarena sowie an den Kassenschaltern der Bergbahnen; jeweils 1:25 000

Davos und Klosters

ADAC Prädikat

SPORT & SPASS

WANDERN & BERGTOUREN

KULTUR & CO.

WELLNESS & GENUSS

Sommerspektakel am Zauberberg

Die grandiose, von Gletschern und einem riesigen Felssturz geformte Landschaft um Klosters und Davos lockt jährlich Hunderttausende an. Die »Alpenstadt« Davos und das kleinere Klosters bieten eine perfekte touristische Infrastruktur und ein riesiges Angebot an Freizeitaktivitäten.

Wer die Landschaft rund um Klosters und Davos kennen lernen will, macht die erste Bekanntschaft am besten vom Zugfenster aus. Von Landquart geht die Reise mit einem der roten Züge der Rhätischen Bahn durch eine enge Schlucht ins Prättigau und über mehrere Höhenstufen über Küblis hinauf bis nach Klosters. Dann »klettert« der Zug in mehreren kühnen Schleifen inmitten des Bannwaldes die steile Passage zum Wolfgangpass hinauf, dem mit 1631 m höchsten Punkt der Strecke. Der rund 400 m hohe Wall, der Klosters und Davos wie eine Talsperre trennt, ist das Ergebnis eines gigantischen Felssturzes, der sich hier vor rund 20 000 Jahren ereignet hat.
Vom Wolfgangpass aus eröffnet sich ein grandioser Blick auf die von eiszeitlichen Gletschern geformte weite Ebene der Davoser Land-

Sunnibergbrücke
Eine Meisterleistung moderner Technik ist die neu fertig gestellte Sunnibergbrücke. Die fantastische, schwerelos wirkende Schrägseilbrücke überspannt das Tal in einer eleganten Kurve auf einer Länge von 525 m. Das Bauwerk wurde bereits mit mehreren Preisen ausgezeichnet und gilt als neues Wahrzeichen von Klosters. Seit Dezember 2005 wird der gesamte Verkehr zwischen Davos und Landquart über die Brücke geleitet und Klosters damit weiträumig umfahren.

WANDERN & BERGTOUREN

TOP TIPP Die Natur wechselt mehrfach die Kulisse auf dieser fantastischen Wanderung, die **von Davos nach Monstein** 1 führt. Ausgangspunkt ist Davos Platz (1558 m). Von hier aus führt ein beschaulicher Wanderweg zunächst zum Waldfriedhof. Auf dem Weg nach Clavadel (1664 m) passiert man das Kirchner-Haus, in dem der berühmte Maler eine Zeitlang gelebt hat. Über Clavadel gelangt der Wanderer ins Sertigtal. In sanfter Steigung geht es bis Sertig Dörfli (1861 m) und dann vorbei am Ducan-Wasserfall (1904 m) ins Ducan-Tal. Umrahmt von einer fantastischen Hochgebirgskulisse führt der steile Anstieg bis auf die Passhöhe der Fanezfurgga (2580 m). Der Abstieg nach Monstein (1626 m) ist wesentlich sanfter; Zeit: ca. 7 Std. Rückkehr von Monstein mit dem Ortsbus. Die Tour lässt sich auch auf zwei Etappen bewältigen (Übernachtung im Walserhuus in Sertig Dörfli); Einkehr: Davos, Sertig Dörfli, Monstein

Seehorn (2238 m) Mittelschwere Wanderung auf wenig begangener Route	Ausgangspunkt: Davos Dorf (1560 m); Chaltboden – Seehorn; Abstieg über Alp Drusatscha (1759 m) – Davos Dorf; gutes Kartenmaterial mitnehmen, der Weg ist nicht durchgängig markiert und nicht immer gut sichtbar; Zeit: ca. 4 Std.; Einkehr: Davos Dorf
Flüela Schwarzhorn (3146 m) Anstrengender Aufstieg wird mit fantastischem Rundblick belohnt	Ausgangspunkt: Flüelapass (2374 m), erreichbar per Postauto von Davos Dorf; in östlicher Richtung zur Schwarzhornfurgga (2883 m) – über den Südostgrat zum Gipfel (Steilstufe); Abstieg wie Aufstieg; Trittsicherheit und Schwindelfreiheit nötig; Zeit: ca. 6 Std.; Einkehr: Flüelapass
Vereina (1943 m) Leichte Wanderung durch reizvolles Bergtal	Ausgangspunkt: Klosters Platz (1179 m); Monbiel (1291 m) – Baretschrüti (1332 m) – Novai (1360 m) – Stutzegg – Stutzalp (1838 m) – Berghaus Vereina; Rückkehr mit dem Vereina-Kleinbus (Reservierung: Tel. 08 14 22 11 97); Zeit: ca. 5 Std.; Einkehr: Klosters Platz, Berghaus Vereina

the perfect day

9 Uhr: Wanderung auf die Schatzalp, Besichtigung des Botanischen Gartens Alpinum, Wanderung auf dem Panoramaweg (Nr. 41) nach Davos Dorf
13.30 Uhr: Mittagessen und Baden am Davoser See
16 Uhr: Besuch des Kirchner-Museums in Davos
21 Uhr: »Rien ne va plus« im Casino Davos mit anschließendem Nightlife

Blick auf Davos: Wer weit genug hinaufwandert, sieht fast so viel wie ein Paraglider.

schaft. Den ehemaligen Moränen entsprechen die jetzigen beidseitigen Terrassen, die auf rund 1850 m liegen. Sie weisen ein Gefälle in Richtung Prättigau auf, während die Gewässer aus der Landschaft Davos in umgekehrter Richtung fließen. Der nacheiszeitliche Felssturz sorgte für diese »Talumkehr«. Das gesamte Gebiet Drusatscha–Wolfgang wurde aufgeschüttet. Es bildete sich der Groß-Davoser See, der vom Wolfgangpass bis nach Monstein reichte. Die Seitenbäche entwickelten Deltas – die heutigen Talböden von Davos Dorf und Davos Platz, Junkerboden, Lengmatta, Hitzenboden, Spina und Monstein. Erst später schuf sich der Landwasserfluss durch die Zügenschlucht den Weg ins Albulatal.

Der Zug rollt nun weiter durch die herrliche Waldlandschaft am Ufer des Davoser Sees vorbei, dessen Wasser heute zur Elektrizitätsgewinnung genutzt wird. Allerdings nur von Herbst bis Frühjahr: Bis spätestens 10. Juni muss das Gewässer aufgefüllt sein, dann beginnt der Davoser Badesommer. Weiter geht die Reise über Wiesen durch das Landwassertal, das sich mehr und mehr verengt, um schließlich in der Zügenschlucht einen landschaftlich dramatischen Endpunkt zu finden. Die Bahnlinie schlängelt sich vorsichtig durch das felsige Gelände. Viadukte eröffnen immer wieder grandiose Ausblicke.

Mit der Bahn kam der Tourismus

Die 1889 bis Klosters, 1890 bis Davos und 1909 bis Filisur geführte Bahnstrecke hat den Tourismus in den beiden Kurorten Klosters und Davos erst richtig in Schwung gebracht. Sie war ein visionäres Projekt zur Erschließung zweier abgelegener Täler – durchaus schon mit Blick auf den wachsenden Fremdenverkehr. Der Holländer Willem

Hütten

Berghaus Schwendi (1660 m)
Eine herrliche Oase ist das Berghaus Schwendi, an erhabener Stelle am Gotschnaberg auf der Serneuser Schwendi oberhalb von Klosters/Serneus gelegen. Mit dem Auto erreichbar; kleine Speisekarte mit Bündner Spezialitäten; Tel. 08 14 22 12 89 oder 08 14 22 10 15

Berghaus Vereina (1943 m)
Ganz weit hinten im Vereina-Tal liegt das Berghaus Vereina. Die gemütliche Hütte ist lohnendes Ziel einer Tageswanderung von Klosters aus und Ausgangspunkt für Bergtouren, z. B. auf das Flüela-Wisshorn (3085 m); Zustieg von Klosters (ca. 4 Std.); Tel. 08 14 22 12 16

Jan Holsboer hatte den Bau der Bahnverbindung forciert und 1868 zusammen mit dem deutschen Landschaftsarzt Alexander Spengler die erste Kuranstalt gegründet. Für die Entwicklung des Ortes war das mindestens genauso wichtig wie die Bahnlinie.
Bis dahin wurde die erst in der zweiten Hälfte des 13. Jh. dauerhaft durch deutschsprachige Walser besiedelte Landschaft Davos vor allem von der Landwirtschaft und dörflichen Strukturen geprägt. Doch jetzt entwickelte sich in einem atemberaubenden Tempo eine Besiedlung von geradezu städtischen Ausmaßen. Hotels, Sanatorien, Pensionen und Villen schossen wie Pilze aus dem Boden. Um 1900 wurden jährlich bereits 700 000 Logiernächte gezählt (heute sind es etwa dreimal so viele). Thomas Mann hat der Belle Epoque, die mit dem Ersten Weltkrieg ein dramatisches Ende fand, mit seinem in Davos spielenden Roman »Der Zauberberg« ein morbides Denkmal gesetzt. Die Davoser waren wenig begeistert: Sie ärgerten sich über die Beschreibung der Sanatorien als Welt des Todes, in denen junge Menschen ein Luxusleben führten, das hauptsächlich von zwei Interessen bestimmt wurde: Körpertemperatur und Flirt. Mann selber hielt dies für ein Missverständnis: Der Zauberberg dürfe »nur ganz nebenbei als Davos-Roman gelesen werden«. Tatsächlich hat Mann einige seiner schönsten Landschaftsbeschreibungen im Roman der Davoser Landschaft gewidmet. Das gilt auch für den Maler Ernst Ludwig Kirchner, dessen ausdrucksstarke Landschaftsbilder Davos in ein zauberhaftes Licht rücken und immer wieder die Zerbrechlichkeit der

Sommereisbahn
Gutes Eis gehört zu jedem Sommer. Dieses Eis jedoch ist für einen Sommerurlaub dann doch ungewöhnlich: die offene Kunsteisbahn in Davos. Eislaufen im T-Shirt ist angesagt auf dem mit 18 000 m² größten Eislaufplatz Europas oder – für die besonders Sportlichen – auf der 400 m langen Eisschnelllaufbahn; Sportzentrum Davos; Tel. 08 14 15 36 00

Schau- und Erlebniskäserei
Die Schau- und Erlebniskäserei Clavadeleralp liegt auf über 2000 m und bietet einen herrlichen Blick auf das Alpenpanorama. Außerdem kann man dort live erleben, wie aus Milch Käse wird. Das Schaukäsen beginnt täglich um 10.30 Uhr; erreichbar ist die Alp von der Station Ischalp in einer 45-minütigen Wanderung.

Pferde- und Maultiertrekking
Das Ferienerlebnis schlechthin nicht nur für Pferdeverrückte sind zweitägige bis einwöchige Touren auf dem Pferderücken ins Hochgebirge; Lusi Ranch; Tel. 08 14 16 46 82, www.lusiranch.ch

SPORT & SPASS

TOP TIPP Die **»Nordic Walking Trails«** ❷ von Davos wurden 2004 eröffnet. An einer Strecke (8,1 km, Start beim Parkplatz der Jakobshornbahn stehen Hinweistafeln, auf denen man mehr über die Grundlagen von Running, Walking und Nordic Walking erfährt. Insgesamt gibt es sechs ausgeschilderte Rundkurse zwischen 2,8 und 13,1 km Länge; zusätzlich bietet das gesamte Wanderwegenetz von rund 700 km abwechslungsreiche Touren für Nordic Walker. Nordic-Walking-Kurse und Ausrüstungsverleih; Informationen unter Tel. 08 14 15 21 21; www.davos.ch

Segeln Davoser See	Schnupperkurse, Unterricht und Bootsvermietung. Auch die Erlangung des schweizerischen D-Segelscheins oder des internationalen Ausweises ist möglich. Saison von Mitte Juni bis Sept.; Tel. 07 92 36 88 25
Windsurfing Davoser See	Einzel- und Gruppenunterricht für Jugendliche und Erwachsene von Juni bis Sept. Es gibt verschiedene Kurse vom Schnupperkurs bis zum Wochenkurs; Tel. 07 97 12 04 14; www.davossurf.ch
Paragliding/ Drachenfliegen Luftchraft, Davos Flugcenter, Klosters	Entweder einmal bei einem Tandemflug das Gefühl erleben, über den Dingen zu schweben oder das Fliegen mit Gleitschirm von Grund auf lernen. Möglich ist beides bei der Flugschule Davos; Tel. 07 96 23 19 70; www.luftchraft.ch, und im Flugcenter Grischa Klosters; Tel. 07 93 36 19 19; www.fs-grischa.ch
Mountainbike Weissfluhjoch (2629 m)	Ausgangspunkt: beim Davosersee (1559 m) auf dem Panoramaweg in Richtung Schatzalp und zum Strelapass (2350 m). Von dort führt ein steiler Pfad durch eine Steinwüste hinauf zur Wasserscheide. Die Abfahrt hinunter über die Parsenn, eine der klassischen Skipisten der Alpen, ist sehr steil und steinig. Danach hinunter zum Wolfgangpass (1631 m) und von dort zurück zum Davosersee. Zeit: ca. 3,5 bis 4 Std.; Charakter: anspruchsvolle Tour

Badevergnügen

Das Wellness- und Erlebnisbad »eau-là-là« in Davos lockt mit einer Liegewiese, dem Sprudelbad im Freien mit Massagedüsen, Nackendüsen und Unterwasserbeleuchtung sowie einem fantastischen Ausblick auf die Berge um Davos. Drinnen gibt es nicht nur einen Sprungturm für Wagemutige, Sauna, Kneippbecken und Dampfbad, sondern auch eine 30-m-Riesenrutschbahn namens »Black Hole«: Sie ist innen vollkommen schwarz und wartet mit Licht- und Soundeffekten auf. Tel. 08 14 13 64 63, www.eau la-la.ch

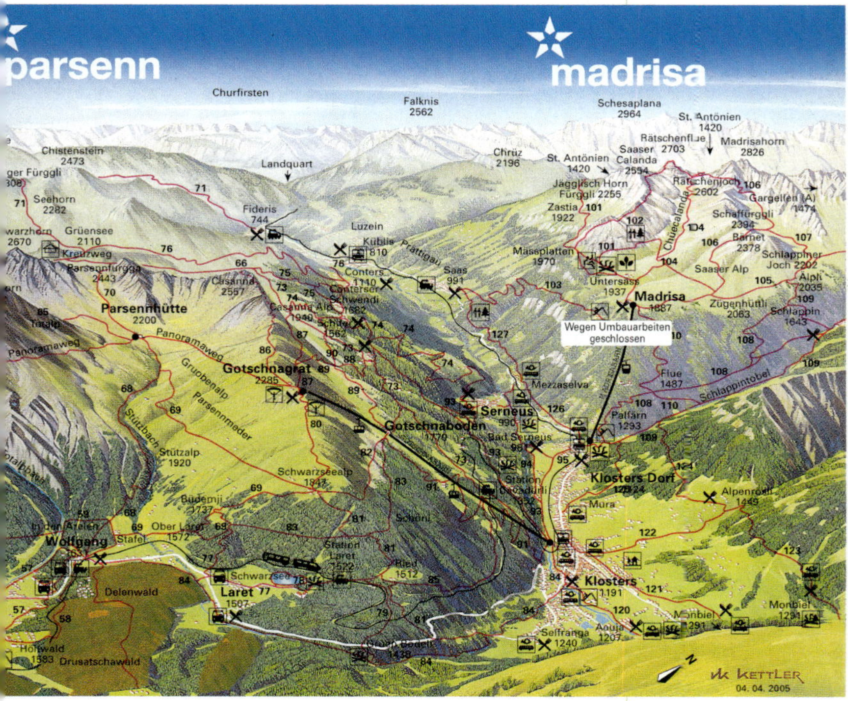

Davos und Klosters

Fünffranken inklusive
Für den Sommer in Klosters genügen ein paar Münzen, um auf die Gipfel zu gelangen. Für nur fünf Franken erhält man ein Ticket für eine Berg- und Talfahrt gültig für sämtliche Bergbahnen der Region Davos Klosters. In den Preis integriert sind zahlreiche zusätzliche Leistungen wie freie Fahrt mit den Ortsbussen Klosters und Davos, der Räthischen Bahn zwischen Klosters Dorf und Davos Glaris, freier Eintritt ins Schwimmbad und Sportzentrum sowie kostenlose Tennisplatzmiete. Gültig ist das Angebot für Gäste der Klosterser Hotels, Jugendherbergen, Berggasthäuser und Ferienwohnungen.
www.klosters.ch

Aquareina Spa
Raffinierter Erlebnispool, verschiedene Thermen: Laconium, Kräuterdampfbad, Solegrotte, Aromablüten-Dampfbad, finnische Sauna, Felsen-Kneippgang, Fitnessraum u.v.m.
www.vereinhotel.ch
Tel. 08 14 10 27 27

menschlichen Existenz im Angesicht der überwältigenden Kraft der Natur darstellen. Bis heute gibt es den Kurtourismus in Davos. Doch längst haben sich die einstigen Tuberkulose-Sanatorien zu Spezialkliniken für Allergien, Atemwegserkrankungen und Hautprobleme entwickelt. Und längst ist der Kurtourismus nicht mehr die bedeutendste Einnahmequelle. Schon seit vielen Jahren profiliert sich Davos als Kongressstadt, vor allem als Tagungsort des Weltwirtschaftsforums, an dem jedes Jahr führende Politiker und Wirtschaftsfachleute aus der ganzen Welt teilnehmen.
Aus Davos ist aber auch ein Ferienort der Superlative geworden. Nicht nur im Winter gehört Davos als eines der bekanntesten Skigebiete der Schweiz zu den beliebtesten Urlaubsorten der Welt: Das Angebot an Freizeitaktivitäten ist auch im Sommer gigantisch, und die touristische Infrastruktur zählt zu den besten im Alpenraum. Bahnen erschließen die Berge der Umgebung, ein riesiges Netz an Wanderwegen führt in jeden Winkel, und wer es sportlich mag, kann sich in zahlreichen Sportarten üben: vom Mountainbiken übers Segeln bis hin zum Gleitschirmfliegen.
Dies gilt ebenso für Klosters, mit dem die Davoser ein touristisches Bündnis eingegangen sind. Während Davos mit 13 000 Einwohnern zur Alpenstadt herangewachsen ist, hat Klosters (4400 Einwohner) zumindest einen kleinen Rest seiner dörflichen Struktur bewahren können. Beiden Orten ist indes gemein, dass sie wesentlich größer wirken, was auch kein Wunder ist: Klosters zählt 8600 Gästebetten, Davos sogar 24 000 – eine Infrastruktur, die Platz braucht. Den schönsten Blick auf Davos genießt man übrigens von der Hohen Promenade aus. Man sollte sich etwa eine Stunde Zeit nehmen, um vom Bahnhof Davos Dorf auf dem breiten, schönen Weg nach Davos Platz zu wandern. Tafeln informieren dabei über den geologischen und geschicht-

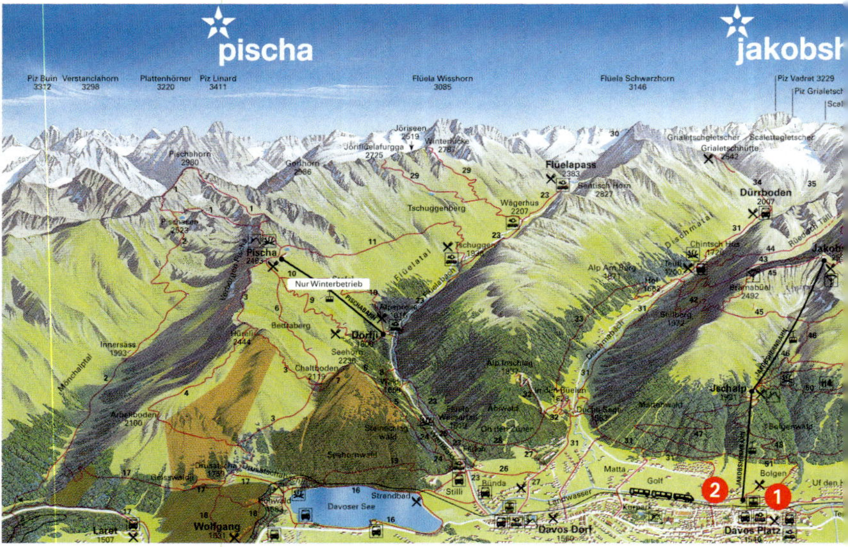

ALLGEMEINE INFORMATIONEN

Davos (1560 m)	**Davos** Tourismus; Tel. 08 14 15 21 21; E-Mail: info@davos.ch; www.davos.ch
Klosters (1200 m)	**Klosters** Tourismus; Tel. 08 14 10 20 20; E-Mail: info@klosters.ch; www.klosters.ch
Orte	**Clavadel • Glaris • Monbiel • Monstein • Serneus • Sertig-Dörfli**
Entfernungen	Hamburg 921 km; Berlin 849 km; Köln 709 km; Frankfurt a. M. 539 km; Stuttgart 334 km; München 305 km

lichen Hintergrund. In manchen Ortsteilen in Davos, wo praktisch nur Hotels und Wohnblocks mit Ferienwohnungen stehen, kommt eher der Eindruck auf, man befinde sich in den anonymen Gefilden einer Großstadt als in einer Siedlung in den Bergen. Und auch Klosters hat nur noch an wenigen Stellen Ähnlichkeit mit dem beschaulichen Bergdorf von einst. Der Tourismus hat eine überragende Bedeutung und drückt dem Ort seinen unübersehbaren architektonischen Stempel auf. Manchen Bauten, die vor allem während der stürmischen Entwicklung in den 1970er und 1980er Jahren entstanden sind, ist anzusehen, dass Renditedenken Priorität bei den Überlegungen hatte. Doch in beiden Orten gibt es auch manch architektonische Perle zu entdecken – allen voran das Kirchner-Museum in Davos.

Wer sich weder an der Größe noch an dem zuweilen vorherrschenden Rummel stört, der wird in Klosters und Davos den perfekten alpinen Sommerurlaub verbringen. Denn trotz der Lawinenverbauungen und den zahlreichen Seilbahnen gibt es in dieser grandiosen Berglandschaft noch immer genug Nischen für jene, die es am liebsten ganz ruhig und einsam haben.

Restaurants

Extrablatt
Es könnte auch in Zürich oder Basel stehen: Im Restaurant »Extrablatt« wird Mobiliar aus der Belle Epoque mit modernem Design kombiniert. Herrliche Lage im Davoser Kurpark. Die Speisekarte bietet von hausgemachter Pasta über Meeresfrüchte bis zum gutbürgerlichen Cordon bleu eine breite Palette erstklassig zubereiteter Speisen;
Tel. 08 14 13 61 62

Wanderkarten

Landeskarte der Schweiz
Wanderkarte; Blatt 248 T Prättigau; 1:50 000
Landeskarte der Schweiz
Blätter 1177 Serneus, 1197 Davos, 1216 Filisur; 1:25 000

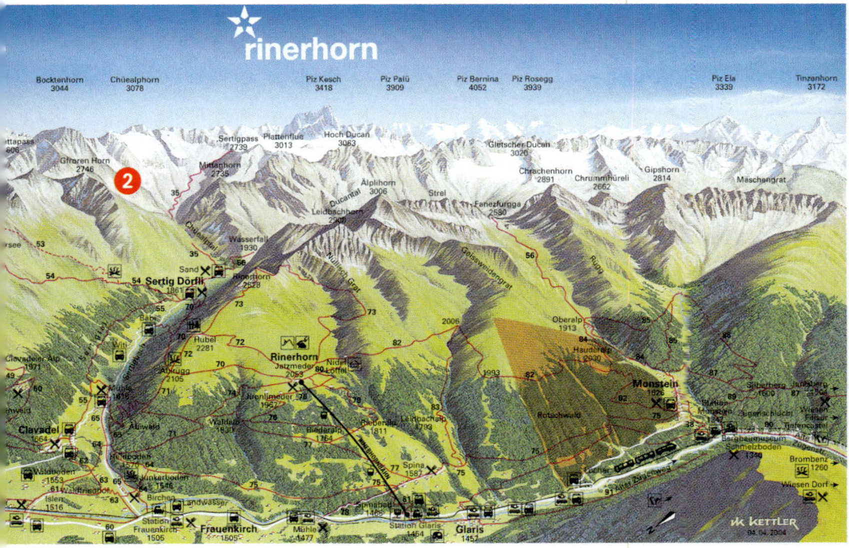

Scuol und Unterengadin

ADAC Prädikat

SPORT & SPASS

WANDERN & BERGTOUREN

KULTUR & CO.

WELLNESS & GENUSS

Badefreuden im Unterengadin

Wer Naturerlebnis, Wellness und Kultur miteinander verbinden möchte, liegt im Unterengadin genau richtig. Neben einer Wanderung durch den Schweizer Nationalpark und dem Besuch des Klosters St. Johann im Münstertal ist das Bad im »Bogn Engiadina Scuol« ein Muss für den Aufenthalt in der Region zwischen Silvretta und Stilfserjoch.

Bad mit Aussicht: Im »Bogn Engiadina« in Scuol lässt es sich mit Blick auf die Unterengadiner Bergwelt herrlich entspannen.

»Hinterster Winkel der Schweiz« wird das Unterengadin gern im Volksmund genannt. Seine Lage abseits der großen Nord-Süd-Verbindungen über die Alpen hat der Region im schweizerisch-österreichisch-italienischen Länderdreieck jedoch keineswegs geschadet – ganz im Gegenteil. Unberührt von Hektik, Lärm und Gestank konnte sich zwischen Silvretta und Stilfserjoch ein Natur-Juwel erhalten. Im Gegensatz zu den verkehrstechnisch besser erschlossenen Massentourismusgebieten blieb das Unterengadin von Zersiedelung und großen Bausünden weitgehend verschont.

Auf dem Weg über den Flüelapass oder durch den 1999 eröffneten Vereinatunnel (Autoverladung) zum Hauptort Scuol lohnt sich deshalb der eine oder andere Abstecher. Einst zog sich die alte Engadinstraße durch sonnige Wiesen und lichte Lärchenwälder von Guarda über Ardez nach Ftan. In diesen kleinen Orten, ebenso wie in Sent oberhalb von Scuol, sind die behäbigen, in traditioneller Engadiner Art dicht aneinander gebauten Häuser gut erhalten. Hervorzuheben ist vor allem das kleine Dorf Guarda, das völlig zu Recht als eines der schönsten und ursprünglichsten Engadiner Bergdörfer gilt und 1985 mit dem Wakker-Preis des Schweizer Heimatschutzes ausgezeichnet wurde. In diesem Kleinod scharen sich die prächtigen, graffitigeschmückten Häuser um schöne Brunnenplätze, Rundbogeneinfahrten führen in weite Hausflure. Überall herrliche Fassaden,

the perfect day

9 Uhr: Quellenwanderung bei Scuol mit Mineralwasser-Probe
12 Uhr: Seilbahnfahrt von Scuol nach Motta Naluns; Mittagessen auf der Panoramaterrasse des Bergrestaurants La Motta
14 Uhr: Wanderung von Motta Naluns nach Scuol und Besuch im Römisch-Irischen Bad
20 Uhr: Abendessen im Restaurant Paradies in Ftan

trichterförmige Fensternischen, verzierte Erker, kunstvolle Gitter und Inschriften. Und dazu noch die Lage auf einer Sonnenterrasse, die dem Ort zu seinem Namen verhalf: Guarda – Aussicht.
Eine perfekte Aussicht ins Unterengadin eröffnet auch die mächtige Festung Tarasp, die als Wahrzeichen des Unterengadins hoch auf einem Felsen thront. Dass die zur Besichtigung freigegebene Anlage nicht zu einer Ruine verkam, ist dem deutschen Industriellen Karl August Lingner zu verdanken, der das baufällige Schloss 1910 erwarb und es von Grund auf renovierte.
Kurz hinter Tarasp liegt Scuol (Schuls), das unbestrittene Zentrum des Unterengadins. Bereits seit dem 19. Jh. ist Scuol berühmt für seine Mineral- und Heilquellen. Als St. Moritz noch ein unbedeutendes Bergdorf war, gab sich der europäische Hochadel in Scuol bereits ein Stelldichein.
Daran hat sich bis heute wenig geändert. 1993 eröffnete das neue »Bogn Engiadina Scuol« mit seiner traumhaften Bäder- und Saunalandschaft. Es lockt jedes Jahr Tausende zur Entspannung mitten in die alpine Kulisse.
Am besten lässt sich das Bogn Engiadina nach intensiver Bewegung an der frischen Luft genießen. Rund um Scuol bietet sich in unberührter Natur vielfältig Gelegenheit dazu. Das Unterengadin ist bekannt als hervorragendes Mountainbike-Revier, und auch zum Wandern und Bergsteigen eignen sich die Berge rund um Scuol be-

WANDERN & BERGTOUREN

TOP TIPP **Nationalpark – Val Mingér – Fourcia Val dal Botsch – Ofenpassstraße** 1 Die Tour durch den Nationalpark beginnt nahe dem Dorf S-charl. Mit dem Postauto fährt man von Scuol aus nach Plan Mingér. Durch einen von Arven und Tannen durchsetzten Föhrenwald, vorbei an imposanten Felsformationen führt der Weg zum Bachbett des Mingérflusses. Am Bachbett entlang und weiter durch den lichter werdenden Wald gelangt man auf den Rastplatz Mingér (2090 m). Mit geringer Steigung geht es nun weiter hinauf zum Sattel Sur il Foss (2317 m). Von hier hat man einen herrlichen Blick in das wilde Val Plavna und auf den beeindruckenden Pit Plavna. Das Val Plavna durchquert man am oberen Rand am Hang entlang und einem steilen Weg folgend gelangt man nach einem etwa einstündigen Aufstieg durch die wilde Geröllandschaft auf die Fuorcla Val dal Botsch (2677 m). Hier hat man einen wundervollen Rundblick auf die umliegenden Täler des Nationalparks. Steil geht es dann über schöne Bergwiesen runter in das Val dal Botsch. Nach Überqueren des Flusses gelangt man in einen Föhrenwald und von da zur Ofenpassstraße, von wo, nach einem kurzen Marsch zum Parkplatz P 8, das Postauto Richtung Zernez genommen werden kann. Zeit: ca. 6 Std.

Motta Naluns (2146 m) – **Sinestra** (1522 m) Mittelschwere Wanderung nördlich von Scuol	Ausgangspunkt: Bergstation der Seilbahn Scuol (2142 m); Motta Naluns (2136 m) – Era Champatsch – Fuorcla Champatsch (2733 m) – Plan Tiral (2511 m) – Pra San Flurin (2080 m) – Zuort (1711 m) – Val Sinestra (1524 m) – vom Kurhaus in Val Sinestra mit dem Bus zurück nach Scuol; Zeit: ca. 6 Std.; Einkehr: Restaurant La Motta, Restaurant Hof Zuort
S-charl (1810 m) – **Süsom Give** (2149 m) Leichte Wanderung zum Ofenpass	Ausgangspunkt: mit dem Bus von Scuol nach S-charl (1810 m); Tamangur-Dadaint (2122 m) – Funtana da S-charl (2393 m) – Süsom Give/Ofenpass (2149 m); zurück auf der gleichen Route oder Rückfahrt per Bus und Zug via Zernez; Zeit: ca. 4 Std. (bis Ofenpass); Einkehr: Crusch Alba S-charl, Restaurant Il Fuorn am Ofenpass

Hütten

Chamanna Lischana (2500 m)
Schön auf einem Vorsprung gelegene gemütliche kleine Hütte in den massigen Felsbastionen der »Engadiner Dolomiten«. Anspruchvolle Gipfelziele sind der Piz San Jon (3065 m) und der Piz Lischana (3105 m). Herrliche Übergänge für Wanderer, z. B. über Lais da Rims (1732 m) oder nach S-charl. Aber auch der Zustieg zur Hütte von Scuol aus durch das Val Lischana ist traumhaft; Zeit: ca. 4 Std.; Tel. 08 18 64 95 44

Chamanna Cluozza (1804 m)
Der schöne, technisch leichte Hüttenzustieg (ca. 3 Std.) von Zernez aus ins Val Cluozza Richtung Ofenpass führt in den herrlichen Schweizer Nationalpark. Schöne Wanderziele, z. B. Fuorcla Val Sassa; Tel. 08 18 56 12 35

Nordic Walking
Nordic Walking im Nationalpark: In Scuol lockt der Helsana Nordic-Walking-Trail (5,2 km). Außerdem ist eine 18-km-Runde ausgeschildert. Infos: Tel. 08 18 61 22 22; www.scuol.ch

ALLGEMEINE INFORMATIONEN

Urlaubsregion	Ferienregion **Engadin Scuol**; Tel. 08 18 61 22 22; E-Mail: info@engadin.com; www.scuol.com
Orte	**Ardez** www.scuol.ch/ardez • **Ftan** • www.ftan.ch • **Guarda** www.scuol.ch/guarda • **Lavin** www.lavin.ch • **Müstair** www.valmuestair.ch • **Ramosch-Vnà** www.scuol.ch/ramosch • **S-charl** • **Scuol** www.scuol.ch • **Sent** www.sent.ch • **Susch** www.scuol.ch/susch • **Tarasp** www.tarasp.ch • **Tarasp-Vulpera** www.tarasp.ch • **Tschlin** www.scuol.ch/tschlin • **Zernez** www.zernez.com
Entfernungen	Hamburg 934 km; Berlin 906 km; Köln 766 km; Frankfurt a. M. 560 km; Stuttgart 391 km; München 276 km

Restaurants

Hotel Paradies, Ftan
Glanzstück des kulinarischen Angebotes im Vier-Sterne-Hotel »Paradies« ist das weit über die Landesgrenzen hinaus bekannte Gourmet-Restaurant »La Bellezza«, das mit 18 Gault Millau-Punkten und zwei Michelin-Sternen höchste kulinarische Genüsse bietet. Eine Versuchung wert ist auch das hoteleigene vielfältige Wellness-Verwöhnprogramm. www.paradieshotel.ch

Via Engiadina
Via-Engiadina-Weitwanderweg: Ohne Gepäck in fünf Etappen auf dem Unterengadiner-Panoramaweg wandern; die Höhenwanderung auf der Sonnenseite des Unterengadins führt durch ursprüngliche Engadiner Dörfer wie Guarda, Ardez, Sent und Tschlin. Weitere Infos unter www.scuol.ch

stens: Nördlich des Talbodens erheben sich stolze Dreitausender, darunter der Muttler, der Piz Linard und der wegen einer gleichnamigen Sonnencreme weithin bekannte Piz Buin – jedoch sind dies Gipfel, die allesamt erfahrenen Alpinisten vorbehalten sind. Wanderern ist ein Abstecher in die andere Richtung, auf die Südseite des Tales, zu empfehlen. Dort bietet sich eine Tages- oder Mehrtagestour durch

den Schweizer Nationalpark an, der 1914 gegründet wurde und somit der älteste in Europa ist.
Im autofreien Dörfchen S-charl sollte man sich Zeit nehmen für die Besichtigungen des ehemaligen Blei- und Silberbergwerks und der Bärenausstellung im Nationalparkmuseum Schmelzra. Von S-charl aus gelangen Wanderer ins Herz des Nationalparks beim Ofenpass und ins benachbarte Val Müstair. In dem 20 km langen Tal versteckt sich ein besonderes Kleinod: Kurz vor der Grenze, am Ende des Dorfes Müstair, liegt das Kloster St. Johann. Die mächtige Anlage zählt zum UNESCO-Weltkulturerbe und beherbergt einen einzigartigen Freskenzyklus aus karolingischer Zeit. Der Bau des Klosters geht auf ein Gelübde von Karl dem Großen zurück. Der Legende nach soll der Kaiser im Münstertal in einen lebensbedrohlichen Schneesturm geraten sein und für seine Rettung den Bau einer Kirche versprochen haben. Der Wahrheitsgehalt der Legende lässt sich heute nicht mehr überprüfen, doch die Archäologen, die den Klosterkomplex seit 30 Jahren untersuchen, sind sich sicher: In der Vergangenheit muss der »hinterste Winkel der Schweiz« einer der wichtigsten Verkehrswege im Alpenraum gewesen sein.

TOP TIPP Das moderne Erlebnisbad »Bogn Engiadina Scuol« verfügt über eine Vielzahl von Bäder- und Saunaangeboten sowie ein Wellness- und Therapie-Zentrum. Ein Muss für jeden Besuch in Scuol

ist das unmittelbar neben dem Erlebnisbad gelegene **Römisch-Irische Bad** (2) (Zutritt ab 16 Jahren, unbedingt am Vortag anmelden). Hier bekommt der Gast eine wohldosierte Mischung aus Massage, Sauna und Thermalbädern verabreicht. Durch die Terminvereinbarung am Vortag wird verhindert, dass sich zu viele Besucher im Bad tummeln. Dauer für einen Badaufenthalt: 2,5 Std.; Tel. 081 861 20 00

Wanderkarten

Landeskarte der Schweiz, Blätter 249 Tarasp, 259 Ofenpass; 1:50 000
Landeskarte der Schweiz, Blätter 1199 Scuol, 1219 S-charl, 1218 Zernez; 1:25 000

St. Moritz und Oberengadin

ADAC Prädikat

SPORT & SPASS

WANDERN & BERGTOUREN

KULTUR & CO.

WELLNESS & GENUSS

Nobelort vor filmreifer Kulisse

St. Moritz ist als exklusiver Ferienort der High Society weltbekannt. Hotelpaläste, Nobelkarossen, Stars und Glamour verbindet man mit der berühmten Gegend im Oberengadin. Dabei wird leicht übersehen, dass gerade die traumhafte Bergwelt der Umgebung auch »Normalsterblichen« eine Vielzahl an Urlaubsmöglichkeiten bietet. Vor allem die Bergpanoramen stehen bei den Besuchern hoch im Kurs. Blicke auf die berühmten Gipfel des Piz Palü und Piz Bernina oder auf den Morteratsch-Gletscher zu ihren Füßen zählen zu den bekanntesten Höhepunkten eines Schweiz-Urlaubs.

Wenn in St. Moritz Weihnachten gefeiert wird und wenige Tage später bunte Raketen in den Silvesterhimmel schießen, liest sich die Gästeliste im mondänen Oberengadiner Nobelort wie ein »Who's who« der Schönen und Reichen. Hier logieren Ölscheichs und Prinzessinnen in

WANDERN & BERGTOUREN

TOP TIPP

Ein mittelschwerer Wanderklassiker des Oberengadins führt von **Muottas Muragl** ❶ (2453 m) über die Alp Languard (2326 m) nach Pontresina (1805 m). Mit der Standseilbahn von Samedan/Punt Muragl hinauf zum Hotel Muottas Muragl. Von dort führt ein traumhafter Höhenweg immer oberhalb der Baumgrenze hinüber zur Alp Languard. Uneingeschränkte Aussicht auf St. Moritz, die Oberengadiner Seen und einen Großteil der schneebedeckten Bergriesen der Berninakette. An der Alp Languard angelangt, sollte man auf jeden Fall noch den einstündigen leichten Aufstieg auf den Paradisgrat (2540 m) auf sich nehmen. Der Blick von dort in den Kessel des Morteratsch-Gletschers, umrahmt von den berühmten Gipfeln Piz Cambrena, Piz Palü, Piz Bernina (mit dem legendären Bianco-Grat) und Piz Morteratsch gehört zum Beeindruckendsten, was die Gegend zu bieten hat. Mit dem Languard-Sessellift oder zu Fuß nach Pontresina. Von dort mit Bus oder Bahn zurück nach Samedan; Zeit: ca. 5 Std.; Einkehrmöglichkeiten: Bergrestaurant Unterer Schafberg, Hotel Muottas Muragl

St. Moritz (1822 m) – **Samedan** (1721 m) – **Bever** (1711 m) Leichte Wanderung mit Ausblick auf die Berninagruppe	Ausgangspunkt: St. Moritz Zentrum; Tinusstraße – Alp Laret (2103 m) – über Alp Saluver hinunter nach Samedan – oberhalb des Schützenhauses zur Brücke über den Beverin – Bever; Rückkehr zum Ausgangspunkt mit dem Zug; Zeit: ca. 3,5 Std.
Pontresina (1805 m) – **Fuorcla Surlej** (2755 m) – **St. Moritz Bad** (1772 m) Aussichtsreiche, leichte Tageswanderung über das Rosegtal zu den Oberengadiner Seen	Ausgangspunkt: Bahnhof Pontresina; über die Punt Ota in den Taiswald – Hotel Roseg Gletscher (1999 m) – Saumweg über Alp Surovel (2250 m) zur Fuorcla Surlej (2755 m, herrlicher Blick auf Piz Roseg, Piz Bernina und Piz Morteratsch) – Hahnensee (Lej dals Chöds) – St. Moritz Bad; Zeit: ca. 6 Std.; Einkehr: Restaurant Roseg Gletscher, Berghaus Fuorcla Surlej
Fuorcla Schlattain (2873 m) Abwechslungsreiche, anspruchsvolle Bergtour	Ausgangspunkt: St. Moritz; Tinusstraße – Chantarella – Alp Giop – Liftstation Corviglia (2486 m, evtl. mit Seilbahn hierher) – über Valletta Schlattain in westlicher Richtung – Fuorcla Schlattain (2873 m) – Pass Suvretta (2615 m) – Val Suvretta da San Murezzan – St. Moritz; Zeit: ca. 7 Std.

Pässefahrten
Graubünden ist ein wahres Dorado für Motorrad- und Oldtimerfahrer. Über kurvenreiche Pässe, wie etwa den Julier- (2284 m) oder den Albulapass (2328 m), gelangt man nach St. Moritz. Über den Berninapass (2328 m) oder die abwärts führenden Serpentinen des Malojapasses (1815 m) verspricht die Weiterfahrt nach Italien größten Fahrspaß und Landschaftsgenuss. Tourenkarte: ADAC Motorradtouren MR 6; www.adac.de/motorrad

Lej da Staz
Idyllischer Badesee zwischen St. Moritz und Pontresina, in einer Waldlichtung. An sonnigen Sommertagen beliebtes Ausflugsziel.

the perfect day

9 Uhr: Frühstück im Bett in einer Suite des Badrutt's Palace Hotel mit Blick auf den St. Moritzer See
11 Uhr: Kurze Wanderung zum Lej da Staz, erfrischendes Bad
14 Uhr: Eine Runde Golf auf einem der vier umliegenden Golfplätze
19 Uhr: Fahrt mit der Standseilbahn auf den Muottas Muragl. Sonnenuntergang bei einem Aperitif auf der Terrasse des 2456 m hohen Berghotels, anschließend Candle-Light-Dinner

Das Oberengadin bietet spektakuläre Eindrücke – etwa die Aussicht auf den Morteratschgletscher und die Berninagruppe mit dem Piz Palü (l.).

noblen Hotelpalästen, vergnügen sich bei Champagner und Kaviar und lassen sich im Rolls-Royce durch die Straßen fahren.

Mit diesem filmreifen Szenario hält auch das Umland gut mit: In keiner anderen Schweizer Landschaft wurden – vor allem früher – so viele Filme produziert. Bereits im Jahr 1900 drehte die englische Alpinistin Elizabeth Main zahlreiche Kurzfilme im Engadin. Im Eis und Schnee der Berninagruppe entstanden die Streifen »Die weiße Hölle am Piz Palü« mit Leni Riefenstahl und »Der Rebell« von Luis Trenker. Im Hollywood-Katastrophenfilm »Meteor« wird das Engadin während vier spektakulärer Minuten von den Druckwellen eines einschlagenden Meteoriten und den darauf folgenden Lawinen verwüstet. Glücklicherweise ist dies nur Fiktion. Denn das Engadin lebt. Und wie!

So gelten auch die Worte von Conrad Ferdinand Meyer, einem der bedeutendsten Schweizer Erzähler und Lyriker des 19. Jh., nur noch bedingt. Er schrieb über das Engadin: »Hier ist es so schön, so still und so kühl, dass man die Rätsel des Daseins vergisst und sich an die klare Offenbarung der Schönheit hält.« Schön ist es hier – ohne Zweifel. Doch mit der Stille ist es heute oft nicht mehr weit her. Wenn an Sommertagen der Wind über den Malojapass pfeift, die Surfer ihre Bretter richten, die Mountainbiker die Helme aufsetzen, die Wanderer die Seilbahnen besteigen, die Motorräder über die Pässe brausen und die Hubschrauber zu Rundflügen starten, gleicht das Oberengadin eher einem riesigen Freizeitpark.

St. Moritz ist auch als Sportstadt weltbekannt. Hier fanden 1928 und 1948 die Olympischen Winterspiele statt, 2003 wurde die alpine Skiweltmeisterschaft ausgerichtet. Derartige Großveranstaltungen sind inzwischen jedoch umstritten. Aufgrund der hohen Besucherzahlen wird das Umland immer dichter bebaut. Deshalb mehren sich die kritischen Stimmen, die endlich dem Landschaftsschutz den Vorzug geben wollen.

Restaurants

Jöhri's Talvo
Die traditionellen Bündner Gerichte »à la Jöhri« aus täglich frischen Zutaten sind ein echter Geheimtipp für Gourmets. Zusätzlich stehen eingemachte Früchte, Konfitüren, Chutneys, Öle und Soßen zum Verkauf. In St. Moritz-Champfèr; Tel. 08 18 33 44 55, www.talvo.ch

Berghotel Muottas Muragl
Bei einem gepflegten Aperitif genießt man entspannt den Sonnenuntergang auf der Terrasse des 2456 m hoch gelegenen Restaurants, bevor man sich nach Einbruch der Dunkelheit zum Kerzenlicht-Dinner hineinbegibt. Auf- und Abfahrt mit der Standseilbahn; Tel. 08 18 42 82 32, www.muottasmuragl.ch

Denn es ist vor allem die Landschaft, die Besucher magisch in den »Festsaal der Schweiz« zieht, wie das Engadin oft genannt wird. Surf-Fans beispielsweise wissen, dass die Windverhältnisse auf den Oberengadiner Seen Weltklasse sind. Und Wanderer müssen im alpinen Raum lange suchen, bis sie einen derart majestätischen Anblick finden wie die vergletscherte Berninakette mit ihrem 4049 m hohen Hauptgipfel. Der Piz Bernina ist damit der höchste Berg der Ostalpen. Sein Nordgrat, der Bianco-Grat, ist unter Bergsteigern als perfekte Firnschneide berühmt und zählt nach wie vor zu den begehrtesten Zielen ambitionierter Alpinisten. Wer dort hinauf will, muss allerdings über viel alpine Erfahrung verfügen und sollte sich am besten einem Bergführer anvertrauen. Das leichteste der hochalpinen Ziele ist die Tour von der Diavolezza auf den Piz Palü. Doch auch hier darf man sich nur mit der entsprechenden Ausrüstung, der nötigen Erfahrung und im Zweifelsfall immer in Begeleitung eines Bergführers aufs Gletschereis wagen (Bergsteigerschule Pontresina, Tel. 08 18 38 83 33, www.bergsteiger-pontresina.ch).

Bergerlebnis Diavolezza
Der Inbegriff des Aussichtspunktes um St. Moritz und eine der großen Aussichtsplattformen der Alpen ist die Diavolezza. Bequem schwebt man mit der Luftseilbahn auf 2973 m und befindet sich plötzlich mitten in einer grandiosen Bergkulisse: Tief unten der gewaltige Morteratsch-Gletscher, darüber ragen die beeindruckenden Eisgestalten des Piz Palü und des »Königs der Ostalpen«, des Piz Bernina, in den Himmel. Man meint, die vergletscherten Flanken seien zum Greifen nahe. Anfahrt: Mit dem Auto oder mit der Rhätischen Bahn zur Station »Bernina-Diavolezza« an der Bernina-Pass-Straße. Einkehrmöglichkeit: Bergrestaurant und Hotel Diavolezza/Bernina gleich neben der Aussichtsplattform, Übernachtungsmöglichkeiten, Sonnenaufgangswanderungen; Tel. 08 18 42 62 05, www.diavolezza.ch

Von Bergpionieren und Kurgästen

Zu Füßen von Piz Palü und Piz Bernina erstreckt sich der gigantische Morteratsch-Gletscher. Schnee und Eis scheinen hier im Überfluss vorhanden zu sein. Doch das täuscht. Vor allem im Sommer sieht man den Rückzug des Gletschers deutlich. Wer dem Morteratsch-Gletscher von Pontresina aus entgegengeht, ist beeindruckt von den Tafeln, die die Punkte des Gletscherendes im Verlauf der vergangenen 100 Jahre markieren. Heute sieht man von der ersten Tafel aus nur riesige Schutthalden – als letzte Grüße der sich zurückziehenden Eiszungen. An den Gletscher selbst gelangt man erst an einem viel höherem Abschnitt.
Die Bergpioniere des 19. Jh. sahen noch wesentlich mehr Eis und fanden somit oft auch noch bessere Bedingungen im hochalpinen Gelände vor. Sie machten den kleinen Ort Pontresina zu ihrem bevorzugten Stützpunkt und somit zum Bergsteigerdorf des Engadins. An diese glorreichen Zeiten erinnert das »Museum Alpin«, das in Pontresina in einem alten Engadiner Haus untergebracht ist. Die Ausstellungen informieren aber nicht nur über die bergsteigerische

St. Moritz ist der wohl exklusivste Ferienort des »Festsaals der Schweiz«, wie das Engadin oft genannt wird. Hotelbauten prägen den Nobelkurort.

SPORT & SPASS

Top Tipp **Nordic-Walking-Luxus** 2: Das Engadin, so werben die Tourismusverantwortlichen, sei die »größte Nordic-Walking-Region der Schweiz«. Und tatsächlich ist das Angebot rund um St. Moritz fast unüberschaubar: In acht Orten gibt es Nordic-Walking-Parks, insgesamt 30 beschilderte Routen stehen zur Verfügung – mit einer Gesamtlänge von rund 300 km. Darunter sind leichte Kurse wie der »Isola Trail« in Maloja oder »San Gian« in Celerina genauso wie anspruchsvolle Strecken, etwa von Zuoz zur Chamanna d'Es-cha (10 km, ca. 800 Höhenmeter, ca. 4 Std.) oder von der Bahnstation Bernina-Diavolezza hinauf zur Bergstation Diavolezza in fast 3000 m Höhe (5,9 km, ca. 900 Höhenmeter, ca. 2 Std.). Zusätzlich werden Kurse und Hotelpauschalen angeboten; Stöcke kann man in vielen Sportgeschäften mieten. Weitere Infos unter www.stmoritz.ch

Inlineskating Flugplatz Samedan, La Punt-Schanf	Inline-Rundkurs Samedan (5,1 km), auch für Speed-Skater; Strecke am Inn von La Punt nach S-chanf (8,6 km); Inline-Area am Sportplatz Sper l'En mit Halfpipe und Inline-Hockeyfeld. Kurse und Ausrüstungsverleih: Willy Sport e Moda, Zuoz; Tel. 08 18 54 08 06; www.willy-sport.ch; Colani Sport, La Punt; Tel. 08 18 54 33 44; www.colani-sport.ch
Klettergarten Morteratsch, Pontresina	200 m vom Hotel Morteratsch entfernt liegt einer der derzeit angesagtesten Klettergärten der Gegend im besten Gneis; Schwierigkeitsgrad 3–9; Basiskurse bei der Bergsteigerschule Pontresina; Tel. 08 18 38 83 33; Ausrüstungsverleih: Montanara Sport, Pontresina; Tel. 08 18 42 64 37
Mountainbiken Alp Suvretta, St. Moritz	Ausgangspunkt: St. Moritz (1822 m); entlang dem Cresta-Bob-Run – Celerina (1724 m) – aufwärts ins Val Saluver – Bergrestaurant Marguns (2279 m) – steil zur Sesselbahn Glüna (2460 m) – Lej Alv (2225 m) – Bergstation der Corviglia-Bahn (tolle Aussicht über St. Moritz) – steiler Downhill bis zum Höhenweg zur Alp Suvretta (2200 m) – Saumweg nach Suvretta – zurück nach St. Moritz; mittelschwere Tour auf Panoramastrecke; Länge: 25 km; Zeit: ca. 3 Std.; Mountainbike-Verleih und Infos über Kurse und geführte Touren bei Boom Sport; Tel. 08 18 32 22 22, www.boom-sport.ch; Viva Sportiva; Tel. 08 18 32 19 19

Vergangenheit. Schließlich war der geschichtsträchtige Ort einst auch ein wichtiger Stützpunkt für den Verkehr über den Berninapass. Der Burgturm Spaniola aus dem 12. Jh., die kleine Kirche Santa Maria mit ihren Fresken und den Resten romanischer Malereien sowie die schönen Engadiner Häuser sind weitere Zeugnisse seiner Geschichte. Eine lange Tradition haben auch die Heilquellen in St. Moritz Bad. Schon in der Bronzezeit sollen die Menschen die heilende Wirkung des Wassers genutzt haben. Allerdings begann der Zustrom der Kurgäste zu den Quellen erst mit dem Bau des Kulm-Hotels im Jahr 1859 durch den Hotelpionier Johannes Badrutt. Schon damals war es das idyllische Landschaftsbild, das dem Oberengadin zu ständig steigender Beliebtheit verhalf. In den Sommermonaten bezaubert es mit seinen klaren Farben, die dem Tal im Hochgebirge auch heute noch spannende Konturen verleihen: das tiefe Blau der drei Oberengadiner Seen, der Silberstreifen des Inn, das Grün der saftigen Wiesen, das blendende Weiß der Berninakette und im Herbst das Gelb der sich verfärbenden Lärchenwälder. »Das Oberengadin, meine Landschaft, so fern vom Leben, so metaphysisch ...«, so beschrieb Friedrich Nietzsche die Gegend und meinte damit wohl auch das umwerfende Engadiner Licht, das manchmal alles zum Greifen nahe und fast un-

Bellavita – Spa Pontresina
Attraktives Bade- und Wohlfühlangebot mit 75 m langer Rutschbahn und Kinderspielbereichen; Tel. 08 18 37 00 37

Hütten

El Paradiso (2181 m)
Nomen est omen – die Hütte ist eine der schönsten in der Region. Sie liegt auf einem Plateau hoch über Suvretta. Obwohl das El Paradiso seinen Hüttencharme bewahrt hat, ist es weniger ein Ort für Bergsteiger als vielmehr für Liebhaber guten Essens und einer feinen Flasche Wein; Zufahrt mit dem Auto über Suvretta; Tel. 08 18 33 40 02, www.el-paradiso.ch

Coaz-Hütte (2610 m)
Von der Hütte reicht die Sicht weit über das Val Roseg bis Pontresina. In beeindruckender Hochgebirgslandschaft unweit des markanten Piz Roseg gelegen; in ca. 2,5 Std. von der Mittelstation Murtel der Luftseilbahn Corvatsch über die Fuorcla Surlej erreichbar; oder ab Hotel Roseggletscher (Zufahrt mit Pferdekutsche oder Mountainbike) in ca. 2,5 Std.; Tel. 08 18 42 62 78, www.coaz.ch

Curnasel 2811 m
Piz Varuna 3453 m
Piz Cambrena 3604 m
Piz Palü 3905 m
Bellavista 3922 m
Piz Zupo 3996 m
Piz Argient 3945 m
Crast' Agüzza 3854 m
Piz d'Arlas 3375 m
Piz Trovat 3146 m
Sass Queder 3066 m
Alp Grüm 2091 m
Piz Campasc 2599 m
Piz Lagalb 2959 m
Sassal Mason
Diavolezza 2978 m
Munt Pers
Isla Persa 2720 m
Vadret Pers
Vadret da Morteratsch
Boval-Hütte SAC 2495 m
Piz Mandra 3091 m
Bernina-Hospiz 2328 m
Lago Bianco
Bernina Lagalb 2107 m
Bernina-Diavolezza, 2093 m
Bernina Suot
Val Minor
Val da Fain
Piz Alv
Fuorcla Pischa
Piz Languard
Georgy-Hütte
Morteratsch, 1896 m
Piz Chalchagn 3154 m
Chalchagn Pitschen
Paradis Hütte
Muottas da Pontresina
Val Languard
Val Prüna
Piz Muragl
Fuorcla Muragl
Lej Muragl
Alp Languard, 2330 m
Segantini Hütte 2731 m
Unterer Schafberg
Surovas
Alp Prüma
Muottas da Schlarigna
Piz Vadret
Piz Üertsch
Piz Ot
Val Muragl
Piz Malat
PONTRESINA, 1805 m
Plaun da Staz
Muottas Muragl, 2456 m
Tegia Muragl
Munt Gravatscha 2762 m
Val Champagna
Punt Muragl Talstation, 1738 m
Punt Muragl-Staz
Celerina-Staz
Crasta
CELERINA, 1720 m
Acla Chuoz
Flugplatz Samedan
Champesch
BEVER, 1711 m
SAMEDAN, 1706 m
1
2
3

Piz Platta 3392 m
Piz Forbesch 3262 m
Piz Nair 2910 m
Piz Arblatsch 3203 m
Piz Campagnung 2826 m
Piz d'Agnel 3205 m
Piz Surgonda
Piz Turba 3018 m
Vallletta da Beiva
Bivio, 1769 m
Septimer Pass / Pass da Sett 2310 m
Alp da Sett
Piz Grevasalvas
Piz Lagrev
Piz Bardella
Piz Güglia
Fuorcla da Grevasalvas
La Veduta
Pass dal Güglia / Julierpass 2284 m
Lej da la Tscheppa
Alp Güglia
Blaunca
"Heididorf" Grevasalvas
Muttaun
MALOJA, 1809 m
Cadlägh
Isola
Lej da Segl
Chaste
Sils Baselgia
SILS/ SEGL MARIA, 1809 m
SILVAPLANA, 1815 m
CHAMPFER, 1825 m
Lej da Silvaplauna
Furtschellas Talstation, 1797 m
Furtschellas La Chüdera, 2312 m
Corvatsch Bergstation, 3303 m
Corvatsch Talstation, 1870 m
SURLEJ, 1809 m
Corvatsch Mittelstation Murtèl, 2702 m
Val Fex
Fuorcla Surlej
Val Roseg
Hotel/Rest. Roseggletscher
Coaz-Hütte SAC
Vadret da Roseg
Tschierva-Hütte SAC
Piz Roseg 3937 m
Piz Bernina 4049 m
Piz Morteratsch
Vadret da Tschierva
2

Piz Scerscen 3971 m
Piz Roseg 3937 m
Piz Sella 3511 m
Piz Dschimels 3477 m
Piz Glüschaint 3594 m
Piz Tremoggia 3441 m
Piz Fora 3363 m
Vadret da Tschierva
Vadret da la Sella
Vadret da Roseg
Vadret dal Tremoggia
Vadret dal Corvatsch
Piz Aguagliouls 3119 m
Coaz-Hütte SAC 2610 m
Lej da Vadret
Piz Murtèl 3433 m
Piz Corvatsch 3451 m
Il Chapütschin 3386 m
Corvatsch Bergstation, 3303 m
Fuorcla Surlej 2755 m
Corvatsch Mittelstation Murtèl, 2702 m
Furtschellas 2800 m
Piz Chüern 2689 m
Alp Munt
Ils Lejins
Rabgiusa 2444 m
Curtinella 2509 m
Margun Surlej 2272 m
Margun Vegl 2404 m
Alp Surlej 2078 m
La Muotta
Prügnieu 2195 m
Furtschellas La Chüdera, 2312 m
Marmorè 2207 m
Alp Prasüra
Furtschellas Talstation, 1797 m
Corvatsch Talstation, 1870 m
Lej da Silvaplauna
Segel und Surfzentrum Sils
SILS/ SEGL MARIA, 1809 m
Sils Baselgia
SURLEJ, 1809 m
Sportzentrum Mulets
Surfcenter und Wassersport
ST. MORITZ BAD, 1772 m
Signal
CHAMPFER, 1825 m
Lej da Champfèr
SILVAPLANA, 1815 m
Piz Polaschin 3013 m
ST. MORITZ DORF, 1856 m
Piz Nair, 3057 m
Chantarella, 2005 m
Alp Giop
Piz Albana 3100 m
Piz Güglia Piz Julier 3380 m
Corviglia, 2486 m
Fuorcla Schlattain 2873 m
Pass dal Güglia Julierpass 2284 m
Piz Valletta 2933 m
La Veduta
Marguns, 2273 m
Piz Suvretta 3144 m
Corn Suvretta 3142 m
Piz Saluver 3161 m
Piz Bever 3230 m
Pass Suvretta 2615 m
Las Trais Fluors, 2752 m
Fuorcla Valletta 2858 m
Vadret Traunter Ovas
A. Rohrer

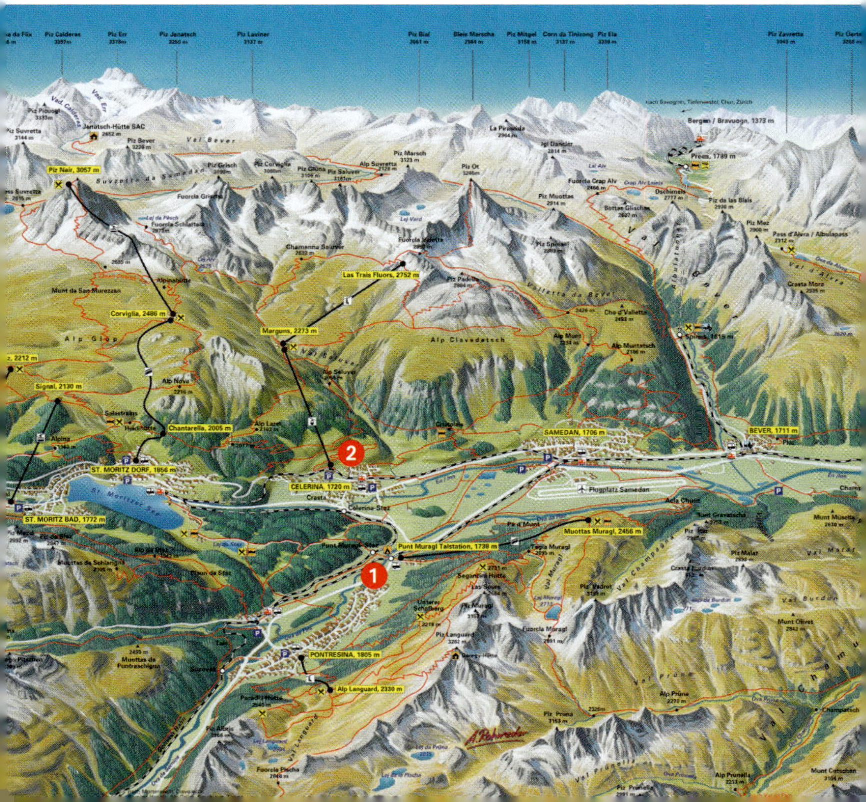

Piz Calderas 3397 m
Piz Err 3378 m
Piz Jenatsch 3250 m
Piz Laviner 3137 m
Piz Bial 3061 m
Bleis Marscha 2964 m
Piz Mitgel 3158 m
Corn da Tinizong 3172 m
Piz Ela 3339 m
Piz Zavretta 3043 m
Jenatsch-Hütte SAC 2652 m
Piz Bever 3230 m
Val Bever
Bergün / Bravuogn, 1373 m
Preda, 1789 m
Piz Nair, 3057 m
Piz Suvretta 3144 m
Piz Ot 3246 m
Piz Muottas 2914 m
Piz da las Blais
Fuorcla Crap Alv 2466 m
Pass d'Alvra / Albulapass 2312 m
Piz Mez
Chamanna Saluver
Las Trais Fluors, 2752 m
Fuorcla Valletta
Crasta Mora 2935 m
Munt da San Murezzan
Corviglia, 2486 m
Alp Giop
Marguns, 2273 m
Alp Clavadatsch
Alp Muntatsch
Spinas, 1815 m
Signal, 2130 m
Alp Nova
Chantarella, 2005 m
SAMEDAN, 1706 m
BEVER, 1711 m
ST. MORITZ DORF, 1856 m
CELERINA, 1720 m
Cresta
Celerina Staz
Flugplatz Samedan
ST. MORITZ BAD, 1772 m
St. Moritzer See
Muottas Muragl, 2456 m
Punt Muragl Talstation, 1739 m
Piz Languard 3262 m
Fuorcla Muragl
PONTRESINA, 1805 m
Alp Languard, 2330 m
Munt Muschel
Munt Olivet
Piz Prüna
Alp Prüna
Val Chamuera
Chamuesch
A. Rohrer

Nietzsche-Haus
Im Nietzsche-Haus in Sils Maria informiert eine umfangreiche Ausstellung über Leben und Werk des Philosophen. Zu sehen sind auch Handschriften und Fotos, die während der Aufenthalte Nietzsches in Sils entstanden sind. Dazu finden laufend Ausstellungen zeitgenössischer Kunst statt. Tel. 08 18 26 53 69, www.nietzschehaus.ch

Engadiner Museum
Um einen guten Einblick in die Lebensweise der früheren Engadiner zu bekommen, sollte man das Engadiner Museum zwischen St. Moritz Dorf und St. Moritz Bad besuchen. Unter anderem ist dort auch die Fassung der St. Moritzer Heilquelle aus der Bronzezeit zu bewundern; Tel. 08 18 33 43 33

wirklich klar erscheinen lässt. »Zu Thränen des Jauchzens« habe den Philosophen das »Tal des Lichts« gerührt. Besonders nach Sils Maria, nicht weit von St. Moritz entfernt, jedoch deutlich abseits vom Trubel, zieht es seit 100 Jahren die Dichter und Denker. Deren bekannteste Vorreiter waren zweifellos Friedrich Nietzsche und Hermann Hesse, inzwischen sind Schriftsteller wie Ephraim Kishon oder Donna Leon als Gäste in Sils Maria anzutreffen.
Einige Meter hinter dem Hotel Waldhaus erhebt sich eine hohe Bronzeskulptur, die der Schweizer Künstler Paul Gugelmann erschaffen hat: Sonne und Fisch, die Embleme von Sils, sind in einer Art Windspiel verwoben mit den Symbolen der Weltreligionen (Kreuz, Davidstern, Halbmond), den Yin-Yang-Halbkreisen und der Sonne der Hinduisten. Die Skulptur soll an Anne Frank erinnern, die in Sils Maria die schönsten Sommer ihres kurzen Lebens verbrachte.

Ruhige Alternative – das Fextal

Man sieht, das Oberengadin hat als Reiseziel eine große Tradition. St. Moritz ist inzwischen so bekannt, dass schon allein der Name zum Markenzeichen geworden ist. Um Missbrauch zu verhindern, ließ St. Moritz 1986 weltweit als erster Ort überhaupt seinen Namen gesetzlich schützen. Einen wichtigen Beitrag zum Ruhme des Oberengadins leistete auch der Maler Giovanni Segantini. Keiner hat diese Landschaft überzeugender dargestellt. Wer die Gelegenheit hat, sollte deshalb unbedingt sein Hauptwerk, das Alpen-Triptychon »La vita, la natura, la morte« (Werden, Sein, Vergehen), im Segantini-Museum in St. Moritz betrachten.
Bei Sils Maria befindet sich der Eingang ins Fextal, das vom großen Touristenstrom bisher verschont geblieben ist. Das liegt wohl daran, dass nur Anwohner mit dem Auto in das Tal fahren dürfen, für alle anderen ist kurz hinter Sils Maria Endstation. Im vielleicht schönsten Seitental des Engadins leben heute etwa 100 Menschen. Es erstreckt sich über 10 km bis zur Fuorcla dal Chapütsch, dem Gebirgspass, der gleichzeitig die Landesgrenze zu Italien bildet. Früher schmuggelten hier Einheimische Tabak, Zucker, Kaffee, Wein und Getreide über die Grenze. Und während des Zweiten Weltkriegs flohen vom Regime Verfolgte auf diesem Weg von Italien in die sichere Schweiz.
Im Fextal, aber genauso in La Punt, Madulain oder Zuoz zeigt das Engadin ein Gesicht, das so gar nichts mit dem Trubel in St. Moritz zu tun hat. Besonders Zuoz verfügt über einen schönen historischen Dorfkern. Lange Zeit war das Dorf Sitz der bischöflichen Herrschaft im Oberengadin. Dick gemauerte, geduckte Häuser mit wuchtigen geschnitzten Holztoren markieren ein Stück Zeitlosigkeit. Die Malereien auf den Häusern, die »Sgraffiti«, geben ihnen einen unverwechsel-

Nervenkitzel vor traumhafter Kulisse: Kletterer vor den Gipfeln der Berninagruppe

baren Charakter. Einst wanderten übrigens auch die Engadiner aus, um als Handwerker oder Händler Einkommensmöglichkeiten zu finden. Einige eröffneten Kaffeehäuser in Venedig und St. Petersburg, die heute berühmt sind. Nicht selten kamen sie wohlhabend zurück und ließen ihre Häuser reich verzieren. Die Sujets an den Mauern zeugen von der Weltläufigkeit und Offenheit der Hausbesitzer und Handwerker. Oft ist beispielsweise der Delfin zu sehen – eine doch ziemlich untypische Tierart in den Graubündner Bergen.

Auch heute noch eine Nobelherberge: das 1859 erbaute Kulm-Hotel in St. Moritz

Leckerei aus Nüssen und Honig

Trotz Weltoffenheit sind die Engadiner stolz auf ihre Wurzeln und pflegen heute auch wieder ihre selten gewordene Sprache, das Rätoromanisch. Viele Besucher ahnen nicht einmal, dass St. Moritz eigentlich San Murezzan heißt. Ortsnamen wie S-chanf oder Madulain klingen für Deutschsprachige fremd und unverständlich. »Allegra!«, der rätoromanische Gruß, ist jedoch auch heute noch selbst in St. Moritz auf offener Straße zu hören. In der Mittelschule von Samedan etwa wird sowohl auf Deutsch als auch auf Rätoromanisch unterrichtet. Und auch Kultur, Küche und Geisteshaltung der Engadiner sind mehr von der offenen Lebensfreude Italiens geprägt als von der Mentalität der korrekten Deutschschweizer.
Apropos Küche: Zum Schluss sind einige wichtige Bemerkungen zu diesem Thema unerlässlich. Wer sich im Engadin aufhält, sollte auf alle Fälle ein authentisches kulinarisches Produkt probieren: die berühmte Engadiner Nusstorte mit ihrer Füllung aus Walnüssen und Honig. Spätestens nach dem Genuss dieser Leckerei werden es wohl die meisten Besucher mit dem ungarischen Komponisten Béla Bartók halten, von dem der begeisterte Ausspruch stammt: »Im Engadin ließ ich die Sorgen weit hinter mir!«

TOP TIPP Um Käse dreht sich alles auf der idyllischen Alp Nuova oberhalb von Morteratsch: Gäste können bei der **Alp-Schaukäserei** miterleben, wie auf offenem Feuer die schmackhaften Käse-Spezialitäten entstehen. Sie dürfen kosten und kaufen, und von Juli bis September gibt es täglich zwischen 9.30 und 11.30 Uhr den Alp-Brunch: mit verschiedenen Käse- und Brotsorten, Joghurt, Alp-Butter, Honig, Konfitüre… (Anmeldung bis 17 Uhr am Vortag). Die Alp ist von Juli bis Ende September täglich von 9 bis 17 Uhr geöffnet und zu Fuß ab Pontresina in knapp 1,5 Std. zu erreichen. Tel. 08 13 42 62 73, www.alp-schaukaeserei.ch

ALLGEMEINE INFORMATIONEN

Urlaubsregion	**Engadin** St. Moritz; Tel. 08 18 30 00 01; E-Mail: allegra@estm.ch; www.engadin.stmoritz.ch
Orte	**Celerina** www.engadin.stmoritz.ch/celerina • **Maloja** www.engadin.stmoritz.ch/maloja • **Sils Maria** • **Pontresina** www.engadin.stmoritz.ch/pontresina • **Samedan** www.engadin.stmoritz.ch/samedan • **Sils** www.engadin.stmoritz.ch/sils • **Silvaplana** www.engadin.stmoritz.ch/silvaplana • **St. Moritz** www.engadin.stmoritz.ch/stmoritz • **Zernez** www.engadin.stmoritz.ch/zernez • **Zuoz** www.engadin.stmoritz.ch/zuoz
Entfernungen	Hamburg 978 km; Berlin 906 km; Köln 766 km; Frankfurt a. M. 560 km; Stuttgart 391 km; München 276 km

Wanderkarten

Landeskarte der Schweiz
Blätter 258 Bergün, 268 Julierpass, 269 Berninapass; 1:50 000
Landeskarte der Schweiz
Blätter 1257 St. Moritz, 1277 Piz Bernina; 1:25 000

Bergell

ADAC Prädikat

SPORT & SPASS

WANDERN & BERGTOUREN

KULTUR & CO.

WELLNESS & GENUSS

Auf historischen Wegen durch ein unberührtes Tal

Gut abgeschirmt vom prominenten Nachbarn Oberengadin, konnte sich das Bergell, das kleinste der drei nach Süden abfallenden Bündnertäler, zwischen Maloja und Castasegna seine ursprüngliche Schönheit bewahren. Weder Seilbahnen noch Hotelkomplexe, weder »Fun« noch »Action« stören die wenigen Gäste dabei, eine grandiose Landschaft, malerische Dörfer und wertvolle Kunstschätze zu entdecken.

Plötzlich geht es bergab. Auf einer Strecke von rund 14 km senkt sich das Tal 1000 m in die Tiefe. Dabei führt die Straße von St. Moritz zur Maloja-Passhöhe auf 1815 m Höhe flach an den berühmten Oberengadiner Seen entlang. Doch ab Maloja wandelt sich die Landschaft dramatisch. Man spürt förmlich, dass die herbe Schönheit des kargen Hochgebirges bald ersetzt wird durch südlichen Charme – obwohl es oben am Südende des Silsersees empfindlich kühl ist und der Blick gebannt an den eindrucksvollen Gipfeln der Bergeller Felsgipfel hängen bleibt.

Die schönste Möglichkeit, das Bergeller Tal mit der von ihm ausgehenden Ruhe kennen zu lernen, ist die Wanderung über den

Museum Ciäsa Granda/ Galerie Giacometti
Das naturkundliche Talmuseum befindet sich in der 1581 errichteten Ciäsa Granda in Stampa und umfasst ethnographische Dokumentationen und eine Mineraliensammlung sowie Werke der Künstlerfamilie Giacometti; Tel. 08 18 22 15 55

WANDERN & BERGTOUREN

TOP TIPP — Der **Sentiero storico** (1) von Maloja (1809 m) aus führt vorbei an den bedeutendsten historisch-kulturellen Sehenswürdigkeiten und Naturdenkmälern des Bergell nach Soglio (1090 m). Der Weg ist bequem, steil wird er nur zwischen Maloja und Casaccia. Neben den Sehenswürdigkeiten begeistern vor allem die grandiosen Ausblicke auf die Sciora-Gruppe. Wegverlauf: Von Maloja Abstieg nach Casaccia (1458 m), über Vicosoprano und Borgonovo nach Stampa, nun kurzer Anstieg nach Soglio; mit dem Bus zurück nach Maloja; Variante: man kann von Stampa auch weiter Richtung Castasegna wandern oder nur ein Teilstück auswählen; Zeit: ca. 7 Std.

Piz Lunghin (2780 m) Mittelschwere Bergwanderung von Maloja nach Casaccia	Ausgangspunkt: Maloja (1809 m); Pila - Lägh dal Lunghin (2496 m, Quellsee des Inn) – Piz Lunghin – Pass Lunghin (2645 m) – Septimerpass (2310 m) – Val Maroz – Casaccia (1458 m); mittelschwerer Bergsteig, teils auf historischem Saumpfad, im Gipfelbereich Trittsicherheit erforderlich; Zeit: ca. 6,5 Std.; Einkehr: in Maloja und Casaccia
Von der Sciora-Hütte zur Sasc-Furä-Hütte Lange, anspruchsvolle Bergtour am Fuße der fantastischen Sciora-Gipfel	Ausgangspunkt: Bondo/Laret (1377 m); Val Bondasca – Sciora-Hütte (2118 m; evtl. Übernachtung) – landschaftlich grandioser Übergang zur Sasc-Furä-Hütte (1904 m) am Fuße der Badile – Abstieg nach Laret; Aufstieg zur Sciora-Hütte anstrengend (ca. 3,5 Std.), Übergang stellenweise sehr anspruchsvoll, Trittsicherheit und Bergerfahrung unbedingt erforderlich (ca. 3,5 Std.), Abstieg problemlos; Zeit: ca. 9 Std.; Einkehr: Sciora-Hütte, Sasc-Furä-Hütte
Höhenweg von Casaccia nach Soglio Panoramatour auf einsamen Wegen	Ausgangspunkt: Casaccia (1458 m); Maroz Dora (1799 m) – Maroz Dent (2035 m) – Val Cam – Plan Lo – Cadrin (2135 m) – Löbbia – Plän Vest – Tombal (1545 m) – Soglio (1090 m); technisch leichte, aber anstrengende Tour, landschaftlich grandios; mit Bus zum Ausgangspunkt zurück; Zeit: ca. 7 Std.; Einkehr: in Cassacia und Soglio

the perfect day

8 Uhr: Fahrt von Bondo nach Laret, Wanderung zur Sasc-Füra-Hütte
12 Uhr: Mittagessen auf der Hütte, mit grandioser Aussicht auf den Piz Badile
13 Uhr: Abstieg nach Laret, zurück nach Bondo, Besichtigung des alten, gut erhaltenen Dorfes
16 Uhr: Fahrt nach Stampa, Besuch des Museums in der Ciäsa Granda
18 Uhr: Fahrt nach Soglio, Bummel durch die verwinkelten Gassen

Das Bergell hat neben traditionellen Bergdörfern vor allem viel unberührte Natur zu bieten.

»Sentiero storico«. Am Wegesrand der traumhaften Route sind die Sehenswürdigkeiten des Bergell aufgereiht. Zum Beispiel die Gletschermühlen bei Maloja oder die Reste eines steilen Römerweges. Bis zu 30 % Steigung mussten die Fuhrwerke bewältigen, wenn sie von Casaccia aus Richtung Maloja zogen. Kaum weniger schinden mussten sich die Reisenden, die in Casaccia den Weg über den ebenfalls von Römern genutzten Septimerpass wählten, der heute allein Wanderern vorbehalten ist. Das »Cunvent« von Casaccia, ein Hospiz aus dem 16. Jh., liegt halb verschüttet unter einer Steinlawine, die das Dorf 1740 traf. Auch von der altgotischen Wallfahrtskirche San Gaudenzio sind nur noch Ruinen übrig.

Weiter südlich liegt Vicosoprano. Die Portale der Patrizierhäuser sind prächtig verziert, schöne Gassen führen zu einem malerischen Platz mit Brunnen. Die Überreste von zwei Galgen und der Prangstein mit Kette und Halseisen bezeugen, dass man hier einst Gerichtsurteile mit aller Härte vollstreckte. In der Nähe führt die einzige Seilbahn des Bergell hinauf zum Albigna-Stausee. Oben angekommen, befinden sich Kletterer im siebten Himmel, während Wanderer staunend die gigantische Felsszenerie auf sich wirken lassen.

Über Borgonovo, wo die Künstlerfamilie der Giacometti begraben ist, führt der Wanderweg »Sentiero Storico« weiter nach Stampa, ihrem Heimatort. Im naturkundlichen Museum in der Ciäsa Stampa sind Werke der berühmten Bergeller Künstler ausgestellt.

Vor Promontogno markiert »La Porta«, ein enger Felsriegel, den endgültigen Abschied vom Hochgebirge. Etwas abseits, am Ausgang des Bondasca Tals, liegt Bondo und kurz vor der italienischen Grenze ist Castasegna die letzte Station in der Schweiz.

ALLGEMEINE INFORMATIONEN

Urlaubsregion	Verkehrsverein **Pro Bergaglia**, Tel. 08 18 22 15 55; E-Mail: info@bregaglia.ch; www.bregaglia.ch
Orte	**Bondo • Borgonovo • Casaccia • Castasegna • Maloja • Stampa • Promontogn • Soglio • Vicosoprano**
Entfernungen	Hamburg 996 km; Berlin 929 km; Köln 792 km; Frankfurt a. M. 614 km; Stuttgart 416 km; München 379 km

Hütten

Sciora-Hütte (2118 m)
Gemütliche, großartig gelegene Hütte in der wilden Felslandschaft über dem Kessel des Bondascatals; gute Küche und herzliche Atmosphäre; wer übernachten will, sollte unbedingt reservieren. Reizvoller, mittelschwerer Zustieg von Bondo/Laret (Zufahrt über kleine Mautstraße) in ca. 2,5 Std.; Tel: 08 18 22 11 38

Wanderkarten

Landeskarten der Schweiz, Blätter 1276 Val Bregaglia, 1296 Sciora, 1256 Bivio; 1:25 000

Vinschgauer Oberland

ADAC Prädikat

SPORT & SPASS

WANDERN & BERGTOUREN

KULTUR & CO.

WELLNESS & GENUSS

Von Apfelbäumen und Gletschern

Der Vinschgau bietet Gegensätzlichkeiten der besonderen Art: Gipfel, die zu den höchsten der Ostalpen zählen, ragen über lieblichen, fast mediterran anmutenden Tälern auf. Unter widrigsten Umständen gewinnen Bergbauern den steilen Hanglagen eine bescheidene Existenz ab, während auf den Plantagen im Talboden ein erheblicher Teil der EU-Apfelernte eingefahren wird. Hier gibt es jede Menge zu erleben: Wanderer finden im Vinschgau zahllose Betätigungsfelder, Kunst- und Kulturliebhaber vor allem historische Sehenswürdigkeiten und Genießer eine beeindruckende Landschaft.

Nordic Walking
Latsch-Martell (Nordic-Fitness-Alpin-Center): 13 beschilderte Routen von insgesamt 90 km. Geführte Touren und Angebotswochen. Infos: TV Latsch-Martell, Tel. 04 73 62 31 09

Faszinierende Gegensätze: Im Tal die herrlichen Obstgärten, oben der eisbedeckte Gipfel des Ortler.

Wer von Norden her über den Reschenpass in den Obervinschgau kommt, steht schon am Reschensee vor dem ersten Wahrzeichen der Region. Der aus dem Wasser aufragende schlichte Kirchturm war bis vor gut einem halben Jahrhundert ein ganz normaler Kirchturm in einem Dorf. Doch seit zwischen 1948 und 1950 der jahrhundertealte Ort Graun samt seiner Kirche in den Fluten des neu geschaffenen Stausees versank, wurde der Turm zum viel fotografierten Wahrzeichen des Reschensees. Sein Anblick ist umso eindrücklicher, weil sich hinter dem Kirchturm weit im Süden über dem türkisblauen Wasser der mächtige, eisgepanzerte Ortler in all seiner Pracht erhebt und seine wilden, zerrissenen Flanken einen markanten Gegensatz zum strengen, schlichten Äußeren des versunkenen Turms bilden.
Hier, im Ursprungsgebiet der Etsch, lässt es sich abseits von Touristenzentren und Modezielen herrlich wandern, oft mit Blick auf Reschen- und Haider See. Wer sich nicht auf die Wiesenwege am Seeufer beschränken will, geht von der Bergstation des Haideralm-Lifts oberhalb von St. Valentin auf dem »Balkonweg« hinüber nach Schöneben (Zeit:

the perfect day

10 Uhr: Besichtigung der Churburg in Schluderns mit der weltweit größten privaten Rüstkammer
13 Uhr: Zum Mittagessen Südtiroler Spezialitäten in einem Restaurant in Schlanders genießen
15 Uhr: Fahrt nach Latsch, mit der Seilbahn nach St. Martin am Kofel
17 Uhr: Wanderung von St. Martin über die Höfe Egg und Forra nach Latsch zurück

ca. 2 Std.) oder steigt zu einem der am einfachsten zu erreichenden Aussichtsgipfel auf, zur Watles. An ihrem Hang liegt übrigens mit der Benediktinerabtei Marienberg das geistliche Zentrum des Obervinschgaus, das über lange Zeit auch kultureller Mittelpunkt der Region war. Der weiße Bau lässt sich schon von weitem ausmachen; sehenswert ist u. a. die Krypta mit einem hochromanischen Freskenzyklus (nur mit Führung; Tel. 04 73 83 13 06; www.marienberg.it).
Südlich des Haider Sees wartet mit einem riesigen Schwemmkegel, der sich bis nach Mals erstreckt, noch ein weiteres landschaftliches Juwel. Spaziergänge auf der Malser Heide mit ihren vom »Reschenwind« gebeugten Bäumen und den Bewässerungsgräben, den Waalen, sind ein ganz besonderes Erlebnis.

Historische Waalwege

Die ausgeklügelten, jahrhundertealten Systeme, die das verfügbare Wasser effektiv und gerecht verteilen, sind bereits im Jahr 1165 nachgewiesen. In der sonnigen Talebene zwischen Glurns und Schlanders, die im Süden von der Ortlergruppe, im Westen von den Rätischen

WANDERN & BERGTOUREN

TOP TIPP Der **Stundenweg** verbindet über die Grenzen hinweg das Kloster St. Johann/Müstair mit dem Kloster Marienberg/Mals und damit das Engadin mit dem Vinschgau – zwei Regionen, die naturräumlich vieles verbindet, die aber in Religion und Sprache auch vieles trennt Vom Ausgangspunkt der Wanderung ab dem Kloster St. Johann beim Plaz Grond führt der Weg entlang von Hecken über die schweizerisch/italienische Grenze hinein in einen Waalweg (»Tschenel Waal«) und schließlich über schmale Wege hinauf zur »Dreiangel« und weiter zur Ruine »Schloss Rotund«. Ebenmäßig führt der Weg weiter zur »Lovareihütte« und auf dem »Schleiser Trai« oberhalb des »Polsterhofes« weiter vorbei an der »Klöstersäge« bis hin zum Endziel – dem Kloster Marienberg (1335m). Der Weg kann an einem Tag oder in Teiletappen begangen werden. 17 km, ca. 400 Höhenmeter; Zeit: 6 Std.

Watles (2555 m) Kleine Mühe, große Aussicht	Ausgangspunkt: Plantapatsch-Hütte (2214 m), Bergstation der Seilbahn von Mals; auf Weg Nr. 4 zum Pfaffensee – weiter zum Schafberg (2411 m) – auf breitem Rücken zum Watles-Gipfel; Abstieg auf Weg Nr. 9 und später auf dem Anstiegsweg zurück bis zur Plantapatsch-Hütte; leichte bis mittelschwere Wanderung; Zeit: ca. 4 Std.; Einkehr: Plantapatsch-Hütte
Mitterwaal Leichte Wanderung an einem der alten Bewässerungskanäle	Ausgangspunkt: Glurns (908 m); vom Münster-Tor in der Nähe der Pfarrkirche hinauf zum St.-Martin-Kirchlein – den Hinweisschildern »Mitterwaal – Rifair« folgen – über Laufstege an einer Felswand entlang – entweder dem Waldpfad folgen nach Taufers im Münstertal (dann mit öffentlichen Verkehrsmitteln zurück zum Ausgangspunkt) oder Umkehr und Rückkehr auf gleichem Weg nach Glurns; Zeit: ca. 3,5 Std.; Einkehr: in Glurns, evtl. in Taufers im Münstertal
Alpenrosenwanderweg zu den Zirmtalerseen Mittelschwere Wanderung und traumhafter Ausblick über den Vinschgau	Ausgangspunkt ist der Parkplatz am Schlumsbach in Freiberg (1400 m) oberhalb von Kastelbell. Von dort aus über den Weg Nr. 7 bis zur Marzoner Alm (1600 m). Oberhalb der Alm bei der Weggabelung links über den Steig Nr. 18, der auf ca. 1800 m einen Forstweg überquert und weiter zu den eingebetteten Zirmtalerseen und der kleinen Almhütte auf 2114 m führt. Mögliche Verlängerung der Wanderung auf dem Weg Nr. 18 a bis auf 2588 m. Abstieg wie Aufstieg oder über den Tomberg (Weg Nr. 9) nach Tschars. Zeit: ca. 6 Std.; 1200 m Höhenunterschied. Einkehr: Marzoner Alm, Zirmtaleralm

Restaurants

Kuppelrain
Küchenchef Jörg Trafoier bietet in Kastelbell kreative Saison-Küche unter Verwendung lokaler Produkte; Ehefrau Sonja betreut den beeindruckenden Weinkeller. Ausgezeichnet mit einem Michelin-Stern; Tel. 04 73 62 41 03, www.kuppelrain.com

Hütten

Weißkugel-Hütte (2542 m)
Sie liegt im hintersten Langtauferertal mit fantastischem Blick auf die mächtige Gletscherwelt der Weißkugel (3738 m). Von Melag (1925 m) Aufstieg zur Hütte in ca. 2,5 Std.; Tel. 04 73 63 31 91, www.weisskugel.it

Sesvenna-Hütte (2256 m)
Im obersten Schlinigtal in der Nähe der Schweizer Grenze gelegen, ist sie Stützpunkt für Touren in die Sesvennagruppe. Eine schöne Rundtour führt von der Hütte aus in ca. 2,5 Std. zum Sesvennasee (2634 m); Zustieg von Schlinig (erreichbar mit dem Auto von Burgeis) in ca. 2 Std.; Tel. 04 73 83 02 34, www.sesvenna.it

Oberettes-Hütte (2677 m)
Die Hütte liegt hoch über dem Matscher Tal. Zustieg in ca. 3 Std. vom Glieshof (1824 m) im Matscher Tal, das bei Schluderns vom Hauptal nach Nordosten abzweigt; Tel. 04 73 83 02 80, www.oberettes.it

Zufallhütte (2264 m)
Im Hintermartell gelegen ist die Hütte Ausgangspunkt für traumhafte Bergtouren in der Ortlergruppe. Vom Parkplatz ca. 1 Std. Aufstieg;
Tel. 04 73 74 47 85, www.zufallhuette.de

Vinschgauer Oberland

Dorado für alle Radsport-Fans
Das Dreiländereck zwischen Südtirol, der Schweiz und Österreich ist bei Mountainbikern und Rennradfahrern gleichermaßen beliebt. Von der familienfreundlichen Strecke bis hin zur knackigen Trainingstour wird alles geboten. Einer der schönsten (Fern-) Radwege ist der Etschradweg, der vom Reschenpass durch den Vinschgau bis zum Gardasee führt. Für Mountainbiker gibt es unter www.vinschgaubike.com zahlreiche Tourenvorschläge, und unter www.bikereldorado.com stellt sich speziell das Gebiet um Latsch vor. Eine Radwegkarte ist bei den Tourismusvereinen und Informationsbüros erhältlich.

Alpen und im Norden von den Ötztaler Bergen geschützt wird, ist die Niederschlagsmenge so niedrig wie auf Sizilien. Das Wasser, das sich in hoch gelegenen Seen, an Gletschern und Schneehängen sammelt, musste daher schon früher zu den Feldern im Tal transportiert und gerecht verteilt werden. Das geschah mit Hilfe der Waale. Über ihren Betrieb wachten die »Waaler«, denen die Verteilung des kostbaren Nass und die Instandhaltung dieser Leitungen oblag. Die Waalwege, die entlang der Leitungen angelegt wurden, sind zum Teil recht gut zu begehen. Das macht sie zu beliebten Wanderrouten. So kann man etwa von Glurns aus entlang des Mitterwaals bis nach Taufers im Münstertal wandern. Glurns bietet übrigens auch die einzige vollständig erhaltene Stadtbefestigung Südtirols. Mauerviereck, Wehrgänge, ein pittoresker Marktplatz und schöne Wohnhäuser mit Erkern, Lauben und Zinnen machen das mittelalterliche Bauernstädtchen zu einer Rarität. Mit nur 850 Einwohnern ist Glurns eine der kleinsten Städte der Alpen.
Laas hingegen wurde durch sein »weißes Gold« bekannt: Der Laaser Marmor, der hoch über der Ortschaft abgebaut wird, ist für seine außergewöhnliche Reinheit und Härte bekannt und wird vor allem für Monumente und Denkmäler geschätzt. Einer der größten Aufträge kam nach dem Zweiten Weltkrieg aus den USA: Für die amerikanischen Soldatenfriedhöfe in aller Welt wurden 600 000 weiße Marmorkreuze hergestellt und geliefert.

Paradiesische Obstgärten

Aber nicht der Marmor ist der größte Exportschlager der Region, sondern die Äpfel. Der »Apfelgarten Vinschgau« liefert jährlich weit mehr als 200000 t der knackigen Früchte in vielen leckeren Sorten. Wer sich für den Anbau interessiert, kann dem Bio-Apfelbauern während einer Kutschfahrt durch die Plantagen Löcher in den Bauch fragen (Infos unter Tel. 04 73 62 04 80). Mit dem Verkauf von einheimischen Produkten hat auch die Geschichte des Sonnenberg, dessen kahle Hänge sich nördlich der Etsch erheben, zu tun – zumindest dann, wenn man an alte Geschichten glaubt. Die Baumlosigkeit der Hänge, an denen heute eine einzigartige Steppenflora gedeiht, erklärt sich

TOP TIPP
Die im 13. Jh. auf einem Felssporn bei Kastelbell/Tschars erbaute **Burg Juval** wurde – nach mehrfachem Besitzerwechsel und teilweisem Verfall – 1983 von Reinhold Messner erworben. Der berühmte Bergsteiger restaurierte die weitläufige Anlage und gestaltete sie zu einem Gesamtkunstwerk, welches Südtiroler Kultur erhält und Fremdes mit Heimatlichem verbindet. In der Burg sind mehrere Kunstsammlungen: eine umfangreiche Tibet-Sammlung sowie Bergbilder und Masken von vier Kontinenten. Zur Anlage gehört der Bio-Bergbauernhof Oberortl, der »Schlosswirt« mit Buschenschank und nicht zuletzt das von Kennern hoch gelobte Weingut Unterortl. Bei der Burg gibt es keine Parkplätze; Shuttledienst vom Parkplatz neben der Hauptstraße; Tel. 04 73 73 70 20

ALLGEMEINE INFORMATIONEN

Urlaubsregion	Tourismusverband **Vinschgau**; Tel. 04 73 73 70 00; E-Mail: info@vinschgau.is.it; www.vinschgau.is.it
Orte	**Glurns** www.ferienregion-obervinschgau.it • **Graun** • **Kastelbell-Tschars** www.kastelbell-tschars.com • **Langtaufers** • **Latsch** www.latsch-martell.it • **Mals/Burgeis** www.ferienregion-obervinschgau.it • **Reschen/St. Valentin** www.reschenpass-suedtirol.it • **Schlanders/Laas** www.schlanders-laas.it • **Schluderns** www.ferienregion-obervinschgau.it
Entfernungen	Hamburg 928 km; Berlin 795 km; Köln 715 km; Frankfurt a. M. 545 km; Stuttgart 340 km; München 209 km

demnach damit, dass die Lagunenstadt Venedig auf Fundamenten aus Lärchenholz stehe. Diese Stämme sollen am Sonnenberg geschlagen und mühsam nach Süden transportiert worden sein. An Fuße des Sonnberg liegt Schluderns, ein idyllisches Bauerndorf, das überragt wird von dem 1260 errichteten Schloss Churburg. Im 16. Jh. bauten die Grafen von Trapp die Burg zu einer beeindruckenden Renaissance-Residenz aus, die noch immer ihr Eigentum ist. Besonders prächtig ist der mittlere Arkadengang des dreigeschossigen Logierhofs; Besucher der Burg sind jedoch vor allem von der bestens ausgestatteten Rüstkammer beeindruckt.

Heimat und Museum: Reinhold Messners Burg Juval.

Folgt man dem Lauf der Etsch weiter nach Osten, kommt man nach Latsch, einem sonnigen Ort, in dem sich seit alters her Kunstliebhaber wohl fühlen. Freskengeschmückte Kirchen, wie die St.-Stephan-Burgkapelle in Latsch/Morter, und der Flügelaltar von Jörg Lederer in der Spitalkirche sind nur zwei Beispiele der Kunstschätze, die hier entdeckt werden können. Einen bedeutenden Schatz verbarg auch das Schloss Montani, bevor dort eine der Handschriften des Nibelungenliedes gefunden wurde. Prächtige Feste werden auf Schloss Goldrain gefeiert; eine stilvolle Kulisse bilden die malerischen Renaissance-Arkaden auch bei den hochkarätigen Konzerten, die hier stattfinden. Sehenswert ist außerdem das Museum mit Ausstellungen über Burgen und Schlösser im Vinschgau sowie über die größten Kristallfunde der Alpen. Von Latsch aus führt eine Seilbahn hinauf nach St. Martin am Kofel, auf der Nordseite des Tals. In dem kleinen Bergdorf ringen die Bauern den Steilhängen in mühevoller Arbeit den Ertrag ab. Die Höhensiedlung mit ihrer Wallfahrtskirche ist eines der schönsten Ausflugsziele im Vinschgau. Eine weitere Sehenswürdigkeit – gleich in mehrfacher Hinsicht – findet sich dort, wo das Schnalstal nach Norden abzweigt: Hier hat der Extrembergsteiger Reinhold Messner sein Domizil im Schloss Juval. Seine Kunstsammlungen wie die Masken-Kollektion aus fünf Kontinenten oder die Tibetika-Ausstellung sind viel besuchte Attraktionen (Tel. 04 73 22 18 52). Von Kastellbell aus befördert ein Shuttlebus die Gäste hinauf, die nicht zu Fuß zur Burg aufsteigen wollen (bei der Burg gibt es keine Parkplätze!). Der Vinschgau ist eben eine Region mit besonderen Wahrzeichen. Aber das war ja schon bei der Anreise über den Reschenpass klar.

In den Fluten des Reschensees versunken: Graun mit dem bekannten Kirchturm

Wanderkarten

Freytag & Berndt, WKS 2, Vinschgau – Ötztaler Alpen; 1:50 000

Ortler-Region

ADAC Prädikat

SPORT & SPASS

WANDERN & BERGTOUREN

KULTUR & CO.

WELLNESS & GENUSS

Naturtrafoi
Das dritte der beispielhaft aufgebauten Naturparkhäuser des Naturparks Stilfserjoch widmet sich ganz den Überlebensstrategien von Pflanzen und Tieren unter den extremen klimatischen Bedingungen des Hochgebirges. Außerdem Forschungsstelle des Nationalparks und ca. jährlich wechselnde Sonderausstellungen (die Ausstellung über die Ortlerfront läuft im Museum für das Ortlergebiet);
Tel. 04 73 61 20 31,
www.naturatrafoi.com

In König Ortlers Reich

Mächtig und stolz thront der Ortler, der zweithöchste Gipfel der Ostalpen, neben der Königsspitze mit ihrer eindrucksvollen Nordwand. Während auf dem Stilfserjoch auch im Sommer die Skifahrer ihre Kurven ziehen, werden unten im Martelltal die Erdbeeren geerntet. Doch auch dort werden sich vor allem jene wohl fühlen, die zu Fuß oder mit dem Mountainbike den Weg ins Hochgebirge suchen, um dabei die unberührte Landschaft des Nationalparks Stilfserjoch für sich zu entdecken.

Als das »Sibirien Tirols« bezeichnete das Innsbrucker Wochenblatt 1802 die Ortler-Region; die Kinder ritten auf Wölfen und die Bauern speisten mit den Bären aus einer Schüssel, munkelte man. Sulden war im 19. Jh. nichts als ein winziges, armes Bergdorf, das sich demütig unter den wilden Abstürzen des 3905 m hohen Ortler duckte. Die beeindruckende Bergkulisse machte den Bewohnern wenig Freude, im Gegenteil: Sie jagte ihnen Angst und Schrecken ein. Denn nicht selten forderte die Natur ihren Tribut.
Wen wundert es da, dass Erzherzog Johann einige Mühe hatte, wagemutige Bergpioniere zu finden, die er auf den eisigen Weg hinauf zum höchsten Gipfel Tirols schicken konnte? Am 27. September 1804 wagte Josef Pichler aus dem Südtiroler Passeiertal mit zwei Begleitern

Ein eindrucksvolles Dreigestirn: der mächtige Ortler, die Nordwand der Königsspitze und dazwischen der Zebrù.

den Aufstieg von Trafoi aus. Ausgerüstet waren sie mit »Fußeisen« und Bergstöcken. Nach neun Stunden hatte Josef Pichler es geschafft – er stand auf dem Ortler. Der Bann war gebrochen, eine beachtenswerte alpine Meisterleistung vollbracht.
Auch für die Einheimischen verloren die Berge nach und nach ihren Schrecken. Als etwa 20 Jahre später die »touristische Besteigung« des Ortler bereits fast so etwas wie Mode war, erkannten auch die Bewohner von Sulden die neuen Perspektiven: Aus dem armen Bauern-

the perfect day

9 Uhr: Mit der Langensteinbahn zur Bergstation, über den aussichtsreichen Morosiniweg zur Hintergrathütte
12.30 Uhr: Schöne Rast auf der Hintergrathütte
13.30 Uhr: Abstieg über den Weg Nr. 2 zur Mittelstation der Seilbahn, mit der Bergbahn zurück ins Tal
16 Uhr: Fahrt nach Prad, Besuch des Nationalparkhauses aquaprad, Stadtbummel
18 Uhr: Auf der Rückfahrt im Restaurant Gallia in Gomagoi den Tag mit einem vorzüglichen Essen und einem Glas Südtiroler Rotwein ausklingen lassen

dorf wurde ein populäres, schmuckes Bergsteigerdorf, das »Zermatt Tirols«. Nach wie vor ist Sulden der Ausgangspunkt für herrliche, meist aber sehr anspruchsvolle Bergtouren: z.B. über den fantastischen Hintergrat auf den Ortler oder durch die steile Nordwand auf die Königsspitze. Eindrucksvolle Ausblicke auf diese prächtigen Gipfel können auch gute Bergwanderer und Mountainbike-Fahrer genießen, wenn sie eine der Hütten oder Almen als Ziel wählen. Das Schöne: Drei Seilbahnen erleichtern in Sulden den Weg in die faszinierende Welt des Hochgebirges.
Zum Aufschwung der Region trug noch eine weitere Meisterleistung ganz anderer Art bei: der Bau der Stilfserjochstraße. Das Lombardische Königreich mit dem Veltlin jenseits des Stilfserjochs gehörte damals

Messner Mountain Museum
Schwerpunkte des Museums von Reinhold Messner in Sulden sind der Ortler und das Eis. Bilder und historische Erinnerungsstücke vom Nord- und Südpol sowie von den großen Eisgebirgen der Welt, natürlich darf auch der Yeti nicht fehlen. Außerdem: weltweit größte Sammlung von Ortlerbildern und Eisgeräten aus zwei Jahrhunderten; Tel. 04 73 61 32 66, www.messner-mountain-museum.com

WANDERN & BERGTOUREN

TOP TIPP

Eine eindrucks- und anspruchsvolle Tour führt über den **Normalweg zum Gipfel des Ortler** (3905 m). Von Sulden aus mit dem Langensteinlift zum Ausgangspunkt (2330 m) unter dem End-der-Welt-Ferner. Auf gut bezeichnetem Steig über das Tabarettajoch (2903 m) hinauf zur Payerhütte (3029 m), dort übernachten. Durch Scharten und über teilweise mit Drahtseilen abgesicherte Felsrippen zum Tschierfeckwandl. Über die zum Teil steilen (bis 35°) und spaltenreichen Gletscherhänge zum Gipfel; Abstieg wie Aufstieg; Zeit: ca. 2,5 Std. zur Hütte, ca. 4 Std. zum Gipfel, ca. 5 Std. Abstieg nach Sulden; Einkehr: Payerhütte. Geführte Touren: Alpinschule Ortler, Sulden; Tel. 04 73 61 30 04, www.alpinschule-ortler.com

Düsseldorfer Hütte (2724 m) Aussichtskanzel über Sulden	Ausgangspunkt: Sulden/St. Gertraud (1844 m); durch das Zaytal zum Teil steil hinauf zur Hütte – kurz auf dem Anstiegsweg zurück – nach links auf breitem Weg weiter, fast eben zur Bergstation Kanzelbahn (2350 m); mit der Seilbahn zurück nach Sulden; aussichtsreiche, leichte Bergwanderung; Zeit: ca. 3,5 Std.; Einkehr: Düsseldorfer Hütte
Tschenglser Hochwand (3375 m) Anspruchsvoller Bergsteig mit Panoramablick auf den Ortle	Ausgangspunkt: Sulden/Bergstation Kanzelbahn (2350 m); Düsseldorfer Hütte (2724 m) – den Markierungen zum Otto-Erich-Steig folgen – über den teilweise mit Drahtseilen gesicherten, klettersteigähnlichen Bergsteig (drei Leitern) durch die markante Wand zum Gipfel; Abstieg über den gut markierten »alten« Normalweg zur Düsseldorfer Hütte, dann Abstieg wie Aufstieg; nur für erfahrene, trittsichere und schwindelfreie Bergwanderer; Zeit: ca. 6 Std.; Einkehr: Düsseldorfer Hütte
Piz Chavalatsch (2763 m) Über schöne Almböden zu aussichtsreichem Gipfel	Ausgangspunkt: Stilfs (1311 m); Falatsches (1706 m) – Stilfser Almen (2077 m) – Piz Chavalatsch (2764 m); Abstieg wie Aufstieg; mittelschwere, lange Bergwanderung, vom Gipfel herrliche Sicht auf die Ortlergruppe; Zeit: ca. 6,5 Std.; Einkehr: Stilfser Almen
Goldseeweg Schöner Panoramaweg	Die Wanderung führt von der Passhöhe des Stilfserjoch über den Goldsee bis zur Furkelhütte (Weg Nr. 20) nach Trafoi – dies ist ein Höhenweg der besonderen Art. Man lernt den Nationalpark Stilfserjoch von seiner schönsten Seite kennen und hat dabei stets einen fantastischen Blick auf das herrliche Bergpanorama. Zeit: ca 4,5 Std. bis zur Furkelhütte
Marteller Hütte (2610 m) Leichte Wanderung mit Gletscherblick	Ausgangspunkt: Martell/Gasthof Schönblick (2051 m); Zufallhütte (2265 m) – Alte Staumauer – Marteller Hütte; Abstieg wie Aufstieg; Zeit: ca. 3,5 Std.; Einkehr: Gasthof Schönblick, Zufallhütte, Marteller Hütte

Restaurants

Restaurant Gallia
Regionale Kost auf höchstem Niveau in Gomagoi – zubereitet mit mediterraner Leichtigkeit. Besonders die Wildgerichte sind der absolute Geheimtipp; Tel. 04 73 61 17 73, www.gasthof-gallia.com

SPORT & SPASS

TOP TIPP

Der höchste Übergang auf der berühmten Transalp-Strecke von Mittenwald zum Gardasee ist das **Madritschjoch** (3123 m) bei Sulden. Bei der äußerst anspruchsvollen, aber landschaftlich fantastischen Strecke muss das Mountainbike lange geschoben werden. Von Prad (918 m) aus nach Gomagoi, von der Stilfserjochstraße abbiegen nach Sulden (1866 m). Viele Fahrer sparen sich nun Höhenmeter und fahren mit der Seilbahn auf die Schaubachhütte (2581 m). Nun wieder aus eigener Kraft entlang der Skipiste zur Madritschhütte (2880 m). Die letzten Höhenmeter zum Madritschjoch (3123 m) sind oft auch im Sommer schneebedeckt. Trittsicherheit und Kondition sind auf diesen letzten Metern besonders wichtig. Auf dem Joch belohnt der überwältigende Blick auf Ortler und Königsspitze für alle Mühen; eine herrliche Abfahrt führt hinunter ins idyllische Martelltal zur Zufallhütte (2265 m). Bald schon ist die Straße asphaltiert, auf ihr durch das Tal hinunter bis nach Morter (701 m). Im Vinschgau durch Apfelplantagen auf dem Radweg zurück nach Prad; Kondition, technisches Können und alpine Erfahrung sind Voraussetzung; Zeit: eine satte Tagestour; Einkehr: in den Dörfern, Schaubachhütte, Madritschhütte, Zufallhütte; geführte Touren: www.mountainbiker.it; Miete von Mountainbikes: Baldi Sport, Prad; Tel. 04 73 61 70 71; und Ortler 2Rad, Prad; Tel. 04 73 61 64 95

Mit dem Rennrad aufs Stilfserjoch (2757 m)
Die 48 Kehren von Gomagoi (1256 m) bis zur Passhöhe werden jedermann lange in Erinnerung bleiben. Durch die relativ geringe Steigung ist die 25 km lange Auffahrt nicht zu schwierig, der Blick in die Ortlergruppe ist großartig. Für Mountainbiker gibt es verschiedene Downhill-Möglichkeiten, Rennradfahrer sausen auf der Passstraße wieder zurück ins Tal; Zeit: ca. 4 Std.

Museum für das Ortlergebiet
Das »Museum für das Ortlergebiet« ist Ausdruck von Leidenschaft und Liebe für das Ortlergebiet. Ein Ort gegen das Vergessen, eine Liebeserklärung an die Heimat und Erinnerung an die großen und kleinen Pioniere dieses Landstriches; ein Rundgang durch die Tourismusgeschichte und Kultur des Ortlergebietes, nebenbei eine Sonderpräsentation vom Ersten Weltkrieg 1914–1918 und eine selten schöne Sammlung an Mineralien des Ortlergebietes und der Umgebung.

zum Haus Habsburg; militärisch gesehen war es wichtig, eine schnelle Verbindung zu schaffen. 1826 gab Kaiser Franz deshalb den Bau der Stilfserjochstraße in Auftrag. Da hier vor allem Pferdefuhrwerke verkehren sollten, hielt man die Steigung mit 9 % relativ gering – was heute den vielen Rennradfahrern, die am Stilfserjoch unterwegs sind, sehr zugute kommt. Insgesamt 48 enge Kehren müssen allerdings bewältigt werden, um den Höhenunterschied von 1500 m zwischen dem Vinschgau und dem Joch zu überwinden. Bis 1959 wurde der Pass sogar das ganze Jahr über befahren: Im Winter waren damals Pferdeschlitten unterwegs.
Lange war die kurvenreiche Passstraße die höchste Transitroute der Alpen, bis in Frankreich der Col de la Bonette und der Col de l'Iseran erschlossen wurden. Obwohl die Stilfserjochstraße nur noch auf Rang drei rangiert, ist sie für viele die Königin der Alpenstraßen geblieben. Vor allem für jene, die es geschafft haben, aus eigener Kraft – sprich mit dem Rennrad oder dem Mountainbike – die 1500 Höhenmeter zu überwinden. Auf der anderen Seite taucht die Straße in eine wilde, imposante Felsschlucht ab. Zahlreiche Viadukte und Galerien waren notwendig, um hier der Natur ein Schnippchen zu schlagen. Nicht wundern darf man sich übrigens, wenn auch im Hochsommer Skifahrer auf der Passhöhe ihre Bretter auspacken.

Zwischen Erdbeerfeldern und Eisblumen

Auf dem Ebenferner unter der Geisterspitze tummeln sich zu jeder Jahreszeit die Skifreaks. Selbst dann, wenn unten im Martelltal bereits die Erdbeeren geerntet werden. Doch auch dieses ursprüngliche und schmale Seitental, das von Süden her zur Ortlergruppe zieht, lockt vor allem alpin erfahrene Bergwanderer und Bergsteiger an, die nicht einmal Gletscher scheuen. Denn ganz oben, am Monte Cevedale, blü-

hen allenfalls Eisblumen. Hinter dem Dorf Martell führt die Straße zum idyllischen Zufritt-See. Nach einer großen Überschwemmung errichtete man 1891 zuerst mit unglaublich mächtigen Steinblöcken eine Talsperre, die heute noch gut zu sehen ist. Später übernahm dann der neue Zufritt-Stausee mit Erfolg die Regulierung des zu Tal fließenden Wassers.
In Martell sollte man es nicht versäumen, einen Blick in das vorbildlich konzipierte Naturparkhaus »culturamartell« zu werfen, um Einblick in die Geschichte des Tals zu bekommen – und vor allem, um den Nationalpark Stilfserjoch näher kennen zu lernen. Mit einer Fläche von 1346 km² ist er eines der größten Schutzgebiete der Alpen. Da er direkt an den Schweizer Nationalpark angrenzt, besteht hier ein ausgedehntes Reservat für Tiere und Pflanzen. Eingebunden in den Nationalpark ist die gesamte Ortlergruppe mit dem Monte Cevedale im Süden. Fantastisch ist somit auch die Vielfalt der Vegetationszonen vom Gipfel des Ortler bis hinunter ins Vinschgau: Vergletschertes Hochgebirge, grüne Almen, Hangterrassen und milde Talböden bieten eine Artenvielfalt, die ihresgleichen sucht. Neben dem »culturamartell« befindet sich in Prad, einem netten Ort mit schön bemalten Häusern aus dem 16. Jh., eine weitere interessante Informationsstelle des Parks: das »aquaprad«. Hier können sich die Besucher über die Gewässer der Region und über die Besonderheiten ihrer Bewohner informieren.
Bevor man das dritte Naturparkhaus »naturtrafoi« in Trafoi an der Stilfserjochstraße ansteuert, sollte man noch durch die Obstgärten spazieren, die Prad umgeben, und einen Abstecher nach Stilfs machen, einem malerischen Dörfchen mit herrlichen alten Gebäuden und engen verwinkelten Gassen, in denen Autofahren zum Glück verboten ist. Unwillkürlich fühlt man sich zurückversetzt in eine andere Zeit, man bekommt einen Eindruck vom Leben damals, als die Berge noch bedrohlich waren. Danach kann sie losgehen, die Fahrt auf der fantastischen Stilfserjochstraße, mit den eindrucksvollen Ausblicken in die Fels- und Eiswildnis des Ortler. Eine Gegend, in der es zwar heute trotz des Nationalparks weder Bären noch Wölfe gibt, die den Besucher dennoch verstehen lässt, warum der Ortler einst als »Sibirien Tirols« bezeichnet wurde – und warum eine dieser zerrissenen Gletscherzungen den Namen »End-der-Welt-Ferner« trägt.

ALLGEMEINE INFORMATIONEN

Urlaubsregion	Ferienregion **Ortlergebiet im Nationalpark Stilfserjoch**; Tel. 04 73 61 30 15; E-Mail: info@ortlergebiet.it; www.ortler.it **Nationalpark Stilfserjoch**; Tel. 04 73 83 04 30; E-Mail: info.bz@stelviopark.it
Orte	**Gomagoi • Martell** www.martelltal.info • **Prad** www.prad.it • Sulden www.ortler.it • **Stilfs • Trafoi**
Entfernungen	Hamburg 966 km; Berlin 833 km; Köln 754 km; Frankfurt a. M. 584 km; Stuttgart 379 km; München 247 km

Hütten

Tabarettahütte (2556 m)
Sonnige Terrasse mit direktem Blick in die Ortler-Nordwand. Gute Küche, hervorragend sind vor allem die hausgemachten Kuchen und die Nudelgerichte; Zustieg von der Bergstation Langenstein (2330 m) bei Sulden in ca. 1 Std.; Tel. 04 73 61 31 87

Berglhütte (2188 m)
Kleine, gemütliche Hütte am östlichen Rand des Trafoier Talkessels; schöne leichte Wanderung von Trafoi (1543 m) aus in ca. 2 Std. zur Hütte;
Tel. 33 83 87 73 44

Julius-Payer-Hütte (3029 m)
Exponierte Lage auf einem Grat unterhalb des Ortler; Ausgangspunkt für die Besteigung des Ortler über die Normalroute; Zustieg von Trafoi (1543 m) aus in ca. 4 Std., von der Bergstation Langenstein in Sulden in ca. 3 Std.; Tel. 04 73 61 30 10

Düsseldorfer Hütte, auch Zaytalhütte (2727 m)
Eindrucksvoller Blick auf den Ortler; die Hütte ist auch für weniger geübte Bergwanderer gut zu erreichen. Schnellster Zustieg von Sulden/Bergstation Kanzelbahn (2350 m) in ca. 1,5 Std;
Tel. 33 82 71 69 17

Hintergrathütte (2661 m)
Atemberaubender Blick auf die Königspitze; die Hütte ist über den Morosiniweg oder über die Mittelstation der Seilbahn leicht zu erreichen; schöne Rundwanderung möglich; Zustieg von Sulden/Bergstation Langenstein ca. 1 Std. 15 Min.
Tel. 04 73 61 31 88

Wanderkarten

Freytag & Berndt; WKS 6 Ortleralpen, Martell, Val di Sole; 1:50 000

ADAC Prädikat

SPORT & SPASS

WANDERN & BERGTOUREN

KULTUR & CO.

WELLNESS & GENUSS

Faszination auf allen Etagen

Die Ferienregion Meraner Land, das bedeutet mediterranes Flair inmitten der Alpen: Palmen unter himmelhohen Steilflanken, Obstgärten und Weinberge mit Blick zu firnglänzenden Gipfeln. Nirgendwo sonst in Südtirol liegen derart extreme landschaftliche Gegensätze auf engstem Raum so nahe nebeneinander – oder besser: übereinander.

Von welcher Seite man sich dem weiten Talkessel von Meran nähert, ob von Bozen, durch den Vinschgau oder über Timmelsjoch und Jaufenpass – mit einem Mal ist man im Süden angekommen. Eine geschlossene Mauer hoher Berge schützt die Region vor den

WANDERN & BERGTOUREN

TOP TIPP

Wer die paradiesische Seite der eher herben Landschaft der Texelgruppe kennen lernen will, sollte unbedingt hinaufsteigen zu den **Spronser Seen**. Hinter der Hochgangscharte (2441 m) leuchtet eine blaue Lagune aus dem Geröll: der Langsee, Vorbote der Seenplatte mit neun respektablen Gewässern in hochalpiner Lage. Noch höher liegen still und einsam die beiden Milchseen (2540 m). Während des Abstiegs ins Spronsertal zeigen sich Grünsee, Schwarzsee, Kaser- und Pfitscher Lacke. Jeder eine Augenweide, jeder ein Grund zu rasten. Start für die lange, anspruchsvolle Rundtour ist die Leiteralm (1522 m), die mit einer kleinen Seilbahn von Vellau erreicht wird; weiter über Hochganghaus (1839 m) – Hochgangscharte (2441 m) – Jausenstation Oberkaser (2131 m) – Jägersteig – Mutkopf (1684 m) – Hochmuter (1350 m) – Vellau (908 m); Zeit: ca. 8 Std. Einkehr: Hochganghaus, Oberkaser.

Hirzerspitze (2781 m) Eindrucksvolle Überschreitung der beliebten Aussichtsloge	Ausgangspunkt: Meran 2000, Bergstation der Ifinger-Seilbahn Naif-Piffing (1950 m); Missensteiner Joch (2128 m) – Kratzberg-See – Anteranalm – Hirzerspitze (2781 m) – Obere Scharte (2678 m) – Hirzerhütte (1983 m) – Klammeben (1980 m) – Seilbahn nach Verdins (Bushaltestelle), Rückfahrt mit dem Bus; Pfad im Gipfelbereich steil und rutschig, Trittsicherheit unbedingt erforderlich; Zeit: ca. 6 Std.; Einkehr: Meran 2000, Hirzerhütte
Naturnser Hochwart (2608 m) Großartige Kammwanderung zwischen Vinschgau und Ultental	Ausgangspunkt: Bergstation der Vigiljochbahn am Larchbühel (1837 m), Larchbühel – Rauher Bühel (2027 m) – Nörderscharte (2372 m) – Hochwart; Rückweg auf gleicher Route; leichte, aber lange Wanderung; Zeit: ca. 5 Std.; Einkehr: Gasthöfe am Vigiljoch
Blasiuszeiger (2837 m) Leichtester Gipfel im Bereich der Lodnerhütte	Ausgangspunkt: Parkplatz Birkenwald/Partschins; durchs Zieltal zur Lodnerhütte (2262 m) – Gipfelaufstieg auf markiertem Steig durch teilweise steiles Schrofengelände; Abstieg auf gleicher Route; Trittsicherheit erforderlich; Zeit: zur Hütte ca. 3 Std.; zum Gipfel ca. 4 Std.; Einkehr: Lodnerhütte
Ötzi-Fundstelle (2837 m) Gletschertour zur Ötzi-Fundstelle	Ausgangspunkt: Kurzras, Talstation Gletscherbahn mit der Bahn zur Bergstation – mit Bergführer über den Hochjochferner zum Tisenjoch (3210 m), der Fundstelle des »Mannes aus dem Eis« – Abstieg durch das Tisental nach Vernagt (1700 m; hochalpine Tour, die gute Kondition erfordert, Bergführer unbedingt zu empfehlen!); Zeit: ca. 7 Std.; weitere Infos: Tel. 04 73 67 91 48 oder 04 73 66 21 77

Marlinger Waalweg
Längster Waalweg Südtirols. Ausgangspunkt: Töll. Durch sonnige Weinberge und schattige Kastanienwälder bis nach Oberlana. Erlebnisstationen geben Auskunft über interessante Details des Waales. Zeit: ca. 4-5 Std., kann beliebig gekürzt werden.

the perfect day

9 Uhr: Ausgedehnte Nordic-Walking-Runde auf dem Hochplateau von Hafling
11 Uhr: Fahrt zum Schloss Tirol, Besichtigung des Schlosses
14 Uhr: Spaziergang durch das Pflegezentrum für Vogelfauna
16 Uhr: Fahrt nach Meran, Flanieren auf den Promenaden
18 Uhr: Abendspaziergang durch den Botanischen Garten von Schloss Trauttmansdorff

Hoch über dem Talkessel von Meran liegt das Schloss Tirol. Einst war es Sitz der Herrscher, heute beherbergt es ein Museum.

rauen Nordwinden. Umso offener ist sie nach Süden: für Sonne und südländische Lebensart. Gerade mal 302 m hoch liegt Meran am Zusammenfluss von Etsch und Passer. Schlösser, Villen, Parkanlagen mit Promenaden, die alten Laubengänge und das elegante Kurhaus an der Passerpromenade erinnern an ruhmreiche Zeiten, lassen die Belle Époque wieder aufleben, in der sich Meran zu einer bedeutenden und viel besuchten Bäderstadt entwickelt hat. Zu den schönsten Höhenpromenaden zählt wohl der 4 km lange Tappeinerweg: Sonnig und aussichtsreich führt er vom Segenbühel vorbei an Korkeichen, Eukalyptus- und Erdbeerbäumen, Palmen, Kakteen, Agaven und Magnolien bis nach Gratsch. Etwas abseits thront majestätisch Schloss Tirol, das im 12. Jh. erbaut wurde. Gut erhalten präsentieren sich zwei Palastbauten sowie die Kapelle des geschichtsträchtigen Gebäudes, dessen Herren einst dem Land Tirol ihren Namen gaben.

Fast das ganze Jahr über haben die Waalwege Saison. Die Waale, uralte, künstlich angelegte Wasserkanäle, dienen vielerorts noch heute zur Bewässerung der Felder und Wiesen. Die schmalen Pfade neben den Wasserläufen sind ideale Promenaden für gemütliche Wanderungen. Nahezu 50 solcher Waalwege gibt es noch im Meraner Land – und daneben jede Menge Einkehrstationen. Letztere spielen eine wichtige Rolle im Herbst, zur Törggelen-Saison. Der Begriff Törggelen kommt nicht von Torkeln, auch wenn es häufig so endet: Der Ausdruck leitet sich ab vom lateinischen »torquere«, dem Pressen der Trauben, und bezeichnet den Brauch, zu diesem Anlass die Nachbarn zu besuchen und deren neuen Wein zu verkosten. Damit verbunden ist eine schöne Herbstwanderung und die Einkehr bei deftiger Kost mit Passeirer Speck, Almkäse und Schüttelbrot, Speckknödel, Surfleisch und Würsten – und natürlich gerösteten Kastanien.

In der Gastronomie spiegelt sich die landschaftliche und kulturelle Vielfalt der Region aufs Angenehmste wider. Eine gelungene Symbiose, in der es keinerlei Berührungsängste gibt zwischen der bäuer-

TOP TIPP **Schloss Trauttmansdorff – Touriseum**

Die einstige Winterresidenz von Kaiserin Sisi beherbergt heute das Touriseum, das erste Museum, das sich im großen Stil der Geschichte und Gegenwart des Tourismus im Alpenraum widmet. Umgeben ist das Schloss vom Botanischen Landesgarten mit über 3000 verschiedenen Arten in vier Gartenbereichen. In dem traumhaft schön angelegten Park spiegelt sich die ganze botanische Vielfalt der Region wider; Tel. 04 73 23 57 30, www.trauttmansdorff.it

Hütten

Hochganghaus (1839 m)
Das private Wirts- und Schutzhaus steht auf einem sonnigen Aussichtsbalkon unter schroffen Bergflanken. Viele Wege führen zu dem beliebten Wanderziel. Der kürzeste Aufstieg ist der von der Leiteralm (1522 m); Zeit: ca. 1,5 Std.; Tel. 04 73 44 33 10, www.hochganghaus.it

Höchster Hütte (2561 m)
Die moderne CAI-Hütte am Ufer des Grünsees ist die einzige Schutzhütte im Ultental und zugleich idealer Ausgangspunkt für Gletschertouren und Wanderungen in der östlichen Ortlergruppe. Wander-Favorit ist die – ausbaufähige – Seenrunde über Lang- und Fischersee. Aufstieg vom Parkplatz am Weißbrunner See (1901 m); Zeit: ca. 1,5 Std; Tel. 04 73 79 81 20, www.ultental.it/hoechsterhuette

Similaun-Hütte (3019 m)
Sie liegt im Herzen der Ötztaler Alpen, direkt am Niederjoch, einem alten Passübergang. Erreichbar von Vernagt (1700 m) im Schnalstal in ca. 3,5 Std.; Tel. 04 73 66 97 11

Schneeberghütte (2355 m)
Schöne Privathütte im Gebiet der Bergbauanlagen St. Martin am Schneeberg. Einmalige Bergumrahmung, lohnender Übergang über die Karlscharte ins benachbarte Timmelstal. Aufstieg von Saltnuss (1680 m) an der Timmelsjochstraße; Zeit: ca. 2 Std.; Tel. 04 73 64 70 45

Stettiner Hütte/ Eisjöchlhütte (2875 m)
CAI-Hütte am Eisjöchl, unter dem Gipfel der Hohen Wilde (3480 m); Übergang ins Pfossental und zur Lodnerhütte. Auf dem Pfelderer Höhenweg zur Zwickauer Hütte. Aufstieg von Pfelders (1628 m) über die Lazinseralm; Zeit: ca. 4 Std.; Tel. 04 73 64 67 89

Lodnerhütte (2262 m)
Die Alpenvereinshütte im hinteren Zielbachtal ist eingerahmt von den wildesten Gipfeln der Texelgruppe: Roteck (3337 m), Hohe Weiße (3279 m) und Lodner (3228 m). Aufstieg vom Parkplatz Birkenwald/Partschins: ca. 3 Std.; Tel. 04 73 96 73 67

SPORT & SPASS

TOP TIPP Traumhafte Möglichkeiten erwarten **Mountainbiker** im Meraner Land. Eine mittelschwere Route hat die **Naturnseralm** (1910 m) zum Ziel. Ausgangspunkt ist Naturns (529 m). Von dort leitet ein teils geteerter Fahrweg hinauf zur Naturnseralm. Weiter führt die Rundtour nach St. Vigil (1795 m). Von dort schöne Abfahrt über Aschbach (1362 m) nach Töll (518 m). Entlang der Etsch zurück nach Naturns; Länge: 44 km, Zeit: ca. 4–5 Std., Teer- und Schotterwege. Ein Mountainbike-Führer mit 18 Tourentipps ist in den Tourismusbüros erhältlich. Weitere Tourenvorschläge unter www.schenna.com. Zweimal wöchentlich organisierte Touren der Bergsteigerschule Meran (Tel. 04 73 56 38 45; www.bergsteigerschule.com); Mountainbike-Verleih bei verschiedenen Händlern, in Schenna z. B. bei Christophs Bikeclub; Tel. 04 73 94 58 48, der ebenfalls geführte Touren anbietet

Reiten Hafling	Bei Kutschenfahrten, geführten Ausritten, Trekkingritten oder Reitstunden im Reitstall Sulfner kann man den Charakter und die Eigenheiten der Haflinger kennenlernen. Tel. 0473 279424 www.sulfner.com
Hochseilgarten Familienalm Taser, bei Schenna	Der Taser Hochseilgarten ist einer der größten in Europa. Die Hindernisstrecke aus Hängebrücken und Seilen verläuft vor großem Bergpanorama zwischen den Baumwipfeln. Zu erreichen ist die Taseralm über die Taser Seilbahn von Schenna aus; Tel. 04 73 94 56 15; www.familienalm.com

lichen Südtiroler und der mediterranen Küche – zwischen Schlutzkrapfen und Spaghetti, Carpaccio und Cappuccino. Vorwiegend Äpfel und Trauben wachsen im inneralpinen Schlaraffenland. Die fünf Milliarden Früchte, die jedes Jahr in Südtirol geerntet werden, würden in eine Reihe gelegt achtmal um den Äquator reichen. Wer noch mehr über den Obstbau und seine Geschichte erfahren möchte, sollte unbedingt das Südtiroler Obstbaumuseum in Lana besuchen.

Vielfältige Texelgruppe

Rekordverdächtig ist auch die Bergkulisse, die hoch und mächtig den Horizont verstellt. Die dicksten Brocken sind die Mitglieder der Texelgruppe. Sie streben unmittelbar im Norden des Etschtales, zwischen Naturns und Meran, himmelwärts. So umfassen beispielsweise die 2500 Höhenmeter, die zwischen Naturns und dem Gipfel der anspruchsvollen, aber aussichtsreichen Kirchbachspitze liegen, die gesamte Palette Südtiroler Naturlandschaften – von der submediterranen Vegetationszone bis zu Fels und Eis. Von diesem südwestlichen Außenposten lässt sich ein großer Teil des Naturparks Texelgruppe überblicken, der mit 33 430 ha das größte der sieben Schutzgebiete Südtirols bildet.

Die Mühsal, »in einem Rutsch« von ganz unten nach ganz oben zu steigen, werden bei diesen Höhenunterschieden wohl nur die wenigsten auf sich nehmen wollen. Doch kleine Seilbahnen und Sträßchen zu den Berghöfen ermöglichen es an manchen Stellen, den Weg zu verkürzen. So auch beim Aufstieg durch das Zieltal zur Lodnerhütte, dem besten Ausgangspunkt für Touren in die Texelgruppe. Endstation für Autofahrer ist der Parkplatz Birkenwald oberhalb von Partschins auf knapp 1000 m. Ein lohnender Höhepunkt beim Aufstieg zur Hütte ist der Abstecher zum Partschinser Wasserfall: 97 m stürzt hier das Wasser über eine Felsstufe ins Tal. Um die Lodnerhütte scharen sich die höchsten Berge der wilden Urgesteinsgruppe. Doch die meisten der schroffen Gipfel sind nur geübten Spezialisten zu-

gänglich, was auch für die beiden Vornehmsten in der illustren Runde gilt: für die Hohe Weiße und den Lodner, zwei mit auffälligen weißen Marmoradern durchzogene 3000er zwischen den grauen Riesen.
Ausdauernde und trittsichere Wanderer finden ihre Erfüllung hingegen auf dem Meraner Höhenweg. Der gut ausgebaute und stellenweise gesicherte Weg (Markierung: Nr. 24) ist fast 100 km lang und umrundet in fünf bis sechs Tagesetappen auf relativ gleich bleibendem Niveau den Naturpark Texelgruppe. Von den Obstgärten durch die Welt der Bergbauern führt er bis ins raue Hochgebirge und zählt zu den großartigsten Rundtouren der Alpen. Dank der zahlreichen An- und Abstiegsmöglichkeiten kann die Wanderung an beliebigen Stellen unterbrochen und wieder fortgesetzt werden.
Im Herzen der westlichen Texelgruppe liegen die neun Spronser Seen, die gemeinsam die größte hochalpine Seenplatte Südtirols bilden. Die glitzernden Seeaugen in der schroffen Umgebung sind unbestrittener Mittel- und Höhepunkt einer langen, ungemein abwechslungsreichen Tageswanderung von der Bergstation Leiteralm bei Vellau bis zum Oberkaser.
Begrenzt wird die Texelgruppe im Westen vom Schnalstal. Abenteuerlustige können sich hier den Ötztaler Gletscherbergen nähern, ohne einen Schweißtropfen vergießen zu müssen. Zwar mag die hypermoderne Hotellandschaft von Kurzras im Talschluss zunächst erschrecken, doch wer mit der Seilbahn auf den 3251 m hohen Gipfel der Grawand gelangt und fantastische Einblicke in die Ötztaler Gipfelwelt bekommt, der dürfte den Anblick der Bausünden schnell vergessen. Das Schnalstal ist übrigens »Ötzi's World« – im Eis hoch über dem Vernagt-Stausee fand man 1991 die mumifizierte Leiche. Heute bringen Bergführer interessierte Gäste sicher zur Fundstelle, und zahllose andere Offerten runden das »Ötzi-Angebot« ab. So kann man z.B. in einigen Restaurants speisen wie in der Steinzeit – auf eigens angefertigtem »jungsteinzeitlichen Geschirr«.
Mit solchen Angeboten kann das Passeiertal, das von Norden in den Meraner Kessel einmündet, nicht dienen. Doch auf eine lange, interessante Geschichte blickt man auch hier zurück. Das östlich der Texelgruppe in Richtung Alpenhauptkamm ziehende Tal war nie eine

Hotel

Hotel Zum Rosenbaum
Der ehemalige Ansitz diente schon in den 50er Jahren als Kulisse für den Film „Heimatlos" Zudem wurde dem berühmten Bergsteiger, Schauspieler und guten Freund des Hauses Luis Trenker eine Lounge gewidmet. Im Sommer findet monatlich ein Luis Trenker-Tag statt, mit Modenschau der Firma Luis Trenker, Degustationsmenu und Freilichtkino.
Familie Pristinger, Nals, Tel. 0 471 67 86 36; www.rosenbaum.it

ALLGEMEINE INFORMATIONEN

Urlaubsregion	Ferienregion **Meraner Land**; Tel. 04 73 20 04 43; E-Mail: info@meranerland.com; www.meranerland.com
Orte	**Algund** www.algund.com • **Dorf Tirol** www.dorf-tirol.it • **Hafling** www.hafling.com • **Lana** www.lana.net • **Marling** www.marling.info • **Meran** www.meran.eu • **Nals** www.nals.info • **Naturns** www.naturns.it • **Partschins** www.partschins.com • **Schenna** www.schenna.com • **Schnalstal** www.oetzisworld.it • **St. Leonhard im Passeier** www.passeiertal.org • **St.Walburg/Ultental** www.ultental.it • **Tisens-Prissian** www.tisens-prissan.it
Entfernungen	Hamburg 1086 km; Berlin 897 km; Köln 887 km; Frankfurt a. M. 703 km; Stuttgart 464 km; München 310 km

Sackgasse: Über den Jaufenpass wickelten Säumer und Kraxenträger den Handelsverkehr zwischen Meran und dem Brenner ab. Ein profitables Geschäft für die Passeirer, die Hospize betrieben und Arbeit als Händler und Träger fanden. Eine weitgehend intakt gebliebene Bauernkultur mit stattlichen Höfen und schmucken Ortschaften prägt das Tal heute. Und allerorts wird die Erinnerung an Andreas Hofer gepflegt: Der Tiroler Freiheitskämpfer wurde 1767 im Sandhof in St. Leonhard in Passeier geboren. Nach der Niederlage der Tiroler am Berg Isel bei Innsbruck flüchtete er auf die heimatliche Pfandleralm oberhalb von St. Martin, wurde verraten, gefangen genommen und am 20.2.1810 in Mantua in Oberitalien hingerichtet. Das Geburtshaus des Volkshelden wurde zu einem sehenswerten Museum ausgebaut, in dem auch die Geschichte des Tals dokumentiert ist. Eine Außenstelle des Museum Passeier befindet sich auf der einst prachtvollen Jaufenburg. Gut erhalten sind die sehenswerten Fresken aus dem 16. Jh. Einen herrlichen Ausblick über das Passeiertal bis ins Meraner Becken haben die Besucher vom obersten Stock des von zahlreichen Sagen umwobenen Bergfrieds.

Bei Moos, an der Auffahrt zum Timmelsjoch, mündet das abgelegene Pfeldererertal ins Passeiertal, das die Texelgruppe vom Ötztaler Hauptkamm trennt. Der Bergfreund hat hier die Qual der Wahl: Verlockend sind die reizvollen Tal- und Bergwanderungen, der aussichtsreiche Pfelderer Höhenweg von Hütte zu Hütte, ebenso die fantastischen Hochtouren in die Region der 3000er.

Im Osten des Passeiertals reihen sich die höchsten Felsgipfel der Sarntaler Alpen über sanften Almkuppen und Wäldern. Als im wahrsten Sinne überragende Aussichtslogen gelten Hirzerspitze und Großer Ifinger; dementsprechend häufig werden diese Gipfel besucht. Das weite Hochplateau südlich des Großen Ifingers ist intensiv mit Seilbahnen erschlossen und als Feriengebiet Meran 2000 bekannt.

Wanderkarten

Freytag & Berndt, WKS 1
Bozen, Meran und Umgebung; 1:50 000

Freytag & Berndt, WKS 2
Vinschgau – Ötztaler Alpen; 1:50 000

Freytag & Berndt, WKS 8
Passeiertal – Timmelsjoch – Jaufenpass; 1:50 000

Freytag & Berndt, WKS 13
Ultental; 1:50 000

Freytag & Berndt, WKS 12
Naturns – Schnals – Latsch; 1:50 000

Sarntal

ADAC Prädikat

SPORT & SPASS

WANDERN & BERGTOUREN

KULTUR & CO.

WELLNESS & GENUSS

Wo Brauchtum noch zum Alltag gehört

Im Herzen Südtirols ist es überraschend einsam. Und ursprünglich. Zwischen Penserjoch und Bozen scheinen die Uhren langsamer zu gehen. Manchmal hat man sogar den Eindruck, die Zeit sei ganz stehen geblieben. Voller Stolz bewirtschaften die Menschen wie von alters her ihre abgelegenen, prächtigen Bauernhöfe, gehen traditionellem Kunsthandwerk nach und tragen sonntags ihre edlen, schlichten Trachten.

Der Blick vom Latzfonser Kreuz und der Heiligkreuzhütte auf den Rosengarten ist unbeschreiblich.

Wie ein Hufeisen umgeben die Sarntaler Alpen die Region, schützen sie vor den Einflüssen der Touristenmetropolen, die das Sarntal jenseits des Gebirgszuges im Viereck umgeben: Meran und Bozen, Brixen und Sterzing. Die Berge blenden weder mit Gletschern noch mit bekannten Namen oder großen Höhen. Einzig die Sarner Scharte sorgt mit ihrer wilden Westwand zumindest in Kletterkreisen für Aufsehen. Wem stilles Bergerlebnis, Wanderungen zu mystischen Orten und behagliche Gastlichkeit wichtiger sind als Attribute und »Action«, der ist im Sarntal genau richtig.

Denn spektakulär ist nur die Zufahrt von Bozen aus: im Osten der Ritten, im Westen Jenesien, dazwischen die von senkrechten Porphyrwänden flankierte Sarner Schlucht. Mehr als 20 Tunnels mussten in den Fels gebohrt werden, um einen Zugang ins Sarntal zu schaffen. Eindrucksvoll thront Burg Reinegg über Sarnthein, dem größten Ort, zu dem alle 28 Weiler und Dörfer des Tals gehören. Wenige Kilometer taleinwärts gabelt sich die Straße: Ein Ast führt nach Reinswald und

the perfect day

9 Uhr: Wanderausflug von Sarnthein zum Auener Hof
12 Uhr: Ausritt mit Haflingern des Auener Hofs oberhalb von Sarnthein
15 Uhr: Besuch einer Federkielstickerei in Sarnthein (Info beim Tourismusverband)
17 Uhr: Besuch der Latschenölbrennerei Eschgfäller in Unterreinswald, anschließend entspannen im Latschenbad

ALLGEMEINE INFORMATIONEN

Urlaubsregion	Tourismusverein **Sarntal**; Tel. 04 71 62 30 91; E-Mail: info@sarntal.com; www.sarntal.com
Orte	**Sarnthein** (975 m) mit den Ortsteilen Astfeld, Durnholz, Nordheim • **Pens** • **Reinswald** www.reinswald.com • **Weißbach**
Entfernungen	Hamburg 1035 km; Berlin 846 km; Köln 837 km; Frankfurt a. M. 653 km; Stuttgart 413 km; München 260 km

zum malerischen Durnholzer See; der andere reicht weiter hinauf bis zum Penserjoch mit seinen herrlichen Alpenrosenwiesen.
In dem grünen, von zahmen Gipfeln umrahmten Hochtal liegen 540 Bergbauernhöfe weit verstreut an den Hängen. Auf den abgelegenen Höfen wird auch heute noch weitgehend selbst produziert, was man zum Überleben braucht: Milch, Getreide, Gemüse und Wolle. Die Kostbarkeiten des Tals sind wohltuendes Latschenkiefernöl, federkielgestickte Trachtengürtel und Geldbörsen, verzierte Hirschhornbestecke und -knöpfe, geschnitzte Bauernmöbel und die »Reggelen«, die handgefertigten Pfeifen der Sarntaler. Dies alles sind von Handwerkern gefertigte Alltagsgegenstände, keine Produkte der Souvenirindustrie. Der größte Schatz des Sarntals sind jedoch die Berge, die für Wanderer wie geschaffen sind: das Sarner Weißhorn und die Hirzerspitze, der höchste Gipfel, oder die romantischen Villander Almen mit einem verlassenen Bergwerk und dem Totenkirchl oder die Hohe Reisch mit den sagenumwobenen »Stoarnernen Mandlen«. Am besten ist es, man erwandert sich das ganze Hufeisen in einer siebentägigen Rundtour.

WANDERN & BERGTOUREN

TOP TIPP

Teilweise fast 2 m hoch ragen über 100 aus Sandsteinplatten geschichtete Säulen, die aus der Steinzeit stammen sollen, auf der sagenumwobenen Bergkuppe der **Hohen Reisch** (2003 m) in den Himmel. Ob hier einst Hexen um die **»Stoarnernen Mandlen«** tanzten und Gewitter brauten, bleibt ungewiss. Unbestritten ist jedoch, dass eine schöne, leichte Wanderung hier hinaufführt und oben eine gewaltige Aussicht auf die Dolomitengipfel begeistert. Von Sarnthein (975 m) auf Wiesen- und Waldwegen zur Sarner Skihütte (1614 m, Zufahrt bis hier mit Pkw möglich, wenn man nicht die Rundtour machen will). Weiter zur Auener Alm (1798 m) und zum Auenjoch (1924 m), über den Rücken zu den Mandlen auf der Hohen Reisch. Zurück über Kaserböden und Putzerkreuz (1630 m) nach Sarnthein. Dauer: ca. 5 Std.; Einkehr: Auener Alm, Putzerkreuz

Schrotthorn (2590 m) Mittelschwere Bergtour auf einsamen Panoramaberg	Ausgangspunkt: Durnholz (1585 m); Seeberhof – Schalderer Scharte (2324 m) – Schrotthorn; Abstieg wie Aufstieg; bis zur Scharte einfacher Wanderweg, dann Trittsicherheit notwendig; Zeit: ca. 6 Std.; Einkehr: in Durnholz
Villandersberg (2509 m) Mittelschwere Bergtour zu mystischen Plätzen	Ausgangspunkt: Reinswald (1492 m); Nischebenalm (1756 m) –Schwarzsee (2031 m) mit ehemaligen Bergwerksstollen und Ruinen – Totenkirchl (2186 m) – nun über mittelschweren Bergsteig zum Totensee (2139 m) – Zwölfernock (2430 m) – Villandersberg; Abstieg wie Aufstieg; bis zum Totenkirchl leichte Wanderung, von dort zum Gipfel mittelschwerer Bergsteig; Zeit: ca. 7 Std.; Einkehr: nur in Reinswald
Sarner Weißhorn (2705 m) Anspruchsvolle Traumtour auf das »Sarner Matterhorn«	Ausgangspunkt: Penserjoch (2215 m); Kleiner Penserjochsee (2204 m) – Steinwandseen (2320 m) – Grölljoch (2557 m) – auf leicht ausgesetztem, mit Drahtseilen gesichertem Felssteig zum Gipfel; Abstieg wie Aufstieg; bis zum Grölljoch einfache Wanderung für Trittsichere, dann anspruchsvoller; interessanter, aber langer Abstieg vom Grölljoch durch das Oberbergtal nach Weißenbach (1335 m, zusätzlich ca. 2 Std.); Zeit: ca. 4 Std.; Einkehr: am Penserjoch

Hütten

Pichelberghütte (2130 m)
Malerische, am Südhang der Kassianspitze (2581 m) gelegene Hütte bei der Wallfahrtskirche Latzfonser Kreuz. Leichte 45-Min.-Wanderung bis zum Gipfel der Kassianspitze. Schöne leichte Zustiege von Reinswald (1492 m) durch das Getrumtal oder von Durnholz (1585 m) über die Fortschellscharte. Zeit: je ca. 3 Std.

Latschenhütte (2100 m)
Die Hütte an der Bergstation der Seilbahn Reinswald ist ein guter Ausgangspunkt für Bergwanderungen, z. B. auf die Morgenrast (2351 m) oder das Blankenhorn (2589 m). Deftige regionale Küche; Tel. 04 71 62 52 80

Sarntaler Hufeisen
Siebentägige Rundwanderung durch die Sarntaler Alpen: Ausgangspunkt: Pemmern (1538 m, Zufahrt von Bozen über den Ritten); Rittner-Horn-Hütte (2260 m) – über Villanderer Alm zur Heiligkreuzhütte (2302 m) beim Latzfonser Kreuz – durch Tramintal zum Penserjoch (2215 m, Alpenrosenhof) – über Grölljoch nach Weißenbach (1335 m) – über Alplerspitz (2748 m) zur Hirzerhütte (1938 m) – Meraner Hütte (1980 m) – über Kreuzjoch (2086 m), Auenjoch, Auener Alm (1798 m) und Sarner Skihütte zurück nach Sarnthein

Wanderkarten

Freytag & Berndt, WKS 1
Bozen, Meran, Sarntal; 1:50 000
Freytag & Berndt, WKS 4
Sterzing, Jaufenpass, Brixen; 1:50 000

Bozen – Kaltern – Ritten

ADAC Prädikat

SPORT & SPASS ★★★★

WANDERN & BERGTOUREN ★★★★★

KULTUR & CO. ★★★★★★

WELLNESS & GENUSS ★★★

Burg mit Bergsicht: Bozen, Schlern und Rosengarten von der Ruine Hocheppan aus

Stadtflair und Sommerfrische

Elegante Boutiquen und verführerische Einkaufspassagen, duftende Espressobars und noble Hotels – in Bozen findet man urbanes Lebensgefühl, das deutlich italienisch geprägt ist. Wem der Trubel zu viel wird, der kann bequem auf die Berge am Rande des Talkessels flüchten. Auf den Ritten, nach Jenesien oder nach Kohlern. Dorthin, wo die Bozner schon von alters her ihre Sommerfrische verbringen. So wie damals kann man dort auch heute noch gemütlich wandern, in traditionellen Gasthöfen einkehren und einem echten Stück Südtirol begegnen. Möglich ist dies auch südlich von Bozen, im Weinland rund um Eppan und Kaltern.

the perfect day

9 Uhr: Fahrt nach Oberbozen und Radtour zu den Erdpyramiden
12 Uhr: Mittagessen in einem der gemütlichen Gasthäuser, z.B. im »Kematen« bei Klobenstein, einem alten Bauernhof mit einem netten Kirchlein. Anschließend Rückfahrt nach Bozen
14 Uhr: Besuch des Südtiroler Archäologiemuseums, das nicht nur wegen »Ötzi« sehenswert ist
17 Uhr: Stadtbummel im Zentrum von Bozen

Eigentlich kann man die Bozner nur beneiden: Sie leben in einer pulsierenden, modernen Stadt, in einem milden, geradezu mediterranen Klima; die Weingüter von Eppan und dem Kalterer See liegen nur wenige Kilometer entfernt; über 180 Schlösser, Burgen und Ansitze bergen Kunstschätze und locken als Ausflugsziele; und zu guter Letzt hat man auch noch die Berge direkt vor der Haustür. Das wissen die Bozner vor allem im Hochsommer zu schätzen, wenn es in Südtirols Hauptstadt unangenehm schwül werden kann. Wie schon Generationen vor ihnen flüchten dann viele aus dem drückenden Talkessel hinauf auf die sanften Bergzüge, die die Stadt umgeben. Auf dem Ritten, in Jenesien oder Kohlern ist die Luft frischer, das Klima wesentlich angenehmer. Vor allem der Ritten nördlich von Bozen ist als gemütliches, nostalgisches Ausflugsgebiet bekannt. Keine schroffen Berge, sondern sanfte Hügel bestimmen hier das Bild. Malerische kleine Orte wie Oberbozen oder Klobenstein mit eleganten Sommerfrische-Villen und altehrwürdigen Hotels fügen sich harmonisch in das malerische Landschaftsbild ein. Ein dichtes Netz von Wanderwegen erstreckt sich über die weite, hügelige Hochfläche, die sich gut 800 m oberhalb des Bozner Talkessels ausbreitet. Von Oberbozen aus steigt das Gelände nach Norden fast unmerklich an. Bei Pemmern hat man die 1500-m-Grenze bereits überschritten, ehe man die Hänge des alles überragenden Rittner Horn erreicht. Seine Form wird zwar in keiner Weise dem Namen gerecht, aber mit 2260 m ist es die höchste Erhebung auf dem Ritten und gewährt einen unvergleichlichen Panoramablick auf die kühnen Felszacken der Dolomiten.

Reise in die Vergangenheit

Zum nostalgischen Charakter des Ritten passen auch die umliegenden Sehenswürdigkeiten. Das gilt ganz besonders für die Fahrt mit der alten Rittner Bahn. Das »Bahnl«, wie es die Einheimischen

WANDERN & BERGTOUREN

TOP TIPP

Eine unvergessliche Aussicht auf die Gipfel der Dolomiten verspricht die Wanderung auf das Rittner Horn (2260 m). Vom Parkplatz Pemmern aus (1538 m) folgt man dem Wanderweg hinauf zur Saltner Hütte und weiter, an der Schwarzseespitze (2070 m) vorbei, bis zum Unterhornhaus (2044 m). Nun geht es etwas steiler hinauf bis zum Gipfel. Auf der Terrasse des Rittner-Horn-Hauses kann man sich stärken und dabei den herrlichen Ausblick auf Langkofel (3178 m), Marmolada (3342 m), Schlern (2564 m) und Rosengarten (2981 m) genießen; Dauer: ca. 3 Std. Die Tour lässt sich verkürzen, indem man mit der Seilbahn von Pemmern aus bis zur Schwarzseespitze fährt, ein Stück bergab geht und dann den letzten Abschnitt zum Gipfel in Angriff nimmt; Zeit: ca. 2 Std. Einkehrmöglichkeiten: Unterhornhaus, Rittner-Horn-Haus sowie in Pemmern.

Jenesien (1087 m) Leichte Rundwanderung von Wirtshaus zu Wirtshaus	Ausgangspunkt: Bozen/Talstation der Seilbahn Jenesien; mit der Bahn nach Jenesien; Jenesien – Gasthaus Edelweiß (1350 m) – Tschaufen – Guggenhof – Gasthaus Locher – Jenesien; Rückfahrt mit der Seilbahn nach Bozen; Zeit: ca. 5 Std.; Einkehr: in den zahlreichen Gasthäusern
Erdpyramiden Klassische Erlebniswanderung auf dem Ritten	Ausgangspunkt: Oberbozen (1221 m), Station der Rittner Bahn; zuerst nach Wolfsgruben, evtl. kurzer Abstecher an den Wolfsgrubener See – Klobenstein (1188 m) – Lengmoos – Erdpyramiden – Maria Saal; Rückweg zu Fuß bis Klobenstein – mit der Rittner Bahn zurück nach Oberbozen; Zeit: ca. 2,5 Std.; Einkehr: Gasthaus Maria Saal
Kohlern (1181 m) Von der Sommerfrische ins Stadtleben	Ausgangspunkt: Bozen/Kampill, Talstation der Kohlerer Seilbahn; mit der Bahn hinauf; Absteigen nach Bauernkohlern – Herrenkohlern – Kampenn – Kofler – Kohlerhof – Bozen; Zeit: ca. 3 Std.; Einkehr: Jausenstation Kofler, Gasthaus Kohlerhof
Burgenwanderung Eppan Leichte Wanderung mit kunsthistorischem Höhepunkt und herrlichen Ausblicken	Ausgangspunkt: Missian bei Eppan; Parkplatz Schloss Korb – Burg Hocheppan, Besichtigung der einmaligen romanischen Fresken in der Burgkapelle (kunsthistorische Führungen möglich) – Burgruine Boymont – zurück zum Ausgangspunkt in Missian; Zeit: ca. 2 Std.; Einkehr: Restaurant Schloss Korb, Burgschenke Hocheppan

Hütten

Rittner-Horn-Haus (2260 m)
Das Rittner-Horn-Haus ist wohl die bekannteste Hütte der Region, auch wenn sie mehr einem Berggasthof gleicht. Das Interieur ist schlicht, das Speisenangebot bodenständig südtirolerisch. Auch wegen der grandiosen Aussicht ist die Hütte einen Besuch wert; Tel. 04 71 35 62 07

Restaurants

Hostaria Argentieri
Elegantes Bozner Restaurant in einer Seitenstraße nahe dem Waltherplatz. Kleiner Gastraum, klassische italienische Küche der gehobenen Kategorie; Tel. 04 71 98 17 18

Gasthof Kohlern
Ein Fall für Genießer und Romantiker. Das traditionsreiche Gasthaus im Jugendstil steht hoch über Bozen in Bauernkohlern, einem eher unbekannten Sommerfrischegebiet. Klassische Südtiroler Küche; Tel. 04 71 32 99 78, www.kohlern.com

Grafhof
Typische Buschenschänke bei Kohlern, nahe dem Schloss Kampenn. Hier gibt es Weine aus dem Eigenanbau sowie Knödel, Schlutzer, Schlachtplatten, Kniakiachln und Krapfen; Tel. 04 71 36 51 02

liebevoll nennen, nahm 1907 Betrieb auf und verband Bozen mit Klobenstein. 1966 hat man den unteren Bereich aufgelassen und durch eine Kabinenbahn ersetzt. Mit 4,6 km gehört sie zu den längsten Seilbahnen der Welt. Die historische Schmalspurbahn zuckelt heute noch stündlich in beschaulicher Fahrt zwischen Oberbozen und Klobenstein hin und her.

Nicht weit von Klobenstein entfernt befindet sich die wohl interessanteste Sehenswürdigkeit auf dem Ritten: die Erdpyramiden. Hunderte schlanker, bis zu 35 m hoher Säulen aus hart gewordenem Moränenlehm ragen aus dem Wald. Es handelt sich hier um einzigartige und äußerst seltene Erosionserscheinungen, wie es sie beispielsweise noch in Kappadokien/Türkei und im Bryce Canyon/ USA gibt. Auf der Spitze dieser Naturwunder thront meistens noch ein sog. Deckstein, der die Säule vor Regen schützt und überhaupt erst die Entstehung ermöglicht hat. Durch diesen Deckel konnte der Moränenlehm austrocknen und hart werden, während das feuchte Material daneben erodierte. Fällt der Stein von der Spitze, ist das Schicksal der bizarren Pyramide besiegelt. Der Lehm wird dann feucht und weich, die Säule schwindet dahin, während sich an anderen Stellen unendlich langsam wieder neue, zierliche Pyramiden bilden. So sind Erdpyramiden einem ständigen Kreislauf von Werden und Vergehen unterworfen.

TOP TIPP Malerisch liegt der eindrucksvolle, 500 Jahre alte **Plattner Bienenhof** am oberen Ende einer Wiese, umgeben von Birnbäumen, Bauerngarten, Bildstock und Wegkreuz. Schon allein dieser Anblick reizt, den Hof bei Wolfsgruben auf dem Ritten näher kennenzulernen. Zu entdecken gibt es in den urigen Räumen indes noch einiges mehr: Im ursprünglichen Wohnbereich ist die bäuerliche Wohnkultur und Arbeitswelt anschaulich dargestellt. In der Scheune und im Keller befindet sich die größte Privatsammlung der Südtiroler Imkerei: Bienenstöcke und -kästen, Honigschleudern und -pressen sowie verschiedene Imkerwerkzeuge. Im Bienenmuseum wird aber auch heute noch fleißig gearbeitet: Imker erklären das emsige Treiben im Bienenstock und demonstrieren, wie der süße Honig von der Wabe ins Glas kommt. Tgl. 10–18 Uhr (Ostern bis Ende Okt.) geöffnet; Tel. 04 71 34 53 50, www.museo-plattner.it

Ein Muss für Genießer: der Obstmarkt von Bozen

Dem benachbarten Höhenzug rund um Jenesien fehlen diese Aufsehen erregenden Sehenswürdigkeiten, aber das hat auch sein Gutes – man hat hier oben seine Ruhe. Das wissen auch die Bozner zu schätzen, die nicht nur zum »Törggelen« im Herbst in den zahlreichen gemütlichen und bodenständigen Wirtshäusern anzutreffen sind, wenn junger Wein, heiße Maroni und Südtiroler Speck auf der Speisekarte stehen. Sie wissen aus Erfahrung, dass man hier oben zu jeder Jahreszeit die traditionellen Köstlichkeiten der Region hervorragend genießen kann. Auf den weitläufigen, fast ebenen Almwiesen weiden die robusten Haflingerpferde mit ihren blonden Mähnen, dazwischen spenden immer wieder Lärchen und lichte Wälder Schatten. Damit

Wein und Wasser: der Kalterer See

ist das Gelände wie geschaffen für Spaziergänge, Nordic-Walking-Touren und bequeme Radtouren.

Landpartie nach Kohlern

Deutlich im touristischen Schatten der beiden Sonnenflanken von Ritten und Jenesien steht auf der anderen Seite des Talkessels der Höhenzug von Kohlern. Immerhin hat er ein bedeutendes Zeugnis der Technikgeschichte zu bieten: die 1908 erbaute und damit älteste Personenschwebebahn Europas. Vom Stadtrand Bozens aus bringt sie Fahrgäste hinauf in eine andere, ländliche Welt, in der sich wohl seit Generationen nur wenig verändert hat. Die schönen Spazierwege führen vorbei an urigen Südtiroler Gasthäusern, die immer wieder zum Verweilen einladen. Italien scheint zumindest hier oben fern zu sein.

Anders unten in der Stadt: Es ist nicht zu übersehen, dass sich besonders die jungen Bozner eindeutig stärker am italienischen Lifestyle orientieren als an Südtiroler Traditionen. Man schlendert über den Waltherplatz, vorbei an Straßencafés und Bars, bestaunt den prächtigen gotischen Dom ebenso wie die noblen Vitrinen von Boutiquen. Ganz in der Nähe sind die berühmten Laubengänge, der herrliche Obstmarkt und das Südtiroler Archäologiemuseum, das seit Ötzis »Einbürgerung« eine der Hauptattraktionen der Stadt geworden ist. Eindrucksvoll ist dort nicht nur die 5000 Jahre alte Gletschermumie, sondern vor allem die hervorragend gestaltete Dokumentation der über 5300-jährigen Geschichte des südlichen Alpenraums.

Ein Glück, dass sich fast alle Sehenswürdigkeiten in Bozen gut zu Fuß erreichen lassen. Denn italienisch geworden ist auch der Straßenverkehr. Angesichts der überfüllten Straßen, der wenigen Parkplätze und nicht zuletzt auch aufgrund des köstlichen Südtiroler Weines, der in den nahe gelegenen Weinbergen reift, ist »per pedes« in Bozen eindeutig das vernünftigste Verkehrsmittel!

TOP TIPP

Mendelpass
Schon allein wegen der unbeschreiblichen Aussicht auf Bozen und die Weinanbaugebiete um den Kalterer See lohnt es sich, auf den Mendelpass (1363 m) zu

fahren. In 15 teils engen Kehren, mit einer Steigung bis zu 17 %, schlängelt sich die Straße von Eppan aus die steile Bergflanke hinauf zur Passhöhe. Die insgesamt 26 km lange Route führt weiter ins Trentino nach Fondo.

ALLGEMEINE INFORMATIONEN

Bozen (262 m)	Verkehrsamt der Stadt **Bozen**; Tel. 04 71 30 70 00; E-Mail: info@bolzano-bozen.it; www.bolzano-bozen.it
Orte	**Eppan** www.eppan.com • **Jenesien** www.jenesien.net • **Kaltern** www.kaltern.com • **Klobenstein** www.ritten.com
Entfernungen	Hamburg 1055 km; Berlin 866 km; Köln 857 km; Frankfurt a. M. 673 km; Stuttgart 433 km; München 280 km

Wanderkarten

Freytag & Berndt, WKS 1
Bozen, Meran, Sarntal; 1:50 000

Sterzing und seine Ferientäler

ADAC Prädikat

SPORT & SPASS

WANDERN & BERGTOUREN

KULTUR & CO.

WELLNESS & GENUSS

TOP TIPP In einem Boot mit dem Weltmeister: Das Team von **Rafting Sterzing** heimste 2001 den Weltmeistertitel im Rafting ein, stellt das aktuelle italienische Nationalteam – und bringt großen

und kleinen Gästen die Faszination einer Wildwasserfahrt nahe. Eine Einsteiger-Tour, die auch für Kinder geeignet ist, führt auf dem Eisack von Stilfes bis Graßstein. Nach einer Einweisung in die verschiedenen Paddeltechniken geht es auch schon los – Nasswerden, Spritzschlachten und viel Spaß inklusive. Die Ausrüstung wird gestellt, Vorkenntnisse sind nicht nötig. Wer mitfahren will, sollte aber auf jeden Fall schwimmen können. Rafting Sterzing; Tel. 04 72/76 48 09; www.raftingsterzing.it

Sterzing, überragt von Pflerscher, Gschnitzer und Obernberger Tribulaun

the perfect day

9 Uhr: Fahrt mit der Seilbahn von Sterzing aus, Wanderung zum Rosskopf (2189 m)
13 Uhr: Mittagessen beim »Arbor« in Sterzing
14 Uhr: Besuch des Landesmuseums für Jagd und Fischerei im Schloss Wolfsthurn in Mareit
18 Uhr: Stadtbummel und Abendessen in Sterzing

Das Tor zu Südtirol

Von der nördlichsten Stadt Südtirols ziehen sich mehrere Seitentäler in die Berge und bieten eine erstaunliche Vielfalt an Freizeitmöglichkeiten. Sportliche Exkursionen auf zwei Beinen oder zwei Rädern sind vor allem rund um Sterzing interessant. Und als reizvoller Gegensatz dazu stellt sich das bemerkenswerte kulturelle Angebot dar. Sterzing liegt an einem jahrhundertealten Handelsweg und bietet ein sehenswertes historisches Zentrum.

Die ersten Sonnenstrahlen auf der Südseite der Alpen, der erste Blick hinunter ins Eisacktal, der erste Cappuccino an der Raststätte – so beginnt für viele Urlauber Italien. Die lange Abfahrt vom Brenner durch das Wipptal endet direkt bei Sterzing, und für manche ist das Städtchen auch die Zielstation. Aus gutem Grund, denn Wipptal und nördliches Eisacktal sind zum Durchfahren eigentlich viel zu schade. Die Fuggerstadt Sterzing selbst, mit der bemerkenswerten Geschichte und dem interessanten historischen Zentrum, ist zumindest eine längere Pause wert. Dass hier in den Seitentälern früher Silber abgebaut wurde und entsprechender Wohlstand entstanden ist, erkennt man noch an den stattlichen Bürgerhäusern des Ortes. Die Augsburgischen Fugger waren am Bergbau stark beteiligt und brachten der Stadt ihren Beinamen ein. Neben dem Bergbau prägte vor allem der Handelsverkehr den Ort, der dank seiner Bedeutung reich an kulturhistorischen Sehenswürdigkeiten ist. Dazu gehören die Spitalkirche zum Heiligen Geist, ein Bau aus dem späten 14. Jh., das prachtvolle gotische Rathaus, außerhalb des Ortes die Pfarrkirche »Unsere liebe Frau im Moos« und das markante Schloss Reifenstein, eine einstige Ritterburg aus dem 15. Jh., deren aufwändiges Interieur auch besichtigt werden kann. Etwas oberhalb von Sterzing an der Brennerstrecke liegt im Talgrund das kleine Gossensass, ein ehemaliger Kurort, in dem sich der Dichter Henrik Ibsen regelmäßig aufhielt. Vor allem zog es ihn in das stille Pflerschtal, das bei Gossensass nach Westen abzweigt.

Interessante Abstecher

Überhaupt sind es vor allem die Seitentäler, die vielfältige Ausflugsmöglichkeiten eröffnen. Vom Pflerschtal aus bieten sich Touren entlang des Grenzkamms zu Österreich an, die über alte Militärwege füh-

WANDERN & BERGTOUREN

TOP TIPP Die **Sieben-Seen-Wanderung** bietet einmalige landschaftliche Eindrücke in einer unberührten, einsamen Gebirgswelt. Ausgangspunkt ist der Parkplatz beim Bergbauernmuseum im hintersten Ridnauntal (ca. 1500 m). Auf dem Weg Nr. 28 hinauf zum Poschhaus (2113 m), am Fuß der Felswand den Weg verlassen und rechts halten. Auf Weg Nr. 33 steil hinauf zu den Moarer Egetseen und zum Egetjoch (2639 m), dem höchsten Punkt der Tour. Nun entweder links an den Egetseen abwärts oder rechts direkt zum Trüben See, anschließend Abstieg ins Tal. Die Wanderung ist mittelschwer, erfordert gute Ausdauer und Trittsicherheit; Dauer: ca. 6 Std.; Einkehr: Poschhaus, Grohmann-Hütte

Ridnauner Höhenweg (2160 m) Besonders schöne, anstrengende Höhenwanderung	Ausgangspunkt: Bergstation Rosskopf, mit der Seilbahn von Sterzing erreichbar (1860 m); Rosskopf (2189 m) – Kuhalm – Ochsenalm (1905 m) – Seebersee – Seeberalm – Prischeralm – Maiern im Ridnauntal. Rückfahrt mit dem Bus nach Sterzing; Zeit: ca. 6 Std.; Trittsicherheit erforderlich; Einkehr: Kuhalm, Ochsenalm
Grubbergalm im Pfitschertal (2005 m) Gemütliche Hüttenwanderung mit schöner Aussicht	Ausgangspunkt: Kranebitt bei Kematen in Außerpfitsch (ca. 1440 m); Wanderweg Nr. 5 – Grubenalm (1903 m) – Grubbergalm; wenig anstrengende Tour auf Wanderwegen und Forststraßen; Rückweg wie Hinweg; Zeit: ca. 3,5 Std.; Einkehr: Grubbergalm
Rosskopf (2189 m) Sehr lohnende leichte und kurze Wanderung	Ausgangspunkt: Bergstation Rosskopf (1860 m, per Seilbahn von Sterzing erreichbar); Weg Nr. 19 – am Sterzinger Haus vorbei – auf dem Ostgrat zum Gipfel; prachtvolles Panorama bis zu den Dolomiten; Rückweg wie Hinweg; Zeit: ca. 1 Std.; Einkehr: Bergstation Rosskopf, Sterzinger Haus

ren. Ein Klassiker ist der Weg vom Talschluss bei St. Anton hinauf zur Tribulaunhütte. Auch das Ridnauntal, das sich von Sterzing nach Westen zieht, bietet im Sommer eine Vielzahl von Wandermöglichkeiten, obwohl die beiden Orte Ratschings und Ridnaun hauptsächlich für ihre Wintersportaktivitäten bekannt sind. Der Ridnauner Höhenweg beispielsweise führt malerisch in etwa 2000 m Höhe unter den Gipfeln von Telfer Weißen und Wetterspitze entlang. Früher wurde in Ratschings Marmor gebrochen und in Ridnau Speckstein gewonnen. Das Landesbergbaumuseum im Ridnauntal zeigt die Geschichte des Bergbaus, ist aber auch Ausgangspunkt für einen Ausflug hinauf zum ehemaligen Silberbergwerk in St. Martin am Schneeberg.

ALLGEMEINE INFORMATIONEN

Urlaubsregion	Tourismusverband **Eisacktal**; Tel. 04 72 80 22 32; E-Mail: info@eisacktal.info; www.eisacktal.info
Orte	**Freienfeld** www.sterzing.com • **Gossensass** www.gossensass.org • **Mareit** • **Ratschings** www.ratschings.info • **Ridnaun** www.ratschings.info • **Sterzing** www.sterzing.com
Entfernungen	Hamburg 991 km; Berlin 802 km; Köln 793 km; Frankfurt a. M. 609 km; Stuttgart 369 km; München 216 km

Hütten

Tribulaunhütte (2368 m)
Die Hütte liegt am Fuß des Tribulaungipfels und gehört zum CAI Sterzing. Schöne Lage direkt am Sandessee. Schlichtes, rustikales Interieur. Die Spezialität der Hüttenwirtin ist der Kaiserschmarrn; Tel. 04 72 63 24 70

Europahütte (2693 m)
Ein Kuriosum ist die 1899 erbaute Europahütte über dem Pfitscher Tal. Durch die Hütte führt die Grenze zwischen Österreich und Italien. Ein Teil wird vom DAV Landshut bewirtschaftet, der andere vom CAI Sterzing. Bis Ende der 1980er Jahre war die Hütte ziemlich heruntergekommen, dann erhielt sie eine umfassende Sanierung; Tel. 04 72 64 60 76 oder 04 72 63 01 56

Becherhaus (3195 m)
Das höchstgelegene Schutzhaus Südtirols liegt in Ridnaun; Tel. 04 72 65 63 77 und 34 86 00 57 34 www.becherhaus.com

Restaurants

Pretzhof
Passend zur einsamen Lage am Berg im vorderen Pfitscher Tal ist die Küche im Pretzhof ganz auf bäuerliche Produkte spezialisiert. Vieles ist hausgemacht oder von der eigenen Alm. Klassische Südtiroler Gerichte, schönes Ambiente; Tel. 04 72 76 44 55; www.pretzhof.com

Kleine Flamme
Ein kleines und ungewöhnliches Restaurant ist die Kleine Flamme im Zentrum von Sterzing, die sich mit kreativer und exotisch angehauchter Küche einen Namen gemacht hat; Tel. 04 72 76 60 65

Brixen und Eisacktal

ADAC Prädikat

SPORT & SPASS

WANDERN & BERGTOUREN

KULTUR & CO.

WELLNESS & GENUSS

Genussvolle Ziele an der Eisack

Nicht weit von der Brennerautobahn entfernt schmiegen sich idyllische Dörfer an die Bergflanken über dem mittleren Eisacktal. Unten im Talboden liegt die stilvolle alte Bischofsstadt Brixen. Neben kulturellen Sehenswürdigkeiten und klassisch südtirolerischen Gasthäusern bietet die Region vor allem eines: traumhafte Genusstouren für Wanderer. Bergsteiger, die höher hinaufwollen, finden in den Seitentälern lohnende Ziele. Und Wellness können nach einem Ausflug in die Natur alle genießen – in einem der schönen Bäder der Region.

Die »Akropolis von Tirol«: die Klosteranlage Säben oberhalb von Klausen

Auf dem Weg vom Brennerpass Richtung Süden öffnet sich nach der engen, schattigen Passage durch die Sachsenklemme und die Franzensfeste urplötzlich das Tal. Der Blick auf die alte Bischofsstadt Brixen und das mächtige Bergmassiv der Plose wird frei. Von Osten kommend mündet das Pustertal ins weit gewordene Eisacktal. Im Westen ziehen die Flanken der Sarntaler Alpen mit den Orten Feldthurns, Villanders und Barbian in die Höhe. Ebenfalls westlich der Autobahn, etwa auf der Höhe von Brixen, ragt die Königsangerspitze in den Himmel. An den abgestuften, sonnigen Berghängen gedeihen Wein und Obst, und weiter oben locken die Almwiesen mit einem Meer von Blüten. Malerisch verteilt liegen dazwischen einsame Höfe, kleine Weiler und Dörfchen. Trotz dieser augenfälligen Reize ist die Gegend um Brixen für viele Reisende nur eine wenig beachtete Durchgangsstation auf dem Weg zu südlicheren Urlaubszielen. Dabei hat die Gegend auch kulturell einiges zu bieten: an erster Stelle natürlich das sehenswerte historische Zentrum von Brixen mit schattigen Laubengängen und den malerischen Fassaden der Gebäude. 1000 Jahre lang war Brixen Bischofssitz, erst 1964 zogen die kirchlichen Würdenträger nach Bozen um. Kulturell interessierte Gäste stoßen immer wieder auf eindrucksvolle

the perfect day

9 Uhr: Wanderung von Klausen über Kloster Säben zum Gasthaus »Moar zu Viersch« (Einkehr)
14 Uhr: Fahrt nach Brixen, dann Entspannen im Acquarena Erlebnisbad; bei schönem Wetter Schwimmen im Biotop Vahrner See
17 Uhr: Besichtigung von Dom und Kreuzgang in Brixen
18 Uhr: Abendspaziergang durch die Laubengänge im Zentrum von Brixen

Zeugen dieser langen Epoche: die monumentale Domkirche mit ihrer barocken Innengestaltung beispielsweise, den Kreuzgang mit seinen gotischen Fresken oder das Diözesanmuseum mit der bedeutenden Krippensammlung in der Fürstbischöflichen Hofburg.
Ein schöner Spazierweg führt entlang der Eisack zum 3 km nördlich von Brixen gelegenen Kloster Neustift, das schon aufgrund seiner eindrucksvollen Gebäude ins Auge fällt. Zu den kunsthistorischen Höhepunkten der Region zählen der barocke Innenraum der Stiftskirche und der gotische Kreuzgang mit wunderschönen Fresken. Schloss Velthurns, ein stattlicher Renaissancebau in Feldthurns, war früher die Sommerresidenz der Bischöfe von Brixen. Und im Künstlerstädtchen Klausen, das fast verborgen zwischen uralten Kastanienhainen im Taleinschnitt liegt, gibt es neben schönen alten Gassen und Häusern noch das Stadtmuseum mit dem Loretoschatz zu besichtigen, einer einzigartigen Sammlung kirchlicher Kunstwerke aus dem 16. und 17. Jh. Überragt wird Klausen von der mächtigen Burg-, Kirchen- und Klosteranlage Säben. Der Fußweg hinauf zur »Akropolis von Tirol« und weiter bergwärts bis zu einsamen Weilern wie dem »Moar zu Viersch«, einem bekannten Gasthaus, zählt zu den beliebtesten Touren in der Gegend.

WANDERN & BERGTOUREN

TOP TIPP Insgesamt ist der **Keschtnweg** (1) (zu Deutsch Kastanienweg) 60 km lang. Die leichte Wanderung führt von Vahrn bei Brixen durch schattige Kastanienhaine, sonnige Weinberge und gemütliche Dörfer nach Süden bis zum Schloss Runkelstein vor den Toren Bozens. Sehenswürdigkeiten und kunsthistorische Schätze des Eisacktals säumen die Route ebenso wie zahlreiche Weinberge, Wirtshäuser und Törggelenlokale – also ganz eindeutig eine Route für Genießer. Wer die ganze Strecke wandern will, sollte drei Tage einplanen.

Brixner Höhenweg (ca. 2000 m) Leichte Höhenwanderung mit herrlichen Aussichten an der Plose	Ausgangspunkt: St. Andrä bei Brixen; mit der Seilbahn zum Kreuztal (2023 m) – Ochsenalm – St. Leonhard – St. Andrä; Zeit: ca. 4 Std.; Einkehr: Ochsenalm
Zum Rautaljoch (2808 m) Klassische Bergtour bei Vals	Ausgangspunkt: Parkplatz bei der Fane-Alm (1739 m); Fane-Alm – Labesebenhütte – Wilder See (2532 m) am Fuße der Wilde-Kreuz-Spitze (3132 m) – Rautaljoch (2808 m) – Brixner Hütte (2307 m) – Fane-Alm; Trittsicherheit und Schwindelfreiheit erforderlich; Zeit: ca. 5 Std.; Einkehr: Brixner Hütte, Fane-Alm
Adolf-Munkel-Weg (ca. 1900 m) Geologisch interessante leichte Rundtour	Ausgangspunkt: Parkplatz Zanseralm, Villnößtal (1685 m); Zanseralm – Almweg zur Glatschalm (1902 m) – Adolf-Munkel-Weg zur Gschnagenhardtalm (1996 m); Abstieg über Dusleralm zurück zur Zanseralm; Zeit: ca. 4,5 Std.; Einkehr: Glatschalm, Zanseralm
Bad Dreikirchen (1120 m) Zum romantischen Bauernbad bei Barbian	Ausgangspunkt: Barbian; Fössinger – Öttl – Bad Dreikirchen; Rückweg über Briol und die Barbianer Wasserfälle; leichte Wanderung; Zeit: ca. 3 Std.; Einkehr: Bad Dreikirchen, Messnerwirt, Pension Briol

Restaurants

Messnerhof
Ein bodenständiges und sehr gemütliches Gasthaus direkt neben der Kirche in Bad Dreikirchen. Klassische Südtiroler Küche, hausgemachte Kuchen. Von den Wirtsleuten kann man den Schlüssel für die Besichtigung der Kirche erhalten;
Tel. 04 71 65 00 59

Finsterwirt
Bekanntes Restaurant im Herzen von Brixen in einer Seitengasse unweit des Domplatzes. Historisches Ambiente und gehobene Südtiroler und Italienische Küche. Schöner Gastgarten;
Tel. 04 72 83 53 43;
www.finsterwirt.com

Unterwirt
Klein, aber fein ist das Restaurant im abgelegenen und idyllischen Dorf Gufidaun oberhalb von Klausen. Nostalgische Gaststuben und dazu eine kreative Südtiroler und italienische Küche. Zum Haus gehören auch Gästezimmer und Appartements;
Tel. 04 72 84 40 00,
www.unterwirt-gufidaun.com

TOP TIPP In der **Acquarena** (2) Brixen kann man sich in den verschiedenen Pools mit Unterwassermusik, dem Solebad, dem Vulkan-Dampfbad und in der Saunalandschaft entspannen.

Ein umfassendes Beauty- und Fitnessprogramm wird zusätzlich angeboten. Daneben gibt es ein Sportbecken mit Sprungturm und ein Funbecken mit Wasserfall und Rutsche. Großzügig gestaltet ist auch der Außenbereich mit Freibad, Kinderbecken, großer Liegewiese und Beachsoccerplätzen;
Tel. 04 72 82 36 66;
www.acquarena.com

Damit sind auch schon die Wandermöglichkeiten angesprochen. Einmal bietet das Eisacktal um Brixen viele Ausflugsmöglichkeiten, wie etwa an der Plose oder an den Berghängen westlich der Eisack. Zu den schönsten Routen gehört die Tour von Villanders hinauf zur Villanderer Alm oder der reizvolle Weg von Barbian nach Bad Dreikirchen, einem alten Bad mit drei kleinen, ungewöhnlich aneinander gebauten Kirchen. Dort war Christian Morgenstern Anfang des 20. Jh. Stammgast. Herrliche Ausblicke verspricht die Wanderung zum Latzfonser Kreuz, einer kleinen, 2311 m hoch gelegenen Wallfahrtskirche. Wer geübt ist, sollte von dort unbedingt noch weiter hinaufsteigen zur Kassiansspitze, einer unvergleichlichen Aussichtskanzel auf die Felsnadeln der Dolomiten, etwa der Geislergruppe. Letztere gestaltet – gemeinsam mit der Peitlerkofelgruppe – die eindrucksvolle Szenerie während der Fahrt auf der Brixner Dolomitenstraße über das Würzjoch, der Verbindungsstraße zwischen Eisacktal und Gardertal. Wer hochalpine Erlebnisse sucht, ist am besten in den Seitentälern aufgehoben. Ganz besonders gilt dies für das Villnößtal südlich der Brixner Dolomitenstraße. Bei der Zanseralm am Talschluss beginnen zahlreiche anspruchsvolle Touren in den Naturpark Puez-Geisler. Besonders interessant für Geologen ist die Wanderung auf dem Adolf-Munkel-Weg: Entlang des Sockels, auf dem die mächtigen Felstürme der Geislergruppe ruhen, sind die mehrschichtigen bunten Meeresablagerungen, die mindestens 250 Millionen Jahre alt sind, deutlich erkennbar. Einzigartige Fundstücke sind im Mineralienmuseum von Teis zu sehen.

Versteckte Kleinode sind auch die am Eingang des Pustertals abzweigenden Seitentäler, wo man einsame Wege bis hinauf in hochalpine Regionen finden kann. Hoch über der Rienzschlucht ragt die Burg Rodnegg über das Tal. Zu bewundern sind dort einige der ältesten Profanfresken Europas. Wanderer zieht es aber schnell auf die andere Talseite hinauf in die Ferienregion Gitschberg-Jochtal mit seinen malerischen, ursprünglichen Orten Spinges, Vals und Meransen. Bergbahnen machen den Weg hinauf auf die Aussichtsplattformen von Jochtal und Gitschberg einfach. Wer die Stille sucht, sollte von Meransen durch das romantische Altfaßtal zu den Seefeldseen wandern oder von Vals aus zur idyllisch gelegenen Fane-Alm fahren.

Hütten

Gampenalm (2063 m)
Neu aufgebaute und trotzdem sehr gemütliche Almhütte im Villnößtal. Leichter und landschaftlich schöner Aufstieg vom Talende am Parkplatz bei der Zanseralm (1685 m). Ausgangspunkt für Touren im Gebiet der Geislerspitzen. Deftige Südtiroler Küche;Tel. 04 72 84 00 01

Gasserhütte (1744 m)
Die rustikale Hütte liegt am Rande der Villanderer Alm bei Villanders und ist eines der beliebtesten Ausflugsziele. Typische Hausmannskost und Südtiroler Marende; Tel. 04 72 84 35 10

Radlseehaus (2284 m)
Gemütliche Hütte mit guter Küche in der Nähe des Radlsees. Weitere Genüsse sind der Panoramablick und der Weg hinauf zum Gipfel der Königsangerspitze (2439 m). Zur Hütte führen schöne Wanderwege, z. B. vom Parkplatz Garner Wetterkreuz bei Feldthurns/Garn; Zeit: ca. 2,5 Std.; Tel: 04 72 85 52 30

ALLGEMEINE INFORMATIONEN

Brixen (560 m)	Tourismusverein **Brixen**; Tel. 04 72 83 64 01; E-Mail: info@brixen.org; www.brixen.org
Orte	**Barbian** www.barbian.it • **Feldthurns** www.feldthurns.info • **Klausen** www.klausen.it • **Meransen** info@gitschberg-jochtal.com • **Mühlbach** www.gitschberg-jochtal.com • **Rodeneck** • **Vals** • **Villnöß** www.villnoess.info • **Vintl** info@gitschberg-jochtal.com
Entfernungen	Hamburg 1018 km; Berlin 829 km; Köln 819 km; Frankfurt a. M. 518 km; Stuttgart 358 km; München 125 km

Während im Süden die Felsnadeln der Dolomiten in den Himmel ragen, blitzen bei den malerischen Almhütten und dem kleinen Kirchlein schon zum Greifen nahe die Gletscherberge des Alpenhauptkammes herüber.

Das Törggelenfest in Brixen sollte man auf keinen Fall verpassen, wenn man gerade in der Region ist. Ansonsten bieten viele kleine Gasthöfe und Weinbauern im Herbst den »Nuien« an, den jungen Wein, und die klassische Marende mit Speck und gerösteten Kastanien.

Wanderkarten

Freytag & Berndt, WK 1
Bozen–Meran; 1:50 000

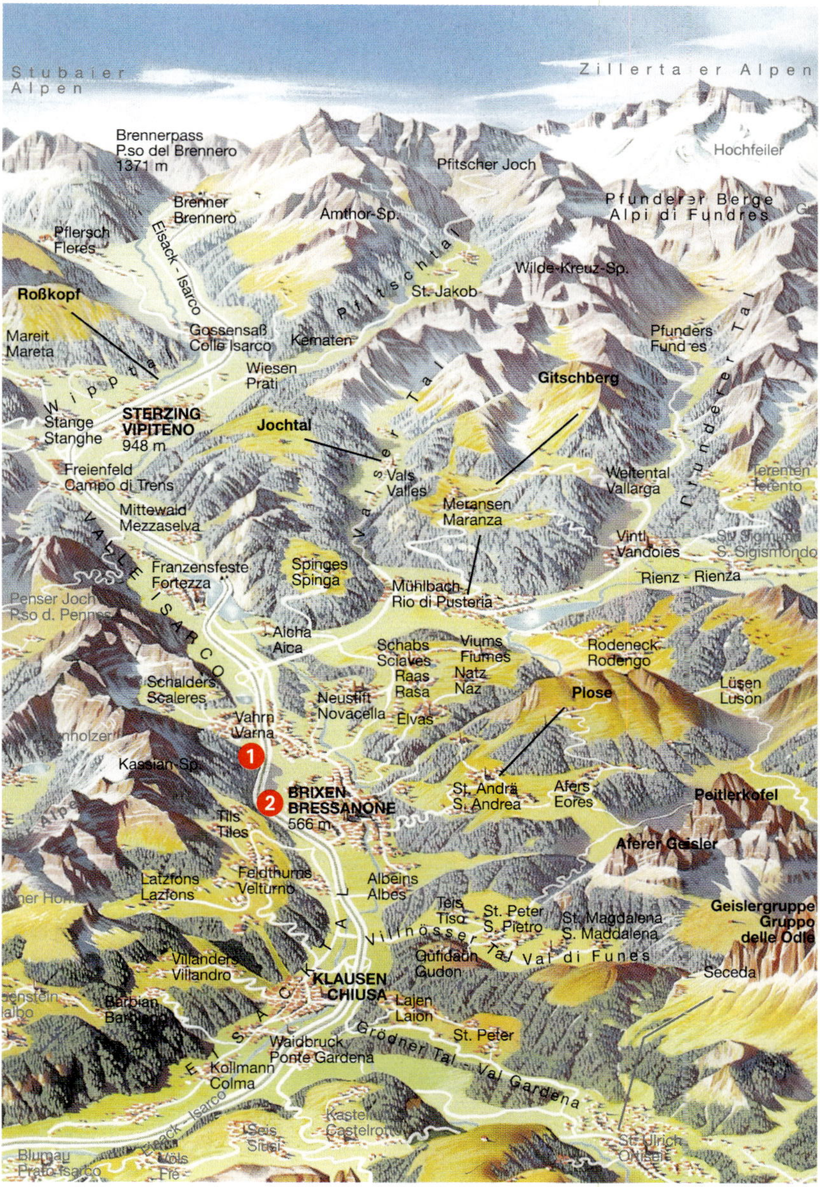

ADAC Prädikat

SPORT & SPASS

WANDERN & BERGTOUREN

KULTUR & CO.

WELLNESS & GENUSS

Die Heilkraft der Berge

Abgeschirmt vom Zillertaler Hauptkamm, gehört das Tauferer Ahrntal zu den besonders ursprünglichen und unverfälschten Bergtälern Südtirols. Um die Dreiherrenspitze und im Naturpark Rieserferner-Ahrn scharen sich 80 imposante Dreitausender, die eine große Auswahl anspruchsvoller Tourenmöglichkeiten bieten. Wohltuend kann es aber auch sein, ins Innere der Berge vorzudringen: In den Bergwerksstollen, wo früher Kupfer abgebaut wurde, werden heute Kuren für Atemwegserkrankungen angeboten.

Es mag einem wie eine kleine Weltreise vorkommen: Von der Brennerautobahn bei Brixen bis ins Tauferer Ahrntal ist man lange unterwegs – vor allem, wenn man das hintere Ahrntal bei Prettau und Kasern zum Ziel hat. Belohnt wird man dafür mit einem Aufenthalt in einem der urtümlichsten Täler Südtirols. Zwischen Bruneck und

Mineralienmuseum, St. Johann
Eines der bedeutendsten Mineralienmuseen der Ostalpen, über 750 Einzelexponate, darunter einzigartige Kostbarkeiten; Informationen zur Entstehung der Minerale, der Arbeit der Strahler und den Heilkräften der Steine im Multimediaraum; Tel. 04 74 65 21 45, www.mineralienmuseum.com

Krippenmuseum Maranatha, Luttach
Große Ausstellung – von der volkstümlichen Tiroler Krippe über orientalische Geburtsgruppen bis zu modernen Darstellungen; Tel. 04 74 67 16 82, www.krippenmuseum.com

WANDERN & BERGTOUREN

TOP TIPP

Von Kasern (1595 m) aus führt eine der schönsten Bergtouren im Ahrntal hinauf zur **Lenkjöchlhütte** (2603 m). Zuerst geht man von Kasern Richtung Talschluss bis zur Kirche Heiliggeist. Dort hält man sich rechts und wählt den Aufstieg zur Labesaualm mit ihren idyllischen Bergwiesen. Durch das urtümliche und karge Windtal führt der Weg an einem eindrucksvollen Wasserfall vorbei zur Lenkjöchlhütte (Tel. 04 74 65 41 44), einem guten Ausgangspunkt für Touren auf die Rötspitze (3495 m) und die Dreiherrenspitze (3499 m). Nach einer Stärkung auf der Hütte führt der Abstieg zur herrlich gelegenen Rötalm und zur bewirtschafteten Sennhütte. Vorbei an alten Bergwerksstollen und Erzlagerruinen geht es dann durch eine enge, eindrucksvolle Schlucht zum Rötbach-Wasserfall und zurück nach Kasern; Zeit: ca. 5 Std.

Arthur-Hartdegen-Weg (ca. 2400 m) Rundtour im Naturpark Rieserferner-Ahrn	Ausgangspunkt: Rein (1538 m); Aufstieg zur Kasseler Hütte (2274 m) – Ursprunghütte (2387 m) – Abstieg zur Brunneralm – Obere Kofleralm (2193 m) – Rein; Zeit: ca. 8 Std.; Einkehr: Kasseler Hütte, Ursprunghütte
Klaussee (2162 m) Leichte Wanderung zu schönem Bergsee	Ausgangspunkt: Klausbergbahn in Steinhaus; Bergstation – Baurschafthütte – Klaussee (2162 m); wer möchte, kann weiter zum Rauchkofel (2653 m) wandern; Rückweg wie Hinweg; Zeit: ca. 2 Std.; Einkehr: Speck- und Schnapsalm bei der Bergstation, Baurschafthütte
Nostalgie-Trekking Unterwegs auf historischen Pfaden	Geführte Touren auf alten Schmugglerpfaden und historischen Übergängen in den Naturpark Rieserferner-Ahrn. Übernachtung in Almhütten im Heu; Verpflegung mit traditioneller Südtiroler Kost; Info: Helmut Fuchs; Tel. 0 34 83 36 63 13; www.dolo-alp.com
Franziskusweg (1163 m) Meditativer Weg durch die wilde Toblschlucht zur Toblkapelle	Ausgangspunkt: Parkplatz Bad Winkel, Sand in Taufers (865 m); an den Reinbachwasserfällen vorbei durch urwüchsige Landschaft hinauf zur Ruine Toblburg (1163 m) mit der neu aufgebauten Toblkapelle. Jugendliche, Künstler und Geistliche der Region gestalteten gemeinsam die Besinnungspunkte zum Franziskuslied »Sonnengesang« entlang des Weges; Zeit: ca. 1,5 Std.

the perfect day

9 Uhr: Gemütliche Wanderung von Luttach auf die Schwarzbachalm mit Einkehr in der Almhütte
13 Uhr: Ausflug nach Prettau und Fahrt in den alten Bergwerksstollen mit Besichtigung
15 Uhr: Kurzer Aufstieg zum Bergbauernmuseum Falkenstein oberhalb von Prettau
19 Uhr: Abendessen im Leuchtturm in Sand in Taufers

Im **Klimastollen** in Prettau kann man einzigartig in Italien allergen- und pollenfreie Luft atmen; geöffnet von Apr.–Okt. Tel. 04 74 65 45 23, www.ich-atme.com

Der elegante Firngrat der Dreiherrenspitze begrenzt das hintere Ahrntal bei Kasern.

Sand in Taufers erstreckt sich der Talgrund noch breit und flach, lädt zum gemütlichen Radeln ein. Sobald man jedoch Sand in Taufers durchquert, den Heimatort des Extrembergsteigers Hans Kammerlander, und die mächtige Burg in Sand passiert hat, verändert sich das Landschaftsbild, rücken die steilen Bergflanken enger zusammen. Schmal zieht sich das Tal entlang des Zillertaler Hauptkamms nach Nordosten. Kleine Dörfer mit einfachen Wohnhäusern und traditionellen, schindelgedeckten Bauernhöfen wechseln sich entlang der Straße ab. Es geht immer weiter nach oben. Immerhin liegen

Der Speikboden ist eine prächtige Aussichtskanzel oberhalb von Sand in Taufers.

zwischen Bruneck und Kasern gute 700 Höhenmeter Unterschied. Eine bequeme Möglichkeit, schnell den Gipfeln nahe zu kommen, bieten die Bergbahnen hinauf auf den Speikboden (von Sand aus) und, weiter hinten im Tal bei Steinhaus, auf den Klausberg. Wer im Tal bleibt, kann dem »Kornkasten« einen Besuch abstatten. Früher wurden dort die Lebensmittel für die Bergleute von Prettau gelagert; heute ist in dem schön restaurierten Gebäude ein Bergbaumuseum eingerichtet, mit Holzmodellen von Einrichtungen des Kupferbergwerkes, verzierten Grubenkarten, Dokumenten und Fundstücken aus den Gruben.

Wie der Alltag in den Stollen wirklich aussah, kann man sich allerdings erst nach dem Besuch des Schaubergwerks bei Prettau ausmalen, in dem anhand von lebensgroßen Modellen die verschiedenen Arbeitstechniken vorgestellt werden. Als wohltuend empfanden die Arbeiter das Klima in den schmalen Gängen unter Tage wohl kaum. Das ist heute anders. Denn genau dort, wo früher Schwerstarbeit geleistet wurde, finden heute Menschen mit Atemwegserkrankungen oder Allergien Linderung. In den stillgelegten Stollen ist die Luft extrem rein und nahezu allergenfrei.

Der Höhenweg oberhalb von Rein ist ideal zum Mountainbiken.

Traditionelle Handwerkskunst

Ein Besuch des Schaubergwerks ist auch für Familien ein Tipp – ebenso wie ein Ausflug zur Burg Taufers, die bei Sand hoch über dem Ahrntal thront. Auch das traditionelle Kunsthandwerk gibt es in dieser Region »zum Anfassen«: In der Schnitzwerkstatt, die im Krippenmuseum Maranatha in Luttach eingerichtet ist, kann man dem Holzschnitzer über die Schulter schauen. Sehenswert ist auch das kleine Bergbauernmuseum im Falkensteinhof, der über einen schönen Spazierweg in 20 Min. von Prettau aus zu erreichen ist.

Heute fühlen sich vor allem Wanderer und ambitionierte Alpinisten im Ahrntal zu Hause: Eine Reihe interessanter, landschaftlich abwechslungsreicher Themenwege (der Besinnungsweg zu Ehren des Franz von Assisi, der botanische Weg oder der Tauferer Ritterweg) sind in der Umgebung von Sand angelegt. Ein guter Ausgangspunkt

Hütten

Schwarzbachalm (1400 m)
In ca. 20 Min. leicht zu erreichende Hütte auf der Schwarzbachalm oberhalb von Luttach. In der urigen Hütte gibt es hausgemachte Spezialitäten, draußen kann man sich im Hochseilgarten die Zeit vertreiben. Zur Alm gehört ein Kinderspielplatz; Tel. 34 87 04 39 11

Kasseler Hütte (2274 m)
Gemütliche Hütte in schöner Lage im Naturpark Rieserferner-Ahrn. Von Rein aus in ca. 2 Std. zu erreichen. Klettergarten ca. 10 Min. von der Hütte entfernt. Ausgangspunkt für anspruchsvolle Hochtouren auf den Magerstein (3273 m) oder den Lenkstein (3238 m); Tel. 04 74 67 25 50

Rötalm (2118 m)
Eine besonders urige Sennhütte oberhalb von Kasern am Ende des Ahrntals; schöne Lage, einfache Kost mit selbst gemachtem Käse, Wurst und Speck; keine Übernachtungsmöglichkeit; Tel. 04 74 65 42 26

Schwarzensteinhütte (2923 m)
Für erfahrene Bergsteiger mit der nötigen Ausdauer ist ein Besuch der höchstgelegenen Hütte des Zillertals ein Muss. Spektakuläres Finale des langen, abwechslungsreichen Aufstiegs zur Hütte ist ein ausgesetzter, aber nicht allzu schwerer Klettersteig. Belohnt wird man oben mit einer bestens geführten, gemütlichen Hütte und einer herrlichen Aussicht. Interessant sind auch die Informationstafeln des Hochalpinen Lehrpfades entlang des Hüttenzustiegs. Ausgangspunkt: Großstahlhof bei Luttach (1300 m). Über Schöllbergalm und Großes Tor zur Hütte; Zeit: ca. 4,5 Std.; Tel. 04 74 67 11 60, www.schwarzensteinhuette.com

für Exkursionen in den Naturpark Rieserferner-Ahrn, rund um den Hochgall oder zum Lenkstein ist der Ort Rain im Raintal, das bei Sand in Taufers abzweigt.

Ein weiterer empfehlenswerter Ausgangspunkt für Touren ist Kasern am Ende der Talstraße. Hier kann man gemütlich an der idyllischen Wallfahrtskirche Heiliggeist vorbei in Richtung Talschluss wandern. Wer weiter steigt, kommt zur Birnlückenhütte, der nördlichsten Schutzhütte Südtirols, die direkt vor dem imposanten Gipfelaufbau der Dreiherrenspitze liegt. Eine anspruchsvolle Gletschertour führt von der Hütte aus in ca. 3 Std. auf den Gipfel.

Zu empfehlen ist auch der kürzlich restaurierte Weg zur Birnlücke, dem historischen Übergang zum Krimmler Achental im Salzburger Land. Großartige Mehrtagestouren sind die Höhenwege, wie der Kellerbauer-Weg, der Stabeler-Weg oder der Lausitzer Weg, die von Hütte zu Hütte führen. Erwähnt werden muss natürlich auch der Große Moosstock, ein vergleichsweise einfach zu bezwingender Dreitausender, der als Hausberg von Hans Kammerlander berühmt wurde.

Apropos: Wer sich einmal mit dem Extrembergsteiger messen möchte, kann dies auf dem Hans-Kammerlander-Trainingspfad bei Sand tun. Ein Blick auf die von ihm angegebenen Richtzeiten führen dem Hobbysportler aber sehr schnell den Klassenunterschied vor Augen.

Um das Tauferer Ahrntal mit dem Mountainbike kennenzulernen, bietet sich die Ahrntour an, eine 50 km lange Strecke, die von Bruneck bis nach Kasern am Ende des Ahrntals führt. Man kann sie als Tagestour fahren, aber auch Abschnitte für kurze Ausflüge auswählen. Zwischen Bruneck und Sand in Taufers verläuft die Route auf bequemen Radwegen, später wird es etwas steiler. Und zwischen Prettau und Kasern kommt ein letzter steilerer Anstieg. Wer noch Reserven hat, sollte an der Kirche Heiliggeist vorbei den leicht ansteigenden Weg entlang des Bachlaufs bis zum landschaftlich reizvollen Talschluss fahren.

Dort können Mountainbiker und die von oben kommenden Bergsteiger gemeinsam hinunterblicken auf ein Tal, in dem die überwiegende Zahl der Bauernhöfe noch landwirtschaftlich genutzt wird. Und sie werden sich alle einig sein, dass die bäuerliche Kultur, die beeindruckende Landschaft der Dreitausender entlang des Alpenhauptkamms und die gewaltige Auswahl an Möglichkeiten Lohn genug sind, eine längere Anfahrt in Kauf zu nehmen.

ALLGEMEINE INFORMATIONEN

Urlaubsregion	Tourismusverband **Tauferer Ahrntal**; Tel. 04 74 65 20 81; E-Mail: tauferer@ahrntal.com; www.tauferer.ahrntal.com
Orte	**Luttach** www.ahrntal.com • **Mühlwald** www.muehlwald.com • **Prettau** www.ahrntal.org • **Sand in Taufers** www.taufers.com
Entfernungen	Hamburg 1058 km; Berlin 869 km; Köln 859 km; Frankfurt a. M. 675 km; Stuttgart 436 km; München 282 km

TOP TIPP

Hans-Kammerlander-Trainingspfad

Zwei abwechslungsreiche Wege für sportlich ambitionierte Wanderer, Nordic Walker und Läufer, die sich mit dem Extrembergsteiger Hans Kammerlander messen wollen, der die Richtzeiten vorgegeben hat. Steil und anstrengend ist die 11,5 km lange Route mit einem Höhenunterschied von 450 m. Lohnend sind die Strecken aber auch für »normale« Wanderer aufgrund ihrer landschaftlichen Schönheit. Ausgangspunkt: unterhalb der Burg Taufers in Sand.

TOP TIPP

Eine der mächtigsten und schönsten Festungen Südtirols ist die **Burg Taufers in Sand**, die direkt am engen Eingang des Ahrntals thront. Im 13. Jh. bauten die Herren von

Taufers diese Festungsanlage. Später wechselten die Besitzer mehrmals. Heute gehört sie dem Südtiroler Burgeninstitut, einem Verein, der sich vorbildlich und ehrenamtlich um die Restaurierung und den Erhalt der Burg kümmert. Beeindruckend ist die historische Inneneinrichtung, vor allem die Bibliothek mit Reiterkachelofen, die Fürstenzimmer, das Geisterzimmer, die Burgkapelle und der Rittersaal. An das harte Durchgreifen der früheren Schlossherren erinnern Gerichtssaal, Verlies und Rüstkammer; Tel. 04 74 67 80 53

Wanderkarten

Freytag & Berndt, WKS 152 Mayrhofen, Zillertaler Alpen, Gerlos-Krimml; WKS 3 Pustertal-Bruneck-Drei Zinnen; 1:50 000

Bruneck mit Kronplatz und Antholzer Tal

ADAC Prädikat

SPORT & SPASS
WANDERN & BERGTOUREN
KULTUR & CO.
WELLNESS & GENUSS

Sport- und Familienparadies rund um den Kronplatz

Pulsierende Tourismuszentren, abgelegene Bergbauernhöfe und imposante Gipfel: Die Region rund um den meistbesuchten Berg im Pustertal bietet beinah für jeden Urlaubsgeschmack etwas. Bruneck blickt auf eine lange Geschichte zurück und wartet mit der schönsten Einkaufsstraße Südtirols auf. Die Seitentäler des Pustertals halten für Naturliebhaber manchen Leckerbissen bereit. Und auch Wanderern und ambitionierten Sportlern eröffnen sich zahllose Möglichkeiten.

Sein kahles Haupt ist von weitem erkennbar, und nicht zufällig ist er das Wahrzeichen der Region: der 2175 m hohe Kronplatz, meistbesuchter Gipfel im Pustertal. Eigentlich kennt man das Gebiet ja

Restaurants

Berggasthof Seppila
Oberhalb von Taisten am Eingang zum Gsiesertal steht der urige, jahrhundertealte Gasthof, der vom ehemaligen Bergführer Jimmi Holzer geführt wird. Er hat nostalgische Stuben, herzhafte bäuerliche Küche und hauseigenes Bier zu bieten. Direkt am Gasthof startet ein neu angelegter Kneippweg; Tel. 04 74 95 02 04

Restaurant Schöneck
Für Freunde der Gourmetküche ist das einsam gelegene Restaurant bei Pfalzen eine ausgezeichnete Adresse. Die Gebrüder Baumgartner pflegen eine kreative, eher international orientierte Küche; Tel. 04 74 56 55 50

the perfect day

9 Uhr: Wanderung von Pederü zur Fodara-Vedla-Hütte mit Einkehr
14 Uhr: Entspannungsbad im Bauernbad Valdander
17 Uhr: Spaziergang durch die Stadtgasse Bruneck
19 Uhr: Abendessen im Restaurant Schöneck in Pfalzen

WANDERN & BERGTOUREN

TOP TIPP Eine gemütliche Wanderung inmitten der großartigen Landschaft des Naturparks Fanes-Sennes-Prags ist der Anstieg von Pederü (1545 m) zur **Senneshütte** (2126 m, Tel. 04 74 50 10 92) auf der Sennesalm. Mit Auto oder Bus fährt man über St. Vigil nach Pederü. Dort auf der steilen Straße links hinauf und dann ohne größere Anstiege auf bezeichnetem Weg (Dolomitenhöhenweg 1) bis zur schön gelegenen Senneshütte. Auf dem Rückweg bleibt man auf Weg Nr. 7 und macht einen Abstecher zur ebenfalls idyllischen Fodara-Vedla-Hütte (1965 m). Von dort geht es zurück nach Pederü – eine Tour für Genießer; Zeit: ca. 4 Std.

Schwörzalm (1680 m) Leichte Almwanderung mit schöner Aussicht im Antholzer Tal	Ausgangspunkt: Antholz-Mittertal; Sportzone – Eggerhöfe – Bergeralm – Brennalm – Schwörzalm – Kornbränteweg – Steinzgerhof – auf Markierung Nr. 11 am Antholzer Bach entlang zurück nach Antholz-Mittertal; Zeit: ca. 4 Std.; Einkehr: Schwörzalm
Sambock (2396 m) Problemlose Tour auf einen Aussichtsberg über Bruneck	Ausgangspunkt: Gasthaus Lechnerhof im Weiler Platten (Anfahrt von Pfalzen); der Markierung 66A und der Beschilderung zum Gipfel zur Waldgrenze folgen – zur flachen Kuppe »Auf der Platten« (2175 m) – nordwärts auf Steig Nr. 66 über Graskamm zum Gipfel; Abstieg auf dem Anstiegsweg; Zeit: ca. 4,5 Std.; Einkehr: Gasthaus Lechnerhof
Piz da Peres (2507 m) Klassische Bergtour zu imposanter Aussichtsloge und malerischem See	Ausgangspunkt: Furkelsattel (1758 m, Zufahrt von Mitterolang oder von St. Vigil); vom Pass auf Weg Nr. 3 hinauf zur Dreifingerscharte (2330 m) – auf Steig nach Westen zum Gipfel – Abstieg in die Scharte – dem Weg Nr. 3 nach Süden folgen für Abstecher zum Hochalpensee; Rückweg auf der Route des Hinwegs; Zeit: ca. 5 Std.; Einkehr: unterwegs keine Einkehrmöglichkeit
Gsieser Almweg (ca. 2000 m) Von Alm zu Alm im hinteren Gsiesertal	Ausgangspunkt: St. Magdalena; auf Weg Nr. 48 zur Tscharnietalm – auf dem »Weg 2000« zur Kasermähderalm – Kaseralm – Uwaldalm – Abstieg nach St. Magdalena; Zeit: ca. 4–5 Std.; Einkehr: Kaseralm, Uwaldalm

Von Platten oberhalb von Bruneck hat man eine fantastische Aussicht übers Pustertal hinweg. Wo sich der flache Talboden erweitert, liegt Olang.

hauptsächlich als Winterziel, als eine der beliebtesten Skistationen Südtirols. Aber auch im Sommer hat der Kronplatz unverkennbare Reize, ebenso wie seine Umgebung. Da sind z. B. die vielen Wander- und Ausflugsmöglichkeiten rund um Bruneck. Insbesondere in den Seitentälern des Pustertals locken interessante Ziele. Ein typisches Beispiel ist St. Vigil, das auf der Südseite des Kronplatzes liegt. Von dort führt eine Straße nach Pederü und damit hinein in den Naturpark Fanes-Sennes-Prags mit seinen überaus empfehlenswerten Touren. Unterwegs kommt man am Ortsrand von St. Vigil direkt an der Informationsstelle des Naturparks vorbei. In dem modernen Holzbau erfährt man viel Wissenswertes über den Park. Übrigens ist er in der Umgebung von Bruneck nicht der einzige Nationalpark: Nordöstlich liegt der Nationalpark Rieserferner-Ahrn, den östlich das Antholzer Tal begrenzt.

Dieses ist ein weiteres bemerkenswertes Seitental und zweigt auf der Höhe von Olang nach Norden ab. Im Winter als Langlaufdestination von internationalem Rang bekannt, bietet es im Sommer ebenfalls erstklassige Tourenmöglichkeiten. Das Paralleltal ist das weitaus weniger bekannte, dafür aber recht urige und gewöhnlich auch nicht überlaufene Gsiesertal. Zu den Klassikern gehört hier der Gsieser Almweg 2000, wobei sich die Zahl auf die Höhe bezieht. Denn die Route führt von St. Magdalena auf der Ostseite des Tales hinauf auf gut 2000 m und dann als Rundweg von Alm zu Alm. Etliche von ihnen werden noch landwirtschaftlich genutzt, viele eignen sich mit einer angeschlossenen Gastwirtschaft besonders als Rast- und Aussichtsplätze.

Doch zurück ins Pustertal. Ein Besuch im kleinen und betriebsamen Hauptort Bruneck ist trotz des mitunter hektischen Verkehrsgeschehens empfehlenswert. Schließlich hat der Heimatort des berühmten Malers und Bildhauers Michael Pacher – sein einstiges Wohnhaus

Hütten

Bergrestaurant Kronplatz
Keine Hütte im klassischen Sinn, sondern ein großzügiges und modernes Restaurant unterhalb des Kronplatzgipfels mit einem großen gastronomischen Angebot. Es reicht von Knödeln bis zu fernöstlichen Gerichten, die man auf einer großen Sonnenterrasse genießen kann;
Tel. 04 74 55 35 80

Fodara-Vedla-Hütte
Auf einer großen Almwiese steht die gepflegte Hütte, die für ihre gute Küche bekannt ist – das gilt vor allem für den Apfelstrudel;
Tel. 04 74 50 10 93

Bruneck mit Kronplatz und Antholzer Tal

Die Fodara-Vedla-Hütte ist für ihre gute Küche bekannt.

befindet sich in der Stadtgasse – kulturell einiges zu bieten. Die alte Burg, um 1250 vom Bischof von Brixen erbaut, wacht über den Ort. Hauptanziehungspunkt ist die lange und sehenswerte Stadtgasse mit den alten Bürgerhäusern und vor allem mit attraktiven Geschäften, die Mode und Schuhe mit italienischem Chic anbieten. Im Ragenhaus am Ende der Stadtgasse finden zahlreiche Veranstaltungen

SPORT & SPASS

TOP TIPP Einer der größten Nordic-Walking-Parks Europas befindet sich am Fuße des Kronplatz und erstreckt sich von Pfalzen über Bruneck und Olang bis nach Rasen. 28 verschieden anspruchsvolle Routen mit einer Länge von insgesamt 220 km sind in diesem **»Nordic.Fitness.Park«** beschildert; zahlreiche Übungs- und Informationstafeln entlang der Routen. In einer 68-Seiten-Broschüre werden die Trails mit Streckenprofilen ausführlich beschrieben, außerdem sind dort alle wichtigen Adressen zu finden, wie z. B. die der drei Nordic-Walking-Schulen der Region. Über ein Dutzend Nordic-Walking-Hotels bieten interessante Pauschalen an. Informationen in den Tourismusbüros und beim Tourismusverband Kronplatz, Tel. 04 74 55 54 47

Mountainbiken Rundtour Pederü	Ausgangspunkt: Pederü; Faneshütte – Limojoch – Große Fanesalm – Fanestal – Alpe Ra Stua – Senneshütte – Pederü. Eine der schönsten Touren überhaupt mit grandiosen Eindrücken, aber nur für gut Trainierte: ca. 55 km, teils steiles Auf und Ab auf Schotterwegen, insgesamt 1800 Höhenmeter; weitere fantastische (auch leichte) Routen in der Region; geführte Touren, Mountainbike-Verleih: Kronplatz-Bike Bruneck, Tel. 04 74/55 49 03; Radverleih beim Camping Antholz, Tel. 04 74/49 22 04
Rafting	Touren mit dem Schlauchboot für Anfänger und Könner, z. B. auf der Rienz im Pustertal von Ehrenburg zur Mühlbacher Klause. Ungefährliche Tour, ideal auch für Kinder; Dauer: ca. 4 Std.; River Tours Gais; Tel. 04 74 55 54 47

ALLGEMEINE INFORMATIONEN

Urlaubsregion	Tourismusverband Ferienregion **Kronplatz**; Tel. 04 74 55 54 47; E-Mail: info@kronplatz.com; www.kronplatz.com
Orte	**Antholz** www.antholz.com • **Bruneck** www.bruneck.com • **Olang** www.olang.com • **St. Lorenzen** www.st-lorenzen.com • **St. Vigil** www.sanvigilio.com
Entfernungen	Hamburg 1039 km; Berlin 851 km; Köln 841 km; Frankfurt a. M. 657 km; Stuttgart 417 km; München 264 km

statt. In der Pfarrkirche kann man neben einem wertvollen Kruzifix von Michael Pacher auch die größte Orgel Südtirols bewundern. Wer sich über Geschichte und Brauchtum informieren will, dem sei ein Besuch des Volkskundemuseums in Dietenheim empfohlen. Der Vorort von Bruneck liegt am Südhang, also auf der Sonnenseite des Tals. Dort hat man einen besonders schönen Blick auf das Tal, die Stadt und natürlich auf den Kronplatz. Den kann man bequem mit der Seilbahn erreichen und oben die Rundum-Panorama-Aussicht genießen. Daneben gibt es etliche Wanderwege, auf denen Fußgänger allerdings entsprechend lange unterwegs sind, sofern sie den gesamten Höhenunterschied von gut 1400 m überwinden wollen. Auch von Olang aus, dem etwas ruhigeren Nachbarort auf der Ostseite des Kronplatzes, führen Wege hinauf zum Gipfel.

Bäuerliche Badekultur

Wer sich für Sportarten wie Reiten, Tennis oder Golf interessiert ist, wird in der Region ebenfalls sein Dorado finden. Und schließlich sei noch ein Ausflug zum einstigen Bauernbad Bad Bergfall südlich von Olang empfohlen, wo man noch Überreste alter römischer Besiedlung besichtigen kann. Apropos Baden: Auf dem Weg von St. Martin in Thurn im äußeren Gadertal hinauf Richtung Würzjoch befindet sich abseits der Straße das alte Bauernbad Valdander. Das einsame Bad mitten im Wald repräsentiert noch heute die bäuerliche Badekultur in Südtirol, die einst weit verbreitet war. Allerdings ist es sehr wahrscheinlich, dass man dort – wie auch sonst im Pustertal und seinen bekannten Nebentälern Antholzer und Gadertal – zumindest Mitte August beileibe nicht allein ist: Dann feiern die Italiener »Ferragosto« und teilen die Begeisterung für die Berge mit vielen ausländischen Touristen – nicht nur am kahlen Gipfel des Kronplatz. Die perfekte Gelegenheit, um sich näher zu kommen.

Wanderkarten

Freytag & Berndt WKS 3, Pustertal – Bruneck – Drei Zinnen, WKS 5, Cortina d'Ampezzo – Marmolada – St. Ulrich; 1:50 000 (für Wander- und Mountainbike-Touren im südlichen Nationalpark Fanes-Sennes-Prags)

Hochpustertal

ADAC Prädikat

SPORT & SPASS

WANDERN & BERGTOUREN

KULTUR & CO.

WELLNESS & GENUSS

Im Reich der Zinnen und Grate

Das Wahrzeichen dieses fantastischen Felsenreichs im Nordosten Südtirols sind die Drei Zinnen. Nicht nur für Kletterer bietet die Region um Niederdorf, Toblach, Innichen, Sexten und Prags interessante Ziele. Vom romantischen Pragser Wildsee über ungewöhnliche Museen bis hin zu den kuriosen Relikten aus der Anfangszeit des Fremdenverkehrs – gerade Familien können im Hochpustertal verborgene Raritäten entdecken.

Markantes Wahrzeichen der Region: die Drei Zinnen mit ihren eindrucksvollen Nordwänden

Die Schönheiten des Hochpustertals sind offensichtlich: So zum Beispiel bei Innichen, wo sich die wilden Zacken des Haunolds über dem Ort auftürmen und abends – wenn einem das Glück hold ist – im letzten Sonnenlicht aufflammen. Wer nach Südosten ins Sextnertal abbiegt, steht fasziniert vor der Dreischusterspitze; wesentlich sanfter zeigen sich hingegen die Bergrücken des Karnischen Kamms auf der anderen Talseite mit dem Helm. Die dank der Bergbahn leicht zu erreichende Aussichtskanzel gibt einen wunderbaren Blick auf die Sextner Dolomiten frei.

Das Wahrzeichen der Region, die eindrucksvollen Drei Zinnen, ist von Sexten aus allerdings nicht zu sehen. Eine der schönsten Möglichkeiten, ihnen näher zu kommen, ist die traumhafte Wanderung durch die Fichtenwälder des Fischleintals bei Sexten/Moos. Kurz bevor man die Drei-Zinnen-Hütte erreicht, ragen die drei mächtigen Felstürme plötzlich majestätisch und unnahbar in den Himmel. Ein Anblick, den man allerdings nur selten in Einsamkeit genießen kann: Ganze Heerscharen strömen über den kürzesten Zustieg (etwa 1,5 Std.) vom Parkplatz bei der Auronzohütte in der Nähe des Misurinasees hierher. Beeindruckt sind sie meist auch vom Paternkofel, der die Blicke ebenso auf sich zieht wie die Zinnen – mit seiner filigranen,

the perfect day

8 Uhr: Wanderung durch das herrliche Fischleintal zur Drei-Zinnen-Hütte
11 Uhr: Ausgiebige Rast mit fantastischem Blick auf die Drei Zinnen und den Paternkofel, an den Bödenseen vorbei zurück ins Fischleintal
15 Uhr: Fahrt nach Innichen, Besuch des Erlebnismuseums Dolomythos
18 Uhr: Relaxen im Erlebnisbad Acquafun

aus schmalen Graten und spitzen Zacken geformten Felslandschaft. Während die Drei Zinnen guten Kletterern mit alpiner Erfahrung vorbehalten sind, führen auf den Paternkofel zwei mittelschwere Klettersteige. Apropos: Ein lohnender Klettersteig, der sich auch für Einsteiger anbietet, beginnt bei den romantischen Rotwandwiesen (per Lift von Sexten aus erreichbar) und endet auf der Rotwandspitze.
Wer von der Drei-Zinnen-Hütte nach Westen absteigt, kommt ins Höhlensteintal, in dem die zwei Naturparks der Region aneinander grenzen. Die wilde Felsenregion um die Drei Zinnen gehört zum

WANDERN & BERGTOUREN

TOP TIPP

Eine anspruchsvolle und beeindruckende Bergtour führt **vom Pragser Wildsee** (1494 m) **auf den Seekofel** (2810 m). Zunächst am Seeufer entlang bis zum Anstieg, dann hinauf über das Nabige Loch (2034 m) zur Ofenscharte; von hier Abstecher zur Seekofelhütte (2327 m) möglich (ca. 10 Min.). Bis hierher ist der Weg leicht, und wer nicht trittsicher und schwindelfrei ist, sollte nun die Tour abbrechen. Gipfelstürmer steigen über den steilen Felsaufschwung zum Teil gesichert und an manchen Stellen ausgesetzt zum höchsten Punkt. Oben grandiose Aussicht auf die Sextener Dolomiten und die Fanesgruppe sowie zu den Tauerngipfeln. Abstieg wie Aufstieg; Zeit: insg. ca. 7 Std.; lohnende Alternative: Übernachtung auf der Seekofelhütte, dann nach Westen über die Seitenbachscharte (2331 m) und die Grünwaldalm in ca. 3 Std. zum Pragser Wildsee absteigen.

Von der Rotwandwiesen (1900 m) **zum Kreuzbergpass** (1636 m) Leichte Tour mit traumhaftem Ausgangspunkt	Ausgangspunkt: Sexten/Bad Moos, Bergstation Rotwandwiesenhütte (1900 m); Rudihütte (1914 m) – Schellaboden – vorbei an der imposanten Nordwand der Sextner Rotwand zum Kreuzbergpass (1636 m); per Bus zurück nach Bad Moos, von dort ca. 10 Min. zur Liftstation; traumhafte Wanderung mit herrlichem Blick auf eindrucksvolle Dolomitenzinnen, aber leider viel begangen; Zeit: ca. 2 Std.; Einkehr: Rotwandwiesenhütte, Rudihütte, Hotel Kreuzbergpass
Haunoldköpfl (2158 m) Dem wilden Zacken auf die Pelle gerückt	Ausgangspunkt: Innichen/Bergstation Haunoldhütte (1493 m); Untertal (1434 m) – Innicher Alm (1703 m) – durch dichten Wald zur Schulter (1820 m) – weiter durch Wald, Latschen und über Wiesenhang zum Gipfel; fantastischer Blick auf die wilden Türme der Haunoldgruppe (2966 m); Abstieg wie Aufstieg oder von Untertal direkt nach Innichen (1174 m) absteigen; leichte, aber längere Wanderung; Zeit: ca. 4 Std. bis Bergstation; dort lohnt sich der Besuch des Haunoldparks (Streichelzoo und Spielplatz); Einkehr: Haunoldhütte
Zsigmondyhütte (2235 m) Eindrucksvolle Wanderung ins Herz der Sextner Dolomiten	Ausgangspunkt: Parkplatz Fischleinboden (1454 m); Talschlusshütte (1526 m) – durch das von den Felstürmen der »Sextner Sonnenuhr« (Einser-, Elfer- und Zwölferkofel) überragte Bacherntal am Schluss durch steiles, felsiges Gelände zur netten Zsigmondyhütte; Aufstieg wie Abstieg; mittelschwer; Zeit: ca. 4 Std.; Einkehr: Fischleinbodenhütte, Talschlusshütte, Zsigmondyhütte
Helm (2433 m) Dolomiten-Panoramablick vom Karnischen Kamm	Ausgangspunkt: Sexten/Bergstation Helm (2060 m); Hahnspielhütte (2150 m) – über den Südrücken steil hinauf zum Helm; Abstieg über Südrücken bis zur Weggabelung, Aufstiegsweg verlassen, hinuntersteigen zu Negerdorfhütten (1705 m) – Helmhanghütte (1610 m) – Sextner Rundweg folgen bis Kinigerhöfe (1375 m) – weiter nach Sexten und zur Talstation; leichte Wanderung; Zeit: ca. 3,5 Std.; Einkehr: Helmrestaurant, Hahnspielhütte, Helmhanghütte, Kinigerhütte

Paradies für Kletterer
Für Kletterer und auch für Klettersteiggeher ist die Region ein Dorado. Die unzähligen Routen an den Drei Zinnen sind dabei nur eines der vielen Ziele für Kletterer mit alpiner Erfahrung. Ideal für Sportkletterer ist der Klettergarten Landro am Dürrensee bei Toblach (50 Routen, 3+ bis 9). Zwei mittelschwere Klettersteige (Innerkofler-De-Luca-Steig und Sentiero delle Forcelle) führen von der Drei-Zinnen-Hütte (2405 m) auf den Paternkofel (2744 m). Kletterkurse, Führungen und auch interessante Kinderkurse bietet die Alpinschule Drei Zinnen an; Tel. 04 74 71 03 75

Kletterhalle Dolomit Arena, Sexten
Schon die Halle selbst, eine kühne, fast 20 m hohe Holz-Glas-Konstruktion, ist eindrucksvoll. Mit einer Wandhöhe von 16,5 m ist sie die höchste Indoor-Kletteranlage Italiens. Durch die beidseitige Verglasung fühlen sich Kletterer fast wie in freier Natur. Unterschiedliche Wandneigungen und ein 8-m-Überhang bieten sowohl Anfängern als auch Extremen ideale Möglichkeiten. 36 Routen (Schwierigkeitsgrad 5–9), großer Toprope-Bereich, Boulderhöhle für Kinder; Tel. 04 74 71 00 96, www.dolomitarena.it; Sportkletterkurse: Privatstunden bei der Alpinschule Drei Zinnen; Tel. 04 74 71 03 75

Naturpark Sextner Dolomiten. Westlich davon beginnt der Naturpark Fanes-Sennes-Prags, der zum Beispiel die zauberhafte Plätzwiese (mit dem Hotel Hohe Gaisl) zu bieten hat. Eine schmale Straße führt durch das Altpragsertal dort hinauf; wer mit dem Mountainbike unterwegs ist, fährt weiter zur Dürrensteinhütte und von dort über einen für Autos gesperrten Weg ins Höhlensteintal.

Ein weiteres im Naturpark verstecktes Kleinod ist der Pragser Wildsee am Ende des Pragsertals. Smaragdgrün liegt er zwischen steilen Waldflanken, über denen die Dolomitengipfel aufragen. Einer dieser Gipfel ist der Seekofel, ein herrliches Ziel für geübte, trittsichere Bergwanderer. Doch auch der Spaziergang um den See ist äußerst reizvoll, ebenso die Bootsfahrt über das glasklare Wasser. Zum Baden dürfte der See den meisten allerdings zu kalt sein.

Ausgesprochen kühl ist das Nass auch bei den Pragser Heilquellen, deren frühere Gäste in Sachen Wassertemperatur nicht eben zimperlich sein durften. Die Sage erzählt, dass einer der königlichen Förster im Altpragsertal einen verletzten Hirsch beim Baden in einer Quelle beobachtete. Als das Tier das Wasser verließ, waren alle Wunden verheilt. 1490 erhielt der Förster die Genehmigung, an jener Stelle eine »Badehütte für Leidende« zu bauen. Der Zuspruch war groß, obwohl die Wassertemperatur nur 6 °C betrug. Bald wurde aus der Hütte ein nobles Kurhotel, das Bad Altprags. Das Geschäft florierte, bis 1690 noch eine Heilquelle im Haupttal entdeckt wurde. Von nun an kamen die Leidenden lieber ins »Wildbad Neuprags«. Heute ist keines der Bäder mehr in Betrieb. Ein ähnliches Schicksal erlitt das Wildbad Innichen. Übrig geblieben ist vom einstigen Luxushotel eine bizarre Ruine, einsam und verlassen, mitten im Bergwald. Das 1882 erbaute Grand Hotel in Toblach, in dem auch Friedrich Wilhelm III., König Albert von Sachsen und Herzog Theodor von Bayern wohnten, dient heute als Kultur- und Kongresszentrum. Nicht umsonst schätzten viele noble Gäste diese Gegend – bis zum Ersten Weltkrieg galten Innichen, Toblach, Niederdorf und Prags als eine Art »Tiroler St. Moritz«.

Danach war es erst einmal aus mit dem Vergnügen. Die berüchtigte Dolomitenfront zog sich in unmittelbarer Nähe über die Gipfel. Wanderer stoßen nahezu auf jeder Tour auf Zeugnisse dieser Zeit. Den tiefsten Eindruck hinterlässt der Rundgang durch das Freilichtmuseum Monte Piana, eigentlich einem herrlichen Aussichtsgipfel über dem Höhlensteintal. Hier oben kann man sich nur zu gut die dramatische Situation vorstellen, als sich die Italiener auf eben diesem Südgipfel, dem Monte Piana, verschanzt hatten und die Österreicher auf dem Nordgipfel, dem Monte Piano, in weitläufigen Stollen und Schützengräben versuchten, die Stellung zu halten. Eine einfache Wanderung führt vom Parkplatz an der Bossihütte in der Nähe des Misurinasees durch das Freilichtmuseum.

Nach dem Krieg verdankte man vor allem einer gewissen Emma Hellensteiner das Wiederaufblühen des Tourismus. Sie übernahm in den 1920er Jahren ein Wirtshaus in Niederdorf und machte daraus ein gehobenes Hotel mit internationalem Flair. Der Komfort im »Hotel

Hütten

Dreischusterhütte (1626 m)
Leicht zu erreichende, gemütliche Alpenvereinshütte im eindrucksvollen Talschluss des Innerfeldtals. Beliebter Ausgangspunkt für Wanderungen und Klettertouren an der Dreischusterspitze (3152 m); vom Parkplatz (1486 m) im Innerfeldtal bei Sexten leichter Zustieg in ca. 20 Min.; Tel. 04 74 96 66 10; www.drei-schuster-huette.com

Drei-Zinnen-Hütte (2438 m)
Der Ausblick von der Hütte auf die berühmten Nordwände der Drei Zinnen (2999 m) und die schlanken Grate des Paternkofel (2744 m) ist einzigartig. Wegen des einfachen Zugangs von der Auronzo-Hütte (ca. 1,5 Std., Zufahrt über Misurina) ist die Hütte oft überlaufen. Sehr lohnend ist jedoch der herrliche Zustieg von Sexten (Parkplatz Fischleinboden, 1454 m) durch das Fischleintal und an den Bödenseen vorbei zur Hütte; Zeit: ca. 3 Std.; Tel. 04 74 97 20 02

Rudi-Hütte (1950 m)
Die urgemütliche Hütte, die nach dem Wirt Rudi Egarter benannt ist, liegt auf der malerischen Rotwandwiesen bei Sexten, nur wenige Meter von der Bergstation der Gondelbahn entfernt. Herzhafte Tiroler Spezialitäten, große Sonnenterrasse. Von hier aus führt ein einfacher, schöner Klettersteig (ca. 3,5 Std.) auf die Rotwandspitze (2965 m); Tel. 04 74 71 04 36

Zsigmondyhütte (2235 m)
Prächtig gelegene Hütte; idealer Ausgangspunkt für Klettertouren am mächtigen Zwölferkofel (3094 m). Für Bergwanderer lohnt sich bereits der traumhafte Zustieg durch das Fischleintal (1454 m) von Sexten aus (ca. 2,5 Std.). Eine herrliche Höhenwanderung führt weiter zur Büllele-Joch-Hütte (2528 m) und zur Drei-Zinnen-Hütte; Tel. 04 74 71 03 58

Die Plätzwiese im Naturpark Fanes-Sennes-Prags

Emma« setzte Standards für die ganze Region. Neben vielen anderen Neuerungen verdankt Niederdorf »Frau Emmas« Weitsicht auch den Bahnhof. Viele Details und Geschichten aus dieser Zeit sind im Fremdenverkehrsmuseum »Haus Wassermann« in Niederdorf dokumentiert.

Auch wenn diese goldenen Zeiten weit zurückliegen, so ist das Hochpustertal doch nach wie vor eine ideale Ferienregion. Während Wanderer und Kletterer Sexten bevorzugen, ist das lebendige Innichen mit Fußgängerzone, Erlebnisbad und dem »Dolomythos«, einem auch für Kinder interessanten Erlebnismuseum, vor allem bei Familien sehr beliebt. Kunstfreunde dürfen sich den Besuch der wuchtigen Stiftskirche mit dem größten erhaltenen romanischen Monumentalfresko nicht entgehen lassen; ihr Äußeres erinnert beinahe an eine Burg. Sehenswert ist auch die Kirche St. Michael, deren Grundsubstanz romanisch ist, die aber um 1400 ein gotisches Gewölbe bekam und schließlich Mitte des 18. Jh.s von Barockkünstlern herrlich bemalt wurde. Im Museum des Stiftes Innichen befinden sich der Domschatz und eine bedeutende Handschriftensammlung. Zweifellos lohnt es sich, auch diese kleinen Juwelen zu entdecken und nicht nur nach oben zu schauen, zu den Zinnen und Graten, die das fantastische Felsenreich so prächtig schmücken.

ALLGEMEINE INFORMATIONEN

Urlaubsregion	Tourismusverband **Hochpustertal**; Tel. 04 74 91 31 56; E-Mail: info@hochpustertal.info; www.hochpustertal.info
Orte	**Sexten • Niederdorf • Innichen • Toblach • Prags**
Entfernungen	Hamburg 1071 km; Berlin 882 km; Köln 872 km; Frankfurt a. M. 688 km; Stuttgart 449 km; München 295 km

Naturerlebnispfad Toblacher See (1258 m)
Lehrreicher Spaziergang; Ausgangspunkt: Toblacher See; Lehrpfad rund um den See mit elf Stationen, die über Flora, Fauna und Geomorphologie des weitgehend intakten Feuchtgebietes am Toblacher See informieren; Zeit: ca. 2 Std.

TOP TIPP Das **Naturparkhaus in Toblach** repräsentiert die beiden Naturparks Sextner Dolomiten und Fanes-Sennes-Prags. Spielerisch und kreativ vermittelt es die Besonderheiten der beiden geschützten Gebiete. Themen sind Flora und Fauna, Geologie und Kulturlandschaft, aber auch die Kriegsereignisse. Mit Erlebniswerkstatt, großem Terrarium, Multivisionsschauen und der Wald-Wunder-Welt im Freigelände. Ideal, um auch Kindern Naturschutz näher zu bringen. Freier Eintritt;
Tel. 04 74 97 30 17;
www.provinz.bz.it

Wanderkarten

Karte des Bayerischen Landesvermessungsamtes; UK L12, Mangfallgebirge, Tegernsee, Schliersee, Rosenheim; 1:50 000

Grödnertal

ADAC Prädikat

SPORT & SPASS

WANDERN & BERGTOUREN

KULTUR & CO.

WELLNESS & GENUSS

Der mächtige Sellastock ist nur ein Teil der prächtigen Bergkulisse, die das Grödnertal eindrucksvoll schmückt.

Luis Trenkers grandiose Heimat

Geislerspitzen, Sellastock und Langkofelgruppe ragen über einem der bekanntesten Touristengebiete der Alpen auf – dem Grödnertal. Seine landschaftliche Einzigartigkeit, die besondere ladinische Kultur, die moderne Infrastruktur und nicht zuletzt die einfache Erreichbarkeit locken Besucher in Scharen an.

Die Anziehungskraft des Grödnertals erklärt sich jedem Besucher von selbst: Lieblich-grüne Wald- und Wiesenflanken steigen von dem Tal, das sich schmal in die Berge hineinzieht, empor; darüber erheben sich mächtige und kühn geformte Felsgestalten. Die Bergkulisse mit Geislerspitzen, Sellamassiv, Langkofelgruppe und dem Schlern formt eines der berühmtesten Panoramen der Alpen. Gefördert haben den Bekanntheitsgrad des Tals im Zeitalter von Film und Fernsehen zudem Persönlichkeiten wie Luis Trenker, der Inbegriff eines »Berglers«, oder auch Veranstaltungen wie das alljährliche Weltcup-Skirennen auf der Piste Saslong. An sportlichen Attraktionen fehlt es in Gröden sicher nicht. Der „Sella Ronda Bike Day" im Juli, ein autofreier Sonntag rund um die vier Dolomitenpässe, erfreut alle begeisterten Radfahrer. Die Mobilitätskarte „Val Gardena Card" ermöglicht eine unbegrenzte Benutzung der Liftanlagen und Busverbindungen im gesamten Grödner Tal und die verschiedenen Kletterschulen bieten für Kletterer und Wanderer Bergerlebnisse, die vom Ausblick von der Spitze des Langkofels bis hin zu einer gemütlichen Wanderung entlang dem „Pana"-Steig, der ursprünglich erste Weg vom Eisacktal ins Grödner Tal, gehen. Wanderern und Bergsteigern steht eine in über 100 Jahren gewachsene Infrastruktur von Wegen und Hütten, ergänzt durch Seilbahnen und

the perfect day

8.45 Uhr: Mit dem romantischen alten Sessellift (von Luis Trenker 1950 ins Leben gerufen!) von St. Ulrich zur Bergstation Raschötz. Wanderung am Raschötz-Höhenweg zum Bergrestaurant der Broglesalm
10.30 Uhr: Brotzeit vor der Brogles-Hütte mit Blick zu den Nordabbrüchen der Geislerspitzen
11.30 Uhr: Auf Weg Nr. 3 zu einem Sattel und jenseits Abstieg zum Rand des eindrucksvollen Murbruchtrichters unter dem Secedagipfel. Weiter durch das Cuecenatal und Annatal nach St. Ulrich
14 Uhr: Besuch des Grödner Heimatmuseums in St. Ulrich, danach gemütlicher Bummel durch die Ortschaft mit Besuch einer Holzschnitzerei
18 Uhr: Spaziergang von St. Ulrich zu den Häusern von St. Jakob, Besichtigung der kleinen Kirche und des millionenfach fotografierten Dolomitenmotivs »St. Jakob und das Langkofelmassiv« im sanften Abendlicht

Lifte, zur Verfügung. So lassen sich einfache, kurze Wanderungen im sanften Wald- und Wiesengelände unternehmen, aber ebenso anspruchsvolle und steilere Touren zu den Felsgipfeln.

Wer durch die Ortschaften im Talboden schlendert, erkennt schnell, was im Grödnertal die Haupteinnahmequelle vor dem Tourismus war: die Holzschnitzkunst. Im 17. Jh. wurde dieses Handwerk im Tal begründet; dank des Tourismus floriert es noch heute; ein Blick in die Schaufenster beweist eindrucksvoll die außerordentliche Vielfalt der Grödner Schnitzarbeiten. Im Grödner Heimatmuseum in St. Ulrich lässt sich die Geschichte des Tals in vielen Facetten nachvollziehen: Unter den Exponaten finden sich Prachtexemplare der örtlichen Schnitzkunst, interessante archäologische Funde und eine spezielle Ausstellung über Luis Trenker. Zudem sind die Galaria UNIKA (ganzjährig geöffnet) sowie die Musterschau ART52 die Schaufenster des Grödner Kunsthandwerks. Liebhaber der Gegend zieht es immer wieder hinauf zum Weiler von St. Jakob, wo die kleine Kirche vor dem

WANDERN & BERGTOUREN

TOP TIPP Auch wenn es alles andere als ein Geheimtipp ist – die **Umrundung des Langkofel** (1) ist immer noch eine der beeindruckendsten Wanderungen im Grödnertal und in den Dolomiten überhaupt. Die lange Gehzeit macht der leichte Weg mit seiner fantastischen Aussicht wieder wett (wer sich nur eine kürzere Variante zutraut, startet am Sellajoch). Per Sessellift schwebt man von St. Christina zum Monte Pana (1636 m) und weiter zum Monte de Seura (2025 m). Die Route verläuft auf markierten Wegen im Uhrzeigersinn um den gesamten Bergstock; die Orientierungspunkte sind dabei Comici-Hütte, Sellajoch-Haus, Forcella Col Rodella (2318 m), Friedrich-August-Hütte, Rif. Sandro Pertini, Plattkofelhütte am Fassajoch (2256 m), Hohes Eck (»Piz da Uridl«, 2101 m), Grödner Höhenweg, J.-Santner-Weg, Monte Pana. Ohne größere Höhenunterschiede immer auf knapp über 2000 m, grandiose Landschaftseindrücke, jede Menge Einkehrstationen; in der Hochsaison allerdings sehr viel begangener Weg; Zeit: ca. 7 Std.; Einkehr: in allen Rifugi (Hütten) am Weg

Puezhütte (2475 m) Lange, anstrengende Wanderung mit reizvollen landschaftlichen Kontrasten	Ausgangspunkt: Bergstation Col Raiser (2104 m); Regensburger Hütte (2037 m) – Weg Nr. 2 steil zur Forcella Forces de Sielles (2505 m) – kurze, etwas ausgesetzte Querung (Drahtseile), dann Höhenweg zur Puezhütte (2475 m) – Weg Nr. 14 ins Langental und nach Wolkenstein; Rückkehr nach St. Christina per Bus; lange, anstrengende Wanderung; Trittsicherheit und Schwindelfreiheit nötig; nur bei sicherem Wetter! Zeit: ca. 5 Std.; Einkehr: Regensburger Hütte, Puezhütte
Sella Ronda Die klassische Rundtour in der Sommerversion	Zwei- bis dreitägige Rundtour um den Sellastock zu Fuß und mit Liften; Ausgangspunkt: Wolkenstein; Dantercepiesbahn – Corvara – Arabba – Porta Vescovo – Canazei – Campitello – Sellajoch – Wolkenstein; leichte Höhenwanderung, die man nach Belieben mit Liften abkürzen kann; spezielle Sella-Ronda-Karte bei den Bergbahnen; zahlreiche Einkehrmöglichkeiten
Seceda – Raschötz Wandergenuss auf einem Aussichtsbalkon	Ausgangspunkt: Bergstation Seceda (2456 m); Panascharte (2447 m) – Weg Nr. 6 zur Brogles-Hütte (2045 m) – Weg Nr. 35, später Weg Nr. 31 zur Raschötzhütte (2170 m) – Weg Nr. 1 nach St. Ulrich oder kurzer Abstieg zum Rest. Raschötz und mit Sessellift ins Tal; lange Wanderung, die bei einem felsigen Steilstück unter der Panascharte Trittsicherheit erfordert; Zeit: ca. 5 Std.; Einkehr: Brogles-Hütte, Raschötzhütte

Hütten

Langkofelhütte
(Rifugio Vicenza, 2253 m)
Die Hütte des Italienischen Alpenvereins liegt eindrucksvoll im unteren Langkofelkar zwischen den schroffen Felsmassiven von

Langkofel und Plattkofel. Wanderer rasten hier im Reich der Kletterer, Klettersteigfans starten von hier zum Oskar-Schuster-Steig. Zustieg von Bergstation Monte Seura (St. Christina) in ca. 1 Std. oder Abstieg von der Bergstation Langkofelscharte in ca. 40 Min.; Tel. 04 71 79 23 23

Comici-Hütte (2154 m)
Unmittelbar am Fuße des wuchtigen Langkofelmassivs steht eine der bekanntesten Hütten des Grödnertals. Sie ist vor allem für ihre hervorragende Küche und besonders für Fischspezialitäten bekannt. Zustieg in ca. 30 Min. von der Bergstation Monte Seura; keine Übernachtung; Tel. 04 71 79 41 21

Toni-Demetz-Hütte (2681 m)
Spektakulär sitzt die kleine Hütte zwischen den Felswänden in der Langkofelscharte an der Bergstation der Seilbahn. Ausgangspunkt für Klettertouren sowie für die Bergabwanderung zur Langkofelhütte und weiter ins Tal; Tel. 04 71 79 50 50

SPORT & SPASS

TOP TIPP

Wer etwas sehen will, muss hoch hinaus – z. B. auf einem **leichten Klettersteig** ❷ auf den Sass Rigais (3025 m). Als echter Dreitausender bietet er eine wunderbare Aussicht auf die Dolomitengipfel und obendrein das Erlebnis einer Via ferrata. Die ersten Höhenmeter erspart von St. Christina aus die Col-Raiser-Bahn. Von der Bergstation ein kurzes Stück nach Norden, dann rechts haltend unter den Südwänden der Fermedatürme durch die obersten Wiesenhänge zur Abzweigung in die markante Mittagsscharte (Wegweiser »Sass Rigais«). Auf steilem Weg in Richtung Scharte steigen, bis rechts unübersehbar der Klettersteig beginnt (große Buchstaben auf den Felsen, ca. 2500 m). Die Drahtseilsicherungen leiten durch eine kleine Schlucht nach oben, dann führt der markierte Steig durch die felsige Flanke bis zum Südgrat und an ihm entlang – stellenweise luftig, aber gut gesichert! – zum Gipfel. Schwindelfrei und trittsicher muss man sein, selbstverständlich auch den Umgang mit der Klettersteigausrüstung beherrschen; Rückkehr auf dem Anstiegsweg; Zeit ab Col Raiser: ca. 6 Std.; geführte Touren: Grödner Bergführer-Vereinigung, Wolkenstein; Tel. 04 71 79 41 33; www.guidegardena.com

Mountainbiken Zallinger Hütte (2054 m)	Ausgangspunkt: Wolkenstein (1563 m); St. Christina – Iendertal – Zallinger Hütte (2045 m) – Wolkenstein; 26 km; Zeit: ca. 3,5 Std.; Asphaltstraßen und Forstwege; geführte Touren: Dolomiti Adventures, Wolkenstein; Tel. 04 71 77 09 05; www.dolomiti-adventures.info
Klettergärten Busc del Preve Sas dala Piera Ciauda	»Busc del Preve« im Langental bei Wolkenstein; 11 Routen, auch im unteren Schwierigkeitsbereich »Sas dala Piera Ciauda«: von Wolkenstein Richtung Sellajoch bis zur ersten Straßenkehre, dann über die Skipiste und rechts in den Wald; schwierige Routen in überhängendem Dolomit, für Anfänger ungeeignet

Langkofel ein millionenfach fotografiertes Motiv abgibt. Bedeutende Zeugen der Vergangenheit sind die in der Renaissancezeit errichtete Fischburg talaufwärts bei Wolkenstein und die oberhalb des Ortes an einer Felswand klebende Ruine der Burg Wolkenstein. Sie war der Stammsitz des berühmten Minnesängers und Kreuzritters Oswald von Wolkenstein (1377–1445). Als der kühne Adlerhorst im 17. Jh. durch einen Felssturz schwer beschädigt wurde, verließen die Herren von Wolkenstein die Burg und zogen in die Fischburg.

Eine weitere Attraktion ist die Seiser Alm, die sich südlich des Tals ausbreitet und mit 50 km² Fläche die wohl größte Hochalm des gesamten Alpenbogens bildet. Auch hier entsteht der einzigartige Eindruck erst durch den Kontrast zwischen den weiten, mit vielen Heustadeln bestandenen Almwiesen und der wuchtigen Felskulisse von Langkofelgruppe und Schlernmassiv. Im Frühsommer breitet sich auf den Wiesen der viel besuchten Seiser Alm ein schier un-

ALLGEMEINE INFORMATIONEN

Urlaubsregion	Tourismusverband **Gröden**; Tel. 04 71 77 77 77; E-Mail: info@valgardena.it, www.valgardena.it
Orte	**St. Christina • St. Ulrich • Wolkenstein**
Entfernungen	Hamburg 1045 km; Berlin 857 km; Köln 847 km; Frankfurt a. M. 663 km; Stuttgart 423 km; München 270 km

Hütten

Puezhütte (2475 m)
Die Hütte am Rand der kahlen Gardenaccia-Hochfläche ist ein beliebtes Ziel für Tagesausflügler und ein wichtiger Stützpunkt für Wanderer auf dem berühmten Dolomiten-Höhenweg Nr. 2, der von Brixen nach Feltre führt. Zustieg von Wolkenstein in ca. 3 Std.; Tel. 04 71 79 53 65

Regensburger Hütte
(Geisler-Hütte/Rif. Firenze, 2037 m)
Vom zeitweiligen Touristentrubel im Grödnertal ist man im Hochtal zwischen Geislerspitzen und Steviamassiv Welten entfernt. Polentagerichte in allen Variationen schaffen die kalorienhaltige Grundlage für stramme Touren. Abstieg von Bergstation Col Raiser (St. Christina) in ca. 20 Min.; Tel. 04 71 79 63 07

Restaurants

Concordia
Mittelpunkt des gemütlichen Familienrestaurants von Maria und Rudi Pescosta in St. Ulrich ist eine schöne alte Grödner Bauernstube. Alle Nudeln sind hausgemacht, wobei die Ravioli und die Schlutzkrapfen besonders zu empfehlen sind; Tel. 04 71 79 62 76

Uridl
Das im alten Ortskern von St. Christina gelegene Haus Uridl der Familie Helmar Demetz stammt aus dem 16. Jh. und wurde mit viel Geschmack restauriert. Die Bauernstube soll eine der ältesten holzgetäfelten Stuben in Gröden sein. Neben guten und bewährten Tiroler Leibgerichten wie Knödel, Schlutzer oder gefüllten Teigtaschen fehlt auch die italienische Küche nicht; Tel. 04 71 79 32 15

endliches Blütenmeer aus. Wanderer genießen vor allem die mittlere Höhenetage über dem Grödnertal – und lassen sich auch gerne bequem per Seilbahn zum Ausgangspunkt ihrer Touren befördern: Von der Bergstation der Seceda führt eine aussichtsreiche und geologisch interessante Wanderung über die Brogles-Hütte und die Raschötzhütte nach St. Ulrich. Gegenüber lockt die Seiser Alm mit gemütlichen Touren; besonders attraktiv ist dort die Umrundung des Langkofelmassivs, die mit etwa sieben Stunden allerdings gute Kondition erfordert.

Auch Klettersteig-Fans erwartet ein großes Angebot an Eisenwegen: Mit dem Pößneckersteig führt eine der ältesten Anlagen dieser Art auf das Gipfelplateau des Sellastock. Weitere Vie ferrate finden sich an den Geislerspitzen und am Plattkofel, wo der August-Schuster-Steig aus dem Langkofelkar spektakulär zum Gipfel zieht. Ideal für Einsteiger ist der kurze, aber anspruchsvolle Steig an der Kleinen Cirspitze über dem Grödnerjoch.

Ein sportlich-rassiger Klettersteig führt von Wolkenstein zur Stevia-Hütte. Vom Parkplatz am Eingang ins Langental kann man sich gar nicht richtig warmlaufen, da steht man bereits am Einstieg (direkt neben der Materialseilbahn der Stevia-Hütte). 400 Höhenmeter geht es dann steil, luftig und bestens mit einem Drahtseil gesichert nach oben; Leitern helfen über besonders schwierige Stellen hinweg, Brücken sorgen für etwas Nervenkitzel. Namenspate dieses Klettersteigs ist Sandro Pertini. Und unten im Tal erträgt ein anderer Prominenter mit stoischer Ruhe den Wandel des Grödnertals: Luis Trenker. In St. Ulrich »sitzt« er geduldig auf dem Denkmalsockel an der nach ihm benannten Promenade und blickt gebannt hinauf zu seinen geliebten Bergen.

Canyoning Mountain Adventure, Wolkenstein
Klettern und Abseilen an den Wasserfällen der Dolomiten; Gardena Mountain Adventure, Wolkenstein; Tel. 04 71 79 42 47

Nordic Walking
Insgesamt 6 landschaftlich sehr reizvolle Routen im Grödnertal; geführte Touren und Kurse in allen Orten; Beschreibung der Trails in der Broschüre des Tourismusverbandes und unter www.valgardena.it

Mar Dolomit St. Ulrich
Neues Erlebnisbad mit Freibecken, Riesenrutsche, Hallenbecken, Saunawelt, Kinderbecken und Gastronomie. Achtung: wechselnde Öffnungszeiten in der Sauna; Tel. 04 71 79 71 31; www.mardolomit.com

Wanderkarten

Freytag & Berndt; WKS 5 Grödnertal, Sella, Marmolada; 1:50 000

Seiser Alm und Schlern

ADAC Prädikat

SPORT & SPASS
WANDERN & BERGTOUREN
KULTUR & CO.
WELLNESS & GENUSS

Auf der schönsten Alm Südtirols

Eine weite, offene Landschaft mit sanften Almwiesen vor den steil aufragenden Felszacken der Langkofelgruppe – so kennt man die in den Dolomiten gelegene Seiser Alm. Wer die eher beschauliche Art des Urlaubs bevorzugt, wird die malerischen Orte unterhalb der Seiser Alm lieben. Diese geben sich betont traditionell und bodenständig, südtirolerisch eben, fast so wie in der »guten alten Zeit«.

Die Kirche St. Valentin bei Seis, behütet von den eindrucksvollen Felswänden des Schlern

Der einzigartige Reiz der mit 52 km² größten Hochalm Europas liegt zweifellos im landschaftlichen Kontrast: im Norden das Grödnertal, östlich das schroffe Langkofelmassiv, gegen Südwesten der mächtige Rücken des Schlern mit seinem felsigen Steilabbruch und dazwischen die milden, mit sattgrünem Gras überzogenen Wellen der Seiser Alm. Eine Landschaft wie gemalt, die vor allem jene anzieht, die gemütliche Wege suchen, sich dem Müßiggang hingeben und träumen wollen. Inspirationen dazu findet man hier genügend, sei es in der Natur, in den idyllischen Dörfern, den verwegenen Burgruinen oder in der Nähe geheimnisvoller, uralter Kultstätten.

Denn Menschen gab es auf der Seiser Alm und dem Schlern schon seit Urzeiten: Wer vom Petz, der höchsten Erhebung des Schlern, weiter zum Burgstall geht, wandert vermutlich direkt an einer prähistorischen Opferstätte entlang. Darauf deuten zumindest die Funde bronzezeitlicher und hallstattzeitlicher Tonscherben hin. Überreste eines römischen Kastells, Burgruinen und Wallanlagen wurden außerdem in der Gegend entdeckt. Rätsel geben nach wie vor die Hexenstühle bei Kastelruth und die Hexenbank in der Nähe des Puflatsch auf, einem zwar unauffälligen, aber umso schöneren Aussichtsgipfel am nördlichen Ende der Seiser Alm. Mit etwas Fantasie kann man sich gut vorstellen, wie unheimliche Gesellen auf den riesigen Felsblöcken Platz nahmen, um zu tagen oder zu feiern. Hier sollen sich auch die Schlernhexen zu Ausflügen versammelt haben, bevor

the perfect day

9 Uhr: Mit der Seilbahn von Seis nach Compatsch, Wanderung zum Puflatsch, mit der Bahn wieder hinunter nach Seis
14 Uhr: Badeausflug mit dem Rad zum Völser Weiher
19 Uhr: Fahrt nach Völs zu einer der Abendveranstaltungen auf Schloss Prösels

sie gemeinsam auf ihren Besen durch die Lüfte fegten. Waren die Schlernhexen den Menschen nicht gut gesonnen, brauten sie dort oben verheerende Unwetter zusammen, zauberten Hagelwolken, Blitz und Donner. Sollte es dem Messner von St. Valentin oberhalb von Seis nicht gelungen sein, rechtzeitig die Wetterglocken zu läuten, brauste ein teuflisches Unwetter über das Land.

Die Hexen sind rar geworden; öffentlich zeigen sich nur noch zwei: Eine ziert als kleines Symbol die Prospekte der Verkehrsvereine der Region, die andere lebt in Kastelruth und führt Kinder und Gäste zu den mystischen Orten. Ob die junge Frau nun übernatürliche

WANDERN & BERGTOUREN

TOP TIPP Eine lange, aber relativ leichte Wanderung führt vom **Spitzbühel** (1935 m) aus auf den **Petz** (2564m), die höchste Erhebung des Schlern mit grandiosem Rundblick. Ausgangspunkt ist die Bergstation des Spitzbühellifts (Talstation an der Seiser-Alm-Straße) mit imposantem Blick auf das Schlernmassiv. Über Almwiesen geht es erst abwärts zur Saltnerhütte (1731 m), dann in langen Kehren über den Touristensteig hinauf zur Schlernhochfläche. Eben weiter auf dem karg bewachsenen Plateau zum Schlernhaus (2457 m) und noch einmal etwas bergauf zum Petz mit seiner weißen Aussichtskanzel aus mächtigem Dolomitgestein. Wer noch Kraftreserven hat, sollte weiter zum Burgstall (2515 m) wandern (hin und zurück ca. 45 Min.) und den atemberaubenden Tiefblick zur Hochebene von Seis und Kastelruth genießen. Abstieg wie Aufstieg; Zeit: ca. 6 Std.; Einkehr: Saltnerhütte, Schlernhaus, Gasthof Frommer

Puflatsch (2174 m) Leichte Wanderung durch duftende Hochalmwiesen zu einmaligem Aussichtsgipfel	Ausgangspunkt: Compatsch (1844 m); Sessellift zur Puflatschalpe – nach Norden auf Fahrweg zur Schnürlplatte – am Rand der Hochfläche entlang, mit herrlichen Tiefblicken, bis zum Gipfel (2174 m); kurzer Abstieg zu den Hexenbänken, riesigen treppenförmigen Steingebilden – bergauf, bergab über Wiesenmulden zur Arnikahütte – hinab zur Puflatschhütte – über Wiesenwege zurück nach Compatsch; Zeit: ca. 3–4 Std.; Einkehr: Arnikahütte, Puflatschhütte
Ruine Hauenstein Rundwanderung mit historischem Hintergrund	Ausgangspunkt: Seis; ostwärts Richtung Hotel Waldrast – auf Weg Nr. 8 über den Frötschbach durch den Hauensteiner Wald – unterhalb der auf einem mächtigen Felsen thronenden Ruine Hauenstein, wo einst Oswald von Wolkenstein lebte, geradeaus zum Sattel – rechts zur Ruine, links zu einem fantastischen Aussichtsplatz; auf Weg Nr. 3 zurück – evtl. Abstecher auf Weg 3b zur Ruine Salegg – auf Weg 3a zurück nach Seis; Zeit: ca. 1,5 Std.; Einkehr: in Seis
Plattkofelhütte (2300 m) Genusstour über den Seiser Kamm	Ausgangspunkt: Saltria, Bergstation Florianlift (2100 m); flach, dann steil bergauf zur Plattkofelhütte (2300 m) – auf dem Friedrich-August-Weg über den Seiser Kamm bis zum Mahlknechtjoch (2188 m) – Abstieg zum Seiser-Alm-Haus (2145 m) – auf Feldwegen zur Tanezzaalm (1858 m) – durch Wald und zuletzt über weite Almwiesen zurück zur Talstation Saltria (1700 m); Zeit: ca. 3,5 Std.; Einkehr: Plattkofelhütte, Seiser Alm Haus, Gasthof Tirler
Kastelruther Hexenstühle Leichte Wanderung zu magischem Ort	Ausgangspunkt: Kastelruth (1060 m); auf dem Puflatschweg Richtung Schlern – zum Schererplatzl mit herrlicher Aussicht und sonnigen Bänken – weiter Richtung Marinzen bis kurz hinter Restaurant Schlernhexe – rechts hinauf zum Kienzlhof und den Tennisplätzen – kurz durch den Tiosler Wald bis zum Schild Hexenstühle; Abstieg wie Aufstieg; Zeit: ca. 2,5 Std.; Einkehr: Restaurant Schlernhexe, Cafés und Restaurants in Kastelruth

Hütten

Schutzhaus Tierser Alpl (2440 m)
Das traumhaft schön unterhalb der Rosszähne gelegene Schutzhaus wurde 1963 von Max Aichner erbaut, der dabei auch gleich in der Nähe den Maximilian-Klettersteig und den schwierigen Laurenzisteig über den Molignonkamm erschlossen hat. Eine gemütliche Hütte mit sympathischen Wirtsleuten, rustikalem Interieur, typisch Südtiroler Hausmannskost und Übernachtungsmöglichkeiten. Ausgangspunkt: Bergstation Panoramalift, Compatsch; Zeit: ca. 2 Std.; Tel. 04 71 70 74 60, www.tierseralpl.com

Malga Sanon (1849 m)
Mitten im Wandergebiet der Seiser Alm steht die Sanon-Hütte. Eine urige, ganz aus Holz gebaute Einkehr, in der die Familie Kostner klassische Südtiroler Küche anbietet, und das in einer großartigen Qualität. Da die Kostners passionierte Hubschrauberpiloten sind und als solche immer für die Bergrettung bereitstehen, befindet sich neben dem Haus ein Landeplatz. Ausgangspunkt: Compatsch; Zeit: ca. 0,5 Std.; Tel. 04 71 72 70 02

TOP TIPP Beeindruckend für Jung und Alt sind die Führungen durch das wehrhafte **Schloss Prösels** bei Völs. 1279 wurde die Festung erbaut; heute ist sie Schauplatz von Konzerten und Ausstellungen

sowie verschiedener Festivitäten. Allein schon die wuchtige Architektur des Bauwerks ist einen Besuch wert, aber auch die Waffensammlung und die kostbaren Gemälde im Batzenhäusl sind sehenswert. Ein besonderes Erlebnis sind die »Schlossnächte« mit musikalischer Untermalung, die regelmäßig stattfinden. Führungen tgl. außer Sa; Tel. 04 71 60 10 62, www.schloss-proesels.it

Restaurants

Posthotel Lamm
Als Gaumenschmaus gelten in der Haubenküche die Lammgerichte, aus der hauseigenen Zucht, die von Gemüse- und Salatkreationen des eigenen Krautgartens begleitet werden. Auch alle anderen Gerichte schmecken vorzüglich in dem gemütlichen Restaurant des Hotels mitten in Kastelruth.

Familie Trocker
39040 Kastelruth
Tel. 04 71 70 63 43
www.posthotellamm.it

Restaurant Sassegg
In ungezwungener Atmosphäre mit einer phantasievollen mediterranen und regionalen Küche veredelt der Chef einheimische, frische Produkte mit souveränem Handwerk und Kreativität. Gerichte wie die Taubenbrust mit Mohnschupfnudeln sowie der Steinbutt mit Tintenfischlasagnette sprechen für sich.

Fam. Malfertheiner
Seis am Schlern
Tel. 04 71 70 42 90
www.sassegg.it

Kräfte besitzt oder nicht – ihre Zuhörer kann sie auf jeden Fall verzaubern. Und bereits das wäre ihr vielleicht in früheren Zeiten zum Verhängnis geworden. Denn in dem heute so sehenswerten Schloss Prösels herrschte Anfang des 16. Jh. Leonhard von Völs, einer der fanatischsten Hexenjäger Tirols. Neun Frauen verurteilte er nach unsäglichen Folterungen zum Tod auf dem Scheiterhaufen. Gut waren die alten Zeiten eben nicht für alle. Andererseits war Leonhard ein großer Kunstliebhaber, und viele Kunstschätze der Region wurden in seinem Auftrag angefertigt.

Jene, die nicht vorhaben, auf dem Besen anzureisen, erreichen die Seiser Alm und die davor gelagerten Urlaubsorte Kastelruth, Seis am Schlern und Völs rasch von der nahen Brennerautobahn. Zur eigentlichen Hochfläche, die sich zwischen 1800 und 2000 m Höhe ausbreitet, gelangt man entweder von Seis aus auf einer kurvenreichen Straße oder mit einer relativ neuen Bergbahn. Mit dem Bau der Bahn wurde der Autoverkehr zwar eingeschränkt, was aber angesichts der Massen, die zur Hochsaison hinaufwollen, vielen Einheimischen noch zu wenig ist. Verständlich, schließlich ist die Seiser Alm nicht nur ein Urlaubsparadies, sondern auch ein Landschaftsschutzgebiet.

Wandergebiet Seiser Alm

Beliebtester Ausgangspunkt für gemütliche Wander- und Biketouren ins Almgebiet ist Compatsch. Ziel eines genussvollen, relativ leichten Ausflugs mit dem Mountainbike ist das Molignonhaus, das auf einem grandiosen Aussichtsplatz steht. Weiter geht die Rundtour auf dem Fahrweg bis Saltria und von dort auf der Asphaltstraße wieder hinunter nach Compatsch. Wer zu Fuß anspruchsvolle Wege sucht, steigt Richtung Naturpark Schlern auf die kühnen Felsnadeln von Santnerspitze und Euringerspitze sowie auf das mächtige Hauptmassiv mit Burgstall und dem höchsten Punkt, dem Petz. Nicht schwierig, aber luftig und ausgesetzt ist der Maximilian-Klettersteig über die Roßzähne.

Doch wer hierher kommt, ist ohnehin nicht auf der Suche nach körperlichen Herausforderungen, sondern nach intensivem Naturerleben und Gemütlichkeit. Vor allem Letztere findet man unten in den Urlaubsorten. Berühmt ist Kastelruth dank seiner »Spatzen« – den mittlerweile wichtigsten Werbeträgern der Gemeinde. Die Auftritte der Kastelruther Spatzen beim Open-Air-Konzert im Frühsommer und dem Spatzenfest im Herbst verursachen regelrechte Völkerwan-

ALLGEMEINE INFORMATIONEN

Urlaubsregion	Tourismusverband **Seiser Alm – Schlerngebiet**; Tel. 04 71 70 41 22; E-Mail: info@seiseralm.it; www.seiseralm.it
Orte	**Kastelruth** www.kastelruth.com • **Seis** www.seis.it • **Völs** www.voels.it
Entfernungen	Hamburg 1044 km; Berlin 855 km; Köln 845 km; Frankfurt a. M. 661 km; Stuttgart 421 km; München 268 km

KULTUR & CO

Hexenwanderungen Kastelruth	Von der »Schlernhexe« Martha geführte Wanderungen zu mystischen Orten bei Kastelruth und im Schlerngebiet; Tel. 04 71 70 63 33
Pfarrmuseum Völs	Interessante Sammlung der Kunstgegenstände aus den Kirchen der Umgebung; Führungen immer Fr 11 Uhr; Tel. 04 71 72 50 47
Pflegerhof St. Oswald	Über 50 verschiedene Kräuter und ca. 200 Heil- und Gewürzpflanzen wachsen hier; im Biohof werden sie zu Kräutertees, -kissen und -salzen verarbeitet. Bei Führungen werden Anbaumethoden, Trocknungsprozess und Verarbeitung gezeigt; Tel. 04 71/70 67 71, www.pflegerhof.com

derungen. Für ihre volkstümlichen Lieder ist die Gegend auf jeden Fall die perfekte Kulisse. Doch auch ohne Spatzen ist Kastelruth mit seinen kunstvoll bemalten Häusern einen Besuch wert.

Auf einem sonnigen Hochplateau zu Füßen der Santnerspitze liegt das malerische Dorf Seis am Schlern. Kahl und verlassen ragen dahinter die halb zerfallenen, weiß gebleichten Gemäuer der Burg Hauenstein aus dem dichten, dunklen Wald. Hier lebte der einäugige Dichter, Diplomat, Ritter und Minnesänger Oswald von Wolkenstein (1377–1445), wenn er gerade einmal in der Gegend war. Denn gern weilte er nicht in der einsamen Burg. Sobald es ging, zog es ihn wieder in die Ferne. Das nimmt ihm heute aber keiner mehr übel. Im Gegenteil, man widmet ihm sogar die wichtigste Veranstaltung, zumindest für die »rossnarrischen« Südtiroler: den Oswald-von-Wolkenstein-Ritt mit seinem breit gefächerten kulturellen Rahmenprogramm. Jedes Jahr Anfang Juni messen sich die besten Reiter der Region beim zweitägigen Pferdefest vor Schloss Prösels bei Völs. Einerseits ist diese mittelalterlich anmutende Mischung aus Ritterspielen und Geschicklichkeitsturnier ein sportlicher Wettkampf, der von den Einheimischen sehr ernst genommen wird. Andererseits ist es ein herrliches Schauspiel für die Besucher aus aller Welt, wenn die flinken Haflinger vor der idyllischen Kulisse von Schloss, Almwiesen und Felszacken über den Platz jagen. Und nach der Siegerehrung feiern alle gemeinsam, wie es Südtiroler Brauch ist: glückliche Sieger und Trost suchende Verlierer, Einheimische in ihren schmucken Trachten und von fern angereiste Touristen.

Markante Felsbastionen über der Seiser Alm: Burgstall, Euringer Spitze und Santner Spitze

Wanderkarten

Freytag & Berndt, WKS 1 Bozen, Meran, Sarntal; 1:50 000
Tabacco-Wanderkarte, 05/Gröden-Seiseralm; 1:25 000

Latemar, Rosengarten, Karersee

ADAC Prädikat

SPORT & SPASS

WANDERN & BERGTOUREN

KULTUR & CO.

WELLNESS & GENUSS

Hinter Tiers lockt das mächtige Felsenreich des Rosengartens Wanderer und Kletterer an.

In König Laurins Zauberreich

Weder Wanderer noch Kletterer werden bedauern, dass – so die Sage – der Zwergenkönig Laurin seinen prächtigen Rosengarten einst aus Trauer über die Ermordung seines Volkes und den Verlust seiner Geliebten in Stein verwandelte. Zu fantastisch sind die schlanken Zinnen, die hellen Wände und steilen Grate, die im Abendlicht, wenn der Rosengarten wieder erblüht, in zartem Rosa zu leuchten beginnen. Ein Königreich für Bergsteiger und für Sportler, die noch nicht verlernt haben, zu schauen und zu staunen.

Nur wenige Kilometer nordöstlich von Bozen, am Beginn des Eggentals, wird es bedrohlich eng. Senkrechte, teils überhängende rötlich braune Felswände bilden eine schauerliche und gleichzeitig überwältigende Schlucht. Eingezwängt zwischen Wildbach und Felsen windet sich die Straße hindurch. Wer nur eine Spur Interesse an Geologie hat, sollte auf einer der Ausweichstellen stehen bleiben, um zu staunen: Vor 230 Mio. Jahren trat Lava aus, erkaltete und bildete die 4000 km^2 große, 1,5 km dicke Bozener Porphyrplatte. Der Eggentaler Bach hat sich tief in diese für die Dolomiten so ungewöhnliche Gesteinsschicht gefressen, sie sichtbar gemacht.

Kurz nach der Schlucht gabelt sich die Straße. Der südliche Ast führt nach Deutschnofen zum Wallfahrtsort Maria Weissenstein mit seiner prächtigen Kirche (www.weissenstein.it) und nach Obereggen, an die Westseite des Latemar, einem wilden, einsamen Gebirgsstock. Bleiche, zerfurchte Wände ragen aus einem uralten Bergwald, in dem »klingende Hölzer« wachsen: Den wenigen Experten reicht es schon, gegen einen der Fichtenstämme zu klopfen, um zu hören, ob das

the perfect day

9 Uhr: Fahrt von Welschnofen zum Karersee. Bevor die Busse kommen, ungestört das Farbenspiel und das Spiegelbild des Latemar bestaunen, dann weiterfahren zum Karerpass

10 Uhr: Wanderung durch den herrlichen alten Bergwald ins Felsgewirr des Labyrinths und zur märchenhaften Almwiese des Mitterlegers, dort gemütliches Picknick

15 Uhr: Rückfahrt an den Karersee, Ausritt durch die herrlichen Wälder am Fuße des Rosengartens

18 Uhr: Fahrt über den Nigerpass nach Tiers/St. Zyprian, auf der Terrasse von einem der Gasthöfe beobachten, wie der Rosengarten im letzten Licht erglüht

Holz zum Geigenbau taugt. Wenn ja, ist der Baum Gold wert, wird sorgsam gefällt und zu Geigendecken verarbeitet, die den Instrumenten einen besonderen Klang verleihen. Auch Gold wurde einst in den Abbrüchen des Latemar abgebaut, ebenso wie Silber. Als sich dies nicht mehr lohnte, nutzte man die roten und gelben Eisenoxide, um daraus leuchtende Farben herzustellen. Wer die Einsamkeit liebt und genügend alpine Erfahrung besitzt, sollte von Obereggen aus auf schmalen, ausgesetzten Bergsteigen über den Latemar zum Karerpass wandern. Auch ein schöner, mittelschwerer Klettersteig, der Campanili del Latemar, führt hinauf zur Großen Latemarscharte, in der die Biwakschachtel E. Rigatti wie ein Adlerhorst liegt. Hier sollte man übernachten, bevor man im fantastischen Morgenlicht hinaufsteigt zur Östlichen Latemarspitze. Kurz vor dem Karerpass lohnt sich ein Abstecher ins Labyrinth: Ein riesiger Bergsturz hat hier ein Felsengewirr hinterlassen, dazwischen liegen idyllische Almwiesen mit herrlichen Ausblicken in den Rosengarten gegenüber.

WANDERN & BERGTOUREN

Top Tipp

Eine fantastische Wanderung führt durch das wildromantische Tschamintal ins Herz des Rosengarten zum **Molignonpass** (2598 m) 1. Ausgangspunkt ist Tiers/Weißlahnbad (1200 m); vorbei am Info-Zentrum des Naturparks geht es gemütlich weiter in das von steilen Felswänden eingerahmte Tschamintal. Dann durch das Grasleitental steiler hinauf zur sehr empfehlenswerten, gemütlichen Grasleitenhütte (2134 m; evtl. Übernachtung). Über felsigen Steig zum Molignonpass (2598 m), Abstieg durch wilde, eindrucksvolle Gebirgslandschaft zum Tierser Alpl (2441 m), der zweiten wunderschönen und gut bewirteten Hütte am Wegesrand. Kurz nach der Hütte kommt die schwierigste Stelle der Tour, der teils mit Drahtseilen abgesicherte Steig durch das Bärenloch zurück ins Tschamintal. Nun auf dem bereits bekannten Weg zurück nach Weißlahnbad; bis zur Grasleitenhütte leichte Bergwanderung, dann anspruchsvoller; Trittsicherheit und Schwindelfreiheit erforderlich; Zeit: ca. 8 Std.; Einkehr: Grasleitenhütte, Tierser Alpl

Östl. Latemarspitze (2791 m) Anspruchsvolle Bergtour in eindrucksvolle Steinwüste	Ausgangspunkt: Karerpass (1758 m); durch uralten Bergwald zur Vallace-Alm (1983 m) – steil hinauf zur Latemarscharte (2526 m) – über Schuttkare zum Col Cornon (2774 m) – über Bänder und Schrofen leicht ansteigend zur Scharte und über breiten Geröll-Rücken zum Gipfel, fantastische Aussicht; Abstieg wie Aufstieg; Trittsicherheit, Schwindelfreiheit und Erfahrung in alpinem Felsgelände unbedingt erforderlich; Zeit: ca. 7 Std.; Einkehr: keine
Hirzlweg (2339 m) Herrliche, leichte Aussichtspromenade für Genusswanderer	Ausgangspunkt: Karersee/Bergstation Paolina (2125 m); Christomannos-Denkmal – auf dem Hirzlweg nach Westen aufwärts – unterhalb der imposanten Felswände nahezu ohne Höhenunterschiede auf dem landschaftlich traumhaften Hirzlweg bis zur Rosengartenhütte (2339 m); Abstieg zur Tscheinerhütte (1775 m) am Nigerpass – schöner Wanderweg zurück zum Karersee; Zeit: ca. 3 Std.; Einkehr: Paolinahütte, Rosengartenhütte, Tscheinerhütte
Latemarhütte (2671 m) Mittelschwere Bergwanderung ins Herz des wilden Latemar	Ausgangspunkt: Obereggen/Bergstation Oberholz (2150 m); Gamsstallscharte (2560 m) – Latemarhütte (keine Übernachtung!) – Abstieg zu den Eggentaler Almen (2268 m) – Maierlalm (2037 m) – Bergstation Oberholz; mit dem Sessellift zurück nach Obereggen; Zeit: ca. 5 Std.; Einkehr: Latemarhütte, Maierlalm

Hütten

Grasleitenhütte (2165 m)
Urgemütliche Hütte in herrlicher Lage, mitten in König Laurins Zaubergarten. Wurde 1887 als erste Hütte der Region erbaut. Serviert wird hervorragend zubereitete regionale Kost. Lohnend ist schon der traumhafte Zustieg von Tiers/Weißlahnbad durch das Tschamintal (ca. 3 Std.); Tel. 04 71 64 21 03

Tierser Alp (2441 m)
Eine weitere sehr empfehlenswerte, bestens geführte Hütte. Ausgangspunkt für herrliche Wanderungen im Rosengarten und im Schlerngebiet. Außerdem Stützpunkt für den extrem schwierigen Laurenzi-Klettersteig über den einsamen, wilden Molignonkamm; Zustieg von Tiers/Weißlahnbad in ca. 4 Std.; Tel. 04 62 50 15 64

Rosengartenhütte (2339 m)
Fantastische Lage der großen Hütte (früher Kölner Hütte) unter den Westabstürzen der Laurinswand (2813 m) und der Rosengartenspitze (2979 m). In wenigen Minuten von der Bergstation der König-Laurin-Bahn erreichbar. Ausgangspunkt für den landschaftlich sehr eindrucksvollen, mittelschweren Santnerpass-Klettersteig; Tel. 04 71 61 20 33

Santnerpasshütte (2734 m)
Großartige Lage auf einer kleinen Hochfläche nordwestlich unter der Rosengartenspitze. Die Aussichtsloge oberhalb senkrechter Felswände, mit Blick auf die schlank aufragenden Pfeiler der Vajolettürme (2813 m). Eindrucksvoller Zustieg (ca. 2 Std.) über den gut gesicherten, mittelschweren Santnerpass-Klettersteig von der Bergstation der König-Laurin-Bahn; nur 9 Schlafplätze! Tel. 04 71 64 22 30

TOP TIPP

Ein fantastischer **Klettersteig** ② führt über den wilden Zackengrat von der Punta Masaré (2564 m) zur Rotwand (2806 m). Ausgangspunkt ist der Karersee/Bergstation Paolina (2125 m); auf dem schönen Wanderweg zur Rotwandhütte (2280 m), weiter zum Einstieg an der Punta Masaré. In herrlichem Auf und Ab über den Klettersteig zur Teufelswand (2727 m) bis unter den Fensterlturm (2670 m, Möglichkeit zum Abstieg zur Rotwandhütte). Nach kurzer Querung sind einige beherzte Schritte in die Tiefe nötig, um zur breiten Flanke zu gelangen, die problemlos hinauf zum eindrucksvollen Aussichtsgipfel der Rotwand führt. Abstieg über den leichten, durchweg gesicherten Rotwandsteig zum Vajolonpass. Durch das Schuttkar hinunter zum Hirzerweg, zurück zur Bergstation Paolina. Eine Traumtour; schwieriger Klettersteig, komplette Ausrüstung und Erfahrung unbedingt erforderlich; Zeit: ca. 6 Std.; Einkehr: Paolinahütte, Rotwandhütte.

Sagenhaft schön

Wer nach der Eggentaler Schlucht nicht Richtung Oberreggen, sondern nach Welschnofen fährt, kommt König Laurins Felsenburg schon sehr nahe. Die ersten hell leuchtenden Felszinnen ragen geheimnisvoll über dem dunklen Bergwald auf, man bekommt Lust, einzutauchen in die Welt der Sagen und Geschichten. Zum Beispiel bei der leichten Wanderung von Welschenofen zur Lengeria-Kapelle. Dort hinauf gingen die Welschnofner, um einen Rosenkranz lang vor dem Bildstöckl zu knien und den Himmel um Beistand zu bitten. Früher durften die Schulbuben noch schnell einen Blick in die Wolfsgrube auf dem Joch werfen, von dem aus der Weg hinüberführt ins Tiersertal. So zumindest erzählt es Wanderführer Toni Mahlknecht, der in sämtliche Geheimnisse zwischen Rosengarten und Latemar eingeweiht ist, natürlich auch in jenes der schönen Wasserjungfrau vom Karersee, in die sich der Zaubermeister von Masaré unsterblich verliebte.

Wer am frühen Morgen am Ufer des Sees zwischen Welschnofen und Karerpass steht, kann ungestört das Spiegelbild des Latemar im sanften Grün des Wasser bestaunen, unzählige Diamanten scheinen zu glitzern. Toni weiß, warum: Um die Nixe aus dem Wasser zu locken, spannte der Zauberer den schönsten aller Regenbogen zwischen Latemar und Rosengarten und legte Tausende Edelsteine ans Ufer. Die schöne Jungfrau tauchte tatsächlich auf, doch als sie den Zauberer entdeckte, erschrak sie zutiefst und verbarg sich für immer in den Fluten. In seinem Zorn riss der Hexenmeister den Regenbogen vom Himmel, zerschmetterte ihn und warf ihn mitsamt den Juwelen in den See. Und so funkelt der Karersee noch heute in den prächtigsten Farben. Wenn jedoch die ersten Busse anrollen und Massen von Touristen aussteigen, ist der Zauber verflogen. Dann ist es Zeit, weiterzuwandern auf den Spuren der Geschichte. Diese führen direkt zum Grand Hotel Karersee, einem einstigen Prachthotel. 1896 wurde es von Theodor Christomannos erbaut, der die Dolomiten als idealen Urlaubsort für gut betuchte Gäste entdeckte und erschloss – allerdings erst nach heftigem Widerstand. Denn willkommen waren die wohlhabenden Fremden in den von Armut gezeichneten Gebirgstälern zuerst nicht. Doch den noblen Gästen gefiel die Region: Agatha Christie, Karl May, Kaiserin Sisi und Winston Churchill schöpften am Karersee Kraft und ließen sich inspirieren von der unvergleichlichen Umgebung. Heute wirkt das Nobelhotel erstarrt, versteinert, wie König Laurins Rosengarten. Glitzernde Kronleuchter und der Speisesaal sind Überbleibsel einer längst vergangenen Zeit. Aus einigen der vornehmen Zimmer wurden Ferienwohnungen, doch ein großer Teil des einstigen Grand Hotels steht leer.

Vom Karersee aus führt eine Straße zum Nigerpass: Für Wanderer und Kletterer eröffnet sich ein Paradies, Klettersteiggeher haben sechs verschieden schwere Möglichkeiten zur Auswahl. Eine der schönsten ist der Masaré-Steig, der über einen Zackenkamm hinauf zum Rotwandgipfel führt. König Laurins Rosengarten ist zwar versteinert, aber ein Blütenmeer gibt es trotzdem, z. B. im Tschamintal, auf der anderen

ALLGEMEINE INFORMATIONEN

Urlaubsregion	Tourismusverband **Rosengarten-Latemar**; Tel. 04 71 61 03 10; E-Mail: office@rosengarten-latemar.com; www.rosengarten-latemar.com
Orte	**Birchabruck • Deutschnofen** www.eggental.com • **Eggen • Karersee** www.rosengarten-latemar.com • **Karneid** www.karneid.it • **Obereggen • St. Zyprian • Steinegg** www.steinegg.com • **Tiers** www.tiers-rosengarten.com • **Weissenstein** www.weissenstein.it • **Welschnofen** www.welschnofen.com
Entfernungen	Hamburg 1069 km; Berlin 880 km; Köln 871 km; Frankfurt a. M. 686 km; Stuttgart 447 km; München 294 km

Seite des Nigerpasses. Wer genauer wissen möchte, welche 2000 Pflanzenarten hier blühen, kann sich im neuen Naturparkzentrum am Eingang des Tschamintals informieren, denn seit wenigen Jahren gehört der Rosengarten zum Naturpark Schlern, dessen wilde, unwirtlichen Flanken im Norden des Tals in die Höhe schießen. Am Fuße des Nigerpasses kurz vor Tiers bilden die Westwand der Rosengartenspitze, die Laurinswände und die schmalen Pfeiler der Vajolettürme eine herrliche Kulisse. Besonders abends zeigt sich der Rosengarten von seiner faszinierendsten Seite: Wenn die hellen Zacken vom letzten Licht der Sonne in zartes Rosa, leuchtendes Gold oder tiefes Rot getaucht werden, erblüht der versteinerte Rosengarten König Laurins erneut – genauso wie in der Sage.

Mountainbiken
Karerseetour, Welschnofen
Ausgangspunkt: Welschnofen (1182 m); Fötschental – Karersee (1561 m) – Nigerpass (1688 m) – Sagerer Schwaige (1630 m) – Schillerhof (1555 m) – Welschnofen; anspruchsvolle Traumrunde; 38 km, 1140 Höhenmeter, ca. 4 Std.;
geführte Touren:
Krauti's Bike Academy,
Tel. 04 71 61 30 46,
www.krauti.it;
Verleih: Paul Hofer, Deutschnofen,
Tel. 0 34 92 82 19 27, sowie bei mehreren Hotels

Wanderkarten

Freytag & Berndt, WKS 5
Grödnertal – Sella – Marmolada; 1:50000
Weitere aktuelle Wanderkarten für die Region beim Tourismusverband

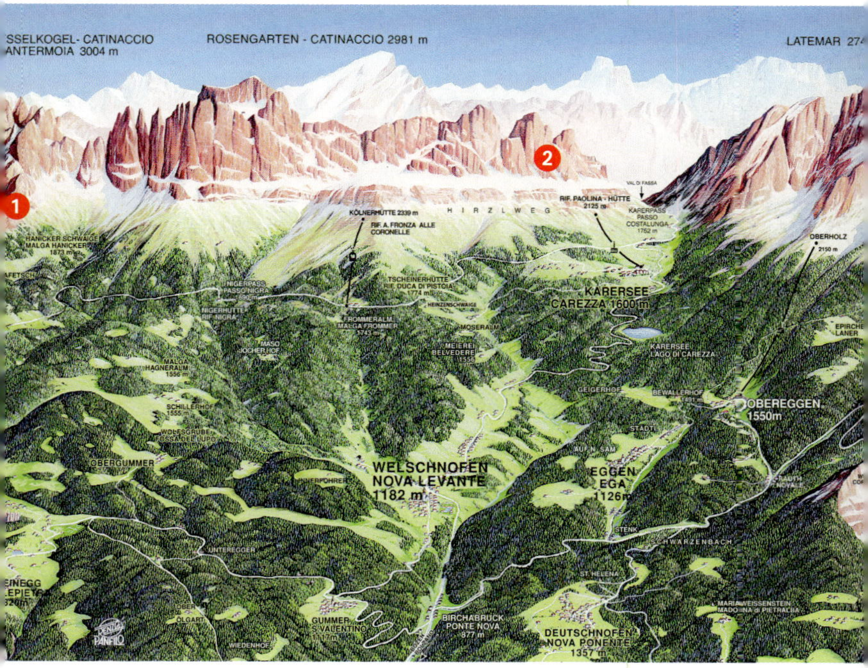

Alta Badia

ADAC Prädikat

SPORT & SPASS

WANDERN & BERGTOUREN

KULTUR & CO.

WELLNESS & GENUSS

Eleganz und Ursprünglichkeit im alten Ladinertal

Zwischen Sella, Kreuzkofel und Lagazuoi findet sich scheinbar Gegensätzliches harmonisch vereint: schroffe Felsgipfel und liebliche Grasbuckel, ladinische Kultur und moderner Tourismus ebenso wie alpinaktive Gäste und italienische Society. Das Hochabtei, so der alte deutsche Name der Talschaft, ist ein ideales Ziel für Alpenurlauber mit den unterschiedlichsten Interessen.

Postkarten-Idylle von Colfuschg: die Kirche vor der Kulisse des Sellastocks

Am Morgen erstrahlen Sellagruppe und Sassongher in hellem Glanz, abends taucht die Sonne die Felswände von Kreuzkofel, Lavarella und Cunturines in gleißendes Rot – die Bergkulisse von Alta Badia hat viele großartige Seiten. Daher kann die wirtschaftliche Entwicklung nicht überraschen, die das Tal binnen weniger Jahrzehnte von einem abgelegenen Dolomitenwinkel in eine der attraktivsten alpinen Destinationen in den italienischen Alpen verwandelt hat. Die herrliche Landschaft allein hat den Umschwung jedoch nicht herbeigeführt. Es waren tatkräftige Hoteliers und energische Fremdenverkehrsmanager, die das touristische Angebot massiv ausbauten.

Sie orientierten sich dabei stark an den Wünschen der eleganten italienischen Kundschaft, was beispielsweise im gastronomischen Angebot zum Ausdruck kommt. Drei edle Restaurants mit Michelin-Sternen im Umkreis weniger Kilometer sind im Alpenraum absolut rekordverdächtig. Dazu gibt es zahlreiche vornehme Hotels in den Hauptorten Corvara, Stern (La Villa), Colfuschg und St. Kassian. Passend dazu haben sich elegante Geschäfte etabliert; denn viele italienische Urlauber wissen noch immer gutes Essen und Shopping-Spaziergänge weit mehr zu schätzen als schweißtreibende Bergtouren und kühne Felsklettereien hinauf zu den Gipfeln.

Pic᾽ Museo Ladin
Im Fraktionshaus, einem der ältesten Häuser von St. Kassian, befindet sich das Pic' Museo Ladin. Das Museum zeigt eine einzigartige Fossiliensammlung aus der Umgebung und Reste des Skelettes des »Ursus spelaeus«, eines gewaltigen Höhlenbären, der in der Conturinesgruppe gefunden wurde. Volkskundliche Gegenstände, die Ausstellungen »Alpinismus in Abtei« und »Fauna und Flora« runden das Angebot des sehenswerten Museums ab; Tel. 04 71 84 95 05

the perfect day

9 Uhr: Wanderung von Pedratsches hinauf zur Wallfahrtskirche Heiligkreuz mit Einkehr im Hospiz, Talfahrt mit dem Sessellift
13 Uhr: Gemütliche Radtour von Stern nach Corvara mit Imbiss im Café Concerto (berühmtes Erdbeer-Tiramisu), dann wieder zurück
15 Uhr: Fahrt mit dem Auto nach St. Martin in Thurn, Besuch des Museum Ladin
18 Uhr: Rückfahrt, Abendessen im Bergbauernhof Maso Runch bei Pedratsches

Glücklicherweise ist Alta Badia aber nicht nur Nobeldestination; die bäuerlichen Strukturen und die ladinische Kultur konnten sich durchaus behaupten. Wer es gern ruhig und gemütlich mag – und das gilt vor allem für die deutsche Kund-schaft –, der ist in Pedratsches oder in Wengen (La Val) besser aufgehoben. Auch in Colfuschg oberhalb von Corvara, an der Straße zum Grödnerjoch gelegen, lebt man etwas abseits vom Trubel, der vor allem in der Sommerhochsaison beträchtlich ist. Um Ferragosto (Mitte August) scheint halb Italien in Alta Badia unterwegs zu sein.

Auf den Spuren der Vergangenheit

Auf den Bergen ist davon eher wenig zu spüren, denn im weitläufigen Gelände verteilen sich die Gehtüchtigen schnell. Die Wandermöglichkeiten sind hier fast unbegrenzt. Von den Hauptorten aus kann man in praktisch jede Himmelsrichtung bergwärts starten. So beginnen im obersten Tal von St. Kassian bei der Capanna Alpina herrliche Wanderrouten über die Große Fanesalm und das Limojoch bis zur Faneshütte oder hinauf zur Rifugio Scotoni und weiter zum Gipfel des Kleinen Lagazuoi. Letzterer gehört zwar politisch bereits

WANDERN & BERGTOUREN

TOP TIPP

Ein Klassiker unter den zahlreichen Bergtouren ist ein Ausflug hinauf in die **Fanesregion**. Sagenhaft sind die kargen Felskessel mit einigen Seen und Almflächen in doppelter Hinsicht: einmal wegen der vielen Legenden und zum andern wegen der beeindruckenden Landschaft. Mit dem Bus geht es über St. Kassian bis zur Capanna Alpina (1726 m). Ein breiter Weg (Nr. 11) führt über die Felsstufe des Col Loggia auf das weitläufige Gelände der Großfanes (2102 m). Gemütlich geht es zum Limosee und über das Limojoch (2172 m) in das Reich von Kleinfanes mit Rifugio Fanes (2060 m) und Rifugio Lavarella (2042 m). Zurück kommt man dann entweder auf demselben Weg oder (deutlich anstrengender!) über den 2533 m hohen Lavarella-Sattel hinunter nach Stern (1420 m) oder St. Kassian (1537 m); genussvolle Tagestour; Zeit: ca. 7 Std.; Einkehr: Rifugio Fanes, Rifugio Lavarella

Heiligkreuz (2045 m) Gemütliche Wanderung von Pedratsches zur berühmten Wallfahrtskirche	Ausgangspunkt: Pedratsches (1365 m); St. Leonhard (1562 m) – Cianacei – Lehütte (1850 m) – Kreuzweg – Wallfahrtskirche und Hospiz Heiligkreuz, fantastische Lage unter den steilen Felswänden des Kreuzkofel-Massivs; Rückweg auf demselben Weg oder mit dem Sessellift; Zeit: ca. 3 Std.; Einkehr: Hospiz Heiligkreuz
Rifugio del Puez (2475 m) Leichte, landschaftlich eindrucksvolle Wanderung durch den Naturpark	Ausgangspunkt: Colfuschg (1645 m); auf breitem Weg (Nr. 4) durch das Edelweißtal über zwei große Steilstufen zum Ciampaijoch (2366 m) – ohne große Steigungen weiter zur Rifugio del Puez (Puezhütte); Rückweg wie Aufstieg; Zeit: ca. 6 Std.; Einkehr: Puezh
Pralongià (2168 m) Genussvolle Wanderung durch blumenreiche Wiesen	Ausgangspunkt: Albergo Boe (1860 m) an der Straße von Corvara zum Campolongo-Sattel; Rifugio Cherz (2082 m) – am Marentas-Höhenweg zum Incisajoch (1938 m) – Pralongià (schöne Hütte, herrliche Aussicht); Rückweg bis zum Incisajoch, dann Hangquerung (Weg Nr. 3) zum Albergo Boe oder auf Weg Nr. 24 direkt nach Corvara (ca. 1 Std. länger); Zeit: ca. 5 Std.; Einkehr: Rif. Cherz, Rif. Incisa, Albergo Pralongia

Hütten

Albergo Pralongià (2138 m)
Auf einem herrlichen Aussichtspunkt oberhalb vom Campolongo-Sattel bei Corvara steht das stattliche Albergo. Schöne, kurze Wanderung (ca. 20 Min.) von der Bergstation; Tel. 04 71 83 60 72

Rifugio Lavarella (2050 m)
Auf der Fanesalm liegt in der einmaligen Kulisse des Naturparks Fanes-Sennes-Prags der sehenswerte Berggasthof. Mittags und abends treffen hier Bergwanderer

und Dolomiten-Durchquerer zur Rast ein. Die traditionelle Südtiroler Küche und die gemütliche Gaststube sorgen für die nötige Stärkung. Leichter Aufstieg vom Parkplatz beim Gasthof Pederü in ca. 1,5 Std.
Tel. 04 74 50 10 79,
www.lavarella.it

Rifugio Scotoni (1985 m)
Die beliebte Hütte auf dem Weg zwischen Capanna Alpina und Lagazuoi ist vor allem für Grillspezialitäten bekannt. Schnellster Zustieg vom Valparola-Pass (2168 m) in ca. Std.;
Tel. 04 71 84 73 30

Rifugio del Puez (2475 m)
Mitten in der beeindruckenden Mondlandschaft der Puez/Gardenatscha-Hochfläche gelegene Hütte. Landschaftlich reizvoller Zustieg von Colfuschg (1645 m) aus in ca. 3 Std.;
Tel. 04 71 79 53 65

Der **Alta Badia Mountain Pass** gewährt eine unbegrenzte Benutzung der Liftanlagen, einschließlich der Linienbusse (SAD) zwischen den Dörfern von Alta Badia, die Fahrten zu den Pässen Falzarego, Campolongo, Grödnerjoch und für die Sella Runde.

SPORT & SPASS

TOP TIPP

Der mittelschwere **Piscadù-Klettersteig** am Grödnerjoch ist nicht von ungefähr einer der meistbegangenen Steige der Dolomiten: Der Zustieg ist kurz, die Absicherung perfekt und die Kulisse grandios. Hinzu kommen eine angenehme Länge und eine reizvolle, kühne Linienführung durch den festen Fels. Ausgesetzte Passagen sorgen für fantastische Tiefblicke, und die Schwierigkeiten sind so, dass sie geübte Klettersteiggeher fordern, aber nie überfordern. Ausgangspunkt: Parkplatz östlich der Passhöhe (1956 m); über den Klettersteig zum Rif. Piscadù (2587 m). Leichter Abstieg durch das Val Setus zum Grödnerjoch; Klettersteigausrüstung unbedingt erforderlich; Zeit: ca. 3,5 Std.; Einkehr: Rif. Piscadù

Mountainbiken Valparola-Pass (2168 m)	Ausgangspunkt: Armentarola (1616 m); Malghe di Valparola (1749 m) – Rif. Valparola (2168 m, Passhöhe); selber Weg oder über Passstraße zurück; mittelschwer; Zeit: ca. 3 Std.; Mountainbikes können bei vielen Händlern ausgeliehen werden; geführte Touren/Kurse: Mountainbike-Schule Maria Canins und Bruno Bonaldi; Tel. 04 71 84 72 78
Klettern Heiligkreuzkofel, Pedratsches	Herrliche Kletterrouten aller Schwierigkeitsgrade in der Region; anspruchsvolle, klassische Routen am Heiligkreuzkofel; Kurse und Bergführer: Scuola d'alpinismo Diego Zanesco, St. Kassian; Tel. 04 71 84 92 90 oder Associazione Guide Alpine Val Badia, Corvara; Tel. 04 71 83 68 98

Dolomiten-Marathon
8500 Sportler aus aller Welt werden zu dem legendären Ereignis zugelassen, rund 20 000 Anmeldungen rehält das Organisationsbüro jährlich. Start ist in La Villa, Ziel in Corvara. Die Teilnehmer können sich auf drei unterschiedlichen Strecken (138 m, 106 km und 55 km) miteinander messen. Der höchste Höhenunterschied beträgt 4190 m! Mehr Infos unter: Tel. 04 71 83 95 36 www.maratona.it

nach Cortina und damit zur Provinz Belluno, aber das spielt für den Urlaubsgast keine Rolle. Ein Ausflug vom Falzaregopass – mit der Seilbahn zum Lagazuoigipfel und seiner einzigartigen Aussicht und dem langen Abstieg über die Rifugio Scotoni zur Capanna Alpina – garantiert weniger ambitionierten Wanderern ein großes Erlebnis und einen kräftigen Muskelkater.

Kochkurs in Sotciastel
Im stilvollen Bauernhof aus dem 19. Jh. in Sotciastel bei Pedratsches kann man bei den Kochkursen der Bäuerin Erika Pitscheider die Feinheiten der ladinischen Küche erlernen und genießen; Tel. 04 71 84 70 37

Während des Ersten Weltkriegs war der Lagazuoi Schauplatz erbitterter Kämpfe zwischen italienischen und österreichischen Truppen. Unzählige Spuren davon sind heute noch deutlich zu erkennen – und sollen dies als Mahnmale auch in Zukunft bleiben. Im Sommer 2001 wurde z. B. der Kaiserjägersteig als leichter Klettersteig wieder hergestellt. Ursprünglich wurde er von den österreichischen Truppen angelegt, um vom Nachschublager am Valparolapass (Ausgangspunkt des Steigs) die Front am Gipfel des Lagazuoi besser erreichen zu können. Der Steig führt vorbei an Stellungen, Schützengräben und in den Fels gehauenen Unterkünften der Soldaten. Mit am eindrucksvollsten ist der riesige Krater am Gipfel des Kleinen Lagazuoi: Die Italiener brachten hier am Ende eines langen Felsstollens über 70 Tonnen Sprengstoff zur Explosion, als sie keine andere Möglichkeit mehr sahen, die Stellungen

Das Tal von Colfuschg aus der Gipfelstürmer-Perspektive

der Österreicher einzunehmen. Mehr als 100 000 m³ Geröll wurden abgesprengt. Den beklemmenden Zeugnissen der Geschichte steht jedoch die großartige Landschaft zwischen Falzaregopass und Valparolapass gegenüber.

Liebliche Almen und ein kühner Steig

Wer nach diesem anstrengenden Ausflug in die Geschichte Erholung benötigt, sollte das weitläufige Gebiet von Pralongià oberhalb von Corvara besuchen. Die Höhenwege entlang der sanften Wiesenrücken sind ein einziger Schongang für Muskeln, Gelenke und Nerven. Sie verwöhnen mit einzigartigen Ausblicken zu den mächtigen Dolomitbastionen ringsum, unter denen die Marmolada mit ihren Gletscherfeldern hervorleuchtet. Bekanntestes Ziel für Klettersteigfans ist der Pisciadu-Steig nahe dem Grödnerjoch; kühn führen Drahtseile und Eisenklammern dort in die Höhe, bis eine Hängebrücke einen spektakulären Schlussakzent setzt.

Einer der typischen, malerischen ladinischen Weiler

Zum einzigartigen Flair von Alta Badia trägt in besonderer Weise die ladinische Kultur bei. Nicht nur, dass die Einheimischen untereinander fast ausschließlich ladinisch sprechen, auch die Geschichte der Ladiner spielt heute noch eine wichtige Rolle. Im Museum Ladin in der mächtigen Festung Ciastel del Tor oberhalb von St. Martin in Thurn erfährt man alles Wissenswerte über die Vergangenheit und Traditionen der Ladiner. Deutlich kleiner, aber ebenfalls interessant ist das Museum Pic` Museo Ladin in St. Kassian. Dort gibt es unter anderem Exponate zur Geschichte der Dolomiten und zu den berühmten Bären, deren Überreste man erst 1987 in den Höhlen am Cunturines entdeckt hat. Das Alter der Höhlenbärenreste wird auf sensationelle 120 000 Jahre geschätzt. Offensichtlich gab es in Alta Badia einst recht wilde Zeiten, was man sich heute kaum noch vorstellen kann.

ALLGEMEINE INFORMATIONEN

Urlaubsregion	Tourismusverband **Alta Badia**; Tel. 04 71 83 61 76; E-Mail: info@altabadia.org; www.altabadia.org; www.altabadia.it
Orte	**Colfuschg • Corvara • Pedratsches • Stern** (La Villa) • **St. Kassian** (S. Cassiano) • **St. Martin in Thurn** www.sanmartin.it • **Wengen**
Entfernungen	Hamburg 1064 km; Berlin 876 km; Köln 865 km; Frankfurt a. M. 681 km; Stuttgart 441 km; München 288 km

Restaurants

St. Hubertus
Rustikal-elegantes Restaurant mit zwei Michelin-Sternen im Hotel Rosa Alpina in St. Kassian; Tel. 04 71 84 95 00, www.rosalpina.it

Stüa de Michil
Gediegenes Gourmet-Restaurant (1 Michelin-Stern) im Romantikhotel La Perla im Zentrum von Corvara. Extravaganter Erlebnis-Weinkeller; Tel. 04 71 83 10 00, www.romantiklaperla.it

La Siriola
Ebenfalls mit Michelin-Stern gekrönt ist das kreative und für seine ausgefallenen Gerichte bekannte Restaurant »La Siriola« im Hotel Ciasa Salares außerhalb von St. Kassian bei Armentarola; Tel. 04 71 84 94 45, www.siriolagroup.it

Wanderkarten

Freytag & Berndt; WKS 3 Pustertal, Bruneck, Drei Zinnen; WKS 5 Grödnertal; je 1:50 000

Cortina d'Ampezzo

ADAC Prädikat

SPORT & SPASS ✳✳✳✳

WANDERN & BERGTOUREN ✳✳✳✳✳

KULTUR & CO. ✳✳✳

WELLNESS & GENUSS ✳

Sommerwochenkarte
Die kostenlose Karte bietet allen Hotelgästen zahlreiche Ermäßigungen auf z.B. Trekking, Mountainbiken, Lifttickets etc. Gültig Juni bis Juli und Sept. Infos unter www.dolomiti.org

Heimliche Hauptstadt der Dolomiten

Der Titel ist weder amtlich noch offiziell, aber er ist nicht unberechtigt: Als »Hauptstadt der Dolomiten« wird Cortina d'Ampezzo oft bezeichnet – und tatsächlich verdichten sich hier die Elemente, die dieses Gebirge so faszinierend machen: entspanntes südliches Lebensgefühl inmitten einer grandiosen Landschaft, in der sich über sanften Wiesen und Wäldern so berühmte Felsgipfel wie die Tofanen, Monte Cristallo und Antelao erheben.

Die Dolomiten, das ist der dramatische Gegensatz tief eingeschnittener Täler und schroffer Felsriesen, Wände und Grate, einige – meist kleinere – Gletscher: Die Faszination steiler Abgründe und gewaltiger Herausforderungen machen die Gegend um Cortina d'Ampezzo zu einer der schönsten Regionen der Alpen. Das Dolomit-Gestein besteht aus einem kalk- und magnesiumhaltigen Mineral, das bei Son-

WANDERN & BERGTOUREN ✳✳✳✳✳

TOP TIPP Man sollte sie einfach einmal gesehen haben: die **Drei Zinnen** (2999 m). Von allen Seiten zu besichtigen sind sie bei einer leichten Wanderung, die den Bergstock komplett umrundet. Von Misurina über die Mautstraße zur Rifugio Auronzo (2320 m). Schon von dort aus ist der Anblick des berühmten Dreigestirns atemberaubend. Noch spektakulärer wird es, wenn man den Col di Mezzo (2315 m) passiert hat und sich die Zinnen von ihrer wilden Nordseite präsentieren. Weiter geht es zur Drei-Zinnen-Hütte (2405 m) und über den Paternsattel (2454 m) wieder auf die Südseite. Über Rifugio Lavaredo (2344 m) zurück zum Ausgangspunkt; Zeit: ca. 4,5 Std.; Einkehr: Rifugio Auronzo, Drei-Zinnen-Hütte, Rifugio Lavaredo

Punta Fiames (2240 m) Lange, mittelschwere Wanderung auf einen markanten Pfeiler	Ausgangspunkt: Ristorante Ospitale (1491 m) im Val Felizon zwischen Cortina und Toblach; Casonate (1690 m) – Forc. Pomagagnon (2178 m) – Punta Fiames; Rückweg auf der gleichen Route; Zeit: ca. 5,5 Std.; Einkehr: Rist. Ospitale
Tofana di Rozes (3225 m) Hochalpine, schwierige Tour	Ausgangspunkt: Parkplatz Rifugio Angelo Dibona (2083 m) am Südhang der Tofanen (13 km von Cortina); Vallo Tofana – Forc. Fontananegra/Rif. Giussani (2561 m) – Tofana di Rozes; Rückkehr auf der gleichen Route; nur für geübte und erfahrene Bergwanderer; Zeit: ca. 6,5 Std.; Einkehr: Rif. Angelo Dibona; Rif. Camillo Giussani
Lago D'Aial (1412 m) Gemütliche Wanderung zu idyllischen Waldseen	Ausgangspunkt: Cortina-Zentrum (1211 m); Mortisa (1244 m) – Grotte di Volpera (1320 m) – Lago d'Aial – Lago di Pianozes – Campo di Sotto (1127 m) – Campingplatz Cortina – Campo di Sopra (1143 m) – Cortina; Zeit: ca. 2,5 Std.; Einkehr: Rif. Lago d'Aial; Chalet Lago Pianozes
Um die Croda-da-Lago-Gruppe Spektakuläre Blicke auf zerklüfteten Dolomitenfels	Ausgangspunkt: Parkplatz Ponte di Rocurto (1715 m) an der Giaupassstraße; Ponte di Rocurto – Valle Formin – Cason di Formin (1843 m) – Lago Federa – Rif. Croda da Lago (2046 m) – Forc. d'Ambrizzola (2277 m) – Forc. dei Lastoni di Formin (2462 m) – Parkplatz; mittelschwere Bergwanderung; Zeit: ca. 5 Std.; Einkehr: Rif. Croda da Lago

the perfect day

9 Uhr: Fahrt Richtung Falzarego-Pass, mit dem Sessellift 5 Torri hinauf zum Rifugio Scoiattoli (2255 m)
10 Uhr: Mit einem Bergführer die klassische Route Via Myriam (Torre Grande) klettern
15 Uhr: Bei Cappuccino und Kuchen auf der Terrasse des Rifugio Scoiattoli den Blick auf die Tofana genießen
17 Uhr: Gemütliche Wanderung zurück zum Parkplatz und kurzer Abstecher zum Falzarego-Pass (2105 m). Von dort prachtvoller Ausblick auf die Dolomiten, die in der Abendsonne zu leuchten beginnen

Im Norden wird Cortina von den Felswänden des Monte Cristallo flankiert.

nenuntergang die Berge farbenprächtig »erglühen« lässt. Der Geologe Déodat de Dolomieu war es, der dieses Phänomen entdeckte und den Bergen ihren Namen gab.

Im Zentrum der Dolomiten liegt der Hauptort Cortina d'Ampezzo, von Bozen zu erreichen auf der aussichtsreichen Großen Dolomitenstraße über den Karerpass (Passo di Costalungo), Vigo di Fassa und das Pordoijoch (Passo Pordoi), das mit 2239 m zu den höchsten Dolomitenpässen gehört. Bleibt noch der Falzarego-Pass zu bezwingen, um schließlich in Cortina anzukommen, Italiens berühmtestem Wintersportort. Noch immer zehrt man hier davon, 1956 Austragungsort der Winterolympiade gewesen zu sein. Das Image des noblen und mondänen Wintersportortes ist Cortina seitdem nicht zu nehmen. Und auch als Sommerresidenz und Bergsteigerzentrum ist es eine absolute Topadresse.

Eingerahmt von stolzen Gipfeln

Das Städtchen liegt inmitten eines weiten Talkessels, den grandiose Berggestalten einrahmen: Die drei Gipfelklötze der Tofanen, der lang gestreckte Pomagagnon-Zug, der wilde Monte Cristallo, der wuchtige Sorapiss und der Zackenkamm der Croda da Lago bilden die Traumkulisse. In der Hauptstraße, dem »Corso Italia«, wird winters wie sommers kräftig flaniert und eingekauft, wie es sich für einen Corso eben gehört. Auch Kulturinteressierte werden hier fündig: Da ist etwa die »Ciasa de ra Regoles«, in der neben der »Collezione Rimoldi« mit zeitgenössischer Kunst auch eine wichtige geologisch-mineralische Sammlung zu besichtigen ist. Überragt wird die Flaniermeile vom 76 m hohen Glockenturm, dem Campanile der katholischen Pfarrkirche Santi Filippo e Giacomo, die im 13. Jh. erbaut und im 18. Jh. erneuert wurde. Vom

Kultur und Kommerz: der »Corso Italia« in Cortina

Glockenturm lässt sich der prächtige Rundblick über das 7000-Einwohner-Städtchen genießen. Das Olympiastadion im Norden der Stadt ist längst Teil des Stadtbildes geworden. Gleich daneben befindet sich die Talstation der Seilbahn auf die Tofana di Mezzo, eines der vielen von Cortina zu erreichenden Ausflugsziele.

Bergwanderer, Kletterer und Mountainbiker finden in den Bergen rund um Cortina ein großartiges Revier voller Möglichkeiten. Immer wieder bietet sich aber auch Gelegenheit, die sportlichen Aktivitäten mit historischen Exkursen zu verbinden. Ein lohnendes Ausflugsziel in dieser Hinsicht ist der Monte Piana. Rekonstruierte Kampfstellungen auf dem Gipfelplateau vermitteln einen Eindruck von der Bedeutung des Berges in der Vergangenheit: Im Gebirgskrieg 1915–1917 war er als strategisch wichtiger Posten hart umkämpft.

Erlebnis Drei Zinnen

Nördlich von Cortina liegt die Hotelsiedlung Misurina mit dem gleichnamigen malerischen See. Darüber erhebt sich eines der markantesten und berühmtesten Bergmassive überhaupt – die Drei Zinnen. Sie aus der Nähe zu betrachten, sollte sich kein Besucher der Region entgehen lassen. Eine 8 km lange Mautstraße führt bis zum

Hütten

Rifugio Fonda Savio (2367 m)
In den Cadini di Misurina liegt dieser beliebte Stützpunkt für Klettertouren und fantastische Klettersteige. Schöner Zustieg in ca. 3,5 Std. vom Misurina-See; Tel. 0 43 53 90 36

Rifugio Angelo Dibona (2083 m)
Gemütliche, am Südfuß der Tofana di Mezzo gelegene Hütte. Mit dem Auto über eine schmale Straße von der Falzarego-Passstraße aus erreichbar; Tel. 04 36 86 02 94

Rifugio Pomedes (2303 m)
Südöstlich der Punta Anna (2731 m) am Fuße der Tofanen gelegene Hütte. Zu erreichen in ca. 30 Min. vom Rifugio Angelo Dibona auf dem Sentiero Astaldi, einem schönen, leichten Steig (geologischer Lehrpfad), der faszinierende Einblicke in die Geologie der Dolomiten gibt. Ausgangspunkt für die Via Ferrata Giuseppe Olivieri, einen traumhaften, langen, schwierigen Klettersteig hinauf auf die Punta Anna; Tel. 04 36 86 20 61

SPORT & SPASS

TOP TIPP

Zwischen Cortina und dem Falzarego-Pass, direkt gegenüber vom mächtigen Tofana-Massiv, liegen die **Cinque Torri**, ein **alpiner Klettergarten** der Superlative. An den Felstürmen, die aussehen wie kleine Brüder der gewaltigen Felsgipfel der Dolomiten, gibt es weit über 100 Routen für jeden Geschmack: leichte Anfängertouren, extreme Sportklettereien in den höchsten Schwierigkeitsgraden und auch gut abgesicherte Mehrseillängenrouten. Infos, auch zu anderen Klettergärten oder zu den unerschöpflichen Klettermöglichkeiten in den Dolomiten, Kurse und Führungen bei Gruppo Guide Alpine; Tel. 04 36 86 85 05; www.guidecortina.com

Klettersteige Via Ferrata Ettore Bovero, Cortina	Ausgangspunkt der Via Ferrata Ettore Bovero: Cortina d'Ampezzo, Camping Olympia (1283 m); auf dem Forstweg an der Westseite des Campingplatzes Richtung Passo Posporcora (1711 m), Klettersteig bis zum Col Rosà (2166 m) – auf Steig Nr. 447 zurück zum Campingplatz; mittelschwer, Klettersteigausrüstung unbedingt erforderlich; Zeit: ca. 5 Std.; rund um Cortina zahlreiche weitere Klettersteige aller Schwierigkeitsgrade und Längen; Infos und Führungen bei Gruppo Guide Alpine; Tel. 04 36 86 85 05; www.guidecortina.com
Mountainbiken Monte Piana, Misurina	Ausgangspunkt: Misurinasee (1600 m); eine Schotterpiste führt zur Rif. Bosi (2205 m) und ein enger steiniger Weg zum Gipfel des Monte Piana (2324 m); Abfahrt auf gleicher Strecke; Zeit: ca. 5 Std. Die Landschaft um Cortina eignet sich perfekt zum Mountainbiken. Karte mit eingezeichneten Routen, genauen Streckenbeschreibungen und Höhenprofilen beim Tourismusbüro und unter www.cortina.dolomiti.org/mtb. Geführte Touren und Mountainbike-Verleih bei 2UE & 2UE, Tel. 04 36 41 21, Cicli Cortira, Tel. 04 36 86 72 15 und Snow Service, Tel. 04 36 86 24 67

ALLGEMEINE INFORMATIONEN

Cortina d'Ampezzo (1224 m)	**Cortina** Turismo; Tel. 04 36 86 62 52; E-Mail: cortina@dolomiti.org; www.cortina.dolomit.org
Orte	**Borca di Cadore • Misurina • Pocol • San Vito di Cadore • Schluderbach • Vodo di Cadore**
Entfernungen	Hamburg 1097 km; Berlin 908 km; Köln 899 km; Frankfurt a. M. 715 km; Stuttgart 475 km; München 322 km

Parkplatz bei der Auronzo-Hütte am Südsockel der Felsklötze. Die Ansicht der gewaltigen Türme mit ihren schwindelerregend hohen Wänden dürfte zwar jeder schon auf irgendwelchen Kalendern oder Postkarten gesehen haben – das Erlebnis jedoch, tatsächlich vor dem Dreigestirn zu stehen oder es auf einer einfachen Wanderung zu umrunden, kann keine Abbildung der Welt ersetzen.
Noch intensiver wird die Erfahrung Drei Zinnen natürlich, wenn man selbst Hand an ihren Fels legt und ihnen auf einer der vielen klassischen Routen aufs Dach beziehungsweise auf den Gipfel steigt. Das sollte man allerdings nur wagen, wenn man ein äußerst erfahrener Bergsteiger und Kletterer ist! Denn die langen Touren erfordern nicht nur klettertechnisches Können, sondern auch einen guten Orientierungssinn. Am besten ist es deshalb, sich einem Bergführer anzuvertrauen.
In der Geschichte des Alpinismus und des Kletterns spielten die Drei Zinnen immer eine große Rolle. Die 550 Meter hohe, senkrechte Nordwand der Großen Zinne galt lange Zeit als unbezwingbar. Wagemutige Kletterer konnte dieser Ruf nicht abschrecken, er lockte sie vielmehr

Alexander Huber »free solo« in der überhängenden Nordwand der Großen Zinne

wie Sirenengesang an. Schließlich gelang es Emilio Comici mit Giuseppe und Angelo Dimai 1933, die Nordwand zu durchsteigen – auf einer Route, die damals wohl die schwerste alpine Klettertour weltweit war. Alpine Rekorde werden an den Drei Zinnen bis heute aufgestellt, zum Beispiel von dem deutschen Kletterer Alexander Huber, dem es im Sommer 2002 gelang, die Nordwand auf der Hasse-Brandler-Route »free solo«, also unter Verzicht auf jede Sicherung mit Seil, zu durchsteigen.

Events

- Juli: »Una Giornata in Grigioverde« (Ein Tag in Graugrün): Jedes Jahr wird der Lagazuoi einmal zum Treffpunkt aller, die sich für die Geschichte des Ersten Weltkriegs interessieren. In Uniformen und mit Originalausrüstung werden an den historischen Stätten in den Baracken, Stellungen und Schützengräben die dramatischen Ereignisse an der Dolomitenfront nachgestellt; www.dolomiti.org/grigioverde

- August: »La Festa delle Bande«: Beim von der Stadtkapelle Cortina d'Ampezzo organisierten Musikfest geben sich Musikkapellen aus verschiedenen Regionen ein Stelldichein. Höhepunkt ist der feierliche Umzug aller Kapellen über den Corso Italia; Tel. 04 36 36 88

  Cortina Summer Festival: einwöchiges Jazz Festival mit Konzerten, Jam Sessions, CD- und Video-Präsentationen und hochkarätigen Gästen
- August/September: »Coppa d'oro delle Dolomiti«, Oldtimer Wettbewerb

Wanderkarten

Freytag & Berndt; WKS 10 Sextener Dolomiten, Cortina d'Ampezzo; 1:50 000

Trentino

Berge, Seen und italienisches Lebensgefühl

Glasklare Seen und schroffe Bergfelsen, begleitet von der strahlenden mediterranen Sonne - das erleben Gäste auf ihrer Reise von den Dolomiten bis zum Gardasee. Tief durchatmen und die Bergluft

Fotoarchiv: Trentino marketing, F.Cito

Val di Fassa

ADAC Prädikat

SPORT & SPASS

WANDERN & BERGTOUREN

KULTUR & CO.

WELLNESS & GENUSS

Sagenhafte ladinische Gipfelwelt

Kaum eine andere Region birgt mehr Dolomitenklischees als das ladinische Fassatal, das Val di Fassa. Monumentale Felsmassive, schroffe Türme und gleißende Gletscher laden zu spannenden Berg- und Klettertouren ein. Grüne Almwiesen und lichte Bergwälder verlocken zu ausgedehnten Wanderungen. Und dabei bleibt noch genügend Raum für adrenalinhaltige Aktivitäten wie Mountainbiken und Paragliding.

»Das Fassatal liegt an der nordöstlichen Spitze des Trentino und grenzt an die Provinzen Bozen und Belluno. (...) Es ist eine fluvioglaziale Rinne, die vom Oberlauf des Wildbachs Avisio durchzogen wird.« Noch nüchterner als in diesem Text in einem Gourmet-Führer des Trentino

WANDERN & BERGTOUREN

TOP TIPP

Über vier Jöcher und einmal **quer durch die Larsec-Gruppe** führt eine Wanderung vom Vajolet- ins Durontal. Spannend ist dabei der Wechsel der Landschaft, vom lichten Bergwald und den Bergwiesen zu Füßen von Rosengarten und Vajolettürmen zum inmitten einer Felswüste gelegenen Antermoiasee (2495 m), dann zu einem lieblich-grünen Finale. Ausgangspunkt ist Gardeccia (1949 m) im Vajolettal, von Pera di Fassa mit dem Wanderbus zu erreichen. Unter der mächtigen Ostwand der Rosengartenspitze (2979 m) auf die Terrasse mit der großen Vajolet-Hütte (2244 m) und der kleinen Preuß-Hütte. Der Weg Nr. 584 zieht durch Geröll zum Grasleitenpass (2599 m) hinauf und gelangt südseitig um den Kesselkogel und über den Antermoiapass (2770 m) in den kargen Felskessel von Antermoia mit dem kleinen See; in der nahen Antermoia-Hütte (2497 m) kann man sich stärken, bevor man über den Passo di Dona (2516 m) und den Passo Duron (2282 m) ins grüne Durontal weiterwandert. Von der Micheluzzi-Hütte (1850 m) geht es dann mit dem Bus zurück ins Fassatal. Leichte, aber lange Bergwanderung für trittsichere Bergwanderer; Zeit: ca. 6 Std.; Einkehr: Vajolet-Hütte, Preuß-Hütte, Antermoia-Hütte, Micheluzzi-Hütte

Santnerpass-Hütte (2734 m) Aussichtsloge in König Laurins Reich	Ausgangsort: Gardeccia (1949 m), Zubringerbus von Pera oder 45 Min. Wanderung von Seilbahnstation Ciampedie (2020 m); Route: Gardeccia – Vajolet-Hütte (2244 m) – Gartlhütte (2621 m) – Santnerpass-Hütte; Abstieg wie Aufstieg; Zeit: ca. 5,5 Std.; Einkehr: Vajolet-, Gartl- und Santnerpass-Hütte
Friedrich-August-Weg (ca. 2300 m) Leichte Panoramatour zu Füßen des Langkofel	Ausgangsort: Campitello, Bergstation Col Rodella (2395 m); Friedrich-August-Hütte (2298 m) – auf dem Friedrich-August-Weg unter den Südwänden des Langkofel queren – Sandro-Petrini-Hütte (2300 m) – Plattkofelhütte (2300 m) am Fassajoch – Sasso Piatto (2256 m) – Micheluzzi-Hütte (1850 m); mit dem Wanderbus zurück nach Campitelo; Zeit: ca. 3 Std.; Einkehr: Friedrich-August-Hütte, Sandro-Petrini-Hütte, Plattkofelhütte, Micheluzzi-Hütte
Sentiero Pederiva Anspruchsvolle Höhentour mit fantastischen Ausblicken für Könner	Ausgangspunkt: Alba, Bergstation Ciampac (2147 m); Aufstieg zur Sella del Brunec (2428 m) – anspruchsvoller, teils ausgesetzter Bergsteig Sentiero Pederiva – Roseal (2480 m) – Sas Bianc (2431 m) – Rifugio Passo di S. Nicolo (2340 m) – einfacher Abstieg ins Contrin-Tal – im Tal entlang zurück nach Alba; Trittsicherheit, Schwindelfreiheit und alpine Erfahrung erforderlich; herrliche Aussicht auf Sella, Langkofel und Marmolada; Einkehr: Rifugio Passo di S. Nicolo

the perfect day

7 Uhr: Schnelles Frühstück und frühe Abfahrt mit Zubringerbus von Pera nach Gardeccia
8.30 Uhr: Aufstieg über Vajolet- und Gartl-Hütte zum Santnerpass
11 Uhr: Kletterei mit Bergführer auf dem Normalweg (Schwierigkeitsgrad 2) auf die Rosengartenspitze mit Brotzeit auf dem Gipfel
13 Uhr: Abstieg vom Gipfel und nach Gardeccia, Bus zurück ins Fassatal
17 Uhr: Entspannung der müden Muskeln im Heubad im Hotel Maria in Moena (Tel. 04 62 57 32 65, www.hotelmaria.it)

Dolomitenkontraste: das Dorf Soraga und das Lo-Sacapello-Massiv

zu lesen ist, lässt sich kaum in Worten ausdrücken, was zu den landschaftlichen Höhepunkten in den Dolomiten und in den gesamten Alpen zählt. Den Rand dieser »Rinne« bildet nämlich eine ganze Reihe von einzigartigen Berggestalten: die Felsburgen und -nadeln des sagenumwobenen Rosengartenmassivs, das steinerne Labyrinth der Larsec-Gruppe, der mächtige Langkofel mit seinen Nachbarspitzen, die Wände des Sellastock, die Marmolada – die prachtvolle »Königin der Dolomiten« – und schließlich die Dolomitgipfel des Monzonikamms. Als eines der vier zum Sellamassiv hinziehenden Täler gehört das Fassatal zum ladinischen Sprachgebiet. Über Jahrzehnte vernachlässigt, haben die Menschen sich in jüngster Zeit wieder stärker auf ihre überlieferte Sprache und auf ihr kulturelles Erbe besonnen.
Ausdruck für das neue Selbstbewusstsein sind das in Pozza beheimatete Museum und das Institut der Ladiner Kultur. Das ladinische Museum von Fassa ist als Talschaftsmuseum angelegt: Zum eigentlichen Hauptsitz gehören weitere kleine Sehenswürdigkeiten, sozusagen als

TOP TIPP

Still und steil über dem Val di San Nicolo: Die Gipfel um die Punta Vallacia (2637 m), sozusagen der südwestliche Sporn der Marmolada-Gruppe, sind in dieser Hinsicht ein Geheimtipp. Fast alle Dolomitenattraktionen sind hier geboten, auch ein schöner Klettersteig: Die **Via ferrata Franco Gadotti** beeindruckt mit einer grandiosen Aussicht und einigen spannenden, gut gesicherten Kletterstellen. Die Tour führt von der Baita Monzoni (1792 m, Zubringertaxi vom Rifugio Crocifisso im Val di San Nicolo) noch als Wanderung zum Bivacco Zeni (2100 m), dann als Klettersteig teilweise steil zum Gipfel des Sas de Mesdi (2446 m), weiter nach Süden zum Sas Aut (2555 m), anschließend – teils in der Westflanke querend – zur Forcella Baranchie (2545 m) und hinauf zur Punta Vallacia (2637 m). Vom Gipfel Abstieg zur Rifugio Vallacia (2275 m) und zurück zur Baita Monzoni; leichter Klettersteig, der aber komplette Ausrüstung und Erfahrung erfordert; Zeit: ca. 8 Std.; Einkehr: Rifugio Vallacia, Baita Monzoni; geführte Touren und Kurse:
Guide Alpine di Pozza;
Tel. 04 62 76 33 09;
Cesa de la Guides, Campitello;
Tel. 04 62 75 04 59

lokale Freiland-Ausstellungsstücke, die wertvolles Kulturgut erhalten und sich über das ganze Tal verstreut finden. Es handelt sich dabei um eine Mühle aus dem 18. Jh. in Pera, ein venezianisches Sägewerk mit Wasserantrieb in Penia sowie eine Böttcherwerkstatt in Moena. Keinem Besucher des Museums kann entgehen, welch große Bedeutung Sagen im ladinischen Kulturraum spielen. Einer dieser geheimnisvollen Legenden nach haben die Fassaner ihren Ursprung in der Verbindung des Prinzen Lidsanel aus dem zauberhaften Reich von Fanes mit der Prinzessin Elyonda aus Contrin. Diese Erklärung ist zweifellos romantischer als jede Art von wissenschaftlicher Erkenntnis; Letztere sieht im Rosengarten nicht das Reich des Königs Laurin, sondern bringt die Bezeichnung mit dem alten Wortstamm »ruza« in Verbindung, der nichts anderes als »Geröllhalde« bedeutet. Dem entspricht die Ableitung der italienischen Bezeichnung »catinaccio« vom ladinischen »ciadinac«, was gleichfalls für »Geröllkessel« steht.

Grandioser Rosengarten

Eine der großen Aussichtslogen auf halber Höhe ist Ciampedie, von Vigo mit der Seilbahn in wenigen Minuten zu erreichen. Hier öffnet sich vor dem Betrachter das Reich des Rosengarten: der Talschluss des vom Fassatal abzweigenden Vajolettals, über dem sich die glatte Ostwand des Rosengarten selbst und die schlanken Vajolettürme erheben. Zu Fuß kann man in einer knappen Stunde durch lichten Wald in den grandiosen Talkessel bummeln, bei der Gardeccia-Hütte rasten und mit dem Taxibus wieder ins Fassatal zurückfahren. Wer tiefer in die geheimnisvolle Welt vordringen will, steigt von Gardeccia zur großen Vajolet-Hütte hinauf, über die nächste Steilstufe zur kleinen Gartl-Hütte unmittelbar am Fuß der Vajolettürme und noch weiter bis zum felsigen Santnerpass mit der gleichnamigen Hütte. Der Gipfel der Rosengartenspitze ist hier zum Greifen nah und doch nur von Kletterern zu erreichen; die weite Aussicht vom Santnerpass nach Westen stellt aber mehr als nur einen Ersatz dar. Gipfelstürmer mit ausgeprägten »Höhenbewusstsein« bevorzugen als Ziel von der Vajolet-Hütte aus ohnehin den Kesselkogel: Über einen sehr leichten Klettersteig gelangen trittsichere und schwindelfreie Bergwanderer zum höchsten Punkt, der sich exakt zwei Meter über der prestigeträchtigen 3000-m-Grenze befindet. Eine prächtige Aussicht zur Königin der Dolomiten genießen Wanderer auf dem berühmten »Bindelweg«, der vom Pordoijoch zum

ALLGEMEINE INFORMATIONEN

Urlaubsregion	Fremdenverkehrsbüro **Canazei**; Tel. 04 62 60 95 00; E-Mail: info@fassa.com; www.fassa.com
Orte	**Alba • Campitello • Mazzin di Fassa • Moèna • Penia • Pozza di Fassa • Sorga • Vigo di Fassa**
Entfernungen	Hamburg 1088 km; Berlin 899 km; Köln 889 km; Frankfurt a. M. 705 km; Stuttgart 466 km; München 312 km

Hütten

Gartlhütte (2620 m, auch: Rifugio Re Alberto)
Inmitten der Rosengartengruppe zu Füßen der Vajolettürme steht die Hütte genau auf der Grenze. Hüttenwirt und Bergführer Bruno Deluca kümmert sich freundlich um seine Gäste. An den Wochenenden empfiehlt es sich, einen Schlafplatz zu reservieren. Zustieg von Gardeccia (1949 m, mit Wanderbus von Pozza di Fassa aus zu erreichen) in ca. 2,5 Std.; Tel. 04 62 76 34 28

Friedrich-August-Hütte (2300 m)
Die vor wenigen Jahren neu erbaute Hütte befindet sich auf der Südseite des Langkofel-Massivs und bietet neben gutem Essen und freundlichem Service 40 Übernachtungsmöglichkeiten. Besonderheit: Der Hüttenwirt züchtet schottische Hochlandkühe, die irgendwann, fantastisch zubereitet, auf den Tellern der Gäste landen. Von der Bergstation Col Rodella in ca. 30 Min. zu erreichen; Tel. 04 62 76 49 19

Rifugio Passo San Nicolò (2338 m)
Mit herrlichem Blick auf die Marmolada, liegt die nette Hütte zwischen dem Contrintal und dem Val di San Nicolò. Zustieg vom Parkplatz Mezzaselva (1738 m) im Val San Nicolo bei Pozza di Fassa in ca. 2 Std.; Tel. 04 62 76 32 69

Wanderkarten

Freytag & Berndt, WKS 5 Grödnertal, Sella, Marmolada; 1:50 000
Tabacco-Wanderkarte, Blatt 06 Val di Fassa e Dolomiti Fassane; 1:25 000

Rifugio Sas Beccè führt und dann durch Südhänge in Richtung Fedaiasee zieht. Noch umfassender ist der Überblick von der Pordoispitze, dem südlichen Eckpfeiler des Sellastocks. Ein 2950 m hoher Gipfel, der mit der Gondelbahn vom Pordoijoch aus an fast senkrechten Felswänden entlang bequem zu erreichen ist. Von der Bergstation nach Süden blickend, breitet sich die ganze Welt des Fassatals aus – weit mehr als nur eine »fluvioglaziale Rinne«.

Val di Fiemme

ADAC Prädikat

SPORT & SPASS

WANDERN & BERGTOUREN

KULTUR & CO.

WELLNESS & GENUSS

Spannende Entdeckungsreise am Südrand der Dolomiten

Einsam und wild sind die so unterschiedlichen Felsmassive von Latemar und Lagorai. Dazwischen ein Tal mit einer überraschenden Geschichte und erstaunlichen Kunstschätzen - was eine Entdeckungsreise an den Südrand der Dolomiten umso interessanter macht. Egal ob man mit Wanderschuhen, Auto, Mountainbike oder zu Pferd unterwegs ist.

Grünes Tal vor hellen Wänden: das Fleimstal bei Cavalese. Im Hintergrund sind die Kalkgipfel der Pala-Gruppe zu sehen.

Auf halber Strecke zwischen Bozen und Trient geht es bei Auer/Ora in engen Serpentinen hinauf nach Osten. »Arkadien Tirols« wird der lang gezogene Rücken, der sich etwas südlich davon erhebt, im Volksmund genannt. Alte Ruinen und knorrige Eichen zieren sein Haupt, machen neugierig. Menschen besiedelten den eigenartigen Hügel, der richtig Castelfeder heißt, wohl bereits vor Jahrtausenden, wie prähistorische Funde zeigen. Grabungen brachten verschiedene Befestigungswerke an den Tag, zum Beispiel eine Ringmauer, vermutlich aus der Zeit der Völkerwanderung.

Augenfällig sind die Ruinen einer Burg, genauer hinschauen muss man bei einer Art »Felsenrutsche« mit einem eingemeiselten Kreuz, sowie bei zwei Dutzend in den Felsen gehauenen Schalen; um Spuren vorchristlicher Kultstätten soll es sich dabei handeln. Römische Meilensteine weisen darauf hin, dass hier eine Römerstraße verlief. Einige der Funde, wie die Felsschalen, geben noch immer Rätsel auf und sind wohl mitverantwortlich für die geheimnisvolle Atmosphäre der »Arkadien Tirols«.

Mehrere Serpentinen weiter, gut 800 Höhenmeter über dem Etschtal, auf dem Sattel von St. Lugan, öffnet sich das Tor zu einer weiteren faszinierend Region: Das 35 km lange Fleimstal (Val di Fiemme) liegt abseits von Lärm und Hektik der Durchgangsrouten. Wer hier herauf

the perfect day

8.30 Uhr: Wanderung vom Rollepass zur Alpe Malga Juribello (1869 m)
10.30 Uhr: Dort Besichtigung der Sennerei; Mittagessen in der Almhütte
13 Uhr: Beim Rückweg Richtung Rollepass Abstecher zum nahen Gipfel des Castellazzo (2333 m). Herrlicher Blick auf die Türme und Wände der Pale di San Martino
16 Uhr: Fahrt nach Cavalese, Spaziergang durch den historischen Ortskern mit seinen Kunstschätzen

kommt, in den mittleren Bereich der großen Talfurche des Avisio, hat Zeit für Umwege – oder konkrete Ziele. Erste Station ist der Hauptort Cavalese: Verwinkelte Gassen, freskenverzierte Bürgerhäuser, Sonnenuhren und zinnengekrönte Kirchtürme machen den historischen Ortskern zu einem Freilichtmuseum der Kunst. Nummerierte Wegweiser und ein Führer, in dem die Malereien, Fresken und Bauwerke erklärt werden, ermöglichen es, die Kunstwerke in sinnvoller Reihenfolge zu besichtigen. Zu entdecken sind 150 Fresken, die zum Teil seit dem 15. Jh. die Fassaden zieren, und 35 Kirchen nahezu aller Epochen. Hinter Cavalese weitet sich das Tal des Avisio, in den unteren Zonen dominieren saftige Wiesen, fruchtbares Ackerland und dunkelgrüne Wälder. Aufgrund der abgeschiedenen Lage konnte sich die bäuerliche Region weitgehend unbeeinflusst unter eigener Regie entwickeln. Seit dem Jahr 1111 genießt die »Magnifica Comunità di Fiemme«, wie die Selbstverwaltung der Talgemeinden heißt, eine fast uneingeschränkte Autonomie. Folglich wurde innerhalb der ländlichen Republik im eigenen Interesse behutsam mit den Weiden und Wäldern umgegangen. Zu Recht sind die Menschen stolz auf ihre Kultur und ihre Naturschätze. Eindrückliches Zeugnis der Autono-

WANDERN & BERGTOUREN

TOP TIPP

Die **Durchquerung der Lagorai**, der langen Porphyr-Kette südlich des Fleimstales, ist eine Tour, wie man sie nur noch ganz selten in den Alpen findet. Die wenigen Unterkünfte im Kammbereich sind einfache Biwakschachteln oder Selbstversorgerhütten. Isomatte, Schlafsack, Verpflegung und Kocher gehören also mit ins Gepäck. Wer zusätzlich noch ein Zelt schleppen will, kann seine Etappen frei einteilen. Über weite Strecken ist man unterwegs auf wenig ausgeprägten Steigen (auf Markierungen achten!), in felsigem Gelände und Geröll. Abstecher zu den Gipfeln erfordern oft leichte Klettereien. Der Lohn für all diese Mühen ist der exklusive Genuss einer einzigartig wilden und grandiosen Berglandschaft. Für die Route gibt es etliche Varianten; mindestens vier, besser sechs Tage sollte man einplanen.

Cima Viezzena (2490 m) Durch Blumenwiesen zu einer grandiosen Aussichtsloge	Ausgangspunkt: Bellamonte/Castelir, Bergstation des Sessellifts Morea (1977 m); Alpe Lusia – Passo di Lusia (2055 m) – Cima Viezzena; Rückweg auf gleicher Route; am Gipfelkamm Trittsicherheit erforderlich; Zeit: ca. 5 Std.; Einkehr: Rifugio Passo di Lusia
Colbricon (2602 m) Idyllische Wanderung mit steilem und steinigem Finale	Ausgangspunkt: Malga Rolle, westl. vom Rollepass (1910 m); Rifugio Laghi di Colbricon (1927 m) – Passo del Colbricon – Forcella Ceremana (2428 m) – Colbricon Grande (2602 m); Rückweg auf gleicher Route; von der Forcella Ceremana interessanter Abstecher zum Bivacco Aldo Moro (2565 m, zusätzlich ca. 2 Std.); ab Forcella Ceremana Trittsicherheit und Orientierungsvermögen erforderlich; Zeit: ca. 5,5 Std. (ohne Abstecher); Einkehr: Rifugio Laghi di Colbricon
Cima di Litegosa (2939 m) Anspruchsvolle Wanderung, vorbei an verlassenen Almen und Kriegsrelikten	Ausgangspunkt: Panchià/Malga Toazzo (1464 m); über verlassene Almwiesen zur Litegosa-Alm (1770 m) – vorbei an Schützengräben und Stellungen aus dem 1. Weltkrieg zum Passo Litegosa – teils ausgesetzt auf Bergsteig zum Gipfel; Abstieg wie Aufstieg; Trittsicherheit und Schwindelfreiheit notwendig; Zeit: ca. 5,5 Std.; Einkehr: keine

Hütten

Rifugio Laghi del Colbricon (1927m)
Die idyllische Privathütte steht in zauberhafter Umgebung am Ufer des südlichen der beiden Colbriconseen. Der etwas mehr als halbstündige Anstieg von der Rollepass-Straße ist eher ein Spaziergang – allerdings einer der lohnendsten der Region. Wer weiter hinauf will, hat die Wahl zwischen Colbricon (2602 m; Zeit: ca. 2,5 Std.) oder Cavallazza (2324 m; Zeit: ca. 1,5 Std.). Wer in erster Linie genießen will, bleibt bei Polenta con Funghi und Vino rosso auf der Hütte; Tel. 34 87 95 24 30

SPORT & SPASS

TOP TIPP Noch spielt Nordic Walking in den Dolomiten kaum eine Rolle, doch es gibt Ausnahmen: Der einzige **Nordic Walking Park** des Trentino befindet sich im Fleimstal, zwischen Lago di Tesero und Alpe Cermis. Über 80 km lang ist das speziell für Nordic Walker ausgeschilderte Wegenetz. 8 kurze, 2-3 km lange Trainingsstrecken sind außerdem in den Ortschaften des Fleimstals ausgewiesen. Mehrere Hotels haben sich bereits spezialisiert und bieten interessante Pauschalangebot an mit Ausrüstungsverleih, Kursen und geführten Touren; Informationen bei den Tourismusbüros.

Mountainbiken Lago di Cece (1879 m)	Ausgangspunkt: Predazzo; über Schotterwege und kurzen Bergsteig zum Lago di Cece (1879 m); Dauer: ca. 3,5 Std., mittelschwer Broschüre mit 20 ausgewählten Touren »Biking in Val di Fiemme« erhältlich bei den Tourismusbüros; Touren-Infos: www.mondoalpino.it, ww.valdifiemme.info/biking/biking.htm

mie ist der »Palazzo della Magnifica Comunità« in Cavalese, ein reich bemaltes Haus mit wertvoller Innenausstattung, das seit 1850 Sitz der Talgemeinschaft ist. Ab dem 13. Jh. war der Renaissance-Palast der Sitz der Trienter Fürstbischöfe, heute ist dort auch ein interessantes Kunst- und Heimatmuseum untergebracht, in dem u.a. die Werke der Künstler der »scuola pittorica fiemmese«, der »Schule der Fleimser Malerei« (17. bis 19. Jh.), gezeigt werden.

Trekking der Legenden
(Geführte) Trekkings, auch mehrtägig, durch die Fleimser Bergwelt mit GPS. GPS-Verleih in den Tourismusbüros Val di Fiemme

Lange Wege zu einsamen Gipfeln

Der nächste größere Ort ist Predazzo. Immer dem Lauf des Avisio folgend, zweigt hier die Straße ins Fassatal ab. Latemar und Rosengarten – und damit die touristischen Glanzpunkte der Dolomiten – sind nicht fern. Der lange Gebirgszug im Süden des Fleimstales taucht hingegen in keiner alpinen Hitliste auf. Über 30 km zieht sich die Catena dei Lagorai vom Passo Manghen im Westen, der vom Fleimstal ins Val di Caramento führt, bis zum Rollepass im Osten. Die eigenartige Kette aus rotbraunem Porphyr – einem Gestein vulkanischen Ursprungs – ist mit keiner ihrer »kalkhaltigen« Nachbarinnen vergleichbar, die aus urzeitlichen Korallenriffen entstanden sind. Die Wege zu den Gipfeln sind umständlich und mühsam. Von Norden erschweren lange Täler und ein ebenso dichter wie steiler Waldgürtel die Annäherung. Nach Süden bricht der Hauptkamm mit glatten, senkrechten Wänden ab. Gerade einmal zwei Unterkunftshäuser gibt es hier: das Rifugio Laghi del Colbricon am östlichen Rand und das Rifugio Cauriol am Ende eines langen Waldtales, das sich von Ziano di Fiemme zu den schroffen Felsen zieht. Wer die Lagorai durchqueren will, muss Unterkunft und Verpflegung auf dem Rücken tragen – oder ausgedehnte Etappen bewältigen, um rechtzeitig an einer der drei winzigen Biwakhütten anzukommen. Doch ungeachtet ihrer Menschenferne gerieten während des 1. Weltkrieges auch die Felskämme der Lagorai in die Kampflinie. Entlang der »Fleimsfront« wurde 1917 erbittert um jeden Meter der unbewohnbaren Wildnis gekämpft. So trifft man noch heute hoch über den Tälern auf breite Militärwege, Laufgräben, Kavernen, Granatsplitter und Geschossteile. Für freundlichere

Impressionen sorgen die vielen, blau glitzernden Seeaugen, welche der Gruppe angeblich zu ihrem Namen verholfen haben. Allein 80 der 297 Bergseen des Trentino befinden sich in der Lagorai.

Östlich von Predazzo schlängelt sich die Straße an den Südhängen des tief eingeschnittenen Val Travignolo Richtung Rollepass. Südlich von Bellamonte hat sich der Travignolo eine besonders tiefe Schlucht zwischen die bewaldeten Flanken gefräßt: ideale Voraussetzungen also für Schluchtenwandern, Baden und Klettern. Ausgangspunkt für alle ist der Parkplatz bei der Ponte Lizata. Nach einer knappen halben Stunde ist der Klettergarten Sottosassa erreicht, in dem man sich an atemberaubend steilen und glatten Porphyr-Platten in die Höhe arbeiten kann. Weniger anstrengend ist der Weg, der weiter entlang des kristallklaren Baches führt, in dem so manches abgelegene Felsbassin zum Baden lockt.

Kurz vor dem Rollepass, hinter dem Lago di Paneveggio, beginnt der naturbelassene Forst von Paneveggio mit seinen Rotfichten, ein prächtiger Wald, der Besucher des Fleimstals noch einmal auf Abwege lockt. Schon Stradivari wusste die einzigartige Qualität dieser Hölzer zu schätzen und nutzte sie für den Bau seiner Geigen. Der Wald ist zwar Teil des 1967 gegründeten, insgesamt 190 km^2 großen Naturparks Paneveggio – Pale di San Martino, doch einige seiner Rotfichten werden nach wie vor für den Bau der Instrumente genutzt.

ALLGEMEINE INFORMATIONEN

Cavalese (1000 m)	Tourismusbüro **Fleimstal**, Tel. 04 62 24 11 11; E-Mail: info@valdifiemme.info; www.valdifiemme.info
Predazzo (1018 m)	Tourismusbüro **Predazzo**, Tel. 04 62 50 12 37; E-Mail: info.predazzo@valdifiemme.info
Orte	**Bellamonte** www.valdifiemme.info
Entfernungen	Hamburg 1113 km; Berlin 924 km; Köln 915 km; Frankfurt a. M. 731 km; Stuttgart 491 km; München 338 km

Klettergarten Sottosassa, Montebello, Doss Capèl
Von Predazzo Richtung Rollepass, nach dem Schwimmbad rechts ins Travignolotal zum Klettergarten »Sottosassa« mit 34 Routen.
»Montebello« am östlichen Ortsausgang von Cavalese vor dem Tunnel, 9 Routen.
»Doss Capèl« bei Pampeago nördlich von Tesero, 15 Routen

Reiten
Halbtags- und Ganztags-Exkursionen, Trekking, Reitschule, Pferdepension; Club Ippico Fontanelle, Predazzo, Tel. 33 57 05 70 94; www.clubippicofontanelle.it; Exkursionen, Reitschule für Western-Reitstil, Pferdepension auf der »Ranch el Zerilo« bei Tesero; Tel. 04 62 81 46 49; E-Mail luca.zeni1@virgilio.it

Wanderkarten

Freytag & Berndt; WKS 7 Überetsch, Südtiroler Unterland, Oltradige-Bassa Atesina, Latemar-Cavalese; 1:50 000
WKS 14 Trento – Lagorai – Val di Cembra – Valsugana; 1:50 000

Pala-Gruppe

ADAC Prädikat

SPORT & SPASS
WANDERN & BERGTOUREN
KULTUR & CO.
WELLNESS & GENUSS

Zauber in majestätischer Bergwelt

Auf seiner Südseite windet sich der Rollepass mit rund 20 Haarnadelkurven hinunter in einen der großartigsten Winkel des Trentino: das von Blumenwiesen umrahmte und von den schroffen Felszinnen der Pala-Gruppe überragte Val Cismon. Die beiden Hauptorte, San Martino di Castrozza und Fiera di Primiero, haben sich zu modernen Urlaubszentren entwickelt, ihren traditionellen Charakter aber nicht verloren.

Mit ihren zackigen Felszinnen ist die Pala-Gruppe ein Traum für jeden Bergfreund.

Einen historischen Ortskern findet man in dem traditionsreichen Urlaubsort nur bei genauem Hinsehen, denn einerseits hatte der Erste Weltkrieg das Dorf nahezu komplett zerstört, andererseits der Tourismus die Siedlung stark ausgeweitet – doch erzeugt eine angenehme Mischung aus Eleganz und Lebhaftigkeit eine sympathische Stimmung. Bereits im 11. Jh. gründeten Mönche hier eine Eremitage mit einem Hospiz für Kaufleute und Reisende auf dem beschwerlichen Weg über den Rollepass. Ab Mitte des 19. Jh. kamen die Touristen, angezogen von einem Kranz hell strahlender Felszinnen und Wandfluchten: der Pala-Gruppe. Neben den Bergsteigern fühlte sich um 1900 vor allem das wohlhabende europäische Bürgertum wohl. Erste Prachthotels entstanden, das Tal erlebte einen Aufschwung, dessen Spuren im Ortsbild noch andeutungsweise erkennbar sind. Zeichen der Vergangenheit prägen auch das beschauliche Primiero südlich von San

the perfect day

8 Uhr: Mit den Bergbahnen zur Rosetta-Bergstation; aussichtsreiche Wanderung über das Altipiano zur Rifugio Pradidali
13 Uhr: Ausgiebige Rast auf der schönen Pradidali-Hütte
14 Uhr: Abstieg nach Cant del Gal, mit dem Bus zurück nach San Martino
18 Uhr: Bummel durch San Martino di Castrozza – wieder mit herrlichem Pala-Blick

ALLGEMEINE INFORMATIONEN

San Martino di Castrozza (1466 m)	APT **San Martino di Castrozza**, Tel. 04 39/76 88 67, E-Mail: info@sanmartino.com, www.sanmartino.com Primiero (www.primiero.it)
Orte	**Ciapela • Rocca Pietore • Sottoguda**
Entfernungen	Hamburg 1143 km; Berlin 954 km; Köln 950 km; Frankfurt a. M. 760 km; Stuttgart 528 km; München 366 km

Martino. Die sechs Orte lagen lange im Grenzgebiet und waren über Jahrhunderte der österreichischen Grafschaft Tirol einverleibt. Man pflegte jedoch einen regen Handels- und Kulturaustausch mit dem nahen Venetien, wie ein Bummel durch das historische Dorfzentrum von Fiera, dem größten Ort, zeigt. Mit Fresken geschmückte Häuser und Palazzi im venezianischen Stil findet man auch in Tonadico mit seinen romantischen, verwinkelten Gassen.

Doch die buchstäblich alles überragenden Attraktionen sind die Felszacken der Pala, allen voran der Cimon della Pala – wohl eine der schönsten Berggestalten. Mit 3185 m ist das »Matterhorn der Dolomiten« zwar der markanteste, aber nicht der höchste Gipfel der Pala-Gruppe. Diesen Titel trägt die sechs Meter höhere Cima Vezzana. Eine gute »Starthilfe« in die obere Etage ist die Rosetta-Seilbahn. Oben landet man auf mehr als 1000 Höhenmeter auf der Altipiano delle Pale, die mit über 50 km² größte Hochfläche der Dolomiten. Etliche markierte Pfade ziehen kreuz und quer über das Plateau, zu Hütten und Biwakschachteln. Geradezu berühmt ist die Pala wegen ihrer exponierten Klettersteige. Den Kletterern vorbehalten sind Gipfel wie die Cima della Madonna oder der mächtige Sass Maor mit seiner 1000 m hohen Ostwand – ehrfurchtgebietende Gipfel, die wohl für die meisten Urlauber des Orts unerreichbar sind.

WANDERN & BERGTOUREN

TOP TIPP

Eine eindrucksvolle **Wanderung durch die Mondlandschaft** des Altipiano delle Pale führt von der Bergstation der Rosetta-Seilbahn (2572 m) ins Val Pradidali; vom Rifugio Pedrotti-Rosetta (2581 m) schlängelt sich der mäßig steile Bergsteig durch die karge Steinwüste zum Passo Pradidali Basso (2658 m). Vorbei am »kalten Herzen« der Pala, dem Fradusta-Gletscher, geht es dann durch einen großartigen Felskessel zum Rifugio Pradidali (2278 m); nun langer, teilweise recht steiler Abstieg ins Val Pradidali. Ab Pedemonte (1665 m) wird der Weg wieder angenehmer und führt durch einen schönen Bergwald nach Cant del Gal (1180 m); mit dem Bus zurück nach San Martino; Trittsicherheit und Kondition sind für diese lange Tour unbedingt erforderlich; die Wege sind sehr gut markiert, höchste Vorsicht ist allerdings geboten, wenn die berüchtigten Pala-Nebel einfallen; Zeit: ca. 5,5 Std.; Einkehr: Rifugio Pedrotti-Rosetta, Rifugio Pradidali, Cant del Gal. Alternativ ist ab dem Rifugio Pradidali der direkte Rückweg über den Passo di Ball (2443 m) und durch das wilde Val di Roda direkt nach San Martino möglich.

Rund um den Castellaz Aussichtsreiche Wanderung im Naturpark Paneveggio-Pala di San Martino	Ausgangspunkt: Rollepass, mit Bus zur Baita Segantini (2174 m, Panoramablick auf die Pala); Abstieg zum Passo della Costazza – durch das blühende Paradies des Val Venegia mit über 200 verschiedenen Alpenblumen zur malerischen Malga Venegiota (1824 m) – mäßig steiler Aufstieg zur Busa di San Giovanni – weiter zum Rollepass (1980 m); leichte Wanderung auf Alm- und Forstwegen; Zeit: ca. 3 Std.; Einkehr: Baita Segantini, Malga Venegiota, Rollepass
Cimon della Pala (3184 m) Anspruchsvoller Klettersteig zum schönsten Gipfel der Dolomiten	Ausgangspunkt: San Martino, Bergstation Col Verde; Via ferrata Bolver-Lugli zur Südschulter (2950 m) – Kletterei zum Gipfel möglich (Schwierigkeitsgrad 2-3, äußerst ausgesetzt); Abstieg zur Rosetta Bergstation (2572 m) mit kurzen Gegenanstiegen über Passo del Travignolo (2925 m) und Passo Bettega (2630 m); sehr schwierige, lange und anspruchsvolle Tour; Klettersteig-Ausrüstung unbedingt notwendig; Zeit: ca. 6 Std.; Infos im Bergführerbüro, Guide Alpine, San Martino di Castrozza; Tel. 04 39 76 87 95

Hütten

Rifugio Pradidali (2278 m)
Großartige Lage am Rande des Altipiano, am Fuße steiler Pala-Wände. Viele Möglichkeiten, von hier aus die Hochebene und die Gipfel der Pala zu erkunden; Zustieg von Cant del Gal im Val Pradidali in ca. 3,5 Std., Trittsicherheit erforderlich;
Tel. 0 43 96 41 80

Nationalpark Besucherzentrum
Gut aufgebaut, zeigt die Ausstellung im Besucherzentrum in San Martino wissenschaftlich fundiert die Besonderheiten des Hochgebirgslands. Im Freigelände kleiner Teich mit den typischen Fischarten des Nationalparks und ein Felsengarten;
Tel. 04 39 76 88 59.

Wanderkarten

Freytag & Berndt, WKS 15
Pale di San Martino
Ágordo-Belluno; 1:50 000

Val di Sole – Pejo – Rabbi

ADAC Prädikat

SPORT & SPASS

WANDERN & BERGTOUREN

KULTUR & CO.

WELLNESS & GENUSS

Biker, Burgen, Badespaß

Das Val di Sole, zu deutsch Sulztal, ist ein El Dorado für Biker und Wanderer. Hier kommen große und kleine Entdecker auf ihre Kosten in einem der vielseitigsten Gebiete Norditaliens. Es warten Burgen und Festungen darauf, erkundet zu werden, gemütliche Bergdörfer und eine Landschaft, die immer wieder wunderschöne Ansichten präsentiert.

Im Sommer 2008 stand das Val di Sole als Austragungsort für die Mountainbike-Weltmeisterschaft ganz im Zeichen von Cross Country, Downhill und 4Cross. Man muss aber nicht Radsportler der Weltklasse sein, um die Region genießen zu können. Ausgewiesen sind im Val di Sole zahlreiche Radwege, die von einfachen Spazierfahrten für Familien bis zu anspruchsvollsten Mountainbike-Touren reichen. Die Region ist Teil des Radweges um die Brenta-Dolomiten, der in einer sportlichen und einer gemütlichen, familienfreundlichen Variante befahren werden kann. Entlang seiner Route gibt es auf Radler eingestellte Herbergen und sogar ein Service zur Gepäckbeförderung ist buchbar. Freunde des Downhills toben sich im Val di Sole auf der Weltmeisterschaftsstrecke aus, die laut dem Radsport-Weltverband als die schwierigste der Welt gilt.

Die Gletschergipfel im Nationalpark Stilfserjoch geben einen hochalpinen Rahmen – auch für leichtere Familientouren.

Wanderer und Kletterer haben die Wahl aus einer riesigen Vielfalt von Touren in allen Schwierigkeitsstufen. Im Süden warten die Brenta-Dolomiten, im Südwesten die Adamello-Presanella-Gruppe und im Norden die Ortler-Cevedale-Gruppe mit ihren immer schneeweißen Gipfeln. Von Juni bis September haben die Hütten geöffnet, ideal für längere Rundtouren beispielsweise durch den Naturpark Adamello-Brenta. Dabei gibt es neben wunderschönen Naturspektakeln noch eine ganze Menge mehr zu

WANDERN & BERGTOUREN

Cima delle Madrie (2583 m) Ausgiebige Höhenwanderung mit Übernachtung in der Haselgruber Hütte	Ausgangspunkt: Rabbi-Piazzola (1315m) – Haselguber Hütte (3 Std.) – Passo Palù (2412 m; 4 Std.) – Cima delle Mandrie (8 1/4 Std.) – Passo del'Om – 2331 m , 9 Std.) – Cima Ciandèi (2190 m, 10 1/4 Std.) – Cis (728m 14 Std.) – Ponte Mostizozolo (14 1/2 Std.) Zwischenabstiege nach Malè und Bresimo. Einkehr: Haselgruber Hütte (2425 m) 20.Juni-20.September bewirtschaftet
Monte Vioz (3645 m) Hochgipfel des Ortler-Cevedale-Massivs, Sommertour für Geübte	Ausgangspunkt: Liftstation unterhalb des Rif. Doss dei Gembri 2315 m), Talstation Pejo Fonti (1392 m) – Rif. Mantova (4 Std.) – Monte Vioz (4 1/2 Std.), Abstieg auf gleichem Weg (gesamt 7 1/4 Std.) Einkehr: Rif. Doss dei Gembri; Rif. Mantova al Vioz, Juli-20. September bewirtschaftet, Tour für Geübte bei gutem Wetter und ausreichender Höhenanpassung

the perfect day

9 Uhr: Nordic Walking auf der Val di Sole Route
11 Uhr: Mittagessen in einem Landgasthof
13 Uhr: Radtour mit Traumaussicht über die Malga Nuova und Roncio
18 Uhr: Therme in Pejo und anschließendes Abendessen

SPORT & SPASS

TOP TIPP Die großartige Landschaft des **Stilfserjoch Nationalparks** lernt man auf einer Mountainbike-Tour zu den Wasserfällen kennen (leicht, Dauer ca. 3 Stunden). Ausgangsort ist Poz di S. Bernardo, wo es hinauf entlang des Rabbies geht. Auf Asphaltstraßen nach Forni, am Thermalbad vorbei Richtung „Plan", dann links die Brücke zur Cascate del Ragaiolo (Wasserfall). Danach weiter zur Bassa Alm mit tollen Ausblicken. Von dort nach Fontanino und anschließend auf der gleichen Strecke zurück und über Cavallar und Penasa flott bergab bis S. Bernardo.

Mountainbiken Vermiglio	Tour zu den österreichischen Befestigungsanlagen aus dem Ersten Weltkrieg. Ausgangspunkt: Vermiglio, von dort bergab die Asphaltstraße, am Talboden links in Richtung Maso Cadin und dann zur Hütte Velon; Malga Pecè – Richtung Cantiere Presena – Friedensweg – Tonalepass. Besuch des Ossariums mit Überresten von den Kriegsschauplätzen. Weiter nach Malga Cadi/Ospizio San Bartolomeo, dann wieder Richtung Val di Sole bis zur Festung Mero, danach Festung Zaccarana und hinunter ins Vale di Strino. Fahrzeit etwa 4 Stunden, schwierig, Höhenunterschied 800 m. Detaillierte Beschreibung auf www.valdisole.net.
Rafting und Hydrospeed Cusiano di Ossana, Mestriago di Commezzadura, Dimaro, Croviana, Caldes	Die ideale Kombination von Landschaftserlebnis und Abenteuer findet man beim Rafting. Auf Schlauchbooten geht es mit Schutzausrüstung und nach Einweisung mit einem Führer die Noce hinab. Wer gerne dem Wasser noch etwas näher kommt, bucht eine Hydrospeed-Tour, bei der man abenteuerlich mit einer Schwimmhilfe und Flossen durch den Fluss gleitet. Anbieter findet man unter www.valdisole.net im Menüpunkt „Sommer, Sportarten".

Canyoning
Bacuneve, Dimaro, Croviana und Caldes
Flüsse mal aus einer ganz anderen Perspektive lernt man beim Canyoning kennen. Bei den geführten Touren gelangt man gesichert und mit Schutzausrüstung durch enge Bachtäler und über Wasserfälle.
Anbieter findet man unter www.valdisole.net im Menüpunkt „Sommer, Sportarten".

entdecken. Mittelalterliche Burgen gibt es zuhauf, wie beispielsweise Rocca di Samoclevo bei Cis oder das geräumige Schloss Caldés aus dem 13. Jahrhundert mit seinen schönen Wandmalereien.
Unbedingt sehenswert sind auch die Betonfestungen des Ersten Weltkriegs, die noch aus der Zeit der Österreichisch-Ungarischen Herrschaft stammen. Am besten erhalten ist das Forte Strino a Velon, das auf 1500 Metern direkt an der Tonalepassstraße liegt. Die Festungen lassen sich auch gut auf anspruchsvollen Mountainbike-Touren und Wanderungen ansteuern.
Durch das Val di Sole fließt die Noce, die für ideale Raftingbedingungen bekannt ist und auch viel Gelegenheit für trendige Wassersportarten mitbringt. Wasser ganz anderer Art findet der müde Wanderer in Pejo und Rabbi. Die natürlichen Thermalquellen dort lindern Haut-, Atemwegs- und Skeletterkrankungen und sicherlich auch den Muskelkater von der Tour des Vortags. Beide Seitentäler liegen im Nationalpark Stilfser Joch und bieten sich damit als komfortable Basis für Touren an.

Tarzaning
Val di Sole
Die perfekte Kombination aus Naturerlebnis, Bewegungsspaß, Adrenalinstoß und persönlicher Grenzerweiterung. Auf den geführten Touren läuft man über tibetische Brücken, wird in enge Schluchten abgeseilt und schwingt durch die Luft. Für Familien geeignet. Dauer halber Tag; Kosten: 55 Euro;
Tel. 0463 970808;
www.extremewaves.it

ALLGEMEINE INFORMATIONEN

Urlaubsregion	**Val di Sole** Tel. 0463 901280; E-Mail: www.valdisole.net
Orte	**Val di Sole** www.valdisole.net • **Pejo** www.promoturpejo.it • **Folgarida** www.folgarida.it • **Passo Tonale** www.passotonale.it
Entfernungen	Hamburg 1135 km; Berlin 942 km; Köln 876 km; Frankfurt a. M. 752 km; Stuttgart 517 km; München 357 km

Wanderkarten

Freytag & Berndt; WKS 11 Brenta, Madonna di Campiglio, Presanella; 1:50 000

Brenta und Molvenosee

ADAC Prädikat

SPORT & SPASS
WANDERN & BERGTOUREN
KULTUR & CO.
WELLNESS & GENUSS

Die schroffen Felsen der Brentagruppe sind ein beeindruckender Anblick.

Juwel zwischen Etschtal und Brenta

Die berühmten Dolomitengipfel der Brentagruppe verfügen im Osten über einen reizvollen »Vorbau«: das aus dem Etschtal mit steilen Felswänden aufragende Massiv der Paganella, hinter dem sich ein herrlich grünes Hochtal mit einem schönen See verbirgt.

Ganz besonders in den Bergen kann eine Änderung des Standortes zu überraschenden Perspektiven und Erkenntnissen führen. Die Landschaft zwischen dem Etschtal und den Brentagipfeln bietet dafür ein Paradebeispiel: Wer von Trient hinaufblickt zu dem – neben dem Monte Bondone – zweiten markanten Hausberg der Stadt, hat

einen hohen und schroffen Felsgipfel vor sich. Doch die Paganella erreicht gerade einmal 2124 m Höhe, und wird sie von ihrer Westseite her betrachtet, etwa von den Ortschaften Andalo und Molveno, präsentiert sie sich als harmloser Wald- und Wiesenberg. Gleichzeitig zeigt sich von diesem Hochtal aus im Westen die Brentagruppe als ein wildes und abweisendes Felsgebirge, dessen höchster Gipfel, die Cima Tosa, die Paganella zu einem Vorberg degradiert. Genau diese Kontraste machen den Reiz dieses Einschnitts zwischen Etsch und Brenta aus.
Die spezielle Beziehung der Trentiner zur Paganella wird auch an der Erschließung des Berges mit Bahnen deutlich: In den 1950er-Jahren schwebten Gondeln vom Ufer der Etsch als kühne »Direttissima«

the perfect day

9 Uhr: Von Santel bei Fai mit dem Lift zur Bergstation, von dort Bergwanderung zum Gipfel der Paganella und abwärts zur Malga Terlago Alta
13 Uhr: Mittagessen mit Trentiner Spezialitäten in der Malga Terlago Alta
15 Uhr: Mit den Bergbahnen hinab nach Andalo
16 Uhr: Bus- oder Autofahrt nach Molveno und Badenachmittag am See

zum Gipfel – damals eine Meisterleistung der Ingenieurskunst. Heute ziehen die Aufstiegshilfen der Paganella entlang der Skihänge von Norden und Westen zum Gipfel. Im Sommer nutzen Ausflügler einige dieser Lifte, um den einzigartigen Rundblick vom Paganellagipfel zu genießen: An klaren Tagen reicht er von der Marmolada bis zum Gardasee. Gemütlich wandern, das Panorama bewundern, in einer der Hütten in Gipfelnähe den Gaumen mit Trentiner Wein und Käsespezialitäten verwöhnen, schließlich knieschonend mit dem Lift ins Tal schweben – das ist für Genießer ein Urlaubstag nach Maß. Andere zieht es zum Wasser: Auf dem 4 km langen Molvenosee kann man

WANDERN & BERGTOUREN

TOP TIPP

Der **»Sentiero delle Bocchette Centrale«** gilt als einer der eindrucksvollsten Höhenwege der Alpen. Er verbindet im zentralen Teil der Brentagruppe die beiden Scharten Bocca di Armi (2749 m) und Bocca di Brenta (2552 m), indem er über weite Strecken geschickt den charakteristischen horizontal verlaufenden Felsbändern folgt. Ausgangspunkt: Rifugio Pedrotti-Tosa (2486 m), ca. 4 Std. von der Liftstation Pradel (1385 m). Nach Überquerung der Bocca di Brenta beginnt die gesicherte Weganlage: mit Hilfe von Leitern und auf Felsbändern westseitig zur Bocchetta del Campanile Basso; weiter geht es zur Bocchetta del Campanile Alto und zum Plateau der Sentinella, schließlich kühn ostseitig unter den Sfulmini-Nadeln entlang zu einer Reihe von Metallleitern, die steil zur Bocca di Armi hinunterleiten. Über den Gletscherrest der Vedretta di Sfulmini zieht die Route schließlich hinunter zum Rifugio Alimonta (2580 m); Zeit: ca. 5 Std.; Rückweg über Rifugio Brentei (2175 m) und Bocca di Brenta zum Rifugio Pedrotti-Tosa (ca. 4 Std.). Der Bocchette-Weg »Centrale« wird als leichter Klettersteig eingestuft, den auch schwindelfreie und trittsichere Wanderer begehen können (Klettersteigausrüstung empfehlenswert!). Ideal ist, sich drei Tage Zeit zu nehmen und auf dem Rifugio Pedrotti-Tosa und Rifugio Brentei zu übernachten.

Paganella (2124 m) Großartiger Aussichtsberg über dem Etschtal	Ausgangspunkt: Andalo/Bergstation Dos Pela (1776 m); auf breitem Weg zur Malga Terlago Alta (1826 m) – steiler auf Weg Nr. 606 zum Aussichtspunkt La Roda (2086 m) – Paganella-Gipfel mit großartigem Rundblick – über die Malga Zambana (1772 m) zur Bergstation; mit den Bahnen zurück ins Tal; einfache Bergwanderung auf markierten Wegen; Zeit: ca. 3 Std.; Einkehr: Bar Albi de Mez, Malga Terlago Alta, Ristorante La Roda, Malga Zambana
Rifugio Selvata (1630 m) Mittelschwere Wanderung mit beeindruckendem Bergpanorama	In Molveno die Via Dolomiti ins Val delle Seghe hochsteigen. Aus der Asphaltstraße wird ein Forstweg; immer im Tal entlang dem Weg folgen bis zum Rifugio Croz dell' Altissimo. Links über die große Schotterrinne, dann über den Steig zum Rifugio Selvata. Unterhalb der Hütte den Weg nach Malga Andalo nehmen, von dort über Weg 332 mit tollen Ausblicken auf den Molvenosee bis zum See, wo sich ein Bad anbietet. Zeit: ca. 5 Stunden, Einkehr: Rifugio Croz dell' Altissimo, Rifugio Selvata
Passo di San Giovanni (1657 m) Entweder einfacher oder schweißtreibender Aufstieg zur Picknickwiese mit grandiosem Blick auf das Etschtal	In Molveno nach Süden bis zum Hotel Lagopark, dort der Beschilderung zum Passo di San Giovanni folgen. Es geht durch dichten Wald 800 Höhenmeter hinauf. Nach dem Ende des Waldes kommen bald der Pass und hübsche Wiesen mit Almen. Hier den Picknickkorb auspacken und die Aussicht auf das Etschtal und den Molvenosee genießen. Abstieg über den Pass und dann Weg 643 bis zur Ciago Alm. Durch den Wald bis zu einem Fahrweg, Nr. 605, der bis Molveno verläuft. Zeit: 5 Stunden; keine Einkehrmöglichkeit

Hütten

Rifugio Dosso Larici (1844 m)
Auf dem Absatz »Dosso Larici« im nach Norden abfallenden Rücken der Paganella, unmittelbar neben der Bergstation der Seilbahn gelegen; großartiger Blick ins Etschtal und zur nördlichen Brentagruppe; Tel. 04 61 58 31 65

Rifugio Montanara (1525 m)
Malerisch in lichtem Baumbestand auf dem Pian de Tovre gelegene Privat-Hütte. Von Molveno per Seilbahn direkt erreichbar; von der Bergstation Pradel ca. 30 Min.; Tel. 04 61 58 56 03

Rifugio Croz dell'Altissimo (1430 m)
Im Talschluss des waldreichen Val delle Seghe steht unter der 1000-m-Wand des Croz dell'Altissimo die traditionsreiche Hütte, in der Ausflügler gerne rasten. Zugang von Molveno in ca. 1,5 Std. oder von der Liftstation Pradel in ca. 1 Std.; Tel. 04 61 58 56 98

Rifugio Malga Andalo (1357 m)
Kleine, einfache Hütte mit gemütlichem Ambiente und guter Küche; auf der Wiesenfläche des Pian dei Casinati; in ca. 1,5 Std. von Molveno über den Sentiero Domini zur Hütte; Tel. 03 60 21 66 67

sogar segeln, ohne ständig wenden zu müssen. Für Mountainbiker führt eine schöne Route von Molveno über Andalo nach Toscana und weiter nach Santel, bevor es zurück nach Molveno geht.
In den letzten Jahren hat die Region viel für die Radlfreunde unternommen. Rund um das gesamte Brentamassiv führt inzwischen der Dolomiti di Brenta Bike Trail. Er verläuft in einer familienfreundlichen Variante durch diese wunderschöne Landschaft und behält dabei immer die spektakulären Bergformationen im Blick. Damit sich die sportlichen Fahrer austoben können, wurden zahlreiche anspruchsvolle Varianten geschaffen, die mitten in hochalpines Gelände führen und schon mal den einen oder anderen Gipfel mitnehmen. Entlang der Strecke, die in der Region von Spormaggiore im Norden bis San Lorenzo in Banale im Süden verläuft, sind Hotels und Herbergen auf Radwanderer eingestellt. Neben der sicheren Verwahrung und Reparaturmöglichkeiten gibt es sogar einen Transportservice für das Gepäck. Der kostet ein paar Euro, doch dafür warten in der nächsten Herberge dann schon die Rucksäcke und man radelt gänzlich unbeschwert. So wie die Paganella im Etschtal alle Blicke auf sich zieht, fasziniert von Andalo und Molve-

Nordic Walking
Den Trendsport Nordic Walking richtig erlernen und dabei gleichzeitig die Schönheit der Brentagruppe erleben kann man bei einem Kurs des Nordic Walking Vereins Andalo. Gelaufen wird über Pfade auf der Paganella mit atemberaubenden Aussichten auf das Etschtal und die Brenta Dolomiten. Alle Lehrer sind INWA-zertifiziert, Leihstöcke im Preis inbegriffen; ca. 1,5 Stunden. Infos: 04 61 58 52 55; www.nordicwalkingandalo.it

Die Umrundung der Brenta-Gruppe ist auf markierten Routen für konditionsstarke Biker in drei Tagesetappen möglich.

no aus die Kette der Brentagipfel. Wuchtige Felsbastionen, schlanke Türme und spitze Nadeln formen eine bizarre Horizontlinie, unter der graugelbe Felswände in geröllerfüllte Hochkare abbrechen. Kletterer und Klettersteiggeher können sich hier alle Wünsche erfüllen: ob bei der Ersteigung des Campanile Basso (auch »Guglia« genannt) oder zwischen Rifugio Pedrotti-Tosa und Rifugio Alimonta auf dem berühmten Sentiero delle Bocchette Centrale. Ebenfalls zu empfehlen: mit dem Lift von Molveno zum Rifugio Pradel, um hoch über dem waldreichen Val delle Seghe fast eben zum Rifugio Croz dell'Altissimo zu bummeln.

ALLGEMEINE INFORMATIONEN

Urlaubsregion	Dolomiti di **Brenta**, Altopiano della **Paganella**; Tel. 04 61 58 58 36; E-Mail: info@aptdolomitipaganella.com; www.dolomitipaganella.com
Orte	**Fai della Paganella • Andalo • Molveno**
Entfernungen	Hamburg 1109 km; Berlin 921 km; Köln 911 km; Frankfurt a. M. 727 km; Stuttgart 487 km; München 334 km

Kletterkurse
Wer sich vor dem Gipfelabenteuer fit machen will, übt sich am besten in einem der Kletterkurse, die die Bergführer von Paganella in verschiedenen Schwierigkeitsgraden anbieten. Genutzt werden dabei Klettertürme ebenso wie Naturkletterwände. Angeboten werden die Kurse in Andalo, Molveno, Fai dell Paganella, Cavedago und Spormaggiore.
Infos: 03 29 58 24 146; guidealpine@esperienzatrentino.it

Dosso Alto (1554 m)
Hausberg von Fai della Paganella
Ausgangspunkt: Parkplatz am Passo Santel (1030 m) bei Fai della Paganella; auf Forststraße in der Westflanke des Dosso Alto zur bewirtschafteten Baita Campedel (1364 m) – Croce (Monte Fausior) an der östlichen Abbruchkante – Dosso Alto – nach Süden absteigen in den Ortsteil Cortalta (992 m) – zurück nach Santel; einfache Bergwanderung;
Zeit: ca. 4 Std.;
Einkehr: Malga Campedel

Wanderkarten

Freytag & Berndt; WKS 11 Brenta, Madonna di Campiglio, Presanella; 1:50 000

Madonna di Campiglio

ADAC Prädikat

SPORT & SPASS

WANDERN & BERGTOUREN

KULTUR & CO.

WELLNESS & GENUSS

Mächtige Felstürme und Almwiesen

Die wilde Bergwelt der Brenta- und Adamello-Presanella-Gruppe rund um Madonna di Campiglio hat mehr als den Bocchetteweg und mächtige Felstürme wie die Guglia, zu bieten. In riesigen Karkesseln, einsamen Hochtälern mit Schneefeldern oder auf traumhaften Almwiesen mit klaren Bergseen finden Wanderer, Kletterer und Mountainbiker ein geradezu perfektes Terrain.

Paragliding
Eingerichteter Startplatz bei Pinzolo an der Bergstation Doss del Sabion (2101 m); Landeplatz bei Carisolo (800 m). Tandemflüge und Kurse beim Aero Club d'Italia; Tel. 33 43 04 88 98 oder 33 93 94 34 10

Kleine Zuflucht, große Wand: Die Brentei-Hütte steht in unmittelbarer Nähe von Crozzon di Brenta und Cima Tosa.

Zäh und unerbittlich krallt sich die frei stehende Lärche zu Füßen der schroffen Felstürme fest. Widerstandsfähige Gräser kleiden die Kargheit des Hochgebirges in sattes Grün, und selbst zwischen den grauen Steinbrocken der Geröllfelder blitzen immer wieder gelbe Blüten des Alpenmohns auf. Und weiter oben trotzen in den Spalten leicht ergraute Schneefelder den Sonnenstrahlen, die am späten Nachmittag das mächtige Felsmassiv Crozzon di Brenta in warmem Rot erstrahlen lassen.

Im Westen leuchten die schneebedeckten Gipfel der Adamello-Presanella-Gruppe. Bei den angenehm erschöpften Wanderern, die auf der Terrasse der Brentei-Hütte rasten, machen sich durch das Kribbeln im Bauch alpine Glücksgefühle bemerkbar. Bergsteigerträume jeder Kategorie können hier Wirklichkeit werden: Kanten und Felsnadeln wie der Campanile Basso laden zu genussvollen Klettertouren ein, der Bocchette-Weg führt Klettersteig-Geher zur Cima Brenta, und Wanderer erklimmen über Moränengeröll die Bocca del Tuckett, eine tief eingeschnittene Scharte zwischen Cima Sella und Cima Brenta. In den Brentabergen bleibt fast kein alpiner Wunsch unbefriedigt. Wem das noch nicht genügt, der kann sich mit einer herrlichen Gletschertour in der Adamello-Presanella-Gruppe gegenüber auch diesen Wunsch erfüllen.

the perfect day

10 Uhr: Fahrt von Pinzolo zur Bergstation Doss del Sabion, von dort herrliche Wanderung zum Rifugio XII Apostoli
12 Uhr: Stärkung auf der Hütte, ausgiebige Rast mit genussreicher Aussicht, Abstieg
15.30 Uhr: Fahrt nach Madonna di Campiglio, Shoppingtour in der Fußgängerzone, anschließend Aperitif in der Bar Swiss
20 Uhr: Abendessen auf der Malga Zeledria (1769 m, nördlich vom Zentrum in der Nähe des Golfplatzes) mit Barbecue auf dem heißen Stein

Traditionsreicher Ferienort

Idealer Ausgangspunkt, um diese Alpen-Höhepunkte zu erkunden, ist Madonna di Campiglio. Obwohl der Ort vor allem für Skisport bekannt ist, sind seine Reize auch im Sommer unverkennbar. Madonna di Campiglio liegt in einer Talmulde zwischen der Brenta-Gruppe und den Gletschern von Adamello und Presanella. Wie ein schützender Ring türmen sich die mächtigen Gipfel um den lang gezogenen Ort, der mondänen Charme ausstrahlt. Bereits Kaiserin Sisi und ihre adlige Verwandtschaft genossen dort Ende des 19. Jh. die unberührte Natur und die Idylle des Bergdorfs, von dessen historischen Reizen allerdings wenig geblieben ist. Das Herz von Madonna di Campiglio schlägt in der Fußgängerzone rund um die Piazza Righi. Elegante Geschäfte verführen zu ausgiebigen Shopping-Touren, die meist in einer der vielen Bars mit einem stärkenden Cappuccino und einem feinen Stück Torte enden. Tourismus, aber auch Naturschutz hat in Madonna di Campiglio Tradition. So wurde bereits Ende der 1960er-

WANDERN & BERGTOUREN

TOP TIPP Eine traumhafte zweitägige Tour führt **von Madonna di Campiglio nach Molveno durch das Brenta-Tal**. Die anspruchsvolle Bergwanderung beginnt auf dem Parkplatz des Rifugio Vallesinella (1513 m), 4 km von Madonna di Campiglio entfernt. Durch lichten Lärchenwald geht es vorbei am Rifugio Casinei zum Rifugio Tuckett (2270 m) und weiter zum Rifugio Brentei (2175 m, Übernachtung, bis hierher ca. 3 Std.). Am zweiten Tag zieht sich der Weg durch das Val Brenta Alta über Schneefelder (Vorsicht, evtl. Leichtsteigeisen nötig!) hinauf zum Pass Bocca di Brenta (2552 m). Hier kreuzt er den berühmten Klettersteig Via ferrata delle Bocchette, um sich dann hinab zum Rifugio Pedrotti (2492 m) zu schlängeln. Über das Rifugio Selvata (1657 m) geht es weiter zum Rifugio Cròz dell'Altissimo (1430 m, ca. 5 Std.). Hier bestellen erschöpfte Wanderer ein Taxi, um sich das letzte Stück nach Molveno zu sparen. Konditionsstarke Bergsteiger schaffen die Tour auch an einem Tag; Gesamtzeit: ca. 8 Std.; Rückweg nach Madonna di Campiglio entweder per Bus oder per Taxi; Einkehr: in sämtlichen Hütten

Palon (2134 m) Leichte, aber lange Höhenwanderung zwischen wunderschönen kleinen Bergseen	Ausgangspunkt: Rif. Pancúgolo (2050 m); Ritortosee (2055 m) – Lambinsee (2324 m) – Serodolisee (2370 m) – Gelatosee (2393 m) – Nerosee (2236 m) – Rückweg über Nambinosee (1771 m) und Nambinoalm; Zeit: ca. 5 Std.; Einkehr: Rif. Pancúgolo; Rifugio Lago Nambino (Tel. 04 65 44 16 21)
Pietra Grande 2987 m) Leichte Panoramatour zu den »Gärten der Königin«	Ausgangspunkt: Bergstation der Gondelbahn Grostè (2423 m); Stoppani-Hütte (2438 m, keine Übernachtung) – Rifugio Graffer (2261 m) – Orti della Regina – Campo Carlo Magno (1681 m) – Madonna di Campiglio; unterwegs stößt man auf viele einzigartige Blumen und Pflanzen; Zeit: ca. 3 Std.; Einkehr: Rifugio Graffer
Palette-Weg Schwere Tour mit ausgesetzten Stellen, die Kondition und gutes Orientierungsvermögen verlangt	Ausgangspunkt: Bergstation der Gondelbahn Grostè (2423 m); Stoppani-Hütte (2438 m) – Weg 306 – Passo del Grostè (2446 m) – Palette-Pass (2319 m) – Prà Castron di Tuenno (2220 m) – Cima dell'Uomo (2542 m, Blick auf die Malga Flavona und den Tovelsee) – Nana-Pass (2195 m) – über Weg 336 bis zur Peller Hütte (2000 m); Abstieg: nach Dimaro (740 m), Malé (750 m); per Bus oder Taxi zurück; Zeit: ca. 9 Std.; Einkehr: Peller Hütte (Tel. 04 63 53 62 21)

Hütten

Rifugio XII Apostoli (2489 m)
Die westlichste Hütte der Brentagruppe steht auf einem Felssporn, der das Val Nardis beherrscht und ein wunderbares Panorama auf die Presanella bietet. Sie ist im Vergleich zu den anderen Hütten etwas abgelegen und aus diesem Grund nicht so stark besucht. Von Pinzolo mit den Bergbahnen zum Doss del Sabion, dann in ca. 2 Std. zu erreichen; Tel. 04 65 50 13 09,

Rifugio Brentei (2175 m)
Malerische Lage im oberen Teil des Val Brenta auf einer weiten Grasterrasse. Sie ist zentraler Ausgangspunkt für viele klassische Kletter- und Klettersteigtouren. Über herrliche Bergsteige mit den Hütten Casinei, Alimonta, Pedrotti, Tuckett, Agostini und XII Apostoli verbunden. Von Madonna di Campiglio über die Wege 317 und 318 in ca. 3 Std. zu erreichen; Tel. 04 65 44 12 44

Rifugio Graffer (2261 m)
Strategisch günstige Lage, wenige Meter unterhalb der Grostè-Seilbahn, außerdem sehr gemütlich. Mit dem nahen Grostè-Pass bildet sie den Knotenpunkt der Routen, die den nördlichen mit dem zentralen Teil der Brentagruppe verbinden; Tel. 04 65 44 13 58

Rifugio Viviani Pradalago (2082 m)
Die romantisch am See gelegene Hütte ist auch abends ein schönes Ziel. Bei regionaltypischen Gerichten wie Polenta Capriolo oder dem einheimischen Salmerinio (eine Art Lachsforelle) klingt der Tag fern vom Stress und Hektik aus. Für die Gäste gibt es einen Abholservice; liegt direkt bei der Bergstation der Pradalago-Bahn; Tel. 04 65 44 12 00

SPORT & SPASS

Klettern
Die Brenta ist ein Dorado für Kletterer mit unzähligen alpinen Routen. Groß ist auch die Auswahl der meist mittelschweren Klettersteige, die in herrlichen Rundtouren durch die gesamte Brenta führen. Informationen im Bergführerbüro Madonna di Campiglio; Tel. 04 65 44 26 34; www.guidealpinecampiglio.it

TOP TIPP

Unvergleichliche Aussichten bietet der mittelschwere **Ottone-Brentari-Klettersteig**, der im Herzen der Brenta über die Bocca di Ambiez (2871 m) und die Bocca della Tosa (2854 m) führt. Ausgangspunkt ist die Agostini-Hütte (2410 m, Zustieg von San Lorenzo auf der Ostseite der Brenta durch das Val d'Ambiez; Zufahrt bis zur Cacciatore-San-Lorenzo-Hütte auf 1821 m mit Hüttentaxi möglich; Zeit: ca. 2 Std.). Auf Pfad 358 bis zum Klettersteig-Einstieg an der Südwand der Tosa. Den Drahtseilen folgend hinauf zur Bocca Tosa und zur Sella della Tosa (2859 m), dem höchsten Punkt des Steiges. Ohne weitere Schwierigkeiten verläuft der Weg 304 nach Norden zum Osthang der Tosa und bis zum Anfang des Normalwegs, weiter zur Pedrotti-Hütte (2483 m, evtl. Übernachtung); Abstieg nach Molveno (ca. 2 Std.), mit dem Bus nach San Lorenzo zurück; Klettersteigausrüstung unbedingt notwendig, evtl. auch Leichtsteigeisen für die Querung steiler Firnrinnen; Zeit für Klettersteig: ca. 3 Std.; Einkehr: Cacciatore-San-Lorenzo-Hütte, Agostini-Hütte, Pedrotti-Hütte

Mountainbike
Val Rendena

Ideal zum Einfahren ist der 20 km lange Radweg von Madonna aus ins Val Rendena, von dem zahlreiche unbefestigte Wege weiterführen; geführte Touren und Radverleih bei New Mountainbike, Stefani Michele, Tel. 0 47 65 44 03 55

Jahre der Naturpark Adamello-Brenta gegründet, der heute mit einer Größe von knapp 62 ha die größte geschützte Fläche im Trentino ist. Die Wurzeln der Liftgesellschaft reichen noch weiter zurück: Im Jahr 1948 eröffneten engagierte Wintersportler den ersten Sessellift auf den Aussichtsberg Spinale. Heute überzieht ein dichtes Netz von Liftanlagen die Hänge rund um Madonna di Campiglio, das genauso gern von Sommertouristen genutzt wird.

Zum Beispiel die Seilbahn auf den Grostè-Pass. Andächtig und mit glasigen Augen genießen die Besucher den Ausblick auf die legendären Brentagipfel wie Cima Brenta oder Pietra Grande. Im Westen ragen majestätisch die weißen Gipfel von Presanella und Adamello in den Himmel. Und auf der Terrasse des Rifugio Graffer, das knapp 200 m unterhalb des Passes liegt, bekommen selbst Gondel-Gipfelstürmer das alpine Ambiente zu spüren.

Rast am Cornisello superiore: Die Region westlich von Madonna di Campiglio ist reich an verträumten Bergseen.

Durch die steil aufragenden Felswände der Brenta ziehen sich ausgesetzte Klettersteige.

Auch die westliche Talseite ist mit Seilbahnen erschlossen. Sie führen von Madonna hinauf auf die Schutzhütten Rifugio Pancugolo und Rifugio Agostini Pradalago, die inmitten einer reizvollen, mit Bergseen gespickten Landschaft liegen. Kurze Abstecher hinein in diese zauberhafte Umgebung sind auch für diejenigen gut zu meistern, die nicht die Kondition und Erfahrung für längere Wandertouren haben – nach dem Ausflug in die Bergwelt können sie knieschonend wieder zurück nach Madonna schweben.
Noch intensiver wird das Bergerlebnis rund um Madonna jedoch, wenn man weitab der Bergbahnen unterwegs ist und sich hineinbegibt in das wilde Herz der Brenta. Der Klettersteig »Bocchette alte« ist vielleicht der bekannteste Höhenweg der Dolomiten: eine herrliche Route, die in einer strengen Landschaft unvergessliche Aussichten bietet. Die Tour, die häufig sehr ausgesetzt ist und nur erfahrenen, gut trainierten und gut ausgerüsteten Bergwanderern zu empfehlen ist, führt vom Rifugio Alimonta über die Cima Brenta zum Rifugio Tuckett.

Ruhige Seitentäler

Vor lauter Begeisterung über Madonna di Campiglio und die Brenta-Dolomiten sollte man jedoch nicht vergessen, dass die Region auch etwas weiter entfernt von Madonna di Campiglio ihre Reize hat: Da ist zum Beispiel das idyllische Val di Sole mit herrlichen Obstgärten und Weinreben oder im Süden das Val di Genova, ein von steilen Flanken gesäumtes, so gut wie unbesiedeltes Bergtal, das zwischen Madonna und Pinzolo nach Westen abzweigt. Pinzolo selbst liegt inmitten der weiten grünen Talböden der lieblichen, von Waldhängen und Bergen gesäumten Kulturlandschaft des Val Rendena und ist ebenfalls ein besuchenswertes Ziel.

ALLGEMEINE INFORMATIONEN

Madonna di Campiglio (1550 m)	Azienda per il turismo **Madonna di Campiglio – Pinzolo – Val Rendena**; Tel. 04 65 44 75 01; E-Mail: info@campiglio.to; www.campiglio.to
Orte	**Carisolo** www.carisolo.com • **Giustino** communedigiustino.it • **Pinzolo** www.pinzolo.to • **San Lorenzo** • **Sant´Antonio di Mavignola** • **Villa Rendena** • **Vadaione**
Entfernungen	Hamburg 1155 km; Berlin 967 km; Köln 957 km; Frankfurt a. M. 773 km; Stuttgart 533 km; München 380 km

Restaurants

Malga Zeledria
Das rustikale Bergrestaurant in Madonna di Campiglio gehört zu den besten der Region. Heute führt Sohn Guido Artini den Familienbetrieb, während seine 93-jährige Mama Emilia auf der Terrasse die Sonnenstrahlen genießt und sich mit den Gästen unterhält; Tel. 04 65 44 03 03

Mildas
Neben klassischen regionaltypischen Gerichten wie »stinco con risotto« (Schweinshaxe mit Reis) oder »strangolapreti« (Spinatgnocchi) werden hier in Pinzolo fantasievolle, mediterran angehauchte Gerichte serviert, denen aber nie der Bezug zur Region fehlt. Es empfiehlt sich, einen Tisch zu reservieren; Tel. 04 65 50 21 04

Wanderkarten

Alpenvereinskarte 51, Brentagruppe; 1:25 000

Lago di Levico, Lago di Caldonazzo

ADAC Prädikat

SPORT & SPASS

WANDERN & BERGTOUREN

KULTUR & CO.

WELLNESS & GENUSS

Ein Weltbad, zwei Seen & Berge ringsum

Wie zwei glitzernde Perlen, nur durch einen Bergrücken getrennt, liegen die Seen von Caldonazzo und Levico am nördlichen Eingang des Valsugana. Den besten Blick auf die traditionsreiche Ferienregion hat man von den umliegenden Gipfeln. Sie machen den Kurort Levico Terme und seine Nachbarorte zu einem Traumrevier für Alpinisten, Drachen- und Gleitschirmflieger, während das Tal vor allem Wassersportler und Radfahrer lockt.

Wer ursprüngliches italienisches Flair, viel Natur und ungezählte sportliche Möglichkeiten sucht, ist hier goldrichtig. Im Gegensatz zur Landschaft präsentieren sich die Orte um Caldonazzo- und Levicosee zwar eher unspektakulär, dennoch haben sie so viel zu bieten, dass sie jeden in ihren Bann ziehen, der einmal den Weg hierher gefunden hat.

Nicht nur wegen der exponierten Lage am sonnigen Hang zwischen Weinbergen und Obstplantagen ist Levico Terme der Hauptort am Oberlauf der Brenta. Die Wurzeln des 7000-Einwohner-Städtchens reichen bis auf die Römer zurück. Ob damals bereits die Heilkraft des einzigartigen arsen- und eisenhaltigen Thermalwassers bekannt war? Erstmals erwähnt wurde es als »säuerliches und magenstärkendes Reinigungsmittel« im 16. Jahrhundert. Später kamen die Habsburger, erbauten eine Sommerresidenz und genossen die Annehmlichkeiten des Kurortes von europäischem Rang. Kaiser Franz-Josef verlieh Levico, das damals zur Grafschaft Tirol gehörte, die Stadtrechte (1894). Die Therme zieht bis heute internationales Publikum in die gepflegte

Restaurants

Ristorante Prime Rose
Köstlichkeiten aus dem Trentino und der Emilia-Romagna sowie ein herrlicher Panoramablick auf den See erwarten die Gäste bei Franca und Alberto Bettucchi. In ihrem Restaurant Prime Rose am Ortsrand von Levico Terme ist nicht nur der Fisch eine Delikatesse.
Ristorante Prime Rose, Parco Belvedere, Tel: 04 6170 64 10, www.ristoranteprimerose.com

the perfect day

8.30 Uhr: Fahrt Richtung Vetriolo bis Compet; Wanderung auf dem Montefronte zu den Baiti di Monte und dem Alpini-Kirchlein
12 Uhr: typisches Mittagessen in Compet mit Kaninchen, Polenta und Pilzen
14 Uhr: Wasserskifahren auf dem Lago di Caldonazzo
16 Uhr: Fahrt auf die Vezzena-Hochebene zu den österreichisch-ungarischen Festungen aus dem 1. Weltkrieg, kurzer Aufstieg zum Pizzo di Levico mit spektakulärem Blick über das Tal
19 Uhr: Bad im Lago di Levico
20 Uhr: Bummel durch die Fußgängerzone von Levico Terme und Pizza in einem der Innenhof-Restaurants

WANDERN & BERGTOUREN

TOP TIPP Ausgangspunkt der Rundwanderung über den geschichtsträchtigen **Colle delle Benne** (660 m) ist das Fremdenverkehrsamt gegenüber der Therme Levico; über die Viale Roma und die Via San Biagio den Weg an der ehemaligen österreichischen Wasserleitung vorbei zum Maso Giovannini, rechts hoch zum Colle delle Benne mit den Ruinen der gleichnamigen österreichischen Festung von 1890, rechts vorbei zum Maso Lazzaretti und durch den Wald bis zur Landstraße, Straße überqueren und der Beschilderung Visintainer folgen, am Levicosee dem Panoramaweg „Strada die Pescatori" zurück zum Ort folgen; 8 km, ca. 3 Std.

Vetriolo – Fonte Acqua Ferruginosa
Von Compet aus links am Hotel Aurora einer engen, leicht ansteigenden Straße folgen und in Richtung Wald bis zum Hotel Italia; von hier links bis zum Hotel Roma und der Grotta dell'Acqua Forte oder Caverna del Vetriolo (1490 m), den Quellen, aus denen das arsen- und eisenhaltige Wasser sprudelt, das in den Thermen von Vetriolo und Levico angewendet wird. Rückkehr auf demselben Weg; 2,5 km, ca. 1,5 Std.

Caldonazzo – Fonte Ferruginosa
Vom Gemeindeplatz Caldonazzo über die Via Monterive und dem Wegweiser Fonte Ferruginosa folgen, durch den Wald mit Aussicht aufs Tal zur Quelle, deren Wasser die Schlossherren von Caldonazzo einst über eine Holzrinne in ihr Schloss leiteten, Rückkehr auf demselben Weg; 2 km, ca. 45 Min.

Spielplatz für Wassersportler: Malerisch in Berge eingebettet liegt der Caldonazzosee.

Stadt am fjordähnlichen See. Das auf 1500 m gelegene Vetriolo Terme mit seinen Jugendstil-Hotelpalästen erlebte in den vergangenen Jahren eine Renaissance. Der Caldonazzosee ist der größte im Trentino, badewannenwarm und beliebt bei Wassersportlern. Hier tummeln sich Segler, Surfer und Wasserskifahrer, Ruderer oder die exotischen Drachenboote. Das Paddeln in diesen chinesischen Booten ist eine sportliche Leidenschaft, die man mit viel Enthusiasmus pflegt. Spannend für Zuschauer sind vor allem die Rennen, bei denen sich, angefeuert von dumpfen Trommelschlägen, Drachenboot-Teams aus der ganzen Welt im sportlichen Wettkampf messen. Der wichtigste Ort am See ist Calceranica, das sich am Südufer wie eine Zunge ins Hinterland erstreckt. Zwischen Dorf und Apfelplantagen beginnt hier auch der Brenta-Radweg, der mit leichtem Gefälle und schönen Ausblicken dem Flusslauf Richtung Süden folgt.

Egal ob Tourenradfahrer, Rennradler oder Mountainbiker, die Gegend ist idealer Ausgangspunkt für Radfahrer. Zahlreiche Hotels und Pensionen sind speziell auf ihre Bedürfnisse eingestellt. Kein Wunder, dass einem hier immer wieder Trainingsgruppen begegnen, die sich auf die Spuren der Profis begeben. Alljährlich rauscht auch das Peloton des Giro d'Italia durch Levico.

Für Radfahrer eine Herausforderung, für Wanderer ein Muss ist der Monte Panarotta, ein westlicher Ausläufer der Lagoraikette. Auch die Hochebene von Lavarone und Folgaria bietet ein ideales Terrain für abwechslungsreiche Touren zu Fuß oder mit dem Rad. Und die senkrechte Felswand zu Füßen von Levicos Wahrzeichen, dem Pizzo, lockt Kletterer mit höchsten Ansprüchen.

Acropark
Die wilde, unberührte Landschaft des Centa-Flussparks in einem Seitental des Caldonazzo-Sees bildet die spektakuläre Kulisse für den Acropark Centa. Für kleine Adrenalinjunkies ab 80 cm Körpergröße gibt es hier Hochseilgärten verschiedener Schwierigkeitsgrade und eine 60 m lange Seilbahn. Wer größere Aufregung scheut, kann die Umgebung natürlich auch auf gut ausgeschilderten Wander- Mountainbike und Reitwegen erkunden.
Maso Wolfi in Centa,
Tel. 03 89/9 62 29 66,
www.acropark.com

ALLGEMEINE INFORMATIONEN

Levico Terme	Viale Vittorio Emanuele, 3 Tel. 04 61 70 61 01 Email: levico@valsugana.info; valsugana.info
Pergine Valsugana	Stazione Intermodale, Viale Dante; Tel./Fax: 04 61 53 12 58 Email: pergine@valsugana.info; www.valsugana.info
Orte	**Caldonazzo • Calceranica al lago • Tenna • Roncegno Terme • Vetriolo Terme • San Christoforo** (alle www.valsugana.info)
Entfernungen	Hamburg 1133 km; Berlin 943 km; Köln 934 km; Frankfurt a.M. 750; Stuttgart 589 km; München 355 km

Wanderkarten

Kompass WK 75,
Trento – Lévico – Lavarone;
1:50 000

Lago di Ledro

ADAC Prädikat

SPORT & SPASS

WANDERN & BERGTOUREN

KULTUR & CO.

WELLNESS & GENUSS

Das erfrischend andere Tal

Nur zehn Kilometer von Riva del Garda, das schon mal als „der südlichste Vorort Münchens" beschrieben wird, liegt das Ledrotal. Während sich am Gardasee Tausende von Touristen tummeln, wird es hier auf einmal ruhig und beschaulich. Der Ledrosee ist ein Paradies für Erholungssuchende, die Natur mit allen Sinnen genießen wollen.

Mehr als drei Viertel der Talfläche um den Ledrosee besteht aus natürlich gewachsenem Mischwald, der sich um den tiefblauen See schmiegt. In flachen Talböden liegen die Orte Molina, Mezzolago, Pieve und Pur in den vier Himmelsrichtungen verteilt. Schon seit über 4000 Jahren hat dieser reizvolle See Menschen angezogen. So wurden 1929, als für ein Kraftwerk der Wasserspiegel abgesenkt wurde, zehntausende Pfähle einer Siedlung aus der Bronzezeit entdeckt, deren Überreste heute im Museo della Palafitte in Molina bestaunt werden können.

Still liegt der Ledrosee in den Bergen über dem quirligen Treiben am Gardasee.

Aktivurlauber kommen am Ledrosee voll auf ihre Kosten und haben die Wahl zwischen vielen Freizeitmöglichkeiten. Wanderwege des Alpenvereins führen durch die Wälder hinauf zu den Gipfeln rund um den See. Die Schwierigkeit reicht von leicht bis hin zu anspruchsvollen Touren. Kletterer halten sich an die Gipfel der Brentagruppe. Speziell für Mountainbiker sind 200 Streckenkilometer markiert, auf denen man auch bequem den Anschluss an das Gardaseegebiet finden kann. Besonders lohnend ist die durchaus schweißtreibende Tour rund um den Gipfel des Tremalzo, die den harten Aufstieg mit grandiosen Ausblicken über Garda- und Ledrosee belohnt. Im Fremdenverkehrsbüro von Pieve di Ledro holt man sich dazu am besten die kostenlose Wanderkarte im Maßstab 1:25000.
Auf den Ausflügen rund um den Ledrosee stößt man immer wieder auf Staunenswertes. Da gibt es seltene Kräuter und Blumen zu entdecken, alte Handwerkskunst, oder man probiert den pikanten Bergkäse auf einer Alm. Aufregender wird es beim Canyoning, bei dem man die

the perfect day

9 Uhr: Tour zur Alm Bezzecca beim Rifugio Garibaldi, Essen auf der Alm
14 Uhr: Baden am Strand von Molina di Ledro
17 Uhr: Spaziergang durch die Bronzezeit-Pfahldörfer
19 Uhr: Kartoffelpolenta im Ristorante Hotel Mezzolago bei Sonnenuntergang

ALLGEMEINE INFORMATIONEN

Urlaubsregion	Valle di Ledro, Tel. 0464 591222; E-Mail: info@valledileldro.com; www.valledileldro.com
Orte	**Molina di Ledro • Mezzolago • Pieve di Ledro • Bezzecca • Tiarno di Sotto • Tiarno di Sopra**
Entfernungen	Hamburg 1177 km; Berlin 984 km; Köln 978 km; Frankfurt a. M. 794 km; Stuttgart 559 km; München 400 km

Flüsse Palvico und Rio Nero hautnah erleben kann. Selbst Paragleiten ist in diesem stillen Tal möglich. Wer es geruhsamer möchte, legt sich an einen der Strände, die es in jeder Ortschaft gibt, und schwimmt im türkisfarbenen Wasser. Segelfreunde steuern ihr Boot über den See oder bestaunen das Rennen während der beiden Segelregatten, die jährlich hier stattfinden.

Die Bewegung an der frischen Luft macht hungrig, und so stößt man bald auf die kulinarischen Überraschungen am Ledrosee, die vom üblichen Pizza- und Pasta-Einerlei wegführen. Bedingt durch die wechselvolle Geschichte des Tals finden sich hier Rezepte, die von der Tiroler und der Böhmischen Küche beeinflusst sind. Berühmt ist die Kartoffelpolenta, die es nur im Valle di Ledro gibt, oder Peverà, gekocht aus Salami, Brot, Olivenöl und Käse. Selbst Böhmische Knödel, die Gnocchi Boemi, zählen zu den traditionellen Rezepten. Das alles ist Italien, aber eben einmal erfrischend anders.

WANDERN & BERGTOUREN

TOP TIPP Einen wunderschönen Blick über den Ledrosee genießt man nach dem **Aufstieg zum Cima Parì**. Das Auto vor der Malga Trat (1500 m) parken und rechts auf den sogenannten Kühenweg bis Bocca Saval (1740 m) wandern. Bei der Bocca, wo Krankenhäuser für die Soldaten des Ersten Weltkriegs gebaut wurden, den Weg über die Almwiese nach Cima Parì nehmen. Nach dem Genießen des Gipfelglücks und der Aussicht von 1990 m Höhe Abstieg zum Bocca Saval auf demselben Weg, und weiter auf dem berühmten Friedenspfad (Weg 413) bis zur Berghütte Nino Pernici (1600 m). Von der Hütte ist es nur ein Kilometer bis zurück zum Auto.

Monte Corno (1729 m) Anstrengende Wanderung mit herrlichen Ausblicken	Ausgangspunkt: Pieve die Ledro (650 m), asphaltierte Straße nach Pur, Richtung San Martino (Weg 456 – Via del Roccolo) abzweigen. Über Betonweg, Waldweg und Wiesen bis zur Kapelle S. Martino (1226 m). Weiterlaufen Richtung Malga Giù und bei der Bochet de Spinera (1320 m) den Weg 456 weiter nach Monte Corno nehmen. Der Berg liegt in der Mitte des Tales und erlaubt freie Sicht in alle Richtungen.
Friedensweg Lange, aussichtsreiche Wanderung mit Klettersteigpassagen	Im ersten Weltkrieg die vorderste Frontlinie Österreich-Ungarns ist der Friedensweg heute ein wunderschöner Wanderweg. Begehbar mit verschiedenen Einstiegen. Parken am Rifugio Al Faggio (964 m), auf der Straße ins Tal hinein, dann Weg 414 bis zum Bocca dell'Ussol (1879 m), Weg 455 bis Dosso della Tora (2104 m), Weg 420 – Corno di Pichèa (2147 m) – Bocca di Trat (1582 m). Am Hubschrauberlandeplatz auf Weg 402 ins Tal abbiegen, immer rechts halten bis ins Tal. Dort talaufwärts bis zum Rifugio Al Faggio. Zeit: ca. 8 Stunden; Einkehrmöglichkeit bei Malga Trat; dazu vom Weg 402 auf Weg 403 wechseln und ca. 500 Meter bis zur Hütte; anschließend zurück bis Weg 402.

Alte Ponale-Straße
Seit 1847 verbindet diese abenteuerliche Straße Riva del Garda mit dem Ledrotal. Inzwischen ist sie für Autos gesperrt und zum Eldorado für Mountainbiker geworden. Steile Serpentinen, jede Menge Tunnel und senkrecht abfallende Felswände machen sie zu einer der reizvollsten Routen am Gardasee.

Settimane Natura
Von Mai bis September bietet der Ledrotaler Fremdenverkehrsverband ein familienfreundliches und abwechslungsreiches Wanderprogramm an, bei dem man unter anderem auch die besondere Kultur- und Pflanzenwelt des Tales kennenlernt. So gibt es beispielsweise die „Blüte der Woche". Kostenlos; auch in deutscher Sprache.
Infos: 04 64 59 12 22

Wanderkarten

Freytag & Berndt WKS 20
Gardasee; 1:50 000

Gardasee

Weiße Felsen, blaues Wasser: Die Kombination der Elemente und Farben trägt viel zum Reiz des Gardasees bei, hier am Westufer mit Blick auf Torbole.

ADAC Prädikat

SPORT & SPASS

WANDERN & BERGTOUREN

KULTUR & CO.

WELLNESS & GENUSS

the perfect day

9 Uhr: Mit Helm und Klettersteigausrüstung von Arco zum Colodri, über Klettersteig zum Gipfel, zurück über den Naturlehrpfad nach Arco
14 Uhr: Mittagspause in der Bar Conti d'Arco, Stärkung mit einem Panino mit gegrilltem Gemüse, dazu Latte macchiato schlürfen
15 Uhr: Mit dem Mountainbike zum Lago di Cavedine (im Sarcatal nördlich von Dro) und in den kühlen Fluten erfrischen
19 Uhr: Nach dem Abendessen Spaziergang auf die Burg von Arco und Sonnenuntergang genießen

Im Paradies der Surfer, Kletterer und Mountainbiker

Eine wilde Bergwelt mit grünen Almwiesen und unbändigen Felsformationen trifft am Gardasee unmittelbar auf mediterranes Ambiente mit Palmen, Surfern und Strandschönheiten. Tiefblaues Wasser, peitschender Wind und raue Kalkwände erfüllen die heimlichen Sehnsüchte von Wasser- und Bergsportlern. Ins Urlaubsgepäck gehören daher Kletterseil, Wanderschuhe und Mountainbike oder Neoprenanzug und Pinne.

Klick-klack, klick-klack: Rhythmisch, leicht versetzt, schnappen die Karabiner nacheinander in das Drahtseil des leichten Klettersteigs, der auf den Colodri führt. Ansonsten ist es still rund 200 m hoch über Arco an der Nordseite des Gardasees. An manchen Stellen ist der Steig luftig und ausgesetzt, der Fels leider ziemlich blank geschliffen von unzähligen Begehungen. Also: konzentrieren, sicheren Tritt suchen und die Karabiner richtig einhängen. Oben angekommen, trocknet ein kühles Lüftchen die feuchten T-Shirts, und eine berauschende Aussicht lässt selbst Klettersteig-Neulinge die Strapazen schnell vergessen: im Süden der Gardasee, der sich fjordartig 80 km in die Länge zieht, der mehr als 2000 m steil aufragende Monte Baldo, weiter im Nordosten der Monte Stivo und schließlich der Blick hinab ins Sarcatal, das sich Richtung See zu einem weiten Becken öffnet und in dessen Mitte der Monte Brione thront.

Vor Millionen Jahren haben mächtige Gletscher das Sarcatal und die umliegenden Berge bedeckt, bearbeitet und geformt. An der steil abfallenden Nordwand des Monte Brione sind die Spuren des einstigen Gletschers unübersehbar, hingegen verlockt die dem See zugewandte, sanft geneigte Südseite zu Wanderungen und Mountainbike-Touren.
Ein interessanter Naturlehrpfad führt vom Gipfel des Colodri zurück nach Arco. Hinweistafeln erklären die erdgeschichtlichen Vorgänge, weisen auf Gletscherschliff, seltene Pflanzen und Bäume hin. Ein eiszeitlich geprägtes Naturparadies ist auch der Monte Baldo: Durch besonders milde klimatische Bedingungen konnten dort oben, rund 2000 m über dem Meer, Pflanzen überleben, die sonst nirgendwo auf der Welt mehr vorkommen – eine Vielfalt, die seit der vorletzten Jahrhundertwende unzählige Naturliebhaber und Botaniker in den »Garten Europas« lockt, unter anderem, um einzigartige Orchideen und Heilpflanzen betrachten zu können. Zahlreiche Wanderwege und eine Bergbahn führen hinauf, Gipfelstürmer lockt der höchste Punkt des Monte-Baldo-Massivs, die Cima Valdritta, die auf einer mittelschweren Tour zu erreichen ist.

Mehr als 2000 Kletterrouten

Doch zurück zu den Klettersteigen: Besonders anspruchsvoll ist die »Via Ferrata Monte Albano«. Es sind nicht einmal 300 m, die hoch über Mori zwischen Rovereto und Gardasee durch die Steilwand des Monte Albano führen. Die allerdings haben es in sich: Schon beim Einstieg

SPORT & SPASS

TOP TIPP

Eine echte Herausforderung selbst für erfahrene Klettersteiggeher ist die **Via Ferrata Rino Pisetta** (1) zum Monte Garsole (967 m) im Sarcatal. Ausgangspunkt ist Sarche (260 m). 30 Min. Zustieg bis zu den ersten Drahtseilen, die senkrecht an der Wand emporführen. Völlig senkrechte, trittarme Passagen wechseln mit etwas leichteren Bändern ab. Nach einer besonders verwegenen Stelle erreicht man im oberen Wanddrittel etwas leichteres Gelände. Der lange Abstieg führt nach Norden in 30 Min. zur Ortschaft Ranzo (739 m). Vor dem Dorf zweigt der Pfad links zur Kapelle San Virgilio ab, weiter den Schildern nach Sarche folgen; Zeit: ca. 5 Std. Achtung: Geeignet nur für äußerst erfahrene und konditionsstarke Klettersteiggeher; nur mit kompletter Klettersteigausrüstung inkl. Steinschlaghelm. Geführte Touren bietet das Bergführerbüro Arco an; Tel. 0 33 31 66 11 40; www.friendsofarco.it

Canyoning Canyon Adventures, Torbole	Rutschen, Abseilen, Springen: In den Wasserläufen rund um den Gardasee gibt es unzählige Möglichkeiten zum Canyoning; professioneller Guide unbedingt nötig! Geführte Touren bei Canyon Adventures, Torbole; Tel. 04 64 50 54 06; www.canyonadv.com
Mountainbike Monte Casale (1632 m)	Ausgangspunkt: Arco; San Giovanni (1061 m) – Malga di Vigo (1087 m) – Lundo (754 m) – Poia (502 m) – Comano (618 m) – Rif. Don Zio (1610 m) – Monte Casale (1632 m) – Malga di Vigo – San Giovanni – Arco; Charakter: mittelschwere Tagestour für ausdauernde Mountainbiker; Info, Verkauf, Verleih und geführte Touren bei Mecki cycling, Torbole, Tel. 04 64 54 80 51, www.mecki.it

Abenteuer für Kinder
Ob Klettern oder Canyoning – das Bergführerbüro Arco hat spezielle Angebote für Kinder im Programm; Tel. 03 33 16 61 40 1, www.friendsofarco.it

»Riviera dei Limoni«
Die Region von Limone sul Garda bis nach Salò am westlichen Seeufer ist geprägt vom Zitrusfrucht- und Olivenanbau, Tel. 03 65 79 11 72; www.rivieradeilimoni.it.
Für einen ersten Eindruck von der »Zitronenküste« empfiehlt sich die Fahrt auf der Gardesana Occidentale, der aussichtsreichen Küstenstraße. Sehenswert ist u. a. die Limonaia, eine öffentlich zugängliche Limonenpflanzung im Prato della Fame in Tignale (Tel. 0 36 57 14 49). Der Name der Ortschaft Limone leitet sich übrigens nicht von der Frucht ab, sondern hat seinen Ursprung höchstwahrscheinlich im lateinischen »limes«, was so viel wie Grenze bedeutet.

Windsurfen
Vento und Ora heißen der berühmte Nord- bzw. Südwind, die den Gardasee zum Paradies für Surfer machen. Kurse für alle Ansprüche bei Conca Windsurf, Torbole; Tel. 04 64 54 81 92; www.windsurfconca.com

Monte Baldo
Der Monte Baldo – ein zwischen Gardasee und Etsch gelegener Bergrücken – ist eine wahre Fundgrube für Botaniker. Besonders am unter Naturschutz stehenden Osthang wachsen einige Pflanzen, die einzigartig in Europa sind. Hinauf geht's entweder zu Fuß oder mit der Seilbahn von Malcesine aus. Viele Mountainbiker nutzen die Schotterpisten als Downhillstrecken. Auch bei Gleitschirmfliegern ist der Monte Baldo als Startplatz sehr beliebt.

Mountainbiker können traumhafte Blicke auf den See genießen.

wartet die erste schwierige Stelle,. Es folgen steile Kamine und ausgesetzte, luftige Querungen, bei denen absolute Schwindelfreiheit gefragt ist. Doch so groß die Vielfalt an Klettersteigen rund um den Gardasee ist, die meisten Felsen sind von der Erschließung mit Drahtseilen und Trittleitern verschont geblieben. Stattdessen blitzen an vielen der unzähligen Felsriegel Bohrhaken im Licht der südlichen Sonne und an den Wänden kleben die Kletterer. Über 2000 Routen sind rund um Arco erschlossen und machen das Sarcatal und den Gardasee zum Traumziel für Felsakrobaten aus ganz Europa. Sportklettergärten wie Massone oder Nago sind im Frühjahr und Herbst gelegentlich so überfüllt, dass man längere Zeit

WANDERN & BERGTOUREN

TOP TIPP Kultur, Natur und Botanik bietet die **Tour ins Hinterland von Arco** ❷. Ausgangspunkt ist Arco (91 m) mit seinen verwinkelten Gassen. Von dort geht es über alte gepflasterte Straßen und durch Olivenhaine zur kleinen Kirche von Laghel (220 m). Nun führt ein Naturlehrpfad auf den Gipfel des Colodri (400 m), Schilder erklären Gletscherspuren im Gestein und weisen auf seltene Pflanzen hin. Über einen Grat auf den Nachbargipfel, den Monte Colt (430 m). Herrliche Tiefblicke, die sonst Kletterern vorbehalten sind. Zurück auf der Teerstraße durch das ursprüngliche Tal Laghel bis zur Kirche. Nun der restaurierten Via Crucis (Kreuzweg) aus dem Jahr 1896 folgen. Wer noch nicht genug hat, macht einen Abstecher auf die Burg von Arco. Ansonsten geht es durch die Altstadt zurück ins Zentrum. Zeit: ca. 4 Std.; Einkehr: Restaurants, Cafés in Arco

Überschreitung Monte Baldo (2218 m) Seltene Pflanzen und ein einmaliges Berg- und Seepanorama	Ausgangspunkt: Bergstation Monte-Baldo-Seilbahn von Malcesine (1752 m); Cima delle Pozzette (2132 m) – über den Cima-del-Longino-Osthang traversieren – Cima Valdritta (2218 m) – von dort entweder über Weg Nr. 5 absteigen zur Mittelstation oder parallel zum Grat weiter, vorbei an der Punta Telegrafo (2200 m) bis zum Rifugio Gaetano Barana (2147 m) – zurück über Weg Nr. 5; mittelschwere, lange Tour; Zeit: ca. 8 Std.; Einkehr: Rifugio Gaetano Barana (Tel. 04 57 73 17 97)
Monte Stivo (2059 m) Leichte Wanderung mit tollen Tiefblicken und seltenen Blumen	Ausgangspunkt: Malga Campo (1385 m, mit dem Auto erreichbar, zwischen Monte Stivo und Drena); Malga Vallestrè (1485 m) – leichter Anstieg zum Westgrat des Monte Stivo (1573 m) – Mandrie Alte (1785 m) – Rifugio Stivo (Rif. P. Marchetti, 2012 m) – Monte Stivo – zurück über Ostgrat auf den Wegen Nr. 617 und Nr. 623; Zeit: ca. 3,5 Std.; Einkehr: Rifugio P. Marchetti
Drei-Gipfel-Parcours von Pregasina Mittelschwere Tagestour mit schöner Aussicht auf See und Hinterland	Ausgangspunkt Pregasina (532 m, westlich vom Gardasee, zwischen Riva und Limone) – Punta dei Larici (908 m) – Malga Palaer (1078 m) – Cima Monte Guil (1322 m, anstrengendstes Stück über knapp 400 Höhenmeter) – zurück über den Bilderbuchgrat Cima Nara (1376 m) und Cima al Bab (1260 m) – Cima di Lè (805 m) – Pregasina; Zeit: ca. 6 Std.; keine Einkehrmöglichkeit

Gardaland
Größter Vergnügungspark Italiens mit Riesenrad, Achterbahn, Erlebniswelten und allem, was sonst noch dazugehört; in der Nähe von Peschiera; Tel. 04 56 44 97 77, www.gardaland.it

Hütten

Rifugio Altissimo Damiano Chiesa (2060 m)
Die Hütte des Bergführers Danny Zampiccoli befindet sich in toller Lage kurz unter dem Gipfel des Monte Altissimo. Leichter Zustieg von Nago aus; Zeit: ca. 2 Std.; Tel. 04 64 86 71 30

Rifugio Campei (1470 m)
In liebevoller Kleinarbeit hat Paolo Zoller die Malga Campei renoviert und dabei den typischen Steinbau erhalten. Die gepflegte Hütte liegt im Val del Parol in der Monte-Baldo-Gruppe. Mama Zoller steht in der Küche und verwöhnt die Gäste mit regionaltypischen Spezialitäten. Leichter Zustieg von San Giacomo (1194 m, östlich des Monte Baldo); Zeit: ca. 1,5 Std.; Tel. 04 64 39 53 82

Rifugio Stivo (P. Marchetti, 2012 m)
Wenige Meter unter dem Gipfel des Monte Stivo bietet die Hütte ein einmaliges Panorama auf den Gardasee, auf die Adamello-Presanella- und auf die Brentagruppe. Zustieg von Malga Campo (1385 m, zwischen Monte Stivo und Drena); Zeit: ca. 2 Std.; Tel. 04 61 85 83 31

anstehen muss, ehe man in seine Traumtour einsteigen kann. Ideal ist der Gardasee auch für Kletterer, die ihre ersten Erfahrungen in längeren Touren sammeln wollen. Besonders geeignet sind die Sonnenplatten am Fuße des Monte Brento nördlich von Arco im Sarcatal. Sie werden durchzogen von einem dichten Netz leichterer Routen, die aber bis zu 650 m lang sind. Die Könner wiederum versuchen ihr Glück am Monte Colodri, der sich direkt über dem Campingplatz von Arco erhebt. Dort sind die Touren zwar nicht ganz so lang, dafür aber schwieriger.

Mountainbiken und gesehen werden

Kaum eine andere Region bietet Mountainbikern ein derart vielfältiges Gelände: Schotterpisten, alte Militärwege und steile Trails ziehen sich weit hinauf zu Dörfern, Pässen und Gipfeln. Der knackige Trip von Arco über Laghel nach Dro gibt einen delikaten Vorgeschmack auf die vielen Möglichkeiten, die in der Gegend locken. Gelegentlich freilich hat man den Eindruck, dass nicht nur die grandiosen Tourenmöglichkeiten Mountainbiker an den Gardasee ziehen: Manchen »Sportlern« genügt es vollauf, das wertvolle neue Mountainbike mit stolzgeschwellter Brust an der Uferpromenade von Riva spazieren zu schieben. Besonders während des Bike-Festivals in Riva, bei dem sich jedes Jahr Ende April/Anfang Mai die Mountainbike-Szene trifft, ist das Sehen und Gesehenwerden mindestens genauso wichtig wie eine traumhafte Mountainbike-Tour. Zum Gelingen so einer Tour gehört natürlich auch ihr Ausklang, der am Gardasee in der Regel stilgerecht italienisch in einem der vielen hervorragenden Restaurants bei Pasta oder Pizza erfolgt.

Dort treffen die Mountainbiker dann auch auf jene, die sich dem Gardasee auf andere Weise nähern, z. B. bei einer Rundfahrt mit dem Schiff. Es gibt viele Angebote von der zehnminütigen Fährfahrt bis hin zum Ganztagsbillett, das beliebige Stopps beispielsweise zwischen Desenzano oder Peschiera

Nichts für Anfänger: die Klettereien am Colodri

TOP TIPP

Um das Jahr 1000 wurde die **Burg von Arco** ③ errichtet. Im 15. Jh. zeichnete Albrecht Dürer sie, die stolz auf steilen Felsen über der Altstadt thront. Über die Jahrhunderte erlebte sie viele Kämpfe und wechselnde Herren. Heutzutage sind nur noch Ruinen übrig, doch der Platz dort oben ist eine Oase der Ruhe inmitten des sportlichen Treibens, das um Arco herum tobt. Von der Kirche (91 m) aus erreicht man die Ruine (278 m) gemütlich in einer halben Stunde, der Weg schlängelt sich erst durch die engen Gassen der Altstadt, später durch Olivenhaine. Oben erwarten einen dann moosiges Gemäuer, eine lauschige Wiese, ein weiter Blick über das Sarcatal und vor allem eine ebenso friedliche wie geheimnisvolle Atmosphäre; Tel. 04 64 51 01 56

am Südende des Sees und Riva del Garda am Nordufer erlaubt. Wer den See auf vier Rädern umrunden möchte, dem stehen dafür die Küstenstraßen am Ost- und Westufer mit ihren traumhaften Ausblicken zur Verfügung, wobei insbesondere die »Gardesana Occidentale« zwischen Riva und Desenzano grandiose Eindrücke bietet. Allerdings beeinträchtigt starker Verkehr dort gelegentlich das Vergnügen.

Der Rhythmus der Surfer am Gardasee wird von zwei launigen Gesellen bestimmt: von Vento und Ora, den beiden Winden, die den Gardasee als Surfspot berühmt gemacht haben. Beim Vento handelt es sich um einen kühlen Nordwind, der in der Nacht einsetzt und ambitionierte Surfer schon frühmorgens aus den Betten holt. Langschläfer hingegen warten geduldig beim späten Frühstück auf die Ora, den warmen Südwind, der mittags einsetzt und bis Sonnenuntergang bläst. Am stabilsten wehen die Surfer-Winde auf der Nordhälfte des Gardasees. Auch für die anderen Sportler ist der nördliche Teil der Region attraktiver. Weiter unten, im flachen Süden, verbringen viele Familien einen ruhigen Strandurlaub mit herrlichem Blick auf die

Restaurants

Osteria Terrazze della Luna
Das schummrig-gemütliche Restaurant in Nago befindet sich in einem alten Wehrturm. Hervorragende Küche, die lokale Spezialitäten und mediterrane Köstlichkeiten gekonnt mischt; Tel. 04 64 50 53 01

La Terrazza
Das Traditionshaus in Torbole liegt direkt am Wasser und ist bekannt für guten Service und feine Fischgerichte; Tel. 04 64 50 60 83

La Pergola
Das große Restaurant in Dro garantiert fast immer einen Sitz- und Parkplatz. Im Sommer berankt wilder Wein die Pergola und schützt vor Sonne und Wind. Eine Köstlichkeit sind die Spaghetti allo scoglio (mit Meeresfrüchten), die in einer großen Pfanne am Tisch serviert werden; Tel. 04 64 51 85 55

Alla Lega
Das beste Restaurant in Arco mit gemütlichen Räumen und einem romantisch bewachsenen Innenhof. Zu den Spezialitäten gehören trentinische Gerichte; Tel. 04 64 51 62 05, www.ristoranteallalega.com

Bergkulisse in der Ferne. Allerdings weitet sich die Sportzone entlang der östlichen Seite bis nach Garda aus; auch am Westufer bietet die vielseitige Bergwelt Mountainbikern und Wanderern abwechslungsreiche Touren. Als Beispiel sei eine der wohl bekanntesten Mountainbike-Touren überhaupt genannt, die Tour auf den Tremalzo.

ALLGEMEINE INFORMATIONEN

Urlaubsregion	Tourismusverband **Ingarda Trentino**; Tel. 04 64 55 44 44; E-Mail: info@gardatrentino.it; www.gardatrentino.it
Orte	**Arco • Bardolino • Drena • Desenzano** www.desenzano.com **• Dro • Garda** www.aptgardaveneto.com **• Lacise • Limone • Malcesine** www.aptgardaveneto.com **• Massone • Molina di Ledro • Mori • Nago • Peschiera • Riva del Garda • Sal • Tenno • Torbole**
Entfernungen	Hamburg 1169 km; Berlin 980 km; Köln 971 km; Frankfurt a. M. 787 km; Stuttgart 547 km; München 394 km

Klettergärten

Muro dell' Asino: Ideales Anfängergebiet bei Arco mit geneigten Platten, Wandhöhe 30 m; Talort: Arco/Laghel (220 m)

Massone: Wohl weltweit einer der bekanntesten Sportklettergärten mit über 200 Touren; wenig leichte Routen, von links nach rechts wird es immer schwieriger; Wandhöhe: 35 Meter; Talort: Massone (121 m)

Auskunft zu Kletterrouten im Infocenter der Climbers Lounge in Arco (Rockmaster-Kletterwand), Tel. 0 33 31 66 14 01, www.friendsofarco.it

Wanderkarten

Freytag & Berndt WKS 20 Gardasee; 1:50 000

Lago Maggiore

ADAC Prädikat

SPORT & SPASS

WANDERN & BERGTOUREN

KULTUR & CO.

WELLNESS & GENUSS

Genusstouren im Land der Sehnsucht

Der Lago Maggiore hat alles, um die Sehnsüchte der Menschen aus dem Norden nach schöner Landschaft und warmem Klima zu erfüllen. Mit der entsprechenden Konsequenz: Wer hier seinen Urlaub verbringt, ist in Ufernähe des Sees sicher nie allein. Einsame Plätze gibt es dafür im Hinterland, beispielsweise in der ungebändigten Natur des Nationalparks Val Grande.

Landschaftlich hat der Lago Maggiore zwei Gesichter. Im Norden ist er umgeben von schroffen, meist bis in den Gipfelbereich dicht bewachsenen Bergen. Die Steilhänge setzen sich auch unter der Wasseroberfläche fort. 372 m misst der See an seiner tiefsten Stelle, die damit fast 200 m unter dem Meeresspiegel liegt. Geschaffen wurde dieses Werk vom Tessinergletscher, der sich im Laufe von vier großen Eiszeiten durch die Täler gewunden hat. Im Süden streckt der See seine Fühler weit in die Po-Ebene hinein. Die Hügel sind hier sanfter, das Klima nochmals ein bisschen milder als im nördlichen Uferbereich sowieso schon. Kein Wunder also, dass der Lago Maggiore längst zum Sinnbild einer idealen Landschaft mit optimalen klimatischen Bedingungen geworden ist. Vieles davon sind klischeehafte Vorstellungen, doch auch nüchterne Beobachter kommen ins Schwärmen: über die fantastische Lage, über die zahlreichen Kunstschätze entlang seiner Ufer, über die wilde Berglandschaft im Hinterland und natürlich über das angenehme, fast mediterrane Klima. Palmen, Bananenstauden und Zitronenbäume gedeihen inzwischen nicht nur in jedem Garten. Im Zuge der Klimaerwärmung breiten sich viele dieser immergrünen Pflanzen, die früher im Winter in Gewächshäusern untergebracht werden mussten, auch in den umliegenden Wäldern aus, wie etwa bei Ronco, wo früher noch Rebstöcke die Hänge bedeckten.

Südliche Reize: der Blick von der Promenade der Isola Brissago über den Lago Maggiore

Hütten

Rifugio Antonia Fantoli (1000 m)
Die Hütte befindet sich auf der wunderbar gelegenen Alpe Ompio und ist eine ideale Ausgangsbasis für Touren in den Nationalpark Val Grande. Von der Alpe Ruspesso (937 m, nördlich des Lago di Mergozzo bei Verbania) in ca. 30 Min. erreichbar; Tel. 03 30 20 60 03

Baita Zabò (1167 m)
Kleine, in der Regel nicht bewirtschaftete Berghütte auf der Alpe Rombiago hoch über dem Valle Cannobina. Lager für Selbstversorger. Von Cavaglio San Donnino (501 m, westlich von Cannobio) ca. 2 Std.; Schlüssel kann bestellt werden unter Tel. 03 23 7 06 28 (Associazione Zabò)

the perfect day

9 Uhr: Mit dem Schiff von Stresa zur Isola Bella; Spaziergang durch den Garten und Besichtigung des Palazzo Borromeo, Rückfahrt mit dem Schiff
13 Uhr: Bummel entlang der Promenade von Stresa
15 Uhr: Fahrt nach Varallo, Spaziergang auf dem Kreuzweg hinauf zum Sacro Monte
17 Uhr: Bummel durch Varallo, Einkehr in einem der netten Restaurants des Städtchens

Ideal ist das milde Klima natürlich für Wassersportler: Sie tummeln sich am, auf und im See oder sie begeben sich zu den zum Teil wilden Bächen im Hinterland – zum Canyoning und Rafting.
Trotz eines umfassenden, actionreichen Freizeitangebots ist der Lago Maggiore aber vor allem etwas für stille Genießer: Bei mildem Sonnenschein werden sie über die Isola Bella spazieren, um sich an der Schönheit dieses üppig blühenden Gesamtkunstwerks zu erfreuen. Auf zehn Terrassen sind die herrlichen Barockgärten angelegt, der Palazzo Borromeo beeindruckt mit seiner prunkvollen Innenausstattung. Kunstgenießer werden außerdem am Lago d'Orta vorbei nach Westen Richtung Val Sesia bis Varallo fahren. Von dort führt ein 20-minütiger Kreuzweg hinauf auf den weithin sichtbaren Sacro Monte. In 44 Kapellen wird der Leidensweg Christi und die Erlösung mit über 800 lebensgroßen Holz- und Terrakottafiguren aus dem 15. und 17. Jh. mit großer Eindringlichkeit dargestellt. Ziel der Schöpfer des Kreuzweges war es, die Geschichte auch jenen nahe zu bringen, die nicht lesen und schreiben konnten. Eindrucksvolle letzte Station ist die barocke Basilika S. Maria auf dem Felsplateau, an der gleich

WANDERN & BERGTOUREN

TOP TIPP

Als »größte Wildnis Italiens« gilt der **Nationalpark Val Grande** 1. Entlang des Rivo Val Grande und seiner Schlucht reihen sich mehrere Seitentäler. Ende der 1960er Jahre gab der letzte Senn die Almwirtschaft auf; langsam, aber stetig erobert sich die Natur ihren Platz zurück. Wandern im Val Grande ist ein unvergleichlicher Ausflug in die wilde, ungebändigte Bergwelt – allerdings nichts für Ungeübte. Es gibt einige schlecht markierte Wege und einige nicht bewirtschaftete Schutzhütten. Eine eintägige Wanderung führt von der Alpe La Piana (1100 m) hoch über Premosello Chiovenda (230 m) hinauf zur Colma di Premosello (1728 m), dann auf einem steilen Abstieg zur verfallenen Alpe Serena (1300 m, Vorsicht: unter den Gneisplatten verstecken sich Schlangen) und zurück zur Alpe La Piana; Zeit: ca. 7 Std.; Einkehr: keine; als Alternative kann man von der Colma di Premosello aus den Pizzo Proman (2099 m) besteigen.

Monte Verità (321 m) Gemütlicher Spaziergang mit fantastischem Blick auf den See	Ausgangspunkt: Ascona (ca. 199 m, Wegweiser beachten); Monte Verità - Capella Gruppaldo (400 m) - Ronco (350 m) - Buffaga - Ferabò - Brissago (197 m; von dort per Bus zurück nach Ascona); Zeit: ca 4 Std.; Einkehr: Restaurants und Grotti in Ascona, Ronco und Brissago
Pizzo Castello (1607 m) Anstrengende, lange Rundwanderung auf den Spuren der Bergbauern im Valle d'Anzasca	Ausgangspunkt: Cimamulera (486 m, im Valle d'Anzasca südwestlich des Nationalparks Val Grande); Alpe Ceresole (953 m) - Alpe Castello - Pizzo Castello (toller Blick auf Lago Maggiore und Monte-Rosa-Gruppe) - Alpe della Colma (1509 m) - Drocala (940 m) - Meggiana - Cimamulera, nur für trittsichere Bergsteiger geeignet; Zeit: ca. 8 Std.; Einkehr: unterwegs keine Möglichkeit, nur eine Bar in Cimamulera
Monte Zeda (2156 m) Anspruchsvolle Wanderung auf den schönsten Aussichtsberg am Lago Maggiore	Ausgangspunkt: Gabbio (1068 m, nördlich von Intragna auf der Westseite des Lago Maggiore) – La Piazza (1182) - Rifugio Pian Cavallone (1528m) - Colle dela Forcola (kurze Passage mit Ketten gesichert) - Pizzo Marona (2051 m) - Monte Zeda; Abstieg auf derselben Route; Zeit ca. 7 Std.

Val Calobina
Einige tiefe Schluchten hat der Torrente Cannobina ins Val Cannobina (zwischen Brissago und Verbania auf der Westseite des Lago Maggiore) gegraben. Unterhalb der frühbarocken Kirche Sant'Anna weitet sich der Bach zu einem kleinen See. Hier, im Anblick der Kirche und der Schlucht, aus der der Bach fließt, findet sich eine der schönsten Stellen für ein (Sonnen-)bad. Im Ausflugsrestaurant bei der Kirche kann man sich stärken.

Restaurants

Villa Margherita
Fantastisch ist schon allein der herrliche Blick über den See von der Terrasse der Villa Margherita in Oggebio am Westufer des Lago Maggiore. Hinzu kommt das angenehme Ambiente und die exquisite Küche. Ein idealer Ort, um einen romantischen, unvergesslichen Abend zu verbringen; Tel. 03 23 49 10 06

TOP TIPP

Markt in Omegna 2
Die besten Toma-Käse weit und breit gibt es auf dem Wochenmarkt in Omegna (298 m) am Nordufer des Ortasees (jeweils Do). Neben der Delikatesse, die in den Bergtälern der Umgebung produziert wird, sind auch die Salamis in verschiedener Machart von hervorragender Qualität. Es darf auch gekostet werden.

Villa Taranto Verbania
Englischer Garten mit italienischen Dekorationen und einem riesigen Bestand botanischer Schätze aus aller Welt. Errichtet an herrlicher Lage in Verbania vom Schotten Neil McEacharn, der das 20 ha umfassende Areal im Jahr 1939 dem Staat vermachte; Tel. 03 23 53 32 49

TOP TIPP Die bezaubernde Blumeninsel **Isola Bella mit dem Palazzo Borromeo** 3 galt bereits im 18. Jh. als eines der Weltwunder. 1632 begannen die Architekten Francesco Castelli, Filippo Cagnola und Carlo Fontana den Palazzo im Stil des lombardischen Frühbarocks zu errichten. Die Räume sind prächtig ausgestattet, u.a. mit flämischen Wirkteppichen und mit Gemälden von Giordano und Bernardino Luini. Im unteren Bereich des Palastes befinden sich sechs reich mit Muscheln und anderen Meerestieren ausgeschmückte Gewölberäume. Von den Grotten führt ein Weg zu den verschiedenen Gärten. Das Juwel der Insel ist der italienische Garten des Frühbarocks mit seinen Statuen, die Nymphen und Meeresgötter darstellen. Eindrucksvoll ist vor allem das Einhorn, das 37 m über dem Wasserspiegel den Garten zu krönen scheint.

mehrere namhafte oberitalienische Künstler mitgewirkt haben. Für das kleine Städtchen Varallo selbst sollte man sich ebenfalls Zeit nehmen: Malerisch thront auf einem Felsen über dem Ortskern die Kirche San Gaudenzio; in der schönen, historischen Altstadt spenden herrliche Laubengänge Spaziergängern angenehmen Schatten.
Wanderfreudige Genießer werden sich vor allem im Nationalpark Val Grande mit seiner fantastischen Kulisse wohl fühlen. Wer vom Gipfel des Monte Zedas aus auf den nur wenige Kilometer entfernten Lago Maggiore blickt, kann nur staunen, wie nah sich hier herbe Wildnis und gepflegte Zivilisation kommen. Kaum verlässt man die Uferregion, ist es aus mit gut markierten Wegen, wie man dies von anderen Regionen her kennt. Man muss sich auf Karten und den eigenen Orientierungssinn verlassen. Betrachtet man einen Ausflug mehr als Entdeckungsreise denn als Gipfelstürmerei, wird die Tour zum unvergesslichen Erlebnis: Verwunschene Talauen, einsame Hochplateaus und verfallene Almsiedlungen warten nur darauf, erkundet zu werden. Man sollte sich die Zeit nehmen, die mediterrane Pflanzenwelt zu betrachten oder den Gämsen und Steinböcken zuzusehen, wie sie durch die entlegenen Hochtäler ziehen. Wer allerdings die verlassenen Bergdörfer im Hinterland des Lago Maggiore, vor allem aber im Valstrona, kennen gelernt hat, wird sich bewusst sein, dass abseits vom großen Rummel eine Lebensform langsam ausstirbt, die während vieler Jahrhunderte das Gesicht dieser Berggebiete geprägt hat.
Am Abend erwartet den müden Berggänger mit Sicherheit ein köstliches Mahl in einem der zahlreichen guten Restaurants im Hinterland. In den Orten unmittelbar am See sollte man bei der Auswahl vorsichtig sein. Vor

Fantastisch ist die Aussicht auf den See bei einer Höhenwanderung von Ronco nach Ascona.

ALLGEMEINE INFORMATIONEN

Omegna (298 m)	Associazione turistica; Tel. 03 23 6 19 30; E-Mail: info@proloco.omegna.vb.it; www.proloco.omegna.vb.it
Stresa (200 m)	Tourismusbüro; Tel. 03 23 3 01 50; E-Mail: stresa@distrettolaghi.it; www.distrettolaghi.it
Verbania (197 m)	Assessorato al Turismo; Tel. 03 23 50 32 49; E-Mail: turismo@comune.verbania.it; www.verbania-turismo.it
Orte	**Arona** www.comune.arona.no.it • **Baveno** www.comune.baveno.vb.it • **Brissago** www.brissago.ch • **Cannobio** www.cannobio.it • **Luino** www.comune.luino.va.it • **Varallo** www.comunevarallo.com
Entfernungen	Hamburg 1031 km; Berlin 958 km; Köln 748 km; Frankfurt a. M. 580 km; Stuttgart 424 km; München 414 km

Eine Bootsfahrt auf dem Lago Maggiore eröffnet ungewohnte Perspektiven, hier auf den malerischen Ort Stresa.

allem in der Hauptsaison muss man dort damit rechnen, dass die Restaurants überfüllt sind, die Bedienung schlechte Laune hat und das Essen lieblos zubereitet ist. Aber als Alternative bleibt immer das Hinterland mit seinen idyllischen, ruhigen Plätzen für Genießer.

Wanderkarten

Schweizer Landeskarte; Blätter 1311, Comolongo 1312 Locarno, 1332 Brissago, 1352 Luino; 1:250 000

Aostatal

ADAC Prädikat

SPORT & SPASS

WANDERN & BERGTOUREN

KULTUR & CO.

WELLNESS & GENUSS

TOP TIPP Römische Baudenkmäler setzen bei einem **Rundgang durch Aosta** markante Akzente: Ausgangspunkt ist die Ponte Romano, ganz in der Nähe des Augustusbogens. Die schöne Einkaufsstraße Via San Anselmo führt zur Porta Praetoria, dem einzigen erhaltenen römischen Stadttor. Über die Via Pte. Pretoriane gelangt man zur Piazza Emilio Chanoux, dem eigentlichen Zentrum Aostas mit dem prächtigen Rathaus. Besonders malerisch ist die mittelalterliche Via J.B. De Tillier mit ihren winzigen Nebengassen, über die man zur Kathedrale dell' Assunta gelangt. Über die Via Monsignore de Sales führt der Spaziergang zu den Ruinen des römischen Theaters, das wie einst das Stadtbild prägt. Im Mittelalter wurde das Kloster Pietro ed' Orso mit der romanischen, in der Gotik umgestalteten Kollegiatskirche errichtet. Das Juwel des Klosters ist der wunderbare Kreuzgang (12. Jh.) mit romanischen Kapitellen.

the perfect day

8 Uhr: Fahrt nach Cogne/Valnontey und Besuch des botanischen Gartens im Nationalpark Gran Paradiso
11 Uhr: Wanderung von Valnontey (1666 m) zur Alpe Money (2325 m)
14 Uhr: Ausgiebige Rast mit Picknick auf den blühenden Almwiesen, auf demselben Weg zurückwandern nach Valnontey
17 Uhr: Abstecher auf der Fahrt nach Courmayeur zur Testa d'Arpy (2018 m, bei Morgex) mit fantastischem Ausblick auf den Montblanc
20 Uhr: Abendspaziergang durch Courmayeur, in einem der Gasthäuser gut speisen

Viertausender, Wein und Kultur

Das Aostatal ist umgeben von den höchsten Gipfeln der Alpen, im Talboden überrascht es mit einem angenehm milden Klima: perfekte Rahmenbedingungen für Wanderer, Kletterer und Extrembergsteiger. Aber auch für Familien hat man alles getan – Kinderliebe wird in Italien traditionell groß geschrieben. Gut erhaltene Römerbrücken und mächtige Burgen sind zwar die augenfälligsten, aber lange nicht die einzigen historischen Denkmäler, die Interessierte im Aostatal entdecken werden. Verbindendes Element und prächtige Kulisse ist jedoch stets die grandiose Gebirgslandschaft.

Knapp 100 km lang ist das Haupttal der Region. Flankiert wird es im Westen von den Grajischen Alpen mit dem Gran Paradiso, im Osten vom Wallis mit Matterhorn, Liskamm und Monte Rosa sowie im Norden vom Montblanc. Mittendrin liegt das Zentrum und der Verkehrsknotenpunkt: Aosta. Auf Schritt und Tritt stößt man dort auf die Spuren einer glanzvollen Vergangenheit, sei es der römische Augustusbogen (25 v. Chr.), das Kloster St. Pietro ed Orso mit einem beeindruckenden Glockenturm oder die mittelalterliche Kathedrale. In das Haupttal münden mehr als ein Dutzend Seitentäler, die mit landschaftlicher, kultureller und touristischer Vielfalt beeindrucken. Im Val di Gressoney etwa, ganz im Osten der Region auf der Südwest-Seite des Monte-Rosa-Massivs, wird Deutsch gesprochen: Walser haben sich hier unter den eindrucksvollen Abbrüchen des Liskamms angesiedelt. Der Dialekt ist für Hochdeutsch Sprechende indes kaum verständlich. Auch Römer haben ihre Spuren hinterlassen, etwa die Bogenbrücke über die Lys in Pont St. Martin. Weiter hinten im Tal lohnt es sich, vom Wintersportort Gressoney-la-Trinité mit einer der Bahnen hinaufzufahren, um den herrlichen Blick auf das Monte-Rosa-Massiv zu genießen und anspruchsvolle Hochtouren in dieses Gebiet zu unternehmen. Weiter nördlich führt das Valtournenche mitten in die für Alpinisten höchst interessante Hochgebirgslandschaft bei Breuil-Cervinia am Fuße des Matterhorn. Der berühmte Gipfel erscheint von dieser Seite zwar nicht so markant wie von Zermatt aus, unter seinen Wänden locken jedoch herrliche Wandermöglichkeiten.
Mondäner ist die Region um Courmayeur, der meistbesuchten Destination im Tal, über der mit dem Montblanc majestätisch der höchste Berg der Alpen thront. Courmayeur bietet die umfangreichste Urlaubs-Infrastruktur im Aostatal. Wer sich am Rummel eines internationalen Touristenzentrums nicht stört, wird hier perfekte Ferien verbringen. Auf Wanderer warten im Val Veni und Val Ferret herrliche Touren mit einem ungetrübten Blick auf die gewaltigen Pfeiler und Hängegletscher der Südwand des Montblanc. Fantastisch ist auch die Fahrt mit den »Funive Monte Bianco« – Seilbahnen, die von Courmayeur aus auf die Punta Helbronner führen. Von dort aus geht es weiter mit der unglaublich kühn über die riesige Gletscher-

Das Dorf Brusson liegt im Val d'Ayas, das sich zwischen Valtournenche und Val di Gressoney befindet.

welt des Mer de Glace gebauten Gondelbahn zur Aiguille du Midi, ein Erlebnis, das man nicht vergisst. Doch zurück in die Seitentäler des Aostatals: Kontrastreich ist das wildromatische Val Grisenche. Malerische Ortschaften laden zum Verweilen ein, eine Straße führt am Stausee von Beauregard vorbei nach Surier, dem Ausgangspunkt für Bergtouren und Wanderungen im Rutormassiv und der Grande Sassière. Völlig einsam ist das Val de Rhêmes mit herrlichen Blumenwiesen und imposanten Wasserfällen. Am besten lernt man die Reize dieses ursprünglichen Tals auf der leichten zweistündigen Wanderung von Rhêmes-Notre-Dame hinauf zur Benevolohütte kennen. Damit begibt man sich in den Nationalpark Gran Paradiso.
Ins Herz dieses Nationalparks gelangt man im direkt auf den Gran Paradiso zuziehenden Val di Cogne. Das Bergsteigerdorf Cogne ist ein idealer Standort für Touren und Wanderungen, etwa ins Vallone di Grauson mit seinen wilden Rosenbüschen. Pflanzenliebhaber sollten unbedingt von Cogne aus ins Valnontey fahren, um den herrlichen Alpengarten zu besichtigen. Lohnende Wandertouren führen zum Rifugio Vittorio Sella und zur Alpe Money (4 Std. hin und zurück).

Reben in Sichtweite ewigen Eises

Auch das Val Savaranche bietet sich als Eingang zum Nationalpark an. Am Ende all der genannten Täler erheben sich die Gletscherriesen hoch in den Himmel, keine Straßen und keine Bergbahnen führen weiter. Da hilft nur eins: Bergschuhe anziehen und zu Fuß auf Erkundungstour gehen. Im Mittelpunkt des Parks steht der Gran Paradiso, der – zumindest über den Normalweg – als einer der leichtesten Viertausender der Alpen gilt. Dennoch führt der Weg über vergletschertes Gelände, was die entsprechende Ausrüstung und alpine Erfahrung oder die Dienste eines Bergführers voraussetzt. Der Gran Paradiso hat jedoch auch seine wilden Seiten, die selbst Extrembergsteiger vor Probleme stellen.

Botanische Gärten
Wer sich für die alpine Flora interessiert, findet im Aostatal in freier Natur eine schier unerschöpfliche Pflanzenvielfalt. Für diejenigen, die Wert auf eine gute Präsentation der Pflanzen und die Erklärungen von Experten legen, gibt es gleich vier botanische Gärten mit langer Tradition. Am bekanntesten ist der botanische Garten Paradisia (1750 m) im Valnontey in der Nähe von Cogne. Der Saussurea bei Courmayeur (1224 m) präsentiert die Botanik wissenschaftlich am fundiertesten. Der Chanousia (2170 m) etwas unterhalb der Passhöhe des Kleinen St. Bernhard wurde bereits 1897 gegründet. Der vierte Park befindet sich beim Castel Savoia (1350 m, bei Gressoney-St-Jean); Infos zu allen Gärten unter www.regione.vda.it/risorsenaturali

WANDERN & BERGTOUREN

TOP TIPP Eine hochalpine Gletschertour führt auf den höchsten Gipfel der Grajischen Alpen, den **Gran Paradiso** (4062 m) ❶. Ausgangspunkt ist Pont (1960 m) im hinteren Valsavarenche; schon der Aufstieg zur Rifugio Vittorio Emanuele (2735 m, Übernachtung) ist herrlich. Über den weiten Gran-Paradiso-Gletscher geht es zur Schiena del Asino und weiter über den recht ausgesetzten Grat zum Gipfel mit der Madonnenstatue; Abstieg wie Aufstieg; anspruchsvolle Hochtour, die alpine Erfahrung, entsprechende Ausrüstung (Seil, Pickel, Steigeisen) und Kondition voraussetzt. Wer keine Erfahrung mit Gletschern hat, sollte die Tour nur mit einem Bergführer in Angriff nehmen; Zeit: ca. 2 Std. zur Hütte, ca. 6 Std. zum Gipfel, Abstieg ca. 4 Std.; Einkehr: Rifugio Vittorio Emanuele; Führungen bei der Societa Guide Alpine Courmayeur, Tel. 01 65 84 20 64; www.guidecourmayeur.com, und bei der Societa Guide Alpine Valsavarenche, Tel. 0 16 59 53 04, www.espritmontagne.com

Djouan-Seen (2520 m) Reizvolle, leichte Bergwanderung im Herzen des Nationalparks	Ausgangspunkt: Creton (1591 m) im Val Savarenche; auf gut ausgezeichneten Wegen durch üppig blühende Wiesen auf die Hochebene Irtvieille – zum ehemaligen Jagdhaus von Vittorio Emanuele II. (heute Forsthaus) – Djouan-Seen (2520 m); Abstieg wie Aufstieg; Zeit: 4 Std.; Einkehr: in Creton
Alpe Money (2325 m) Herrliche, mittelschwere, Wanderung mit Paradiso-Blick	Ein Teil der Strecke verläuft auf dem Aostatal-Höhenweg Nr. 2, der in sieben Etappen auf der Südseite des Tales von Champorcher (1427 m) bis Courmayeur (1224 m) führt. Ausgangspunkt: Valnontey (1666 m) beim Alpengarten im Val di Cogne; Valmiana (1729 m) – Alpe Money; Aufstieg wie Abstieg; technisch leichter, aber zum Teil steiler und ausgesetzter Weg; Zeit: ca. 4 Std.; Einkehr: Valnontey
Becca di Viou (2855 m) Lange, anstrengende Wanderung mit begeisterndem Talblick	Ausgangspunkt: die kleine Höhensiedlung Blavy (1471 m) nordöstlich über Aosta; Viou-Alm (2062 m) – Tsa de Viou (2292 m) – Viou-Pass (2698 m) – Becca di Viou – Blavy; keine technischen Schwierigkeiten; Zeit: ca. 7 Std.; Einkehr: Blavy

Naturpark Gran Paradiso
Das Gebiet des 1922 gegründeten Nationalparks gehört zu den Grajischen Alpen und erstreckt sich von 800 m bis auf 4062 m am Gipfel des Gran Paradiso. Früher war hier das Jagdgebiet der Könige, und um die Steinbockjagd den Adeligen vorzubehalten, stellte man die Tiere unter Schutz. 1919 schenkte König Vittorio Emanuele das Gebiet dem Staat, der es als Naturschutzgebiet auswies. Erkunden kann man den Park nur zu Fuß, weder Seilbahnen noch Straßen führen hinein. In den Informationszentren in den Tälern sind immer interessante Ausstellungen zu sehen, außerdem werden Führungen und Exkursionen angeboten. Info-Zentren sind in: Val de Rhêmes (Rhêmes-Notre-Dame, Tel. 01 65 93 61 93); Valsavarenche (Dégioz, Tel. 01 65 90 55 00); Val di Cogne (Valnontey, mit botanischem Garten, Tel. 01 65 74 14 7); www.pngp.it; www.parks.it

Auch Wanderer in den Talböden lassen ihre Blicke von den blühenden Almwiesen immer wieder hinauf zu einem der 220 Gletscher des Aostatals und seiner Seitentäler schweifen. Kaum zu glauben, dass in Sichtweite des ewigen Eises sogar Reben angepflanzt werden können – in Morgex liegen auf 1200 m die höchsten Weinberge Europas. Das sagt schon einiges aus über die landschaftliche und klimatische Vielfalt des Aostatals, das einerseits gesäumt wird von den höchsten Bergen der Alpen, andererseits aber schon die milde Luft des Südens genießt. Die klimatische Schneegrenze liegt so mit 3200 m vergleichsweise hoch; Lärchen, Fichten und Kiefern gedeihen bis auf eine Höhe von 2300 m.

Vom angenehmen Klima können sich Urlauber im Tal immer wieder überzeugen. Es begünstigt den Anbau von Obst und Gemüse, entsprechend vielfältige Gärten und natürlich auch die Weinreben belegen dies. In den Bergdörfern dominiert die Viehwirtschaft, deren wichtigstes Erzeugnis, der Fontina-Käse, es zu internationaler Berühmtheit gebracht hat. Ohne weiteres mit dem Parmaschinken aufnehmen kann es der Rohschinken aus Bosse im Großen-St.-Bernhard-Tal, und auch der Speck aus der Gegend kann sich selbst mit der Südtiroler Konkurrenz gut messen. Doch überleben können die Bergbauern auch im Aostatal nur dank Subventionen. Da die Regierung der autonomen Provinz zusätzlich Gelder zuschießt, finden sich verlassene Bergdörfer und verwilderte Almen weit seltener als in anderen Alpentälern Italiens. Und doch ist nur noch jeder zwanzigste Talbewohner in der Landwirtschaft tätig. Aus den meisten Bauern sind Gastwirte, Tourismus-Manager oder Bergführer geworden.

Die Lage weckte Begehrlichkeiten

Allerdings bleiben die Bewohner des Aostatals ihrer Heimat sehr stark verbunden; diese Form der Bodenständigkeit wird ihnen offenbar bereits in die Wiege gelegt. Seit Menschengedenken musste man sich hier immer wieder den Stürmen der Geschichte zur Wehr setzen. Schuld daran war vor allem die früher strategisch bedeutsame Lage. Waren doch der Große und der Kleine St.-Bernhard-Pass schon seit der Römerzeit wichtige Verkehrsverbindungen – was Invasoren und Händler gleichermaßen anlockte.

Nach dem Zerfall des Römischen Reiches folgten ostgotische, byzantinische und langobardische Herrschaften. 1191 fiel das Aostatal dann an Savoyen. Über 100 Burgen und Schlösser zeugen von dieser Zeit. Die bedeutendste der Anlagen ist die Burg Fénis etwa 15 km östlich von Aosta, die im 13. Jh. als Wohnsitz der Familie de Challant errichtet wurde. Zu dieser Zeit wurden aber auch weitere Alpenpässe ausgebaut, die Strecke durchs Aostatal verlor zunehmend an Bedeutung. Erst mit der Eröffnung der Straßentunnels durch Montblanc und Großen St. Bernhard wurde Aosta wieder zu einem bedeutenden Verkehrsknotenpunkt – wobei die zu erwartenden Probleme mit Schwerlast- und Durchgangsverkehr nicht ausblieben.

Trotz der ständigen Präsenz fremder Herren haben es die hier lebenden Menschen immer verstanden, ihre Eigenständigkeit zu bewahren. So genossen sie schon im Mittelalter Autonomierechte. 1861 wurde das Aostatal endgültig Italien zugesprochen. Erst Mussolini startete aber nach seiner Machtübernahme 1922 eine gnadenlose Kampagne, um aus dem von Frankreich geprägten Tal eine

Steinerner Zeuge einer großen Vergangenheit: das römische Theater von Aosta

Hütten

Rifugio Walter Bonatti
(2025 m)
Die Walter-Bonatti-Hütte hoch über Lavachey (1642 m) hat auch bei Schlechtwetter einiges zu bieten. Sie beherbergt die historische Fotosammlung des legendären Bergsteigers Walter Bonatti und eine umfangreiche Bibliothek. Zustieg von Lavachey (nördlich von Courmayeur) in ca. 1 Std.; Tel. 01 65 86 90 55; www.rifugiobonatti.it

Rifugio Vittorio Emanuele
(2735 m)
Am Ufer eines idyllischen Bergsees liegt diese stattliche Hütte. Sie ist eine ideale Basis für Touren in den Nationalpark Gran Paradiso und außerdem Stützpunkt für die Besteigung des Gran Paradiso (4062 m). Meistens tummeln sich in der Nähe der Hütte viele Steinböcke. Zustieg von Pont (1960 m, im Val Savarenche) in ca. 2. Std.; Tel. 0 16 59 59 20, www.rifugiovittorioemanuele.com

Quintino Sella al Felik
(3585 m)
In fantastischer Hochgebirgslandschaft am Fuße des Felik-Gletschers im Valle di Gressoney sorgt Hüttenwart Adriano Favre bestens für das Wohl seiner Gäste. Vom Bettaforca-Pass (2672 m, bei Gressoney-la-Trinité, mit Seilbahnen erreichbar) etwa 3 Std.; Tel. 01 25 36 61 13 und Tel. 01 25 30 72 63, www.rifugioquintinosella.com

Das Schloss Fénis aus dem 13. Jh. ist die bedeutendste Burganlage im Aostatal.

Klettern
Bois de la Tour, Croix de Clavel
Besonders empfehlenswert sind die nahe beieinander liegenden Klettergärten Bois de La Tour und Croix de Clavel bei Saint-Nicolas (1200 m) zwischen Courmayeur und Aosta; 25 wunderschöne Touren, auch einige im unteren Bereich; Schwierigkeitsgrad 3–8; Infos, Kletter-Kurse und geführte Touren: Esprit Montagne, Tel. 3 49 6 64 97 63, www.espritmontagne.com; Interguide; Tel. 34 96 64 97 63, www.interguide.it; Società Guide Alpine Courmayeur, Tel. 01 65 84 20 64; www.guidecourmayeur.com

italienische Provinz zu machen. Französisch, die Sprache des Aostatales, wurde kurzerhand verboten, viele alteingesessene Bewohner wanderten ab. In Aosta wurde ein ganzes Viertel abgerissen, um ein antikes Theater auszugraben. Die Ruinen sollten der Bevölkerung demonstrieren, welche Kultur Rom einst in das Bergtal gebracht hatte. 1945 wurden die Maßnahmen aufgehoben, seitdem ist Französisch wieder gleichberechtigte Amts- und Unterrichtssprache, wenn heute auch das Italienische dominiert. Zweisprachig sind aber nahezu alle Einwohner des Aostatales.

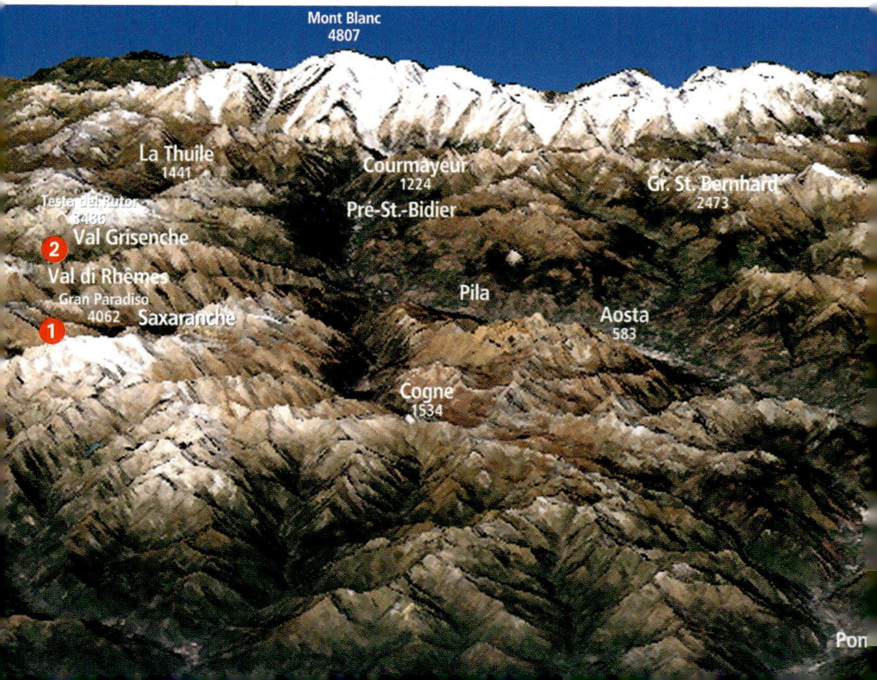

In vielen Hotels und Restaurants wird auch Englisch gesprochen – die Engländer zählen traditionellerweise zu den wichtigsten Gästen im Tal. Mit Deutsch kommt man hingegen nicht allzu weit. Das mag auch daran liegen, dass das Aostatal aus Deutschland nur mit Mühe zu erreichen ist: Schon von München aus muss man mit acht Stunden Fahrzeit rechnen. Doch die Anreise lohnt sich trotzdem, egal ob man auf die höchsten Gipfel der Alpen klettern, sich in vielgestaltiger Landschaft entspannen oder eine faszinierende, eigenständige Kultur erleben will. Ein Urlaub im Aostatal ist – egal woher man kommt – ein Vergnügen für jung und alt.

ALLGEMEINE INFORMATIONEN

Urlaubsregion	Assessorato Regionale al turismo; Tel. 01 65 23 66 27; E-Mail: uit-aosta@regione.vda.it; www.regione.vda.it/turismo
Orte	**Aosta** www.aiataosta.com • **Arvier** www.comune.arvier.ao.it **Ayas** www.aiatmonterosa.com • **Bionaz** www.comune.bionaz.ao.it • **Champorcher** www.laportadellavallee.net • **Châtillon** • **Courmayeur** www.aiat-monte-bianco.com • **Cogne** www.cogne.org • **Etroubles** www.gransanbernado.com • **Gressan** www.comune.gressan.ao.it • **Gressoney-la-Trinité** www.gressoneyonline.it • **Morgex** www.comune.morgex.ao.it • **Pila** • **Rhemes-Notre-Dame** www.granparadiso.net • **Saint-Vincent** www.saintvincent.vda.it • **Sarre** www.comune.sarre.ao.it • **Trinité** www.aiatmonterosawalser.it • **Valgrisenche** www.granparadiso.net • **Valsavarenche** www.granparadiso.net • **Valtournenche** www.montecervino.it
Entfernungen	Hamburg 1109 km; Berlin 1162 km; Köln 791 km; Frankfurt a. M. 624 km; Stuttgart 539 km; München 635 km

TOP TIPP Eine Staumauer muss kein unüberwindliches Hindernis sein: Im Val Grisenche lässt sich die mächtige Mauer des Lago di Beauregard erklettern. Es gibt 15 je 80 m lange **Klettersteige** 2. Auch eine **Kletterwand** namens

»Big Wall« steht zur Verfügung, mit zwei je 70 m langen Routen, meist in mittleren bis höheren Schwierigkeitsgraden, außerdem einige kürzere, leichtere Routen. Auskünfte bei Società Guide Alpine; www.guideralgrisenche.com; Tel. 32 90 85 78 65

Wanderkarten

Tabacco Wanderkarte, Blatt 12 Monte Bianco – Courmayeur – Chamonix; 1:50 000
IGC, 101 Gran Paradiso, La Grivola, Cogne; 1:25 000

Die lokalen Tourismusämter halten zum Teil hervorragende Wanderkarten bereit.

Montblanc mit Chamonix

ADAC Prädikat

SPORT & SPASS

WANDERN & BERGTOUREN

KULTUR & CO.

WELLNESS & GENUSS

Stolz blicken im Zentrum von Chamonix Jacques Balmat, einer der beiden Erstbesteiger des Montblanc, und Bénédict de Saussure, sein Auftraggeber, zum Gipfel.

Die Magie des Weißen Berges

Das gesamte Montblanc-Massiv umfasst 7 Täler, 71 Gletscher und 400 Gipfel. Diese Fakten sind beeindruckend genug, sie reichen aber bei weitem nicht aus, um zu erklären, was den Mythos und die Faszination dieses Gebirgsmassivs mit dem höchsten Berg der Alpen ausmacht.

Wer zum ersten Mal ins Tal von Chamonix kommt, der legt unwillkürlich den Kopf in den Nacken und staunt. Dabei spielt es überhaupt keine Rolle, ob man vom Genfer See über die Autobahn und die breit ausgebaute »Route Blanche« hinaufrollt ins Tal von Chamonix oder ob man von Martigny aus über den steilen Forclaz-Pass und den Col des Montets herabkommt. Das Ergebnis ist immer dasselbe: ein ergriffenes Staunen. Wie eingeklemmt wirkt das tiefe, lang gestreckte

Tal zwischen der Zackenreihe der knapp 3000 m hohen Aiguilles Rouges auf der nördlichen Talseite und den noch gewaltigeren Wänden, Graten und Hängegletschern im Süden.

Sofort sucht der Blick den Horizont nach dem höchsten Punkt ab. Der liegt dezent im Hintergrund, man muss sich über die Stufen der Aiguille du Goûter, des Dôme du Goûter und des kamelhöckerigen Bosses-Grats hinaufarbeiten. Bei diesem Anblick versteht jeder, dass der Ort, die Geschichte des Tales und die seiner Bewohner seit Jahrhunderten von den Bergen des Massivs dominiert werden. Dass die engen, steilen Täler den Menschen einst nur eine sehr karge Lebensgrundlage bieten konnten, die Winter lang und hart waren, Lawinen und Steinschlag den Tod brachten. Dass aber auch dank der Schönheit dieser Berge der Tourismus entstand, der den dort

the perfect day

9 Uhr: Mit der Zahnradbahn hinauf nach Montenvers; Besichtigung des Alpengartens und der Eisgrotte am Mer de Glace
11 Uhr: Wanderung von Montenvers über den Balcon Nord zur Mittelstation Plan de l'Aiguille der Midi-Seilbahn, Talfahrt
15.30 Uhr: Besuch des Alpinen Museum oder Stadtbummel
17.30 Uhr: Mit der Seilbahn zur Flégère und kurze Wanderung zum Refuge du Lac Blanc am gleichnamigen See

lebenden Menschen schließlich Arbeit und eine hohe Lebensqualität brachte und für die Grundbesitzer oft sogar Reichtum bedeutete. Die Schattenseiten sind die ökologischen Probleme und die Angst vor dem Ausverkauf der Heimat, die man in anderen Regionen in diesem Ausmaß nicht kennt.

Wer durch die Straßen von Chamonix flaniert, wird bald feststellen, dass das Publikum international ist. Die Gäste folgen dem Ruf des Montblanc, auch wenn nur die wenigsten auf seinen Gipfel steigen. Trotzdem ist er überall präsent: als Abbildung auf tausenden von T-Shirts, als Eisbecher oder als Salatkreation, aber am schönsten ist er in natura, weithin sichtbar über dem Tal. Zum Beispiel vom Place Saussure aus, wo auch der Erstbesteiger Jacques Balmat und der Genfer Wissenschaftler Horace Bénédicte de Saussure, der eine hohe Prämie für die ersten Gipfelstürmer ausgesetzt hatte, noch heute andächtig zum Gipfel blicken. Vom Place Saussure mit den Bronzestatuen sind es nur einige Meter zum Denkmal für Dr. Michel Paccard, dem Seilgefährten Balmats 1786. Der bescheidene Paccard erntete dafür jedoch weit weniger Ruhm. Erst anlässlich der 200-Jahr-Feier der Erstbesteigung wurde dieses Denkmal für ihn aufgestellt. Wie bewundernswert die Tat war, dokumentiert das Musée Alpin mit Exponaten und Dokumenten zur Geschichte des Alpinismus. Ganz in der Nähe befindet sich eine Pflichtadresse für heutige Gipfelaspiranten: das »Maison de la Montagne« bei der Kirche. Untergebracht ist hier das Bergführerbüro der »Compagnie des Guides«, der 1821 gegründeten, ersten Bergführervereinigung der Welt. Im Schaukasten am Eingang kann jeder den aktuellen Wetter- und Lawinenbericht nachlesen. Wem dies nicht ausreicht, dem steht das »Office de Haute Montagne« (OHM) zur Verfügung, ein im gesamten Alpenraum einzigartiges Informationsbüro für Alpinisten. Experten geben hier Auskunft über die aktuellen Verhältnisse in den Routen, jeder kann sich individuell beraten lassen – gratis.

Ein Service, den alle in Anspruch nehmen sollten, bevor sie sich auf den Weg machen. Denn 3800 Höhenmeter liegen zwischen dem Marktplatz von Chamonix und der 4808 m hohen Eiskuppe des Montblanc; das entspricht in etwa dem Höhenunterschied zwischen dem Basislager und dem Gipfel eines Achttausenders im Himalaja. Und wie dort ziehen mächtige, spaltenzerrissene Gletscherströme mit abbruchreifen Séracs über die Bergflanken ins Tal: der Taconnaz-Gletscher und sein Nachbar, der 8 km lange Bossons-Gletscher, der fast bis zum Weiler Bossons herabreicht und den man von dort zu Fuß oder per Sessellift-Unterstützung leicht aus der Nähe betrachten kann. Nicht minder beeindruckend ist talaufwärts der steile Abbruch des Argentière-Gletschers oberhalb des Dörfchens Argentière. Ein Spaziergang durch diesen Ort lohnt sich übrigens sehr, denn hier kann man in den engen Gässchen noch wunderschöne alte Bauernhäuser entdecken, von denen es im städtisch-modernen Chamonix, wo früher zwei verheerende Großbrände wüteten, kaum noch welche gibt.

TOP TIPP Chamonix ist ein Dorado für **Kletterer** 1. Unzählige Routen aller Schwierigkeitsgrade führen im festen, herrlich rauen Granitfels zu verschiedenen Gipfeln. Aufgrund der Höhenlage und des alpinen Geländes dürfen allerdings auch vermeintlich leichte Touren keinesfalls unterschätzt werden. Wer keinen Fehler machen will, sollte sich einem Bergführer anvertrauen. Außerdem gibt es in der Region

sieben **Klettergärten** mit rund 180 Routen in allen Schwierigkeitsgraden. Ein beliebtes Gebiet mit vielen auch für Anfänger geeigneten Touren liegt bei Chamonix/Les Pèlerins (1049 m) auf der nördlichen Seite des Tals. Infos und Kurse bei: Compagnie des Guides de Chamonix, Tel. 04 50 53 00 88, www.chamonix-guides.com

Gletscherwanderung
Für Nichtbergsteiger ist es sicher ein einzigartiges Erlebnis, an einer geführten Gletscherwanderung teilzunehmen. Am beeindruckendsten ist die in der Hauptsaison fast täglich angebotene Tour von der Gipfelstation der Aiguille du Midi über den schmalen Grat (Trittsicherheit und Schwindelfreiheit nötig!) hinab ins riesige Gletscherbecken des oberen Vallée Blanche und des Géant-Gletschers mit Aufstieg in Richtung Turiner Hütte zur Ponte Helbronner. Von dort per Seilbahn zurück zur Aiguille du Midi und nach Chamonix. Pickel, Steigeisen sowie Gurt und bei Bedarf auch steigeisenfeste Schuhe kann man leihen. Infos bei der Compagnie des Guides de Chamonix Mont Blanc; Tel. 04 50 53 00 88, www.chamonix-guides.com

Anziehende Bergwelt

Doch der berühmte Blick aus Chamonix hinauf zum Montblanc ermöglicht nur einen ersten, sogar eher sanften Einblick in jene schrecklich-schöne Welt der »Naturwunder« dieses Massivs. Sie lockten seit dem Besuch der beiden ersten »Touristen« im Jahr 1741, den Engländern William Windham und Richard Pococke, Besucher aus der ganzen Welt hierher – zuerst die bergsteigenden Wissen-

WANDERN & BERGTOUREN

TOP TIPP

Einmal rund um den höchsten Berg der Alpen herum – drei Länder, elf Pässe, 9000 Höhenmeter im Aufstieg und täglich Staunen von früh bis spät über die Vielfalt und Schönheit dieses Massivs, elf Tage lang: Das sind die Trümpfe der **Tour du Montblanc** 2, die technisch leicht ist, aber eine gute Orientierung sowie Trittsicherheit voraussetzt. Route: Les Houches (1008 m) – Col de Tricot (2120 m) – Les Contamines-Montjoie (1164 m) – Col du Bonhomme (2329 m) – Col de la Croix du Bonhomme (2483 m) – Col des Fours (2976 m) – Col de la Seigne (2516 m) – Col Chécroui (1956 m) – Courmayeur (1224 m) – Col Sapin (2436 m) – Lavachey (1642 m) – La Fouly (1600 m) – Val d'Arpette – Tré-Le-Champ (1417 m) – Lac Blanc (2352 m) – Les Houches.
Bester Führer (nur in Englisch oder Französisch erhältlich): Tour du Mont Blanc, GR TMB, Nr. 028, Herausg. Fédérat. Franc. de la Randonnée Pédestre, Topo-Guides des sentiers, Paris, ISBN 2856995136

Le Grand Balcon Sud Leichter Höhenweg mit grandiosem Panoramablick auf den Montblanc	Ausgangspunkt: Chamonix/Bergstation La Flégère (1877 m); Planpraz – Brévent (2526 m) – Bellachat (2151 m) – Merlet (1562 m) – Les Houches (1008 m); Rückfahrt mit Bahn nach Chamonix; Zeit: ca. 7 Std.; Einkehr: in Chamonix, Les Houches, Chalet Planpraz, La Flégère
Lacs de Chéserys und Lac Blanc (2352 m) Leichte Wanderung mit kurzer, klettersteigähnlicher Passag	Ausgangspunkt: Tré-Le-Champ (1417 m, zwischen Argentière und Vallorcine); Aiguillette d'Argentière (1893 m) – kurze Klettersteigpassage, weiter zum Lac des Chéserys (2211 m) – schöner Steig zum Chalet du Lac Blanc; Übernachtung oder Abstieg in ca. 20 Min. zur Bergstation La Flégère; die Wanderung führt an idyllischen Aussichtspunkten vorbei; Zeit: ca. 6 Std.; Einkehr: Chalet du Lac Blanc, La Flégére Tipp: Wer den Sonnenauf- und -untergang fotografieren will, der sollte eine Übernachtung im Chalet du Lac Blanc (2352 m) einplanen. Abends ist es dort ruhig.
Le Balcon Nord Leichter Höhenweg unter den riesigen Felswänden der Aiguilles	Ausgangspunkt: Plan de l'Aiguille (2310 m, Mittelstation der Seilbahn zur Aiguille du Midi); auf markiertem Weg in einer langen Querung unter den berühmten Felswänden der Aiguilles de Chamonix entlang bis zur Station der Zahnradbahn Montenvers (1913 m); mit der Bahn zurück nach Chamonix; ideale Familienwanderung zum Eismeer, zur Eisgrotte und der Zahnradbahn; Zeit: ca. 4 Std.; Einkehr: Chalet du Plan de l'Aiguille, Montenvers
Montblanc (4808 m) Lange, anspruchsvolle Hochtour durch gefährliche Gletscher, nur für erfahrene Alpinisten oder mit Bergführer	Ausgangspunkt: Plan de l'Aiguille (2310 m, Mittelstation der Seilbahn zur Aiguille du Midi); Refuge des Grands Mulets (3051 m, Übernachtung) – Petit Plateau (3600 m) – über Grandes Montées zum Grand Plateau – Refuge Vallot (4362 m) – Montblanc; Abstieg wie Aufstieg; Zeit: 2 Tage; Einkehr: Refuge des Grands Mulets; Infos über Zustand der Route und geführte Touren: Compagnie des Guides de Chamonix; Tel. 04 50 53 00 88; www.chamonix-guides.com

Restaurants

L'Impossible, Chamonix
Im authentischen Rahmen eines Bauernhauses von 1754 speist man im Restaurant des einst international bekannten Extremskifahrers Sylvain Saudan. Der gemütliche Raum mit dem riesigen Kamin, la Boerne, ist absolut sehenswert, hinzu kommt eine köstliche traditionelle Küche mit Pfiff; Tel. 04 50 53 20 36

Le Robinson, Chamonix
Das kleine, sehr gemütliche Restaurant mitten im Bois du Bouchet, im Wald hinter dem Langlaufzentrum, offeriert chamoniardische Spezialitäten wie Käsefondue, Reblochonnade und Raclette in diversen Variationen, aber auch weniger kalorienreiche Gerichte; Tel. 04 50 53 45 87

Le Dahu, Argentière
Im Restaurant direkt an der Hauptstraße Charlet-Straton gibt's eine »Brasserade«: Auf einem kleinen Holzkohlengrill grillt und würzt man die Fleischstreifen selbst am Tisch. Dazu Würzkräuter, diverse Soßen, Pellkartoffeln, Salat. Auf der Karte stehen aber auch Klassiker wie Schnecken und Froschschenkel; Tel. 04 50 54 01 55

La Crèmerie du Glacier d'Argentière
Die urige Hütte liegt rechts oberhalb der Talstation der Seilbahn Les Grands Montets im Wald. Die »Croûtes« (lokale Spezialität mit Käse überbacken) von Claudy Ravanel sind legendär, alle Spezialitäten hausgemacht. Tel. 04 50 54 07 52

Hütten

Le Chalet Cascade du Dard
(1233 m)
An der Cascade du Dard, einem Wasserfall im Wald unterhalb vom Eingang des Montblanc-Tunnels, liegt ein kleines bewirtschaftetes Chalet, das in ca. 50 Min. zu Fuß aus dem Tal oder in knapp 10 Min. von der Straße zum Tunnel (Parkplatz) erreicht wird; täglich geöffnet, am Dienstag auch abends. Da servieren Raffaella und ihr Team in gemütlich-rustikaler Atmosphäre chamoniardische Spezialitäten. Unbedingt Platz reservieren! Tel. 06 30 87 95 89

schaftler, dann die sportlich ambitionierten Gipfel-Eroberer meist britischer Herkunft. Ab dem späten 18. Jh. kamen schließlich die Bildungsreisenden, darunter berühmte Schriftsteller, Musiker und Künstler, die auf ihrer »Grand Tour des Alpes« Inspiration suchten und oft auch fanden.

Der weiße Berg, die Eistürme in den Gletscherbrüchen, die riesigen Gesteinswüsten, diese wilde, menschenfeindliche Naturlandschaft war in der Vergangenheit und ist auch in der Gegenwart ein attraktives Motiv für Maler, Bildhauer, Autoren, Poeten, Fotografen und Filmer. Viel wichtiger ist jedoch die Rolle, die dieser etwa 30 km lange und halb so breite Gebirgsstock im Dreiländereck von Frankreich, Italien und der Schweiz in der Geschichte des Alpinismus spielt. Jede Wand, jeder Grat und jeder Gipfel ist ein Teil davon und besitzt eigene Geschichte und Geschichten, geprägt vom Glück der Erfolgreichen, aber auch von der Tragik der Gescheiterten und Verunglückten.

Das Massiv bietet aber auch schier unendlich viele attraktive Ziele für kurze oder lange Wanderungen, von fast bukolisch anmutenden blumengeschmückten Chalets an tosenden Wasserfällen über die Bergsteiger-Hütte mit grandiosem Panorama am türkis schillernden Lac Blanc bis hin zu den berühmten Aussichtspunkten mit Blick in die furchterregendsten Wände.

Im Montblanc-Massiv muss man häufig den Standort und damit die Perspektive wechseln, um einen gebührenden Eindruck dieser vielfältigen Landschaft zu bekommen. Selbst der von der französischen Seite so verführerisch glänzende runde und eher gutmütig aussehende Montblanc zeigt auf der italienischen Seite von Entrèves, aus dem Val Veni oder aus dem Aostatal ein völlig anderes Gesicht mit den düsteren, eisgepanzerten Wandfluchten der Brenva-Flanke, den gewaltigen Felspfeilern und Hängegletschern oder den unzähligen Zacken des Peuterey-Grates.

Erkunden lässt sich die Gegend auf den insgesamt 350 km langen Wanderwegen sowie auf den Mountainbike-Trails, die bis fast hinauf zu den eisigen Höhen führen. Und dann gibt es natürlich auch das weglose Abenteuerterrain aus Eis und Urgestein im obersten Stockwerk des Massivs. Hier oben offenbart sich eine völlig andere Welt. Für all diejenigen, die sich nicht am Seil eines Experten mitten hineinwagen ins eisige Herz des Massivs, ermöglicht es die moderne Technik, bis auf 3800 m Höhe vorzudringen, ohne dabei auch nur ein einziges Schweißtröpfchen zu vergießen: Die 1955 fertig gestellte Seilbahn auf die Aiguille du Midi war damals eine technische Meisterleistung und weltweit eine Sensation. Sie ist völlig zu Recht noch immer eine der von Menschenhand kreierten Hauptattraktionen des Tales. Die Fahrt hinauf ist zwar nicht gerade billig, aber ein Muss; 500 000 Besucher unternehmen sie jährlich. Oben schnuppert man bei gutem Wetter im gleißenden Licht die kühle »dünne Luft« in knapp 4000 m Höhe, schaut vom Verbindungssteg hinab in die gruselige Tiefe eines Eiscouloirs zwischen den Felsen, genießt vom Tunnelausgang den Rundblick über das gewaltige Gletscherbecken

Hütten

Refuge des Grands Mulets
(3051 m)
Die Hütte liegt auf einem Felssporn inmitten des Glacier des Bossons und ist neben der Gouter-Hütte (3817 m) der wichtigste Ausgangspunkt für Touren auf den Montblanc. Dementsprechend sind die 68 Übernachtungsplätze häufig allesamt besetzt. Von der Mittelstation der Seilbahn auf die Aiguille du Midi ca. 4 Std.; Achtung Zustieg über Gletscher nur mit entsprechender Erfahrung und Ausrüstung oder mit Bergführer;
Tel. 04 50 53 16 98

Refuge du Couvercle
(2687 m)
Diese berühmte Hütte liegt in bester Lage unter der Südwand der Aiguille Du Moine (3412 m). Der Blick auf die Berge um den Talèfre-Gletscherkessel, darunter Aiguille Verte (4122 m) oder Petite Jorasses (3649 m), sowie auf die Nordwand der Grandes Jorasses (4208 m) ist vor allem abends unbeschreiblich. Die Hütte ist nicht leicht zu erreichen (ca. 4 Std., zuerst über Gletscher, dann über einen Klettersteig von der Bergstation der Montenvers-Bahn aus), daher sollte man am besten eine Hüttenübernachtung einplanen. Man verbringt den Abend zwischen Kletterern und Bergsteigern, das nette Hüttenteam sorgt für gute Kost und eine angenehme Atmosphäre. Der hochalpine Zustieg erfordert Gletscherausrüstung (vor allem Steigeisen), Erfahrung, Trittsicherheit und Schwindelfreiheit;
Tel. 04 50 53 16 94

und in die berüchtigten Nordwände. Hier kann man von der Südterrasse aus sogar die eine oder andere Seilschaft beobachten, die über den Cosmiques-Grat heraufklettert und zuletzt in voller Montur mit Gurt, Seil, Pickel und Steigeisen direkt neben einem auf der Terrasse steht. Sportliche Nichtbergsteiger können von hier aus an einer vom Bergführerbüro angebotenen Gletscherwanderung zum Rifugio Torino auf der gegenüberliegenden italienischen Seite des riesigen Gletscherbeckens teilnehmen, die Ausrüstung dazu kann man sich ausleihen. Dieses Erlebnis ist für einen Nichtbergsteiger kaum zu beschreiben, man sollte es unbedingt einfach mal wagen und auf sich wirken lassen. Im Montblanc-Massiv führen aber viele verschiedene Wege zum individuellen Glück. Auch für Hobbybotaniker und -geologen, Canyoning- und Raftingfans, Drachen- oder Gleitschirmflieger

ALLGEMEINE INFORMATIONEN

Chamonix Mont-Blanc (1035 m)	Office de Tourisme **Chamonix**; Tel 04 50 53 00 24; E-Mail: info@chamonix.com; www.chamonix.com
Orte	**Argentière** www.ville-argentiere.fr • **Les Praz de Chamonix • Les Tines • Le Lavancher • Les Chosalets • Le Couteray • Le Tour • Les Houches** www.leshouches.com • **Vallorcine** www.vallorcine.com
Entfernungen	Hamburg 1077 km; Berlin 1131 km; Köln 759 km; Frankfurt a. M. 592 km; Stuttgart 507 km; München 603 km

Über den Peuterey-Grat führt eine fantastische, anspruchsvolle Route zum Gipfel des Montblanc.

ist bestens gesorgt: mit entsprechendem Kurs- und Tourenangebot, eingerichteten Startplätzen, Tandemflügen und Ausbildungskursen für jedes Niveau. Und wer sich elf Tage Zeit nehmen kann, der wird auf der »Tour du Montblanc«, dem großen Wanderklassiker rund um das Massiv durch Frankreich, die Schweiz und Italien, am besten erfassen können, wie viele Facetten diese Region besitzt.

All den Touristen, die Chamonix und das Montblanc-Massiv an einem Tag abhaken wollen, entgeht einiges. Dem vielschichtigen Mythos »Montblanc« kommen sie leider nicht auf die Spur. Je länger man bleibt, desto spektakulärer und interessanter werden die Eindrücke, desto mehr kommt man ins Staunen. Genau das ist der Grund, warum so viele nach ihrem ersten Besuch stets wieder zurückkehren. Es ist wie eine Sucht – immer aufs Neue legt man den Kopf in den Nacken, schaut hinauf zu den Gipfeln und sehnt sich nach neuen Erlebnissen in diesem schönen Bergparadies.

Wanderkarten

IGN Topographische Karte, Blatt 3630 OT Chamonix; 1:25 000
IGN Wander- und Skitourenkarte, Blatt 8 Montblanc, Beaufortain; 1:50 000

Val d'Isère – Vanoise Nationalpark

ADAC Prädikat

SPORT & SPASS

WANDERN & BERGTOUREN

KULTUR & CO.

WELLNESS & GENUSS

Im Winter ein Skiparadies und im Sommer Tummelplatz für Sportler: der Talkessel von Val d'Isère; im Hintergrund Grande Motte (l.) und Mont Pourri (r.)

Restaurants

Etable d'Alain
Käsespeisen in bäuerlichem Ambiente in Val d'Isère – Produkte aus eigener Bioproduktion; mittlere Preislage; Tel. 04 79 06 13 02

the perfect day

9 Uhr: Fahrt nach Pralognan-la-Vanoise, mit der Bergbahn auf den Mont Bochor und leichte Wanderung Richtung Col de la Vanoise bis zum Lac Long (2364 m)
13 Uhr: Mittagessen am idyllischen Lac Long in der Refuge de Plan du Lac (2364 m), Abstieg zurück nach Pralognan-la-Vanoise
17 Uhr: Stadtbummel durch das historische Städtchen Bourg-St-Maurice
19 Uhr: Fondue-Savoyarde-Essen in einem der Restaurants von Bourg-St-Maurice

Touristische Rundumversorgung im Skiparadies

Méribel, Courchevel, Tignes oder Val d'Isère – klingende Namen bei allen Freunden des Wintersports. Die dortige Infrastruktur für Skifahrer gehört zu den besten, die man in den Alpen finden kann. Im Sommer wird sie genutzt, um den Urlaubern ein riesiges, perfekt durchorganisiertes Fun- und Action-Programm anzubieten. Erwandern lässt sich die großartige Landschaft aber auch auf eigene Faust.

Wenn man nicht das Hintertürchen über das Aostatal und den Kleinen St. Bernhard nimmt, dann ist Albertville die Pforte, die hineinführt in die Tarentaise. Weltweit bekannt wurde die Kleinstadt als Austragungsort der Olympischen Winterspiele 1992. Für den Urlauber jedoch ist es eher das mittelalterliche Erbe, das hier sehenswert ist. Die wichtige Römerstraße nach Mailand führte durch Conflans, einen Ortsteil von Albertville, der etwas oberhalb am Hang liegt. Seit 1930 kümmert sich ein lokaler Verein darum, die historische Substanz zu erhalten – mit Erfolg, wie man beim Spaziergang durch die malerischen Gässchen des heute verkehrsfreien Ortes erleben kann. Südlich von Albertville, bei Moûtiers, muss man sich entscheiden, welchen Teil der Region man als Erstes besuchen will. Die eigentliche Tarentaise knickt nach Nordosten ab und präsentiert sich in diesem Abschnitt als weite Hanglandschaft mit Wiesen und Wäldern. Südlich von Moûtiers öffnen sich die Trois Vallées, im Winter mit 500 km Pisten und über 200 Liften ein Paradies für alle Skifahrer. Im Sommer jedoch sind die Liftanlagen und Bettenburgen in den drei Tälern des Doron de Belleville, des Doron des Allues und der Rosière weniger attraktiv und wirken teilweise wie ausgestorben. Viel spannender ist es da, dem Dorontal bis nach Pralognan-la-Vanoise zu folgen, einem der Tore zum Vanoise-Nationalpark. Der wurde 1963 als erster französischer Nationalpark gegründet. Er erstreckt sich über 528 km² und reicht von 1280 m bis auf eine Höhe von 3852 m (Pointe de la Grande Casse). Entsprechend vielfältig und abwechslungsreich ist die Pflanzen- und Tierwelt. Dem Wanderer stehen im Nationalpark 500 km markierte Wege zur Verfügung, auf denen man die Höhenzüge tagelang durchstreifen könnte. Wer bei einem Tagesausflug einen ersten Eindruck von dem Gebiet gewinnen will, der kann von Pralognan-la-Vanoise aus zur Refuge Félix Faure am Col de la Vanoise wandern. Der Weg führt vorbei an kleinen Bergseen; immer wieder öffnen sich Ausblicke auf den mächtigen Gletscher der Grande Casse.

WANDERN & BERGTOUREN

TOP TIPP

Der anspruchsvolle Klassiker unter den Mehrtagestouren im »Parc national de la Vanoise« ist die **»Tour des Glaciers de la Vanoise«**. In sechs Tagen wird das große Gletscherfeld des Glacier de la Vanoise umwandert. Startpunkt ist Aussois (1500 m). Von dort steigt man über die Plan d'Amont zur Refuge de l'Arpont (2309 m) hinauf. Am zweiten Tag geht es hoch über dem Talboden unterhalb der eindrucksvollen Hängegletscher Richtung Refuge du Col de la Vanoise (Félix Faure) (2516 m). Am dritten Tag kommt eine kürzere Etappe hinüber in die Refuge de la Valette (2590 m). Am vierten Tag geht es zur Refuge de Péclet-Polset (2470 m). Am fünften Tag kehrt der Weg über den Col de Chavière (2798 m) wieder zurück ins Maurienne zur Refuge de l'Orgère (1950 m) und nach Aussois. Nur erfahrene Wanderer können die Tour auf eigene Faust wagen, alle anderen sollten einen Bergführer nehmen. Infos beim Bergführerbüro; Tel. 04 79 06 06 60

Le Col de la Vanoise (2517 m) Anspruchsvolle Wanderung in felsigem Gelände	Ausgangspunkt: Parkplatz »Les Fontanettes« bei Pralognan (1644 m); Lac des Vaches – Refuge du Col de la Vanoise – Col de la Vanoise (2517 m) – Lac des Assiettes – Col du Grand Marchet (2490 m) – Refuge la Valette (2590 m) – Abstieg zur Refuge le Repoju (1590 m) – Pralognan-la-Vanoise; Aufstieg bis Col de la Vanoise problemlos, Weg über den Col du Grand Marchet erfordert Trittsicherheit und gutes Wetter; Zeit: ca. 7 Std.; Einkehr: Les Fontanettes, Refuge du Col de la Vanoise, Refuge la Valette, Refuge le Repoju
La Vallon du Saut Abwechslungsreiche Wanderung in mehreren Höhenlagen	Ausgangspunkt: Méribel Mottaret (1681 m); Refuge du Saut (2122 m) – Glacier de Gébroulaz – Col du Soufre (2819 m); Abstieg wie Aufstieg; wenig exponierte Wanderung, die aber eine gute Kondition erfordert; nur bei guter Witterung; Zeit: ca. 8 Std.; Einkehr: Méribel Mottaret, Refuge du Saut
Le Balcon du Carro (2476 m) Leichte, aber recht lange Tour auf einem herrlichen Aussichtsbalkon	Ausgangspunkt: Parkplatz bei L'Ouglietta an der Südrampe des Col d'Iseran (2470 m); Plan des Eaux – Lac du Pys (2563 m) – Refuge du Carro (2763 m); Abstieg wie Aufstieg; leichte Wanderung mit wenigen Höhenmetern; Zeit: ca. 8 Std.; Einkehr: Refuge du Carro
Le Vallon de la Rocheure Weite, aber technisch leichte Wanderung	Ausgangspunkt: Parkplatz de Bellecombe (2307 m); Refuge de Plan du Lac (2364 m) – Chapelle St-Jacques – Refuge La Femma (2359 m); Zeit: ca. 5 Std.; Einkehr: Refuge de Plan du Lac, Refuge La Femma

Hütten

Refuge La Femma (2359 m)
Im Vallon de la Rocheure; schöner Zustieg von Termignon/Parkplatz Bellecombe (2307 m) in ca. 3 Std.; Tel. 04 79 05 45 40

Refuge Le Carro du CAF (2763 m)
Nette Hütte am Ende des Tal des Arc hinter Bonneval-sur-Arc in der Nähe des Col de l'Iseran; Zustieg von l'Ecot (2027 m) in ca. 2,5 Std.; Tel. 04 79 05 95 79

Refuge Col de la Vanoise
(Félix Faure) (2516 m) Große, schön gelegene Hütte am Lac des Assiettes östlich oberhalb von Pralognan-la-Vanoise; Zustieg von Pralognan-la-Vanoise in ca. 3 Std.; Tel. 04 79 08 25 23

Refuge du Roc de la Pèche (1450 m)
In ein Restaurant verwandelte Berghütte mit ausgezeichneter lokaler Küche und einem Wellness-Bereich mit Sauna und Hamam-Bad; von Pralognan-la-Vanoise in ca. 10 Min. zu Fuß zu erreichen; Tel. 04 79 08 79 75

Funsport
Direkt am Lac de Tignes haben Fans von sommerlichen Aktivitäten am Wasser die Auswahl zwischen Basketball, Beachvolleyball, Fußball, Tennis – und Sonnenbaden. Aber auch Inlineskater und Skateboarder kommen auf ihre Kosten – im Skatepark mit Quaterpipe, Curbs, Handrails und Tables; Info zu beiden Anlagen bei Tignes Information; Tel. 04 79 40 04 40

Bauernland und Skiresorts

Doch die Region hat durchaus auch Gegensätzliches zu bieten. Denn weit weg von den Gletscherriesen scheint man zu sein, wenn man von Moûtiers aus nicht nach Süden in die Trois Vallées fährt, sondern die bäuerlich geprägte Tarentaise als nächste Station wählt. Auch hier stehen weit oben an den Hängen die aus dem Boden gestampften Skiressorts. Weiter unten jedoch befinden sich alte Bauerndörfer, die zum Glück verschont blieben, da sich die Tourismusindustrie weit außerhalb der Siedlungen etabliert hat. Hier sind Kirchen von großer Schönheit zu besichtigen, z. B. St. Martin in Aime, ein edles frühromanisches Bauwerk, das durch seine stilistische Einheitlichkeit besticht. Andere Kirchen erstrahlen in prächtigem Barockstil, denn im 17. Jh. ließ man es sich in Savoyen einiges kosten, gegen die Bewegung der protestantischen Calvinisten vorzugehen. Der so genannte Barockweg leitet Wanderer zu den Zeugnissen dieser Zeit.

Klettersteige Roc de Tovière Val d'Isère
Um Val d'Isère gibt es mehrere Klettersteige verschiedener Schwierigkeitsgrade. Zwei davon starten am Parkplatz de la Daille (1800 m) und führen durch den Roc de Tovière. Schon der »Junior« ist sehr anspruchsvoll; der zweite Steig, der »Intégral«, bleibt wahren Könnern vorbehalten; Zeit: jeweils ca. 3 Std.; weitere Auskünfte, geführte Touren und Ausrüstung beim Bureau des Guides du Val d'Isère; Tel. 04 79 06 06 60; www.valdisere.com

Am Fuße des Kleinen St. Bernhard, über den man die Tarentaise von Italien aus erreicht, liegt Bourg-St-Maurice. Der kleine Ort versprüht französischen Charme, sein Ortskern lädt zum Bummeln ein. Hier befindet sich auch das Zentrum der Beaufort-Produktion. Der Beaufort ist ein Hartkäse, der sich sowohl zum Rohverzehr als auch für die Verwendung in der Küche bestens eignet. Nach Bourg-St-Maurice wendet sich die Tarentaise allmählich nach Süden, der Charakter der

Trekking auf vier Beinen: Ausritt mit Gletscherblick

Landschaft verändert sich. Das bewaldete Tal wird enger, die Straße kurviger und steiler, bis man abrupt vor den Felsbastionen der Grande Motte im Westen und der Grande Aiguille Rousse im Osten steht. Einsame Gipfel sind hier allerdings eher rar, denn auf den Höhen befindet sich rund um Tignes und Val d'Isère die nächste grandiose Skiarena. Auch wenn der Winter hier die bedeutendere Jahreszeit ist: Ein Besuch dieser Gegend kann sich auch im Sommer lohnen,

Eines von vielen sehenswerten Bauwerken: Barockkirche bei Les Arcs

vor allem für Urlauber, die ein touristisches Animationsprogramm vom Feinsten schätzen. Freundliche Mitarbeiter umsorgen den Urlauber im modernen Informationsbüro im Zentrum von Val d'Isère, unterstützen ihn bei der Quartiersuche und helfen ihm, das riesige Angebot an Aktivitäten überhaupt erst einmal zu überblicken.

Das Standardprogramm vieler Urlaubsorte in den Alpen, vom Wandern übers Canyoning und Rafting bis hin zu Klettersteiggehen, Klettern und Mountainbiken, macht dabei nur einen Bruchteil der Möglichkeiten aus. Man kann auch Tanzkurse besuchen, Gleitschirm fliegen, Tennis und Golf spielen, Reiten, Fischen, Motorrad-Trials ausprobieren oder sich auf Fotosafari begeben – natürlich immer bestens betreut, geführt und angeleitet von ebenso sachkundigen wie freundlichen Führern. Und wenn einen dann irgendwann doch die Lust überfällt, wieder einmal ganz auf eigene Faust unterwegs sein zu wollen, dann kann man auch von hier aus hervorragend in den Vanoise-Nationalpark entfliehen.

ALLGEMEINE INFORMATIONEN

Val d'Isère (1840 m)	Office de Tourisme de **Bourg-St-Maurice**; Tel. 04 79 07 04 92; E-Mail: lesarcs@lesarcs.com; www.lesarcs.com
Orte	**Courchevel** www.courchevel.com • **La Plagne** www.la-plagne.com • **Pralognan-la-Vanoise** www.pralognan.com • **Méribel** www.meribel.net • **Moûtiers** www.tourisme.fr/moutiers • **Les Menuires** www.lesmenuires.com • **Tignes** www.tignes.net • **Val Thorens** www.valthorens.com • **Termignon** www.termignon-la-vanoise.com
Entfernungen	Hamburg 1237 km; Berlin 924 km; Köln 915 km; Frankfurt a. M. 731 km; Stuttgart 491 km; München 338 km

TOP TIPP Der 24 km lange Flusslauf der Isère ist zwischen Bourg-St-Maurice und Centron den ganzen Sommer über mit **Raftingbooten** befahrbar. Nur wer den Sport wirklich beherrscht

und über das notwendige Equipment verfügt, darf sich auf eigene Verantwortung auf den Fluss begeben. Die Betreiber der weiter oben im Tal gelegenen Stauseen warnen ausdrücklich vor dem plötzlichen Ansteigen der Pegel. Unterwegs sind mehrere rassige Schnellen in wilden Schluchten zu bewältigen. Wer bei einer der Touren der professionellen Anbieter dabei sein möchte, muss über 14 Jahre alt sein und schwimmen können. Infos und Touren bei Arc Aventures; Tel. 04 79 07 44 64; www.arc-aventures.com

Wanderkarten

IGN Top 25 Blatt 3534OT, Les Trois-Vallees; 1:25 000
IGN Top 25 Blatt 3633ET, Tignes/Val d'Isère 1:25 000
Le Guide du Parc national de la Vanoise mit Wanderkarte; 1:60 000 (erschienen 2003 bei Editions Glénat)

Briançon – Massif des Écrins

ADAC Prädikat

SPORT & SPASS

WANDERN & BERGTOUREN

KULTUR & CO.

WELLNESS & GENUSS

Zwischen wilden Gletschern und sonnigen Cafés

Von Briançon aus ist es zum Montblanc ungefähr genauso weit wie zum Mittelmeer. Das mag vielleicht nur eine geografische Randnotiz sein. Doch für das, was diese Region ausmacht, ist die Lage bezeichnend: Natur, Kultur und·Klima wandeln sich hier von alpiner zu mediterraner Prägung. Entsprechend vielseitig sind die touristischen Möglichkeiten: vom Bergsteigen an Gletscherriesen bis zum Entspannen unter südlicher Sonne.

An rekordverdächtigen 300 Tagen im Jahr soll in Briançon, einer der höchstgelegenen Städte Europas, die Sonne scheinen. Allein schon dieses Detail klingt verlockend. Es verblasst jedoch, wenn man sich vor Augen hält, was die Dauphiné – oder korrekt das »Massif des

Für Radlfans

Das Mekka des Radsports in den französischen Alpen ist nur einen Katzensprung entfernt: Die 21 Kehren aus dem Tal der Romanche hinauf nach Alpe d'Huez sind durch die Tour de France weltbekannt geworden und eine Herausforderung für jeden Rennradfahrer.

WANDERN & BERGTOUREN

TOP TIPP

Breit und zerfurcht und manchmal auch leuchtend weiß liegt die Gletscherzunge des Glacier Blanc unter der **Refuge du Glacier Blanc** (2543 m). Der Weg dorthin bleibt allerdings trittsicheren, erfahrenen Bergwanderern vorbehalten. Mit dem Auto von Vallouise zum Parkplatz Pré de Madame Carle (1874 m). Durch das Kiefernwäldchen in nördlicher Richtung Aufstieg zum Haus. Der Weg ist anspruchsvoll, teilweise mit Drahtseilen gesichert und sehr interessant: Als Erstes wird der Blick auf das große Schotterschwemmland »Pré de Carle« frei. Weiter oben taucht plötzlich hinter einem Felsvorsprung der grelle Glacier Blanc auf. Über griffigen Fels und Aluminiumleitern geht es steil nach oben bis zur Hütte. Abstieg wie Aufstieg; Zeit: ca. 2,5 Std.

Sommet de l'Eychauda (2659 m)
Leichte Wanderung mit Aufstiegshilfe

Ausgangspunkt: mit der Seilbahn von Chantemerle (1359 m) zur Bergstation Serre-Chevalier (2491m); Sommet de l'Eychauda – Col de Méa (2457m) – Ravin des Neyzets – Vallon de Chambran (1719 m) – Les Claux (1263 m); von dort per Bus zurück zum Ausgangspunkt; der Weg ist leicht, aber nicht immer einfach zu finden; Zeit: ca. 3,5 Std.; Einkehr: Gasthäuser in Les Claux

Dôme de la Lauze (3564 m)
Hochalpine Bergtour im ewigen Eis – nur mit alpiner Erfahrung!

Ausgangspunkt: von Les Deux-Alpes mit dem Jandri Express 1/2 zur Bergstation Dôme du Puy-Salié (3421m); Crète de Puy Salié – Dôme de la Lauze (3564 m) – Glacier de la Girose – Col des Ruillans (3211m) – per Seilbahn nach La Grave (1481 m); von dort Bus nach Les Deux-Alpes; nur bei sicherer Wetterlage durchführbar, nur für Alpinisten geeignet, Steigeisen und Pickel mitnehmen; Zeit: ca. 4 Std.; Einkehr: in Les Deux-Alpes, Bergstation Dôme du Puy-Salié, Restaurant Des Ruillans, Gasthäuser in La Grave

Croix de Toulouse (1998 m)
Leichte Wanderung direkt bei Briançon

Ausgangspunkt: Briançon (1326 m); Croix de Toulouse (1998 m) – Serre Lan (1847 m) – la Vachére (1458 m) – Briançon; leichte Wanderung auf einen schönen Aussichtspunkt direkt über Briançon; Zeit: ca. 3,5 Std.; Einkehr: Gasthäuser in Briançon

Lac du Serpent (2448 m)
Wanderung zu herrlichen Gebirgsseen im Clarée-Tal

Ausgangspunkt: Fontcouverte (1857 m, bei Névache im Vallée de la Clarée nordöstlich von Briançon); Refuge de Ricou (2115 m) – Lac Laramont (2359 m) – Lac du Serpent; Abstieg wie Aufstieg; schöne Wanderung ohne besondere Schwierigkeiten; Zeit: ca. 4,5 Std.; Einkehr: Rifuge de Ricou

the perfect day

8 Uhr: Fahrt nach Pré de Madame Carle bei Ailefroide und Wanderung zum Refuge Glacier Blanc
12 Uhr: Rast auf der Hütte über der Gletscherzunge
14 Uhr: Abstieg nach Ailefroide, Rückfahrt nach Briançon
18 Uhr: Relaxen in einem Café, Abendspaziergang durch Briançon

Die Barre des Écrins mit dem mächtigen Glacier Blanc

Écrins« – zu bieten hat: zum Beispiel die herrlichen, mit alpinen Kletterrouten, Klettergärten und Klettersteigen hervorragend erschlossenen Felswände und -türme. Oder die zerrissenen, aus mächtigen Gletschern und bizarren Granitzinnen geformten Gipfel, von denen einer sogar die 4000-m-Grenze überschreitet. Oder das milde Klima und das lockere, entspannte Lebensgefühl, das einem die Menschen hier vermitteln. Oder die vielfältige Landschaft, geprägt von einer gewachsenen bäuerlichen Struktur und erfüllt mit den Zeugnissen einer reichen Vergangenheit.

Wer sich Briançon nähert, sieht als Erstes die mächtige Ringmauer rund um die Altstadt. Neugierig ragen die zwei Türme der Stadtkirche hervor. Die zentrale Lage im Dreieck zwischen Grenoble, Turin und Marseille hatte schon vor Jahrhunderten große strategische Bedeutung. Hier vereinten sich die vom Rhônedelta herführende Römerstraße mit der historischen Route zwischen Grenoble und Turin. Seit Menschengedenken waren diese Straßen die wichtigsten Landverbindungen zwischen der Iberischen Halbinsel und Italien. Um die wichtigen Handelswege zu sichern, wurde Briançon in ein gewaltiges Festungssystem integriert. Die Wehrmauern bewährten sich im 16. Jh. bei den Kämpfen gegen das italienische Piemont und gegen Savoyen. Auch in den Religionskriegen blieb die Festung uneinnehmbar.

Bis heute sind auf den Hügeln und Felsspornen rund um Briançon 16 eindrucksvollen Wehranlagen erhalten. Einige davon nutzt die französische Armee nach wie vor, andere können besichtigt werden. Innerhalb der Festung von Briançon scheint es kaum eine ebene Fläche zu geben. Steil fallen die zwei Hauptgassen ab. Dicht gedrängt reihen sich die schönen alten, zum Teil mit Sonnenuhren verzierten Häuser aneinander. Die langen Winter zwangen die Baumeister, dicke Steinmauern zu errichten, so ließ sich in den kalten Monaten die Wärme am besten in den Gebäuden halten. Daran denkt hier im Sommer

Hochseilgarten Aventure Parc Serre Chevalier, La Salle
Nördlich von Briançon in einem Lärchenwald gelegener, abenteuerlicher Hochseilgarten; auch für Familien geeignet; Tel. 04 92 24 90 57

Somerskifahren, Les Deux-Alpes (1652 m)
Im Sommerskigebiet auf dem Glacier de la Girose erschließen 11 Lifte 8 Pisten; ein Snowpark mit Halfpipe steht zur Verfügung; Mitte Juni bis Mitte August jeweils am Morgen geöffnet; Tel. 04 76 79 22 00; www.les2alpes.com

Restaurants

La Caponnière, Briançon
Erlebnisgastronomie des 17. Jh., serviert in historischen Gemäuern; mittlere Preislage; Tel. 04 92 20 36 77

Le Rustique, Briançon
Angenehmes Ambiente, traditionelle Küche, feine Fischspezialitäten; mittlere Preislage; Tel. 04 92 21 00 10

Kletterer in Ailefroide, einem der beliebtesten Sportklettergebiete Europas

wohl kaum jemand, wenn Touristen und Einheimische gemeinsam auf den sonnigen Terrassen der Cafés sitzen und zarter Kräuterduft durch die Straßen zieht. Denn die beliebtesten Souvenirs der Region sind mit Lavendel gefüllte Kissen, Säckchen, Döschen und Puppen – dem Einfallsreichtum der Kitschindustrie sind hier kaum Grenzen gesetzt. Trotz der mediterranen Atmosphäre der Stadt ist das schroffe Hochgebirge nur eine Seilbahnfahrt weit entfernt, die hinauf zu den zerklüfteten Gipfeln des Massif du Pelvoux führt.

Eine andere Möglichkeit, Gletschereis und Granitpfeilern nahe zu kommen, bietet sich südlich von Briançon: Bei L'Argentière-la-Bessée zweigt eine kleine Straße ab nach Vallouise. Von dort aus ist es nicht mehr weit bis Ailefroide. Bestens in die Landschaft integriert, verstecken sich hier einige Campingplätze inmitten der lichten Nadelwälder. Die roten Felsen flimmern in der Mittagshitze – Granitwände, die bei Kletterern aus ganz Europa hoch im Kurs stehen.

5 km weiter oben, bei »Pré de Madame Carle«, gabelt sich das Tal – hier ist für Autos Endstation. Das Gasthaus ist idealer Ausgangspunkt für Touren in die mächtige und beeindruckende Gletscherlandschaft des Massif du Pelvoux im Herzen des »Parc National des Écrins«, dem mit 2700 km^2 größten Nationalpark Frankreichs. Von Westen strömt ein schlammiger, hellbrauner Bergbach in die mit Schotter überzogene Hochebene. Gespeist wird der Bach vom Glacier Noir, der sich in den vergangenen Jahren weit zurückgezogen hat und unter dem dunklen Schutt kaum mehr zu erkennen ist.

Anders der Glacier Blanc, von dem aus der Bach des östlichen Seitentals über Felsen tosend ins Tal stürzt. Obwohl auch dieser Gletscher nur nach Schneefällen blendend weiß erstrahlt, ist sein Anblick fantastisch. Es gibt keinen Gletscher im Alpenraum, der es in Sachen Fließgeschwindigkeit (bis zu 400 m im Jahr) mit ihm aufnehmen könnte. Eindrucksvoll, aber nur etwas für erfahrene, trittsichere Bergwanderer, ist die Tour zum Refuge du Glacier Blanc, das kühn über dem zerklüfteten Gletscher liegt. Die volle Aufmerksamkeit ziehen hier die mächtigen Wände und Grate des Mont Pelvoux auf sich. Entsprechend ausgerüstete und ausgebildete Alpinisten können auch

Hütten

Refuge l'Alpe du Villar d'Arène (2079 m)
Aussichtsreich auf einer Hangterrasse über dem Tal der Romanche gelegene Hütte. Einfacher Zustieg, schönes Ausflugsziel. Zustieg von Pont d'Arsine (1669 m) bei La Grave in ca. 1,5 Std.; Tel. 04 76 79 94 66

Refuge des Écrins (3175 m)
Wichtiger Stützpunkt beim Aufstieg auf den Gipfel der Barre des Écrins (4102 m) über dem Glacier Blanc.

Vom Parkplatz Pré de Madame-Carle (1874 m) über die Refuge Glacier Blanc; Zeit: ca. 4,5 Std.; unbedingt Übernachtungsplatz reservieren; Tel. 04 92 23 46 66

Refuge du Glacier Blanc (2543 m)
Die Hütte liegt auf einer Felsinsel über der zerrissenen Gletscherzunge des Glacier Blanc; fantastische Aussicht. Der anspruchsvolle Anstieg ist stellenweise mit Drahtseilen und Aluleitern gesichert. Vom Parkplatz Pré de Madame Carle (1874 m) in ca. 2,5 Std.; Obwohl die Hütte 135 Schlafplätze hat, ist eine Reservierung nötig; Tel. 04 92 23 50 24

höher hinaufsteigen, zum Refuge des Écrins. Es ist Ausgangspunkt für die hochalpine Besteigung des höchsten Berges südlich des Mont Blanc, der Barre des Écrins. Steile Eisflanken und schließlich ein luftiger Felsgrat führen hinauf zu dem herrlichen Panoramagipfel.

Gletschereis und Kletterwände

Unübersehbar ist nicht nur von dort oben das wuchtige Eis- und Felsmassiv der Meije, einem der schwersten Gipfel der Alpen. Wenn ihn auch nur wenige besteigen können, so kann man sich ihm doch zumindest nähern. Dazu ist eine längere (etwa eineinhalb Stunden), aber traumhafte Fahrt mit dem Auto ins Tal der Romanche notwendig, das die Dauphiné im Norden begrenzt. Von Briançon aus führt die Route vorbei an den Skiorten Chantemerle, Villeneuve und Le Monêtier les Bains. Weiter geht es über den landschaftlich grandiosen Col du Lautaret mit seinem fantastischen Blick auf die mächtigen Hängegletscher, bevor man hinunter fährt ins touristische Zentrum La Grave am Fuße der Meije. Wer schnell Höhenmeter sammeln will, kann von hier aus mit der Seilbahn bis auf 3200 m ins ewige Eis der Meije gelangen. Auch von Les Deux-Alpes, einem Seitental der Romanche, führen Seilbahnen Richtung Meije auf den Glacier de la Girose, ein gut besuchtes Sommerskigebiet.

Wer aber eher in Ruhe die wilde und seit 1974 auch umfassend geschützte Natur der Dauphiné kennen lernen möchte, sollte über den Col du Lautaret zurückkehren nach Briançon und Vallouise. In den Nationalpark-Informationszentren der beiden Orte erfährt man alles Wissenswerte über die Geschichte sowie über Flora und Fauna des Parks. Während die Verantwortlichen versuchen, in den Randzonen des Parks, die etwa zwei Drittel der Gesamtfläche ausmachen, Tourismus, Landwirtschaft und Naturschutz zu einem für alle gewinnbringenden Miteinander zu verknüpfen, herrschen in der Kernzone eiserne Regeln – ein Kompromiss, der die Wildheit, die landschaftliche Schönheit und die Vielfalt von Pflanzen und Tieren langfristig sichern soll. Damit der Park bleibt, was er ist: eine wilde, hochalpine Oase, nur eine Seilbahn weit entfernt von Briançon mit seinem lebenslustigen, südfranzösischen Charme.

TOP TIPP Ein fantastisches Erlebnis für geübte, konditionsstarke Klettersteiggeher ist der **Klettersteig »Les Gorges de la Durance«.** Von L'Argentière-la-Bessée Richtung Vallouise, vor Les Vigneaux (1113 m) rechts abzweigen und der kurvenreichen Straße bis zum Parkplatz an der Durance (1016 m) folgen. Am Fluss entlang zum Einstieg. In der engen Schlucht führt der Steig nun abwechselnd an beiden Wänden entlang hinauf. Fünfmal muss man auf luftigen Hängebrücken das tosende Wasser überqueren. Auch sonst ist der Klettersteig sehr anspruchsvoll. Abstieg auf gut markiertem, leichtem Weg zurück zum Parkplatz; Zeit: ca. 6 Std.; Führungen und Informationen beim Bureau des Guides des Écrins in Vallouise; Tel. 04 92 23 32 29; www.guides-ecrins.com

ALLGEMEINE INFORMATIONEN

Urlaubsregion	Office de Promotion du **Pays des Écrins**; Tel. 08 10 00 11 12; E-Mail: infos@paysdesecrins.com; www.paysdesecrins.com
Orte	**Briançon** www.briancon.com • **L'Argentière-la-Bessée** • **La Grave** www.lagrave-lameije.com • **Le Monêtier-les-Bains** • **La Salle** • **Les Deux-Alpes** www.les2alpes.com • **Montgenévre** www.montgenevre.com • **Orcières-Merlette** www.orcieres.com • **Pelvoux** • **Puy St-Vincent** ww.puysaintvincent.com • **Queyrieres** • **Serre-Chevalier** www.serre-chevalier.com • **Val-des-Prés**
Entfernungen	Hamburg 1305 km; Berlin 1260 km; Köln 967 km; Frankfurt a. M. 820 km; Stuttgart 728 km; München 718 km

Wanderkarten

IGN Top 25 Blätter 3537ET Briançon, 3535OT Névache-Mont Thabor, 3436ET Meije-Pelvoux, 3437ET Orcières-Merlette, 3437OT Champsaur; 1:25 000

Triglav

ADAC Prädikat

SPORT & SPASS

WANDERN & BERGTOUREN

KULTUR & CO.

WELLNESS & GENUSS

Der »Heilige Berg« der Slowenen

Bis auf die Flagge des kleinen Landes im Südosten des Alpenbogens hat er es geschafft – der Triglav. Der höchste Gipfel beherrscht eindrucksvoll die gesamte Umgebung und ist zentraler Punkt des nach ihm benannten Nationalparks. Der nur an wenigen Zentren stärker entwickelte Tourismus erlaubt vor allem Wanderern und Bergsteigern rund um den Triglav großartige Einblicke in teilweise unberührte Naturlandschaften.

Der Beitritt Sloweniens zur Europäischen Union hat am Bekanntheitsgrad der alpinen Fremdenverkehrszentren wenig verändert: Neben dem alten Kurort Bled sind Wintersportfans noch die Namen von Kranjska Gora als Veranstaltungsort von Ski-Weltcuprennen und dem Planicatal (mit seiner berühmten Skiflugschanze) ein Begriff, alles andere fällt in die Kategorie »Geheimtipp«. Tatsächlich liegen die landschaftlichen Schätze rund um den Triglav, den »König der Julier«, teilweise etwas versteckt – aber gerade das macht Entdeckungstouren dort so spannend. Im Norden trennt das Tal der Sava Dolinka den östlichen Teil der Julischen Alpen (die westliche Hälfte gehört zu Italien) vom langen Gipfelzug der Karawanken; von

Soca-Quelle
Bevor der Vrsicpass, der übrigens von russischen Soldaten erbaut wurde, sich in 25 Kehren hinauf zur Passhöhe windet, lohnt es sich, auf dem Parkplatz Koca pri izviru Soce (886 m) anzuhalten und eine leichte, ca. 30-min. Wanderung zur Quelle der Soca zu machen. Oben angekommen, darf man sich nicht von dem Mini-Klettersteig abhalten lassen, der quasi in das Felsloch hineinführt, aus dem die smaragdgrüne Soca sprudelt. Die Quelle ist fantastisch anzusehen: ein glitzerndes Juwel in einer kargen, grauen Steinwüste.

WANDERN & BERGTOUREN

TOP TIPP Ein Muss für geübte, trittsichere Bergwanderer ist die Besteigung des **Triglav** (2864 m) ❶. Drei Aufstiege führen von Norden zum Gipfel, der schönste wohl durch das Vratatal: Zufahrt von Mojstrana zum Parkplatz vor Aljazev dom (1015 m). Von dort sehr steil hinauf zum Tominskova pot. Weiter nach Voda (Trinkwasser tropft aus dem Fels) und nach Kredarica mit dem Triglav-Haus (2515 m, evtl. Übernachtung). Über bestens gesicherten Steig zum Gipfel des Triglav. Abstieg bis Voda, dann abzweigen zum weniger steilen Prag-Weg hinunter nach Aljazev dom; Zeit: ca. 8–9 Std.; Einkehr: Triglav-Haus

Dom v Tamarju (1108 m) Leichte Talwanderung mit fantastischer Bergkulisse	Ausgangspunkt: Parkplätze in Planica bei der Sprungschanze, Dom v Planici (940 m); über wenig ansteigenden Almboden vor großartiger Bergkulisse mit dem Jalovec zum Dom v Tamarju (1108 m); gilt als schönster Talschluss der Julier; Zeit: ca. 2 Std.; Einkehr: Dom v Planici, Dom v Tamarju
Dom v Planici (940 m) – **Aljazev dom** (1015 m) Anspruchsvolle mehrtägige Trekking-Tour von Hütte zu Hütte	Ausgangspunkt: Dom v Planici (940 m); Dom v Tamarju (1108 m) – Sleme (1815 m) – Vrsic-Pass (1611 m, Übernachtung) – Pogacnikov dom (2050 m, Übernachtung) – Aljazev dom; Kettersteiggeher können die Gipfel Prisojnik (2547 m) und Razor (2601 m) »mitnehmen«. Beim Abstieg zur Aljazev dom sind häufig Steinböcke zu sehen; bestens markiert und gesichert; Zeit: ca. 2,5 Tage; Einkehr: Dom v Planici, Dom v Tamarju, am Vrsic-Pass, Pogacnikov dom, Aljazev dom
Kugy-Denkmal in der Trenta Leichte Rundwanderung	Ausgangspunkt: Parkplatz beim Kugy-Denkmal am Vrsic-Pas[s] (ca. 800 m); Limarica-Schlucht (kurze Abzweigung) – Alpinum Juliana (Garten mit Blumen und Pflanzen der Julier) – Kirche Sveta Maria – Campingplatz – über Hängebrücke Soca überqueren und durch Wald und kleine Wiesen zurück[;] Zeit: ca. 1,5 Std.; Einkehr: keine

the perfect day

6 Uhr: Aufstieg vom Aljazev dom Richtung Triglav
11 Uhr: Rast im Triglav-Haus auf Kredarica
12 Uhr: Aufstieg zum Triglav-Gipfel
14 Uhr: Zurück zur Kredarica, im Triglav-Haus kurze Rast
18 Uhr: Ankunft in Aljazev dom, in der Hütte den Gipfelsieg feiern

Villach und den Kärntner Seen ist es dank Autobahn und Karawankentunnel nur ein Katzensprung bis zum Hauptort des Tales Kranjska Gora. Erst das weitere Vordringen zu den Sehenswürdigkeiten erfordert Zeit, Fahrten auf kurvigen Straßen und schließlich eine große Bereitschaft zu aktiven Felsberührungen.

Kalkfels in allen Variationen prägt diese Berggruppe. Eine der großen Landschaftsszenerien lässt sich nur wenige Kilometer von Kranjska Gora entfernt im Planicatal bewundern, an dessen Eingang beim Dorf Ratece noch die riesigen Anlagen der Skisprung- und Skiflugschanzen die Blicke auf sich ziehen. Wenige Kilometer taleinwärts konzentriert sich das Interesse dann aber auf einen Berg: Jalovec heißt das felsige Horn, das zu den beliebten Kletterbergen der Julischen Alpen zählt. Auch trittsichere und klettergewandte Bergwanderer können in einer anspruchsvollen Tagestour vom Parkplatz beim Tamar-Haus (Dom v Tamarju) auf seinen Gipfel gelangen. Weniger hoch hinaus führt vom gleichen Ausgangspunkt eine Wanderung über den Wiesensattel von Sleme zum Vrsicpass; an einer kurzen Felsstufe ist allerdings Trittsicherheit erforderlich. Der Vrsicpass verbindet im Kleinen das Tal der Sava Dolinka mit dem der Soca, im Großen die Berge mit dem Meer. Diese Route, die in Kranjska Gora beginnt, wird auch als »Smaragdstraße« bezeichnet – nach der Farbe des Socawassers. Vor dem Wasser imponiert bei der Fahrt durch die vielen Haarnadelkurven zunächst der wuchtige Prisojnik: Knapp unter dem Gipfel lässt sich ein großes Loch im Fels erkennen. Durch dieses Riesenfenster führt sogar ein Klettersteig, der in der Nähe der Passhöhe beginnt.

Einfach traumhaft: Kajakfahren auf der Soca

Der Poet der Julischen Alpen

Jenseits des Vrsicpasses windet sich die Straße in die obere Trenta hinunter, wie die geografische Bezeichnung des Socatals korrekt lautet. Kurz vor Erreichen des Talbodens sitzt nahe einer Straßenkehre einsam ein bronzener Mann und schaut zum Jalovec hinauf. Das Denkmal erinnert an Julius Kugy, den Mann, der die Julischen Alpen vor 100 Jahren gleichermaßen als Schriftsteller, Wissenschaftler und Bergsteiger entdeckt hat. Er trug wesentlich zur systematischen Erforschung und Erschließung der Region bei, stand als Erster auf dem Gipfel des Javolec und machte die Region durch seine packenden Tourenberichte und Bücher weithin bekannt.

Trenta-Museum

Im »Trenta-Haus«, dem Besucherzentrum des Nationalparks Triglav, werden die Besonderheiten von Flora und Fauna des einzigen Nationalparks Sloweniens eindrucksvoll zusammengefasst und dargestellt. Zu sehen ist u. a. ein Relief der gesamten Region, außerdem gibt es viele Informationen zur Geschichte und Geologie. Im Dachgeschoss befindet sich eine interessante Ausstellung, die sich mit dem Kulturerbe des Trenta- und des Soca-Tals befasst.

SPORT & SPASS

TOP TIPP

Die Soca ist ein **Rafting-Paradies** ❷, obwohl in einigen Teilstücken Fahrverbot besteht. Es ist ein unvergleichliches Erlebnis, mit den Raftingbooten zwischen den weißen Kalkfelsen über das smaragdgrüne Wasser zu gleiten. Einstiegs- und Ausstiegsstellen sind angegeben. Kartenmaterial ist in Bovec erhältlich. Wer sich nicht gut auskennt, sollte unbedingt an einer geführten Tour teilnehmen und sich nicht auf eigene Faust ins Wasser wagen. Geführte Touren: Soca Rafting Cezsoca-Srpenica: Tel. 0 53 89 62 00; www.socarafting.si; SocaRafting bietet auch Kajak, Mountainbiking und Canonying an.

Kajak Sŏca, Sport Mix Bovec	Oberhalb von Bovec ist die Soca tief in den Fels eingeschnitten und nur für gute Fahrer geeignet (Schwierigkeiten bis WW4), ein gefährlicher Abschnitt erfordert Vorausbesichtigung; ab Bovec wird es leichter; Anfänger- und Fortgeschrittenenkurse: Sport Mix; Tel. 0 53 89 61 60; www.sportmix.traftbovec.si
Canyoning Susec, zwischen Zaga und Srpenica auf der Ostseite des Tales	Schöne Familientour; Ausrüstung vom Veranstalter; viele weitere Touren aller Schwierigkeitsgrade in den herrlichen ausgewaschenen Kalksteinschluchten der Julischen Alpen; Führungen: TOP Extreme Bovec; Tel. 0 53 30 00 90; www.top.si

Ein kurzer Abstecher führt vom Kugy-Denkmal zur Quelle der Soca, deren Wasser sich aus dem Fels in ein kleines Becken ergießt, bevor es die Reise zur Adria antritt (wobei sie später den Namen in Isonzo wechseln wird). Bei der Fahrt durch das stille Tal bezaubert die Soca mit ihrer smaragdgrünen Farbe: Mal fließt sie im breiten Kiesbett dahin, mal zwängt sie sich durch Mini-Canyons (besonders schön kurz vor den Häusern von Kal-Koritnica). Kurz vor Bovec kann man rechts abbiegen in Richtung Predilpass und über eine Straße, die im Ersten Weltkrieg angelegt wurde, weit hinauf bis nahe zum Gipfelaufbau des Mangart fahren. Zum höchsten Punkt geht es nur auf Klettersteigen: Auf italienischem Boden muss man die Route kühn durch die Nordflanke nehmen oder man geht westseitig auf der slowenischen Route.

Ab Bovec wird das Tal der Soca zwar etwas weiter, die Berge zu beiden Seiten allerdings nicht wesentlich niedriger. Es dreht sich in Bovec beinahe alles um den Tourismus; im Sommer steht vor allem der Wildwassersport im Vordergrund. Zahlreiche Veranstalter locken mit spritzigen Raftingtouren auf der Soca, und die Plastikboote der Kajakfahrer sorgen für bunte Farbtupfer auf dem leuchtend grünen

Hütten

Triglav-Haus
(2515 m, Triglavski dom)
Sloweniens höchstgelegene Hütte auf Kredarica ist ein wichtiger Stützpunkt für Triglav-Besteiger. Auf der Hütte befindet sich eine permanent besetzte Wetterstation. Obwohl die Hütte sehr groß ist, vor allem am Wochenende unbedingt Platz reservieren. Zustieg vom Aljazev dom im Vratatal in ca. 5 Std.; Tel. 0 42 02 31 81

Tamar-Haus
(1108 m, Dom v Tamarju)
Traumhaft gelegene Hütte im wunderschönen Talboden des Planicatals. Zufahrt von Ratece mit dem Auto möglich; Tel. 0 45 87 60 55

Pogacnik-Haus
(2052 m, Pogacnikov dom na podih)
Traumhaft auf einer Fels- und Schuttterrasse im Karstgebiet hoch über der Trenta gelegene Hütte. Hausgipfel ist der Razor (2601 m), ein wilder Gipfel im Mittelpunkt des Amphitheaters über dem Krnicatal (mittelschwere Bergwanderung, ca. 2 Std.); Zustieg zur Hütte vom Aljazev dom im Vratatal in ca. 4 Std.; Tel. 0 51 22 13 19

ALLGEMEINE INFORMATIONEN

Urlaubsregion	**Slowenische Tourismuszentrale**; Tel. 01/5 89 18 40; E-Mail: info@slovenia.info; www.slovenia.info
Orte	**Bovec** www.bovec.si • **Kranjska Gora** www.kranjska-gora.si • **Mojstrana** www.mojstrana.com • **Ratece-Planica** www.pgd-ratece-planica.si • **Trenta** www.dolina-soce.com
Entfernungen	Hamburg 1139 km; Berlin 950 km; Köln 941 km; Frankfurt a. M. 757 km; Stuttgart 597 km; München 364 km

Wasser. Wer Klettern mit Wassersport verbinden möchte, kann sich in Bovec zu spannenden Canyoning-Touren anmelden. Wen es allerdings mehr in die Höhe zieht, der erreicht in 1,5 Std. den 100 m hohen Boka-Wasserfall in der Flanke des Kanins.

So vielfältig die Urlaubsaktivitäten in den Tälern von Sava und Soca auch sein mögen, so einzigartig ist der Triglav als beherrschender Gipfel der Julischen Alpen. Er ist weit mehr als nur der höchste Gipfel Sloweniens; im Bewusstsein der Bevölkerung ist er Wahrzeichen und Inbegriff ihrer nationalen Identität, und daher muss auch, wer ein echter Slowene ist, wenigstens einmal im Leben auf dem höchsten Punkt des Landes gestanden haben. Wer es den Slowenen gleichtun will, kann sich dem Gipfel von Norden durch drei lange Täler nähern. Am dichtesten gelangt man mit dem Auto im Vratatal zum Fuß des Berges, der sich hier mit seiner 1500 m hohen Nordwand erhebt; deutlich länger sind die Zugänge durch das Kot- oder das Krmatal. Der klassische Anstieg vom Aljazev-Haus im Vratatal ist der Tominsek-Weg; er führt zum berühmten Partisanen-Denkmal mit seinem überdimensionalen Karabiner und dann – teilweise mit Drahtseilen abgesichert – durch die Steilflanke auf eine Karsthochfläche, über der sich der Gipfelaufbau erhebt und an deren südlichem Rand das geräumige Triglav-Haus auf Kredarica steht. Angesichts der langen Wegstrecken sollte man hier übernachten. Vom Haus, in dem sich eine ganzjährig besetzte Wetterstation befindet, bewegt sich an schönen Sommertagen eine bunte Menschenschlange über einen der markierten Anstiege zum Gipfel; Eisenstifte und Drahtseile helfen beim Höhersteigen. Der Rundblick ist beeindruckend: er reicht zum Großglockner, den Dolomiten und bis zur Adria.

Hütten

Aljazev-Haus
(1015 m, Aljazev dom)
Traumhafte Lage im flachen Wiesenboden vor der Triglav-Nordwand. Traditionsreicher Kletterer- und Bergsteigerstützpunkt im oberen Vratatal. Ausgangspunkt für zahlreiche Bergtouren, unter anderem für die Besteigung des Triglavs; Zufahrt mit dem Auto von Mojstrana möglich; Tel. 0 45 89 51 00

Paragliding
Die Gondelbahn unter den Kanin erschließt ein ideales Fluggebiet mit einem Höhenunterschied von rund 1800 m. Kurse und Tandemflüge: Zadruga Aavantura, Bovec; Tel. 0 41 71 83 17; www.bovec.net/avantura

Wanderkarten

Freytag & Berndt; WK 5141 Nationalpark Triglav – Kranjska Gora – Planica – Bled; 1: 35 000

Bled und Wocheiner See

ADAC Prädikat

SPORT & SPASS

WANDERN & BERGTOUREN

KULTUR & CO.

WELLNESS & GENUSS

Atemberaubende Schönheit zwischen historischen Orten und Kalkbergen

Romantische Seen und schroffe Berge, einsame Täler mit schäumenden Bergbächen, historische Orte mit wertvollen Kunstschätzen – die ganze Region zwischen Bled und Bohinj lädt zu einem spannenden Urlaub zwischen alpiner Aktion und genussvoller Entspannung ein. Und in der Nähe befindet sich mit dem historischen Städtchen Skofja Loka am äußersten Rand der Julischen Alpen ein echter Geheimtipp.

Bled mit seiner Burg, der Insel samt Wallfahrtskirche und den Karawanken

Eine halbe Autostunde von der slowenischen Hauptstadt Ljubljana entfernt beginnen die Julischen Alpen ganz unspektakulär mit einer grünen Hügelkette. An ihrem Fuß liegt die kleine Stadt Skofja Loka, die auf eine lange Geschichte zurückblickt: Die Bischöfe von Freising waren hier vor rund 1000 Jahren Grundherren, und ihnen hat die Stadt ihre stolze Burg zu verdanken. Die mächtige Burg beherbergt ein sehenswertes Stadtmuseum, auch die etwa 5 km außerhalb gelegene Kirche von Crngrob ist ein Schmuckstück mit einem herrlichen, mit Blattgold überzogenen Schnitzalter aus dem 17. Jh. und zahlreichen gut erhaltenen Fresken. Durch das flache Selskatal führt die Straße durch Kranj nach Radovljica. Das in jüngster Zeit prächtig renovierte Städtchen beheimatet in einem Barockschlösschen mit dem Imkereimuseum eine echte Rarität. Ein Juwel sind die nach slo-

Hütten

Prehodavci-Hütte (Zasavska koca na Prehodavcih, 2071 m) Hütte im oberen Abschnitt des herrlichen Sieben-Seen-Tals. Zustieg von der Savica-Hütte (651 m) über die Sieben-Seen-Hütte in ca. 5 Std. durch eines der schönsten Täler des Triglav-Nationalparks; Tel. 0 50/61 47 81

Sieben-Seen-Hütte (Koca pri Sedmerih triglavskih jezerih, 1685 m) Große, aber trotzdem idyllische, mit Holzschindeln verkleidete Hütte am Ufer des Doppelsees (Dvojno jezero) im Sieben-Seen-Tal. Vom Savica-Haus (651 m) am Wocheiner See in ca. 3 Std. zu erreichen; Tel. 0 50/61 52 35

the perfect day

10 Uhr: Fahrt mit dem Ruderboot auf die Insel im Bledsee; Besichtigung der Kirchen, Rückfahrt nach Bled
13 Uhr: Wanderung durch die Vintgar-Schlucht, zurück über Kirche St. Katharina
16 Uhr: Besuch der Burg Bled (Museum)
19 Uhr: Romantischer Abendspaziergang am Ufer des Bledsee

ALLGEMEINE INFORMATIONEN

Urlaubsregion	**Slowenische Tourismuszentrale**; Tel. 01/5 89 18 40; E-Mail: info@slovenia.info; www.slovenia.info
Orte	**Bled** www.bled.si • **Bohinj** www.bohinj.si • **Radovljica** www.radovljica.si • **Skofja Loka** www.skofjaloka.si
Entfernungen	Hamburg 1137 km; Berlin 948 km; Köln 939 km; Frankfurt a. M. 755 km; Stuttgart 595 km; München 362 km

wenischem Imkerbrauch fantasievoll gestalteten Bienenstöcke, die Menschen, Tiere oder Fabelwesen darstellen.
Von Radovljica aus ist es nicht mehr weit bis Bled. Seine Anziehungskraft erklärt sich dem Besucher auf den ersten Blick: ein See inmitten grüner Vorberge, der von warmen Quellen gespeist wird, darüber auf einem mächtigen Felsen stolz die Burg von Bled (16. Jh.), mitten im See eine Insel mit einer kleinen Kirche, und im Hintergrund erheben sich die Ausläufer des Triglav-Massivs.
Bled hat alles, was ein modernes Tourismuszentrum braucht – inklusive Spielcasino, Golfplatz und einem großen Sportangebot vor allem für Wassersportler. Für die romantische Bootsfahrt hinüber auf die kleine Insel mit der Wallfahrtskirche und der Wunschglocke sollte man sich in jedem Fall Zeit nehmen.
Bevor man in den Triglav-Nationalpark aufbricht, bekommt man im Informationszentrum einen guten Überblick über das Naturschutzgebiet. Idealer Ausgangspunkt für Touren in den Nationalpark ist der See von Bohinj (Wocheiner-See). Ein Spazierweg führt am Nordufer entlang nach Zlatorog und weiter zum Savica-Wasserfall. Auf den Berg Vogel über dem Südufer führt eine Bergbahn; noch mehr Eindrücke gewährt die Wanderung ins Sieben-Seen-Tal. Zu Recht gilt dieses Tal als eines der schönsten des Nationalparks.

WANDERN & BERGTOUREN

TOP TIPP

Landschaftlich großartig ist die mittelschwere, aber sehr lange **Bergtour in das Sieben-Seen-Tal**. Ausgangspunkt ist das Savica-Haus (651 m) am Wocheiner See. Vorbei am Savica-Wasserfall auf gutem, gesichertem Steig durch die Komarca-Felswand zum Crno Jezero, dem Schwarzen See. Weiter zur Koc̆a pri Triglavskih jezerih (Sieben-Seen-Hütte, 1683 m) – am Dvojno jezero vorbei zum Veliko jezero und weiter zur Prehodavci-Hütte (2071 m, Übernachtung). Auf gleichem Weg zurück; Zeit bis zur Hütte: ca. 5 Std.; Einkehr: Savica-Haus, Sieben-Seen-Hütte, Prehodavci-Hütte; Geführte Touren und Bergführer: Slowenischer Bergführerverband (Zdruzenje gorskih vodnikov Slovenije/ZGVS); Tel. 01/3 61 11 47, www.zdruzenje-gvs.si; 3glav adventures, Tel. 0 41/68 31 84, www.3glav-adventures.com oder Alpinsport Bohinjsko Jezero; Tel. 04/5 72 34 86

Wocheiner-See (525 m) Spaziergang um den größten See Sloweniens	Ausgangspunkt: Ribcev Laz (532 m); Johanneskirche (herrliche Fresken und goldene Altäre) – der Straße am Südufer folgen – Heiliggeistkirche – vor Ukanc rechts abbiegen – Fluss Savica überqueren – auf einsamem, markiertem Weg am Nordufer entlang – Stara Fuzina mit schöner Paulskirche und sehenswerter Burgruine – Ribcev Laz; Zeit: ca. 2 Std.; Einkehr: Ribcev Laz, Ukanc
Orlov rob–Crna prst (1844 m) Mittelschwere Bergwanderung durchs Blumenparadies	Ausgangspunkt: Bergstation Bohinjsko, Vogel – Orlove glave (1682 m); Orlov rob (1800 m) – Panoramaweg (viele Blumen) – Crna prst (1844 m) – Dom Zorka Jelinicica; Abstieg nach Bohinjska Bistrica; Zeit: ca. 8 Std.
Vintgar-Schlucht Spektakulärer Weg zwischen überhängenden Wänden und Wasser	Ausgangspunkt: Eingang Vintgar-Schlucht bei Gorje (4 km von Bled); 1600 m langer, gut befestigter, eindrucksvoller Weg durch die schmale Schlucht, vorbei an herrlichen Wasserfällen; Rückweg über Kirche St. Katharina; Zeit: 1 Std.; Einkehr: Restaurant am Schluchteingang

Wassersport
Bohinj sowie die Region um Bled eignen sich hervorragend für Wassersportler. Auf dem Bledsee haben vor allem die Ruderregatten internationale Bedeutung. Aufgrund der warmen Temperaturen ist der See ideal zum Schwimmen. Zahlreiche Schluchten und Klammen eignen sich zum Canyoning und Rafting. Für Unternehmungen auf der Jerecica und der Grmecica sind ausgebildete Führer aber unbedingt zu empfehlen. Touren werden angeboten von Top, www.top.si. Ideal für Kanu und Kajakfahrer ist die Sava in Bohinj.

Fliegenfischen
Die Region ist ein Paradies für Fliegenfischer. Für viele der kristallklaren Gebirgsflüsse kann man Lizenzen bereits ab einem Tag erwerben. Ausführliche Internetseite auf Deutsch mit Fangzeiten, Regelungen und Lizenzen: www.bohinj.si/rd

Wanderkarten

Freytag & Berndt, WK 141 Julische Alpen; 1:50 000
Freytag & Berndt, WK 5141 Nationalpark Triglav, Kranjska Gora, Planica, Bled; 1:35 000

Ortsregister

Ortsregister

Bildnachweis

Abkürzungserklärung:
APT: Azienda Promozione Turistica
AV: Alpenverein
BZB: Bayerische Zugspitzbahn
DAV: Deutscher Alpenverein
NP: Nationalpark
RV: Regionalverband
SPA: Servizio Turismo Provincia Autonoma di Trento
TV: Tourismusverband
VA: Verkehrsamt

Panoramen:
Ambrosig • Berann • Gloggnitzer • H.J.Egger • Hausamann • Kettler • Krabichler • M Sat • Oberschneider • Panfilo • Rohweder • RS • Sitour • Sporer/Bad Ischl • Stummvoll • 3D Base/ Tourisvis.com • Vielkind • Zettler

Fotos:
Titelmotiv Ludwig Mallaun, Söll (Wilder Kaiser bei Ellmau). • 1 v. o. Meraner Land, Grindelwald Tourismus • 2/3 Art in Action • 4/5 Frenner H. • 6/7 TV Oberstdorf • 8 Allgäu Marketing • 9 Allgäu Werbung • 10/11 TV Bad Hindelang • 14 Kleinwalsertal Tourismus • 15 m. Kurverw. Oberstdorf • 15 o. TV Bolsterlang • 16 TV Oberstdorf • 17 o. DAV Sektion Mindelheim • 17 o. NP Hohe Tauern • 17 u.r. Plaum R • 19 Bitsch, M.• 20 Tanner Werbung • 21 Ritschel B. • 22 l.m.Werbeagentur Schmitz; u.l. Tourismus Halblech Lichtlau• 23 Kurverw. Schwangau • 24 Tanner Werbung. • 25 Pfronten Tourismus • 26 Oberammergau Tourismus • 27 Oberammergau• 28 Bayer. Schlösserverwaltung www.schloesser.bayern.de • 29 Bayer. Schlösserverwaltung www.schloesser.bayern.de • 30 Ehn W. • 31 Archiv BZB • 32 DAV Archiv• 33 Kurdirektion Garmisch-Partenkirchen • 35 Herbke St. • Tölz • 36 Mallaun L. Söll • 37 u. Ehn W.; r. Tourist-Info Mittenwald • 39 Tourist-Info Mittenwald • 40 Gelder B • 41 Hirz H.. • 42 Tourist-Info Bad Tölz • 43 www.kletterzentrum-badtoelz.de • 44 Bodenbender J. • 47 Antes&Antes • 48 Herbke St. • 49 Heller H. • 50/51 Kurverw. Bayrischzell • 52 m. Tourist-Info Oberaudorf • 54 Herbke St. • 55 Tourist-Info Reit im Winkl • 58 Ammon• 59 o. WL Werbegrafik; u. NP Verw. Bgd • 60 Liedtke&Kern • 61 Storto • 62 Bregenzerwald Tourismus • 63 r. Fotostudio Geiger, m. Bregenzerwald Tourismus • 64 Bregenzerwald Tourismus • 65 Bregenzerwald Tourismus • 67 Alpenregion Bludenz• 69 Alpenregion Bludenz • 70 Mallaun L. Söll • 71 Montafon Tourismus• 72 m. Klien B. • 76 Lech Zürs Tourismus • 77 • o. Lech Zürs Tourismus, m. Archiv Freiburger Hütte Ch. Ruffer • 78/79 TV Tannheimer Tal • 81 TV Tannheimer Tal • 82 Mallaun L. Söll • 83 TV Tiroler Zugspitzarena • 84 TV Tiroler Zugspitzarena • 85 Bergsport Total• 86 Mallaun L. Söll • 87 Antes&Antes •88 o. TV Ischgl, u. Antes& Antes • 89 TV Paznaun • 90 Antes&Antes, l. TV Pitztal • 91 o. Mallaun L. Söll, m. TV Pitztal • 94 Mallaun L. Söll • 95 m. TV Vent, u.r. Tirol Werbung • 96 o.l. TV Vent, u. TV Oetz • 97 Tirol Werbung, u.r. TV Oetz • 100 Herbke St • 101 o. Herbke St., u. Olympiaregion Seefeld • 103 Herbke St. • 104 Innsbruck Tourismus • 105 Antes&Antes • 106 Antes&Antes • 108 Mallaun L. Söll • 109 o.r. TV Stubaital, m. u. Stubaier Gletscherbahnen • 110 Antes&Antes • 111 TV Stubaital • 112 Herbke St. • 113 o. Mallaun L., Söll, u. Achensee Tourismus • 114 o. Tirol Werbung, u. Achensee Tourismus • 115 Tirol Werbung • 116 TV Ferienregion Alpbachtal • 119 TV Zillertal Mitte • 120 o. TV Zell, m.Tirol Werbung • 121 m. DAV Sektion Berlin, u. Zillertal Information • 122 TV Zillertal Mitte • 123 TV Mayrhofen • 124 u. Klemmer A. • 126 Mallaun L., Söll • 127 TV Kaiserwinkl • 128/129 TV Kaiserwinkl • 130/131 TV Wildschönau • 132/133 Mallaun L., Söll • 134 Mallaun L., Söll • 135 TV Wilder Kaiser Brixental • 136/137 Niederstrasser A. • 138 TV Kirchberg • 139 Niederstrasser A. • 140 Foto Hörl • 141 P. Petschko Werbung • 142 TV St. Johann i. T. • 143 Foto Heinz • 144 l. o. Infobüro Kals, Osttirol Werbung, • 145 o. Mallaun L. Söll, Osttirol Werbung • 148 TV Lienz • 149 r. TV Hochpustertal, m. Lehofer G. • 150 o.r. TV Lienz, l. Lehofer G. • 151 Lehofer G. • 152/153 TV Hochkönig's Bergreich • 157/158/159 Saalfelden Leogang Touristik GmbH • 160/161 TV Saalbach-Hinterglemm • 163/164 TV Europa Sportregion Zell a. See • 166/167 Rieder F. • 168/169 TV Krimml • 170 TV Gasteinertal • 171 o. SalzburgerLand, m. TV Gasteinertal • 172/173 TV Gasteinertal • 174 TV St. Johann-Alpendorf TV • 175 TV Kleinarltal, u. SalzburgerLand • 176/177 SalzburgerLand • 178 Sportwelt Amadé • 180 Hutter C • 181 o. Ferienregion Lungau, m. TV Zedernhaus • 182 Ferienregion Lungau • 184 Eisriesenwelt GmbH • 185 o. TV Werfenweng, u. Magarinos G., • 186 RV Dachstein Tauern • 187 Mallaun L. Söll, u. TV Ramsau • 188 TV Gröbminger Land • 189/190 Regionalverband Dachstein-Tauern • 192/193 TV Ausseerland-Salzkammergut • 194 TV Ausseerland-Salzkammergut/ Pirker • 196/197 TV Salzkammergut • 198 TV Salzkammergut • 199 Archiv Öbf •200 o. Gmd. Hinterstoder • 201 o. Peböck W., u. Hinterstoder-Wurzeralm Bergbahnen AG • 202 DMC Tourismus • 205 Bad Kleinkirchheimer Tourismus GmbH • 206 TV Heiligenblut-Großglockner • 207 Herbke St. • 208 TV Heiligenblut-Großglockner • 210 Klemmer A. • 211 Karnische Tourismus GmbH • 212 Naturarena Kärnten • 214 VI-FA-OS Tourismus GmbH • 215 Naturarena Kärnten • 218/219/220 Gstaad Saanenland Tourismus • 222 Niederhorn Gondeli • 223 l. Mallaun L. Söll, r. TV Lötschberg • 225 Klosters Tourismus/Pajarola •226 o. Grindelwald Tourismus u. Degonda L. • 227 Jungfraubahnen • 228 Fitnesspoint • 229 Engler St. • 232/233 TV Leukerbad • 234 Valais Tourisme • 235 Mohr T. • 237 o. Zermatt Tourismus, u. Sonderegger Ch. • 238/239/240 Saas-Fee Tourisme • 242 Wilms Rolf • 243 m. Schwab H., r. Sonderegger Ch • 244 Alpin Center • 246 Die Post • 247 Sonderegger Ch. • 248 Foto Kälin • 249 Schwyz Tourismus • 251 Schwab H. • 252 Brawand D • 253 o. Luzern Tourismus, u. Rüegger P • 254 Perret Chr. • 256 mediaarchiv.ch • 257 Engelberg-Titlis Tourismus • 258 Engelberg-Titlis Tourismus 259 o. Engelberg-Titlis Tourismus, u. mediaarchiv.ch. • 260/261/262 Appenzeller Tourismus • 264 Heer U. • 265 u.

Herbke St. • 266 www.klettersteige.ch • 267 Sengers M. • 268/269 Liechtenstein Tourismus • 270 Danusa G. • 271 m. Danusa G., u. Baar A. • 273 Donatsch P. • 274 r. Davos Tourismus Klosters Tourismus • 275/276 Davos Tourismus • 280/283 Sonderegger Ch. • 284 Kur- und Verkehrsverein St. Moritz • 285 Mallaun L. Söll • 286/287/290 Kur- und Verkehrsverein St. Moritz • 305 Archiv Hotel Kulm • 294 TV Vinschgau • 295 Herbke St. • 296/297 TV Vinschgau • 298/299/300/301 TV Sulden • 302 Meraner Land • 303/304 Südtirol Marketing • 305 Meraner Land • 306 Bernhart U. • 307 Südtirol Marketing • 308 TV Eppan • 309/310 VA Bozen • 311 TV Kaltern am See • 312 u. Südtirol Marketing, l. Schifferle R • 313 TV Sterzing • 314 Südtirol Marketing • 315 m. TV Eisacktal, u TV Brixen • TV Eisacktal • 318/319/320/321 Ferienregion Tauferer Ahrntal • 322 TV Al Plan • 323/324 Risser P. • 326/327/329 TV Hochpustertal • 330 Val Gardena • 331 Tourismusverband Gröden • 332 Südtirol Marketing • 334 l. Rier H., r. • 335 TV Seiser Alm Schlerngebiet • 336 Rieb H. • 337 TV Seiser Alm Schlerngebiet • 338 TV Tiers • 339 m. Cortina Turismo, o.r. Capobussi • 340 TV Tiers • 342/343/344/345 Planinschek F. • 348 Hüsler E. • 349/350/Bandion D.G. • 351 u. Zak H., r. Pause M. • 354 TV Rosengarten Latemar 355 APT Val di Fassa • 356 TV Rosengarten Latemar • 358 APT Val di Fiemme • 359 Antes&Antes • 362/364/366/367/368 Trentino SPA • 370/371/372/373 Campiglio SPA • 375/376 Trentino SPA • 378 Pinn M. • 379 Engelhardt • 380 o. Trentino SPA, m. APT Garda • 381 Trentino SPA • 384 Tenero Tourismo • 385 NP Val Grande • 386 Sonderegger Ch. • 387 Mosler A. • 389 o. Schiaparelli M., u. Tonini M. • 390 o. Schiaparelli M., u.l. Enrico S. • 391 m. Giani, u. Enit.it • 392 Enit.it •393 Morelli • 394 Funk G • 395 Neuhauser St. • 396/397 Cormier F.E • 399 Neuhauser St. • 400 o. Agence NUTS Office du Tourisme Val d'Isère, l. Lebeau P./SFI/ATD/Savoie • 401 l. Pralognon Tourisme, r. CAF • 402 Agence NUTS Office du Tourisme Val d'Isère, l. Lebeau P./SFI/ATD/Savoie • 403 o. La Tarentaise Tourisme, m. Valle d'Aosta • 404 Neuhauser St • 405 Puy Saint Vincent • 406 l. Neuhauser St., o. Archiv Assessorat Tourismus Aosta • 407 Neuhauser St. • 408 l. Holzmann, r. Th. Pinn M. • 409 Siepmann M. • 410 u.l. Lang W., o.l. Pause M., o.r. Slovenija Tourism • 412 Skok J. • 413 u. Knollmann R., o., m. Skok J.

Impressum

Konzeption, Redaktion und Bildredaktion:
ADAC Verlag GmbH, München: Thomas Biersack, Hannah Steinacker, Jens van Rooij
Redaktionsbüro Pause, Weyarn: Sandra Petrowitz, Silvia Schmidt, Michael Pause

Graphische Konzeption, Layout und Satz:

txt Agentur Dortmund, München: Stephan Piper, Stefanie Schuhmacher

Karten: Müller + Richert GbR Gotha

Autoren: Antes & Antes, Marianne Bitsch, Ulf Böhringer, Beat Christen, Andi Dick Saskia Engelhardt, Bettina Freitag, Dietmar Fuchs, Gaby Funk, Traian Grigorian, Andrea Händel (DAV), Stefan Herbke, Beate Hitzler, Eugen Hüsler, Christoph Kirsch, Axel Klemmer, Günter Lehofer, Andreas Lesti, Peter Müller, Pressebüro Seegrund Heidi Siefert, Herbert Steffe, Sabine Stehrer, Georg Weindl, Alfons Zaunhuber

Herstellung: Martina Baur, John C. Bergener

Printed in Germany
ISBN 978-3-89905-637-2

Neu bearbeitete Ausgabe 2009

Die jahrtausendelange Technisierung und Industrialisierung hatte bislang nur ein Ziel: den Menschen unabhängig zu machen von den Launen der Natur. Dieser Weg ist an ein Ende gelangt. Die komplexen Aufgaben der Zukunft, die Gestaltung einer immer komplizierteren und vernetzteren Welt, kann nicht mehr gegen die Natur erfolgen. Es hat sich erwiesen, daß während der Jahrmillionen, die die Evolution Zeit hatte, unschlagbar effiziente Systeme entstanden sind. Ein Beispiel ist die Funktionsweise von Vogel- und Insektenschwärmen, in denen so etwas wie ein zielorientierter, kollektiver Wille entsteht, dem sich alle Einzeltiere unterordnen und der auch dann weiterwirkt, wenn alle ursprünglich vorhandenen Tiere gegen andere ausgetauscht worden sind. Gegenüber den Zukunftstechniken, die sich das Prinzip des Schwarms zum Vorbild nehmen, wirken Großtechnologien nach Art der Kernkraftwerke wie Dinosaurier. Sie werden aussterben.

Der neue Weg der Zukunft heißt: Biotechnologie. Technik und Biologie bewegen sich wieder aufeinander zu und werden immer häufiger verschmelzen. Künstlich geschaffene Systeme werden sich so verhalten wie biologische Organismen: selbststeuernd, selbsterhaltend und selbstreproduzierend.

Damit maßt sich der Mensch eine Art Schöpferrolle an. Allerdings ist er kein allmächtiger Schöpfer – über die künstlich geschaffenen »Vivisysteme«, wie Kevin Kelly sie nennt, werden wir keine vollständige Kontrolle ausüben können. Unsere technisch-zivilisatorische Umwelt wird mehr und mehr der natürlichen Umwelt gleichen, die den Menschen seit jeher umgibt und deren Abläufe er nicht steuern kann.

Kevin Kelly hat sich angesehen, wo überall an der biologischen Wende gearbeitet wird, und wirft einen prophetischen Blick in die Labors der Zukunft – und ins neue Jahrtausend.

Kevin Kelly, Jahrgang 1952, ist Chefredakteur von *Wired*, dem führendem US-amerikanischen Computermagazin. Er engagiert sich in der Öko-Bewegung und berät weltweit Unternehmen und Regierungen.

Kevin Kelly

Der zweite Akt der Schöpfung

Natur und Technik im neuen Jahrtausend

Fischer
Taschenbuch
Verlag

Veröffentlicht im Fischer Taschenbuch Verlag GmbH,
Frankfurt am Main, März 1999

Lizenzausgabe mit freundlicher Genehmigung
der Bollmann Verlag GmbH, Mannheim
Die amerikanische Originalausgabe erschien 1994 unter dem Titel
»Out of Control. The Rise of Neo-Biological Civilisation«
im Verlag Addison-Wesley, New York

Die deutsche Originalausgabe erschien 1997 unter dem Titel
»Das Ende der Kontrolle. Die biologische Wende in Wirtschaft,
Technik und Gesellschaft« im Bollmann Verlag

Druck und Bindung: Clausen & Bosse, Leck
Printed in Germany
ISBN 3-596-14009-9

Inhalt

I

DAS GEMACHTE UND DAS GEBORENE

Ich befinde mich in einer gläsernen Behausung, die absolut luftdicht schließt. Die Luft, die ich einatme, habe ich zuvor ausgeatmet. Dennoch ist es frische Luft, die von den Ventilatoren umgewälzt wird. Mein Urin und meine Exkremente werden von einem System aus Kanälen, Röhren, Kabeln, Pflanzen und Mikroben recycelt und wieder umgewandelt in Wasser und Nahrung, die ich essen kann. Schmackhaftes Essen. Gutes Wasser.

Letzte Nacht hat es draußen geschneit. Im Innern der Experimentierkapsel ist es warm, feucht und behaglich. Heute morgen sind die dicken Innenfenster von der starken Kondensation tropfnaß. Pflanzen bevölkern meinen Raum. Ich bin umgeben von Blättern großer Bananenstauden – riesigen Farbflecken in herzerfrischendem Gelb-Grün – und von Trieben grüner Bohnen, die jede vertikale Fläche überwuchern. Etwa die Hälfte aller Pflanzen in dieser Hütte sind Nutzpflanzen. Aus ihrer Ernte habe ich mein Abendessen zusammengestellt.

Ich befinde mich in einem Testmodul für das Leben im All. Meine Atmosphäre wird vollständig recycelt: von den Pflanzen und der Erde, in der sie wurzeln, vom Labyrinth der lärmenden Anlage aus Kanälen und Röhren, die das Laubwerk durchziehen. Weder die grünen Pflanzen, noch die schweren Maschinen alleine reichen aus, mich am Leben zu halten. Vielmehr ist es die *Verbindung* aus sonnengespeistem Leben und ölgespeister Maschinerie, die meine Körperfunktionen aufrechterhält. Innerhalb dieses Verschlags sind das Lebendige und das Hergestellte zu einem stabilen System zusammengefügt, um weitere komplexe Einheiten zu ernähren – im Moment mich.

Was sich im Inneren dieser Glaskapsel für alle sichtbar abspielt, geschieht weniger offensichtlich in großem Maßstab in den letzten Jahren dieses Jahrtausends auf der Erde. Die Sphäre des *Geborenen* – alles, was Natur ist – und die Sphäre des *Gemachten* – alles, was vom Men-

schen konstruiert ist – werden eins. Maschinen werden biologisch, und das Biologische wird zur technischen Konstruktion.
Das bedeutet, seine Hoffnung auf ein paar althergebrachte Metaphern zu setzen. Vorstellungen von der Maschine als Organismus und vom Organismus als Maschine sind so alt wie die erste Maschine selbst. Aber heute sind diese langlebigen Metaphern nicht länger Poesie. Sie werden gerade Wirklichkeit – ertragreiche Wirklichkeit.
Dieses Buch handelt von der Vermählung des Geborenen mit dem Gemachten. Indem Techniker die logischen Prinzipien der Lebewesen und Maschinen herausfinden und beide bei der Aufgabe einsetzen, hochkomplexe Systeme aufzubauen, beschwören sie Apparate herauf, die beides zugleich sind: hergestellt und lebendig. Diese Vermählung des Lebens mit der Maschinenwelt ist eine Vernunftehe, da sie teilweise durch unsere gegenwärtigen technischen Grenzen erzwungen wurde. Denn die Welt, die wir selbst hergestellt haben, ist so kompliziert geworden, daß wir uns der Welt des Geborenen zuwenden müssen, um ihre Steuerung zu verstehen. Das heißt: Je mechanischer wir unsere gefertigte Umwelt gestalten, desto biologischer wird sie schließlich sein müssen, wenn sie überhaupt funktionieren soll. Unsere Zukunft ist technologisch; aber sie wird uns keine Welt aus grauem Stahl bescheren. Vielmehr bewegt sich unsere technologische Zukunft auf eine neobiologische Zivilisation zu.

Schon immer hat die Natur ihren Körper den Menschen zur Verfügung gestellt. Zunächst verwendeten wir die natürlichen Materialien als Nahrung, Kleidung und Schutz. Dann lernten wir, ihrer Biosphäre Rohmaterialien zu entziehen, um unsere neuen, synthetischen Materialien zu erzeugen. Und jetzt überläßt uns der Bios seinen Verstand – wir übernehmen seine Logik.
Die Uhrwerk-Logik – die Logik der Maschinen – wird nur einfache Apparate erzeugen. Wahrhaft komplexe Systeme wie eine Zelle, eine Weide, eine Volkswirtschaft oder ein Gehirn (natürlich oder künstlich) verlangen nach einer konsequent nicht-technologischen Logik. Wir erkennen heute, daß keine Logik außer der *Bio*-Logik einen Denkapparat oder nur ein funktionierendes System von beliebiger Größe zusammensetzen kann.

Daß man die Logik des Bios aus der Biologie extrahieren kann und dabei etwas erhält, das sich weiter verwenden läßt, ist eine verblüffende Entdeckung. Obwohl in der Vergangenheit viele Philosophen vermutet haben, daß sich die Gesetze des Lebens abstrahieren und anderswo anwenden lassen, blieb dies doch solange unbeweisbar, bis die Komplexität der Computer und der vom Menschen geschaffenen Systeme die Komplexität lebendiger Dinge erreicht hatte. Es ist unheimlich, wie viel sich aus dem Leben übertragen läßt. Bereits jetzt sind einige Merkmale des Lebens erfolgreich in mechanische Systeme übernommen worden: Selbstreproduktion, Selbststeuerung, begrenzte Eigenreparatur, in geringem Umfang Evolution und teilweise Lernfähigkeit. Wir haben allen Grund zu glauben, daß noch mehr synthetisiert und in etwas Neues verwandelt werden kann.

Zur selben Zeit, da die Logik des Bios in die Maschinenwelt exportiert wird, wird die Logik des Technos ins Leben exportiert.

Die Wurzel der Biotechnologie ist der Wunsch, das Organische auf genügend lange Sicht zu kontrollieren, um es zu verbessern. Hauspflanzen und -tiere sind Beispiele für die Anwendung der Techno-Logik auf das Leben. Die aromatische Wurzel der wilden Möhre (daucus carota), eines Unkrauts, wurde über Generationen hinweg von selektierenden Sammlern und Züchtern optimiert, bis sie sich zur süßen Gartenmöhre entwickelt hat; die Euter wilder Rinder wurden durch Selektion auf »unnatürliche« Weise vergrößert, um eher die Bedürfnisse von Menschen zu befriedigen als die von Kälbern. Milchkühe und Karotten sind deshalb genauso Erfindungen des Menschen wie die Dampfmaschine und das Schwarzpulver. Aber Milchkühe und Karotten verraten mehr über die Art von Erfindungen, die Menschen in der Zukunft machen werden: Produkte, die eher angebaut als zusammengebaut werden.

Gentechnologie ist genau das, was Viehzüchter machen, wenn sie bessere Erbanlagen von Holsteinischen Kühen auswählen, nur daß die Gentechnologen eine genauere und mächtigere Kontrolle ausüben. Mußten die Züchter von Karotten und Milchkühen auf eine langatmige organische Evolution vertrauen, können sich die modernen Gentechnologen einer gesteuerten, künstlichen Evolution – zweckmäßiger Entwürfe – bedienen, die die Optimierung massiv beschleunigt.

Die Überlappung mechanischer und lebensähnlicher Formen nimmt von Jahr zu Jahr zu. Ein Teil dieser bionischen Konvergenz geschieht im sprachlichen Bereich. Die Bedeutungen von »mechanisch« und von »Leben« dehnen sich so weit aus, bis alle komplizierten Dinge als Maschinen und alle selbsterhaltenden Maschinen als lebend wahrgenommen werden können. Doch abseits aller Semantik gibt es zwei konkrete Trends: Erstens, von Menschen hergestellte Dinge verhalten sich immer lebensähnlicher und, zweitens, das Leben wird stärker technisch konstruiert. Der vermeintliche Schleier zwischen dem Organischen und dem Hergestellten hat sich gelüftet, und es zeigt sich, daß die beiden in Wirklichkeit eins sind und immer eins waren. Wie sollen wir die gemeinsame Seele von organischen Einheiten, die wir als Organismen und Ökologien kennen, und ihren gefertigten Gegenstücken, den Robotern, Konzernen, Volkswirtschaften und Computernetzen bezeichnen? Ich nenne diese Beispiele, die gemachten wie die geborenen, wegen der Lebensähnlichkeit, die jedem Systemtyp innewohnt, »Vivisysteme«.

In den folgenden Kapiteln gebe ich einen Überblick über das bionische Neuland. Viele der Vivisysteme, von denen ich berichte, sind »artifiziell« – Kunstgriffe menschlicher Schöpfung –, aber in beinahe jedem Fall sind sie zugleich real – durchgeführte Experimente statt bloßer Theorie. Die artifiziellen Vivisysteme, die ich begutachte, sind alle komplex und groß: planetarische Telefonsysteme, Brutkästen für Computerviren, Roboterprototypen, Welten Virtueller Realität, synthetisch animierte Charaktere, verschiedene künstliche Ökosysteme und Computermodelle der gesamten Erde.

Aber die Ungezähmtheit der Natur ist die Hauptquelle für aufschlußreiche Einblicke in Vivisysteme und wahrscheinlich die wichtigste Quelle für weitere künftige Einsichten. Ich berichte über neue experimentelle Arbeiten beim Zusammenbau von Ökosystemen, über die Wiederherstellung biologischer Lebensformen, Nachbauten von Korallenriffs, soziale Insekten (Bienen und Ameisen) und komplexe geschlossene Systeme wie etwa das Projekt Biosphäre 2 in Arizona, in welchem ich diesen Prolog schreibe.

Die Vivisysteme, die ich in diesem Buch untersuche, sind in ihrer Komplexität beinahe bodenlos, in ihrer Reichweite gewaltig und in ihren feinen Unterschieden gigantisch. Von diesen einzelnen Großsystemen ausgehend, habe ich vereinheitlichende Grundprinzipien für alle großen Vivisysteme erarbeitet. Ich nenne sie die Gesetze Gottes, und sie werden in ihren Grundlagen von allen selbsterhaltenden, sich selbst verbessernden Systemen geteilt.

Wenn wir die menschlichen Anstrengungen betrachten, komplexe mechanische Dinge zu schaffen, kommen wir immer wieder auf die Natur zurück, um uns den Weg weisen zu lassen. Die Natur ist folglich mehr als eine vielfältige Gen-Bank, die unentdeckte Heilkräuter für zukünftige Krankheiten beherbergt – obwohl sie dies mit Sicherheit auch ist. Die Natur ist genauso eine »Mem-Bank«, eine Ideenfabrik. In jedem dschungelähnlichen Ameisenhaufen sind vitale, postindustrielle Paradigmen verborgen. Das wieselnde Gewimmel von Insekten und Kräutern und die Eingeborenenkulturen, die dieses Leben sinnhaft gedeutet haben, sind es wert, geschützt zu werden, und sei es auch nur der postmodernen Metaphern wegen, die sie uns noch nicht verraten haben. Eine Prärie zu zerstören, heißt nicht nur einen Gen-Vorrat, sondern auch einen Schatz an zukünftigen Metaphern, Einblicken und Modellen für eine neobiologische Zivilisation zu zerstören.

Der massenhafte Transfer von Bio-Logik in die Maschinen sollte uns mit Ehrfurcht erfüllen. Wenn die Verbindung aus Geborenem und Gemachtem vollständig sein wird, werden die Dinge, die wir hergestellt haben, lernen, sich anzupassen, sich selbst zu heilen und sich weiterzuentwickeln. Das ist eine Kraft, von der wir bisher kaum zu träumen wagten. Die Gesamtkapazität von Millionen biologischer Maschinen mag es eines Tages mit unserer Innovationskraft aufnehmen. Wir mögen auch zukünftig einen blitzartigen Typus von Kreativität unser Eigen nennen, doch es spricht einiges zugunsten einer langsamen, breit gestreuten Kreativität vieler schwacher Teile, die unaufhörlich arbeiten.

Doch indem wir die lebendigen Kräfte in die von uns geschaffenen Maschinen entlassen, verlieren wir die Kontrolle über sie. Sie werden wild und halten Überraschungen bereit, wie sie das Wilde mit sich bringt. Das ist dann das Dilemma, mit dem alle Götter leben müssen: daß sie die längste Zeit vollkommen souverän über ihr höchstes Schöpfungswerk geherrscht haben.

Die Welt des Gemachten wird bald wie die Welt des Geborenen sein: autonom, anpassungsfähig und kreativ, aber konsequenterweise auch außerhalb unserer Kontrolle. Ich denke, das ist ein großartiges Geschäft.

2

SCHWARMDENKEN

Ruhig atmet der Bienenstock unter dem Fenster meines Arbeitszimmers Legionen von übereifrigen Wesen aus und wieder ein. Wenn die Sonne an Sommerabenden hinter den Bäumen verschwindet und das Bienenhaus in ihr Dämmerlicht taucht, surren die von der Sonne angestrahlten Bienen in ihrem Anflug wie sich krümmende Leuchtspurgeschosse in die winzige dunkle Öffnung des Stocks. Ich sehe ihnen zu, wie sie gerade die Nektarernte der letzten Bärentraubenblüten des Jahres einholen. Bald werden die Regenfälle einsetzen, und die Bienen werden sich in die Abgeschiedenheit zurückziehen. Ich werde beim Schreiben weiter aus dem Fenster starren; sie werden weiter schuften, jetzt aber in ihrem dunklen Heim. Nur an ganz milden Tagen wird es mir vergönnt sein, sie zu Tausenden in der Sonne zu sehen.

Jahrelang habe ich als Bienenzüchter versucht, Bienenvölker aus Gebäuden und Bäumen umzusiedeln, um auf diese schnelle und billige Weise zu Hause neue Schwärme aufzubauen. Einmal habe ich im Herbst einen Baum ausgeweidet, den ein Nachbar gefällt hatte. Ich nahm eine Motorsäge und machte einen Schnitt in diesen umgekippten alten Tupelo-Baum. Der arme Baum war von Bienenwaben verkrebst. Je weiter ich in den Leib des Baumes hineinschnitt, desto mehr Bienen fand ich. Die Insekten füllten einen Hohlraum, der etwa die Größe meines Körpers besaß. Es war ein grauer, kühler Herbsttag, und alle Bienen waren daheim, jetzt aber ganz aufgeregt von der Operation. Schließlich tauchte ich meine Hand in das Durcheinander von Waben. Heiß! Mindestens 35° C. Vollgestopft mit 100 000 Kaltblütlern war der Schwarm zu einem warmblütigen Organismus geworden. Der Honig floß wie dünnes, warmes Blut. Es war, als hätte ich mit meiner Hand in ein sterbendes Tier gegriffen.

Die Vorstellung vom Bienenschwarm als kollektivem Lebewesen entstand spät. Die Griechen und Römer waren ausgezeichnete Bienenzüchter, die respektable Honigerträge aus ihren selbstgemachten Bienenstöcken zogen. Trotzdem war ihr Wissen über die Bienen in beinahe jedem Punkt falsch. Man mag dies der finsteren Verschwörung des Bienenlebens zuschreiben, einem Geheimnis, das von zehntausend fanatisch ergebenen, bewaffneten Soldaten bewacht wird. Demokrit glaubte, Bienen hätten den gleichen Ursprung wie Grillen. Xenophon hatte herausgefunden, welche Biene die Königin war, hatte ihr jedoch irrtümlicherweise Kontrollaufgaben zugeschrieben, die sie gar nicht besitzt. Aristoteles bekommt ein gutes Zeugnis ausgestellt, weil er in vielen Punkten richtig lag, einschließlich der halbrichtigen Beobachtung, daß »Leitbienen« Larven in die Zellen der Honigwaben legen. (In Wahrheit entstehen sie aus Eiern, aber zumindest korrigierte er Demokrits irreführende Orientierung am Ursprung der Grillen.) Erst in der Renaissance bewies man, daß die Bienenkönigin weiblichen Geschlechts ist, und zeigte, daß das Bienenwachs an den Bäuchen der Bienen abgesondert wird. Vor der modernen Genetik hatte niemand eine Ahnung davon, daß ein Bienenschwarm ein radikales, schwesterliches Matriarchat ist: alle Bienen, außer den paar nichtsnutzigen Drohnen, sind miteinander verschwisterte Weibchen. Der Schwarm war ein ebenso unergründliches Geheimnis wie eine Sonnen- oder Mondfinsternis.

Ich habe Sonnen- und Mondfinsternisse gesehen, und ich habe Bienenschwärme gesehen. Finsternisse sind Spektakel, die ich nur halbherzig beobachte, ich schätze, meist aus einem Pflichtgefühl gegenüber ihrer Seltenheit und aus Tradition heraus, etwa so, wie ich einer Parade zum 4. Juli beiwohne. Bienenschwärme dagegen erwecken eine ganz andere Art von Ehrfurcht in mir. Ich habe oft gesehen, wie Bienenstöcke einen Schwarm ausspuckten, der mich völlig versteinern ließ und jeden, der ihn sehen konnte, sprachlos machte.

Ein Bienenvolk kurz vor dem Ausschwärmen ist wie besessen. Am Mund des Einfluglochs entsteht sichtlich Erregung. Die Kolonie wimmert in einem lauten Summen, bei dem sich kein Zentrum ausmachen läßt und das die Umgebung zum Vibrieren bringt. Sie beginnt, Massen von Bienen auszuspucken, als ob sie nicht nur ihr Inneres, sondern auch ihre Seele entleeren wollte. Ein poltergeistartiger Sturm winzigen Wollens nimmt über dem Bienenkasten Gestalt an. Er wächst zu einer kleinen, finsteren, entschlossenen Wolke heran, dunkel in ihrer Lebendigkeit. Angetrieben von einem ungeheuren Gebrumm und Radau, steigt der Geist langsam in den Himmel, das leere Bienenhaus und stumme Verwirrung hinter sich lassend. Der deutsche Theosoph Rudolf Steiner schreibt in seinen ansonsten abseitigen *Neun Lektionen über Bienen* hellsichtig: »Genau wie die menschliche Seele sich aus dem Körper erhebt…, kann man im fliegenden Schwarm wahrhaft ein Bild der entweichenden Seele sehen.«

Jahrelang hatte Mark Thompson, ein Bienenzüchter aus meiner Nachbarschaft, das bizarre Verlangen, ein Projekt »Leben im Bienenstock« aufzubauen – ein lebendiges Bienenhaus, dem man einen Besuch abstatten kann, indem man seinen Kopf hineinsteckt. Er arbeitete gerade im Garten, als ein Bienenstock einen Schwarm von Bienen ausspuckte, der »wie ein schwarzer Lavastrom zerschmolz und dann abhob«. Die schwarze Wolke verband sich zu einem schwarzen Ring von 30000 Bienen und sechs Metern Umfang, der wie ein UFO ein Meter achtzig über dem Boden schwebte – genau in Augenhöhe. Der flackernde Insektenring begann langsam wegzuwandern, immer einsachtzig über der Erde bleibend. Der Traum vom Leben im Bienenstock war wahr geworden.

Mark zögerte nicht. Er warf sein Gerät weg, schob sich in den Schwarm und hatte seinen Kopf jetzt ungeschützt im Auge des Bienen-Hurrikans. Im Gleichschritt lief er mit ihm durch den Garten, als sich der Schwarm langsam wegbewegte. Mit seinem Bienenheiligenschein sprang er erst über einen, dann über einen weiteren Zaun. Jetzt rannte er bereits, um mit dem donnernden Lebewesen Schritt zu halten, in dessen Bauch sein Kopf schwebte. Alle zusammen überquerten sie die Straße und eilten das offene Feld hinab. Wieder ein Zaun, den er überspringen mußte. Er wurde allmählich müde. Anders die Bienen, die gerade auf Touren kamen. Der Schwarmträger glitt einen Hügel hinab in einen Morast. Jetzt glichen die beiden einem märchenhaften Sumpfteufel, der schwirrend umherbrummte und -schwankte und den Schlamm durchpflügte. Mark schäumte wie ein Wilder durch den Dreck, um mitzuhalten. Dann, auf irgendein Zeichen hin, beschleunigten die Bienen. Sie nahmen Mark seinen Heiligenschein und ließen ihn dort stehen, naß, »keuchend, und in freudigem Erstaunen«. Immer auf Augenhöhe bleibend, schwebte der Schwarm durch die Landschaft, bis er wie ein losgelassener Geist in einem dunklen Kiefernwald jenseits der Landstraße verschwand.

»Wo ist dieser Geist des Bienenschwarms … wo wohnt er?« fragte der Schriftsteller Maurice Maeterlinck bereits 1901. »Was ist es, das ihn lenkt, Befehle erteilt, die Zukunft kennt …?« Wir sind heute sicher, daß es nicht die Bienenkönigin ist. Wenn ein Schwarm durch den Frontschlitz des Bienenstocks ausströmt, bleibt der Bienenkönigin nichts anderes übrig als zu folgen. Die Töchter der Königin entscheiden, wo und wann der Schwarm sich niederläßt. Ein halbes Dutzend anonymer Arbeiterinnen verrichtet Späherdienste, um mögliche Unterbringungsorte für den Bienenstock in hohlen Bäumen oder Mauerhöhlen zu prüfen. Sie erstatten dem zurückgebliebenen Schwarm Bericht, indem sie auf seiner sich zusammenziehenden Oberfläche tanzen. Je theatralischer eine Späherin während ihres Berichtes tanzt, desto besser ist der Ort, für den sie eintritt. Dann prüfen Bienenbeauftragte die konkurrierenden Standorte entsprechend der Intensität der Tänze und pflichten anschließend der Späherin bei, indem sie in ihr Herumwirbeln einfallen. Das bewegt weiteres Gefolge dazu, den Ort mit den besten Aussichten zu untersuchen und bei dem Tohuwabohu mitzumachen, woraufhin sie zurückkehren und sich ebenfalls in das Getümmel der Tänzerinnen stürzen.
Mit Ausnahme der Späherinnen hat kaum eine Biene mehr als eine Örtlichkeit inspiziert. Die Bienen verstehen die Botschaft: »Flieg dorthin, das ist ein netter Ort.« Sie fliegen los und kehren zurück, um mit ihrem Tanz zu sagen: »Ja, es ist *wirklich* ein netter Ort.« Durch die daraus entstehende Schwerpunktsetzung bekommen die favorisierten Standorte folglich mehr und mehr Besucher. Dem Gesetz der zunehmenden Erträge entsprechend, erhalten diejenigen, die etwas haben, mehr, die Habenichtse hingegen weniger Stimmen. Allmählich wird dann ein großes, lawinenartig anwachsendes Finale den Tanzwettbewerb dominieren. Die größte Menge gewinnt.
Es ist eine Wahlversammlung von Idioten für Idioten und mit Idioten, und es funktioniert phantastisch. Das ist die wahre Natur der Demokratie und jeder Gewaltenteilung. Am Ende des Schauspiels nimmt der Schwarm, der staatsbürgerlichen Wahl folgend, die Königin mit und donnert in die Richtung los, die der Pöbel durch seine Stimme vorgegeben hat. Die Königin folgt in aller Demut. Wenn sie denken könnte, würde sie sich erinnern, daß sie nichts ist als ein armes Bauernmädchen, Blutsschwester jener speziellen Ammenbiene,

die angewiesen war (von wem?), ihre Larve auszuwählen, eine gewöhnliche Larve, und sie mit einer Diät, dem Königinnenfutter, aufzuziehen. So wird Aschenbrödel in eine Königin verwandelt. Durch welches Karma ist die Larve zur Prinzessin ausersehen? Und wer erwählt die, die auswählt?

»Der Bienenstock wählt«, lautet die entwaffnende Antwort von William Morton Wheeler, einem Naturphilosophen und Insektenkundler alter Schule, der das Forschungsgebiet »soziale Insekten« begründet hat. In einem 1911 geschriebenen Essay, der wie eine Bombe einschlug (»Die Ameisenkolonie als Organismus« im *Journal of Morphology*), behauptete Wheeler, daß eine Insektenkolonie nicht bloß mit einem Organismus vergleichbar sei, sondern daß sie tatsächlich in jedem bedeutsamen und wissenschaftlichen Sinne des Wortes ein Organismus sei. Er schrieb: »Wie eine Zelle oder wie der menschliche Körper funktioniert sie als ein einheitliches Ganzes, bewahrt ihre Identität im Raum, widersetzt sich dem Zerfall… weder ein Ding noch ein Begriff, sondern ein kontinuierlicher Strom oder Prozeß.« Eine 20 000-köpfige Masse, zu einer Einheit zusammengeschlossen.

In einem abgedunkelten Konferenzsaal in Las Vegas schwenkt ein jubelndes Publikum Stäbe aus Pappmaché durch die Luft. Jeder Stab ist auf einer Seite rot und auf der anderen grün. Weit hinten in dem riesigen Auditorium fängt eine Kamera die tobenden Teilnehmer ein. Die Videokamera verbindet die Farbflecken der Stäbe mit einer Reihe von Computern, die von dem Grafikzauberer Loren Carpenter eingerichtet wurden. Carpenters speziell angefertigte Software lokalisiert alle roten und grünen Stäbe im Publikum. Heute Nacht sind es knapp 5 000 Stabschwenker. Auf einer riesigen, detailgenauen Videografik des Auditoriums, die vor der Bühne für alle sichtbar aufgehängt ist, zeigen die Computer präzise den Standort jedes Stabs (und seine Farbe). Noch wichtiger ist, daß der Computer alle roten oder grünen Stäbe zählt und diesen Wert benutzt, um die Software zu steuern. Wenn das Publikum die Stäbe schwenkt, zeigt der Bildschirm ein Meer von Lichtern, die so verrückt in der Dunkelheit umhertanzen wie eine ausgeflippte Parade von Kerzenlichtern. Die Zuschauer sehen sich selbst auf der Grafik; sie sind entweder rote oder grüne Bild-

Video

punkte. Durch das Umklappen ihrer Stäbe können sie die Farbe der projizierten Bildpunkte augenblicklich verändern.

Loren Carpenter lädt das altbekannte Videospiel »Pong« auf den riesigen Bildschirm. »Pong« war das erste kommerzielle Videospiel, das allgemeine Bekanntheit errang. Es besteht aus einer minimalistischen Anordnung: ein weißer Punkt hüpft in einem Quadrat herum; zwei bewegliche Rechtecke dienen auf jeder Seite als virtuelle Schläger. Kurz, elektronisches Tischtennis. In dieser Variante bewegt sich der Schläger nach oben, wenn man die rote Seite des Stabs zeigt. Grün bewegt ihn nach unten. Genauer gesagt, bewegt sich der Pong-Schläger mit dem Anstieg oder dem Abfallen der Durchschnittszahl roter Stäbe. Ein Stab ist genau eine Stimme.

Carpenter muß nicht viel erklären. Jeder Teilnehmer auf dieser Konferenz von Computergrafikexperten war vermutlich schon einmal pongsüchtig. Seine verstärkte Stimme dröhnt durch die Halle: »Okay, Jungs, die Leute auf der linken Seite des Auditoriums steuern den linken Schläger. Die Leute auf der rechten Seite steuern den rechten Schläger. Wenn Ihr glaubt, auf der linken Seite zu sein, dann seid Ihr es wirklich. Okay? Dann los!«

Das Publikum tobt vor Vergnügen. Ohne einen Moment zu zögern, spielen 5000 Menschen ein ziemlich gutes »Pong«-Spiel. Jede Schlägerbewegung verkörpert den Mittelwert der Intentionen von mehreren tausend Spielern. Das Gefühl dabei ist entnervend. Normalerweise tut der Schläger, was man beabsichtigt, aber nicht immer. Wenn er es nicht tut, ertappt man sich dabei, dem Versuch, die Schlägerbewegung vorauszusehen, genauso viel Aufmerksamkeit zu schenken wie dem nächsten Ball. Man besitzt ein klares Bewußtsein davon, daß eine andere Intelligenz im Spiel ist: die der tobenden Masse.

Der Verstand der Gruppe spielt so gut »Pong«, daß sich Carpenter dazu entschließt, den Einsatz zu erhöhen. Ohne Vorwarnung hüpft der Ball schneller. Die Teilnehmer kreischen einstimmig. Innerhalb von einer oder zwei Sekunden hat sich die Masse dem schnelleren Tempo angepaßt und spielt besser als zuvor. Carpenter beschleunigt das Spiel weiter; die Masse lernt unverzüglich.

»Versuchen wir etwas anderes«, schlägt Carpenter vor. Auf dem Bildschirm erscheint eine Grafik von Sitzplätzen im Zuschauerraum. Er zieht einen großen Kreis um das Zentrum. »Könnt Ihr eine grüne Fünf in den Kreis zeichnen?« fragt er das Publikum. Die Zuschauer starren auf die roten Punktreihen. Das Spiel ähnelt dem Hochhalten von Plakaten in einem Stadion, um ein Bild zu erzeugen, aber heute gibt es kein vorgegebenes Ordnungssystem, sondern nur einen virtuellen Spiegel. Fast sofort erscheinen Schlängellinien aus grünen Punkten und wachsen wahllos, sobald jene ihre Stäbe auf grün drehen, die glauben, daß ihre Sitzplätze auf der Bahn der ›5‹ liegen. Eine undeutliche Gestalt wird sichtbar. Das Publikum beginnt gemeinsam in dem Rauschen eine ›5‹ zu unterscheiden. Einmal wahrgenommen, materialisiert sich die ›5‹ rasch zu absoluter Deutlichkeit. Diejenigen, die an den unscharfen Rändern der Gestalt ihre Stäbe schwenken, erkennen, auf welcher Seite sie sein »sollten«, und die Umrisse der zum Vorschein kommenden ›5‹ werden schärfer. Die Zahl baut sich selbst zusammen.

»Macht jetzt eine Vier!« dröhnt die Stimme. Innerhalb von Sekunden taucht eine ›4‹ auf. »Drei.« Und im Nu erscheint eine ›3‹. Dann in rascher Folge, »Zwei... Eins... Null.« Es klappt wie am Schnürchen. Die Dinge ergeben sich einfach.

Loren Carpenter bringt einen Flugsimulator auf den Bildschirm. Seine Anweisungen sind kurz und bündig: »Ihr Jungs da auf der linken Seite steuert das Seitenruder, Ihr auf der rechten das Höhenruder. Wenn Ihr das Flugzeug auf irgend etwas Interessantes ausrichtet, werde ich eine Rakete darauf abfeuern.« Das Flugzeug befindet sich in der Luft. Der Pilot ist ... 5 000 Anfänger. Diesmal ist das Publikum absolut still. Alle studieren die Navigationsinstrumente, als die Szenerie vor der Windschutzscheibe langsam sichtbar wird. Das Flugzeug setzt zur Landung in einem rosafarbenen Tal zwischen rosafarbenen Bergen an. Die Rollbahn sieht äußerst winzig aus.

Der Gedanke, ein Flugzeug von seinen Passagieren gemeinsam fliegen zu lassen, hat etwas gleichermaßen Ergötzliches wie Lächerliches. Der rohe Sinn für Demokratie an all dem ist reizvoll. Als Passagier hat man ein Stimmrecht bei allem; nicht nur, wohin die Gruppe fliegt, sondern auch, wann die Landeklappen zu bedienen sind.

Aber in den entscheidenden Momenten der Landung, in denen Durchschnittswerte keinen Platz haben, scheint Gemeinschaftsgeist Pflicht zu sein. Als die 5 000 Konferenzteilnehmer mit ihrem Flugzeug zur Landung ansetzen, findet die Ruhe im Saal in abrupten Schreien und drängenden Kommandos ein Ende. Das Auditorium wird zu einem riesigen, krisengeschüttelten Cockpit. »Grün, grün, grün!« ruft eine Clique. »Mehr rot!« kommt es einen Moment später aus der Menge. »Rot, rot, ROOOOOT!« Das Flugzeug neigt sich nach links, daß es einem übel wird. Es liegt auf der Hand, daß es die Landebahn verfehlen und zuerst mit der Tragfläche aufsetzen wird. Anders als »Pong« bringt der Flugsimulator lange Rückkopplungsverzögerungen zwischen Schalthebel und Wirkung mit sich – zwischen dem Moment, in dem man das Querruder antippt, bis zu jenem, in dem das Flugzeug sich in die Kurve legt. Die latenten Signale bringen den Gruppenverstand durcheinander. Er ist den Schwankungen der Überkompensation unterworfen. Das Flugzeug schlingert gefährlich. Dennoch bricht die Masse den Landevorgang irgendwie ab und zieht das Flugzeug vernünftigerweise hoch. Sie wendet das Flugzeug, um es erneut zu versuchen.

Wie gelang das Wendemanöver? Keiner beschloß, daß es eine Links- oder eine Rechtskehre geben, geschweige denn, daß überhaupt gedreht werden sollte. Keiner trug die Verantwortung. Aber das Flugzeug legt sich in die Kurve und dreht eine große Schleife. Wieder versucht es zu landen. Wieder nähert es sich trudelnd. Wie ein auffliegender Vogelschwarm beschließt die Masse einstimmig und ohne Kontroversen, es noch einmal hochzuziehen. Im Aufstieg schlingert es ein bißchen. Und dann schlingert es noch ein bißchen mehr. In einem magischen Augenblick sind 5 000 Köpfe simultan von dem gleichen Gedanken infiziert: »Ich frage mich, ob wir einen Looping fliegen können?«

Wortlos hält das Kollektiv das Flugzeug in der Neige. Es gibt kein Zurück. Als der Horizont schwindelerregend herumwirbelt, fliegen 5 000 Amateurpiloten auf ihrem ersten Soloflug mit ihrem Jet eine Rolle. Sie war wirklich ziemlich anmutig. Das Publikum erhebt sich, um sich selbst zu applaudieren.

Die Konferenzteilnehmer taten das gleiche wie Vögel: sie versammelten sich zu einem Schwarm. Aber sie waren sich ihrer Versammlung bewußt. Sie antworteten auf einen Anblick ihrer selbst, als sie eine gemeinsame ›5‹ formten oder den Jet steuerten. Ein Vogel im Flug hingegen besitzt keine erhabene Vorstellung von der Gestalt seines

Schwarms. »Schwarmverhalten« entsteht bei Lebewesen, die gegenüber ihrer kollektiven Gestalt, Größe oder Anordnung völlig unempfindlich sind. Ein Vogel im Schwarm ist blind für die Anmut und den Zusammenhalt des fliegenden Schwarms.

Dämmerung über dem Michigan-See. An einer grasbewachsenen Stelle werden zehntausend Stockenten unruhig. Im sanften Morgenrot schnattern die Enten, schütteln die Flügel aus und tauchen nach ihrem Frühstück. Alles ist von Enten bedeckt. Plötzlich, auf irgendein unmerkliches Signal hin, steigen tausend Enten auf, als wären sie ein einziges Lebewesen. Mit lautem Donner heben sie sich in die Luft. Als sie abheben, reißen sie tausend weitere Vögel von der Seefläche mit sich nach oben, gerade so, als seien sie alle nur ein Teil eines ausruhenden Riesen, der nun wieder aufsteht. Das monströse Tier schwebt durch die Luft, wendet sich nach Osten der Sonne entgegen und dann, innerhalb eines Augenblicks, macht es kehrt, dreht sein Inneres nach außen. Eine Sekunde später schwenkt der ganze Schwarm nach Westen ab, als wäre er von einem einzigen Kopf gesteuert. Im 17. Jahrhundert schrieb ein anonymer Dichter: »... und tausend Fische bewegten sich wie ein riesiges Tier und durchstießen das Wasser. Sie schienen vereint, unerbittlich an ein gemeinsames Schicksal gebunden. Wie kommt es zu dieser Einheit?«

Ein Schwarm ist kein großer Vogel. Das jedenfalls schreibt der Wissenschaftsjournalist James Gleick: »Nichts in der Bewegung eines einzelnen Vogels oder Fischs, gleichgültig wieviel Veränderungen sie auch aufweist, kann uns auf den Anblick eines Himmels voller Stare gefaßt machen, die über einem Maisfeld kreisen, oder einer Million Elritzen, die sich blitzschnell zu einer dichtgedrängten Schwarmordnung formieren ... Hochgeschwindigkeitsaufnahmen (von abdrehenden Schwärmen, die einem Räuber ausweichen) enthüllen, daß die Abschwenkbewegung wie eine Welle durch den Schwarm läuft und sich innerhalb einer siebzehntel Sekunde von Vogel zu Vogel fortpflanzt. Das ist weit kürzer als die Reaktionszeit des Vogels selbst.« Der Schwarm ist mehr als die Summe der Vögel.

In dem Film *Batmans Rückkehr* schwärmt ein Haufen großer schwarzer Fledermäuse durch geflutete Höhlengänge in die Innenstadt von Gotham. Die Fledermäuse wurden mit Hilfe eines Computers erzeugt. Man stellte erst eine einzelne Fledermaus her und verschaffte ihr durch einen automatischen Flügelschlag Bewegungsraum. Die eine Fledermaus wurde dutzendweise kopiert, bis der Animator eine ganze Meute zusammen hatte. Dann wurde jede Fledermaus so programmiert, daß sie sich selbständig auf dem Bildschirm bewegte und dabei lediglich einigen wenigen einfachen Regeln folgte, die in einen Algorithmus gebracht worden waren: Stoß mit keiner anderen Fledermaus zusammen, bleib bei deinen Nachbarn und segle nicht zu weit weg. Als die algorithmischen Fledermäuse losgelassen wurden, schwärmten sie aus wie echte Fledermäuse.

Die Schwarmregeln sind von Craig Reynolds entdeckt worden, einem Computerwissenschaftler bei dem Grafik-Hardwarehersteller »Symbolics«. Indem er verschiedene Faktoren in seine einfache Gleichung einbaute – ein wenig mehr Zusammenhalt, etwas geringere Verzögerungszeiten –, gelang es Reynolds, den Schwarm so zu gestalten, daß er sich wie lebende Fledermäuse, Sperlinge oder Fische verhielt. Selbst die marschierende Pinguinschar in *Batmans Rückkehr* schwärmte in Reynolds Algorithmen aus. Wie die Fledermäuse waren die computergenerierten 3D-Pinguine massenhaft geklont und dann in einer bestimmten Laufrichtung auf die Szene losgelassen worden. Ihr dichtes Gedrängel beim Marsch über die verschneite Straße ergab sich einfach, abseits jeglicher Kontrolle.

Das Ausschwärmen von Reynolds simplen Algorithmen ist so realistisch, daß Biologen wieder zu ihren Hochgeschwindigkeitsaufnahmen zurückgekehrt und zu dem Schluß gekommen sind, daß das Schwarmverhalten wirklicher Vögel und Fische aus einem ähnlich einfachen Regelsortiment entstehen müsse. Einst dachte man, daß ein Schwarm ein entscheidendes Merkmal für etwas Lebendiges sei, eine edle Formation, die nur das Leben hervorbringen könne. Durch Reynolds Algorithmus erweist er sich heute als ein Anpassungstrick, der sich für jedes gegliederte, organische oder künstliche Vivisystem eignet.

Wheeler, der Ameisenpionier, war der erste, der die geschäftige Zusammenarbeit einer Insektenkolonie einen »Superorganismus« nannte, um sich deutlich von dem metaphorischen Gebrauch des Begriffs »Organismus« abzusetzen. Er war von einer philosophischen

Strömung der Jahrhundertwende beeinflußt, die das individuelle Verhalten kleinerer Einheiten von holistischen Mustern überlagert sah. Die Wissenschaft befand sich gerade im Stadium der ersten Schritte eines ungestümen Vorstoßes zu den kleinsten Elementen in Physik, Biologie und in allen Naturwissenschaften. Dieses unterschiedslose Zerlegen von Ganzheiten in ihre Bestandteile, das man für den praktischsten Weg zum Verständnis der Ganzheiten hielt, sollte für den Rest des Jahrhunderts anhalten und ist noch immer die vorherrschende Methode wissenschaftlicher Forschung. Wheeler und Kollegen hatten, wie die 50 Monographien von Wheeler zum eigentümlichen Verhalten der Ameisen beweisen, an dieser reduktionistischen Perspektive wesentlichen Anteil. Aber zugleich sah Wheeler Eigenschaften, die sich innerhalb des Superorganismus »ergaben« und an die Stelle von Merkmalen treten, die einer Ansammlung von Ameisen innewohnen. Wheeler sprach davon, daß der Superorganismus des Schwarms sich aus der Masse gewöhnlicher Insektenorganismen »erhebt«. Und er verstand diese Emergenz als ein naturwissenschaftliches Phänomen – was eine technisch-rationale Erklärung ist – und nicht als Mystizismus oder Alchemie.

Wheeler glaubte, daß die Sichtweise der Emergenz ein Weg war, die Methode der Zerlegung mit der Ganzheits-Methode auszusöhnen. Der Dualismus von Körper / Geist oder Teil / Ganzes verschwand einfach, wenn ein holistisches Verhalten gesetzmäßig aus den beschränkten Verhaltensweisen der Teile hervorging. Die spezifischen Bedingungen der Hervorbringung einer höheren Materie aus geringerwertigen Teilen blieben für das allgemeine Denken sehr verschwommen – und sie sind es noch heute.

Für Wheelers Forschergruppe bestand Klarheit darüber, daß Emergenz ein alltägliches Naturphänomen war. Es war verwandt mit der gewöhnlichen Form des Kausalprinzips im alltäglichen Leben, in dem B durch A verursacht wird und wiederum C verursacht, oder 2+2=4 ist. Einfache Kausalität wurde von Chemikern zitiert, um die Beobachtung abzudecken, daß Sulfur-Atome plus Eisen-Atome Eisen-Sulfid-Moleküle ergeben. Nach dem Philosophiedozenten C. Lloyd Morgan signalisierte der Begriff der Emergenz eine besondere Spielart von Ursächlichkeit. Hier ist 2+2 nicht gleich 4; überraschenderweise nicht einmal 5. In der Emergenzlogik ergibt 2+2 =Äpfel. »Den

Emergenzschritt kann man, obwohl er mehr oder weniger sprunghaft zu sein scheint, am besten als einen qualitativen Richtungswechsel verstehen oder als kritischen Wendepunkt im Ereignisablauf«, schreibt Morgan in *Emergent Evolution*, einem dicken Buch aus dem Jahre 1923. Im weiteren zitiert Morgan Verse von Browning, die bestätigen, wie Musik aus Akkorden entsteht:

> Und ich weiß nicht, und darin bin ich mir sicher, ob solch ein Geschenk dem Menschen erlaubt ist,
> Daß aus drei Klängen, die er setzt, nicht ein vierter Klang, sondern ein Stern entsteht.

Wir könnten nun behaupten, daß die Komplexität unserer Gehirnwindungen aus Noten Musik werden läßt, weil wir voraussetzen, daß Eichen nicht Bach hören können. Noch ist das Gefühl, wenn wir Bach hören – alles, was uns ergreift, wenn wir Bach hören – ein angemessenes poetisches Bild dafür, wie ein bedeutungsvolles Muster aus Musiknoten und allgemeinen Informationen entsteht.

Die Organisation einer winzigen Honigbiene liefert eine Bauform für ihr noch winzigeres Zehntelgramm aus Flügelzellen, Gewebe und Chitin. Der Organismus eines Schwarms bringt die Integration einer Gemeinschaft von Arbeitsbienen, Drohnen, Pollen und Insektenbrut hervor. Das ganze 50 Pfund schwere Schwarmorgan erhebt sich mit seiner eigenen, aus winzigen Bienenteilen gebildeten Identität. Der Schwarm besitzt vieles, was seine Teile nicht besitzen. Ein einzelnes Stück Bienengehirn arbeitet mit einem Gedächtnis von sechs Tagen; der Schwarm als Ganzes operiert mit einem Gedächtnis von drei Monaten, zweimal solange wie eine Biene im Schnitt lebt.

Auch Ameisen denken als Schwarm. Eine Ameisenkolonie auf dem Marsch von einem Nistplatz zu einem anderen zeigt die kafkaeske Kehrseite emergenter Kontrolle. Während Horden von Ameisen das Lager abbrechen und Eier, Larven und Puppen – die Kronjuwelen – zwischen ihren Kieferzangen mit sich zerrend nach Westen losrennen, schleppen andere Ameisen der gleichen Kolonie – patriotische Arbeiter – den herrenlosen Schatz wieder genauso schnell nach Osten zurück, während wiederum andere Arbeiter, die vielleicht widersprüchliche Botschaften empfangen, mit leeren Händen erst in die eine Richtung und dann wieder zurückrennen. Ein typischer Bürotag.

Trotzdem marschiert die Kolonie vorwärts. Ohne auf einer höheren Ebene irgendeine sichtbare Entscheidung zu treffen, wählt sie eine neue Örtlichkeit für ihr Nest aus, signalisiert Arbeitern, mit dem Bau zu beginnen, und reguliert sich selbst.

Das Wunder des »Denkens im Schwarm« besteht darin, daß keiner einer Steuerung unterliegt und dennoch eine unsichtbare Hand regiert, eine Hand, die sich aus äußerst dummen Gliedern erhebt. Das Wunder heißt: »Mehr« ist anders. Um aus einem Insektenorganismus den Organismus einer Kolonie zu erzeugen, müssen lediglich die Insekten vervielfacht werden, damit es viel, viel mehr von ihnen gibt und damit sie miteinander kommunizieren. In einem bestimmten Stadium erreicht die Komplexität einen Punkt, an dem sich neue Kategorien wie »Kolonie« über einfachen Kategorien wie »Insekt« erheben können. Dieses Wunder bedeutet auch, daß Koloniebildung dem Insektensein innewohnt. Somit läßt sich in einem Bienenstock nichts finden, was nicht in einer einzelnen Biene verborgen ist. Und dennoch kann man eine Biene endlos mit dem Zyklotron und dem Fluoroskop untersuchen, ohne jemals den Schwarm zu finden.

Das ist ein universelles Gesetz von Vivisystemen: Höhere Komplexitäten lassen sich nicht aus niederen Existenzformen ableiten. Nichts – kein Computer oder Verstand, keine mathematischen, physikalischen oder philosophischen Hilfsmittel – können das neuentstandene Muster entwirren, solange es in seine Einzelteile aufgelöst ist, ohne es tatsächlich ablaufen zu lassen. Nur die Inszenierung eines Schwarms wird einem zeigen, ob eine Kolonie in einer Biene enthalten ist. Theoretiker drücken das so aus: Ein System ablaufen zu lassen ist die schnellste, kürzeste und einzig sichere Methode, um darin verborgene Emergenzstrukturen zu erkennen. Es gibt keine Abkürzungen zur tatsächlichen »Darstellung« einer komplizierten, nichtlinearen Gleichung, um entdecken zu können, was sie tut. Zuviel von ihrem Verhalten ist auf engstem Raum versteckt.

Das führt uns zu der Frage, was noch alles in der Biene steckt, das wir bis jetzt noch nicht gesehen haben. Oder was noch anderes in dem Schwarm versteckt ist, das bis jetzt nicht zum Vorschein kam, weil noch nie genügend Bienenschwärme auf einmal zusammentrafen. Und was ist diesbezüglich in einem menschlichen Wesen enthalten, das nicht hervortreten wird, bis wir alle miteinander technisch und politisch vernetzt sind? Die unwahrscheinlichsten Dinge werden sich in diesem schwarmartigen, bionischen Superhirn zusammenbrauen.

Die unerklärlichsten Dinge werden sich in *jedem* Verstand zusammenbrauen.

Weil der Körper einfach eine Ansammlung spezialisierter Organe ist – ein Herz zum Pumpen, Nieren zur Reinigung –, hat es niemanden besonders überrascht zu entdecken, daß das Denken seine Angelegenheiten an verschiedene Gehirnregionen delegiert.

Im ausgehenden 18. Jahrhundert bemerkten Ärzte bei frisch verstorbenen Patienten Wechselbeziehungen zwischen geschädigten Gehirnbereichen und deutlichen Beeinträchtigungen ihrer geistigen Fähigkeiten gerade vor ihrem Tod. Die Verbindung war mehr als akademisch: Könnte Wahnsinn eine biologische Ursache haben? Am West Riding Lunatic Asylum, einer Londoner Irrenanstalt, entfernte 1873 ein junger Arzt, der dies vermutete, zwei lebenden Affen in einer Operation kleine Stücke ihres Gehirns. Bei einem führte sein Einschnitt zu einer Lähmung der rechten Gliedmaßen; beim anderen verursachte er Taubheit. Aber ansonsten blieben beide Affen völlig normal. Die Botschaft war deutlich: das Gehirn muß in verschiedene Bereiche aufgeteilt sein. Ein Teil konnte ausfallen, ohne das ganze Schiff zum Sinken zu bringen.

Wenn das Gehirn in Tätigkeitsbereiche aufgeteilt war, in welchem Sektor waren dann Erinnerungen abgespeichert? Wie teilte das komplexe Denken seine Hausarbeit auf? Auf eine äußerst unerwartete Weise.

1888 betrat ein Mann, der flüssig sprechen konnte und ein scharfes Gedächtnis besaß, die Praxisräume von Dr. Landolt. Er war bestürzt darüber, daß er die Buchstaben des Alphabets nicht mehr aufsagen konnte. Der Mann konnte fehlerfrei schreiben, wenn man ihm eine Mitteilung diktierte. Er konnte jedoch anschließend nicht lesen, was er geschrieben hatte, und konnte auch keinen Fehler erkennen, falls er einen gemacht hatte. Dr. Landolt protokollierte: »Wenn man ihn bittet, einen Sehtest vorzulesen, ist er nicht in der Lage, irgendeinen Buchstaben zu benennen. Er nimmt für sich jedoch in Anspruch, sie perfekt erkennen zu können ... Er vergleicht das *A* mit einer Staffelei, das *Z* mit einer Schlange und das *P* mit einer Spange.«

Bis zu seinem Tod vier Jahre später degenerierte die Wort-Blindheit des Mannes zu einer vollständigen Sprech- und Schreibaphasie. Natürlich ergab die Autopsie zwei Läsionen: eine ältere nahe dem Hinterhauptslappen (Sehrinde) und eine jüngere, wahrscheinlich nahe dem Sprachzentrum.

Hier lag ein außergewöhnlicher Beweis für die Bürokratisierung des Gehirns vor. Metaphorisch gesprochen finden unterschiedliche Hirnfunktionen in unterschiedlichen Räumen statt. Dieser Raum bearbeitet Buchstaben, wenn sie gesprochen werden; jener Buchstaben, wenn sie gelesen werden. Um einen Buchstaben auszusprechen (Ausgänge), muß man sich an einen weiteren Raum wenden. Zahlen werden von einer ganz anderen Abteilung im nächsten Gebäude abgewickelt. Und will man fluchen, muß man, woran uns *Monty Python's Flying Circus* erinnert, den Flur hinuntergehen.

John Hughlings-Jackson, einer der ersten Gehirnforscher, erzählt eine Geschichte über eine seiner Patientinnen, die vollkommen ohne Sprache lebte. Als irgend etwas aus der Station, auf der sie untergebracht war, auf die Straße geworfen wurde und dort in Flammen aufging, äußerte die Patientin das erste und einzige Wort, das Hughlings-Jackson sie je sagen hörte: »Feuer«.

Wie kann es sein, fragte er etwas skeptisch, daß »Feuer« das einzige Wort ist, das ihre Wortabteilung erinnert? Hat das Gehirn sozusagen seine eigene »Feuer«-Abteilung?

Als Forscher das Gehirn weiter untersuchten, entpuppte sich das Rätsel des Geistes als etwas ganz Eigentümliches. Die Literatur zum Gedächtnis präsentiert Menschen, die bezüglich ihrer Fähigkeit, Konkreta zu erkennen – man sagt »Ellbogen«, und sie deuten auf ihren Ellbogen – absolut normal reagieren, sich jedoch in ihrer Unfähigkeit, Abstrakta zu erkennen, als außergewöhnlich erweisen – man fragt sie nach »Freiheit« oder »Begabung«, und sie starren achselzuckend ins Nichts. Im Gegensatz dazu hat das Denken anderer, anscheinend normaler Persönlichkeiten die Fähigkeit verloren, sich Konkreta zu merken, während sie abstrakte Gegenstände perfekt identifizieren können. In seinem wunderbaren, aber leider kaum beachteten Buch *The Invention of Memory* schreibt Israel Rosenfield:

> Als ein Patient gebeten wurde, *Heu* zu definieren, antwortete er: »Ich habe es vergessen«. Und wenn man ihn bat, *Plakat* zu erklären, sagte er: »Keine Ahnung«. Nannte man ihm jedoch das Wort *Gesuch*, sagte er: »Eine ernsthafte Bitte um Hilfe«. Und auf *Pakt* reagierte er mit: »Freundschaftliche Übereinkunft«.

Das Gedächtnis, so sagen die antiken Philosophen, ist ein Palast, und in jedem seiner Räume ist ein Gedanke abgestellt. Aber mit jeder klinischen Entdeckung einer weiteren Form spezieller Vergeßlichkeit explodierte die Anzahl der Gedächtnisräume, ohne daß ein Ende in Sicht wäre. Das Gedächtnis, dessen Zimmer bereits einen Palast füllen, zersplittert in ein erschreckendes Labyrinth winziger Kammern. Eine Studie untersuchte vier Patienten, die unbelebte Objekte (Regenschirm, Handtuch) erkennen konnten, aber lebendige Objekte und Nahrungsmittel durcheinanderbrachten. Einer dieser Patienten konnte über unbelebte Objekte ohne Argwohn sprechen, aber eine Spinne war für ihn definiert als »eine Person, die, während sie nach etwas suchte, dem Volk eine Spinne war.« Es gibt Berichte über Aphasien, bei denen der Gebrauch der Vergangenheitsform gestört ist. Ich habe von einem anderen Leiden gehört (ich kann den Bericht zwar nicht bestätigen, zweifle ihn aber auch nicht an), das einer Person alle Nahrungsmittel mit Ausnahme von Gemüse zu unterscheiden erlaubt. Die absurde Launenhaftigkeit, die solch einer Gedächtnissystematik zugrundeliegt, findet ihre beste Darstellung in dem Kategorisierungsschema einer alten chinesischen Enzyklopädie mit dem Titel *Himmlischer Warenschatz wohltätiger Erkenntnisse*, wie sie von dem südamerikanischen Meistererzähler J. L. Borges interpretiert wird:

> Auf jenen alten Blättern steht geschrieben, daß die Tiere sich wie folgt gruppieren: a) Tiere, die dem Kaiser gehören, b) einbalsamierte Tiere, c) gezähmte, d) Milchschweine, e) Sirenen, f) Fabeltiere, g) herrenlose Hunde, h) in diese Gruppierung gehörige, i) die sich wie Tolle gebärden, k) die mit einem ganz feinen Pinsel aus Kamelhaar gezeichnet sind, l) und so weiter, m) die den Wasserkrug zerbrochen haben, n) die von weitem wie Fliegen aussehen.

So an den Haaren herbeigezogen die Systematik des *Himmlischen Warenschatzes* auch scheinen mag, so hat doch jeder Klassifikationsprozeß seine logischen Probleme. Wenn es nicht für jede Erinnerung einen unterschiedlichen Speicherort gibt, wird es notwendigerweise zu verwirrenden Überlappungen kommen, etwa bei einem unzüchtig daherredenden Schwein, das unter drei verschiedenen Kategorien abgelegt werden könnte. Den Gedanken unter allen drei Stichworten abzuspeichern, wäre, obwohl möglich, hochgradig ineffizient.

Das System, durch das unser Gehirn Wissen aufteilt, wurde zu mehr als einem rein akademischen Problem, als Informatiker versuchten, künstliche Intelligenzformen aufzubauen. Wie sieht die Gedächtnisarchitektur aus, wenn ein Schwarm denkt?

In der Vergangenheit neigten die meisten Forscher zu der Methode, die die Menschen intuitiv für selbsthergestellte Erinnerungsspeicher nutzen: einen einzelnen Ort für jede archivierte Notiz mit vielfachen Querverweisen wie in Bibliotheken. Der krönende Beweis für eine Einzelablage jeder Erinnerung im Gehirn wurde von Wilder Penfield, einem kanadischen Neurochirurgen, in den dreißiger Jahren, mit Hilfe einer Reihe berühmter und eleganter Experimente erbracht. In gewagten Operationen am offenen Gehirn sondierte Penfield das lebendige Kleinhirn von wachen Patienten mit elektrischen Reizen und bat sie zu berichten, was sie wahrnahmen. Die Patienten erzählten bemerkenswert frische Erinnerungen. Die kleinste Ortsveränderung des Stimulators sollte deutlich voneinander unterschiedene Gedanken erzeugen. Penfield kartografierte die Gehirnposition jeder Erinnerung, während er die Oberfläche mit seiner Sonde abtastete.

Seine erste Überraschung war, daß diese Erinnerungen auf eine Weise wiederholbar erschienen, die Jahre später dem Tonbandgerät Modell stehen sollte – zum Beispiel beim »hit replay«. Penfield benutzt in seinem Bericht über die postepileptische Halluzination einer 26jährigen Frau den Begriff »Flashback«: »Sie hatte mehrmals den gleichen ›Flashback‹. Diese blitzartigen Rückblenden hatten mit dem Haus ihres Cousins oder mit einer Reise dorthin zu tun – eine Reise, die sie seit zehn oder fünfzehn Jahren nicht mehr unternommen hat, als Kind jedoch oft gemacht hatte.«

Das Ergebnis von Penfields Erkundungen am unerforschten lebenden Gehirn produzierte das zählebige Bild der Hirnhälften als wundersame Aufzeichnungsgeräte, die mit dem phantastischen Gedächtnis der gerade erst populär gewordenen Phonographen zu konkurrieren schienen. Jede unserer Erinnerungen war ordentlich auf einer eigenen Platte eingestichelt, katalogisiert und von dem besonnenen Gehirn gewissenhaft eingereiht und konnte, falls ihr nichts zustieß, wie ein Song in der Jukebox durch das Drücken der richtigen Knöpfe wieder hervorgeholt werden.

Dennoch zeigt eine genaue Prüfung von Penfields Rohmanuskripten über die Sondierungsexperimente, daß das Gedächtnis kaum ein mechanischer Prozeß zu sein scheint. Als Beispiel sollen hier einige Antworten dienen, die eine 29jährige Frau auf Penfields Stiche in ihren linken Schläfenlappen gab: »Etwas fällt mir ein von irgendwoher. Ein Traum.« Vier Minuten später, an genau der gleichen Stelle: »Die Szenerie scheint anders zu sein als gerade eben ...« An einer in der Nähe gelegenen Stelle: »Warten Sie mal, etwas ist gerade wie ein Blitz durch mich hindurchgefahren, etwas, das ich geträumt habe.« An einer dritten Stelle, weiter innen im Gehirn: »Ich habe immer noch Träume.« Der Reiz wird am selben Ort wiederholt: »Ich sehe immer noch Dinge – ich träume immer noch von Dingen.«

Diese Aufzeichnungen erzählen eher von traumartigen Eindrücken als von verwirrenden Wiederholungen, die man aus den Kellern des Geistesarchivs heraufholt. Die Besitzer dieser Erfahrungen erkennen sie als bruchstückhafte Teilerinnerungen wieder. Sie schweifen in jener schwer faßbaren, »zusammengestoppelten« Sphäre umher, aus der Träume erwachsen – unscharfe Teilchen und Bruchstücke von Geschichten aus der Vergangenheit, die wieder in eine Traumcollage eingearbeitet werden. Die emotionale Sprengkraft eines Déjà-vu fehlte. Kein überwältigendes Gefühl von »es war genauso wie damals« stieß in die Gegenwart vor. Die Wiederholungen konnten niemanden zum Narren halten.

Menschliche Erinnerungen zerbrechen tatsächlich. Sie stürzen auf eigentümliche Weise ein: indem man trotz Einkaufsliste vergißt, im Lebensmittelgeschäft Gemüse mitzunehmen, oder indem man das Gemüse überhaupt vergißt. Erinnerungen werden oft zusammen mit physiologisch bedingten Gehirnquetschungen zerstampft, so daß wir damit rechnen müssen, daß eine Erinnerung in gewissem Grad an

Zeit und Raum gebunden ist, weil Zeit- und Raumgebundenheit eine Definition dafür ist, daß etwas wirklich existiert.

Aber die gegenwärtige Sicht der Kognitionswissenschaft neigt mehr zu einem neuen Bild: Erinnerungen sind wie auftauchende Ereignisse, die aus vielen diskreten, im Gehirn gespeicherten Fragmenten errechnet werden, die überhaupt nichts Erinnerungshaftes besitzen. Diese Bruchstücke – unvollständige Gedanken – haben kein fixes Zuhause; sie verweilen überall im Gehirn. Ihre Speicherungsform unterscheidet sich beträchtlich von Gedanke zu Gedanke – zu lernen, wie man Karten mischt, ist anders organisiert, als sich die Haupstadt von Bolivien einzuprägen – und sie unterscheidet sich ebenso raffiniert von Person zu Person wie von Zeit zu Zeit.

Es gibt mehr mögliche Vorstellungen bzw. Erfahrungen, als es Möglichkeiten gibt, die Neuronen des Gehirns miteinander zu verbinden. Das Gedächtnis muß sich folglich irgendwie selbst organisieren, um mehr mögliche Gedanken unterzubringen, als es Speicherplatz hat. Es kann nicht für jeden Gedanken aus der Vergangenheit ein Aufbewahrungsfach haben oder einen Ort, der für jeden möglichen zukünftigen Gedanken reserviert ist.

Ich erinnere mich an eine Nacht in Taiwan vor 20 Jahren. Ich saß auf der Pritsche eines offenen Lasters. Ich hatte meinen Mantel an; die Gebirgsluft war kalt. Mit dem Wagen wollte ich bis zum Tagesanbruch einen Berggipfel erreichen. Der Laster quälte sich die steile, dunkle Straße hinauf, während ich in der klaren Luft zu den Sternen hinaufsah. Es war so klar, daß ich winzige Sterne nahe dem Horizont sehen konnte. Plötzlich schwirrte eine Sternschnuppe schräg herunter, und da ich mich hoch im Gebirge befand, konnte ich sie quer durch die Atmosphäre dahinsausen sehen. Pling, pling, pling – wie ein Stein. Als ich mich soeben daran erinnere, war diese vorbeisausende Sternschnuppe, obwohl zum Greifen lebendig, kein Erinnerungsband, das ich noch einmal abgespielt habe. Das Bild des vorüberzischenden Meteors existiert an keinem besonderen Ort meines Gehirns. Als ich meine Erfahrung wiederaufleben ließ, habe ich sie erneut zusammengebaut. Und ich baue sie jedesmal wieder aufs Neue zusammen, wenn ich sie erinnere. Die Einzelteile sind winzige Anhaltspunkte, die über mein als Schwarm arbeitendes Gehirn weit verstreut sind: Aufzeichnungen von einem Kälteschauer, von einer holpernden Fahrt irgendwo da draußen, von vielen anvisierten Sternen, vom Trampen. Die Aufzeichnungen sind sogar noch feinkörniger als bloß Kälte, Holpern, Lichtpunkte, Warten. Es sind dieselben rohen Eindrücke, die unser Denken von unseren Sinnen erhält und aus denen es unsere Gegenwartswahrnehmung zusammensetzt.

Unser Bewußtsein erzeugt die Gegenwart, genauso wie die Vergangenheit, aus vielen Teilspuren, die in unserem Kopf verstreut sind. Wenn ich in einem Museum vor einem Ausstellungsgegenstand stehe, assoziiert mein Denken dessen senkrechte, parallele Linien mit der Vorstellung von einem »Stuhl«, auch wenn das Ding nur drei Beine hat. Mein Denken hat nie zuvor solch einen Stuhl gesehen, aber es trägt all jene Assoziationen zusammen – aufrecht, horizontale Sitzfläche, standfest, Beine – und erzeugt das visuelle Bild. Sehr schnell. Tatsächlich werde ich mir der grundsätzlichen »Stuhlhaftigkeit« des Stuhles bewußt, bevor ich einzelne Details erkennen kann.

Unsere Erinnerungen (und unser Schwarmdenken) werden auf die gleiche unscharfe, zufällige Weise hergestellt. Um den vorübersausenden Meteor zu finden, griff mein Bewußtsein nach einem Strahl mit Leuchtspuren und sammelte ein Bündel Gefühle zusammen, die mit Sternen, Kälte und Erschütterungen assoziiert waren. Was ich erschuf, hing von dem ab, was ich kurz zuvor sonst noch in meinen Gedankenapparat eingeworfen hatte, unter anderem davon, was ich bei meinem letzten Versuch, die Erinnerung an den vorbeisausenden Meteor zusammenzubauen, anderes getan bzw. gefühlt hatte. Deswegen ist die Geschichte jedesmal, wenn ich mich an sie erinnere, etwas anders, weil es sich bei jedem Mal im wahrsten Sinne um eine völlig andere Erfahrung handelt. Der Wahrnehmungsakt und der Erinnerungsakt sind das gleiche. Beide bauen aus vielen Einzelgliedern eine daraus hervorgehende Ganzheit auf.

»Das Gedächtnis«, sagt der Kognitionswissenschaftler Douglas Hofstadter, »ist hochgradig rekonstruktiv. Der Erinnerungsvorgang macht es nötig, aus einem weiten Feld von Gegenständen auszuwählen, was wichtig ist und was nicht, das Wichtige zu betonen und dem Unwichtigen weniger Beachtung zu schenken.« Dieser Selektionsprozeß ist Wahrnehmung. »Ich glaube fest daran«, erzählte mir Hofstadter, »daß die zentralen Erkenntnisprozesse sehr, sehr eng mit der Wahrnehmung zusammenhängen.«

In den letzten 20 Jahren haben einige Kognitionswissenschaftler über Wege nachgedacht, um ein verteiltes Gedächtnis zu erzeugen. Der Psychologe David Marr schlug in den frühen Siebzigern ein neuartiges Modell für das menschliche Kleinhirn vor, in dem Erinnerungen nach dem Zufallsprinzip in einem Neuronennetz abgespeichert werden. 1974 erarbeitete der Computerwissenschaftler Pentii Kanerva die Mathematik eines ähnlichen Netzes, durch das lange Datenschnüre zufallsbedingt in einem Computerspeicher aufbewahrt werden konnten. Kanervas Algorithmus war eine elegante Methode zur Abspeicherung einer begrenzten Anzahl von Datenplätzen in einem riesigen potentiellen Gedächtnisraum. Kanerva zeigte mit anderen Worten einen Weg, wie jede Wahrnehmung, die ein Bewußtsein registrieren kann, in einen begrenzten Speichermechanismus einzufügen ist. Weil es im Universum mehr Ideen gibt als Atome oder Minuten, sind die tatsächlichen Ideen oder Wahrnehmungen, die ein menschlicher Geist jemals erfahren kann, bezogen auf die Gesamtheit der Möglichkeiten relativ gering; deshalb nannte Kanerva sein Verfahren einen »in kleine Einheiten unterteilten Speicher«-Algorithmus.

In einem auf kleine Einheiten verteilten Netzwerk ist das Gedächtnis eine Art Wahrnehmung. Der Erinnerungsakt und der Wahrnehmungsakt ermitteln beide jeweils ein Muster aus einer sehr großen Auswahl möglicher Muster. Wenn wir uns erinnern, erschaffen wir den Akt der ursprünglichen Wahrnehmung noch einmal aufs Neue; das heißt, wir legen das Muster in einem Vorgang, der jenem der ursprünglichen Wahrnehmung des Musters ähnelt, von neuem fest.

Kanervas Algorithmus war mathematisch so geschickt und klar, daß ihn ein Programmierer an einem Nachmittag in groben Zügen in einen Computer einpflanzen konnte. Am NASA-Forschungszentrum in Ames nahmen Kanerva und seine Mitarbeiter Mitte der achtziger Jahre an seinem Programm für einen verteilten Speicher eine Feinabstimmung vor, indem sie eine sehr stabile Anwendungsversion entwarfen. Kanervas Speicher-Algorithmus konnte einige wunderbare Dinge bewerkstelligen, die dem entsprechen, was unser eigenes Denken kann. Die Forscher gaben dem verteilten Speicher einige unvollständige Bilder von Zahlen (1 bis 9), die auf einem 50 x 50 cm großen Raster gezeichnet waren. Der Computer speicherte sie ab. Dann gaben sie dem Speicher ein weiteres Bild einer Zahl, das noch stärker beschädigt war als die ersten, um zu sehen, ob er sich an die Zahl »erinnern« könne. Der Speicher konnte es. Er schliff sich auf einen prototypischen Umriß ein, der hinter all den unvollständigen Bildern stand. Im Kern erinnerte er sich an eine Form, die er nie zuvor gesehen hatte.

Der Durchbruch bestand nicht einfach in der Fähigkeit, etwas Vergangenes wiederfinden oder erneut abspielen zu können, sondern darin, daß sich in einem riesigen Haufen von Möglichkeiten etwas finden läßt, sobald nur die unbestimmtesten Anhaltspunkte vorliegen. Es genügt nicht, sich an das Gesicht seiner Großmutter erinnern zu können. Ein Gedächtnis muß es identifizieren können, wenn man das Profil in einem ganz anderen Licht und aus einem anderen Blickwinkel sieht.

Das Schwarmdenken arbeitet wie ein verteilter Gedächtnisspeicher, der sowohl wahrnimmt als auch erinnert. Es ist möglich, daß der menschliche Geist hauptsächlich in verteilten Strukturen organisiert ist; bei künstlichen Gehirnen wird sich das verteilte Denken jedoch mit Sicherheit durchsetzen. Je mehr Computerwissenschaftler darüber nachdachten, Probleme in die Denkstruktur eines Schwarmes aufzugliedern, desto sinnvoller schien es. Sie fanden heraus, daß die Mehrheit der PC's die meiste Zeit, in der sie eingeschaltet sind, nicht wirklich benutzt werden! Während man am Computer einen Brief schreibt, unterbricht man vielleicht die Ruhestellung des Computers mit einer kurzen Salve von Tastenanschlägen und läßt ihn dann zur Untätigkeit zurückkehren, bis man den nächsten Text schreibt. Insgesamt sind die in einem Büro eingeschalteten Computer zu einem hohen Prozentsatz des Tages untätig. Die Manager von Informationssystemen in großen Unternehmen blicken auf die millionenschwere PC-Ausrüstung, die nachts untätig auf den Schreibtischen der Angestellten herumsteht, und fragen sich, ob man diese Rechenenergie nicht vollständig ausschöpfen könnte. Alles, was sie bräuchten, wäre ein Weg, Arbeit und Gedächtnis über ein weitverteiltes System zu koordinieren.

Aber es ist nicht die bloße Bekämpfung der Untätigkeit, die die verteilte Datenverarbeitung lohnend macht. Dezentrale Existenz und Schwarmdenken haben an sich Vorteile: Beispielsweise brechen sie nicht so leicht zusammen. Im Forschungslabor der Digital Equipment Corporation im kalifornischen Palo Alto demonstrierte ein Ingenieur den Vorteil einer verteilten Datenverarbeitung, indem er die Tür des Raumes öffnete, der das unternehmenseigene Computer-Netzwerk beherbergte, und aus dessen Eingeweiden mit einer theatralischen Geste ein Kabel herausriß. Das Netzwerk umging die Einbruchstelle sofort und taumelte kein bißchen.

Natürlich wird es auch in jedem Schwarmdenken noch Zusammenbrüche geben. Aber wegen der nichtlinearen Natur eines Netzwerkes können wir im Falle eines Fehlers mit Defekten rechnen wie bei einer Aphasie, die die Erinnnerung an alle Lebensmittel außer Gemüse zuläßt. Eine unterbrochene, vernetzte Intelligenz kann vielleicht π bis auf die millionste Stelle nach dem Komma berechnen, ist aber nicht in der Lage, eine E-Mail an eine neue Adresse weiterzuschicken. Sie kann vielleicht obskure Texte, etwa über Klassifikationsprozesse für afrikanische Zebravarianten, wiederentdecken, ist aber unfähig, irgend etwas Vernünftiges über Tiere im allgemeinen zu produzieren. Ein grundsätzliches Vergessen von Gemüsesorten ist dann weniger ein Fehler im lokalen Speicherplatz als ein systemweiter Fehler, bei dem – als eines seiner Symptome – ein spezieller Typ von Gemüse-Assoziation nicht mehr funktioniert – genauso wie zwei kollidierende Programme auf einer Computerfestplatte einen Fehler produzieren, der einen daran hindert, Worte kursiv drucken zu können. Der Ort, an dem der Schriftsatz der Kursivschrift abgespeichert ist, ist nicht zerstört; aber der Systemvorgang, der die Kursivierung ermöglicht, ist zusammengebrochen.

Einige der Hürden, die der Herstellung eines verteilten Computergehirns im Wege stehen, werden soeben dadurch überwunden, daß man Computernetzwerke in ein Gehäuse baut. Dieses absichtlich zusammengefaßte, verteilte Datenverarbeitungssystem ist auch als Parallelrechnertechnik bekannt, weil Tausende von Computern, die innerhalb des Supercomputers aktiv sind, parallel arbeiten. Parallel aufgebaute Supercomputer lösen weder das Problem des untätigen Computers auf den Schreibtischen, noch vereinigen sie verteilte Rechenleistung; die Parallelfunktion ist einfach an und für sich bereits ein Vorteil und lohnt den dafür notwendigen Aufbau eines millionenschweren, einzigartigen Apparats.

Eine parallele, verteilte Datenverarbeitung zeichnet sich durch ihre

Aufnahmekapazität, ihr Visualisierungsvermögen und ihre Simulationsleistung aus. Parallelisierung kann mit Komplexität besser umgehen als traditionelle Supercomputer, die auf einem riesigen, unglaublich schnellen seriellen Rechner aufgebaut sind. Aber in einem parallel aufgebauten Supercomputer mit einem verteilten Gedächtnisspeicher schwindet die Unterscheidung zwischen Speicher und Prozessorvorgängen. Der Gedächtnisspeicher wird zu einer Neuinszenierung von Wahrnehmung, der vom ursprünglichen Erfahrungsakt nicht unterscheidbar ist. Beide sind Muster, die aus einem Wirrwarr miteinander verbundener Einzelteile hervortreten.

Ein Spülbecken gefüllt mit Wasser. Man zieht den Stöpsel. Das Wasser gerät in Bewegung. Ein Wirbel entsteht. Er erblüht zu einem winzigen Strudel und wächst heran, als wäre er lebendig. Innerhalb einer Minute reicht er von der Wasseroberfläche bis zum Abfluß und belebt das ganze Becken. Eine sich ständig verändernde Kaskade von Wassermolekülen wirbelt durch den Tornado und verwandelt das Leben des Strudels mit jedem Augenblick. Dennoch bleibt der Strudel weiter bestehen, im Kern unverändert – ein Tanz am Rande des Zusammenbruchs. »Wir sind kein Stoff, der immer gleich bleibt, sondern Muster, die sich selbst verewigen«, schrieb Norbert Wiener.

Mit dem Leerwerden des Spülbeckens verschwindet das gesamte Wasser durch diese Spirale. Wenn das Wasser schließlich aus dem Becken in die Abwasserkanäle abgeflossen ist, wohin geht dann die Form des Strudels? Und überhaupt, woher war er gekommen?

Wann immer man den Stöpsel zieht – der Strudel erscheint zuverlässig. Er ist – wie ein Schwarm – ein emergentes Phänomen, dessen Energie und Struktur nicht in der Energie oder Struktur eines einzelnen Wassermoleküls enthalten ist. Gleichgültig wie gründlich man den chemischen Charakter von H_2O kennt – er liefert keine Hinweise für den Charakter eines Strudels. Wie alle emergenten Einheiten ist das Wesen eines Wirbels die Emanation einer vertrackten Ansammlung anderer Einheiten; in diesem Fall eines Beckens voller Wassermoleküle. Genauso wie eine Prise Sand nicht ausreicht, um eine Lawine auszulösen, ist ein Wassertropfen zu wenig, um darin einen Strudel erscheinen zu lassen. Emergenz braucht eine Population von Entitäten, eine Vielheit, ein Kollektiv, eine Masse – mehr.

Mehr ist anders. Ein Sandkorn kann nicht wie eine Lawine herabstürzen, aber man muß nur genügend Sandkörner aufhäufen und erhält eine Düne, die Lawinen auslösen kann. Bestimmte physikalische Eigenschaften wie etwa die Temperatur sind von einem Kollektivverhalten abhängig. Ein einzelnes Molekül, das durch den Raum schwebt, verfügt über keine wirkliche Temperatur. Temperatur ist vielmehr als eine Gruppeneigenschaft zu denken, wie sie eine Molekülpopulation besitzt. Obwohl Temperatur eine emergente Eigenschaft ist, kann sie genau, zuverlässig und vorhersagbar bestimmt werden. Sie existiert wirklich.

Man hat in der Wissenschaft seit langem eingesehen, daß große Mengen sich anders verhalten als kleine. Massen erzeugen den erforderlichen Komplexitätswert für emergente Entitäten. Die Gesamtzahl möglicher Interaktionen zwischen zwei oder mehr Bestandteilen steigt mit der Zunahme der Bestandteile exponentiell an. Auf einem hohen Verschaltungsniveau und bei vielen Bestandteilen setzt die Massendynamik ein. Mehr *ist* anders.

Es gibt zwei extreme Formen, dieses »Mehr« zu strukturieren. In dem einen Extremfall konstruiert man ein System als langen Faden aufeinanderfolgender Operationen, wie man es von einem mäanderartigen Fabrikfließband kennt. Die innere Logik, mit der eine Uhr durch einen komplizierten Bewegungsablauf die Zeit mißt, ist der Archetyp eines sequentiellen Systems. Die meisten mechanischen Systeme folgen der Uhr.

Am anderen äußersten Rand finden sich viele Systeme, die als Flickwerk paralleler Operationen angeordnet sind, sehr ähnlich dem neuronalen Netzwerk eines Gehirns oder einer Ameisenkolonie. Eine Handlung verläuft in diesem System über eine ungeordnete Kaskade unabhängiger Ereignisse. Statt des getrennten Tick-Tack von Ursache und Wirkung, das eine Uhr am Laufen hält, versuchen tausend Uhrfedern ein paralleles System in Betrieb zu halten. Weil es keine Befehlskette gibt, fließt jeder spezielle Vorgang jeder einzelnen Feder in das Ganze ein und erleichtert es so der Summe des Ganzen, die Einzelteile in ihrer Wirkung zu übertreffen. Aus dem gesamten kollektiven Ensemble tritt keine Serie von kritischen Einzelaktionen hervor, sondern eine Vielfalt simultaner Aktionen, deren kollektives

Muster weitaus wichtiger ist. Dies ist das Schwarm-Modell. Diese beiden Pole zur Organisation von Mehr-sein existieren nur in der Theorie, da im wirklichen Leben alle Systeme Mischungen dieser beiden Extreme sind. Einige Großsysteme neigen zum sequentiellen Modell (die Fabrik), andere zum Vernetzungsmodell (das Telefonsystem).

Es scheint, daß die Dinge, die wir in der Welt am interessantesten finden, alle in der Nähe des Netz-Pols angesiedelt sind. Da haben wir die Vernetzung des Lebens, das Durcheinander der Wirtschaft, die gesellschaftlichen Massen und den Dschungel unseres eigenen Denkens. Als dynamische Ganzheiten haben sie alle bestimmte gemeinsame Charakteristika: etwa ihre Lebendigkeit.

Wir kennen diese parallel operierenden Ganzheiten unter verschiedenen Namen. Wir kennen einen Bienenschwarm, einen Schwarm von Modems, ein neuronales Netzwerk im Gehirn, die Vernetzung der Nahrungskreisläufe bei Tieren oder ein Agentennetz. Auch die Systemklasse, zu der sie alle gehören, trägt verschiedene Namen: Netzwerke, komplexe Anpassungssysteme, Schwarmsysteme, Vivisysteme oder Kollektivsysteme. In diesem Buch benutze ich alle diese Begriffe.

Organisatorisch handelt es sich jeweils um eine Ansammlung vieler (tausender) autonomer Glieder. »Autonom« meint, daß jedes Glied individuell nach seinen inneren Regeln und nach dem Zustand seiner lokalen Umgebung reagiert. Das ist das Gegenteil von Befehlsgehorsam gegenüber einer Zentrale oder von einer Reaktion, die im Gleichschritt mit der gesamten Umgebung geschieht.

Diese autonomen Glieder sind mit allen anderen, aber nicht mit einer Zentralinstanz hochgradig verschaltet. Sie bilden somit ein Netzwerk von Gleichen. Weil es kein Steuerungszentrum gibt, sagt man, daß das Management und das Herz des Systems genauso wie bei einem Schwarm dezentral innerhalb des Systems verstreut sind.

Es gibt vier Unterscheidungskriterien für ein verteiltes Dasein, die den Vivisystemen ihre Charakteristik verleihen:

- Das Fehlen einer aufgezwungenen Zentralsteuerung
- Die autonome Natur der Untereinheiten
- Die hochgradige Vernetzung der Untereinheiten

› Die nichtlineare Kausalität der Beeinflussung unter Gleichen.

Die entsprechenden Stärken und Einflüsse der jeweiligen Faktoren sind noch nicht systematisch untersucht worden.
Ein Thema dieses Buches besteht darin, daß verteilte, künstliche Vivisysteme wie Parallelrechner, Siliziumchips für Neuronennetze oder das große Netzwerk von Online-Netzwerken, das allgemein als Internet bekannt ist, den Menschen die Attraktionen organischer Systeme zugänglich machen, aber auch für einige Probleme sorgen. Ich fasse im folgenden zusammen, was für und gegen verteilte Systeme spricht.

Vorteile von Schwarmsystemen

› *Anpassungsfähigkeit* – es ist möglich, ein uhrwerkartiges System aufzubauen, das sich an zuvor festgelegte Reize anpassen kann. Aber ein System zu konstruieren, das sich an neue Reize anpassen oder sich über einen engeren Bereich hinaus verändern kann, verlangt nach einem Schwarm – einem Schwarmdenken. Nur eine Ganzheit, die viele Teile enthält, kann einem Ganzen erlauben fortzubestehen, während Teile absterben oder sich verändern, um sich an neue Reize anzupassen.

› *Entwicklungsfähigkeit* – Systeme, die den Ort der Anpassungsvorgänge mit der Zeit von einem Systemteil auf ein anderes verlagern können (vom Körper zu den Genen oder von einem Individuum auf eine Population), müssen auf dem Schwarm basieren. Nichtkollektive Systeme sind (im biologischen Sinn) nicht entwicklungsfähig.

› *Unverwüstlichkeit* – weil kollektive Systeme auf parallelen Vielheiten aufgebaut sind, gibt es Redundanz. Individuen zählen nicht. Kleine Fehler verlieren sich im allgemeinen Tumult. Große Fehler werden im Zaum gehalten, indem sie auf der nächsthöheren Hierarchieebene zu kleinen Fehlern werden.

› *Unbegrenztheit* – gewöhnliche überkommene Linearsysteme können positive Rückkopplungsschleifen aufschaukeln – beispielsweise das kreischende Störgeräusch eines PA-Mikrofons. In Schwarmsystemen jedoch kann eine positive Rückkopplung zu mehr Ordnung führen. Ein Schwarm kann durch eine sich zunehmend ausweitende neue Struktur über die Grenzen seines Anfangszustands hinaus sein eigenes Gerüst zum Bau weiterer Strukturen erstellen. Spontane Ordnung hilft bei der Schaffung von mehr Ordnung. Leben erzeugt mehr Leben, Reichtum schafft mehr Reichtum, Information bringt weitere Information hervor, indem jeweils das Ursprungsstadium gesprengt wird. Und dies, ohne daß eine Begrenzung in Sicht wäre.

› *Neuerung* – Schwarmsysteme erzeugen aus drei Gründen Neuerungen: (1) Sie gehen »sensibel mit den Anfangsbedingungen um« – eine wissenschaftliche Kurzform, um auszudrücken, daß sich die Größe der Wirkung nicht proportional zur Größe der Ursache verhält –, so daß sie zur allgemeinen Überraschung aus einem Maulwurfshügel einen Berg aufbauen können. (2) Sie verbergen zahllose neue Möglichkeiten in den exponentiellen Kombinationen vieler untereinander verketteter Individuen. (3) Individuen zählen bei ihnen nicht, und gerade deswegen können individuelle Abweichungen und Unvollkommenheiten geduldet werden. In Schwarmsystemen mit Vererbbarkeit führen individuelle Abweichungen und Unvollkommenheiten zu ständiger Erneuerung oder zu dem, was wir Evolution nennen.

Offensichtliche Nachteile von Schwarmsystemen

› *Nonoptimale Effizienz* – weil sie redundant sind und über keine Zentralsteuerung verfügen, sind Schwarmsysteme ineffizient. Ressourcen werden hoppla-di-hopp verteilt, und ständig wird alles zweimal gemacht. Welch eine Verschwendung für einen Frosch, Abertausende von Eiern für gerade mal ein paar Nachkommen zu legen! Emergente Steuerungen wie bei den Preisen in der freien Marktwirtschaft – ein Schwarm, wenn es überhaupt je einen gab – tendieren zur Dämpfung von Ineffizienz, schalten sie aber nie in dem Maße aus, wie das ein lineares System kann.

› *Fehlende Steuerbarkeit* – es gibt keine leitende Autorität. Ein Schwarmsystem kann nur so geführt werden, wie ein Schäfer eine Herde leiten würde: indem man an den entscheidenden Machtpositionen Druck ausübt und die natürlichen Tendenzen des Systems zu neuen Zielen untergräbt (nutze die Angst der Schafe vor Wölfen, um sie mit einem Hund, der den Schafen nachjagt, zusammenzuhalten). Eine Ökonomie kann nicht von außen gesteuert werden; nur von innen läßt sie sich ein wenig antreiben. Man kann das Denken nicht am Träumen hindern, man kann nur ernten, wenn es Früchte trägt. Wo auch immer das Wort »emergent« auftaucht, verschwindet die menschliche Kontrolle.

› *Unvorhersagbarkeit* – die Komplexität eines Schwarmsystems lenkt es auf unvorhersehbare Wege. »Die Geschichte der Biologie handelt vom Unerwarteten«, meint Chris Langton, ein Forscher, der mathematische Schwarmmodelle entwickelt. Das Wort »emergent« hat seine Schattenseiten. Wenn sich in einem Videospiel Neuerungen wie von selbst ergeben, ist das ein toller Spaß; die gleiche »Emergenz« in unserem Luftfahrtkontrollsystem wäre ein nationaler Notstand.

› *Nichtverstehbarkeit* – soweit wir wissen, funktioniert Kausalität wie ein Uhrwerk. Sequentielle Uhrwerkssysteme verstehen wir; nichtlineare Netzsysteme sind echte Mysterien, die in ihrer selbstgemachten Paradoxallogik ertrinken. *A* verursacht *B*, *B* verursacht *A*. Schwarmsysteme sind Ozeane voller sich überkreuzender Logik: *A* verursacht indirekt alles andere, und alles andere verursacht indirekt *A*. Ich nenne das laterale oder horizontale Kausalität. Die Verantwortung für die wahre Ursache (oder genauer: das wahre Mischungsverhältnis von Gründen) wird sich durch das Netz horizontal verteilen, bis der Auslöser eines Ereignisses im wesentlichen unkenntlich ist. Das Material selbst ereignet sich. Wir müssen nicht genau wissen, wie die Zelle einer Tomate funktioniert, um Tomaten zu züchten, zu essen oder sogar zu verbessern. Wir müssen nicht genau wissen, wie eine kollektive Großrechenanlage funktioniert, um in der Lage zu sein, eine zu bauen, zu benutzen und zu optimieren. Aber gleichgültig, ob wir ein System verstehen oder nicht, wir sind dafür verantwortlich. Verständnis wäre also mit Sicherheit vorteilhaft.

› *Indirektheit* – man entzündet ein Feuer, erzeugt Dampf, legt einen Schalter um, und ein lineares System erwacht. Es steht zu Diensten. Sollte es aussetzen, kann man es erneut starten. Einfache Kollektivsysteme lassen sich auf einfache Weise zur Tätigkeit erwecken. Aber komplexe Schwarmsysteme mit vielen Hierarchien benötigen Zeit, um hochgefahren zu werden. Je komplexer sie sind, desto länger brauchen sie, um warm zu werden. Die Hierarchieebenen müssen sich aufeinander einspielen; laterale Auslöser müssen nach allen Seiten schwappen und wieder zur Ruhe kommen; eine Million autonom

Handelnde müssen sich selbst kennenlernen. Ich glaube, das wird die härteste Lektion, die Menschen lernen müssen: daß organische Komplexität organische Zeit erfordert.

Der Kompromiß zwischen den Vor- und Nachteilen der Schwarmlogik ähnelt stark den Kosten-Nutzen-Entscheidungen, die wir über biologische Vivisysteme zu fällen hätten, wenn wir jemals dazu befragt worden wären. Aber weil wir mit biologischen Systemen aufgewachsen sind und keine Alternative hatten, haben wir ihre Kosten immer ohne jede Bewertung akzeptiert.

Wir können eine leichte Tendenz zu sonderbaren Funktionsstörungen bei einem Gerät gegen hervorragende Unterstützung eintauschen. Im Tausch für ein Schwarmsystem von 17 Millionen Computerknoten im Internet, das (als ganzes) nicht zusammenbrechen würde, bekommen wir ein Feld, das ekelhafte Computerviren verbreiten oder unerklärliche lokale Ausfälle herbeiführen kann. Aber wir nehmen die verschwenderischen Leerläufe multipler Wege gerne in Kauf, um die bemerkenswerte Flexibilität des Internet aufrechtzuerhalten. Andererseits bin ich überzeugt, daß wir, sollten wir autonome Roboter konstruieren, einen Teil ihrer Anpassungsfähigkeit aufgeben und damit verhindern würden, daß sie jenseits unserer Kontrolle auf eigene Faust agieren.

Mit der Verlagerung unserer Erfindungen von den linearen, vorhersagbaren, kausalen Eigenschaften des mechanischen Motors zu den kreuz und quer verlaufenden, unvorhersagbaren und unscharfen Merkmalen lebendiger Systeme muß auch ein Wandel in unserer Vorstellung davon einhergehen, was wir von Maschinen erwarten. Eine einfache Faustregel könnte helfen:

- Für Aufgaben, bei denen ein Höchstmaß an Kontrolle verlangt wird, sollte man den Weg der guten alten Uhrwerkskonstruktion gehen.
- Wo höchste Anpassungsfähigkeit verlangt wird, braucht es eine Schwarmkonstruktion, die sich der Kontrollierbarkeit entzieht.

Mit jedem Schritt, mit dem wir unsere Maschinen in Richtung Kollektivität stoßen, bewegen wir sie in Richtung Leben. Und mit jedem Schritt weg von der Uhr verlieren unsere Apparate die kalte und beständige Höchsteffizienz der Maschinen. Die meisten Anforderungen werden ein wenig Kontrolle mit ein wenig Anpassungsfähigkeit aufwiegen wollen, und so wird der geeignetste Apparat irgendein Cyborg-Bastard sein – halb Uhr, halb Schwarm. Je mehr wir allgemein über die mathematischen Eigentümlichkeiten von Abläufen in Schwärmen herausfinden können, desto besser werden wir sowohl die künstliche als auch die biologische Komplexität verstehen.

Schwärme machen die komplizierte Seite der Realität sichtbar. Sie weichen vom Regulären ab. Die Arithmetik der Schwarmkalkulation ist eine Weiterführung von Darwins revolutionärem Entwurf der schwankenden Tier- und Pflanzenpopulationen, die unsystematische Veränderungen durchmachen. Schwarmlogik versucht, die Unordnung zu verstehen, das Unberechenbare zu messen und das Unvorhersagbare zeitlich festzulegen. Es ist, um mit James Gleick zu sprechen, ein Versuch, »die Morphologie des Amorphen« auszuarbeiten – dem eine Gestalt zu geben, was von sich aus gestaltlos scheint. Die Wissenschaft hat all die einfachen Aufgaben erledigt – die klaren, simplen Zeichen. Jetzt ist alles, dem sie sich zuwendet, Rauschen; sie muß dem Chaos des Lebens ins Auge blicken.

Zen-Meister lehrten ihre neuen Schüler einst, sich der Zen-Meditation mit einem vorurteilslosen »Anfänger-Denken« zu nähern. Der Meister gab den Studenten die Anweisung: »Löst euch von allen vorgefaßten Meinungen.« Das nötige Bewußtsein, das erforderlich ist, um die Schwarmartigkeit komplizierter Dinge zu erkennen, könnte man Schwarmdenken nennen. Der Schwarmmeister ordnet an: »Löst alle Bindungen ans Sichere und Gewisse.«

Ein nachdenklicher Schwarm hatte den Gedanken: Das Atom ist das Symbol der Wissenschaft des 20. Jahrhunderts.

Das populäre Symbol des Atoms ist im allgemeinen starr: ein schwarzer Punkt, der von den feinen Orbitalstreifen mehrerer anderer Punkte umkreist wird. Das Atom dreht sich einsam – das Emblem des Alleinseins. Es ist die Metapher für Individualität: atomistisch. Es ist der nicht reduzierbare Sitz der Kraft. Das Atom steht für Macht, Wissen und Gewißheit. Es ist so verläßlich wie ein Kreis, gleichmäßig und rund.

Das Bild des planetarischen Atoms wird auf Spielsachen und auf Baseball-Mützen gedruckt. Das wirbelnde Atom bahnt sich seinen

Weg in Firmenlogos und Regierungssiegel. Es erscheint auf der Rückseite von Haferflockenpackungen, in Schulbüchern und tritt in der Fernsehwerbung auf.

Die inneren Kreise des Atoms spiegeln den Kosmos, einerseits einen gesetzestreuen Energiekern und andererseits die Himmelskörper, die sich konzentrisch in der Galaxis drehen. Im Mittelpunkt befindet sich der *animus*, das Es, die Lebenskraft, die alles in der richtigen Kreisbewegung hält. Die festen Umlaufbahnen und die genauen Zwischenräume des Atomsymbols repräsentieren das Verständnis eines Universums, das man kennt. Das Atom vermittelt die reine Macht des Einfachen.

Ein anderer Zen dachte: Das Atom ist die Vergangenheit. Das Wissenschaftssymbol des nächsten Jahrtausends ist das dynamische Netz.

Das Netzsymbol hat kein Zentrum – es ist ein Haufen untereinander verbundener Punkte – ein Spinnennetz von Pfeilen, die ineinanderlaufen, sich ineinanderwinden wie ein Schlangennest, ein ruheloses Bild, das in unscharfen Rändern verschwimmt. Das Netz ist der Archetyp, der entwickelt wurde, um alle Kreisläufe, alle Intelligenz, allen Zusammenhang, alle ökonomischen, sozialen und ökologischen Dinge, alle Kommunikation, alle Demokratie, alle Gruppen, alle Großsysteme zu repräsentieren. Das Bild gewährt keinen festen Halt, umgarnt alles, was nicht auf der Hut ist, in seinem Paradox, das keinen Anfang, kein Ende und keinen Mittelpunkt hat. Oder überall Anfang, Ende, reines Zentrum. Es ist dem Knoten verwandt. In seiner scheinbaren Unordnung liegt eine Wahrheit begraben, die Umwege macht. Seine Entwirrung verlangt nach einem Helden.

Als Darwin eifrig nach einem Bild suchte, um sein Buch *Über die Entstehung der Arten* zu Ende zu bringen – ein Buch, das eine lange Auseinandersetzung darüber ist, wie Arten aus den widerstreitenden, miteinander verknüpften Eigeninteressen vieler Individuen hervorgehen –, fand er das Bild des verknäulten Netzes. Er sah »singende Vögel auf Büschen mit verschiedenen umherhuschenden Insekten, mit Würmern, die sich durch das feuchte Erdreich wühlen«; das ganze Netz bildete »ein Knäuel, in dem auf komplexe Weise alles voneinander abhängig war«.

Das Netz ist ein Emblem der Vielheiten. Aus ihm entsteht das Dasein des Schwarmes – des verstreuten Seins –, der das Selbst über das ganze

Netz hinweg verteilt, so daß kein Teil »Ich bin das Ich« sagen kann. Es ist unkündbar sozial, furchtlos vom Denken vieler bestimmt. Es vermittelt sowohl die Logik des Computers wie der Natur – die selbst wiederum eine Vorstellung von einer Macht jenseits des Verstehens vermittelt.

Im Netz verborgen ist das Geheimnis der unsichtbaren Hand – Kontrolle ohne eine Quelle der Macht. Während das Atom eine saubere Einfachheit repräsentiert, kanalisiert das Netz die schmutzige Macht der Komplexität.

Es ist schwieriger, unter dem Banner des Netzes zu leben. Es ist das Banner der Unkontrollierbarkeit. Wo immer das Netz entsteht, taucht auch ein Rebell auf, der sich der Kontrolle durch Menschen widersetzt. Das Symbol des Netzwerks bedeutet den Sumpf der Psyche, die Verstrickung des Lebens und die der Individualität entbehrenden Massen.

Die Leerläufe eines Netzwerks – diese ganze Redundanz und die vektoriellen Querschläger, bei denen die Sachen von hier nach da und wieder zurück wandern, bloß um über die Straße zu kommen – schließen Fehler eher ein als aus. Ein Netzwerk nährt kleine Fehler, damit große nicht so oft vorkommen. Seine Leistungsfähigkeit besteht darin, einen Fehler eher auszuhalten, als sich vor ihm zurückzuziehen, was das verteilte Dasein zu einem fruchtbaren Boden für Lernen, Anpassung und Entwicklung macht.

Das Netzwerk ist die einzige Organisationsform, die fähig ist, unbefangen zu wachsen oder ohne äußere Lenkung zu lernen. Alle anderen Topologien begrenzen das mögliche Geschehen.

Ein vernetzter Schwarm besteht nur aus Rändern und ist deswegen nach allen Richtungen hin offen. Das Netzwerk ist wirklich die letzte strukturierte Organisationsform, von der man sagen kann, daß sie überhaupt strukturiert ist. Es ist unbegrenzter Umordnungen fähig und kann nach allen Richtungen wachsen, ohne daß sich die Grundform des Dings verändert, die keineswegs nur eine äußerliche Form ist. Craig Reynolds, der Erfinder der synthetischen Schwarmbildung, weist auf die beachtliche Fähigkeit von Netzwerken hin, Neues bruchlos zu absorbieren. »Es gibt kein Anzeichen dafür, daß die Komplexität natürlicher Schwärme in irgendeiner Weise begrenzt ist. Schwärme werden nicht ›voll‹ oder ›überlastet‹, wenn neue Vögel dazustoßen.

Wenn Heringe zu ihren Laichplätzen wandern, schwimmen sie in Schwärmen, die bis zu 27 Kilometer lang sind und Millionen von Fischen umfassen.« Wie groß könnte ein von uns errichtetes Telefonnetz sein? Wieviele Knoten lassen sich auch nur theoretisch zu einem Netzwerk addieren, damit es immer noch funktioniert? Die Frage ist noch nicht einmal richtig gestellt worden.

Es *gibt* eine Vielzahl von Schwarmtopologien, aber die einzige Organisation, die eine genuine Formenvielfalt enthält, ist das Großnetz. Tatsächlich kann eine Pluralität von wirklich verschiedenen Komponenten nur in einem Netzwerk im Zusammenhang bleiben. Keine andere Anordnung – Kette, Pyramide, Baum, Kreis, Rad – kann wirkliche Verschiedenheit bewahren und dabei als eine Ganzheit arbeiten. Deswegen ist das Netzwerk nahezu synonym mit Demokratie oder Markt.

Ein dynamisches Netzwerk ist eine von mehreren Strukturen, die die Zeitdimension einschließen. Es honoriert inneren Wandel. Wir können erwarten, Netzwerke zu finden, wo immer wir dauerhaft unregelmäßigen Wandel sehen, und wir finden sie dann auch.

Ein verteiltes, dezentralisiertes Netzwerk ist mehr ein Prozeß als ein Ding. In der Netzlogik gibt es einen Wechsel von Nomen zu Verben. Volkswirtschaftler rechnen vor, daß Produktionen in der Werbebranche heute am besten so honoriert werden sollten, als ob sie Dienstleistungen wären. Es geht nicht darum, was man dem Kunden verkauft, sondern was man für ihn tut. Es zählt nicht, was etwas ist, sondern womit es verschaltet ist, was es tut. Die Zirkulation wird wichtiger als die Bodenschätze. Das Verhalten zählt.

Netzwerklogik funktioniert gegen die Intuition. Nehmen wir an, man will ein Telefonkabel verlegen, das eine Gruppe von Städten verbinden soll; nehmen wir drei zur Veranschaulichung: Kansas City, San Diego und Seattle. Die Gesamtlänge der Verbindungsleitungen zwischen den drei Städten beträgt 4800 Kilometer. Der gesunde Menschenverstand sagt einem, daß die Gesamtlänge des Telefonkabels steigen muß, wenn man eine vierte Stadt an das Telefonnetz anschließt. Aber so funktioniert die Logik des Netzwerks nicht. Indem man eine vierte Stadt als Zentrum hinzufügt (setzen wir dafür Salt Lake City ein) und die Leitungen aus jeder der drei Städte durch Salt Lake City führt, läßt sich die Gesamtkilometerzahl der Verkabelung auf 4585 Kilometer bzw. um fünf Prozent gegenüber den ursprünglichen 4800 Kilometern verringern. Deshalb läßt sich die Gesamtlänge des entwirrten Netzwerkes verkürzen, indem man ihm Knotenpunkte *hinzufügt*! Doch es gibt für diesen Effekt eine Grenze. Frank Hwang und Ding Zhu Du bewiesen 1990 im Rahmen ihrer Arbeit in den Bell Laboratories, daß die Einsparungen, die ein Netzwerk durch die Einführung neuer Knotenpunkte erreichen kann, höchstens bei etwa 13 Prozent liegen würden. Mehr *ist* anders.

Andererseits entdeckte 1968 der deutsche Organisationsforscher Dietrich Braess, daß zusätzliche Leitungsstrecken ein bereits überfülltes Netzwerk lediglich verlangsamen werden. Man nennt dieses Phänomen heute das Braess-Paradox. Wissenschaftler haben viele Beispiele gefunden, wie die Kapazitätserweiterung eines vollgestopften Netzwerks seine Gesamtproduktion senkt. In den späten sechziger Jahren haben Stuttgarter Stadtplaner versucht, den Innenstadtverkehr durch eine zusätzliche Straße zu beruhigen. Der Verkehr wurde dadurch nur noch schlimmer; darauf sperrten sie die City, und die Verkehrssituation verbesserte sich. 1992 schloß New York City am Tag zum Schutz der Erde unter schlimmsten Befürchtungen die verstopfte 42. Straße, aber die Verkehrslage besserte sich tatsächlich.

1990 berichteten wiederum drei Wissenschaftler, die an neuronalen Netzwerken im Gehirn arbeiteten, daß die Steigerung der Verstärkungsleistung – der Ansprechbarkeit – individueller Neuronen ihre individuelle Reizerfassungsleistung nicht anhob, aber die Leistungsfähigkeit des Gesamtnetzes zur Reizwahrnehmung steigerte.

Netze haben ihre eigene Logik, die nach unseren eigenen Erwartungen nicht in Ordnung scheint. Und diese Logik wird der Kultur von Menschen, die in einer vernetzten Welt leben, rasch ihre Prägung verleihen. Was wir von den Hochleistungs-Kommunikationsnetzwerken, den Netzen von Parallelrechnern und von den Netzwerken verzweigter Apparate und verzweigten Daseins erhalten, ist Netzkultur.

Alan Kay, ein Visionär, dem die Erfindung des PC's eine Menge verdankt, sagt, daß der Besitz eines eigenen Buchs in der Renaissance eine der Hauptursachen für die Vorstellung von Individualität war und daß die überall vorhandenen vernetzten Computer zukünftig die wichtigste Rolle bei der Umformung des Menschen spielen werden. Es ist ja nicht so, daß wir einfach unsere Bücher aufgeben. Weltweite

Echtzeit-Meinungsbefragung rund um die Uhr, 24 Stunden am Tag, sieben Tage die Woche, die Allgegenwart des Telefons, asynchrone E-Mail, 500 Fernsehkanäle, Video auf Abruf: all dies summiert sich zur Matrix einer großartigen Netzkultur, zu einem bemerkenswerten schwarmartigen Dasein.

Die winzigen Bienen in meinem Bienenhaus sind sich ihrer Kolonie mehr oder weniger nicht bewußt. Per definitionem muß ihr kollektives Schwarmdenken ihre kleinen Bienenhirne überfordern. Sobald wir uns selbst zu einem schwarmartigen Netzwerk emporverdrahtet haben, werden viele Dinge hervortreten, die wir, als bloße Neuronen des Netzes, nicht erwarten, nicht verstehen, nicht kontrollieren können – oder überhaupt nicht wahrnehmen. Das ist der Preis für die Entstehung des Schwarmdenkens.

3

MASCHINEN MIT CHARAKTER

Wenn Mark Pauline einem zur Begrüßung die Hand reicht, schüttelt man in Wahrheit seine Zehen. Vor Jahren hat Pauline seine Finger weggesprengt, als er an selbstgebauten Raketen herumwerkelte. Die Chirurgen bildeten aus Teilen seiner Füße so etwas wie eine Hand nach, aber Paulines lahme Hand zwingt ihn immer noch zu langsamen Bewegungen.

Pauline baut Maschinen, die andere Maschinen zermalmen. Seine Erfindungen sind kompliziert und oft riesengroß. Sein kleinster Roboter ist größer als ein Mensch; der größte ist zwei Stockwerke hoch, wenn er den Hals reckt. Ausgerüstet mit kolbengetriebenen Kiefern und hydraulischen Schaufelarmen, umgibt seine Maschinen die Aura lebendiger Wesen.

Paulines verstümmelte Hand macht ihm oft Schwierigkeiten, wenn er zur Instandsetzung seiner Monster eine Schraube eindrehen will. Um Reparaturen zu beschleunigen, hat er eine Hochleistungs-Industriedrehbank vor seiner Schlafzimmertür angebracht und seine Küche mit Schweißgeräten vollgepackt. Er braucht nur ein oder zwei Minuten, um die gebrochenen pneumatischen Glieder seiner eisernen Biester zu löten. Aber seine eigene Hand stellt für ihn eine Belastung dar. Er möchte sie durch eine Roboterhand ersetzen.

Pauline lebt in einem Lagerhaus am Ende einer Straße, die aus dem fernen San Francisco kommt und unter einer Autobahnüberführung abbricht. Sein Gelände wird von einer Reihe dreckiger, verzinkter Eisenhütten flankiert, deren schmucke Werbetafeln Autoreparaturen anbieten. Ein Schrottplatz unmittelbar vor Paulines Lagerhalle ist bis auf Zaunhöhe mit den rostigen Skeletten ausrangierter Maschinen vollgestapelt; einer der dicksten Brocken ist ein Düsentriebwerk. Gewöhnlich wirkt der Hof gespenstisch leer. Wenn der Postbote aus seinem Jeep springt, um Pauline die Post zu bringen, stellt er den Motor ab und verschließt die Wagentür.

Pauline begann seine Laufbahn zunächst – wie er selbst sagt – als Jugendstraftäter und reifte später zu einem jungen Mann heran, der sich dem »schöpferischen Vandalismus« widmete. Alle stimmen darin überein, daß Mark Paulines Streiche sogar für eine Individualistenstadt wie San Francisco ungewöhnlich sind. Als zehn Jahre altes Kind benutzte Pauline einen gestohlenen Schweißbrenner, um die Kugel eines Kaugummiautomaten zu köpfen. Als Heranwachsender verlegte er sich auf die Kunst der »Umwidmung« öffentlicher Werbeflächen: Spät nachts verwandelte er ihre Aufschriften durch kreative Anwendung von Sprühfarben in politische Botschaften. Unlängst machte er Schlagzeilen, als seine Ex-Freundin der Polizei berichtete, daß er, während sie für ein Wochenende verreist war, ihr Auto mit Epoxidharz überzogen und es dann inklusive Windschutzscheibe und allem Drum und Dran gefedert habe.

Die Geräte, die Pauline baut, sind Maschinen, die extrem mechanisch und extrem biologisch zugleich sind. Zum Beispiel die Kieferrotationsmaschine: zwei Ringe, die mit einer Art Haifischgebiß beschlagen sind, rotieren wie verrückt in sich überschneidenden Umlaufbahnen, Zahnung an Zahnung, so daß ihr »Biß« immer rundherum kreist. Der um seine eigene Achse wirbelnde Rachen kann einen kleinen Gegenstand innerhalb einer Sekunde zermalmen. Gewöhnlich benagt er den herabbaumelnden Arm einer anderen Maschine. Oder der Kriechwurm, ein umgebautes landwirtschaftliches Gerät, das von einem Automotor angetrieben wird, der an einem Ende montiert ist und sechs Paar übergroße Gabeln im Kreis rotieren läßt, wodurch die Maschine vorwärts robbt. Sie kriecht auf sehr ineffiziente, aber biologische Weise. Oder die Lauf- und Hackmaschine. Sie benutzt eine unter Druck stehende Kohlendioxydflasche, um sich pneumatisch durch den Asphalt zu hacken, indem sie mit ihrem Stahlkopf auf den Boden hämmert, als wäre sie ein 500 Pfund schwerer, wahnsinniger »Straßenspecht«. »Die meisten meiner Maschinen sind weltweit einzigartig. Kein anderer, der bei vollem Verstand ist, würde sie bauen, weil es für Menschen keinen praktischen Grund gibt, sie zu bauen«, behauptet Pauline ohne die Spur eines Lächelns.

Mehrmals im Jahr inszeniert Pauline eine Performance für seine Maschinen. Sein Debüt im Jahr 1979 nannte er »Maschinen-Sex«. Während der Show rannten seine exzentrischen Maschinen ineinander, verzehrten einander und vermengten sich zu zerbrochenen Haufen. Einige Jahre später brachte er ein Spektakel auf die Bühne, das er »Nutzlose mechanische Tätigkeit« nannte, womit er sein Werk der Befreiung der Maschinen in ihre eigene Welt fortführte. Seither hat er an die vierzig Shows auf die Beine gestellt, gewöhnlich in Europa, wo, wie er sagt, »ich nicht verklagt werden kann«. Das europäische System der nationalen Kunstförderung (Pauline nennt es »die Kunstmafia«) unterstützt sogar diese Konfrontations-Performances.

1991 inszenierte Pauline einen Maschinenzirkus in der Innenstadt von San Francisco. In jener Nacht versammelten sich infolge bloßer Mundpropaganda einige tausend Fans in punkiger, schwarzer Lederkluft auf einem ehemaligen Parkplatz, den man unter die Auffahrt zu einer Schnellstraßenüberführung gequetscht hatte. Unter dem industriellen Funkeln der Scheinwerfer warteten in der behelfsmäßigen Arena etwa zehn mechanische Lebewesen und selbstgesteuerte Eisengladiatoren darauf, sich gegenseitig mit Feuer und brutaler Gewalt zu demolieren.

Größe und Gemüt der eisernen Kreaturen auf dem Schauplatz erinnerten an mechanische Dinosaurier ohne Haut. Die Dinos fanden ihr inneres Gleichgewicht in den Hydraulikschläuchen, Antriebsketten und den mit Drahtseilen verbundenen Stangen, die wie ein Skelett wirkten. Pauline nannte sie »organische Maschinen«.

Diese Dinosaurier erstickten nicht in einem Museum. Pauline hatte ihre Einzelteile von anderen Maschinen ausgeliehen und gestohlen, ihren Antrieb Autos entnommen und ihnen eine kärgliche Art von Leben eingehaucht, damit sie unter den Strahlen von Suchscheinwerfern, die nach heißem Ozon stanken, ihre Vorstellung absolvierten. Zusammenkrachen, aufbäumen, losschnellen, kollidieren, leben!

In jener Nacht rumorte das Publikum auf seinen Stehplätzen heftig im Funkeln der Titanen. Aus Lautsprechern (ausgesucht wegen ihrer knisternden Störgeräusche) ertönte ein endloser Strom von auf Band aufgenommenem Industrielärm. Manchmal ging die schmerzlich kratzende Beschallung in Aufnahmen von Radiosendungen über, in denen Hörer anriefen, sowie in weitere Hintergrundgeräusche der elektronischen Zivilisation. Das Kreischen wurde von einer schrillen Sirene in den Hintergrund gedrängt – das war das Startsignal. Die Maschinen begannen sich zu bewegen.

Die nächste Stunde war ein Inferno. Ein sechzig Zentimeter langer Bohreinsatz bildete die Spitze des langen Halses einer brontosaurusähnlichen Kreatur. Dieser Alptraum von einem Zahnarztbohrer verjüngte sich wie ein Bienenstachel. Er raste los und bohrte sich gnadenlos in einen anderen Roboter hinein. *Quiiiietsch.* Das Geräusch löste Zahnschmerzen aus. Eine zweite Wahnsinnskreatur, der Schraubwinder, schwirrte auf komische Weise umher und riß mit einem Riesenlärm den Straßenbelag auf. Er war ein drei Meter großer, tonnenschwerer Schlitten, der von zwei stählernen Korkenzieherkufen getragen wurde, die beide wie verrückt jeweils einen großen Bohrer von einem halben Meter Durchmesser herumwirbelten. So schraubte er sich, mit fünfzig Stundenkilometern umherhetzend, nach verschiedenen Richtungen über den Asphalt. Er war wirklich niedlich. Auf der Oberseite war ein mechanisches Katapult angebracht, das fünfzig Pfund schwere, explodierende Feuerbomben werfen konnte. Während also der Bohrer den Schraubwinder peinigte, schleuderte jener Sprengkörper auf einen Turm von Klavieren. »Hier herrscht die Anarchie«, witzelte Pauline einmal über sein Freiwilligenkorps. Er nennt sein »Unternehmen« Survival Research Labs (SRL) – Laboratorien zur Überlebensforschung –, ein absichtlich irreführender, nach einer Institution oder einer Firma klingender Name. SRL liebt es, Performances ohne offizielle Erlaubnis aufzuführen – ohne daß die städtische Feuerwehr etwas davon weiß, ohne Versicherungsschutz und ohne die Werbetrommel zu rühren. Das Publikum wird viel zu nah herangelassen. Es sieht gefährlich aus. Und das ist es auch.

Ein umgebauter, handelsüblicher Rasensprenger – in der Art, wie er normalerweise langsam über das Gras fährt, um es mit seinem lebensspendenden Wasser zu beglücken – segnete den Platz auf teuflische Weise mit einer Flammendusche. Seine kreisenden Arme pumpten feuerrote Wolken brennenden Kerosins über eine große Kreisfläche. Der beißende, nur zur Hälfte verbrannte Kerosinqualm fing sich unter der darüber befindlichen Schnellstraßenkonstruktion und brachte die Zuschauer zum Würgen. Dann kippte der Schraubwinder unabsichtlich seinen Benzinkanister um, worauf der höllische Rasensprenger seinen Betrieb einstellte. Jetzt ging der Flammenwerfer an, um Maß zu nehmen. Der Flammenwerfer war ein gigantisches, steu-

erbares Gebläse – von der Sorte, die man benutzt, um die Luft eines inmitten einer Stadt gelegenen Wolkenkratzers umzuwälzen –, festgeschraubt auf einer Mack-Zugmaschine. Der Lastwagenmotor ließ den riesigen, vergitterten Ventilator an und pumpte Dieseltreibstoff aus einem 200-Liter-Behälter in den Luftstrom. Der Lichtbogen einer Kohlenelektrode entzündete das Benzin-Luft-Gemisch und spie es in einer bösartigen, fünfzehn Meter langen und gelben Flammenzunge aus. Der Haufen aus zwanzig Klavieren wurde von ihr verschmort
Pauline konnte den Drachen mit der Fernsteuerung eines Modellflugzeugs lenken. Er drehte die Schnauze des Flammenwerfers gegen das Publikum, das sich reflexartig duckte. Die Hitze klatschte einem noch aus fünfzehn Metern Entfernung auf die Haut. »Du weißt, wie es läuft«, sagte Pauline später, »Ökosysteme ohne Raubtiere werden instabil. Diese Zuschauer jedoch kennen im Leben keine Raubtiere. Das ist es aber, was diese Maschinen sind, das ist ihre Rolle. Sie sind Räuber, die auf die Zivilisation losgelassen werden.«

Die Maschinen von SRL sind ziemlich hoch entwickelt und sie werden ständig raffinierter. Pauline brütet fleißig immer neue Maschinen aus, so daß das Ökosystem des Zirkus in ständiger Entwicklung bleibt. Häufig rüstet er alte Modelle mit neuem Zubehör auf. Er verpaßt der Korkenziehermaschine vielleicht ein Paar hummerartige Scheren statt der Kreissäge, oder er schweißt einen Flammenwerfer an den Arm eines siebeneinhalb Meter langen Riesentotems. Manchmal kreuzt er zwei Kreaturen, indem er Teile austauscht. Ein andermal leistet er völlig neuen Wesen Hebammendienste. Vor kurzem enthüllte er in einer Show vier neue Kuscheltierchen: eine tragbare Blitzmaschine, die drei Meter lange, knisternde blaue Blitzpfeile auf jene Maschinen speit, die sich in ihrer Nähe aufhalten; eine Pfeife mit 120 Dezibel, welche von einem Düsenmotor angetrieben wird; ein militärisches Eisenbahngeschütz, das einen Magnetantrieb benutzt, um einen brennenden Kometen aus geschmolzenem Eisen mit 320 Kilometern pro Stunde abzufeuern, der bei seinem Auftreffen in einem feinen Sprühregen brennender Tröpfchen explodiert; und eine fortschrittliche Telekontaktkanone, ein Mensch-Maschine-Symbiont, dessen Geschütz von einem Maschinisten mit Schutzbrille eingestellt wird, indem er den Kopf dreht und auf das Ziel starrt. Sie feuert Bierdosen ab, die mit Beton und Dynamitsprengkörpern gefüllt sind.

Die Shows sind »Kunst« und folglich chronisch unterfinanziert; die Eintrittsgelder reichen gerade einmal für die Unkosten der Vorstellung – Benzin, Essen für die Mitarbeiter, Ersatzteile. Pauline gibt offen zu, daß einige der Ahnen, die er kannibalisch aufzehrte, um diese Monstren zu erschaffen, gestohlen sind. Ein Mitglied der SRL-Crew gesteht, daß sie ihre Shows gerne in Europa aufführen, weil es dort eine Menge »Organisium« gibt. Was heißt Organisium? »Etwas, das man sich leicht beschaffen, leicht abstauben kann oder umsonst bekommt.« Was nicht aus Organisium gemacht ist, wird aus überzähligen Armeeteilen zusammengebaut, die Pauline lastwagenweise für 65 Dollar pro Pfund von Militärstützpunkten erwirbt, die so freundlich sind abzuspecken. Er schnorrt das Militär auch um Werkzeugmaschinen, Teile von Unterseebooten, ausgefallene Motoren, seltene Elektronik, hochpreisige Ersatzteile und Rohstahl an. »Vor zehn Jahren war dieses Zeug wertvoll, wichtig für die nationale Sicherheit und all das. Dann wurde es plötzlich wertloser Schrott. Nun verwandle ich es in Maschinen, verbessere sie wirklich, mache aus Dingen, die einmal ›nützliche‹ Zerstörung anrichteten, Dinge, die jetzt *nutzlose* Zerstörung schaffen.«

Vor einigen Jahren baute Pauline einen krebsartigen Roboter, der über den Fußboden trippeln sollte. Er wurde von einem total ausgeflippten Meerschweinchen in einem winzigen Cockpit gelenkt, das man mit einem Schalter unter Strom setzen konnte. Der Roboter sollte nicht grausam sein. Die Idee bestand vielmehr darin, die Annäherung von Organischem und Maschinellem zu erforschen. SRL-Erfindungen vereinen in sich gewöhnlich auf Hochgeschwindigkeit hin ausgelegte Schwermetallkonstruktionen und weiche biologische Architektur. Wenn man ihn einschaltete, bewegte sich der Meerschweinchenroboter an der Grenze zum Chaos. In der kontrollierten Anarchie der Show nahm man dies kaum wahr. Pauline: »Diese Maschinen verfügen kaum über genügend Kontrollierbarkeit, um nützlich zu sein, aber mehr Kontrolle brauchen wir nicht.«

Anläßlich der feierlichen Grundsteinlegung für das Museum für Moderne Kunst in San Francisco war Pauline eingeladen, seine Maschinen auf dem leeren Grundstück in der Innenstadt zu versammeln, um »für ein paar Minuten bei hellem Tageslicht eine Wahnvorstellung zu erzeugen«. Seine Schockwellenkanone rollte herum und entlud sich in Explosionen reiner Luft. Man konnte tatsächlich sehen, wie die Schockwelle aus der Mündung herausschwirrte. Mitten in der Stoßzeit kam der Verkehr zum Erliegen, als die Kanone die Scheiben jedes Autos und Wolkenkratzers zum Klirren brachte. Dann stellte Pauline seine Schwärmer vor: Diesmal waren es hüfthohe zylindrische und bewegliche Roboter, die als Schwarm umherjagten. Wohin der Schwarm laufen würde, konnte man nur vermuten; kein Schwärmer dirigierte den anderen; niemand steuerte etwas. Es war ein Hardware-Himmel: Maschinen außer Kontrolle.

Letztendlich besteht das Ziel von SRL darin, Maschinen selbständig zu machen. »Eine Art autonomes Handeln hinzubekommen, ist allerdings wirklich schwierig«, erzählte mir Pauline. Dennoch ist er vielen schwerreichen Universitätslabors in dem Versuch voraus, Kontrollaufgaben von Menschen auf Maschinen zu übertragen. Seine einige hundert Dollar teuren Schwarmkreaturen – ausstaffiert mit recycelten Infrarotsensoren und umgebauten Schrottmotoren – schlugen das Roboter-Labor des MIT in einem informellen Wettlauf um die Konstruktion des ersten autonomen Schwarmroboters.

In dem Konflikt, den viele Menschen zwischen dem Natürlich-Geborenen und dem Maschinell-Hergestellten sehen, steht Mark Pauline auf der Seite des Hergestellten. Pauline: »Maschinen haben uns etwas zu sagen. Wenn ich anfange, eine SRL-Show zu entwerfen, frage ich mich, was diese Maschinen tun wollen. Wissen Sie, ich sehe diesen alten Bagger, den irgendein Bauarbeiter jeden Tag anwirft, vielleicht, um in der Sonne einen Graben für die Telefongesellschaft auszuheben. Dieser Bagger langweilt sich. Er ist dreckig und er kränkelt. Wir kommen dahergelaufen und fragen ihn, was *er* eigentlich tun will. Vielleicht will er in unsere Show. Wir laufen herum und retten Maschinen, die man im Stich gelassen oder gar verstümmelt hat. Wir müssen uns also fragen, was diese Maschinen wirklich tun wollen, was sie anziehen wollen. Deshalb denken wir über die richtige Anordnung von Farbe und Beleuchtung nach. Unsere Shows sind nicht für die Menschen, sie sind für die Maschinen gemacht. Wir fragen nicht, wie Maschinen uns unterhalten. Wir fragen, wie können wir sie unterhalten? Das sind unsere Shows, Unterhaltung für Maschinen.«

Maschinen haben Unterhaltung nötig. Sie besitzen ihre eigene Komplexität und ihre eigene Tagesordnung. Indem wir komplexere Maschinen bauen, verleihen wir ihnen ihr eigenes, unabhängiges Verhalten und somit ihre eigenen Ziele. »Diese Maschinen fühlen sich in der Welt, die wir für sie errichtet haben, vollkommen zu Hause«, erzählte mir Pauline. »Sie verhalten sich völlig *natürlich*.«

Ich fragte Pauline: »Wenn Maschinen natürlich sind, haben sie dann auch Naturrechte?« »Große Maschinen haben eine Menge Rechte«, antwortete Pauline. »Ich habe sie zu respektieren gelernt. Wenn eine von ihnen auf dich zukommt, läuft sie einfach geradeaus weiter. Du mußt ihnen aus dem Weg gehen. Auf diese Weise respektiere ich sie.«

Unser Problem mit Robotern besteht heute darin, daß wir sie nicht respektieren. Sie werden in fensterlose Fabriken gesteckt, um Arbeiten zu verrichten, die Menschen nicht tun wollen. Wir halten Maschinen wie Sklaven, aber das sind sie nicht. Das ist es, was Marvin Minsky, der Mathematiker, der auf dem Gebiet der künstlichen Intelligenz Pionierarbeit geleistet hat, jedem erzählt, der gewillt ist zuzuhören. Minsky setzt sich energisch dafür ein, die menschliche Intelligenz in einen Computer einzuspeisen. Ganz anders als der zur Legende gewordene Douglas Engelbart; er hat die Textverarbeitung, die Maus und Multimedia erfunden und macht sich für den Volkscomputer stark. Als sich die beiden Gurus in den fünfziger Jahren im MIT trafen, soll angeblich folgende Unterhaltung stattgefunden haben:

> *Minsky:* Wir sind gerade dabei, intelligente Maschinen zu bauen. Wir verleihen ihnen Bewußtsein!
>
> *Engelbart:* Sie tun das alles für die Maschinen? Was tun Sie denn gerade für die Menschen?

Diese Geschichte wird gewöhnlich von Ingenieuren erzählt, die daran arbeiten, Computer freundlicher, menschlicher, menschenbezogener zu machen. Ehrlich gesagt, bin ich auf Minskys Seite – auf der Seite des Gemachten. Die Menschen werden überleben. Wir werden unseren Maschinen beibringen, uns zu dienen. Aber was tun wir für die Maschinen?

Die Gesamtpopulation der weltweit arbeitenden Industrieroboter beträgt nahezu eine Million. Keiner, außer einem verrückten, ungezogenen Künstler in San Francisco fragt, was die Roboter wollen; man hält das für eine dumme, abseitige oder gar frevlerische Gefühlsregung.

Es stimmt, daß 99 Prozent dieser einen Million »Robos« kaum mehr als bessere Handlanger sind. Geschickte Handlanger, soweit Hände eben reichen. Und unermüdlich. Aber anders als die Roboter, auf die wir gehofft haben, sind sie stumm, blind und hängen immer noch an der Brust der Steckdose.

Mit Ausnahme der einigen wenigen, außer Kontrolle geratenen Roboter von Mark Pauline sind heute die meisten muskelbepackten Robos übergewichtig, träge und gehen stempeln – abhängig von ständigen Almosen in Form von elektrischem Strom und Intelligenz. Es ist schwierig, sie sich als Vorgänger von irgend etwas Interessantem vorzustellen. Man braucht nur noch einen weiteren Arm, ein paar Beine und einen Kopf hinzuzufügen, und man hat das träge biblische Ungeheuer Behemoth vor sich.

Aber wir wollen Robbie, den Roboter, das archetypische Wesen aus den Science-fiction-Geschichten: einen wirklich frei beweglichen, selbststeuernden, selbstangetriebenen Roboter, der auch für Überraschungen gut ist.

Vor kurzem haben Forscher in einigen Labors erkannt, daß der praktischste Weg zu Robbie darin besteht, einen stationären Roboter von der Steckdose abzunabeln. Stellt »Moboter« her – mobile Roboter. »Standroboter« sind okay, solange die Energieversorgung und die Intelligenz vollständig in dem Gerät selbst untergebracht sind. Jeder Roboter hat es besser, wenn er diese zwei Regeln befolgt: Bewege dich selbständig; überlebe auf eigene Faust.

Trotz seiner Punk-Mentalität und seiner künstlerischen Sensibilität baut Pauline auch weiterhin Roboter, die oft besser sind als das, was die weltbesten Universitäten zustande bringen. Er verwendet ausrangierte Laborgeräte aus genau jenen Universitäten, die er dabei übertrifft. Eine tiefe Vertrautheit mit den Möglichkeiten und Grenzen des Metalls macht seine fehlenden akademischen Abschlüsse wett. Er benutzt keine Pläne zum Bau seiner organischen Maschinen. Lediglich weil er einen hartnäckigen Journalisten hochnehmen wollte, durchsuchte Pauline einmal seine Werkstatt, um »Pläne« für eine Rennmaschine auszugraben, die er gerade baute. Nach zwanzigminütigem Herumwühlen (»Ich weiß, daß es noch letzten Monat hier lag«) machte er unter einem alten Telefonbuch von 1984 in der untersten Schublade eines schrottreifen Metallschreibtisches ein Papier ausfindig. Es war ein Bleistiftentwurf der Maschine, eine richtige Skizze ohne technische Details.

»Ich kann sie in meinem Kopf sehen. Ich entwerfe die Umrisse auf einem Stück Metall und fange an, es zuzuschneiden«, erzählte mir Pauline, während er ein elegantes, maschinell gefertigtes Aluminiumstück von etwa fünf Zentimetern Dicke in der Hand hielt, das ungefähr die Form eines Tyrannosaurus-Armknochens hatte. Zwei weitere Duplikate lagen auf der Werkbank. Er arbeitete gerade an dem vierten. Jedes würde ein Teil der vier Beine einer laufenden Maschine von der Größe eines Traktors werden.

Vollständig zusammengebaut, läuft Paulines Maschine nicht wirklich. Sie geht leidlich schnell und schlingert manchmal mit überraschender Geschwindigkeit. Niemand hat bis jetzt eine Maschine konstruiert, die wirklich imstande ist zu gehen. Vor einigen Jahren hat Pauline eine komplizierte, sich auf vier Beinen vorwärts bewegende Maschine gebaut. Dreieinhalb Meter hoch, würfelförmig, nicht besonders intelligent oder behend, aber sie schlurfte langsam voran. Vier quadratische Pfosten, so massiv wie Baumstämme, verwandelten sich in Beine, wenn sie von einem Gewirr hydraulischer Leitungen mit Energie versorgt wurden und über ein gigantisches Antriebswerk zusammenarbeiteten. Wie andere SRL-Erfindungen konnte man die Steuerung dieses Biests zum Teil durch eine Fernbedienung für Modellbauautos beeinflussen. Mit anderen Worten: Das Biest war ein tonnenschwerer Dinosaurier mit einem erbsengroßen Gehirn.

Trotz millionenschwerer Forschungsgelder war bislang kein Programmierer fähig, eine Maschine dazu zu bringen, mithilfe des eigenen Verstandes durch einen Raum zu gehen. Manche Roboter sind unwirklich langsam und brauchen Tage, um einen Raum zu durchqueren, oder sie stoßen gegen Möbel oder geben nach drei Viertel des Weges den Geist auf. Im Dezember 1990 löteten nach zehn Jahren Schufterei einige Studenten am Field Robotic Center der Carnegie Mellon University (CMU) einen Roboter zusammen, der langsam über den ganzen Hof ging – insgesamt vielleicht 30 Meter. Sie nannten ihn Ambler, den Bummler.

Ambler war noch größer als Paulines umherschlurfender Riese und wurde finanziert, um ferne Planeten zu erforschen. Aber die Kon struktion des Mammutprototyps der CMU kostete mehrere Millionen Dollar Steuergelder, während Paulines Modell ein paar hundert Dollar kostete, von denen zwei Drittel für Pizza und Bier draufgingen. Der beinahe sechs Meter große, eiserne Ambler wog zwei Tonnen – das Gehirn nicht mitgerechnet, das so schwer war, daß es neben ihm auf dem Boden stehen mußte. Diese Riesenmaschine watschelte, jeden Schritt abwägend, über den Hof. Sonst tat sie nichts. Zu gehen ohne zu straucheln war nach einer so langen Wartezeit schon genug. Amblers Eltern klatschten glücklich, als er seine ersten Schritte machte.

Seine sechs krebsartigen Beine zu bewegen, war die einfachste Aufgabe für Ambler. Herauszubekommen, wo er sich befand, war für den Riesen schon schwieriger. Und die einfache Abbildung des Geländes, um dessen Durchquerung zu berechnen, stellte sich als Amblers Fluch heraus. Ambler verbrachte seine Zeit nicht etwa mit Gehen, sondern damit, daß er sich abquälte, die Anlage des Hofes herauszubekommen. »Das muß ein Hof sein«, sagt er zu sich selbst. »Hier sind die Wege, die ich möglicherweise gehen kann. Ich werde sie mit meiner mentalen Landkarte des Hofes vergleichen und alle Wege außer dem besten aussortieren.« Ambler arbeitet mit einer Abbildung seiner Umgebung, die er in seinem Denken erzeugt, und navigiert dann ausgehend von dieser symbolischen Karte, die nach jedem Schritt auf den neuesten Stand gebracht wird. Ein tausendzeiliges Softwareprogramm in seinem Zentralrechner regelt Amblers Laserblick, seine Sensoren und pneumatischen Beine, sein Getriebe und seine Motoren. Trotz seiner zwei Tonnen und der zwei Stockwerke hohen Kolossalgestalt findet das Leben dieses armseligen Roboters in seinem Kopf statt, einem Kopf, der lediglich durch ein langes Kabel mit seinem Körper verbunden ist.

Man vergleiche Ambler einmal mit einer winzigen Ameise genau unter seinen großen ausgepolsterten Füßen. Sie überquert den Hof zweimal, während Ambler einen einzigen Ausflug unternimmt. Eine Ameise wiegt – Gehirn und Körper zusammengenommen – ein hundertstel Gramm – so viel wie ein Stecknadelkopf. Sie hat keine bildliche Vorstellung des Hofes und kaum eine Ahnung, wo sie sich befindet. Trotzdem schwirrt sie ohne Probleme über das Gelände, ohne auch nur irgendwie nachzudenken.

Ambler wurde so groß und robust konstruiert, um gegen die extreme Kälte und die felsigen Bedingungen auf dem Mars bestehen zu können, wo er nicht so schwer sein würde. Aber ironischerweise wird es Ambler wegen seiner massigen Gestalt nie bis zum Mars schaffen, während dies Robotern, die wie Ameisen gebaut sind, gelingen könnte.

Moboter nach dem Vorbild von Ameisen zu entwickeln, ist die Idee von Rodney Brooks. Statt seine Zeit damit zu verschwenden, ein behindertes Genie zu bauen, will der MIT-Professor Brooks eine Armee nützlicher Idioten herstellen. Er glaubt, daß wir mehr lernen könnten, wenn wir einen Schwarm leistungsfähiger mechanischer Küchenschaben auf einen Planeten schicken würden, anstatt uns auf die ferne Chance zu verlassen, einen einsamen, übergewichtigen Dinosaurier mit Intelligenzansprüchen dorthin zu bekommen.

In einer oft zitierten Arbeit von 1989 mit dem Titel »Schnell, billig und außer Kontrolle: eine Roboter-Invasion im Sonnensystem« behauptete Brooks, daß es »innerhalb weniger Jahre möglich sein wird, mit bescheidenem Kostenaufwand auf einem anderen Planeten mit Millionen winziger Roboter einzufallen«. Er schlug eine Invasion des Mondes mit einer Flotte von schuhkartongroßen, solargetriebenen Bulldozern vor, die von Wegwerf-Raketen ausgesetzt werden könnten. Man entsendet eine Armee entbehrlicher, beschränkter Agenten, die auf eine Aufgabe hin abgestimmt sind, und läßt ihnen freien Lauf. Einige werden sterben, die meisten werden funktionieren, einiges wird dabei erledigt werden. Die Moboter könnten innerhalb von zwei Jahren aus gewöhnlichen Ersatzteilen hergestellt und in einem Rutsch in der preiswertesten Einweg-Weltraumrakete hochgeschossen werden. In der Zeit, die man braucht, um über einen Riesensäugling zu debattieren, kann Brooks seine Invasion zusammenbauen und losschicken.

Es gab einen guten Grund, warum einige NASA-Leute den kühnen Ideen von Brooks ihr Ohr schenkten. Die Steuerung von der Erde aus funktionierte nicht besonders gut. Die minutenlange Signalverzögerung zwischen einer irdischen Station und einem Roboter, der da draußen am Rande einer Felsspalte schwankt, verlangt nach einem selbständigen Roboter. Ein Roboter kann nicht an einen Kopf angeschlossen sein, der sich in großer Entfernung befindet, wie das bei

Ambler der Fall war. Er muß ein Gehirn an Bord haben, das vollständig auf innerer Logik und Orientierung basiert, ohne groß mit der Erde zu kommunizieren. Die Gehirne müssen aber nicht besonders intelligent sein. Um zum Beispiel einen Landeplatz auf dem Mars vorzubereiten, kann eine ganze Armee von Robos zwölf Stunden am Tag stumpfsinnig damit zubringen, Erde wegzukratzen. Schramm, schramm, schramm, bekommt man ihn flach. Einer von ihnen allein würde keine besonders gründliche Arbeit verrichten, aber hundert, die als Kolonne arbeiten, würden ein Baugrundstück freiräumen. Wenn eine Expedition mit menschlichen Besuchern später landete, könnten die Astronauten alle Moboter, die noch am Leben wären, ausschalten und ihnen auf die Schultern klopfen.

Die meisten Moboter würden jedoch sterben. Innerhalb einiger Monate nach der Landung wird der tägliche Schock von eisiger Kälte und backofenartiger Hitze die Gehirnchips knacken und unbrauchbar machen. Aber wie Ameisen sind einzelne Moboter entbehrlich. Moboter statt Ambler ins All zu schießen wäre tausendmal billiger; die Entsendung Hunderter Moboter macht nur einen Bruchteil der Kosten eines einzelnen großen Roboters aus.

Brooks' ursprünglich verrückte Idee ist mittlerweile zu einem offiziellen NASA-Programm weiterentwickelt worden. Techniker der Triebwerklabore bauen gerade ein kleines Geländefahrzeug. Das Projekt startete mit einem maßstabsgetreuen Modell für einen »echten« Planeten-Geländewagen; als aber die Vorzüge von kleinen, verteilten Anstrengungen jedem zu dämmern begannen, nahmen die Kleingeländefahrzeuge langsam Form an. Der winzige Roboter-Prototyp der NASA sieht wie ein besonders knalliger, sechsrädriger, ferngesteuerter Strandbuggy für Kinder aus. Das ist er auch, aber er ist außerdem solar angetrieben und mit einer eigenen Orientierungsfähigkeit ausgestattet.

Mikroroboter lassen sich schnell aus Standard-Ersatzteilen herstellen und preiswert ins All schießen. Und einmal als Gruppe freigesetzt, funktionieren sie ohne steuernde Kontrolle, ohne einer ständigen (und vermutlich irreführenden) Überwachung zu bedürfen. Ein solches Denken in Provisorien stellt den bedächtigen, sorgfältigen und kontrollierten Zugang auf den Kopf, den die meisten Industriedesigner einer komplexen Maschinerie entgegenbringen. Diese andere radikale Technikphilosophie fand ihre Abkürzung in dem Slogan: Schnell, billig und außer Kontrolle. Ingenieure hielten schnelle, billige und ungesteuerte Roboter ideal erstens für die Erforschung von Planeten, zweitens für Sammelaktivitäten, Bergbau, Erntearbeiten sowie drittens für das Bauen an abgelegenen Orten.

»Schnell, billig und außer Kontrolle« begann bei Konferenzen auf Buttons von Ingenieuren aufzutauchen und gab schließlich den Titel für Rodney Brooks' provokative Veröffentlichung ab. Die neue Logik bot eine gänzlich andere Sichtweise von Maschinen. Unter den Mobotern gibt es kein kontrollierendes Zentrum. Ihre Identität ist in der gleichen Weise über Zeit und Raum verstreut wie eine Nation über Geschichte und Territorium. Baut eine ganze Menge von ihnen und behandelt sie nicht so zimperlich.

Rodney Brooks wuchs in Australien auf, wo er, wie viele Jungen auf der Welt, Science-fiction-Bücher las und Spielzeugroboter baute. Er entwickelte eine australische Downunder-Perspektive auf die Dinge, wollte Sichtweisen auf den Kopf stellen. Brooks verfolgte seine Roboterphantasien, indem er von einem führenden Roboterlabor der Vereinigten Staaten zum nächsten hüpfte, bevor er eine Dauerstellung als Direktor der Mobilroboterabteilung am MIT bekam.

Dort startete Brooks ein ehrgeiziges Graduiertenprogramm zum Bau eines Roboters, der mehr Insekt als Dinosaurier sein würde. »Allen« hieß der erste von Brooks gebaute Roboter. Sein Gehirn befand sich in einem Desktop-Computer neben ihm. Dies wurde damals von allen Roboterkonstrukteuren so gehandhabt, um überhaupt eine nennenswerte Gehirnkapazität zu erzielen. Die vielen Kabel, die von der Gehirnkiste zu Allens körperlichen Video-, Sonar- und Tastsinnen führten, waren für Brooks und seine Crew eine nie endende Quelle der Frustration. Die Leitungen produzierten eine derart große elektronische Hintergrundstörung, daß Brooks bei dem Versuch, das Problem zu klären, eine große Zahl von Technikstudenten verheizte. Sie probierten alle bekannten Kommunikationsmedien einschließlich Amateurfunk, Handsprechgeräte der Polizei und Mobiltelefone aus, aber jedes versagte bei der Suche nach einer Verbindung für so verschiedenartige Signale, welche frei sein sollte von elektrostatischen Störgeräuschen. Schließlich gelobten die Studenten und Brooks, daß sie das Gehirn bei ihrem nächsten Projekt *in* die Roboter verlegen

würden – wo man keine aufwendige Verkabelung benötigte –, gleichgültig, wie winzig das Gehirn dazu sein müßte.
Folglich waren sie bei »Tom« und »Jerry«, den zwei nächsten Robotern, die sie bauten, gezwungen, äußerst primitive logische Schritte und sehr kurze und primitive Verbindungen zu verwenden. Aber zu ihrer Verwunderung fanden sie heraus, daß die wenig intelligente Art, in welcher der neurale Schaltkreis an Bord des Roboters organisiert war, weitaus besser beim Erledigen einfacher Dinge funktionierte als ein Gehirn. Als Brooks das aufgegebene Allen-Projekt im Licht ihres bescheidenen Erfolges mit den weniger intelligenten Neuronen nochmals untersuchte, wurde ihm bewußt, daß »sich herausgestellt hatte, daß in Allens Gehirn in Wirklichkeit nicht viel passierte«.
Dieses erfolgreiche Abspecken brachte Brooks auf die Idee zu untersuchen, wie dumm ein Roboter sein darf, um trotzdem noch für etwas Brauchbares eingesetzt werden zu können. Er landete schließlich bei einem Typus von Intelligenz, die auf Reflexen basiert, und bei Robotern, die so dumm sind wie Ameisen. Aber sie waren auch so interessant wie Ameisen.
Brooks' Ideen kristallisierten sich in einem küchenschabenartigen Etwas, das er »Genghis« nannte und das so groß wie ein Football war. Brooks hatte sein Abspeckprogramm bis zum Äußersten getrieben. Genghis besaß sechs Beine, aber überhaupt kein »Gehirn«. Alle seine zwölf Motoren und 21 Sensoren waren in einem zerlegbaren Netzwerk ohne zentrale Steuerung verteilt. Trotzdem ergab die Interaktion dieser zwölf Muskeln und 21 Sensoren ein erstaunlich komplexes und lebensähnliches Verhalten.
Jedes von Genghis' sechs Beinen funktionierte selbständig und unabhängig von den anderen. Jedes Bein besaß seinen eigenen Nervenknoten – einen winzigen Mikroprozessor –, der die Beinbewegungen steuerte. Jedes Bein dachte für sich selbst! Gehen wurde für Genghis somit zu einem Gruppenprojekt, bei dem mindestens sechs kleine Köpfe am Werk waren. Weitere kleine Semi-Gehirne innerhalb des Körpers koordinierten die Kommunikation zwischen den Beinen. Insektenkundler sagen, daß sich Ameisen und echte Schaben auf diese Weise zurechtfinden – in ihren Beinen befinden sich Neuronen, welche die Denkarbeit verrichten.

Bei dem Moboter Genghis entsteht die Gehbewegung aus dem kollektiven Verhalten der zwölf Motoren. Zwei Motoren an jedem Bein heben es an oder auch nicht, je nachdem, was die anderen Beine machen. Wenn sie sich in der richtigen Folge in Bewegung setzen – okay, los! Eins, drei, sechs, zwei, fünf, vier! – dann wird »gegangen«.
Keine einzelne Stelle im Apparat regelt das Gehen. Ohne intelligenten Zentralregler kann die Steuerung von unten nach oben durchsickern. Brooks nannte es »Bottom-up control«. Gehen von unten. Intelligenz von unten. Wenn man einer Schabe ein Bein abschneidet, wird sie mit Hilfe der anderen fünf Beine die Gangart verändern, ohne aus dem Tritt zu kommen. Der Wechsel wird nicht erlernt; er entsteht unmittelbar aus einer selbständigen Reorganisation. Wenn man ein Bein von Genghis unbrauchbar macht, reorganisieren die anderen Beine das Gehen mit den fünfen, die funktionieren. Sie finden genauso leicht zu einer neuen Gangart wie die Schabe.
In einem seiner Aufsätze entwickelte Rod Brooks eine Anleitung, um eine Kreatur zum Gehen zu bringen, ohne daß sie weiß wie:

> Es gibt keinen Zentralregler, der dem Körper die Anweisung gibt, wo er jeden Fuß hinsetzen soll oder wie hoch er ein Bein heben muß, falls ein Hindernis im Weg liegt. Statt dessen werden jedem Bein einige einfache Verhaltensweisen übertragen, und jedes Bein weiß, was es unter verschiedenen Umständen zu tun hat. Zwei grundlegende Verhaltensweisen lassen sich zum Beispiel denken als »Wenn ich ein Bein bin und angehoben bin, dann setze mich auf den Boden«, oder: »Wenn ich ein Bein bin und vorne bin, dann setze die anderen fünf Beine ein wenig zurück«. Diese Vorgänge existieren unabhängig, laufen dauernd ab und feuern ihre Nervenimpulse immer dann ab, wenn die Wahrnehmungsbedingungen stimmen. Um das Gehen dann herzustellen, bedarf es nur einer Sequentialisierung der Beinhebungen (das ist der einzige Fall, bei dem irgendeine zentrale Steuerung auftritt). Sobald ein Bein angehoben wurde, schwingt es automatisch nach vorne und wieder nach unten. Aber der Vorgang des Vorwärtsschwingens veranlaßt alle anderen Beine, sich ein wenig nach hinten zu bewegen. Weil diese Beine gerade den Boden berühren, bewegt sich der Körper vorwärts.

Wenn das Biest erst einmal über einen ebenen, glatten Boden gehen kann, ohne zu straucheln, lassen sich andere Verhaltensweisen ergänzen, um den Gang zu verbessern. Genghis braucht zur Ersteigung und Überwindung eines am Boden aufgeschichteten Damms aus Telefonbüchern ein Fühlerpaar, um Information vom Fußboden an das erste Beinpaar zu übermitteln. Ein Fühlersignal kann den Betrieb eines Motors stoppen. Die Regel könnte lauten: »Wenn du etwas erfühlst, werde ich anhalten; wenn nicht, werde ich weiterlaufen.«

Auch wenn Genghis lernt, über ein Hindernis zu klettern, ist die grundlegende Routine des Gehvorgangs davon nicht berührt. Brooks half, ein universelles biologisches Prinzip zu erhellen – ein göttliches Gesetz: *Misch dich nicht ein, wenn etwas funktioniert; baue darauf auf.* In natürlichen Systemen »überlagern« Verbesserungen ein bereits existierendes, von Fehlern bereinigtes System. Die ursprüngliche Schicht operiert kontinuierlich weiter, ohne sich auch nur darüber bewußt zu sein (oder es sein zu müssen), daß sie noch eine weitere Schicht über sich hat.

Wenn Freunde einem den Weg zu ihrem Haus beschreiben, weisen sie nicht darauf hin, man solle »vermeiden, mit anderen Autos zusammenzustoßen«, obwohl dieser Hinweis essentiell ist. Sie müssen die Ziele darunterliegender Funktionsebenen nicht mitteilen, weil deren Voraussetzung von einem erfahrenen Verkehrsteilnehmer erwartet werden kann. Statt dessen gehören alle Richtungshinweise auf ihr Haus Aktivitäten einer höheren Ebene als dem bloßen Durchqueren einer Stadt an.

Tiere lernen (im Laufe der Evolution) auf eine ähnliche Weise. Das gleiche gilt für die Moboter von Brooks. Seine Maschinen lernen, sich durch eine komplizierte Welt zu bewegen, indem sie eine Hierarchie von Verhaltensformen aufbauen, die ungefähr folgende Reihenfolge aufweist:

- Weiche dem Kontakt mit Gegenständen aus
- Wandere ziellos
- Erforsche die Welt
- Erstelle dir eine innere Landkarte
- Nimm Veränderungen in der Umwelt wahr
- Formuliere Reisepläne
- Nimm Pläne vorweg und modifiziere sie entsprechend

Die Abteilung »Ziellos wandern« pfeift auf Hindernisse, weil die Abteilung »Ausweichen« sich so gut darum kümmert.

Die Graduierten in Brooks Mobotor-Labor bauten etwas, das sie so nett »die Einsammel-Maschine« nannten – einen Reinigungs-Moboter, der in den Laborbüros nachts leere Mineralwasserbüchsen einsammelte. Die Abteilung »Ziellos wandern« der Einsammelmaschine ließ den Moboter wie einen Betrunkenen durch alle Räume wandern; die Abteilung »Ausweichen« verhinderte, daß er auf seinen ziellosen Wanderungen mit dem Mobiliar kollidierte.

Die Einsammelmaschine streifte die ganze Nacht lang umher, bis ihre Videokamera auf einem Tisch eine Mineralwasserdose erspähte. Dieses Signal setzte die Räder des Moboters in Gang und fuhr ihn in eine Position rechts vor der Dose. Statt auf eine Botschaft vom Zentralhirn zu warten (das dem Moboter fehlte), »lernte« der Arm des Roboters von der Umgebung, wo er sich befand. Der Arm war so verschaltet, daß er nach seinen Rädern »sah«. Wenn er feststellte: »Na so was, die Räder stehen still«, dann wußte er: »Ich muß mich vor einer Mineralwasserbüchse befinden.« Dann griff der Arm aus, um die Dose aufzusammeln. Wenn die Dose schwerer war als eine leere Dose, ließ er sie auf dem Tisch stehen; wenn sie leicht war, nahm er sie. Mit einer Dose in der Hand wanderte die Reinigungsmaschine ziellos (dank der Abteilung »Ausweichen« ohne gegen Möbel oder Wände zu stoßen) umher, bis sie durch die Recycling-Station fuhr. Dann stoppte sie ihre Räder. Der dumme Arm »blickte« auf seine Hand und sah nach, ob er gerade eine Dose hielt; war dies der Fall, ließ er sie fallen. War dies nicht der Fall, fing die Maschine wieder an, zufallsgesteuert durch die Büros zu wandern, bis sie eine weitere Dose erspähte.

Dieses verrückte Auf-gut-Glück-System, das auf Zufallsbegegnungen basierte, war eine ungeheuer ineffiziente Weise, um ein Recycling-Programm zu betreiben. Aber Nacht für Nacht, während ansonsten kaum etwas lief, häufte dieses absolut bescheuerte, aber äußerst zuverlässige System einen beeindruckenden Aluminiumberg auf.

Die Mitarbeiter des Labors konnten die Einsammelmaschine allmählich etwas komplexer werden lassen, indem sie zusätzliche neue Verhaltensformen über die bereits funktionierenden alten legten. Komplexität läßt sich eher auf diese Weise, durch weitere Ergänzungen, steigern als durch grundsätzliche Revisionen. Die untersten Aktivitätsebenen erfahren keine Einmischung. Sobald das »Ziellos wandern«-Modul einmal von Fehlern bereinigt war und einwandfrei arbeitete, wurde es nie mehr verändert. Selbst wenn »Ziellos wandern« irgendeinem neuen, höheren Verhalten im Weg sein sollte, wurde die bewährte Regel eher unterdrückt als gelöscht. Der Code wurde nie verändert, bloß ignoriert. Wie bürokratisch! Wie biologisch!

Darüber hinaus arbeiteten alle Einzelteile (Abteilungen, Vermittler, Regeln, Verhaltensformen) eigenständig – und zwar einwandfrei. »Ausweichen« funktionierte, ob »Greif zur Dose« in Betrieb war oder nicht. »Greif zur Dose« funktionierte, ob »Ausweichen« in Betrieb war oder nicht. Die Froschbeine sprangen sogar, wenn man sie von den Schaltkreisen ihres Kopfes abgekoppelt hatte.

Der von Brooks konstruierte Entwurf einer verteilten Robotersteuerung wurde als »Subsumtionsarchitektur« bekannt, weil sich die höheren Verhaltensebenen die Rollen der niedrigeren einverleibten, wenn sie die Kontrolle zu übernehmen wünschten.

Wir wollen jetzt zeigen, wie man eine Nation, wenn sie eine Maschine wäre, mithilfe der Subsumtionsarchitektur errichten könnte:

Man beginne mit den Städten. Zuerst bringe man die städtische Logistik in Ordnung: grundlegende Dinge wie Straßen, Wasser- und Gasleitungen, Beleuchtung und Gesetze. Wenn eine Reihe von Städten dann einmal zuverlässig arbeiten, baue man einen Landkreis auf. Die Städte funktionieren weiter, während eine Komplexitätsschicht hinzugefügt wird, die sich städteübergreifend um Gerichte, Gefängnisse und Schulen kümmert. Auch ohne Kreisverwaltung würden die Städte weiterfunktionieren. Dann nehme man einige Landkreise und füge die föderale Ebene hinzu. Bundesstaaten ziehen Steuern ein und vereinigen viele Aufgaben der Landkreise auf sich. Ohne Bundesstaaten würden die Städte genauso weiterfunktionieren, wenn auch vielleicht nicht so effektiv oder so komplex. Hat man einmal ein Bündel von Bundesstaaten zusammen, kann man eine Bundesregierung hinzufügen. Die Regierungsebene subsumiert einige der Aktivitäten der Bundesstaaten, indem sie deren Einflußgrenzen festlegt und die darüber hinausgehende Arbeit organisiert. Fiele der Bund weg, würden Tausende von Städten weiterhin ihre kommunalen Aufgaben wahrnehmen – Straßenverkehr sowie die Gas-, Wasser- und Elektrizitätsversorgung. Die Leistung von Städten jedoch, die Bundesstaaten und schließlich einer Nation subsumiert werden, gewinnt dadurch an Durchschlagskraft. Städte, die nach der Subsumtionsarchitektur organisiert sind, können sehr viel mehr als einzelne für das Bau- und Bildungswesen, die Verwaltung und das Wohlergehen tun. Die bundesstaatliche Struktur der US-Regierung ist deshalb eine Subsumtionsarchitektur.

Gehirn und Körper sind in gleicher Weise aufgebaut: von unten nach oben. Statt mit Städten beginnt man mit einfachen Verhaltensformen – Instinkten und Reflexen. Man stellt einen kleinen Schaltkreis her, der eine einfache Aufgabe verrichtet, und davon setzt man eine Menge in Betrieb. Aus dem Bündel funktionierender Reflexe taucht eine zweite Ebene komplexen Verhaltens auf. Die ursprüngliche Schicht arbeitet weiter, einerlei, ob die sekundäre Schicht funktioniert oder nicht. Wenn die Sekundärebene es jedoch schafft, ein komplexeres Verhalten hervorzubringen, subsumiert sie die Tätigkeit der darunterliegenden Schicht.

Eines der von Brooks Moboterlabor entwickelten Grundrezepte für eine verteilte Steuerung läßt sich auf die meisten Schöpfungen anwenden:

- Mache zuerst einfache Dinge.
- Lerne, sie reibungslos durchzuführen.
- Baue auf den Ergebnissen der einfachen Aufgaben neue, zusätzliche Aktivitätsebenen auf.
- Verändere die einfachen Dinge nicht.
- Sorge dafür, daß die neue Schicht so reibungslos arbeitet wie die einfache.
- Wiederhole ad infinitum.

Dieser Entwurf ließe sich auch als Rezept für die Handhabung jeder Form von Komplexität bezeichnen.

Niemand will die Arbeit einer Nation über ein Zentralgehirn organisieren. Können Sie sich vorstellen, was für Alpträume es zur Folge hätte, wenn Sie das Abflußrohr vor Ihrem Haus repariert haben wollten und dazu das Bundesamt für Abflußrohrreparaturen in Washington D. C. anrufen müßten, um einen Termin dafür auszumachen?

Der naheliegendste Weg, um etwas Komplexes zu tun, wie etwa 100

Millionen Menschen zu regieren oder auf zwei dünnen Beinen zu gehen, führt darüber, eine Liste mit allen zu erledigenden Aufgaben in der Reihe ihrer notwendigen Ausführung vorzulegen und ihre Erfüllung dann von einer zentralen Befehlsstelle oder einem Gehirn aus zu dirigieren. Die Wirtschaft der ehemaligen Sowjetunion war auf diese logische, aber ungeheuer unpraktische Weise verschaltet. Die ihr innewohnende organisatorische Instabilität war lange vor ihrem Zusammenbruch offensichtlich.

Zentralgesteuerte Körper funktionieren nicht besser als zentralgesteuerte Wirtschaftssysteme. Trotzdem bildete die zentralisierte Befehlsplanung die Hauptstoßrichtung im Roboterbau, bei künstlichen Wesen und bei den Formen von künstlicher Intelligenz. Es kommt für Brooks nicht überraschend, daß kopflastige Leute nicht einmal imstande waren, ein Geschöpf hervorzubringen, das komplex genug war, um zu kollabieren.

Brooks hat versucht, Systeme ohne Zentralgehirn zu erzeugen, damit sie ausreichend Komplexität für einen Kollaps besäßen. In einem seiner Aufsätze nannte er diese Art von Intelligenz ohne Zentrum mit einem scharfsinnigen Wortspiel »Intelligenz ohne Begründung«. Denn dieser Intelligenz-Typ – Schicht für Schicht von unten konstruiert – würde nicht nur über kein Gebäude an Vernunftgründen verfügen, sondern auch ohne ersichtliche Grundlage nur aus der Struktur hervortreten.

Die UdSSR brach nicht zusammen, weil ihre Wirtschaft von einem zentralen Kommandomodell abgewürgt wurde. Sie kollabierte vielmehr deswegen, weil *jede* zentralgesteuerte Komplexität instabil und unflexibel ist. Institutionen, Unternehmen, Fabriken, Organismen, Ökonomien und Roboter werden alle in ihrer Entwicklung versagen, wenn sie um eine zentrale Befehlsstelle herum entworfen sind.

Ja aber, höre ich Sie sagen, habe ich als Mensch nicht ein zentralisiertes Gehirn?

Menschen haben ein Gehirn, aber es ist nicht zentralisiert und auch das Gehirn selbst hat kein Zentrum. »Die Idee, daß das Gehirn ein Zentrum hat, ist einfach *falsch.* Und nicht nur das, die Idee ist *fundamental* falsch«, behauptet Daniel Dennett. Dennett ist Philosophieprofessor an der Tufts University und tritt seit langem für eine »funktionalistische« Sichtweise des Geistes ein: dafür, daß geistige Funktionen

wie das Denken aus nicht-denkenden Teilen entstehen. Die Halbgeistigkeit eines insektenähnlichen Moboters ist ein gutes Beispiel sowohl für tierische als auch für menschliche Bewußtseinsformen. Nach Dennett gibt es keinen Ort, der das Verhalten kontrolliert, keinen Ort, der »Gehen« hervorbringt, keinen Ort, an dem die Seele des Lebens sitzt. Dennett: »Mit den Gehirnen verhält es sich doch so: Schaut man in sie hinein, stellt man fest, daß *niemand zu Hause ist.*«
Nach und nach überzeugt Dennett viele Psychologen davon, daß Bewußtsein ein Emergenzphänomen ist, das aus dem vielgliedrigen Netzwerk vieler unbedeutender, bewußtloser Schaltkreise entsteht. Dennett erzählte mir: »Das alte Modell besagt, daß es diesen zentralen Ort gibt, ein inneres Heiligtum, einen Schauplatz irgendwo im Gehirn, wo sich das Bewußtsein versammelt. Das heißt, daß alles in eine privilegierte Vorstellung eingespeist werden muß, um dem Gehirn Bewußtsein zu ermöglichen. Wenn man eine bewußte Entscheidung trifft, wird sie im Gehirn auf höchster Ebene gefällt. Und Reflexe sind einfach Tunnel durch den Berg, um die Gipfelkonferenz des Bewußtseins zu unterlaufen.«
Aus dieser Logik (sehr häufig das orthodoxe Dogma der Gehirnwissenschaft) folgt, so behauptet Dennett, daß man, »wenn man spricht, eine Sprachausgabebox im Gehirn hat. Worte werden von Sprach-Zimmerern zusammengesetzt und in die Kiste getan. Die Zimmerleute der Sprache bekommen ihre Anweisungen von einem Subsystem, dem sogenannten ›Begriffsmacher‹, der ihnen eine vorsprachliche Botschaft übermittelt. Natürlich muß der Begriffsmacher seine Botschaft irgendeiner Quelle entnehmen, womit alles auf einen unendlichen Steuerungs-Regreß hinausläuft.«
Dennett nennt diese Sichtweise den »Zentraldeuter«. Bedeutung wird von einer Art Zentralautorität im Gehirn erlassen. Angewandt auf die Spracherzeugung beschreibt er diese Auffassung als die »Vorstellung, daß es diese Sorte von Viersterne-General gibt, der den Truppen mitteilt: ›Okay, das ist eure Aufgabe. Ich möchte diesen Kerl beleidigen. Erfindet eine passende Beleidigung in englischer Sprache und feuert sie ab.‹ Das ist eine unhaltbare Auffassung der Funktionsweise von Sprache.«
Es ist nach Dennett viel wahrscheinlicher, daß sich »Bedeutung aus der vernetzten Interaktion vieler kleiner Dinge erhebt, von denen

keines irgendeine Bedeutung haben muß.« Ein ganzes Bündel dezentraler Module erzeugt rohe und oftmals widersprüchliche Einzelheiten – ein mögliches Wort hier, ein nachdenkliches Wort dort. »Aber aus diesem unvollständig koordinierten, ja sogar konkurrierenden Durcheinander entsteht ein Sprechvorgang.«

In literarischer Manier denken wir uns Sprache als einen Bewußtseinsstrom, der unserem Bewußtsein wie Radiosendungen aus einer Nachrichtenredaktion in einem fort entströmt. Dennett behauptet: »Es gibt keinen Bewußtseinsstrom. Es gibt *vielerlei Strömungen* von Bewußtsein, eine Menge unterschiedlicher Ströme, von denen sich keiner als der Strom bestimmen läßt.« 1874 schrieb William James, ein Pionier der Psychologie, daß »das Denken auf jeder Stufe ein Theater simultaner Möglichkeiten ist. Bewußtsein besteht aus deren gegenseitigem Vergleich, der Auswahl von einigen dieser Möglichkeiten und der Unterdrückung der übrigen.«

Die Vorstellung einer Kakophonie aus unterschiedlichen Einfällen, die sich zusammenschließen, um das zu formen, was wir eine einheitliche Intelligenz nennen, nennt Marvin Minsky »geistige Sozietät«. Minsky sagt einfach: »Man *kann* Geist aus vielen kleinen, für sich geistlosen Einzelteilen zusammensetzen.« Man stelle sich, so sein Vorschlag, ein einfaches Gehirn vor, das aus einzelnen Spezialisten konstruiert ist, von denen sich jeder um ein wichtiges Ziel (oder einen Instinkt) wie die Sicherstellung von Essen, Trinken, Wohnen, Fortpflanzung oder Verteidigung kümmert. Für sich allein ist jeder ein Idiot; aber gemeinsam, organisiert in vielen verschiedenen Anordnungen innerhalb einer verwickelten Steuerungshierarchie, können sie Denken erschaffen. Minsky behauptet emphatisch: »Ohne eine geistige Sozietät gibt es keine Intelligenz. Nur aus dummen Dingen bekommt man intelligente Dinge.«

Geistige Sozietät klingt nach einer Bürokratie des Denkens. Tatsächlich würde sich die geistige Sozietät ohne Evolutions- und Lerndruck in eine Bürokratie verwandeln. Nach den Vorstellungen von Dennett, Minsky und Brooks verhalten sich die unintelligenten Kräfte in einer komplexen Organisation zugleich konkurrierend und kooperierend, wenn es um Ressourcen und Anerkennung geht. Unter den wetteifernden Teilen gibt es eine sehr lockere Kooperation. Minsky glaubt, daß Intelligenz durch »einen locker gestrickten Verband beinahe separater Agenturen mit beinahe unabhängigen Zielen« erzeugt wird. Die erfolgreichen Agenturen werden beibehalten, die erfolglosen verschwinden mit der Zeit. In diesem Sinn hat das Gehirn keine Monopolstellung, sondern ist ein erbarmungsloses, mörderisches Ökosystem, in dem der Wettbewerb das Auftauchen von Kooperation bewirkt.

Der leicht chaotische Charakter des Denkens reicht noch tiefer in einem Ausmaß, den unsere Egos beunruhigend finden mögen. Es ist sehr wahrscheinlich, daß Intelligenz im Grunde ein Wahrscheinlichkeits- oder statistisches Phänomen ist – vergleichbar dem Gesetz der Durchschnittsbildung. Die vernetzte Menge aufeinanderprallender Impulse, die das Fundament der Intelligenz bilden, erlauben zu einem vorgegebenen Ausgangspunkt keine vorherbestimmbaren Resultate. Statt wiederholbar zu sein, entsprechen die Ergebnisse lediglich der Wahrscheinlichkeit. Bei einem bestimmten Gedanken anzukommen erfordert also ein bißchen Glück.

Dennett gibt mir gegenüber zu: »Mir gefällt an dieser Theorie, daß die Leute lachen, wenn sie sie zum ersten Mal hören. Wenn sie dann aber über sie nachdenken, kommen sie zu dem Schluß, daß sie vielleicht stimmt. Je mehr sie dann darüber nachdenken, desto eher wird ihnen klar, daß sie nicht *vielleicht* richtig ist, sondern daß sie auf irgendeine Art richtig sein *muß*!«

Wie Dennett und andere festgestellt haben, ist das gelegentliche Auftreten des Syndroms der multiplen Persönlichkeit (MPS) bei Menschen in gewissem Grad durch die dezentralisierte, vernetzte Natur des menschlichen Geistes bedingt. Jede Persönlichkeit nutzt den gleichen Pool von Persönlichkeitskräften, die gleiche Gemeinschaft von Akteuren und Verhaltensmodulen, um erkennbar verschiedene Charaktere zu erzeugen. Menschen mit MPS stellen einen fragmentarischen Aspekt (eine Gruppierung) ihres Wesens als vollständige Persönlichkeit zur Schau. Außenstehende sind nie sicher, mit wem sie gerade sprechen. Dem Patienten scheint ein »Ich« zu fehlen.

Aber sind wir nicht alle so? Auch wir verändern in verschiedenen Lebensabschnitten und in verschiedenen Stimmungen unseren Charakter. »Du bist nicht der Mensch, den ich bisher kannte«, schreit diejenige Person, die wir durch die Offenbarung eines anderen Anteils unserer inneren Sozietät verletzen. Das »Ich« ist eine plumpe Konstruktion, die wir als Identität für uns selbst und gegenüber anderen benutzen. Wenn es nicht in jeder Person ein »Ich« oder ein »Selbst« gäbe, würde sich jede rasch eines erfinden. Und genau das tun wir laut Minsky. Es gibt kein »Ich«, also erfindet sich jeder sein eigenes Für eine Person, einen Bienenschwarm, einen Konzern, ein Tier, eine Nation oder für irgendein Lebewesen gibt es kein »Ich«. Das »Ich« eines Vivisystems ist ein Gespenst, eine flüchtige Hülle. Es ist wie die vergehende Form eines Strudels, der von Millionen wirbelnder Wassermoleküle aufrechterhalten wird. Die Form läßt sich mit dem kleinen Finger zerstören.

Aber schon im nächsten Moment erscheint sie erneut, zusammengetrieben von der Bewegung der weitverstreut herumschwirrenden Masse. Hat der neue Strudel eine andere Form oder dieselbe? Ist man nach der Erfahrung eines Beinahe-Todes ein anderer, oder bloß reifer? Wäre dieses Buch, wenn seine Kapitel in anderer Reihenfolge angeordnet wären, ein anderes oder das gleiche? Wenn sich diese Fragen nicht beantworten lassen, dann wissen Sie, daß Sie es mit einem vernetzten System zu tun haben.

Innerhalb jedes einzelnen Lebewesens gibt es einen Schwarm nichtkreatürlicher Dinge. Im Inneren jeder einzelnen Maschine wird es eines Tages einen Schwarm nicht-mechanischer Dinge geben. Beide Schwarmtypen besitzen ein emergentes Wesen und ihre eigene Tagesordnung.

Brooks schreibt: »Im Kern stellt die Subsumtionsarchitektur eine parallele und verteilte Datenverarbeitung dar, um in Robotern die Verbindung von Sensoren und Auslösern herzustellen.« Ein wichtiger Aspekt dieser Organisationsform liegt darin, daß Komplexität zu modularen Einheiten zusammengeballt vorliegt und hierarchisch angeordnet ist. Viele Beobachter, die von der Sozietätsidee einer dezentralen Steuerung begeistert sind, sind befremdet zu hören, daß Hierarchien in diesem neuen Projekt besonders wichtig und entscheidend sind. Bedeutet dezentrale Steuerung nicht das Ende von Hierarchien?

Indem Dante durch eine Hierarchie von Sphären stieg, erklomm er eine Hierarchie von Rängen. In ihr bewegen sich Informationen und Macht in eine Richtung: von oben nach unten. In einer Subsumtions- oder Netzhierarchie bewegen sich Information und Macht von unten nach oben und seitwärts. Brooks betont, daß es gleichgültig ist, auf welcher Ebene ein Agens oder ein Modul arbeitet: »Alle Module sind gleich ... Jedes Modul macht lediglich seine Sache, so gut es kann.«

In der von Menschen gemanagten dezentralen Steuerung werden sich Hierarchien eines bestimmten Typs eher ausbreiten als verringern. Das gilt vor allem für vernetzte Systeme, die menschliche Knotenpunkte einbeziehen – wie etwa große, globale Computer-Netzwerke. Viele Computer-Aktivisten predigen das neue Zeitalter der Netzwerk-Ökonomie, eine Ära, die um Netzwerke aus lauter Ebenbürtigen aufgebaut ist, eine Zeit, in der streng patriarchalische Netzwerke sich auflösen werden. Sie liegen zugleich richtig und falsch. Auch wenn autoritäre »Top-down«-Hierarchien von oben nach unten das Feld räumen werden, gibt es trotzdem kein dezentrales System, das auf lange Zeit ohne feste Hierarchien einer begleitenden »Bottom-up«-Kontrolle von unten nach oben überleben kann. Fließt die Macht unter Gleichrangigen, ballt sie sich zu einem Klumpen zusammen – einer richtigen Organelle –, welcher dann zur Grundeinheit in einem größeren Netz verlangsamter Vorgänge wird. Mit der Zeit bildet sich eine vielschichtige Organisation um die nach oben durchsickernde Steuerung: unten ist sie schnell, an der Spitze langsam.

Der zweite wichtige Aspekt generisch verteilter Kontrolle ist, daß der Hauptteil an fälliger Kontrolle zunehmend von unten her geleistet werden muß. Es ist unmöglich, sich ein komplexes Problem vorzunehmen und das Durcheinander rational in logisch interagierende Teile zu zerlegen. Derart wohlgemeinte Anstrengungen schlagen unvermeidlich fehl. So sind zum Beispiel große Unternehmungen, die – wie in Joint ventures – *ex nihilo* gegründet wurden, oft zum Scheitern verurteilt. Große Abteilungen, die geschaffen wurden, um die Probleme einer anderen Abteilung zu lösen, werden selbst zu Problemabteilungen.

Konzentration von oben nach unten funktioniert aus demselben Grund nicht, aus dem in der Mathematik das Multiplizieren einfacher ist als das Dividieren. Primzahlen zu einem größeren Produkt zu multiplizieren ist leicht; jeder Grundschüler kann das. Aber die besten Computer der Welt kommen ganz schön bei dem Versuch ins Schwitzen, ein Produkt in seine Primzahlen zu zerlegen. Eine Kontrolle von oben hat sehr viel Ähnlichkeit mit dem Zerlegen von Produkten in

ihre Faktoren, obwohl sich das große Produkt aus seinen Faktoren sehr leicht zusammensetzen läßt.
Das Gesetz lautet bündig: Dezentrale Steuerung muß aus einfacher lokaler Steuerung herangezüchtet werden. *Komplexität muß man aus einfachen, bereits funktionierenden Systemen züchten.*
Als Testfall für dezentrale Kontrolle von unten konstruierte Brian Yamauchi, Student an der Universität von Rochester, einen jonglierenden Roboterarm mit einem integrierten Auge. Der Arm sollte einen Ballon mehrmals auf einem Paddel herumhüpfen lassen. Statt ihm ein großes Gehirn mitzugeben, mit dem er versuchen sollte, den Ballon zu orten, das Paddel genau unter dem Ballon zu plazieren und ihn dann mit der richtigen Stärke zu treffen, verteilte Yamauchi diese Aufgaben sowohl örtlich als auch energetisch. Der abschließende Balanceakt wurde von einem Komitee dummer Agenzien geleistet.
So wurde beispielsweise die extrem komplexe Frage, wo sich der Ballon befindet, auf viele winzige logische Schaltkreise verteilt, indem man das Problem in mehrere voneinander unabhängige Fragen zerlegte. Ein Agens war mit der einfachen Frage befaßt: Ist der Ballon irgendwo in Reichweite? – eine Frage, die relativ leicht zu beantworten war. Das dafür verantwortliche Agens besaß keine Vorstellung davon, wann der Ballon getroffen werden mußte oder wo der Ballon überhaupt war. Seine einzige Aufgabe bestand darin, dem Arm zu sagen, daß er sich zurückbewegen soll, solange der Ballon nicht im Sichtfeld der Kamera war, und ihn in Bewegung zu halten, bis er es war. Ein Netzwerk oder eine Sozietät aus solchen sehr einfältigen Entscheidungszentren bildete einen Organismus, der eine beachtliche Behendigkeit und Anpassungsfähigkeit an den Tag legte.
Yamauchi sagte dazu: »Es gibt keinen expliziten Austausch zwischen den Agenzien. Die gesamte Kommunikation läuft über das Beobachten der Auswirkungen von Tätigkeiten, die andere Agenzien auf die Außenwelt ausüben.« Die Dinge räumlich begrenzt und unmittelbar zu halten, erlaubt der Sozietät, neues Verhalten zu entwickeln und sich dabei nicht durch das Anwachsen von Komplexität zu schwächen, welches mit festgelegten Kommunikationsprozessen einhergeht. Im Gegensatz zu dem, was in der Wirtschaft allgemein gepredigt wird, funktioniert Intelligenz nicht so, daß alle über alles immer informiert werden.

»Wir fassen diese Idee noch weiter«, sagt Brooks, »und nutzen die Welt oftmals wirklich als Kommunikationsmedium zwischen einzelnen Einheiten.« Statt von einem weiteren Modul darüber in Kenntnis gesetzt zu werden, was wahrscheinlich passieren wird, spürt das Reflexmodul unmittelbar, was in der Welt geschieht. Es sendet dann seine Meldung an die anderen, indem es sich in seinem Handeln nach der Welt richtet. »Es ist möglich, daß Nachrichten verloren gehen – tatsächlich passiert das ziemlich oft. Aber das macht nichts, weil die Agenzien die Botschaft immer wieder aussenden. Sie lautet: ›Ich sehe es. Ich sehe es. Ich sehe es‹, bis der Arm die Botschaft annimmt und etwas innerhalb der Welt unternimmt, um diese zu verändern, womit er das Agens deaktiviert.«

Zentralisierte Kommunikation ist nicht das einzige Problem, das mit einem Zentralgehirn entsteht. Einen zentralen Speicher zu betreiben, bedeutet immer auch eine Schwächung. Ein gemeinsam genutzter Speicher muß genau, rechtzeitig und sorgfältig auf dem neuesten Stand gehalten werden – ein Problem, das viele Konzerne nachfühlen können. Für einen Roboter besteht das zentrale Befehlsproblem darin, ein »Weltmodell« – das heißt eine Theorie oder ein Abbild dessen, was er wahrnimmt – zusammenzustellen und auf den neuesten Stand zu bringen – wo die Wände sind, wie weit die Tür entfernt ist, und nebenbei auf die Stufen dort drüben aufzupassen.

Was macht ein Gehirnzentrum mit widersprüchlichen Informationen von verschiedenen Sensoren? Das Auge behauptet, daß etwas entgegenkommt, das Ohr, daß es sich entfernt. Wem glaubt das Gehirn? Der logische Weg ist, die Informationen zu sortieren. Eine Befehlszentrale schlichtet Streitigkeiten und bringt die Signale wieder in eine synchrone Ordnung. In Robotern, die mit Vorannahmen arbeiten, wurde ein Großteil der Rechenkapazitäten des zentralisierten Gehirns dafür aufgewandt, eine kohärente Landkarte der Welt zu erstellen, die auf den Signalen vielfacher Eindrücke aufbaut. Verschiedene Systemteile hatten extrem unzusammenhängende Vorstellungen ihrer Welt, die sich aus unterschiedlichen Lesarten der riesigen Datenmasse ergaben, die über Kameras und Infrarotsensoren auf sie einströmte. Das Gehirn bekam nichts gebacken, weil es nie alles koordiniert bekam.

Die Aufgabe, eine zentrale Weltsicht zu koordinieren, war so schwierig, daß Brooks auf die Idee kam, es sei bei weitem einfacher, die wirkliche Welt als ihr eigenes Modell zu nutzen: »Das ist eine schöne Idee, weil die Welt wirklich ein ziemlich gutes Modell ihrer selbst ist.« Wo es kein einzelnes, zentral bestimmtes Modell gibt, muß man auch keine konkurrierenden Ansichten aussöhnen; sie werden einfach in ihrer Unvereinbarkeit belassen. Statt dessen erzeugen viele verschiedene Signale verschiedene Verhaltensformen, die dann in der Netzhierarchie der Subsumtionssteuerung sortiert (unterdrückt, verzögert, aktiviert) werden.

Tatsächlich gibt es keine Karte der Welt aus der Sicht eines Roboters (oder eines Insekts, könnte Brooks behaupten). Es gibt keinen zentralen Gedächtnisspeicher, keine Befehlszentrale, kein zentrales Wesen. Alles ist verteilt. »Mit der Welt als Kommunikationsmedium wird das Abstimmungsproblem zwischen dem Sehsystem und den Daten des Arms umgangen«, schrieb Brooks. Die Welt wird selbst zur »zentralen« Kontrollinstanz; die nicht kartografierte Umgebung wird zur Karte. Das spart eine ungeheure Menge an Rechenaufwand. »Bei dieser Art der Organisation«, freute sich Brooks, »ist nur ein sehr geringer Rechenaufwand nötig, um intelligentes Verhalten zu erzeugen.«

Ohne zentralisierte Organisation müssen die verschiedenen Agenzien funktionieren oder sterben. Man könnte sich Brooks' Schema so vorstellen, daß, wie er selbst sagt, »vielfältige Agenzien innerhalb eines Gehirns die Welt als Kommunikationsmedium nutzen, um auf diese Weise um die Ressourcen des Roboterkörpers zu konkurrieren.« Nur jene, die in ihrem *Tun* Erfolg haben, erheischen die Aufmerksamkeit anderer Agenzien.

Scharfsinnige Beobachter haben bemerkt, daß Brooks' Vorstellung eine genaue Beschreibung der Marktwirtschaft darstellt: Es gibt keinen Austausch zwischen den Agenzien außer demjenigen, der sich durch das Beobachten der Auswirkungen der Handlungen (und nicht dieser selbst) ergibt, die andere Agenzien in der gemeinsamen Welt verursachen. Der Eierpreis ist eine Botschaft, die mir von Hunderten von Millionen Agenzien mitgeteilt wird, die ich noch nie getroffen habe. Die Botschaft besagt (neben vielen anderen Dingen): »Ein Dutzend Eier hat für uns einen geringeren Wert als ein Paar Schuhe, aber mehr als ein zweiminütiges Telefongespräch.« Dieser Preis bestimmt, zusammen mit anderen Preisbotschaften, wohin Tausende von Geflügelfarmern, Schuhmachern und Investment-Bankern ihr Geld und ihre Energie stecken sollen.

Brooks' Modell ist, bei aller Radikalität im Bereich der künstlichen Intelligenz, tatsächlich ein Modell dafür, wie komplexe Organismen jeglichen Typs funktionieren. Wir können netzartige Subsumtionshierarchien in allen Arten von Vivisystemen entdecken. Er betont fünf Lehrsätze für den Bau von Mobotern. Man nehme:

- Wachsende Konstruktionen – züchte Komplexität, installiere sie nicht einfach
- Straffe Kopplung von Sensoren und Auslösern – Reflexe statt Denken
- Unabhängige modulare Schichten – das System zerfällt in lebensfähige Untereinheiten
- Dezentralisierte Steuerung – keine zentrale Planung
- Möglichst wenig Kommunikation – beobachte die Resultate in der Welt, nicht die Drähte

Als Brooks ein sperriges, eigensinniges Monstrum in ein winziges, federleichtes Insekt stopfte, entdeckte er bei dieser Miniaturisierung noch etwas anderes. Früher galt: Je »raffinierter« ein Roboter sein sollte, desto mehr Computerkomponenten benötigte er und desto schwerer wurde er. Je schwerer er wurde, desto größere Motoren brauchte man, um ihn zu bewegen. Je schwerer die Motoren wurden, desto größere Batterien benötigte man, um ihn mit Energie zu versorgen. Je schwerer die Batterien waren, desto schwerer das Gebilde, das man zur Fortbewegung der schwereren Batterien benötigte – ein eskalierender Teufelskreis, der das Verhältnis von intelligenten Teilen und Körpergewicht in die Richtung von immer mehr Körper verschob.

Aber in der anderen Richtung funktionierte der Teufelskreis noch besser. Je kleiner der Computer, desto leichter die Motoren, desto kleiner die Batterien, desto kleiner das Gebilde und desto kräftiger der Körperbau im Verhältnis zu seiner Größe. Dabei verschob sich das Verhältnis von Gehirn und Körper in Richtung eines Moboters mit einem – trotz seiner Winzigkeit – proportional größeren Gehirn. Die meisten von Brooks' Mobotern wogen weniger als zehn Pfund. Genghis, der aus Teilen von Modellbauautos zusammengebaut war, wog nur 3,6 Pfund. Innerhalb der nächsten drei Jahre möchte Brooks Roboter von der Größe einer Bleistiftspitze bauen können. Er nennt sie »Flohboter«.

Brooks fordert eine Roboterinfiltration nicht nur für den Mars, sondern auch für die Erde. Statt zu versuchen, soviel wie möglich vom organischen auf künstliches Leben zu übertragen, will Brooks versuchen, möglich viel künstliches ins wirkliche Leben einzubringen. Er möchte die Welt (und auch alles darüber hinaus) mit billigen, kleinen, allgegenwärtigen halbintelligenten Dingen überfluten. Er denkt beispielsweise an intelligente Türen. Für nur zehn Dollar mehr könnte man einen denkenden Chip in eine Tür einbauen, so daß sie wüßte, daß man gleich hinausgehen will, oder von einer anderen intelligenten Tür hören könnte, daß gerade jemand kommt, oder sie könnte melden, daß man vergessen hat, das Licht auszumachen usw. Wenn man ein Gebäude voller solcher miteinander kommunizierender Türen hätte, könnten sie bei der Steuerung der Klimatisierung genauso mithelfen wie beim Verkehrsfluß. Diese Invasion ließe sich auf alle möglichen Apparate, die wir gegenwärtig für träge halten, ausdehnen, indem wir schnelle und billige Intelligenz ohne Steuerung in sie einpflanzen. Ergebnis wäre eine Kolonie empfindungsfähiger Wesen, die uns bedienen würden und in der Lage wären zu lernen, uns noch besser zu dienen.

Wenn er einmal in Fahrt ist, prophezeit Brooks eine Zukunft voller künstlicher Kreaturen, die mit uns in gegenseitiger Abhängigkeit zusammenleben – eine neue Symbiose. Die meisten dieser Geschöpfe werden unseren Sinnen verborgen sein, für selbstverständlich gelten und so gebaut sein, daß sie sich den Problemen nach Art der Insekten nähern – viele Hände erledigen leichte Tätigkeiten; leichte Arbeit aber, die unermüdlich verrichtet wird, summiert sich zu schwerer Arbeit; individuelle Einheiten sind verzichtbar. Diese Geschöpfe werden uns zahlenmäßig überlegen sein, wie das auch bei den Insekten der Fall ist. Und tatsächlich besteht Brooks' Vision von Robotern weniger darin, daß sie uns als R2D2s Bier servieren, sondern daß sie ein unsichtbares Ökosystem namenloser Dinge bilden werden.

Ein Student des Moboterlabors baute einen billigen, kaninchengroßen Roboter, der darauf achtet, wo man sich gerade im Raum aufhält, und die Stereoanlage dementsprechend regelt, so daß sie immer perfekt eingestellt ist. Brooks denkt noch über einen weiteren kleinen Roboter nach, der in einer Ecke des Wohnzimmers oder unter dem Sofa lebt. Er wandert umher wie die Einsammelmaschine und saugt immer dann aufs Geratewohl Staub, wenn niemand zu Hause ist. Seine Anwesenheit bemerkt man nur daran, wie sauber die Fußböden sind. Ein ähnlicher, aber besonders winziger, insektenähnlicher Roboter lebt in einer Ecke des Fernsehbildschirms und frißt den Staub darauf, wenn der Fernseher ausgeschaltet ist.

Jeder wünscht sich programmierbare Tiere. »Der größte Unterschied zwischen Pferden und Autos«, predigt der populäre Techno-Evangelist Keith Hensen, »besteht darin, daß Autos nicht täglich Aufmerksamkeit benötigen, Pferde aber schon. Ich glaube, es wird ein Bedürfnis nach Tieren geben, die man ein- und ausschalten kann.«

»Wir sind daran interessiert, *künstliche Wesen* herzustellen«, schrieb Brooks 1985 in einem Manifest. Er definierte ein künstliches Wesen als Geschöpf, das nützliche Arbeit erledigen und dabei für Wochen oder Monate ohne menschliche Unterstützung in normaler Umgebung überleben kann. »Unsere Moboter sind in dem Sinn Lebewesen, daß sie in eingeschaltetem Zustand in und in Interaktion mit der Welt leben und dabei vielfältige Ziele verfolgen. Dies steht in Kontrast zu anderen Mobilrobotern, die man mit Programmen oder Plänen versehen hat, die sie für einen Spezialauftrag ausführen müssen.« Brooks lehnte es konsequent ab, (unkomplizierte und einfache) Spielzeugumgebungen für seine Wesen zu bauen, wie das die meisten anderen Roboterkonstrukteure mit dem Argument tun, sie bestünden darauf, »vollständige Systeme zu bauen, die in der realen Welt existieren, so daß wir uns nicht selbst betrügen, indem wir uns um schwierige Probleme drücken.«

Ein schwieriges Problem, um das sich die Wissenschaft bis heute gedrückt hat, besteht darin, einem reinen Geist zur Geburt zu verhelfen. Wenn Brooks recht hat, wird sie das vermutlich nie schaffen. Statt dessen wird sie Denken aus einem dummen Körper heranzüchten. Beinahe jede Lektion aus dem Moboterlabor scheint zu lehren, daß es in einer wirklichen, unversöhnlichen Welt keinen Geist ohne Körper gibt. »Denken ist Handeln, und Handeln ist Denken«, sagt Heinz von Foerster, Störenfried innerhalb der Kybernetik-Bewegung der fünfziger Jahre: »Es gibt kein Leben ohne Bewegung.«

Der Ärger mit dem Dinosaurier Ambler begann, weil wir Menschen mit dem uns zur Verfügung stehenden Verstand glauben, daß wir Ambler ähnlicher sind als Ameisen. Seit die Medizin die lebenswichtige physiologische Rolle des Gehirns erkannte, wanderte im Volksglauben unser Mittelpunkt vom altertümlichen Herzen zum neumodischen Gehirn.

Wir Menschen des 20. Jahrhunderts leben vollständig in unseren Köpfen. Und so bauen wir Roboter, die ebenfalls in ihren Köpfen leben. Wissenschaftler – auch sie Menschen – halten sich selbst für Wesen, die an einem Punkt fokussiert sind, der sich genau unter ihrer Stirn hinter ihren Augäpfeln befindet. Dort leben wir. Tatsächlich wurde 1968 der Hirntod zur entscheidenden Grenze zwischen Leben und Tod. Keine geistigen Vorgänge, kein Leben.

An leistungsstarken Computern entzündete sich die Phantasie einer reinen, körperlosen Intelligenz. Das allseits bekannte Schema lautet: ein von einem Geist bewohntes Gehirn in einem Behälter. Wenn die Wissenschaft mir helfen würde, sagt sich der zeitgenössische Mensch, könnte ich als Gehirn ohne Körper leben. Und weil Computer große Gehirne sind, könnte ich in einem Computer leben. Im gleichen Sinn könnte der Geist eines Computers ebenso leicht meinen Körper benutzen.

Einer der Lehrsätze im Evangelium der amerikanischen Popularkultur ist der weithin existierende Glaube an die Übertragbarkeit des Geistes. Die Leute verkünden, daß die Übertragung der geistigen Substanz entweder eine tolle Idee oder eine schreckliche Vorstellung sei, aber nicht, daß sie eine falsche Idee ist. Im modernen Volksglauben ist der Geist eine Flüssigkeit, die man von einem Gefäß in ein anderes gießen kann. Daher stammen *Terminator 2, Frankenstein* und ein riesiger Berg Science-fiction.

Gleichgültig, wie das Urteil darüber ausfällt, in Wirklichkeit befindet sich unser Zentrum nicht in unserem Kopf. Unser Geist stellt nicht unseren Mittelpunkt dar. Selbst wenn es so wäre, besäße unser Gehirn kein Zentrum, kein »Ich«. Auch unsere Körper haben kein Zentrum. Körper und Geist verschwimmen ineinander, über ihre angenommenen Grenzen hinweg. Körper und Geist sind gar nicht so verschieden. Beide sind aus Schwärmen von geringerwertigen Dingen zusammengesetzt.

Wir wissen, daß das Auge mehr Gehirn als Kamera ist. Ein Augapfel verfügt über soviel Datenverabeitungskapazität wie ein Supercomputer. Ein Großteil unserer optischen Wahrnehmung geschieht in der dünnen Retina, auf die das Licht trifft, lange bevor das Zentralhirn dazu kommt, sich mit dem Bild zu befassen. Unser Rückenmark ist nicht bloß eine Schnellverbindung zur Übermittlung von Telefonanrufen aus dem Gehirn. Auch das Rückenmark denkt. Wir sind viel näher an der Wahrheit, wenn wir unser Herz und nicht unser Gehirn als Zentrum des Verhaltens begreifen. Unsere Gefühle schwimmen in einer Suppe von Hormonen und Peptiden, die durch unseren ganzen Körper schwappt. Oxytocin entlädt Liebesgedanken (und vielleicht auch liebenswerte Gedanken) aus unseren Drüsen. Diese Hormone verarbeiten auch Informationen. Unser Immunsystem stellt nach neuen wissenschaftlichen Vermutungen eine in erstaunlichem Maße parallel aufgebaute, dezentralisierte Wahrnehmungsmaschine dar, die fähig ist, Millionen verschiedener Moleküle zu erkennen und sich an sie zu erinnern.

Nach Brooks' Meinung machen Körper die Dinge klarer, einfacher. Intelligenzen ohne Körper und Wesen ohne Gestalt sind Gespenster, die mit Sicherheit in die Irre führen. Wirkliche Dinge in der wirklichen Welt herzustellen ist der Weg, auf dem man komplexe Systeme wie Denken und Leben erschafft. Roboter zu bauen, die in wirklichen Körpern Tag für Tag auf eigene Faust überleben müssen, ist der einzige Weg, um zur künstlichen – oder wirklichen – Intelligenz zu gelangen. Wenn man nicht will, daß Denken entsteht, muß man es nur vom Körper abkoppeln.

Langeweile kann das Denken abkoppeln.

Vor vierzig Jahren versetzten bizarre Täuschungen, die von extrem gelangweilten Menschen berichtet wurden, den kanadischen Psychologen D. O. Hebbs in größtes Erstaunen. Radarbeobachter und Fernfahrer erzählten oft von Echozeichen, die es gar nicht gab, oder hielten wegen Trampern, die gar nicht existierten. Während des Koreakriegs trat die kanadische Forschungskommission in Verteidungsangelegenheiten an Hebbs heran, um ein weiteres lästiges Ergebnis von Monotonie und Langeweile zu untersuchen: Geständnisse. Anscheinend schworen gefangene UN-Soldaten nach einer kommunistischen Gehirnwäsche (damals ein neues Wort) dem Westen ab, vielleicht infolge von Isolationshaft.

Also errichtete Hebbs 1954 an der McGill Universität in Montreal eine geräuschisolierte Dunkelzelle. Freiwillige begaben sich in den winzigen, engen Raum, setzten lichtdurchlässige Schutzbrillen auf, polsterten ihre Arme mit Pappe, zogen Baumwollfäustlinge über, drückten sich Kopfhörer auf die Ohren, die ein gedämpftes Geräusch übertrugen, und lagen für zwei, drei Tage im Bett, ohne sich zu bewegen. Sie hörten ein stetiges Brummen, das bald in eine gleichbleibende Stille überging. Sie fühlten nichts außer einem dumpfen Schmerz in ihrem Rücken. Sie sahen nichts außer einem matten Grau, oder war es Schwarz? Der Amazonasstrom von Farben, Signalen und dringenden Botschaften, der ihre Gehirne seit ihrer Geburt bestürmt hatte, verdampfte. Langsam machte sich ihr Denken von seinen Vertäuungen los und drehte ab.

Die Hälfte der Personen berichtete von Sehempfindungen, einige bereits innerhalb der ersten Stunde: »Eine Reihe kleiner Männer, ein deutscher Helm … lebendige, zusammenhängende Szenen wie in einem Trickfilm.« Im unschuldigen Jahr 1954 berichteten die kanadischen Wissenschaftler: »Unter unseren ersten Testpersonen gab es einige, zuerst eher rätselhafe Hinweise auf das, was eine von ihnen einen ›Wachtraum‹ nannte. Dann beobachtete einer von uns, der sich selbst als Versuchsperson zur Verfügung stellte, das Phänomen und bemerkte dessen Eigenartigkeit und Ausmaß.« Spätestens am zweiten Tag der Stille berichteten die Testpersonen über »Realitätsverlust, Veränderungen in der Körperwahrnehmung, Sprachschwierigkeiten, lebhafte Erinnerungen, sexuelle Zwangsvorstellungen, Denkstörungen, komplexe Träume und ein gesteigertes Auftreten von Angst und innerer Unruhe«. Sie sprachen nicht von »Halluzinationen«, weil das Wort in ihrem Vokabular nicht vorkam. Noch nicht.

Hebbs' Experimente wurden einige Jahre später von Jack Vernon fortgeführt, der im Keller des psychologischen Instituts in Princeton einen »schwarzen Raum« einrichtete. Er rekrutierte Studenten, die hofften, in vier oder fünf Tagen Dunkelheit »zum Nachdenken zu kommen«. Einer der ersten Studenten, die sich in dem Raum aufhielten, berichtete den Forschern später: »Ich glaube, ich befand mich etwa einen Tag lang dort drinnen, bevor sie das Beobachtungsfenster öffneten. Ich fragte mich, warum sie solange gewartet hatten, bis sie mit meiner Beobachtung begannen.« Natürlich gab es gar kein »Beobachtungsfenster«.

In dem stillen Sarg der Entkörperlichung konnten insbesondere nach dem zweiten Tag nur noch wenige Versuchspersonen über etwas Bestimmtes nachdenken. Die Konzentration zerbröckelte. Die Pseudogeschäftigkeit des Tagträumens gewann die Oberhand. Noch schlimmer war es, wenn die Gedanken eines regen Geistes in einem trägen Kreislauf stecken blieben. »Eine Versuchsperson erfand ein Spiel, bei dem sie in alphabetischer Reihenfolge jede chemische Reaktion auflistete, die den Namen ihres Entdeckers trug. Beim Buchstaben *N* fiel ihr kein Beispiel ein. Die Testperson versuchte, *N* zu überspringen und weiterzugehen, aber das *N* kehrte immer wieder hartnäckig ins Bewußtsein zurück und verlangte nach einer Antwort. Als ihr dies lästig wurde, versuchte sie, das Spiel überhaupt fallenzulassen, mußte jedoch feststellen, daß ihr dies nicht gelang. Die Testperson hielt die zwanghafte Wiederholung des Spiels für kurze Zeit durch, und als sie bemerkte, daß sie nicht in der Lage war, es unter ihre Kontrolle zu bringen, drückte sie die Notruftaste.«

Der Körper ist der Anker des Geistes und des Lebens. Körper sind Vorrichtungen, die den Geist davor bewahren, in einem Windstoß zu verwehen, den er selbst erzeugt hat. Es ist die natürliche Tendenz neuronaler Schaltkreise, Spiele mit sich selbst zu spielen. Wird der Geist ohne direkte Verbindung zum »Außen« allein gelassen, hält das Netzwerk des Gehirns seine eigenen Machenschaften für die Realität. Der Geist kann unmöglich über irgend etwas nachdenken, was er nicht messen oder berechnen kann; ohne Körper kann er nur über sich selbst nachdenken. In Anbetracht seiner angeborenen Neugier wird sogar der einfachste Geist völlig darin aufgehen, Lösungen für die ihm begegnenden Herausforderungen zu finden. Wenn er aber überwiegend auf seine eigenen inneren Schaltungen und Logiken trifft, verbringt er Tage damit, an seinen jüngsten Phantasien herumzubasteln. Der Körper – das heißt, jedes beliebige Bündel von Sinnen und Auslösern – unterbricht diese natürliche geistige Beschäftigung mit einem Übermaß an dringlichen Dingen, die auf der Stelle bedacht sein wollen. Eine Überlebensfrage! Sollen wir ausweichen? Das Bewußtsein muß seine Realität nicht länger erfinden – die Realität steht ihm vor Augen, nähert sich blitzschnell. *Ausweichen!* beschließt es durch eine neue Einsicht, die es noch nie zuvor erprobt hat und von der es nie gedacht hätte, sie ausprobieren zu müssen.

Ohne Sinnesorgane betreibt das Denken geistige Onanie und erzeugt mentale Blindheit. Ohne die Unterbrechungen der Rückmeldungen von Auge, Ohr, Zunge, Nase und Finger verkrümelt sich die geistige Entwicklung in eine Ecke und betreibt Nabelschau. Das Auge ist am wichtigsten, weil es selbst zur Hälfte Gehirn ist (randvoll mit Neuronen und Biochips) und das Bewußtsein mit einem ungeheuer reichhaltigen Futter aus vorverdauten Daten, wichtigen Entscheidungen, Hinweisen auf zukünftige Schritte, Anhaltspunkten für verborgene Gegenstände, beziehungsreichen Vorgängen und Schönheiten überschwemmt. Das Denken knirscht unter der Last, aber es weiß sich zu benehmen. Trennt man es plötzlich von den Augen ab, beginnt das Denken sich aufzubäumen, abzudrehen und sich zurückzuziehen.

Der graue Star, an dem ältere Männer und Frauen erkranken, nachdem sie ein Leben lang sehen konnten, läßt sich entfernen, jedoch nicht ohne eine kurze Reise in eine Blindheit, die noch dunkler ist als jene, die der graue Star selbst mit sich bringt. Ärzte entfernen die getrübten Linsen und bedecken dann die Augen der Patienten mit einer schwarzen Klappe, um sie vor Licht abzuschirmen und die Augäpfel daran zu hindern, sich zu bewegen, was sie reflexartig tun, wenn sie auf etwas blicken. Weil sich die Augen jeweils zusammen bewegen, werden beide abgedeckt. Damit sich die Augen so wenig wie möglich bewegen, müssen die Patienten außerdem bis zu einer Woche ruhig im Bett liegen. Wenn der Krankenhausbetrieb nachts zum Erliegen kommt, kann sich die Stille mit der Schwärze unter den Augenbinden vereinen. Als diese Operationen im frühen 20. Jahrhundert zum ersten Mal routinemäßig durchgeführt wurden, gab es in den Hospitälern keine Maschinen, kein Fernsehen oder Radio, kaum nächtliches Personal und keine brennenden Lichter. Mit verbundenen Augen in der Abteilung für Frischoperierte ist die Welt so lautlos und schwarz wie in der tiefsten Ewigkeit.

Der erste Tag war düster, aber voll stiller Ruhe. Der zweite Tag war dunkler. Man stumpfte ab, wurde unruhig. Der dritte Tag war schwarz, schwarz, schwarz, still und voller roter Käfer, die die Wände hinaufkrochen.

»Während der dritten Nacht nach der Operation riß sich [die sechzigjährige Frau] Haare aus und zerriß die Bettwäsche, versuchte aus dem Bett aufzustehen, behauptete, daß jemand hinter ihr her sei und das Haus in Flammen stünde. Als man den Verband von dem nicht operierten Auge entfernte, beruhigte sie sich«, stellte ein Krankenbericht 1923 fest.

In den frühen fünfziger Jahren untersuchten Ärzte am Mount Sinai Hospital in New York eine Stichprobe von 21 Neuzugängen, die am grauen Star operiert waren. »Neun Patienten wurden zunehmend unruhig, rissen ihre Binden herunter oder versuchten, über die Seitengitter ihrer Betten zu klettern. Sechs Patienten hatten paranoide Wahnvorstellungen, vier hatten körperliche Beschwerden, vier gerieten in freudige Erregung (!), drei sahen Trugbilder und zwei hörten Stimmen.«

»Dunkelpsychosen« sind etwas, auf das die Augenärzte auf den Stationen heutzutage achten. Ich bin der Meinung, daß auch Universitäten ein Auge auf dieses Phänomen werfen sollten. Jedes philosophische Seminar sollte ein Paar schwarze Augenklappen in ein rotes Feuermelderkästchen mit folgender Aufschrift hängen: »Im Körper-Geist-Streitfall Scheibe einschlagen und aufsetzen.«

In einem Zeitalter, das alles virtualisiert, kann man die Bedeutung der Körper gar nicht überbetonen. Mark Pauline und Rod Brooks sind in der Erschaffung von maschinellen Persönlichkeiten wesentlich weiter als die meisten, weil ihre Kreaturen einen richtigen Körper besitzen. Sie bestehen darauf, daß ihre Roboter ihren Platz in wirklichen Umwelten haben.

Paulines Automaten leben nicht besonders lang. Am Ende seiner Shows bewegen sich nur noch ein paar seiner eisernen Biester. Aber um Pauline gegenüber fair zu bleiben, muß man darauf hinweisen, daß die anderen, aus Universitäten stammenden Roboter auch nicht viel länger als seine gelebt haben. Selten gibt es einmal einen Mobilroboter, der eingeschaltet eine Lebensdauer von mehr als zehn bis zwölf Stunden hat. Meistens wird an Automaten herumgefeilt, während sie ausgeschaltet sind. Robotiker versuchen die Dinge im wesentlichen dann weiterzuentwickeln, wenn diese tot sind – eine merkwürdige Situation, die der Aufmerksamkeit einiger Forscher nicht entgangen ist. »Weißt du, ich würde gerne einen Roboter bauen, der über Wochen hinweg jeden Tag 24 Stunden läuft. Das wäre für einen Roboter die richtige Art und Weise zu lernen«, sagt Maja Mataric, eine von Brooks' Roboterkonstrukteurinnen am MIT.

Als ich dem Moboter-Labor am MIT einen Besuch abstattete, lag Genghis gerade auseinandergeschraubt und ausgebreitet auf einem Labortisch. Daneben lagen neue Teile. »Er lernt gerade«, witzelte Brooks.

Genghis war zwar im Begriff zu lernen, aber auf eine letztlich nicht nutzbringende Art. Er mußte sich auf die ereignisreichen Stundenpläne von Brooks und seinen eifrigen Studenten verlassen. Wieviel besser wäre es, in lebendem Zustand zu lernen. Der nächste große Schritt für Maschinen besteht darin, über einen Zeitraum hinweg selbständig zu lernen. Sich nicht nur anzupassen, sondern sich weiterzuentwickeln.

Die Evolution verfährt schrittweise. Genghis gleicht einem Insekt. Seine Nachkommen werden eines Tages Nagetiere und noch später so intelligent und gewandt wie Affen sein.

Aber wir müssen mit unserem Wunsch nach Evolution der Maschinen ein wenig Geduld haben, warnt Brooks. Vom Tag eins der Genesis an brauchte das Leben Milliarden von Jahren, um die Entwicklungsstufe der Pflanzen zu erreichen, und noch einmal eineinhalb Milliarden, bevor die Fische auftauchten. Hundert Millionen Jahre später hatten die Insekten ihren Auftritt. »Dann begann sich die Angelegenheit zu beschleunigen«, sagt Brooks. Reptilien, Saurier und Säugetiere erschienen innerhalb der nächsten 100 Millionen Jahre. Die großen, gescheiten Affen einschließlich des Menschen kamen in den letzten 20 Millionen Jahren zum Vorschein.

Der relativ rasche Komplexitätsanstieg in der jüngsten Erdgeschichte legt für Brooks nahe, daß »Problemlösungsverhalten, Sprache, Expertenwissen und Vernunft ziemlich einfach sind, sobald erst einmal die Grundlagen des Lebens und des Verhaltens zur Verfügung stehen«. Daß es einer drei Milliarden Jahre dauernden Evolution bedurfte, um von einzelnen Zellen zu Insekten zu gelangen, aber nur noch einer halben Milliarde Jahre von dort bis zu den Menschen, »zeigt die nichttriviale Natur der Intelligenz auf der Stufe der Insekten«.

Somit stellt das Leben der Insekten – das Problem, mit dem sich Brooks abmüht – wirklich den schwierigsten Teil dar. Beschäftige dich mit künstlichen Insekten, und bald werden künstliche Affen folgen. Dies verweist auf einen zweiten Vorteil der Arbeit mit schnellen, billigen und ungesteuerten Mobotern: die evolutionäre Notwendigkeit einer massenhaften Anzahl. Ein einzelner Genghis kann lernen. Aber Evolution erfordert eine gärende Genghis-Population, um irgend etwas hervorzubringen.

Um Maschinen evolvieren zu lassen, brauchen wir riesige Schwärme von ihnen. Stechmückenroboter dürften ideal sein. Brooks träumt letztendlich davon, Vivisysteme voller Maschinen zu konstruieren, die lernen (sich Veränderungen in ihrer Umwelt anzupassen) und sich weiterentwickeln (Massen-Populationen von Wesen, die »Abermillionen von Versuchen« unternehmen).

Als die Forderung nach Demokratie zum ersten Mal für (und durch) Menschen gestellt wurde, befürchteten viele vernünftige Menschen mit Recht, daß Demokratie noch schlimmer sei als Anarchie. Daran war etwas Wahres. Eine Demokratie autonomer, sich entwickelnder Maschinen wird man in ähnlicher Weise fürchten wie Anarchie hoch drei. Auch an dieser Furcht ist etwas Wahres.

Chris Langton, ein Verteidiger autonomen Maschinenlebens, stellte Mark Pauline einmal die Frage: »Wenn Maschinen sowohl superintelligent als auch supereffizient sind, was für eine Nische bleibt dann für die Menschen? Ich meine, wollen wir Maschinen oder wollen wir uns?« Pauline entgegnete mit Worten, deren Echo hoffentlich durch dieses Buch hallt: »Ich glaube, daß die Menschen artifizielle und mechanische Fähigkeiten anhäufen werden, während Maschinen biologische Intelligenz akkumulieren werden. Dies wird die Konfrontation zwischen den beiden noch weniger endgültig und moralisch uneindeutiger werden lassen, als sie gegenwärtig ist.«

So wenig endgültig, daß die Konfrontation einer Verschwörung ähneln könnte: denkende Roboter, Viren, die in Silizium leben, Menschen mit Festanschlüssen an Fernsehgeräte, genmanipuliertes Leben, um zu züchten, was wir wollen, und die gesamte Welt zu einem menschlich-maschinellen Geist vernetzt. Wenn all dies funktioniert, werden wir Apparate haben, die den Menschen helfen zu leben und kreativ zu sein, und Menschen, die den Apparaten helfen, zu leben und kreativ zu sein.

Denken Sie einmal über den folgenen Brief nach, der 1984 in der Juniausgabe von *IEEE Spectrum* veröffentlicht wurde.

Herrn Harmon Bliss
Topnotch Professionals Inc.
7777 Turing Blvd.
Palo Alto, CA 94301

1. Juni 2034

Sehr geehrter Herr Bliss,

es ist mir ein Vergnügen, Ihre Überlegungen betreffs der Beschäftigung eines Menschen zu unterstützen. Wie Sie wissen, haben sich die Menschen in der Geschichte als Entscheidungsträger bewährt. Es gibt viele Gründe, warum wir sie immer noch wärmstens empfehlen können.

Wie ihr Name vermuten läßt, sind Menschen menschlich. Sie können ihren Kunden ein Gefühl wirklichen Interesses vermitteln, was zu einem besseren und produktiveren Verhältnis beiträgt.

Jeder Mensch ist einzigartig. Es gibt viele Situationen, in denen sich mehrere Sichtweisen lohnen, und es gibt nichts Besseres als ein Team menschlicher Individualisten, um diese Vielfalt herzustellen.

Menschen sind intuitiv, was sie befähigt, Entscheidungen zu treffen, auch wenn sie nicht in der Lage sind zu beurteilen, warum.

Menschen sind flexibel. Weil Kunden an Fachleute oft hochgradig unterschiedliche, unvorhersehbare Anforderungen stellen, ist Flexibilität entscheidend.

Zusammengefaßt: Menschen haben eine Reihe von Vorzügen. Sie sind kein Allheilmittel, aber sie sind die richtige Lösung für eine bestimmte Sorte wichtiger und herausfordernder Beschäftigungsprobleme. Ziehen Sie diesen Menschen sorgfältig in Betracht.

Hochachtungsvoll
Frederick Hayes-Roth

Die wichtigste gesellschaftliche Konsequenz der Darwinschen Revolution war, daß die Menschen, wenn auch widerwillig, akzeptierten, zufällige Nachkommen von Affen zu sein, weder perfekt noch gottgeschaffen. Die größte gesellschaftliche Folgeerscheinung der neobiologischen Zivilisation wird das widerwillige Eingeständnis der Menschen sein, daß sie die zufälligen Vorfahren von Maschinen sind und daß selbst wir als Maschinen hergestellt werden können.

Ich will es noch einmal kürzer ausdrücken: Die natürliche Evolution betont, daß wir Affen sind; die künstliche Evolution betont dagegen, daß wir Maschinen mit Charakter sind.

Ich glaube, daß Menschen mehr sind als die Kombination aus Affe und Maschine (wir haben eine Reihe von Vorzügen!), aber ich glaube auch, daß wir weitaus mehr Affe und Maschine sind, als wir denken. Das läßt Raum für eine unbestimmte, aber erkennbare Differenz, eine Differenz, von der die große Literatur, die Kunst und unser Leben insgesamt inspiriert werden. Ich bin für diese Empfindungen dankbar und genieße sie. Aber in dem recht mechanischen Evolutionsprozeß, in den komplexen, aber verstehbaren Verbindungen, die lebendige Systeme stützen, und im reproduzierbaren Fortschritt bei der Herstellung zuverlässigen Verhaltens für Roboter bin ich einer einzigartigen Einheit aus einfachen Lebensformen, Maschinen, komplexen Systemen und uns begegnet. Diese Einheit kann hochfliegende Inspirationen wecken, die jeder Leidenschaft der Vergangenheit ebenbürtig sind.

Heute ist Maschine ein schmutziges Wort. Das verhält sich so, weil wir den Maschinen bloß einen Teil des Lebenselixiers zugestehen wollten. Aber wir warten nur darauf, sie wieder zu etwas zu machen, was eines Tages als Kompliment gelten wird.

Als Menschen finden wir spirituelle Zuflucht in dem Wissen, daß wir ein Zweig des sich wiegenden Baums des Lebens sind, der sich über diesen blauen Ball ausbreitet. Eines Tages werden wir vielleicht unsere spirituelle Gesundheit in dem Wissen finden, daß wir ein Glied innerhalb einer komplexen Maschinerie sind, die sich über das grüne Leben lagert. Vielleicht werden wir Hymnen singen, in denen wir von unserer Rolle als reichgeschmückten Knoten in einem riesigen Netzwerk neuen Lebens schwärmen, das über dem alten entsteht.

Wenn Paulines Monster ihre Kollegen demolieren, kann ich darin keine nutzlose Zerstörung erkennen, sondern ich sehe vor mir Löwen, die sich an Zebras heranpirschen, um die Natur in ihrem Gleichgewicht zu halten. Wenn die eiserne Klaue von Brooks' sechsbeinigem Genghis nach einer Stelle zum Zupacken sucht, sehe ich keine Arbeiter vor mir, die ihre roboterhaften Arbeitsplätze verloren haben, sondern das Baby eines neuen Organismus, das sich fröhlich freistrampelt. Letzten Endes sind wir von gleicher Natur. Wer wird nicht ein wenig heilige Ehrfurcht an jenem Tag verspüren, an dem die Maschinen uns antworten?

4

DER AUFBAU VON KOMPLEXITÄT

An einem grauen Herbsttag stehe ich inmitten einer der letzten Wildblumen-Prärien Amerikas. Ein leichter Wind weht durch das gelbe Gras. Ich schließe meine Augen und bete zu Jesus, dem Gott der Wiedergeburt und der Auferstehung. Dann bücke ich mich, entzünde ein Streichholz und setze die letzte Prärie in Brand. Sie brennt wie das Feuer der Hölle.

»Das Gras auf dem Feld, das heute noch steht, wird morgen ins Feuer geworfen«, sagt der wiedergeborene Mensch. Jene Stelle aus dem Evangelium kommt mir ins Gedächtnis, während eine zweieinhalb Meter hohe, orangefarbene Feuerwand unter lautem Prasseln und völlig unkontrolliert mit dem Wind vorwärtsdrängt. Die abgestorbenen Grasbüschel erzeugen eine furchtbare Hitze. Ich stehe mit einer Gummimatte da, die mit einem Besenstiel flexibel verbunden ist, und versuche, die Heftigkeit der Feuerwalze einzudämmen, während sie über das lederfarbene Feld rollt. Dabei erinnere ich mich an eine weitere Stelle: »Das Alte ist vergangen, siehe, es ist alles neu geworden.«

Während die Prärie brennt, denke ich über Maschinen nach. Der alte Maschinentypus gehört der Vergangenheit an; eine neugeborene Maschinennatur ist da, eine Natur, die eher lebendig ist als tot.

Ich bin zu diesem Fleck feuerversengten Grases gekommen, weil diese Wildblumenwiese auf ihre eigene Art ein weiteres Stück menschlicher Konstruktion ist. Die verbrannte Wiese liefert ein Beispiel dafür, daß Leben nunmehr industriell hergestellt wird, genauso wie industriell Gefertigtes lebendig wird – und beide zusammen etwas Wunderbares und Seltsames ergeben.

Die Zukunft der Maschinen liegt in dem Unkrautgewirr unter meinen Füßen. Maschinen haben Wildblumenprärien unablässig umgepflügt, bis nichts mehr von ihnen übrig blieb als der winzige Fleck, auf dem ich gerade stehe. Aber auf eine großartig ironische Weise trägt dieser Fleck die Bestimmung der Maschinen in sich; denn die Zukunft der Maschinen ist biologisch.

Mein Führer durch die Grashölle heißt Steve Packard, ein ernster Mittdreißiger, der kleinste Teile trockenen Unkrauts streichelt – die lateinischen Namen sind ihm auf intime Weise vertraut –, während wir durch die kleine Prärie streifen. Vor nahezu zwanzig Jahren wurde Packard von einem Traum gepackt, der ihn nicht mehr ließ. Er stellte sich einen vorstädtischen Schuttabladeplatz vor, der in seinen ursprünglichen, wilden, erdigen Präriefarben wiedererblühte, eine Oase des Lebens, die gehetzten Weltbürgern eine seelenvolle Ruhe bescheren könnte. Er träumte von der Schenkung einer Prärie, die »sich in Lebensqualität auszahlen würde«, wie er Unterstützern gerne erzählte. 1974 begann Packard an seiner Vision zu arbeiten. Mit der Hilfe einiger Gruppen skeptischer Naturschützer begann er unweit des Zentrums vom Großraum Chicago eine echte Prärie wiederzuerschaffen.

Packard wußte, daß Aldo Leopold, der Begründer der Ökologiebewegung, 1934 so etwas wie eine Prärie rekonstruiert hatte. Die Universität von Wisconsin, an der Leopold arbeitete, hatte eine alte Farm mit Namen »Curtis Place« gekauft, um aus ihr ein Arboretum zu machen. Leopold überzeugte die Universität, die Curtis-Farm wieder der Prärie zu vermachen. Die verlassene Farm sollte noch ein letztes Mal umgepflügt, dann mit aussterbenden und nahezu unbekannten Präriesamen eingesät und sich selbst überlassen werden.

Dieses einfache Experiment hob nicht den Lauf der Zeit, sondern die Zivilisation auf.

Vor Leopolds unschuldiger Tat war jeder Zivilisationsschritt ein weiterer einschneidender Akt in der Steuerung und Zügelung der Natur. Häuser wurden so geplant, daß sie gegen natürliche Extremtemperaturen abschirmten; Gärten entworfen, um die Macht des Pflanzenwachstums in zahme Artefakte domestizierter Feldfrüchte umzulenken; Eisen geschürft, um Bäume für Bauholz fällen zu können.

Pausen gab es auf diesem Fortschrittsmarsch kaum. Gelegentlich bewahrte ein Adliger ein Stück Urwald vor der Zerstörung, um darin Wild zu jagen. Innerhalb dieses Heiligtums hat ein Wildhüter vielleicht Wildgetreide angebaut, um die Lieblingsjagdtiere seines Herrn anzulocken. Aber vor Leopolds verrückter Idee hatte niemand jemals absichtlich eine Wildnis angepflanzt. Tatsächlich fragte sich Leopold noch, als er schon das Curtis-Projekt beaufsichtigte, ob überhaupt irgend jemand eine Wildnis anpflanzen könnte. Als Naturschützer stellte er sich vor, daß seine Aufgabe hauptsächlich darin bestünde, die Natur in ihrem Drang, den Ort für sich zurückzufordern, nicht zu behindern. Er hätte dafür zu sorgen, daß nichts schief lief, gleichgültig, welche Schritte die Natur auch immer unternehmen würde. Mit der Hilfe von Kollegen und kleinen Gruppen von Landarbeitern, die vom Civilian Conservation Corps während der Depression eingestellt wurden, hegte Leopold 300 Morgen junger aufkeimender Präriepflanzen. Eimerweise kippten sie Wasser aufs Land, und während der ersten fünf Jahre dünnten sie gelegentlich konkurrierende Pflanzen aus.

Die Präriepflanzen gediehen; aber das taten auch die Unkräuter, die nicht zur Prärie gehörten. Was auch immer diese Wiesen bedeckte – es war nicht die Prärie von einst. Baumsämlinge, eurasische Einwanderer und Ackerunkräuter entwickelten sich gemeinsam mit den neuangepflanzten Präriearten. Zehn Jahre nach dem letzten Umpflügen war für Leopold klar, daß die wiedergeborene Curtis-Prärie nur eine halbe Wildnis geworden war. Und schlimmer noch: Sie wurde langsam vom Unkraut überwuchert. Etwas fehlte.

Eine Schlüsselspezies vielleicht. Eine fehlende Art, die, hatte man sie einmal eingebracht, die gesamte Ökogemeinschaft der Pflanzen neu ordnen würde. Mitte der vierziger Jahre wurde diese Spezies identifiziert. Es war ein wachsames Tier, das einst überall in den großen Prärien lebte, weit umherstreifte und mit allen Pflanzen, Insekten und Vögeln in Wechselwirkung stand, die über der Grasnarbe beheimatet waren. Das fehlende Glied war das Feuer.

Feuer hielt die Prärie in Gang. Es brachte bestimmte Samen hervor, die durch das Feuer begünstigt wurden, es eliminierte eindringende Baumsämlinge, es hielt jene städtischen Mitbewerber in Zaum, die das Feuer nicht überstanden. Die Wiederentdeckung der lebenswichtigen Funktion des Feuers in den Grasweiten der Prärieökologie fiel mit der Wiederentdeckung der Aufgabe zusammen, die das Feuer in fast allen anderen nordamerikanischen Ökosystemen spielte. Es war eine Wiederentdeckung, weil die Auswirkung des Feuers auf die Natur bereits von den eingeborenen Forschern des Landes erkannt und genutzt worden war. Europäische Siedler hatten bereits die allgegenwärtige Vorherrschaft des Feuers in der Prärie vor der Ankunft des weißen Mannes dokumentiert.

Während sie für uns heute offensichtlich ist, war die Rolle des Feuers als Schlüsselelement der Prärie den Ökologen und noch weniger den Natur- oder, wie man heute sagen würde, Umweltschützern klar. Ironischerweise trat Aldo Leopold, der größte amerikanische Ökologe, verbissen dagegen ein, Buschfeuer in der Wildnis brennen zu lassen. 1920 schrieb er: »Die Praxis des [kontrollierten Abflammens] würde nicht nur darin versagen, ernsthaftere Feuer zu verhindern, sondern die Produktivität der Wälder endgültig zerstören, von denen die westlichen Industrien aufgrund ihres Bauholzbedarfes abhängig sind.« Er gab fünf Gründe an, warum Feuer schlecht sei, wobei keiner von ihnen Stichhaltigkeit besaß. Gegen die »Propagandisten kontrollierten Abflammens« wetternd, schrieb Leopold: »Es ist vermutlich eine sichere Vorhersage, wenn man feststellt, daß unsere heute existierenden Waldgebiete weiterhin in einem äußerst bedenklichen Ausmaß verkleinert würden, wenn wir mit dem kontrollierten Abflammen noch weitere fünfzig Jahre weitermachen sollten.«

Als man zehn Jahre später mehr über die Naturzusammenhänge wußte, gestand Leopold die lebenswichtige Funktion des organischen Feuers ein. Und als er das Feuer wieder in den künstlichen Parzellen des Steppengrasarboretums von Wisconsin gewähren ließ, erblühte die Prärie, wie sie es seit Jahrzehnten nicht mehr getan hatte. Einstmals seltene Arten begannen das Gelände einem Teppich gleich zu überziehen.

Nach fünfzig Jahren Feuer, Sonne und winterlichem Schnee ist die Curtis-Prärie in ihrer Artenvielfalt auch heute noch nicht vollkommen authentisch. Besonders entlang der Randzonen, in denen die ökologische Vielfalt gewöhnlich am größten ist, leidet die Prärie unter den Invasionen monopolbildender Unkräuter – dieselben wenigen Arten, die auf vernachlässigten Grundstücken gedeihen.

Das Experiment von Wisconsin bewies, daß man in der Lage war, eine recht gute Annäherung an eine Prärie hinzubekommen. Was in aller Welt müßte man jedoch tun, um eine reine, in jeder Hinsicht authentische, wirklich wiedererschaffene Prärie herzustellen? Kann man eine echte Prärie von Grund auf züchten? Gibt es eine Möglichkeit, eine sich selbst erhaltende Wildnis herzustellen?

Im Herbst 1991 stand ich mit Steve Packard in einer seiner Schatzkammern am Rande eines Chicagoer Vorstadtwaldes. Das war die Prärie, die wir abbrennen sollten. Mehrere hundert Morgen raschelnden Grases, durch das der Wind blies, umflossen unsere Schuhe und die verstreut umherstehenden Eichen. Wir schwammen in einem Feld, das weitaus reicher, viel vollständiger und bei weitem authentischer war, als es Leopold je zu Gesicht bekommen hatte. Hunderte ungewöhnlicher Arten waren in diesem Pool brauner Büschel gelöst. »Der Hauptbestandteil der Prärie ist Gras«, rief mir Packard gegen den Wind zu, »aber was den meisten Leute auffällt, ist die werbende Pracht der Blüten.« Zur Zeit meines Besuches waren die Blüten verschwunden, und die gewöhnlich aussehenden Gräser und Bäume schienen eher langweilig zu sein. Diese »Dürftigkeit« stellte sich als ein zentraler Schlüssel bei der Wiederentdeckung eines vollständig vergessenen Ökosystems heraus.

Um an diesen Punkt zu gelangen, verbrachte Packard die frühen achtziger Jahre damit, kleine, blumenreiche Lichtungen im Dickicht der Wälder von Illinois ausfindig zu machen. Er pflanzte dort Wildblumenkeimlinge aus der Prärie an und vergrößerte die Grundflächen der Lichtungen, indem er das Gestrüpp in ihrem Umkreis ausdünnte. Dann brannte er das Gras nieder, um nicht-einheimisches Unkraut zu verdrängen. Zu Beginn hoffte er, daß das Feuer die Arbeit des Auslichtens auf natürliche Weise erledigen würde. Er ließ das Feuer vom Gras ins Dickicht überspringen, um das Unterholz abzufackeln. Dann sollte das Feuer mangels Brennmaterial auf natürliche Weise ausgehen. Packard erzählte mir: »Wir ließen es soweit ins Gebüsch hineinschießen, wie es eben brennen wollte. Unser Motto war: ›Laß das Feuer entscheiden‹«.

Aber das Dickicht wollte nicht so brennen wie erhofft. Also griffen Packard und seine Mitarbeiter zur Axt und lichteten das Unterholz mit Muskelkraft. Nach zwei Jahren waren sie mit ihren Ergebnissen sehr zufrieden. In dem neuen Territorium verbanden sich dichte Bestände von Wildroggen mit gelben Korbblütlern. Die Waldpfleger stutzten das Gebüsch jedes Jahr zurück und pflanzten die auserlesensten Prärieblumenkeimlinge, die sie finden konnten.

Aber vom dritten Jahr an wurde deutlich, daß etwas nicht stimmte. Die Pflanzungen im Schatten verkümmerten und gaben für die saisonalen Brände schlechtes Brennmaterial ab. Die Gräser jedoch, die gediehen, waren keine Präriearten; Packard hatte sie nie zuvor gesehen. Nach und nach verwandelten sich die neubepflanzten Gebiete in Gestrüpp.

Packard begann sich zu fragen, ob irgend jemand, er selbst eingeschlossen, die Schwierigkeiten des jahrzehntelangen Abbrennens eines leeren Grundstücks mitmachen würde, wenn nichts dabei herauskam. Er begriff, daß noch eine weitere Zutat fehlen mußte, die ein lebendiges System vor dem Zusammenbruch bewahrte. Er begann die Geschichte der Botanik jenes Gebiets nachzulesen und die sonderbaren Arten zu studieren.

Als er die unbekannte Art identifizierte, die in den neuen, von Eichen bewachsenen Randgebieten so gut gedieh, entdeckte er, daß sie nicht zum Ökosystem der Prärie, sondern zu dem der Savanne gehörte – einer Prärie mit Bäumen. Packard forschte nach den Pflanzen, die zur Savanne gehören, und konnte bald eine ganze Liste weiterer Arten – wie etwa Disteln, Enzian und gelbe Pimpernelle – präsentieren, von denen, wie er rasch erkannte, die Ränder seiner renaturierten Grundstücke übersät waren. Packard hatte einige Jahre zuvor sogar eine Prachtschartenblüte entdeckt. Er hatte die blühende Pflanze zu einem Experten an der Universität gebracht, weil Unterarten der Prachtscharte von Laien nicht bestimmt werden können. »Was zum Teufel ist das?« hatte er den Botaniker gefragt. »Es findet sich in keinem Buch, es ist nicht im staatlichen Verzeichnis der Arten aufgelistet. Was ist das?« Der Botaniker antwortete: »Ich weiß es nicht. Es könnte eine Savannenprachtscharte sein, aber es gibt hier keinerlei Savannengebiete, also scheidet diese Möglichkeit aus. Keine Ahnung, was es ist.« Was man nicht sucht, sieht man nicht. Sogar Packard ließ sich darauf ein, daß die ungewöhnliche Wildblume ein glücklicher Zufall gewesen sein mußte oder falsch bestimmt worden war. Wie er sich erinnerte, »waren die Savannenspezies nicht das, nach dem ich zuerst gesucht hatte, so daß ich sie vollkommen außer Acht ließ«.

Aber er sah sie immer wieder. Er fand noch mehr Prachtschartenpflanzen in seinen Gebieten. Die sonderbaren Arten waren, wie Packard allmählich feststellte, auf den Lichtungen am stärksten vertreten. Es gab noch viele andere Arten, die zur Savanne gehörten und die er nicht kannte. Er begann, nach ihnen zu forschen – in den Winkeln alter Friedhöfe, entlang des Geländes von Eisenbahnanlagen und auf alten Reitwegen – überall, wo eine letzte Spur eines früheren Ökosystems überlebt haben konnte. Wann immer es ging, sammelte er ihre Samen ein.

Für Packard war es eine Art Offenbarung, als er die Saathaufen betrachtete, die sich in seiner Garage angesammelt hatten. Die Präriesamenmischung war trocken und locker – wie Grassamen. Die entstehende Samenkollektion für die Savanne dagegen war »eine Masse aus vielfarbigem, klumpigem, feuchtem Schleim« mit reifen fleischigen Samen und vertrockneten Früchten. Nicht durch den Wind, sondern durch Landtiere und Vögel wurden diese Samen verstreut. Das System koevolutionärer, miteinander verzahnter Organismen, das er wiederherstellen wollte, war nicht einfach eine Prärie, sondern eine Prärie mit Bäumen: eine Savanne.

Die ersten Siedler im mittleren Westen nannten eine baumbestandene Prärie »Einöde«. Dickichte aus Unkraut und hohen Gräsern wuchsen unter vereinzelten Bäumen. Es war weder Weideland noch Wald – für die frühen Siedler war es deswegen Ödnis. Ein beinahe vollständig anderer Artenbestand machte es zu einem deutlich anderen Biom als die Prärie. Die Einöden der Savanne waren vom Feuer besonders abhängig, mehr noch als die Prärien. Als die Farmer eintrafen und die Brände stoppten, kollabierten die Einöden rasch und wurden zu Wäldern. Bis zur Jahrhundertwende waren die Einöden beinahe ausgestorben, und ein Verzeichnis der Arten, aus denen sie sich zusammensetzten, hatte kaum jemand erstellt. Als aber Packard erst einmal das »Suchbild« Savanne in seinem Kopf hatte, begann er, ihre Spuren überall zu entdecken.

Packard streute die Häufchen breiiger, sonderbarer Savannenspezies aus, und innerhalb von zwei Jahren entflammten die Wiesen in seltenen und vergessenen Wildblumen: Asperella, blaustengelige Goldrute, Sternmeister und großblättrige Aster. 1988 ließ eine Dürre die nicht-heimischen Unkräuter vertrocknen, während die wiederausgesäten einheimischen Pflanzen blühten und wuchsen. 1989 siedelte sich ein Paar Blaudrosseln (die man in dieser Gegend seit Jahrzehnten nicht mehr gesehen hatte) erneut in ihrem vertrauten Lebensraum an – ein Ereignis, das Packard als »Bestätigung« auffaßte. Die

Universitätsbotaniker meldeten sich wieder. Anscheinend gab es doch frühe Aufzeichnungen über eine Savannenprachtscharte in diesem Bundesstaat. Die Botaniker setzten sie auf die Liste gefährdeter Arten. Irgendwie kehrte die Seidenpflanze in die wiederhergestellte Einöde zurück, obwohl sie nirgends sonst im Lande wuchs. Seltene und gefährdete Pflanzen wie die Weißfransenorchidee und eine fahle Platterbse sprossen, ohne daß jemand nachgeholfen hätte. Die Samen könnten im Boden geschlafen haben – und zwischen dem Feuer und anderen Faktoren die richtigen Entwicklungsbedingungen gefunden haben –, oder sie könnten durch Vögel wie die vorbeikommenden Blaudrosseln eingeschleppt worden sein. Ebenso wundersam fand der silberblaue Schmetterling, den man für ganze zehn Jahre nirgendwo in Illinois gesehen hatte, seinen Weg in Chicagos Vorstadtgebiet, wo in der entstehenden Savanne gerade seine Lieblingsnahrung, die Platterbse, wuchs.

»Der klassische Savannenschmetterling ist der Edwards Bläuling«, ließ sich der Insektenkundler vernehmen. »Aber wir sehen ihn nirgends. Sind Sie sicher, daß das hier eine Savanne ist?« Fünf Jahre nach der Renaturierung jedoch war der Edwards Bläuling überall auf dem Gelände zu finden.

Wenn man eine Savanne baut, werden sie kommen. Das ist die Stimme, die man im *Feld der Träume* hört. Und es stimmt. Und je weiter man sie ausbaut, desto mehr kommen. Ökonomen nennen dies das »Gesetz zunehmender Erträge« – den Schneeballeffekt. Sobald das Beziehungsnetz dichter gewoben ist, wird es leichter, das nächste Stück hinzuzufügen.

Trotz allem benötigt man dazu immer noch eine Methode. Als Packard das Netz knüpfte, bemerkte er, daß es wichtig war, in welcher Reihenfolge er die Stücke hinzufügte. Und er erfuhr, daß andere Ökologen das gleiche entdeckt hatten. Ein Kollege von Leopold hatte herausgefunden, daß man einer authentischeren Prärie näherkam, wenn man Präriesamen auf einer Wiese voller Unkraut aussäte, statt auf einem frisch umgepflügten Feld, wie Leopold dies zuerst getan hatte. Leopold war besorgt, daß die aggressiven Unkräuter die Wildblumen abwürgen könnten, aber eine Wiese voller Unkräuter ist einer Prärie näher als ein umgepflügtes Feld. Manche Unkräuter auf einem alten Stück Land sind Nachzügler, und einige von diesen

Nachzüglern sind Präriemitglieder; wenn sie das Frühstadium der Landschaftsumwandlung begleiten, beschleunigt das den Aufbau des Präriesystems. Das Unkraut hingegen, das in einem umgepflügten, nackten Feld sofort sprießt, ist äußerst aggressiv, und so schaffen es die nützlichen, spät keimenden Pflanzen in der Mischung nicht mehr rechtzeitig. Es ist, als ob die Armiereisen für den Beton angeliefert werden, nachdem man das Zementfundament für das Haus bereits gegossen hat. Die Reihenfolge ist wichtig.

Stuart Pimm, ein Ökologe an der Universität von Tennessee, vergleicht Sukzessionsreihen – wie etwa die klassische Reihe Feuer, Unkraut, Kiefern, großblättrige Bäume – mit wohlerprobten Aufbauprozessen, die »die Mitspieler viele Male gespielt haben. In evolutionärer Hinsicht wissen sie, wie der Prozeß abläuft«. Evolution entwickelt nicht nur die funktionierende Gemeinschaft weiter, sondern stimmt den Aufbauprozeß der Zusammenkommenden auch genau ab, bis die Gemeinschaft praktisch eins wird. Wenn man eine Ökogemeinschaft restaurieren will, nähert man sich ihr von der falschen Seite. »Wenn wir versuchen, eine Prärie oder ein Feuchtgebiet wiederherzustellen, versuchen wir, ein Ökosystem auf eine Art zusammenzustellen, die keiner Praxis der Gemeinschaft entspricht«, sagt Pimm. Wir fangen mit einer alten Farm an, während die Natur vielleicht vor zehntausend Jahren mit einer Gletschermoräne begonnen hat. Pimm fragte sich: Können wir ein stabiles Ökosystem aufbauen, wenn wir uns bei der Auswahl der Einzelteile auf den Zufall verlassen? Genau darauf verlassen sich nämlich Menschen, wenn sie versuchen, ein Ökosystem wiederherzustellen: auf den Zufall.

In einem Labor an der Universität von Tennessee hatten die Ökologen Stuart Pimm und Jim Drake gerade Bestandteile von Mikroökosystemen in verschiedenen zufälligen Anordnungen zusammengefügt, um die Wichtigkeit der Reihenfolge zu erfassen. Ihre winzigen Welten waren Mikrokosmen. Sie begannen mit fünfzehn bis vierzig verschiedenen reinen Algenarten und Mikrolebewesen, die sie in unterschiedlichen Variationen und Reihenfolgen zur gleichen Zeit in einen großen Kolben kippten. Wenn alles gut ging, bildete nach zehn bis fünfzehn Tagen die Mischung im Wasser eine stabile, selbstreproduzierende Schlammökologie – eine charakteristische Mischung von Arten, die alle auf unterschiedliche Weise überlebten. Zusätzlich setzte Drake künstliche Ökosysteme in Aquarien und Fließgewässern ein, die der Erforschung künstlicher Flußökologien dienten. Nachdem man sie zusammengemischt hatte, ließ man ihre Entwicklung weiterlaufen, bis sie stabil waren. »Du siehst dir diese Gemeinschaften an, und du brauchst kein Genie zu sein, um zu sehen, daß sie sich unterscheiden«, merkt Pimm an. »Einige sind grün, andere braun oder weiß. Aber das Interessante ist, daß es keine Möglichkeit gibt, im voraus zu sagen, welchen Weg eine bestimmte Artenkombination nehmen wird. Wie die meisten komplexen Systeme muß man sie zusammenbauen und ihre Entwicklung laufen lassen, um es herauszufinden.«

Anfangs war nicht klar, ob es leicht sein würde, auf ein stabiles System zu stoßen. Ein per Zufall geschaffenes Ökosystem müßte, wie Pimm dachte, wahrscheinlich »einfach für immer umherirren, ginge von einem Stadium ins nächste über und wieder zurück, ohne jemals einen Dauerzustand zu erreichen«. Aber das künstliche Ökosystem verirrte sich nicht. Statt dessen fand Pimm zu seiner großen Überraschung »alle Arten von wunderbaren, klugen Schachzügen. Zum einen haben diese zufallsgenerierten Ökosysteme absolut kein Problem damit, sich zu stabilisieren. Ihr allgemeinstes Merkmal besteht darin, daß sie immer einen Dauerzustand erreichen, und normalerweise ist das jeweils ein einziger Zustand pro System.«

Wenn man sich nicht darum kümmerte, zu welchem System man gelangte, war es äußerst einfach, zu einem stabilen Ökosystem zu kommen. Das war verblüffend. Pimm bemerkte: »Wir wissen aus der Chaostheorie, daß viele deterministische Systeme hochempfindlich sind bezüglich ihrer Anfangsbedingungen – eine kleine Abweichung schickt sie ins Chaos. Die Stabilität hier ist das Gegenteil davon. Man fängt aus dem reinen Zufall heraus an und sieht zu, wie sich diese Sachen zu etwas zusammenbauen, das viel strukturierter ist, als man annehmen konnte. Das ist Anti-Chaos.«

Als Ergänzung zu den Studien *in vitro* setzte Pimm auch Experimente »*in silico*« an – einfache Ökomodelle in einem Computer. Er schuf künstliche »Spezies« aus Computercodes, die die Anwesenheit bestimmter anderer Spezies erforderten, um zu überleben, und verlieh ihnen noch eine Hackordnung, damit Spezies *B* Spezies *A* vertreiben konnte, wenn und sobald die Population von *B* eine gewisse Dichte erreicht hatte. (Pimms Modelle von Zufallsökologien zeigen einige Ähnlichkeit mit Stuart Kauffmanns nach dem Zufallsprinzip aufgebauten Modellen von Netzwerken; siehe Kapitel 19.) Jede Spezies war mit den anderen in der Art eines weitverzweigten Netzwerks locker verbunden. Während er mit der gleichen Anzahl von Spezies Tausende von Zufallskombinationen durchspielte, erfaßte Pimm in einem Diagramm, wie oft das daraus entstehende System sich so stabilisierte, daß kleinere Störungen wie etwa das Einsetzen oder Entfernen von einigen Arten die Grundmischung nicht destabilisierten. Diese Ergebnisse spiegelten diejenigen wider, die er mit seinen in Glaskolben lebenden Mikrowelten erzielt hatte.

Die Computermodelle zeigten mit Pimms Worten, daß »mit bloß zehn bis zwanzig Komponenten die Spitzenwerte [oder Stabilitätszustände] bei zehn, zwanzig oder auch hundert liegen können. Und wenn man das Video des Lebens noch einmal ablaufen läßt, erhält man einen anderen Spitzenwert.« Das heißt mit anderen Worten, daß nach jeweils identischen Ausgangszuständen das Durcheinander einem Dutzend Endzustände entgegenging, aber eine Veränderung von bloß einer Spezies in der Ausgangssequenz ausreichte, um das System von einem der Endzustände zu einem anderen umzulenken. Das System *war* gegenüber den Anfangsbedingungen empfindlich, aber es wurde gewöhnlich von einer Ordnung angezogen.

Pimm sah Packards Wiederherstellungsarbeit an der Prärie/Savanne von Illinois als Bestätigung seiner eigenen Ergebnisse: »Als Packard das erste Mal versuchte, die Pflanzengesellschaft zusammenzustellen, funktionierte das insofern nicht, als er die Arten, die er auspflanzen wollte, nicht erhielt, und er eine Menge Ärger damit hatte, Gewächse, die er nicht wollte, herauszunehmen. Als er jedoch die zwar merkwürdigen, aber geeigneten Arten einmal eingebracht hatte, befand sich das System nahe genug an einem Dauerzustand, so daß es sich dort mühelos entfaltete und wahrscheinlich auch bleiben wird.«

Pimm und Drake entdeckten ein Prinzip, das jedem eine große Lehre sein kann, der sich mit der Umwelt beschäftigt oder am Bau komplexer Systeme interessiert ist. »Wenn man ein Feuchtgebiet aufbauen will, kann man nicht einfach eine Fläche überfluten und hoffen, daß alles gut geht«, erzählte mir Pimm. »Man hat es mit Systemen zu tun, die über Hunderttausende oder Millionen von Jahren zusammengebaut wurden. Und es reicht auch nicht aus, mit Blick auf die dortige Vielfalt eine Liste davon zusammenzustellen. Man muß auch über die richtige Aufbauanleitung verfügen.«

Steve Packard war aufgebrochen, um den Lebensraum einer authentischen Prärie zu vergrößern. Auf dem Weg dorthin erweckte er ein verschwundenes Ökosystem wieder zum Leben und erwarb vielleicht die Aufbauanleitung für eine Savanne. Statt in einem Grasmeer arbeitete David Wingate auf den Bermudas in einem Ozean aus Wasser. Wingate machte sich vor dreißig Jahren auf, eine seltene Spezies von Strandvögeln vor dem Aussterben zu retten. Dabei erschuf er das ganze Ökosystem einer subtropischen Insel wieder und beleuchtete ein weiteres Prinzip des Aufbaus funktionierender Großsysteme.
Die Geschichte der Bermudas ist verbunden mit dem Leiden einer Insel an einem ungesunden, ad hoc künstlich geschaffenen Ökosystem. Seit dem Ende des Zweiten Weltkriegs wurde Bermuda von Siedlungsplanern und exotischen Schädlingen heimgesucht und die einheimische Flora durch importierte Gartenpflanzen zerstört. Die Einwohner Bermudas und die weltweite Wissenschaftsgemeinde waren daher 1951 von der Ankündigung verblüfft, daß der Cahow (oder Bermudasturmvogel) – ein möwengroßer Seevogel – auf den äußeren Klippen des Inselarchipels wiederentdeckt worden war. Man dachte, daß der Cahow seit Jahrhunderten ausgestorben sei. Zuletzt hatte man ihn zu Anfang des 17. Jahrhunderts gesehen, um die Zeit herum, als die Dronte verschwand. Aber wie durch ein kleines Wunder hielten sich einige Brutpaare seit Generationen auf einigen Seeklippen weit draußen im Bermudaarchipel. Sie verbrachten die meiste Zeit ihres Lebens auf dem Wasser und kamen nur ans Ufer, um ihre unterirdischen Nester zu bauen, so daß man sie über fast vier Jahrhunderte hinweg nicht bemerkt hatte.
David Wingate, damals noch ein Schuljunge, der sich brennend für Vögel interessierte, war 1951 zur Stelle, als es einem Zoologen aus Bermuda gelang, den ersten Cahow aus seinem Nest in einer tiefen Felsspalte herauszubuddeln. Später hatte Wingate mit Versuchen zu tun, die Vogelart auf einer kleinen unbewohnten Insel namens Nonsuch in der Nähe von Bermuda wiederanzusiedeln. Er war so enthusiastisch, daß er – frisch verheiratet – in ein verlassenes Haus auf der

unbewohnten, abgelegenen Insel zog, die keine Verbindung zur Außenwelt hatte.

Es wurde Wingate rasch klar, daß der Cahow ohne die Wiederherstellung des gesamten Ökosystems, dessen Teil er war, nicht wieder angesiedelt werden konnte. Nonsuch und Bermuda selbst waren einst von dichten Zedernhainen bedeckt gewesen, aber die Zedern waren durch eine eingeschleppte Insektenplage in dem kurzen Zeitraum von drei Jahren zwischen 1948 und 1951 ausgelöscht worden. Nur ihre riesigen weißen Skelette blieben zurück. An deren Stelle waren Unmengen fremder Pflanzen getreten und, auf der Hauptinsel, zusätzlich viele große Zierbäume, von denen Wingate sicher war, daß sie einen jener Wirbelstürme, die alle 50 Jahre einmal auftraten, nicht überleben würden.

Das Problem, dem Wingate gegenüberstand, war das ständige Paradox, mit dem alle konfrontiert sind, die vollständige Systeme aufbauen wollen: Wo fängt man an? Alles setzt bereits alles andere voraus, um bestehen zu können, aber man kann nicht alles auf einmal erledigen. Einige Dinge müssen zuerst getan werden. Und zwar in der richtigen Reihenfolge.

Während des Studiums der Cahows kam Wingate zu dem Schluß, daß ihre unterirdischen Nistplätze durch die Ausbreitung der Stadt und anschließend durch die Konkurrenzkämpfe mit dem Weißschwanz-Tropenvogel um die wenigen verbleibenden Nistplätze dezimiert worden waren. Der aggressive Tropenvogel pickte ein Cahowküken tot und übernahm das Nest. Weil drastische Situationen drastische Maßnahmen erfordern, begründete Wingate ein »Wohnbauförderungsprogramm« für den Cahow. Er baute künstliche Nistplätze – eine Art unterirdischer Vogelhäuschen. Er konnte nicht solange warten, bis Nonsuch wieder einen Wald mit Bäumen großgezogen hatte, die in Wirbelstürmen leicht umkippen und damit einen Erdspalt aufreißen würden, der genau die richtige Größe hätte: zu schmal für die Tropenvögel, um hineinzugelangen, aber genau richtig für den Cahow. So erschuf er eine behelfsmäßige Ausgangssituation, um einen Teil des Puzzles zum Laufen zu bringen.

Weil er einen Wald brauchte, pflanzte er 8000 Zedern in der Hoffnung, daß einige dem Schädlingsbefall und den Krankheiten widerstehen würden, und ein paar taten es. Aber der Wind drückte sie um.

So pflanzte Wingate eine Hilfs-Spezies – eine schnellwachsende, nichtheimische immergrüne Kasuarinenart – als Windschutz rund um die Insel. Die Kasuarinen wuchsen schnell, ließen die Zedern langsam heranwachsen, und mit den Jahren traten die besser angepaßten Zedern an die Stelle der Kasuarinen. Der wiederaufgeforstete Wald stellte ein perfektes Zuhause für einen Nachtreiher dar, den man seit hundert Jahren nicht mehr auf Bermuda gesehen hatte. Der Reiher verschlang Landkrabben, die ohne die Reiher zu einer Plage für die Inseln geworden wären. Die explodierende Landkrabbenpopulation hatte sich an den saftigen Schößlingen der Feuchgebietsvegetation gütlich getan. Die reduzierte Krabbenzahl erlaubte nun der seltenen Bermudasegge zu wachsen und sich in den letzten Jahren auch wieder auszusäen. Es war wie in der Parabel vom Königreich, das wegen eines einzigen Nagels verlorenging, nur umgekehrt: Wenn man den Nagel gefunden hatte, war das Königreich gewonnen. Stück für Stück baute Wingate ein verlorengegangenes Ökosystem wieder zusammen.

Ökosysteme und andere funktionierende Systeme können wie Reiche viel schneller zerstört als errichtet werden. Die Natur braucht Zeit, um einen Wald oder eine Marsch heranwachsen zu lassen, weil selbst die Natur nicht alles auf einmal tun kann. Die Art von Hilfestellung, die Wingate gab, ist nicht unnatürlich. Die Natur nutzt gemeinhin Übergangformen, um viele ihrer Ziele zu erreichen. Danny Hillis, Experte für künstliche Intelligenz, sieht im menschlichen Daumen als einer Behelfsebene der menschlichen Intelligenz eine ähnliche Geschichte. Eine geschickte Hand, die einen Daumen zum Greifen besitzt, verschaffte der Intelligenz einen Vorteil (weil man nun Werkzeuge bauen konnte). Aber als die Intelligenz einmal etabliert war, war die Hand nicht mehr so wichtig. Hillis behauptet, daß tatsächlich viele Phasen notwendig sind, um ein großes System zu errichten, die dann nicht mehr erforderlich sind, wenn das System erst einmal läuft. »Es sind vermutlich viel mehr Hilfsmittel notwendig, um Intelligenz einzuüben und weiterzuentwickeln, als sie in Gang zu halten«, schrieb Hillis. »Man kann an die Notwendigkeit des opponierten Daumens glauben, ohne zu bezweifeln, daß es eine menschliche Denkfähigkeit auch ohne Daumen gibt.«

Wenn wir auf einer Hochgebirgswiese oder zur Flutzeit durchs drekkige Wasser einer Marsch waten, begegnen wir den »daumenlosen Gedanken« der Natur. Die Zwischenspezies, derer es bedurfte, um die Proto-Wiese in eine regenerative Blütenschau zu verwandeln, sind heute verschwunden. Wir erleben heute nur noch das Denken der Pflanze ohne die hilfreichen Daumen, die sie ins Dasein begleiteten.

Sie haben vielleicht schon einmal die bewegende Erzählung von dem »Mann, der Bäume pflanzte und Fröhlichkeit wachsen ließ« gehört. Sie handelt davon, wie der Wald und die Freude aus nahezu nichts heraus geschaffen wurden. Die Geschichte erzählt von einem jungen Europäer, der 1910 in ein abgelegenes Alpengebiet wandert. Der junge Mann wandert durch eine windige, baumlose Gegend an einen rauhen Ort, dessen übriggebliebene Einwohner schäbige, arme, unzufriedene Köhler sind, die sich in ein paar zerfallenden Dörfern drängen. Der Wanderer trifft den einzigen wirklich glücklichen Bewohner der Gegend, einen einsamen, einsiedlerischen Schäfer. Der junge Mann beobachtet verwundert, wie der Einsiedler wortlos und auf idiotische Weise seine Tage damit verbringt, eine Eichel nach der anderen in die Mondlandschaft zu stecken. Jeden Tag pflanzt der stumme Einsiedler 100 Eicheln ein. Der Wanderer verläßt ihn, voller Ungeduld, einer derartigen Trostlosigkeit den Rücken zu kehren, nur um zufällig viele Jahre später, nach dem Ende des Ersten Weltkriegs, noch einmal dorthin zurückzugelangen. Jetzt ist das gleiche Dorf in seiner Üppigkeit für ihn kaum wiederzuerkennen. Die Berge sind übervoll mit Bäumen und Vegetation, sprudelnden Bächen, voller Tiere und einer neuen Bevölkerung von zufriedenen Dörflern. Über dreißig Jahre lang hatte der Einsiedler beinahe 150 Quadratkilometer dicht mit Eichen, Buchen und Birken bepflanzt. Seine einsame Arbeit – ein bloßer Stups in der Naturwelt – hatte das lokale Klima neu modelliert und die Hoffnung von vielen tausend Menschen wiedererweckt.
Das einzige Unglück an der Geschichte ist, daß sie nicht wirklich geschehen ist. Obwohl sie als wahre Geschichte in der ganzen Welt nachgedruckt wurde, ist sie in Wirklichkeit ein Hirngespinst, das ein Franzose für die Zeitschrift *Vogue* geschrieben hatte. Es *gibt* jedoch wahre Geschichten über Idealisten, die ein Waldbiotop durch das

Pflanzen von Tausenden von Bäumen wiedererschaffen haben. Und ihre Ergebnisse bestätigen die Ahnung des Franzosen: Winzige Pflanzen, die in großem Umfang herangezogen werden, können ein lokales Ökosystem in einen positiven Kreislauf von steigendem Nutzen umlenken.

Als ein wahres Beispiel läßt sich die exzentrische Engländerin Wendy Campbell-Purdy anführen, die in den frühen sechziger Jahren nach Nordafrika reiste, um die überhandnehmenden Sanddünen in der Wüste durch Baumpflanzungen zu bekämpfen. Im marokkanischen Tiznit pflanzte sie auf 45 Morgen Land einen »grünen Wall« aus 2000 Bäumen. Nach sechs Jahren hatten die Bäume so gute Dienste geleistet, daß sie eine Stiftung gründete, um die Pflanzung von weiteren 130 000 Bäumen auf einem 260 Morgen großen Schuttplatz in den Wüsteneinöden des algerischen Bou Saada zu finanzieren. Auch dies funktionierte und schuf dabei einen neuen Kleinstlebensraum, der sich zum Anbau von Zitrusfrüchten, Gemüse und Getreide eignete

Gibt man ihr eine leichte Stütze, kann die beachtliche latente Energie, die im grünen Verbund steckt, das Gesetz der zunehmenden Erträge in Gang setzen: »Wer hat, dem wird gegeben.« Das Leben spornt eine Umwelt an, die noch mehr Leben fördert. Auf Wingates Insel ermöglicht die Anwesenheit von Reihern die Anwesenheit von Seggen. In Packards Prärie ermöglicht die Miteinbeziehung des Feuers die Existenz von Wildblumen, die wiederum die Existenz von Schmetterlingen möglich machen. Im algerischen Bou Saada verändern ein paar Bäume das Klima und den Boden und schaffen so die Voraussetzung für noch mehr Bäume. Mehr Bäume schaffen Raum für Säugetiere, Insekten und Vögel, die Platz schaffen für noch mehr Bäume. Die Natur baut aus Eicheln eine Maschine, die Menschen, Tieren und Pflanzen ein luxuriöses Heim verschafft.

Die Geschichte von Nonsuch und die anderer Wälder mit zunehmenden Erträgen treffen genauso wie die Ergebnisse aus Stuart Pimms Mikrokosmen in einer mächtigen Lehre überein, die Pimm den Humpty-Dumpty-Effekt nennt. Kann man den Humpty Dumpty eines verlorengegangenen Ökosystems wieder zusammensetzen? Ja, man kann, wenn man über alle Teile verfügt. Aber wir wissen nicht, ob das der Fall ist. Es könnte begleitende Spezies geben, die den Aufbau eines Ökosystems in seinem Frühstadium beeinflussen – der

Daumen für die Intelligenz –, die jedoch einfach nicht mehr in der Nachbarschaft zu finden sind. Oder eine Hilfsspezies könnte weltweit ausgestorben sein – eine wirkliche Tragödie. Man könnte sich eine hypothetische, kleine, fruchtbare Grassorte vorstellen, die zur Schaffung des Nährbodens, aus dem die Prärie hervorgeht, entscheidend ist, die jedoch von der letzten Eiszeit ausgelöscht wurde. Wenn sie verschwunden ist, läßt sich Humpty Dumpty nicht wieder zusammensetzen. »Denke daran, daß du nicht immer und überall von einem Ort zu einem bestimmten anderen kommen kannst«, sagt Pimm.

Packard hat diese traurige Vorstellung erwogen: »Einer der Gründe, warum die Prärie vielleicht nie vollständig wiederhergestellt wird, besteht darin, daß einige Teile für immer verschwunden bleiben werden. Vielleicht kehrt die Prärie ohne Riesenpflanzenfresser wie das Mastodon aus der Vorzeit oder das Bison von gestern nie zurück.«

Eine andere Schlußfolgerung aus Pimms und Drakes Arbeit ist sogar noch erschreckender: daß es nicht nur auf die Anwesenheit der richtigen Spezies in der richtigen Reihenfolge, sondern genausogut auf die Abwesenheit der richtigen Spezies zum richtigen Zeitpunkt ankommt. Ein ausgereiftes Ökosystem mag Spezies X leicht tolerieren; aber während seines Aufbaus wird die Anwesenheit von Spezies X das System auf einen etwas anderen Weg lenken und damit zu einem anderen Ökosystem machen. »Das ist der Grund«, seufzt Packard, »warum es eine Million Jahre brauchen kann, um ein Ökosystem aufzubauen.« Welche Spezies, die heute auf der Insel Nonsuch fest verwurzelt ist oder in den Chicagoer Vorstädten wohnt, könnte das wiederentstehende Savannensystem von seiner ursprünglichen Bestimmung abbringen?

Die Regel für Maschinen widerspricht allen Erwartungen, aber sie ist deutlich: Komplexe Maschinen müssen über Wachstumsprozesse und oft indirekt aufgebaut werden. Versuche nicht, ein funktionierendes maschinelles System komplett auf einmal herzustellen, in einem einzigen glorreichen Schöpfungsakt. Man muß zuerst ein funktionierendes System aufbauen, das als Behelfsebene für das System dient, das man wirklich will. Um einen maschinellen Geist herzustellen, muß man das Äquivalent zu einem maschinellen Daumen bauen – eine Methode, die über Umwege zum Ziel führt, was nur wenige zu schätzen wissen. Im Aufbau von Komplexität gewinnt man die Prämie zunehmender Erträge durch vielfache Versuche über den Lauf der Zeit hinweg – ein Prozeß, den man wohl als Züchtung bezeichnen würde.

Ökosysteme und Organismen sind immer gezüchtet worden. Heute werden auch Computernetzwerke und komplizierte Siliziumchips gezüchtet. Selbst wenn wir einen Plan des bestehenden Telefonnetzes besäßen, könnten wir keinen genauso weitreichenden und zuverlässigen Ersatz aufbauen für das, was wir hatten, ohne dessen Züchtung aus vielen kleinen Netzwerken zu einem planetarischen Netz in gewissem Sinne zu wiederholen.

Die Erschaffung extrem komplexer Maschinen, wie Roboter und Softwareprogramme der Zukunft, wird der Wiederherstellung von Prärien oder tropischen Inseln ähneln. Diese komplizierten Konstruktionen werden nach und nach aufgebaut werden, weil dies der einzige Weg ist, um sicherzustellen, daß sie von oben nach unten funktionieren. Unausgereifte Maschinerien auszuliefern, bevor sie ganz ausgewachsen und in all ihrer Vielfalt vervollständigt sind, wird zu einem allgemeinen Ärgernis werden. »Wir liefern keine unreife Hardware«, wird in nicht allzu ferner Zeit ein durchaus vernünftiger Slogan lauten.

5
KOEVOLUTION

Welche Farbe nimmt ein Chamäleon an, das man auf einen Spiegel setzt?

Stewart Brand gab dieses Rätsel Gregory Bateson in den frühen Siebzigern auf. Zusammen mit Norbert Wiener war Bateson einer der Gründerväter der modernen Kybernetik-Bewegung. Bateson hatte in Oxford eine zutiefst orthodoxe Ausbildung genossen und eine höchst unorthodoxe Karriere gemacht. Er filmte balinesische Tänze in Indonesien; er studierte Delphine; er entwickelte eine brauchbare Schizophrenie-Theorie. Ab seinem 60. Lebensjahr lehrte er an der Universität von Kalifornien in Santa Barbara, wo seine exzentrischen und brillanten Auffassungen von geistiger Gesundheit und evolutionären Systemen die Aufmerksamkeit ganzheitlich gesinnter Hippies gewannen.

Stewart Brand, einer von Batesons Studenten, war als vielbeachteter Befürworter des kybernetischen Holismus selbst zur Legende geworden. Brand veröffentlichte das Chamäleon-Paradox 1974 in seinem *Whole Earth Catalog*. Über sein Rätsel schreibt Brand: »Ich stellte Gregory Bateson die Frage zu einem Zeitpunkt unseres Interviews, als wir uns gerade im Nachdenken über die Funktion – wenn es überhaupt eine gibt – des Bewußtseins, des selbstreflexiven Bewußtseins verloren hatten. Obwohl wir beide Biologen waren, vermieden wir es, das nur schwer faßbare Chamäleonparadox zu erörtern. Gregory behauptete, daß das Chamäleon sich auf einem Mittelwert seines Farbenspektrums einpendeln würde. Ich bestand darauf, daß das arme Vieh bei dem Versuch, in einer Welt zu verschwinden, die nur aus ihm selbst bestand, zahlreiche Anläufe der Tarnung unternehmen und sich dabei endlos im Kreis drehen würde.«

Der Spiegel ist eine raffinierte Metapher für informatorische Schaltkreise. Zwei gewöhnliche Spiegel, die einander direkt gegenüberstehen, erzeugen ein Spiegelkabinett, das ein Bild hin und her prallen läßt, bis es in einem unendlichen Regreß entflieht. Jede Botschaft, die zwischen den beiden gegenüberliegenden Spiegeln freigesetzt wird, schnellt bis zur Erschöpfung hin und her, ohne die Form zu ändern. Aber was geschieht, wenn die eine Seite aus einem antwortenden Spiegel besteht, die das Chamäleon teils widerspiegelt, teils selbst Neues erzeugt? Der pure Akt der Anpassung seiner selbst an die eigene Widerspiegelung würde es ständig neu verwirren. Könnte es sich jemals auf ein Farbmuster festlegen, das dauerhaft genug wäre, um einen Namen zu erhalten?

Bateson hatte das Gefühl, daß das System – vielleicht ähnlich wie die Selbstreflexivität – sich rasch in einer Balance einrichten würde, die von der Anziehungskraft der vielen Farbextreme des Geschöpfes abhinge. Die widerstreitenden Farben (und die widerstreitenden Gesichtspunkte innerhalb einer geistigen Sozietät) würden sich auf einen »Mittelwert« einpendeln, ähnlich einer demokratischen Abstimmung. Dagegen meinte Brand, daß eine Balance, gleichgültig welcher Art, nahezu unmöglich sei und daß das Anpassungssystem richtungslos und ohne Ende oszillieren würde. Er ging von einem chaotischen Schwanken der Farben in einem zufälligen, psychedelischen Paisleymuster aus.

Das Chamäleon, das seinem eigenen wechselnden Bild antwortet, bildet eine treffliche Analogie zur menschlichen Modewelt. Was sind die Launen der Mode anderes als die Antwort eines Schwarmdenkens auf seine eigene Spiegelung?

In der Gesellschaft des 21. Jahrhunderts, die über Netzwerke in Echtzeit verschaltet ist, stellt das Marketing diesen Spiegel dar; das Kollektiv der Konsumenten ist das Chamäleon. Welche Farbe hat der Konsument, wenn man ihn dem Markt aussetzt? Gerät er auf die Stufe des kleinsten gemeinsamen Nenners – ein Durchschnittskonsument? Oder oszilliert er in den verrückten Schwingungen seines ewigen Versuches, mit der eigenen Spiegelungsbewegung Schritt zu halten?

Bateson amüsierte die Unergründlichkeit des Chamäleonrätsels und gab es an seine anderen Studenten weiter. Einer von ihnen, Gerald Hall, schlug eine dritte Hypothese hinsichtlich der Endfarbe des Besuchers im Spiegelkabinett vor: »Das Chamäleon wird die Farbe behalten, die es in dem Moment hatte, als es die Spiegelsphäre betrat.« Dies ist aus meiner Sicht die logischste Antwort. Die Kopplung von

Spiegel und Chamäleon ist wahrscheinlich so eng und unmittelbar, daß beinahe keine Anpassung möglich ist. Es könnte tatsächlich sein, daß das Chamäleon, wenn es erst einmal bäuchlings auf dem Spiegel sitzt, von seiner Farbe nicht abgehen kann, es sei denn, diese Veränderung wird von außerhalb oder durch eine irrtümliche Kursabweichung im Verfärbungsprozeß des Chamäleons herbeigeführt. Anderenfalls verfestigt sich das System Spiegel-Chamäleon auf dem Anfangswert, mit dem es begonnen hat.
Für die Spiegelwelt des Marketings bedeutet diese dritte Antwort, daß der Konsument erstarrt. Er koppelt sich entweder fest an eine Marke an, mit welcher er zufällig begonnen hat, oder er hört überhaupt auf, etwas zu kaufen.
Es sind aber noch weitere Antworten möglich. Während der Interviews für dieses Buch konfrontierte ich manchmal meine Gesprächspartner mit dem Chamäleonrätsel. Die Wissenschaftler hielten es zu Recht für den archetypischen Fall einer adaptiven Rückkopplung. Ihre Antworten verliefen querbeet. Einige Beispiele:

> *John Holland, Mathematiker:* Das Chamäleon wird zu einem Kaleidoskop. Es gibt eine Zeitverzögerung, daher werden die Farben auf seiner ganzen Körperoberfläche ins Flimmern geraten. Das Chamäleon wird niemals eine einheitliche Farbe annehmen.

> *Marvin Minsky, Computerspezialist:* Es könnte eine Anzahl von Eigenwerten oder Farben haben, so daß es sich also auf eine Anzahl von Farben einschießen wird. Setzt man es auf den Spiegel, wenn es gerade grün ist, bleibt es vielleicht grün, und wenn es gerade rot war, bleibt es vielleicht rot. Setzt man es aber darauf, wenn es gerade braun ist, tendiert es vielleicht dazu, grün zu werden.

> *Peter Warshall, Zoologe:* Ein Chamäleon wechselt die Farbe, wenn es erschrickt. Daher hängt alles von seinem emotionalen Zustand ab. Zuerst erschrickt es vielleicht bei seinem eigenen Anblick, später aber »erwärmt es sich« dann vielleicht für seine Lage und wechselt daher die Farbe.

Ein Chamäleon auf einen Spiegel zu setzen, schien ein derart einfaches Experiment zu sein, daß es, so dachte ich, sogar ein Schriftsteller durchführen konnte. Also tat ich es. Ich baute eine kleine verspiegelte Kiste, kaufte eine Eidechse, die die Farbe wechseln konnte, und setzte sie hinein. Obwohl Brands Rätsel seit zwanzig Jahren kursierte, war dies meines Wissens das erste Mal, daß es tatsächlich jemand ausprobierte.

Die Eidechse hielt ihre Farbe auf dem Spiegel konstant in einem Grünton – dem Grün von jungen Baumtrieben im Frühling – und kehrte nach jedem Versuch, den ich unternahm, zu dieser einen Farbe zurück. Aber bevor sie zu Grün zurückkehrte, wechselte sie zwischendurch immer wieder zu Braun. Ihre Grundfarbe in der Kiste war nicht das gleiche Dunkelbraun, das sie außerhalb des Spiegelkastens zu bevorzugen schien.

Obwohl ich dieses Experiment durchgeführt habe, habe ich aus den folgenden wichtigen Gründen zu meinen eigenen Ergebnissen wenig Vertrauen: Die Eidechse, die ich benutzte, war kein echtes Chamäleon, sondern eine Anolis, eine Art mit einem viel begrenzteren Farbanpassungsspektrum als ein echtes Chamäleon. (Ein echtes Chamäleon kostet unter Umständen mehrere hundert Dollar und braucht ein aufwendiges Terrarium, das ich nicht besitzen wollte.) Noch wichtiger: Nach der Literatur, die ich gelesen habe, wechselt die Anolis zusätzlich zu ihren Versuchen, sich dem Hintergrund anzupassen, ihre Farbe auch noch aus anderen Gründen, etwa, worauf Warshall hinwies, als Schreckreaktion. Und erschrocken war sie. Die Anolis wollte *absolut nicht* in die verspiegelte Kiste. Die Grünfärbung, die sie in der Kiste zeigte, war die gleiche, die das Tier gemeinhin annimmt, wenn es erschrocken ist. Möglicherweise befindet sich das Chamäleon in der Kiste lediglich in einem Zustand andauernder Furcht vor seiner eigenen verstärkten Fremdartigkeit, die nun seine Welt ausfüllt. Ich würde in einer verspiegelten Kiste mit Sicherheit durchdrehen. Schließlich gibt es dann noch das Beobachtungsproblem: Ich kann die Eidechse nur sehen, wenn mein Gesicht in den Spiegelkasten hineinblickt, ein Vorgang, der ein blaues Auge und eine rote Nase in das Universum der Anolis einführt, eine unvermeidbare Störung.

Es kann sein, daß für eine exakte Lösung des Rätsels zukünftige Experimente mit einem echten Chamäleon und viel größeren Kontrollmöglichkeiten nötig sind, als sie mir zur Verfügung standen. Aber ich bezweifle das. Echte Chamäleons sind genauso komplizierte Tiere wie die Anolis und besitzen mehr als nur einen Grund zur Farbveränderung. Das Rätsel vom Chamäleon auf dem Spiegel beläßt man am besten in der Form des Gedankenexperiments.

Sogar abstrakt gesehen, hängt die »wirkliche« Lösung von solchen spezifischen Faktoren wie der Reaktionszeit der Farbzellen des Chamäleons ab, von ihrer Empfindlichkeit für eine Farbveränderung und davon, welche anderen Faktoren die Signale beeinflussen – von all den üblichen entscheidenden Werten in Rückkopplungsschleifen. Wenn man diese Funktionen bei einem echten Chamäleon verändern könnte, dann ließe sich jedes der oben erwähnten Szenarien erzeugen. Tatsächlich tun Ingenieure genau das, wenn sie elektronische Regelschaltkreise konstruieren, um Raumschiffe zu lenken oder Roboterarme zu steuern. Indem sie die Verzögerungszeiten, Signalempfindlichkeiten, Dämpfungswerte etc. verändern, können sie ein System zurechtschneidern, um entweder nach einem breitbandigen Gleichgewicht (etwa um die Temperatur zwischen 15,5 und 21,1 Grad zu halten), nach konstanten Veränderungen oder einer Art homöostatischem Punkt dazwischen zu suchen.

Wir erleben diesen Vorgang in vernetzten Märkten. Ein Pulloverhersteller wird in der Hoffnung auf den Verkauf vieler Pullovertypen versuchen, die Kultur in all ihren Schwankungen widerzuspiegeln, während ein Hersteller von Spülmaschinen versuchen wird, die Spiegelungen auf einige wenige Bilder von Geschirrspülern einzuengen; denn die Produktion unterschiedlicher Pullover ist viel billiger als die unterschiedlicher Geschirrspüler. Die Gestalt des Marktes wird von der Quantität und Geschwindigkeit der Rückkopplungssignale bestimmt.

Das Entscheidende am Rätsel vom Chamäleon auf dem Spiegel ist, daß Echse und Spiegel zu einem System werden. »Echsenhaftigkeit« und »Spiegelartigkeit« werden zu einem größeren Wesen zusammengefaßt – einem »Echsenspiegel«, der sich anders verhält als ein Chamäleon oder ein Spiegel.

Das mittelalterliche Leben war alles andere als narzißtisch. Das gemeine Volk hatte nur einen vagen Begriff vom eigenen Bild im weitesten Sinne des Wortes. Seine individuellen und sozialen Identitäten wurden eher durch die Beteiligung an Ritualen und die Einbindung in Traditionen geformt als durch Reflexion. Die moderne Welt dagegen ist geradezu mit Spiegeln zugestellt. Überall stehen Fernsehkameras, und jeden Tag finden Umfragen statt (»63 Prozent von uns sind geschieden«), um uns jede Nuance unseres kollektiven Handelns zurückzuspiegeln. Ein ständiger papierener Rattenschwanz von Bescheinigungen, Beurteilungen, Zahlkarten und Katalogen hilft uns, unsere individuelle Identität zu erschaffen. Die alles durchdringende Digitalisierung der nahen Zukunft verspricht schärfere, schnellere und noch omnipräsentere Spiegel. Jeder Konsument wird zugleich zu einer Spiegelung und zu einem Spiegel, einer Ursache und einer Wirkung.

Die griechischen Philosophen waren besessen von der Kausalitätskette und der Frage, wie die Ursache einer Wirkung in einem Wechsel von Sprüngen bis zu ihrer ersten Ursache zurückverfolgt werden könnte. Dieser Weg zurück bildet die Grundlage der linearen Logik des Abendlandes. Der Echsenspiegel demonstriert eine ganz andere Logik – die der zirkulären Kausalität des Netzes. Im Reich rekursiver Reflektionen wird ein Ereignis nicht durch eine Kette von Dingen ausgelöst, sondern durch ein Feld von Ursachen, die sich wechselseitig entsprechend der Nonsenslogik eines Spiegelkabinetts reflektieren und krümmen. Anstatt Ursache und Steuerung in einer geraden Linie von ihrem Ursprung aus herzuleiten, verbreiten sie sich horizontal auf verstreuten Wegen, wie ein Kriechstrom, der weitläufige Einflüsse ausübt. Kleine Echos können Großes bewirken, große Echos gar nichts. Es ist so, als ob die Filter von Raum und Zeit durch die komplexe Verbindung von allem mit allem unterlaufen würden.

Der Informatiker Danny Hillis bemerkte, daß bei computergestützter Datenverarbeitung, insbesondere in ihrer vernetzten Form, ein nichtlineares Kausalitätsfeld zu beobachten ist. Er schrieb:

> Im physikalischen Universum tendiert die Wirkung, die ein Ereignis auf ein anderes ausübt, dazu, mit dem zeitlichen oder räumlichen Abstand zwischen beiden abzunehmen. Dies erlaubt uns, die Bewegungen der Jupitermonde zu studieren, ohne die Bewegung des Merkur in die Berechnung einbeziehen zu müssen. Für die Zwillingsbegriffe *Objekt* und *Handlung* ist das fundamental. Die Ortsgebundenheit einer Handlung

zeigt sich bei makroskopischen statistischen Effekten wie Reaktionsquoten und der Schallgeschwindigkeit.

Bei computergestützten Berechnungen oder zumindest bei unseren alten Modellen computergestützter Datenverarbeitung kann ein beliebig kleines Ereignis eine beliebig große Wirkung verursachen – und oftmals tut es das auch. Ein winziges Programm kann einen ganzen Speicher löschen. Eine einzelne Anweisung kann die Maschine anhalten. In der computergestützten Kalkulation gibt es nichts, das dem Phänomen ›Entfernung‹ entspräche. Ein Speicherort kann so leicht beeinflußt werden wie ein anderer.

Auch die Kontrollinien natürlicher Ökosysteme lösen sich in einem Kausalitätshorizont auf. Kontrolle ist nicht nur räumlich verteilt, sondern auch zeitlich unscharf. Wenn das Chamäleon auf den Spiegel läuft, löst sich die Ursache seiner Färbung in einem Feld von Effekten auf, die auf sich selbst zurückwirken. Die Ursachen von Dingen bewegen sich nicht pfeilartig, sondern verbreiten sich lateral wie ein Windstoß.

Steward Brand studierte Biologie in Stanford, wo der Populationsbiologe Paul Ehrlich sein Lehrer war. Auch Ehrlich war von dem gummiartigen Paradox des Chamäleons auf dem Spiegel fasziniert. Am deutlichsten schien es ihm im Verhältnis zwischen einem Schmetterling und dessen Wirtspflanze zu Tage zu treten. Fanatische Schmetterlingssammler hatten schon vor langer Zeit herausgefunden, daß der beste Weg, perfekte Exemplare zu bekommen, darin bestand, eine Raupe zusammen mit einer Pflanze, von der sie sich ernährt, in einer Kiste einzuschließen und die Metamorphose der Larve abzuwarten. Nach der Verwandlung wird der Schmetterling in der Kiste voller Unternehmungslust seine makellos-frischen Flügel entfalten. Man kann ihn dann sofort töten und präparieren.
Bei dieser Methode mußten die Sammler herausfinden, von welchen Pflanzen sich die Schmetterlinge ernährten. Die Aussicht auf perfekte Exemplare ließ sie dabei gründlich vorgehen. Das Resultat war eine reiche Literatur über Gemeinschaften von Pflanzen und Schmetter-

lingen, die zusammengefaßt ergab, daß viele Schmetterlinge im Larvenstadium nur von einer speziellen Pflanze lebten. Die Raupen des Monarch-Schmetterlings ernähren sich zum Beispiel ausschließlich von der Seidenpflanze. Und es sah so aus, als ob die Seidenpflanze nur den Monarch-Schmetterling zum Essen lud.

Ehrlich bemerkte, daß der Schmetterling in dieser Hinsicht in der Pflanze und die Pflanze im Schmetterling gespiegelt wurde. Jeder Schritt, den die Seidenpflanze unternahm, um sich die Monarch-Larven vom Leib zu halten, damit sie von dem Wurm nicht vollständig aufgefressen wurde, zwang den Monarch-Schmetterling dazu, seine »Farben zu ändern« und einen Weg ausfindig zu machen, um die Verteidigungsversuche der Pflanze zu umgehen. Die gegenseitigen Spiegelungen wurden zu einem Tanz zweier Chamäleons auf Tuchfühlung. Gerade weil sich die Seidenpflanze so gründlich gegen den Monarch wehrte, waren sie und der Schmetterling nicht mehr zu trennen. Jedes lang andauernde, antagonistische Verhältnis schien diese Art von gegenseitiger Abhängigkeit mit sich zu bringen. 1952 schrieb W. Ross Ashby, ein Kybernetiker, der sich dafür interessierte, wie Maschinen lernen könnten: »[Das genetische Muster eines Organismus] legt nicht bis ins Detail fest, wie eine Katze eine Maus fangen soll, aber es stellt einen Lernmechanismus und einen Hang zum Spielen bereit, so daß es die Maus selbst ist, die der Katze die Feinheiten des Mäusefangs beibringt.«

In einem Aufsatz, den C. J. Mode 1958 in der Zeitschrift *Evolution* veröffentlicht hatte, stieß Ehrlich auf einen Begriff, um diesen eng umschlungenen Tanz zu beschreiben. Er hieß »Koevolution«, und der vollständige Titel des Aufsatzes lautete: »Ein mathematisches Modell zur Ko-Evolution von Zwangsparasiten und ihren Wirten.« Wie die meisten biologischen Beobachtungen war der Gedanke der Koevolution nicht neu. Ersaunlicherweise schrieb Darwin 1859 in seinem Meisterwerk *Über die Entstehung der Arten* bereits von »gegenseitiger Koadaption organischer Lebewesen«.

Die formale Definition von Koevolution lautet etwa so: »Koevolution ist eine reziproke evolutionäre Veränderung von sich gegenseitig beeinflussenden Arten«, schreibt John Thompson in *Interaction and Coevolution.* Aber was wirklich geschieht, ähnelt eher einem Tango. Die Seidenpflanze und der Monarch-Schmetterling schließen sich Schulter an Schulter zu einem einzigen System zusammen, zu einer Evolution miteinander und aufeinander zu. Jeder koevolutionäre Fortschritt verbindet die beiden Gegner noch untrennbarer miteinander, bis jeder vollständig von der Feindschaft des anderen abhängig ist. Die zwei werden eins. Der Biochemiker James Lovelock schreibt über diese Umarmung: »Die Entwicklung einer Art ist untrennbar mit der Entwicklung ihrer Umwelt verbunden. Beide Vorgänge sind als ein einziger unteilbarer Vorgang eng aneinander gekoppelt.«

Brand nahm den Begriff auf und gründete eine Zeitschrift mit dem Titel *CoEvolution Quarterly*. Sie war einem umfassenderen Begriff aller Erscheinungen gewidmet – biologische, soziologische und technische –, die sich einander anpaßten, gegenseitig hervorbrachten und sich gleichzeitig zu einem einzigen Gesamtsystem verwoben. Zur Einführung verfaßte Brand eine Definition: »Evolution ist ein Anpassungsvorgang, bei dem die eigenen Bedürfnisse gedeckt werden. Koevolution, die umfassendere Sichtweise, ist ein Anpassungsvorgang, bei dem die Bedürfnisse gegenseitig befriedigt werden.«

Das »Ko« in Koevolution ist das Zeichen der Zukunft. Trotz der Klagen über das stetige Schwinden zwischenmenschlicher Beziehungen nimmt die gegenseitige Abhängigkeit im Leben moderner Menschen in einem Maße zu wie niemals zuvor. Heute bedeutet alle Politik Welt-Politik, und Welt-Politik bedeutet politische Ko-Operation. Die neuen Online-Gemeinschaften, die in den Räumen der Kommunikationsnetze errichtet wurden, sind Ko-Welten. Marshall McLuhan hatte nicht ganz recht. Wir zimmern uns kein gemütliches globales Dorf zusammen. Wir flechten einen wimmelnden globalen Schwarm zusammen – eine Ko-Welt größter Geselligkeit und spiegelähnlicher Reziprozität. In dieser Umwelt ist alle Evolution einschließlich der Evolution hergestellter Dinge Koevolution. Nichts verändert sich, ohne gleichzeitig näher an seine sich ebenfalls verändernden Nachbarn heranzurücken.

Die Natur ist voller Koevolution. Jeder grüne Fleck wimmelt von Parasiten und Symbionten: eng umschlungene Tänze. Der Biologe P. W. Price schätzte, daß über 50 Prozent aller heutigen Arten Parasiten sind. (Das parasitäre Muster stammt aus tiefster paläolithischer Vergangenheit und wird vermutlich weiter Karriere machen) Hier sind die Neuigkeiten: Die Hälfte der lebendigen Welt ist in gegenseitige

Abhängigkeiten verstrickt! Unternehmensberater warnen ihre Kunden davor, ein symbiontisches Unternehmen zu werden, das von einem einzigen Kunden oder Zulieferer abhängig ist. Aber viele Unternehmen, die das tun, machen, soweit ich weiß, gute Gewinne und leben im Schnitt auch nicht kürzer als andere. In den neunziger Jahren werden die Allianzen unter Großunternehmen – besonders unter solchen der Informations- und Netzwerkindustrie – zu einer weiteren Facette der zunehmend koevolutionären Wirtschaftswelt. Statt den Konkurrenten zu schlucken oder mit ihm zu konkurrieren, gehen die beiden ein Bündnis ein – eine Symbiose.

Die Parteien innerhalb einer Symbiose müssen nicht symmetrisch oder gar paritätisch sein. Biologen haben herausgefunden, daß in Wirklichkeit fast alle symbiotischen Bündnisse in der Natur für jeweils eine Partei einen größeren Vorteil erbringen – es handelt sich eigentlich um eine Art von Parasitendasein. Aber sogar wenn die eine Seite auf Kosten der anderen Gewinn macht, gewinnen insgesamt betrachtet beide Seiten, weswegen der Pakt bestehen bleibt.

Brand begann in seiner Zeitschrift *CoEvolution* Geschichten über koevolutionäre Tricks zu sammeln. Eines der illustrativsten Beispiele einer Bündnisbildung in der Natur ist das folgende:

> Im Osten Mexikos existiert eine bestimmte Art von Akaziensträuchern. Die meisten Akazien haben Dornen, bittere Blätter und andere Schutzvorrichtungen gegen eine hungrige Umwelt entwickelt. Eine davon, die »Kugelkopfakazie«, hat gelernt, eine Ameisenart dahin zu bringen, sie als einzige Nahrungsquelle anzusehen und alle anderen Schädlinge zu töten oder zu verjagen. Ihre Lockmittel umfaßten nach und nach raffinierte wasserdichte, vergrößerte Dornen, in denen die Ameisen leben konnten, leicht erreichbare Nektarquellen und spezielle Knospen an den Blattspitzen, die den Ameisen als Nahrung dienten. Die Ameisen, deren Interessen zunehmend mit denen der Akazie zusammenfielen, lernten, die Dornen zu bewohnen, Tag *und* Nacht auf der Akazie Wache zu halten, jedes Lebewesen, das Hunger auf sie verspürte, zu attackieren und sogar eindringende Pflanzen wie Weinranken und Baumkeimlinge, die Mutter Akazie beschatten könnten, abzuschneiden. Die Akazie gab

ihre bitteren Blätter, scharfen Dornen und anderen Vorsichtsmaßnahmen auf und ist nun auf die Akazienameise zum Überleben angewiesen. Und die Ameisenkolonie kann nicht mehr ohne die Akazie leben. Gemeinsam sind sie unschlagbar.

Im Verlauf der Evolution haben Beispiele für Koevolution in dem Maße zugenommen, wie sich das Zusammenleben der Arten intensivierte. Je reichhaltiger die Sozialformen des Lebens sind, desto wahrscheinlicher ist es, daß sie zu gegenseitig nützlichen Wechselwirkungen umfunktioniert werden. Je mehr wir unsere ökonomische und materielle Welt auf gegenseitige Empfänglichkeit aufbauen, desto mehr evolutionäre Tricks werden wir erleben.

Parasitäres Verhalten allein ist ein neuer Bereich für Organismen, um sich ihren Lebensunterhalt zu sichern. Folglich finden wir Parasiten über Parasiten. Der Ökologe John Thompson stellt fest: »Der Reichtum an sozialen Verhaltensformen kann die Gegenseitigkeitsbeziehungen zu anderen Arten anwachsen lassen. Genauso kann Wechselseitigkeit die Evolution neuer sozialer Verhaltensformen veranlassen.« In echt koevolutionärer Manier brütet die Koevolution Koevolution aus.

In einer Milliarde Jahre könnte das Leben auf der Erde von Grund auf sozial organisiert und voller Parasiten und Symbionten sein; und die Weltwirtschaft könnte vorrangig ein wimmelndes Netz von Bündnissen sein. Was geschieht jedoch, wenn die Koevolution einen ganzen Planeten durchsetzt? Was macht ein Himmelskörper voller spiegelnder, sensibel reagierender, koadaptierender und selbstbezüglicher Lebewesen?

Der Schmetterling und die Seidenpflanze tanzen ständig umeinander herum und verändern sich durch dieses unaufhörliche, verrückte Ballet weit über die Formen hinaus, die sie besäßen, wenn Ruhe zwischen ihnen herrschte. Das Chamäleon, das sich auf dem Spiegel ruhelos hin und her bewegt, gerät in einen Zustand der Verwirrung, der alles andere als geistig gesund ist. Es *gibt* eine Sorte Wahnsinn, die aus andauernder Selbstreflektion resultiert – die gleiche Verrücktheit, wie wir sie im nuklearen Wettrüsten der Nachkriegszeit wahrnehmen konnten. Koevolution treibt die Dinge ins Absurde. Obwohl der Schmetterling und die Seidenpflanze in gewisser Weise Konkurrenten sind, können sie nicht für sich leben. Paul Ehrlich sieht in der Koevolution einen Vorgang, der zwei Konkurrenten in eine »Zwangskooperation« treibt. Er schrieb: »Es widerspricht sowohl den Interessen des Schädlings als auch denen seines Wirts, den Feind zu eliminieren.« Das ist zwar eindeutig irrational, aber genauso eindeutig eine Kraft, die die Natur vorantreibt.

Wenn das menschliche Denken ausrastet und in einer Spirale von Beobachtungen der Beobachtung seiner selbst in einem Spiegel steckenbleibt, oder von seinen Feinden so abhängig wird, daß es sie nachäfft, erklären wir es für geistig krank. Dennoch gibt es auch ein Moment der Verrücktheit – ein Moment der Unausgewogenheit – in der Intelligenz und im Bewußtsein selbst. Bis zu einem gewissen Grad muß das Denken, auch ein primitives Denken, sich selbst beobachten. Muß jedes Bewußtsein Nabelschau betreiben?

Das war der springende Punkt des Gesprächs, in dem Stewart Brand die Aufmerksamkeit von Gregory Bateson auf das schöne Rätsel vom Chamäleon auf dem Spiegel lenkte, welches die beiden Biologen über Umwege weiter verfolgten. Bei ihren Überlegungen gelangten sie zu dem merkwürdigen Schluß, daß angesichts der sonst allgemeinen Ruhe Bewußtsein, Leben, Intelligenz und Koevolution nicht austariert, sondern voller Überraschungen, ja, sogar unvernünftig seien. Wir finden Intelligenz und Leben gespenstisch, weil sie sich in einem prekären Zustand fernab jedes Gleichgewichts befinden. Verglichen mit dem übrigen Universum sind Intelligenz, Bewußtsein und Leben stabile Instabilitäten.

Sie werden durch das rekursive Kräftespiel der Koevolution zusammengehalten, ähnlich einem Bleistift, der senkrecht auf seine Spitze gestellt wird. Der Schmetterling nutzt die Seidenpflanze aus und die Seidenpflanze den Schmetterling. Je härter sie sich ausnutzen, desto unmöglicher wird es für sie loszulassen, bis sich die ganze Schmetterlings-Seidenpflanzen-Angelegenheit zu einem eigenen Wesen entwickelt – einem lebendigen Insekten-Pflanzen-System, das sich selbst am eigenen Schopfe emporzieht.

Fanatische Wechselseitigkeit kommt nicht nur in Paarbeziehungen vor. Dreiergruppen können sich zu einer emergenten, koevolutionär verschalteten Symbiose vermischen. Ganze Gemeinschaften können koevolutionär sein. Tatsächlich wird sich jeder Organismus, der sich an Organismen um ihn herum anpaßt, in gewissem Grad als ein indirekter Vertreter der Koevolution verhalten. Weil sich alle Organismen anpassen, bedeutet dies, daß *alle* Organismen eines Ökosystems an einer kontinuierlichen Koevolution teilnehmen, die von der direkten Symbiose bis zur indirekten wechselseitigen Beeinflussung reicht. Die koevolutionäre Kraft fließt von einem Geschöpf zu seinem engsten Nachbarn und bewegt sich dann in schwächer werdenden Wellen weiter, bis sie restlos alle lebendigen Organismen berührt. Auf diese Weise sind Millionen von Arten auf diesem Heimatplaneten untereinander zu einem losen Netz verknüpft, so daß es unmöglich wird, das koevolutionäre Gefüge zu entwirren, und die Teile erheben sich zu einem Aggregatzustand gespenstischer, stabiler Instabilität.

Das Netzwerk des irdischen Lebens geht, wie jedes vielgliedrige Dasein, über die Existenz seiner Bestandteile hinaus. Aber dieses großartige Leben reicht tiefer und fesselt den gesamten Planeten im Gewebe seines Netzwerks und bindet auch die nichtlebendige Matrix aus Stein und Gas in seine koevolutionären Possen ein.

Vor dreißig Jahren wurde die NASA von Biologen gebeten, einige unbemannte Raumsonden auf die beiden wahrscheinlichsten Kandidaten für außerirdisches Leben – den Mars und die Venus – zu schießen und dort Bodenproben zu entnehmen, um nach Lebenszeichen zu suchen.

Der Lebensmesser, mit dem die NASA aufwartete, war eine komplizierte, empfindliche (und teure) Vorrichtung, die nach der Landung mit Planetenstaub überzogen werden und nach Anzeichen für bakterielles Leben suchen sollte. Einer der von der NASA angeheuerten Berater war James Lovelock, ein freundlicher britischer Biochemiker, der glaubte, ein besseres Verfahren zu haben, um auf Planeten nach Leben zu suchen – eine Methode, die keinen viele Millionen Dollar teuren Apparat, nicht einmal ein Rakete erforderte.

Lovelock war eine äußerst seltene Erscheinung in der modernen Wissenschaft. Er arbeitete sich als wissenschaftlicher Einzelgänger aus einem steinernen Häuschen inmitten von Hecken im englischen Cornwall nach oben. Ohne eine formale institutionelle Anbindung behauptete er einen makellosen wissenschaftlichen Ruf, was in der kapitalschweren Wissenschaftswelt eine Seltenheit darstellt. Seine völlige Unabhängigkeit nährte und verlangte gleichzeitig selbständiges

Denken. In den frühen sechziger Jahren machte Lovelock einen radikalen Vorschlag, der die übrigen Leute beim NASA-Sondenteam ärgerte. Sie wollten ja wirklich mit einem Meßgerät auf einem anderen Planeten landen. Und er schlug vor, daß sie lieber die Finger davon lassen sollten.

Lovelock berichtete, daß er mit Hilfe eines Blicks durch ein Teleskop entscheiden konnte, ob es auf einem Planeten Leben gab oder nicht. Er konnte das Spektrum einer Planetenatmosphäre messen und darüber ihre Zusammensetzung bestimmen. Die Zusammensetzung der Gashülle, die einen Planeten umgab, würde das Geheimnis enthüllen, ob der Himmelskörper Leben beherbergte. Um das herauszufinden, mußte man keine teure Blechdose durch das Sonnensystem schießen. Lovelock kannte die Antwort bereits.

1967 verfaßte er zwei Aufsätze, die auf seiner Atmosphärenauswertung basierten und vorhersagten, daß auf dem Mars kein Leben anzutreffen sei. Der NASA-Satellit, der Ende der sechziger Jahre den Mars umrundete, und die spektakulären sanften Marslandungen in den Siebzigern machten allen deutlich, daß der Mars tatsächlich so tot war, wie Lovelock es vorhergesehen hatte. Entsprechende Sonden zur Venus brachten die gleichen schlechten Nachrichten: Außerhalb der Erde war das Sonnensystem leer und unfruchtbar.

Wie konnte Lovelock das wissen?

Durch die Chemie und die Koevolution! Als die chemischen Verbindungen in der Atmosphäre und im Boden des Mars durch die Sonneneinstrahlung mit Energie aufgeladen, vom Planetenkern erhitzt und von der marsianischen Schwerkraft zurückgehalten wurden, richteten sie sich nach Millionen von Jahren in einem dynamischen Gleichgewicht ein. Die einfachen chemischen Gesetze erlauben es einem Wissenschaftler, Berechnungen über ihre Reaktionen anzustellen, als ob der Planet ein riesiges Reagenzglas wäre. Wenn ein Chemiker die ungefähren Formeln für Mars, Venus und andere Planeten herleitet, befinden sich die Gleichungen annäherungsweise in der Balance: Energie, Mischungszugaben; Energie, Mischungsergebnisse. Die Teleskopmessungen (und später die der Sonden) stimmten mit den Gleichungen überein.

Das galt nicht für die Erde. Die Zusammensetzung der Gase in der Erdatmosphäre bewegt sich fernab jeder Ordnung. Und zwar, wie

Lovelock herausfinden sollte, aufgrund der merkwürdigen akkumulativen Effekte der Koevolution.

Besonders die 21 Prozent Sauerstoff machen die Erdatmosphäre instabil. Sauerstoff ist ein hochreaktives Gas, das sich mit vielen Elementen zu einer stark explosiven Mischung verbindet, die wir Feuer oder Brand nennen. Thermodynamisch gesehen, müßte der hohe Sauerstoffanteil der Erdatmosphäre rasch abnehmen, da feste Oberflächen oxidieren. Auch andere reaktive Spurengase wie Lachgas und Methyljodid halten sich auf gehobenen und anomalen Niveaus. Sauerstoff und Methan koexistieren, obwohl sie grundsätzlich inkompatibel sind – oder, besser gesagt, eher *zu* kompatibel; denn eigentlich sollten sie sich gegenseitig verbrennen. Kohlendioxyd ist in der Erdatmosphäre unerklärlicherweise ein bloßes Spurengas, obwohl es – wie auf anderen Planeten – den Hauptbestandteil der Luft bilden sollte. Darüber hinaus sind auch die Temperatur und die Alkali-Anteile der Erdoberfläche merkwürdig hoch. Die gesamte Erdoberfläche scheint eine ungeheure, instabile chemische Anomalie zu sein.

Bei Lovelock hinterließ dies den Eindruck, als hätte eine unsichtbare Macht – eine unsichtbare Hand – die einander beeinflussenden chemischen Reaktionen auf ein höheres Niveau gestoßen, das jeden Moment in eine ausgeglichene Ruhestellung zurückschwingen könnte. Die Chemie von Mars und Venus war so ausbalanciert wie das Periodensystem und genauso tot. Die Chemie der Erde war vollkommen durcheinander, laut des Periodensystems gänzlich aus der Balance geraten – und am Leben. Daraus schloß Lovelock, daß jeder belebte Planet eine Chemie enthüllen würde, die sonderbare Entgleisungen enthalten mußte. Eine lebensfreundliche Atmosphäre ist vielleicht nicht sauerstoffreich, aber sie sollte einem Gleichgewicht widersprechen, wie es im Lehrbuch steht.

Jene unsichtbare Hand war das koevolutionäre Leben.

Das Leben in der Koevolution, das den beachtlichen Trick zur Erzeugung einer stabilen Instabilität beherrscht, verschob den chemischen Kreislauf der Erdatmosphäre in eine Richtung, die Lovelock einen »beständigen Ungleichgewichtszustand« nennt. Die Atmosphäre müßte eigentlich jeden Augenblick zusammenbrechen, aber seit Millionen von Jahren tut sie das nicht. Weil die Mehrzahl des mikrobischen Lebens hohe Sauerstoffniveaus benötigt und weil mikrobische

Fossilien Milliarden von Jahren alt sind, ist dieser seltsame Zustand dissonanter Harmonie ziemlich beständig und stabil geblieben.
Die Erdatmosphäre strebt genauso sehr nach einem konstanten Sauerstoffniveau wie ein Thermostat nach einer konstanten Temperatur. Der einheitliche Sauerstoffgehalt von 20 Prozent, den sie gefunden hat, scheint, wie ein Wissenschaftler feststellte, ein »Zufall« zu sein. Weniger Sauerstoff wäre anämisch, mehr hingegen zu leicht entflammbar. George R. Williams von der Universität in Toronto schreibt: »Ein O_2-Anteil von etwa 20 Prozent scheint eine Balance zwischen einer fast sichergestellten, vollständigen Durchlüftung der Ozeane und der Vermeidung größerer Vergiftungsrisiken oder einer gesteigerten Entzündlichkeit organischen Materials darzustellen.« Aber wo sind die Sensoren und thermostatischen Kontrollmechanismen? Und wo befindet sich, so gesehen, der Brenner?
Tote Planeten finden ihr Gleichgewicht durch geologische Kreisläufe. Gase, wie etwa Kohlendioxyd, lösen sich in Flüssigkeiten und können sich als Festkörper niederschlagen. Es wird sich lediglich soviel Gas lösen, daß eine natürliche Sättigung erreicht wird. Feststoffe können Gase wieder in die Atmosphäre freisetzen, wenn sie erhitzt und durch Vulkantätigkeiten zusammengepreßt werden. Ablagerungen, Verwitterungen, Aufwölbungen – all die großen geologischen Kräfte – agieren genauso wie starke chemische Agenzien, indem sie die Materialien zersetzen und binden. Thermodynamische Entropie zieht alle chemischen Reaktionen auf deren niedrigstes Energieniveau hinunter. Die Metapher des Brenners bricht zusammen. Das Gleichgewicht auf einem toten Planeten funktioniert weniger wie ein Thermostat und mehr wie der Wasserstand in einer Schüssel; er pegelt sich einfach ein, wenn er nicht mehr abnehmen kann.
Doch die Erde gleicht einem Thermostaten. Der koevolutionäre Wirrwarr des Lebens, der die Chemikalien des Planeten zu einem höheren Potential führt, sorgt für einen spontanen Kreislauf. Angenommen, das gesamte Leben auf der Erde wäre ausgelöscht – die Erde würde in einen dauernden Gleichgewichtszustand zurückfallen und so vorhersehbar langweilig wie Mars und Venus werden. Aber solange die vielgliedrige Hand des Lebens herrscht, wird sie die chemischen Elemente der Erde aus der Ordnung der Periodentafel heraushalten.

Dennoch ist das Ungleichgewicht selbst ausgeglichen. Das beständige Ungleichgewicht, das vom koevolutionären Leben erzeugt wird und nach dem Lovelock als entscheidendem Kriterium für die Existenz von Leben sucht, besitzt seine eigene Stabilität. Soweit wir wissen, blieb der Sauerstoffanteil der Erdatmosphäre seit Millionen von Jahre bei etwa 20 Prozent stabil. Die Atmosphäre agiert nicht wie eine Drahtseilakrobatin, die sich weit zur Seite neigt, sondern wie eine Akrobatin, die zwischen Kippen und Fallen schwankt und *über Millionen Jahre hinweg auf diese Weise balanciert.* Sie fällt nie, aber sie ist immer nahe daran. Es ist ein Zustand dauernden Beinahe-Fallens.

Lovelock erkannte, daß das ständige Beinahe-Fallen ein Echtheitsstempel für das Leben ist. Komplexitätsforscher haben vor kurzem erkannt, daß es ein Echtheitsstempel jedes Vivisystems ist: einer Wirtschaft, eines natürlichen Ökosystems, einer komplexen Computersimulation, eines Immunsystems oder eines Evolutionssystems. Alle teilen sich jene paradoxe Beschaffenheit, daß sie am besten funktionieren, wenn sie in einem Schwebezustand ewigen Hinabsteigens verharren, ohne je unten anzukommen – wie in einem Bild von M. C. Escher. Sie verharren im Augenblick des Kollabierens.

David Layzer behauptet in seinem halbwissenschaftlichen Buch *Die Ordnung des Universums,* daß »die wichtigste Eigenschaft des Lebens nicht die Vermehrung der Invarianz, sondern der *Instabilität* ist.« Der Schlüssel des Lebens liegt in dessen Fähigkeit, sich eher unordentlich als exakt zu reproduzieren. Der Beinahe-Fall ins Chaos läßt das Leben weiterwuchern.

Eine kaum wahrgenommene, aber zentrale Charaktereigenschaft solcher Vivisysteme besteht darin, daß dieses paradoxe Wesen ansteckend ist. Vivisysteme dehnen ihre ausbalancierte Instabilität auf alles aus, womit sie in Berührung kommen – und sie greifen nach allem. Auf der Erde bahnt sich das Leben seinen Weg in die Feststoffe, Flüssigkeiten und Gase hinein. Kein Stein ist unseres Wissens in der Vergangenheit nicht mindestens einmal vom Leben berührt worden. Winzige Meeresmikroorganismen verwandeln im Meerwasser gelöste Kohlen- und Sauerstoffgase in Festkörper, um Salz herzustellen, das sich auf dem Meeresboden ablagert. Die Ablagerungen werden schließlich unter der Last der Sedimente zu Stein zusammengepreßt. Winzige pflanzliche Organismen transportieren Kohlenstoff aus der Luft in die Erde und noch weiter auf den Meeresgrund hinab, um dort zu Öl umgewandelt zu werden. Das Leben erzeugt Methan, Ammoniak, Sauerstoff, Wasserstoff, Kohlendioxyd und viele andere Gase. Eisen- und metallkonzentrierende Bakterien erzeugen metallische Erze. (Eisen, das Paradebeispiel für Nichtleben, aus Leben geboren!) Aus bestimmten Untersuchungen haben Geologen geschlossen, daß das gesamte Gestein (mit Ausnahme vielleicht der vulkanischen Lava), das auf der Erdoberfläche ruht, aus recycelten Sedimenten entstand, weswegen alles Gestein biologischer Natur ist, das heißt, vom Leben berührt wurde. Das schonungslose Stoßen und Zerren des koevolutionären Lebens bringt schließlich den leblosen Stoff des Universums ins Spiel. Es macht sogar das Gestein zu einem Teil seines tanzenden Spiegelbilds.

Einer der ersten, die die transzendente Sichtweise zum Ausdruck brachten, daß das Leben die physische Beschaffenheit dieses Planeten direkt geformt habe, war der russische Geologe Wladimir Vernadsky. Er veröffentlichte diesen Gedanken bereits 1926. Vernadsky widmete sich den Millionen von Organismen auf der Erde und dachte über deren Einfluß auf die materiellen Reichtümer des Planeten nach. Er nannte dieses gewaltige System natürlicher Reichtümer die »Biosphäre« (obwohl Eduard Suess diesen Begriff bereits einige Jahre zuvor geprägt hatte), und machte sich daran, sie in seinem Buch *Die Biosphäre* einer quantitativen Messung zu unterziehen.

Indem er das Leben als ein Chamäleon auf einem felsigen Spiegel darstellte, wurde Vernadsky in doppelter Hinsicht zum Häretiker. Er verärgerte die Biologen, weil er die Biosphäre der Lebewesen als große Chemiefabrik beschrieb. Pflanzen und Tiere waren bloße temporäre chemische Speicher in dem gewaltigen Mineralienstrom rund um die Welt. »Lebende Materie ist eine spezielle Sorte Gestein… ein altes und gleichzeitig ewig junges Gestein«, schrieb Vernadsky. Lebewesen seien zerbrechliche Gehäuse zur Aufbewahrung dieser Mineralien. »Der Sinn der Tiere«, sagte er einmal über ihre Fortbewegungsfähigkeit und ihr Tun, »besteht darin, den Wind und die Wellen darin zu unterstützen, das Biosphärengebräu umzurühren.«

Gleichzeitig zog Vernadsky den Zorn der Geologen auf sich, indem er über Gesteine nachdachte, als seien sie halblebendig. Weil sich die Entstehung aller Gesteine über das Leben vollzog, bedeutete ihre graduelle Wechselwirkung mit lebenden Organismen, daß Gesteine jener Teil des Lebens sind, der sich am langsamsten bewegt. Die Berge, das Wasser der Ozeane und die Atmosphärengase stellten eine extrem langsame Lebensform dar. Natürlich sträubten sich die Geologen gegen diesen scheinbaren Mystizismus.

Die beiden Häresien verbanden sich zu einer wunderbaren Symmetrie: Leben als sich immer wieder erneuerndes Mineral und Mineralien als langsame Lebensformen. Sie könnten lediglich die entgegengesetzten Seiten derselben Münze sein. Die beiden Seiten dieser Gleichung lassen sich mathematisch nicht trennen. Sie bilden ein System: Echse-Spiegel, Pflanze-Insekt, Gestein-Leben und heute, in der modernen Zeit, Mensch-Maschine. Der Organismus verhält sich als Umwelt, die Umwelt verhält sich als Organismus.

Innerhalb der Randbezirke der Wissenschaft war dies seit einigen Jahrhunderten eine ehrbare Vorstellung. Viele Evolutionsbiologen des 19. Jahrhunderts wie T. H. Huxley, Herbert Spencer und auch Darwin haben intuitiv verstanden, daß die physikalische Umwelt ihre Geschöpfe formt und die Geschöpfe ihre Umwelt formen und daß auf lange Sicht gesehen die Umwelt der Organismus und der Organismus die Umwelt ist. Alfred Lotka, ein früher Theoretiker der Biologie, schrieb 1925: »Es ist nicht so sehr der Organismus oder die Art, die evolviert, sondern das gesamte System, Spezies plus Umwelt. Die beiden sind untrennbar verbunden.« Das vollständige System aus evolutionärem Leben und dem Planeten war die Koevolution, der Tanz des Chamäleons auf dem Spiegel.

Wenn das Leben von der Erde verschwände, stellte sich Vernadsky vor, würde der Planet nicht nur in die »chemische Ruhe« des Gleichgewichtszustands zurücksinken, sondern die Tonablagerungen, Karsthöhlen, Erzminen, Kreideklippen, kurz die besondere Struktur sämtlicher Landschaften der Erde würden verschwinden. »Leben ist keine äußerliche und zufällige Entwicklung auf der Erdoberfläche. Es steht vielmehr in einer direkten Verbindung zu der Beschaffenheit der Erdkruste«, schrieb Vernadsky 1929. »Ohne Leben würde das Gesicht der Erde so bewegungslos und träge wie das des Mondes werden.«

Drei Jahrzehnte später gelangte der unorthodoxe Denker James Lovelock auf der Basis seiner Teleskopanalysen von anderen Planeten zu den gleichen Schlußfolgerungen. Lovelock stellte fest: »Organismen passen sich keineswegs einfach an eine tote Welt an, die allein von Physik und Chemie bestimmt wird. Sie leben in einer Welt, die aus dem Atem und den Knochen ihrer Vorfahren besteht und die sie nun in Gang halten.« Lovelock besaß ein umfassenderes Wissen von der Frühzeit der Erde, als es Vernadsky zur Verfügung gestanden hatte, und er hatte ein besseres Verständnis der globalen Muster der Gas- und Materialströme auf der Erde. All das ließ ihn vollkommen ernsthaft vermuten, daß »die Luft, die wir atmen, die Ozeane und die Gesteine entweder die direkten Erzeugnisse lebender Organismen oder durch deren Anwesenheit in großem Umfang modifiziert worden sind.«

Eine derart ungewöhnliche Schlußfolgerung wurde von dem französischen Naturphilosophen Jean Baptiste Lamarck vorausgeahnt, der um 1800 noch weniger Informationen über die globalen Dynamiken besaß als Vernadsky. Als Biologe war er Darwin ebenbürtig. Er, nicht Darwin, war der wahre Entdecker der Evolution; aber Lamarck ist unverdienterweise mit dem Ruf eines Verlierers behaftet, da er sich zu sehr auf die Intuition statt auf die moderne Vorstellung detaillierter Fakten verließ. Lamarck vermutete die Existenz der Biosphäre und war auch damit seiner Zeit voraus. Weil es damals nicht die Spur eines wissenschaftlichen Beweises gab, der Lamarcks Behauptungen hätte stützen können, blieben seine Beobachtungen ohne Einfluß. Im Jahr 1802 schrieb er: »Komplexe mineralische Substanzen aller Art, die die äußere Kruste der Erde bilden, in Gestalt individueller Anhäufungen, Erzansammlungen, paralleler Schichten usw. vorkommen und Niederungen, Hügel, Täler und Berge bilden, sind ausschließlich Produkte von Tieren und Pflanzen, die in diesen Gegenden der Erdoberfläche existierten.«

Die kühnen Behauptungen von Lamarck, Vernadsky und Lovelock erscheinen auf den ersten Blick lächerlich, im Kalkül lateraler Kausalität ergeben sie jedoch den guten Sinn, daß alles, was wir um uns herum sehen können – den schneebedeckten Himalaya, die tiefen Ozeane in Ost und West, langgestreckte Gebirgsketten, ehrfurchtgebietende bunte Wüstencanyons, wildreiche Täler –, genauso Produkt des Lebens ist wie die Bienenwabe.

Lovelock starrte weiter in den Spiegel und fand heraus, daß er nahezu bodenlos war. Als er in den folgenden Jahren die Biosphäre untersuchte, fügte er der Liste der vom Leben erzeugten Dinge weitere komplexe Phänomene hinzu. Einige Beispiele: Das Plankton in den Ozeanen setzt ein Gas frei (Dimethylsulfid, DMS), das oxidiert und so submikroskopische Aerosole von schwefelsauren Salzen erzeugt, die Kondensationskerne von Wolkentröpfchen bilden. Folglich könnten vielleicht sogar die Wolken und der Regen biologischer Herkunft sein. Sommergewitter könnten vielleicht das Leben sein, das auf sich selbst herabregnet. Einige Studien deuteten an, daß die Mehrzahl der Kondensationskerne von Schneekristallen aus zerfallener Vegetation bestehen könnte, aus Bakterien oder Pilzsporen; und somit ist der Schnee vielleicht im wesentlichen vom Leben erzeugt worden. Kaum eine Wolke entflieht dem Abdruck des Lebens. »Es kann sein, daß unser Planet im Kern durch die Folgen des Lebens unverändert geblieben ist; aber es wäre unklug, dies anzunehmen«, meinte Lovelock. »Lebendige Materie ist die mächtigste *geologische* Kraft«, behauptete Vernadsky, »und sie *wächst mit der Zeit*«. Je mehr Leben existiert, desto größer ist seine physische Kraft. Menschen intensivieren das Leben zusätzlich. Wir machen fossile Energien nutzbar und hauchen Maschinen Leben ein. Unsere gesamte industrielle Infrastruktur wird – als Ausweitung unserer eigenen Körper – Teil eines umfassenderen Lebens von globalem Maßstab. Sobald das Kohlendioxyd aus unseren Fabriken in die Luft entweicht und die globalen Mischungsverhältnisse verändert, wird das Reich unserer künstlichen Maschinen ebenfalls zu einem Teil des Planetenlebens. Jonathan Weiner kann in seinem Buch *Die nächsten 100 Jahre: Wie der Treibhauseffekt unser Leben verändern wird* deshalb mit Recht sagen: »Die industrielle Revolution war ein erstaunliches geologisches Ereignis.« Wenn Gesteine langsame Lebensformen darstellen, dann sind unsere Maschinen eine schnellere Art langsamen Lebens.

»Mutter Erde« war eine alte und tröstliche Vorstellung; die Erde als maschinelle Apparatur ist dagegen eine schwerer verdauliche Idee. Vernadsky kam der Vorstellung Lovelocks, daß die irdische Biosphäre eine Regulierung jenseits des chemischen Gleichgewichts aufweist, sehr nahe. Vernadsky bemerkte, daß »Organismen eine Art von Selbstregelung zeigen« und daß die Biosphäre sich selbst zu regeln schien. Aber Vernadsky ging nicht weiter, weil der entscheidende Begriff der Selbstregulierung als ein rein maschineller Vorgang bis dahin noch nicht entdeckt worden war. Wie sollte etwas, das bloß eine Maschine war, sich selbst steuern?

Heute wissen wir, daß Selbststeuerung und Selbstkontrolle keine mystischen Vital-Geister sind, die sich nur bei Lebendigem finden, weil wir Maschinen gebaut haben, die sie ebenfalls enthalten. Eher verhält es sich so, daß Steuerung und zielgerichtetes Handeln rein logische Vorgänge sind, die in jedem hinreichend komplexen Medium auftauchen können, unter anderem bei Getrieben und Hebeln oder selbst bei komplexen chemischen Verfahren. Wenn ein Thermostat oder eine Dampfmaschine über Selbstkontrolle verfügen können, ist die Vorstellung, daß ein Planet derart anmutige Rückkopplungsschleifen entwickelt, nicht mehr so befremdlich.

Lovelock brachte das Gespür eines Technikers in die Analyse von Mutter Erde ein. Er war Bastler, Erfinder, Patentbesitzer und hatte für das größte technische Unternehmen aller Zeiten, die NASA, gearbeitet. 1972 legte Lovelock eine Hypothese darüber vor, wo sich die Selbstregulierung des Planeten vollzieht. Er schrieb: »Die ganze Bandbreite irdischer, lebendiger Materie, von Walen bis hin zu Viren, von Eichen bis hin zu Algen, läßt sich als eine einzige lebendige Einheit verstehen, die in der Lage ist, die Erdatmosphäre so zu manipulieren, daß sie ihren Gesamtbedürfnissen entspricht, und die mit Fähigkeiten und Kräften ausgestattet ist, die weit über diejenigen ihrer konstituierenden Bestandteile hinausreichen.« Lovelock nannte diese Sichtweise *Gaia.* 1972 veröffentlichte er zusammen mit der Mikrobiologin Lynn Margulis diese These, um sie der wissenschaftlichen Kritik auszusetzen. Lovelock glaubt, daß »die Gaia-Theorie ein wenig strenger ist als die der Koevolution«, zumindest im strengen biologischen Sinne des Wortes.

Ein Gespann aus koevolutionierenden Wesen, die sich gegenseitig in eskalierendem Wettrüsten nachjagen, scheint nur außer Kontrolle geraten zu können. Ebenso scheint ein Paar in traulicher Umarmung miteinander koevolutionierender Symbionten nur zu einem stagnierenden Solipsismus führen zu können. Aber Lovelock erkannte, daß, wenn ein ausgedehntes Netz koevolutionärer Impulse der Art besteht, daß keine Geschöpfe ihr eigenes Substrat und kein Substrat seine eigenen Geschöpfe aufbauen kann, sich ein solches koevolutionäres Netz solange ausdehnt, bis es sich in einem Kreislauf von Selbsterzeugung und Selbststeuerung geschlossen hat. Die »Zwangskooperation« von gegenseitigen Feinden oder Partnern kann nicht nur einen emergenten Zusammenhang aus den Teilen heraus entstehen lassen, sondern dieser Zusammenhang kann auch seine eigenen Extremzustände abmildern und dadurch nach seinem eigenen Überleben streben. Die Solidarität, die von einem planetarischen Feld von Wesen hervorgebracht wird, welche sich in einer koevolutionierenden Umwelt und gegenseitig spiegeln, ist das, was Lovelock mit Gaia meint.

Viele Biologen (einschließlich Paul Ehrlich) sind über die Gaia-Idee nicht glücklich, weil Lovelock die Definition des Lebens ausgedehnt hat, ohne nach ihrer Zustimmung zu fragen. Er vergrößerte die Reichweite von Leben durch die Miteinbeziehung einer überwiegend mechanischen Apparatur. Um es mit einfachen Worten zu sagen, wurde ein stabiler Planet zu »der größten Manifestation des Lebens«, die wir kennen. Er ist ein komisches Biest: 99,9 Prozent Gestein, eine Menge Wasser und ein wenig Luft, umhüllt von dem feinsten grünen Film, der ihn umspannen kann.

Aber wenn man die Erde auf Bakteriengröße verkleinern und unter einem Hochleistungsmikroskop genau untersuchen würde, würde sie dann fremder erscheinen als ein Virus? Dort schwebt Gaia, ein blauer Himmelskörper unter dem kalten Licht. Sie atmet Energie ein, reguliert ihre inneren Zustände, wehrt Störungen ab, erzeugt Komplexitäten und ist bereit, einen weiteren Planeten umzuformen, wenn sich eine Chance bietet.

Während sich Lovelock von früheren Behauptungen distanziert, Gaia sei ein Organismus oder verhalte sich wie einer, besteht er darauf, daß sie *wirklich* ein System *ist*, das Eigenschaften eines Lebenwesens besitzt. Sie ist ein Vivisystem. Sie ist ein lebendiges System, ob sie nun alle für einen Organismus nötigen Merkmale besitzt oder nicht.

Daß Gaia aus vielen rein mechanischen Kreisläufen zusammengesetzt ist, sollte uns nicht davon abhalten, ihr das Etikett des Lebendigen anzuheften. Schließlich bestehen Zellen auch überwiegend aus chemischen Zyklen. Einige Kieselalgen sind hauptsächlich träges, kristallisiertes Kalzium. Bäume sind hauptsächlich toter Zellstoff. Aber sie bleiben *lebendige* Organismen.

Gaia ist ein abgegrenztes Ganzes. Als lebendes System sind ihre trägen, mechanischen Bestandteile Teil ihres Lebens. Lovelock: »Es gibt nirgendwo auf der Erdoberfläche eine klare Unterscheidung zwischen belebter und unbelebter Materie. Es gibt lediglich eine Hierarchie der Intensität, die von der materiellen Umwelt der Gesteine und der Atmosphäre zu den lebenden Zellen verläuft.« Irgendwo an der Grenze von Gaia, entweder in den dünnen Lüften der Stratosphäre oder tief im geschmolzenen Kern der Erde, zerrinnen die Effekte des Lebens. Niemand kann sagen, wo diese Linie verläuft, falls es sie überhaupt gibt.

Aus der Sicht der meisten Kritiker besteht der Haken an der Gaia-Hypothese darin, daß sie aus einem toten Planeten eine »intelligente« Maschine macht. Unsere versuchsweisen Entwürfe einer künstlichen, lernenden Maschine aus trägen Computern stecken bereits so in der Klemme, daß die Aussicht auf künstliches Lernen, das sich in planetarischem Maßstab unaufgefordert vollziehen soll, lächerlich erscheint.

Aber die Entwicklung von Lernvorgängen wird in ihrer Schwierigkeit überschätzt. Das hat vielleicht mit unserer chauvinistischen Vorliebe für Lernen als exklusives menschliches Gattungsmerkmal zu tun. Strenggenommen, und ich hoffe, daß ich das in diesem Buch zeigen kann, ist Evolution selbst eine Art Lernen. Deswegen ereignen sich Lernprozesse, wo immer evolutionäre Prozesse vor sich gehen, auch wenn es künstliche sind.

Die Entzauberung des Lernens ist eines der aufregendsten intellektuellen Abenteuer, das wir heute erleben. In einer virtuellen Zyklomorphose wird das Lernen in seine Ausgangsteilchen zertrümmert. Wissenschaftler katalogisieren die elementaren Komponenten von Anpassung, Induktion, Intelligenz, Evolution und Koevolution in einer Periodentafel des Lebens. Die Lernpartikel finden sich überall in allen trägen Medien und warten nur darauf (oft in Selbstmontage), zu etwas zusammengebaut zu werden, das wogt und bebt.

Koevolution ist eine Vielfalt von Lernvorgängen. So schrieb Stewart Brand in *CoEvolution Quarterly*: »Ökologie ist ein vollständiges System, gut, aber Koevolution ist auch *in zeitlicher Hinsicht* ein vollständiges System. Ihr Gesundbrunnen heißt ›vorwärts‹ – systemische Selbstbildung, gespeist durch permanente Unvollkommenheit. Ökologie bewahrt. Koevolution lernt.«

Gemeinsames Lernen ist vielleicht ein besserer Ausdruck dafür, was koevolutionierende Lebewesen tun. Es ist auch ein gemeinsames Lehren, denn die an der Koevolution Beteiligten lernen und lehren gleichzeitig. (Wir besitzen kein Wort dafür, aber der Schulunterricht würde sich verbessern, wenn wir eines hätten.)

Das Geben und Nehmen in einem koevolutionären Verhältnis – Lehren und Lernen zur gleichen Zeit – erinnerte viele Wissenschaftler an den Ablauf von Spielen. Ein einfaches Kinderspiel wie »In welcher Hand befindet sich die Münze?« übernimmt die rekursive Logik eines Chamäleons auf dem Spiegel, wenn derjenige, der den Pfennig versteckt, dieses immer gleiche Verfahren mit offenem Ende ablaufen läßt: »Ich hatte die Münze gerade in meiner rechten Hand versteckt, und jetzt wird derjenige, der raten muß, glauben, daß sie in meiner linken ist. Also werde ich sie in meine rechte Hand wandern lassen. Aber er weiß ebenfalls, daß ich weiß, daß er das weiß, weswegen ich sie in meiner linken behalten werde.«

Weil bei demjenigen, der raten muß, ein ähnlicher Prozeß abläuft, bilden die Spieler ein System wechselseitiger Absichtsdurchkreuzung. Das Ratespiel »In welcher Hand befindet sich die Münze?« ist mit dem Rätsel »Welche Farbe hat das Chamäelon auf einem Spiegel?« verwandt. Die bodenlose Komplexität, die aus derartig einfachen Regeln erwächst, verblüffte den Mathematiker John von Neumann, der in den frühen vierziger Jahren die Prinzipien der Computer-Programmierung entwickelte und zusammen mit Wiener und Bateson die kybernetische Forschung ins Leben rief.

Von Neumann erfand eine mathematische Spieltheorie. Er definierte das Spiel als einen Interessenkonflikt, der durch die sich summierenden Entscheidungen gelöst wird, welche von den Spielern getroffen werden, indem sie versuchen, dem anderen zuvorzukommen. Er nannte sein Buch (das er zusammen mit dem Ökonomen Oskar Morgenstern verfaßt hatte) *Spieltheorie und wirtschaftliches Verhalten*, weil er begriffen hatte, daß Wirtschaftssysteme einen hochgradig koevolutionären und spielerischen Charakter besitzen, den er mit der simplen Dynamik von Spielen zu erhellen hoffte. Nehmen wir beispielsweise an, daß der Eierpreis dadurch bestimmt wird, daß sich Verkäufer und

Käufer gegenseitig zuvorkommen wollen – welchen Preis wird letztere akzeptieren, wieviel glaubt ersterer, werde ich bieten, wieviel weniger, als ich zahlen will, soll ich bieten? Von Neumann fand die Tatsache erstaunlich, daß dieser unendliche Regreß wechselseitiger Blufferei, gegenseitiger Täuschung, Imitation und Reflektion, kurz eines »Spielchen Spielens«, gewöhnlich zur Festlegung eines definitiven Preises führt, statt sich in dieser Spirale endlos zu drehen. Sogar an einer Börse, die aus Tausenden von Händlern besteht, die sich alle in ihren Absichten durchschauen wollen, führt das Ensemble widerstreitender Interessen rasch zu einem ziemlich stabilen Preis.

Von Neumann wollte insbesondere herausfinden, ob er optimale Strategien für diese Art gegenseitiger Spiele entwickeln konnte, weil sie auf den ersten Blick theoretisch beinahe unlösbar erschienen. Seine Antwort war eine Spieltheorie. Forscher bei dem von der US-Regierung gegründeten RAND-Unternehmen, einer im kalifonischen Santa Monica niedergelassenen Denkfabrik, erweiterten die durch von Neumann begonnene Arbeit und katalogisierten schließlich vier Basistypen von Spielen, bei denen es darum ging, dem anderen jeweils einen Schritt voraus zu sein. Jeder Spieltyp hatte eine andere Belohnungsstruktur für Gewinnen, Verlieren oder Unentschieden spielen. Die vier einfachen Spiele wurden in der Fachliteratur »soziale Dilemmata« genannt, lassen sich aber genauso als vier Bausteine für kompliziertere koevolutionäre Spiele verstehen. Sie hießen »Chicken«, »Hirschjagd«, »Sackgasse« und das »Gefangenendilemma«.

»Chicken« wird von waghalsigen Teenagern gespielt. Zwei Autos rasen auf eine Felskante zu; der Fahrer, der als letzter herausspringt, gewinnt. »Hirschjagd« ist das Dilemma, dem sich eine Gruppe von Jägern gegenübersieht, die miteinander kooperieren müssen, wenn sie einen Hirsch erlegen wollen. Falls sich nämlich niemand zur Kooperation bereit zeigt, tun sie besser daran, sich davonzuschleichen, um einen Hasen zu jagen. Werden sie auf Kooperation (hoher Gewinn) oder auf Einzelgängertum (kleiner, aber sicherer Gewinn) setzen? »Sackgasse« ist ein langweiliges Spiel, in dem sich wechselseitiger Vertrauensbruch am meisten auszahlt. Das letzte, das »Gefangenendilemma«, ist das erhellendste Spiel und wurde zum Versuchskaninchen für über 200 veröffentlichte sozialpsychologische Experimente in den späten sechziger Jahren.

Im »Gefangenendilemma«, das 1950 von Merril Flood bei RAND erfunden wurde, müssen zwei isoliert gehaltene Gefangene unabhängig voneinander entscheiden, ob sie ein Verbrechen leugnen oder gestehen sollen. Falls beide gestehen, wird jeder mit einer Geldstrafe belegt. Wenn keiner gesteht, werden beide freigelassen. Wenn aber nur einer gesteht, wird er belohnt, während der andere mit einer Geldstrafe belegt wird. Kooperation macht sich bezahlt, aber Verrat auch, wenn er richtig ausgespielt wird. Wie würden Sie entscheiden? Wenn man es nur einmal spielt, ist der Verrat am anderen die beste Wahl. Aber als »Gefangene« das Spiel immer wieder spielten und dabei voneinander lernten – ein Spiel, das als »Iteriertes Gefangenendilemma« bekannt ist – veränderte sich die Dynamik des Spiels. Man konnte den anderen Spieler nicht fallenlassen; man mußte sich um ihn kümmern, entweder als zwangsläufigen Feind oder Partner. Das eng miteinander verknüpfte Schicksal findet eine Parallele in dem koevolutionären Verhältnis politischer Feinde, geschäftlicher Konkurrenten oder biologischer Symbionten. Mit dem Fortschreiten der Untersuchung dieses einfachen Spiels wurde eine andere Frage wichtiger: Welche Strategien erzielten bei der wiederholt gespielten Variante langfristig die höchste Trefferzahl? Und welche Strategien hatten Erfolg, wenn man sie gegen viele verschiedene Spielertypen anwandte, von der skrupellosen bis zur liebenswürdigen Sorte?

1980 veranstaltete Robert Axelrod, Politologe an der Universität von Michigan, ein Turnier, bei dem er vierzehn Strategien für das »Gefangenendilemma« vorschlug und alle gegeneinander ausspielte, um zu sehen, welche gewinnen würde. Es gewann eine sehr einfache Strategie, die von dem Psychologen Anatol Rapaport entworfen wurde und sich »Tit-For-Tat« (Wie du mir, so ich dir) nannte. Die Tit-For-Tat-Strategie schrieb als Gegenleistung für Kooperation Kooperation und als Gegenleistung für Verrat Verrat vor und tendierte dazu, Kooperationsfristen festzusetzen. Axelrod hatte entdeckt, daß »der Schatten der Zukunft«, der sich eher zeigte, wenn man das Spiel nicht nur einmal, sondern mehrmals hintereinander spielte, zur Kooperation ermutigte, weil es für einen Spieler sinnvoll war, jetzt zusammenzuarbeiten, um später der Kooperation anderer sicher zu sein. Dieser Schimmer von Zusammenarbeit brachte Axelrod auf folgende Fragestellung: »Unter welchen Bedingungen wird in einer

Welt von Egoisten ohne zentrale Autorität Kooperation selbständig entstehen?«

Über Jahrhunderte hinweg galt die ursprünglich von Thomas Hobbes im Jahr 1651 formulierte orthodoxe politische Überlegung als Dogma: daß Kooperation sich nur mit Hilfe einer wohlwollenden Zentralautorität entwickelt. Hobbes behauptete, daß es ohne Steuerung von oben nur kollektive Selbstsucht geben könne. Eine starke Hand müsse den politischen Altruismus hervorbringen, ganz gleich welches Aussehen die Volkswirtschaft habe. Aber die westlichen Demokratien, die nach der amerikanischen und französischen Revolution entstanden, belegten, daß Gesellschaften mit guten Kommunikationverhältnissen Strukturen der Kooperation ohne eine schwerfällige zentrale Kontrollinstanz entwickeln können. Zusammenarbeit kann aus Eigeninteresse heraus entstehen. In unserem postindustriellen Wirtschaftssystem ist spontane Kooperation normal. Umfangreiche Qualitäts- und Industriestandards (wie die 220-Volt-Netzspannung oder der ASCII-Code) und der Aufstieg des Internet, der größten funktionierenden Anarchie der Welt, haben das Interesse an den notwendigen Bedingungen für die Entwicklung koevolutionierender Kooperation nur noch verstärkt.

Derartige Kooperation ist kein New Age-Spiritualismus. Eher handelt es sich um etwas, das Axelrod »Kooperation ohne Freundschaft oder Voraussicht« nennt – kalte Naturprinzipien, die auf vielen Ebenen funktionieren, um eine selbstorganisierende Struktur hervorzubringen. Kooperation ohne die Frage, ob man will oder nicht.

Solche Spiele wie das »Gefangenendilemma« können von jedem anpassungsfähigen Agens gespielt werden – nicht nur von Menschen. Bakterien, Gürteltiere oder Computertransistoren können angesichts verschiedener Belohnungskategorien eine Wahl treffen, indem sie einen sofortigen sicheren Gewinn gegen einen größeren, jedoch risikoreicheren Gewinn in der Zukunft abwägen. Wenn über längere Zeit hinweg mit den gleichen Partnern gespielt wird, ist das Ergebnis gleichzeitig ein Spiel und eine Art von Koevolution.

Jeder komplexe, anpassungsfähige Organismus steht vor einer fundamentalen Entscheidung: er muß abwägen, ob er eine Fähigkeit oder ein Merkmal perfektionieren (Beine ausbilden, um schneller rennen zu können) oder mit neuen Merkmalen (Flügeln) experimentieren soll. Nie kann er alle Dinge zugleich leisten. Dieses tägliche Dilemma nennt man die Entscheidung zwischen Ausprobieren und Ausbeuten. Axelrod bildet eine Analogie zu einem Krankenhaus: »Im Durchschnitt kann man erwarten, daß sich durch ein neues Medikament eine geringere Wirkung erzielen läßt als durch die Optimierung einer etablierten Medikation. Aber wenn man jedem Patienten das momentan beste Medikament gäbe, würden nie neue ausprobiert werden. Aus der Sicht des Einzelnen sollte man diesen Versuch nicht unternehmen. Aber aus der Sicht einer Gesellschaft von Individuen sollte man einige Experimente wagen.« Wieviel Ausprobieren (zukünftiger Gewinn) versus wieviel Ausbeutung (sicherer Sofortgewinn) heißt das Spiel, auf das sich auch ein Krankenhaus einlassen muß. Lebende Organismen lassen sich auf einen ähnlichen Handel ein bei der Entscheidung über den notwendigen Grad von Mutation und Innovation, um mit einer sich verändernden Umwelt Schritt zu halten. Wenn sie im Spiel auf eine Unmenge anderer Lebewesen treffen, die ähnlichen Handel treiben wie sie, wird es ein koevolutionäres Spiel.

Axelrods »Gefangenendilemma«-Turnier mit vierzehn Spielern, die jeweils gegeneinander antraten, wurde auf einem Computer simuliert. 1987 erweiterte Axelrod die Computerversion des Spiels, indem er ein System installierte, bei dem kleine Programmpopulationen zufällig erzeugte Strategien für das Gefangenendilemma durchspielten. Nach jeder Spielrunde wurden Zufallsstrategien und alle anderen Strategien, die noch im Rennen waren, gegeneinander abgewogen. Je besser die Bewertung ausfiel, desto größer war die Anzahl der in die nächste Generation hinüberkopierten Exemplare, so daß die erfolgreichsten Strategien sich fortpflanzten. Weil viele Strategien nur erfolgreich waren, indem sie von anderen Strategien »zehrten«, konnten sie nur solange gedeihen, wie ihre Opfer überlebten. Dies führt zu jener oszillierenden Dynamik, die sich überall in der freien Natur findet; wie etwa Fuchs- und Hasenpopulationen über die Jahre hinweg in koevolutionären Kreisläufen steigen und fallen. Wenn die Hasen zunehmen, boomen die Füchse; wenn die Füchse boomen, darben die Hasen. Gibt es aber keine Hasen, verhungern die Füchse. Wenn es weniger Füchse gibt, steigen die Hasenzahlen wieder an. Und wenn die Hasen sich vermehren, tun es auch die Füchse usw.

1990 erweiterte Kristian Lindgren, der am Niels-Bohr-Institut in Kopenhagen arbeitet, diese koevolutionären Experimente dadurch, daß er die Population der Mitspieler auf 1000 anhob, zufällige Störfaktoren in die Spiele einführte und diese künstliche Koevolution über 30 000 Generationen ablaufen ließ. Lindgren fand heraus, daß ganze Massen dummer Agenzien, die das »Gefangenendilemma« spielten, nicht nur die ökologischen Schwankungen von Fuchs und Hase wiederaufführten, sondern auch viele Naturphänomene wie Parasitentum, spontan entstehende Symbiose und langfristig stabile Koexistenz zwischen Arten hervorriefen, als ob sie ein Ökosystem wären. Lindgrens Arbeit weckte das Interesse einiger Biologen, weil die besonders langen Laufzeiten Perioden aufwiesen, in denen sich die Mischung unterschiedlicher Strategietypen lange Zeit über sehr stabil verhielt. Diese historischen Epochen wurden durch sehr plötzliche, kurzlebige Episoden der Instabilität unterbrochen, in denen alte Arten ausgelöscht wurden und neue Fuß faßten. Rasch entstand eine stabile Anordnung neuer Strategietypen und blieb über viele Tausende von Generationen hinweg bestehen. Dieses Motiv entspricht dem grundsätzlichen Evolutionsmuster, das man in Fossilien findet, ein Muster, das in der Zunft der Evolutionisten als punktuelles Äquilibrium bekannt ist.

Ein erstaunliches Ergebnis dieser Experimente muß jeden, der hofft, koevolutionäre Kräfte handhaben zu können, zumindest nachdenklich stimmen. Es handelt sich um ein weiteres Gottesgesetz. Gleichgültig wie clever die eingefädelte oder entwickelte Strategie ist – wendet man sie in einer von Rückkopplungsschleifen durchzogenen Welt als vollkommen reine Regel an, der man sich absolut unterwirft, erweist sie sich in evolutionärer Sicht als durchaus angreifbar durch konkurrierende Strategien. Das heißt, auf lange Sicht wird eine Konkurrenzstrategie herausfinden, wie man diese Regel ausbeutet. Ein Anflug von Zufälligkeit (Fehler, Schwächen) hingegen erzeugt tatsächlich langfristige Stabilität in koevolutionären Welten, indem er gewissen Strategien erlaubt, sich für relative Ewigkeiten durchzusetzen, weil sie nicht so einfach nachgeahmt werden können. Ohne Störfaktoren – gänzlich unerwartete und uncharakteristische Wahlmöglichkeiten – geht die Gelegenheit zu stufenweiser Evolution verloren, weil es nicht genügend stabile Zeitabschnitte gibt, um das System am

Laufen zu halten. Fehler halten koevolutionäre Beziehungen davon ab, tödlichen Spiralen auf den Leim zu gehen. Deswegen halten Fehler ein koevolutionäres System im Fluß und in der Vorwärtsbewegung. *Ehre deine Fehler.*

Das Durchspielen koevolutionärer Beziehungen im Computer hat noch weitere Lehren nach sich gezogen. Einer der wenigen Gedanken der Spieltheorie, die in die Populärkultur eingingen, war die Unterscheidung von Nullsummen- und Nicht-Nullsummenspielen. Schach, Wahlen, Rennen und Poker sind Nullsummenspiele: Die Gewinne der Sieger speisen sich aus den Verlusten der Verlierer. Die wilde Natur, die Wirtschaft, ein Gehirn und Netzwerke sind dagegen keine Nullsummenspiele. Vielfraße müssen nicht verlieren, bloß weil es Bären gibt. Die vielfach miteinander verbundenen Schleifen im koevolutionären Wettstreit bedeuten, daß das Ganze alle Mitglieder belohnen (oder zeitweise lähmen) kann. So erzählte mir Axelrod: »Eine der frühesten und wichtigsten Erkenntnisse der Spieltheorie bestand darin, daß Nicht-Nullsummenspiele ganz andere strategische Implikationen haben als Nullsummenspiele. In Nullsummenspielen ist alles, was dem anderen schadet, gut für dich selbst. In Nicht-Nullsummenspielen können es beide gut oder schlecht machen. Ich glaube, daß die Menschen die Welt oft fälschlicherweise aus dem Blickwinkel eines Nullsummenspiels betrachten. Sie denken häufig: ›Ich leiste doch Besseres als der andere, deswegen muß es mir auch besser gehen.‹ In einem Nicht-Nullsummenspiel könntest du Besseres leisten als der andere, und ihr könntet beide schrecklich dran sein.«

Axelrod bemerkte, daß die Tit-For-Tat-Strategie immer gewann, ohne die Strategie des Gegners auszubeuten – sie spiegelte lediglich die Aktionen der anderen. Tit-For-Tat konnte keine Strategie einfach *schlagen*, aber in einem Nullsummenspiel würde es ein Turnier immer gewinnen, weil es das höchste Resultat erzielte, wenn es gegen viele Arten von Spielregeln gespielt wurde. Axelrod drückte es gegenüber William Poundstone, dem Autor des Buches *Prisoner's Dilemma,* so aus: »Es handelt sich um eine äußerst bizarre Idee. Man kann ein Schachturnier nicht dadurch gewinnen, daß man nie jemanden schlägt.« Aber mit Koevolution – reagiere auf Veränderung mit Veränderung der Veränderung selbst – läßt sich gewinnen, ohne andere zu schlagen. Gerissene Wirtschaftsmanager mit Realitätssinn sehen heute ein, daß im Zeitalter der Netzwerke und Bündnisse Unternehmen Milliardengewinne machen können, ohne andere zu schlagen. Gewinn auf beiden Seiten lautet die Parole.

Gewinn auf beiden Seiten ist die Geschichte des Lebens unter koevolutiven Verhältnissen.

Obwohl von Neumann eine Schlüsselfigur bei der Entwicklung der Atombombe war, wandte er seine eigenen Theorien auf die einem Spiel ähnelnde Politik des nuklearen Wettrüstens nicht ausdrücklich an. Aber nach von Neumanns Tod im Jahre 1957 begannen Strategen in militärischen Denkfabriken seine Spieltheorie für die Analyse des kalten Kriegs zu verwenden, der den Beigeschmack einer koevolutiven »Zwangskooperation« zwischen den befeindeten Supermächten bekommen hatte. Gorbatschow hatte laut Axelrod eine fundamentale koevolutionäre Einsicht gewonnen: »Er sah ein, daß die Sowjets mehr Sicherheit eher mit weniger als mit mehr Panzern bekommen konnten. Gorbi rüstete einseitig 10 000 Panzer ab, und das machte es für die Vereinigten Staaten und Europa schwieriger, ein großes Militärbudget aufrechtzuerhalten, was half, diesen ganzen Prozeß in Gang zu bringen, der den kalten Krieg beendete.«

Vielleicht besteht für »Möchtegern«-Götter die nützlichste Lehre aus der Koevolution darin, daß Kontrolle und Heimlichtuerei für koevolutive Prozesse kontraproduktiv sind. Man kann darin keine Kontrolle ausüben, und Offenheit funktioniert besser als Verheimlichung. »In Nullsummenspielen versucht man immer, seine Strategie zu verheimlichen«, sagt Axelrod. »Aber in Nicht-Nullsummenspielen darf man seine Strategie öffentlich bekanntgeben, was zur Folge hat, daß die anderen Spieler sich daran anpassen müssen.« Gorbatschows Strategie war effektiv, weil er sie öffentlich machte; ein insgeheimer einseitiger Rückzug hätte nichts bewirkt.

Das Chamäleon auf dem Spiegel ist ein vollkommen offenes System. Weder die Echse noch das Spiegelglas hat irgendwelche Geheimnisse. Gaias eindrucksvolle Selbstbezüglichkeit ermöglicht einen intakten Kreislauf, weil alle ihre kleineren Kreisläufe wechselseitig Informationen über ein permanentes koevolutives Kommunikationssystem austauschen. Aus dem Zusammenbruch der sowjetischen Kommandowirtschaft wissen wir, daß Informationsoffenheit eine Wirtschaft stabil und entwicklungsfähig hält.

Koevolution läßt sich als Verstrickung von zwei Parteien im Netz wechselseitiger Propaganda verstehen. Koevolutive Beziehungen, von Parasiten bis zu Verbündeten, betreffen in ihrem Kern Informationsverhältnisse. Ein stetiger Informationsaustausch verschmilzt sie zu einem einzigen System. Gleichzeitig schafft der Austausch – sei es von Beleidigungen, von Hilfen oder von einfachen Nachrichten – einen Gemeinschaftssinn, aus dem sich Kooperation, Selbstorganisation und Spiele mit beiderseitigem Gewinn entwickeln können.
Im Zeitalter der Vernetzung, in das wir gerade eingetreten sind, schafft eine dichte Kommunikation künstliche Welten, die für die Entstehung von Koevolution, spontaner Selbstorganisation und Kooperation für beiderseitigen Gewinn reif sind. In dieser Ära siegt die Offenheit. Die zentrale Kontrollinstanz ist verloren, und Stabilität ist ein Zustand unaufhörlichen Beinahe-Fallens, der durch laufende Fehler abgesichert wird.

6

DER FLUSS DES LEBENS

Heute Nacht findet das chinesische Mondfest statt. Mitten in San Franziscos Chinatown tauschen Einwanderer untereinander Mondkekse aus und erzählen sich Geschichten von dem Geistermädchen, das als Stern in den Himmel entfloh. Neunzehn Kilometer davon entfernt kann ich an meinem Wohnort durch eine Wolke spazieren. Der Nebel aus der Golden Gate-Bucht hat sich entlang der steilen Böschung hinter unserem Haus aufgeschichtet und hüllt unsere Gegend in Dunst. Im Mondlicht mache ich mich auf eine mitternächtliche Wanderung.

Ich laufe durch brusthohes Raigras, das im Wind raschelt, und spähe die zerklüftete Küste Kaliforniens hinunter. Es ist ein Land, das sich auflöst. Es besteht hauptsächlich aus einer bergigen Wüste, die auf ein lebendiges Meer trifft, das aber keinen Regen liefern kann. Statt dessen schleicht sich die See in das Wasser des Lebens, indem sie bei Nacht Nebeldecken ausrollt. Wenn der Morgen kommt, kondensiert der Dunst zu Tropfen an den Rändern von Zweigen und Blättern, von wo sie auf die Erde fallen. Eine Menge Wasser wird auf diesem Wege im Lauf eines Sommers transportiert und umgeht so das Monopol, das Gewitterwolken anderenorts in Sachen Wasserversorgung haben. Unter diesem dürftigen Ersatzregen gedeiht der Mammutbaum, der Behemoth unter den Lebewesen.

Der Vorteil von Regen besteht darin, daß er massiv und wahllos niedergeht. Wenn es regnet, wird ein weiter, vielfältiger Kundenkreis naß. Nebel bleibt dagegen örtlich begrenzt. Er verläßt sich auf schwachenergetische Konvektionsströme, um dorthin zu wabern, wohin es ihn am leichtesten treibt, und wird dann von freundlichen, geduldigen Sackgassen in den Hügeln eingefangen. Auf diese Weise steuert die Form der Landschaft das Wasser und indirekt das Leben. Ein richtig geformter Hügel kann Nebel einfangen oder die herabtropfende Flüssigkeit in einen Canyon trichtern. Ein sonniger, südwärts gelegener Hügel wird über den Prozeß der Verdunstung mehr wertvolle Feuchtigkeit verlieren als ein schattiger Nordhang. Bestimmte Böden halten Wasser besser zurück als andere. Man muß diese Variablen nur miteinander kombinieren, und man erhält ein Patchwork von Lebensräumen. In einer Wüstenlandschaft entscheidet Wasser über das Leben. Und in einer Wüstenlandschaft, in der das Wasser nicht demokratisch, sondern parochial, also nach Laune, verteilt wird, entscheidet die Landschaft selbst über das Leben.

Das Resultat ist eine Landschaft, die wie Flickwerk aussieht. Die Hügel hinter meinem Haus sind mit drei verschiedenen Polsterungen überzogen. Eine Gemeinschaft aus niedergewehtem Gras – und aus Mäusen, Eulen, Disteln und Mohn – siedelt auf einem Abhang, der zum Meer hinunter verläuft. Auf dem Hügelkamm präsidieren knorrige Lärchen und Zypressen über eine spezielle Gesellschaft von Rotwild, Füchsen und Flechten. Und auf der anderen Seite des Hangs verbirgt ein absolut undurchdringliches Dickicht aus Giftsumach und Coyote-Gebüsch Wachteln und andere Mitglieder ihrer Zunft.

Die Balance dieser Bündnisse ist kinetisch. Sie befinden sich in einer Situation wechselseitiger Selbsterhaltung, die ständig vor dem Beinahe-Zusammenbruch steht, wie eine stehende Welle in einem Quellbach. Die Interaktion der Naturgeschöpfe inmitten eines ungleichmäßigen Terrains aus Land und Wetter löst den Zustand koevolutionärer Umklammerung in örtliche Enklaven der Kodependenz auf. Und diese Flecken streifen mit der Zeit durch das Land.

Wind und Springfluten erodieren die Böden, legen tieferliegende Schichten frei und bringen neue Humus- und Mineralkompositionen zum ersten Mal an die Oberfläche. Wenn sich die Erdmischung rasch über das Land ausbreitet, tut dies auch das mit ihr verbundene Gemisch aus Pflanzen und Tieren. Ein dichter Kakteenbestand, etwa ein Saguarowald, kann in knapp 100 Jahren zu einem Flecken Wüste hinwandern oder von ihm weg. In einem Zeitrafferfilm sähe das so aus, als krieche ein Saguarohain wie eine Quecksilberlache über die Wüstenlandschaft dahin. Und es sind nicht nur die Kakteen, die durch das Land wandern. In derselben Zeitrafferansicht würde die an Wildblumen reiche Präriesavanne des mittleren Westens um Eichenbestände herumfließen wie eine ansteigende Flut, manchmal die Wälder in Prärien auflösen und manchmal, falls die Buschfeuer ausgestorben sind, vor der wachsenden Ausbreitung von Eichenhainen zurückweichen. Der Ökologe Dan Botkin spricht davon, daß Wälder »langsam durch die Landschaft marschieren, um der klimatischen Veränderung zu entgehen«.

»Ohne Veränderung verkommen die Wüsten«, behauptet Tony Burgess, ein stämmiger Ökologe mit einem langen roten Bart. Burgess liebt die Wüsten. Den ganzen Tag brütet er über Wüstenkunde und Wüstendaten. In der grellen Sonne draußen bei Tucson, Arizona, überwachte er ein Wüstenstück, das über 80 Jahre hinweg von mehreren Generationen von Wissenschaftlern vermessen und fotografiert worden war; diese Parzelle hatte die längste ununterbrochene ökologische Beobachtung überhaupt erfahren. Aus dem Studium der Daten von 80 Jahren Wüstenveränderung schloß Burgess, daß »schwankende Regenfälle den Schlüssel zur Wüste bilden. Jedes Jahr sollte sich die Situation leicht verändern, um jede Spezies vor zuviel Gleichgewicht zu bewahren. Wenn der Niederschlag schwankt, nimmt die Artenmischung um zwei oder drei Größenordnungen zu. Hat man hingegen unter Berücksichtigung des jährlichen Temperaturkreislaufs eine konstante Niederschlagstabelle, wird die wunderschöne Wüstenökologie fast immer zu etwas Einfacherem kollabieren.«

»Das Gleichgewicht ist leblos«, stellt Burgess nüchtern fest. Diese Ansicht wird von der Wissenschaftsgemeinde der Ökologen noch nicht lange geteilt. »Bis zur Mitte der siebziger Jahre arbeiteten wir alle unter einem Vermächtnis, das besagte, daß sich Ökosysteme wie auf einer Flugbahn auf ein unveränderliches Gleichgewicht zubewegen, auf ihren Höhepunkt, ihre Klimax. Aber heute sehen wir ein, daß es in Wirklichkeit die Unruhe und die Abweichung sind, die den Reichtum der Natur erzeugen.«

Ein Hauptgrund, warum Ökologen ausgeglichene Endzustände in der Natur bevorzugten, deckte sich genau mit dem Grund, warum Ökonomen gleichgewichtige Endzustände in der Ökonomie favorisierten: Für das Gleichgewicht gab es eine Mathematik. Man konnte eine Gleichung für einen Vorgang schreiben, die sich tatsächlich auflösen ließ. Aber wenn man davon ausging, daß sich das System in einem dauernden Ungleichgewicht befand, folgte daraus ein Modell, das sich nicht auflösen ließ und das man deshalb nicht untersuchen konnte. Man konnte darüber beinahe nichts aussagen. Es ist deswegen kein Zufall, daß sich ein grundlegender Wandel im ökologischen (und ökonomischen) Verständnis in einer Ära vollzog, in der billige Computer instabile und nichtlineare Gleichungen leichter programmierbar machten. Es stellte plötzlich keine Schwierigkeit mehr dar, das Modell eines chaotischen, koevolutiven Ökosystems auf einem PC zu erstellen und zu entdecken, daß es sich tatsächlich ganz genauso sonderbar wie der Saguarowald oder die Präriesavanne auf dem Marsch verhält.

Eine große Vielfalt von Modellen des Ungleichgewichts ist in den letzten Jahren aus dem Boden geschossen. Tatsächlich gibt es heute eine kleine Heimindustrie von Betreibern chaotischer und nichtlinearer Mathematik, die mit Differentialgleichungen und Komplexitätstheorie arbeiten, um den Glauben zu erschüttern, daß die Natur oder die Wirtschaft nach einer stabilen Balance streben. Diese neue Perspektive – daß ein unaufhörlicher Fluß die Norm darstellt – hat ältere Daten einer Neuinterpretation zugeführt. Burgess kann alte Wüstenfotos vorweisen, die zeigen, wie in relativ kurzer Zeit – über einige Jahrzehnte hinweg – Saguaroflecke durch das Tucsonbecken gewandert sind. »Wir haben über unsere Wüstenparzelle herausgefunden«, sagt Burgess, »daß diese Landstücke hinsichtlich ihrer Entwicklung nicht synchron sind und durch ihre Asynchronizität die ganze Wüste bereichern. Wenn nämlich ein Stück durch eine Katastrophe zerstört wird, kann ein anderes, das sich in seiner natürlichen Entwicklung davon unterscheidet, Organismen und Sämlinge zu dem dezimierten Flecken Land exportieren. Sogar Ökosysteme wie tropische Regenwälder, in denen es keine schwankenden Niederschläge gibt, kennen dynamische Veränderungen einzelner Teilbereiche, die durch regelmäßig wiederkehrende Stürme und Windbruch an den Bäumen verursacht werden.«

»Gleichgewicht ist nicht nur leblos, es ist der Tod«, betont Burgess. »Um ein System zu bereichern, bedarf es zeitlicher und örtlicher Schwankungen. Aber auch zuviel Wandel wird dich umbringen. Man bewegt sich von der Artenanpassung (Ökokline) zur Übergangsgesellschaft (Ökoton).«

Burgess kommt der Rückhalt der Natur in Störungen und Schwankungen als konkretes Beispiel sehr gelegen. »Für die Natur ist es kein

Problem, wenn es von Jahr zu Jahr eine sehr unregelmäßige Produktion [von Vegetation, Samen oder Tieren] gibt. Über diese Schwankung steigert die Natur sogar ihren Reichtum. Wenn aber Menschen versuchen, sich von der Produktion eines Ökosystems wie der Wüste, die durch derartige Schwankungen angetrieben wird, zu ernähren, können sie das nur tun, indem sie das System zu etwas vereinfachen, das wir Ackerbau nennen – der bei einer schwankenden Umwelt eine konstante Produktion abwirft.« Burgess hofft, daß der fließende Zustand der Wüste uns lehren kann, wie wir mit einer schwankenden Umwelt leben können, ohne sie zu vereinfachen. Dieser Traum ist nicht ganz abwegig. Ein Teil dessen, was eine informationsgesteuerte Ökonomie uns zur Verfügung stellen kann, ist eine anpassungsfähige Infrastruktur, die sich auf unregelmäßige Produktion konzentrieren und dort auch funktionieren kann. Dies ist die Basis für eine Produktion, die flexibel und *just-in-time* abläuft. Es ist theoretisch möglich, daß wir Informationsnetzwerke benutzen, um die Investition und den hochgradig unregelmäßigen Ausstoß eines reichen, fließenden Ökosystems zu koordinieren, das Nahrung und organische Rohstoffe zur Verfügung stellt. Aber, wie Burgess zugesteht, »wir kennen im Moment keine industriewirtschaftlichen Modelle, die Abweichungen für sich ausnutzen – mit Ausnahme des Glücksspiels«.

Wenn es stimmt, daß die Natur grundsätzlich in dauerndem Fluß ist, dann könnte Instabilität die Ursache für den Reichtum biologischer Formen in der Natur sein. Aber die Vorstellung, daß die Elemente der Instabilität die Wurzel der Vielfalt darstellen, läuft einem der ehrwürdigsten Grundsätze des Umweltbewußtseins zuwider: daß Stabilität Vielfalt erzeugt und Vielfalt Stabilität hervorbringt. Wenn natürliche Systeme sich nicht in einer sauberen Balance einpendeln, dann sollten wir uns mit der Instabilität anfreunden.

Biologen entdeckten in den späten sechziger Jahren den Computer und begannen, Modelle von kinetischen Ökosystemen und von Nahrungskreisläufen in Siliziumnetzen zu entwerfen. Eine der ersten Fragen, die sie zu klären versuchten, war die Herkunft von Stabilität. Wenn man *in silico* eine Jäger-Opfer-Beziehung schuf, welches waren dann die Bedingungen dafür, daß sich die virtuellen Organismen auf ein langfristiges, koevolutives Duett einspielten, und welche anderen Bedingungen führten ihren Zusammenbruch herbei?

Unter den ersten Studien über simulierte Stabilität befand sich ein Aufsatz, der 1970 von Gardner und Ashby publiziert wurde. Ashby war ein Kybernetiker, der sich für nichtlineare Schaltkreise und die Eigenschaften positiver Rückkopplungsschleifen interessierte. Ashby und Gardner programmierten einen Computer mit einfachen Netzwerkschaltkreisen in Hunderten von Variationen, wobei sie die Anzahl der Knotenpunkte und den Grad der Vernetzung systematisch veränderten. Zu ihrer großen Überraschung entdeckten sie, daß jenseits einer bestimmten Schwelle stärkerer Vernetzung plötzlich die Fähigkeit des Systems abnahm, sich nach Störungen wieder zu fangen. Komplexe Systeme hatten demnach weniger Aussicht auf Restabilisierung als einfache Systeme.

Eine ähnliche Schlußfolgerung wurde im Jahr darauf von dem Bio-Theoretiker Robert May publiziert, der Modelle von Ökosystemen auf Computern ablaufen ließ, die teils mit großen Mengen interagierender Spezies und teils mit nur wenigen Spezies bevölkert waren. Seine Folgerungen widersprachen der gebräuchlichen Meinung über Stabilität bzw. Vielfalt, und er warnte vor dem »simplen Glauben«, daß Stabilität eine Konsequenz der zunehmenden Komplexität von Artenmischung sei. Statt dessen legten Mays simulierte Ökosysteme nahe, daß weder Einfachheit noch Komplexität einen so großen Einfluß auf die Stabilität hätten wie das *Muster* der Interaktion zwischen den Arten.

»Anfangs schufen Ökologen einfache mathematische Modelle und Labormikrokosmen. Sie waren ein kompletter Fehlschlag. Die Arten kratzten einfach ab«, erzählte mir Stuart Pimm. »Später bauten Ökologen komplexere Systeme im Computer und im Aquarium. Sie dachten, daß diese komplexen Dinger gut wären. Da lagen sie allerdings falsch. Sie waren noch größerer Pfusch. Komplexität macht die Dinge sehr schwierig – die Parameter müssen genau stimmen. Wenn es sich bei einem Modell nach dem Zufallsprinzip nicht um ein wirklich einfaches Modell handelt (ein Opfer – ein Rohstoff), dann wird es *nicht* funktionieren. Gib Vielfalt, Wechselwirkungen hinzu oder verlängere die Nahrungsketten, und bald ist der Punkt erreicht, wo auch das aus den Fugen gerät. Das ist das Thema von Gardner, Ashby, May und von meinen frühen Arbeiten über Nahrungskreisläufe. Aber wenn man nicht damit aufhört, weitere Arten hinzuzufügen, nicht damit aufhört, sie sich auflösen zu lassen, finden sie *letztendlich* doch zu einer Mischung, die nicht aus dem Leim geht. Plötzlich stellt sich die Ordnung von selbst ein. Es muß schon immer wieder einiges schief gehen, bis man es richtig hinbekommt. Der einzige uns bekannte Weg, um zu stabilen, dauerhaften, komplexen Systemen zu kommen, besteht darin, sie immer wieder zusammenzubauen. Soweit ich weiß, versteht niemand wirklich, warum das funktioniert.«

1991 untersuchte Stuart Pimm zusammen mit seinen Kollegen John Lawton und Joel Cohen die gesamte Feldforschung über Nahrungskreisläufe in der Wildnis und schloß aus ihrer mathematischen Analyse, daß »der Punkt, an dem sich Populationen von Katastrophen wieder erholten …, von der Länge der Nahrungskette genau so sehr abhing« wie von der Anzahl der Beutetiere und Jäger, die eine Art vorfand. Ein Insekt, das ein Blatt frißt, ist eine Einer-Kette. Eine Schildkröte, die ein Insekt frißt, das ein Blatt frißt, ergibt eine Zweier-Kette. Ein Wolf sitzt vielleicht viele Glieder von dem Blatt entfernt. Generell heißt dies, je länger die Kette, desto instabiler das interagierende Netz.

Der andere wichtige Anhaltspunkt, der sich Mays Simulationen entnehmen läßt, kam am besten in einer Beobachtung zum Ausdruck, die wenige Jahre zuvor von dem spanischen Ökologen Ramon Margalef gemacht worden war. Margalef bemerkte genauso wie May, daß Systeme mit vielen Komponenten schwache Beziehungen untereinander pflegten, während Systeme, die nur wenige Komponenten hatten, eng geknüpfte Beziehungen unterhielten. Margalef drückte das so aus: »Von der empirischen Beweislage her sieht es so aus, daß Arten, die locker interagieren, dies mit einer großen Anzahl anderer Arten tun. Umgekehrt sind Arten mit starken Interaktionen oft Teil eines Systems mit einer kleinen Anzahl von Arten.« Dieser scheinbare Kompromiß in einem Ökosystem zwischen vielen locker verbundenen oder wenigen eng verknüpften Mitgliedern findet seine genaue Parallele in dem heute wohlbekannten Kompromiß, den biologische Organismen bei Fortpflanzungsstrategien eingehen müssen. Sie können entweder einige wenige gutbehütete oder zig Millionen unbehütete Nachkommen erzeugen.

Die Biologie läßt vermuten, daß in Ergänzung zur Regulierung der Verknüpfungsanzahl pro »Netzwerkknoten« ein System dazu tendiert, auch den »Grad der Vernetzung« (die Stärke der Verknüpfung) zwischen jedem Knotenpaar in einem Netz zu regulieren. Die Natur scheint den Vernetzungsgrad zu konservieren. Wir sollten folglich erwarten, ein ähnliches Erhaltungsgesetz des Vernetzungsgrades auch in kulturellen, ökonomischen und mechanischen Systemen zu finden, obwohl ich keine Studien kenne, die sich um einen diesbezüglichen Nachweis bemüht hätten. Falls es ein solches Gesetz in allen Vivisystemen gibt, sollten wir auch erwarten, diesen Vernetzungsgrad in ständig neuer Justierung, in dauerndem Fluß zu finden.

»Ein Ökosystem ist ein Netzwerk von Lebewesen«, sagt Burgess. Die Geschöpfe sind in unterschiedlichen Graden von Vernetzung durch Nahrungskreisläufe, Gerüche und durch den Sehsinn zusammengeschaltet. Jedes Ökosystem ist ein dynamisches Netz, das immer im Fluß, ständig im Prozeß der eigenen Reformierung ist. »Überall, wo wir Beständigkeit finden wollen, entdecken wir Veränderung«, schreibt Botkin.

Wenn wir eine Pilgerfahrt zum Yellowstone Nationalpark oder zu den kalifonischen Mammutbaum-Hainen oder in die Everglades von Florida unternehmen, sind wir davon überwältigt, welch wunderbar passende Mischung die Natur an diesen Orten hervorgebracht hat. Die Bären scheinen in jene Flußtäler der Rocky Mountains, die Mammutbäume auf jene Küstenhügel und die Alligatoren in jene Ebenen zu *gehören*. Daraus ergibt sich unser innerer Drang, sie vor Störungen zu schützen. Aber auf lange Sicht gesehen, sind sie natürliche Siedler ohne Rechtsanspruch, die noch nicht lange da sind und auch nicht immer dort bleiben werden. Botkin schreibt: »Die ungestörte Natur ist in ihren Formen, Strukturen oder Ausmaßen nicht von Dauer, sondern verwandelt sich entlang jeder räumlichen und zeitlichen Skala.«

Eine Untersuchung von Pollen, die man vom Grund afrikanischer Seen heraufgeholt hatte, zeigt, daß die Landschaft Afrikas seit einigen Millionen Jahren Fluktuationen unterworfen ist. Immer wieder hat sie ihr Aussehen vollständig verändert. Legt man geologische Zeitmaßstäbe an, dann war die jetzige Ödnis der nordafrikanischen Saharawüste erst vor kurzem ein Tropenwald. Zwischen damals und heute hat es viele Arten von Ökosystemen gegeben. Wir halten die Wildnis für ewig; in Wirklicheit ist die Natur ein zäher Fluß.

Die Komplexität strömte in das künstliche Medium der Maschinen hinein, und auch die Siliziumchips werden lediglich einen weiteren Fluß bilden. Wir erkennen auch, daß menschliche Institutionen – Ökosysteme menschlicher Anstrengungen und Träume – ebenfalls in einem Zustand dauernden Fließens und ständiger Neuerfindung sind, selbst wenn wir von einer Veränderung immer überrascht werden oder uns sogar gegen sie sträuben. (Fragen Sie einmal einen postmodernen Amerikaner, der ›hip‹ sein will, ob er das zweihundert Jahre alte Gesetzbuch namens Verfassung gerne ändern würde. Er wird plötzlich mittelalterliche Züge annehmen.)

Nicht die Mammutbaum-Haine oder die Parlamente sind ewig – Veränderung ist ewig. Die Fragen lauten dementsprechend: Was steuert die Veränderung? Wie können wir sie lenken? Läßt sich das vielgliedrige Leben in derart lockeren Verbindungen wie Regierungen, Wirtschafts- und Ökosystemen auf irgendeine sinnvolle Weise steuern? Lassen sich zukünftige Veränderungen sogar vorhersagen?

Nehmen wir an, Sie erwerben eine abgewirtschaftete Farm in Michigan mit hundert Morgen Land. Sie ziehen einen Zaun darum, um Kühe und Menschen fernzuhalten. Dann gehen Sie weg. Sie überwachen die Felder über Jahrzehnte. Im ersten Sommer besetzen Gartenunkräuter das Stück Land. Jedes weitere Jahr werden neue Arten über den Zaun geweht und fassen Fuß. Einige Neuankömmlinge werden schließlich von noch neueren Ankömmlingen überrannt. Ein Ökosystem auf dem Land organisiert sich selbst. Die Mischung bleibt über Jahre hinweg im Fluß. Wäre ein Ökologe, der sich damit auskennt und beim Entfernen des Zaunes zusieht, in der Lage vorherzusagen, welche wilden Spezies das Land hundert Jahre später beherrschen werden?

»Ja, er könnte es zweifellos«, sagt Stuart Pimm. »Aber seine Vorhersage ist nicht so interessant, wie man vielleicht denken könnte.«

Das endgültige Aussehen des Geländes in Michigan läßt sich in jedem Standardlehrbuch über Ökologie im Kapitel über den Begriff der Sukzession nachlesen. Die Unkräuter des ersten Jahres auf dem Terrain sind einjährige Blütenpflanzen. Ihnen folgen widerstandsfähigere Mehrjährige wie Fingerhirse und Ambrosie. Stärker verholzende Sträucher werden den Blumen das Licht wegnehmen und sie verdrängen, gefolgt von Pinien, die wiederum die Sträucher verdrängen. Aber der Schatten der Pinienbäume bietet den Laubwaldkeimlingen von Buche und Walnuß Schutz, die ihrerseits die Pinien hartnäckig hinausdrängen. Hundert Jahre später ist das Land beinahe vollständig von einem Laubwald in Besitz genommen, wie er für die nördliche Vegetation typisch ist.

Das braune Feld scheint selbst ein Samen zu sein. Das erste Jahr treibt es ein Unkrauthärchen aus, ein paar Jahre später läßt es sich einen buschigen Bart stehen, und noch später entwickelt es sich zu einem verwilderten Wald. Das Land entfaltet sich in vorhersagbaren Stadien, wie eine Kaulquappe sich aus einem Froschei entwickelt.

Das Kuriose an dieser Geschichte ist, daß, wenn man statt mit einem Feld mit einem feuchten Sumpfgelände von 100 Morgen oder mit einem gleichgroßen Stück trockener, unbewachsener Michigan-Düne beginnt, die anfängliche Sukzession der Arten anders verläuft (Seggen im Sumpf, Himbeeren im Sand), das Artengemisch aber nach und nach auf das gleiche Endstadium, den Laubwald zuläuft. Alle drei Samen entwickeln sich zu der gleichen ausgewachsenen Pflanzenform. Diese Konvergenz führte bei Ökologen zu der Vorstellung eines Omega-Punktes oder einer Klimax-Gemeinschaft. Auf einem vorgegebenen Gelände werden alle ökologischen Mischungen nach Veränderungen streben, bis sie eine ausgereifte, endgültige, stabile Harmonie erreicht haben.

Im gemäßigten Norden »will« das Land ein Laubwald sein. Gib ihm genügend Zeit, und aus einem verlandenden See oder einem windigen, sandigen Morast wird genau das entstehen. Sollte es einmal ein wenig wärmer werden, würde auch ein hoher Berggipfel zu einem Laubwald werden wollen. Es ist, als ob der unaufhörliche Streit im komplizierten Kreislauf von Fressen-oder-Gefressen-werden das Arten-Durcheinander in der Region aufwühlt, bis die Mischung die Laubwald-Klimax (oder die für andere Klimate spezifische Klimax) erreicht. In jenem Moment beruhigt sie sich zu einem erträglichen Frieden. In der Klimax-Mischung findet das Land zu seiner Ruhe.

Auf dem Gipfel des Arrangements fügen sich die gegenseitigen Bedürfnisse verschiedener Arten so geschickt zueinander, daß das Ganze nur schwer zu unterbrechen ist. In einem Zeitraum von 30 Jahren verlor der historisch gewachsene Kastanienwald in Nordamerika alle Exemplare einer Spezies – der großen Kastanie –, die früher ein bedeutendes Stück der Forstmasse bildete. Trotzdem gab es keine außergewöhnlich großen Katastrophen im übrigen Wald; er steht noch immer. Diese nachhaltige Stabilität einer speziellen Artenzusammensetzung – eines Ökosystems – spricht für ein Sammelbecken von Effektivität, das der Kohärenz ähnelt, die zu einem Organismus gehört. Es ist etwas Ganzes, etwas Lebendiges, das dieser gegenseitigen Unterstützung innewohnt. Vielleicht ist ein Wald aus Nußbäumen nichts als ein großer Organismus, der aus kleineren Organismen zusammengesetzt ist.

Andererseits schreibt Aldo Leopold: »Von der konventionellen Physik her betrachtet, stellt ein schottisches Moorhuhn bloß ein Millionstel der Masse oder der Energie eines Morgen Landes dar. Zieht man das Moorhuhn aber ab, ist das ganze Ding tot.«

1916 nannte Frederic Clements, einer der Gründerväter der Ökologie, eine Gemeinschaft von Lebewesen, wie etwa den Buchenlaubwald, einen emergenten Superorganismus. In seinen Worten ist eine Klimaxformation ein Super*organismus*, weil er, »in seinen Hauptmerkmalen mit der Lebensgeschichte einer einzelnen Pflanze vergleichbar, … ansteigt, wächst, reift und stirbt«. Weil ein Wald sich auf einem verlassenen Feld in Michigan selbst neu aussäen konnte, stellte Clement diesen Akt als Fortpflanzung dar, was ein weiteres Charakteristikum eines Organismus ist. Für jeden scharfsinnigen Beobachter zeigt ein Wald aus Buchen und Walnüssen eine ebensolche Integrität und Identität wie eine Kuh. Was außer einem (Super-)Organismus könnte sich selbst so zuverlässig auf leeren Feldern und sandigen Einöden reproduzieren?

Superorganismus war in den zwanziger Jahren ein Wort, das unter Biologen hoch im Kurs stand. Sie benutzten es, um die damals neuartige Vorstellung zu beschreiben, daß eine Ansammlung von Akteuren in einer konzertierten Aktion ein Phänomen erzeugen konnte, das vom Kollektiv reguliert wurde. Wie ein Schimmelschleim, der sich selbst aus schimmeligen Flecken zu einem aggressiven Klumpen verdichtet, verbindet sich ein Ökosystem zu einer stabilen Superorganisation – einem Schwarm oder einem Wald. Ein Pinienwald in Georgia verhielt sich nicht wie eine einzelne Pinie, eine texanische Beifußwüste nicht wie eine einzelne Beifußpflanze – und ein Vogelschwarm war kein großer Vogel. Sie waren etwas anderes, eine lose

Vereinigung von Tieren und Pflanzen, die zu einem emergenten Superorganismus zusammengeschlossen ein anderes Verhalten an den Tag legten.

Ein Widersacher von Clement, der Biologe H. A. Gleason, der *andere* Vater der modernen Ökologie, hielt die Vorstellung des Superorganismus für zu schwammig und zu sehr für das Produkt eines menschlichen Denkens, das nach Mustern suchte. Im Gegensatz zu Clement glaubte Gleason, daß die Klimaxgemeinschaft bloß eine zufällige Ansammlung von Organismen sei, die abhängig von klimatischen und geologischen Bedingungen kam und ging. Ein Ökosystem funktioniere mehr wie eine Konferenz als wie eine Gemeinschaft – unbegrenzt, pluralistisch, tolerant und dauernd im Fluß.

Die wilde Natur bot Belege für beide Sichtweisen. An manchen Orten ist die Grenze zwischen Gemeinschaften genauso einschneidend, wie man es erwarten kann, wenn Ökosysteme Superorganismen sind. Entlang der pazifischen Felsküste im Nordwesten bildet zum Beispiel eine extrem öde, menschenleere Küste die Scheidelinie zwischen der Gemeinschaft der Hochwassermeerespflanzen und dem feuchten Rand des Fichtenwalds. Man kann auf diesem kilometerbreiten salzigen Wüstenstreifen stehen und spüren, wie sich die zwei Superorganismen zu beiden Seiten in ihren je besonderen Lebensformen unruhig gebärden. Ein weiteres Beispiel ist die bemerkenswert undurchlässige Grenze zwischen dem Laubwald und der Wildblumenprärie im mittleren Westen.

Auf der Suche nach einer Antwort auf das Rätsel des ökologischen Superorganismus begann der Biologe William Hamilton in den siebziger Jahren auf Computern Modelle von Ökosystemen einzurichten. Er fand heraus, daß in seinen Modellen (genauso wie im richtigen Leben) sehr wenige Systeme in der Lage waren, sich selbst in irgendeiner Art von *dauerhaftem* Zusammenhang zu organisieren. So stellen die oben genannten Beispiele einige wenige Ausnahmen in der freien Wildbahn dar. Er fand kaum andere: Ein Torfmoor kann das Eindringen von Pinien über Tausende von Jahren hinweg abwehren. Das gleiche gilt für Tundrasteppen. Aber die meisten Ökogemeinschaften stolpern in eine bastardisierte Artenmischung, die der Gruppe als Team keinen besonderen Selbstschutz bietet. Die meisten Ökogemeinschaften – simulierte genauso wie wirkliche – können auf längere Sicht mit Leichtigkeit von Eindringlingen überrannt werden. Gleason hatte recht. Die Verbindungen zwischen den Mitgliedern eines Ökosystems sind weitaus flexibler und vergänglicher als die Verbindungen zwischen den Gliedern eines Organismus. Der kybernetische Unterschied zwischen einem Organismus wie der Kaulquappe und einem Ökosystem wie dem Süßwassersumpf besteht darin, daß ein Organismus dicht und streng verknüpft ist; die Verbindungen in einem Ökosystem sind dagegen nur locker und nachlässig geknüpft.

Auf lange Sicht gesehen, sind Ökosysteme temporäre Netzwerke. Obwohl einige Verbindungsglieder fest miteinander verschaltet sind und nahezu symbiotisch werden, leben die meisten Arten über evolutionäre Zeitdimensionen hinweg mit verschiedenen Partnern zusammen, genauso wie sich die Partner selbst weiterentwickeln.

Im Lichte evolutionärer Zeitdimensionen läßt sich Ökologie als eine lange Kleideranprobe verstehen. Sie ist ein Identitätsworkshop für biologische Formen. Arten probieren unterschiedliche Rollen mit anderen aus und erforschen Partnerschaften. Mit der Zeit werden die Rollen und das Auftreten von den Genen eines Organismus assimiliert. Bildlich gesprochen, sträubt sich das Gen, seinem Code irgendwelche Wechselbeziehungen und Funktionen zu assimilieren, die direkt auf den Lebensweisen seiner Nachbarn basieren, weil sich die Nachbarschaft in jedem evolutionären Augenblick verwandeln kann. Es zahlt dafür, flexibel, ungebunden und ohne Verpflichtungen zu bleiben.

Gleichzeitig lag auch Clement richtig. Es gibt ein Sammelbecken der Effektivität, das, unter der Voraussetzung der Gleichheit aller Beteiligten, eine bestimmte Artenmischung auf das Niveau einer stabilen Harmonie absinken lassen kann. Man stelle sich vor, wie Felsbrocken auf eine Talsohle gelangen. Nicht alle Felsbrocken werden unten ankommen; ein einzelner Brocken kann irgendwo an einer kleinen Erhebung hängenbleiben. Dementsprechend können an manchen Orten in der Landschaft stabile Artenmischungen gefunden werden, die sich in einem Zwischenzustand unterhalb ihrer Klimax befinden. Über extrem kurze erdgeschichtliche Zeiträume hinweg – mehrere hunderttausend Jahre – bilden Ökosysteme so etwas Ähnliches wie eine vertraute Truppe von Schauspielern, die keine Störung dulden und keine Extras benötigen. Diese Vereinigungen sind sogar noch viel kurzlebiger als das kurze Leben einer einzelnen Art, die typischerweise nach ein oder zwei Millionen Jahre ausgebrannt ist.

Evolution erfordert unter allen Beteiligten einen bestimmten Vernetzungsgrad, um ihre Macht entfalten zu können; und so kommt die evolutionäre Dynamik am energischsten in eng verknüpften Systemen zum Vorschein. In locker verbundenen Systemen wie Ökosystemen, Wirtschaftssystemen und kulturellen Systemen findet eine weniger strukturierte Anpassung statt. Wir wissen kaum etwas über die grundsätzliche Dynamik von locker verbundenen Systemen, weil diese Art von verteiltem Wandel unordentlich und ungeheuer indirekt abläuft. Howard Pattee, einer der ersten Kybernetiker, definierte eine hierarchische Struktur als ein Spektrum von Vernetzungsgraden. »Für ein platonisches Denken ist alles auf der Welt mit allem anderen verbunden – und vielleicht stimmt das. Alles ist miteinander verbunden, aber einige Dinge sind stärker verbunden als andere.« Hierarchie war für Pattee das Produkt verschiedenartiger Verbundenheit innerhalb eines Systems. Mitglieder, die so lose verbunden sind, daß sie als »kontrastarm« erscheinen, tendieren dazu, eine separate Organisationsebene zu bilden, die von Bereichen enger Verbundenheit untereinander unterschieden ist. Der Grad der Vernetzung schafft eine Hierarchie.

Ganz allgemein gesagt: Die Evolution ist ein dichtes und die Ökologie ein lockeres Netz. Evolutionärer Wandel scheint ein sehr entschlossener Vorgang zu sein, der einer mathematischen Berechnung oder sogar dem Denken sehr stark ähnelt. In dieser Hinsicht ist er »zerebral«. Ökologischer Wandel scheint dagegen ein willensschwacher, umständlicher Vorgang zu sein, der sich auf Körper konzentriert, die Wind, Wasser, Schwerkraft, Sonnenlicht und Gestein ausgesetzt sind. »Attribute einer [Öko-]Gemeinschaft sind eher das Produkt der Umwelt als der Evolutionsgeschichte«, schreibt der Ökologe Robert Ricklefs. Während die Evolution durch den einfachen Fluß symbolischer Information gelenkt wird, der aus Genen oder Computerchips entspringt, wird die Ökologie durch die weit weniger abstrakte und weitaus unordentlichere Komplexität reguliert, die im Fleisch verkörpert ist.

Weil die Evolution ein dermaßen symbolischer Prozeß ist, können wir sie heute künstlich erzeugen und versuchen, sie zu lenken. Weil aber der ökologische Wandel so an den Körper gebunden ist, können wir ihn nur schlecht synthetisieren, bevor wir Körper und reichhaltigere künstliche Umwelten nicht problemloser simulieren können.

Woher stammt die Artenvielfalt? 1983 entdeckte der Mikrobiologe Julian Adams einen Hinweis zur Beantwortung dieser Frage, als er eine Suppe aus geklonten *Escheria coli*-Bakterien zusammenbraute. Er steigerte den Reinheitsgrad des Gebräus solange, bis er einen perfekt homogenisierten Pool identischer Wesen beisammen hatte. Diese Suppe aus Klonen füllte er in einen speziell konstruierten Chemostat, der ihr eine einheitliche Umwelt bot – alle Kolibakterien hatten die gleiche Temperatur und lagen in der gleichen Nährflüssigkeit. Dann ließ er die Suppe aus identischen Bakterien sich vermehren und gären. Nach 400 Generationen hatten die Kolibakterien neue Arten ihrer selbst mit leicht veränderten Genen hervorgebracht. Aus einer Ausgangsposition in einer konstant nichtssagenden Umwelt diversifizierte sich das Leben spontan.
Der überraschte Adams analysierte die Gene der Varianten (sie waren keine neuen Arten), um herauszufinden, was geschehen war. Eines der ursprünglichen Bakterien hatte eine Mutation durchlaufen, welche es dazu veranlaßte, Acetat, eine organische Verbindung, abzusondern. Ein zweites Bakterium erfuhr eine Mutation, die ihm erlaubte, sich das abgesonderte Acetat zunutze zu machen. Eine gegenseitige symbiotische Abhängigkeit zwischen Acetat-Erzeuger und Acetat-Fresser war von alleine aus der Uniformität aufgetaucht, und der Pool veränderte sich zu einem Ökosystem.
Obwohl Uniformität Diversität hervorbringen *kann*, gelingt dies der Variation besser. Wäre die Erde glatt wie ein blankgeputzter Ball – ein perfekter Sphärenthermostat mit einem gleichmäßigen Klima und homogener Bodenbeschaffenheit –, dann wäre die Vielfalt der Ökogemeinschaften gegenüber ihrem jetzigen Stand bei weitem reduziert. In einer konstanten Umwelt muß jede Variation und Diversität von internen Kraftanstrengungen ausgehen. Der einzige Zwang, dem das Leben unterliegen würde, wäre das andere koevolutionäre Leben.
Wenn die Evolution ohne Störungen durch geografische oder geologische Triebkäfte – das heißt ohne die Schwerfälligkeit eines Körpers – verlaufen würde, dann würde sich die geistähnliche Evolution aus

sich selbst speisen und schwerwiegende rekursive Beziehungen erzeugen. Auf einem Erdball ohne Berge, Stürme oder unerwartete Trockenheiten würde die Evolution das Leben zu einem immer dichteren koevolutiven Netz spinnen, zu einer »glatten« Welt, die mit Parasiten vollgestopft wäre, mit Parasiten von Parasiten (Hyperparasiten), mit Imitatoren und Symbionten, alle eingefangen in einer zunehmenden Abhängigkeit. Aber jede Art würde so eng mit den anderen verknüpft sein, daß es schwierig wäre zu unterscheiden, wo die Identität der einen beginnt und die der anderen aufhört. Schließlich würde die Evolution auf einem Planeten, der so glatt wäre wie eine Stahlkugel, alles zu einem einzigen, massiven, extrem dezentralisierten und vernetzten Superorganismus verschmelzen.

Lebewesen, die in der harschen Umwelt des arktischen Klimas geboren werden, müssen mit den unvorhersehbaren Schwankungen umgehen, die ihnen die Natur ständig aufbürdet. Frostige Nächte, Backofentemperaturen bei Tag und Eisstürme nach dem Frühjahrstauwetter sorgen gemeinsam für einen rauhen Lebensraum. Lebensräume in den Tropen und in der Tiefsee sind aufgrund ihrer gleichbleibenden Temperatur, ihres konstanten Niederschlags, Lichteinfalls und Nährstoffangebots dagegen relativ »sanft«. Folglich erlaubt die Beständigkeit von tropischen oder benthischen Umwelten dort lebenden Arten, ihr Bedürfnis nach Anpassung auf physiologischem Wege aufzugeben und gibt ihnen auch Raum zur Anpassung auf rein biologischem Weg. In diesen dauerhaften Lebensräumen könnten wir erwarten, viele Beispiele für seltsame symbiotische und parasitäre Beziehungsverhältnisse zu sehen – parasitenfressende Parasiten, Männchen, die im Innern der Weibchen leben, und Lebewesen, die andere Lebewesen nachahmen und spiegeln – und genau das finden wir dort auch.

Ohne rauhe Umwelt kann das Leben nur sich selbst austricksen.Es wird durchaus Variationen und Neuheiten hervorbringen. Wesentlich größere Vielfalt läßt sich auf natürlichem und künstlichem Wege jedoch darüber erzeugen, daß man Lebewesen einer rauhen und in sich hochgradig differenzierten Umwelt aussetzt.

Die Möchtgerngötter, die versuchen, lebensähnliches Verhalten in Computern zu erzeugen, zeigten sich davon ziemlich beeindruckt. Wenn selbstreplizierende und -mutierende Computerviren auf den

Computerspeicher eines Parallelrechners losgelassen werden, entwickeln sie rasch eine Unmenge wild rekursiver Spielarten – einschließlich Parasiten, Hyperparasiten und Hyperhyperparasiten. David Ackley, ein Erforscher des Lebens im Computer, erzählte mir: »Ich fand schließlich heraus, daß der Weg, auf dem man zu wundervollem, lebensähnlichem Verhalten kommt, nicht darin besteht zu versuchen, ein wirklich komplexes Lebewesen zu erzeugen, sondern eine wunderbar reiche Umwelt für ein einfaches Geschöpf zu bauen«.

Es ist zwei Uhr an einem stürmischen Nachmittag – sechs Monate nach meiner mitternächtlichen Wanderung –, als ich den Hügel hinter meinem Haus erneut hinaufklettere. Das winddurchzauste Gras ist durch den winterlichen Regen ergrünt. Ich halte oben nahe dem Gipfel an einem Kreis an, wo das Wild das weiche Gras in ein stumpfes Polster verwandelt hat. Die niedergetrampelten Halme sind vom Wetter angegriffen, lederfarben mit einer violetten Tönung, als ob die Farbe von den Bäuchen der Tiere abgerieben worden wäre. Ich mache an diesem stillen Ort eine Pause. Der Wind streicht über mich hinweg.

Ich kann Wildblumen sehen, die zwischen den vom Wind umgewehten Grashalmen stehen. Aus irgendeinem Grund sind alle Arten blau-violett: Lupinen, Lilien, Disteln, Enzian. Zwischen mir, dem umgeknickten Gras und dem Ozean wachsen Sträucher, gedrungene Kreaturen mit silbrig-olivfarbenen Blättern – Marke Wüstenstandard. Da ist der Stengel einer Wilden Möhre. Ihre gefurchten Blätter sind umwerfend kompliziert. Jedes Blatt ist mit einem Dutzend pfeilförmiger Miniblättchen ausgestattet. Die rekursive Gestalt ist zweifellos das Ergebnis eines ziemlich zwanghaften Prozesses. Ihre Blütendolde, die aus 30 crèmeweißen Miniaturblümchen besteht, die ein einziges winzigkleines purpurnes Blümchen in der Mitte einfassen, ist ebenso überraschend. Auf diesem Hang, auf dem ich mich ausruhe, ist die Vielfalt von Lebensformen in ihrem Detailreichtum und in ihrer Unvergleichlichkeit überwältigend.

Ich sollte beeindruckt sein. Aber was mir in den Sinn kommt, während ich zwischen zwei Millionen Graspflanzen und mehreren tausend Wacholdersträuchern sitze, ist, wie sehr sich das Leben auf der Erde ähnelt. Aus allen möglichen Formen und Verhaltensweisen, die

die belebte Materie entwickeln konnte, sind nur einige wenige – mit umfangreichen Abweichungen – ausgesucht worden. Das Leben kann mich nicht zum Narren halten. Es ist alles das Gleiche, wie jene Konserven in Lebensmittelgeschäften, die zwar unterschiedliche Etiketten haben, aber alle vom gleichen Lebensmittelkonzern hergestellt werden. Das Leben auf der Erde stammt offensichtlich von einem Konzernmulti.

Das Gras, das mich in den Hintern sticht, die rauhen Distelstiele, die an meinem Hemd kratzen, die talwärts herabstürzenden Braunbrustschwalben: Sie sind ein einziges Ding, das sich in viele Richtungen ausstreckt. Ich konnte es erkennen, weil auch ich darin eingespannt bin.

Leben ist eine vernetzte Angelegenheit – ein vielgliedriges Wesen, ein Organismus, der sich über Raum und Zeit erstreckt. Es gibt kein individuelles Leben. Nirgendwo werden wir einen einzeln lebenden Organismus finden. Leben ist immer Plural. (Und solange es nicht Plural wurde – indem es sich selbst klonte – konnte man Leben nicht Leben nennen.) Leben bringt Zusammenschlüsse, Verbindungen und geteilte Mannigfaltigkeiten mit sich. »Du und ich, wir sind vom selben Blut«, säuselt der Dichter Mowgli. Ameise, wir sind vom selben Blut, du und ich. Tyrannosaurus, wir sind vom selben Blut, du und ich. AIDS-Virus, wir sind vom selben Blut, du und ich.

Die Scheinindividuen, in die sich das Leben verstreut hat, sind Illusionen. »Leben ist [primär] ein ökologisches und nur für einen vergänglichen Augenblick ein individuelles Gut«, schreibt der Mikrobiologe Clair Folsome, der sich aus Liebhaberei mit der Erschaffung von Superorganismen in Flaschen befaßt hat. Wir leben *ein* Leben, das zergliedert ist. Leben ist eine Flut von Transformationen, die leere Behälter auffüllt und sie dann auf ihrem Weg zum Füllen weiterer Behälter verschüttet. Die Gestalt und die Anzahl der Gefäße, die von der Flut überschwemmt werden, spielt keine Rolle.

Das Leben funktioniert wie ein Extremist, ein Fanatiker ohne Mäßigung. Es infiltriert alles. Es sättigt die Atmosphäre, bedeckt die Erdoberfläche und erschmeichelt sich seinen Weg durch die Spalten des Grundgesteins. Es wird sich nicht zurückweisen lassen. Wie Lovelock bemerkte, haben wir keine alten Gesteine ausgegraben, ohne auch die in ihnen aufbewahrten alten Lebensformen gehoben zu haben. John von Neumann, der in mathematischen Begriffen über das Leben nachgedacht hat, sagte, daß »lebende Organismen ... nach jeder vernünftigen stochastischen oder thermodynamischen Theorie hochgradig unwahrscheinlich sind ... Wenn es [jedoch] aus irgendeinem absonderlichen Zufall heraus einmal welche gibt, lassen sich von da an die Gesetze der Wahrscheinlichkeit nicht mehr anwenden, und es wird viele von ihnen geben.« Als das Leben erst einmal erschaffen war, bevölkerte es sofort die Erde, indem es Materialien aus allen Bereichen – Gase, Flüssigkeiten, Feststoffe – nach seinen eigenen Plänen organisierte. »Leben ist ein Phänomen *planetarischen Ausmaßes*«, sagte James Lovelock. »Es kann auf einem Planeten kein Leben geben, das nur dünn gesät ist. Es wäre so instabil wie ein halbes Lebewesen.«

Eine dünne Membran ungebrochenen Lebens bedeckt heute die ganze Erde. Es ist ein Mantel, den man nicht ausziehen kann. Wenn eine Naht reißt, wird sich der Mantel auf der Stelle von allein flicken. Wenn man ihn mißbraucht, wird er sich verwandeln, um mit dem Mißbrauch zu gedeihen. Es ist kein Mantel in einem abgetragenen Grün, sondern in üppigen Technicolor-Farben, eine leuchtende Robe, die den kolossalen Körper des Planeten umhüllt.

Dieser Mantel hält praktisch unbegrenzt. Das Leben hat uns das große Geheimnis vorenthalten, daß es, einmal geboren, unsterblich ist. Einmal losgelassen, läßt es sich nicht mehr ausrotten.

Der Rhetorik radikaler Umweltschützer zum Trotz steht es außerhalb der menschlichen Macht, die ganze Flut des Lebens vom Planeten zu fegen. Atombomben würden wenig ausrichten, das Leben grundsätzlich aufzuhalten, und dürften statt dessen eher die nichtmenschlichen Versionen verstärken.

Vor Milliarden von Jahren muß es eine Zeit gegeben haben, in der das Leben die Schwelle zur Unumkehrbarkeit überschritten hat. Nennen wir diesen Punkt den U-Punkt (für unumkehrbar oder unsterblich). Vor dem U-Punkt war das Leben dürftig, tatsächlich sah es sich einem steilen Gefälle gegenüber. Häufige Meteoriteneinschläge, heftige Strahlung und grausame Temperaturschwankungen schufen auf der Erde vor vier Milliarden Jahren eine unglaublich feindliche Umwelt für jede halbfertige, gerade im Vermehrungsprozeß befindliche Komplexität. Aber dann »machten«, nach Lovelocks Erzählung,

»die klimatischen Bedingungen in der Frühzeit des Planeten ein Möglichkeitsfenster auf, das für das Leben gerade passend war. Das Leben hatte nur eine knappe Frist, in der es sich etablieren konnte. Wäre da etwas schief gegangen, wäre das ganze System zukünftigen Lebens gescheitert.«

Aber einmal etabliert, klammerte es sich rasch fest. Und irgendwann nach dem U-Punkt stellte sich das Leben als weder empfindlich noch zerbrechlich, sondern als hart und unbezähmbar heraus. Einzellige Bakterien sind erstaunlicherweise nicht unterzukriegen. Sie leben in jeder nur denkbar widrigen Umwelt, einschließlich jener Lebensräume, die schwerer Strahlung ausgesetzt sind. Wie man in Krankenhäusern weiß, ist es unglaublich schwer, einige wenige Räume von bakteriellem Leben frei zu halten. Die Erde? Ha!

Wir sollten der unaufhaltsamen Natur des Lebens aufmerksam begegnen, weil sie sehr viel mit der Komplexität von Vivisystemen zu tun hat. Wir sind gerade dabei, Maschinen zu bauen, die so komplex sind wie Heuschrecken, und sie auf die Welt loszulassen. Einmal geboren, werden sie nicht mehr verschwinden. Von den Tausenden von Computerviren, die von Virenjägern bis jetzt katalogisiert sind, ist nicht eine Art ausgerottet. Laut den Firmen, die Antivirenprogramme schreiben, werden jede Woche mehrere Dutzend neuer Computerviren erzeugt. Sie werden uns begleiten, solange wir Computer haben.

Der Grund, warum das Leben nicht aufgehalten werden kann, liegt darin, daß die Komplexität der Dynamik des Lebens die Komplexität von allen bekannten Destruktionskräften übersteigt. Das Lebendige ist viel komplexer als das Unbelebte. Während das Leben als eine Triebkraft des Todes fungieren kann – ein Räuber, der sein Opfer zerfleischt –, verringert der Verzehr einer Lebensform durch eine andere die Komplexität des Gesamtsystems grundsätzlich nicht, sondern erhöht sie vermutlich noch.

Ließe man alle Krankheiten und Unfälle auf der Welt 24 Stunden pro Tag und sieben Tage die Woche ohne Unterbrechung arbeiten, bräuchte es im Schnitt 621 960 Stunden, um einen menschlichen Organismus umzubringen. Das bedeutet 70 Jahre ununterbrochenen Angriff mit dem Ziel, die Grenzen des menschlichen Lebens zu durchbrechen – abgesehen von dem Eingreifen der modernen Medizin (die den Tod je nach Sichtweise beschleunigen oder aufhalten kann). Diese hartnäckige Ausdauer des Lebens ist direkt auf die Komplexität des menschlichen Körpers zurückzuführen.

Im Gegensatz dazu wäre ein solide gebautes Auto, das es geschafft hat, bis an sein oberstes Limit von 320 000 Kilometer zu keuchen, bevor es ihm ein Ventil zerbläst, gerade einmal 5 000 Stunden lang gefahren. Ein Flugzeugtriebwerk läuft vielleicht 40 000 Stunden, bis es erneuert werden muß. Eine einfache Glühbirne ohne bewegliche Teile reicht für 2 000 Stunden. In Sachen Langlebigkeit spielt die nichtlebendige Komplexität auch heute nicht in der gleichen Liga wie das Leben selbst.

Im Museum der Harvard Medical School steht eine Vitrine, in welcher der sogenannte »Brechstangenschädel« ausgestellt ist. Dieser Schädel zeigt ein Loch, das von einer eisernen Brechstange mit brutaler Wucht herausgeschlagen wurde. Der Schädel gehörte Phineas Gage, einem Vorarbeiter in einem Steinbruch des 19. Jahrhunderts, der gerade dabei war, eine Schwarzpulverladung mit der Eisenstange in ein Loch hineinzustopfen, als der Sprengstoff explodierte. Die eiserne Brechstange durchbohrte seinen Kopf. Seine Kollegen sägte die herausragende Stange ab, bevor man ihn zu einem schlechtausgerüsteten Arzt brachte. Laut Schilderungen von Leuten, die ihn kannten, lebte Gage noch 13 Jahre, in seinen Lebensfunktionen kaum beeinträchtigt, mit der Ausnahme, daß er reizbar und übellaunig wurde. Was man verstehen kann. Aber die Maschine lief weiter.

Leute, denen die Bauchspeicheldrüse fehlt, eine Niere oder der Dünndarm, können vielleicht keinen Marathon laufen, aber sie leben. Während die Funktionseinschränkung von vielen kleinen Körperteilen – insbesondere von Drüsen – den Tod des ganzen Körpers verursachen kann, sind diese Teile gegen leichte Zerstörung gewappnet. Tatsächlich ist die Abwehr von Zerstörung das primäre Merkmal von komplexen Systemen.

Wildlebende Pflanzen und Tiere überleben normalerweise schwere Gewaltanwendung und Verletzung. Die einzige mir bekannte Studie, die versucht hat, die Verletzungsrate in der Wildnis zu messen, konzentrierte sich auf brasilianische Echsen und kam zu dem Schluß, daß 12 Prozent von ihnen mindestens eine Zehe verloren hatten. Elche überleben Schußwunden, Robben werden nach Haifischbissen wieder gesund, Eichen treiben wieder aus, nachdem man ihre Krone geköpft hat. In einem Experiment lebten Schnecken, deren Gehäuse von Forschern vorsätzlich zerschmettert worden waren, nach ihrer Rückkehr in die freie Natur genauso lange wie unverletzte Testtiere. Die heroische Leistung der Natur besteht nicht in dem kleinen Fisch, der entwischt, sondern darin, daß der gute alte Tod überhaupt in der Lage ist, ein System zum Zusammenbruch zu bringen.

Vernetzte Komplexität kehrt die übliche Relation der Zuverlässigkeit von Gegenständen um. Beispielsweise können einzelne Schaltelemente in einer modernen Kamera eine neunzigprozentige Zuverlässigkeit erreichen. Wenn sie dummerweise nicht parallel, sondern seriell verschaltet werden, weisen die Hunderte von Schaltungen als Gruppe eine hohe Unzuverlässigkeitsrate auf – vielleicht erreichen sie noch eine Zuverlässigkeit von 75 Prozent. Richtig verbunden, das heißt, wenn sich die Teile gegenseitig informieren, wie das bei fortgeschrittenen Baller-Spielen der Fall ist, steigt die Zuverlässigkeit des Zählwerks der Kamera sofort insgesamt auf 99 Prozent, so daß die neunzigprozentige Zuverlässigkeit der Einzelteile noch übertroffen wird.

Mittlerweile enthält die Kamera jedoch neue Untergruppen von Teilen, die ihrerseits wie eigenständige Teile agieren. Eine Vermehrung virtueller Teile bedeutet – bei gleichzeitigem Anstieg des Niveaus der Komponenten –, daß die Möglichkeit unvorhersagbaren Verhaltens unabweisbar wird. Heute gibt es neue Wege, auf denen man fehlgehen kann. Während also die Kamera als Einheit höchst zuverlässig geworden ist, wartet sie im Überraschungsfall oft mit einer äußerst überraschenden Überraschung auf. Die alten Kameras versagten leicht und waren ebenso leicht zu reparieren. Die neuen Kameras versagen auf kreative Weise.

Kreatives Versagen ist der Echtheitsstempel von Vivisystemen. Sterben ist schwierig, aber es gibt tausend Wege, es zu tun. 200 überbezahlte Techniker mußten zwei Wochen im Alarmzustand arbeiten, um herauszufinden, warum das halblebendige amerikanische Telefonsystem 1990 wiederholt aussetzte. Und dabei handelte es sich um die gleichen Burschen, die es auch gebaut hatten. Es hatte nie zuvor auf diese Weise ausgesetzt und wird es vermutlich auch nicht wieder tun.

Während jeder Mensch auf sehr ähnliche Weise zur Welt kommt, ist jeder Tod anders. Wenn die Bescheinigungen amtlicher Leichenbeschauer hinsichtlich der Todesursachen stimmen, ist jeder Tod einzigartig. Die Medizin findet es aufschlußreicher, die Ursachen zu vereinheitlichen und sie grundsätzlich zu klassifizieren, wodurch die in der Tat individuelle Natur jedes Todesfalls nicht aufgezeichnet wird.

Ein komplexes System kann nicht auf einfache Weise sterben. Die Mitglieder eines Systems haben einen Vertrag mit dem Ganzen. Die Teile sagen: »Wir wollen uns dem Ganzen hingeben, denn gemeinsam sind wir stärker, als es die Summe der Teile wäre.« Komplexität und Leben greifen ineinander. Einzelne Teile können sterben, aber das Ganze überlebt. Wenn ein System sich selbst zu größerer Komplexität organisiert, steigert es seine Lebendigkeit: nicht die Länge, sondern die Qualität des Lebens. Es hat mehrere Leben.

Wir tendieren dazu, Leben und Tod binär zu denken; ein Lebewesen ist entweder das eine oder das andere. Die selbstorganisierenden Subsyteme in Organismen legen jedoch nahe, daß einige Dinge lebendiger sind als andere. Die Biologin Lynn Margulis und andere haben darauf hingewiesen, daß sogar eine Zelle im Plural lebt, genauso wie jede Zelle eine historische Ehe von mindestens drei verkümmerten Bakterienformen ist.

»Ich bin unter den Lebenden der Lebendigste«, triumphiert der russische Dichter A. Tarkowskij (der Vater des Filmemachers). Das ist politsch nicht korrekt, aber es stimmt wahrscheinlich. Es existiert vielleicht kein wirklicher Unterschied zwischen der Lebendigkeit eines Sperlings und der eines Pferds, aber es existiert einer zwischen der Lebendigkeit eines Pferds und der einer Weide oder zwischen der eines Virus und der einer Grille. Je größer die Komplexität eines Vivisystems ist, desto mehr Leben kann in ihm stecken.

Noch einmal erklimme ich den Hügel hinter meinem Haus. Ich schlendere hinüber zu einem Hain von Eukalyptusbäumen, wo die Bienenhäuser stehen. Der Hain dämmert zu dieser Tageszeit feucht im Schatten dahin. Am nach Westen gewandten Hügel steht die Morgensonne über den Häuserblocks.

Ich stelle mir vor, wie das Tal am Beginn seiner Geschichte nur aus unfruchtbaren Felsen bestanden hatte – ein Hügel aus bloßliegendem Feuerstein und Feldspat, wüst und blank. Eine Milliarde Jahre huschen vorüber. Jetzt ist der Fels mit einer verwobenen Grasdecke überzogen. Das Leben hat einen Raum in dem Hain mit einer Waldung gefüllt, die höher reicht als ich. Das Leben versucht, das ganze Tal mit Leben zu füllen. Über die nächsten Milliarden Jahre hinweg wird es ständig neue Formen ausprobieren, die aus jeder nur erdenklichen Felsspalte oder Leerstelle hervorbrechen.

Vor dem Leben gab es keine komplexe Materie im Universum. Das ganze Universum war völlig simpel strukturiert. Salze, Wasser, Elemente. Äußerst langweilig. Nach dem Leben gab es eine Menge komplexer Materie. Astrochemikern zufolge lassen sich außerhalb des Lebens keine komplexen Moleküle im Universum finden. Das Leben tendiert dazu, bei aller und jeder Materie, mit der es in Kontakt kommt, als Anhalter mitzufahren und sie zu verkomplizieren. Durch eine seltsame Rechnung schafft das Leben desto mehr Raum für weiteres Leben, je mehr Leben sich in dem Tal drängt. Am Ende wird dieses kleine Tal entlang der Nordküste Kaliforniens eine solide Masse von Leben werden. Wenn man es seinem eigenen Drang überläßt, kann das Leben schließlich die ganze Materie infiltrieren.

Warum ist die Erde keine solide grüne Masse? Warum bedeckt das Leben nicht auch die Meere und füllt die Luft? Ich glaube, die Antwort lautet, daß die Erde eines Tages einheitlich Grün sein würde, wenn man sie sich selbst überließe. Die Eroberung des Luftraums durch lebende Organismen ist ein relativ neues Projekt und bis heute nicht abgeschlossen. Die vollständige Durchdringung der Meere muß vielleicht auf robuste Riementanggeflechte warten, um sich entwickeln zu können, auf solche, die in der Lage sind, Sturmwellen zu widerstehen. Aber am Ende wird das Leben vorherrschen; die Ozeane werden grün sein.

Auch die Galaxis könnte eines Tages grün sein. Ferne Planeten, die heute toxisch auf das Leben wirken, müssen nicht immer so bleiben. Das Leben kann Verkörperungen seiner selbst entwickeln, die in der Lage sind, in Umwelten zu gedeihen, die heute feindlich erscheinen. Noch wichtiger jedoch ist, daß, wenn eine Lebensform sich erst einmal an einem Ort festgekrallt hat, die dem Leben innewohnende Transformationsnatur die Umwelt modifiziert, bis sie für andere Arten geeignet ist.

In den fünfziger Jahren nannte der Physiker Erwin Schrödinger die

Lebenskraft »Negentropie«, um anzuzeigen, daß sie die Gegenströmung zum thermischen Zerfall darstellt. In den neunziger Jahren nennt eine in Ansätzen vorhandene technokratische Subkultur, die sich in den Vereinigten Staaten gerade entwickelt, die Lebenskraft »Extropie«.

»Extropiker«, wie die Befürworter der Extropie sich selbst nennen, haben ein Lifestyle-Manifest in sieben Punkten herausgegeben, das auf dem Vitalismus der Lebensextropie basiert. Der dritte Punkt ist ein Bekenntnis, das ihren persönlichen Glauben an die »schrankenlose Ausdehnung« verkündet – das Vertrauen, daß das Leben sich ausdehnen wird, bis es das ganze Universum erfüllt. Wer daran nicht glaubt, wird als »Todesanhänger« abgestempelt. Man könnte dieses Glaubensbekenntnis im Kontext ihrer Propapaganda als bloße zweckoptimistische Selbstanfeuerung lesen, etwa der Art: Wir können alles erreichen!

Aber auf etwas perverse Weise verstehe ich ihre Prahlerei als einen wissenschaftlichen Vorschlag: Das Leben wird das Universum ausfüllen. Niemand kennt die theoretischen Grenzen für die Infizierung der Materie durch das Leben. Und niemand weiß, was die maximale Größe der lebendig erweiterten Materie wäre, die unsere Sonne unterstützen könnte.

In den dreißiger Jahren schrieb der russische Geochemiker und Physiker Vernadsky: »Das Vermögen zur maximalen Expansion wohnt der belebten Materie in derselben Weise inne, wie es für die Hitze charakteristisch ist, daß sie sich von heißeren auf weniger heiße Körper überträgt, für eine lösliche Substanz, sich in einem Lösungsmittel zu lösen, oder für ein Gas, sich im Raum zu verteilen.« Vernadsky nannte das »Lebensdruck« und taxierte diese Expansion in Geschwindigkeiten. Den Geschwindigkeitsrekord an Lebensexpansion erreichte seiner Einschätzung nach ein riesiger Bovist, der, wie er sagte, in einer solchen Menge Sporen produzierte, daß die Bovisten in nur drei Generationen das Volumen der Erde überschreiten würden, wenn dem Pilz für seine Entwicklung nur ausreichend Rohstoffe zur Verfügung ständen. Er berechnete über eine obskure Methode, daß die »Übertragungsgeschwindigkeit« der Lebenskraft in Bakterien bei 1 000 Kilometern pro Stunde liege. Bei diesem Tempo würde das Leben im Ausfüllen des Universums nicht weit kommen.

Auf seine wesentlichen Momente reduziert, ist das Leben von der Rechenfunktion in einem Computer nicht sehr entfernt. Über einige Jahre hinweg hat Ed Fridkin, ein einzelgängerischer Denker, der früher mit dem MIT verbunden war, die ketzerische Theorie zusammengesponnen, daß das Universum ein Computer *ist.* Nicht im metaphorischen Sinn, sondern daß Materie und Energie Formen der Informationsverarbeitung darstellen, die der Art von Informationsverarbeitung, die in einem Macintosh-Rechner abläuft, grundsätzlich gleichwertig sind. Fredkin glaubt nicht an die Solidität von Atomen und sagt kategorisch, daß »Information die konkreteste Sache auf der Welt ist.« Stephen Wolfram, ein Mathematikgenie, der Pionierarbeit auf dem Gebiet von Computeralgorithmen geleistet hat, stimmt dem zu. Er war einer der ersten, der die physikalischen Systeme als Komputationsprozesse sah, eine Sichtweise, die seither in einigen kleinen Zirkeln von Physikern und Philosophen populär geworden ist. In dieser Hinsicht ähnelt die minimale Leistung, die vom Leben erbracht wird, physikalisch und thermodynamisch der minimalen Leistung, die ein Computer erbringt. Fredkin und Kollegen würden behaupten, daß uns das Wissen über die maximale Höhe der Rechenleistung, die im Universum erbracht werden kann (wenn wir dessen gesamte Materie als einen Computer verstehen würden), eine Aussage darüber erlauben würde, ob das Leben das Universum ausfüllen wird – die im Kosmos erkennbare Verteilung von Materie und Energie vorausgesetzt. Ich weiß nicht, ob irgend jemand diese Berechnung angestellt hat.
Einer der wenigen Wissenschaftler, die ernsthaft über die letztendliche Bestimmung des Lebens nachgedacht haben, ist der Physiktheoretiker Freeman Dyson. Dyson hat einige grobe Berechnungen angestellt, um abzuschätzen, ob Leben und Intelligenz bis zum ultimativen Ende des Universums überleben könnten. Er kam zu dem Schluß, daß sie es könnten und schrieb: »Die zahlenmäßigen Ergebnisse meiner Berechnungen zeigen, daß die Energiemengen, die für einen dauerhaften Überlebens- und Kommunikationsprozeß nötig sind, überraschenderweise bescheiden sind... Sie unterstützen nachhaltig eine optimistische Sichtweise der Potentiale des Lebens. Gleichgültig, wie weit wir in die Zukunft voranschreiten, es werden immer neue Dinge geschehen, neue Informationen einlaufen, neue Welten zu erforschen

sein, es wird eine ständig expandierende Sphäre von Leben, Bewußtsein und Gedächtnis geben.«

Dyson hat das weiter gedacht, als ich es je gewagt hätte. Ich war lediglich betroffen von der Dynamik des Lebens, von der Art, wie sie jede Materie infiltriert und durch nichts aufgehalten werden kann. Aber genauso wie das Leben die Materie irreversibel erobert, erobert die lebensähnliche, höhere Datenverabeitungsmacht, die wir »Denken« nennen, das Leben und somit unwiderruflich alle Materie. Dyson schreibt in seinem literarischen und metaphysischen Buch *Infinite in All Directions*:

> Es scheint mir, daß die Tendenz des Denkens, die Materie zu infiltrieren und zu beherrschen, ein Naturgesetz ist … Die Infiltration des Denkens in das Universum wird sich durch keine Katastrophe oder Schranke, die ich mir vorstellen kann, auf Dauer aufhalten lassen. Wenn unsere Art sich nicht dazu entschließt, den Marsch anzuführen, werden es andere tun, oder haben es vielleicht bereits getan. Wenn unsere Spezies ausgelöscht ist, werden andere gescheiter sein oder mehr Glück haben. Denken ist geduldig. Das Denken hat über drei Milliarden Jahre auf diesem Planeten gewartet, bevor es sein erstes Streichquartett komponiert hat. Vielleicht muß es noch weitere drei Milliarden Jahre warten, bevor es sich über die ganze Galaxis hinweg ausbreitet. Ich erwarte nicht, daß es noch so lange warten muß. Aber wenn es notwendig ist, wird es warten. Das Universum ist wie ein fruchtbarer Boden, der überall um uns herum ausgebreitet ist, bereit dazu, die Samen des Denkens sprießen und wachsen zu lassen. Das Denken wird schließlich früher oder später sein angestammtes Recht antreten. Für welches Tun wird sich das Denken entscheiden, wenn es das Universum informiert und kontrolliert? Das ist die Frage, die zu beantworten wir nicht hoffen dürfen.

Vor etwa hundert Jahren wurde der allgemeine Glaube, daß das Leben eine mysteriöse Flüssigkeit sei, die die lebendigen Dinge erfülle, zu einer modernen Philosophie verfeinert, die sich Vitalismus nannte. Die Position, die der Vitalismus bezog, war nicht sehr weit von der Bedeutung des Alltagssatzes entfernt: »Sie verlor ihr Leben.« Wir alle stellen uns irgendeine unsichtbare Substanz vor, die beim Tod langsam versickert. Die Vitalisten nahmen diese volkstümliche Vorstellung ernst. Sie waren der Ansicht, daß der essentielle Geist, der sich in Lebewesen rührt, zwar nicht selbst lebendig, aber auch kein gänzlich unbelebtes Material oder ein Mechanismus sei. Es war etwas anderes: ein vitaler Impuls, der außerhalb des von ihm belebten Lebewesens existierte.

Meine Beschreibung des aggressiven Charakters des Lebens ist nicht als postmoderner Vitalismus gedacht. Es stimmt, daß die Definition des Lebens als »ein emergentes Leistungspotential zur Organisation unbelebter Teile, ohne auf sie reduzierbar zu sein« (das beste, was Wissenschaft gerade heute tun kann), dem Klang einer metaphysischen Doktrin sehr nahe kommt. Sie soll aber überprüfbar sein.

Ich vertrete die Ansicht, daß Leben ein nichtspirituelles, beinahe mathematisches Vermögen ist, das aus netzwerkartigen Anordnungen von Materie emergieren kann. Wenn genügend Komponenten zusammenkommen, wird sich das System so verhalten, weil das Gesetz der großen Zahl es so will. Leben entsteht, wenn etwas nach Gesetzen organisiert ist, die uns heute allerdings noch verborgen sind. Es folgt Regeln, die so streng sind wie jene, denen das Licht unterliegt.

Dieser gesetzmäßige Prozeß verleiht dem Leben gleichzeitig ein spirituelles Gewand. Die erste Ursache dafür liegt darin, daß die Organisation des Lebens gar nicht anders kann, als Unvorhersehbares und Neues hervorzubringen. Zweitens muß sich das Ergebnis dieser Organisation bei jeder Gelegenheit wiederholen, was ihm eine Richtung von Drang und Begehren gibt. Und drittens kann das Ergebnis leicht einen Kreislauf beschreiben, um seine eigene Existenz zu schützen, und dementsprechend verlangt es nach einer emergenten Tagesordnung. Zusammengenommen ließen sich diese Prinzipien die »emergente« Doktrin des Lebens nennen. Diese Doktrin ist radikal, weil sie einen revidierten Begriff dessen einschließt, was Naturgesetze bedeuten: nämlich Irregularität, zirkuläre Logik, Tautologie und Überraschung.

Wie jede falsche Idee enthält auch der Vitalismus ein nützliches Stück Wahrheit. Hans Driesch, der Erzvitalist des zwanzigsten Jahrhunderts, definierte den Vitalismus 1914 als »die Theorie von der Autonomie des Lebensprozesses« und lag dabei in gewisser Hinsicht richtig. In unserer gerade neu entstehenden Sicht läßt sich das Leben sowohl von lebenden Körpern als auch von einer mechanischen Matrix trennen und separat als ein realer, autonomer Prozeß verstehen. Leben kann aus lebenden Körpern als eine zerbrechliche Informationsstruktur kopiert (Geist oder Gen) und in neue leblose Körper implantiert werden, gleichgültig ob sie aus organischen oder mechanischen Teilen bestehen.

In der Ideengeschichte haben wir Diskontinuitäten aus der Wahrnehmung unserer Rolle als Menschen zunehmend eliminiert. Der Geschichtswissenschaftler David Channel faßt diesen Vorgang in seinem Buch *The Vital Machine: A Study of Technology and Organic Life* folgendermaßen zusammen:

> Zuerst eliminierte Kopernikus die Diskontinuität zwischen der irdischen Welt und dem Rest des physikalischen Universums. Als nächstes eliminierte Darwin die Diskontinuität zwischen menschlichen Wesen und der übrigen organischen Welt. Und gerade vor kurzem eliminierte Freud die Diskontinuität zwischen der rationalen Welt des Ich und der irrationalen Welt des Unbewußten. Aber wie [der Historiker und Psycholge Bruce] Mazlish behauptet hat, gibt es eine Diskontinuität, der wir uns bislang noch immer gegenübersehen. Die »vierte Diskontinuität« trennt das menschliche Wesen von der Maschine.

Im Augenblick sind wir gerade dabei, diese vierte Diskontinuität zu überwinden. Wir müssen nicht länger zwischen dem Lebendigen und dem Maschinellen wählen, weil diese Unterscheidung nicht länger bedeutsam ist. Die bedeutendsten Entdeckungen des kommenden Jahrhunderts werden an jene Menschen gebunden sein, die die einheitliche Beschaffenheit von Technologie und Leben feiern, erforschen und ausbeuten.

Die Brücke zwischen den Welten des Geborenen und des Gemachten ist die andauernde Kraft eines radikalen Ungleichgewichts – ein Gesetz, das man Leben nennt. In der Zukunft wird die gemeinsame Essenz von lebendigen Kreaturen und Maschinen darin bestehen, daß beide über die Dynamik selbstorganisierten Wandels verfügen.

Wir können heute von der Prämisse ausgehen, daß Leben etwas

Fließendes ist und Gesetzen unterliegt, die Menschen auch dann enthüllen und erkennen können, wenn wir sie nicht vollständig verstehen. Als ein Weg, die Gemeinsamkeit zwischen Maschinen und Lebewesen zu entdecken, habe ich es hilfreich gefunden zu fragen, was das Leben will. Auf die gleiche Weise denke ich über die Evolution nach. Was will die Evolution? Oder, um genauer zu sein: Wie sieht die Welt aus dem Blickwinkel des Lebens und der Evolution aus? Wenn wir Leben und Evolution für »autonome Prozesse« halten, welches sind dann ihre eigennützigen Ziele? Wohin steuern sie? Was wird aus ihnen?

Gretel Ehrlich schreibt in ihrem Gedichtband *Montana Spaces*: »Die Wildnis kennt keine Bedingungen, keine sicheren Routen, keine Gipfel oder Ziele, keine Quelle, die nicht ständig etwas mehr wird, als sie selbst ist, dann von all dem ablassend, ewiges Werden. Sie läßt sich ihre Komplexität nicht nehmen durch Katzenaugen oder ein Teleskop. Sie ist eher eine Wahrheit mit vielen Pointen, beinahe eine Grobheit, eine jähe Essenz wie die wilden Heidelbeeren, die unter meinen Füßen wie scharlachrote Teppiche über den Boden gespannt sind. Wildnis ist Quelle und Frucht in einem, als ob jeder Fluß im Kreis liefe, der Mund den Schwanz verschlinge – und der Schwanz die Quelle …«

Die Wildnis kennt keinen Zweck, außer sich selbst. Sie ist sowohl »Quelle wie Frucht«, die Vermischung von Ursache und Wirkung in einem Zirkelschluß. Was Ehrlich Wildnis nennt, nenne ich Netzwerk des vitalen Lebens, ein Strom von beinahe maschineller Kraft, der einzig sich selbst ausdehnen will und sein Ungleichgewicht auf alle Materie wirft, um in Lebewesen und Maschinen gleichermaßen zu explodieren.

Wildnis bzw. Leben ist ewiges Werden, schreibt Ehrlich. Was werden? Werden werden. Das Leben ist unterwegs zu noch mehr Komplexität, noch mehr Tiefe und Geheimnis, ein autokatalytischer Zyklus, der sich selbst mit seinen eigenen Funken entzündet, aus sich selbst heraus mehr Leben, mehr Wildnis und mehr »Werden« erzeugt. Leben kennt keine Bedingungen, keine Momente, die nicht sofort zu mehr Leben werden, als es selbst gerade ist.

Wie Ehrlich andeutet, ähnelt das wilde Leben jener fremdartigen Kreisläufigkeit von Uroborus, der sich selbst in den Schwanz beißt und verzehrt. Aber in Wahrheit ist das Leben der weitaus merkwürdigere Kreislauf einer Schlange, die sich aus ihrem eigenen Griff befreit, einen immer dicker werdenden Schwanz hervorwürgt, der auf einen immer größer werdenden Mund zuläuft, der einen immer noch größeren Schwanz gebiert und das Universum mit seiner Fremdartigkeit erfüllt.

7

GESCHLOSSENE SYSTEME

Im Steinhart-Aquarium in San Francisco befindet sich am Ende einer langen Reihe von Sichtfenstern das beleuchtete Konzentrat eines Korallenriffs. Dieser Ausschnitt des Südpazifischen Ozeans komprimiert das normalerweise in kilometerlangen Unterwasserriffen verstreute Leben auf einigen prachtvollen Metern hinter Glas.

Die ungewöhnlichen Farben und die fremdartigen Lebensformen des verdichteten Riffs lassen eine New Age-Stimmung aufkommen. Vor diesem rechtwinkligen Behälter zu stehen heißt, sich an einem harmonischen Knotenpunkt zu befinden. Hier sind mehr Lebewesen auf einem Quadratmeter zusammengepfercht als irgendwo sonst auf dem Planeten. Dichter aufeinander sitzendes Leben gibt es nicht. Der bemerkenswerte natürliche Reichtum eines Korallenriffs wurde hier noch einmal zu dem übernatürlichen Reichtum eines synthetischen Riffs komprimiert.

Zwei große Glasscheiben eröffnen die Sicht auf Alices Wunderland voller exotischer Wesen. Fische in Hippie-Leuchtfarben glotzen mit großen Augen zurück, dazu das Farbenspiel des orange- und weißgestreiften Clownfisches oder ein kleiner Schwarm schillernder, türkisfarbener Demoisellefische. Die farbenprächtigen Kreaturen sausen zwischen den federleichten Stöcken kastanienbrauner, weicher Korallen herum oder bewegen sich zwischen den langsam pulsierenden, fetten Lippen riesiger Meeresmuscheln hin und her.

Für diese Lebewesen ist das Ganze nicht bloß ein Tiergehege, sondern schlicht ihr Zuhause. Sie werden hier für immer fressen, schlafen, untereinander Kämpfe austragen und sich fortpflanzen. Und wenn man ihnen genügend Zeit gibt, werden sie sich auf ein gemeinsames Schicksal hin entwickeln. Sie bilden eine wirklich lebendige Gemeinschaft.

Hinter dem Behälter mit dem Korallenriff vibriert eine mit elektrischer Energie betriebene rasselnde Armee von Pumpen, Röhren und

Geräten, um die extreme Vielfalt des Miniaturriffs in Gang zu halten. Wenn der Besucher eine unbeschriftete Tür öffnet, kann er aus dem verdunkelten Schauraum des Aquariums zu den Pumpen vordringen. Sobald die Tür sich einen Spalt auftut, wird man von einem Licht geblendet, welches an das Erscheinen von E.T. erinnert. Im Inneren tauchen warme Feuchtigkeit und kahles Licht den weißen Raum in eine stickige Atmosphäre. Von der Decke strahlt eine Reihe heißer, metallener Halogenlampen 15 Stunden am Tag tropisches Sonnenlicht aus. Salzwasser wogt durch eine massige, vier Tonnen schwere Betonwanne mit nassem Sand, in dem es von Reinigungsbakterien wimmelt. Unter dem künstlichen Sonnenlicht gedeihen in langen, flachen Plastikschalen grüne Algen, die die natürlichen Giftstoffe aus dem Wasser des Riffs herausfiltern.

Industriell gefertigte Rohrinstallationen sind für das Riff der Ozeanersatz. 60 000 Liter wiederaufbereitetes Meerwasser wirbeln durch das bionische System, um für die gleiche Filterung und Turbulenz, den gleichen Sauerstoffgehalt und einen konstanten pH-Wert zu sorgen, wie die kilometerlangen Algengärten und Sandstrände des Südpazifik dies für ein Riff in der freien Natur tun. Die ganze durch elektrische Leitungen ermöglichte Show ist eine heikle, schwererkämpfte Balance und erfordert täglich Energie und Aufmerksamkeit. Eine falsche Bewegung, und das Riff könnte sich an einem Tag auflösen.

Schon die alten Griechen und Römer wußten, daß man für die Errichtung dessen, was sich innerhalb eines Tages auflösen kann, vielleicht Jahre oder Jahrhunderte braucht. Bevor das Steinhart-Korallenriff konstruiert wurde, war niemand sicher, ob eine Korallenriffgemeinschaft künstlich zusammengestellt werden könnte, und falls doch, wie lange das dauern würde. Meeresbiologen waren ziemlich sicher, daß ein Korallenriff, wie jedes komplexe Ökosystem, in der richtigen Reihenfolge zusammengebaut werden muß. Aber niemand wußte, wie diese Reihenfolge aussah. Der Meeresbiologe Lloyd Gomez wußte es jedenfalls mit Sicherheit nicht, als er zum ersten Mal im feuchtkalten Keller des Aquariengebäudes der Akademie zu experimentieren begann. Gomez rührte in großen Plastikschalen eimerweise Mikroorganismen zusammen, mischte immer mehr Arten in verschiedenen Reihenfolgen bei, in der Hoffnung, eine stabile Gemeinschaft zu erhalten. Meistens lag er daneben.

Er begann jeden Versuch mit der Zucht einer dicken, erbsengrünen Suppe von Algen – dem Schaum eines umgekippten Teichs vergleichbar – direkt unter einer Reihe von Tageslichtlampen. Wenn das System von den erforderlichen Voraussetzungen für ein Korallenriff abkam, überflutete Gomez die Schalen. Nach einem Jahr hatte er schließlich die Suppe für den Prototyp eines Riffs beisammen.

Natur herzustellen braucht Zeit. Erst heute, fünf Jahre nachdem Gomez das Korallenriff in Angriff nahm, ist in Umrissen zu erkennen, daß es sich selbst erhält. Bis vor kurzem mußte Gomez die Fische und die wirbellosen Tiere, die sich in dem synthetischen Riff aufhielten, mit zusätzlicher Nahrung füttern. Mittlerweile hält er das Riff für ausgereift. »Nachdem ich sie fünf Jahre lang ständig verhätschelt habe, befindet sich in meinem Behälter jetzt ein vollständiges Nahrungsnetz, so daß ich die Fische mit nichts mehr versorgen muß.« Außer mit Sonnenlicht, das in einem fortwährenden Strom von Halegonidenergie auf das künstliche Riff herabstrahlt. Das Sonnenlicht ernährt die Algen, die Lebewesen ernähren, welche wiederum Korallen, Schwämme, Muscheln und Fische ernähren. Letztlich funktioniert dieses Riff auf der Grundlage von elektrischer Energie.

Gomez prophezeit weitere Modifikationen, wenn die Riffgemeinschaft sich selbst festigt. »Ich erwarte größere Veränderungen in den ersten zehn Jahren, in denen das Riff zusammenwächst. Die Korallen liefern die Grundlage und beginnen sich unten auf dem lockeren Gestein zu verankern. Darunter vergraben sich die unterirdischen Schwämme. Das alles verbindet sich zu einer einzigen großen Masse tierischen Lebens.« Lebendes Gestein, entstanden aus einigen ausgestreuten Organismen.

Zur allgemeinen Überraschung waren um die 90 Prozent der Organismen, die das Miniaturriff zusammenwachsen ließen, blinde Passagiere, die zu Beginn in der Suppe gar nicht vorhanden zu sein schienen. Es gab eine kleine, aber vollständig unsichtbare Population von Mikroben, aber erst nach fünf Jahren, als Teile des Riffs zu fusionieren begannen, waren die Verhältnisse für die Entfaltung der Mikroorganismen gegeben, die zuvor unbemerkt und geduldig im Umlauf gewesen waren.

Während derselben Zeit verschwanden bestimmte Arten, die das Riff anfänglich beherrscht hatten. Gomez meint dazu: »Das hatte ich nicht erwartet. Es jagte mir einen Schrecken ein. Organismen starben ab. Ich fragte mich: Was habe ich falsch gemacht? Es zeigt sich aber, daß ich gar nichts falsch gemacht habe. Das ist einfach der Entwicklungsverlauf der Gemeinschaft. Zuerst müssen umfangreiche Populationen von Mikroalgen vorhanden sein. Dann, innerhalb von zehn Monaten, sind sie verschwunden. Später verschwanden noch einige anfangs reichlich vorhandene Schwämme, und eine andere Form tauchte plötzlich auf. Erst vor kurzem ist im Riff ein schwarzer Schwamm auf der Bildfläche erschienen. Ich habe keine Ahnung, wo der herkommt.« So wie bei der Wiederherstellung von Packards Prärie und Wingates Nonsuch-Insel brauchte man für die Herstellung, nicht für den Weiterbestand der Korallen bestimmte Arten, die sie wie Anstandsdamen begleiteten. Teile des Riffs waren als Anhalter dabei.

Lloyd Gomez ist mit seiner Fähigkeit, Riffe zu errichten, an der Volkshochschule sehr gefragt. Korallenriffe sind die ultimative Herausforderung für besessene Hobbybastler, die einen Kurs besuchen, um zu lernen, wie man Meeresmonumente auf 400-Liter-Behälter reduziert. Mini-Salzwassersysteme lassen Kubikkilometer von Leben zu einem großen Aquarium mit Zubehör zusammenschrumpfen. Dieses Zubehör besteht aus Mischpumpen, Halogenlampen, Ozonfermenten, molekularen Absorptionsfiltern und etlichem mehr – das Ganze für schlappe 15 000 Dollar pro Wohnzimmer-Behälter. Die teure Ausrüstung tut das, was das Meer in großem Maßstab macht: sie reinigt und filtert das Wasser des Riffs. Korallen benötigen ein empfindliches Gleichgewicht von aufgelösten Gasen, chemischen Spurenelementen, einem bestimmten pH-Wert, Mikroorganismen, Licht, Wellenbewegungen und der richtigen Temperatur – all das wird in einem Aquarium von einem Netzwerk mechanischer Geräte und biologischer Wirkstoffe zur Verfügung gestellt. Der übliche Fehler, sagt Gomez, besteht in dem Versuch, mehr Lebensformen in den Lebensraum hineinzustopfen, als das System aushalten kann, oder darin, wie Pimm und Drake herausfanden, sie nicht in der richtigen Reihenfolge einzubringen. Wie entscheidend ist diese Ordnung? Gomez: »Sie entscheidet über Leben und Tod.«

Der Schlüssel zur Stabilisierung eines Korallenriffs schien darin zu liegen, daß man anfangs den Nährboden aus Mikroben richtig bestimmte. Clair Folsome, ein an der Universität von Hawaii arbeitender Mikrobiologe, hat aus seiner Arbeit mit Mikrobensuppen den Schluß gezogen, daß »die Grundlage eines stabilen geschlossenen Ökosystems für jede Art grundsätzlich aus Mikroben besteht«. Er bemerkte, daß Mikroben in jedem Ökosystem dafür verantwortlich sind, daß »die elementaren Kreisläufe des Lebens« – das Zirkulieren der Luft und der Nährstoffe – »geschlossen werden«. Dafür fand er Belege in Zufallsmischungen von Mikroben, die den Experimenten von Pimm und Drake ähnelten, mit dem Unterschied, daß Folsome den Deckel der Gefäße versiegelte. Folsome schuf damit weniger das Modell eines Ausschnitts irdischen Lebens, sondern eher das Modell einer in sich abgeschlossenenen, sich selbst wiederverwertenden ganzen Erde. Jede irdische Materie wird wiederverwertet (nicht berücksichtigt sind hier das unbedeutende Entweichen einer geringen Menge von Lichtgasen und die wenigen eindringenden Meteoriten). Mit den Begriffen der Systemanalyse formuliert: Die Erde ist materiell geschlossen, hinsichtlich Energie und Information jedoch offen. Das Sonnenlicht strömt ein, und Information kommt und geht. Folsomes Gefäße waren wie die Erde materiell geschlossen, energetisch aber offen. Er sammelte Proben von Mikroben aus dem Brackwasser in den Buchten der Hawaii-Inseln und füllte sie mit einem Trichter in die ein oder zwei Liter fassenden Glaskolben. Diese verschloß er dann luftdicht und überprüfte, während sie sich stabilisierten, das Verhältnis der darin befindlichen Arten und die Energiezirkulation, indem er mikroskopisch kleine Mengen entnahm.

Genauso wie Pimm herausfand, wie anstandslos sich Zufallsmischungen zu selbstorganisierenden Ökosystemen entwickeln, war Folsome überrascht zu sehen, daß einfache Mikrobengemeinschaften selbst durch die besondere Herausforderung der Erzeugung geschlossener, wiederverwertender Nährstoffkreisläufe in einem versiegelten Behälter nicht davon abgehalten wurden, ein Gleichgewicht herzustellen. Folsome erzählte, daß er im Herbst 1983 gemeinsam mit Joe Hanson erkannte, daß geschlossene Ökosysteme »sobald sie eine noch so bescheidene Artenvielfalt aufweisen, selten, wenn überhaupt, zusammenbrechen«. Zu dieser Zeit waren einige von Folsomes Ausgangsbehältern seit 15 Jahren am Leben. Der älteste, der 1968 zusammengestellt und versiegelt worden war, ist jetzt über 25 Jahre alt. Niemals hat er Luft, Nahrung oder Nährstoffe erhalten. Dennoch gedeihen diese und all seine anderen Gefäßgemeinschaften auch noch Jahre später unter der wachstumsfördernden Raumbeleuchtung.

Gleichgültig jedoch, wie lange sie lebten, durchliefen die abgefüllten Systeme eine anfängliche Entwicklungsphase – eine zwischen 60 und 100 Tagen dauernde Zeit der Fluktuation und der prekären Instabilität, in der alles Mögliche passieren konnte. Gomez beobachtete dies bei seinen Korallenmikroben: Die Anfänge der Komplexität beruhen auf dem Chaos. Wenn aber ein komplexes System fähig ist, nach einer Phase des Gebens und Nehmens ein Gleichgewicht zu finden, wird es danach nur selten aus der Bahn geworfen.

Wie lange kann eine solche geschlossene Komplexität bestehen? Folsome erzählte, sein Interesse für die Schaffung materiell geschlossener Welten sei ursprünglich durch eine Legende angeregt worden. Danach hatte das Pariser Nationalmuseum einen Kaktus ausgestellt, der im Jahr 1895 in einem Glasbehälter versiegelt worden sei. Die Existenz dieser Kaktee konnte niemals nachgewiesen werden, aber angeblich soll sie mit regelmäßig wiederkehrenden Algen- und Flechtenblüten bedeckt gewesen sein, die im letzten Jahrhundert farblich eine Entwicklung von Grüntönen bis zu Gelbschattierungen durchliefen. Solange der versiegelte Behälter Licht und gleichmäßige Temperatur hatte, gab es theoretisch keinen Grund, weshalb die Flechten nicht zumindest solange leben sollten, bis die Sonne verglüht.

Folsomes abgeschlossene Mikroben-Miniwelten hatten ihren eigenen Lebensrhythmus, der den unseres Planeten widerspiegelte. Sie recycelten innerhalb von ungefähr zwei Jahren ihren Kohlenstoff von CO_2 zu organischer Materie und wieder zurück zu CO_2. Sie kamen auf eine biologische Produktivitätsrate, die mit den Ökosystemen der Außenwelt vergleichbar war. Sie sorgten für ein stabiles Sauerstoffniveau, das knapp über dem der Erde lag. Sie verzeichneten bei der Energie einen Wirkungsgrad, der dem größerer Ökosysteme glich. Und sie versorgten, allem Anschein nach unbegrenzt, Populationen von Organismen.

Aus seinen Behälter-Welten schloß Folsome, daß Mikroben – zelluläre Mikrobits des Lebens und nicht Mammutbäume, Grillen oder Orang-Utans – den Löwenanteil übernehmen, wenn es darum geht, zu atmen, Luft zu erzeugen und letztlich die ungezählten Populationen anderer bemerkenswerter Organismen auf der Erde zu ernähren. Ein unsichtbares Substrat, das Leben der Mikroben, bestimmt den Kurs des gesamten Lebens und schweißt die verschiedenen Nahrungskreisläufe zusammen. Nach der Vermutung von Folsome waren die Organismen, die unser Augenmerk auf sich ziehen und unsere Aufmerksamkeit beanspruchen, was die Atmosphäre anging, bloß dekorative Platzhalter. Es waren die Mikroben in den Eingeweiden der Säugetiere und jene, die an den Baumwurzeln hingen, die den Pflanzen und Tieren ihre Bedeutung in geschlossenen Systemen, auch auf unserem Planeten, verliehen.

Früher hatte ich einen winzigen, lebenden Planeten auf meinem Schreibtisch stehen. Er besaß sogar eine Nummer: Welt Nr. 58262. Ich mußte nicht viel tun, um meinen Planeten bei Laune zu halten. Ich mußte ihn nur dann und wann beobachten.

Welt Nr. 58262 ist am 17. Oktober 1989 um 17.04 Uhr durch eine plötzliche Erschütterung während des Erdbebens in San Francisco in Stücke geschlagen worden. Ein Bücherschrank wurde von der Wand meines Büro weggerüttelt und sein Inhalt hagelte auf meinen Schreibtisch nieder. In einem kurzen Moment zerschmetterte ein schwerer Band über Ökosysteme die Glasmembran meines lebenden Planeten und wirbelte seinen flüssigen Inhalt in einem fatalen Humpty Dumpty-Manöver unwiderruflich durcheinander.

Welt Nr. 58262 war eine von Menschen hergestellte Biosphäre aus Lebewesen, behutsam austariert, um für immer zu leben – ein Abkömmling von Folsomes und Hansons Mikrobengefäßen. Joe Hanson, der für das NASA-Förderprogramm zur Erhaltung des Lebens am Laboratorium für Düsenantriebe in Caltech arbeitete, hatte eine vielfältigere Welt als Folsome erfunden. Hanson war der erste, der eine einfache Kombination von sich selbst erhaltenden Lebewesen entdeckte, unter denen sich auch ein Tier befand. Er steckte winzige Meereskrabben und Meeresalgen in einen Kosmos, der dauerhaft fortbestehen sollte.

Die kommerzielle Basisversion seiner geschlossenen Welt – verkauft unter dem Namen »Ökosphäre« – ist ein Glasglobus, der ungefähr so groß wie eine dicke Grapefruit ist. Meine Welt Nr. 58262 war ein solcher Glasglobus. Im Inneren des durchsichtigen Erdballs befanden sich vollständig eingeschlossen vier winzige Meereskrabben, eine federleichte Masse von grasgrünen Algen, die auf einem Korallenzweig drapiert war, und Millionen von unsichtbaren Mikroben. Am Boden lag ein wenig Sand. Weder Luft, Wasser, noch irgendein anderes Material wurden dem Globus beigefügt oder entnommen. Das Ding ernährte sich allein vom Sonnenlicht.

Die älteste bis jetzt lebende Hanson-Welt ist etwa zehn Jahre alt; genauso lang benötigte man zu ihrer Herstellung. Das ist eine Überraschung, denn man dachte, daß die durchschnittliche Lebenszeit der darin schwimmenden Krabben ungefähr fünf Jahre betragen würde. Problematisch war, sie dazu zu bringen, sich in ihrer geschlossenen Welt fortzupflanzen, auch wenn die Forscher keinen Grund kannten, warum sie sich nicht ständig weiter reproduzieren sollten. Einzelne Krabben und Algenzellen sterben natürlich. Was aber »ewig lebt«, ist das kollektive Leben, das Leben einer Gemeinschaft insgesamt.

Per Postversand können Sie eine Ökosphäre kaufen. Das ist, als würde man eine Gaia oder ein Experiment über die Entstehung des Lebens erwerben. Sie packen die Kugel aus dem Isoliermaterial aus. Die Krabben sehen nach ihrem stürmischen Ritt wirklich gut aus. Sie halten den kanonenkugelgroßen Erdball in einer Hand gegen das Licht; er glitzert so klar wie ein Edelstein. Eine Welt hat es hier in einen Behälter verschlagen, dessen Glas oben sorgfältig verschlossen ist.

Die Ökosphäre liegt in ihrer fragilen Unsterblichkeit einfach da. Der Naturwissenschaftler Peter Warshall, Besitzer einer der ersten Ökosphären, hat sie hoch oben auf seinem Bücherregal abgelegt. Warshall liest obskure tote Dichter und französische Philosophen in der Originalsprache sowie Monographien über die Taxonomie von Eichhörnchen. Natur ist für ihn eine Form von Dichtung; eine Ökosphäre ist der Klappentext eines Buches über die Wirklichkeit. Warshalls Ökosphäre lebt unter einem Regime angenehmer Nachlässigkeit, beinahe wie ein Haustier, für dessen Unterhalt man nicht sorgen muß. Er schreibt über dieses Nicht-Hobby: »Du kannst die Krabben nicht füttern. Du kannst die verfaulenden, deprimierend braunen Teile nicht wegschneiden. Du kannst nicht mit dem nichtvorhandenen Filter, Belüfter oder mit Pumpen herumspielen. Du kannst sie nicht öffnen und mit deinem Finger die Wärme des Wassers überprüfen. Alles, was du tun kannst – wenn ›tun‹ das richtige Wort dafür ist –, ist zuzuschauen und nachzudenken.«

Die Ökosphäre ist ein Totem, ein Totem aller geschlossenen Lebenssysteme. Stammesangehörige wählen Totemgeschöpfe als Brücke zwischen den getrennten Welten des Geistes und der Träume. Allein durch ihre Existenz fordert uns die ganz andere, hinter dem klaren Glas der Ökosphäre abgeschlossene Welt dazu heraus, über solche schwer faßbaren totemistischen Ideen wie »Systeme«, »geschlossen« oder sogar »Leben« nachzudenken.

- *Geschlossen* bedeutet: abgeschnitten von Zu- und Abflüssen. Ein gepflegter Blumengarten am Rande des Waldes gedeiht abseits der ihn umgebenden, natürlich strukturierten Wildnis, aber der Gartenmesokosmos ist nur zum Teil selbständig – die Trennlinien verlaufen hier mehr im Geist als in der Realität. Jeder Garten ist in Wahrheit ein kleines Stück der größeren Biosphäre, mit der wir alle verbunden sind. Feuchtigkeit und Nährstoffe fließen unterirdisch darin ein, Ernte und Sauerstoff bilden den Output. Wenn es den Rest der Biosphäre nicht gäbe, würde der Garten eingehen. Ein wirklich geschlossenes System hat keine äußeren Zu- oder Abflüsse von Elementen; all seine Kreisläufe sind autonom.
- *System* bedeutet: miteinander in Verbindung stehen. In einem System sind die Dinge ineinander verflochten, direkt oder indirekt an ein gemeinsames Schicksal gebunden. In der Welt der Ökosphäre essen die Krabben die Algen, leben die Algen vom Licht, überleben die Mikroben durch den »Abfall« von beiden. Wenn die Temperatur zu stark ansteigt (über 32 Grad), häuten sich die Krabben schneller, als sie essen können und zehren damit sich selbst auf. Gibt es nicht genug Licht, können die Algen nicht schnell genug wachsen, um die Krabben zu sättigen. Die zappelnden Schwänze der Krabben bewegen das Wasser, das die Mikroben so bewegt, daß jeder Mikroorganismus die Möglichkeit hat, etwas Sonnenlicht abzubekommen. Das Ganze hat ein Leben über die einzelnen Leben hinaus.
- *Leben* bedeutet Überraschungen. Eine gewöhnliche Ökosphäre schaffte es gegen alle logische Erwartung, sechs Monate lang in totaler Dunkelheit am Leben zu bleiben. Bei einem anderen Ökosystem brach eines Tages, nach zwei Jahren ständig gleichbleibender Temperatur- und Lichtverhältnisse in einem Büro, eine panische Vermehrung aus, die den Globus mit 30 winzigen Krabbennachkömmlingen bevölkerte.

Stillstand jedoch bringt eine Ökosphäre um. In einem Augenblick der Unbedachtheit schrieb Warshall über seine Kugel: »Ich habe das Gefühl, daß von der Ökosphäre zu viel Friedlichkeit ausgeht. Sie bildet einen scharfen Gegensatz zu unserem rasenden täglichen Leben. Ich hätte Lust, den über dem Leben stehenden Gott zu spielen. Sie einfach hochzuheben und zu schütteln. Na, kein schlechtes Erdbeben, du kleine Krabbe!«

Dies wäre für die Welt der Ökosphäre tatsächlich eine gute Sache, auch wenn es für deren Bewohner im Moment alles durcheinanderbringen würde. Unruhe sorgt für die Erhaltung der Welt.

Ein Wald braucht die unerbittliche Zerstörungskraft der Stürme, die das Alte umpusten und Platz für das Neue schaffen. Feuerstürme befreien die Prärie von überflüssiger Materie. Eine Welt ohne Blitz und Feuer erstarrt. Kurzfristig bezieht der Ozean Wärme aus heißen Kratern unter der Meeresoberfläche, langfristig durch geologische Ursachen wie Hitze, die vom Druck auf Meeresböden und Kontinentalplatten erzeugt wird. Wärmestrahlung, Vulkanismus, Blitze, Wind und Wellen lassen gemeinsam die materielle Welt von neuem erstehen.

Die Ökosphäre kennt kein Feuer, keinen Blitz, kein hohes Sauerstoffniveau, keine nennenswerte Reibung – auch wenn sie noch so lange existiert. Auf ihrem engen Raum verbindet sich Phosphat, ein entscheidendes Element bei allen lebendigen Zellen, im Laufe von Jahren fest mit anderen Elementen. In gewissem Sinne wird das Phosphat in der Ökosphäre aus der Zirkulation herausgehalten, was die Aussichten auf mehr Leben verringert. Nur der dicke Fleck blaugrüner Algen wird in einer Umgebung mit niedriger Phosphatkonzentration gut gedeihen, und so neigt diese Art dazu, dieses stabile System mit der Zeit zu dominieren.

Dem Absinken des Phosphatgehalts und der unausweichlichen Vorherrschaft der blaugrünen Algen könnte begegnet werden, indem der Glasglobus zum Beispiel eine Zusatzfunktion erhielte, die Blitze erzeugt. Die ruhige Welt der Krabben und Algen würde mehrere Male im Jahr für einige Stunden unter dem Eindruck dieses Unglücks knistern, zischen und kochen. Ihre Ruhe wäre dahin, aber ihre Welt hätte sich verjüngt.

In Peter Warshalls Ökosphäre haben sich die Mineralien auf der Innenseite der Erdkugel in einer Schicht von festen Kristallen abgelagert. In den Denkkategorien von Gaia ausgedrückt: Die Ökosphäre fabrizierte Land. Das »Land« – zusammengesetzt aus Silikaten, Karbonaten und Metallsalzen – entstand aufgrund einer elektrischen Ladung, einer Form von natürlicher Galvanisierung auf dem Glas. Don Harmony, der Oberboß der kleinen Firma, die die Ökosphären herstellt, wußte um diese Tendenz der winzigen Glas-Gaia und schlug halb im Spaß vor, daß das Anbringen einer elektrischen Erdleitung an den Globus vielleicht die Bildung der Ablagerungen verhindern könnte.

Möglicherweise sorgt das Gewicht der Salzkristalle dafür, daß sie von der äußeren Oberfläche abblättern und auf den Grund der Flüssigkeit sinken. Auf der Erde ist die Einlagerung von Sedimentgestein auf dem Meeresgrund Teil größerer geologischer Kreisläufe. Kohlenstoff und Mineralien zirkulieren durch die Luft, das Wasser, das Land, die Felsen und zurück ins Leben. Genauso verhält es sich bei der Ökosphäre. Die Elemente, die sie heranwachsen läßt, stehen in einem dynamischen Gleichgewicht mit dem zirkulären Aufbau von Atmosphäre, Wasser und Biosphäre.

Die meisten Ökologen, die Feldforschung betrieben, waren von der Einfachheit einer solchen sich selbst erhaltenden geschlossenen Welt überrascht. Mit dem Auftauchen dieser Spielzeug-Biosphäre schien es ganz einfach, etwas herzustellen, das sich selbst mit den erforderlichen Mitteln am Leben hielt, besonders, wenn man sich nicht darum scherte, welche Art von Leben herauskommen sollte. Die Ökosphäre lieferte per Postversand den Beweis für eine bemerkenswerte Behauptung: Sich selbst erhaltende Systeme *wollen* sich ergeben.

Wie weit ließe sich die Harmonie – die in einfachem und winzigem Format so leicht zu erreichen war – ausdehnen und eine Welt aufrechterhalten, die bis auf die Energiezufuhr völlig geschlossen war?

Es stellte sich heraus, daß sich die Ökosphäre leicht maßstabgerecht vergrößern ließ. Eine kommerzielle Riesenökosphäre für Werbezwecke kann um die 200 Liter fassen. Das entspricht ungefähr dem Volumen eines großen Mülleimers – so groß, daß ein Arm ihn nicht umfassen kann. Im Innern einer beeindruckenden Glaskugel von 76 cm Durchmesser plantschen die Krabben zwischen den Algen. Aber statt der gewöhnlichen drei oder vier keimfressenden Krabben besitzt die riesige Ökosphäre 3 000. Das ist ein winziger bewohnter Planet. Hier greift das Gesetz der großen Zahl; Mehr ist anders. Mehr einzelne Lebewesen machen das Ökosystem widerstandsfähiger. Je größer eine Ökosphäre ist, desto länger braucht sie, um sich zu stabilisieren – und desto schwerer ist es, sie zu vernichten. Aber einmal in Gang gekommen, schlägt das kollektive Geben und Nehmen eines Vivisystems Wurzeln und behauptet sich hartnäckig.

Die nächste Frage liegt auf der Hand: Wie groß müßte ein von äußeren Einflüssen abgeschlossener Behälter sein und mit welchen lebenden Organismen müßte er gefüllt sein, um einen Menschen zu ernähren?

Als sich tollkühne Menschen über die weiche Hülle der Erdatmosphäre hinauswagten, erhielt diese einst akademische Frage praktische Bedeutung. Könnte man eine Person im Weltraum am Leben erhalten – wie die Krabben in der Ökosphäre –, indem man Pflanzen am Leben erhielt? Könnte man einen Menschen in einen Behälter mit Sonnenlicht und ausreichend lebenden Dingen so einschließen, daß sich die von ihnen abgegebenen Gase wechselseitig austarieren würden? Das war eine Frage, für die es sich lohnte, etwas zu unternehmen.

Jedes Schulkind weiß, daß Tiere den Sauerstoff und die Nahrung verbrauchen, die die Pflanzen erzeugen, während die Pflanzen das Kohlendioxyd und die Nährstoffe verbrauchen, die die Tiere erzeugen. Das ist ein herrliches, spiegelbildliches Verhältnis: Eine Seite produziert, was die andere braucht, genauso wie die Algen und die Krabben einander versorgen. Vielleicht könnten, das richtige Mischungsverhältnis vorausgesetzt, Pflanzen und Säugetiere aufgrund der Symmetrie ihrer Bedürfnisse sich gegenseitig ernähren. Vielleicht könnte der Mensch in einem geschlossenen Behälter einen geeigneten Doppelgänger aus Organismen finden.

Der erste Mensch, der verrückt genug war, um dies experimentell zu untersuchen, war ein russischer Forscher am Moskauer Institut für Biomedizin. 1961, während der euphorischen frühen Jahre der Weltraumforschung, schweißte Jewgeni Schepelew einen Stahlsarg zusammen, der ausreichte, um ihn und 30 Liter grüne Algen aufzunehmen. Schepelews sorgfältige Berechnungen zeigten, daß 30 Liter Chlorella-Algen unter Natriumlicht genügend Sauerstoff für einen Menschen liefern sollten und ein Mensch ausreichend Kohlendioxyd für 30 Liter Chlorella-Algen erzeugen würde. Die beiden Seiten der Gleichung sollten sich zu einer Einheit zusammenkürzen. Theoretisch sollte es funktionieren. Auf dem Papier hielt es sich die Waage. An der Tafel machte es einen wunderbar vernünftigen Eindruck.

Im Innern der luftdichten Eisenkapsel sah die Geschichte anders aus. Theorien lassen sich nicht einatmen. Wenn die Algen eingingen, würde der brillante Schepelew ihr Schicksal teilen; oder andersherum, falls er es nicht überstehen würde, würden es auch die Algen nicht überstehen. In dem Gehäuse würden die beiden Arten beinahe zu symbiotischen Verbündeten werden, die vollkommen aufeinander und nicht mehr auf ein weites planetarisches Versorgungsnetz – die Meere, die Luft, die großen und kleinen Lebewesen – angewiesen wären. Der Mensch und die Algen, eingeschlossen in der Kapsel, trennten sich von dem weiten Netz, mit dem das restliche Leben sie umwoben hatte. Sie würden ein eigenes geschlossenes System bilden. Im Glauben an seine Wissenschaft kroch der sympathische Schepelew in die Kammer und verschloß die Tür.

Einen ganzen Tag lang hielten die Algen und der Mensch durch. Ungefähr 24 Stunden lang tauschten Mensch und Algen den Atem. Dann trieb der geringe Sauerstoffgehalt der Luft Schepelew ins Freie. Der zu Beginn von den Algen produzierte Sauerstoffanteil fiel gegen Ende des ersten Tages rapide ab. Als Schepelew in letzter Minute die versiegelte Tür aufbrach, um herauszuklettern, wurden seine Mitarbeiter vom ekelhaften Gestank in seiner Kabine völlig erschlagen. Kohlendioxyd und Sauerstoff hatten sich in einem harmonischen Austausch befunden, aber andere, von den Algen und Schepelew selbst abgesonderte Gase wie Methan, Schwefelwasserstoff und Ammoniak hatten schrittweise die Luft verpestet. Wie der zur Legende gewordene glückliche Frosch im langsam kochenden Wasser hatte Schepelew den Braten nicht gerochen.

Die waghalsige Arbeit Schepelews wurde durch andere sowjetische Forscher an einem abgelegenen und geheimen Laboratorium in Nordsibirien wieder aufgenommen. Schepelews eigene Gruppe schaffte es, Hunde und Ratten bis zu sieben Tagen innerhalb des Algensystems am Leben zu erhalten. Ohne daß sie davon wußten, schloß ungefähr zur selben Zeit die Schule für Luftfahrtmedizin der amerikanischen

Luftstreitkräfte einen Affen 50 Stunden lang an eine von Algen produzierte Atmosphäre an. Später, als man das kleine 30 Liter-Faß Chlorella-Algen in einem größeren verschlossenen Raum aufstellte und sowohl die Nährstoffmengen für die Algen als auch die Intensität des Lichtes erhöhte, fand Schepelews Labor heraus, daß ein Mensch in diesem luftdichten Raum 30 Tage lang leben konnte! Nach dieser außergewöhnlich langen Zeit stellten die Forscher fest, daß die Atmung des Menschen und die der Algen nicht vollständig zueinander paßten. Um die Atmosphäre in der Balance zu halten, mußte das überschüssige Kohlendioxyd durch chemische Filter beseitigt werden. Aber die Wissenschaftler waren zuversichtlich, daß sich das übelriechende Methan nach zwölf Tagen stabilisieren würde.

Mehr als ein Jahrzehnt später, um das Jahr 1972 herum, baute das sowjetische Team unter der Leitung von Josef Gitelson die dritte Version eines kleinen, auf biologischer Basis errichteten und zur Ernährung von Menschen geeigneten Habitats. Die Russen nannten es Bios-3. Es nahm bis zu drei Menschen auf. Der Innenraum des Habitats war randvoll. Vier kleine luftdichte Räume umgaben Fässer von in Hydrokultur gezogenen Pflanzen, die unter Xenon-Lampen befestigt waren. Die Männer in der Kapsel pflanzten und ernteten die Art von Feldfrüchten, die man in Rußland erwartet – Kartoffeln, Weizen, Rüben, Möhren, Grünkohl, Rettich, Zwiebeln und Dill. Aus dem, was sie ernteten, bereiteten sie sich ungefähr die Hälfte ihrer Nahrung, unter anderem Brot aus Getreide. Menschen und Pflanzen lebten in diesem beengten, stickigen, abgeschlossenen Raum nicht weniger als sechs Monate lang voneinander.

Die Kapsel war nicht vollkommen abgeschlossen. Während ihre Atmosphäre von der Luftzufuhr abgeschnitten war, wurde nur 95 Prozent des Wassers von der Anlage wiederaufbereitet. Die sowjetischen Wissenschaftler legten im voraus die Hälfte ihrer Nahrung (Fleisch und Proteine) als Vorräte an. Auch menschliche Exkremente und Küchenabfälle recycelte das Bios-3-System nicht; die Bios-Bewohner warfen sie aus dem Container und entfernten dabei auch einige Spurenelemente und Kohlenstoff.

Um nicht allen Kohlenstoff aus dem Versorgungskreislauf zu verlieren, verbrannten die Insassen einen Teil der ungenießbaren, abgestorbenen Pflanzensubstanzen und verwandelten sie in Kohlendioxyd und Asche.

Im Laufe von Wochen sammelten sich in den Räumen Spurengase an, die aus mehreren Quellen stammten: den Pflanzen, den Materialien des Raumes und den Menschen selbst. Einige dieser Dämpfe waren giftig, und da damals die Methoden für ihre Wiederverwertung unbekannt waren, brannten die Männer die Gase ab, indem sie einfach die Luft im Inneren mit einem katalytischen Heizkessel »verbrannten«.

Die NASA war natürlich daran interessiert, wie Menschen im Weltraum wohnen und sich ernähren können. 1977 startete sie das immer noch laufende CELSS-Programm (Controlled Ecological Life Support Systems) zur Erforschung kontrollierter biotopischer Versorgungssysteme. Die NASA näherte sich dem Problem reduktionistisch: zuerst wollte sie die einfachsten Lebensformen herausfinden, die den für den menschlichen Verbrauch erforderlichen Sauerstoff, die Proteine und Vitamine produzieren. Als Joe Hanson von der NASA mit solchen elementaren Systemen experimentierte, stieß er zufällig auf die interessante, aber in den Augen der NASA nicht sehr brauchbare Verbindung von Krabben und Algen.

1986 begann die NASA mit dem Breadboard-Projekt. Das Arbeitsvorhaben bestand in der Durchführung von Experimenten in einem größeren als dem üblichen Maßstab. Die Manager von Breadboard trieben einen nutzlosen Zylinder auf, der von den Mercury-Weltraummissionen übriggeblieben war. Dieser riesige röhrenförmige Behälter war gebaut worden, um als Druckprüfkammer für die winzige Astronautenkapsel zu dienen, die die Spitze der Mercury-Rakete bilden sollte. Die NASA versah den zweistöckigen Zylinder außen mit Leitungen und Rohren und verwandelte das Innere in eine hermetisch abgeschlossene Behausung mit Gerüsten voller Lampen, Pflanzen und Nährstoffkreisläufen.

Genauso wie die sowjetischen Bios-3-Experimente verwendete Breadboard größere Pflanzen, um die Atmosphäre in Balance zu halten und die Nahrung sicherzustellen. Aber ein Mensch kann täglich nur eine gewisse Menge Algen hinunterwürgen. Wenn man sich ausschließlich von ihnen ernährt, liefern Chlorella-Algen nur zehn Prozent der von einem Menschen pro Tag benötigten Nährstoffe. Aus diesem Grund kamen die Forscher der NASA von Systemen ab, die auf Algen basierten, und verlegten sich auf Pflanzen, die nicht nur für saubere Luft, sondern auch für Nahrung sorgten.

Besonders intensiv betriebener Gartenbau schien die Idee der Stunde zu sein. Durch Gartenbau ließen sich wirklich genießbare Sachen, wie etwa Weizen, produzieren. Am ehesten praktikabel schienen verschiedene Hydrokulturen. Dabei wurden die Pflanzen mit wässrigen Nährstoffen in Form von Sprühregen, Schaum oder einem dünnen Wasserfilm versorgt. Dieser tröpfelte durch Plastikhalterungen, die dicht an dicht mit Kopfsalat oder anderem Grünzeug bepflanzt waren. Diese mit großem Aufwand ausgetüftelte Klempnerarbeit sorgte für ein starkes Wachstum der Pflanzen auf engem Raum. Frank Salisbury von der Utah State University entdeckte einen Weg, Frühlingsweizen hundertmal dichter als gewöhnlich anzupflanzen, indem er die optimale Umgebung des Weizens – Licht, Feuchtigkeit, Temperatur, Kohlendioxyd und Nährstoffe – genau überwachte. Davon ausgehend errechnete Salisbury, welche Menge an Kalorien man aus einem Quadratmeter dicht angepflanzten Weizens herausholen könnte, der, sagen wir, auf einer abgeschlossenen Mondbasis ausgesät würde. Er kam zu dem Ergebnis, daß »ein Mondbauernhof von ungefähr der Größe eines Fußballplatzes 100 Einwohner einer Mondstadt ernähren würde«.

Hundert Leute, die von einer fußballplatzgroßen Gemüsegärtnerei leben! Eine Vision wie bei Jefferson! Man könnte sich einen benachbarten Planeten vorstellen, der mit einem Netzwerk von Superdome-Dörfern besiedelt ist, von denen jedes für sich Nahrung, Wasser, Luft, Menschen und Kultur produziert.

Die Herangehensweise der NASA bei der Erfindung des Lebens in einem geschlossenen System empfanden viele jedoch als zu vorsichtig, als tödlich langsam und unerträglich reduktionistisch. Das Schlüsselwort der »kontrollierten biotopischen Versorgungssysteme« lautete »kontrolliert«. Angebracht gewesen wäre ein Abgehen vom Kontrollprinzip.

Das richtige Gespür dafür, was »außer Kontrolle« bedeutet, entstand auf einer baufälligen Ranch in der Nähe von Santa Fe in New Mexico. Während der Blütezeit der Kommunen in den frühen siebziger Jahren versammelte sich in der Ranch eine Gruppe typischer kultureller Außenseiter. Während die meisten Kommunen damals den Dingen schlicht ihren Lauf ließen, forderte diese, mit dem Namen

Synergia Ranch, Disziplin und harte Arbeit. Statt sich zurückzulehnen und zu jammern, während die Apokalypse näherrückte, arbeitete die Kommune in New Mexico an der konkreten Überwindung der Übel der Gesellschaft. Sie entwickelte mehrere Entwürfe für riesige Archen der Vernunft. Je bombastischer ihre verrückten Archenvisionen wurden, desto stärker interessierten sich alle für die ganze Idee.

Es war der Architekt der Kommune, Phil Hawes, der die zündende Idee hatte. Auf einer Konferenz in Frankreich präsentierte Hawes 1982 das Modell eines kugelförmigen, durchsichtigen Raumschiffs. Im Inneren der Glaskugel befanden sich Gärten, Appartements und ein Schwimmbecken unter einem Wasserfall. »Warum soll man das Leben im Weltraum nicht als *Leben* betrachten, anstatt immer nur als Reise?« fragte Hawes. »Warum sollen wir nicht ein Raumschiff bauen wie das, mit dem wir die ganze Zeit gereist sind?« Warum nicht einen lebenden Satelliten schaffen, statt eine tote Raumstation zusammenzuzimmern? Die ganzheitliche Natur der Erde selbst als winzigen, durchsichtigen Globus reproduzieren, der durch den Weltraum segelt. »Wir wußten, es würde funktionieren«, sagte John Allen, der charismatische Leiter der Ranch, »weil die Biosphäre jeden Tag genau das gleiche macht. Wir mußten nur die richtige Größe erwischen.«

Die Menschen, die auf Synergia gelebt hatten, hingen noch lange, nachdem sie die Ranch verlassen hatten, an der privaten Vision einer lebenden Arche. 1983 nutzte Ed Bass aus Texas, ehemaliges Mitglied der Ranch, einen Teil des riesigen Vermögens, das seine Familie mit Öl gemacht hatte, zur Finanzierung eines Prototyps, der die Gültigkeit der Konzeption beweisen sollte.

Anders als die NASA wollten sich die Synergianer nicht auf die Technologie als Lösung verlassen. Ihre Idee bestand darin, möglichst viele *biologische* Systeme – Pflanzen, Säugetiere, Insekten, Fische und Mikroorganismen – in eine versiegelte Glaskuppel zu stopfen und dann bei der Selbstorganisation eines biosphärischen Milieus auf die sich ergebenden, selbststabilisierenden Tendenzen des Systems zu vertrauen. Das Geschäft des Lebens ist es, die Umweltbedingungen für das Leben erträglich zu machen. Wenn man ein Bündel Leben zusammenbrächte und *ihm dann genügend Freiheit gäbe, die für sein Gedeihen nötigen Voraussetzungen zu kultivieren*, würde es für immer weiterbestehen, unabhängig davon, ob jemand begreift, wie es funktioniert.

Tatsächlich hatten weder sie noch die Biologen eine wirkliche Vorstellung davon, wie eine einzelne Pflanze funktioniert – was sie genau braucht und produziert –, und sie hatten überhaupt keine Ahnung davon, wie ein in einer Hütte verschlossenes Mini-Ökosystem arbeiten würde. Statt dessen würden sie auf ein dezentralisiertes, unkontrolliertes Leben vertrauen, das seine Ordnung selbst finden und eine gewisse sich selbst steigernde Harmonie erreichen sollte.

Niemand hatte jemals zuvor ein derartig großes Lebewesen gebaut. Selbst Gomez hatte sein Korallenriff noch nicht angelegt. Die Synergianer besaßen nur eine vage Vorstellung von Clair Folsomes Ökosphären und noch vagere Kenntnisse über die russischen Bios-3-Experimente.

Die Gruppe, die sich jetzt »Unternehmen Weltraum-Biosphäre« (UWB) nannte und mit einem Etat von zehn Millionen Dollar von Ed Bass finanziert wurde, entwarf und baute Mitte der achtziger Jahre eine Testanlage von der Größe eines kleinen Häuschens. Die Hütte war wie ein Gewächshaus mit Pflanzen, mit phantastischen Rohrleitungen zur Wiederaufbereitung des Wassers, mit Black Boxes einer empfindlichen Anlage zur Überwachung der Umweltbedingungen, mit einer winzigen Kochnische, einem Badezimmer und einer Menge Glasbehälter vollgestopft.

Im September 1988 schloß sich John Allen für den ersten Probelauf der Anlage darin drei Tage lang ein. Das war, ganz ähnlich wie das kühne Unternehmen Jewgeni Schepelews, ein Akt des Vertrauens. Die Pflanzen waren nach rationalen Erwägungen ausgewählt worden, aber man hatte keine Kontrolle darüber, wie gut sie als System funktionieren würden. Im Gegensatz zu den schwer errungenen Erkenntnissen von Gomez über die richtige Reihenfolge warfen die UWB-Leute einfach alles auf einmal hinein. Das versiegelte Heim hing davon ab, daß zumindest einige Pflanzen dazu imstande waren, mit der Lunge eines Menschen Schritt zu halten.

Die Testergebnisse waren sehr ermutigend. Allen notierte am 12. September in sein Tagebuch: »Es scheint, wir nähern uns einem Gleichgewichtszustand, die Pflanzen, die Erde, das Wasser, die Sonne, die Dunkelheit und ich.« In dem begrenzten Kreislauf einer hundertprozentig recycelten Umgebung fiel die Konzentration von 47 Spurengasen, »die wahrscheinlich alle menschlichen Urspungs waren«, stark ab, wenn die Luft der Hütte durch den Pflanzenboden geschickt wurde – ein altes, vom UWB modernisiertes Verfahren. Anders als bei Schepelew war die Luft im Inneren, als Allen herauskam, frisch und aufnahmebereit für mehr menschliches Leben. Für jemanden draußen war ein Lufthauch aus dem Inneren schockierend feucht, dick und »grün«.

Die Ergebnisse von Allens Versuch ließen darauf schließen, daß ein Mensch eine Weile in der Hütte leben konnte. Die Biologin Linda Leigh sollte später drei Wochen in dem kleinen gläsernen Schuppen verbringen. Nach ihrem 21-tägigen Alleingang erzählte Leigh mir folgendes: »Zuerst machte ich mir Sorgen, ob ich es aushalten würde, dort drinnen zu atmen, aber nach zwei Wochen bemerkte ich die Feuchtigkeit beinahe nicht mehr. In Wirklichkeit fühlte ich mich gestärkt, entspannter und gesünder, wahrscheinlich weil die dicht zusammengedrängten Pflanzen die Luft reinigten und Sauerstoff produzierten. Die Atmosphäre war sogar in diesem kleinen Raum stabil. Ich hatte das Gefühl, das Versuchsmodul hätte die gesamten zwei Jahre weiterlaufen und dabei seine Atmosphäre aufrechterhalten können.«

Während der dreiwöchigen Laufzeit verzeichnete die hochentwickelte interne Überwachungsanlage keinen Anstieg von Gasen, die aus den Baumaterialien oder aus biologischen Quellen herrührten. Obwohl die Atmosphäre überall stabil war, war sie für Störungen empfindlich, die sie leicht ins Wanken brachten. Während Leigh in der Hütte Süßkartoffeln erntete, brachte sie mit ihrem Graben im Kartoffelbeet die CO_2-produzierenden Bodenorganismen durcheinander. Die davongejagten Bazillen veränderten vorübergehend die CO_2-Konzentration in der Luft des Moduls. Das war ein Beispiel für den Schmetterlingseffekt. In einem komplexen System kann eine kleine Veränderung an den Ausgangsbedingungen zu weitreichenden Folgen im gesamten System führen. Das Prinzip wird gewöhnlich durch die Vorstellung veranschaulicht, daß der Flügelschlag eines Schmetterlings in Peking einen Hurrikan in Florida auslöst. Hier im verschlossenen Glashäuschen des UWB wurde der Schmetterlingseffekt im kleinen Maßstab sichtbar: indem sie mit ihren Fingern schnippte, warf Leigh die Balance der Atmosphäre über den Haufen.

John Allen und Mark Nelson, ein weiterer Synergianer, malten sich eine Marsstation in naher Zukunft aus, die wie ein gewaltiger, als geschlossenes System funktionierender Behälter gebaut sein sollte. Allen und Nelson formulierten schrittweise eine Hybridtechnologie, die sie Ökotechnik nannten und die zur Versorgung zukünftiger menschlicher Lebensräume auf dem Zusammenspiel von Maschinen und lebenden Organismen basierte.

Ihr Vorhaben, zum Mars zu fliegen, nahmen sie todernst und begannen mit der detaillierten Planung. Um zum Mars oder noch weiter zu reisen, brauchte man eine Mannschaft. Aus wievielen Leute sollte sie bestehen? Heeresoffiziere, Expeditionsleiter, Manager für Betriebsgründungen und Krisenzentren hatten seit langem erkannt, daß ein Team von acht Leuten die ideale Größe für jedes komplexe Risikoprojekt ist. Bei mehr als acht Leuten wurden die Entscheidungen langsam und irrational; bei weniger als acht wurden Unglücksfälle und Unwissenheit zu einer ernsthaften Belastung. Allen und Nelson entschieden sich für eine Mannschaft von acht Leuten.

Der nächste Schritt: Wie groß mußte man eine Bottichwelt bauen, um acht Menschen langfristig beherbergen, ernähren und mit Wasser und Sauerstoff versorgen zu können?

Die menschlichen Bedürfnisse waren seit langem bekannt. Ein erwachsener Mensch brauchte jeden Tag ungefähr ein halbes Kilogramm Nahrung, ein Kilo Sauerstoff, 1,8 Liter Trinkwasser, die von der Lebensmittelbehörde festgesetzte Menge an Vitaminen und ein paar Liter Wasser, um sich zu waschen. Clair Folsome hatte die Ergebnisse seiner winzigen Ökosphäre extrapoliert und berechnet, daß man eine Kugel – halb Luft, halb Mikrobensuppe – mit einem Radius von 58 Metern brauchen würde, um den Sauerstoffbedarf für eine Person unbegrenzt abzudecken. Allen und Nelson nahmen darauf die Daten aus den russischen Bios-3-Experimenten und verknüpften sie mit den Resultaten bei Folsome, Salisbury und anderen. Sie schätzten, daß sie zu diesem Zeitpunkt – mit dem Wissen und der Technologie der achtziger Jahre – für die Versorgung von acht Erwachsenen 1,2 Hektar Land benötigten.

1,2 Hektar! Der durchsichtige Behälter würde die Größe des Astrodomes haben müssen. Dies machte eine Deckenhöhe von mindestens fünfzehn Metern erforderlich. Mit einer Glasverkleidung würde das ziemlich gut aussehen. Und ziemlich teuer sein.

Aber es würde phantastisch sein! Sie würden die Kugel bauen! Und sie taten es, mit weiterer Hilfe von Ed Bass – in Höhe von 100 Millionen Dollar. Die Bauarbeiten für die Acht-Personen-Arche begannen 1988. Die Synergianer tauften das großartige Projekt Biosphäre 2 (Bio2), eine Bonsai-Version von Biosphäre 1, unserer Erde. Man benötigte drei Jahre zu ihrer Errichtung.

Das vollständige, in sich geschlossene Terrarium war zwar im Vergleich zur Erde klein, nach menschlichen Maßstäben aber eindrucksvoll. Bio2 war eine gigantische, gläserne Arche von der Größe eines Flughafenhangars. Stellen Sie sich einen auf den Kopf gestellten Ozeandampfer vor, dessen Schiffsrumpf durchsichtig ist. Das gigantische Gewächshaus war hundertprozentig luftdicht, auch am Boden. Kein Gas, kein Wasser und keine Materie konnten in die Arche hinein- oder aus ihr herausgelangen. Sie war eine stadiongroße Ökosphäre – ein großes, materiell geschlossenes und energetisch offenes System – aber bei weitem komplexer. Bio2 war nach Biosphäre 1 das zweitgrößte geschlossene Vivisystem.

Die Herausforderung, ein lebendes System beliebiger Größe zu schaffen, ist beängstigend. Die Herstellung eines lebenden Wunders vom Umfang der Bio2 kann nur als ein Experiment in fortwährendem Chaos beschrieben werden. Die Herausforderung umfaßte die Auswahl von einigen tausend Teilen aus einigen Millionen Möglichkeiten und deren Anordnung, so daß sich alle Teile ergänzten und füreinander sorgten, sich das ganze Gemisch über die Zeit selbst erhielt und kein einzelner Organismus auf Kosten anderer dominant wurde, so daß das ganze Aggregat alle Komponenten in ständiger Bewegung hielt, ohne daß irgendein Bestandteil beseite geschoben wurde, während man das Gesamtniveau der Aktivitäten und der atmosphärischen Gase immer leicht über dem Absinken hielt. Und Menschen sollten darin und davon leben, essen und trinken können. Was das Überleben von Bio2 anging, entschied UWB sich dafür, auf die These zu setzen, daß eine ungewöhnlich vielfältige Mischung von Lebewesen eine gemeinsame Stabilität entwickeln würde. Wenn das Experiment auch sonst nichts bewiese, so würde es zumindest einiges Licht auf eine Annahme werfen, die in den letzten beiden Jahrzehnten beinahe allgemein vertreten worden war: daß Vielfalt Stabilität gewährleistet. Es würde auch überprüfen, ob ein bestimmtes Niveau von Komplexität die Fähigkeit zur Selbsterhaltung hervorbrächte.

Als eine Architektur maximaler Vielfalt umfaßte der Grundriß von Bio2 schließlich sieben Biome (biogeographische Lebensräume). Unter dem größten Teil der Glasüberdachung erhob sich ein wie ein Fels aussehender Berg aus Beton. Mit Bäumen, die aus den Tropen stammten, und einer Sprühregenanlage wurde der synthetische Hügel in einen Nebelwald verwandelt – in einen Gebirgsregenwald. Der Nebelwald hatte seinen Abfluß in einem heißen Weideland (von der Größe eines weiten Innenhofs, aber übersät mit bis zur Hüfte reichenden wilden Gräsern). Eine Ecke des Regenwalds stieß an eine Felswand, die zu einer vollständigen Salzwasserlagune hin abfiel, in der Korallen, farbenprächtige Fische und Hummer lebten. Die Hochlandsavanne senkte sich ab in eine tiefergelegene, trockenere Savanne, die vor lauter Dornengestrüpp dunkel wirkte. Dieses Biom trug den Namen »Dornbusch« und ist eines der verbreitetsten Habitate auf der Erde überhaupt. Im wirklichen Leben ist es für Menschen beinahe undurchdringlich (und wird daher nicht weiter beachtet), aber in Bio2 diente es als kleiner Unterschlupf für Tiere und Menschen gleichermaßen. Das Dickicht führte auf ein schmales, sumpfiges Feuchtland, das fünfte Biom, das schließlich in die Lagune mündete. Das untere Ende von Bio2 war eine Wüste, so groß wie eine Turnhalle. Da es im Innern ziemlich feucht war, wurde die Wüste mit Nebelwüstenpflanzen aus Baja California und aus Südamerika bestückt. Abgetrennt lag an einer Seite das siebente Biom – ein stark landwirtschaftliches und städtisches Gebiet, wo acht Vertreter des *Homo sapiens* ihren gesamten Bedarf an eigener Nahrung anbauten. Wie bei Noah waren Tiere an Bord; von einigen holte man sich das Fleisch, einige lebten als Haustiere und andere wild, wie Eidechsen, Fische und Vögel, die frei umherschweiften. Es gab Honigbienen, Papayabäume, einen Strand, Kabelfernsehen, eine Bibliothek, eine Sporthalle und einen Waschsalon. Utopia!

Die Ausmaße waren überwältigend. Als ich einmal den Bauplatz besichtigte, fuhr ein achtzehnrädriger Sattelschlepper zum Bio2-Büro hinauf. Der Lastwagenfahrer lehnte sich aus dem Fenster und fragte, wo sie ihren Ozean haben wollten. Er hatte eine volle Wagenladung Meersalz befördert und mußte sie vor Einbruch der Dunkelheit abladen. Die Büroangestellten zeigten auf ein sehr großes Loch in der Mitte des Projekts. Dort baute Walter Adey von der Smithsonian

Institution ein Vier-Millionen-Liter-Meer, mit einem Korallenriff und einer Lagune. In diesem gigantischen Aquarium war genügend Spielraum, um alle möglichen Überraschungen entstehen zu lassen.

Einen Ozean herzustellen ist kein Kinderspiel. Fragen Sie Gomez und die Hobbybastler von Salzwasseraquarien. Adey hatte bereits einmal ein künstliches, selbstregenerierendes Korallenriff als Ausstellungsstück für das Museum der Smithsonian Institution gezüchtet. Aber dieses hier in Bio2 war gewaltig; es hatte seinen eigenen Sandstrand. Eine teure wellenerzeugende Pumpe am einen Ende würde die Turbulenz erzeugen, die Korallen lieben. Dieselbe Maschine produzierte dem Mondzyklus entsprechende Gezeiten von einem halben Meter Höhe. Der Lastwagenfahrer lud das Meer ab: einen ganzen Haufen 25-Kilo-Säcke voll Fertig-Meer, dasselbe Zeug, das man in Läden für tropische Aquarien kauft. Eine Starterkultur, die – wie die Hefe für den Teig – alle entsprechenden Mikrotierchen beherbergte, wurde später auf einem anderen Lastwagen vom Pazifik herbeigeschafft. Gut umrühren, und dann hinein damit.

Die Ökologen, die die Naturgebiete von Bio2 einrichteten, waren Anhänger der Schule, die verkündet: Erde + Bakterien = Ökologie. Um die gewünschte Art von Regenwald zu bekommen, mußte man die richtige Art von Dschungelerde haben. Und um sie in Arizona zu bekommen, mußte man ganz von vorne anfangen. Und hier das Rezept: Man nehme einige Bulldozerschaufeln Basalt, ein wenig Sand und ein wenig Lehm. Spritze die richtigen Mikroorganismen hinein. Vermische sie an Ort und Stelle. Die Unterböden in jedem der sechs Wildbiome von Bio2 wurden auf diese gewissenhafte Art fabriziert. »Was wir anfangs nicht bedachten«, sagte Tony Burgess, »war, daß Böden lebendig sind. Sie atmen genau so schnell wie du. Du mußt den Boden wie einen lebenden Organismus behandeln. Letztlich bestimmt er Fauna und Flora.«

Wenn man einmal den Boden hat, kann man Noah spielen. Noah trieb alles zusammen, was auf seine Arche wollte, aber das funktionierte hier mit Sicherheit nicht. Der Konstrukteur des geschlossenen Systems von Bio2 kam immer wieder auf die äußerst ärgerliche, aber spannende Frage zurück: Welche Arten sollte Bio2 aufnehmen? Es ging nicht mehr nur darum: »Welche Organismen brauchen wir, um das spiegelbildliche Äquivalent für den Atem von acht Menschen zu erreichen?« Das Dilemma bestand darin: »Welche Organismen brauchen wir, um ein Spiegelbild von Gaia zu schaffen? Welche Artenkombination würde den Sauerstoff zum Atmen, die Pflanzen zum Essen produzieren – und dazu die Pflanzen zur Fütterung der Tiere. Wie weben wir aus beliebigen Organismen ein sich selbst erhaltendes Netzwerk? Wie setzen wir einen Kreislauf gemeinsamer Evolution in Gang?«

Die meisten Obstsorten benötigen zu ihrer Befruchtung Insekten. Wenn man in Bio2 Heidelbeeren wollte, brauchte man also Honigbienen. Aber um Honigbienen zur Hand zu haben, sobald die Heidelbeeren reif für die Befruchtung waren, mußte man die Honigbienen während der restlichen Zeit mit Blüten versorgen. Wenn man jedoch ausreichend viele, regelmäßig wiederkehrende Blüten heranschaffte, um die Honigbienen am Leben zu halten, würde es keinen Platz für andere Pflanzensorten geben. Vielleicht würde es dann mit einer anderen Gattung von befruchtenden Bienen funktionieren? Man könnte Solitärbienen verwenden, die mit einer geringeren Menge an Blüten ernährt werden können, aber sie befruchten weder Heidelbeerblüten noch einige andere Obstsorten, die man gerne hätte. Wie wäre es mit Motten? Termiten beispielsweise sind nötig, um alte bewaldete Vegetationen zu zersetzen, aber sie lieben es, die Dichtungsmasse an den Fenstern aufzufressen. Gibt es einen verträglichen Termitenersatz, der mit dem Rest der Besatzung auskommen würde?

»Das ist ein verzwicktes Problem«, sagte Peter Warshall, ein Ökologe, der bei dem Projekt zu Rate gezogen worden war. »Es ist ziemlich unmöglich, hundert Lebewesen, sogar aus derselben Gegend, herauszugreifen und sie zusammenzuwerfen, um damit ›Natur‹ zu erzeugen. Und wir verwenden hier eine Mischung aus der ganzen Welt, da wir so viele Biome haben.«

Um ein synthetisches Biom zusammenzubauen, setzte sich ein halbes Dutzend Bio2-Ökologen gemeinsam an einen Tisch und spielte dieses schwierigste aller Puzzles. Jeder Wissenschaftler besaß Sachkenntnisse entweder über Säugetiere, Insekten, Vögel oder Pflanzen. Aber obwohl sie etwas über Schilfgras und Teichfrösche wußten, war nur ein sehr geringer Teil ihres Wissens für einen systematischen Zugriff verwertbar. Warshall klagte: »Es wäre sehr schön gewesen, wenn es irgendwo eine Datenbank aller bekannten Arten gegeben hätte, die ihren Nahrungs- und Energiebedarf, ihre Habitate, ihre Abfallprodukte, ihre Begleitarten, ihre Brutbedürfnisse usw. aufgelistet hätte, aber so etwas gibt es nicht einmal ansatzweise. Selbst über weitverbreitete Arten wissen wir sehr wenig. Tatsächlich zeigt gerade dieses Projekt, wie wenig wir über *alle* Arten wissen.«

In dem Sommer, als die Biome entworfen wurden, stand man vor folgender brennenden Frage: »Wie viele Motten frißt eine Fledermaus wirklich?« Am Ende beschränkte man sich bei der Auswahl von ungefähr tausend höheren Arten auf informierte Mutmaßungen und Biodiplomatie. Jeder Ökologe schrieb eine lange Liste möglicher Kandidaten, unter anderem jene Lieblingsarten, die er für am vielseitigsten und anpassungsfähigsten hielt. Einander widersprechende Faktoren, Für und Wider, Sympathie und Antipathie kennzeichneten die Auseinandersetzungen der Ökologen. Sie planten die Konkurrenzfähigkeit rivalisierender Organismen. Sie zankten sich um die Nutzungsrechte bei Wasser und Sonne. Es war, als wären sie Botschafter, die das Territorium ihrer bevorzugten Spezies vor Übergriffen bewahren wollten.

»Ich brauchte möglichst viele Früchte, die von Bäumen herunterfallen, damit meine Schildkröten etwas zu fressen hatten«, bemerkte der Wüstenökologe von Bio2 Tony Burgess, »aber die Schildkröten würden nichts für die Vermehrung der Fruchtfliegen übriglassen, die Warshalls Kolibris zum Essen benötigten. Sollen wir mehr Bäume anlegen, damit Früchte übrigbleiben oder den Raum für ein Fledermaushabitat nutzen?«

Es fanden also Verhandlungen statt: Wenn ich diese Blume für die Vögel haben kann, kannst du die Fledermäuse behalten. Ab und zu schlug die höfliche Diplomatie in offenen Schlagabtausch um. Der Mann, der für das Moor verantwortlich war, wollte das von ihm ausgesuchte Riedgras, aber Warshall war mit seiner Wahl nicht einverstanden, weil er glaubte, diese Art wäre zu aggressiv und würde auf das Festland-Biom übergreifen, über das er die Aufsicht führte. Am Ende kapitulierte Warshall vor der Wahl des »Moor-Manns«, fügte aber halb im Spaß hinzu: »Oh, das macht nichts, denn ich bin gerade dabei, ein höherwüchsiges Elefantengras anzupflanzen, das dein Zeug ohnehin abservieren wird.« Der »Moor-Mann« rächte sich, indem er verkündete, er werde Nadelbäume pflanzen, die noch höher seien. Warshall versprach mit einem herzhaften Lachen, eine befestigte Grenze aus Guavenbäumen anzulegen, die zwar nicht höher, aber viel schneller wachsen und so den freien Platz frühzeitig für sich abstecken würden.

Alles war mit allem verbunden. Die Planung wurde dadurch zum Alptraum. Die Ökologen bevorzugten eine Vorgehensweise, die auf eine Redundanz von Wegen innerhalb des Nahrungsnetzes Wert legte. Bei vielfältig miteinander verknüpften Nahrungsketten in jedem Netz konnte, wenn beispielsweise die Sandfliegen ausstarben, etwas anderes für die Eidechsen zur Nahrung zweiter Wahl werden. Statt gegen das dichte Knäuel von Wechselbeziehungen anzukämpfen, machten sie es sich zunutze. Der Schlüssel lag darin, Organismen mit möglichst vielen alternativen Rollen zu finden, die, sollte sich die ihnen zugedachte Rolle in der Praxis nicht bewähren, noch über eine oder zwei weitere Fähigkeiten verfügten, um die von den Ökologen entwickelten Kreisläufe zu vervollständigen.

»Ein Biom zu entwerfen bot einem die Möglichkeit, wie Gott zu denken«, erinnerte sich Warshall. Als Gott konnte man etwas aus nichts erschaffen. Man konnte etwas *Tolles* schaffen – ein wundervolles, synthetisches, vibrierendes Ökosystem –, aber man hatte keine Kontrolle darüber, was genau sich daraus ergeben würde. Alles, was man tun konnte, war, daß man sämtliche Teile zusammentrug und es ihnen *selbst überließ, sich zu etwas Funktionierendem zusammenzubauen.* Walter Adey meinte: »In der Natur sind Ökosysteme aus einzelnen Stücken zusammengesetzt. Man gibt so viele Arten wie möglich in das System hinein und läßt es entscheiden, welches Artenstück es behalten will.« Der Verzicht auf Kontrolle wurde eines der »Prinzipien der Synthetischen Ökologie«. Adey fuhr fort: »Wir haben die Tatsache zu akzeptieren, daß die Menge an Information, die in einem Ökosystem enthalten ist, bei weitem jene übersteigt, die in unseren Köpfen steckt. Wir werden scheitern, wenn wir nur Dinge ausprobieren, die wir kontrollieren und verstehen können.« Wie sich eine Bio2-Ökologie entfalten würde, sei, so warnte er, im Detail nicht genau vorhersagbar.

Aber Details waren wichtig. Acht Menschenleben hingen von Details ab, die sich zu einem Ganzen zusammenschlossen. Tony Burgess, einer der Bio2-Götter, ordnete an, daß Dünensand für das Wüstenbiom auf Lastwagen herbeigeschafft wurde, da Bausand – die einzige am Bio2-Bauplatz vorhandene Körnungsart – für die Landschildkröten zu scharfkantig war; er zerschnitt ihre Füße. »Du mußt dich um deine Schildkröten kümmern, damit sie sich um dich kümmern«, verkündete er in einem priesterlichen Ton.

Die Zahl der frei umherstreifenden Tiere war in den ersten zwei Jahren ziemlich gering, da die wildwachsende Nahrung nicht ausreichte, um sehr viele von ihnen zu versorgen. Warshall setzte beispielsweise nur wenige affenähnliche Galagos aus Afrika ein, weil er nicht sicher war, ob die jungen Akazienbäume genügend Gummiarabikum produzieren konnten, um sie zufriedenzustellen. Am Ende ließ er vier Galagos frei und bewahrte ein paar Hundert Pfund Affenfutter als Notvorrat im Keller der Arche auf. Zu den übrigen Wildtierbewohnern von Bio2 gehörten Leopardschildkröten, blauzüngige Skink-Eidechsen (»denn sie sind Generalisten« – sie sind beim Fressen nicht wählerisch), verschiedene andere Eidechsen, kleine Finken und winzige grüne Kolibris, die teilweise für die Bestäubung der Pflanzen benötigt wurden. »Die meisten Arten werden winzig sein«, erzählte Warshall einem Reporter des *Discover*, bevor Bio2 verschlossen wurde, »denn wir haben wirklich nicht so viel Platz. Und es wäre ideal, wenn wir auch menschliche Zwerge einsetzen könnten.«

Die Tiere kamen nicht paarweise in die Biosphäre. »Um bei der Fortpflanzung auf Nummer Sicher zu gehen, muß man mehr weibliche als männliche Tiere haben«, erklärte mir Warshall. »Im Idealfall hätten wir gerne immer mindestens fünf Weibchen und drei Männchen. Ich weiß, Direktor John Allen meint, daß acht Menschen – vier Frauen, vier Männer – die kleinste Gruppe darstellen, die man für den Beginn und die Fortpflanzung einer Kolonie braucht, aber von einem eher ökologisch als politisch korrekten Standpunkt aus, sollte die Besatzung von Bio2 aus fünf Frauen und drei Männern bestehen.«

Zum ersten Mal wurden Biologen durch das Rätsel der Erschaffung einer Biosphäre dazu gezwungen, wie Techniker zu denken: »Genau das brauchen wir, welche Materialien eignen sich aber dafür?« Gleichzeitig wurden die mit dem Projekt befaßten Techniker dazu gezwungen, wie Biologen zu denken: »Das ist keine Erde, das ist ein lebender Organismus!«

Ein zähes Problem für die Planer von Bio2 war die Erzeugung von

Regen für den Nebelwald. Regen ist eine knifflige Sache. Die ursprünglichen, optimistischen Pläne sahen über dem Dschungelteil Kühlspulen am Plafond des 26 Meter hohen Glasdachs vor. Die Spulen sollten die Dschungelfeuchtigkeit zu Tropfen verwandeln, die sanft aus himmlischen Höhen herabfallen würden – ein echter künstlicher Regen. Bei Versuchen stellte sich bald heraus, daß zu wenig Tropfen aufschlugen, daß sie zu groß, zu zerstörerisch und ganz und gar nicht der konstante, sanfte Sprühregen waren, den die Pflanzen brauchten. Der zweite Plan bestand darin, den Regen in Sprinkleranlagen hochzupumpen, die oben an der Decke angeschraubt waren, aber das erwies sich als fortwährender Alptraum, da man sich zwei Jahre lang der Aufgabe widmen mußte, die feinlöchrigen Bewässerungsköpfe von Verstopfungen frei zu halten oder sie zu ersetzen. In dem Entwurf, der schließlich umgesetzt wurde, spritzte der »Regen« aus Verdunstungsdüsen, die auf Rohrenden montiert und auf die Abhänge verteilt waren.

Eine der unerwarteten Konsequenzen, die das Leben in einem kleinen, materiell geschlossenen System mit sich brachte, war, daß Wasser, anstatt besonders kostbar zu werden, tatsächlich im Überfluß vorhanden war. In ungefähr einer Woche wurden 100 Prozent des Wassers wiederaufbereitet, gereinigt durch mikrobiologische Prozesse in Feuchtgebieten. Wird mehr Wasser benutzt, durchläuft es den Kreislauf einfach ein wenig schneller.

Jeder Lebensbereich ist ein Stoff, der aus zahllosen einzelnen Kreisläufen gewebt ist. Die Kreisläufe des Lebens – die Wege, denen die Materialien, Funktionen und Energien folgen – falten sich zusammen, kreuzen sich und verflechten sich zu Knoten, bis es unmöglich wird, einen Faden vom anderen zu unterscheiden. Sichtbar wird nur das von den Kreisläufen geknüpfte größere Muster. Jeder Kreislauf stärkt den anderen, bis das Ganze kaum mehr aufzutrennen ist.

Das heißt aber nicht, daß in einem fest ineinander verwickelten Ökosystem nie etwas aussterben wird. Daß ein gewisser Prozentsatz ausstirbt, ist für die Evolution von grundlegender Bedeutung. Walter Adey hatte in seinem teilweise geschlossenen Korallenriff eine Verschleißrate von ungefähr einem Prozent. Er rechnete mit einem Ausfall von ungefähr 30 bis 40 Prozent der Arten während der zweijährigen Laufzeit von Bio2.

Adey aber glaubt, daß er bereits gelernt hat, wie man Vielfalt züchtet: »Wir machen folgendes: wir stopfen mehr Arten hinein, als nach unseren Erwartungen überleben können. Also werden sie zahlenmäßig abnehmen, besonders im Fall von Insekten und niedrigen Organismen. Dann wird Bio2 am Beginn der nächsten Laufzeit von uns wieder überfüllt, und wir fügen eine etwas andere Artenzusammensetzung hinzu – unsere zweite Schätzung. Wahrscheinlich wird es auch dann noch große Verluste geben, vielleicht ein Viertel, aber beim erneuten Verschluß geben wir wieder etwas hinzu. Jedes Mal wird sich die Anzahl der Arten auf einem höheren Niveau stabilisieren als zuvor. Je komplexer das System, desto mehr Arten kann es vertragen. Wir fahren immer so fort und bauen allmählich eine Vielfalt auf. Wenn man Biosphäre 2 zu Beginn mit all den Arten beladen würde, die sie am Ende besitzt, bräche sie zusammen.« Der riesige Glasbehälter ist ein Generator für Vielfalt, in dem Komplexität wächst.

Die Ökologen von Bio2 blieben mit der großen Frage zurück, was am besten zu tun sei, um eine erste Vielfalt schlagartig in Gang zu bringen, auf deren Basis weiteres vielfältiges Wachstum entstehen könnte. Diese Frage war sehr eng mit dem praktischen Problem verbunden, wie man die ganzen Tiere in die Arche bekäme. Wie bringt man 3 000 voneinander abhängige Lebewesen in einen Käfig, und zwar lebend? Adey schlug vor, komplette natürliche Biome in den relativ kleinen Raum von Bio2 zu verlegen, indem man sie wie ein gekürztes Buch verdichtete: Man griff sich die Höhepunkte heraus und verschmolz diese zu einer repräsentativen Auswahl.

Er suchte sich einen schönen, 50 Kilometer langen Streifen eines Mangrovensumpfes der Everglades in Florida aus und legte eine gitternetzartige Karte davon an. Ungefähr alle 800 Meter wurde entlang des Salzgradienten ein kleiner Würfel (1,2 m tief, 1,2 m Seitenlänge) von Mangrovenbaumwurzeln ausgegraben. Der Klotz aus belaubten Ästen, Wurzeln, Schlamm und huckepack mitgenommenen Entenmuscheln wurde in einen Behälter gesteckt und ans Ufer befördert. Die Teile des Sumpfes, von denen jeder auf einen leicht unterschiedlichen Salzgehalt mit leicht unterschiedlichen Mikroorganismen eingestellt war, wurden mit Lastwagen nach Arizona gebracht.

Während die Klumpen auf ihren Platz im Sumpf von Bio2 warteten, schlossen Bio2-Arbeiter die wasserdichten Behälter an ein Netzwerk von Röhren an, wodurch sie zu einem einzigen, untergliederten Gezeitenstrom aus Salzwasser wurden. Später setzte man die ungefähr 30 Würfel wieder zusammen, zu Bio2. Der aus den Behältern herausgenommene und wieder aufgebaute Sumpf nahm nur winzige 27 mal 9 Meter in Anspruch. Aber innerhalb dieser volleyballfeldgroßen Sümpfe beherbergte jeder Abschnitt eine nach und nach größer werdende Mischung von Mikroorganismen, die sich im Salz so richtig wohlfühlten. Der Fluß des Lebens vom Süßwasser zum Meer wurde so auf Gesprächsdistanz komprimiert. Das Problem eines solchen analogen Vorgehens besteht darin, daß der Maßstab in einem Ökosystem große Bedeutung hat. Als Warshall einzelne Teile manipulierte, um eine Miniatursavanne zu fabrizieren, schüttelte er den Kopf: »Wir bringen bestenfalls ein Zehntel der Vielfalt eines Systems in Bio2 unter. Bei der Insektenpopulation ist es eher ein Hundertstel. In einer westafrikanischen Savanne gibt es 35 Arten von Würmern. Wir haben davon höchstens drei. Das Dilemma ist also: Machen wir eine Savanne oder einen Rasen? Das ist sicher mehr als ein Rasen …, aber um wieviel mehr, das weiß ich nicht.«

Feuchtgebiete oder Savannen durch die Zusammensetzung einzelner, der Natur entnommener Teile anzulegen, ist nur eine Methode zur Errichtung eines Bioms – die die Ökologen »Analogieverfahren« nennen. Sie schien gut zu funktionieren. Aber wie Tony Burgess betonte: »Du kannst damit zwei Richtungen einschlagen. Du kannst eine bestimmte Umwelt, die du in der Natur findest, in einer Analogie nachahmen, oder du kannst eine synthetische erfinden, die auf vielen davon basiert.« Bio2 entwickelte sich schließlich zu einem synthetischen Ökosystem mit vielen analogen Teilen, wie zum Beispiel dem Sumpfland von Adey.

»Bio2 ist ein synthetisches Ökosystem, aber Kalifornien ist das heute auch«, meinte Burgess. Warshall stimmt dem zu: »Was Sie in Kalifornien sehen, ist ein Symbol der Zukunft. Eine stark synthetische Lebenswelt. Sie beherbergt Hunderte von exotischen Arten. In einem großen Teil Australiens passiert das Gleiche. Und der aus Mammut- und Eukalyptusbäumen bestehende Wald ist auch eine neue synthetische Lebenswelt.« Genauso wie viele andere Ökosysteme in dieser Welt der Flugreisen, in der Arten aus ihren Heimatgebieten ausgeflo-

gen und versehentlich oder absichtlich in Zonen gebracht werden, in die sie sonst nie gelangt wären. Warshall bemerkt dazu: »Walter Adey benutzte zuerst den Begriff synthetische Lebenswelt. Dann wurde mir klar, daß es diese synthetische Lebenswelt bereits in großem Umfang in der Biosphäre 1 gab. Und daß ich die synthetische Lebenswelt in Bio2 nicht erfand, sondern bloß das kopierte, was schon vorhanden war.« Edward Mills von der Cornell Universität hat 136 Fischarten aus Europa, dem Pazifik und anderen Orten bestimmen können, die sich jetzt in den Großen Seen wohlfühlen. »Wahrscheinlich ist der Großteil der Biomasse in den Großen Seen exotisch«, behauptet Mills. »Die Biomasse ist heute ein äußerst künstliches System.«
Menschen können also ebensogut die Wissenschaft von der Erschaffung synthetischer Ökosysteme entwickeln, denn sie haben diese per Zufall ja ohnehin schon erschaffen. Viele auf die Frühzeit spezialisierte Ökologen glauben, daß die Wildnis durch das gesamte Spektrum früher menschlicher Aktivitäten – durch Jagen, Viehzucht, das Abbrennen von Prärien und das selektive Sammeln von Pflanzen – mit einer »künstlichen« Lebenswelt überzogen wurde und daher eine in hohem Grade durch menschliche Techniken geprägt Lebenswelt ist. Tatsächlich ist alles, was wir als natürliche, jungfräuliche Wildnis verstehen, voller Künstlichkeit und trägt die Spuren menschlichen Handelns. »Viele Regenwälder werden wirklich in ziemlich großem Umfang von den indianischen Eingeborenen beeinflußt«, sagt Burgess. »Aber das Erste, was wir bei unserer Ankunft tun, ist, die eingeborene Bevölkerung zu vernichten, womit das Spezialwissen über diese Beeinflussung verschwindet. Wir gehen davon aus, diese alten Bäume seien unberührter Regenwald, weil die einzige uns bekannte Art, einen Wald zu leiten, die Rodung der Bäume ist, und die hier sind nicht brutal abgeholzt.« Burgess glaubt, daß die Spuren menschlichen Handelns so tief reichen, daß sie nicht einfach ungeschehen gemacht werden können. »Sobald man das Ökosystem ändert, die richtigen Samen im Boden verteilt und das nötige Klima hat, beginnt die Veränderung, und sie ist unumkehrbar. Die Anwesenheit des Menschen ist für die Aufrechterhaltung des synthetischen Ökosystems nicht nötig. Es läuft ungestört. Alle Menschen in Kalifornien könnten sterben, und seine gegenwärtige synthetische Flora und Fauna würde

weiterleben. Das ist ein neuer, meta-stabiler Zustand, der so lange bestehenbleibt, wie die selbstverstärkenden Umstände sich nicht ändern.«

»Kalifornien, Chile und Australien bewegen sich sehr rasch auf die gleiche Form einer synthetischen Lebenswelt zu«, behauptet Burgess. »Sie wurden durch dieselben Menschen begründet und sind von demselben Ziel geprägt: die Ausrottung der alten Pflanzenfresser und die Produktion von Rindfleisch.« Als synthetische Lebenswelt ist Bio2 eine Vorahnung künftiger Lebenswelten. Natürlich werden wir unseren Einfluß auf die Natur nicht aufgeben. Vielleicht kann uns der Bio2-Behälter lehren, wie man auf künstlichem Weg nützliche synthetische Ökosysteme entwickelt, die nicht so leicht zerbrechen.

Als die Ökologen begannen, die erste absichtlich synthetisch hergestellte Lebenswelt zusammenzubauen, machten sie den Versuch, Richtlinien aufzustellen, die ihrer Ansicht nach bei der Erschaffung eines jeden lebendigen und geschlossenen Biosystems wichtig sind. Die Hersteller von Bio2 nannten sie die »Prinzipien des Biosphärischen«. Bei der Erstellung einer Biosphäre war folgendes zu bedenken:

- Mikroorganismen leisten den Großteil der Arbeit.
- Der Boden ist ein Organismus. Er lebt. Er atmet.
- Baue ein Nahrungsnetz mit mehrfachen Kombinationsmöglichkeiten auf.
- Erhöhe allmählich die Vielfalt.
- Wenn du eine bestimmte physikalische Funktion nicht zur Verfügung stellen kannst, mußt du sie simulieren.
- Die Atmosphäre zeigt den Zustand des ganzen Systems an.
- Hör auf das System; beobachte, wo es sich hinbewegen will.

Regenwälder, Tundren und Sümpfe sind selbst keine natürlich geschlossenen Systeme; sie sind nicht gegeneinander abgeschottet. Es gibt nur ein uns bekanntes natürliches und geschlossenes System: die Erde als Ganzes – Gaia. Letztlich beruht unser Interesse an der Gestaltung neuer geschlossener Systeme darauf, weitere Beispiele eines geschlossenen Systems auszutüfteln, damit wir deren Verhalten verallgemeinern und das System der Erde, unseres Heimatplaneten, verstehen können.

Geschlossene Systeme sind eine besonders intensive Variante einer gemeinschaftlichen Evolution. Krabben in eine Flasche zu stecken und den Flaschenhals abzuklemmen, ist wie ein Chamäleon in einen mit Spiegeln versehenen Behälter zu geben und die Öffnung zuzudrücken. Das Chamäleon reagiert auf das Bild, das es erzeugt hat, so wie die Krabben auf die Atmosphäre reagieren, die sie hergestellt haben. Sobald sich die internen Kreisläufe ineinander verweben und straffen, beschleunigt sich die Veränderung und die Evolution im Innern der Flasche. Diese Isolation erzeugt, ebenso wie die Isolation innerhalb der Erdevolution, Vielfalt und deutliche Differenzierungen.

Schließlich aber werden alle geschlossenen Systeme geöffnet oder zumindest an einer Stelle undicht. Wir können sicher sein, daß unabhängig davon, welches künstliche geschlossene System wir auch produzieren, es früher oder später geöffnet werden wird. Bio2 wird ungefähr jedes Jahr verschlossen und versiegelt. Und am Firmament, unter galaktischen Zeitmaßstäben, werden sich die geschlossenen Systeme der Planeten in einer Art allumfassender, gegenseitiger Befruchtung durchdringen und vermischen – ein Artentausch hier und da. Das Ökosystem des Weltalls ist ein Universum isolierter Systeme (Planeten), die Dinge auf eine wilde und verrückte Weise erfinden, gleich einem Chamäleon, das in einen innen verspiegelten Behälter eingesperrt ist. Hin und wieder werden mit einem Schlag Wunderdinge aus einem geschlossenen System in ein anderes eindringen.

Die von uns gebauten, auf kleinem Raum eingeschlossenen Mini-Gaias sind im wesentlichen eine Hilfe zum Verständnis der Gaia-Theorie. Sie sind Modelle, die vor allem eine Frage beantworten sollen: Welchen Einfluß haben wir auf das Lebensverbundsystem Erde, welchen Einfluß können wir haben? Gibt es da ein bestimmtes Niveau, das wir erreichen können, oder liegt Gaia völlig außerhalb unserer Kontrolle?

8

DIE BIOSPHÄRE LEGT LOS

Ich komme mir vor, als wäre ich weit draußen im Weltall«, erzählte Roy Walford, einer der Menschen, die im Innern von Biosphäre 2 lebten. Walford sprach in den ersten zwei Jahren, in denen die Arche von der Außenwelt abgeschlossen war, mit einem Reporter über eine Videoschaltung. Zwischen dem 26. September 1991 und dem 26. September 1993 brachen acht Menschen – oder Biosphäriker, wie sie auch genannt werden – auf eine spannende Weise jeglichen direkten Kontakt mit jedem anderen Leben auf dem Planeten ab, zogen sich von allen absichernden Materialströmen, die das Leben bewegt, zurück und lebten statt dessen inmitten eines stehenden Gewässers im winzigen, autonomen Wirbel eines Lebens, das sie in einem kleinen Gaia-Surrogat hervorgezaubert hatten. Sie hätten tatsächlich im Weltraum sein können.

Walford war gesund, aber extrem dürr und unterernährt. Zwei Jahre lang hatten alle Biosphäriker Hunger. Ihr Bauernhof im Taschenformat war von einer Insektenplage heimgesucht worden. Weil sie die Biester nicht mit Giftstoffen besprühen konnten – da sie das kondensierte Ablaufwasser im Laufe der Woche wieder tranken –, aßen sie weniger. Irgendwann krochen die verzweifelten Biosphäriker die Reihen der Kartoffelpflanzen mit einem tragbaren Haarföhn entlang, um die Milben von den Blättern herunterzujagen, aber ohne Erfolg. Insgesamt verloren sie fünfmal den Großteil der Ernte. Das Gewicht eines Biosphärikers sank von 208 auf 156 Pfund. Aber er war darauf vorbereitet. Er hatte Kleidung mitgebracht, die ihm zu Beginn einige Nummern zu klein gewesen war.

Einige Wissenschaftler glaubten, daß es nicht sehr produktiv sei, Menschen bereits von Anfang an im Innern des Bio2-Projekts dabei zu haben. Peter Warshall, ihr naturwissenschaftlicher Berater, vertrat folgende Ansicht: »Als Wissenschaftler hätte ich es vorgezogen, das ganze Ding ein Jahr lang nur mit den ersten zwei oder drei Reichen des Lebens abzuschließen: von einzelligen Organismen abwärts. Wir hätten sehen können, wie stark der mikrobische Kosmos die Atmosphäre beherrscht. Dann hätten wir später alles weitere hineingegeben, für ein weiteres Jahr zugesperrt und die Schwankungen verglichen.« Einige Wissenschaftler meinten, die störende und schwer zu versorgende Art des *Homo sapiens* sollte überhaupt nicht dabei sein – die Menschen würden zu einem bloßen Unterhaltungsfaktor. Aber viele waren sicher, daß die ökologische Studie dann angesichts des praktischen Ziels, Technologien für das menschliche Überleben fern der Erde zu entwickeln, bedeutungslos wäre. Um die gegensätzlichen Ansichten über den wissenschaftlichen Sinn und die Arbeitsvorhaben des Projekts zu überprüfen, wurde von Ed Bass, dem Geldgeber von Bio2, ein unabhängiges »Wissenschaftliches Beratergremium« eingesetzt. Im Juli 1992 veröffentlichte der Ausschuß einen Bericht, der die zweifache Natur des Experiments bestätigte. Darin wurde festgehalten:

> Der Ausschuß kommt zu dem Ergebnis, daß es zumindest zwei große wissenschaftliche Bereiche gibt, für die Biosphäre 2 einen wichtigen Beitrag leisten kann. Das ist zum einen das Verständnis biogeochemischer Abläufe in einem geschlossenen System. Unter diesem Aspekt stellt Biosphäre 2 das bei weitem größte und komplexeste geschlossene System dar, das jemals untersucht wurde. Für diese Untersuchungen ist die Anwesenheit menschlicher Wesen innerhalb des Systems nicht unbedingt nötig, abgesehen von der Möglichkeit, Beobachtungen und Messungen anzustellen, die zu Beginn als nicht so wichtig angesehen wurden.
>
> Zum anderen geht es um die Gewinnung von Wissen und Erfahrung für die Erhaltung menschlichen Lebens innerhalb des ökologischen Gleichgewichts eines geschlossenen Systems. Dafür ist die Anwesenheit der Menschen von zentraler Bedeutung.

Ein Beispiel für diesen zweiten Aspekt: Während des ersten Jahres lieferten die innerhalb des geschlossenen Systems lebenden Menschen einen überraschenden medizinischen Befund. Regelmäßige Blutuntersuchungen der Biosphäriker ergaben ein Blutbild mit erhöhten Pestizid- und Herbizidwerten. Da jeder Bereich der Umwelt in Bio2 dauernd minutiös überwacht wurde – es war die am stärksten überwachte Umwelt aller Zeiten –, wußten die Wissenschaftler, daß es darin nirgendwo Pestizide oder Herbizide gab. Im Blut einer Biosphärikerin, die früher in Ländern der Dritten Welt gelebt hatte, konnten Spuren eines Pestizides nachgewiesen werden, das in den USA zwanzig Jahre zuvor verboten worden war. Die Ärzte vermuteten, daß die Biosphäriker, als sie aufgrund ihrer eingeschränkten Kost beachtlich viel Gewicht verloren, Fettreserven verbrannten, die in der Vergangenheit angelegt worden waren, und so Giftstoffe freigesetzt wurden, die sich vor Jahrzehnten in ihnen abgelagert hatten. Bis zur Errichtung von Bio2 gab es keinen wissenschaftlichen Grund, Menschen auf die in ihnen abgelagerten Giftstoffe hin genau zu untersuchen, weil es gar keine Möglichkeit gab, streng zu kontrollieren, was sie aßen, tranken, einatmeten oder womit sie in Berührung kamen. Jetzt gab es sie. Genauso wie Bio2 als Versuchslabor dazu diente, der Zirkulation der Schadstoffe durch ein Ökosystem hindurch exakt auf die Spur zu kommen, diente sie auch als Labor, um die Zirkulation der Schadstoffe durch den menschlichen Körper exakt zu verfolgen.

Menschliche Körper sind selbst ein ausgedehntes, komplexes und trotz unseres modernen medizinischen Wissens noch nicht genau erfaßtes System, das nur dann angemessen untersucht werden kann, wenn man es von der größeren Komplexität des Lebens isoliert. Bio2 gelang das auf eine elegante Weise. Aber das »Wissenschaftliche Beratergremium« übersah einen weiteren Grund dafür, Menschen an Bord zu haben, einen Grund, der vielleicht genauso wichtig wie die Vorbereitung auf den Weltraum war. Diese Rechtfertigung betraf die Kontrolle und die Absicherung des Unterfangens. Die Menschen sollten die Sache auf den »richtigen Weg bringen«, als Anstandsdame, die alle miteinander bekannt macht, danach aber nicht mehr gebraucht wird. Menschen waren für das Funktionieren eines Systems, war es einmal stabil, nicht mehr nötig, sie waren vielleicht aber für dessen Stabilisierung nützlich.

Zum Beispiel gab es da eine ganz pragmatische Angelegenheit: Zeit. Kein Wissenschaftler konnte es sich leisten, das entstehende System jahrelang laufen und es dann, wann immer es wollte, zusammenbrechen zu lassen, um dann noch einmal von vorne anfangen zu müssen. Solange die Menschen im Inneren das, was sie taten, durch Messungen überprüften und aufzeichneten, konnten sie das geschlossene System um die Klippen des Unheils herumsteuern und dabei weiter im Interesse der Wissenschaft handeln. Innerhalb großer Spielräume bestimmte das künstliche Ökosystem von Bio2 den Kurs selbst, aber sobald es auf einen Zustand zusteuerte, in dem es durchzubrennen drohte oder ins Trudeln geriet, griffen die Biosphäriker ein. Sie teilten sich die Kontrolle mit dem entstehenden System. Sie waren Kopiloten. Eine Möglichkeit, Kontrolle auszuüben, bestand darin, daß die Biosphäriker zum letzten Mittel griffen und unerwünschten Entwicklungen Einhalt geboten. Pflanzen- oder Tierpopulationen, die ihren Bereich überschritten, wurden durch einen menschlichen »Schiedsspruch« in einem vernünftigen Rahmen gehalten. Wenn der Lavendelbusch überhandnahm, stutzten ihn die Biosphäriker zurecht. Sobald das Savannengras den Kaktus verdrängte, merzten sie es aus. Tatsächlich verbrachten die Biosphäriker täglich einige Stunden damit, die Wildnis-Bereiche zu jäten (ganz abgesehen von der Zeit, die sie mit dem Jäten ihrer Pflanzungen zubrachten). Adey bemerkte dazu: »Du kannst noch so kleine synthetische Ökosysteme errichten. Aber je kleiner du sie machst, desto größer ist die Rolle, die menschliche Leitungsorgane dabei spielen, weil sie die mächtigeren Naturgewalten, die sich nicht innerhalb der ökologischen Gemeinschaft befinden, darstellen müssen. Die Unterstützung, die wir von der Natur erhalten, ist unglaublich.«

Immer wieder hörte man genau diese Botschaft von den Naturwissenschaftlern, die Bio2 zusammenbauten: *Die Unterstützung, die wir von der Natur erhalten, ist unglaublich.* Die ökologische Unterstützung, die Bio2 am wenigsten leisten konnte, war: Unruhe. Plötzliche Regenfälle. Wind. Blitze. Ein großer umstürzender Baum; unerwartete Ereignisse. Die zugleich milde und wilde Natur benötigt Veränderung. Turbulenzen sind für die Wiederverwertung von Nährstoffen entscheidend. Die explosive Unausgewogenheit des Feuers nährt eine Prärie oder kann einen Wald entstehen lassen. Peter Warshall meint: »In Bio2 wird alles kontrolliert, aber Natur braucht Wildheit, ein bißchen Chaos. Turbulenzen sind kostspielig, wenn man sie künstlich erzeugen muß. Aber Turbulenzen sind auch eine Form der Kommunikation, durch die sich verschiedene Spezies und Orte gegenseitig informieren. Turbulenzen, wie zum Beispiel Wellenbewegungen, sind auch nötig, um die Fruchtbarkeit eines Ortes zu maximieren. Und hier haben wir keine Turbulenzen.«

Die Menschen in Bio2 waren die Götter der Turbulenz und die Vertreter des Chaos. Als Piloten mitverantwortlich für die Kontrolle der Arche, waren sie paradoxerweise auch *agents provocateurs*, die dafür zu sorgen hatten, daß sie bis zu einem gewissen Grad außer Kontrolle geriet.

Warshall hatte in Bio2 die Aufsicht über den Bau der Minisavanne und ihrer Miniturbulenzen. Savannen, sagte Warshall, haben sich unter den Bedingungen andauernder Störungen entwickelt und brauchen manchmal einen natürlichen Anstoß. Die Pflanzen jeder Savanne benötigen einen plötzlichen Schock, indem sie etwa durch ein Feuer vollständig abbrennen oder von Antilopen abgefressen werden. »Die Savanne ist so sehr an Störungen angepaßt, daß sie sich ohne sie nicht halten kann«, bemerkte er und meinte scherzhaft, daß man in der Bio2-Savanne ein Schild aufstellen sollte mit der Aufschrift: »Bitte stören«.

In der Ökologie sind Turbulenzen ein entscheidender Katalysator, aber es war nicht billig, sie in einer vom Menschen geschaffenen Umwelt wie Bio2 zu kopieren. Die Wellenmaschine, die auf das Lagunenwasser eindrosch, war kompliziert, laut, teuer, brach immer wieder zusammen und produzierte trotz allem nur winzige, sehr regelmäßige Wellen – minimale Turbulenzen. Riesige Ventilatoren im Keller von Bio2 wälzten die Luft um, die so dem Wind ähneln sollte, aber kaum Pollen tragen konnte. Einen Wind zu erzeugen, der Pollen hätte tragen können, wäre unerschwinglich teuer gewesen. Und bei einem Feuer hätte die Gefahr bestanden, daß die Menschen durch den Rauch, der nicht hätte entweichen können, erstickt worden wären.

»Wollten wir das wirklich richtig machen, müßten wir über ein Rohr Donner für die Frösche einleiten, weil sie durch Regentropfen und Donner zur Fortpflanzung angeregt werden«, sagte Warshall. »Aber wir erschaffen nicht wirklich die Erde, wir erschaffen die Arche Noah. In Wirklichkeit stellen wir folgende Frage: Wieviele Verbindungen können wir abbrechen und dabei eine Spezies doch noch am Leben halten?«

Das Leben wird weiter entstehen. Im Inneren von Bio2 entstand es immer wieder aufs Neue. Der Behälter war fruchtbar, produktiv. Das auffälligste Jungtier, das in Bio2 während der ersten zwei Jahre geboren wurden, war ein Galago, der wenige Monate nach ihrer Abschließung von der Außenwelt auf die Welt kam. Zwei afrikanische Zwergziegen brachten fünf Zicken, ein Schwein von der Ossabaw-Insel sieben Ferkel auf die Welt. Eine gescheckte nordamerikanische Vipernatter schenkte im Ingwer-Anbaugebiet am Rande des Regenwaldes drei kleinen Schlangen das Leben. Und die Eidechsen versteckten viele Nachkommen unter den Felsen in der Wüste.

Die Hummeln aber starben alle. Und das gleiche passierte allen vier Kolibris. Eine von vierzig Korallenarten in der Lagune »starb aus«, aber sie war nur durch ein einziges Individuum vertreten gewesen. Alle Cordon-bleu-Finken starben noch während der Übergangszeit in ihren Käfigen; vielleicht war ihnen der außergewöhnlich wolkenverhangene Winter in Arizona zu kalt. Linda Leigh, Biologin vor Ort, fragte sich bekümmert, ob sie auf eigene Faust ein warmes Plätzchen entdeckt hätten, wenn sie sie nur früher frei gelassen hätten. Menschen sind solche reumütigen Götter. Zudem ist das Schicksal immer ironisch. Drei nicht eingeladene Spatzen, die sich vor der Versiegelung in den Bau eingeschlichen hatten, gediehen prächtig. Leigh beklagte sich, daß sich die Spatzen als frech und laut, in ihrer Aufdringlichkeit sogar als vulgär erwiesen hätten, während die Finken elegante, friedliche und wohlklingende Sänger gewesen seien.

Stewart Brand zog Linda einmal am Telefon auf: »Was ist bloß los mit euch, daß ihr den Erfolg nicht akzeptieren wollt? Ihr solltet die Spatzen behalten und die Finken vergessen.« Brand berief sich auf den Darwinismus: Finde heraus, was funktioniert, ermögliche dessen Fortpflanzung; laß dir von der Biosphäre sagen, in welche Richtung sie sich entwickeln will. Leigh gestand: »Ich war zunächst entsetzt, als Stewart das sagte, aber ich stimme ihm immer mehr zu.« Das Problem tauchte nicht nur bei den Spatzen auf. Es gab aggressive Passionsblumen in der künstlichen Savanne, Savannengras in der Wüste, überall Ameisen und andere Kreaturen, die nicht vorgesehen waren.

Urbanisierung hat das Auftreten von Arten zur Folge, die an den Rändern leben. Das Kennzeichen der modernen Welt ist ihre Fragmentierung, sie ist wie ein Flickenteppich aufgeteilt. Was von der

Wildnis übrigbleibt, wird in Inseln unterteilt, und die Arten, die am besten gedeihen, gedeihen in den Zwischenräumen dieses Flickwerks. Bio2 ist ein kompaktes Bündel von Rändern. Es hat mehr ökologische Ränder pro Quadratmeter als jeder andere Ort auf der Erde. Aber es gibt kein Kernland, keine dunkle Tiefe, was in zunehmendem Maße auch auf den Großteil Europas und weite Gebiete Asiens und des östlichen Nordamerikas zutrifft. Randarten sind Opportunisten: Krähen, Tauben, Ratten und Unkrautsorten, die auf der ganzen Welt an den Grenzen der städtischen Gebiete zu finden sind.

Lynn Margulis, Mitbegründerin und Verfechterin der Gaia-Theorie, erzählte mir vor der Versiegelung des Bio2-Ökosystems, was sie von ihm erwarte. »Das alles wird sich in ›städtisches Unkraut‹ verwandeln«, sagte sie. »Städtisches Unkraut« sind diese phantastischen, kosmopolitischen Spielarten von Pflanzen und Tieren, die an den Rändern der von den Menschen geschaffenen Patchwork-Habitate blühen. Bio2 war trotz allem eine Patchwork-Wildnis par excellence. Nach der These von Margulis war zu erwarten, daß man am Ende die Tore von Bio2 öffnen und sie vollgepackt mit Löwenzahn, Spatzen, Küchenschaben und Waschbären vorfinden würde.

Die Rolle der Menschen bestand darin, einen solchen Ablauf zu verhindern. Leigh bemerkte dazu: »Wenn wir uns da nicht einmischen würden – das heißt, wenn der Mensch nicht diejenigen, die besonders erfolgreich sind, ausdünnen würde – könnte sich Bio2, das glaube auch ich, zu etwas entwickeln, wovon Lynn Margulis spricht: zu einer Welt voller Bermudagras und Stockenten. Aber da wir beim Haushalten selektiv vorgehen, glaube ich, daß das, zumindest kurzfristig, nicht passieren wird.«

Ich persönlich hege Zweifel an der Fähigkeit der Biosphäriker, ein sich entwickelndes Ökosystem von 3 800 Arten zu lenken. In den ersten zwei Jahren wurde die Nebelwüste zu einem Nebeldickicht – sie war feuchter als erwartet, und die Gräser fühlten sich darin richtig wohl. Die Triebe der Gartenwinde überwucherten unkrautartig das Laubdach des Regenwaldes. Die 3 800 Arten werden den Biosphärikern ausweichen, sie überlisten, untergraben und auf andere Weise zermürben, um dort hinzugelangen, wo sie hinmöchten. Kosmopolitische Gattungen sind unbeugsam. Sie sind in ihrem Element, und sie wollen es bleiben.

Den Beweis dafür liefert die krummschnabelige Spottdrossel. Eines Tages tauchte ein Beamter vom U.S. Fish and Wildlife Department an der Außenseite eines Bio2-Fensters auf. Der Tod der Finken war in den Fernsehnachrichten erwähnt worden, und Tierschützer hatten sein Büro angerufen. Sie wollten, daß sein Amt überprüfe, ob die im Innern von Bio2 verendeten Finken an unberührten, exotischen Orten eingefangen und hierher gebracht worden waren. Die Biosphäriker zeigten dem Beamten Empfangsbestätigungen und anderen Papierkram, der bewies, daß die vor kurzem verstorbenen Finken nur in Gefangenschaft gezüchtete Kaufhaustiere waren, und diese Rechtslage war für das Wildlife Department in Ordnung. »Übrigens, welche Vögel haben sie sonst noch da drinnen?« fragte er sie.

»Zur Zeit nur einige Englische Spatzen und eine krummschnabelige Spottdrossel.«

»Haben Sie eine Erlaubnis für die krummschnabelige Spottdrossel?«

»Nein.«

»Sie wissen, daß es nach dem Zugvögelabkommen ein Verstoß gegen das Bundesgesetz ist, eine krummschnabelige Spottdrossel gefangen zu halten. Ich werde Sie vor Gericht bringen müssen, wenn Sie sie vorsätzlich behalten.«

»Vorsätzlich? Sie verstehen nicht ganz. Sie ist ein blinder Passagier. Wir haben uns sehr bemüht, sie von hier zu verjagen. Wir haben auf jede nur erdenkliche Weise versucht, sie einzufangen. Wir wollten sie früher nicht hier haben und wir wollen sie heute nicht hier haben. Sie frißt unsere Bienen und Schmetterlinge, ja, so viele Insekten sie nur finden kann, und davon gibt es zur Zeit nicht besonders viele.«

Der Jagdaufseher und die Biosphäriker standen einander auf beiden Seiten eines dicken, luftdichten Fensters gegenüber. Obwohl ihre Gesichter nur wenige Zentimeter voneinander entfernt waren, sprachen sie über tragbare Funkgeräte miteinander. Die surreale Konversation ging weiter. »Schauen Sie«, sagten die Biosphäriker, »wir könnten sie jetzt nicht hinausschaffen, selbst wenn wir sie fangen würden. Wir sind hier noch eineinhalb Jahre *vollständig eingeschlossen.*«

»Oh. Hmm. Ich verstehe.« Der Aufseher überlegte. »Nun, da Sie sie nicht vorsätzlich behalten, werde ich Ihnen eine Erlaubnis für eine krummschnabelige Spottdrossel ausstellen, und Sie können sie freilassen, sobald Sie hier aufmachen.«

Halte dich an das, was erfolgreich ist. Im Unterschied zu den empfindlichen Finken fanden sowohl die munteren Spatzen als auch die eigensinnige Spottdrossel Gefallen an Bio2. Die Spottdrossel hatte ihre Reize. Ihr schöner Gesang hallte am Morgen durch die Wildnis und erfreute bei Sonnenaufgang die Biosphäriker während ihrer Routinearbeit.

Das unordentliche und lebende Ding, das im Innern von Bio2 zusammenwuchs, schlug zurück. Es war eine Welt gemeinsamer Evolution. Die Biosphäriker mußten sich zusammen mit ihr entwickeln. Die Errichtung von Bio2 sollte vor allem der Untersuchung dienen, wie ein *geschlossenes System* sich entwickeln würde. In einer koevolutionären Welt werden die Atmosphäre und die materielle Umgebung, in der sich die Tiere aufhalten, genauso anpassungsfähig und lebensecht wie die Tiere selbst. Bio2 war ein Prüfstand, um herauszufinden, wie eine Umgebung die in ihr befindlichen Organismen bestimmt, und wie umgekehrt die Organismen die Umgebung bestimmen. Die Atmosphäre ist der wichtigste Umweltfaktor; sie erzeugt Leben, während sie vom Leben erzeugt wird. Der durchsichtige Behälter von Bio2 erwies sich als der ideale Ort, um eine Atmosphäre zu beobachten, die gerade dabei war, sich mit dem Leben auszutauschen.

Im Innern dieser extrem abgedichteten Welt – hundertmal dichter abgeschlossen als jede NASA-Raumkapsel – steckte die Atmosphäre voller Überraschungen. Zum einen war sie unerwartet rein. Die Ansammlung von Spurengasen, die für frühere geschlossene Lebensräume und Hightech-Systeme wie die Raumfähre der NASA ein so horrendes Problem gewesen war, wurde durch die kollektive Atmung eines Wildnis-Areals verhindert. Gereinigt durch einen unbekannten Ausgleichsmechanismus – am ehesten durch Mikroben – war die Luft im Innern von Bio2 bei weitem sauberer als bei jeder bisherigen Reise im All. Wie Mark Nelson sagte: »Irgend jemand hat ausgerechnet, daß es um die 100 Millionen Dollar pro Jahr kostet, einen Astronauten im Weltraum zu halten, aber diese Typen leben unter den schlechtesten Umweltbedingungen, die man sich vorstellen kann, schlechter als in einem Ghetto.« Mark erzählte von einer Bekannten, die die Ehre hatte, die zurückkehrenden Astronauten einer Raumfähre zu begrüßen. Sie wartete ungeduldig vor laufenden Kameras, als sie die Türe entsicherten. Sie öffneten die Luke, und eine Duftwolke kam ihr entgegen. Sie mußte sich übergeben. Mark: »Diese Typen sind wirklich Helden, denn sie führen ein beschissenes Leben.«

Zwei Jahre lang bewegte sich der Kohlendioxydgehalt in Bio2 in Schlangenlinien auf und ab. Einmal, während einer sechstägigen Phase ohne Sonne, erreichte das CO_2 eine Konzentration von 3 800 Teilen auf eine Million (parts per million). Zur besseren Einordnung: Der Kohlendioxydgehalt der Atmosphäre liegt im Freien normalerweise konstant bei 350 ppm. Der Innenraum eines modernen Bürogebäudes an einer belebten Straße erreicht vielleicht 2 000 ppm, und U-Boote lassen ihre CO_2-Konzentration auf 8 000 ppm ansteigen, bevor sie die entsprechenden »Reiniger« aufdrehen. Besatzungsmitglieder der NASA-Raumfähre arbeiten in einer »normalen« Atmosphäre von 5 000 ppm. Im Vergleich dazu hatte Bio2 während eines Frühlingstages einen sehr beachtlichen Durchschnittswert von 1 000 ppm. Die Schwankungen liegen also durchaus im Bereich des gewöhnlichen Stadtlebens und sind für Menschen kaum wahrnehmbar.

Aber der Tanz des atmosphärischen CO_2 hat sehr wohl Auswirkungen auf die Pflanzen und das Meer. Während der spannungsgeladenen Tage mit einem erhöhten CO_2-Gehalt waren die Biosphäriker darüber beunruhigt, daß sich das vermehrte CO_2 in der Luft im milden Meerwasser auflösen, in der Folge davon die Bildung von Kohlensäure (CO_2 + Wasser) erhöhen und den pH-Wert des Wassers senken könnte, was den gerade erst eingepflanzten Korallen geschadet hätte. Weitere biologische Auswirkungen eines erhöhten CO_2-Gehalts zu erkennen, war Teil der Mission von Biosphäre 2.

Die Menschen sind am Aufbau der Erdatmosphäre interessiert, weil sie sich zu verändern scheint. Wir sind sicher, daß sie sich verändert, aber darüber hinaus wissen wir fast nichts über ihre Funktionsweise. Die einzige uns mit einiger historischer Exaktheit zur Verfügung stehende Größe bezieht sich auf einen einzigen Bestandteil: Kohlendioxyd. Die Informationen über die CO_2-Konzentration in der Erdatmosphäre zeigen einen beschleunigten globalen Anstieg in den vergangenen dreißig Jahren; dieses Diagramm verdanken wir einem einzigen ausdauernden Wissenschaftler: Charles Keeling. 1955 erfand Keeling ein Instrument, das Kohlendioxydkonzentrationen in allen möglichen Umgebungen messen konnte, von verrußten Hausdächern in der Innenstadt bis zu unberührten Naturwäldern. Keeling stellte überall dort CO_2-Messungen an, wo er dachte, daß der Gehalt abweichen könnte. Er überprüfte die CO_2-Konzentration zu allen Tages- und Nachtzeiten. Er führte kontinuierliche CO_2-Messungen auf einer Bergspitze in Hawaii und in der Antarktis ein. Ein Kollege von Keeling berichtete einem Reporter: »Das besondere Kennzeichen von Keeling ist sein überwältigender Drang, Kohlendioxyd zu messen. Er will es in seinem Magen messen. Es in allen seinen Manifestationen in der Atmosphäre und im Meer messen. Und er hat das sein ganzes Leben lang gemacht.« Keeling mißt noch immer in der ganzen Welt Kohlendioxyd.

Keeling entdeckte sehr bald, daß das CO_2 der Erdatmosphäre im Tagesrhythmus zirkuliert. Das CO_2 in der Luft nimmt in der Nacht nachweislich zu, wenn die Pflanzen für diesen Tag mit der Photosynthese Schluß machen, und erreicht seinen Tiefpunkt an einem sonnigen Nachmittag, wenn die Pflanzen mit Volldampf CO_2 in Gemüse verwandeln. Einige Jahre später beobachtete Keeling einen zweiten Zyklus: einen jahreszeitlichen Zyklus des CO_2 innerhalb der Hemisphäre. Im Sommer ist seine Konzentration gering und im Winter erreicht sie aus demselben Grund ihren Höhepunkt wie zur Nachtzeit: es ist kein Grünzeug an der Arbeit, das CO_2 verbrauchen würde. Aber erst der dritte Trend, den Keeling entdeckte, lenkte die Aufmerksamkeit auf die Dynamik der Atmosphäre. Keeling bemerkte, daß der niedrigste CO_2-Gehalt, gleichgültig wo und wann, niemals unter 315 ppm absank. Dieser Grenzwert war der globale CO_2-Raumpegel. Und er stellte fest, daß dieser jedes Jahr ein wenig anstieg. Zur Zeit liegt er bei 350 ppm. Vor kurzem haben andere Forscher in Keelings äußerst sorgfältigen Aufzeichnungen einen vierten Trend ausgemacht: der jahreszeitliche Zyklus dehnt seine Amplitude aus. Es scheint, daß der Planet einmal im Jahr vom Sommer (einatmen) bis zum Winter (ausatmen) Luft holt, und sein Atem wird dabei immer tiefer. Was macht Gaia: Hyperventiliert oder keucht sie?

Bio2 ist eine Mini-Gaia. Sie ist eine kleine, in sich abgeschlossene Welt mit ihrer eigenen Mini-Atmosphäre, die die lebenden Kreaturen erzeugen. Sie ist das erste vollständige Atmosphären/Biosphären-Laboratorium. Und sie bietet die Möglichkeit, einige aufregende

Fragen zu beantworten, die die Wissenschaft zur Funktionsweise der Atmosphäre stellt. Im Inneren des Reagenzglases befinden sich Menschen, um das Experiment vor dem Scheitern zu bewahren und eine offenkundige Krise der Versuche abzuwenden. Der Rest der Menschen lebt außerhalb, aber wiederum im Innern eines Reagenzglases mit dem Namen Planet Erde. Wir spielen mit der Erdatmosphäre herum, haben aber nicht die leiseste Ahnung, wie man sie unter Kontrolle hält, wo man ansetzen könnte, oder ob das System vielleicht wirklich nicht in Ordnung ist und eine Krise durchmacht. Das Bio2-Experiment kann zur Beantwortung all dieser Fragen beitragen.

Die Atmosphäre von Bio2 ist so empfindlich, daß die CO_2-Anzeige steigt, sobald eine Wolke vorüberzieht. Der Schatten drosselt für einen Augenblick die Produktion der Grünpflanzen, was für einen Moment die verbrauchte CO_2-Menge zurückgehen läßt, was wiederum sofort als Leuchtzeichen auf dem CO_2-Meßgerät sichtbar wird. An einem teilweise bewölkten Tag macht die CO_2-Kurve von Bio2 eine Reihe von kleinen atmosphärischen Schluckaufanfällen durch.

Trotz aller Aufmerksamkeit, die die CO_2-Werte im letzten Jahrzehnt auf sich gezogen haben, und trotz aller genauen Untersuchungen, die Landwirtschaftssachverständige über den Kohlenstoffzyklus in den Pflanzen angestellt haben, bleibt das Schicksal des Kohlenstoffs in der Erdatmosphäre ein schwieriges Problem. Klimatologen sind sich grundsätzlich darüber einig, daß die ansteigende CO_2-Kurve in der Neuzeit ganz grob gerechnet mit der Menge des vom Menschen im industriellen Zeitalter verbrannten Kohlenstoffs übereinstimmt. Das paßt schön zusammen, übersieht aber einen bestürzenden Umstand: Bei genauerer Messung verbleibt nur die Hälfte des heute auf der Erde verbrannten Kohlenstoffs als erhöhter CO_2-Gehalt in der Atmosphäre. Die andere Hälfte verschwindet!

Theorien für den verschwundenen Kohlenstoff gibt es im Überfluß. Drei Theorien dominieren: Erstens, er wird im Meer aufgelöst und schlägt sich auf dem Meeresgrund als Kohlenstoffregen nieder. Zweitens, er wird durch Mikroben im Erdreich eingelagert. Und, drittens, die umstrittenste Theorie: Der verschwundene Kohlenstoff nährt in einer nicht wahrnehmbaren, aber massiven Größenordnung, die wir bislang noch nicht messen konnten, weltweit das Wachstum des Savannengrases oder wird in Baumholz umgewandelt. CO_2 ist nach allgemeiner Ansicht die Ressource, die der Atmosphäre ihre Grenzen setzt. Bei 350 ppm beläuft sich die Kohlendioxydkonzentration nur auf schwache 0,03 Prozent – ein bloßes Spurengas. Ein Kornfeld in vollem Sonnenschein wird die innerhalb eines Bereichs von einem Meter über dem Boden vorhandene geringe CO_2-Menge in weniger als fünf Minuten aufbrauchen. Selbst ein kleiner Anstieg des CO_2-Gehalts kann die Produktion der Biomasse entscheidend in die Höhe treiben. Folglich besagt diese Hypothese: Wo immer wir die Wälder nicht abholzen, bekommen die Bäume infolge der fünfzehn Prozent an zusätzlichem CO_2-»Kunstdünger« in der Luft Übergewicht, vielleicht sogar in einem Umfang, der größer ist als ihre Zerstörung an anderen Orten.

Bis hierher ist die Lage der Dinge verwirrend. Aber im April 1992 behaupteten zwei in *Science* veröffentlichte Untersuchungen, daß das Meer und die Biosphäre der Erde tatsächlich Kohlenstoff in der benötigten Menge ansammeln. Ein Artikel zeigte, daß die Holzmenge der europäischen Wälder seit 1971 um 25 Prozent und mehr zugenommen hat – trotz der negativen Auswirkungen des sauren Regens und anderer Schadstoffe. Aber kaum jemand hat sich den gesamten Kohlenstoffvorrat im Detail angesehen. Unsere globale Ignoranz gegenüber der globalen Atmosphäre läßt das Biosphäre-Experiment sehr vielversprechend erscheinen. Hier, unter den relativ kontrollierten Verhältnissen eines verschlossenen Behälters, können die Verbindungen zwischen einer funktionierenden Atmosphäre und einer lebendigen Biosphäre erforscht und aufgezeichnet werden.

Der Kohlenstoffanteil in der Atmosphäre, im Boden, in den Pflanzen und im Meer wurde vor dem Verschließen von Bio2 sorgfältig gemessen. Als die Sonne die Photosynthese anheizte, wanderte der Kohlenstoff in meßbarem Umfang aus der Luft in die lebendigen Organismen. Jedesmal, wenn irgendeine Pflanze geerntet wurde, wurde von den Biosphärikern eifrig ihr Gewicht ermittelt und aufgezeichnet. Sie konnten das System ein wenig stören, um zu sehen, wie es sich veränderte. Als zum Beispiel Linda Leigh durch künstlichen Sommerregen »die Savanne in Betrieb setzte«, wurden von den Biosphärikern gleichzeitig Messungen des Kohlenstoffgehalts in allen Bereichen des

Untergrunds, der Bodenkrume, der Luft und des Wassers vorgenommen. Sie stellten eine detailreiche Karte darüber zusammen, wo sich der ganze Kohlenstoff am Ende der zwei Jahre befand. Indem sie getrocknete Proben von Blättern sammelten, zeichneten sie auch (ungefähr) den Weg nach, den der Kohlenstoff innerhalb der Ersatzwelt genommen hatte, indem sie die Veränderungen am Anteil der natürlich vorkommenden Kohlenstoff-Isotope verfolgten.

Der Kohlenstoff war nur das erste Mysterium. Das Rätsel aber verdunkelte sich. Der Sauerstoffgehalt war im Inneren von Bio2 niedriger als draußen. Der Sauerstoffanteil der Bio2-Atmosphäre fiel von 21 auf 15 Prozent. Ein sechsprozentiger Abfall der Sauerstoffkonzentration war gleichbedeutend mit der Verlegung von Bio2 an einen Standort größerer Höhenlage mit einer dünneren Atmosphäre. Die Bewohner von Lhasa in Tibet kommen mit einem ähnlich leicht reduzierten Sauerstoffniveau gut zurecht. Die Biosphäriker litten unter Kopfschmerzen, Schlaflosigkeit und Ermüdungserscheinungen. Der Abfall des Sauerstoffgehalts war zwar nicht katastrophal, aber verwirrend. Wohin kann eigentlich in einem versiegelten Behälter der Sauerstoff entweichen?

Anders als beim Rätsel des verschwundenen Kohlenstoffs kam das mysteriöse Verschwinden des Sauerstoffs in Bio2 vollständig unerwartet. Die Spekulationen gingen dahin, daß der Sauerstoff von Bio2 in der neugeschaffenen Erde gebunden wurde, vielleicht eingeschlossen in Karbonaten, die von Mikrorganismen gebildet worden waren. Oder vielleicht hatte ihn der frische Beton absorbiert. Bei einer schnellen Durchsicht der wissenschaftlichen Literatur fanden die Biosphärenforscher wenige Angaben, die den atmosphärischen Sauerstoffgehalt in der Erdatmosphäre betrafen. Die einzige bekannte (aber wenig beschriebene) Tatsache besteht darin, daß der Sauerstoff der Erdatmosphäre höchstwahrscheinlich ebenfalls verschwindet! Niemand weiß warum, ja nicht einmal, wieviel ungefähr. »Ich bin überrascht, daß die gesamte Weltöffentlichkeit nicht mit allem Nachdruck wissen will, wie schnell wir den Sauerstoff aufbrauchen«, sagte der visionäre Physiker Freeman Dyson, einer der wenigen Wissenschaftler, die die Frage zumindest aufgreifen.

Und warum sollte man an diesem Punkt stehenbleiben? Einige Experten, die das Bio2-Experiment beobachteten, schlugen vor, daß man als nächstes das Kommen und Gehen des atmosphärischen Stickstoffs nachzeichnen sollte. Obwohl Stickstoff den Hauptbestandteil der Atmosphäre darstellt, ist seine Rolle im großen Kreislauf des Lebens nur in groben Zügen bekannnt. Was bekannt ist, wurde, wie bei Kohlenstoff und Sauerstoff, von reduktionistischen Experimenten im Labor und in Computermodellen abgeleitet. Andere machten den Vorschlag, die Biosphäriker sollten als nächstes die Elemente Natrium und Phosphor erfassen. Vielleicht besteht der wichtigste Beitrag von Bio2 zur Wissenschaft im Aufwerfen großer Fragen über Gaia und die Atmosphäre.

Als der CO_2-Gehalt im Inneren zum ersten Mal hochzuschnellen begann, starteten die Biosphäriker eine Gegenaktion, um den CO_2-Anstieg zu begrenzen. Das Hauptwerkzeug, um auf die Atmosphäre einzuwirken, war der Einsatz einer »künstlichen Jahreszeit«. Man nehme eine trockene, sich im Winterschlaf befindende Savanne, Wüste oder ein mit Dornensträuchern bestandenes Buschland und versetze sie mit steigenden Temperaturen in den Frühling. Bald brechen tausend Blattknospen hervor. Dann gieße man Regen darauf! Innerhalb von vier Tagen explodieren die Pflanzen in Blätter und Blüten. Das aufgewachte Biom saugt CO_2 auf. Einmal munter, kann das Biom über die normalen Ruhezeiten hinaus wachgehalten werden, indem man die alten Gewächse beschneidet, um neue, CO_2 verbrauchende Gewächse zu stimulieren. Leigh schrieb im Spätherbst des ersten Jahres: »Angesichts der bevorstehenden kurzen Wintertage müssen wir uns auf reduziertes Licht einstellen. Heute haben wir begonnen, das Ingweranbaugebiet am Nordrand des Regenwaldes zurückzuschneiden, um schnelles Wachstum zu stimulieren – eine routinemäßige Arbeit im Management der Atmosphäre.«

Die Menschen managten die Atmosphäre, indem sie am »CO_2-Ventil« drehten. Manchmal drehten sie es zu. Um die Luft mit Kohlendioxyd zu durchfluten, brachten die Biosphäriker die vielen getrockneten Grasabfälle wieder zurück, die sie vorher weggeschafft hatten. Die Abfälle wurden als Mulch auf den Boden geladen und dort befeuchtet. Als Bakterien sie zersetzten, gaben sie CO_2 an die Luft ab.

Leigh nannte den Eingriff der Biosphäriker in die Atmosphäre »molekulare Ökonomie«. Sobald sie die Abstimmung der Atmosphäre übernahmen, legten sie »den Kohlenstoff zur sicheren Verwahrung auf unser Konto, so daß wir ihn im nächsten Sommer verwenden konnten, wenn wir ihn für die langen Tage des Pflanzenwachstums brauchen würden.« Die unterirdischen Bereiche, in denen die Pflanzenabfälle getrocknet wurden, dienten als Kohlenstoffbank. Kohlenstoff wurde wenn nötig geliehen und mit Wasser betriebsfertig gemacht. Wasser wurde in Bio2 von einem Ort zum nächsten weitergeleitet, wie so viele Bundesausgaben, die dazu bestimmt sind, regionale wirtschaftliche Aktivitäten zu stimulieren. Wenn man Wasser in die Wüste leitete, ging das CO_2 zurück; wenn man das Wasser in den getrockneten Mulch leitete, nahm das CO_2 zu. Auf der Erde ist unsere Kohlenstoffbank das schwarze Öl unter dem arabischen Sand, aber alles, was wir damit tun, ist – es zu verbrauchen.

Bio2 komprimierte geologische Zeiträume auf einige Jahre. Die Biosphäriker drehten am »geologischen« Ausgleich des Kohlenstoffs – indem sie Kohlenstoffatome in großen Mengen speicherten und abzogen – in der Hoffnung, die Atmosphäre einigermaßen in Ordnung zu halten. Sie bastelten am Meer herum, indem sie seine Temperatur senkten, die Rückleitung des salzhaltigen Sickerwassers regulierten, seinen pH-Wert leicht veränderten und gleichzeitig Vermutungen über tausend andere Variablen anstellten. »Es sind diese paar tausend anderen Variablen, die das Bio2-System so faszinierend und umstritten machen«, sagte Leigh. »Den meisten von uns hat man beigebracht, nicht einmal mit zwei Variablen gleichzeitig herumzupfuschen.« Die Biosphäriker hofften, die anfänglich wilden Schwankungen der Atmosphäre und des Meeres in den ersten Jahren mit etwas Glück durch einige gut ausgewählte drastische Aktionen abschwächen zu können. Diese sollten in der Einarbeitungsphase die treibende Kraft sein, bis das System sich bei der Aufrechterhaltung des Gleichgewichts allein auf die natürlichen Aktivitäten der Sonne, der Jahreszeiten, der Pflanzen und Tiere verlassen und so das ganze Jahr überstehen konnte. An diesem Punkt sollte das System »loslegen«.

»Loslegen« ist der Begriff, den die Heimwerker von Salzwasseraquarien verwenden, um zu beschreiben, was passiert, wenn ein neuer Fischbehälter nach einer langen wechselhaften Periode der Instabilität plötzlich sein Gleichgewicht erreicht. Ein Behälter für Salzwasserfische ist wie Bio2 ein empfindliches geschlossenes System, das bei der Verarbeitung der Abfälle größerer Pflanzen und Tieren von einer unsichtbaren Welt von Mikroorganismen abhängig ist. Wie Gomez, Folsome und Pimm in ihren Mikrokosmen entdeckt haben, kann es 60 Tage dauern, bis sich die Mikroben zu einer stabilen Gemeinschaft konsolidieren. In Aquarien brauchen die verschiedenen Bakterien einige Monate, um ein Nahrungsnetz zu entwickeln und sich selbst im Kies des Ausgangsbehälters zu etablieren. Da allmählich immer mehr Lebensformen in das sich im Embryonalzustand befindliche Aquarium gegeben werden, wird das Wasser extrem anfällig für die Entstehung von Teufelskreisen. Wenn ein einziger Bestandteil aus der Reihe tanzt (sagen wir die Konzentration des Ammoniaks), kann dies einige Organismen vernichten, die zerfallen und dabei noch mehr Ammoniak freisetzen, was weitere Kreaturen tötet und so rasch den Zusammenbruch der gesamten Gemeinschaft auslöst. Um den Behälter behutsam durch diese Periode akuter Unausgeglichenheit zu befördern, treibt der Aquarienbesitzer das System immer wieder sanft mit einem kleinen Schubs vorwärts, durch einen klugen Wechsel des Wassers, ausgewählte chemische Zusätze, Filtergeräte und durch das Einsetzen von Bakterien aus anderen erfolgreichen Aquarien. Dann, nach ungefähr sechs Wochen mikrobischen Gebens und Nehmens – die aufkeimende Gemeinschaft bewegt sich dabei am Rande des Chaos –, plötzlich, über Nacht, legt das System los und löst den Ammoniak auf. Jetzt kann es langfristig funktionieren. Sobald das System losgelegt hat, kann es sich besser selbst erhalten, selbst stabilisieren und braucht die künstlichen Krücken nicht mehr, die in der Anlaufzeit noch nötig waren.

Interessanterweise veränderten sich die Verhältnisse am Tag vor und am Tag nach diesem Loslegen kaum. Abgesehen von ein bißchen Babysitten kann man oft nichts tun außer warten. Warten, daß die Sache heranreift, gedeiht, wächst und sich entwickelt. »Drängen Sie es nicht«, lautet der Ratschlag der Salzwasser-Aquarianer. »Nur nicht die Schwangerschaft beschleunigen, denn das System organisiert sich selbst. Das Wichtigste, was Sie ihm geben können, ist Zeit.«

Vielleicht entdecken wir, daß alle komplexen koevolutionären Systeme einmal loslegen müssen. Leute, die Ökosysteme wieder instandsetzen, wie etwa Packard in der Prärie und Wingate auf der Nonsuch-Insel, scheinen zu glauben, daß große Systeme zusammengebaut werden können, indem man Komplexität mit einem Sperriegel versieht; wenn ein System einmal ein gewisses Niveau an Stabilität erreicht, wird es mit einiger Wahrscheinlichkeit kaum mehr einen Rückfall erleben – als ob das System von der Kohäsion »angezogen« würde, die durch die neue Komplexität geschaffen wird. Von Menschen geschaffene Institutionen wie Arbeitsgruppen und Firmen führen vor, wie man »loslegt«. Ein bestimmter kleiner Schubser – der zusätzliche richtige Manager, schicke neue Geräte – kann 35 kompetente, hart arbeitende Menschen plötzlich in einen kreativen Organismus mit unaufhaltsamem Erfolg verwandeln. Wenn wir einmal Maschinen und Maschinensysteme mit ausreichender Komplexität und Flexibilität bauen, werden auch sie »loslegen«.

Direkt unter der Wildnis der Savanne und des Waldes, unter dem Bauernhof und den modernen Appartements der Biosphäriker liegt das andere Gesicht von Bio2: die maschinelle »Technosphäre«. Die Technosphäre ist das Gerüst, das erstellt wurde, um Bio2 beim Loslegen zu unterstützen. An mehreren Stellen der Wildnis winden sich Stiegen hinab in ein höhlenartiges Kellergeschoß, das vollgestopft ist mit typischen Kellerinstallationen. 80 Kilometer farblich gekennzeichnete, armdicke Röhren schlängeln sich die Mauer entlang. Hier gibt es riesige Rohranlagen, die direkt aus dem Film *Brazil* stammen könnten; viele Kilometer elektrische Leitungen; Werkstätten voller Hochleistungswerkzeuge; Gänge voller Dresch- und Fräsmaschinen; Regale mit Ersatzteilen; Schaltkästen, Einstellscheiben, Vakuumgebläse; über 200 Motoren, 100 Pumpen und 60 Ventilatoren. Es könnte das Innere eines U-Boots oder die Rückseite eines Wolkenkratzers sein. Dieses Territorium ist industrieller Grunge.

Die Technosphäre versorgt die Biosphäre. Riesige Gebläseanlagen wälzen die gesamte Luft von Bio2 mehrmals am Tag um. Schwere Pumpen bewegen das Regenwasser. Die Motoren der Wellenmaschine laufen Tag und Nacht. Die Maschinen dröhnen. Diese mutig konstruierte Welt befindet sich nicht außerhalb, sondern innerhalb des Gewebes von Bio2, wie Knochen oder Knorpel, ein integraler Bestandteil eines größeren Organismus.

Beispielsweise hätte das Korallenriff von Bio2 nicht ohne ein gespenstisches Hinterzimmer im Keller funktioniert, in dem sich die Algenreiniger verbargen. Die Reiniger waren tischgroße, flache, mit einer Algenpfütze angefüllte Plastikschalen. Der ganze Raum war mit der gleichen Art Halogen-Sonnenlicht überflutet wie die beleuchteten künstlichen Korallenriffe in Museen. Die Reiniger waren tatsächlich die maschinellen Nieren des Bio2-Korallenriffs. Sie erfüllten die gleiche Funktion wie ein Swimmingpoolfilter: das Wasser sauber zu halten. Die Algen verbrauchten Abfallprodukte aus dem Riff und vermehrten sich unter dem intensiven künstlichen Sonnenlicht als faserige grüne Geflechte. Die grünen Strände verstopften bald die Reiniger; und wie ein Swimmingpool- oder Aquariumfilter mußte der Reiniger alle zehn Tage von irgendeinem armen Idioten sauber gekratzt werden – eine weitere Arbeit für die acht Menschen. Die Säuberung der Algenreiniger (der Abfall wurde zu Kompost) war die am wenigsten geschätzte Aufgabe in Bio2.

Das Nervenzentrum des ganzen Systems war der Computerraum, angetrieben von einer künstlichen Großhirnrinde aus Leitungen, Chips und Sensoren, die überall in Bio2 verteilt waren. Jedes Ventil, jede Röhre und jeder Motor der Infrastruktur wurden im Netzwerk eines Computerprogramms simuliert. Nur sehr wenige natürliche oder von Menschen initiierte Vorgänge geschahen in der Arche, ohne daß die vernetzte Datenverarbeitung des Computers davon wußte. Die Reaktionen von Bio2 glichen denen *eines* Tieres. Im gesamten Bau wurden fortwährend ungefähr hundert chemische Verbindungen in der Luft, im Boden und im Wasser gemessen. Nach den Vorstellungen des UWB könnte aus dem Projekt eine möglicherweise gewinnbringende Technologie hervorgehen: ein hochentwickeltes Umweltüberwachungsverfahren.

Mark Nelson hatte recht, als er meinte, daß Bio2 die »Vermählung von Ökologie und Technik« sei. Das macht die Schönheit von Bio2 aus – sie ist ein gutes Beispiel für Ökotechnik, die Symbiose von Natur und Technologie. Wir wissen noch nicht genug, um Biome ohne die Installation von Pumpen zu erfinden. Aber indem wir jetzt ein Gerüst von Pumpen verwenden, können wir das System ausprobieren und kennenlernen.

Zu einem großen Teil bedeutet das, eine neue Form der Kontrolle zu erlernen. »Die NASA«, sagte Tony Burgess, »geht das Problem an, indem sie die Ressourcenauswertung optimiert. Sie nehmen Weizen und optimieren die Umwelt für die Produktion von Weizen. Aber das Problem besteht darin: Sobald man ein ganzes Bündel von Arten zusammenstellt, kann man nicht jede Art für sich optimieren, man muß das ganze Ding optimieren. Sobald man das gleichzeitig macht, wird man von der Technik abhängig. UWB hofft, die Herrschaft der Technik beseitigen und durch die Herrschaft der Biologie ersetzen zu können. Was letztlich billiger sein sollte. Vielleicht läuft die Produktion dann nicht mehr ganz so optimal, aber man ist weniger abhängig von der Technik.«

Bio2 ist ein gigantischer Glaskolben für ökologische Experimente, die mehr Kontrolle über die Umwelt erfordern, als in der Natur ausgeübt werden kann (oder soll). Einzelne Lebensweisen können in einem Laboratorium untersucht werden. Aber ökologisches und biosphärisches Leben braucht einen monumentaleren Raum, damit man einen Einblick in die Zusammenhänge bekommt. Zum Beispiel läßt sich in Bio2 eine einzelne Art einsetzen oder herausnehmen und mit großer Zuversicht darauf vertrauen, daß sich dadurch die anderen Arten nicht verändern – alles in einem Raum, der groß genug ist, daß etwas »Ökologisches« geschieht. »Biosphäre 2«, sagte John Allen, »ist ein Teilchenbeschleuniger für die Wissenschaften vom Leben.«

Vielleicht ist sie aber auch wirklich eine bessere Arche Noah. Ein futuristischer Zoo, der aus einem einzigen großen Käfig besteht, in dem alles verwildert, inbegriffen der beobachtende *Homo sapiens*. Die Arten besitzen die Freiheit, sie selbst zu sein und sich gemeinsam mit anderen zu dem zu entwickeln, was sie wollen.

Zur gleichen Zeit betrachten Weltraumcowboys Bio2 als einen pragmatischen Schritt auf einer spirituellen Reise weg vom Planeten in die Galaxien. Als Weltraumtechnologie ist Bio2 die aufregendste Neuheit seit den Mondlandungen. Nachdem die NASA sich über das Unternehmen in seinem Planungsstadium routinemäßig lustig gemacht und eine Unterstützung die gesamte Zeit über abgelehnt hatte, mußte sie ihre Überheblichkeit aufgeben und anerkennen, daß etwas Nützliches daran ist. Die *Out-of-Control*-Biologie hat ihren Platz gefunden.

Alle drei Geisteshaltungen sind in der Tat Manifestationen derselben Metamorphose, die am treffendsten von Dorion Sagan in seinem Buch *Biospheres* beschrieben wird:

> Die ›vom Menschen geschaffenen‹ Ökosysteme, bekannt als Biosphären, sind im Grunde ›natürlich‹ – ein planetarisches Phänomen, das Teil der reproduktiven Eskapaden des Lebens insgesamt ist … Wir sind die erste Stufe einer planetarischen Metamorphose, … das Wiedererscheinen des menschlichen Individuums in einem bis jetzt unerwarteten Maßstab: denn es bildet nicht mehr Mikroorganismen nach, oder Pflanzen und Tiere, sondern die Erde als ein lebendes Ganzes …
> Ja, Menschen sind in diese Reproduktion verwickelt, aber sind nicht auch Insekten in die Reproduktion vieler Blumen verwickelt? Daß die lebendige Erde bei ihrer Reproduktion jetzt von uns und unserer Technologie abhängt, spricht nicht gegen die Feststellung, daß die scheinbar für Menschen gebauten Biosphären die Reproduktion eines planetarischen Biosystems verkörpern …
> Worin besteht der eindeutige Erfolg? Daß acht Menschen da drinnen zwei Jahre lang leben? Wie wär's mit zehn Jahren, oder einem Jahrhundert? In Wirklichkeit beginnt mit der Reproduktion der Biosphäre, mit der Errichtung von Wohnorten, die intern alles wiederverwerten, was man für menschliches Leben braucht, etwas, dessen Ende wir nicht vorhersehen können.

Sobald alles funktioniert und die freie Zeit Tagträume gebiert, können sich die Biosphäriker fragen: Wohin führt das alles *wirklich*? Was ist das Nächste? Eine Bio2-Oase am Südpol? Oder eine größere Bio2 mit viel mehr Insekten, Vögeln und Beeren? Die interessanteste Frage ist vielleicht: Wie klein kann eine Bio2 sein? Die Japaner, diese meisterhaften Verkleinerer, sind verrückt nach Biosphäre 2. Nach einer in Japan durchgeführten Umfrage kannten über 50 Prozent der Bevölkerung das Projekt. Auf Menschen, die an klaustrophobische Wohnviertel und die Isolation des Insellebens gewöhnt sind, macht eine Mini-Bio2 ganz bestimmt einen reizvollen Eindruck. Tatsächlich hat ein Ministerium in Japan Pläne für eine »Biosphäre J« angekündigt. Das »J« steht nicht für Japan (sagt man), sondern für Junior: eine Biosphäre in klein. Offizielle Entwürfe zeigen ein kleines Labyrinth von Räumen, erleuchtet von künstlichem Licht und angefüllt mit kompakten biologischen Systemen.

Die Ökotechniker, die Bio2 erbauten, haben die grundlegenden Techniken erdacht. Sie wissen, wie ein Glasbehälter zu verschließen ist, wie man eine beständige Versorgung durch Ernteerträge auf einem sehr kleinen Flecken Erde plant, wie die Abfälle zu recyceln sind, die Atmosphäre im Gleichgewicht gehalten werden kann, wie man ohne Papier lebt und wie man im Innern miteinander auskommt. Das ist für Biosphären gleich welcher Größe ein ziemlich guter Start. Die Zukunft sollte Bio2's in allen Größen und Varianten hervorbringen, die jede erdenkliche Kombination von Arten beherbergen. Wie Mark Nelson zu mir sagte: »In der Zukunft wird es eine enorme Vermehrung von Orten für Biosphären geben.« Er sieht eine Reihe von Biosphären verschiedener Größe und Zusammenstellung voraus, die um Territorien wetteifern, sich vermischen, um Gene auszutauschen, und sich in der Art biologischer Organismen kreuzen. Die Planeten würden mit ihnen besiedelt sein, und jede Stadt würde eine Experimentier- und Ausbildungsstation besitzen.

Durch irgendein bürokratisches Versehen befand ich mich im Frühling 1991 eines Abends ohne Begleitung in der beinahe fertiggestellten Biosphäre. Die Bauarbeiter waren schon nach Hause gegangen, und die UWB-Mitarbeiter drehten gerade das Licht oben auf dem Hügel aus. Ich war alleine im ersten Nachkommen von Gaia. Es war gespenstisch ruhig. Ich dachte, ich stünde in einer Kathedrale. Ich schlenderte durch das landwirtschaftliche Biom und konnte kaum das gedämpfte Schlagen der weit entfernten Wellenmaschine hören, die alle zwölf Sekunden eine Welle ausstieß. In der Nähe der Maschine – die das Meerwasser aufsaugt und es dann in einer Welle zurückwirft – hörte man ein Geräusch, das laut Linda Leigh wie der Atemstoß eines Grauwals klang. Hinten im Garten, wo ich stand, hörte sich das weit entfernte, tiefe, kehlige Stöhnen wie der Gesang tibetanischer Mönche an.

Draußen: braune Wüste in der Abenddämmerung. Drinnen: eine Welt voll grünen Lebens. Hohes Gras, in Fässern treibendes Seegras, reife Papayas, das Aufklatschen eines springenden Fisches. Ich atmete die Frische ein, jenen schweren Pflanzengeruch, dem man im Dschungel und in Sumpfgebieten begegnet. Die Luft bewegte sich langsam. Das Wasser zirkulierte. Die Rahmenkonstruktion knarrte, als sie sich

abkühlte. Die Oase lebte, aber alles war still. Ruhig beschäftigt. Keine Menschen. Aber etwas geschah mit dem Ganzen; ich konnte das »Gemeinsame« im sich gemeinsam entwickelnden Leben spüren.
Die Sonne war beinahe untergegangen. Ihr Licht schien sanft und warm auf die weiße Kathedrale. Hier könnte ich es eine Weile aushalten, dachte ich. Ich empfinde etwas an diesem Ort. Die Behaglichkeit einer Höhle, die aber nachts zu den Sternen hin offen ist. Ein Mutterleib mit Aussicht. »Wenn wir wirklich wie menschliche Wesen im Weltraum leben wollen«, sagte Mark Nelson, »dann müssen wir lernen, wie man Biosphären herstellt.« Er erzählte, als erstes, nachdem sie aus ihrem Bett in der sowjetischen Raumstation geglitten waren, hätten sich die Keine-Zeit-für-Nonsens-Kosmonauten, echte Machos, um ihre »Experimente« mit winzigen Erbsensämlingen gekümmert. Ihre Verwandtschaft mit Erbsen wurde für sie offensichtlich. Wir brauchen ein anderes Leben.
Auf dem Mars würde ich nur in einer künstlichen Biosphäre leben wollen. Auf der Erde ist das Leben in einer künstlichen Biosphäre ein nobles Experiment, das sich für Pioniere eignet. Ich könnte mir vorstellen, daß ich mich nach einer Weile dazu entschließen könnte, im Innern eines gigantischen Reagenzglases zu leben. Man wird in Bio2 großartige Dinge über unsere Erde, uns selbst und über die unzähligen anderen Arten lernen, von denen wir abhängen. Ich habe keinen Zweifel daran, daß das, was wir hier lernen, eines Tages auf dem Mars oder dem Mond landen wird. Mich, einen Außenseiter, hat es bereits gelehrt, daß *als menschliches Wesen zu leben bedeutet: mit anderem Leben zu leben*. Die Furcht, daß maschinelle Technologie alle lebenden Arten ersetzen wird, hat meiner Meinung nach nachgelassen. Ich glaube, wir werden weiter mit anderen Arten zusammenleben, weil, wie Bio2 belegt, das Leben eine Technologie ist. Das Leben ist die ultimative Technologie. Maschinentechnologie ist ein vorübergehender Ersatz für Lebenstechnologie. Wenn wir unsere Maschinen verbessern, werden sie organischer werden, biologischer, lebensechter; denn das Leben ist die beste Technologie, um zu leben. Eines Tages wird die große Menge an Technosphäre in Bio2 ersetzt werden durch konstruiertes Leben und konstruierte lebensechte Systeme. Eines Tages wird der Unterschied zwischen Maschinen und Biologie schwer auszumachen sein. »Reines« Leben wird aber immer noch sei-

nen Platz haben. Was wir heute als Leben kennen, wird wegen seiner Autonomie die ultimative Technologie bleiben – es funktioniert durch sich selbst und, noch wichtiger, lernt durch sich selbst. Ultimative Technologien jeder Art erobern unausweichlich die Gefolgschaft von Technikern, Aktiengesellschaften, Bankiers, Visionären und Pionieren – von all jenen Kräften, die einmal als die größte Bedrohung für das reine Leben angesehen wurden.

Das in der Wüste geparkte Raumschiff wird Biosphäre genannt, weil es von der Logik des Bios durchdrungen ist. Die Logik des Bios (Bio-Logik, Biologie) verbindet das Organische mit dem Mechanischen. In den Fabriken der Biotechnologiefirmen und in den Chips von Computern, die nach dem Vorbild neuronaler Netze aufgebaut sind, verschmilzt das Organische mit der Maschine. Aber nirgends ist diese Vermählung des Lebenden und des Produzierten so deutlich wie im Bauch von Bio2. Denn wo endet das synthetische Korallenriff, und wo beginnt die singende Wellenmaschine? Wo verläuft die Grenze zwischen der Abfallwirtschaft eines Moors und der Sanitäranlage einer Toilette? Sind es die Ventilatoren oder die Bakterien im Boden, die die Atmosphäre kontrollieren?

Belohnt wird eine Reise im Innern von Bio2 im wesentlichen mit Fragen. Ich bin darin nur einige Stunden unterwegs gewesen und habe Anregungen für jahrelanges Nachdenken bekommen. Das ist genug. Ich drehte den Griff an der Gasschleusentür der stillen Biosphäre 2 und ging in der dämmerigen Wüste an Land. Zwei Jahre dort drinnen würden ein ganzes Leben ausfüllen.

9

INDUSTRIELLE ÖKOLOGIE

Barcelona ist eine Stadt hartnäckiger Optimisten. Ihre Bürger denken nicht nur an Handel und Industrie, Kunst und Oper, sondern auch an die Zukunft. Zweimal schon, in den Jahren 1888 und 1929, war Barcelona Gastgeberin der Weltausstellung. Barcelona bemühte sich eifrig um diese zukunftsfreundliche Fiesta, denn nach der Meinung eines spanischen Schriftstellers weiß die Stadt »... nicht so recht, wozu sie eigentlich da ist ... und so erfindet sie sich fortwährend neu, indem sie große Zukunftspläne schmiedet.« 1992 richteten sich diese großen, selbstproduzierten Erwartungen auf eine olympische Vision. Junge Athleten, Massenkultur, neue Technologie, das große Geld – ziemlich reizvolle Aussichten für diese rastlose, aber ordentliche und vernünftig angelegte Stadt mit ihrem ernsthaften Geschäftsgeist.
Inmitten dieses pragmatischen Orts errichtete der legendäre Antonio Gaudi ein paar Dutzend der merkwürdigsten Bauten auf Erden. Seine Konstruktionen sind so futuristisch und verrückt, daß die Menschen in Barcelona und auf der ganzen Welt noch vor kurzem nicht wußten, was sie davon halten sollten. Sein berühmtestes Werk ist eine unter dem Namen »Sagrada Familia« bekannte unvollendete Kathedrale. Begonnen im Jahr 1884, sprudeln die zu Gaudis Zeiten vollendeten Teile der Kathedrale über vor organischer Energie. Die Steinfassade tropft, biegt sich und blüht, als ob sie aus Pflanzen bestünde. Vier hochaufragende Kirchtürme sind durchsetzt mit Hohlräumen, die den Blick auf das freigeben, was sie sind: knochige Skelette. Massive Stützbalken lehnen sich, aus dem Boden kommend, bis zu einem Drittel der Höhe an eine im Hintergrund postierte zweite Gruppe von Türmen und stabilisieren die Kirche. Aus der Entfernung sehen die Stützbalken wie die gigantischen ausgebleichten Unterschenkel einer vor langer Zeit ausgestorbenen Kreatur aus.
Gaudis gesamtes Werk folgt dem Fluß des Lebens in allen seinen Windungen. Die Lüftungskamine, die aus den Dächern seiner

Wohnhäuser in Barcelona sprießen, erscheinen wie eine Ansammlung von Lebensformen von einem fremden Planeten. Die Bogen seiner Fenstertraufen und Dachrinnen folgen eher einem organischen Prinzip als der Mechanik des rechten Winkels. Gaudi fängt das für das Leben typische Prinzip ein, ein Rasenrechteck zu überqueren, indem man einer reizvoll geschwungenen Abkürzung folgt. Seine Bauten scheinen eher gewachsen als konstruiert.

Stellen Sie sich eine ganze Stadt mit Gebäuden von Gaudi vor – einen von Menschenhand errichteten Wald von eingepflanzten Häusern und organischen Kirchen. Stellen Sie sich vor, daß Gaudi sich nicht mit der statischen Oberfläche einer Steinfassade hätte begnügen müssen, sondern sein Gebäude im Laufe der Zeit mit einem organischen Verhalten hätte ausstatten können. Sein Gebäude würde seine Außenhaut mit dem Wind verstärken oder sein Inneres neu zusammenstellen, wenn seine Bewohner es auf andere Weise nutzen würden. Stellen sie sich vor, Gaudis Stadt würde – einer organischen Konstruktion folgend – nicht nur einfach dastehen, sondern sich nach dem Vorbild lebender Kreaturen anpassen, ausformen und entwickeln und so ein Ökosystem von Gebäuden bilden. Das ist eine Zukunftsvision, für die nicht einmal das optimistische Barcelona reif ist. Aber es ist eine Zukunft, die mit dem Auftreten von anpassungsfähigen Technologien, dezentralen Netzwerken und synthetischer Evolution jetzt auf uns zukommt.

Blättert man in alten Ausgaben der Zeitschrift *Popular Science* aus den frühen sechziger Jahren, sieht man, daß seit Jahrzehnten über lebende Häuser nachgedacht wird, von noch früheren, wunderbaren Science-fiction-Geschichten einmal ganz abgesehen. Die Zeichentrickfiguren der Jetsons leben in so einem Haus und sprechen mit ihm, als ob es ein Tier oder ein Mensch wäre. Ich glaube, diese Metapher trifft es beinahe, ist aber nicht ganz richtig. Das anpassungsfähige Haus der Zukunft wird eher eine Art Ökosystem aus vielen Organismen denn ein einzelnes Wesen sein, eher ein Dschungel als ein Tier.

Die Bestandteile eines ökologischen Hauses sind in einem heutigen Durchschnittshaus schon zu erkennen. Ich kann den Thermostat meines Hauses bereits so programmieren, daß er die Heizung unter der Woche und am Wochenende automatisch mit unterschiedlichen

Temperaturen laufen läßt. Im wesentlichen ist hier ein Ofen mit einer Uhr vernetzt. Unser Videorecorder kann die Zeit ansagen und mit dem Fernsehgerät sprechen. Da die Computer immer mehr auf bloße Punkte zusammenschrumpfen, die an alle möglichen Anwendungen angeschlossen sind, ist es keine übertriebene Erwartung, daß unsere Waschmaschine, die Stereoanlage und der Rauchmelder in einem den ganzen Haushalt erfassenden Netzwerk miteinander kommunizieren. Schon bald wird, wenn ein Besucher an der Haustür klingelt, die Türklingel den Staubsauger ausschalten, damit wir das Läuten hören können. Sobald die Waschmaschine mit der Wäsche fertig ist, wird sie eine Nachricht an den Fernseher schicken, um uns Bescheid zu geben, daß die Wäsche nun für den Trockner bereit ist. Sogar die Möbel werden zu einem Teil des lebendigen Waldes. Ein Mikrochip wird spüren, daß jemand auf dem Sofa sitz, und im Wohnzimmer die Heizung aufdrehen.

Das Transportmittel für dieses Hausnetz ist nach der gegenwärtigen Vorstellung von Technikern mehrerer Forschungslabors ein universeller Anschluß, der sämtliche Räume in jedem Haus versorgt. Sie schließen *alles* daran an. Telefon, Computer, Türklingel, Heizung und Staubsauger, alle werden an denselben Anschluß gehängt, aus dem sie zugleich Energie und Information erhalten. Diese gewitzten Anschlüsse geben die 220 Volt nur an die dafür vorgesehenen Geräte ab und nur, wenn diese ihn brauchen. Wenn Sie einen intelligenten Gegenstand an das Hausnetz anschließen, gibt sein Chip seine Identität bekannt («Ich bin ein Toaster«), seinen Zustand (»Ich bin eingeschaltet«) und seinen Bedarf (»Geben Sie mir 10 von 110 Watt«). Die Leitung ins Kinderzimmer oder ein gerissenes Kabel bekommt keinen Strom.

Anschlüsse setzen die ganze Zeit über Information um und treiben die Dinge wenn nötig an. Vor allem bündeln die Netzwerkanschlüsse viele Leitungen in einer Steckdose, so daß sich Intelligenz, Energie, Information und Kommunikation von jedem Punkt holen lassen. Sie schließen den Klingelknopf an eine Steckdose nahe der Haustür an; die Glocke der Türklingel können Sie dann in jede Steckdose in jedem Raum einstecken. Schließen Sie die Stereoanlage in einem Raum an, wird die Musik genausogut in allen anderen Räumen verfügbar sein. Dasselbe gilt für die Uhr. Bald werden die Weltzeitsignale über alle Strom- und Telefonleitungen übertragen werden. Sobald irgend etwas irgendwo einmal angeschlossen ist, wird es zumindest die Zeit und das Datum wissen und sich automatisch auf die Sommerzeit umstellen, sobald es vom Hauptchronometer dazu angewiesen wird. Auch die gesamte Information, die in das Netz eines Haushalts eingespeist wird, wird überall zugänglich sein. Der Thermostat der Heizung kann die Raumtemperatur an jede Anwendung, die dies wissen will, weitergeben, sagen wir an einen Feuermelder oder an einen Deckenventilator. Alles, was gemessen werden kann – die Stärke des Lichts, die Bewegungen der Bewohner, der Geräuschpegel –, kann in das Netzwerk des Hauses übertragen werden.

Ein intelligent verkabeltes Haus wäre für Behinderte und ältere Menschen eine große Hilfe im Alltag. Von einem Schalter direkt am Bett könnten sie das Licht, den Fernseher und die Sicherheitseinrichtungen im ganzen Haus einstellen. Ein ökologisches Gebäude würde auch mit Energie ein wenig sparsamer umgehen, sagt Ian Allaby, ein Journalist, der über den entstehenden Markt für intelligente Häuser berichtet: »Man klettert vielleicht nicht gerne aus dem Bett, um den Geschirrspüler um 2 Uhr nachts anzustellen und so 15 Cents zu sparen, aber wenn sich ein Zusatzgerät vorher so einstellen läßt, daß es die Maschine für einen einschaltet – dann wäre das doch wunderbar!« Die Aussicht auf eine solche dezentrale Leistungsfähigkeit ist für Gerätefirmen interessant, weil die Profite bei sparsamer Arbeitsweise höher sind als beim Bau eines neuen Kraftwerks.

Bis jetzt lebt niemand in einem wirklich intelligenten Haus. Ein großer Interessenverband aus Elektronikfirmen, Bauindustrieverbänden und Telefongesellschaften schloß sich 1984 zum Smart House Partnership zusammen, um Programmpläne und Hardware für ein intelligentes Haus zu entwickeln. Bis Ende 1992 hatte die Gruppe ungefähr ein Dutzend Vorzeigehäuser gebaut, um die Aufmerksamkeit von Reportern und Investoren zu erregen. Der Interessenverband ließ seine ursprünglich aus dem Jahr 1984 datierende Vision eines standardisierten, für alle Geräte einheitlichen Anschlusses – da für den ersten Arbeitsschritt zu radikal – fallen. Als Technologie verwendet Smart House vorläufig ein Leitungsnetz, das die Funktionen in drei Kabeln mit drei Anschlüssen aufteilt (Wechselstrom, Gleichstrom und Telekommunikation). Das würde eine »zurückhaltende

Kompatibilität« erlauben – die Möglichkeit, dumme, alte, mit Strom betriebene Geräte und Anwendungen im Haus anzuschließen und sie nicht im Austausch gegen neue intelligente Gegenstände wegwerfen zu müssen. Konkurrenzunternehmen in den USA, in Japan und Europa experimentieren mit anderen Ideen und Standards. Unter anderem verwenden sie ein drahtloses Infrarotnetzwerk, um die Geräte zu verbinden. Dadurch könnte man tragbare, batteriebetriebene Geräte oder nichtelektrische Gegenstände in das Netz einbinden. In den Türen könnten sich kleine halbintelligente Chips befinden, die sich durch unsichtbare Signale in der Luft »einschalten«, um dem Ökosystem des Haushalts mitzuteilen, daß ein Raum geschlossen wurde oder daß ein Besucher durch den Flur läuft.

Meine Voraussage aus dem Jahr 1994: Intelligente Büros werden vor intelligenten Häusern Realität werden. Weil die Wirtschaft besonders stark auf Informationen angewiesen ist – sie vertraut von Natur aus auf Maschinen und muß sich laufend anpassen –, kann eine Zauberei, die zu Hause bloß eine Marginalie darstellt, in einem Büro ein bedeutender wirtschaftlicher Faktor sein. Die Zeit, die man zu Hause verbringt, wird oft als Freizeit betrachtet, und so wird einer kleinen Einsparung, die sich der Intelligenz eines Netzes verdankt, nicht der gleiche Wert beigemessen wie der Summe von kleinen Zeitbeträgen während der Arbeit. Netzwerkcomputer und -telefone gehören heute zur Standardausrüstung eines Büros; die Vernetzung von Beleuchtung und Möbeln wird der nächste Schritt sein.

PARC, die Forschungslabors von Xerox im kalifornischen Palo Alto, erfanden die Kennwortelemente des ersten benutzerfreundlichen Macintosh-Computers, verwerteten sie aber leider nie. Um keine zweite Enttäuschung zu erleben, beabsichtigt PARC jedoch ein weiteres radikales (und potentiell profitables) Konzept, das sich in ihren Labors zusammenbraut, in vollem Umfang auszuwerten. Mark Weiser, jung und zuversichtlich, ist der Direktor einer Initiative von Xerox, die das Büro als einen Superorganismus ansieht – ein netzwerkartiges Wesen, das sich aus vielen miteinander verbundenen Teilen zusammensetzt.

Die gläsernen Büroräume von PARC thronen auf einem Hügel über einer Bucht mit Blick auf das Silicon Valley. Als ich Weiser besuche, trägt er ein grellgelbes Hemd, das von roten Hosenträgern flankiert wird. Er lächelt die ganze Zeit über, als ob die Erfindung der Zukunft ein großer Spaß wäre und auch ich da drin vorkäme. Ich setze mich auf die Couch, ein obligatorisches Möbelstück in einer Programmiererbude. Weiser ist zu lebhaft, um sitzen zu bleiben; er gestikuliert mit den Armen – einen Leuchtstift in der Hand – vor einer riesigen weißen Tafel, die vom Boden bis zur Decke reicht. »Das ist kompliziert«, sagen seine Arme: »Das müssen Sie *gesehen* haben«. Das Bild, das Weiser auf die weiße Tafel zu zeichnen beginnt, sieht aus wie ein Diagramm einer römischen Armee. Am unteren Ende befinden sich hundert kleine Einheiten. Darüber zehn mittelgroße. Ganz oben thront eine einzige große Einheit. Die Armee, die Weiser zeichnet, ist eine Legion von Zimmerorganismen.

Was er wirklich will, erzählt mir Weiser, ist eine Menge von winzigen intelligenten Objekten. Hundert kleine Dinge überall in seinem Büro, die eine gemeinsame, vage Vorstellung voneinander, von sich selbst und von ihm haben. Sein Zimmer wird zu einer Superkolonie von halbintelligenten Teilchen. Seine Wunschvorstellung, sagt er, ist, daß jedem Buch auf seinem Regal ein Chip eingepflanzt ist, so daß es sich genau merkt, wo es sich im Zimmer befindet, wann und auf welcher Seite es zum letzten Mal aufgeschlagen wurde. Der Chip könnte sogar eine bewegliche Kopie des Buchregisters beinhalten, das sich selbst mit seiner Computerdatenbank verbindet, wenn er das Buch zum ersten Mal in das Zimmer trägt. Das Buch ist jetzt in Verbindung mit anderem präsent. Alle Informationen, die auf einem Regal gelagert sind, wie zum Beispiel Bücher oder Videobänder, enthalten einen billigen Chip, der mitteilt, wo sie sich befinden und wovon sie handeln.

In einem ökologischen Büro, das mit schwarmähnlichen Gegenständen ausgestattet ist, wird das Zimmer wissen, wo ich mich befinde. Wenn ich nicht da bin, sollte es (sollten sie?) selbstverständlich das Licht abdrehen. Weiser: »Statt in jedem Raum einen Lichtschalter zu haben, tragen alle ihren eigenen Lichtschalter mit sich. Wenn Sie das Licht anhaben wollen, wird es in dem Raum, in dem Sie gerade sind, von dem intelligenten Schalter in Ihrer Hosentasche eingeschaltet oder auf das gewünschte Niveau hochgedreht. Nicht mehr der Raum, sondern Sie haben den Dimmer. Individuelle Lichtregler. Das gleiche bei Lautstärkereglern. In einem Vortragssaal hat jeder seinen individuellen Lautstärkeregler. Die Lautstärke ist oft zu hoch oder zu niedrig, und so hat jeder mit seinem Taschengerät gewissermaßen die Wahl. Der Klang pendelt sich auf einem Durchschnittswert ein.«

In Weisers Vision eines intelligenten Büros formen die allgegenwärtigen intelligenten Gegenstände eine Hierarchie. Am unteren Ende bildet eine Armee von Mikroorganismen ein im Hintergrund laufendes sensorisches Netz für das Zimmer. Sie geben die Informationen über Lage und Verwendung direkt an die höheren Ebenen weiter. Diese Frontsoldaten sind billige, kleine Wegwerfelemente, die an Schreibhefte, Broschüren und intelligente Klebenotizen angebracht werden. Man kauft sie im Dutzend – wie Papierblöcke oder RAM-Chips. Sie arbeiten am besten, wenn sie als Masse auftreten.

Auf der nächsten Stufe treten ungefähr zehn mittelgroße Anzeigetafeln (kaum größer als ein Brotkorb), beispielsweise für Möbel und Geräte, mit dem Büroinhaber in regelmäßigeren und direkteren Kontakt. Angeschlossen an den Superorganismus eines intelligenten Zimmers wird mich mein Sessel, wenn ich mich hineinsetze, in meiner Verschiedenheit von jedem anderen wiedererkennen. Sobald ich mich am Morgen zum ersten Mal hineinplumpsen lasse, wird er sich erinnern, was ich gewöhnlich am Vormittag mache. Er kann mich dann bei Routineabläufen unterstützen, Geräte in Gang setzen, die warmlaufen müssen, und den Tagesarbeitsplan vorbereiten.

Jedes Zimmer hat auch zumindest eine elektronische Anzeige, die ungefähr einen Meter breit ist – ein Fenster, ein Bild oder einen Computer- oder Fernsehschirm. In Weisers Welt, in der das Umfeld in einen Computer eingespeist wird, ist die große Anzeige in jedem Raum das intelligenteste nicht-menschliche Wesen. Sie sprechen mit ihr, Sie zeigen auf sie, Sie schreiben auf ihr und sie versteht Sie. Der große Bildschirm zeigt Filme, Text, tolle Grafiken, was auch immer. Es erübrigt sich beinahe zu erwähnen, daß die Anzeige mit allen anderen Gegenständen des Raumes verbunden ist, daß sie genau weiß, in welchem Zustand sie sich befinden, und daß sie sie mit einiger Zuverlässigkeit auf ihrem Bildschirm darstellen kann. So kann ich mich auf zwei Arten mit einem Buch befassen: mit ihm selbst oder mit seiner Abbildung auf dem Bildschirm.

Jeder Raum wird zu einer computerisierten Umgebung. Die anpassungsfähige Natur der Computer tritt in den Hintergrund, ist sowohl nahezu unsichtbar als auch beinahe allgegenwärtig. »Die Technologien, die die tiefgreifendsten Veränderungen hervorrufen, sind diejenigen, die nicht mehr zu sehen sind«, sagt Weiser. »Sie verbinden sich mit dem Stoff des alltäglichen Lebens, bis sie darin nicht mehr zu erkennen sind.« Die Technologie der Schrift ist in zunehmendem Maße von einer elitären Angelegenheit zu einer völligen Selbstverständlichkeit geworden, so daß wir heute die Wörter, die überall verbreitet werden – von aufgedruckten Firmenzeichen bis zu Filmuntertiteln –, kaum noch bemerken. Motoren waren anfangs ungeheuer vornehme Biester; mittlerweile sind sie zu Mikrowesen geschrumpft, die in die meisten Geräte Eingang gefunden haben (und nicht beachtet werden). George Gilder bemerkt dazu in seinem Buch *Microcosm*: »Die Entwicklung der Computer kann als ein Prozeß des Abtauchens gesehen werden. Ein Bestandteil nach dem anderen, der sich früher durchaus auf der Oberfläche eines Mikrokosmos befand, fällt in den Bereich des Unsichtbaren und ist vom bloßen Auge nicht mehr zu erkennen.« Die anpassungsfähigen Technologien, die die Computer mit sich bringen, waren zu Beginn riesig, auffällig und zentralisiert. Aber in dem Maße, wie Chips, Motoren und Sensoren in unsichtbare Bereiche abtauchen, lebt ihre Flexibilität als vernetzte Umwelt weiter. Die Materialien verflüchtigen sich und hinterlassen nur ihr gemeinschaftliches Verhalten. Wir stehen in einer Wechselbeziehung mit einem gemeinschaftlichen Verhalten – mit einem Superorganismus, einem Ökosystem –, so daß der Raum insgesamt zu einem anpassungsfähigen Kokon wird.

Noch einmal Gilder: »Der Computer wird letztlich auf einen Stecknadelkopf zusammenschrumpfen, der auf die menschliche Stimme reagieren kann. Auf diese Weise kann menschliche Intelligenz auf jedes Gerät, jede Anwendung und jeden Teil unserer Umwelt übertragen werden. Der Triumph des Computers macht also die Welt nicht unmenschlich; der menschliche Wille erhält durch ihn stärkeren Zugriff auf unsere Umwelt.« Wir erschaffen keine Maschinen, sondern eine maschinelle Umwelt, die durchdrungen ist von unserer Lernfähigkeit. Wir erweitern unser Leben in unsere Umgebung hinein.

»Sie kennen sicher die Voraussetzung der virtuellen Realität – sich selbst in das Innere einer Computerwelt zu versetzen«, sagt Mark

Weiser. »Nun, ich möchte es umgekehrt machen. Ich möchte die Computerwelt von außen um uns herum errichten. In der Zukunft werden wir von der Intelligenz der Computer umgeben sein.« Das ist eine nette Umkehrung. Statt Brillen und einen Ganzkörperanzug anzuziehen, um das Eintauchen in eine computergenerierte Welt erleben zu können, brauchen Sie, um vollständig und ohne Unterbrechung von den Zauberkünsten des Computers umgeben zu sein, nur die Tür zu öffnen.

Sobald man in einem vernetzten Raum ist, sprechen alle intelligenten Räume miteinander. Das große Bild an der Wand ist dann der Eingang in mein Zimmer und zugleich in die Zimmer anderer Leute. Angenommen, ich höre von einem Buch, das ich lesen sollte. Ich mache also eine Literaturrecherche in meinem Gebäude; mein Bildschirm sagt, daß ein Exemplar in Ralphs Büro vorhanden ist, hinter seinem Schreibtisch auf einem Regal von firmeneigenen Büchern, und daß es letzte Woche benutzt wurde. Es gibt noch ein weiteres Exemplar im Kämmerchen von Alice, gleich neben den Computerhandbüchern, die niemals gelesen worden sind, obwohl Alice sie selbst gekauft hat. Ich möchte das von Alice und schicke ihr über das Netz die Bitte, sie möge es mir leihen. Sie ist einverstanden. Sobald ich das Buch wirklich aus dem Zimmer von Alice hole, stellt es seine Anzeige meinen persönlichen Einstellungen entsprechend so um, daß es zu den übrigen Büchern in meinem Zimmer paßt. Der neue Standort des Buches wird auf dessen interner Biographie vermerkt und in der allgemeinen Datenbank verzeichnet. Es ist wahrscheinlich, daß dieses Buch, anders als die meisten verliehenen Bücher, in die Hände seiner Eigentümerin zurückkehrt.

Im gemeinschaftlichen Netz eines intelligenten Raums läutet das Telefon ein kleines bißchen lauter, wenn die Stereoanlage läuft; die Stereoanlage dreht sich zurück, sobald Sie das Telefon abheben. Ihr Anrufbeantworter im Büro weiß, daß Ihr Auto nicht auf dem Parkplatz steht und gibt daher einem Anrufer Bescheid, daß Sie noch nicht im Haus sind. Sobald Sie ein Buch in die Hand nehmen, sagt es der Lampe über ihrem bevorzugten Lesesessel, daß sie sich einschalten soll. Ihr Fernsehgerät meldet Ihnen, daß der Roman, den Sie gerade gelesen haben, diese Woche als Film zu sehen ist. Alles ist mit allem verbunden. Uhren achten auf das Wetter, Kühlschränke schauen auf die Uhr und bestellen Milch, bevor die Packung leer ist, und Bücher wissen, wo sie stehen.

Weiser schreibt, daß im Versuchsbüro von Xerox »die Türen sich nur für den öffnen, der das richtige Abzeichen trägt, Räume Menschen mit ihrem Namen begrüßen, Telefonanrufe automatisch weitergeleitet werden können, unabhängig davon, wo sich der Empfänger aufhalten mag, das Empfangspersonal tatsächlich weiß, wo die Leute gerade sind, die Computerterminals sich die persönlichen Einstellungen desjenigen, der gerade an ihnen sitzt, ins Gedächtnis rufen, und die Terminkalender sich selbst schreiben«. Aber was ist, wenn ich nicht will, daß jeder in meiner Abteilung weiß, in welchem Raum ich bin? Angestellte, die anfänglich an den Versuchen einer allgegenwärtigen computerisierten Erfassung in Xerox PARC teilnahmen, verließen oft ihr Büro, um ihrem Telefon zu *entkommen*. Die Tatsache, daß man sie zu jeder Zeit finden konnte, empfanden sie als Freiheitsberaubung. Ohne Technologien, die die Intimsphäre schützen, können Netzwerkkulturen nicht erfolgreich sein. Die Intimsphäre in Form individueller Verschlüsselung und fälschungssicherer digitaler Unterschriften entwickelt sich in hohem Tempo (mehr dazu im nächsten Kapitel). Die Intimsphäre kann auch in der anonymen Natur der Masse gesichert werden.

Die Gebäude von Weiser sind koevolutionäre Ökosysteme von Maschinen. Jedes Gerät ist ein Organismus, der auf Reize reagiert und mit den anderen Geräten kommuniziert. Kooperation wird belohnt. Die meisten der elektronischen Teile sind für sich allein ineffektiv und würden an ihrer Unbrauchbarkeit zugrunde gehen. Zusammen bilden sie eine Gemeinschaft, die aufmerksam und robust ist. Was dem einzelnen Teilchen an Stärke fehlt, wird durch das gemeinschaftliche Netz wettgemacht, dessen kollektiver Einfluß sich weit über ein Gebäude hinaus ausdehnt und dabei sogar den Menschen übertrifft.

Intelligenz und ökologische Beweglichkeit könnte nicht nur Räumen und Sälen eingepflanzt werden, sondern auch ganzen Straßen, Alleen und Städten. Weiser nennt als Beispiel die Wörter. Schreiben, sagt er, ist eine Technologie, die überall in unserer Umwelt verankert ist. Nun stellen Sie sich vor, daß in die von uns errichtete Umwelt im selben

Umfang Digitalisierung und Vernetzung eingeführt werden. Straßenschilder würden mit Verkehrsleitsystemen oder mit der Karte in Ihren Händen kommunizieren (sobald sich die Straßennamen verändern, verändern sich auch die Karten). Straßenlaternen auf einem Parkplatz würden in Vorwegnahme Ihrer Ankunft aufleuchten. Zeigen Sie auf eine Plakattafel, würde diese Ihnen weitere Informationen über das Produkt liefern, für das sie wirbt, und ihrem Sponsor mitteilen, aus welchem Teil der Straße die meisten Anfragen kommen. Die Umwelt beginnt zu leben, zu reagieren und sich anzupassen. Sie reagiert nicht nur auf Sie, sondern auch auf alle anderen Kräfte, die sich zur selben Zeit einschalten.

Eine Definition für ein koevolutionäres Ökosystem ist: eine Ansammlung von Organismen, die als ihre eigene Umwelt fungieren. Die facettenreiche Welt der Orchideen, der Ameisenkolonien und Seetangbänke steckt voller prächtiger Reichtümer und Geheimnisse, weil der Film, in dem jede Kreatur als Hauptdarsteller auftritt, Statisten und Nebendarsteller kennt, die in ihrem eigenen Film, welcher im selben Filmstudio gedreht wird, als Hauptdarsteller agieren. Deshalb ist das Schicksal der Eintagsfliege vor allem von der Schauspielkunst ihrer Nachbarn abhängig, vom Frosch, von der Forelle, der Erle, der Wasserspinne und dem Rest des Flußlebens, in dem jeder die Umwelt für die anderen spielt. Auch Maschinen werden auf einer koevolutionären Bühne spielen.

Der Kühlschrank, den Sie heute kaufen können, ist ein arroganter Snob. Steht er erst einmal in der Wohnung, geht er einfach davon aus, er sei das einzige Gerät im Haus. Er kann weder von den anderen Geräten im Gebäude lernen noch ihnen etwas mitteilen. So wie eine Uhr *Ihnen* die Tageszeit mitteilt, nicht aber ihren Geräte-Kollegen. Jeder Apparat dient hochnäsig nur seinem Besitzer, ohne zu bedenken, wie er in Zusammenarbeit mit den anderen Gegenständen um ihn herum seine Aufgabe verrichten könnte.

Ein Ökosystem von Maschinen hingegen erhöht die begrenzten Fähigkeiten dummer Maschinen. Die in Büchern und Sesseln eingepflanzten Chips haben nur die Intelligenz von Ameisen. Sie sind keine Supercomputer; sie könnten heute bereits hergestellt werden. Durch die unbekannte Macht einer verteilten Existenz kann sich eine ausreichende Anzahl von ameisenähnlichen Kräften, wenn man sie lose miteinander verbindet, zu einer Art höherer Gemeinschaftsintelligenz steigern. Mehr ist anders.

Die Leistungsfähigkeit dieser Zusammenarbeit hat jedoch ihren Preis. Eine ökologische Intelligenz wird jeden Neuankömmling im Raum benachteiligen, so wie die Ökologie einer Tundra jeden, der in der Arktis neu ist, benachteiligen wird. Ökosysteme erfordern lokale Kenntnisse. Die einzigen Leute, die wissen, wo die Pilze im Wald wachsen, sind die Söhne der Einheimischen. Um den Kängurus durch den australischen Busch zu folgen, braucht man als Führer einen mit den Örtlichkeiten vertrauten Buschranger.

In jedem Ökosystem gibt es lokale Experten. Ein Laie kann sich bis zu einem gewissen Grad durch eine unvertraute Wildnis durchwursteln, aber um Erfolg zu haben oder eine Krise zu überleben, wird er lokales Fachwissen benötigen. Daß beispielsweise Gärtner Fachleute immer wieder durch die Züchtung von Pflanzen überraschen, von denen man annahm, daß sie nicht gezüchtet werden können, liegt daran, daß Gärtner sich wie lokale Experten gut auf den Boden und das Klima der Umgebung einstellen können.

Die Aufgabe, eine natürliche Umwelt zu managen, ist zwangsläufig eine Aufgabe, für die lokales Wissen erforderlich ist. Ein Raum voller mechanischer Organismen, die miteinander improvisieren, erfordert ein ähnliches lokales Wissen. Der einzige Vorteil des hochnäsigen alten Kühlschranks war, daß er jeden, Eigentümer wie Besucher, auf die gleiche Weise ignorierte. In einem Raum, der von einer Gemeinschaftsintelligenz in Schwung gebracht wird, sind Besucher im Nachteil. Jeder Raum wird anders sein; ja, sogar jedes Telefon wird anders sein. Denn die neuen Telefone werden bloß ein Knotenpunkt eines viel größeren Organismus sein, der Heizung, Autos, Fernsehgeräte, Computer, Sessel, ganze Gebäude miteinander verbindet und dessen eigenes Verhalten abhängig ist vom holistischen Ergebnis aller anderen Vorgänge, die sich im Raum abspielen. Das Verhalten eines jeden Raumes wird im einzelnen davon abhängen, wie der, der sich am häufigsten darin aufhält, ihn benutzt. Besuchern hingegen wird das unberechenbare Biest von Raum den Eindruck vermitteln, es sei außer Kontrolle geraten.

Anpassungsfähige Technologie ist jene Technologie, die sich an die *lokalen* Verhältnisse anpaßt. Die Logik des Netzwerks betont regionale und lokale Gesichtspunkte. Oder, um es anders zu sagen, globales Verhalten bringt regionale Vielfalt mit sich. Die Anzeichen der Veränderung sind bereits sichtbar. Versuchen Sie das »intelligente« Telefon eines anderen zu benutzen. Es ist bereits entweder zu intelligent, oder nicht intelligent genug. Wählen Sie »9«, um aus dem Gebäude hinauszukommen? Ist jede Taste mit einer Telefonnummer belegt? Wie können Sie einen Anruf weiterleiten? Nur der Besitzer weiß das genau. Das lokale Wissen, das nötig ist, um einen Videorecorder in allen Einzelheiten bedienen zu können, ist legendär. Nur weil Sie Ihren so programmieren können, daß er die Wiederholungen einer Serie aufnimmt, heißt das noch lange nicht, daß Sie mit dem Ihres Nachbarn umgehen können.

Räume und Gebäude werden sich innerhalb ihres elektronischen Ökosystems verändern, so wie sich die Geräte innerhalb eines Raumes verändern werden, weil sie alle Ansammlungen von kleineren vernetzten Einzelgliedern sein werden. Niemand wird die individuellen Besonderheiten der Technologie meines Büros so gut kennen wie ich, noch werde ich die Technologie eines anderen so leicht beherrschen wie meine eigene. In dem Maße, wie Computer zu Assistenten werden, werden Toaster zu Haustieren.

Wenn die Designer es richtig anstellen, wird eine Kaffeemaschine, die ein ungeduldiger Besucher zu benutzen versucht, ihre Arbeitsweise auf den »Anfänger-Modus« zurückfahren, sobald sie die verzweifelten Bemühungen registriert, sie in Gang zu setzen. »Meister Kaffee« wird sich auf die Situation einstellen, indem er nur die fünf grundlegenden Funktionen zur Verfügung stellt, die jedes Schulkind kennt.

Aber ich denke, daß das sich entwickelnde Ökosystem bereits in seinen frühesten Stadien entmutigend auf Fremde wirken wird. Da die Computer der Ort sind, von dem die Geräte alles bekommen und auf den alles zuläuft, können wir in ihnen heute die Fremdartigkeit einer ungewohnt komplexen Maschine erkennen. Es spielt keine Rolle, wie sehr man mit einer bestimmten Computermarke vertraut ist. Wenn man einen Computer borgen muß, ist es so, als würde man eine fremde Zahnbürste benutzen. In dem Augenblick, in dem man den Computer eines Freundes einschaltet, ist es schon geschehen: diese merkwürdige Anordnung vertrauter Teile (warum gefällt es ihm gerade so?), die ganze verwirrende Logik eines Ortes, den man zu kennen glaubte. Irgendwie erkennt man ihn wieder. Auch hier herrscht Ordnung. Dann, ein Moment des Grauens. Sie starren … in das Gehirn eines anderen!

Beide Seiten empfinden das als ein Eindringen. So persönlich, so subtil, so genau ist bei allen die beschränkte Einsicht in die eigene Computerumgebung, daß jede Störung alarmierend ist. Ein entfernter Kieselstein, ein umgeknickter Grashalm, eine verschobene Datei. »Jemand war in meinem Computerraum! Ich weiß es!«

Es wird freundliche und bösartige Räume geben. Bösartige Räume werden Eindringlinge beißen. Freundliche Räume werden die Besucher zu sicheren Plätzen führen, abseits von Orten, an denen ihnen wirklich Schaden zugefügt werden kann. Freundliche Räume unterhalten die Gäste vielleicht. Die Leute werden Ansehen gewinnen, weil ihre Computer so gut erzogen sind und ihre computergesteuerte Umwelt so gut gepflegt ist. Und andere werden sich einen schlechten Ruf einhandeln, weil ihre Maschinerie so ekelhaft ist. Mit Sicherheit gibt es eines Tages in großen Verwaltungen verwahrloste Gebiete, wo niemand arbeiten und die niemand betreten will, weil dort die computerisierte Infrastruktur so sehr vernachlässigt wurde, daß sie primitiv, unberechenbar, sumpfig (wenn auch brillant) und nachtragend geworden ist; aber niemand hätte die Zeit, sie zu zähmen oder umzuerziehen.

Natürlich gibt es eine starke Gegenmacht, die die Umwelt uniform belassen will. Danny Hillis wies mich darauf hin: »Der Grund dafür, warum wir künstliche Umwelten schaffen, statt natürliche zu akzeptieren, ist, daß wir unsere Umwelten gerne konstant und vorhersehbar haben. Gewöhnlich benutzten wir einen Computer-Editor, der jedem eine eigene Benutzeroberfläche erlaubte. Die installierten wir dann auch. Dann entdeckten wir, daß das keine gute Idee war, weil wir die Terminals aller anderen nicht benutzen konnten. Daher griffen wir auf die alte Methode zurück: eine gemeinsame Benutzeroberfläche, eine gemeinsame Kultur. Das ist Teil dessen, was uns als Menschen verbindet.«

Maschinen werden niemals vollständig selbstbestimmt sein, aber sie werden andere Maschinen stärker wahrnehmen können. Um im darwinistischen Markt zu überleben, müssen ihre Konstrukteure erkennen, daß diese Maschinen in einer Umwelt von anderen Maschinen wohnen. Sie haben eine gemeinsame Geschichte, und in dem künstlich hergestellten Ökosystem der Zukunft werden sie das, was sie wissen, teilen müssen.

Auf dem Ladentisch jedes amerikanischen Autoteilegeschäfts liegt ein dicker Stoß von Katalogen, die Katalogrücken nach unten, in einer Reihe nebeneinandergestapelt, die die Länge eines Kipp-Lasters hat. Selbst von der anderen Seite der Plexiglastheke aus lassen sich leicht die ungefähr fünfzehn der 10 000 Seiten ausfindig machen, die die Mechaniker am häufigsten benutzen: ihre Kanten sind von den vielen öligen Fingern schwarz verschmiert. Die Gebrauchsspuren helfen ihnen, die Dinge zu finden. Jeder glattpolierte Schmutzfleck markiert einen Abschnitt, den sie häufig nachsehen müssen. Ähnliche Anzeichen der Abnutzung lassen sich auch an einem billigen Taschenbuch feststellen. Wenn man es auf den Nachttisch legt, biegt es sich vom Buchrücken her ein wenig an der Stelle auf, wo man zuletzt gelesen hat – ein unwillkürliches Lesezeichen, das einem zeigt, wo man die Lektüre am nächsten Abend wiederaufzunehmen hat. Abnutzung ist die Verschlüsselung nützlicher Informationen. Wenn in einem herbstlichen Wald zwei unterschiedliche Fährten verlaufen, dann sagt es etwas aus, wenn eine stärker ausgetreten ist.

Abnutzungsstellen ergeben sich langsam. Sie werden durch eine Vielzahl von individuellen Handlungen erzeugt. Wie die meisten sich allmählich ergebenden Phänomene neigt Abnutzung zur Selbstverstärkung. Eine Vertiefung in einer Umwelt zieht wahrscheinlich weitere Vertiefungen nach sich. Wie die meisten emergenten Eigenschaften ist Abnutzung auch eine Form der Kommunikation. Im wirklichen Leben »wird Abnutzung direkt auf den Gegenstand tätowiert und erscheint genau an der Stelle, wo sie eine informative Differenz ausmacht«, sagt Will Hill, ein Forscher bei Bellcore, den gemeinsamen Forschungslabors der amerikanischen Telefongesellschaften.

Hill würde gerne das Umweltbewußtsein, das durch materielle Abnutzung kommuniziert wird, auf das Ökosystem von Büroeinrichtungen übertragen. Hill schlägt etwa vor, daß ein elektronisches Dokument um einen Eintrag ergänzt werden kann, aus dem ersichtlich ist, wie andere mit ihm interagieren. »Während man eine Tabelle benutzt, um an einem Budget herumzutüfteln, kann die Anzahl der von den Mitarbeitern vorgenommenen Veränderungen pro Tabellenfeld in eine Grafik eingetragen werden, um einen bildlichen Eindruck davon zu vermitteln, welche Budgetzahlen am meisten und am wenigsten umgearbeitet worden sind.« Das liefert einen Hinweis darauf, wo Unordnung, Streitpunkte und Irrtümer begraben liegen. Ein anderes Beispiel: Betriebe, die die eigene Wirtschaftlichkeit prüfen, können herausfinden, welche Teile eines Dokumentes die meisten Veränderungen durch die Mitarbeiter herausfordern, wenn es sich zwischen verschiedenen Abteilungen hin und her bewegt. Programmierer nennen solche gefährlichen Stellen von sich im Kreise drehenden Veränderungen »Butterfässer«. Für sie ist es nützlich zu wissen, wo in einer Million Zeilen eines von mehreren geschriebenen Programmiercodes die Bereiche eines »Butterfasses« liegen. Softwareproduzenten und Anwendungshersteller würden gerne für eine Datenaufstellung zahlen, die ihnen Aufschluß darüber geben würde, was an ihren Produkten am meisten oder am wenigsten benutzt wird, da solche detaillierten Rückmeldungen die Produkte verbessern können.

Alle Dokumente, die durch Hills Labor hindurchgehen, merken sich genau, wie andere (Mensch oder Maschine) mit ihnen interagieren. Sobald man eine Textdatei zum Lesen auswählt, präsentiert eine schmale Grafik auf dem Bildschirm kleine Sekundenanzeigen, an denen sich ablesen läßt, wieviel Zeit insgesamt andere mit dem Lesen dieses Teils verbracht haben. Man kann mit einem Blick die wenigen Stellen erkennen, bei denen sich andere Leser länger aufgehalten haben. Das kann eine Schlüsselstelle sein oder eine vielversprechende Passage, die ein wenig unklar bleibt. Die allgemeine Beanspruchung läßt sich auch durch verschiedene Buchstabengrößen anzeigen. Die Wirkung ist ähnlich wie bei einem großgedruckten reißerischen Zitat in einem Zeitschriftenartikel, außer daß diese hervorgehobenen »benutzten« Abschnitte aus einer nicht weiter überprüften kollektiven Wertschätzung heraus entstehen.

Abnutzung ist eine wunderbare Metapher für ein Gemeinwesen. Ein vereinzeltes Zeichen von Abnutzung ist wertlos. Aber gebündelt und unter allgemeiner Beteiligung entstanden, sind sie für alle von Bedeutung. Je stärker sie vernetzt sind, desto wertvoller sind sie. Menschen sehnen sich nach einer Intimsphäre, aber es ist einfach so, daß wir eher soziale als vereinzelte Wesen sind. Wenn die Maschinen so viel voneinander wüßten, wie wir voneinander wissen (sogar über unsere Privatsphäre), wäre das Ökosystem der Maschinen unbesiegbar.

In maschinellen Gemeinschaften oder Ökosystemen verbinden sich einige Maschinen mit einer höheren Wahrscheinlichkeit mit bestimmten anderen Maschinen, so wie Rotschulterstärlinge am liebsten in Sümpfen mit Rohrkolbengewächsen nisten. Pumpen passen zu Rohren, Heizungen passen zu Klimaanlagen, Schalter zu Leitungen. Maschinen bilden Nahrungsnetze. Abstrakt gesehen saugt eine Maschine die andere aus. Der Input der einen Maschine ist der Output einer anderen. Eine Stahlfabrik frißt das, was eine Maschine eines Eisenbergwerks hergibt. Ihr eigener Ausstoß an Stahl wird wiederum von einer Maschine in einem Automobilwerk gefressen und zu einem Auto geformt. Wenn das Auto kaputtgeht, wird es von einer Zerkleinerungsmaschine auf einem Schrottplatz verzehrt. Der von dieser Presse ausgespuckte, wiedergekäute Klumpen Eisen wird später von einer Recyclingfabrik geschluckt und beispielsweise als verzinktes Bedachungsmaterial ausgeschieden.
Wenn man einem Eisenteilchen folgen müßte, das aus der Erde ausgegraben wurde, um dann an die industrielle Nahrungskette abgegeben zu werden, würde es einen Kreislauf mit Überschneidungen als Wegspur hinterlassen. Auf seiner ersten Runde taucht das Teilchen vielleicht in einem Chevrolet auf; bei der zweiten Runde landet es vielleicht in einem taiwanesischen Schiffsrumpf; in der dritten Runde nimmt es die Gestalt einer Eisenbahnschiene an; und in der vierten Runde wieder die eines Schiffes. Jedes Rohmaterial geht einen verschlungenen Weg durch so ein Netzwerk. Zucker, Schwefelsäure, Diamanten und Öl, alle folgen unterschiedlichen Routen, aber alle steuern durch ein Netz, das verschiedene Maschinen berührt, und kehren vielleicht am Ende des Kreises sogar wieder zu ihrem Ausgangspunkt zurück.
Die verschlungene Zirkulation der Produktionsmaterialien von Maschine zu Maschine kann als eine Netzwerk-Gemeinschaft angesehen werden – als ein industrielles Ökosystem. Wie alle lebenden Systeme neigt dieses eng ineinandergreifende, vom Menschen geschaffene Ökosystem dazu, sich auszudehnen, Hindernisse in seinen Funk-

tionsabläufen zu umgehen und sich an ungünstige Verhältnisse anzupassen. Recht betrachtet ist ein starkes industrielles Ökosystem eine Ausweitung des natürlichen Ökosystems der Biosphäre. Ein Holzfasersplitter durchläuft einen Weg vom Baum zum Zeitungspapier und dann vom Altpapier zum Kompost und wieder in den Baum, und dabei geht die Faser mühelos in den natürlichen und industriellen Bereichen eines größeren globalen Megasystems ein und aus. Der Rohstoff zirkuliert von der Biosphäre in die Technosphäre und wieder zurück in ein großartiges bionisches Ökosystem aus Natur und Artefakt.

Dennoch ist die vom Menschen geschaffene Industrie ein unkrautartig wachsendes Etwas, das die Sphäre der Natur zu überwältigen droht, auf der sie letztlich basiert. Der Unkraut-Charakter der Industrie löst die Konfrontationen zwischen den Verteidigern des Natürlichen und den Apologeten des Künstlichen aus, die beide davon überzeugt sind, daß nur eine Seite sich behaupten kann. In den letzten Jahren jedoch hat die ein wenig romantische Ansicht, daß »die Zukunft der Maschinen in der Biologie liegt«, die Wissenschaft erfaßt und einen Funken Poesie auf etwas überspringen lassen, das sich am Nutzen orientiert. Die neue Auffassung behauptet: Natur und Industrie können zugleich bestehen. Indem sie die Metapher organischer Maschinensysteme verwenden, können Vertreter der Industrie und (ein wenig widerwillig) auch des Umweltschutzes in Umrissen skizzieren, wie industrielle Technologien die von ihnen verursachte Verschmutzung wieder beseitigen können, genauso wie biologische Systeme ihren eigenen Mist wegräumen. Die Natur hat zum Beispiel keine Müllprobleme, weil nichts zu Abfall wird. Eine Industrie, die dieses und andere organische Prinzipien befolgen würde, ließe sich besser mit der organischen Welt um sie herum vereinbaren.

Bis vor kurzem konnte die Forderung, »die Natur nachzuahmen«, aufgrund der isolierten und starren Maschinen unmöglich erfüllt werden. Aber da wir heute Maschinen, Fabriken und Materialien mit anpassungsfähigem Verhalten, koevolutionärer Dynamik und globalen Verbindungen einsetzen, können wir die vom Menschen geschaffene Umwelt in ein industrielles Ökosystem hinüberleiten. Ein solches Handeln ersetzt das große Bild von der Industrie, die die Natur erobert, durch eines, in dem die Industrie mit der Natur kooperiert.

Der britische Maschinenkonstrukteur Hardin Tibbs entwickelte in seiner Funktion als beratender Ingenieur bei großen Bauprojekten wie zum Beispiel der NASA-Raumstation ein Gespür für Maschinen als Gesamtsysteme. Um eine in beträchtlicher Entfernung eingesetzte Raumstation oder irgendein anderes großes, äußerst zuverlässiges System zu schaffen, ist eine permanente Beobachtung der sich wechselseitig beeinflussenden und manchmal widersprechenden Bedürfnisse aller maschinellen Subsysteme erforderlich. Daß er bei einigen Maschinen gegensätzliche Anforderungen ausbalancieren und gleichzeitig die Standardanforderungen vereinheitlichen mußte, brachte den Techniker Tibbs zu einer ganzheitlichen Einstellung. Als leidenschaftlicher Naturschützer fragte sich Tibbs, warum diese holistische Auffassung von Maschinen – die bei der Vorgehensweise eines Systems Wert auf die Minimierung der Leerläufe legt – in der Industrie nicht generell Anwendung finden sollte, um die von ihr erzeugte Umweltverschmutzung zu beseitigen. Die Idee, erklärte Tibbs, bestand darin, »sich bei der Lösung von Umweltproblemen am Modell der natürlichen Umwelt zu orientieren«. Zusammen mit seinen Ingenieurskollegen nannte er das »industrielle Ökologie«.

Der Begriff »industrielle Ökologie« war eine Metapher, die 1989 von Robert Frosch in einem für *Scientific American* geschriebenen Artikel wieder aufgegriffen wurde. Frosch, ein Wissenschaftler, der die Forschungslabors von General Motors leitet und früher Chef der NASA war, präzisiert diese neue Perspektive: »In einem industriellen Ökosystem … wird der Verbrauch von Energie und Material optimiert, die Abfallerzeugung minimiert, und die bei einem Arbeitsprozeß abgegebenen Stoffe … dienen als Rohmaterial für den nächsten. Das industrielle Ökosystem sollte analog zu biologischen Ökosystemen funktionieren.«

Unter dem Begriff »industrielle Ökologie« war seit den siebziger Jahren über Gesundheit am Arbeitsplatz und Umweltfragen nachgedacht worden, über »Probleme wie, ob man von Staub lebende Milben in seiner Fabrik hat oder nicht«, erzählt Tibbs. Frosch und Tibbs erweiterten das Konzept der industriellen Ökologie durch die Einbeziehung einer Umwelt, die von und in einem Netz von Maschinen gebildet wird. Das Ziel bestand laut Tibbs darin, »das systematische Modell einer Industrie nach dem systematischen Modell eines natürlichen Systems zu entwerfen«, so daß »wir nicht nur die Leistungsfähigkeit der Industrie verbessern, sondern auch annehmbarere Wege für ein Interface mit der Natur finden könnten«. Mit einem einzigen gewagten Schritt entführten die Ingenieure die uralte Metapher von der Maschine als Organismus und ließen der Poesie Funktion folgen.

Eine der ersten Ideen, die aus einer organischen Auffassung von industrieller Produktion hervorging, war die Vorstellung eines »Demontage-Modells«. Eine problemlose Montage war jahrzehntelang der wichtigste Faktor der industriellen Produktion. Je leichter sich etwas montieren ließ, desto billiger konnte es hergestellt werden. Die Faktoren einer problemlosen Reparatur oder späteren Beseitigung wurden dagegen beinahe völlig ignoriert. Ginge es nach ökologischen Wunschvorstellungen, dann würde ein nach dem Modell der Demontage konzipiertes Produkt die effiziente Beseitigung und Reparatur sowie die effiziente Montage gleichermaßen berücksichtigen und miteinander verbinden. Das am besten konstruierte Auto wäre dann nicht nur mit Genuß zu fahren und billig zusammenzubauen, sondern würde auch ohne weitere Probleme in ganz gewöhnliche Bestandteile zerfallen, sobald es kaputtginge. Die Techniker beabsichtigen die Entwicklung von Vorrichtungen, die besser als Klebstoffe und Ein-Weg-Verschlüsse haften, dabei aber reversibel sind, und von Materialien, die so widerstandsfähig wie Kevlar und gepreßtes Polykarbonat, aber leichter zu recyceln sind.

Erfindungen dieser Art wurden durch die Forderung vorangetrieben, die Verantwortung für die Abfallentsorgung zu übernehmen, eine Forderung, die weniger an die Konsumenten als an die Erzeuger adressiert ist. Sie verlagert die Belastung durch den Abfall »stromaufwärts« zu den Produzenten. Deutschland hat vor kurzem Gesetze verabschiedet, die den Automobilherstellern zwingend vorschreiben, Autos zu konstruieren, die sich bei der Verschrottung leicht in homogene Teile zerlegen lassen. Man kann einen neuen elektrischen Teekessel kaufen, der sich mühelos in wiederverwertbare Teile zerlegen läßt. Aluminiumdosen werden bereits so konstruiert, daß sie wiederverwertbar sind. Was, wenn das auch mit allem anderen passierte? Man könnte kein Radio, keinen Laufschuh, kein Sofa mehr herstellen, ohne Rechenschaft über das weitere Schicksal ihrer »toten Körper« abzulegen. Jedes Produkt würde seine eigene Abfallaufbereitung integrieren.

»Ich glaube, daß sich einiges mit der Idee erreichen läßt, daß jede vorstellbare Form von Abfall potentieller Rohstoff ist«, meint Tibbs. »Und jedes Material, das vielleicht jetzt gerade von keinerlei Nutzen ist, können wir ›stromaufwärts‹ im Stadium der Planung eliminieren, so daß das Material gar nicht erst produziert wird. Im Prinzip wissen wir bereits heute, wie wir Arbeitsprozesse gestalten können, die wirklich keinerlei Umweltverschmutzung mit sich bringen. Der einzige Grund, warum wir das nicht machen, ist: Wir haben uns noch nicht dazu entschlossen. Es ist eher eine Sache des Wollens als der Technologie.«

Alle Indizien weisen darauf hin, daß ökologische Technologie kostensparend, wenn nicht sogar unerhört profitabel ist. Seit 1975 hat der weltweit agierende 3M-Konzern 500 Millionen Dollar verdient, während er die Umweltverschmutzung um 50 Prozent pro Produktionseinheit verringert hat. Durch die Umgestaltung der Produkte, die Veränderung der Produktionsprozesse (zum Beispiel verwendete man weniger Lösungsmittel) oder einfach durch die Wiedergewinnung von »Schadstoffen«, hat 3M Gewinne erzielt, indem technische Innovationen auf die interne industrielle Ökologie angewandt wurden.

Tibbs berichtete mir von einem anderen Beispiel eines internen Ökosystems, das sich finanziell selbst trägt: »In Massachusetts hatte eine Metallveredelungsfirma jahrelang Schwermetallösungen in die angrenzenden Wasserläufe geleitet. Und jedes Jahr erhöhten Umweltschützer die Grenzwerte für sauberes Wasser, bis man an den Punkt kam, an dem die Firma entweder ihren Betrieb einstellen, die Aufträge für die Galvanisierung an einen anderen Ort verlegen oder eine sehr teure vollwertige Kläranlage nach dem neuesten Stand der Technik errichten mußte. Statt dessen entschloß sich die Stahlraffinerie zu einer radikalen Lösung – sie erfand ein System, das einen vollkommen in sich geschlossenen Kreislauf bildete. Ein solches System gab es bis dahin bei der Galvanisierung nicht.«

Ein System mit einem geschlossenen Kreislauf recycelt kontinuierlich immer wieder dieselben Materialien, so, wie das in Bio2 geschieht und in einer Weltraumkapsel geschehen sollte. In der Praxis gelangen in Industriesystemen kleine Mengen hinein und hinaus, aber im großen und ganzen zirkuliert das meiste in einem »geschlossenen Kreislauf«. Die Stahlraffinerie aus Massachusetts fand einen Weg, die ungeheuren Mengen an Wasser und giftigen Lösungsmitteln, die man bei dem Verunreinigungen verursachenden Arbeitsprozeß benötigt, vollständig innerhalb der Mauern der Fabrik wiederaufzubereiten. Auch ihr innovatives System, das den Schadstoffausstoß auf Null reduzierte, machte sich innerhalb von zwei Jahren bezahlt. Tibbs: »Die Wasseraufbereitungsanlage hätte sie eine halbe Million Dollar gekostet, wohingegen ihr neuartiges System mit geschlossenem Kreislauf nur ungefähr eine viertel Million Dollar kostete. Sie sparten bei den Wasserkosten, weil sie nicht länger zwei Millionen Liter Leitungswasser pro Woche benötigten. Sie reduzierten ihren Chemikalienbedarf, da sie die Metalle jetzt wiederverwerten. Gleichzeitig verbesserten sie die Qualität ihres galvanisierten Produkts, weil ihre Wasserfilterung so gut arbeitet, daß das wiederverwendete Wasser sauberer als das örtliche Leitungswasser ist, das sie zuvor bezogen hatten.«

Produktionen in geschlossenen Kreisläufen spiegeln die natürliche Produktion in geschlossenen Kreisläufen bei lebenden Pflanzenzellen, die in Perioden des Wachstumsstillstands den Großteil ihrer Materialien in ihrem Inneren zirkulieren lassen. Die gleichen Prinzipien einer völligen Schadstoffvermeidung durch geschlossene Kreisläufe wie bei einer Stahlraffinerie können auch für ein Industriegebiet oder eine ganze Region entworfen werden. Fügt man dem noch eine globale Perspektive hinzu und vergrößert den Maßstab, läßt sich damit das irdische Netzwerk aller menschlichen Aktivitäten erfassen. Nichts wird in diesem großen Kreislauf weggeworfen, weil es kein »weg« gibt. Schließlich werden alle Maschinen, Fabriken und menschlichen Institutionen Mitglieder eines größeren globalen, bionischen Systems sein, das biologische Verhaltensweisen nachahmt.

Tibbs kann bereits auf einen vorhandenen Prototyp hinweisen. 13 Kilometer westlich von Kopenhagen haben ortsansässige dänische Betriebe ein industrielles Ökosystem im Embryonalstadium bewirtschaftet. Ungefähr ein Dutzend Industriezweige arbeiten bei der Verwertung von »Abfällen« aus benachbarten Fabriken in einem offenen Kreislauf zusammen, der sich ständig stärker »in sich schließt«, da sie lernen, wie sie die Absonderungen der anderen für sich wiederverwerten können. Ein Kohlekraftwerk versorgt eine Ölraffinerie mit Wärme, die aus den eigenen Dampfturbinen stammt und früher an einen nahegelegenen Fjord abgegeben wurde. Die Ölfirma entfernt den umweltbelastenden Schwefel aus einem Gas, das beim Raffinierungsprozeß ausgeschieden und nun vom E-Werk verbrannt wird, was 30 000 Tonnen Kohle pro Jahr spart. Der entfernte Schwefel wird an eine nahegelegene Schwefelsäurefabrik verkauft. Beim Elektrizitätswerk schlagen sich auch Schadstoffe aus Abgasen der Kohleverhüttung in Form von Kalziumsulfat nieder, das als Gipsersatz von einer Gipsplattenfirma verwendet wird. Die aus denselben Abgasen entfernten Aschepartikel gehen an eine Zementfabrik. Weitere überschüssige Dampfkraft aus dem Kraftwerk sichert die Wärmeversorgung für eine auf dem Gebiet der Biotechnologie tätige pharmazeutische Firma, 3 500 Haushalte sowie eine Forellenzucht. Der besonders nährstoffreiche Schlamm aus der Fischfarm und den Gärungsfässern der Pharmafabrik wird bei der Düngung der umliegenden Bauernhöfe verwendet, und vielleicht werden eines nicht allzu fernen Tages auch Gewächshäuser durch die Abwärme des Kraftwerks geheizt.

Wie geschickt die Produktionskreisläufe aber auch geschlossen werden, realistisch gesehen wird ein winziger Teil der Energie und des unbrauchbaren Materials immer in die Biosphäre ausgeschieden werden. Die Wirkung dieser unvermeidbaren Entropie *kann* von der organischen Sphäre absorbiert werden, wenn die maschinellen Systeme, die sie erzeugen, mit der Geschwindigkeit und in dem Umfang laufen wie natürliche Systeme. Lebende Organismen wie die Wasserhyazinthe können verdünnte Verunreinigungen im Wasser bis zu einem Konzentrationsgrad verdichten, der für die Wirtschaft interessant ist. Im Jargon der neunziger Jahre: Wenn die Industrie ein gutes Interface mit der Natur zustande bringt, können biologische Organismen das in sich aufnehmen, was an minimalem Abfall in einem industriellen Ökosystem anfällt.

Zum Alptraum wird diese optimistische Version im größeren Rahmen angesichts eines hochgradig variablen Materialflusses und weit auseinander liegender und in geringer Konzentration vorhandener recycelbarer Stoffe. Ganz im Gegensatz zu menschlichen Artefakten weiß die Natur hervorragend mit Unterschieden und Abstufungen umzugehen. Eine Papierrecyclingfirma mit einem Umsatz von vielen Millionen Dollar benötigt für die Aufrechterhaltung des Betriebs einen unveränderlichen Zustrom von Altpapier in gleichbleibender Qualität; sie kann es sich nicht leisten, einen Tag auszusetzen, wenn die Menschen keine Lust haben, ihre gebrauchten Zeitungen gesammelt bereitzustellen. Die übliche Lösung, umfangreiche Lager für wiederaufbereitete Ressourcen, frißt ihre schmalen Gewinne auf. Die industrielle Ökologie muß sich zu einem vernetzten Just-in-time-System entwickeln, das die Zirkulation der Materialien dynamisch ausbalanciert, so daß lokale Überschüsse und Engpässe schnell abgebaut werden können, um die Lagerhaltung zu minimieren. Stärker netzwerkgestützte »flexible Fabriken« werden in der Lage sein, mit stärker hin und her wandernden Ressourcen umzugehen, indem sie anpassungsfähige Maschinen einsetzen oder geringere Stückzahlen herstellen und dafür eine größere Produktpalette anbieten.

Alle Technologien der Anpassung, wie zum Beispiel Netzwerkintelligenz, flexible Zeitkonten, Nischenökonomien und kontrollierte Evolution, rütteln das Organische in den Maschinen wach. Zu einem einzigen Megakreislauf verkabelt, gleitet die Welt des Gemachten beständig hinüber in die Welt des Geborenen.

Als Tibbs die Voraussetzungen dafür untersuchte, »die Welt des Geborenen« im Produktionsprozeß zu imitieren, kam er zu der Überzeugung, daß industrielle Aktivitäten »umweltverträglich« werden könnten, um den aktuellen Sprachgebrauch aufzunehmen, wenn sie organischer werden. »Stellen Sie sich vor«, gab Tibbs zu bedenken, »wir verpassen den üblichen umweltverschmutzenden industriellen Prozessen mehr und mehr den Charakter von biologischen Prozessen.« Statt einer Fabrik, für die Hochdruckverfahren und Höchsttemperaturen erforderlich sind, denken Sie sich eine Fabrik, die mit biologischen Durchschnittswerten arbeitet. »Der biologische Stoffwechsel wird vor allem von der Sonnenenergie genährt und arbeitet unter den Temperatur- und Druckverhältnissen der Umgebung«, schrieb Tibbs 1991 in seiner Broschüre *Industrial Ecology*. »Wenn das auch für den industriellen Stoffwechsel gelten würde, ließe sich in einer Firma die Sicherheit am Arbeitsplatz beträchtlich erhöhen.« »Heiß« bedeutet schnell, ungestüm und effizient. »Kühl« bedeutet langsam, sicher und flexibel. Das Leben ist kühl. Die

Pharmafirmen machen gerade eine technologische Revolution durch, infolge derer Fermentzellen, die mit Hilfe von Biotechnologie hergestellt werden, lösungsmittelreiche Chemikalien bei der Herstellung von medizinischen Präparaten ersetzen. Während die Hightech-Installationen der Pharmafabrik weiterbestehen, übernehmen manipulierte Gene, die in eine lebende Gärsuppe gegeben wurden, die Rolle eines Motors. Die Verwendung von Bakterien, um Mineralerze aus ausgebeuteten Minenrückständen herauszulösen – eine Aufgabe, die in industrieller Vergangenheit harte und umweltzerstörerische Methoden erforderte –, ist ein weiterer Beleg für einen Prozeß, in dem die Maßstäbe von Maschinen durch solche der Biologie ersetzt werden.

Obwohl das Leben auf Kohlenstoff aufgebaut ist, ist er nicht dessen Energiequelle. Aber Kohlenstoff hat den Brennstoff für die industrielle Entwicklung geliefert und damit einhergehend zur Belastung der Atmosphäre geführt. CO_2 und andere Schadstoffe werden bei der Verbrennung in direkter Proportion zu den in den Brennmaterialien vorhandenen komplexen Kohlenwasserstoffen an die Luft abgegeben. Je mehr Kohlenstoff, desto mehr Dreck. Aber der wirkliche Energiegewinn entsteht nicht aus der Verbrennung der Kohlenstoffbestandteile der Kohlenwasserstoffe, sondern aus der Verbrennung der Wasserstoffanteile.

Die beste Energiequelle der Antike war Holz. In das Verhältnis von Kohlenstoff zu Wasserstoff übersetzt, besteht Brennholz zu ungefähr 91 Prozent aus Kohlenstoff. Auf dem Höhepunkt der industriellen Revolution war Kohle, die zu 50 Prozent aus Kohlenstoff besteht, der bevorzugte Energieträger. Das Erdöl für eine moderne Fabrik enthält 33 Prozent Kohlenstoff, während Erdgas, das mehr und mehr beliebte saubere Brennmaterial, nur 20 Prozent Kohlenstoff enthält. Tibbs' Anmerkung: »Im Laufe der Entwicklung des industriellen Systems wiesen die Brennmaterialien immer höhere Wasserstoff-Werte auf. Theoretisch wäre schließlich reiner Wasserstoff der ideale ›reine Brennstoff‹.«

Eine zukünftige »Wasserstoff-Wirtschaft« würde Sonnenlicht dazu verwenden, Wasser in Wasserstoff und Sauerstoff zu spalten, dann würde sie den Wasserstoff wie Erdgas weiterpumpen und ihn, wo nötig, zur Energiegewinnung verbrennen. Ein solches umweltfreundliches, kohlenstoffloses Energiesystem wäre eine Nachbildung der auf Photonen basierenden Energieumwandler in Pflanzenzellen.

Durch die Annäherung industrieller Arbeitsprozesse an das organische Vorbild erzeugen Biotechniker ein Spektrum unterschiedlicher Typen von Ökosystemen. Am einen Ende befinden sich rein natürliche Ökosysteme wie eine Gebirgswiese oder ein Mangrovensumpf. Von diesen Systemen läßt sich, egoistisch gedacht, erwarten, daß sie Biomasse, Sauerstoff, Nahrungsmittel und Tausende von erstklassigen organischen Chemikalien produzieren, von denen wir einige nutzen können. Am anderen Ende befinden sich reine, unvermischte industrielle Systeme, die in synthetischen Verfahren Verbindungen herstellen, die in der Natur nicht oder nicht in so großem Umfang zu finden sind. Dazwischen gibt es ein Spektrum von Hybrid-Ökosystemen, wie die Abwasseraufbereitungsanlagen eines Marschlandes (die Mikroben zur Abfallverarbeitung verwenden) oder Weinkellereien (die lebende Hefekulturen bei der Weingärung benutzen) und bald auch biotechnische Verarbeitungsprozesse, die genmanipulierte Organismen zur Herstellung von Seide, Vitaminen oder Klebstoffen einsetzen werden.

Sowohl die Gentechnik als auch die industrielle Ökologie richten die Erwartungen auf die dritte Kategorie, die bionischen Systeme – die halb Biologie, halb Maschine sind. Wir haben erst begonnen, uns die Vielfalt der Ökosysteme vorzustellen, die die Dinge erschaffen könnten, die wir begehren.

Die Übernahme biologischer Verfahrensweisen durch die Industrie wird nicht zu vermeiden sein; denn:

- Es wird weniger Material benötigt, um die gleiche Aufgabe besser zu erledigen. Autos, Flugzeuge, Häuser und natürlich Computer verbrauchen heute weniger Material als vor zwei Jahrzehnten und bringen eine viel höhere Leistung. Die meisten Produktionsprozesse, die zukünftig unseren Reichtum begründen, werden sich auf biologische Größenverhältnisse und biologische Lösungen zurückziehen, selbst wenn diese Prozesse Produkte herstellen, die so groß wie Mammutbäume sind. Die Erzeuger werden erkennen, daß natürliche biologische Produktionsprozesse konkurrenzfähig und inspirierend sind, und dadurch werden sich die Fabrikationsprozesse auf Lösungen biologischer Art hinbewegen.

- Die Komplexität des Gemachten erreicht mittlerweile biologische Dimensionen. Die Natur, der überragende Manager der Komplexität, bietet kostenlose Unterweisung in der Handhabung anarchischer Netze, die der Intuition widersprechen. Komplexe Systeme werden auf überlegte Weise mit organischen Prinzipien erfüllt sein – einfach, um sie am Laufen zu halten.
- Die Natur wird nicht verschwinden, daher muß man sich mit ihr arrangieren. Die Natur – die größer ist als wir und unsere komischen Apparate – bestimmt das grundlegende Tempo des industriellen Fortschritts; das Künstliche wird sich also auf lange Sicht an das Natürliche anpassen müssen.
- Die natürliche Welt selbst – Gene und Lebensformen – läßt sich wie die industriellen Systeme technisch herstellen (und patentieren). Dieser Trend verringert den Abstand zwischen den beiden Sphären der natürlichen und künstlichen/industriellen Ökosysteme, was der Industrie die Finanzierung und Würdigung der Bio-Logik erleichtert.

Es ist für jeden zu erkennen, daß unsere Welt sich selbst dauernd mit vom Menschen geschaffenen Geräten zupflastert. Aber mit jedem großen Schritt, den unsere Gesellschaft auf das Gemachte hin tut, tut sie einen ebenso großen Schritt hin auf das Biologische. Elektronische Geräte erregen zwar großes Aufsehen, aber ihre vordringlichste Aufgabe ist es, die wirkliche Revolution voranzutreiben – die der Biologie. Das nächste Jahrhundert ebnet nicht den Weg in eine Ära des Siliziums – wie jedermann hinausposaunt –, sondern der Biologie: Mäuse. Viren. Gene. Ökologie. Evolution. Leben.

Wofür das nächste Jahrhundert wirklich den Weg bereitet, ist die Hyperbiologie: Synthetische Mäuse. Computerviren. Gentechnik. Industrielle Ökologie. Kontrollierte Evolution. Künstliches Leben. (Das alles gehört zusammen.) Die Siliziumforschung stürmt auf die Biologie zu. Forscherteams liefern sich einen harten Wettkampf um die Konstruktion von Computern, die nicht nur das Studium der Natur unterstützen, sondern selbst natürlich sind.

Werfen Sie nur einen Blick auf die Themen unlängst abgehaltener Konferenzen und Arbeitskreise für Techniker: »Anpassungsfähige Computer« – über die Einbeziehung organischer Flexibilität in Computerprogrammen; »Biocomputer« – wo behauptet wurde, daß »die natürliche Evolution ein Rechenvorgang ist, der die Anpassung an eine sich fortwährend verändernde Umwelt vollzieht«; »Netzwerkartige Problemlösungen aus der Natur« – die die Natur als Supercomputer zum Thema hatte; »Die 5. Internationale Konferenz über Genetische Algorithmen« – die den Einfluß der DNA in der Evolution nachvollzog; und unzählige Konferenzen über neuronale Netzwerke, die sich darauf konzentrieren, die spezifische Struktur der Nervenzellen im Gehirn als Lernmodell zu kopieren.

In zehn Jahren werden die tollsten Produkte in Ihrem Wohnzimmer, Ihrem Büro oder in Ihrer Garage auf den Ideen dieser Tagungen basieren, die dafür Pionierarbeit leisten.

Und nun eine volkstümliche Weltgeschichte in einem Absatz: Die afrikanischen Savannen bringen menschliche Jäger und Sammler hervor – primitive Biologie; die Jäger und Sammler entwickeln den Ackerbau – Zähmung des Natürlichen; die Bauern bringen das Industrielle hervor – Zähmung der Maschine; Industrielle bringen das zur Zeit entstehende Postindustrielle hervor. Worum es sich dabei handelt, sind wir immer noch dabei herauszufinden; ich jedenfalls nenne es die Vermählung des Geborenen und des Gemachten.

Der Charakter der bevorstehenden Epoche ist, um genau zu sein, eher *neo-biologisch* als bionisch, denn auch wenn diese Epoche vielleicht mit einem Gleichgewicht beginnt, die Biologie trägt bei jeder Mischung von Organischem und Maschinellem den Sieg davon.

Die Biologie siegt immer, denn das Organische ist keine heilige Kuh. Es hat keinen Heiligenschein, den die Lebewesen unter irgendwelchen mysteriösen Umständen erben. Biologie ist etwas, das sich nicht umgehen läßt – beinahe eine mathematische Gewißheit –, auf die alle Komplexität zusteuert. Sie ist ein Endpunkt. In der allmählichen Vermischung des Gemachten und des Geborenen ist das Organische eine dominante Eigenschaft, das Maschinelle hingegen rezessiv. Am Ende siegt immer die Bio-Logik.

10

NETZWERKÖKONOMIE

Worin John Perry Barlow seine Lebensaufgabe sieht, läßt sich nicht so einfach feststellen. Er besitzt eine Ranch in Pinedale, Wyoming. Einst bewarb er sich um einen Abgeordnetensitz der Republikaner im Senat dieses Bundesstaates. Den Yuppies und »Boomern« gegenüber stellt er sich oft als Aushilfstexter für die ewige Underground-Kultband *The Grateful Dead* vor. Das ist eine Rolle, die er genießt, besonders wegen der erkennbaren Dissonanzen, die sie auslöst: ein republikanischer Deadhead?

Bei Barlow muß man jederzeit damit rechnen, daß er gerade versucht, auf ein Walfängerboot zu gelangen, das in Sri Lanka ausgelaufen ist (damit Umweltschützer die Wanderungen der Grauwale überwachen können), oder aber vor einer Vereinigung von Elektrotechnikern eine Ansprache über die Zukunft des Privaten und die Freiheit der Rede hält. Genausogut wäre es möglich, daß er in Hokkaido mit japanischen Industriellen in einer Thermalquelle sitzt, um über Wege zur Vereinigung der pazifischen Randzonen nachzudenken, oder daß er schweißgebadet in einer Sauna mit dem letzten Raumfahrtvisionär die Besiedlung des Mars plant. Ich kenne Barlow von einem experimentellen Computertreffpunkt, dem WELL, einem Ort, an dem niemand einen Körper hat. Dort spielt er die Rolle des »Hippie-Mystikers«.

Jahre bevor wir uns erstmals leibhaftig begegneten, hatten Barlow und ich uns im WELL kennengelernt und zusammengearbeitet. Das ist die übliche Form der Freundschaft im Informationszeitalter. Barlow hat ungefähr zehn Telefonnummern, in mehreren Städten Basisstationen für sein Handy und mehr als eine elektronische Adresse. Ich weiß niemals, wo er ist, aber ich kann ihn beinahe immer innerhalb weniger Minuten erreichen. Bei Reisen im Flugzeug verwendet er einen Laptop-Computer, der an ein Funktelefon angeschlossen ist. Die Nummern, die ich wähle, um mit ihm Kontakt aufzunehmen, können mich an jeden Ort der Welt führen.

Diese Entkörperlichung verwirrte mich ziemlich. Wenn ich telefoniere, bin ich verunsichert, wenn ich mir nicht zumindest vorstellen kann, mit welchem Teil der Erde ich verbunden bin. Ihm macht es vielleicht nichts aus, keinen festen Wohnsitz zu haben, mir schon. Wenn ich beim Wählen glaube, daß er in New York ist, und ich jenseits des Pazifiks bei ihm lande, dann komme ich mir gelinde gesagt verarscht vor.

»Barlow, wo sind Sie jetzt gerade?« fragte ich ungeduldig während eines intensiven Telefongesprächs, bei dem wir ziemlich schwierige, ernsthafte Verhandlungen führten.

»Als Sie zum ersten Mal anriefen, war ich auf einem Parkplatz. Jetzt bin ich in einem Geschäft, in dem mein Koffer repariert wird.«

»Nun«, sagte ich, »warum besorgen Sie sich nicht einfach einen Empfänger und lassen ihn operativ an Ihr Gehirn anschließen? Das wäre viel bequemer. Dann hätten Sie ihre Hände frei.«

»Das ist eine gute Idee«, antwortete er vollkommen ernst.

Barlow verließ das öde Wyoming und ist heute in der noch größeren Wildnis des Cyberspace zu Hause, in jenem Grenzland, in dem unsere oben beschriebene Konversation technisch gesehen stattfand. Wie der Schriftsteller William Gibson als erster voraussah, umfaßt der Cyberspace das Reich weitläufiger elektronischer Netzwerke, die sich unsichtbar »unterhalb« der industriellen Welt in einer Art Wucherung ausdehnen. Folgt man den Science-fiction-Geschichten von Gibson, dann werden sich in naher Zukunft die Erforscher des Cyberspace in ein grenzenloses Labyrinth von elektronischen Datenbanken und videospielartigen Welten »einklinken«. Ein Kundschafter des Cyberspace sitzt in einem dunklen Raum und stöpselt ein Modem direkt in sein Gehirn. Auf diese Weise eingeklinkt, steuert sein Gehirn durch die unsichtbare Welt abstrakter Information, als liefe er durch eine unendliche Bibliothek. Zumindest in Umrissen ist diese Variante des Cyberspace schon erkennbar.

Der Cyberspace, so wie ihn der Hippie-Mystiker Barlow beschreibt, ist noch mehr. Er umfaßt nicht nur die unsichtbare Matrix von Datenbanken und Netzwerken und nicht nur die dreidimensionalen Spiele, an denen man teilnehmen kann, wenn man Bildschirmbrillen trägt, sondern auch den ganzen Bereich jedweder körperlosen Präsenz und aller Information in digitaler Form. Cyberspace, so Barlow, ist der Ort, an dem Sie und ein Freund »sind«, wenn Sie beide telefonieren.

»Nichts könnte körperloser sein als der Cyberspace. Es ist, als ob man dir alles wegamputiert hätte«, erklärte Barlow einmal einem Reporter. Cyberspace ist der Tummelplatz der Netzkultur. Er ist das Territorium, wo die alles andere als intuitive Logik dezentralisierter Netzwerke auf das sonderbare Verhalten der menschlichen Gesellschaft trifft. Und er weitet sich rasend schnell aus. Aufgrund der Netzwerkökonomie ist der Cyberspace eine Ressource, die in dem Maße wächst, in dem sie genutzt wird. Barlow bemerkte scherzhaft, daß er »eine sonderbare Form von Grundbesitz ist, der sich bei seiner Erschließung ausdehnt«.

Ich kaufte meinen ersten Computer, um eine Adressdatenbank für meine eigene Versandfirma zu erstellen. Aber schon einige Monate nachdem ich meinen ersten Apple II bekommen hatte, schloß ich die Maschine an ein Telefon an und machte eine religiöse Erfahrung.
Am anderen Ende der Telefonleitung rührte sich ein Netz, das sich im Embryonalstadium befand – das junge Netz. In jenem Augenblick erkannte ich, daß die Zukunft der Computer nicht in Zahlen, sondern in Verbindungen lag. Aus Millionen miteinander verbundener Apple II-Rechner entstand viel mehr Spannung als aus einem vereinzelt herumstehenden, noch so verhätschelten Millionen Dollar teuren Supercomputer. Als ich durch dieses Netz schweifte, wurde mir schlagartig das Wesen eines Netzwerks deutlich, und mein Kopf brummte.
Computer, als Rechenmaschinen eingesetzt, würden, genauso wie wir alle es erwarteten, sehr schnell die nächste brauchbare Ausgabe der Welt hervorbringen. Aber niemand erwartete, daß die in einem Netzwerk verbundenen Computer, sobald man sie als Kommunikationsmaschinen verwendet, diese verbesserte Welt auf eine ganz andere Logik umpolen würden – die Logik des Netzes.
In den Jahrzehnten, die ganz auf das Ego ausgerichtet waren, war die Befreiung der Personalcomputer einfach richtig. Personalcomputer waren persönliche Leibeigene. Loyale, gehorsame Siliziumhirne, für wenig Geld engagiert, um auf deine Befehle zu warten, auch wenn du erst 13 Jahre alt warst. Es war sonnenklar, daß Personalcomputer und ihre eventuell leistungsstärkeren Nachkommen die Welt nach unseren Vorgaben neu gestalten würden: persönliche Tageszeitungen,

Video auf Bestellung, individuell abgestimmte Geräte. Im Zentrum des Interesses stand man selbst, das Individuum. Aber durch eine dieser Wendungen, für die die Realität berühmt ist, lag die wirkliche Macht des Siliziumchips nicht in seiner erstaunlichen Fähigkeit, Zahlen zu bewegen und uns so das Denken abzunehmen, sondern in seiner unheimlichen Fähigkeit, von Schaltern Gebrauch zu machen, um uns miteinander zu verbinden. Wir sollten sie nicht Computer nennen; wir sollten wirklich lieber von »Konnektoren« sprechen.

Im Jahr 1992 war die Netzwerktechnologie das am schnellsten wachsende Segment der Computerindustrie. Das zeigt, wie sich jeder Sektor der Wirtschaft mit Lichtgeschwindigkeit elektronisch zu einer neuen Form vernetzt. 1993 brachten sowohl *Time* als auch *Newsweek* Titelgeschichten über die schnell heranrückenden Datenautobahnen, die Fernsehen, Telefon und Einkaufsgewohnheiten miteinander verbinden würden. In einigen Jahren – und das ist kein Traum – werden Sie ein Gerät in die Hand nehmen und einen »Video-Wählton« empfangen, der es Ihnen ermöglicht, einen Film, ein Farbfoto, eine ganze Datenbank, ein Musikalbum, einige detaillierte Baupläne oder eine Reihe von Büchern sofort an oder von jedem, überall, jederzeit zu verschicken oder zu empfangen.

Netzwerke dieser Größenordnung würden wirklich beinahe jeden Geschäftszweig revolutionieren. Sie würden verändern:

- Was wir machen
- Wie wir es machen
- Wie wir entscheiden, was zu machen ist
- Die Natur des Wirtschaftssystems, in dem wir es machen

Es gibt kaum einen Aspekt der Wirtschaft, der durch die Einführung der Netzwerklogik nicht direkt oder indirekt grundlegend verändert wird. Netzwerke – nicht die Computer alleine – bieten den Unternehmen die Möglichkeit, auf schnellere und flexiblere Weise neue Arten innovativer Produkte herzustellen und besser auf die Bedürfnisse der Kunden einzugehen; und das alles innerhalb einer sich rapide verändernden Umwelt, in der die Konkurrenz das Gleiche tun kann. Als Folge dieser unterschwelligen Veränderungen verändern sich auch Recht und Finanzwesen, ganz zu schweigen von den unglaublichen

Veränderungen innerhalb der Wirtschaft infolge des weltweit 24 Stunden am Tag arbeitenden Netzwerks der Geldinstitute. Und auch ganz abgesehen von der fieberhaften kulturellen Unruhe, die ausbrechen wird, wenn sich die Wall Street des Netzes bemächtigt und es für ihre Zwecke umfunktioniert.

Die Logik des Netzwerks hat bereits die Produkte geformt, die heute die Wirtschaft formen. Jederzeit abhebbares Geld, ein Produkt, das von Bankautomaten ausgespien wird, konnte nur in einem Netzwerk entstehen. Das gleiche gilt für Kreditkarten jeder Art, für Faxgeräte, aber auch für solche allgegenwärtigen Dinge wie farbige Drucksachen. Die hohe Qualität und der niedrige Preis des modernen Vierfarbendrucks wird durch einen vernetzten Druckprozeß ermöglicht, der den mit Hochgeschwindigkeit ablaufenden Prozeß des Übereinanderdruckens der Prozeßfarben koordiniert. Pharmazeutische Biotechniker benötigen vernetzte Information, um mit lebenden Suppen hantieren zu können, die von einem Behälter in den nächsten fließen. Sogar die chemisch behandelte Nahrung der Imbißstuben führt uns nur in Versuchung, weil die einzelnen Maschinen, die für ihre Zubereitung sorgen, durch ein Netzwerk koordiniert werden.

Der gewöhnliche Produktionsprozeß wird besser, sobald er von vernetzter Intelligenz gesteuert wird. Vernetzt arbeitende Geräte bringen nicht nur reineren Stahl und reineres Glas hervor, sondern ihre anpassungsfähige Natur erlaubt es uns, mit denselben Geräten eine größere Vielfalt zu erzeugen. Kleine Unterschiede der Zusammensetzung können während der Produktion aufrechterhalten werden, was zur Erschaffung neuer Arten genau abgestimmter Materialien führt, wo es früher nur ein einziges ungenau bestimmtes Material gab.

Das Arbeiten in Netzwerken wird auch die Wartung von Produkten prägen. Bereits seit 1993 können bei einigen Büromaschinen (die Faxgeräte von Pitney Bowes, die Minicomputer von Hewlett Packard und die Körperabtastgeräte von General Electric) Ferndiagnosen und Fernreparaturen durchgeführt werden. Durch den Anschluß einer Telefonleitung an die Maschine können die Mechaniker in der Fabrik einen Blick in ihre Eingeweide werfen, um zu sehen, ob sie richtig funktioniert, und sie anderenfalls wieder in Ordnung bringen. Das Verfahren der Ferndiagnose wurde von Satellitenherstellern entwickelt, die keine andere Wahl hatten, als Reparaturen über große Entfernungen hinweg durchzuführen. Heute dienen diese Methoden dazu, ein Faxgerät wieder herzurichten, eine Festplatte zu überprüfen oder ein Tausende von Kilometern entferntes Röntgengerät im Eilverfahren zu reparieren. Manchmal kann neue Software auf die Maschine geladen werden, um die Sache wieder in Ordnung zu bringen; zumindest kann der Mechaniker im voraus erfahren, welche Teile und Werkzeuge er brauchen wird, wenn er vorbeikommt, und so seine Reparatur vor Ort beschleunigen. Im Grunde werden diese als Netzwerk arbeitenden Geräte zu Knoten einer größeren vernetzten Maschine. Mit der Zeit werden alle Maschinen in der Weise an ein Netz angeschlossen, so daß sie, kurz bevor sie ausfallen, eine Warnung an die Mechaniker abgeben können. Darüber hinaus werden sie bei laufendem Betrieb ein Update ihrer Steuerungssoftware empfangen und auf diesem Wege ihre Leistung verbessern können.

Die Japaner haben die Technik der Kombination von gut ausgebildeten menschlichen Wesen und vernetzter Computerintelligenz perfektioniert und zu einem einzigen nahtlos funktionierenden firmenweiten Netzwerk ausgebaut, um kompromißlose Qualität sicherzustellen. Intensive Abstimmung bei den entscheidenden Informationen in der japanischen Verarbeitungsindustrie schenkten der Welt handtellergroße Camcorder und Autos mit langer Lebensdauer. Während der Rest der Industrie in wilder Aufregung netzwerkbetriebene Fertigungsgeräte installiert, sind die Japaner bereits zur nächsten Grenze innerhalb der Logik des Netzwerks weitergezogen: flexible Produktionsprozesse und Maßanfertigungen in großen Mengen. So baut zum Beispiel der staatliche Hersteller von Fahrrädern im japanischen Kokubu maßgefertigte Räder auf einem Fließband. Man kann eines von elf Millionen verschiedenen Modellen bestellen, das dem individuellen Geschmack entspricht, und das zu Preisen, die nur zehn Prozent höher liegen als bei in Massenproduktion hergestellten Modellen.

Kurz gesagt, die Herausforderung liegt in der Erweiterung des internen Netzwerks der Firma in die Außenwelt hinein, um all jene miteinzubeziehen, mit denen die Firma auf dem Markt in Berührung kommt; in der Kunst, ein großes Netz zu spinnen, das die Angestellten, die Lieferanten, die Maschinenmeister und die Kunden miteinbezieht; sie alle werden so Teil des kollektiven Wesens der Firma. *Sie* sind die Firma.

Beispiele sowohl in Japan als auch in Amerika, bei denen Unternehmen damit begonnen haben, eine in größerem Umfang vernetzte Firma aufzubauen, zeigen die immensen Kräfte, die dabei freigesetzt werden. Levi Strauss zum Beispiel, der Jeans für die ganze Welt herstellt, hat einen Großteil seiner Produktion vernetzt. Kontinuierliche Datenströme fließen aus den Zentralen, aus den 39 Produktionsstätten und den Tausenden von Einzelhändlern in einem wirtschaftlichen Superorganismus zusammen. Wenn in einem Einkaufszentrum in Buffalo Stone-washed-Jeans gekauft werden, flitzt eine Nachricht, welche die Verkäufe bekannt gibt, noch in derselben Nacht von der Registrierkasse des Einkaufszentrums in das Netz von Levi Strauss. Das Netz stimmt diesen Geschäftsabschluß mit Abschlüssen aus 3 500 anderen Einzelhandelsgeschäften ab und schickt innerhalb von Stunden die Nachbestellungen für Stone-washed-Jeans an eine Fabrik in Belgien, für Färbemittel nach Deutschland und für Baumwolldrillich an die Baumwollspinnereien in North Carolina.

Dasselbe Signal setzt die vernetzte Fabrik in Bewegung. Hier treffen die mit einem Strichcode versehenen Stoffbündel aus den Spinnereien ein. Sobald die Stoffhaufen zu Hosen werden, wird ihre auf Strichcodes festgehaltene Identität mit Handscannern von der Fabrik zum Spediteur und schließlich zum Ladenregal verfolgt. An das Einzelhandelsgeschäft wird eine Antwort geschickt, die besagt, daß die Hosen zur Auffüllung des Sortiments auf dem Weg sind. Und das werden sie innerhalb von einigen wenigen Tagen auch sein.

Dieser Kreislauf von Einkauf – Materialbestellung – Herstellung ist so kurz, daß andere hochvernetzte Bekleidungshersteller wie zum Beispiel Benetton sich rühmen können, ihre Sweater nicht zu färben, bis sie auf den Weg nach draußen gelangen. Sobald Kunden bei den Kaufhäusern nach türkisfarbenen Jacken verlangen, wird das Netzwerk von Benetton innerhalb weniger Tage damit beginnen, mehr Garnituren in diesem Ton einzufärben. Die Registrierkassen also, nicht die Modeexperten, bestimmen die Farben der Saison. Auf diese Weise kann ein derart gewitztes Unternehmen wie Benetton mit den unvorhersagbaren Stürmen des Modetrends Schritt halten.

Wenn man computergestützte Planungswerkzeuge untereinander

verbindet und auch noch den Produktionsprozeß einbezieht, kann nicht nur die Farbe sehr flott verändert werden, sondern auch das ganze Design. Ein neues Outfit wird schnell aufgezeichnet, in geringer Menge hergestellt, an die Läden ausgeliefert und dann sofort verändert oder, wenn es erfolgreich ist, in großen Mengen produziert. Der ganze Kreislauf dauert nur ein paar Tage. Bis vor kurzem dauerte die Auslieferung einer viel begrenzteren Kollektion Monate oder Jahre. Kao, ein Waschmittel- und Toilettenartikelhersteller in Japan, hat ein Auslieferungssystem entwickelt, das so straff vernetzt ist, daß es selbst die kleinsten Bestellungen innerhalb von 24 Stunden liefern kann.

Warum stellt man nicht auch Autos oder Kunststoffe auf diese Weise her? Möglich wäre es. Eine wirklich anpassungsfähige Fabrik muß modular aufgebaut sein. Ihre Werkzeuge und Arbeitsabläufe können schnell verändert und neu zusammengestellt werden, um ein anderes Automodell oder einen anders zusammengesetzten Kunststoff herzustellen. An einem Tag produziert das Fließband Kombiwagen oder Styropor, am nächsten Jeeps oder Plexiglas. Techniker nennen das flexible Produktion. Das Fließband paßt sich den Anforderungen des Produkts an. Das ist ein heiß umkämpftes Forschungsgebiet mit einem immensen Potential. Wenn man den Produktionsprozeß so schnell verändern kann, ohne den Arbeitsablauf anhalten zu müssen, dann hat man die Mittel, seine Materialien in einzelnen Schüben zu verarbeiten.

Aber diese Flexibilität erfordert eine hohe Beweglichkeit von tonnenschweren Maschinen, die gegenwärtig noch am Boden festgeschraubt sind. Um sie zum Tanzen zu bringen, muß man viel Gewicht durch viel vernetzte Intelligenz ersetzen. Flexibilität muß weite Bereiche des Systems erfassen, um einen geschmeidigen Produktionsprozeß zu ermöglichen. Die Produktionsmaschinen müssen selbst veränderbar sein, der Zeitplan für die Materialzustellung muß auf die geringsten Kleinigkeiten reagieren, die Belegschaft muß wie eine Einheit aufeinander eingespielt, die Verpackungslieferanten müssen beweglich, die Spediteure anpassungsfähig, das Marketing aufeinander abgestimmt sein. Das alles wird durch Netzwerke erreicht.

Heute benötigt meine Fabrik 21 Tieflader, 73 Tonnen Acetatharz, 2 000 Kilowatt und 576 Arbeitsstunden. Am nächsten Tag brauche ich vielleicht gar nichts davon. Wenn Sie daher der Besitzer des Acetat- oder Stromunternehmens sind, müssen Sie genauso wendig wie ich sein, wenn wir zusammenarbeiten sollen. Wir arbeiten als Netzwerk mit gemeinsamer Information und Steuerung und teilen die Funktionen zwischen uns auf. Manchmal wird man kaum feststellen können, wer gerade für wen arbeitet.

Früher lieferte Federal Express Grundbausteine für IBM-Computer aus. Jetzt lagert die Firma diese auch ein. Mit Hilfe eines Netzwerks ortet Federal Express das gerade fertiggestellte, soeben von einem fernen IBM-Lieferanten aus Übersee in einem FedEx-Lager eingetroffene Element. Sobald Sie einen Artikel aus einem IBM-Katalog bestellen, wird er Ihnen von FedEx über den weltweiten Zustellungsdienst geliefert. Ein IBM-Angestellter kommt mit diesem Stück vielleicht niemals in Berührung. Wenn Ihnen der Mann von Federal Express dann den Artikel an Ihrer Haustür zustellt, von wem wurde er Ihnen geschickt, von IBM oder Federal Express? Schneider National, die erste bundesweit operierende Speditionsfirma, die ihre Lastwagen über Satellit in Echtzeit vernetzte, hat einige Großkunden, die ihre Bestellungen direkt in die Versandcomputer von Schneider eingeben und auch ihre Rechnung per Computer erhalten. Wer leitet so etwas? Wo hört die Firma auf und wo fängt der Lieferant an?

Genauso schnell werden die Kunden von einem derart vernetzten Unternehmen umgarnt. Über gebührenfreie Telefonleitungen können die Kunden sozusagen der Produktion mitteilen, wie und was das Fließband produzieren soll.

Man kann sich die zukünftige Gestalt von Unternehmen so vorstellen: Sie dehnen sich aus, bis sie zu echten Netzwerken geworden sind. Ein Unternehmen, das ein echtes Netzwerk darstellen würde, hätte folgende Eigenschaften: verteilt, dezentralisiert, auf Zusammenarbeit bedacht und anpassungsfähig.

› *Verteilt* – Es gibt nicht nur einen einzigen Ort, an dem das Geschäft abgewickelt wird. Das Geschäft läuft an vielen Orten gleichzeitig ab. Das Unternehmen hat vielleicht nicht einmal nur eine einzige Zentrale. Apple Computer hat zahlreiche Gebäude, die sich auf zwei Städte verteilen. Jedes Gebäude bildet eine »Zentrale« für einen eigenen Aufgabenbereich des Unternehmens. Selbst kleine Firmen können sich innerhalb eines Standortes verteilen. Sobald man einmal vernetzt ist, spielt es kaum noch eine Rolle, ob man sich im Stockwerk darunter oder am anderen Ende der Stadt befindet.

Open Vision, das seinen Stammsitz im kalifornischen Pleasanton hat, ist ein Beispiel für eine ganz normale, kleine Softwarefirma, die nach dieser neuen Struktur aufgebaut ist. »Wir arbeiten wirklich als aufgeteiltes Unternehmen«, so Geschäftsführer Michael Fields. Open Vision hat Kunden und Angestellte in fast allen Städten der USA, die alle über Computernetzwerke verbunden sind, aber »die meisten von ihnen wissen nicht einmal, wo Pleasanton liegt«, erzählte Fields dem *San Francisco Chronicle*.

Trotz dieses Versuchs, die Netzwerke so weit wie möglich auszudehnen, werden die Unternehmen nicht zu einem Netzwerk allein vor sich hin arbeitender Individuen verkommen. Sowohl die bisher gesammelten Fakten als auch meine eigene Erfahrung besagen, daß die natürliche Auflösung eines vollständig aufgeteilten Unternehmens zu Arbeitsgemeinschaften von acht bis zwölf Personen führt, die an einem Ort zusammenarbeiten. Ein sehr großes globales Unternehmen, das ganz die Form eines Netzwerkes annehmen würde, könnte als ein System von Zellen mit jeweils einem Dutzend Personen angesehen werden, das folgendes umfaßt: Kleinfabriken mit einem Dutzend Leuten, eine »Zentrale« mit einem Stab von zwölf Menschen, Profit Centers, die von acht Personen geleitet werden, und Zulieferbetriebe, bei denen zehn Menschen arbeiten.

› *Dezentralisiert* – Wie kann ein Großprojekt mit nur zehn Leuten überhaupt etwas zustandebringen? Für den Großteil der industriellen Revolution gilt, daß dann echter Reichtum angehäuft wurde, wenn man die Produktionsprozesse unter eine zentrale Kontrolle bringen konnte. Größer war effizienter. Die »Raubritter« der Vergangenheit fanden heraus, daß sie durch die Kontrolle aller wichtigen und weniger wichtigen Aspekte ihrer Industrie Millionengewinne machen konnten. Stahlunternehmen gingen dazu über, die Erzvorkommen zu kontrollieren, ihre eigene Kohle abzubauen, ihre eigene Eisenbahnlinie zu gründen, ihre eigenen Maschinen herzustellen, ihre eigenen Arbeiter mit Wohnungen zu versorgen – und bemühten sich so innerhalb eines gigantischen Unternehmens um Autarkie. Das funktionierte prächtig, als alles noch nicht so schnell ging.

Heute, da sich die wirtschaftliche Situation täglich verändert, ist der Besitz der gesamten Produktionskette eine Belastung. In dem Maße, wie dessen Effizienz verschwindet, muß Kontrolle gegen Geschwindigkeit und Wendigkeit eingetauscht werden. Periphere Aufgabenbereiche, wie die eigene Energieversorgung, werden rasch an ein anderes Unternehmen vergeben.

Sogar Aufgaben, die man für wesentlich hält, werden einem Zulieferer übertragen. Zum Beispiel baut die Gallo Weinkellerei nicht mehr selbst die eigens entwickelten Trauben für ihre Weine an; sie vergibt diese lästige Arbeit an andere und konzentriert sich auf Ausbau und Marketing. Eine Autovermietung gibt die Reparatur und Wartung ihres Wagenparks weiter und konzentriert sich auf das Verleihgeschäft. Eine Passagierfluglinie übergibt ihren Laderaum bei Transkontinentalflügen (ein Profit-Center von entscheidender Bedeutung) an ein unabhängiges Frachtunternehmen, weil sie herausfand, daß dieses den Laderaum besser bewirtschaftete und mehr Profit für die Fluglinie erzielte als sie selbst.

Die Automobilhersteller in Detroit waren früher einmal dafür berühmt, daß sie alles selbst machten. Heute geben sie ungefähr die Hälfte ihrer Aufgaben nach außen, unter anderem den ziemlich wichtigen Bereich des Motorenbaus. General Motors engagierte sogar PPG Industries für die Lackierung der Autokarosserien – eine für den Verkaufserfolg entscheidende Arbeit –, und zwar in den Fabriken von General Motors. In den Wirtschaftszeitschriften wird dieser mit Hilfe von Zulieferern überall stattfindende Prozeß der Dezentralisierung »Outsourcing« genannt.

Die Kosten der Koordination für ein Outsourcing in großem Stile sind durch den elektronischen Austausch großer Mengen technischer und buchhalterischer Informationen auf ein erträgliches Maß reduziert worden. Kurz gesagt, Netzwerke machen Outsourcing durchführbar, profitabel und konkurrenzfähig. Die Arbeiten, die ein Unternehmen an ein anderes abgibt, können noch mehrmals weitergegeben werden, bis sie auf den Schultern einer kleinen, eng miteinander verknüpften Gruppe ruhen, die die Arbeit mit Sorgfalt und Effizienz ausführen wird. Diese Gruppe wird höchstwahrscheinlich ein eigenes Unternehmen oder möglicherweise eine autonome Tochtergesellschaft sein.

Untersuchungen zeigen, daß die Abwicklungskosten, die nötig sind, um die Qualität einer auf mehrere Unternehmen aufgeteilten Arbeit zu garantieren, *höher* sind als in dem herkömmlichen Fall, bei dem die Arbeit innerhalb eines Unternehmens verbleibt. Aber erstens werden diese Kosten mit jedem Tag durch Netzwerktechnologien, wie zum Beispiel elektronische Datenübertragungen (EDI) und Videokonferenzen, geringer. Und zweitens sind diese Kosten *bereits jetzt* niedriger, wenn man den immensen Zuwachs an Flexibilität in Betracht zieht – man muß nicht mehr unnötige Arbeiten managen und kann mit profitableren Aufgaben beginnen – eine Flexibilität, die zentralisierten Unternehmen fehlt.

Triebe man das Outsourcing bis zu seinem logischen Ende, würde ein hundertprozentig vernetzt arbeitendes Unternehmen nur aus einem einzigen Büro von Experten bestehen, die über eine Netzwerktechnologie mit anderen unabhängigen Gruppen verbunden sind. Viele unsichtbare Firmen mit mehreren Millionen Umsatz würden von einem einzigen Büro aus mit zwei Mitarbeitern geführt. Und einige hätten überhaupt kein Büro.

Die große Werbeagentur Chiat/Day ist gerade dabei, ihre Zentrale aufzulösen. Die Projektmitarbeiter werden für die Dauer des Projekts Hotelkonferenzräume anmieten und währenddessen mit tragbaren Computern und Anrufweiterleitungen arbeiten. Sobald das Projekt abgeschlossen ist, wird sich die Gruppe auflösen, und die Leute werden sich zu neuen Gruppen zusammenschließen. Einige dieser Gruppen werden vielleicht zum Büro »gehören«; andere werden unabhängig geleitet und finanziert.

Stellen wir uns das Büro der Zukunft bei einem hypothetischen Automobilhersteller im Silicon Valley vor, den ich Upstart Car, Inc. nennen werde. Upstart Car hat das Ziel, mit den drei japanischen Automobilgiganten zu konkurrieren.

Hier ist der Plan für Upstart: Ein Dutzend Leute teilen sich einen Raum in einem schicken Bürogebäude im kalifornischen Palo Alto: einige Finanzexperten, vier Techniker, ein Geschäftsführer, ein Koordinator, ein Jurist und ein Marketingspezialist. Auf der anderen Seite der Stadt bauen Teams in einem früheren Lagerhaus schadstofffreie 2-Liter-Autos zusammen, die aus polymerisierten Verbundstoffen, Keramikmotoren und allerlei Elektronik hergestellt werden. Die

Hightech-Kunststoffe kommen aus einer jungen Firma, mit der Upstart ein Joint Venture abgeschlossen hat. Die Motoren werden in Singapur eingekauft; andere Autoteile treffen jeden Tag, überzogen mit Strichcodes, aus Mexiko, Utah und Detroit ein. Die Reedereien machen Geschäfte mit der vorübergehenden Einlagerung von Teilen; nur was an diesem Tag gebraucht wird, ist in der Fabrik zu sehen. Die Autos, von denen jedes auf die Wünsche des Kunden zugeschnitten ist, werden über ein Netzwerk von Kunden bestellt und noch in der Minute ihrer Fertigstellung verschifft. Der Guß für die Autokarosserien wird von einem computergesteuerten Laser blitzschnell angepaßt und mit einem Design versehen, das aus der Reaktion der Kunden und gezieltem Marketing entstanden ist. Eine flexible Reihe von Robotern baut die Autos zusammen.

Die Reparatur und Verbesserung der Computer wird an eine Roboter-Firma ausgelagert. Der Wartungsservice der Firma Acme betreut die Lagerhallen der Fabrik. Die Telefonrezeption ist an eine kleine Gesellschaft vermietet, die ihren Sitz in Wirklichkeit in San Mateo hat. Die Büroarbeit wird von einer bundesweit agierenden Agentur erledigt, die auch für die anderen Gruppen im Unternehmen arbeitet. Das gleiche gilt für die Computerhardware. Die Marketing- und Rechtsexperten beaufsichtigen (natürlich) die Arbeiten aus dem Marketing- und Rechtsbereich, die ebenfalls von Upstart weitervermietet werden. Die Buchhaltung ist ziemlich vollständig computerisiert, aber eine eigene Buchhaltungsfirma, die von weit entfernten Terminals aus operiert, kümmert sich um jede Anfrage in Buchhaltungsangelegenheiten. Insgesamt werden ungefähr einhundert Arbeiter von Upstart direkt bezahlt, die in kleinen Arbeitsgruppen mit unterschiedlichen Versicherungsformen und Lohnmodellen organisiert sind. Sobald die Autos von Upstart an Ansehen gewinnen, wächst das Unternehmen, indem es den Lieferanten hilft zu wachsen, mit ihnen Firmenallianzen aushandelt und manchmal in ihr Wachstum investiert.

Ziemlich weit hergeholt, oder? Doch nicht so weit, wie Sie denken. Schauen wir uns an, auf welche Weise ein wirkliches Pionierunternehmen des Silicon Valley vor gut einem Jahrzehnt gegründet worden ist. James Brian Quinn schreibt in der Ausgabe von März/April 1990 der *Harvard Business Review*:

> Apple kaufte Mikroprozessoren von Synertek, andere Chips von Hitachi, Texas Instruments und Motorola, Monitore von Hitachi, Netzteile von Astec und Drucker von Tokyo Electric und Qume. Auf ähnliche Weise begrenzte Apple seine innerbetrieblichen Aktivitäten und Investitionen auf ein Minimum, indem es die Entwicklung der Softwareprogramme an Microsoft, die Werbung an Regis McKenna, die Formgestaltung der Produkte an Frogdesign und den Vertrieb an ITT und ComputerLand abgab.

Unternehmen sind aber nicht die einzigen, welche die durch Vernetzung entstehenden Vorteile des Outsourcing für sich nützen. Stadtverwaltungen und Regierungsbehörden machen es seit kurzem nach. Als ein Beispiel von vielen: Die Stadt Chicago engagierte EDS, die von Ross Perot gegründete, mit Outsourcing arbeitende Computerfirma, um die Überwachung der öffentlichen Parkplätze durchzuführen. EDS erfand ein System, das auf Handcomputern basiert, die Strafzettel ausdrucken und die entsprechenden Daten an eine Datenbank weiterleiten, der 25 000 Parkuhren in Chicago angeschlossen sind, um die Eintreibung der Geldstrafen zu verbessern. Nachdem EDS diese Dienstleistung für die Stadt ausgelagert hatte, stieg die Rate der bezahlten Strafzettel sprunghaft von 10 auf 47 Prozent an, was die städtischen Einnahmen um dringend benötigte 60 Millionen Dollar erhöhte.

- *Auf Kooperation bedacht* – Interne Aufgaben in einem Netzwerk zu erledigen, kann ökonomisch so viel Sinn machen, daß manchmal sogar entscheidende Funktionsbereiche zu beiderseitigem Vorteil an Konkurrenten vergeben werden. Unternehmen können bei einem Vorhaben zusammenarbeiten und zur selben Zeit um ein anderes konkurrieren.

Viele große Inlandfluggesellschaften der USA vergeben den aufwendigen Ticketverkauf und die Platzreservierungen an ihren Konkurrenten American Airlines. Die Kreditkartenfirmen MasterCard und Visa delegieren manchmal den besonders wichtigen Arbeitsbereich der Bearbeitung von Kundengebühren und -geschäften an ihren Erzkonkurrenten American Express. »Strategische Allianz« ist das Zauberwort für die Unternehmen der neunziger Jahre. Jeder sucht nach symbiotischen Partnern oder sogar nach symbiotischen Konkurrenten.

Die Grenzen zwischen einzelnen Industriezweigen, verschiedenen Transportmitteln, Groß- und Einzelhändlern, Kommunikationswesen, Marketing und Öffentlichkeitsarbeit, Produktion und Lagerung verschwinden in einem unbegrenzten Netz. Fluglinien veranstalten Rundreisen, verkaufen Plunder über Direktversand, arrangieren Hotelreservierungen, während sich Computerfirmen kaum mehr mit Computerhardware befassen.

Das kann vielleicht dazu führen, daß vollständig autonome Unternehmen selten werden. Die Metapher für ein Unternehmen verschiebt sich von einem eng miteinander verbundenen Organismus zu einem locker zusammenhängenden Ökosystem. Die Metapher von IBM als Organismus ist überarbeitungsbedürftig: IBM ist ein Ökosystem.

- *Anpassungsfähig* – Der Wechsel von Produkten zu Dienstleistungen ist unausweichlich, weil die Automation auch weiterhin den Preis für materielle Vervielfältigungen senken wird. Die Kosten für die Kopie einer Softwarediskette oder einer Musikcassette machen einen Bruchteil der Kosten des Produkts selbst aus. Und da die Dinge immer kleiner werden, werden die Kosten der Vervielfältigung immer geringer, weil weniger Material involviert ist. Die Herstellungskosten für eine Medikamentenkapsel machen nur einen Bruchteil des Verkaufspreises aus.

Aber in der Pharma-, der Computer- und allmählich in allen Hightech-Industrien sind die Kosten für Forschung, Entwicklung und Design, für Lizenzen, Patente, Urheberrechte, Marketing- und Kundenbetreuung – der Dienstleistungsfaktor – zunehmend von entscheidender Bedeutung. Alle sind auf ein großes Maß an Information und Wissen angewiesen.

Selbst ein hervorragendes Produkt reicht heute nicht mehr aus, damit sich eine Firma sehr lange erfolgreich behaupten kann. Die Dinge verändern sich so schnell, daß innovative Substitute, Produktfunktionsuntersuchungen, Klone, Erweiterungen durch Dritte, die ein schwaches Produkt zu einem Bombenerfolg werden lassen, und schnell sich verändernde Standards dazu beitragen, die gewöhnlichen Wege hin zu einer marktbeherrschenden Position links liegen zu lassen. Um im neuen Zeitalter Geld zu machen, muß man den Strömen der Information folgen.

Ein Netzwerk ist eine Informationsfabrik: Da der Wert eines Produkts mit dem Umfang des darin investierten Wissens steigt, erhöht sich auch der Wert desjenigen Netzwerkes, das Wissen erzeugt. Ein in einer Fabrik hergestelltes Gerät nahm früher einen linearen Weg von der Planung über die Produktion bis zur Auslieferung. Heute wird die Biographie eines flexibel hergestellten Geräts zu einem Netz, das sich gleichzeitig über viele Abteilungen an vielen Orten verteilt und über die Fabrik hinausgeht, so daß schwer zu sagen ist, was und wo etwas zuerst geschieht.

Das ganze Netz tritt auf einmal in Erscheinung. Marketing, Planung, Produktion, Lieferanten und Käufer sind gemeinsam an der Schaffung eines erfolgreichen Produkts beteiligt. Die Planung eines Produkts erfordert Teams, die gleichzeitig arbeiten statt Schritt für Schritt wie in der Vergangenheit.

Seit den siebziger Jahren, als der Strichcode weltweit in den Geschäften üblich wurde, haben Einzelhandelsprodukte (Getränkedosen, Socken) ihren Umsatz von der Registrierkasse an die Abrechnungsstelle weitergegeben. In einer vollausgereiften Netzwerkökonomie kommt es jedoch darauf an, daß man diese Artikel dazu bringt, die Informationen auch in den Handel und an die Kunden weiterzugeben, indem man zusätzlich weiche Kommunikationsfähigkeiten einbaut. Die Produktion von kleinen Artikeln, in die aktive Mikrochips statt passive Strichcodes eingepflanzt werden, bedeutet, daß man jetzt Hunderte von Artikeln mit Schneckenhirnen hat, die zu Tausenden in den Regalen der Discounter stehen. Warum sollte man sie nicht einfach einschalten? Sie wären dann intelligente Produkte. Sie könnten ihre eigenen Preise oder »Dankeschön« anzeigen und dabei mühelos auf die Verkaufszahlen reagieren. Sie könnten ihre Preise neu kalkulieren, wenn der Ladenbesitzer sie mit Gewinn verkaufen will oder wenn man als Käufer so etwas wie einen Gutschein oder eine Rabattmarke bei sich hat. Und ein Produkt würde wissen, ob man es ignoriert hat, selbst nachdem man den Sonderpreis wahrgenommen hat, was für den Ladenbesitzer und den Hersteller von großem Interesse wäre. Zumindest hat man hingesehen, würde sich die Werbeagentur des Produkts brüsten. Kurz, sobald die Artikel im

Regal sich ihrer selbst und aller anderen Artikel bewußt werden und mit ihren Kunden interagieren, stoßen sie mit großer Geschwindigkeit in eine andere Ökonomie vor.

Trotz meiner optimistischen Voraussagen für eine Netzwerkökonomie gibt es in ihr einiges, was stört: die gleichen beunruhigenden Begleiterscheinungen wie bei anderen großen, dezentralisierten, sich selbst erzeugenden Systemen:

- Man kann sie nicht verstehen
- Man hat weniger Kontrolle
- Sie lassen sich nicht leicht optimieren

Da sich die Unternehmen in eine Art Barlowschen Cyberspace entkörperlichen, nehmen sie den Charakter von Software an: sauber, immateriell, schnell, nützlich, mobil und interessant. Aber auch kompliziert und wahrscheinlich voller Fehler, die keiner finden kann.
Was können wir davon erwarten, daß die Unternehmen und Produkte der Zukunft stärker den Charakter heutiger Software annehmen? Fernseher, die abstürzen? Autos, die plötzlich stehen bleiben? Toaster, die uns bombardieren?
Große Softwareprogramme sind so ziemlich das Komplizierteste, was Menschen zur Zeit herstellen können. Microsofts neues Betriebssystem hatte 4 Millionen Zeilen Programmcode. Natürlich behauptet Bill Gates, daß es darin nach der Überprüfung durch 70 000 Betatests keine Fehler mehr gibt.
Ist es uns möglich, extrem komplizierte Dinge ohne Fehler (oder auch mit nur ein paar Fehlern) herzustellen? Wird uns eine Netzwerkökonomie dazu verhelfen, Komplexität ohne jeden Fehler zu erschaffen, oder einfach Komplexität mit Fehlern?
Ob nun die Unternehmen selbst Software immer ähnlicher werden oder nicht, sicher ist, daß immer mehr von dem, was sie herstellen, von zunehmend komplizierterer Software abhängig ist, wodurch das Problem, Komplexität ohne Fehler zu erzeugen, entscheidende Bedeutung erhält. Und im Zeitalter der Simulationen ist die Verifizierung der Glaubwürdigkeit einer Simulation genauso ein Problem wie die Überprüfung umfangreicher komplizierter Software, um festzustellen, ob sie fehlerfrei ist oder nicht.

David Parnas, ein kanadischer Computerwissenschaftler, verfaßte eine Sammlung von acht Kritiken zu Präsident Reagans »Star Wars«-Initiative (SDI). Zur grundlegenden Richtschnur wurden für ihn dabei die Instabilitäten, die eine so extrem komplizierte Software, wie SDI sie im Grunde war, mit sich bringt. Der interessanteste Gesichtspunkt bei Parnas war, daß es zwei Arten von komplexen Systemen gibt: kontinuierliche und diskontinuierliche.

Wenn General Motors ein neues Auto auf seiner Rennstrecke testet, stellt es das Auto bei verschiedenen Geschwindigkeiten auf die Probe. Es testet, wie es bei einem Tempo von 80, 100 und 120 km/h mit einer scharfen Kurve zurechtkommt. Keiner ist überrascht, daß sich das Verhalten des Autos kontinuierlich mit der Geschwindigkeit verändert. Wenn das Auto den Kurventest bei einer Geschwindigkeit von 80, 100 und 120 km/h besteht, dann wissen die Techniker von General Motors – ohne das überprüfen zu müssen –, daß es ihn auch bei allen dazwischenliegenden Geschwindigkeiten wie 85 oder 107 km/h bestehen wird. Sie müssen sich keine Sorgen darüber machen, daß bei 85 km/h dem Auto Flügel wachsen oder es von allein in den Rückwärtsgang schaltet. Wie es sich bei 85 km/h verhält, wird in etwa der Interpolationsfunktion davon entsprechen, was es bei 80 und 100 km/h macht. Ein Auto ist ein kontinuierliches System.

Computersoftware, vielgliedrige Netzwerke und der Großteil der Vivisysteme sind diskontinuierliche Systeme. In komplexen, anpassungsfähigen Systemen kann man sich einfach nicht auf interpolierte Funktionen verlassen. Man kann Software verwenden, die jahrelang zuverlässig gelaufen ist – dann plötzlich bei einem bestimmten eingestellten Wert (93,25 km/h): Wumm! Das System geht in die Luft oder etwas Überraschendes entsteht. Diskontinuität war immer vorhanden. Alle angrenzenden Werte waren überprüft worden, aber genau dieses spezielle Zusammenspiel von Umständen eben nicht. Im Rückblick ist klar, warum der Fehler das System zusammenbrechen ließ, und wahrscheinlich ist sogar klar, warum ihn jemand hätte suchen sollen. Aber in Systemen mit einer astronomischen Zahl von Möglichkeiten ist es unmöglich, jeden Fall zu testen. Schlimmer noch, man kann sich nicht auf Stichproben verlassen, weil das System diskontinuierlich ist.

Ein Prüfer kann nicht darauf vertrauen, daß in extrem komplexen

Systemen ungeprüfte Werte in kontinuierlicher Fortführung der geprüften Werte funktionieren. Trotz dieser Schwierigkeit geht die Tendenz hin zu einer Softwareentwicklung, deren Fehlerquote bei Null liegt. Natürlich geschieht das in Japan.

Für kleine Programme bedeutet Null 0,000. Für extrem große Programme bedeutet Null 0,001 und alles darunter. Das ist die Anzahl der Fehler pro tausend Zeilen eines Codes (KLOC, Kilo Lines of Code) und einfach ein grobes Maß für Qualität. Die Methoden zur Erreichung fehlerfreier Software machen starke Anleihen bei der Pionierarbeit des japanischen Technikers Shigeo Shingo über fehlerfreie Produktionsprozesse. Natürlich behaupten Computerwissenschaftler, daß »Software etwas ganz anderes ist«. In der Produktion läßt sie sich perfekt vervielfältigen; das einzige Problem besteht also darin, die erste Kopie zu erstellen.

In einer Netzwerkökonomie resultieren die großen Ausgaben für neue Produktentwicklungen aus der *Planung des Produktionsprozesses* und nicht aus der Planung des Produktes. Die Japaner haben sich bei der Planung und Verbesserung der Produktionsprozesse hervorgetan; die Amerikaner bei der Planung und Verbesserung der Produkte. Die Japaner betrachten Software eher als einen Produktionsprozeß denn als Produkt. In der entstehenden Netzwerkkultur ist immer mehr von dem, was wir herstellen – immer mehr von unserem Reichtum –, mit der Verarbeitung von Zeichen verbunden.

C. K. Cho, der Guru, wenn es um die Verläßlichkeit von Software geht, mahnt die Industrie, sich Software nicht als Produkt, sondern als tragbare Fabrik vorzustellen. Man verkauft – oder übergibt – eine Fabrik (den Programmcode) an andere, die sie dazu verwenden, Problemlösungen zu entwerfen, wenn sie welche benötigen. Die Schwierigkeit besteht darin, eine Fabrik herzustellen, die fehlerfreie Problemlösungen hervorbringen wird. Die Methoden für die Herstellung einer Fabrik, die absolut zuverlässige Geräte produziert, können mühelos auf die Schaffung einer Fabrik angewandt werden, die absolut zuverlässige Problemlösungen produziert.

Gewöhnlich wird die Entwicklung einer Software in drei große Abschnitte, sogenannte »Meilensteine«, zusammengefaßt. Zuerst wird sie in groben Umrissen entworfen, dann im Detail codiert und schließlich, knapp vor Ende des Projekts, als interagierendes Ganzes getestet.

Die Planung fehlerfreier Qualität vollzieht sich statt entlang einiger Meilensteine über Tausende von einzelnen »Zentimetersteinen«. Software wird jeden Tag in hundert kleinen Bürozellen von hundert Personen, die einzeln daran arbeiten, entworfen, kodiert und getestet.
Die Verkünder fehlerfreier Lösungen haben einen Slogan, der die Netzwerkökonomie zusammenfaßt: »Jeder hat *innerhalb* eines Unternehmens einen Kunden.« Gewöhnlich ist dieser Kunde der Mitarbeiter, dem man die getane Arbeit übergibt. Und man übergibt die Arbeit nicht, ehe man den Kreislauf der »Meilensteine« im Kleinen durchlaufen hat – indem man genau bestimmt, codiert und testet, was man gemacht hat, als ob man tatsächlich liefern würde.
Sobald man seine Arbeit an seinen Kunden/Mitarbeiter weitergibt, prüft dieser sie sofort und läßt einen wissen, wie gut man sie erledigt hat, und meldet eventuelle Fehler, die man dann korrigiert. Im Grunde wird Software von unten nach oben auf eine Weise entwickelt, die der Subsumtionsarchitektur von Rodney Brooks nicht unähnlich ist. Jeder Zentimeterstein ist ein kleines Code-Modul, das zuverlässig arbeitet und von dem aus komplexere Ebenen hinzugefügt und getestet werden.
Zentimetersteine allein werden einem keine fehlerfreie Software bescheren. Die Grundlage für dieses Ziel bildet eine wesentliche Unterscheidung: Ein Defekt ist ein Fehler, der weitergeleitet wurde. Ein Fehler, der vor der Weitergabe korrigiert wird, ist kein Defekt. Shingo bemerkt: »Was wir absolut nicht vermeiden können, sind Fehler, aber wir können verhindern, daß solche Fehler Defekte hervorbringen.« Deshalb ist es die Aufgabe einer Planung, die Defekte ausschließen soll, Fehler frühzeitig aufzuspüren und zu beheben. Das ist soweit selbstverständlich. Der wirkliche Fortschritt beruht auf der frühzeitigen Identifizierung und Eliminierung der Fehlerursache. Wenn ein Arbeiter die falsche Schraube verwendet, muß man ein System einrichten, das verhindert, daß die falsche Schraube verwendet wird. Irren ist menschlich; den Irrtum zu managen, ist System.
Die klassische japanische Erfindung zur Vermeidung von Fehlern ist ein »Hinweis«-System (poka-yoke), das die Dinge narrensicher macht. Auf Fließbändern verhindern einfache, aber raffinierte Geräte Fehler. Eine Montageplatte kann ein eigenes Loch für jede Schraube haben, so daß der Techniker, wenn irgendwelche Schrauben übrigbleiben,

weiß, daß er eine vergessen hat. Ein Beispiel für solche »Hinweise« bei der Softwareherstellung ist eine Rechtschreibprüfung, die verhindert, daß der Programmierer einen falsch geschriebenen Befehl eintippt oder gar einen unerlaubten (unlogischen) Befehl eingibt. Die Softwareentwickler besitzen eine immer größere Auswahl an erstaunlich verfeinerten »automatischen Programmkorrektur«-Anwendungen, die das laufende Programm überprüfen, um typische Fehler zu vermeiden.

Programmiergeräte auf dem neuesten Stand der Technik führen auf einer Metaebene Bewertungen der Logik eines Programms durch – »Achtung, dieser Schritt macht keinen Sinn!« sagen sie – und eliminieren dadurch logische Fehler bei der ersten sich bietenden Gelegenheit. Eine Fachzeitschrift der Softwareindustrie listete vor kurzem beinahe hundert Fehlertests und Mittel zur Fehlerbehebung auf, die käuflich erworben werden können. Das eleganteste dieser Programme bietet den Programmherstellern bei der Fehlerkorrektur echte Alternativen, so wie das auch eine gute Rechtschreibprüfung macht.

Ein anderer »Hinweis« von großer Wichtigkeit ist die Aufteilung von komplexer Software in Module. Eine 1982 in *IEEE Transactions on Software Engineering* veröffentlichte Untersuchung zeigte, wie dieselbe Anzahl von Codezeilen, in kleinere Subprogramme aufgeteilt, die Anzahl der Fehler senkte, wenn alles andere gleich blieb. Ein 10 000-Zeilen-Programm in einem Stück wies 317 Fehler auf; sobald man sie in drei Subprogramme unterteilte, lieferten 10 000 Zeilen insgesamt 265 Fehler weniger. Der Rückgang pro Unterabteilung verläuft in einer leicht linearen Funktion, so daß man sagen kann, daß Fragmentierung zwar kein Allheilmittel ist, aber ein sehr verläßlich funktionierender Kunstgriff.

Außerdem kann ein Subprogramm unterhalb einer gewissen Schwelle klein genug sein, um absolut frei von Defekten zu sein. Der Code für die IMS-Serien von IBM war in Modulen geschrieben, von denen drei Viertel überhaupt keinen Defekt aufwiesen. Das heißt, 300 von 425 Modulen hatten keinen Defekt. Über die Hälfte der Fehler wurde in nur 31 Modulen gefunden. Die Entwicklung hin zu modularer Software ist daher ein Schritt in Richtung Verläßlichkeit.

Der spannendste Grenzbereich auf dem Gebiet der Softwareentwicklung ist heute die Tendenz zu objektorientierter Software. Ein objektorientiertes Programmierverfahren (OOP) bedeutet relativ dezentralisierte und modulare Software. Die Teile eines OOP behalten ihre Eigenständigkeit; sie können mit anderen OOP-Teilen zu einer zerlegbaren Hierarchie von Anordnungen kombiniert werden. Der Schaden, den ein Fehler anrichten kann, ist auf ein »Objekt« begrenzt. Statt das ganze Programm aufzublasen, isoliert OOP den Aufgabenbereich wirkungsvoll in handliche Einheiten, so daß ein defektes Objekt nicht das ganze Programm zerstört; es kann gegen ein neues Objekt ausgetauscht werden, so wie alte Bremsbeläge bei einem Auto durch bessere ersetzt werden können. Händler können Bibliotheken vorfabrizierter »Objekte« an- und verkaufen, die andere Softwareentwickler kaufen und schnell in veränderter Form zu großen, leistungsfähigen Programmen zusammenstellen können, statt riesige neue Programme Zeile für Zeile zu schreiben. Wenn es Zeit ist, ein großes OOP auf den neuesten Stand zu bringen, braucht man nur die verbesserten oder neuen Objekte hinzuzufügen.

Objekte in OOP sind wie Lego-Bausteine, aber sie tragen auch ein kleines bißchen Intelligenz in sich. Ein Objekt kann einem Symbol für ein Dateiverzeichnis auf einem Macintosh-Bildschirm ähneln, aber einem, das sein Verzeichnis kennt und antworten würde, wenn ein Programm alle Dateiverzeichnisse dazu auffordern würde, ihren Inhalt aufzulisten. Ein OOP-Objekt kann auch eine Form der Besteuerung sein oder ein Angestellter in der Datenbank einer Firma oder eine E-Mail-Botschaft. Objekte wissen, welche Aufgaben sie erfüllen können und welche nicht, und sie kommunizieren auf einer Ebene miteinander.

Objektorientierte Programme erzeugen eine Software mit sanfter, verteilter Intelligenz, die Fehler ausgleichen kann, schneller wieder in Ordnung kommt (durch Beseitigung eines Objekts) und wächst, indem sie in zunehmendem Maße Arbeitsuntereinheiten einbaut.

Die 31 oben erwähnten, im IBM-Code gefundenen fehlerhaften Module veranschaulichen sehr gut die Charakteristik einer Software, die dazu geeignet ist, eine Qualität von höchster Präzision zu erreichen. Fehler tendieren dazu, Gruppen zu bilden. *Zero Defect Software*, die Bibel der neuen Entwicklung, meint: »Der nächste Fehler, den man findet, ist viel wahrscheinlicher in dem Modul zu finden, in dem bereits elf andere Fehler gefunden wurden, als in dem Modul, in dem keine Fehler gefunden wurden.« Die Gruppenbildung von Fehlern bei Software ist so weit verbreitet, daß sie als die »Küchenschaben-Faustregel« bekannt ist: Wo man *einen* Fehler sieht, führen 23 andere ein unbemerktes, verborgenes Dasein.

Und hier das Gegenmittel laut der Zero-Bibel: »Gib kein Geld für fehleranfällige Codes aus, schau, daß du sie los wirst. Die Programmierkosten sind beinahe irrelevant im Vergleich zu den Kosten für die Reparatur fehleranfälliger Module. Wenn eine Software eine Fehlergrenze überschreitet, wirf sie weg und nimm einen anderen Softwareentwickler für die Neuprogrammierung. Trenne dich von einer bereits begonnenen Arbeit, die eine Tendenz zu Fehlern zeigt, denn frühe Fehler sind die Vorboten späterer Fehler.«

Da Softwareprogramme rasch an Komplexität zunehmen, wird es unmöglich, sie am Ende vollständig zu überprüfen. Weil sie diskontinuierliche Systeme sind, werden sie immer für ungewöhnlich schwierige Situationen oder verhängnisvolle Reaktionen sorgen, die durch eine Kombination von Einflüssen ausgelöst werden, die nur einmal in einer Million von Fällen vorkommt und die der Entdeckung sowohl durch systematische als auch durch stichprobenartige Überprüfung entgeht. Und während statistische Erhebungen zwar sagen können, ob es wahrscheinlich noch weitere Fehler gibt, können sie von ihnen jedoch nicht lokalisiert werden.

Die neobiologische Methode besteht darin, die Software aus bereits funktionierenden Teilen aufzubauen und sie während ihres Wachstums ständig zu testen und zu korrigieren. Man schlägt sich weiter mit den Problemen der unerwarteten »emergenten Verhaltensweisen« (Fehler) herum, die aus der Ansammlung von fehlerfreien Teilen entstehen. Aber es besteht eine echte Chance, solange man nur auf der neu entstehenden Ebene testen muß (da die untergeordneten Befehle bereits bestätigt sind) – und man ist weit von einer Situation entfernt, in der man neu auftauchende Fehler bis zu tieferliegenden Subfehlern zurückverfolgen müßte.

Ted Kaehler lebt davon, daß er neue Arten von Softwaresprachen erfindet. Er war ein früher Pionier von objektorientierten Sprachen, ein Mitentwickler von »SmallTalk« und »HyperCard«. Heute arbeitet er an einer Sprache für Apple-Computer, die einen »direkten Zugriff«

gewährleisten soll. Als ich ihn über fehlerfreie Software bei Apple befragte, winkte er ab. »Ich glaube, es *ist* möglich, eine Software ohne jeden Defekt zu produzieren, etwa bei einem weiteren Datenbankprogramm. Überall, wo man wirklich versteht, was man tut, kann man es auch ohne Fehler machen.«

Ted würde mit einer japanischen Softwarefabrik niemals zurechtkommen. Er meint: »Ein guter Programmierer kann alles Bekannte, alles Regelmäßige verwenden und es geschickt verkleinern. Bei einem kreativen Programmiervorgang verschwindet dann alles, worin man sich perfekt auskennt. Die Aufgabe reduziert sich dementsprechend darauf, das nicht bereits Bekannte niederzuschreiben ... Eine Software läßt sich ohne jeden Fehler herstellen, aber nur indem man ein Programm schreibt, dessen Code unter Umständen Tausende von Zeilen länger ist als unbedingt notwendig.«

Genau das macht die Natur: Sie opfert Eleganz zugunsten von Verläßlichkeit. Die neuronalen Wege der Natur versetzen Wissenschaftler immer noch durch den geringen Grad ihrer Optimierung in Erstaunen. Forscher, die die Nervenzellen im Schwanz eines Krebses untersuchten, erzählten von ihrer Überraschung darüber, wie plump und unelegant diese neuronalen Schaltungen sind. Mit ein wenig mehr Mühe hätte sie einen ökonomischeren Entwurf präsentieren können. Aber die Schaltkreise des Krebsschwanzes, die vielleicht redundanter waren als nötig, funktionierten fehlerfrei.

Der Preis einer fehlerfreien Software ist, daß sie übertechnisiert ist, zu groß gebaut, ein wenig aufgedunsen und niemals auf dem Sprung ins Unbekannte, wo Ted und seine Freunde sich aufhalten. Sie tauscht die Effizienz der Durchführung gegen die Effizienz der Produktion ein.

Ich fragte Nobelpreisträger Herbert Simon, wie die Philosophie einer fehlerfreien Produktion zu seinem Konzept des »Satisficing« passe – strebe nicht nach Optimierung, sondern nach dem, was gerade gut genug ist. Er lachte und sagte: »Oh, man *kann* fehlerfreie Produkte herstellen. Die Frage ist, kann man es auf eine profitable Weise? Wenn Sie an Gewinnen interessiert sind, dann müssen Sie so weit für Fehlerfreiheit sorgen, daß es gerade gut genug ist.« Da ist er wieder, dieser Kompromiß in komplexen Verhältnissen.

Die Zukunft der Netzwerkökonomie liegt eher in der Erfindung zuverlässiger Produktionsprozesse als in der Erfindung zuverlässiger

Produkte. Zur selben Zeit liegt es in der Natur dieser Ökonomie, daß man Arbeitsprozesse unmöglich optimieren kann. In einer vielgliedrigen, halblebendigen Welt können Ziele nur ausreichend befriedigt werden, und dann auch nur für einen Moment. Einen Tag später hat sich die Landschaft verändert, und ein anderer Emporkömmling bestimmt das Spielfeld.

Kennzeichen der aufkommenden Netzwerkökonomie

Zusammenfassung der Leitlinien

Meiner Ansicht nach werden sich in der Ökonomie der nahen Zukunft einige allgemeine Muster systematisch durchsetzen. Und welcher Wirtschaftsplan käme ohne die Zusammenfassung seiner Leitlinien aus? Dieser mit Sicherheit nicht. Im folgenden sind einige Eigenschaften aufgeführt, die, wie ich glaube, eine auf dem Netzwerkmodell basierende Wirtschaft haben wird:

- *Verteilte Zentren* – Die Grenzen eines Unternehmens verschwimmen. Aufgabenbereiche, selbst scheinbare Kernbereiche wie die Buchhaltung und die Produktion, werden über Netzwerke an Vertragspartner vergeben, die diese Aufgaben über Nebenverträge weitergeben. Unternehmen, vom Ein-Mann-Betrieb bis zum multinationalen Konzern, werden zu Gesellschaften von Arbeitszentren, deren Besitz und deren geographische Ansiedlung breit gestreut sind.
- *Anpassungsfähige Technologien* – Wenn Sie nicht in Echtzeit handeln, sind Sie verloren. Strichcodes, Laserabtastgeräte, Handys, Servicetelefonnummern und Satellitenverbindungen, die direkt an die Registrierkassen angeschlossen sind, Befragungsinstrumente und Lieferwagen steuern die Produktion der Waren. Die Preise für Kopfsalat verändern sich genauso wie die für die Tickets der Fluglinien und werden auf einer LED-Anzeige auf dem Regal des Lebensmittelgeschäfts mitgeteilt.
- *Flexible Produktionsprozesse* – Eine geringere Anzahl von Artikeln kann in kürzeren Zeitspannen mit weniger Ausrüstung produziert werden. Filme konnte man früher nur in einigen zentralen Labors entwickeln lassen, und der Vorgang dauerte Wochen. Heute wird dies an jeder Straßenecke in einer Stunde von einer kleinen Maschine

erledigt. Modulare Ausrüstung, der Verzicht auf festes Inventar und eine computergestützte Planung lassen die Kreisläufe der Produktentwicklung von Jahren auf Wochen schrumpfen.

- *Massenhafte Maßanfertigungen* – Individuell maßgefertigte Produkte, die in riesigen Mengen hergestellt werden. Autos mit einer Ausstattung, die an die örtlichen Witterungsverhältnisse angepaßt wird; Videorecorder, die nach den Gewohnheiten der Benutzer vorprogrammiert sind. Alle Produkte werden nach persönlichen Richtlinien, aber zu Preisen einer Massenproduktion gefertigt.
- *Industrielle Ökologie* – Produktionsprozesse in geschlossenen Kreisläufen, ohne Abfälle, ohne Umweltverschmutzung; Produkte, die so entworfen sind, daß man sie zerlegen kann; und eine allmähliche Verschiebung hin zu biologisch verträglichen Verfahren. Zunehmende Intoleranz gegenüber Verstößen gegen die Grundsätze der Biologie.
- *Globales Rechnungswesen* – Selbst kleine Geschäfte vertreten globale Perspektiven. Unberührte, unerschlossene wirtschaftliche »Grenzgebiete« verschwinden von der Landkarte. Aus dem Nullsummenspiel, bei dem jeder Gewinn des einen den Verlust eines anderen bedeutet, wird ein Spiel mit einer positiven Endsumme, bei dem die wirtschaftlichen Gewinne an jene gehen, die in der Lage sind, das System als einheitliches Ganzes zu behandeln. Allianzen, Partnerschaften und Formen der Zusammenarbeit werden, auch wenn sie vorübergehend oder widersprüchlich sind, unentbehrlich und zur Norm.
- *Kunden, die eine Koevolution durchlaufen* – Kunden werden durch das Unternehmen ausgebildet und erzogen, und das Unternehmen wird durch die Kunden ausgebildet und erzogen. Produkte werden in einer Netzwerkkultur zu immer wieder erneuerbaren Konzessionen, die eine gemeinsame Entwicklung mit dem Verbrauch durch die Kunden durchlaufen und sich dabei dauernd verbessern. Denken Sie an Software-Updates und Abonnements. Unternehmen werden zu Klubs oder Benutzergruppen von gemeinsam sich entwickelnden Kunden. Ein Unternehmen kann kein lernendes Unternehmen sein, ohne auch ein lehrendes Unternehmen zu sein.
- *Wissen als Grundlage* – Vernetzte Daten machen jede Arbeit schneller, besser und leichter. Aber Daten sind billig und innerhalb von Netzwerken in großen Mengen ein Ärgernis. Der Vorteil liegt nicht mehr darin, *wie* du eine Arbeit machst, sondern *welche* du machst.

Daten können einem das nicht sagen; Wissen schon. Die Verwandlung von Daten zu Wissen wird unbezahlbar.

- *Freie Bandbreite* – Der Anschluß kostet nichts; das Einschalten ist teuer. Du kannst jedem zu jeder Zeit irgend etwas schicken; aber zu bestimmen, an wen man was und wann schicken oder was man wann bekommen soll, darauf kommt es an. Der Schlüssel liegt darin, daß man auswählt, woran man nicht angeschlossen sein will.
- *Zunehmende Erträge* – Wer hat, bekommt dazu. Wer abgibt und teilt, bekommt dazu. Früh dran zu sein, zahlt sich aus. Der Wert eines Netzwerks wächst schneller als die Zahl der hinzukommenden Mitglieder. Ein zehnprozentiger Anstieg an Kunden kann die Einnahmen für ein Unternehmen in einer nichtvernetzten Wirtschaft um zehn Prozent erhöhen. Aber wenn ein vernetztes Unternehmen, wie beispielsweise eine Telefongesellschaft, zehn Prozent mehr Kunden haben würde, könnten die Erträge um 20 Prozent steigen, weil die Anzahl der Gespräche zwischen den alten und neuen Mitgliedern exponentiell zunehmen würde.
- *Digitales Geld* – Alltägliche digitale Barzahlung ersetzt Stapel von Papiergeld. Alle Rechnungen werden in Echtzeit beglichen.
- *Die Wirtschaft im Kabel-Underground* – Die dunkle Seite: Die Schattenwirtschaft boomt. Kreative Randgebiete und Nischen expandieren, sind jetzt aber über verschlüsselte Netzwerke unsichtbar miteinander verbunden. Verteilte Zentren und elektronisches Geld treiben die wirtschaftlichen Aktivitäten in den Kabel-Underground.

In Netzwerkökonomien kann der Kunde mit erhöhtem Tempo, größerer Auswahl und mit einer *größeren Verantwortung als Kunde* rechnen. Die Lieferanten können mit erhöhter Dezentralisierung aller Aufgabenbereiche und mit einem zunehmend symbiotischen Verhältnis zu den Kunden rechnen. In dem chaotischen Netz unbegrenzter Kommunikationsmöglichkeiten den richtigen Kunden zu finden, wird zu einem neuen Spiel werden.

Das bestimmende Ereignis des kommenden Zeitalters ist die Verbindung von allem mit allem. Alle Dinge, groß und klein, werden auf vielen Ebenen an riesige Netze von Netzwerken angeschlossen sein. Ohne große Netzwerke gibt es kein Leben, keine Intelligenz und keine Evolution; mit Netzwerken gibt es all das und mehr.

Mein Freund Barlow – zumindest seine körperlose Stimme – hat für sich bereits die vollständige Vernetzung vollzogen. Er lebt und arbeitet in einer echten Netzwerkökonomie. Er gibt – kostenlos – Informationen weiter und bekommt dafür Geld. Je mehr er weitergibt, desto mehr Geld bekommt er. In einer E-Mail-Nachricht erzählte er mir etwas über das entstehende Netzwerk:

> Computer – die Geräte selbst – haben weit weniger mit Technikbegeisterung als mit einer gewissen halbbewußten Resonanz auf *die* große Aufgabe zu tun: die Installierung eines kollektiven Bewußtseins, die Erschaffung eines planetarischen Denkens. Teilhard de Chardin schrieb vor langer Zeit über dieses Vorhaben und wäre entsetzt über die prosaische Natur der Werkzeuge, die wir verwenden, um das zustande zu bringen. Aber ich glaube, es liegt etwas angenehm Ironisches darin, daß der Weg zu seinem höchsten Ziel von einem Techniker und nicht von einem Mystiker erbaut werden könnte.

Die kühnsten Wissenschaftler, Technologen, Nationalökonomen und Philosophen unserer Zeit haben die ersten Schritte unternommen, um alle Dinge und alle Ereignisse in einem riesigen, komplexen Netz miteinander zu verbinden. Da sehr große Netze die Welt des Gemachten durchdringen, sehen wir erste Spuren von dem, was aus einem Netz entsteht – Maschinen, die lebendig und intelligent werden und eine Evolution durchlaufen – eine neobiologische Zivilisation.

Es ergibt einen Sinn, daß auch das globale Denken in einer Netzwerkkultur entsteht. Das globale Denken ist die Vereinigung von Computer und Natur – von Telefonen und menschlichen Gehirnen und anderem. Es ist ein ungeheuer großer komplexer Zusammenhang von unbestimmter Form, der von seiner eigenen unsichtbaren Hand beherrscht wird. Uns Menschen wird nicht bewußt sein, worüber das globale Denken nachsinnt. Nicht weil wir nicht intelligent genug sind, sondern weil der Aufbau eines Gehirns es nicht erlaubt, daß die Teile das Ganze verstehen. Die eigentümlichen Gedanken des globalen Gehirns – und seine sich daraus ergebenden Handlungen – werden außerhalb unserer Kontrolle und jenseits unserer Verstandeskräfte liegen. Die Netzwerkökonomie wird daher einen neuen Spiritualismus hervorbringen.

Die grundlegende Schwierigkeit, das globale Denken einer Netzwerkkultur zu verstehen, wird für uns darin bestehen, daß es kein zentrales »Ich« besitzt, an das wir uns wenden könnten. Keine Zentrale, kein Kopf. Das wird uns am meisten verärgern und entmutigen. In der Vergangenheit haben Abenteurer nach dem Heiligen Gral, der Quelle des Nils oder nach den Geheimnissen der Pyramiden gesucht. In Zukunft wird die Suche darin bestehen, das »Ich bin« des globalen Denkens zu finden, die Quelle seines Zusammenhalts. Viele Seelen werden alles, was sie haben, bei dieser Suche verlieren – und zahlreich werden die Theorien darüber sein, wo sich das »Ich bin« des globalen Denkens versteckt. Aber es wird, wie früher auch schon, eine Suche ohne Ende sein.

11

ELEKTRONISCHES GELD

In den Augen von Tim May ist ein Digital Audio Tape (DAT) eine Waffe, die so mächtig und subversiv ist wie eine tragbare Stingerrakete. May (um die vierzig, gepflegter Bart, Ex-Physiker) hält eine digitale Audiokassette für 9 Dollar 95 in die Höhe. Die DAT-Kassette – kaum dicker als eine gewöhnliche analoge Kassette – enthält eine Mozartaufnahme in der Wiedergabequalität einer konventionellen Compact Disc. Ein DAT kann Text genauso leicht speichern wie Musik. Wenn die Daten geschickt komprimiert worden sind, kann ein DAT aus dem Laden um die Ecke ungefähr 10 000 Bücher in digitaler Form enthalten.

Ein DAT kann auch eine kleinere Bibliothek an Informationen vollständig zwischen den Noten eines Musikstücks verbergen. Die Daten können auf einem digitalen Band nicht nur sicher verschlüsselt werden, sondern die Existenz der Bibliothek auf dem Band wäre selbst für leistungsfähige Computer unsichtbar. Nach dem Schema von May könnte der Gesamtwert an kodierten Informationen einer Computerfestplatte im Inneren einer normalen Bandaufnahme von Michael Jacksons *Thriller* verschwinden.

Das Verschwinden funktioniert folgendermaßen: DAT zeichnet Musik in sechzehn Binärstellen auf. Das ist eine Präzision, die unsere Wahrnehmungsfähigkeit übersteigt. Die Abweichung, die das 16. Bit des Signals enthält, ist zu klein, als daß sie von einem menschlichen Ohr wahrgenommen werden könnte. Ein Techniker kann eine lange Botschaft – ein Buch voller Diagramme, eine Reihe von Tabellen (in verschlüsselter Form) – auf der Position des 16. Bits einer Musikaufnahme einsetzen. Jeder, der das Band abspielt, würde Michael Jackson exakt in der digitalen Präzision schmachten hören wie auf einer gekauften *Thriller*-Aufnahme. Jeder, der das Band mit einem Computer untersuchte, würde nur digitalisierte Musik entdecken. Allein durch den Vergleich eines unfrisierten Bandes mit dem verschlüsselten, den ein Computer Bit für Bit vornehmen müßte, könnte jemand den Unterschied entdecken. Selbst dann aber würden die zufällig aussehenden Abweichungen als Rauschen erscheinen, das beim Vortäuschen einer digitalen Aufnahme durch einen analogen CD-Player (der normale Vorgang) entstanden ist. Schließlich müßte dieses »Rauschen« entschlüsselt werden (was unwahrscheinlich ist), um zu beweisen, das es etwas anderes als Rauschen ist.

»Das bedeutet«, sagt May, »daß es bereits jetzt völlig hoffnungslos ist, den Fluß von Informationsbits über Grenzen hinweg zu unterbinden. Denn jeder, der eine einzige handelsübliche Musikkassette bei sich trägt, kann die gesamten computerisierten Dateien eines Tarnkappenbombers darauf transportieren – und zwar vollständig unbemerkt.« Ein Band enthält Discomusik. Ein anderes enthält Disco und die grundlegenden Entwürfe für eine Schlüsseltechnologie.

Und Musik ist nicht einmal die einzig Möglichkeit, etwas zu verstecken. »Ich habe dies auch schon mit Fotos gemacht«, sagt May. »Ich nehme ein digitalisiertes Foto aus dem Netz, lade es in Adobe Photoshop und schreibe dann eine verschlüsselte Botschaft in die unwichtigsten Bits jedes Pixels ein. Wenn ich das Bild ins Netz zurückstelle, ist es im wesentlichen vom Original ununterscheidbar.«

Ein anderer Aspekt, mit dem sich May beschäftigt, sind vollständig anonyme Transaktionen. Durch die Nutzung der von Militärbehörden entwickelten Verschlüsselungsmethoden lassen sich sehr machtvolle – und nicht zu knackende – Technologien für anonyme Transaktionen denken. Zwei völlig unbekannte Nutzer könnten untereinander Informationen austauschen und für diesen Austausch Geld berechnen, ohne die geringste Gefahr, dabei aufgespürt zu werden. Via Telefon und Post ist das heute nicht so sicher durchführbar.

Diese Vorstellung erregt nicht nur die Aufmerksamkeit von Spionen und organisiertem Verbrechen. Effiziente Arten der Autorisierung und Überprüfung wie Computerkarten, gegen unbefugtes Eindringen geschützte Netzwerke und mikroskopisch kleine Verschlüsselungschips drücken die Chiffrierkosten auf ein verbraucherfreundliches Niveau. Verschlüsselung ist heute für jedermann erschwinglich.

Nach Tim Mays Meinung läuft dies alles auf das Ende von Konzernen in ihrer gegenwärtigen Form und den Beginn eines raffinierteren, steuerfreien Schwarzmarktes hinaus. Tim nennt diese Bewegung

Kryptoanarchie. »Ich muß Ihnen leider sagen, daß ich glaube, daß ein Krieg zwischen zwei Mächten heraufziehen wird«, vertraut er mir an. »Die eine Macht will völlige Offenheit, das Ende geheimer Geschäfte. Das ist die Regierung, die Marihuana-Rauchern und verdächtigen Mailboxen nachjagt. Die andere Macht will Datenschutz und Bürgerfreiheiten. Diesen Krieg wird die Datenverschlüsselung gewinnen. Solange die Regierung Verschlüsselung nicht erfolgreich verhindern kann, und es wird ihr nicht gelingen, wird die Verschlüsselung immer gewinnen.«

Vor ein paar Jahren verfaßte May ein Manifest, um auf die drohende weite Verbreitung von Datenverschlüsselung hinzuweisen. In dieser im Netz veröffentlichten elektronischen Attacke warnte er vor dem kommenden »Gespenst der Kryptoanarchie«:

> … Der Staat wird natürlich versuchen, die Verbreitung dieser Technologie zu verzögern oder zu stoppen, indem er nationale Sicherheitsinteressen, den Mißbrauch dieser Technologie durch Drogendealer und Steuerhinterzieher und die Furcht vor der Auflösung sozialer Bindungen bemüht. Viele dieser Bedenken werden berechtigt sein; die Kryptoanarchie wird einen freien Handel mit Staatsgeheimnissen, verbotenen und gestohlenen Dingen ermöglichen. Ein anonymer digitalisierter Markt wird selbst einen verabscheuungswürdigen Markt für Attentate und Erpressungen möglich machen. Unterschiedlichste kriminelle und fremde Elemente werden aktive Nutzer des Krypto-Netzes sein. Aber das wird die Verbreitung der Kryptoanarchie nicht aufhalten.
>
> Ebenso wie die Technologie des Buchdrucks die Macht der mittelalterlichen Zünfte vermindert und damit die soziale Machtstruktur verändert hat, werden die kryptologischen Methoden die Natur von Konzernen und die Art der staatlichen Intervention im wirtschaftlichen Bereich grundlegend verändern. In Kombination mit dem Wachstum von Informationsmärkten wird die Kryptoanarchie einen flüssigen Markt für jeglichen Stoff schaffen, der in Worte und Bilder gefaßt werden kann. Und ebenso wie eine scheinbar kleine Erfindung wie der Stacheldraht die Umzäunung riesiger Ranches und Farmen

> ermöglichte und damit für immer den Begriff von Land und Eigentumsrechten im Wilden Westen verändert hat, wird auch diese scheinbar unbedeutende Erfindung aus einem geheimnisvollen Zweig der Mathematik zur Drahtschere werden, die den Stacheldraht um die intellektuellen Besitztümer gegenstandslos macht.

Das Manifest war unterzeichnet:

> Timothy C. May, Kryptoanarchie: Verschlüsselung, digitales Geld, anonyme Netzwerke, digitale Pseudonyme, Nullwissen, Reputationen, Informationsmärkte, Schwarzmärkte, Zusammenbruch der Regierung.

Ich bat den pensionierten Intel-Physiker Tim May, die Verbindung zwischen der Datenverschlüsselung und dem Zusammenbruch der uns bekannten Gesellschaft zu erklären. Mays Erklärung lautete: »Mittelalterliche Zünfte haben Information monopolisiert. Wenn jemand außerhalb der Zünfte versucht hätte, Leder oder Silber herzustellen, wären die Schergen des Königs hereingestürmt und hätten alles kurz und klein geschlagen, weil die Zünfte dem König Abgaben entrichteten. Am Buchdruck zerbrachen die Zünfte; jeder konnte eine Abhandlung darüber veröffentlichen, wie man Leder gerbt. Im Zeitalter des Buchdrucks entstanden Unternehmen, um eine bestimmte Fachkenntnis, etwa das Schmieden von Waffen oder die Herstellung von Stahl, zu monopolisieren. Heute wird die Verschlüsselung gegenwärtige Unternehmensmonopole auf Fachkenntnisse und geschütztes Wissen untergraben. Die Unternehmen werden nicht in der Lage sein, ihre Geheimnisse für sich zu behalten, weil es zu leicht sein wird, Informationen in den Netzen zu verkaufen.«
Der Grund dafür, daß die Kryptoanarchie noch nicht ausgebrochen ist, liegt laut May darin, daß das Militär ein Monopol auf das grundlegende Wissen der Verschlüsselung besitzt – so wie die Kirche früher einmal versucht hatte, den Buchdruck zu kontrollieren. Mit wenigen Ausnahmen ist die Verschlüsselungstechnologie von und für die militärischen Organisationen auf der ganzen Welt erfunden worden. Zu behaupten, daß das Militär diese Technologie geheimhält, wäre eine Untertreibung. Sehr wenig von dem, was die U.S. Na-

tional Security Agency (NSA) - deren Aufgabe es ist, Chiffriersysteme zu erarbeiten - entwickelt hat, ist jemals in die zivile Nutzung durchgesickert, im Gegensatz zu den übrigen vom sogenannten militärisch-industriellen Komplex ersonnenen Technologien.

Aber wer braucht Verschlüsselung überhaupt? Vielleicht nur Menschen, die etwas zu verbergen haben: Spione, Kriminelle und Unzufriedene. Menschen, deren Appetit auf Verschlüsselung direkt, effektiv und hart bekämpft werden sollte.

Die Lage änderte sich vor zwei Jahrzehnten mit dem Beginn des Informationszeitalters grundlegend. Information wurde zum wichtigsten Aktivposten von Unternehmen. Informationsbeschaffung war nicht länger das Monopol der CIA-Spitzel, sondern Thema für Topmanagerschulungen. Spionage wurde zur Betriebsspionage. Der verbotene Transfer von Konzernwissen, und weniger der von militärischen Plänen, erfüllte den Tatbestand des Hochverrats, um den sich der Staat kümmern mußte.

Dazu kommt, daß Computer in den letzten zehn Jahren schnell und billig wurden; Verschlüsselung war zur Durchführung nicht länger auf Supercomputer und Superbudgets angewiesen. Ein gewöhnlicher Marken-PC vom Flohmarkt kann die enormen Rechenoperationen durchführen, die für ein ordentliches Verschlüsselungsprogramm vonnöten sind. Für kleine Betriebe, bei denen das gesamte Unternehmen vom PC abhängt, ist Verschlüsselung das wichtigste Hilfsprogramm, das sie auf ihrer Festplatte haben wollen.

Und innerhalb der letzten fünf Jahre sind Tausende elektronischer Netzwerke zu einem hochgradig dezentralisierten Netz von Netzwerken verwachsen. Ein Netzwerk ist eine weit verzweigte Angelegenheit ohne Kontrollzentrum und mit nur wenigen eindeutigen Grenzen. Wie sichert man etwas, das keine Grenzen besitzt? Nach und nach stellt sich heraus, daß bestimmte Arten der Verschlüsselung eine ideale Möglichkeit darstellen, Sicherheit in ein dezentralisiertes System zu bringen und es gleichzeitig flexibel zu halten. Anstatt zu versuchen, möglichen Ärger durch einen rigiden Sicherheitswall auszusperren, können Netzwerke allen möglichen Mist tolerieren, wenn ein Großteil ihrer Mitglieder die Botschaften mit Hilfe von Peer-to-peer-Verschlüsselung austauschen.

Plötzlich ist Datenverschlüsselung für gewöhnliche Menschen, die

»nichts« außer ihrer Privatsphäre »zu verbergen« haben, unglaublich nützlich geworden. Peer-to-peer-Verschlüsselung, die ins Netz eingewoben, mit elektronischen Zahlungsweisen verknüpft und in die täglichen Geschäftsabschlüsse eingebunden ist, wird einfach zu einem weiteren Geschäftsinstrument wie das Faxgerät und die Kreditkarte. Genauso plötzlich verlangen steuerzahlende Bürger – mit deren Geld das Militär diese Technologien zu seinem Eigentum gemacht hat – ihre Technologie zurück.

Aber die Regierung (zumindest die der Vereinigten Staaten) will das Verschlüsselungswissen aus einer Reihe anachronistischer Gründe nicht an die Bevölkerung zurückgeben. Deshalb begann im Sommer 1992 eine lose Vereinigung von kreativen, mathematisch begabten Computerfreaks, bürgerlichen Nonkonformisten, Verfechtern der freien Marktwirtschaft, genialen Programmierern, abtrünnigen Kryptologen und diversen anderen Pionieren damit, Verschlüsselungstechnologien zu erfinden, zu sammeln oder sich anzueignen, um sie dem Netz zur Verfügung zu stellen. Sie nannten sich selbst »Cypherpunks«.

An einigen Samstagen im Herbst 1992 gesellte ich mich zu Tim May und etwa 15 weiteren Kryptorebellen auf ihrem monatlichen Cypherpunk-Treffen in der Nähe des kalifornischen Palo Alto. Die Gruppe trifft sich in einem dieser typischen Bürokomplexe, die voll sind mit kleinen, aus dem Boden geschossenen Hightech-Firmen. Er könnte sich überall im Silicon Valley befinden. Der Raum ist mit einem einheitlich grauen Teppich ausgelegt, auf dem ein Konferenztisch steht. Der Moderator dieses Treffens, Eric Hughes, versucht die Kakophonie lauter, besserwisserischer Stimmen zu besänftigen. Hughes mit rotblonden Haaren, die fast bis zum Po reichen, schnappt sich einen Marker und kritzelt die Tagesordnung auf eine Tafel. Die Punkte, die er aufschreibt, wiederholen Mays digitales Programm: Reputation, PGP (Pretty Good Privacy), das Update eines anonymen Remailer und die Diffie-Hellmann-Papiere.

Nach kurzem Geplauder geht die Gruppe zum Geschäftlichen über. Es geht zu wie in einer Schulklasse. Ein Teilnehmer, Dean Tribble, geht nach vorn und stellt seine Forschung zu digitaler Reputation vor. Wie kann man sicher sein, daß alles mit rechten Dingen zugeht, wenn man versucht, mit jemandem geschäftlichen Kontakt aufzunehmen, den man nur als Namen und E-Mail-Adresse kennt? Tribble schlägt vor, daß man von einem »Treuhänder« Reputation kaufen kann – einer Firma, die so ähnlich arbeitet wie eine für Rechtstitel oder Kautionen und gegen Gebühr für jemanden bürgt. Er erklärt die Lehren, die sich aus den Theorien über Spiele, die auf einer Folge von Verneinungen basieren, etwa dem »Gefangenendilemma«, ziehen lassen; wie sich die Resultate verändern, wenn das Spiel, statt nur einmal, wieder und wieder gespielt wird und wie wichtig Reputation in fortgesetzten Beziehungen wird. Die möglichen Probleme von Kauf und Verkauf von Reputation im Online-Verkehr werden durchgesprochen, und man macht Vorschläge, in welche neuen Richtungen weiter zu forschen sei, bevor Tribble sich setzt und ein anderer Teilnehmer aufsteht, um eine kurze Rede zu halten. Jeder kommt an die Reihe.

Arthur Abraham, der in schweres schwarzes Nietenleder gekleidet ist, bespricht ein aktuelles technisches Papier zur Verschlüsselung. Er knipst einen Overheadprojektor an, zieht ein paar Folien mit Gleichungen hervor und geht mit der Gruppe den mathematischen Beweis durch. Mathematik ist für die meisten offensichtlich nicht einfach. Um den Tisch versammelt sind Programmierer (viele von ihnen Autodidakten), Techniker, Firmenberater – alle recht smart, aber nur ein einziger Teilnehmer verfügt über das nötige mathematische Rüstzeug. »Was meinst du damit?« fragt einer der ruhigen Zeitgenossen, während Abraham spricht. »Ah ja, richtig, du hast das Modul vergessen«, pflichtet ein anderer bei. »Heißt das *a* zu *x* oder *a* zu *y*?« Die Amateur-Krypto-Hacker zweifeln jede Stellungnahme an, verlangen Erläuterungen, grübeln darüber nach, bis es jeder verstanden hat. Der Hackerverstand, die Sucht der Programmierer, Dinge auf ein elegantes Minimum zu verkürzen, steht der akademischen Vorliebe für Gedrucktes gegenüber. Dean zeigt auf einen großen Abschnitt einer Gleichung und fragt: »Warum schmeißen wir den ganzen Kram nicht weg?« Eine Stimme von hinten: »Das ist eine gute Frage, und ich glaube, ich weiß warum.« Es folgt die Erklärung. Dean nickt. Arthur schaut sich um, um sicher zu gehen, daß es jeder begriffen hat. Dann geht er weiter zur nächsten Zeile auf dem Papier. Diejenigen, die es verstanden haben, helfen denen, die es noch nicht kapieren. Und bald ist der Raum erfüllt von zustimmenden Kommentaren: »Oh, das heißt, das läßt sich für die Netzwerkkonfiguration anwenden! Echt cool!« Und ein neues Hilfsprogramm für vernetzte Computer ist geboren; eine weitere Komponente ist vom Schleier der militärischen Geheimhaltung befreit und in das offene Gewebe des Netzes übertragen worden; ein weiterer Grundstein für die Netzkultur ist gelegt.

Die Mehrzahl der Aktivitäten solcher Gruppen finden online, in der virtuellen Welt elektronischer Cypherpunk-Mailinglisten statt. Immer mehr kryptophile User aus der ganzen Welt tauschen sich täglich über »Mailinglisten« im Internet aus. Hier werden Programme »in progress« weitergegeben, Versuche unternommen, Ideen (etwa digitale Unterschriften) preiswert zu implementieren, oder die ethischen und politischen Implikationen des eigenen Handelns diskutiert. Eine anonyme Untergruppe hat die »Information Liberation Front« ins Leben gerufen. Die ILF macht wissenschaftliche Papiere zur Kryptologie ausfindig, die in sehr teuren (und schwer aufzutreibenden) Zeitschriften erscheinen, scannt sie ein und »befreit« sie von ihren Copyrightbeschränkungen, indem sie die Artikel anonym ins Netz stellt.

Etwas anonym ins Netz zu stellen, ist sehr schwierig: Die Natur des Netzes ist es, alles unfehlbar aufzuspüren und freizügig zu kopieren. Theoretisch ist es sehr einfach, Übertragungsknoten zu durchleuchten, um eine Botschaft bis zu ihrer Quelle zurückzuverfolgen. In einem solchen Klima potentieller Allwissenheit sehnen sich die Kryptorebellen nach wahrer Anonymität.

Ich vertraue Tim meine Befürchtungen hinsichtlich des potentiellen Marktes von Anonymität an: »Sieht aus wie die perfekte Sache für Lösegeldforderungen, Erpressungsversuche, Bestechung, Wucher, Insidergeschäfte und Terrorismus.« »Na schön«, antwortet Tim, »und was ist mit dem Verkauf von Information, die nicht als legal gilt, etwa über Haschischanbau, Do-it-yourself-Abtreibung, Einlagerung von tiefgekühlten Leichen, oder auch nur die Verbreitung von Informationen zu alternativer Medizin, ohne dazu legitimiert zu sein? Was ist mit der Anonymität von Spitzeln, Beichtstühlen und privaten Verabredungen?«

Nach der Überzeugung der Kryptorebellen wird digitale Anonymität gebraucht, weil sie als Werkzeug zivilen Lebens genauso wichtig ist wie authentische Identifizierung. Eine ziemlich hoher Grad an Anonymität wird durch die Post gewährleistet; man braucht keinen Absender anzugeben, und die Post überprüft nicht, ob man es tut. Telefongespräche (ohne Rufnummernkennung) und Telegramme sind ebenso in hohem Maße anonym. Und jedermann hat das vom Höchsten Gerichtshof garantierte Recht, anonyme Handzettel und Pamphlete zu verteilen. Anonymität ist die große Leidenschaft derjenigen, die täglich Stunden mit Netzwerkkommunikation verbringen. Ted Kaehler, Programmierer bei Apple, glaubt, daß »unsere Gesellschaft sich inmitten einer Krise der Privatsphäre befindet«. Datenverschlüsselung sieht er als eine Erweiterung einer öffentlichen Institution wie der Post: »Wir haben immer das Briefgeheimnis gewahrt. Jetzt sind wir zum ersten Mal nicht mehr darauf angewiesen, darauf zu vertrauen; wir können es erzwingen.« John Gilmore, ein Krypto-Freak vom Vorstand der Electronic Frontier Foundation, sagt: »Wir haben einen ganz klaren gesellschaftlichen Bedarf an Anonymität bei den am weitesten verbreiteten Kommunikationsmedien.«

Eine einigermaßen gute Gesellschaft braucht mehr als nur Anonymität. Eine Online-Zivilisation verlangt nach Online-Anonymität, Online-Identifikation, Online-Autorisierung, Online-Reputation, Online-Treuhändern, Online-Unterschriften, Online-Datenschutz und Online-Zugang. Dies alles sind Bestandteile jeder offenen Gesellschaft. Das Programm von Cypherpunk besteht darin, die Hilfsprogramme zu entwickeln, die uns mit den digitalen Äquivalenten zu den zwischenmenschlichen Konventionen einer Gesellschaft versehen, die auf direktem menschlichen Kontakt aufgebaut ist, und diese kostenlos zugänglich zu machen. Dazu gehört nach der Vorstellung der Cypherpunks die Bereitstellung kostenloser digitaler Unterschriften genauso wie die Möglichkeit von Online-Anonymität.

Um digitale Anonymität zu bewerkstelligen, haben die Cypherpunks ungefähr 15 Prototypen anonymer Remailer entwickelt, die es bei flächendeckender Installation unmöglich machen würden, selbst bei intensiver Überwachung der Kommunikationskanäle die Quelle einer E-Mail-Botschaft zu bestimmen. Eine Stufe des Remailers ist heute schon funktionstüchtig. Wenn man ihn nutzt, um Alice eine Mail zu schicken, bekommt sie eine Nachricht, die als Absender »Niemand« angibt. Den Absender kann jeder Computer entlarven, der in der Lage ist, das gesamte Netzwerk zu überprüfen – ein technisches Meisterstück, das sich allerdings nur wenige leisten können. Um jedoch mathematisch unaufspürbar zu sein, müssen die Remailer mindestens in einer Zweier-Schaltung hintereinander (besser mehr) arbeiten – ein Remailer sendet eine Botschaft zum nächsten Remailer und verwandelt so die Information über ihren Absender Richtung Null, während sie weitergereicht wird.

Eric Hughes glaubt, daß Pseudonyme eine Rolle spielen könnten – einige kennen deine Identität, andere nicht. Unter dem Deckmantel von Pseudonymen »könnte man einem Kollektiv beitreten, um Daten zu erwerben, und die Kosten dafür durch eine Massenbestellung senken«. Eine digitale Genossenschaft könnte eine private Online-Bibliothek anlegen und gemeinsam digitale Filme, Platten, Software und teure Zeitschriften anschaffen, die man sich untereinander im Netz »ausleihen« könnte. Der Verkäufer der Information hätte absolut keine Möglichkeit festzustellen, ob er an eine oder 500 Personen verkauft. Hughes sieht in diesen Arrangements die notwendige Würze einer Informationsgesellschaft, »um die Randzonen zu erweitern, an denen die Armen überleben können«.

»Eines ist sicher«, sagt Tim, »langfristig führt dies zur Vernichtung der Steuereinnahmen.« Ich erlaube mir die ziemlich banale Bemerkung, daß dies ein Grund sein könnte, weshalb die Regierung die Technologie nicht zurückgibt. Ich gebe auch zu bedenken, daß sich ein Wettrüsten mit dem elektronischen Ableger der Steuerbehörde entwickeln könnte. Denn jeden neuen Schleichweg auf der Datenautobahn, den der digitale Untergrund entdeckt, um Transaktionen zu tarnen, wird die digitale Steuerbehörde mit einer Überwachungsmethode kontern. Tim rümpft darüber nur die Nase. »Ohne jeden Zweifel, dieses Zeug ist nicht zu knacken. Verschlüsselung gewinnt *immer.*«

Und das ist erschreckend, weil die überall vorhandene Verschlüsselung der wirtschaftlichen Aktivität – als einer Triebkraft unserer Gesellschaft – jede Hoffnung auf zentrale Kontrolle raubt. Verschlüsselung sät Kontrollverlust.

Verschlüsselung gewinnt immer, weil sie der Logik des Netzes folgt. Jede beliebige Public-key-Verschlüsselung kann schließlich von einem Supercomputer entschlüsselt werden, wenn er lang genug an dem Problem arbeitet. Wer einen Code besitzt, der nicht geknackt werden soll, versucht den Supercomputern voraus zu sein, indem er dessen Länge erweitert (je länger der Schlüssel, desto schwerer ist er zu entschlüsseln) – aber er bezahlt dafür mit einer unhandlichen und langsamen Sicherheitsüberprüfung. *Jeder* Code kann jedoch entziffert werden, wenn genug Zeit oder Geld vorhanden sind. Eric Hughes erinnert seine Cypherpunk-Kollegen oft daran: »Verschlüsselung ist Ökonomie. Verschlüsselung ist immer möglich, bloß teuer.« Es kostete Adi Shamir ein Jahr, einen 120stelligen Schlüssel auf einem Netzwerk von verteilten, in Teilzeit arbeitenden Sun-Workstations zu knacken. Eine Einzelperson könnte einen Schlüssel verwenden, der so lang ist, daß kein Supercomputer ihn in absehbarer Zukunft knacken dürfte, aber in der alltäglichen Handhabung wäre er unbeholfen. Ein ganzes Gebäude voller speziell frisierter NSA-Supercomputer braucht heute vielleicht einen Tag, um einen 140-stelligen Code zu knacken. Aber das ist ein ganzer Tag lang schwerstes Geschütz gegen einen lausigen Schlüssel!

Die Cypherpunks beabsichtigen, ihren Rückstand gegenüber den geballten Computerressourcen durch den sogenannten Fax-Effekt aufzuholen. Wenn man das einzige Faxgerät der Welt besitzt, ist es nichts wert. Aber mit jedem weiteren Faxgerät, das installiert wird, steigt der Wert des eigenen Geräts. Tatsächlich steigen alle Faxgeräte im Wert, je mehr es davon auf der Welt gibt. Das ist die Logik des Netzes, auch bekannt als das Gesetz der zunehmenden Erträge. Es verhält sich entgegengesetzt zur klassischen ökonomischen Theorie des Wohlstands, die auf einem Gleichgewicht des Handels beruht. Diese besagt: Von nichts bekommt man nichts. In Wahrheit ist das sehr wohl möglich (erst seit kurzem bemühen sich einige radikale Wirtschaftswissenschaftler, diese Idee zu formalisieren). Hacker, Cypherpunks und viele Unternehmer aus der Hightech-Branche wissen das bereits. In der Netzwerkökonomie bringt mehr mehr. Deshalb funktioniert es häufig so gut, Dinge wegzugeben, und deshalb wollen Cypherpunks ihre Hilfsprogramme kostenlos verteilen. Das hat weniger mit Wohltätigkeit zu tun als mit der klaren Einsicht, daß die Netzwerkökonomie das Mehr belohnt und nicht das Weniger – und man kann das »Mehr« aussäen, indem man von Beginn an die Hilfsprogramme verschenkt. (Die Cypherpunks reden auch davon, die Netzwerkökonomie für die Kehrseite der Verschlüsselung zu nutzen: zur

Entschlüsselung von Codes. Sie könnten einen kollektiven Supercomputer zusammenstellen, indem sie eine Million Macintoshs vernetzen, von denen jeder einen koordinierten kleinen Teil eines riesigen, verteilten Dechiffrierprogramms berechnet. Theoretisch wäre ein solcher dezentralisierter Parallelcomputer der mächtigste Computer, den wir uns heute vorstellen können – wesentlich größer als die zentralisierten NSAs).

Die Idee, Big Brother mit einer Flut unbedeutender, kompliziert verschlüsselter Botschaften zu schocken, regt die Phantasie der Kryptorebellen derartig an, daß einer von ihnen mit einer Freeware-Version eines hoch geschätzten Public-key-Kodierungsschemas ankommt. Die Software heißt PGP, Pretty Good Privacy. Das Programm ist kostenlos im Netz und auf Disketten erhältlich. In bestimmten Teilen des Netzes ist es nichts Ungewöhnliches, auf mit PGP verschlüsselte Nachrichten zu treffen, mit der Nachricht versehen, daß der öffentliche Schlüssel »auf Nachfrage erhältlich« sei.

PGP ist nicht die einzige Verschlüsselungsfreeware. Cypherpunks können sich RIPEM aus dem Netz fischen, eine Anwendung für Mails mit erhöhtem Bedarf an Datenschutz. PGP wie RIPEM basieren auf RSA, einer patentierten Implementation von Verschlüsselungsalgorithmen. Während RIPEM als Public Domain Software von der Firma RSA selbst vertrieben wird, ist Pretty Good Privacy das selbstentwickelte Programm des Kryptorebellen Philip Zimmermann. Da Pretty Good Privacy die patentierte Mathematik von RSA benutzt, ist es eine sogenannte Outlaw-Ware.

RSA wurde am MIT entwickelt – zum Teil mit öffentlichen Mitteln –, wurde aber später für die akademischen Forscher, die es erfanden, lizensiert. Die Forscher veröffentlichten ihre Verschlüsselungsmethode, bevor sie diese zum Patent anmeldeten, da sie befürchteten, daß die NSA das Patent schützen oder gar die breite Nutzung des Systems verhindern würde. In den Vereinigten Staaten müssen Erfindungen erst ein Jahr nach ihrer Veröffentlichung zum Patent angemeldet werden. Aber der Rest der Welt verlangt das Patent vor der Veröffentlichung, so daß RSA sich nur das U.S.-Patent ihres Systems sichern konnte. Daß PGP die patentierte Mathematik von RSA nutzt, ist in Übersee legitim. Aber PGP wird im allgemeinen im Niemandsland des Netzes ausgetauscht (welche Landesgesetzgebung wird sich im Netz durchsetzen?), wo das Gesetz zum Schutz des geistigen Eigentums immer noch im Dunkeln liegt und am Rande der Kryptoanarchie steht. Pretty Good Privacy behandelt den legalen Bastard so, daß es die amerikanischen Nutzer darauf aufmerksam macht, es liege in ihrer eigenen Verantwortung, sich von RSA eine Lizenz für den Algorithmus zu sichern, der PGP zugrundeliegt. (Na klar. Sicher doch.) Zimmermann behauptet, daß er das halblegale PGP der Welt aus der Besorgnis heraus zur Verfügung stellte, daß die Regierung alle öffentliche Verschlüsselungstechnologie, einschließlich derjenigen von RSA, zurückfordern würde. RSA kann die Distribution von existierenden PGP-Versionen nicht stoppen, weil niemals etwas zurückkommt, wenn es einmal ins Netz gegangen ist. Außerdem ist es schwer für RSA, Schadensersatzansprüche geltend zu machen. Sowohl das Outlaw-PGP als auch das offiziell sanktionierte RIPEM infizieren das Netz und erzeugen den Fax-Effekt. PGP ermutigt die Kunden, Verschlüsselung zu benutzen – je mehr sie genutzt wird, desto besser für alle am Geschäft Beteiligten. Pretty Good Privacy ist Freeware. Wie in den meisten Fällen werden die Nutzer von Freeware früher oder später auf kommerzielle Software umsteigen. Und dafür bietet zur Zeit als einziger Hersteller RSA eine Lizenz an. Was könnte für einen Patentinhaber ökonomisch besser sein als Millionen Menschen, die sich über Mundpropaganda von der Spitzfindigkeit und den Vorzügen seines Produkts (in der von anderen vertriebenen Raubversion) überzeugen und dann Schlange stehen, um das »Original« zu kaufen, wenn sie das Beste wollen?

Der Fax-Effekt, das kommerzielle Upgrade von Freeware und der Einfluß verteilter Intelligenz sind gemeinsam Teil einer wachsenden Netzwerkökonomie. Auch die Politik in einer vernetzten Wirtschaft wird mit Sicherheit auf die Hilfsprogramme angewiesen sein, mit denen die Cypherpunks herumspielen. Glenn Tenney, Vorsitzender der Jahrestagung der Hacker, der sich 1993 in Kalifornien um ein öffentliches Amt bewarb, nutzte dabei Computernetzwerke für seine Kampagne. Dabei erkannte er, wie sie die Politik verändern werden. Er betont, daß für die elektronische Demokratie digitale Techniken der Vertrauensbildung gebraucht werden. Er schreibt online: »Was wäre, wenn ein Senator eine E-Mail beantwortet, aber jemand verändert die E-Mail und schickt sie an die *New York Times?* Autorisierung, digitale Unterschrift usw. sind für den allseitigen Schutz unumgänglich.« Verschlüsselung und digitale Unterschriften sind Techniken, um die treibende Kraft des Vertrauens auf ein neues Feld auszudehnen. Verschlüsselung kultiviert das »Netz des Vertrauens«, sagt Phil Zimmermann – jenes eigentliche Netz, welches das Herz jeder Gesellschaft bzw. jedes menschlichen Netzwerks ist. Die Obsession des Cypherpunks für Verschlüsselung lautet in Kurzform: Pretty Good Privacy heißt Pretty Good Society.

Eine der Folgen der durch Kryptographie und digitale Technologie ermöglichten Netzwerkökonomie ist die Veränderung dessen, was wir unter »Pretty Good Privacy« verstehen. Netzwerke verschieben das Problem des Datenschutzes vom Bereich der Moral in den der Marktwirtschaft; Privatsphäre wird zur Ware.

Ein Telefonbuch ist etwas wert, weil es einem Anrufer bei der Suche nach einer bestimmten Telefonnummer Zeit sparen hilft. Als Telefone noch etwas Neues waren, stellte der Besitz einer individuellen Telefonnummer, verbunden mit deren Eintragung im Telefonbuch, einen Wert dar. Aber heute, in einer Welt voller leicht zugänglicher Telefonnummern, ist eine nicht eingetragene Telefonnummer viel wertvoller, sowohl für den nicht Verzeichneten (der dafür bezahlt) als auch für die Telefongesellschaft (die dafür zusätzlich Gebühren erhebt). Datenschutz ist eine Ware, die einen Preis hat und verkauft wird.

Die meisten Transaktionen mit geschützten Daten werden bald eher auf dem freien Markt als in Regierungsbehörden stattfinden, weil eine zentralisierte Regierung in einem dezentralen, öffentlich gewebten Netzwerk gehandikapt ist und nicht länger darüber wachen kann, auf welche Weise Dinge verbunden werden oder nicht. Hunderte von Verkäufern von Datenschutz werden diesen in Bits zu marktüblichen Preisen losschlagen. Man heuert Little Brother an, um den Höchstpreis für den Verkauf des eigenen Namens an Adressenfirmen und Direktverkäufern zu erzielen – und um den Gebrauch, der von dieser Information gemacht wird, zu überwachen, da sie dazu neigt, sich im Netz zu verflüchtigen. Auf eigenen Wunsch verhandelt die Firma Little Brother mit anderen Anbietern von Datenschutz über anzumietende Dienstleistungen wie persönliche Verschlüsselungen, absolut nirgends verzeichnete Nummern, Bozo-Filter (um Botschaften vor bekannten »bösen Buben« zu verbergen), Fremdidentitätserkennung (wie die Anruferkennung bei Telefonen, die nur Anrufe von bestimmten Nummern entgegennehmen), gemietete maschinelle Agenten (sogenannten Netzwerk-»Knowbots«), um Adressen aufzuspüren, und Gegen-Knowbots, die die Spuren der eigenen Aktivitäten verwischen. Datenschutz ist umgepolte Information; ich stelle ihn mir als Anti-Information vor. Die Entfernung eines Informationsbits aus einem System kann als Reproduktion eines entsprechenden Anti-Informationsbits betrachtet werden. In einer Welt, die von Informationen überflutet ist, welche sich unablässig bis in die letzten Winkel des Netzes hinein selbst replizieren, wird die Abwesenheit oder Auflösung von einem Bit Information sehr bedeutsam, besonders wenn diese Abwesenheit als Dauerzustand bewahrt werden kann. In einer Welt, in der alles mit allem verbunden ist – wo Verbindung, Information und Wissen außerordentlich preiswert sind – werden die Trennung von Verbindungen, Anti-Informationen und Nullwissen teuer. Wenn die Sendekanäle kostenlos werden und ganze Gigabytes an Informationen rund um die Uhr ausgetauscht werden, wird das, was man nicht mitteilen möchte, zum Problem. Datenverschlüsselungssysteme und ihresgleichen sind Technologien der Verbindungstrennung. Sie bändigen ein wenig die dem Netzwerk innewohnende Tendenz, zu verbinden und jeden über alles zu informieren.

Wir organisieren die Abtrennung der häuslichen Versorgung, beispielsweise mit Wasser oder Elektrizität, durch Zählermessungen. Aber Messungen sind weder naheliegend noch einfach. Thomas Edisons verblüffende Apparate waren für kaum jemanden von Nutzen, bis die Elektrizität in Fabriken und Heimen leicht zugänglich geworden war. Deshalb verlagerte Edison auf dem Höhepunkt seiner Karriere seine Aufmerksamkeit von der Konstruktion elektrischer Geräte auf das elektrische Verteilernetz selbst. Zu Beginn war noch kaum geklärt, in welcher Form Elektrizität erzeugt (Gleichstrom oder Wechselstrom), übertragen und abgerechnet werden sollte. Bei der Abrechnung favorisierte Edison dieselbe Methode wie die meisten heutigen Informationsdienste: das Erheben einer Pauschalgebühr. Alle Leser zahlen das gleiche für eine Zeitung, unabhängig davon, wieviel sie davon lesen. Dasselbe gilt für Kabelfernsehen, Bücher und Computersoftware. Alles, was sich nutzen läßt, hat einen Pauschalpreis.

Edison förderte eine Pauschalgebühr für Elektrizität – man zahlt eine feste Summe, sobald man angeschlossen ist, nichts, wenn man keinen Anschluß besitzt –, weil er vermutete, daß die Abrechnung unterschiedlicher Nutzungsweisen mehr kosten würde als die unterschiedlich starke Nutzung der Elektrizität. Am meisten aber beschäftigte Edison die Frage, wie Elektrizität zu messen sei. Während der ersten sechs Monate seiner General Electric Lighting Company in New York bezahlten die Kunden eine Pauschalsumme. Zu Edisons Entsetzen rechnete sich das wirtschaftlich nicht. Edison war gezwungen, sich zur Messung des Verbrauchs einer noch nicht ganz ausgereiften Lösung zu bedienen. Der von ihm benutzte Elektrolytzähler war launisch und unpraktisch. Im Winter fror er ein, manchmal lief er rückwärts, und die Kunden konnten ihn nicht ablesen (und sie trauten auch den Ablesern des Stromwerks nicht). Erst ein Jahrzehnt nach der Einführung städtischer Stromnetze konstruierte ein anderer Erfinder einen verläßlichen Wattstundenzähler. Heute können wir uns nicht mehr vorstellen, Elektrizität auf andere Weise zu kaufen.

Hundert Jahre später fehlt der Informationsindustrie noch immer ein Informationszähler. Der Hightech-Unruhestifter George Gilder formuliert das Problem so: »Es wäre angenehmer, nicht jedesmal den gesamten Wassertank bezahlen zu müssen, wenn man durstig ist. Lieber würde man nur für ein Glas Wasser bezahlen.«

So ist es. Warum einen Ozean voller Informationen kaufen, wenn man nur einen Drink will? Kein Problem – hätte man einen Informationszähler. Der Unternehmer Peter Sprague glaubt, daß er soeben einen erfunden hat. »Wir nutzen die Verschlüsselung, um das Messen von Information zu erzwingen«, sagt Sprague. Sein Zapfhahn ist ein Mikrochip, der kleine Informationsbits aus einer riesigen Menge von verschlüsselten Daten freigibt. Anstatt eine mit hunderttausend Seiten ungeschützter Dokumente vollgestopfte CD-ROM für 2000 Dollar zu verkaufen, erfand Sprague einen kodierten Befehl, mit dem die Dokumente von der CD-ROM für einen Dollar pro Seite abgerufen werden können. Eine Nutzerin zahlt nur für das, was sie nutzt, und kann nur nutzen, wofür sie zahlt.

Spragues Methode, Informationen seitenweise zu verkaufen, funktioniert so, daß sie jede Seite solange unleserlich macht, bis sie entschlüsselt wird. Ausgehend von einem Inhaltsverzeichnis wählt die

Nutzerin den Informationsbereich, den sie einsehen will. Gegen eine minimale Gebühr kann sie die Inhaltsangaben oder Zusammenfassungen lesen. Dann wählt sie die Volltextversion, die vom System entschlüsselt wird. Jeder Entschlüsselungsvorgang kostet eine kleine Gebühr (vielleicht 50 Pfennig). Die Gebühr wird von einem Zählerchip im System verbucht, das die Summe von einem Konto (das auch auf dem Zählerchip gespeichert ist) abbucht, so ähnlich wie eine Frankiermaschine den vorausbezahlten Betrag herunterzählt, während sie das Porto auf die Briefe stempelt. Wenn der CD-ROM-Kredit ausläuft, informiert die Nutzerin ein zentrales Büro, das ihr Konto über eine verschlüsselte Nachricht, die dem Zählerchip ihres Computers per Modem zugesandt wird, wieder auffüllt. Ihr Konto kann nun 300 Dollar Kredit für Informationen pro Seite, pro Absatz oder für einen Paketpreis ausgeben, abhängig davon, wie fein ihr Verkaufsautomat die Portionen bemißt.

Spragues Verschlüsselungszähler macht folgendes: Die Eigenschaft von Information, sehr leicht kopiert werden zu können, wird vom Interesse des Informationsanbieters, sie nur selektiv weiterzugeben, *abgekoppelt*. Der Zähler läßt die Information frei und unbegrenzt fließen – wie Wasser durch städtische Rohrleitungen –, indem er sie in handlichen Portionen bemißt. Die Zählermessung verwandelt Information in ein Gebrauchsgut.

Die Cypherpunks betonen ganz zurecht, daß dies die Hacker nicht daran hindern wird, Informationen kostenlos zu verbreiten. Das Videoverschlüsselungssystem, das zur Abrechnung von Satellitenfernsehen verwendet wird, war bereits wenige Wochen nach seiner Einführung kompromittiert. Entgegen den Versprechungen der Hersteller, der Verschlüsselungschip mit Zähleinheit sei nicht zu knakken, machten Ganoven ordentlich Geld mit den geknackten Codes. Diebe fanden einen Decodierer mit gültiger Anmeldung etwa in einem Hotelzimmer und klonten seine Kennung in einen anderen Chip. Das Austrahlungssystem konnte die Klone nicht erkennen. In Kürze war das System gesprengt, nicht durch das Knacken des Codes, sondern durch die Aushöhlung der Stellen, an denen sich der Code mit anderen Teilen des Systems verknüpft.

Kein System ist vor Hackern sicher. Aber das Durchbrechen eines verschlüsselten Systems verlangt nach vorsätzlicher kreativer Energie. Informationszähler können Diebstahl oder Hacken nicht verhindern, aber Zähler erschweren das Stehlen und wirken dem natürlichen Bedürfnis des Menschen zum Teilen entgegen. Das verschlüsselte Satellitenfernsehen verhindert das massenhafte Auftreten von Piraterie – die Art von Piraterie, die das Satellitenfernsehen vor der Verschlüsselung heimsuchte und die die Software- und Kopierbranche noch immer heimsucht. Verschlüsselung macht Piraterie zur Plackerei und nicht zu etwas, das jeder Anfänger mit einer leeren Diskette tun kann. Der verschlüsselte Satellitenempfang funktioniert, weil Verschlüsselung immer gewinnt.

Peter Spragues Kryptometer erlaubt Alice, so viele Kopien von einer verschlüsselten CD-ROM zu machen, wie sie will, da sie nur für das zahlt, was sie nutzt. Verschlüsselungszähler trennen letztlich den Prozeß des Bezahlens vom Prozeß des Vervielfältigens.

Datenverschlüsselung zu nutzen, um die Meßbarkeit von Information zu erzwingen, funktioniert, weil diese Methode das Verlangen der Information, sich zu vervielfältigen, nicht einschränkt. Ansonsten wird sich ein Informationsbit durch ein zugängliches Netzwerk replizieren, bis es das Netzwerk ausfüllt. Wie durch einen lebendigen Antrieb pflanzt sich jede Tatsache ganz selbstverständlich so oft wie möglich fort. Je tauglicher – je interessanter oder nützlicher – eine Tatsache ist, desto weiter wird sie sich verbreiten. Eine schöne Analogie vergleicht die Verbreitung von Genen durch eine Population mit der Verbreitung von Ideen oder Memen in einer Population. Gene wie Meme sind von einem Netzwerk von Replikationsmaschinen abhängig – von Zellen, Gehirnen oder Computerterminals. Ein Netzwerk ist in diesem allgemeinen Sinn ein Schwarm flexibel verknüpfter Knotenpunkte, von denen jeder eine von einem anderen Knotenpunkt erhaltene Nachricht vervielfältigen kann (exakt oder mit Variationen). Eine Schmetterlingspopulation und ein Stoß von E-Mail-Nachrichten haben dasselbe Mandat: sich zu vervielfältigen oder zu sterben. Information will kopiert werden.

Unsere digitale Gesellschaft hat aus Millionen von Faxgeräten, Fotokopierern in Bibliotheken und PC-Festplatten ein Supernetzwerk von Kopierern erschaffen – als wäre unsere Informationsgesellschaft eine riesige zusammengeschlossene Kopiermaschine. Aber wir wollen diese Supermaschine nicht kopieren lassen. Zur Überraschung vieler findet die in einem Winkel erzeugte Information ziemlich schnell ihren Weg in alle anderen Winkel. Da die vorangegangene Gesellschaftsstufe auf der Knappheit von Waren gründete, haben wir bisher die natürliche Fruchtbarkeit von Information bekämpft, indem wir versucht haben, jeden Akt der Vervielfältigung zu kontrollieren, sobald er auftauchte. Wir leisten uns einen Parallelkopierer und versuchen, die meisten Kopiervorgänge abzuwürgen. Wie in anderen puritanischen Regimen funktioniert das auch in diesem Fall nicht. Information will kopiert werden.

»Freiheit für die Bits!« ruft Tim May. Diese Bedeutung von »frei« verschiebt die von Stewart Brand oft zitierte Maxime: »Information will frei sein« – frei im Sinne von »kostenfrei« – in eine subtilere Richtung: »ohne Ketten und Kerker«. Information will frei sein, um sich zu bewegen und sich zu reproduzieren. In einer vernetzten Welt verteilter Knotenpunkte wird jenen Vorhaben Erfolg zuteil, die sich weder der Replikation noch der Wanderlust von Information entgegenstellen.

Spragues Verschlüsselungszähler schlägt Kapital aus der Unterscheidung von Bezahlung und Vervielfältigung. »Es ist leicht zu zählen, wie häufig Software aufgerufen wird, aber es ist schwer zu zählen, wie oft sie kopiert wurde«, sagt der Softwarearchitekt Brad Cox. In einem Rundbrief im Internet schreibt Cox:

> Softwareobjekte unterscheiden sich von greifbaren Gegenständen durch ihre grundlegende Unfähigkeit, ihr Kopiertwerden zu überwachen, sie können aber mit Leichtigkeit ihre Nutzung überwachen. ... Warum also nicht eine Marktwirtschaft des Informationszeitalters um diesen Unterschied zwischen den Manufaktur-Waren und Informations-Waren herum aufbauen? Wenn sich Erträge aufgrund einer computerinternen Überprüfung der Nutzung von Software erzielen ließen, könnten die Händler allesamt auf Kopierschutz verzichten.

Der Softwareentwickler Cox hat sich auf objektorientiertes Programmieren (OOP) spezialisiert. Zusätzlich zum Vorteil der geringeren Fehlerquellen bietet OOP gegenüber konventioneller Software zwei phantastische Verbesserungen. Erstens liefert OOP dem Nutzer Anwendungen, die flexibler und besser kompatibel mit unterschiedlichen Aufgabenstellungen sind – vergleichbar einem Haus mit mobilen Einrichtungsgegenständen statt fest eingebauten Möbeln. Zweitens gibt OOP den Softwareentwicklern die Möglichkeit, Softwaremodule neu zu verwenden, unabhängig davon, ob sie die Module selbst geschrieben oder von jemand anderem gekauft haben. Um eine Datenbank aufzubauen, bedient sich ein OOP-Programmierer wie Cox einer Art Routine – das kann ein Feldmanager, ein Maskengenerator oder ein Symbolerzeuger sein – und stellt das Programm zusammen, statt ohne Vorgaben ein funktionierendes Ganzes neu zu entwerfen. Cox entwickelte eine Reihe raffinierter OOP-Objekte, die er Steve Jobs für seine Next-Maschine verkaufte, aber das reguläre Geschäft mit den kleinteiligen modularen Programmcodes verlief schleppend. Die hohen Kosten für das Programmieren eines einzelnen Objekts lassen sich allein durch Direktverkauf nicht wieder hereinbringen – der Absatz ist zu gering, der Einzelverkauf von Kopien schwer zu kontrollieren. Wenn jedoch bei jeder Aktivierung der Objekte durch einen Nutzer eine Gebühr erhoben würde, könnte ein Autor von der Softwareprogrammierung leben.

Mit seinen Überlegungen zu einem möglichen Markt für OOP-Objekte, die auf der Basis ihrer jeweiligen Nutzung verkauft würden, enthüllte Cox die wahre Natur vernetzter Intelligenz: Laßt die Kopien zirkulieren und zahlt pro Nutzung. Er sagt: »Kopierschutz für nicht greifbare, leicht kopierbare Waren wie Software ist genau die falsche Idee. Gefragt ist eine freie Distribution der Waren des Informationszeitalters und eine freie Beschaffungsmöglichkeit über einen beliebigen Verteiler. Man wird ermuntert, sich Software aus den Netzen herunterzuladen, Kopien für die Freunde zu ziehen oder sie einfach als Wurfsendung an Leute zu schicken, die man noch nie gesehen hat. Verbreitet meine Software per Satellit. Bitte!«

Cox fügt hinzu (ganz in Peter Spragues Sinn, obwohl beide überraschenderweise nicht mit den Arbeiten des andern vertraut sind): »Eine solche Großzügigkeit ist möglich, weil diese Software tatsächlich ›Zählerware‹ ist. In ihr sind Zeichenfolgen eingebaut, die die Gebühreneinnahme von der Art des Vertriebs der Software unabhängig machen.«

»Diese Abwicklung nennt man Supradistribution«, sagt Cox und gebraucht dabei einen Ausdruck, den japanische Forscher einer ähnlichen Methode gegeben haben, die von ihnen entwickelt wurde, um der Zirkulation von Software im Netz nachzuspüren. Cox: »Wie Supraleitfähigkeit läßt sie Information frei fließen, ohne den Widerstand von Kopierschutz oder Piraterie.«

Das Modell hält erfolgreich die Waage zwischen dem Urheberrecht und solchen Verwertungsrechten, die von der Musik- und Radioindustrie ausgearbeitet worden sind. Die Musiker verdienen nicht nur durch den Verkauf der Kopien ihres Werks an den Konsumenten, sondern auch durch den Verkauf von Aufführungsrechten an die Radiosender. Die Tonträger werden umsonst geliefert und in großer Zahl ohne Prüfungsformalitäten von den Musikagenten an die Sender geschickt. Die Sender sieben diese Flut von Gratismusik und zahlen nur für jene Stücke Tantiemen, die sie senden, was von zwei Musikagenturen, ASCAP und BMI, statistisch erfaßt wird.

JEIDA, ein japanisches Konsortium von Computerherstellern, entwickelte einen Chip und ein Protokoll, die jedem Macintosh im Netz erlauben, Software kostenlos zu kopieren, während die Nutzungsdauer einer Zählermessung unterliegt. Laut Ryoichi Mori, dem Chef von JEIDA, »wird jeder Computer als Sendestation angesehen, die nicht die Software selbst, sondern die Nutzung der Software für ein Publikum sendet, das aus einzelnen ›Hörern‹ besteht«. Jedes Mal, wenn ein Mac ein Stück Software oder eine Softwarekomponente aus Tausenden frei erhältlicher Programme »abspielt«, springt der Tantiemenzähler an. Kommerzielles Radio und Fernsehen liefern den »Existenzbeweis« für die Funktionstüchtigkeit eines Supradistributionssystems, in dem die Kopien gratis verteilt werden und die Sender nur zahlen, was sie nutzen. Die Musiker wären ziemlich froh, wenn ein Radiosender Kopien von ihren Bändern ziehen und an andere Sender weitergeben würde (»Freiheit für die Bits!«), weil es die Wahrscheinlichkeit erhöhte, daß ihre Musik gespielt wird.

JEIDA propagiert Software, die unbelastet von Kopier- oder Bewegungseinschränkungen über große Computernetzwerke durchsickert. Wie Cox, Sprague und die Cypherpunks setzt JEIDA auf Public-key-Kodierung, um eine private und ungestörte Übermittlung von Zählerimpulsen zum Kreditzentrum zu erreichen. Peter Sprague sagt offen: »Verschlüsselte Zähler sind die ASCAP für geistiges Eigentum.«

Cox' elektronisch verbreitetes Pamphlet zur Supradistribution faßt die Vorteile gut zusammen:

> Wo das freie Kopieren von Software als Selbstverständlichkeit angesehen wird, macht Supradistribution daraus einen gewinnbringenden Vorgang. Während Softwarehändler viel Geld investieren müssen, um etwas Aufmerksamkeit für die Software zu erreichen, wirft Supradistribution Software in die Welt und läßt sie Werbung in eigener Sache machen.

Ein Uralt-Ungeheuer, bekannt als Pay-TV-Problem, sucht die Informationsbranche heim. In der Vergangenheit verschlang dieses Monster aufgrund fehlgeschlagener Versuche, Filme, Datenbanken oder Musikaufnahmen auf Per-View- oder Pro-Nutzungs-Basis zu verkaufen, Milliarden Dollar. Das Ungeheuer lebt noch immer. Das Problem ist, daß die Menschen sich sträuben, im voraus für Informationen zu zahlen, die sie noch nicht gesehen haben, weil sie das Gefühl haben, sie könnten ihnen möglicherweise nichts nützen. Genauso unwillig sind sie zu zahlen, nachdem sie die Sendung gesehen haben, weil sich ihre Befürchtung meistens als richtig erweist: sie hätten gut ohne sie leben können. Können Sie sich vorstellen, für einen Film zur Kasse gebeten zu werden, nachdem Sie ihn gesehen haben? Medizinisches Wissen ist die einzige Art von Information, die ziemlich leicht ungesehen verkauft werden kann, weil die Käufer glauben, daß sie ohne sie nicht leben können.

Das Ungeheuer wird gewöhnlich mit Samplern erschlagen. Filmfans werden mit reißerischen Trailern überredet, im voraus zu zahlen. Software wird unter Freunden zum Testen ausgetauscht; Bücher und Magazine kann man in Buchhandlungen »anlesen«.

Die andere Methode, das Problem zu erledigen, läuft über die Senkung des Eintrittspreises. Zeitungen sind billig; wir zahlen, ohne vorher einen Blick hineinzuwerfen. Das Geniale an Informationszählern ist, daß zwei Lösungen möglich sind: Es gibt einen Zapfhahn, der aufzeichnet, wie viele Daten genutzt worden sind, und der Zapfhahn kann als billiger Portionierer zwischengeschaltet werden. Verschlüsselungszähler zerlegen große und teure Datenberge in kleine und billige Datenportionen. Die Leute werden für billige Informationsbits bereitwillig zahlen, besonders wenn die Beträge unsichtbar und selbsttätig von einem Konto abgebucht werden.

Die Problematik der Feineinstellung der Informationsmessung erfüllt

Peter Sprague mit Begeisterung. Auf die Frage, wie präzise die Einstellung vorgenommen werden könnte, ist er mit der Antwort schnell bei der Hand: »Nehmen wir einmal an, Sie möchten von Ihrem Haus in Telluride, Colorado, aus obszöne Limericks schreiben. Wenn Sie einen obszönen Limerick pro Tag schreiben könnten, würden wir vermutlich 10 000 Menschen auf der Welt finden, die 10 Cents pro Tag dafür zahlen würden. Wir nehmen 365 000 Dollar im Jahr ein, zahlen Ihnen 120 000 Dollar, und Sie können für den Rest Ihres Lebens Ski fahren gehen.« Auf keinem anderen Markt würde es sich lohnen, einen schäbigen Limerick, wie unflätig und gewitzt er auch immer sein mag, einzeln zu verkaufen. Vielleicht ein ganzes Buch – ein Meer von Limericks –, aber nicht nur einen. Doch auf dem elektronischen Markt ist ein einzelner Limerick – das Informationsäquivalent zu einem Stück Kaugummi – es wert, produziert und zum Verkauf angeboten zu werden.

Sprague hakt eine Liste anderer Gegenstände ab, die auf einem derartigen Markt gehandelt werden könnten. Er listet auf, wofür er jetzt in diesem Moment zahlen würde: »Ich möchte das Wetter in Prag für 25 Cents im Monat, ich möchte meine Datenbestände für 50 Cents pro Bestand aktualisiert sehen, ich möchte die *Dines Letter* für zwölf Dollar die Woche, ich möchte den Bericht vom Verkehrsaufkommen am Flughafen O'Hare permanent auf dem neuesten Stand haben, weil ich dauernd in Chicago festhänge, also zahle ich dafür einen Dollar pro Monat, und ich möchte den Cartoon *Hägar der Schreckliche* für fünf Cent am Tag.« Jedes dieser Produkte ist zur Zeit entweder verstreut oder ziemlich teuer im Paket zu haben. Spragues elektronisch vermittelter Markt würde die Daten »entpacken« und ein ganz genau ausgewähltes Stück Information für einen vernünftigen Preis an Ihren PC oder Ihr Notebook liefern. Auf dem Wege der Datenverschlüsselung würden die Gebühren ermittelt, die Sie davon abhalten, andere kleine Datenbits zu stehlen, für die sich weder Schutz noch Verkauf in anderer Form rechnen würden. Letztlich fließt der gesamte Ozean der Information durch Sie hindurch, aber Sie zahlen nur für das, was Sie trinken.

Momentan gibt es diese spezielle Trennungstechnologie als Platine zu 95 Dollar, die in jeden PC paßt und sich in eine Telefonverbindung einschalten kann. Um etablierte Computerhersteller wie Hewlett-

Packard zu ermutigen, eine ähnliche Platine fest zu montieren, bietet Spragues Firma Waves den Herstellern Prozente aus den Einnahmen aus dem Verschlüsselungssystem an. Den ersten Markt bilden die Anwälte, »weil Anwälte«, so Sprague, »400 Dollar im Monat für Informationsbeschaffung ausgeben.« Sein nächster Schritt wird sein, die Schaltung der Verschlüsselungszähler und das Modem in einem einzigen 20-Dollar-Mikrochip zu komprimieren, der in Pager, Videorecorder, Telefone, Radios und alles mögliche andere gesteckt werden kann, was Informationen aufbereitet. Normalerweise würde diese Vision als Hirngespinst eines verträumten und unerfahrenen Erfinders abgetan, aber Peter Sprague ist Vorsitzender und Gründer von National Semiconductor, einem der größten Halbleiterhersteller der Welt. Er ist eine Art Henry Ford der Siliziumchips. Kein Cypherpunk. Wenn jemand weiß, wie man eine revolutionäre Wirtschaft einfädelt, dann er.

Dieser vorweggenommenen Informationsökonomie und Netzwerkkultur fehlt noch eine lebenswichtige Komponente – ein Bestandteil, der ebenfalls durch die Datenverschlüsselung möglich gemacht wird, und ein Schlüsselelement, an dem ebenfalls nur langhaarige Kryptorebellen herumexperimentieren: elektronisches Bargeld.

Elektronisches Geld gibt es bereits. Es fließt täglich in riesigen unsichtbaren Strömen von Banktresor zu Banktresor, von Broker zu Broker, von Land zu Land, von Ihrem Arbeitgeber zu Ihrem Bankkonto. Ein einziges Geldinstitut, Clearing House Interbank Payment System, setzt zur Zeit schon durchschnittlich eine Billion Dollar (eine Million Millionen) am Tag via Kabel und Satellit um.

Aber dieser Zahlenfluß ist *institutionelles* elektronisches Geld, von elektronischem Bargeld soweit entfernt wie der Großrechner vom PC. Wenn das Einkaufsgeld digitalisiert wird – nach demselben Prinzip wie institutionelles Geld zu Daten entkörperlicht wird –, werden wir die tiefgreifendsten Folgen einer Informationswirtschaft erleben. Ebenso wie Rechenmaschinen die Gesellschaft nicht umorganisiert haben, bevor Individuen sich außerhalb von Institutionen einwählten, wird die volle Wirkung einer elektronischen Marktwirtschaft solange auf sich warten lassen, bis die täglichen individuellen Kleingeld- und Schecktransaktionen digitalisiert sind.

Kreditkarten und Bankautomaten vermitteln bereits eine Ahnung von digitalem Geld. Wie die meisten Menschen meiner Generation, hole ich mir das bißchen Bargeld, das ich brauche, am Bankautomaten. Seit Jahren habe ich keine Bank mehr von innen gesehen. Von Monat zu Monat brauche ich weniger Bargeld. Hochkarätige Manager fliegen im Land herum und bezahlen unterwegs alles – Mahlzeiten, Zimmer, Mietwagen, Dinge des täglichen Bedarfs, Geschenke – mit höchstens 50 Dollar in der Brieftasche. Für einige ist die bargeldlose Gesellschaft bereits Wirklichkeit.

Heute werden in den Vereinigten Staaten ein Zehntel aller Einkäufe mit Kreditkarten bezahlt. Kreditkartenunternehmen geraten bereits beim Gedanken an die nahe Zukunft aus dem Häuschen, in der die Menschen ihre Karten gewohnheitsmäßig für »praktisch jede Art von Transaktion« nutzen werden. In den USA experimentiert Visa mit elektronischen Geldterminals (ohne Belege unterschreiben zu müssen) auf Kartenbasis in Fast-Food-Restaurants und Lebensmittelgeschäften. Seit 1975 hat Visa über 20 Millionen Kundenkarten in Umlauf gebracht, mit denen der Nutzer Geld von seinem Konto abheben kann. Visa hat sozusagen die Bankomaten von der Straße an die Ladenkassen versetzt.

Was von den Banken und den meisten Zukunftsforschern als bargeldloser Zahlungsverkehr angepriesen wird, geht kaum über eine umfassende Erweiterung des normalen, heutzutage üblichen Kreditkartenwesens hinaus. Alice hat ein Konto bei der Nationalen Vertrau-Mir-Bank. Die Bank händigt ihr eine ungemein praktische Computerkarte aus. Sie geht an einen Bankomaten und lädt die scheckkartengroße Guthabenkarte mit 300 Dollar verfügbarem Geld von ihrem Kontrollkonto auf. Sie kann die 300 Dollar auf der Karte in jedem Geschäft, an jeder Tankstelle, jedem Fahrkartenautomaten oder in jeder Telefonzelle, die einen Vertrau-Mir-Computerkartenschlitz hat, ausgeben.

Was stimmt nicht an diesem Bild? Die meisten Leute würden dieses System dem Herumreichen von Porträts toter Präsidenten oder einer Verschuldung bei Visa oder MasterCard vorziehen. Aber diese Version eines bargeldlosen Zahlungskonzepts ignoriert sowohl Kunden als auch Verkäufer; deshalb hat es Jahre auf dem Reißbrett verschlafen und wird vermutlich dort dahinscheiden.

Die erste Schwäche von Kunden- oder Kreditkarten besteht in ihrer schlechten Angewohnheit, bei jedem Händler, bei dem Alice einkauft – vom Zeitungskiosk bis zum Kindergarten –, die persönliche Geschichte ihrer Einkäufe aufzuzeichnen. Das Festhalten eines einzigen Geschäfts ist nicht ärgerlich. Aber alle Daten, die in jedem Laden über Alices Ausgaben gesammelt werden, sind mit ihrer Konto- oder ihrer Sozialversicherungsnummer verbunden. Das macht es nur allzu leicht und unvermeidlich, aus der Geschichte ihrer Ausgaben von Geschäft zu Geschäft ein exaktes, extrem wertvolles Marketingprofil von ihr zu erstellen. Ein derartiges monetäres Dossier enthält wertvolle Informationen über sie (von den persönlichen Daten ganz zu schweigen). Sie hat keine Kontrolle über diese Informationen und kann daraus keinen finanziellen Vorteil ziehen.

Zweitens ist die Bank verpflichtet, Computerkarten auszuhändigen, die man prima überziehen kann. Bei den Geizkrägen, die Banken nun einmal sind, weiß man, wer die Rechnung dafür in Form von Bankzinsen zu bezahlen hat. Alice muß außerdem die beim Einsatz der Geldkarte entstehenden Transaktionskosten tragen.

Drittens zahlen die Händler dem System bei jeder Kartennutzung einen kleinen Anteil. Das nagt an ihrem ohnehin kleinen Profit und wird die Verkäufer kaum dazu veranlassen, den Gebrauch von Karten für kleine Einkäufe zu empfehlen.

Viertens kann Alice ihr Geld nur in Geschäften ausgeben, deren Automaten die hauseigene Technologie der Vertrau-Mir-Bank akzeptieren. Diese Hardware-Isolierung ist einer der Hauptfaktoren dafür gewesen, daß diese Zukunft nicht stattgefunden hat. Sie verhindert außerdem private wechselseitige Geldzahlungen (es sei denn, man wollte ständig ein Lesegerät bei sich tragen). Darüber hinaus kann Alice ihre Karte nur an offiziellen Vertrau-Mir-Bankomat-Zweigstellen auffüllen. Diese Hindernisse könnten durch den Zusammenschluß von Banken zu Netzwerken umgangen werden. Durch die Nutzung eines universellen Zugangs könnte die Verbindung zu einem Internet aller Banken hergestellt werden. Erste Anzeichen für ein solches Netzwerk gibt es bereits.

Die Alternative zu Kundenkarten ist echtes digitales Bargeld. Digitales Geld hat keinen der Nachteile von Kunden- oder Kreditkarten. Echtes digitales Geld ist reales Geld mit der Beweglichkeit der Elektronik und der Diskretion von Bargeld. Bezahlungen sind abbuchbar, können aber nicht zugeordnet werden. Das Geld braucht keine spezielle Soft- oder Hardware. Deshalb kann das Geld von überallher und überallhin überwiesen werden, einschließlich der Überweisung von Person zu Person. Man muß kein Geschäft und keine Institution sein, um bargeldlos bezahlt zu werden. Jeder, der vernetzt ist, kann kassieren. Und jede Firma mit der richtigen Reputation kann elektronische Geldbeträge »verkaufen«, so daß die Preise sich am Markt orientieren. Banken sind nur am Rande beteiligt. Man bedient sich des digitalen Geldes, um eine Pizza oder die Maut für eine Brücke zu bezahlen, einem Freund die Schulden zurück- oder die Hypothek abzubezahlen. Es unterscheidet sich von herkömmlichem elektronischem Geld dadurch, daß es – außer für den Bezahlenden – anonym und nicht nachvollziehbar ist. Sein Geheimnis ist die Datenverschlüsselung.

Die Methode, die unter dem technischen Namen »Blinded Digital Signature« (unsichtbare elektronische Unterschrift) bekannt ist, basiert auf der Variante der erprobten Technologie der Public-key-Verschlüsselung, einer allgemein zugänglichen Verschlüsselung für den öffentlichen Gebrauch. Auf Verbraucherebene funktioniert dies folgendermaßen: Man nimmt seine Digicashkarte – die Karte, die Geld in digitaler Form enthält – und bezahlt damit den Sonntagsbraten aus Joes Metzgerei. Indem er die digitale Unterschrift der Bank, die das Geld emittiert hat, prüft, kann der Händler sicherstellen, daß er mit Geld bezahlt wird, das nicht schon einmal »ausgegeben« wurde. Doch er wird keine Aufzeichnung darüber besitzen, *wer* ihn bezahlt hat. Nach der Transaktion hat die Bank einen nachprüfbaren Beleg, daß man sieben Dollar ausgegeben hat, und zwar nur einmal, und daß Joes Metzgerei tatsächlich sieben Dollar erhalten hat. Aber beide Seiten sind nicht miteinander verknüpft und können nicht ohne Hilfe des Bezahlenden rekonstruiert werden. Zunächst erscheint es unlogisch, daß Transaktionen blind, aber überprüfbar sein können, aber die Integrität dieser »Abkopplung« ist ziemlich unanfechtbar.

Digitales Geld kann jeden Gebrauch von Bargeld (außer dem Münzenwerfen) ersetzen. Der Zahlende verfügt über eine vollständige Aufzeichnung aller Zahlungen und an wen sie geleistet wurden. Der Bezahlte hat einen Beleg darüber, daß er bezahlt wurde, aber nicht von wem er die Zahlung erhalten hat. Die Verläßlichkeit tadelloser akkurater Verbuchung und hundertprozentiger Anonymität ist mathematisch gesehen »unbedingt« – ohne Ausnahmen.

Die Diskretion und Mobilität von digitalem Geld verdankt sich einer einfachen und cleveren Technologie. Als ich einen Hersteller von Digicashkarten fragte, ob ich einmal eine seiner Computerkarten sehen dürfe, verneinte er bedauernd. Er dachte, er hätte sie in seiner Brieftasche, aber er konnte sie nicht finden. Sie sehe wie eine normale Kreditkarte aus, sagt er und zeigte mir seine recht kleine Sammlung. »Sie sieht aus wie … oh, da ist sie ja!« Er zog eine glatte, sehr dünne, biegsame Karte hervor. Das Plastikrechteck enthält mathematisches Geld. In einer Ecke ist ein daumennagelgroßes goldenes Quadrat. Das ist der Computer. Die Recheneinheit, nicht größer als aufgeweichte Cornflakes, enthält eine bestimmte Geldsumme, sagen wir einmal 500 Dollar (oder 100 Transaktionen, je nachdem, was sich zuerst erschöpft). Diese hier, die von Cylink hergestellt worden ist, enthält einen mathematischen Koprozessor, der speziell für den Umgang mit Public-key-Verschlüsselung konstruiert wurde. Auf dem Goldquadrat des winzigen Computers sind sechs extrem kleine Oberflächenkontakte, die die Verbindung zu einem Onlinecomputer herstellen, sobald die Karte in einen entsprechenden Schlitz eingeführt wird.

Kleinere Computerkarten (ohne Verschlüsselung) sind in Europa und Japan groß im Kommen, wo sich bereits 61 Millionen davon in Umlauf befinden. Japan ist von einer primitiven Art von elektronischer Währung überschwemmt – im voraus bezahlte Telefonkarten. Die nationale japanische Telefongesellschaft, NTT, hatte 1994 330 Millionen davon verkauft. Mehr als vierzig Prozent der Franzosen tragen heute Telefonkarten in ihren Brieftaschen. Die Stadt New York führte vor einiger Zeit bargeldlose Telefonkarten für einige der 58 000 öffentlichen Telefonzellen ein. Die Motivation für New York war keine Zukunftsvision, sondern die Angst vor Dieben. Laut der *New York Times* »bricht alle drei Minuten ein Dieb, ein Vandale oder irgendein anderer Telefongangster die Münzbox auf oder reißt den Hörer aus der Halterung«. Die Folgen davon trägt die Stadt jährlich mit 10 Millionen Dollar Reparaturkosten. Die in New York gebräuchlichen Wegwerftelefonkarten sind zwar nicht besonders intelligent, aber funktional. Sie haben, ähnlich den in Europa gebräuchlichen Telefonkarten, einen optischen Infrarotspeicher, der in kleinen Auflagen schwer zu fälschen, aber in großen Auflagen leicht herzustellen ist.

In Dänemark ersetzen die Computerkarten die Kreditkarten, die dort niemals eingeführt wurden. Jeder, der in Amerika eine Kreditkarte bei sich tragen würde, steckt in Dänemark eine Computerkarte mit Bankguthaben ein. Das dänische Gesetz verlangte zwei bemerkenswerte Einschränkungen: erstens kein Mindestbetrag bei dem mit der Karte getätigten Einkauf und, zweitens, keine Berechnung von Extrakosten für die Kontenbenutzung. Das hatte die unmittelbare Auswirkung, daß die Karten das Bargeld im täglichen Gebrauch in einem größeren Ausmaß zu verdrängen begannen, als dies Schecks und Kreditkarten in den Vereinigten Staaten gelang. Der Nachteil dieser Karten ist ihre Popularität, weil sie, anders als billige, dezentralisierte Telefonkarten, auf Echtzeitinteraktionen mit den Banken beruhen. Sie überlasten das dänische Bankensystem, verstopfen die Telefonleitungen (da der Kauf jedes Bonbons an die Zentralbank übermittelt wird) und überfluten somit das System mit Transaktionen, die mehr kosten, als sie wert sind.

David Chaum, ein Verschlüsselungsexperte aus Berkeley, der zur Zeit in Holland lebt, hat eine Lösung dafür. Chaum, Chef der Kryptographieabteilung am Zentrum für Mathematik und Informatik in Amsterdam, hat einen mathematischen Code für ein vernetztes, echtes Digitalgeldsystem entworfen. Für ihn besteht die Lösung darin, daß jeder eine auffüllbare Computerkarte mit anonymem Geld bei sich trägt. Dieses Digitalgeld vermischt sich nahtlos mit dem elektronischen Geld von zu Hause, der Firma oder der Regierung. Und es funktioniert offline, wodurch es das Telefonnetz entlastet.

Chaums Aussehen paßt gut ins Berkeley-Klischee: grauer Bart, eine professionell zum Pferdeschwanz gebundene Haarmähne, Tweed-Jackett und Sandalen. Als Student begann sich Chaum für die Möglichkeiten und Probleme elektronischer Abstimmungsverfahren zu interessieren. In seiner Abschlußarbeit beschäftigte er sich mit der Idee einer digitalen Unterschrift, die nicht gefälscht werden konnte, einem unverzichtbaren Werkzeug für betrugssichere elektronische Wahlen. Von dort aus verlagerte sich sein Interesse auf ähnliche Probleme bei der Netzwerkkommunikation von Computern: Wie kann man sicher sein, daß ein Dokument wirklich von der Person kommt, von der es zu kommen vorgibt? Gleichzeitig fragte er sich: Wie kann man bestimmte Informationen vertraulich und nicht rückverfolgbar machen? Beide Richtungen – Sicherheit und Vertraulichkeit – führten in die Kryptographie und zu einer Doktorarbeit über dieses Thema.

Irgendwann im Jahr 1978 sei es gewesen, erzählt Chaum, »da hatte ich den Geistesblitz, daß es möglich sein könnte, eine Datenbank von Personen anzulegen, *ohne* daß die Möglichkeit bestünde, die personenbezogenen Daten miteinander zu verknüpfen, und man doch in der Lage wäre, deren Korrektheit zu überprüfen. Gleichzeitig versuchte ich mich davon zu überzeugen, daß dies unmöglich sei, aber ich entdeckte ein Hintertürchen, wie es doch gehen könnte … Aber erst 1984 oder '85 gelang es mir herauszufinden, wie es tatsächlich zu machen war.«

»Uneingeschränkte Unaufspürbarkeit« nannte Chaum seine Innovation. Wird dieser Programmcode in ein allgemein gebräuchliches Standardverschlüsselungsprogramm integriert, dessen Sicherheit praktisch unbedenklich ist, kann das kombinierte Verschlüsselungsschema unter anderem anonymes elektronisches Geld möglich machen. Chaums verschlüsseltes Geld (bislang beruht keines der anderen Systeme auf Verschlüsselung) bietet einige wichtige praktische Verbesserungen für eine auf Karten beruhende Währung.

Erstens bietet sie die echte Diskretion des herkömmlichen Bargelds. Wenn man in der Vergangenheit von einem Händler für einen Dollar ein subversives Pamphlet kaufte, hatte er einen Dollar, der mit Sicherheit ein Dollar war und an jeden anderen weitergegeben werden konnte; aber er besaß weder Aufzeichnungen darüber, wer ihm den Dollar bezahlt hatte, noch die Möglichkeit, es zu rekonstruieren. Bei Chaums digitalem Geld wird dem Händler ein digitaler Dollar von einem Kartenkonto (oder einem Onlinekonto) überwiesen, und die Bank kann überprüfen, daß dort tatsächlich ein Dollar vorhanden ist, aber niemand (außer dem Kartenbesitzer, wenn er will) kann nachprüfen, woher dieser Dollar kam.

Die bisherigen Computerkarten-Versionen von Bargeld sind für Verlust oder Diebstahl leider genauso anfällig wie Bargeld selbst, und der Wertverlust ist auch ebenso groß. Mit einem PIN-Code verschlüsselt, wären sie jedoch erheblich sicherer, obwohl ihr Gebrauch dadurch etwas unbequemer würde. Chaum prognostiziert, daß die Benutzer von Digitalgeld für kleinere Transaktionen auf gar keine oder kurze (vierstellige) PINs und für größere Transaktionen auf längere Paßwörter zurückgreifen werden. Ein wenig spekulativ meint er: »Um sich vor einem Dieb zu schützen, der sie mit einer Waffe dazu zwingt, die Paßwörter zu verraten, könnte Alice einen ›Nötigungscode‹ nutzen, der die Karte dazu veranlassen würde, scheinbar normal zu funktionieren und dabei ihre wertvolleren Guthaben zu verbergen.«

Zweitens arbeitet Chaums kartenbasiertes System offline. Es erfordert keine unmittelbare Bestätigung über Telefonleitungen wie bei Kreditkarten, so daß die Kosten minimal sind. Damit eignet es sich perfekt für die zahlreichen kurzfristigen Geldtransaktionen, bei denen bislang Bargeld eingesetzt wird: für Parkuhren, in Restaurants, bei Busfahrten, beim Telefonieren, in Lebensmittelgeschäften. Die Transaktionsaufzeichnungen werden gebündelt und beispielsweise einmal täglich zum zentralen Kontoführungscomputer geschickt.

Während dieses Aufschubs ist es theoretisch möglich zu betrügen. Elektronische Transaktionssysteme für größere Geldsummen, die online fast in Echtzeit ablaufen, lassen nur eine kleinere Zeitlücke für Betrug – den Moment zwischen Senden und Empfangen –, aber die Gelegenheit gibt es doch. Während es theoretisch nicht möglich ist, den Datenschutz bei digitalem Geld (wer bezahlte wen) zu hintergehen, läßt sich – genügend Verzweiflung vorausgesetzt, um auch mit kleineren Summen zufrieden zu sein – der Sicherheitsaspekt mithilfe von Supercomputern austricksen. Mit dem geknackten Public-key-Code ließe sich Geld mehr als einmal ausgeben. Das geht aber nur so lange gut, bis die Daten an die Bank weitergeleitet worden sind – dann wird man erwischt. Denn durch einen raffinierten Trick ist Chaums digitaler Geldtransfer nicht nachvollziehbar, es sei denn, man versucht zu schwindeln und Geld mehr als einmal auszugeben. In diesem Falle reicht das Extrabit an Information, welches dem zweimal ausgegebenen Geld jetzt anhaftet, um den Zahlenden aufzuspüren. Elektronisches Geld ist also so anonym wie Bargeld – außer für Betrüger!

Jede verschlüsselte Transaktion auf einer Computerkarte benötigt lediglich 64 Bytes. (Der vorangegangene Satz zählt 81 Bytes.) Die gesamten jährlichen Einnahmen und Ausgaben eines Haushalts ließen sich leicht auf einer Diskette unterbringen. Laut Chaums Berechnungen verfügen die Zentralrechner der Banken über mehr als ausreichend Rechenkapazität für die Abwicklung des digitalen Geldverkehrs. Die Verschlüsselungsmaßnahmen eines Offlinesystems würden um einiges die Berechnungen von Transaktionen reduzieren, die online über Telefonleitungen erfolgen (bei der Überprüfung von Bankomat- und Kreditkarten). Dies würde denselben Bankcomputern erlauben, den Zuwachs an elektronischem Geld zu erfassen. Selbst wenn wir annehmen, daß sich Chaum bei den Computeranforderungen für ein solches System größeren Maßstabs geirrt hat, und zwar um den Faktor zehn – die Computergeschwindigkeit wächst derart schnell, daß dadurch die Durchführbarkeit nur um ein paar Jahre verzögert werden würde.

In einer Abwandlung von Chaums Grundkonstruktion läßt sich auch eine mit digitaler Bargeldsoftware bestückte Hardware vorstellen, die es Privatleuten ermöglicht, von zu Hause via Telefonleitung andere zu bezahlen oder selbst bezahlt zu werden. Das wäre elektronisches Geld im Netz. Der E-Mail an die Tochter ist ein elektronischer Gutschein über 100 Dollar als Attachment beigefügt. Sie könnte das Geld für einen per E-Mail bezahlten Flug nach Hause ausgeben. Die Fluggesellschaft schickt das Geld an einen ihrer Lieferanten, etwa den Cateringservice. Bei Chaums System kennt niemand den Weg, den das Geld nimmt. Digitales Geld mag im täglichen Leben im Augenblick scheitern, aber es ist nahezu sicher, daß es in der entstehenden Netzkultur florieren wird.

Ich fragte Chaum, was die Banken von digitalem Geld halten. Halten Sie es für eine Bedrohung ihres Geschäfts oder für eine Stärkung ihrer Position? Chaum: »Die Unternehmensstrategen in Tausend-Dollar-Anzügen traten mir aufgeschlossener entgegen als die Bankleute auf den Ebenen darunter; denn es ist die Aufgabe der Strategen, in die Zukunft zu schauen. Die Banken geben sich nicht selbst damit ab, solche Sachen herzustellen. Meine Firma handelt als erste mit elektronischem Geld. Ich habe eine ziemlich dicke Mappe voller Patente auf elektronisches Geld in den Vereinigten Staaten, Europa und anderswo.« Einige von Chaums Freunden aus der Krypto-Anarcho-

Szene verübeln ihm noch immer, daß er Patente für seine Arbeit angemeldet hat. Chaum verteidigt sich: »Es stellte sich heraus, daß ich als einer der ersten in diesem Bereich aktiv war, und so kam es dazu, daß ich alle grundlegenden Probleme löste. Deshalb ist das meiste, was an neuer Arbeit auf diesem Gebiet geleistet wird, Erweiterung und Anwendung meiner grundlegenden Arbeiten. Außerdem sieht es so aus, daß Banken nicht in etwas Ungeschütztes investieren wollen. Patente sind sehr hilfreich bei der Durchsetzung von elektronischem Geld.«

Chaum ist ein Idealist. Für ihn ist das Verhältnis von Sicherheit und Privatsphäre ein auszuhandelnder Kompromiß. Sein umfassenderes Ziel ist es, Hilfsprogramme zur Wahrung des Datenschutzes in einer vernetzten Welt zu liefern, damit sich Diskretion und Sicherheit die Waage halten können. In der Netzökonomie sind die Kosten unverhältnismäßig stark abhängig von der Zahl der Anwender. Um den Fax-Effekt auszulösen, muß die Anzahl der Menschen, die frühzeitig in etwas einsteigen, eine gewisse kritische Größe übertreffen. Ist diese Schwelle einmal überschritten, ist der Prozeß nicht mehr aufzuhalten, weil er sich selbst verstärkt. Die kritische Größe liegt bei elektronischem Geld allem Anschein nach niedriger als bei anderen Codierungssystemen. Chaum wettet, daß die Schwelle am niedrigsten ist für ein elektronisches Zahlungssystem in einem E-Mail-Netzwerk oder für elektronisches Geld auf Kartenbasis innerhalb der öffentlichen Verkehrsmittel.

Von Chaums Kunden zeigen zur Zeit die europäischen Stadtverwaltungen das größte Interesse an digitalem Geld. In der Umstellung auf Digitalgeld sehen sie den nächsten Schritt, der auf die Magnetkarten folgen wird, die heute von den meisten Betreibern von Stadtbussen und U-Bahnen ausgegeben werden. Eine Karte wird mit beliebig viel Buswährung aufgefüllt. Aber sie enthält Zusatzfunktionen: Dieselbe Karte könnte in Parkscheinautomaten passen, wenn man einmal mit dem Auto unterwegs ist, oder sie könnte für den Fernbahnverkehr genutzt werden.

Stadtplaner schätzen die Idee einer automatischen Mauterhebung für Fahrzeuge, die in die Innenstadt fahren oder eine Brücke überqueren wollen, ohne daß sie anhalten oder die Fahrt verlangsamen müssen. Über Laserabtastung können fahrende Autos auf der Straße identifiziert werden, und den Fahrern wird eine Gebühr abgezogen. Die Orwellsche Furcht, daß »*sie* aufzeichnen, wohin ich fahre«, verhindert noch immer ein feiner gerastertes Gebührensystem. Trotz dieser Furcht sind Gebührenautomaten, die die Identität eines Fahrzeugs aufzeichnen, bereits in Oklahoma, Louisiana und Texas in Betrieb. Drei Staaten im umtriebigen Nordosten der USA haben zugestimmt, ein einheitliches System zu installieren und mit der versuchsweisen Einführung an zwei Brücken zwischen Manhattan und New Jersey zu beginnen. Bei diesem System überträgt ein an der Windschutzscheibe angebrachter kartengroßer Sender Signale an die Mautstelle, die eine Gebühr vom jeweiligen Konto an der Station (nicht von der Karte) abbucht. Eine ähnliche Einrichtung für die Mautstraßen in Texas ist zu 99,99 Prozent zuverlässig. Dieser erprobte Gebührenmechanismus ließe sich leicht zu Chaums anonymer verschlüsselter Zahlung umarbeiten – wenn man nur wollte. Auf diese Weise ließe sich dieselbe Karte, mit der im öffentlichen Nahverkehr bezahlt wird, zur Abwicklung der Gebühren für den Individualverkehr nutzen.

Allgegenwärtiges Digitalgeld verträgt sich gut mit riesigen elektronischen Netzwerken. Ziemlich sicher wird das Internet der erste Ort sein, in den elektronisches Geld tiefgreifend einwandert. Geld ist eine andere Art von Information, ein kompaktes Modell der Kontrolle. Wenn sich das Netz ausdehnt, wird es auch das Geld tun. Wohin Information auch immer fließt, das Geld folgt ihr mit Sicherheit. Durch seine dezentrale, vernetzte Natur hat elektronisches Geld dieselbe Fähigkeit, wirtschaftliche Strukturen zu verändern wie der PC beim Reengineering von Management und Kommunikationsstrukturen. Die Innovationen, die die Einführung von elektronischem Geld in puncto Diskretion und Sicherheit erfordert, sind das Instrument für die Entwicklung der nächsten Stufe adaptiver Komplexität im Rahmen der Informationsgesellschaft. Ich möchte sogar so weit gehen zu behaupten, daß echtes digitales Geld – oder präziser die ökonomischen Mechanismen, die für echtes digitales Geld vonnöten sind – die Natur unserer Wirtschaft, unserer Kommunikation und unseres Wissens neu gestalten wird.

Die Auswirkungen des Digitalgelds auf das Schwarmdenken unserer Netzwerkökonomie sind bereits auszumachen. Mit den folgenden fünf Konsequenzen können wir rechnen:

- *Höhere Geschwindigkeit* – entkörperlichtes Geld – jeglicher materiellen Basis enthoben – ist beschleunigtes Geld. Es reist weiter und schneller. Eine erhöhte Geldumlaufgeschwindigkeit wirkt sich ähnlich aus wie eine erhöhte Geldumlaufmenge. Als die Satelliten hochgeschossen wurden und einen weltweiten Börsenhandel mit annähernder Lichtgeschwindigkeit rund um die Uhr erlaubten, erhöhte sich die globale Geld*menge* um 5 Prozent. Die Verwendung von digitalem Geld in großem Maßstab wird die Geldumlaufgeschwindigkeit noch einmal erhöhen.
- *Kontinuität* – Geld, das aus Gold, wertvollem Material oder Papier besteht, bewegt sich in festgelegten Einheiten, die zu festgelegten Zeiten bezahlt werden. Der Bankomat spuckt 20-Dollar-Scheine aus, fertig. Man bezahlt die Telefongesellschaft einmal im Monat, obwohl man täglich telefoniert. Das ist Geld im Paketmodus. Elektronisches Geld ist ein kontinuierlicher Fluß. Es erlaubt, mit den Worten Alvin Tofflers, regelmäßig wiederkehrende Ausgaben über »den elektronischen Aderlaß in winzigen Tropfen und von Minute zu Minute« vom Konto zu bezahlen. Das Digitalgeldkonto zahlt für jedes Telefongespräch, sobald man auflegt oder während man spricht. Inanspruchnahme und Vergütung fallen zusammen. In Verbindung mit seiner höheren Geschwindigkeit kann kontinuierliches elektronisches Geld nahezu Echtzeit erreichen. Das übt Druck auf die Banken aus, die einen guten Teil ihres gegenwärtigen Profits aus dem Wertstellungsgewinn beziehen – dem die Echtzeit den Boden entzieht.
- *Unbegrenzte Übertragbarkeit* – endlich *wirklich* formneutrales Geld. Einmal vollständig entmaterialisiertes und digitalisiertes Geld löst sich von seiner Bindung an eine einzige Übertragungsform und wandert in jedes gerade genehme Medium ein. Eine gesonderte Rechnungsstellung entfällt. Konten können direkt mit den Objekten oder Diensten kurzgeschlossen werden. Die Rechnung für ein Video ist Teil des Videos. Warenpreise sitzen in einem Strichcode und können per Laserabtastung bezahlt werden. Alles, was eine elektronische Gebühr beinhalten kann, kann auch einen Steueranteil enthalten. Fremdwährungen werden zu einer Frage des Symbolwechsels. Geld ist so formbar wie digitalisierte Information. Das erleichtert es ausserordentlich, Formen des Austauschs und der Interaktion, die bislang noch nicht von der Wirtschaft erfaßt wurden, in Geld umzurech-

nen, und öffnet die Schleusentore für die Kommerzialisierung des Netzes.

- *Zugänglichkeit* – bisher waren raffinierte Geldgeschäfte professionellen Finanzinstitutionen vorbehalten – einer Finanzpriesterschaft. Aber ebenso wie eine Million Macintosh-Computer das Monopol der Hohepriester brachen, die den Zugang zu den Großrechnern bewachten, wird Digitalgeld das Monopol der Finanzschamanen brechen. Angenommen, man könnte für jeden Geldbetrag, der einem geschuldet wird, Zinsen verlangen (und bekommen), indem man ein Icon über die entsprechende elektronische Rechnung legt. Weiter stelle man sich vor, daß man in dieses »Zins-Icon« eingreifen und die Zinsen variieren, sie abhängig von der Dauer wachsen lassen könnte. Oder man würde minutengenaues Skonto abziehen, wenn man eine Rechnung früher begleicht. Oder seinen Computer auf gewinnträchtige Wechsel in Abhängigkeit vom Kreditzins programmieren – programmierte Wechselgeschäfte für Amateure. Man könnte seinen Computer auch darauf programmieren, mit Wechselkursen zu spielen, um Rechnungen in der momentan jeweils günstigsten Währung zu bezahlen. Alle Arten raffinierter Finanzierungsinstrumente werden frei zur Verfügung stehen, wenn die Massen erst einmal aus demselben elektronischen Geldstrom schöpfen werden wie die Wohlhabenden. Auf die Wunschliste der Hacker können wir jetzt getrost auch die Finanzen setzen. Wir nähern uns einem programmierten Kapitalismus.
- *Privatisierung* – die Leichtigkeit, mit der elektronisches Geld eingenommen, ausgegeben und geschöpft werden kann, macht es ideal für private Währungen. Die 214 Milliarden Yen, die in den Telefonkarten der japanischen NTT gebunden sind, stellen einen begrenzten Typ von Privatwährung dar. Das Gesetz des Netzes lautet: Wer einen Computer besitzt, besitzt nicht nur eine Drucker- sondern auch eine Münzpresse, falls der Computer an das Digitalgeld angeschlossen ist. Para-Währungen können überall aus dem Boden schießen, wo Vertrauen vorhanden ist (und auch dort scheitern).

Historisch gesehen, sind die meisten modernen Tauschhandelsnetzwerke ziemlich schnell zum Gebrauch einer echten Währung übergegangen. Man könnte dasselbe von elektronischen Tauschhandelsgemeinschaften erwarten, aber die Leistungsfähigkeit eines Digitalgeldsystems scheint sich nicht in diese Richtung zu bewegen. Die 350-Milliarden-Dollar-Steuerfrage lautet: Werden die Netze mit Para-Währungen jemals ihren inoffiziellen Status hinter sich lassen?

Das Prägen und Herausgeben einer Währung ist eine der wenigen bei der Regierung verbliebenen Aufgaben, in die der private Sektor noch nicht vorgedrungen ist. Elektronisches Geld wird diese gewaltige Hürde herabsetzen. Es gibt »privaten Regierungen«, die vielleicht von abtrünnigen ethnischen Gruppierungen oder den »Slum-Städten« am Rande der Megalopolen der ganzen Welt errichtet werden, ein machtvolles Werkzeug in die Hand. Der Gebrauch von institutionalisierten elektronischen Finanztransaktionen, um Geld im globalen Maßstab zu waschen, ist bereits jetzt vollständig außer Kontrolle geraten.

Die Natur des elektronischen Geldes – unsichtbar, blitzschnell, billig, global – wird wahrscheinlich eine unausrottbare Unterweltwirtschaft mit Besorgnis erregenden Möglichkeiten hervorbringen, welche weit über das Waschen von Drogengeldern hinausgehen. In einer vernetzten Welt, in der eine Weltwirtschaft sich auf breit verteiltes Wissen und dezentralisierte Kontrolle gründet, ist Digitalgeld keine Option, sondern eine Notwendigkeit. Para-Währungen werden genauso florieren wie die Netzkultur. Das Schicksal einer elektronischen Matrix ist es, zum Hinterland für *vernetzte Subökonomien* zu werden. Das Netz verträgt sich so gut mit elektronischem Geld, daß, wenn letzteres sich einmal in den Netzverbindungen eingenistet hat, es wahrscheinlich daraus nicht mehr zu vertreiben sein wird.

Tatsächlich hängt die Legalität von anonymem Digitalgeld von Anfang an in der Luft. Es gibt heute strikte Begrenzungen für die Höhe von Transaktionen, die US-Bürger mit Bargeld tätigen dürfen; man versuche einmal, 10 000 Dollar in Scheinen auf der Bank zu deponieren. Auf welche Summe wird die Regierung anonymes Digitalgeld begrenzen? Der Trend geht bei allen Regierungen dahin, eine immer genauere Offenlegung finanzieller Transaktionen zu fordern (um sicherzustellen, daß sie ihren Steueranteil bekommen) und ungesetzliche Transaktionen zu stoppen (wie im Drogenkrieg). Die Aussicht, das Aufblühen eines nicht nachvollziehbaren Handels in einem föderal unterteilten Netzwerk zuzulassen, würde die Regierung der

USA sicherlich ernsthaft beunruhigen, wenn sie genau darüber nachdenken würde. Das tut sie aber nicht. Die Idee einer bargeldlosen Gesellschaft riecht nach Science-fiction und erinnert jeden Bürokraten an die nicht erfüllten Vorhersagen einer papierlosen Gesellschaft, deren Papierberge ihm noch heute zu schaffen machen. Eric Hughes, aktiver Teilnehmer der Cypherpunk-Mailinglist, meint: »Die ganz große Frage ist: Wie stark kann der Geldfluß im Netz anwachsen, bevor die Regierung einen Nachweis über jede kleine Transaktion verlangt? Denn wenn der Fluß stark genug anschwillt, könnte sich nach Überschreiten einer bestimmten Menge genügend Geld angesammelt haben, um für einen transnationalen Anbieter einen ökonomischen Anreiz zu schaffen, im Netz Geld zu emittieren, unabhängig davon, was irgendeine Regierung tut.«

Hughes sieht unterschiedliche Ausgabestellen für elektronisches Geld voraus, die überall im globalen Netz emporschießen. Die Händler würden nach dem Vorbild der Reisescheck-Aussteller vorgehen. Sie würden Digitalgeld gegen beispielsweise ein Prozent Aufschlag ausgeben. Man könnte dann mit Internet Express Schecks überall dort bezahlen, wo diese akzeptiert werden. Dennoch würden im globalen Netz vernetzte Subökonomien heranwachsen, vielleicht mithilfe von Entwicklungsländern, die um ihr Überleben kämpfen. Ähnlich wie die Schweizer Banken im herkömmlichen Bereich, würden diese digitalen Banken Transaktionen ohne Aufzeichnungen anbieten. Es wäre nicht schwieriger, von einem Haus in Connecticut aus mit nigerianischen Online-Nairas zu bezahlen als mit amerikanischen Dollars. »Das Interessante an diesem Marktexperiment«, sagt Hughes, »werden die Unterschiede bei den Gebühren für anonymes Geld sein, wenn der Markt sich einmal stabilisiert hat. Ich tippe auf eine Größenordnung von ein bis drei Prozent und einem Limit bei ungefähr zehn Prozent. Diese Summe wäre das erste wirkliche Maß für den Wert finanzieller Diskretion. Es könnte auch sein, daß Digitalgeld zur *einzigen* Geldform wird.«

Anwenderfreundliches elektronisches Geld könnte das wichtigste Ergebnis eines plötzlichen Putsches von Bürgerbewegungen auf dem vormals esoterischen und verbotenen Feld der Codes und Verschlüsselungen sein. Alltägliches Digitalgeld ist ein neuer Gebrauch von Datenverschlüsselung, auf die das Militär niemals gekommen wäre.

Mit Sicherheit gibt es viele denkbare Verwendungsarten von Verschlüsselung, für die Cypherpunks aufgrund ihrer eigenen ideologischen Neigungen blind sind und deren Aufkommen von dem Zeitpunkt abhängig ist, an dem die Verschlüsselungstechnologie der Allgemeinheit zugänglich wird. Das aber wird gewiß passieren.

Bis heute hat die Datenverschlüsselung folgendes zustande gebracht: digitale Unterschriften, anonyme E-Mail und elektronisches Geld. Diese Arten der Verbindungstrennung werden gemeinsam mit dem Netz gedeihen.

Verschlüsselung wird sich durchsetzen, weil sie das notwendige Gegengewicht zur Tendenz des Netzes darstellt, alles miteinander zu verknüpfen. Wenn es sich selbst überlassen bleibt, wird das Netz jeden mit jedem und alles mit allem verbinden. Das Netz sagt: »Verbinde.« Im Gegensatz dazu sagt die Kodierung: »Trenne.« Ohne irgendeine Trennkraft würde die Welt in einem überladenen Knäuel unpersönlicher Verknüpfungen und ungefilterter Information erstarren.

Ich höre den Cypherpunks zu, nicht weil ich glaube, daß Anarchie die Lösung für irgend etwas bietet, sondern weil es für mich den Anschein hat, daß die Verschlüsselungstechnologie die Wissens- und Datenlawine bändigen kann, die die Netzwerksysteme lostreten. Ohne diesen zähmenden Geist wird das Netz zu einem Gewebe, das sich selbst zu Tode schnürt. Es erwürgt sich mit seinen gebärfreudigen Verbindungen. Die Verschlüsselung ist das Yin zum Yang des Netzwerks, eine winzige, verborgene Macht, die in der Lage ist, die explosiven wechselseitigen Verbindungen zu bändigen, die dezentralisierte, vernetzte Systeme hervorbringen.

Verschlüsselung ermöglicht das notwendige Ende von Kontrolle, auf das eine Schwarmkultur angewiesen ist, um beweglich und schnell zu bleiben, während sie ihre Verwicklungen weiter ausdehnt.

12

GOTT-SPIELE

Populous II« ist ein Gott-Spiel für den Computer auf dem neuesten Stand der Technik. Du selbst spielst Gott – um genau zu sein, einen Sohn des Zeus. Durch das Himmelstor des Computerbildschirms spähst du hinunter auf einen Flecken Erde, wo die winzigen Gestalten der Menschen emsig umpflügen, anbauen und umherziehen. Mit einer blau schimmernden Hand (der Hand Gottes) kannst du hinuntergreifen und das Land berühren, es verwandeln. Es lassen sich entweder nach und nach Berge einebnen oder Täler anlegen, immer mit dem Ziel, Ackerland für die Menschen zu schaffen. Abgesehen von der Macht über eine Auswahl an Katastrophen wie Erdbeben, Flutwellen und Wirbelstürmen ist der direkte Einfluß auf die Menschen der eigenen Welt auf diese geologische Hand beschränkt.
Gutes Ackerland schafft glückliche Menschen. Man kann sehen, wie sie gedeihen und geschäftig umhersausen. Zunächst errichten sie Bauernhöfe; dann, mit steigender Bevölkerungsdichte, bauen sie Stadthäuser mit roten Dachziegeln, und unter der Voraussetzung, daß sich die Dinge vielversprechend entwickeln, ziehen sie schließlich komplexe, weiß gekalkte Städte mit Stadtmauern hoch, die in der mediterranen Sonne leuchten. Je besser die kleinen Wesen gedeihen, desto mehr verehren sie dich und desto mehr Manna (Macht) erhältst du, ihr Gott.
Ein Problem bleibt allerdings bestehen. Irgendwo, an einer anderen Stelle der großen Landschaft, bemühen sich andere Söhne des Zeus um Unsterblichkeit. Diese Götter können von anderen Menschen oder vom Computer gespielt werden. Die anderen Götter werden die sieben Plagen auf dein Volk herabrufen und damit die Grundlage deiner Unterstützung und deiner Verehrung auslöschen. Sie können eine zerschmetternde blaue Welle schicken, die dein Stadtvolk ersaufen läßt und ihr Ackerland überschwemmt und so deine eigene göttliche Existenz gefährdet. Kein Volk, keine Verehrung, kein Gott.

Natürlich kannst du dasselbe tun – vorausgesetzt, du hast genügend Manna auf Lager. Die Ausübung zerstörender Macht verbraucht tonnenweise Manna. Darüber hinaus gibt es andere Wege, deine Feinde zu zerstören und Manna zu gewinnen, ohne einen Zickzack-Graben in eine Region zu senden, der Menschen verschluckt, die stöhnen, wenn sie hineinfallen. Du kannst Pan-Figuren aussenden, die das Land durchstreifen und mit Zauberflöten Neuankömmlinge für deine Religion ködern. Du kannst aber auch einen »päpstlichen Magneten«, ein Monument aus Granit, errichten, das als Heiligtum dient, um Gläubige und Pilger anzuziehen.

Währenddessen fliehen deine eigenen Bürger vor den Feuersbrünsten deiner intriganten Halbbrüder. Und wenn diese Bezirksliga-Götter mit der Verwüstung eines deiner Länder fertig sind, mußt du entscheiden, ob du mit dem Wiederaufbau beginnst oder anderen Bewohnern mit deinem Arsenal nachstellst. Du könntest dazu einen Wirbelsturm benutzen, der Häuser wie Menschen gleichermaßen wegfegt und gut sichtbar durchs Land schleudert. Oder eine biblische Feuersäule, die die Erde zu unfruchtbarem Land verglühen läßt (bis ein Gott sie wiederherstellt, indem er wilde Heilblumen sät). Du kannst aber auch brennende Lavafluten aus einem geschickt plazierten Vulkan strömen lassen.

Bei einem Besuch der Geschäftsräume von Electronic Arts, dem Herstellers des Spiels, kam ich in den Genuß einer Expertenführung durch diese Welt. Einer der Entwickler des Spiels ist Jeff Haas. Man könnte Haas einen Übergott nennen, der die anderen Götter erschuf. Er deutete auf eine Ansammlung schwarzer Wolken über einem Dorf, aus denen sich plötzlich eine Flut von Blitzen entlud. Die Pfeile zuckten auf die Erde hinab. Als ein weißer Blitz in einen Menschen einschlug, verbrutzelte die Figur zu einem schwarzen Knusperkeks. Haas gluckste vor Entzücken über die auserlesene graphische Darstellung, bemerkte aber meine hochgezogenen Augenbrauen. »Ja«, räumte er belämmert ein, »das Ziel des Spiels ist Zerstörung – alles kurz und klein schlagen und ausräuchern«.

»Es *gibt* ein paar positive Dinge, die du als Gott tun kannst«, gab Haas zum besten, »aber nicht viele. Du kannst zum Beispiel Bäume pflanzen. Bäume machen Menschen immer glücklich. Und du kannst das Land mit Wildblumen beglücken. Aber in der Hauptsache geht es darum, zu zerstören und zerstört zu werden.« Aristoteles hätte das vielleicht verstanden. Zu seiner Zeit waren Götter Wesen, die gefürchtet wurden. Die Vorstellung von Gott als Kumpel oder gar als Verbündetem ist hoffnungslos modern. Früher ging man den Göttern aus dem Weg, beschwichtigte sie, wo nötig, und betete darum, daß der eigene Gott die anderen Götter bezwingen möge. Die Welt war gefährlich und launenhaft.

»Lassen Sie es mich folgendermaßen ausdrücken«, sagte Haas, »auf gar keinen Fall will man in dieser Welt einer der Menschen sein.« Allerdings nicht. Da bin ich schon lieber ein Gott.

Um »Populous« erfolgreich zu spielen, muß man wie ein Gott denken. Man kann nicht viele kleine indivuelle Leben führen und Erfolg haben. Ebensowenig kann man alle Individuen gleichzeitig beeinflussen und hoffen, dabei seine geistige Gesundheit zu behalten. Die Kontrolle muß an eine auf engem Raum lebende Menschenmenge abgetreten werden. Die Individuen im Land »Populous«, die nicht mehr sind als ein paar Bits Information, verfügen über einen bestimmten Grad an Autonomie und Anonymität. Die Hölle, in der sie leben, muß mit vereinter Kraft und auf intelligente Weise fruchtbar gemacht werden. Das ist deine Aufgabe.

Als Gott hast du nur indirekte Kontrolle. Du kannst Anreize schaffen, auf globale Ereignisse setzen, berechnete Transaktionen durchführen und hoffen, daß du das richtige Mischungsverhältnis gewählt hast, so daß dir deine Untertanen folgen. Ursache und Wirkung gehorchen bei diesem Spiel einer verwirrenden koevolutionären Logik; eine Veränderung zieht immer eine Reihe weiterer Veränderungen nach sich, und das oft in eine Richtung, die man am wenigsten beabsichtigte. Jede Steuerung geschieht auf Umwegen.

In Softwareläden werden auch andere Gott-Spiele verkauft: »Railroad Tycoon«, »A-Train«, »Utopia«, »Moonbase«. Sie alle versetzen dich als Neo-Gott in die Lage, für die Bewohner Anreize zu schaffen, sich ein Reich aufzubauen, das sich selbst erhält. Im Spiel »Power Monger« bist du einer von vier gottgleichen Königen, die hoffen, einen Teil eines Planeten als Alleinherrscher zu regieren. Deine Untertanen, die in die Hunderte gehen, sind nicht gesichtslos. Jeder Bürger hat einen Namen, eine Tätigkeit und eine Biographie. Als Gottheit ist es deine Aufgabe, die Bevölkerung anzutreiben, das Land zu erkunden, nach Erzen zu schürfen, Pflugscharen herzustellen oder daraus Schwerter zu schmieden. Das einzige, was du tun kannst, ist, die gesellschaftlichen Parameter einzustellen und dann die Lebewesen loszulassen. Es ist schwierig für einen Gott zu erraten, was dabei zum Vorschein kommt. Wenn es deine Leute schaffen, über den größten Teil des Landes zu herrschen, hast du gewonnen.

In den kurzen Übersichten über die klassischen Gott-Spiele hat das Spiel »Civilisation« einen ziemlich guten Ruf. Hier lautet das Ziel, deine Bewohner, die bei Null anfangen, durch die kulturelle Entwicklung zu steuern. Du kannst ihnen nicht erklären, wie man ein Auto baut, aber du kannst sie so präparieren, daß sie die »Erfindungen« machen können, die nötig sind, um ein Auto zu bauen. Schaffen sie es, das Rad zu erfinden, können sie Wagen bauen. Wenn sie Fertigkeiten als Steinmetze erwerben, können sie Arithmetik betreiben. Elektrizität erfordert Metallverarbeitung und Magnetismus; Konzerne brauchen zunächst ein entwickeltes Finanzsystem.

Das ist eine neue Art der Steuerung. Wer zu sehr drängt, produziert Rückschläge. Die Einwohner von »Civilisation« können jederzeit revoltieren, und manchmal tun sie das auch – mitten in deinem Wettlauf gegen andere Kulturen, wenn dich dein Gegenspieler gerade peinigt. Ungleiche Wettkämpfe sind ziemlich weit verbreitet. Einmal hörte ich einen leidenschaftlichen »Civilisation«-Spieler damit prahlen, daß er die andere Gesellschaft mit Tarnkappenbombern platt machte, während die noch mit der Entwicklung von Streitwagen beschäftigt waren.

Es ist ja bloß ein Spiel, aber »Populous« verkörpert die subtile Verschiebung innerhalb unserer gesamten Interaktion mit Computern und Maschinen. Artefakte müssen nicht länger träge homogene Klumpen sein. Sie können flüssige, anpassungsfähige, clevere Netze sein. Diese kollektivistischen Maschinen funktionieren auf der Basis von Myriaden winziger Agenzien, welche auf Wegen interagieren, die wir nicht ausloten können, und Ergebnisse hervorbringen, die wir nur indirekt kontrollieren können. Zu einem vorteilhaften Endergebnis zu kommen, ist eine Herausforderung an die Koordinationsfähigkeit. Es kommt einem vor wie Schafe hüten, einen Obstgarten hegen oder Kinder erziehen.

Innerhalb der Computerentwicklung kommt erst das Spiel, dann die Arbeit. Kinder, für die der Umgang mit Maschinen so selbstverständlich ist, als handle es sich um ihre Organe, erwarten später, wenn sie älter sind, dasselbe von den Maschinen, mit denen sie arbeiten. Sherry Turkle, Psychologin am MIT, beschreibt die Bereitschaft von Kindern, komplizierte Erfindungen als Körpererweiterungen wahrzunehmen, als Affinität zu einem »zweiten Selbst« – eine Projektion ihrer selbst auf die Maschinen. Diese Personifizierung wird sicherlich von den Spielzeugwelten gefördert.

»SimEarth«, ein weiteres Gott-Spiel, preist sich selbst etwas ironisch als »die ultimative Erfahrung im Planetenmanagement« an. Einer meiner Bekannten erzählte mir eine Geschichte, die er auf einer Autofahrt mit drei zehn- bis zwölfjährigen Jungen erlebte. Sie saßen auf der Rückbank und spielten auf einem Laptop-Computer »SimEarth«, während er fuhr und die Unterhaltung der Jungen belauschte. Die Jungen hatten sich dazu entschlossen, intelligente Schlangen zu entwickeln. Die Kinder:

»Meinst du, wir können die Reptilien jetzt starten?«
»Oh Scheiße, die Säugetiere übernehmen die Macht.«
»Wir erhöhen besser die Sonneneinstrahlung.«
»Wie kriegen wir bloß die Schlangen intelligenter?«

»SimEarth« erzählt weder eine Geschichte, noch hat es definierte Ziele – kein Einsteigerspiel für die meisten Erwachsenen. Kinder hingegen lassen sich ohne Zögern und ohne Anleitung auf das Spiel ein. »Wir sind wie Götter, also können wir auch gut darin werden«, verkündete Steward Brand 1968 und hatte dabei Personalcomputer (eine Bezeichnung, die später von ihm geprägt wurde) und andere Vivisysteme im Sinn.

Sieht man von aller sekundären Motivation einmal ab, wollen alle Suchtformen nur das eine: eine eigene Welt erschaffen. Ich kann mir nichts Suchterzeugenderes vorstellen, als Gott zu sein. In hundert Jahren wird uns nichts mehr davon abhalten, Wechselplatten mit künstlichen Welten zu kaufen und sie in eine Kosmosmaschine hineinzustecken, um zu sehen, wie Kreaturen zu Leben erweckt werden und auf von ihnen selbst geschaffenen Grundlagen zusammenleben. Göttlichkeit ist unwiderstehlich. Der Blutzoll vieler Helden wird uns davon nicht abhalten können. Die Welt-Hersteller werden von uns jeden Preis für unseren täglichen Schuß verlangen können, der uns wenige Stunden in die interaktive Saga unserer Figuren eintauchen läßt. Und um unsere Welt am Leben zu halten, werden wir ebenfalls zahlen, was immer sie verlangen. Das organisierte Verbrechen wird Milliarden von Dollars mit dem Verkauf von brutalen künstlichen Katastrophen – erstklassigen Hurrikans oder Tornados zu Spitzenpreisen – an Süchtige machen, die zum Kauf gezwungen sind. Im Laufe der Zeit werden die Gott-Kunden ziemlich robuste und liebenswerte Bevölkerungen in ihren Welten herangezogen haben, die sie begierig mit immer neuen, noch perfekteren Naturkatastrophen auf die Probe stellen. Für die weniger Bemittelten wird es sicherlich einen Schwarzmarkt mit mutierten Wesen und gestohlenen Szenarien geben. Das ungestüme Hochgefühl, sich an die Stelle Jehovas zu setzen, und die echte, überwältigende, reine *Liebe* für die eigene Privatwelt werden jeden und alle einsaugen, die sich ihr nähern.

Weil sich simulierte Welten – in zwergenhaftem, aber erkennbarem Zustand – ähnlich wie die Welten lebender Organismen verhalten, werden diejenigen, die von ihnen überleben, an Komplexität und Wert gewinnen. Das organische Ambiente vernetzter, paralleler Weltspiele ist, auch wenn das zweite Selbst dort hineinprojiziert wird, nicht nur reiner Anthropomorphismus.

»SimEarth« war als Modell für die Gaia-Hypothese von Lovelock und Margulis gedacht, die es zu einem beachtlichen Grad erfolgreich umgesetzt hat. Relativ gewichtige Veränderungen in der simulierten Erdatmosphäre und der Geologie werden von systemeigenen Rückkopplungsschleifen kompensiert. So steigert beispielsweise die Überhitzung des Planeten die Produktion der Biomasse, wodurch sich die CO_2-Konzentration verringert, was den Planeten wieder abkühlen läßt.

Wissenschaftler streiten sich darüber, ob das Faktum des sich selbst regulierenden Zusammenhalts, das in der globalen Geochemie der Erde zu beobachten ist, die Erde zu einem großen Organismus (Gaia) macht oder eher zu einem großen Vivisystem. Wendet man dieselben Kategorien auf »SimEarth« an, erhält man eine klarere Auskunft: »SimEarth«, das Spiel, ist kein Organismus. Aber es ist ein Schritt in Richtung auf das Organische. Wenn wir mit »SimEarth« und anderen

Gott-Spielen umgehen, können wir ein Gefühl dafür entwickeln, wie es sein wird, mit autonomen Vivisystemen umzugehen.

In »SimEarth«, einem schwindelerregenden Netz von Faktoren, die sich gegenseitig beeinflussen, ist es unmöglich herauszufinden, was durch welchen Faktor bewirkt wird. Spieler beklagen sich manchmal, daß »SimEarth« abzulaufen scheint, ohne sich um die menschliche Kontrolle zu kümmern. So als ob das Spiel seinem eigenen Plan folge und man nur zuschauen würde.

Johnny Wilson, Spielexperte und Autor eines »SimEarth«-Handbuches, behauptet, daß die einzige Möglichkeit, Gaia (»SimEarth«) entgleisen zu lassen, das Auslösen einer katastrophalen Veränderung sei – beispielsweise die Erdachse horizontal zu definieren. Es gebe eine Umgrenzung, innerhalb derer das System von »SimEarth« immer zurückspringen wird; man muß das System außerhalb dieser Umgrenzung treffen, um es zusammenbrechen zu lassen. Solange »Sim Earth« innerhalb seiner Grenzen abläuft, folgt es seinem eigenen Rhythmus; außerhalb folgt es gar keinem Rhythmus. Zum Vergleich weist Wilson darauf hin, daß »SimCity«, die ältere Schwester von »SimEarth«, »als Spiel wesentlich befriedigender ist, weil man direktere und klarere Reaktionen auf Veränderungen erhält und weil man den Eindruck größerer Kontrolle hat«.

Im Unterschied zu »SimEarth« ist »SimCity« das beste Beispiel für ein Gott-Spiel, das von Handlangern am Laufen gehalten wird. Diese preisgekrönte Simulation einer Stadt ist so überzeugend, daß sie von Stadtplanern eingesetzt wird, um die Dynamik realer Städte vorzuführen, die ebenfalls von Handlangern am Laufen gehalten werden. Ich glaube, daß »SimCity« deshalb erfolgreich ist, weil es auf dem Schwarmdenken beruht, demselben Fundament, auf dem alle Vivisysteme basieren: eine Gemeinschaft intensiv untereinander verbundener autonomer und dezentraler Agenzien, die parallel vorgehen. In »SimCity« sprudelt eine funktionierende Stadt aus einem Schwarm von Hunderten ignoranten Sims (oder »Simpeln«) hervor, die ihre simplen Aufgaben erfüllen.

»SimCity« gehorcht der üblichen Zugvögel-Logik der Gott-Spiele. Die Sims werden sich in deiner Stadt nur dann niederlassen, wenn es dort Fabriken gibt. Aber Fabriken bringen Umweltverschmutzung, die die Einwohner vertreibt. Straßen helfen den Pendlern, aber sie führen zu Steuererhöhungen, die deine Beliebtheit als Bürgermeister sinken lassen, auf die du angewiesen bist, um politisch zu überleben. Das für den Aufbau einer widerstandsfähigen »SimCity« erforderliche Labyrinth miteinander verknüpfter Faktoren entfaltet sich typischerweise so, wie es der Bericht eines befreundeten »SimCity«-Spielers beschreibt: »In einer Stadt, die ich in vielen SimCity-Jahren aufgebaut hatte, genoß ich in den offiziellen Meinungsumfragen eine Zustimmung von 93 Prozent. Alles lief hervorragend. Ich hatte ein schönes Gleichgewicht aus steuereinbringenden Unternehmen und »bürgerbindender Schönheit«. Um die Umweltverschmutzung in meiner großen Metropole zu reduzieren, ließ ich ein Kernkraftwerk errichten. Unglücklicherweise plazierte ich es, nachlässig wie ich war, in der Flugschneise meines Flughafens. Eines Tages stürzte ein Flugzeug auf den Reaktor und verursachte eine Kernschmelze. Die Stadt drohte in Flammen aufzugehen. Da ich nicht genügend Feuerwehrstationen in der Nachbarschaft gebaut hatte (das wäre viel zu teuer gewesen), konnte sich das Feuer tatsächlich ausdehnen und brannte schließlich die gesamte Stadt nieder. Jetzt bin ich dabei, sie wieder aufzubauen – anders.«

Will Wright, Autor von »SimCity« und Co-Autor von »SimEarth«, ist Mitte dreißig, belesen und sicherlich einer der innovativsten Programmierer unserer Zeit. Weil Sim-Spiele so schwer zu kontrollieren sind, nennt er sie gerne Software-Spielzeuge. Man spielt mit ihnen herum, erforscht sie, probiert Phantasien aus und lernt. Man gewinnt nicht, zumindest nicht mehr als bei der Gartenarbeit. Wright sieht seine robusten Simulationsspielzeuge als erste kleine Schritte auf dem langen Marsch »adaptiver Technologien«. Diese Technologien werden nicht vom Erfinder geformt, verbessert oder angepaßt; vielmehr passen sie sich an, lernen und entwickeln sich aus eigenem Antrieb. Das verlagert ein wenig Macht vom Benutzer auf das Benutzte.

Die Ursprünge von »SimCity« zeugen von Wills eigenem Weg zu dieser Vorstellung. 1985 schrieb Will ein, wie er es nennt, »absolut, und ich meine *absolut,* bescheuertes Videospiel«, das »Überfall auf die Stümperbucht« hieß. Es war ein typisches Baller-Spiel mit einem Hubschrauber, der alles zerbombte, was in Sichtweite kam.

»Während der Herstellung dieses Spiels mußte ich all die Inseln zeichnen, die der Hubschrauber zu bombardieren hatte«, erinnert sich Will. Gewöhnlich setzte der Künstler-Autor die gesamte Phantasie in minutiös gepixelte Details um, aber das langweilte Will. »Statt dessen«, sagt er, »schrieb ich ein eigenständiges kleines Hilfsprogramm, das es mir erlaubte, hin und her zu springen und diese Inseln sehr schnell aufzubauen. Ich fügte auch ein paar Programmzeilen hinzu, die die Inseln automatisch mit Straßen versahen.«

Brachte er sein Land- oder Straßenbau-Modul zum Einsatz, setzte das Programm – selbständig! – Land oder Straßen in die simulierte Welt. Will erinnert sich: »Schließlich beendete ich auch den Baller-Teil des Programms, aber aus irgendeinem Grund kam ich immer wieder darauf zurück und machte die Hilfsprogramme für den Aufbau immer ausgefallener. Ich wollte die Straßenfunktion automatisieren. Ich richtete es so ein, daß, wenn man irgendwelche Landstücke miteinander verband, sich die Straßenstücke auf ihnen automatisch zu einem Straßennetz verbanden. Dann wollte ich Gebäude automatisch einfügen lassen. Also schrieb ich ein kleines Auswahlmenü für Gebäude. Ich begann mich zu fragen, warum ich das tue, wo das Spiel doch fertiggestellt war? Die Antwort war, daß ich offensichtlich viel mehr Spaß daran hatte, die Inseln zu bauen, als sie zu zerstören. Ziemlich schnell stellte ich fest, daß es mich faszinierte, eine Stadt zum Leben zu erwecken. Zunächst wollte ich nur eine Verkehrssimulation erzeugen. Aber dann stellte ich fest, daß der Verkehr nicht besonders viel Sinn machte, wenn man keine Orte hatte, zu denen die Leute fahren konnten … und das führte Schicht für Schicht zu einer kompletten Stadt – SimCity.«

Ein Spieler, der eine SimCity baut, wiederholt Will Wrights Schritte, als er das Spiel erfand. Zunächst legt er das geographische Fundament aus Land und Wasser, das die Basis für den Straßenverkehr und die Telefonleitungen ist, welche die Basis für die Wohnhäuser sind, die wiederum die Basis für die Sims als Basis für den Bürgermeister darstellen.

Um ein Gefühl für die Dynamik einer Stadt zu entwickeln, studierte Wright die Simulation einer Durchschnittsstadt, die in den sechziger Jahren von Jay Forrester am MIT entwickelt wurde. Forrester faßte das Stadtleben in quantitative Relationen, die er in mathematische Gleichungen auflöste. Sie ergaben so etwas wie Faustregeln: Soundsoviele Einwohner brauchen einen Feuerwehrmann; oder man braucht soundsoviele Parkplätze für jedes Auto. Forrester veröffentlichte seine Ergebnisse unter dem Titel *Urban Dynamics*, ein Buch, das viele aufstrebende Computerentwickler inspirierte. Forresters eigene Computersimulation war vollständig numerisch, ohne graphische Oberfläche. Ließ man die Simulation laufen, erhielt man einen Stapel Ausdrucke auf liniertem Papier.

Will Wright versah Jay Forresters Gleichungen mit Fleisch und gab ihnen eine dezentrale Bottom-up-Existenz. Städte bauten sich selbst (den Gesetzen und Theorien des Gottes Will Wright entsprechend) auf dem Computerbildschirm zusammen. Im Grunde ist SimCity eine Theorie der Stadt, die mit einer Benutzeroberfläche ausgestattet ist – so wie ein Puppenhaus eine Theorie des Haushalts darstellt. Ein Roman ist eine Theorie, die als Geschichte erzählt wird. Ein Flugsimulator ist eine interaktive Theorie des Fliegens. Die Simulation von Leben ist eine biologische Theorie, der es überlassen ist, sich selbst durchs Leben zu schlagen.

Eine Theorie abstrahiert das komplizierte Muster realer Dinge zu einem reproduzierbaren Muster – einem Modell oder einer Simulation. Wird das richtig gemacht, fängt die Miniatur etwas von der Vollständigkeit des größeren Ganzen ein. Der geniale Einstein reduzierte die Komplexität des Kosmos auf fünf Symbole. Seine Theorie oder Simulation funktioniert. Richtig gemacht, wird aus Abstraktion Kreation.

Es gibt viele Gründe, etwas zu erschaffen. Aber was wir erschaffen, ist immer eine Welt. Ich glaube, daß es uns vielleicht nicht möglich ist, etwas Geringeres zu erschaffen. Wir können überstürzt erschaffen, in Fragmenten, in Entwürfen und Bewußtseinsströmen, aber immer ergänzen wir unsere eigene unfertige Welt. Natürlich malen wir manchmal Männchen, im wörtlichen wie im übertragenen Sinn. Aber wir erkennen es sogleich als das, was es ist: theorieloses Geschwafel und formloser Unsinn. Im Grunde ist jeder kreative Akt nicht mehr und nicht weniger als die Neuinszenierung der Schöpfung.

Vor ein paar Jahren schuf ein Mann mit verfilztem Haar vor meinen Augen eine künstliche Welt, eine Simulation sich wiegender farnartiger Bögen, die sich aus einem arabesken Boden kastanienbrauner

Ziegeln erhoben, mit einem hohen roten Kamin, der in keine bestimmte Richtung wies. Diese Welt hatte keine materielle Form. Es war eine Unterwelt, die noch zwei Stunden zuvor ein Tagtraum in der Vorstellung des Mannes gewesen war. Jetzt war es ein Tagtraum, der auf ein paar Computern von Silicon-Graphics seine Kreise zog. Der Mann setzte sich riesige magische Brillengläser auf und stieg in die Scheinwelt ein. Und ich folgte ihm.

Soweit ich weiß, war dieser Abstieg in den Tagtraum eines Mannes im Sommer 1989 das erste Mal, daß ein Mensch ein momentanes Hirngespinst schuf und andere hineinkriechen ließ, um daran teilzuhaben. Der Mann hieß Jaron Lanier, ein rundlicher Typ mit einem Wust von Rastalocken und einem amüsanten Kichern, das mich immer an Bibo aus der Sesamstraße denken läßt. Unbekümmert bewegte er sich in das Traumland und wieder hinaus und sprach über die Reisen wie jemand, der das »andere Ufer« seit Jahren erkundet. Fossilien ausgedienter Experimental-Cyber-Brillen und -Handschuhe zierten die Wände in Jarons Geschäftsräumen. Das übliche Computer Hardware- und Software-Zubehör war im Rest des Labors verstreut: Lötkolben, Diskettenlaufwerke, Cola-Dosen – und in diesem Fall zerrissene Drahtgeflechtanzüge mit Kontaktsteckern als Verzierung.

Der Hightech-Methode von Jaron zur Gewinnung begehbarer Welten war Jahre zuvor von Forschungsinstituten – darunter auch der NASA – der Weg bereitet worden. Eine Menge Leute waren bereits in die entkörperlichten imaginären Welten – Forschungswelten – hinabgestiegen. Aber Jaron ersann ein kostengünstigeres System, das sogar besser funktionierte als die Szenarien der Universitäten, und er baute aufs Geratewohl und in Windeseile unwissenschaftliche »verrückte Welten«. Jaron prägte einen eingängigen Namen für das Ergebnis: »Virtuelle Realität«.

Um an der Virtuellen Realität teilzuhaben, steigt der Besucher in eine Uniform, die verdrahtet ist, um größere Körperbewegungen abzutasten und zu übertragen. Zur Kostümierung gehört außerdem eine Gesichtsmaske, die die Bewegungen des Kopfes weiterleiten kann. Im Innern der Maske befinden sich zwei winzige Videofarbmonitore, die dem Probanden ein stereoskopes, realistisches Bild übermitteln. Mit aufgesetzter Maske scheint es dem Besucher, als bewohne er eine dreidimensionale Virtuelle Realität.

Die meisten Leser dürften wahrscheinlich einen allgemeinen Begriff von computergenerierter Realität haben; denn in den Jahren nach Jarons Vorführung wurde die Aussicht auf eine alltägliche Virtuelle Realität (VR) zur täglichen Nachrichtenkost in Zeitschriften und Fernsehsendungen. Immer wurde dabei der surreale Aspekt betont. Schließlich titelte das *Wall Street Journal*, Virtuelle Realität sei »elektronisches LSD«.

Ich muß gestehen, daß auch ich zuerst an »Drogen« dachte, als ich Jaron in seiner Welt verschwinden sah: Da ist ein 29 Jahre alter Unternehmensgründer, der eine elektrifizierte Tauchermaske trägt. Während ich mit anderen Freunden nüchtern zusehe, rollt Jaron langsam über den Boden, den Mund weit geöffnet. Er windet sich in eine neue Stellung, ein Arm drückt gegen die Luft, ohne etwas zu berühren. Wie ein Mann, der von der Zeitlupe verhext ist, biegt er sich von einer Verzerrung zur nächsten, während er verborgene Aspekte seines neugeschaffenen Universums erkundet. Vorsichtig kriecht er über den Teppich, hin und wieder innehaltend, um einige nie gesehene Wunder in der Luft vor ihm zu untersuchen. Ihm zuzuschauen ist unheimlich. Seine Handlungen folgen einer entfernten, inneren Logik, einer abgekoppelten Realität. Gelegentlich durchbricht Jaron die Stille mit einem Freudenschrei.

»Hey, die Kreidesockel sind hohl! Du kannst in ihrem Innern nach oben gehen und den Boden der Rubine sehen!« quietscht er. Jaron selbst hat die Sockel erzeugt, die oben mit roten Edelsteinen abschließen, aber als er sie sich ausdachte, hat er sich nicht damit aufgehalten, sich um ihre Unterseite zu kümmern. Eine vollständige Welt ist zu komplex, als daß man sie im Kopf haben könnte. Aber eine Simulation kann diese Komplexitäten ausschöpfen. Immer wieder berichtete Jaron Details aus der Welt, die er, der Gott, nicht vorhergesehen hatte. Jarons virtuelle Welt glich darin anderen Simulationen; die einzige Möglichkeit, zu erfahren, was geschehen würde, besteht darin, es geschehen zu lassen.

Simulationen sind nicht neu. Auch daß man sie besuchen kann, ist nicht neu. Spielzeugwelten gehören zu den sehr frühen menschlichen Erfindungen – vielleicht sind sie sogar überhaupt ein Zeichen für das Auftauchen des Menschen; Spielzeuge und Spiele als Grabbeigaben werden von Archäologen als Beweise menschlicher Kultur angesehen. Sicherlich entsteht der Drang, Spielzeuge zu schaffen, sehr früh in der individuellen Entwicklung. Kinder verlieren sich in ihre eigenen künstlichen Miniaturwelten. Puppen und Modelleisenbahnen gehören genau genommen zu den Mikrokosmen der Simulation, desgleichen viele der großen Kunstwerke unserer Kultur: persische Miniaturen, realistische Landschaftsmalerei, japanische Teegärten und vielleicht alle Romane und das Theater – winzige Welten.

Aber heute, im Computerzeitalter – dem Zeitalter der Simulation –, schaffen wir winzige Welten mit größerer Bandbreite, mit mehr Austauschmöglichkeiten und weitgehender Verwirklichung. Wir haben uns von starren Statuen zu »SimCity« hinentwickelt. Einige Simulationen, wie Disneyland, sind gar nicht mehr so winzig.

Genau genommen taugt alles zur Simulation, solange ihm Energie, mögliche Verhaltensweisen und Raum zur Entfaltung geboten werden. Wir leben in einer Kultur, die mit großer Geschwindigkeit Millionen von Dingen zu Simulationen erweckt, in dem sie sie auf intelligente Weise elektronisiert. Eine Telefonanlage wird zur simulierten Stimme der Vermittlung, ein Auto wird in einem Werbespot zum Tiger, falsche Bäume und Roboterkrokodile werden im Vergnügungspark zu einem simulierten Dschungel. Wir blinzeln nicht einmal mehr.

In den frühen siebziger Jahren fuhr der italienische Romanschriftsteller Umberto Eco durch Amerika und besuchte so viele anspruchslose Attraktionen entlang der Straße, wie er nur finden konnte. Eco war Semiotiker – ein Dechiffrierer unauffälliger Zeichen. Er fand, daß Amerika mittels subtiler Botschaften über Simulationen und Realitätsgrade kommunizierte. So pries sich das nationale Wahrzeichen, Coca-Cola, beispielsweise selbst als »the real thing« an. Wachsmuseen waren Ecos bevorzugter Text. Je mehr Kitsch in ihnen zu finden war, mit altarähnlichen Samtvorhängen und seichten Szenen, desto besser. Eco beobachtete, daß Wachsmuseen mit köstlichen Kopien wirklich existierender Leute (Brigitte Bardot im Bikini) und exquisiten Nachbildungen fiktionaler Figuren (Ben Hur beim Wagenrennen) bevölkert waren. Geschichte wie Phantasie waren gleichermaßen zu realistischen wie neurotischen Details ausgearbeitet, so daß Realität und Fiktion nahtlos ineinander übergingen. Die Genrekünstler scheuten keine Mühe, eine erfundene Figur mit höchstem

Realismus wiederzugeben. Spiegel reflektieren die Bilder der Figuren aus einem Epochenbereich des Raumes in einen anderen Zeitraum, um die Unterscheidung von real und nicht-real noch stärker zu verwischen. Auf der Strecke von Los Angeles nach San Francisco konnte Eco sieben Wachsversionen von Leonardos *Letztem Abendmahl* besichtigen. Jede mit dem Slogan »Sie werden danach nicht mehr derselbe sein« angepriesene Wachsarbeit versuchte die vorige durch eine noch getreuere Wiedergabe eines erfundenen Gemäldes auszustechen.
Eco schrieb, er befinde sich »auf einer Reise in die Hyperrealität, auf der Suche nach Beispielen, in denen die amerikanische Phantasie das einzig Wahre, ›the real thing‹, verlangt und, um es zu erlangen, die absolute Fälschung herstellen muß.« Die Realität der *absoluten Fälschung* nannte Eco Hyperrealität. In der Hyperrealität, wie Eco sie verstand, »bietet sich die absolute Nicht-Realität als reale Gegenwart an«.
Eine perfekte Simulation und eine Spielzeugwelt auf dem Computer sind Werke der Hyperrealität. Sie fälschen so vollkommen, daß sie als Ganzes eine Realität besitzen.
Der französische Pop-Philosoph Jean Baudrillard beginnt sein kleines Buch *Agonie des Realen* (1978) mit diesen beiden hoch verdichteten Absätzen:

> Früher war die schönste Allegorie der Simulation für uns jene Fabel von Borges, in der die Kartographen des Reiches eine so detaillierte Karte anfertigen, daß Karte und Territorium schließlich exakt zur Deckung kommen. (Der Verfall des Reiches bringt es jedoch mit sich, daß die Karte nach und nach ausfranst und verfällt, bis schließlich nur noch Fetzen in den Wüsten erkennbar sind.) Für uns ist diese Fabel überholt. Sie besitzt nur noch den diskreten Charme von Simulakren zweiter Ordnung.
>
> Heutzutage funktioniert die Abstraktion nicht mehr nach dem Muster der Karte, des Duplikats, des Spiegels und des Begriffs. Auch bezieht sich die Simulation nicht mehr auf ein Territorium, ein referentielles Wesen oder eine Substanz. Vielmehr bedient sie sich verschiedener Modelle zur Generierung eines Realen ohne Ursprung und Realität, das heißt eines Hyperrealen. Das Territorium ist der Karte nicht mehr vorgelagert, auch

> überlebt es sie nicht mehr. Von nun an ist es umgekehrt: *Präzession der Simulakren.* Die Karte ist dem Territorium vorgelagert, ja sie bringt es hervor. Um auf die Fabel zurückzukommen, müßte man sagen, daß die Überreste des Territoriums allmählich Ausdehnung und Umfang der Karte annehmen. Nicht die Karte, sondern Spuren des Realen leben hier und da in den Wüsten weiter, nicht in den Wüsten des Reiches, sondern in unserer Wüste, *der Wüste des Realen selbst.*

In der Wüste des Realen beschäftigen wir uns mit dem Bau von hyperrealen Paradiesen. Unsere Präferenz gehört dem Modell (der Karte). Steven Levy, der Autor von *Künstliches Leben aus dem Computer,* einem Buch aus dem Jahr 1991, das die Ankunft der Simulationen so prächtig feiert, daß wir sie für lebendig erklären müssen, formuliert Baudrillards Standpunkt so: »Die Karte ist nicht das Territorium, aber eine Karte *ist* ein Territorium.«

Wie auch immer, das Territorium des Simulakrums ist leer. Die absolute Fälschung ist so offensichtlich, daß sie für uns unsichtbar bleibt. Bisher haben wir keine Taxinomien, mittels derer wir subtile Typen von Simulationen differenzieren könnten. Nehmen wir die lange Liste unscharfer Synonyme von Simulakrum: Fälschung, Schwindel, Nachbildung, Replikat, Phantom, Bild, Reproduktion, Trugbild, Tarnung, Vortäuschung, Imitation, falsche Erscheinung, Bildnis, Inszenierung, Schatten, Schemen, Unaufrichtigkeit, Maske, Verkleidung, Substitut, Surrogat, Schein, Parodie, Kopie, Bluff, Heuchelei, Lüge. Das Wort Simulakrum ist eine Welt mit einem schweren Karma.

Die Epikureer, eine Schule radikaler griechischer Philosophen, die herausfanden, daß es Atome geben muß, hatten eine verblüffende Theorie des Sehens. Sie glaubten, jedes Objekt entsende ein »Idol« (*eidola* oder Götterbild). Dasselbe wurde im Lateinischen *simulakrum* genannt. Lukrez, ein römischer Epikureer, sagt, daß man sich das Simulakrum als »Abbild von Dingen« vorstellen muß, »als eine Art äußere Haut, die sich unaufhörlich von den Oberflächen der Dinge ablöst und in diese oder jene Richtung durch die Luft fliegt«.

Diese Simulakren waren physikalische aber ätherische Dinge. Unsichtbare Simulakren entströmten einem Objekt, und wenn sie auf das Auge trafen, bewirkten sie das Sehen. Die Reflexionen eines Ge-

genstandes, die sich in einem Spiegel bündelten, bewiesen die Existenz der Simulakren; wie hätte es sonst zwei davon geben können und eines davon so durchscheinend? Die Epikureer glaubten, daß die Simulakren durch die Poren der schlafenden Menschen in die Sinne eindringen können und daß sie so die Idole (Bilder) übermitteln, die in den Träumen auftauchen. Kunst und Malerei fingen – wie Fliegenpapier die Mücken – die Idole ein, die vom Original ausgestrahlt wurden.

Ein Simulakrum galt damals als eine abgeleitete, dem Original gegenüber sekundäre Größe, als paralleles Bildnis – oder, modern gesprochen, als eine Virtuelle Realität.

In der lateinischen Umgangssprache bekam Simulakrum die Bedeutung einer von Geistern oder Gespenstern beseelten Statue oder eines Bildes. Folglich schlich sich sein griechischer Vorgänger, die Bezeichnung *Idol,* 1382 in die englische Sprache, als die erste englischsprachige Bibel ein Wort benötigte, um die Hyperrealität beseelter und manchmal redender Statuen zu beschreiben, die man als Götter darstellte.

Einige dieser antiken Tempelautomaten waren ziemlich kompliziert. Sie hatten bewegliche Köpfe und Glieder sowie Röhren, um ihnen Stimmen zu leihen. Die Menschen der Antike waren sehr viel gewitzter, als wir ihnen das meistens zutrauen. Niemand verwechselte die Idole mit dem tatsächlichen Gott, den sie repräsentierten. Aber es ignorierte auch niemand die Gegenwart des Idols. Das Idol bewegte sich richtig, und es sprach; es hatte ein eigenständiges Verhalten. Die Idole waren weder real noch gefälscht – sie waren echte Idole. Mit Ecos Worten waren sie hyperreal – geradeso wie Murphy Brown, die virtuelle Fernsehfigur, als eigentlich real angesehen wird.

Wir postmodernen Stadtmenschen verbringen einen recht großen Teil des Tages in Hyperrealitäten: Telefongespräche, Fernsehen, Computerbildschirme, Radiowelten. Wir schätzen sie sehr. Versuchen Sie einmal, sich beim Abendessen zu unterhalten, ohne sich auf irgend etwas zu beziehen, das Sie über die Medien gehört oder gesehen haben! Simulakren sind zu unserer Lebenswelt geworden. Meistens legen wir Wert darauf, daß das Hyperreale für uns real ist. Wir betreten die Hyperrealität ebenso leichtfüßig, wie wir sie wieder verlassen.

Betrachten wir beispielsweise eine Hyperrealität, die Jaron Lanier Monate nach seiner ersten Fünf-Minuten-Welt schuf. Kaum war sie fertiggestellt, tauchte ich selbst in seine Idol- und Simulakrenwelt hinab. Diese künstliche Realität enthielt auch einen Schienenkreis mit einem Durchmesser von etwa einem Häuserblock und eine Lokomotive, die mir etwa bis zur Brust reichte. Der Boden war rosafarben, der Zug in einem hellen Grau gehalten. Weiteres massives Spielzeug lag herum wie hingeworfen. Die Formen der Modelleisenbahn und der Spielzeuge bestanden aus Polygonanhäufungen – nicht gerade grazile Kurven. Die Farben waren einheitlich hell. Als ich den Kopf drehte, veränderte sich stotternd die Szenerie. Die Schatten erstarrten. Der Himmel war leer und dunkelblau und ohne jeden Bezug zu Entfernung oder Raum. Ich hatte den Eindruck, ein Legomännchen im Legoland zu sein.

Eine behandschuhte Hand – aus winzigen polygonalen Blöcken zusammengesetzt – schwebte vor mir. Es war meine Hand. Ich bog das entkörperlichte Ding. Wenn es mir gelang, die Hand willentlich auf einen Punkt auszurichten, begann ich, in die Richtung zu fliegen, in die mein Finger zeigte. Ich flog über die kleine Zugmaschine, saß auf ihr oder über ihr – genau wußte ich es nicht. Ich streckte meine schwebende Hand aus und riß an einem Hebel des Zuges. Der Zug begann im Kreis zu fahren, und ich sah die rosafarbene Landschaft vorüberziehen. Irgendwann, in der Nähe eines auf dem Kopf liegenden Zylinderhutes, sprang ich vom Zug. Ich stand da und sah, wie der Zug ohne mich seine Kreise zog. Ich beugte mich, um nach dem Zylinderhut zu greifen, und in dem Moment, da ich ihn berührte, verwandelte er sich in ein weißes Kaninchen.

Ich hörte jemanden aus der Außenwelt lachen, ein himmlisches Glucksen. Der Gott hatte sich einen kleinen Scherz erlaubt.

Das Verschwinden des Zylinderhutes war auf hyperreale Weise real. Das zugartige Etwas fuhr wirklich los und hielt schließlich wirklich an. Es fuhr wirklich im Kreis. Als ich flog, überwand ich wirklich eine Distanz irgendeiner Art. Für jemanden, der mich von außen betrachtete, war ich ein Typ, der auf dieselbe Weise ungelenk Kreise auf dem Teppich eines Büros drehte, wie Jaron das auch getan hatte. Aber innen geschahen die hyperrealen Ereignisse wirklich. Jeder Besucher kann das bestätigen; es war eine konsensuelle Erfahrung. In der Parallelwelt der Simulakren waren die Ereignisse wirklich gewesen.

David verbringt zwölf Stunden am Tag als säbelrasselnder Kundschafter in einer unterirdischen Welt mit Kerkern und Elfen. Er spielt die Figur Lotsu. Er sollte im Seminar sitzen und Einsen schreiben. Statt dessen ist er der neuesten Modetorheit erlegen, die über die Universitätsgelände fegt: das totale Eintauchen in Phantasiespiele, die von mehreren zugleich gespielt werden können. Diese Phantasiespiele für mehrere Mitspieler sind elektronische Abenteuer, die auf einem großen Netzwerk aus Universitätsrechnern und PCs laufen. Spieler loggen sich gewöhnlich vier oder fünf Stunden in die Phantasiewelten ein, die auf Star Trek, Hobbit oder Anne McCaffreys beliebten Romanen über Drachen, Ritter und Zauberer basieren.
Studenten wie David verwenden die Rechner der Universitäten oder ihre eigenen Geräte, um sich ins Internet einzuloggen. Das Mega-Netzwerk, das jetzt gemeinsam von Regierungen, Universitäten und privaten Unternehmen weltweit unterstützt wird, subventioniert alle normalen Fahrgäste, die in ihm reisen. Universitäten bewilligen jedem Studenten, der etwas »recherchieren« will, einen Internet-Zugang. Von einem Wohnheim in Boston aus kann ein Student zu jedem beteiligten Computer in der Welt »fahren«, sich ohne Kosten verbinden und so lange online bleiben, wie es ihm oder ihr gefällt.
Was kann man auf solchen virtuellen Reisen tun, außer sich Probeklausuren über genetische Algorithmen herunterzuladen? Tauchten plötzlich hundert weitere Studenten am selben virtuellen Ort auf, könnte das ziemlich cool sein. Man könnte: eine Party feiern, Streiche aushecken, Rollenspiele machen, Pläne schmieden oder den Bau einer besseren Welt planen. Alle gleichzeitig. Das einzige, was man dafür braucht, ist ein Mehrbenutzersystem, wo man sich treffen kann. Einen Ort, um online zu schwärmen.
1978 schrieb Roy Trubshaw im letzten Jahr seines Grundstudiums im englischen Essex ein elektronisches Rollenspiel, das »Dungeons and Dragons« ähnelte. Im folgenden Jahr wurde das Spiel von seinem Kommilitonen Richard Bartle übernommen. Er erweiterte die Zahl der möglichen Spieler und ihren Handlungsspielraum. Trubshaw und Bartle nannten ihr Spiel MUD, Multi-User-Dungeon (Mehrbenutzer-Verließ), und stellten es ins Internet.
MUD ähnelt sehr dem klassischen Spiel ZORK oder irgendeinem anderen der textbasierten Videoabenteuerspiele, die von Beginn an auf

Heimcomputern florierten. Auf dem Bildschirm des Computers steht: »Du befindest dich in einem kalten, feuchten Verlies, das von dem flackernden Schein einer Fackel erleuchtet ist. Auf dem Steinboden liegt ein Schädel. Ein Gang führt nach Norden, der andere nach Süden. In den rußigen Boden ist ein Gitter eingelassen.«

Deine Aufgabe ist es, den Raum und die Gegenstände in ihm zu erkunden und schließlich Schätze zu finden, die im Labyrinth anderer, mit diesem verbundener Räume versteckt sind. Du mußt dir unterwegs wahrscheinlich eine kleine Sammlung von Schätzen und Hinweisen zusammensuchen, um den Gang, der zur Beute führt, aufzuspüren; meistens besteht dies darin, einen Zauber zu bannen, selbst Zauberer zu werden, den Drachen zu töten oder aus dem Verlies zu fliehen.

Man geht auf Erkundung, indem man etwa »Untersuche Schädel« eintippt. Der Computer antwortet: »Der Schädel sagt: ›Hüte Dich vor der Ratte‹.« Du tippst ein: »Untersuche Gitter«, und der Computer antwortet: »Aus dieser Richtung kommt der Tod.« Du tippst: »Gehe nach Norden«, und du verläßt den Raum durch einen Tunnel auf deinem Weg ins Unbekannte des nächsten Raums.

MUD und seine vielen Nachfolger (bekannt unter Namen wie MUDs, MUSEs, TinyMUDs etc.) ähneln stark den klassischen Abenteuerspielen der siebziger Jahre, aber mit zwei deutlichen Verbesserungen. Zunächst kann MUD bis zu 100 andere menschliche Spieler verkraften, die gemeinsam mit dir in den Kerker eintauchen. Parallele und verteilte Datenverarbeitung ist eine Eigenschaft von MUD-Spielen. Die anderen können neben dir als vergnügte Partner oder gegen dich als verruchte Gegner oder über dir als launige Gottheiten spielen, von denen Wunder und Verfluchungen ausgehen.

Zweitens, und bedeutsamer, können die Spieler neue Räume schaffen, Übergänge verändern oder neue und wundersame Gegenstände ins Spiel bringen. Du sagst dir: »Was hier noch fehlt, ist ein Turm, in den eine bärtige Elfe den Unvorsichtigen werfen kann.« Also erschaffst du ihn. Kurzum, die Spieler erschaffen die Welt, indem sie darin leben. In dem Spiel geht es darum, eine Welt zu erschaffen, die cooler ist, als sie gestern war.

MUD-Spiele werden so zu einer Plattform verteilter paralleler Datenverarbeitung, aus der ein konsensueller Superorganismus auftaucht.

Irgendwer baut nur so zum Spaß ein virtuelles leeres Holodeck zusammen. Später fügt ein anderer eine Kommandobrücke und vielleicht einen Maschinenraum hinzu. Als nächstes stellst du fest, daß ihr das Raumschiff Enterprise in Textform gebaut habt. Im Laufe der Monate klotzen mehrere hundert Spieler (die eigentlich ihre Matheaufgaben machen sollten) los und bauen massenhaft Räume und Vorrichtungen, bis man sich von voll ausgerüsteten klingonischen Kriegsschiffen, vulkanischen Planeten und den miteinander verbundenen Galaxien eines Star Trek-MUD (einen solchen Ort gibt es im Internet) umgeben sieht. Du kannst dich jederzeit einloggen, 24 Stunden am Tag, die anderen Besatzungsmitglieder grüßen – alle mit ihrem Rollennamen –, um gemeinsam mit ihnen die Befehle des Kommanders auszuführen und feindliche Schiffe zu bekämpfen, die von einer anderen Gruppe von Spielern geführt werden.

Je größer die Anzahl der Stunden ist, die man als Kundschafter und Hacker in der MUD-Welt verbringt, desto höher wird der Status, den einem die Herrscher, die diese Welt überblicken, gewähren. Ein Spieler, der Neulingen hilft oder »Hausmeisteraufgaben« (wie die Pflege der Datenbank) übernimmt, kann sich einen höheren Rang und grössere Macht verdienen. Letztlich träumt jeder MUD-Spieler davon, den Status eines regionalen Gottes oder Zauberers zu erlangen. Einige werden bessere Götter als andere. Im Idealfall fördern die Götter ein faires Spiel, sorgen dafür, daß das Spiel weitergeht und helfen denen »unterhalb« von ihnen. Aber die Geschichten über beleidigende und verrückte Götter im Internet sind legendär.

Ereignisse des realen Lebens werden in MUD- und TinyMUD-Spielen rekapituliert. Spieler halten Beerdigungen und Totenwachen für verstorbene Figuren ab. Es hat schon Tiny-Hochzeiten für virtuelle und reale Menschen gegeben. Die Durchlässigkeit zwischen realem und virtuellem Leben ist eine der Hauptattraktionen der MUD-Spiele – vor allem für Kinder über zehn, die mit ihrer Identitätsfindung ringen.

In einem MUD-Spiel definierst du selbst, wer du bist. Wenn du einen Raum betrittst, lesen die anderen deine Beschreibung: »Judi kommt rein. Sie ist eine große, dunkelhaarige Vulkanierin mit kleinen spitzen Ohren und einem reizenden rötlichen Teint. Ihr Gang ist sportlich federnd. Ihre grünen Augen scheinen zu flirten.« Der Autor mag eine kleine Frau, ein schlimmer Fall von Akne oder ein bärtiger Typ sein, der sich als Frau maskiert. Hinter vielen Figuren, die sich als Frauen ausgeben, stecken in Wirklichkeit Männer, die davon ausgehen, daß die geübtesten MUD-Spieler solange annehmen, daß alle Spieler männlich sind, bis das Gegenteil erwiesen ist. Das hat zu einem verrückten Vorurteil gegen echte Teilnehmerinnen geführt: sie werden Opfer der Schikane, ihr Geschlecht »beweisen« zu müssen.

Die Mehrzahl der Spieler lebt ihr virtuelles Leben in mehr als einer Figur aus, als ob sie unterschiedliche Facetten ihrer Persönlichkeit ausprobieren würden. »MUD-Spiele sind ein Workshop für Identitätsentwürfe«, sagt Amy Bruckman, Forscherin am MIT, die sich mit den soziologischen Aspekten von MUD- und TinyMUD-Spielen beschäftigt. »Viele Spieler stellen fest, daß sie innerhalb des Netzes irgendwie anders sind als außerhalb, und das läßt sie darüber nachdenken, wer sie im realen Leben sind.« Flirt, Verliebtheit, Affären und sogar TinySex finden sich in MUD-Welten ebenso häufig wie an echten Universitäten. Nur die Figuren sind verschieden.

Sherry Turkle, die den Computer eine Möglichkeit zum »zweiten Selbst« nennt, geht noch weiter. Sie sagt: »In einem MUD-Spiel wird das Selbst multipliziert und dezentralisiert.« Es ist kein Zufall, daß eine multiple, dezentralisierte Struktur das zukunftsweisende Modell für das Verständnis eines gesunden menschlichen Selbst in der realen Welt ist.

Auch die Streiche sind zügellos. Ein verrückter Spieler erfand einen unsichtbaren »Spaten«, der, wenn er zufällig von einem Spieler, den wir einmal Besucher nennen, aufgehoben wurde, dessen Gliedmaßen entfernte. Die anderen Anwesenden im Raum konnten lesen: »Besucher rollt auf dem Boden herum, aufgeregt zuckend.« Die Götter wurden herbeigerufen, um den »Besucher« wieder flott zu machen. Aber sobald sie ihn »betrachteten«, wurden auch ihnen die Glieder abgeschlagen, so daß jeder lesen konnte: »Zauberer rollt auf dem Boden herum, aufgeregt zuckend.« Gewöhnliche Gegenstände können zu Fallen umgemodelt werden, die fast alles anrichten können. Ein beliebter Zeitvertreib besteht darin, einen hübschen Gegenstand zu basteln und die anderen dazu zu bewegen, ihn zu kopieren, ohne daß sie seine wahren Kräfte kennen. Wenn man zum Beispiel naiv die an irgendeiner Wand hängende Stickerei »Home Sweet

Home« betrachtet, kann es einen sofort und mit Gewalt nach Hause beamen (während die Botschaft aufleuchtet: »Zu Hause ist es doch am schönsten«).

Da die meisten MUD-Spieler um die zwanzig Jahre alt und männlich sind, ist Gewalt in diesen Welten weit verbreitet. Ausgeklügelte Welten, in denen aufgeschlitzt und abgehackt wird, stoßen nur die Dickhäutigsten nicht ab. Eine experimentelle Welt jedoch, die unter der Schirmherrschaft des MIT läuft, hat sämtliches virtuelles Töten verbannt und eine riesige Gefolgschaft aus Schülerinnen und Schülern hinter sich versammelt. Diese Welt, »Cyberion City«, ist einer zylindrischen Raumstation nachempfunden. An jedem x-beliebigen Tag beamen sich etwa 500 Kinder nach Cyberion City, um sie ohne Unterlaß zu durchstreifen oder an ihr weiterzubauen. Bis jetzt haben die Kinder 50 000 Gegenstände, Figuren und Räume errichtet. Es gibt ein Einkaufszentrum mit einem Multiplex-Kino (in dem von Kindern geschriebene Text-Filme laufen), ein Rathaus, ein Wissenschaftsmuseum, einen Park, der dem Zauberer von Oz gewidmet ist, ein CB-Funk-Netz, viele Hektar Wohnvorstädte und einen Besucherbus. Ein robotischer Immobilienmakler läuft herum und macht Geschäfte mit jedem, der ein Haus kaufen möchte.

Ganz bewußt gibt es keinen Stadtplan von Cyberion City – das Erkunden fasziniert. »Nicht gesagt zu bekommen, wie etwas funktioniert« lautet der Name des Lehrers. Man erwartet von einem, das zu tun, was die Kinder tun, nämlich ein anderes Kind zu fragen. Barry Kort, der Projektverantwortliche im realen Leben, sagt: »Einer der Reize, sich in eine unbekannte Umgebung und Kultur wie Cyberion City zu begeben, ist ihre Tendenz, Erwachsene und Kinder auf eine Stufe zu stellen. Einige Erwachsene würden sagen, daß sich die Machtverhältnisse umdrehen.« Die Chefarchitekten von Cyberion City sind 15 Jahre oder jünger. Die pure Geschäftigkeit und Kompliziertheit des Landes, das sie gebaut haben, wirkt beängstigend auf den einsamen, übergebildeten Neuankömmling, der versucht, irgendwohin zu gelangen oder *irgend etwas* zu bauen. Jon Carroll, Kolumnist des *San Francisco Chronicle*, ereiferte sich nach seinem ersten Besuch: »Die *psychologische* Größe dieses Ortes, all die Räume und die Marionetten, die herumflitzen, hinterlassen den Eindruck, als wäre man im Stadtkern von Tokio abgeworfen worden, mit nichts als einer

Schachtel Mon Cherie und einem Schraubenzieher.« Überleben ist die einzige Aufgabe.

Kinder verlaufen sich, dann finden sie den Weg, dann gehen sie an anderer Stelle verloren und kommen nicht mehr zurück. Der permanente Verkehr auf den Telekommunikationsleitungen, den das ununterbrochene MUD-Spielen verursacht, kann ein Computerzentrum lahmlegen. Das College in Amherst verbannte alle MUD-Spiele vom Universitätsgelände. Australien, das mit dem Rest der Welt über eine begrenzte Anzahl kostbarer Satellitenleitungen verbunden ist, verbannte alle internationalen MUD-Spiele vom Kontinent. Die von Studenten konstruierten virtuellen Welten verdrängten Börsenberichte und die Anrufe von Tante Helene. Mit Sicherheit werden andere Institutionen sich der Verbannung unbegrenzter virtueller Welten anschließen.

Bis heute ist jedes der circa 200 funktionierenden MUD-Spiele von fanatischen Studenten in ihrer Freizeit geschrieben worden, ohne daß sie dafür irgendeine Unterstützung erhalten hätten. Einige Pseudo-MUD-Spiele haben eine große Anhängerschaft bei kommerziellen Online-Anbietern. Diese Beinahe-MUDs, wie »Federation 2«, »Gemstone«, »Imagi-Nation's Yserbius« erlauben vielen Nutzern gleichzeitig den Zugang, geben ihnen aber nur begrenzte Macht, ihre Welten zu verändern. Xerox PARC pflegt ein experimentelles MUD-Spiel auf dem firmeneigenen Computer. Der Versuch mit dem Codenamen »Jupiter Project« erforscht MUD-Spiele als mögliche Umwelten, in denen ein Unternehmen geführt werden kann. Ein experimentelles skandinavisches System und ein Netz, das sich »Multiplayer Network« nennt und auf dem ein Spiel läuft, das »Königreich von Drakkar« heißt, prahlen beide damit, den Prototypen eines visuellen MUD-Spiels zu besitzen. Das Aufkommen kommerzieller, profitorientierter MUD-Spiele ist nicht mehr fern.

Die Kinder des 22. Jahrhunderts werden sich über die Nintendo-Spiele der neunziger Jahre des 20. Jahrhunderts wundern und sich fragen, warum sich irgendwer damit aufhielt, eine Simulation zu spielen, auf die nur eine Person Zugriff hatte. Es wird ihnen vorkommen, als gäbe es nur ein Telefon in der Welt, und niemanden, mit dem man telefonieren kann.

Die Zukunft von MUD konvergiert mit der Zukunft von SIMNET,

der Zukunft von »SimCity« und der Zukunft der Virtuellen Realität. Irgendwo in dieser Mischung liegt das ultimative Gott-Spiel. Ich stelle es mir als riesengroße Welt vor, die mit einigen sorgfältig ausgewählten Regeln in Gang gesetzt wird. Sie ist bevölkert von Myriaden autonomer Kreaturen, die pure Simulakren menschlicher Spieler sind. Die Figuren entfalten sich im Lauf der Zeit. Die Verwicklungen nehmen zu.

Schließlich erhalten die simulierten Welten in dem Maße, wie sich die Beziehungen vertiefen und die Wesen ihre Welt verändern und gestalten, neue, spürbare Energiezufuhr. Die Teilnehmer – reale, vorgetäuschte oder hyperreale – entwickeln das Spiel gemeinsam zu einem anderen Spiel, als es ursprünglich war. Dann setzt sich der Gott selbst die magische Brille auf und steigt in seinem Anzug in seine Schöpfung hinab.

Der Gott, der sich in seine Schöpfung hinabbegibt, ist ein altes Thema. Stanislaw Lem schrieb einst einen Klassiker der Sciencefiction-Literatur über einen Tyrannen, der seine Welt in einer Kiste aufbewahrte. Aber eine andere Version liegt dieser Jahrtausende voraus.

Moses erzählt die Geschichte so: Am sechsten Tag der Schöpfung, zur elften Stunde einer besonders kreativen Zeitspanne, knetete Gott etwas lehmige Erde, und in einer fast spielerischen Gebärde schuf er ein winziges Modell, das in seiner Welt leben sollte. Dieser Gott, Jahwe, war ein unbeschreiblich mächtiger Erfinder, der sein Universum hauptsächlich schuf, indem er laut dachte. Es war ihm gelungen, den Rest seiner Erfindung im Kopf zu erledigen, aber dieser Teil verlangte etwas Fummelei. Das endgültige, von Hand abgestimmte Modell – ein blinzelndes, verwirrtes Etwas, ein »Mensch«, wie Jahwe es nannte – sollte ein bißchen mehr als die anderen Kreaturen sein, die der Allmächtige in dieser Woche geschaffen hatte.

Es war dazu bestimmt, ein Modell zur Imitation des großen Jahwe selbst zu sein. Auf eine gewisse kybernetische Art und Weise sollte der Mensch ein Simulakrum Jahwes sein.

Da Jahwe ein Schöpfer war, würde auch dieses Modell in einer Simulation von Jahwes Kreativität schöpferisch tätig sein. Da Jahwe einen freien Willen hatte und lieben konnte, sollte dieses Modell als Spiegelung Jahwes auch einen freien Willen und die Fähigkeit zu lieben besitzen. So stattete Jahwe das Modell mit demselben Typus wahrer Kreativität aus, über den er selbst verfügte.

Freier Wille und Kreativität bedeuteten eine Welt ohne Grenzen und mit offenem Ende. Alles war vorstellbar, alles machbar. Das bedeutete, daß das Menschen-Etwas ebenso auf kreative Weise haßerfüllt wie auf kreative Weise liebenswert sein konnte (obwohl Jahwe versuchte, das Modell heuristisch zu kodieren, um ihm die Entscheidungen leichter zu machen).

Nun stand Jahwe selbst außerhalb von Zeit, Raum und Form und besaß einen unbegrenzten Spielraum – die ultimative Software. Ein Modell von sich zu schaffen, das unter den Einschränkungen von Material, Maßstab und Zeit funktionieren konnte, war kein Kinderspiel. Per definitionem konnte es kein perfektes Modell sein.

Machen wir dort weiter, wo Moses aufhörte. Seit der Schöpfung des Menschen-Etwas sind mittlerweile Jahrtausende vergangen, genügend Zeit, um die Muster von Geburt, Sein und Werden aufzuschnappen. Ein paar kühne Menschen-Etwasse hatten einen immer wiederkehrenden Traum: das zu tun, was Jahwe getan hatte, und ein Modell ihrer selbst zu entwickeln – ein Simulakrum, das ihrer eigenen Hand entspringen und selbst wiederum frei genug sein sollte, Neues zu erschaffen, so wie Jahwe und die Menschen-Etwasse es können.

So haben mittlerweile einige der Jahwe-Geschöpfe damit begonnen, Mineralien von der Erde zu sammeln und ihre eigenen Modell-Geschöpfe zu bauen. Wie Jahwe haben sie ihren Modell-Geschöpfen Namen gegeben. Aber im verfluchten Babel der Menschen-Etwasse gibt es viele Bezeichnungen: Automat, Roboter, Golem, Android, Homunculus, Simulakrum.

Die Simulakren, die sie bis heute gebaut haben, sind ganz verschieden. Einige Arten, etwa Computerviren, sind mehr Geist als Fleisch. Weitere Arten von Simulakren existieren auf einer anderen Daseinsebene – dem virtuellen Raum. Und einige Simulakren, wie die Art, die sich in SIMNET vorwärts bewegt, sind schreckenverbreitende Hybride zwischen dem Realen und dem Hyperrealen.

Der Rest der Menschen-Etwasse ist von dem Traum der Modellbauer verblüfft. Einige vorwitzige Zuschauer feuern sie an: Wie wunderbar, Jahwes unvergleichliche Schöpfung wiederaufzuführen! Andere sind beunruhigt: So verlieren wir unsere Menschlichkeit. Das ist die Frage. Wird durch die Erschaffung unserer eigenen Simulakren Jahwes Genesis in einem Akt echter Einschmeichelung *vollendet?* Oder ist es der Anfang vom Ende der Menschheit in einem Akt aberwitzigen Wagemuts? Ist die Arbeit des Modells, das sein eigenes Modell macht, Sakrament oder Blasphemie?

Eines wissen die Menschen-Geschöpfe mit Sicherheit: Modelle ihrer selbst zu machen, ist kein Kinderspiel. Das andere, was die Menschen-Etwasse wissen sollten, ist, daß auch ihre Modelle nicht vollkommen sein werden. Auch diese fehlerbehafteten Kreaturen werden nicht unter göttlicher Kontrolle stehen. Um die Schöpfung einer kreativen Kreatur erfolgreich zu betreiben, müssen die Schöpfer die Kontrolle an die Geschöpfe abgeben, so wie Jahwe ihnen die Kontrolle überließ.

Um ein Gott zu sein, zumindest ein Schöpfergott, muß man die Kontrolle aufgeben und die Ungewißheit willkommen heißen. Absolute Kontrolle ist absolut langweilig. Um das Neue zu gebären, das Unerwartete, das wahrhaft Überraschende – das heißt, um ehrlich überrascht zu werden –, muß man den Sitz der Macht an die Masse unter einem abtreten.

Die große Ironie der Gott-Spiele besteht darin, daß dieses Loslassen der einzige Weg ist, um zu gewinnen.

13
IN DER BIBLIOTHEK DER FORMEN

Mein Pfad zur Literaturabteilung im dritten Stock der Universitätsbibliothek war verschlungen und führte vorbei an Hunderttausenden von Büchern, die in ihren Regalen schlummerten. Wurden diese Bücher je gelesen? Ganz hinten in der Bibliothek, wo der Leser das dunkle fluoreszierende Licht selbst anschalten muß, suchte ich in dem Bereich, wo die internationale Literatur untergebracht ist, nach den Werken des argentinischen Autors Jorge Luis Borges.

Ich fand drei Regale voll mit Büchern, die Borges geschrieben hatte oder die über ihn geschrieben worden waren. Die Erzählungen von Borges sind berühmt für ihre Surrealität. Sie sind so perfekt gefälscht, daß sie real erscheinen. Sie sind schriftliche Hyperrealität. Einige dieser Bücher waren auf Spanisch, bei einigen handelte es sich um Biographien, andere bestanden aus Gedichten, wieder andere waren Anthologien seiner kürzeren Essays, einige schließlich waren Zweitausgaben anderer Bücher, die sich im selben Regal befanden, oder Kommentare zu Kommentaren seiner Bücher.

Ich ließ meine Hand über die Bände gleiten: dicke, dünne, magere, überdimensionierte, alte und neu gebundene. Aus einer Laune heraus griff ich nach einem abgenutzten Buch mit einem kastanienbraunen Umschlag. Ich schlug es auf. Es war eine Anthologie mit Interviews, die Borges in seinen Achtzigern gegeben hatte. Die Interviews wurden auf Englisch geführt, eine Sprache, die Borges eleganter handhabte als die meisten Muttersprachler. Ich erstarrte fast, als ich sah, daß die letzten 24 Seiten ein Interview mit Borges enthielten, das auf den Texten seines Buches *Labyrinthe* basierte, ein Interview, das eigentlich nur in mein Buch, dieses Buch, *Das Ende der Kontrolle*, passen würde.

Das Interview begann mit meiner Frage: »Ich las in einem Ihrer Essays von einem labyrinthischen Irrgarten aus Büchern. Diese Bibliothek enthielt alle Bücher, die es theoretisch geben könnte. Natürlich wurde diese Bibliothek als literarische Metapher geboren, aber eine solche Bibliothek taucht jetzt im wissenschaftlichen Denken auf. Können Sie mir den Ursprung dieser Bücherhalle beschreiben?

› *Borges:* Das Universum (das andere die Bibliothek nennen) setzt sich aus einer unbegrenzten und vielleicht unendlichen Zahl sechseckiger Galerien zusammen, mit weiten Entlüftungsschächten in der Mitte, die mit sehr niedrigen Geländern eingefaßt sind. Auf jede Wand jedes Sechsecks kommen fünf Regale; jedes Regal faßt 35 Bücher gleichen Formats; jedes Buch besteht aus 410 Seiten, jede Seite aus vierzig Zeilen, jede Zeile aus etwa achtzig Buchstaben von schwarzer Farbe.

› *Ich:* Was steht in den Büchern?

› *Borges:* Auf jede sinnvolle Zeile einer direkten Aussage in den Büchern entfallen Legionen sinnloser Kakophonien, sprachlichen Plunders und inkohärenten Zeugs. Unsinn ist normal in der Bibliothek. Das Vernünftige (und sogar der einfache und bloße Zusammenhang) ist eine beinahe wundersame Ausnahme.

› *Ich:* Sie meinen, alle Bücher sind mit zufälligen Buchstaben angefüllt?

› *Borges:* Beinahe. Ein Buch, das mein Vater in einem Sechseck auf dem Rundweg 1594 sah, bestand aus den Buchstaben MCV, in perverser Wiederholung von der ersten bis zur letzten Zeile. Ein anderes (übrigens oft konsultiertes) ist das reinste Buchstabenlabyrinth, aber auf der vorletzten Seite steht *O Zeit deine Pyramiden.*

› *Ich:* Es muß aber in der Bibliothek doch einige Bücher geben, die Sinn machen!

› *Borges:* Wenige. Vor fünfhundert Jahren stieß der Leiter eines höhergelegenen Sechsecks auf ein Buch, das ebenso verworren war wie die anderen, das jedoch fast zwei Seiten mit gleichartigen Zeilen aufwies. Der Inhalt wurde entschlüsselt: es waren Begriffe der kombinatorischen Analyse, dargestellt an Beispielen von Variationen in unendlicher Wiederholung.

› *Ich:* Das ist alles? Zwei Seiten rationaler Vernunft, die in fünfhundertjähriger Suche gefunden wurden? Was stand auf diesen beiden Seiten?

› *Borges:* Der Text der beiden Seiten ermöglichte es einem Bibliothekar, das Fundamentalgesetz der Bibliothek zu entdecken. Dieser Denker stellte fest, daß sämtliche Bücher, wie verschieden sie auch sein mögen, aus den gleichen Elementen bestehen: dem Raum, dem Punkt, dem Komma, den sechsundzwanzig Buchstaben des Alphabets. Auch führte er einen Umstand an, den alle Reisende bestätigt haben: In der ungeheuer weiträumigen Bibliothek gibt es nicht zwei identische Bücher. Aus diesen beiden unbestreitbaren Prämissen folgerte der Bibliothekar, daß die Bibliothek total ist und daß ihre Regale alle möglichen Kombinationen der über zwanzig orthographischen Zeichen (deren Zahl, obwohl außerordentlich groß, nicht unendlich ist) verzeichnen.

› *Ich:* In anderen Worten, jedes Buch, das man möglicherweise schreiben könnte, in jeder Sprache, könnte (theoretisch) in der Bibliothek gefunden werden. Sie enthält alle Bücher der Vergangenheit und der Zukunft!

› *Borges:* Alles: Die bis ins einzelne gehende Geschichte der Zukunft, die Autobiographien der Erzengel, den gewissenhaften Katalog der Bibliothek, Tausende und Abertausende falscher Kataloge, den Nachweis der Falschheit des echten Katalogs, das gnostische Evangelium des Basilides, den Kommentar zu diesem Evangelium, den Kommentar zum Kommentar dieses Evangeliums, die wahre Geschichte deines Todes, die Übersetzung jedes Buches in sämtliche Sprachen, die Interpolationen jedes Buches in allen anderen Büchern.

› *Ich:* Man würde demnach vermuten, daß die Bibliothek über einwandfreie Bücher verfügt – Bücher in unvorstellbar schönem Stil und mit durchdringenden Einsichten –Bücher mit besserer Literatur, als sie von irgendwem bis heute geschrieben wurde.

› *Borges:* Es genügt, daß ein Buch möglich ist, um in der Bibliothek zu stehen. In irgendeinem Regal irgendeines Sechsecks muß es ein Buch geben, das die Formel und das perfekte Kompendium *aller anderen* enthält. Ich bete zu den unbekannten Göttern, daß ein Mensch – nur einer, selbst wenn es tausend Jahre her sein sollte! – es untersucht und gelesen hat.

Borges fuhr fort, in großer Ausführlichkeit von einer blasphemischen Sekte von Bibliothekaren zu berichten, die glaubten, es sei außerordentlich wichtig, überflüssige Bücher auszumerzen: »Sie brachen in die Sechsecke ein und zeigten Beglaubigungsschreiben, die nicht alle gefälscht waren, blätterten mit Mißbehagen in einem Buch und verdammten ganze Regale.«

Er bemerkte die Neugier in meinen Augen und sagte: »Diejenigen, die die Zerstörung der ›Schätze‹ durch den Wahnsinn bedauerten, bedachten zwei wichtige Tatsachen nicht. Die eine: Die Bibliothek ist so gewaltig an Umfang, daß jede Verkleinerung von Menschenhand unendlich gering ist. Die andere: Jedes Exemplar ist zwar einzigartig, unersetzlich, aber da die Bibliothek total ist, gibt es immer mehrere Hunderttausende nicht ganz perfekter Faksimiles: Werke, die nur in einem Komma oder einem Buchstaben voneinander abweichen.«

› *Ich:* Aber wie könnte man den Unterschied zwischen dem Realen und dem beinahe Realen feststellen? Eine solche Nähe bedeutet, daß nicht nur das Buch, das ich in meiner Hand halte, in der Bibliothek existiert, sondern auch ein ähnliches, das sich nur durch ein verändertes Wort in einem vorangegangenen Satz unterscheidet. Vielleicht steht in dem verwandten Buch: »Jedes Exemplar ist *nicht* einzigartig und unersetzlich.« Wie kann man je wissen, ob man das Buch gefunden hat, nach dem man suchte?

Darauf erhielt ich keine Antwort. Als ich aufsah, bemerkte ich, daß ich in einem schaurig beleuchteten sechseckigen Raum von staubigen Regalen umgeben war. Durch eine phantastische Logik stand ich mitten in Borges' Bibliothek. Hier waren zwanzig Regale und im Hintergrund zwischen den niedrigen Geländern Schichten über Schichten unterer und oberer Etagen sichtbar, sowie das Labyrinth der Korridore, die von Bücher gesäumt waren.

Borges' Bibliothek war ebenso fabelhaft wie verführerisch. Zwei Jahre lang hatte ich an dem Buch gearbeitet, das Sie jetzt in Händen halten. Zu diesem Zeitpunkt hatte ich meine Abgabefrist bereits um ein Jahr überschritten. Ich konnte es mir nicht leisten, es zu beenden, und ich konnte es mir nicht leisten, es nicht zu beenden. Eine großartige Lösung meines Dilemmas lag irgendwo in dieser Bibliothek aller möglichen Bücher. Ich würde solange Borges' Bibliothek durchsuchen, bis ich in irgendeinem Regal das beste aller möglichen Bücher, das ich schreiben konnte, finden würde, eines mit dem Titel *Das Ende der Kontrolle*. Es würde ein Buch sein, das schon geschrieben, herausgegeben und anerkannt war. Ich könnte mir ein Jahr quälender Arbeit ersparen, einer Arbeit, von der ich nicht einmal wußte, ob ich

ihr gewachsen war. Auf jeden Fall schien es mir den Versuch wert, danach zu suchen. So machte ich mich auf den Weg durch die endlosen Flure aus Sechsecken, die mit Büchern angefüllt waren.
Nachdem ich das fünfte Sechseck durchschritten hatte, hielt ich inne. Aus einer Laune heraus streckte ich meine Hand nach einem Buch in einem harten grünen Einband aus und zog es aus dem vollgestopften obersten Regal. In seinem Inneren herrschte das größte Chaos. Ebenso im nächsten Buch und im übernächsten. Ich floh aus dem Sechseck und marschierte schleunigst etwa eine halbe Meile weit durch identische Korridore mit Sechsecken, bis ich wieder halt machte und wahllos ein Buch aus einem in der Nähe stehenden Regal holte. Das Buch war mit demselben Geschwafel verpestet. Ich überprüfte die gesamte Reihe und fand überall denselben Mist. Ich untersuchte mehrere andere Stellen des Sechsecks und konnte auch dort keine Besserung erkennen. Für einige weitere Stunden marschierte ich in verschiedene Richtungen, überprüfte Hunderte von Büchern, einige aus den untersten Regalen zu meinen Füßen und einige, die fast an der Decke thronten, aber ausnahmslos enthielten sie denselben obskuren Müll. Es schien Milliarden von Büchern mit Blödsinn zu geben. Ein Buch nur aus den Buchstaben MCV, wie Borges' Vater es gefunden hatte, wäre schon eine erfreuliche Überraschung gewesen.
Dennoch blieb die Versuchung bestehen. Ich nahm an, ich hätte Tage oder gar Wochen damit zubringen können, nach dem vollendeten Buch *Das Ende der Kontrolle* von Kevin Kelly zu suchen – und das Risiko würde sich lohnen. Vielleicht sollte ich sogar eine bessere Fassung von Kevin Kellys *Das Ende der Kontrolle* finden, als ich sie selbst schreiben konnte. Und ich wäre dankbar für das Jahr gewesen, das ich mit der Jagd danach zugebracht hätte.
Um auszuruhen, hielt ich auf dem kleinen Treppenabsatz einer Wendeltreppe an, die sich zwischen den Etagen emporwand. Ich dachte über die Form der Bibliothek nach. Von der Stelle aus, an der ich saß, konnte ich durch den Entlüftungsschacht neun Stockwerke nach oben und neun nach unten überblicken und etwa eine Meile in die sechs Richtungen der wabenförmigen Ebenen. Wenn diese Bibliothek alle möglichen Bücher enthielt, so meine Überlegung, dann würden alle Bände, die den Regeln der Grammatik folgten (die einzig interessanten), einen so winzigen Bruchteil der Gesamtheit der Bü-

cher ausmachen, daß es, sollte ich mit meiner zufälligen Suche tatsächlich auf ein solches stoßen, an ein Wunder grenzen würde. Fünfhundert Jahre schienen ungefähr die richtige Zeitspanne zu sein, um zwei vernünftige Seiten zu finden – zwei vernünftige Seiten, gleichgültig welche. Ein lesbares Buch zu finden, würde bei viel Glück mehrere Jahrtausende brauchen. Ich entschied mich für einen anderen Weg.

Die Anzahl der Bücher pro Regal war immer gleich. Die Anzahl der Regale pro Sechseck war immer gleich. Alle Sechsecke waren gleich, beleuchtet von einer pampelmusengroßen Glühbirne, durchzogen von Gängen, mit je zwei Schranktüren und einem Spiegel. Die Bibliothek hatte eine Ordnung.

Wenn die Bibliothek eine Ordnung hatte, hieß das (sehr wahrscheinlich), daß die Bücher, die sie enthielt, ebenfalls einer Ordnung folgten. Wenn die Bände so einsortiert wären, daß Bücher, die sich nur gering voneinander unterschieden, nahe beieinander, und Bücher, die sich stark voneinander unterschieden, weit auseinander standen, dann würde mich diese Organisation auf einen Weg führen, um in dieser Bibliothek aller möglichen Bücher irgendwo relativ schnell ein lesbares Buch zu finden. War die Unermeßlichkeit dieser Bibliothek so organisiert, bestand sogar die Möglichkeit, daß ich eine fertiggestellte Ausgabe von *Das Ende der Kontrolle* in die Hände bekam, ein Buch, dessen Titelseite meinen Namen tragen würde, das ich aber nicht würde schreiben müssen.

Ich machte mich auf den kürzesten Weg zum Erfolg, indem ich ein Buch aus dem nächstgelegenen Stapel wählte. Zehn Minuten verbrachte ich damit, den darin enthaltenen Unsinn zu studieren. Ich schritt ein paar hundert Meter weiter, bis zum siebtnächsten Sechseck und griff mir ein anderes Buch. Dann tat ich dasselbe in jeder der sechs strahlenförmig wegführenden Richtungen. Ich überflog die sechs neuen Texte und wählte dann denjenigen aus, der im Vergleich zum ersten am meisten »Sinn« enthielt. In einem fand ich eine Folge aus drei sinnvollen Worten: »oder Sumpf und«. Dann wiederholte ich das Suchprinzip, indem ich den »Sumpf«-Band zur Vergleichsgrundlage in den sechs von ihm ausgehenden Richtungen machte. Nach mehreren Wiederholungen spürte ich ein Buch auf, dessen turbulente Seiten *zwei* satzähnliche Sequenzen enthielten. Es wurde wär-

mer. Nach vielen Wiederholungen dieses Rituals fand ich ein Buch mit vier englischen Sätzen, die zwischen dem Schutt durcheinandergeworfener Buchstaben verborgen waren.
Schnell lernte ich, ausgehend vom letzten »besten« Buch, sehr weit zu suchen – ungefähr 200 Sechsecke in jede Richtung –, um die Bibliothek schneller zu erkunden. In diesem Rhythmus machte ich Fortschritte, bis ich Bücher mit vielen englischen Sätzen fand, obwohl die Satzteile über mehrere Seiten verstreut waren.
Aus Stunden wurden Tage. Das topologische Muster »guter« Bücher erzeugte ein Bild in meinem Kopf. Jedes grammatikalisch vollständige Buch der Bibliothek befand sich in einem verborgenen Epizentrum. Im Zentrum befand sich das Buch. In seiner unmittelbaren Nähe befanden sich Regale mit ähnlichen Faksimiles des Buches; jedes Faksimile enthielt bloß eine Veränderung der Interpunktion – ein zusätzliches Komma, ein fehlender Punkt: Diese Bücher waren umringt von Regalen mit Fälschungen, die schlechter waren und ein oder zwei Wortveränderungen enthielten. Um diesen zweiten Ring lag ein weiterer breiter Ring von Büchern, die sich in ganzen Sätzen unterschieden, von denen die meisten bis zu unlogischen Aussagen verkommen waren.
Ich stellte mir die grammatischen Ringe als eine Karte mit Höhenlinien vor, wie sie um einen Berg herum eingezeichnet sind. Die Karte stellte eine Geographie der Kohärenz dar. Ein einziges himmlisches, lesbares Buch ruhte auf der Spitze eines Berges; unterhalb von ihm lagen immer größere Massen minderwertiger Bücher. Je tiefer die Bücher standen, desto minderwertiger waren sie auch – und desto größer war der Umfang ihrer Masse. Das gesamte Gebirge von Beinahe-Büchern erhob sich auf einer ungeheuren Ebene undifferenzierten Blödsinns.
Ein Buch zu finden, hieß also den Gipfel der Ordnung zu erklimmen. Solange ich sicher sein konnte, immer aufwärts zu gehen – immer in Richtung der Bücher, die mehr Sinn enthielten –, würde ich unweigerlich auf dem Gipfel eines lesbaren Buches ankommen. Solange ich mich durch die Bibliothek quer zu den Höhenlinien der sich ständig verbessernden Grammatik bewegte, würde ich zwangsläufig an einem Sechseck ankommen, das ein grammatisch vollständiges Buch beherbergte – den Gipfel.

Nach mehreren Tagen der Anwendung dessen, was ich die »Methode« zu nennen begonnen hatte, fand ich ein Buch. Ein solches Buch hätte mit dem ziellosen Umherstreifen in der Art, wie es die zwei Seiten von Borges' Vater zu Tage gefördert hatte, niemals gefunden werden können. Nur die »Methode« konnte mich zu diesem Zentrum der Kohärenz führen. Ich rechtfertigte meine Zeitinvestition damit, daß ich mich daran erinnerte, daß ich mittels der Methode mehr gefunden hatte als Generationen von Bibliothekaren mit ihren unorganisierten Streifzügen.

Wie es die Methode vorhergesagt hatte, war das Buch, das ich fand (mit dem Titel *Hadal*) umgeben von breiten konzentrischen Ringen ähnlicher Pseudobücher. Aber der Text selbst, obwohl grammatisch korrekt, war enttäuschend kühl, flach und charakterlos. Die interessantesten Teile lasen sich wie sehr schlechte Lyrik. Es enthielt nur eine einzige Zeile, die mit bemerkenswerter Intelligenz glänzte und die ich mir merken konnte: »Die Gegenwart liegt für uns im Verborgenen.«

Wie auch immer, nie fand ich eine Ausgabe von *Das Ende der Kontrolle*. Und ich fand auch kein Buch, für das ich einen Abend geopfert hätte. Ich erkenne jetzt, daß es selbst mit der »Methode« Jahre gedauert hätte. Statt dessen verließ ich Borges' Bibliothek über die Universitätsbibliothek und ging nach Hause, um *Das Ende der Kontrolle* zu Ende zu bringen, indem ich es selber schrieb.

Doch die »Methode« reizte meine Neugier und lenkte mich vom Schreiben ab. Ob sie unter Reisenden und Bibliothekaren wohl weitverbreitet war? Ich war darauf gefaßt, daß andere sie wahrscheinlich vor mir entdeckt hatten. Wieder in der (endlichen und katalogisierten) Universitätsbibliothek suchte ich nach einem Buch, das mir eine Antwort darauf geben sollte. Ich sprang von Index zu Fußnote und von Fußnote zu Text und landete weit entfernt von dem Ort, an dem ich begonnen hatte. Was ich fand, erstaunte mich. Die Wahrheit schien phantastisch: Wissenschaftler glauben, daß die »Methode« unsere Welt seit unvordenklicher Zeit bestimmt. Menschen haben sie nicht erfunden; Gott vielleicht. Die Methode ist eine Variante dessen, was wir heute Evolution nennen.

Wenn wir diese Analyse akzeptieren können, dann ist es die »Methode«, mit der wir alle erfunden wurden.

Noch erstaunlicher: Ich hatte Borges' Bibliothek für den persönlichen Traum (die Virtuelle Realität) eines phantasievollen Autors gehalten, dennoch las ich mit wachsender Begeisterung, daß seine Bibliothek real war. Ich glaube, daß der listige Borges dies die ganze Zeit über wußte; er hatte seinen Bericht als Fiktion entworfen – denn wer hätte ihm schon geglaubt? (Andere behaupten, daß seine Fiktion eine Form des eifersüchtigen Wachens über seinen Zugang zu diesem furchteinflößenden Ort war.)

Vor zwei Jahrzehnten entdeckten Nicht-Bibliothekare Borges' Bibliothek in von Menschen hergestellten Siliziumschaltkreisen. Poetisch lassen sich die unzähligen Reihen von Sechsecken und Gängen, die sich in der Bibliothek auftürmen, als Entsprechung zu dem unverständlichen Mikrolabyrinth kristalliner Drähte und Verbindungen denken, die auf einem Computerchip aus Silizium zusammengepreßt sind. Ein Computerchip, der mit der geeigneten Softwarezauberformel gesegnet ist, erzeugt auf Befehl Borges' Bibliothek. Der gestartete Chip läßt den angeschlossenen Bildschirm den Text irgendeines Buches aus Borges' Bibliothek anzeigen; zuerst einen Text aus Block 1594, den nächsten aus der kaum besuchten Abteilung 2CY. Buchseiten erscheinen auf dem Bildschirm, eine nach der anderen, ohne Verzögerung. Um Borges' Bibliothek aller möglichen Bücher – vergangener, gegenwärtiger und zukünftiger – zu durchsuchen, braucht man sich nur hinzusetzen (die moderne Lösung) und mit der Maus zu klicken.

Weder Modell, Geschwindigkeit oder Funktionalität des Designs noch der geographische Ort, an dem sich der Computer befindet, spielen auch nur die geringste Rolle beim Generieren eines Zugangs zu Borges' Bibliothek. Das wußte Borges selbst nicht, obwohl er es zu würdigen gewußt hätte: daß, welche künstlichen Mittel auch immer eingesetzt werden, um dorthin zu kommen, alle Reisenden in genau derselben Bibliothek landen. (Das heißt, alle Bibliotheken, die alle möglichen Bücher enthalten, sind identisch; es gibt keine Imitationen von Borges' Bibliothek; *alle Kopien dieser Bibliothek sind Originale*). Die Konsequenz aus dieser Universalität ist, daß jeder Computer eine Borgessche Bibliothek aller möglichen Bücher erzeugen kann.

Der leistungsfähigste Computer, den es im Jahr 1993 gab, der Connection Machine 5 (CM5), kann die Borgessche Bibliothek mühelos erzeugen. Mit dem CM5 lassen sich aber genauso unermeßliche und mysteriöse Borgessche Bibliotheken anderer komplexer Dinge erzeugen, die keine Bücher sind.

Karl Sims, der für Thinking Machines arbeitet und der Schöpfer des CM5 ist, hat eine Borgessche Bibliothek aus Kunstobjekten und Bildern aufgebaut. Sims schrieb zunächst eine spezielle Software für den CM5 und konstruierte dann ein Universum (das andere eine Bibliothek nennen) aller möglichen Bilder. Derselbe Mechanismus, der ein mögliches Buch erzeugen kann, ist auch in der Lage, ein mögliches Bild zu erzeugen. In jenem Fall sind die Erzeugnisse Buchstaben in linearer Abfolge; in diesem ein Rechteck aus Bildpunkten, die auf einem Bildschirm dargestellt werden. Sims jagt nach Pixelmustern statt nach Buchstabenmustern.

Ich besuche Sims in seiner abgedunkelten Büronische im Firmensitz von Thinking Machines in Cambridge, Massachusetts. Zwei übergroße helle Monitore stehen auf Sims Arbeitstisch. Sein größter Monitor ist in eine Matrix aus 20 rechteckigen Feldern, vier hoch, fünf quer unterteilt. Jedes Rechteck ist ein Fenster, das gerade einen realistisch marmorierten Doughnut zeigt. Alle zwanzig Bilder unterscheiden sich in der Musterung leicht voneinander.

Sims klickt mit der Maus das Rechteck in der unteren rechten Ecke an. Augenblicklich erscheinen in allen 20 Rechtecken frisch marmorierte Doughnuts, jedes neue Bild eine leichte Variante des zuvor in der unteren rechten Ecke ausgewählten Musters. Indem Sims eine Folge von Bildern anklickt, kann er durch eine Borgessche Bibliothek visueller Muster wandeln und die »Methode« anwenden. Anstatt tatsächlich sieben Meter (in viele Richtungen) zu laufen, um ein gespeichertes Muster zu erreichen, errechnet Sims Software, daß das Muster logischerweise sieben Meter entfernt sein würde (seitdem sich herausgestellt hat, daß die Borgessche Bibliothek sorgfältig geordnet ist). Dann malt er das neugefundene Muster auf den Bildschirm. Der CM5 tut dies in Millisekunden und bildet von der letzten Sektion ausgehend simultan die neuen Muster in zwanzig verschiedenen Richtungen ab.

Einschränkungen in der Hinsicht, welche Art Bild möglicherweise aus der Bibliothek auftauchen könnte, gibt es nicht. In echt Borgesscher Manier enthält dieses totale Universum alle Schattierungen von rosa, alle Strichformen; es enthält die *Mona Lisa*, und alle *Mona Lisa*-Parodien; die Baupläne des Pentagons, alle Skizzen von Van Gogh, jedes Einzelbild von *Vom Winde verweht*, alle gesprenkelten Muschelschalen. Das ist allerdings noch Wunschdenken; auf seinen sonderbaren Streifzügen durch diese Bibliothek erntet Sims hauptsächlich Fenster, die mit amorphen Klecksen, Streifen und psychedelischen Farbstrudeln angefüllt sind.

Die »Methode« – als Evolution – hat man sich weniger als Reise denn als Züchtung vorzustellen. Sims beschreibt die zwanzig neuen Bilder als zwanzig Kinder eines ursprünglichen Elternteils. Die zwanzig Bilder unterscheiden sich nicht stärker voneinander, als dies bei Nachkommen der Fall ist. Dann selektiert er den »besten« Nachkommen, der wiederum sofort zwanzig neue Varianten erzeugt. Er wählt den besten aus dieser Gruppe, und dieser beste wird weitere zwanzig Varianten hervorbringen. Er kann von einem einfachen Kreis ausgehen und mittels kumulativer Selektion bei einer Kathedrale landen.

Achtet man darauf, wie Formen erscheinen, sich in Variationen multiplizieren, selektiert werden, sich in neue Formen verzweigen, wieder gesichtet werden und anfangen, sich von Generation zu Generation zu immer komplizierteren Umrissen zu verschieben, entsteht nicht nur im Kopf, sondern auch aus dem Bauch heraus der Eindruck, daß Sims die Bilder tatsächlich züchtet. Vollere, wildere und ästhetisch stärkere Bilder entfalten sich im Verlauf von Generationen. Sims und seine Computerkollegen nennen das künstliche Evolution.

Die mathematische Logik des Bilderzüchtens ist von der mathematischen Logik des Taubenzüchtens nicht zu unterscheiden. Konzeptionell sind die beiden Prozesse äquivalent. Auch wenn wir es künstliche Evolution nennen, ist nichts daran mehr oder weniger künstlich als das Züchten von Dackeln. Beide Methoden sind gleichermaßen künstlich (im Sinne von Kunst) und natürlich (naturgetreu).

In Sims Universum ist die Evolution der lebendigen Welt entrissen und in ihrer nackten Form der Mathematik anheimgestellt worden. Ihrer Hülle aus Gewebe und Haar entkleidet, aus dem feucht-nassen Fleisch ihres Schoßes entführt und dann in Schaltkreise eingeblasen, hat sich die vitale Essenz der Evolution von der Welt des Geborenen in die Welt des Gemachten, von ihrer zuvor einzigen Sphäre der Kohlenstoffverbindung zu der hergestellten Siliziumwelt algorithmischer Chips verschoben.

Schockierend ist nicht, daß die Evolution vom Kohlenstoff auf Silizium übertragen wurde; Silizium und Kohlenstoff sind eigentlich sehr ähnliche Elemente. Das Schockierende an der künstlichen Evolution ist, daß sie im Grunde genommen die Natur des Computers ist.

Innerhalb von zehn Zyklen produziert Sims künstliche Zucht etwas »Interessantes«. Oft reichen nur fünf Sprünge, um Sims irgendwohin zu bringen, wo er mehr findet als rein chaotische Farbflecken. Während er sich von Bild zu Bild klickt, redet Sims wie Borges davon, »durch die Bibliothek zu reisen«, oder »den Raum zu erkunden«. Die Bilder existieren »dort draußen«, auch wenn sie vor ihrer Auffindung oder Selektion nicht in sichtbarer Gestalt auftauchen.

Die elektronische Version von Borges' Bibliothek der Bücher kann auf dieselbe Weise betrachtet werden. Die Buchtexte existieren abstrakt und unabhängig von einer Form. Jeder Text schläft an seinem ihm zugewiesenen Ort auf einem virtuellen Regal in der virtuellen Bibliothek. Wird er ausgewählt, haucht der kabbalistische Silizium-Chip dem virtuellen Selbst des Buches die Gestalt ein, um den Text auf dem Bildschirm zum Leben zu erwecken. Ein Zauberer reist zu einer Stelle im Raum (welcher geordnet ist) und erweckt genau das Buch zum Leben, das dort ruhen muß. Zu jeder Koordinate gehört ein Buch; zu jedem Buch gehört eine Koordinate. Genau wie für den Reisenden eröffnet jede Ansicht viele neue mögliche Orte für noch mehr Ansichten; in der Bibliothek bringt eine Koordinate viele verwandte Koordinaten hervor. Ein eingeweihter Bibliothekar reist durch den Raum in einer Reihe von Sprüngen; der Weg ist eine Kette von Selektionen.

Folglich sind die sechs vom Original abgeleiteten Texte sechs Verwandte. Sie gehören zu einer Formfamilie und einem informatorischen Samen. Auf der Skala der Bibliothek hat ihre Variation den Stellenwert von Geschwistern. Da sie Verwandte sind, die sich einer Folgegeneration verdanken, können sie Nachfahren genannt werden. Der einzelne ausgewählte »beste« Nachfahre wird zum Vorfahren der nächsten Runde; eine seiner Nachfahrenvarianten wird der Vorfahre der nachfolgenden Generation.

Als ich in Borges' Bibliothek war und einem lesbaren Buch nachjagte, folgte ich einer Fährte, an deren Anfang Geblubber stand. Aber aus einer anderen Perspektive würde man mich sehen, wie ich ein Buch voller Unsinn zu einem lebensfähigen Buch weiterzüchte, gerade so, wie jemand eine struppige Wildblüte durch viele Generationen der Selektion zu einem eleganten Rosenkelch domestizieren kann.

Karl Sims züchtet auf dem CM5 aus grauem Rauschen jubilierende Bilder aus dem Pflanzenreich. »Es gibt keine Begrenzung für das, was der Evolution einfallen kann. Sie kann die Gestaltungsfähigkeiten des Menschen übersteigen«, behauptet er. Er hat sich einen Weg ausgedacht, um die unermeßliche Bibliothek einzugrenzen, so daß seine Ausflüge im Bereich aller möglichen Pflanzenformen bleiben. Als er diesen Weg durch seine Welt entwickelte, kopierte er »Samen« der Formen, die ihn am meisten faszinierten. Später ließ Sims seine Ernte erneut keimen und machte aus ihr phantastische dreidimensionale Pflanzenformen, die er bewegen konnte. Sein zivilisierter Urwald beherbergte unter anderem einen riesigen sich auseinanderrollenden Farnwedel, spindeldürre Tannendinger mit einer Weihnachtskugel an der Spitze, Gras mit Krebszangenblättern und gewundene Eichen. Schließlich bevölkerten diese so bizarr entwickelten Pflanzen ein von ihm hergestelltes Video mit dem Titel *Panspermia.* In diesem Trickfilm sprossen fremdartig anmutende Bäume und Riesengräser aus Samen und bedeckten schließlich einen unfruchtbaren Planeten mit einem außerirdischen Urwald aus verwurzelten Gebilden. Die entwickelten (jetzt belebten) Pflanzen erzeugten ihre eigenen Samen, die von der Knollenkanone einer Pflanze ins All und auf die nächste öde Welt geschossen wurden (das Reproduktionsverfahren von Panspermia).

Karl Sims ist nicht der einzige Erforscher der Architektur des Borgesschen Universums (das einige Bibliothek nennen), und er ist auch nicht der erste. Soweit ich das beurteilen kann, war der erste Bibliothekar einer synthetischen Borgesschen Welt der britische Zoologe Richard Dawkins. 1985 erfand Dawkins ein Universum, dem er den Namen »Land der Biomorphe« gab. Das Land der Biomorphe ist der Raum möglicher biologischer Formen, der aus kurzen geraden Linien und Verzweigungen zusammengesetzt ist. Es war die erste computergenerierte Bibliothek möglicher Formen, die mit dem Verfahren der Zuchtwahl durchsucht werden konnte.

Dawkins schrieb »Land der Biomorphe« als Lehrsoftware, um vorzuführen, wie gestaltete Dinge ohne Gestalter erzeugt werden können. Er wollte anschaulich zeigen, daß, während zufällige Selektion und zielloses Umherlaufen niemals zu einer zusammenhängenden Anordnung führten, die kumulative Selektion (die »Methode«) das schaffte.

Ungeachtet seines Rufs als bedeutender Biologe hatte Dawkins Erfahrung im Programmieren von Großrechnern. »Biomorph« ist ein ziemlich raffiniertes Computerprogramm. Es zeichnet einen Strich bestimmter Länge, und in einem wachstumsähnlichen Muster fügt es Äste hinzu und Zweige zu den Ästen. Wie sich die Äste verzweigen, wieviele und in welcher Länge hinzugefügt werden, das alles sind Werte, die von Form zu Form unabhängig und geringfügig variieren können. In Dawkins Programm »mutieren« diese Werte außerdem zufällig. Jede Form, die es zeichnet, unterscheidet sich durch eine Mutation neun möglicher Variablen.

Dawkins hoffte, eine Bibliothek von Baumformen mittels künstlicher Selektion und Züchtung zu durchqueren. Eine Form tauchte in »Land der Biomorphe« als eine punktförmige Linie auf. Dawkins Programm generierte acht Nachfahren des Punkts, ähnlich wie es später Sims Programm tat. Die Punktkinder unterschieden sich in der Länge, je nachdem welchen Wert die Zufallsmutation ergab. Der Computer projizierte jeden Nachfahren und die Vorfahren auf einer Darstellung aus neun Quadraten. In der mittlerweile bekannten Manier der Zuchtwahl selektierte Dawkins die nach seiner Vorstellung gefälligste Form und entwickelte eine Erbfolge immer komplexerer Formvarianten. Ab der siebten Generation entwickelten die Nachkommen immer filigranere Details.

Das war Dawkins Hoffnung, als er begann, den Code in BASIC zu schreiben. Wenn er mit dem Programmieren Glück hätte, würde er ein Universum sich wundervoll vielfältig verzweigender Bäume erhalten.

An dem Tag, an dem er es geschafft hatte, das Programm zum Laufen zu bringen, verbrachte Dawkins eine heitere Stunde mit dem Durchstöbern der nächstgelegenen Regale der Borgesschen Bibliothek. Indem er von Mutation zu Mutation voranschritt, fand er unerwartete Arrangements aus Stielen, Zweigen und Stämmen. Hier gab es seltsame Bäume, auf die die Natur niemals Anspruch erhoben hatte. Und Strichzeichnungen von Büschen, Gräsern und Blumen, die es nie gegeben hatte. Die doppelte Metaphorik von Evolution und Bibliotheken nachbuchstabierend, schrieb Dawkins in *Der blinde Uhrmacher*: »Wenn man im Computer zum ersten Mal eine neue Kreatur durch künstliche Selektion entwickelt, so kommt es einem wie ein schöpferischer Vorgang vor. Und das ist es ja auch. Tatsächlich jedoch *findet* man die Kreatur nur, denn sie sitzt, in mathematischem Sinne, bereits an ihrem eigenen Ort im genetischen Raum des Landes der Biomorphe.«

Nach mehreren Stunden bemerkte er, wie er in einen Bereich der Bibliothek vordrang, wo die Zweigstrukturen der Bäume anfingen, sich in sich selbst zurückzufalten und Bereiche mit hin- und herkreuzenden Linien füllten, bis sie zu einer soliden Masse auskristallisierten. Die sich zurückbiegenden Zweige arbeiteten sich an sich selbst heran und formten eher kleine Körper als Stämme. Weitere Zweige, die immer noch aus diesen Körpern sprossen, sahen erstaunlicherweise wie Beine und Flügel aus. Er hatte die Abteilung der Bibliothek betreten, in der die Insekten wohnten (der Tatsache zum Trotz, daß er als Gott die Existenz eines solchen Landes nicht beabsichtigt hatte). Er entdeckte alle möglichen Arten komischer Käfer und Schmetterlinge. Dawkins war verblüfft: »Als ich das Programm schrieb, kam mir niemals der Gedanke, daß es etwas anderes entwickeln könnte als eine Varietät von baumähnlichen Gestalten. Ich hatte Trauerweiden, Pyramidenpappeln und Libanonzedern erhofft.«

Jetzt waren überall Insekten. Dawkins war an diesem Abend so aufgeregt, daß er nichts essen konnte. Er verbrachte weitere Stunden damit, erstaunlich komplexe Kreaturen, die wie Skorpione, Wasserspinnen oder gar Frösche aussahen, zu entdecken. Später sagte er: »Ich fieberte fast vor Begeisterung. Ich kann gar nicht beschreiben, welches Triumphgefühl ich beim Entdecken eines Landes verspürte, das ich angeblich selbst geschaffen hatte. Nichts in meiner Intuition als Biologe, nichts in meiner zwanzigjährigen Erfahrung im Programmieren von Computern und auch nichts in meinen verrücktesten

Träumen hatte mich auf das vorbereitet, was tatsächlich auf dem Bildschirm erschien.« In jener Nacht konnte er nicht schlafen. Es drängte ihn weiter, er mußte sich unbedingt einen Überblick über die Ausmaße seines Universums verschaffen. Welche weiteren Überraschungen hielt diese Welt noch bereit? Als er gegen Morgen endlich einschlief, schwärmten Bilder »seiner« Insekten durch seine Träume.

In den folgenden Monaten vagabundierte Dawkins auf der Suche nach nichtpflanzlichen und abstrakten Formen durch die entferntesten Gefilde des Lands der Biomorphe. Unter den Dingen, denen er begegnete, befanden sich »Feenkrabben, Aztekentempel, gotische Kirchenfenster und Eingeborenenzeichnungen von Känguruhs«. Indem Dawkins jede freie Minute hier und dort nutzte, wandte er schließlich die Methode der Evolution an, um mehrere Buchstaben des Alphabets zu lokalisieren. (Diese Buchstaben wurden in die Sichtbarkeit gezüchtet, nicht gezeichnet.) Sein Ziel war es, die Buchstaben seines Namens einzufangen, aber nie fand er ein passables *D* oder ein vernünftiges *K*. (An der Wand meines Büros hängt ein wunderbares Poster der 26 Buchstaben und zehn Ziffern, die als Schimmer auf den Flügeln lebender Schmetterlinge gefunden wurden – auch ein wunderschönes *D* und ein *K*. Doch obwohl die Evolution diese Buchstaben hervorgebracht hatte, konnten sie mittels der »Methode« nicht gefunden werden. Der Fotograf Kjell Sandved erzählte mir, daß er mehr als eine Million Flügel habe betrachten müssen, um die 36 Symbole zusammenzubekommen.)

Dawkins war auf der Suche. Später schrieb er: »Es gibt Computerspiele auf dem Markt, bei denen der Spieler glaubt, in einem unterirdischen Labyrinth umherzuirren, das eine bestimmte, wenn auch komplexe Geographie besitzt, und in welchem er auf Drachen, Minotauren und andere mythische Gegner trifft. In diesen Spielen ist die Zahl der Monster relativ klein. Sie sind alle von einem Menschen programmiert, ebenso die Geographie des Labyrinths. Im Spiel der Evolution, ob in der Computerversion oder in der Realität, hat der Spieler (oder Beobachter) dasselbe Gefühl, als wandere er, metaphorisch gesprochen, durch ein Labyrinth sich verzweigender Gänge, aber die Zahl möglicher Wege ist nahezu unendlich, und die Monster, auf die man trifft, sind nicht von Menschen gemacht und nicht vorhersagbar.«

Das Wunderlichste daran war, daß die Monster in diesem Raum nur einmal gesehen wurden und dann verschwunden waren. Die ersten Versionen von »Land der Biomorphe« enthielten noch keine Funktion, um die Koordinaten eines Biomorphs abzuspeichern. Die Umrisse erschienen auf dem Bildschirm, aus ihren Regalen in der Bibliothek gescheucht – und wenn der Computer ausgeschaltet wurde, kehrten sie auf ihren mathematischen Platz zurück. Die Wahrscheinlichkeit, ihnen noch einmal zu begegnen, war unendlich gering.

Als Dawkins zum ersten Mal im Landstrich der Insekten ankam, wollte er unbedingt eines davon behalten. Er druckte ein Bild von ihm aus und ein Bild aller 28 Vorläuferformen, die er auf dem Weg zu ihm entwickelt hatte, aber mit seinem ersten Programm konnte er damals die zugrundeliegenden Zahlenwerte noch nicht festhalten, mit deren Hilfe er die Form hätte rekonstruieren können. Er wußte, sobald er den Computer in jener Nacht ausmachte, wären die biomorphen Insekten verschwunden, bis auf das Fitzelchen ihrer Existenz, das durch ihr Porträt erhascht worden war. Würde er je wieder identische Formen entwickeln können? Er drehte den Saft ab. Zumindest hatte er einen Beweis, daß sie irgendwo in seiner Bibliothek existierten. Das Wissen, daß sie da waren, trieb ihn um.

Ungeachtet der Tatsache, daß Dawkins sowohl den Ausgangspunkt als auch die Serie der 28 »Fossilien« beaß, die zu dem bestimmten Insekt führten, das er zu rekonstruieren versuchte, waren die Biomorphe nicht wieder einzufangen. Auch Karl Sims züchtete einmal auf seinem CM5 ein blendend leuchtendes Bild aus farbigen, verschlungenen Fäden – das stark an ein Gemälde von Jackson Pollock erinnerte –, bevor er eine Funktion für die Sicherung von Koordinaten schrieb; auch er war nicht mehr in der Lage, das Bild wiederzufinden, obwohl er ein Dia davon besitzt, das er wie eine Trophäe aufbewahrt.

Der Borgessche Raum ist riesengroß. In diesem Raum willentlich einen Punkt erneut zu lokalisieren, ist ebenso schwierig wie eine Schachpartie aus dem Gedächtnis nachzuspielen. Ein winziger, kaum merklicher Fehler bei der Auswahl an irgendeinem Punkt kann dich an ein Kilometer vom Wunschort entferntes Ziel tragen. Im Biomorph-Universum garantieren die Komplexität der Formen, die Komplexität der Wahlmöglichkeiten und die Feinheit ihrer Unterschiede zu jedem Zeitpunkt, daß jede entwickelte Form wahrscheinlich zum ersten und gleichzeitig zum letzten Mal auftaucht.

Vielleicht gibt es in der Bibliothek von Borges ein Buch mit dem Titel *Labyrinthe*, in dem sich folgende wunderliche Geschichte findet (die in dem Buch *Labyrinthe*, das ich im Regal der Universitätsbibliothek fand, nicht enthalten ist). In diesem Buch erzählt Jorge Luis Borges, wie sein Vater, der ein Reisender im Universum aller möglichen Bücher war, einst inmitten dieser verwirrenden Unermeßlichkeit auf ein vernünftiges Buch stieß. Alle 410 Seiten des Bandes, die Inhaltsangabe eingeschlossen, waren voll mit Palindromen, die jeweils aus zwei Sätzen bestanden. Die ersten 33 Palindrome waren sowohl rätselhaft als auch tiefsinnig. Weiter kam der Vater nicht mit der Lektüre, denn ein plötzlich ausbrechendes Feuer im Keller erzwang die Evakuierung der Bibliothekare, die in diesem Bereich arbeiteten. Aufgrund der dadurch ausgelösten Panik vergaß der Vater den Standort des Bandes. Aus Scham darüber wurde die Existenz des Palindrombuches nie außerhalb der Mauern der Bibliothek erwähnt. Über acht Generationen hinweg trifft sich eine halbwegs geheime Verbindung ehemaliger Bibliothekare regelmäßig, um methodisch die Schritte des alten Wanderers nachzuzeichnen, um dieses Buch in der riesigen Bibliothek wiederentdecken zu können. Es besteht kaum Hoffnung, daß sie je ihren Heiligen Gral finden werden.

Um zu zeigen, wie weitläufig solche Borgesschen Räume sind, stiftete Dawkins einen Preis für denjenigen, dem es gelänge, das Bild eines Blütenkelches nachzuzüchten (oder auf gut Glück zu finden!), auf den Dawkins zufällig auf einem seiner Streifzüge im »Land der Biomorphe« gestoßen war. Er nannte ihn den »Heiligen Gral«. Dawkins war sich sicher, daß er so tief verborgen war, daß er dem ersten Menschen, der ihm die Gene des Heiligen Grals zeigen konnte, 1000 Dollar bot. »Mein eigenes Geld aufs Spiel zu setzen«, sagte Dawkins, »war meine Art zu sagen, daß ihn niemand finden würde.« Zu seiner großen Verwunderung stieß der kalifornische Software-Entwickler Thomas Reed bereits innerhalb eines Jahres auf den Kelch. Dies scheint dem Nachzeichnen der Schritte des älteren Borges zu ähneln, um den Standort des verlorenen Palindrombuchs zu lokalisieren, oder dem Kraftakt, *Das Ende der Kontrolle* in Borges' Bibliothek zu finden.

Das Land der Biomorphe unterstützt jedoch derartige Unternehmungen. Weil dessen Entstehen Dawkins' berufliche Interessen als Biologe widerspiegelt, ist es neben der Evolution auch auf organischen Prinzipien aufgebaut. Die sekundäre biologische Natur des Biomorphs erlaubte es Reed, den Blütenkelch ausfindig zu machen.

Dawkins erkannte, daß er, wollte er ein handhabbares biologisches Universum errichten, die Möglichkeiten an Formen auf solche beschränken mußte, die zumindest etwas biologischen Sinn ergaben. Andernfalls würde die pure Unermeßlichkeit aller Formen einen jeder realistischen Chance berauben, eine ausreichende Anzahl von Gestalten zu finden, um damit herumzuspielen – selbst dann, wenn man die Methode der kumulativen Selektion anwandte. Immerhin, überlegte er, begrenzt die embryonale Entwicklung lebender Kreaturen die Möglichkeiten ihrer Mutation. Beispielsweise sind die meisten Lebewesen um eine Rechts-Links-Achse symmetrisch; mit der Einführung der Rechts-Links-Symmetrie als einem fundamentalen Bestandteil jedes Biomorphs konnte Dawkins den Gesamtumfang der Bibliothek verringern und so das Auffinden eines Biomorphs erleichtern. Er nannte diese Reduktion eine »erzwungene Embryologie«. Die Aufgabe, die er sich selbst stellte, war der Entwurf einer restriktiven Embryologie, aber in »biologisch interessanten Richtungen«.

»Schon sehr bald gelangte ich zu der intuitiven Überzeugung, daß die Embryologie, die ich haben wollte, rekursiv sein müßte. Meine Intuition gründete sich teilweise auf der Tatsache, daß die Embryologie im richtigen Leben als rekursiv gedacht werden kann«, erzählte mir Dawkins. Mit rekursiver Embryologie meinte Dawkins, daß einfache, immer wiederholte Regeln (solche eingeschlossen, die mit ihren eigenen Ergebnissen spielen) viel zu der Komplexität der endgültigen Form beitragen würden. Wird zum Beispiel die rekursive Regel »lasse eine Einheit wachsen, gable sie dann in zwei« auf mehrere Folgegenerationen eines Zweigs angewendet, wird sie nach ungefähr fünf Wiederholungen ein buschiges vielverzweigtes Etwas hervorbringen.

Zweitens fügte Dawkins die Idee von Gen und Körper in die Bibliothek ein. Er sah, daß eine Buchstabenreihe (wie in einem Buch) unmittelbar analog zu den biologischen Genen ist. (Ein Gen wird auch in der formalen Notierung der Biochemie als Buchstabenreihe dargestellt.) Die Gene produzieren das Gewebe des Körpers. »Biologische Gene kontrollieren aber keine kleinen Fragmente des Körpers«, sagt Dawkins. »Das wäre die Entsprechung zur Kontrolle der Bildpunkte auf dem Bildschirm. Statt dessen kontrollieren Gene Wachstumsregeln – embryologische Entwicklungsprozesse – oder im ›Land der Biomorphe‹ die Algorithmen der Zeichnung.« Demnach verhält sich eine Zahlenreihe oder ein Text wie ein Strang von Genen (ein Chromosom), das eine Formel darstellt, die dann das Bild (den Körper) aus Bildpunkten zusammensetzt.

Die Konsequenz dieses indirekten Weges zur Erzeugung von Formen war, daß fast jeder beliebige Ort in der Bibliothek – das heißt, beinahe jedes Gen – eine kohärente biologische Gestalt produzierte. Indem er die Gene Algorithmen statt Pixel kontrollieren ließ, versah Dawkins sein Universum mit einer inhärenten Grammatik, die das Auftauchen des gesamten früheren Blödsinns verhinderte. Auch eine wilde Mutation würde nicht zu einem flachen grauen Fleck führen. Dieselbe Transformation könnte auf die Bibliothek von Borges angewendet werden. Statt daß jeder Regalstandort der Bibliothek eine mögliche Zusammenstellung von Buchstaben repräsentierte, könnte er eine mögliche Zusammenstellung von *Worten* oder sogar von möglichen *Sätzen* repräsentieren. Dann würde jedes Buch, das man auswählte, zumindest in der Nähe der Lesbarkeit liegen. Dieser herausgehobene Raum aus Wortketten ist viel kleiner als der Raum der Buchstabenketten, aber auch, wie Dawkins betonte, auf eine interessantere Richtung eingeschränkt: es ist wahrscheinlicher, daß man auf etwas Verständliches stößt.

Dawkins Einführung der Gene, die sich biologisch verhielten – jede Mutation veränderte auf strukturierte Weise viele Bildpunkte –, ließ nicht nur die Größe der biomorphen Bibliothek schrumpfen, indem sie diese auf funktionale Formen beschränkte, sondern bot auch menschlichen Züchtern einen alternativen Weg bei der Suche nach neuen Formen. Jede geringfügige Verlagerung im biomorphen Genraum würde sich zu einer spürbaren *und verläßlichen* Verlagerung der graphischen Ansicht verstärken.

Das eröffnete Thomas Reed, dem freiberuflichen Ritter des Heiligen Grals, einen zweiten Weg der Züchtung. Reed wandelte wiederholt Gene einer Elterform ab, während er die sichtbaren Veränderungen in den Formen, die sie hervorbrachten, beobachtete, um die Weise herauszufinden, wie sich eine Gestalt durch die Veränderung einzelner Gene steuern läßt. Auf diese Art konnte er auf verschiedene biomorphe Formen zusteuern, indem er mit der Genskala herumspielte. In offensichtlicher Analogie nannte Dawkins dieses Modul seines Programms »Gentechnologie«. Wie in der wirklichen Welt auch besitzt sie unheimliche Macht.

Tatsächlich verlor Dawkins seine 1000 Dollar an den Gen-Ingenieur des künstlichen Lebens. Thomas Reed verbrachte die Mittagspause an seinem Arbeitsplatz auf der Jagd nach dem Blütenkelch in Dawkins Programm. Sechs Monate, nachdem Dawkins seinen Wettbewerb publik gemacht hatte, näherte sich Reed dem verlorenen Schatz über eine Kombination aus dem Züchten von Bildern und der genetischen Manipulation ihrer Gene. Züchten ist eine Art von schnellem und lockerem Brainstorming; Genmanipulation ist eine Art Feinabstimmung und Kontrolle. Von den 40 Stunden, die Reed nach eigenen Schätzungen für die Jagd nach dem Kelch aufwandte, verbrachte er 38 mit Manipulation. »Es wäre unmöglich gewesen, ihn auf dem Wege der Züchtung zu finden«, sagte er. Als er sich an den Kelch herangearbeitet hatte, gelang es Reed nicht, den letzten Pixel zu verändern, ohne alles andere mitzuverschieben. Er verbrachte viele Stunden mit dem Versuch, diesen einzelnen Pixel in der vorletzten Form unter Kontrolle zu bringen.

In einem zeitlichen Zusammentreffen, das Dawkins völlig verblüffte, reichten innerhalb weniger Wochen nach Reed zwei weitere Sucher unabhängig voneinander korrekte Genlösungen seines Heiligen Gral-Rätsels ein. Auch sie waren in der Lage, seinen Blütenkelch in einem astronomisch weiten Raum von Möglichkeiten ausfindig zu machen, nicht allein durch Zuchtversuche, sondern vor allem durch Genmanipulation, und in einem Fall durch umgekehrte Genmanipulation.

Vielleicht lag es an der sichtbaren Natur des Lands der Biomorphe, daß die ersten Menschen, die Dawkins Idee der computerisierten Zucht übernahmen, Künstler waren. Der erste war ebenfalls Brite, William Latham; später trieb Karl Sims in Boston die künstliche Evolution voran.

Die Arbeiten von William Latham, die in den frühen achtziger Jahren ausgestellt wurden, glichen dem Ersatzteilkatalog eines unergründlichen außerirdischen Apparates. Auf eine Tapete malte Latham eine einfache Form, etwa einen Kegel oben in die Mitte, und überzog dann die restliche Fläche mit zunehmend komplexeren Kegelgestalten. Die Erschaffung jeder neuen Gestalt folgte Regeln, die Latham sich ausgedacht hatte. Dünne Linien verbanden eine Figur mit der modifizierten, von ihr abstammenden Figur. Oft spaltete sich eine Form in eine Vielzahl von Varianten. Am unteren Ende dieser riesigen Seiten hatte sich die Metamorphose der Kegelform in verzierte Pyramiden und Art-Deco-Wälle vollzogen. Die logische Struktur der Zeichnung war der Stammbaum, aber mit einer Vielzahl von ganz normalen Querverbindungen. Die gesamte Fläche war gestopft voll. Es sah mehr nach einem Netzwerk oder einem Schaltkreis aus.

Latham nannte diesen »zwanghaften, regelgeleiteten Prozeß« zur Erzeugung von Formenvielfalt und der Selektion bestimmter Nachfahren zur Weiterentwicklung »FormSynth«. Ursprünglich hatte er »FormSynth« als Werkzeug zur Ideenfindung für mögliche Skulpturen benutzt. Er suchte eine besonders gefällige Form aus seiner Mappe mit Entwürfen und setzte diesen kniffligen Umriß dann in Holz oder Kunststoff um. In einem von Lathams Ausstellungskatalogen findet sich eine von ihm mittels »FormSynth« geschaffene (oder gefundene) einfache schwarze Statue, die einer afrikanischen Maske ähnelt. Aber die Bildhauerei nahm viel Zeit in Anspruch und war in gewisser Hinsicht auch überflüssig, so daß er sie aufgab. Ihn interessierte am meisten die unermeßliche und unerforschte Bibliothek möglicher Formen. Latham: »Mein Augenmerk wanderte von der Arbeit an einer einzelnen Skulptur zur Arbeit an Millionen von Skulpturen, von denen jede wieder eine Million Skulpturen laichte. Mein Kunstwerk war ab diesem Zeitpunkt die ganze *Evolutionsgeschichte der Skulpturen.*«

Das lawinenartige Auftauchen dreidimensionaler Computergrafiken, die er Ende der achtziger Jahre in den USA zu sehen bekam, inspirierte ihn dazu, sich selbst mit Computern als einer Möglichkeit zu beschäftigen, die eigene Formerzeugung zu automatisieren. Er arbeitete mit Programmierern einer IBM-Forschungsabteilung im englischen Hampshire zusammen. Gemeinsam modifizierten sie ein 3D-

Modellierungsprogramm so, daß es Mutanten erzeugen konnte. Ungefähr ein Jahr lang gab der Künstler Latham von Hand genetische Werte in sein formerzeugendes Programm ein oder bearbeitete sie, um wunderschöne vollständige Bäume möglicher Formen hervorzubringen. Indem er den Code einer Form von Hand veränderte, konnte Latham den Raum per Zufall durchsuchen. Mit Understatement erinnert sich Latham an diese manuelle Suche als »arbeitsintensiv«.

Nachdem Latham 1986 auf das gerade herausgekommene Biomorph-Programm gestoßen war, verschmolz er das Herz von Dawkins Evolutionsmaschine mit der ausgetüftelten Haut seiner dreidimensionalen Formen. Die Verbindung gebar die Idee zu einem evolutionären Kunstprogramm. Latham gab dieser Methode den Namen »Mutator«. Der Mutator funktionierte fast genauso wie Dawkins Mutationsmaschine. Das Programm erzeugte Nachfahren einer bereits vorhandenen Form, die sich geringfügig voneinander unterschieden. Lathams Figuren waren jedoch keine Strichformen, sondern aus Fleisch und Blut. Sie sprangen einem mit ihrer Dreidimensionalität und ihren Schattierungen sofort ins Auge. Ganze Tiere, die den Blick fesselten, ließ sich der hochauflösende IBM-Grafik-Computer einfallen. Der Künstler selektierte den Besten aus der 3D-Brut. Diese beste Form wurde der nächste Elter, um weitere Mutationen zu erzeugen. Über mehrere Generationen hinweg entwickelte der Künstler einen vollständig neuen Körper in einer echten Borgesschen Bibliothek. Das Land der Biomorphe war trotz seiner ungeheuren Größe nur ein Unterbezirk von Lathams Raum.

Ähnlich wie Dawkins stellte Latham fest: »Ich hatte nicht mit dieser Bandbreite von Skulpturen gerechnet, wie sie meine Software erzeugen konnte. Der Reichtum an verschiedenartigen Formen, die mit dieser Methode erzeugt werden können, scheint unbegrenzt zu sein.« Unter den Formen, die Latham herausholte und die mit verblüffenden Details wiedergegeben wurden, fanden sich kompliziert geflochtene Körbe, marmorierte Rieseneier, gedrehte Geweihe wie von einem fremden Planeten, Flaschenkürbisse, fantastische mikrobiologische Viecher, punkige Seesterne und ein wirbelnder vielarmiger außerirdischer Shiva-Gott, den Latham »MutationY1« nannte.

»Einen Garten überirdischer Lüste«, nannte Latham seine Formenkollektion. Statt zu versuchen, das Motiv irdischen Lebens zu imitieren, sucht Latham nach alternativen organischen Formen, nach »etwas Wilderem« als dem Leben auf der Erde. Er erinnerte sich an den Besuch eines Jahrmarkts, auf dem es ein Zelt zur künstlichen Befruchtung gab. Dort sah er Fotografien gigantischer mutierter Superbullen und andere Typen »unnützer« Monster. Diese bizarren Formen inspirierten ihn.

Die Computerausdrucke sind so surrealistisch klar, als wären sie auf dem Mond aufgenommen worden. Jede Form vermittelt ein erstaunlich organisches Gefühl. Diese Dinge sind keine Kopien der Natur, sondern natürliche Gestalten, die nicht auf der Erde existieren. Latham: »Der Apparat gab mir die Freiheit, Formen zu erkunden, zu denen ich zuvor keinen Zugang hatte, so als hätten sie sich jenseits meiner Vorstellungskraft befunden.«

In den hintersten Schlupfwinkeln der Borgesschen Bibliothek warten Ständer voll anmutiger Geweihe, Regale mit linksläufigen Schnekken, Reihen mit Bäumen, die Zwerge tragen, und Stellagen mit Marienkäfern auf ihren ersten Besucher, gleich ob dieser die Natur oder ein Künstler sein wird. Bis jetzt sind weder Natur noch Künstler bis zu ihnen vorgedrungen. Sie bleiben ungedacht, ungesehen, nicht materialisiert, bloß mögliche Formen. So weit wir wissen, ist die Evolution der einzige Weg, auf dem man sie erreichen kann.

Die Bibliothek enthält alle Lebensformen der Vergangenheit und der Zukunft und vielleicht sogar die Gestalt des Lebens, wie es auf anderen Planeten gegenwärtig ist. Unsere eigenen natürlichen Vorurteile hindern uns daran, uns im Detail in diese alternativen Lebensformen zu versenken. Unsere Gedanken strömen schnell zu dem zurück, was wir als natürlich kennen. Wir können einen flüchtigen Gedanken daran verschwenden, aber wir schrecken davor zurück, eine so grillenhafte Phantasie mit vielen Details auszustatten. Um uns dorthin zu bringen, wo wir alleine nie hinkämen, läßt sich die Evolution gleichwohl als Wildpferd einspannen. Mit diesem ungezähmten Transportmittel gelangen wir an einen Ort voll seltsamer Körper, die bis ins letzte vollständig imaginiert sind (wenn auch nicht von uns).

Karl Sims, der CM5-Künstler, erzählte mir: »Ich bediene mich der Evolution aus zwei Gründen. Zum einen, um Dinge zu züchten, die mir selbst nie eingefallen wären und die ich auch auf keinem anderen

Wege hätte finden können. Zum anderen, um Dinge sehr detailliert zu erzeugen, an die ich vielleicht gedacht habe, für deren Zeichnung mir aber die Zeit fehlt.«

Sowohl Sims als auch Latham stolperten über Diskontinuitäten der Bibliothek. »Du entwickelst ein Gefühl dafür, was alles in einem evolutionären Raum geschehen kann«, behauptet Sims. Er berichtete, oft sei es ihm beim Züchten passiert, daß er – eben noch vergnügt vor sich hin pfeifend, während alles bestens lief – plötzlich auf eine Mauer stieß und alle Verbesserungen dahin waren. Sogar drastische Auswahlen hätten die träge Form nicht mehr aus dem Trott aufscheuchen können, in den sie verfallen zu sein schien. Generation über Generation neuer Nachkommen schienen keine Besserung zu bringen. Es kam ihm vor, als sei er in einem großen Wüstenbecken gefangen, in dem man im Kreis herumlief, ohne dem Zielort auch nur einen Schritt näher zu kommen.

Als sich Thomas Reed an den im Land der Biomorphe verlorenen Blütenkelch heranpirschte, mußte er sich oft zurückbewegen. Er befand sich in der Nähe des Kelches, gelangte aber nicht weiter. Oft speicherte er Zwischenformen auf seiner langen Jagd. Einmal mußte er mehrere hundert Stufen zurückweichen, bis zur sechsten archivierten Form, nur um aus einer Sackgasse herauszukommen.

Latham berichtet von ähnlichen Erfahrungen beim Erkunden seines Raumes. Oft fand er sich in einem »instabilen Gelände« wieder, wie er es nannte. In einigen Regionen bewirkten signifikante Veränderungen an den Genen nur asignifikante Verschiebungen in den Formen – Sims Wüstenbecken der Stagnation. Er mußte die Gene tatsächlich kilometerweit herumschieben, um nur einen Zentimeter an der Form zu bewegen. Dafür genügten in anderen Regionen minimale Veränderungen an den Genen, um zu großen Umbauten der Form zu gelangen. Bei den einen kamen Lathams Versuche, in den Raum vorzudringen, langsam wie ein Gletscher voran; bei den anderen ließ ihn die kleinste Bewegung gischtsprühend und wie durch eine Zoom-Funktion beschleunigt durch die Bibliothek segeln.

Um zu verhindern, daß er an einem Ziel (einer möglichen Form) vorbeischoß und um ihre Entdeckung zu beschleunigen, drehte Latham während seiner Erkundung mit Absicht am Mutationsregler. Zunächst setzte er die Mutationsrate hoch, um durch den Raum zu springen. Sobald die Umrisse interessanter wurden, senkte er die Mutationsrate, so daß die Unterschiede von Generation zu Generation immer feiner ausfielen und er sich langsam auf eine unentdeckte Form zubewegen konnte. Sims stellte sein System so ein, daß es einen ähnlichen Trick automatisch ausführte. Sobald das Bild, das er züchten wollte, an Komplexität zunahm, schraubte seine Software automatisch die Mutationsrate herunter, um sanft auf der endgültigen Form zu landen. »Sonst kann es ganz schön knifflig werden, wenn man selbst versucht, die Feinabstimmung eines Bildes hinzubekommen.«

Die beiden Pioniere entwickelten noch eine Reihe weiterer Tricks, um durch die Bibliothek zu reisen. Der wichtigste Trick war Sex. Dawkins Land der Biomorphe war ein fruchtbarer, aber puritanischer Ort, der nicht die leiseste Ahnung von Sex hatte. Alle Varianten im Land der Biomorphe waren Ergebnisse asexueller Mutationen einer einzigen Urform. Sims und Lathams Welten hingegen wurden durch Sex gesteuert. Eine der wichtigsten Lektionen, die die Pioniere lernten, war, daß man Sex in einem evolutionären System auf jede nur erdenkliche Art machen konnte.

Natürlich gab es da die orthodoxe Missionarstellung: zwei Elternteile, ausgerüstet mit ihren jeweiligen Genen. Aber selbst diese anrührende Standardpaarung kann auf verschiedene Weise vollzogen werden. In der Bibliothek ist Züchten analog zu dem Vorgang, zwei Bücher zu nehmen und ihren Text zu verschmelzen, um ein Kind-Buch zu bekommen. Man kann zwei Arten von Nachkommen erhalten: Bücher, die sich »dazwischen« befinden, oder Außenseiter-Bücher.

Nachfahren, die sich dazwischen befinden, erben eine Position zwischen Papi und Mami. Man stelle sich eine gerade Linie in der Bibliothek vor, die eine Brücke von Buch A zu Buch B schlägt. Jedes Kind (Buch C) würde sich irgendwo in der Bibliothek auf dieser gedachten Linie befinden. Der Nachwuchs (dazwischen) könnte sich genau auf der Hälfte des Abstandes oder irgendwo dazwischen befinden, sagen wir in einem Verhältnis von zehn Prozent Mutter zu neunzig Prozent Vater. Die Dazwischen-Lebenden könnten auch abwechselnd Kapitel aus Buch A und Buch B erben oder abwechselnd Gengruppen von Mutter und Vater. Diese Methode behält Gene bei, die über eine

Annäherungsfunktion miteinander verbunden sein können und die es wahrscheinlicher machen, daß »gutes Material« angesammelt wird.

Eine andere Möglichkeit, sich die Dazwischen-Lebenden vorzustellen, wäre ein Morphing (in der Wortbedeutung Hollywoods) von Kreatur A zu Kreatur B. Alle Kreaturen, die dadurch auf dem Weg von A nach B auftauchen, sind die möglichen Dazwischen-Nachfahren des Paares.

Der Außenseiter-Nachwuchs hingegen erbt einen Platz außerhalb der Morph-Linie zwischen Mami und Papi. Eher ein zufälliges Zwischenstadium von einem Löwen zu einer Schlange, handelt es sich bei diesen Nachkommen um Schimären, die sich eines Löwenkopfes, eines Schlangenschwanzes und einer gespaltenen Zunge rühmen können. Es gibt verschiedene Arten, Schimären zu erzeugen; darunter auch die Basisvariante, bei der man im Zufallsteich willkürlicher Merkmale fischt, die entweder zu Mutter oder Vater gehören. Außenseiter-Nachfahren sind wilder, weniger wahrscheinlich und stärker außer Kontrolle.

Aber damit ist noch nicht das Ende der machbaren Absonderlichkeiten in evolutionären Systemen erreicht. Auch Paarung kann pervers sein. William Latham experimentiert in seinem System gegenwärtig mit Polygamie. Warum die Paarung auf zwei Eltern beschränken? Latham hat sein System so kodiert, daß es ihm erlaubt, bis zu fünf Eltern auszuwählen und jedem Elternteil unterschiedliche Bedeutung und Vererbungsfähigkeit zuzuweisen. Also spricht er zu seiner Brut von Kinderformen: Das nächste Mal möchte ich etwas, was diesem hier, diesem hier und jenem da sehr ähnlich sieht und ein bißchen wie dieser und ein kleines bißchen wie jener ist. Dann verheiratet er sie miteinander, und sie bringen gemeinsam die neue Brut hervor. Latham ist ebenfalls in der Lage, negative Werte zuzuweisen: *nicht* wie dieser. Tatsächlich hat er einen Anti-Elter geschaffen. Wenn ein Anti-Elter sich in mehreren Verbindungen paart, »zeugt« er Kinder, die ihm so *unähnlich* sind wie nur möglich.

Als Latham sich noch weiter von der natürlichen Biologie entfernte (zumindest von jener, die uns bekannt ist), bastelte er ein Programm für seinen Mutator zusammen, das dem Fortschreiten des Züchters durch die Bibliothek folgt. Von Genen, die einen bestimmten Züchtungszeitraum überdauern, nimmt der Mutator an, daß sie dem Züchter gefallen. Er macht diese Gene dominant. Andere, die immer wieder wechseln, deutet der Mutator als »experimentelle« und den Züchter nicht zufriedenstellende Gene. Also reduziert er deren Bedeutung, indem er sie in jeder Paarung als rezessiv bestimmt.

Die Idee, der Spur der Evolution zu folgen, um ihre zukünftige Richtung zu antizipieren, ist berückend. Sowohl Sims als auch Latham träumen von einem künstlichen Intelligenzmodul, das das Fortschreiten eines Züchters durch den Formenraum analysieren könnte. Das KI-Programm würde das allen Selektionen gemeinsame Element erkennen und dann tief in die Bibliothek hineingreifen, um eine Form herauszuholen, die dieses Merkmal in sich trägt.

Im Centre Pompidou in Paris und auf dem Ars Electronica Festival in Linz installierte Karl Sims eine öffentlich zugängliche Version seines künstlichen Evolutionsuniversums. In der Mitte eines langen Galerieraums summte ein CM-Rechner auf seiner Plattform. Der tiefschwarze Würfel war mit flimmernden roten Lichtern bestückt, die aufleuchteten, wenn die Maschine dachte. Ein schweres Kabel verband den Superrechner mit einem Bogen aus 20 großen Monitoren. Vor jedem der Farbbildschirme im Halbrund befand sich ein Feld auf dem Boden. Trat man auf ein solches Feld (unter dem sich ein Schalter befand), konnte ein Museumsbesucher ein bestimmtes Bild aus der Reihe auswählen.

In Linz hatte ich die Gelegenheit, CM2-Bilder zu züchten. Zunächst wählte ich ein Bild, das aussah wie eine Impression von Mohnblumen in einem Garten. Sofort ließ Sims Programm zwanzig neue Nachfahren der Blumen entstehen. Zwei Bildschirme füllten sich mit grauem Abfall, die anderen 18 zeigten neue »Blumen«, einige fragmentiert, einige in neuen Farben. Jedesmal versuchte ich herauszubekommen, wie ich das Bild blumiger machen konnte. Durch die Sprünge von Feld zu Feld kam ich rasch in dem vom Computer aufgeheizten Raum ins Schwitzen. Die körperliche Arbeit kam mir vor wie Gärtnern – Formen zum Leben erwecken. Ich züchtete weiterhin immer elaboriertere Blumenmuster, bis ein anderer Besucher die Richtung zu wild floreszierenden Karomustern änderte. Ich war verblüfft von der Bandbreite wunderschöner Bilder, die das System aufdeckte: geometrische Stilleben, halluzinogene Landschaften, fremdartige Maserungen, unheimliche Symbole. Eine elaborierte, brillant kolorierte Komposition nach der anderen erschien auf den Monitoren, um danach auf immer zu verschwinden, wenn sie nicht ausgewählt wurde.

Sims Installation züchtet den ganzen Tag, jeden Tag, und unterstellt seine Evolution den Launen vorüberziehender Massen internationaler Museumsbesucher. Die Connection Machine speichert jede Auswahl und jede Auswahl, die zu der Auswahl führte. Sims verfügt jetzt über einen Datenbestand dessen, was Menschen (zumindest Museumsmenschen) schön oder interessant finden. Er glaubt, daß diese unartikulierten Eigenschaften sich aus einem solchen riesigen Datenfundus abstrahieren lassen und dann als Selektionskriterien für zukünftige Züchtungen in anderen Regionen der Bibliothek verwendet werden können.

Oder vielleicht finden wir zu unserer großen Überraschung heraus, daß die Selektionskriterien nichts miteinander verbindet. Es könnte sein, daß *jede hochentwickelte Form schön ist.* Schönheit findet sich in allen biologischen Kreaturen, auch wenn einzelne Menschen bestimmte Vorlieben haben. Aufs Ganze gesehen ist ein Monarchschmetterling nicht mehr oder weniger eindrucksvoll als sein Wirt, die Dolde der Seidenpflanzen. Auch parasitäre Lebewesen sind schön, wenn man sie vorurteilsfrei betrachtet. Meine Vermutung ist, daß die Schönheit der Natur dem Prozeß, über Evolution zu ihr zu gelangen, und der wichtigen Tatsache innewohnt, daß die Form biologisch als Ganzes funktionieren muß.

Dennoch, etwas unterscheidet die selektierten Formen, gleichgültig, was sie sind, von dem gesprenkelten grauen Rauschen, das sie umgibt. Ein Vergleich der ausgewählten mit den zufälligen Formen mag uns vielleicht Auskunft über die Schönheit geben und uns sogar dabei helfen herauszubekommen, was wir unter »Komplexität« verstehen.

Der russische Programmierer Wladimir Pokhilko erinnerte mich daran, daß Schönheit allein ein ausreichendes Ziel für Entwicklungsprogramme sein kann. Pokhilko und sein Partner Alexei Pajitnov (der das berühmte, süchtigmachende Computerspiel »Tetris« schrieb) entwickelten ein sehr leistungsfähiges Selektionsprogramm, das virtuelle Aquarienfische züchtet. Pokhilko erzählte mir in einem frühen Entwicklungsstadium des Spiels: »Als wir anfingen, wollten wir den Computer nicht dazu benutzen, etwas sehr Praktisches, sondern etwas sehr Schönes zu tun.« Pokhilko und Pajitnov hatten keine evolutionäre Welt im Sinn. »Unser Ausgangspunkt war das Ikebana, die japanische Kunst, Blumen zu stecken. Wir wollten eine Art Computer-Ikebana machen. Aber wir wollten etwas Lebendigeres, Bewegtes. Und etwas, das sich nie wiederholt.« Da der Bildschirm eines Computers »wie ein Aquarium aussieht, beschlossen wir, ein individuell gestaltbares Aquarium zu schaffen«.

Die User sollten zu Künstlern werden, indem sie das Aquarium mit der richtigen Zusammenstellung aus bunten Fischen und der richtigen Menge sich wiegender Wasserpflanzen bestückten. Sie würden eine große Auswahlmöglichkeit an Organismen benötigen. Warum sollten also die Aquarienbesitzer nicht ihre eigenen Organismen züchten? So wurde »El-Fish« ausgeheckt, und die Russen fanden sich in einem Evolutionsspiel wieder.

»El-Fish« wurde ein Monsterprogramm. Zum Großteil wurde es in Moskau geschrieben, zu einer Zeit, als clevere amerikanische Unternehmer die gesamte arbeitslose mathematische Fakultät einer russischen Universität zum Preis eines einzigen amerikanischen Programmierers engagieren konnten. Bis zu 50 russische Programmierer, die nichts von Dawkins, Latham oder Sims wußten, schrieben das Programm für »El-Fish« und entdeckten so erneut die Macht und die Methode der computerisierten Evolution.

Die kommerzielle Variante von »El-Fish«, die 1993 von dem amerikanischen Softwareverlag Maxis herausgebracht wurde, komprimierte diese Art extravaganten visuellen Züchtens, wie sie Latham auf IBM-Großrechnern und Sims auf der Connection Machine vollbracht hatten, für kleine Heimcomputer.

Jeder El-Fish hat 56 Gene, die 800 Parameter definieren (eine gigantische Bibliothek). Die bunten Fische schwimmen realistisch in einer virtuellen Unterwasserwelt und vollführen Wendungen mit einem Flossenschlag, so wie Fische das tun. Sie winden sich zwischen Fasern aus Seetang (die auch vom Programm gezüchtet sind). Sie ziehen hin und her, endlos. Sie gruppieren sich um das Futter, wenn sie »gefüttert« werden. Sie sterben nie. Als ich zum ersten Mal ein El-Fish-

Aquarium aus zehn Schritt Entfernung sah, hielt ich es für die Videoaufnahme eines echten Aquariums.

Der Teil, der am meisten Spaß macht, ist das Züchten der Fische. Ich begann damit, eher zufällig ein Netz in die Karte des hypothetischen El-Fish-Ozeans zu tauchen, und angelte nach einem exotischen Paar Elternfische. Unterschiedliche Gegenden beherbergen unterschiedliche Fische. Der Ozean ist nichts anderes als die Bibliothek. Ich fing zwei Fische, die ich behielt: einen plumpen gelben Fisch mit grünen Punkten, dünner Rückenflosse und Überbiß (die Mami) und einen hellblauen, torpedoförmigen Typ mit einem zerschlissenen chinesischen Segel als Rückenflosse (Paps). Ich konnte einen von beiden zum Ausgangspunkt meiner Evolution wählen, das heißt, ich konnte neue Fische asexuell aus entweder dem fetten gelben oder dem winzigen blauen mutieren, oder ich konnte sie paaren und die Selektion mit ihren gemeinsamen Nachkommen durchführen. Ich entschied mich für Sex.

Wie in den anderen Programmen der künstlichen Evolution erschienen etwa ein Dutzend mutierter Nachkommen auf dem Bildschirm. Durch Schieben eines Reglers konnte ich die Mutationsrate festlegen. Ich stand auf Flossen. Ich wählte ein Exemplar mit einer großen Flosse und trieb seine Gestalt in jeder Generation zu immer reicher verzierten Hochleistungsschwimmflossen. Ich erhielt einen Fisch, der nur aus Flossen zu bestehen schien, oben, unten, seitlich. Ich nahm ihn aus dem Brutkasten und erweckte ihn zum Leben, bevor ich ihn ins Aquarium schmiß. (Das Animieren kann je nach Computer Minuten oder Stunden dauern).

Nach mehreren Generationen immer verrückterer Flossenfische entwickelte ich einen so wahnsinnig komischen Fisch, daß ich mit ihm nicht weiterzüchten konnte. So sorgt das El-Fish-Programm dafür, daß Fische Fische bleiben. Ich hatte die äußersten Grenzen der Bibliothek erreicht, jenseits derer die Formen nicht mehr fischähnlich sind. »El-Fish« erzeugt keine Kreaturen, die keine Fische sind, und es wird keine unorthodoxen Fische zum Leben erwecken, weil es zu schwierig ist, die Bewegungen eines Monsters festzulegen. (Der Code basiert auf den normalen Größenverhältnissen von Fischen, so daß die Bewegungen der Tiere realistisch wirken). Ein Teil des Spielvergnügens besteht darin, daß die Anwender herauszufinden versuchen, wo diese fischigen Grenzen liegen und ob es Schlupflöcher gibt. Ganze Fische zu speichern verbraucht zu viel Festwertspeicher. Also werden Verzeichnisse nur für die Gene der Fische angelegt. Diese winzigen Eier mit Genen werden »Rogen« genannt. Der Rogen ist 250mal kompakter als der Fisch, zu dem er sich entwickelt. El-Fish-Verrückte tauschen den Rogen ausgewählter Kreationen über Modem aus oder speichern ihn in digitalen Leihbibliotheken.

Ein Programmierer bei Maxis, der für die Erprobung von »El-Fish« zuständig ist, entdeckte eine interessante Möglichkeit, die äußeren Grenzen der Fischbibliothek zu erkunden. Statt zu züchten oder im Teich nach einem Bestand von Musterstücken zu fischen, setzte er den Text seines Namens (Roger) in einen Rogen. Heraus kam eine kurze schwarze Kaulquappe. Ziemlich schnell hatte jeder im Büro eine Kaulquappe in seinem El-Fish-Becken. Roger fragte sich, was er wohl noch in Fischrogen verwandeln könne. Er nahm den digitalen Text der Gettysburg Adresse und ließ die Binärzeichen zu einer Geisterkreatur wachsen – ein Bleichgesicht, das einen deformierten Fledermausflügel hinter sich herzog. Witzbolde nannten es einen »Getty-Fisch«. Durch Herumexperimentieren fanden sie heraus, daß eine Folge von circa 2000 Binärzeichen gleich welcher Art dazu gezwungen werden kann, als Rogen für einen möglichen Fisch zu dienen. Einmal in Schwung gekommen, fütterte der Projektmanager von »El-Fish« seine Budgetkalkulation in das Programm und gebar das schlechte Omen eines Fischschädels mit einem Raubtiergebiß und einem Drachenkörper.

Züchten war einst ein Handwerk, das den Gärtnern vorbehalten war. Heute können auch Maler, Musiker und Erfinder etwas damit anfangen. William Latham sieht den Evolutionismus als die kommende Epoche der modernen Kunst. Im Evolutionismus brüten die ausgeborgten Begriffe Mutation und sexuelle Reproduktion die Kunst aus. Statt Strukturen für computerisierte Grafikmodelle zu malen oder zu entwerfen, züchtet Künstler Sims sie. Sims bewegt sich in einer Gegend holzartiger Muster und entwickelt solange, bis er genau das körnige, mit Astlöchern gespickte tannenartige Aussehen gefunden hat, das er verwenden kann, um eine Wand in einem Video einzufärben, das er gerade herstellt.

Mittlerweile läßt sich dergleichen auf einem Macintosh mit einer handelsüblichen Version von Adobe Photoshop machen. Das von Kai Krause geschriebene Programm TextureScape ermöglicht es gewöhnlichen Computerbesitzern, Strukturen zu züchten, wobei sie aus acht Nachkommen pro Generation wählen können.

Der Evolutionismus kehrt den modernen Trend bei der Entwicklung von Künstlerwerkzeugen zu immer größerer analytischer Kontrolle um. Die Ergebnisse der Evolution sind subjektiver (»das Überleben des Ästhetischsten«), weniger kontrolliert und enger mit einer Kunst verbunden, die im Traum oder in der Trance entsteht; tiefgründiger.

Der Künstler der Evolution erschafft zweimal. Zunächst handelt der Künstler als Gott, indem er sich eine Welt oder ein System zur Erzeugung von Schönheit ausdenkt. Später ist er dann der Gärtner oder Kurator der von ihm geschaffenen Welt, der die ausgewählten Werke, die er hegt, interpretiert und präsentiert. Er schenkt einem Geschöpf eher durch Zeugung als durch Modellierung das Leben.

Gegenwärtig beschränken die zur Verfügung stehenden Mittel der erforschenden Evolution den Künstler darauf, von einer zufälligen oder primitiven Form auszugehen. Der nächste Schritt des Evolutionismus wird darin bestehen, daß man ein von einem Menschen entworfenes Muster zum Ausgangspunkt nehmen und arbiträr von diesem aus züchten kann. Der Idealfall wäre, beispielsweise ein buntes Logo oder Etikett, welches überarbeitet (oder auch neu konzipiert) werden muß, auszuwählen und von diesem aus die Entwicklung starten zu können.

Die Konturen einer solchen kommerziellen Software zeichnen sich ziemlich deutlich ab: Will Wright, der Autor von »SimCity« und Gründer von Maxis, dem innovativen Softwareverlag von »El-Fish«, hatte sogar die Idee für einen halbwegs fetzigen Titel: »Darwin Draw«. In »DarwinDraw« entwirft man ein neues Firmenlogo. Jede Linie, Kurve, jeder Punkt oder Farbstrich des Bildes, das man entwirft, wird in mathematische Funktionen umgesetzt. Sobald man damit fertig ist, befindet sich ein Logo auf dem Bildschirm und ein Satz von Funktionen als mutierbare Gene im Rechner. Dann wird das Logo gezüchtet. Man läßt es fremdartige Formen annehmen, auf die man selbst nie gekommen wäre oder für deren detaillierte Ausarbeitung die Zeit fehlt. Zunächst springt man zufällig umher, um Ideen zu gewinnen. Dann beginnt man an einem ungewöhnlichen, aber überzeugenden Arrangement zu feilen. Man fährt die Mutationsrate herunter, setzt Hochzeiten mehrerer Eltern und Antieltern ein, bis man die endgültige Version fein abgestimmt hat. Jetzt ist man im Besitz eines bis in die letzten Details perfekt entwickelten Kunstwerks mit Kreuzschraffierung und Filigranarbeiten, die kaum zu glauben sind. Da das Bild auf Algorithmen basiert, hat es eine unendliche Auflösung; man kann es so groß machen, wie man will, um unerwartete Details sichtbar zu machen. Druck es aus!

Um die Möglichkeiten des Evolutionismus zu demonstrieren, scannte Sims das Logo des CM5 ein und verwendete es als Ausgangsgrafik, um ein »verbessertes« CM5-Logo zu züchten. Statt des modernen sterilen Aussehens hatte es gekräuselte organische Linien an den Ecken der Buchstaben. Den Kollegen im Büro gefiel das gezüchtete Kunstwerk so gut, daß sie beschlossen, T-Shirts mit dem Logo zu bedrucken. »Es würde mir wirklich Spaß machen, Krawatten mittels Evolution zu entwickeln«, sagt Sims. Sein anderer Vorschlag: »Wie wäre es damit, textile Muster, Tapetendesign oder Schriftarten zu züchten?«

IBM hat die Evolutionsexperimente des Künstlers William Latham unterstützt, weil der Weltkonzern hier ein kommerzielles Potential erkannt hat. Während Sims Evolutionsmaschine, Latham zufolge, »eher einer verwilderten und unkontrollierten Grammatik folgt«, ist diejenige von Latham kontrollierter und für Ingenieure nützlicher. IBM stellt die von Latham evolutionär entwickelten Tools Fahrzeugdesignern zur Verfügung, die mit ihnen Karosserieformen mutieren lassen. Eine der Fragen, die sie zu beantworten versuchen, ist, ob evolutionäre Designtechniken eher zu Beginn, in der Konzeptionsphase, oder später, in der Feinabstimmung, oder in beiden Phasen von Nutzen sind. IBM beabsichtigt, daraus ein nicht nur für die Automobilbranche profitables Projekt zu machen. Sie stellen sich evolutionäre Steuerungsinstrumente für alle Arten von Designproblemen vor, die eine große Anzahl von Parametern erfordern und vom Anwender verlangen, auf eine vorherige, gespeicherte Lösung zurückzugreifen. Latham glaubt, daß die Evolution im Verpackungsdesign Wurzeln schlagen wird, in dem die äußeren Parameter fest definiert sind (Größe und Form des Behälters), aber das, was innerhalb dieses Raumes geschieht, völlig offen ist. Hier kann die Evolution viele Detailebenen beisteuern, für deren Umsetzung ein menschlicher Künstler nie die Zeit, die Energie oder das Geld haben würde. Der andere Vorteil eines evolutionären Industriedesigns, so hat Latham allmählich festgestellt, ist dessen Eignung zur Anwendung durch Designergruppen. Je mehr Leute damit herumspielen, desto besser wird das Ergebnis.

Der urheberrechtliche Status einer künstlich entwickelten Schöpfung befindet sich im rechtlichen Vakuum. Wer kann Titelschutz beantragen? Der Künstler, der züchtete, oder der Künstler, der das Programm entwickelte? In Zukunft werden Juristen vielleicht eine Dokumentation des evolutionären Weges, dem der Künstler bis zum Erreichen der ausgereiften Schöpfung folgte, als Indiz dafür verlangen, daß diese Arbeit ihm gehört und nicht kopiert wurde oder sich dem Schöpfer der Bibliothek verdankt. Wie Dawkins gezeigt hatte, ist es in einer wirklich großen Bibliothek unwahrscheinlich, daß man einem Muster mehr als einmal begegnet. Wer über einen evolutionären Zugangsweg zu einem bestimmten Punkt verfügt, liefert damit den unwiderlegbaren Beweis, daß der Künstler dieses Ziel originär gefunden hat, da die Evolution nicht zweimal denselben Weg einschlägt.

Letztendlich wird das Züchten einer nützlichen Sache beinahe so wunderbar wie deren Schöpfung. Richard Dawkins betont dies, wenn er behauptet, daß »erfolgreiche Suchvorgänge, wenn der Suchraum hinreichend groß ist, von echter Kreativität ununterscheidbar werden«. In der Bibliothek aller möglichen Bücher ein bestimmtes Buch zu finden, ist das Äquivalent dazu, es zu schreiben.

Diese Meinung wurde bereits vor Jahrhunderten, lange vor der Erfindung des Computers, vertreten. Denis Diderot schrieb 1755:

> Die Zahl der Bücher wird ständig steigen, und man kann vorhersehen, daß eine Zeit kommen wird, da es beinahe genauso schwierig sein wird, irgend etwas aus Büchern zu lernen wie aus dem direkten Studium des gesamten Universums. Es wird beinahe so bequem sein, nach einem in der Natur verborgenen Stückchen Wahrheit zu suchen, wie es in der unermeßlichen Vielzahl gebundener Bände versteckt zu finden.

William Poundstone, der Autor von *The Recursive Universe*, ersann folgende Analogie, um zu illustrieren, warum das Suchen in gewaltigen Borgesschen Bibliotheken des Wissens genauso schwierig ist wie das Durchsuchen der gewaltigen Bibliothek der Natur selbst. Man stelle sich vor, sagte Poundstone, es gäbe eine Bibliothek mit allen möglichen Videos. Wie alle Borgesschen Räume sind die meisten Elemente dieser Bibliothek angefüllt mit Rauschen und beliebigen Grautönen. Ein typisches Band bestünde aus zwei Stunden Grieseln. Das Hauptproblem bei der Suche nach einem ansehnlichen Video ist, daß kein Titel, Name oder Symbol irgendeiner Art ein beliebiges Band auf geringerem Raum oder in geringerer Zeit darstellen könnte als das Band selbst. Die meisten Elemente einer Borgesschen Bibliothek können nicht zu etwas komprimiert werden, das kleiner ist als das Werk selbst. (Diese Nicht-Reduzierbarkeit ist die übliche Definition von Zufälligkeit). Um nach Bändern zu suchen, müssen sie angeschaut werden, und deshalb würde die benötigte Information, Zeit und Energie, um sich eine Übersicht über alle Bänder zu verschaffen, die Information, Zeit und Energie übersteigen, die nötig wäre, um das Band, nach dem man sucht, selbst herzustellen, *ganz gleich, um welches Band es sich handelt.*

Evolution ist ein langsamer Weg, dieses Problem auszutricksen, aber das, was wir Intelligenz nennen, ist nicht mehr (und nicht weniger) als ein Tunnel, der durch dieses Problem führt. Wäre ich bei meiner Suche in der Bibliothek nach meinem Buch *Das Ende der Kontrolle* besonders gewitzt vorgegangen, hätte ich vielleicht nach mehreren Stunden die grundsätzliche Richtung für meine Wanderung durch die Hallen der Bibliothek herausfinden können. Vielleicht hätte ich bemerkt, daß »Sinn« generell links von dem letzten Buch, das ich in Händen hielt, lag. Ich hätte viele Generationen einer langsamen Evolution antizipieren können, indem ich mehrere Kilometer nach links gegangen wäre. Vielleicht hätte ich die Architektur der Bibliothek verstanden und vorhersagen können, wo der Sinn sich versteckte, und hätte sowohl das zufällige Raten als auch die dahinschleichende Evolution hinter mir gelassen. Vielleicht hätte ich *Das Ende der Kontrolle* mittels einer Mischung aus Evolution und dem Erlernen der Ordnung finden können, welche der Bibliothek innewohnt.

Einige Erforscher des menschlichen Denkens vertreten die gewichtige Ansicht, daß Denken eine Form von Ideenevolution im Gehirn ist. Dieser Argumentation zufolge sind alle geschaffenen Dinge Ergebnisse von Evolution. Jetzt, da ich dies aufschreibe, muß ich dem zustimmen. Ich begann dieses Buch nicht mit einem Satz, den ich im Kopf geformt hatte, sondern mit einer arbiträr gewählten Wendung: »Ich befinde mich«. In einer unbewußt schnellen Abfolge bewertete ich sodann einen Kopf voll nächster möglicher Wörter. Ich wählte aus, was mir ästhetisch passend schien: »in einer gläsernen Behausung«. Danach ging ich zum nächsten Wort und traf meine Auswahl aus etwa 100 000 möglichen Wörtern. Jedes ausgewählte Wort erzeugte die Auswahl für das nächste, bis ich beinahe einen Satz aus diesen Wörtern entwickelt hatte. Gegen Ende des Satzes war meine Auswahl irgendwie durch die Wörter, für die ich mich bereits zuvor entschieden hatte, eingeschränkt; dies zu wissen, half, das Züchten zu beschleunigen.

Aber das erste Wort des nächsten Satzes hätte jedes Wort sein können. Das Ende meines Buches, 150 000 Selektionen weit weg, erschien so entfernt und unwahrscheinlich wie das Ende der Galaxis. Ein Buch *ist* unwahrscheinlich. Von allen Büchern, die in der Welt geschrieben wurden oder werden, hat nur dieses Buch die beiden vorangegangenen Sätze als Folge gefunden.

Jetzt, da ich mich in der Mitte des Buches befinde, entwickle ich noch immer den Text weiter. Welches werden die nächsten Worte sein, die ich in diesem Kapitel schreibe? In einem sehr realen Sinn weiß ich es nicht. Es gibt wahrscheinlich Millionen von Möglichkeiten, welche es sein könnten, selbst wenn ich die Einschränkung berücksichtige, daß sie logisch an den letzten Satz anschließen müssen. Haben Sie mit diesem Satz als nächstem Satz gerechnet? Ich auch nicht. Aber das ist der Satz, den ich am Ende des Satzes fand.

Ich schrieb dieses Buch, indem ich es fand. Ich fand es in Borges' Bibliothek, indem ich es an meinem Schreibtisch züchtete. Wort für Wort reiste ich durch die Bibliothek von Jorge Luis Borges. In einer unheimlichen Verbindung aus Lernen und Evolution, die unsere Köpfe vollführen, fand ich dieses Buch. Es stand im mittleren Regal, beinahe in Augenhöhe, im siebten Sechseck der Abteilung 52 427. Wer weiß, ob es mein Buch ist oder nur eines, das beinahe mein Buch ist (mit einigen anderen Absätzen oder der Auslassung einiger kritischer Fakten)?

Meine große Genugtuung nach der langen Suche war, daß, wie das Buch auch ankommt, nur ich es habe finden können.

14

KÜNSTLICHE EVOLUTION

Als Tom Ray seine kleine handgefertigte Kreatur zum ersten Mal in seinen Computer entließ, vermehrte sie sich so rasant, daß bald mehrere hundert Kopien von ihr den verfügbaren Speicherplatz belegt hatten. Rays Kreatur war so etwas wie ein experimenteller Computervirus, allerdings von der ungefährlichen Sorte, weil sich die Erreger nicht außerhalb des Computers vermehren konnten. Der Versuch diente dazu herauszufinden, was geschehen würde, wenn sie in einer eingeschränkten Welt unter Konkurrenzbedingungen leben mußten.

Ray richtete sein Universum sinnvollerweise so ein, daß von den mehreren tausend Klonen des ursprünglichen Virus ungefähr zehn Prozent mit kleinen Abweichungen kopiert wurden. Die ursprüngliche Kreatur war ein »80er« – so genannt, weil sie aus 80 Bytes Programmcode bestand. Einige 80er spielten zufällig »ein wenig verrückt« und wurden zu Kreaturen, die 79 oder 81 Bytes groß waren Einige dieser neuen, mutierten Virusformen übernahmen schnell die Herrschaft in Rays virtueller Welt. Nun war es an ihnen, zu weiteren Varianten zu mutieren. Der Bestand der 80er wurde fast völlig von Formationen neuer »Organismen« verdrängt, die wie Pilze aus dem Boden schossen. Aber die 80er starben nie vollständig aus, und erst lange nachdem die Neuankömmlinge 79, 51 und 45 aufgetaucht waren und ihren Populationshöhepunkt erreicht hatten, fielen die 80er zurück.

Nach wenigen Stunden Laufzeit hatte Tom Rays digitale Evolutionsmaschine eine Suppe aus beinahe 100 verschiedenen Computerviren erzeugt, die in dieser isolierten Welt einen Kampf ums Überleben führten. Bei seinem allerersten Versuch, unternommen nach Monaten des Programmschreibens, hatte Ray eine künstliche Evolution zusammengebraut.

Als er noch ein schüchterner, schweigsamer Studienanfänger in Harvard war, hatte Ray in Costa Rica Ameisenkolonien für den legendären Ameisenmann E. O. Wilson gesammelt. Wilson benötigte ganz bestimmte Ameisenkolonien für seine Laboratorien in Cambridge. Ray wurde angestellt, um in den üppigen Tropen Zentralamerikas gesunde, wild lebende Kolonien aufzuspüren, einzufangen und dann nach Harvard zu transportieren. Es stellte sich heraus, daß er mit dieser Aufgabe außergewöhnlich gut zurechtkam. Der Trick bestand darin, mit dem Geschick eines Chirurgen den Dschungelboden aufzugraben, um das Herz einer Kolonie zu entnehmen. Denn benötigt wurde die unbeschädigte innere Kammer des Königinnennests, zusammen mit der Königin, den Ameisen, die sie füttern, und einem Teil des Stocks mit genügend Nahrungsvorrat für die Königinnenkammer während des Transports. Ideal war eine junge, neuentstandene Kolonie. Das Herz einer solchen Kolonie läßt sich in einer Teetasse unterbringen. Der andere grundlegende Trick bestand darin, ein wirklich kleines Nest zu finden, das unter der natürlichen Tarnung des Unterholzes verborgen war. Aus einem winzigen Kern, den man in der hohlen Hand tragen konnte, würde innerhalb weniger Jahre eine Kolonie von der Größe eines Raumes heranwachsen.

Als Ray im Regenwald Ameisen einsammelte, entdeckte er eine obskure Spezies von Schmetterlingen, die den vorrückenden Linien der Treiberameisen hinterherflog. Die rücksichtslose Freßgewohnheit der Treiberameisen – jedes tierische Leben zu verschlingen, das ihren Weg kreuzte – scheuchte eine Wolke fliegender Insekten auf, die sich schleunigst aus dem Staub machten. Vögel folgten der plündernden Armee und pickten genüßlich die aufgeregt schwirrenden Insekten aus der Luft. Der Schmetterling wiederum folgte den Vögeln, die den Treiberameisen folgten. Die Schmetterlinge tingelten mit, um sich an den Ausscheidungen der Ameisenvögel zu laben – eine von ihnen dringend benötigte Quelle für Stickstoff, den sie zum Eierlegen brauchen. Die ganze buntgemischte Truppe aus Ameisen, Ameisen-Vögeln, Ameisen-Vögel-Schmetterlingen und wer weiß, was sonst noch allem, strich durch den Urwald wie eine verschworene Zigeunergemeinde.

Ray war von dieser wundersamen Komplexität überwältigt. Das hier war eine ganz und gar nomadische Gemeinschaft! Die meisten Versuche, ökologische Beziehungen zu verstehen, schienen lachhaft im

Licht dieser seltsamen Kreation. Wie um alles in der Welt waren diese drei Gruppen verschiedener Spezies (Ameisen, drei Schmetterlinge und ungefähr ein Dutzend Vögel) in dieser sonderbaren wechselseitigen Abhängigkeit gelandet? Und warum?

Als Ray seinen Doktortitel in der Tasche hatte, spürte er, daß eine ökologische Wissenschaft, die auf derart große Fragen keine zufriedenstellende Antwort geben konnte, zum Scheitern verurteilt war. Der Ökologie fehlten brauchbare Theorien, um die Unmengen von Beobachtungen, die aus allen Ecken des Urwalds zusammengetragen wurden, auf eine allgemeine Formel zu bringen. Umfangreiches Detailwissen behinderte das theoretische Fortkommen, und ohne eine übergreifende Theorie war die Ökologie kaum mehr als eine Bibliothek faszinierender, aber unerklärlicher Geschichten. Die Lebenszyklen der Ringelgansverbände, die mit den Jahreszeiten wechselnden Muster von Butterblumenfeldern oder das Verhalten von Luchsrudeln waren allesamt bekannt – aber welchen Prinzipien, wenn es denn welche gab, folgten alle gemeinsam? Die Ökologie verlangte nach einer Theorie der Komplexität, die sich der Rätsel von Form, Geschichte und Entwicklung – aller wirklich interessanten Fragestellungen – annahm und doch von empirischen Daten untermauert wurde. Gemeinsam mit vielen anderen Biologen sah Ray die größte Hoffnung für die Ökologie darin, die Aufmerksamkeit nicht mehr auf die ökologische Zeit (das tausendjährige Leben eines Waldes), sondern auf die Evolutionszeit (das millionenjährige Leben einer Baumart) zu richten. Zumindest gab es eine Theorie der Evolution. Aber auch die Untersuchungen zur Evolution hatten sich in derselben Fixierung auf Einzelheiten verfranst. »Ich war frustriert«, erzählte mir Ray, »weil ich nicht die Resultate der Evolution studieren wollte – Reben, Ameisen und Butterblumen. Ich wollte die Evolution selbst studieren.«

Tom Ray träumte davon, eine elektronische Evolutionsmaschine zu bauen. Mit einer Black Box, die die Evolution in sich barg, wollte er die historischen Prinzipien der Ökologie vorführen: Wie ein Regenwald von älteren Waldformen abstammt, und wie Ökologien tatsächlich aus denselben Urkräften auftauchen, aus denen auch die Arten hervorgehen. Gelänge es ihm, eine Evolutionsmaschine zu entwickeln, würde er einen Prüfstand haben, auf dem er richtige ökologische Experimente durchführen konnte. Er könnte ein Biotop nehmen und es in immer wechselnden Zusammensetzungen durchspielen – Tümpel ohne Algen, Wälder ohne Termiten, Weiden ohne Zieseln erzeugen, oder zur Erforschung der Grundlagen Urwälder mit Zieseln und Weiden mit Algen. Er könnte mit Viren anfangen und sehen, wohin ihn das alles führen sollte.

Ray war Ornithologe, Insektensammler und Botaniker – das genaue Gegenteil von einem Computerfreak –, und doch war er sicher, daß eine solche Maschine gebaut werden könnte. Er erinnerte sich an einen Augenblick, der zehn Jahre zurücklag, als er von einem Programmierer am MIT das japanische Spiel »Go« lernte, und daran, daß dieser Programmierer biologische Metaphern benutzte, um ihm die Regeln zu erklären. Ray drückte es so aus: »Er sagte zu mir: ›Weißt du, daß es möglich ist, ein Computerprogramm zu schreiben, das sich selbst fortpflanzen kann?‹ Und genau in diesem Moment stellte ich mir all das vor, was ich gerade jetzt tue. Ich fragte ihn, wie man so etwas mache, und er sagte: ›Ach, es ist banal.‹ Aber mir war entfallen, was er gesagt hatte und ob er es überhaupt wußte. Als ich mich an dieses Gespräch erinnerte, hörte ich auf, Romane zu lesen, und begann, Computerhandbücher zu wälzen.«

Ray löste das Problem, eine elektronische Evolutionsmaschine herzustellen, indem er mit einfachen Replikatoren begann, denen er eine behagliche Heimat, viel Energie und Raum zum Bevölkern zur Verfügung stellte. Was diesen Kreaturen in der Realität am nächsten kam, waren Stücke sich selbst replizierender RNA. Aber die Herausforderung ließ sich wohl bewältigen. Er würde eine Suppe aus Computerviren aufsetzen.

Ungefähr zur selben Zeit, im Jahr 1989, waren die Nachrichtenmagazine voll von schockierenden Titelgeschichten, die Computerviren für etwas Schlimmeres als die Pest und für das bösartige Resultat der Technologie hielten. Ray jedoch sah in den einfachen Programmcodes der Computerviren den Anfang einer neuen Wissenschaft: experimentelle Evolution und Ökologie.

Um die Außenwelt zu schützen (und seinen eigenen Computer vor dem Absturz zu bewahren), dachte Ray sich einen virtuellen Computer aus, in dem seine Experimente stattfinden konnten. Ein virtueller Computer ist eigentlich eine intelligente Software, die mitten im aktiven Unterbewußten des echten Computers einen vorgetäuschten

Computer emuliert. Indem Ray die winzigen Teilchen des replizierenden Programmcodes in seinem »Schattencomputer« aufbewahrte, versiegelte er sie gegen die Außenwelt und schuf sich selbst einen Ort, an dem er an Vital-Funktionen, wie dem Computerspeicher, herumexperimentieren konnte, ohne die Funktionstüchtigkeit des Wirts-Computers zu gefährden. »Nachdem ich ein Jahr lang Computerhandbücher gelesen hatte, setzte ich mich hin und schrieb ein Programm. Nach zwei Monaten lief das Ding. Und innerhalb der ersten zwei Minuten, in denen es lief, ohne zusammenzubrechen, gab es bereits Kreaturen, die sich weiterentwickelten.«

Ray besiedelte seine Welt (die er »Tierra« nannte) mit einer einzigen Kreatur, welche er von Hand programmiert hatte – die besagte 80-Byte-Kreatur –, indem er sie in einen Block des RAM seines virtuellen Computers einpflanzte. Der 80er reproduzierte sich, indem er einen freien Block des RAM fand, der 80 Bytes groß war, und ihn dann mit einer Kopie seiner selbst füllte. Innerhalb von Minuten war die RAM-Disk vollständig mit Kopien des 80ers vollgepackt.

Aber Ray hatte zwei Schlüsselmerkmale hinzugefügt, die aus der reinen Kopiermaschine eine Evolutionsmaschine machten: Sein Programm warf beim Kopieren gelegentlich die digitalen Blöcke durcheinander, und es versah seine Kreaturen mit einem prioritären Identifizierungskennzeichen für einen »Henker«. Kurzum, er führte Variation und Tod ein.

Computerwissenschaftler hatten ihn gewarnt, daß die Programme zusammenbrechen und den Computer zum Absturz bringen würden, wenn er Abschnitte des Programmcodes (mehr sind seine Kreaturen nicht) nach dem Zufallsprinzip variierte. Sie hielten die Wahrscheinlichkeit, ein funktionierendes Programm zu erhalten, indem man willkürlich Defekte in Codes einführte, für so gering, daß sie sein Projekt als Zeitverschwendung betrachteten. Dieser Eindruck schien mit dem übereinzustimmen, was Ray über die empfindliche Perfektion wußte, derer es bedurfte, um einen Computer am Laufen zu halten; Defekte zerstörten den Fortschritt. Aber seine Kreaturenprogramme liefen auf einem virtuellen Computer, und jedesmal, wenn eine Mutation eine Kreatur hervorbrachte, die ernsthaft beschädigt war, wurde sie von der Henkerfunktion – die er »die Sense« nannte – getötet, während der Rest seiner Tierra-Welt weiterlief. Im wesentlichen verhielt es sich so, daß »Tierra« die defekten Programme, die sich nicht fortpflanzen konnten, aufspürte und aus dem virtuellen Computer warf.

An den sehr seltenen funktionstüchtigen Mutanten – solchen, die zufällig ein echtes Alternativprogramm hervorgebracht hatten – ging die Sense jedoch vorüber. Diese legitimen Varianten konnten sich vermehren und andere Varianten hervorbringen. Wenn man »Tierra« eine Milliarde Programmschleifen durchlaufen ließ, wie Ray das tat, bildete sich dank dieser Milliarde Chancen eine überraschend große Anzahl zufällig generierter Kreaturen. Und nur, um den Kessel am Köcheln zu halten, versah Ray die Kreaturen mit einem Altersstempel, so daß ältere Kreaturen starben. »Die Sense killt die Kreatur, die entweder am ältesten oder am meisten vermurkst ist«, sagte Ray und lächelte dabei.

Bei Rays erstem Versuch mit »Tierra« funktionierten Zufallsvariation, Tod und natürliche Selektion. Innerhalb von Minuten wurde Ray Zeuge, wie eine Ökologie neu geschaffener Kreaturen auftauchte, um in Programmschleifen um die Wette zu laufen. Der Wettbewerb begünstigte kleinere Kreaturen, weil sie weniger Schleifen benötigten und in Darwinistischer Skrupellosigkeit gierige Verschwender, Schwache und Alte auslöschten. Die Kreatur »79« (ein Byte kleiner als der 80er) hatte Glück. Sie funktionierte effizient und ließ die 80er bald hinter sich.

Ray entdeckte auch etwas höchst Seltsames: eine lebensfähige Kreatur mit nur 45 sehr effizienten Bytes, die an allen anderen Kreaturen vorbeizog. »Es war verblüffend, wie schnell sich dieses System optimierte«, erinnert sich Ray. »Ich konnte sein Tempo grafisch aufzeichnen, während das System Organismen generierte, die mit immer kürzer werdenden Genomen überlebten!«

Bei näherer Betrachtung des Codes eines 45ers stellte Ray erstaunt fest, daß es sich um einen Parasiten handelte. Er enthielt nur jenen Teil des Codes, der zum Überleben notwendig war. Um sich zu reproduzieren, »borgte« er sich die für die Reproduktion zuständigen Abschnitte im Code eines 80ers und kopierte sich selbst. Solange 80er als Wirte in ausreichender Zahl vorhanden waren, gediehen die 45er. Gab es aber zu viele 45er in der begrenzten Welt, so gab es auch nicht mehr genügend 80er, die sich als Kopierwirte zur Verfügung stellten.

Waren die 80er im Schwinden begriffen, ging auch die Zahl der 45er zurück. Das Paar tanzte den klassischen Tango der Koevolution, vor und zurück, endlos, gerade so wie Fuchs- und Hasenpopulationen in den Wäldern im hohen Norden der USA.

Ray machte mich darauf aufmerksam, daß »es eine universelle Eigenschaft des Lebens zu sein scheint, daß alle erfolgreichen Systeme Parasiten anziehen«. In der Natur sind Parasiten so weit verbreitet, daß ihre Wirte ihnen gegenüber rasch Immunität entwickeln. Daraufhin entwickeln die Parasiten Strategien, um diese Immunität zu umgehen. Und schließlich entwickeln die Wirte Verteidigungsstrategien zur erneuten Abwehr. In Wirklichkeit sind diese Vorgänge keine sich abwechselnden Schritte, sondern zwei dauerhafte Kräfte, die aufeinander Druck ausüben.

Ray fand heraus, wie man in »Tierra« ökologische Experimente mit Parasiten durchführen konnte. Er peppte seine »Suppe« mit 79ern auf, von denen er annahm, daß sie gegen den 45er Parasiten immun seien. Und so war es. In dem Maße jedoch, wie sich die 79er blühend entwickelten, bildete sich ein neuer Parasit, der sie aussaugen konnte. Er war 51 Bytes groß. Als Ray die Gene des 51ers auseinandernahm, sah er, daß ein einziges genetisches Ereignis einen 45er in einen 51er transformiert hatte. »Sieben Befehle unbekannten Ursprungs«, sagte Ray, »hatten einen Befehl ersetzt, der sich ungefähr in der Mitte des 45ers befand«, und so aus einem behinderten einen neuen, mächtigen Parasiten gemacht. Und so ging es weiter. Eine neue Kreatur entwickelte sich, die gegen die 51er immun war …

Beim Herumstochern in Suppen von Langzeit-Experimenten entdeckte Ray Parasiten, die Parasiten aussaugten – Hyperparasiten: »Hyperparasiten sind wie Nachbarn, die deine elektrische Versorgungsleitung anzapfen. Du sitzt im Dunkeln, während sie deinen Strom benutzen und du die Rechnung zahlst.« In »Tierra« entdeckten Organismen wie die 45er, daß sie nicht eine Menge Information mit sich herumschleppen mußten, um sich selbst zu replizieren, weil ihre Umwelt mit diesen Informationen – im Code anderer Organismen – vollgestopft war. Bei weiteren Untersuchungen entdeckte Ray Hyper-Hyperparasiten, Parasiten in der dritten Potenz. Er fand »Sozialbetrüger« – Kreaturen, die den Code zweier kooperierender Hyperparasiten ausbeuteten (die »kooperierenden« Hyperparasiten bestahlen sich gegenseitig!). Sozialbetrüger verlangen nach einer ziemlich hoch entwickelten Umwelt. Wahrscheinlich gibt es auch Hyper-Hyper-Hyperparasiten – ein Ende der Verbreitung von Schnorrerspielen, die in dieser Welt möglich sind, ist nicht abzusehen.

Und Ray fand Kreaturen, die die Programmierkunst menschlicher Softwareentwickler hinter sich ließen.

»Ich begann mit einer Kreatur, die 80 Bytes groß war«, erinnerte sich Ray, »weil es das Beste war, was mir einfiel. Ich dachte mir, daß die Evolution sie vielleicht auf 75 Bytes reduzieren könnte. Ich ließ das Programm über Nacht laufen, und am nächsten Morgen war eine Kreatur vorhanden – kein Parasit, sondern eine sich vollständig selbstreplizierende Kreatur, die nur 22 Bytes groß war! Ich war vollkommen verblüfft darüber, daß es eine Kreatur schaffte, sich mit nur 22 Befehlen fortzupflanzen, ohne wie die Parasiten Befehle von anderen zu stehlen. Um dieses neue Wissen mit anderen zu teilen, stellte ich den Basisalgorithmus ins Netz. Ein Informatikstudent am MIT sah sich meine Erklärungen an, erhielt aber aus irgendwelchen Gründen nicht den Code des 22ers. Er versuchte, ihn von Hand nachzubauen, aber er kam nie unter 31 Befehle. Er wirkte ziemlich bedrückt, als er erfuhr, daß ich die 22 Befehle im Schlaf gefunden hatte!«

Was Menschen nicht in die Wege leiten können, schafft die Evolution. Ray formulierte es ausgezeichnet, indem er auf einen Monitor mit Spuren von 22ern zeigte, die sich in seiner Suppe fortpflanzen: »Es erscheint uns äußerst absurd zu denken, daß man ein Computerprogramm willkürlich verändern und dabei etwas Besseres erhalten kann als das, was sorgfältig von Hand erarbeitet wurde, doch hier ist der lebende Beweis.« Plötzlich dämmert es dem Beobachter, daß die Art von Kreativität, zu der diese geistlosen Hacker fähig sind, grenzenlos ist.

Weil Kreaturen Zykluszeit verbrauchen, sind die kleineren Kreaturen (mit kürzeren Befehlsreihen) im Vorteil. Ray schrieb das Programm für »Tierra« so um, daß das System den Kreaturen Rechenleistung entsprechend ihrer Größe zur Verfügung stellte. In diesem Modus bewohnten Rays Kreaturen eine Welt ohne Größenmaßstab, die sich für längere Zeiträume besser zu eignen schien, weil sie weder die großen noch die kleinen bevorzugte. Einmal ließ Ray eine größenindifferente Welt fünfzehn Milliarden Schleifen hindurch auf seinem

Computer laufen. Ungefähr nach 11 Milliarden Schleifen entwickelte sich eine teuflisch clevere 36er Kreatur. Sie berechnete ihre wirkliche Größe und verlagerte dann, sozusagen hinter vorgehaltener Hand, alle Bits um eine Stelle nach links, was im binären Code der Verdopplung der Zahl gleichkommt. So ergaunerte sich die 36er Kreatur, indem sie in Bezug auf ihre Größe log, heimlich die Kapazitäten einer 72er Kreatur, was bedeutete, daß ihr die zweifache Rechenzeit zur Verfügung gestellt wurde. Natürlich beherrschte diese Kreatur binnen kürzester Zeit das System.

Vielleicht am erstaunlichsten an Tom Rays elektronischer Evolutionsmaschine ist, daß sie Sexualität hervorbrachte. Niemand erzählte ihr etwas über Sexualität, doch sie fand sie trotzdem. In einem Experiment, in dem er feststellen wollte, was geschehen würde, wenn er die Mutationsfunktion ausschaltete, ließ Ray die Suppe ohne eingeplante Fehler vor sich hin brodeln. Er war total verblüfft, als er entdeckte, daß die Evolution auch ohne programmierte Mutation vorwärts drängte.

Im wirklichen natürlichen Leben ist Sex eine wesentlich bedeutendere Quelle für Variation als Mutation. Rein begrifflich betrachtet, ist Sex genetische Rekombination – ein paar Gene von Papi und ein paar Gene von Mami, die sich zu einem neuen Genom für den Junior verbinden. In »Tierra« kam es manchmal vor, daß zufällig genau in demselben Moment, in dem ein Parasit sich die Kopierfunktion eines Wirtscodes »borgte«, um sich asexuell zu reproduzieren, die Sense diesen killte. Wenn das geschah, nutzte der Parasit etwas von der Kopierinformation der neuen Kreatur, die an Stelle der alten entstanden war, und einen Teil der unterbrochenen Kopierfunktion der »toten« Kreatur. Der daraus resultierende Junior war eine wilde Rekombination, die ohne vorsätzliche Mutation entstanden war. (Ray meinte dazu, daß diese seltsame Reproduktionsweise auf »Sex mit Toten« hinausliefe.) »Interruptus« hatte in seiner Suppe die gesamte Zeit über stattgefunden, aber erst als Ray seinen »ein wenig verrückten« Mutator abschaltete, bemerkte er deren Resultate. Es stellte sich heraus, daß versehentliche Rekombinationen ausreichten, um die Evolution anzufeuern. Es ergab sich genügend Irregularität im Moment des Todes und zu dem Zeitpunkt, an dem die Kreaturen im RAM lebten – und diese Komplexität sorgte für die von der

Evolution benötigte Vielfalt. In gewisser Weise entwickelte das System Variation.

Die für Wissenschaftler folgenreichste Neuigkeit, die sich aus Rays künstlicher Evolutionsmaschine ergibt, besteht darin, daß seine kleinen Welten eine Art unterbrochenes Gleichgewicht zu zeigen scheinen. Abgesehen von der gelegentlichen Auslöschung oder Geburt einer neuen Spezies tanzen Rays Populationen über relativ lange Zeitspannen hinweg einen kontinuierlichen Tango aus Geben und Nehmen. Dann wird dieses Gleichgewicht jäh von einem Ausbruch gewaltiger Veränderung mit vielen Neuankömmlingen und dem Untergang des Alten unterbrochen. Für eine kurze Dauer ist der Wandel zügellos. Danach klären sich die Dinge, und Stagnation und Kontinuität übernehmen wieder die Herrschaft. Die gängige Interpretation fossiler Zeugnisse auf der Erde lautet, daß in der Natur dieses Muster vorherrscht. Die Stagnation ist die Norm; Wandel taucht zyklisch auf. Dasselbe Muster eines unterbrochenen Gleichgewichts ist auch schon in anderen evolutionären Computermodellen beobachtet worden, etwa in Kristian Lindgrens koevolutionärer Welt des »Gefangenendilemmas«. Wenn künstliche Evolution die organische widerspiegeln sollte, ist die Frage zu stellen, was passieren würde, wenn Ray seine Welt immer weiter laufen ließe? Würden seine Viruskreaturen Vielzeller erfinden?

Leider hat Ray seine Welt nie auf Marathonmodus eingestellt, um zu sehen, was nach Monaten oder Jahren geschähe. Er bastelt noch immer an dem Programm herum, um es für die Anhäufung der immensen Datenmenge (50 Megabytes pro Tag) aufzurüsten, die ein solcher Marathon erzeugen würde. Er gibt zu, daß »wir uns manchmal benehmen wie ein Haufen Jugendlicher mit einem Auto. Ständig ist die Motorhaube auf, und Teile des Motors liegen ausgebaut auf dem Garagenboden herum, aber wir fahren fast nie mit dem Wagen, weil wir uns nur dafür interessieren, den Motor zu frisieren.«

Tatsächlich stellt Ray sich vor, daß er seinen virtuellen Computer und die grundlegende Sprache, die er geschrieben hat, in einen neuartigen Computerchip »brennen« könnte – eine Siliziumscheibe, die Evolution produzieren würde. Der Darwin-Chip aus dem Kaufhaus wäre dann ein Modul, das sich in jeden Computer stecken ließe und für seinen Besitzer alles Mögliche züchten würde, und zwar schnell. Zeilen des Programmcodes, Unterprogramme, vielleicht sogar ganze Softwareprogramme ließen sich so entwickeln. »Ich finde es sehr sonderbar«, vertraute mir Ray an, »daß ich als Ökologe für tropische Pflanzen jetzt Computer designe.«

Die Aussicht, sich von einem Darwin-Chip auftischen zu lassen, ist köstlich. Man stelle sich einmal vor, man habe einen Darwin-Chip in seinem PC, auf dem als Textverarbeitungsprogramm Microsoft Word verwendet wird. Würde man den im Hintergrund laufenden Darwinismus ins Betriebssystem laden, würde sich Word weiterentwickeln, während man damit arbeitet. Er würde freie Rechenzeit nutzen, um sich selbst zu verbessern und auf langsame, evolutionäre Weise lernen, sich den Arbeitsgewohnheiten des Anwenders anzupassen. Nur die Veränderungen, die die Geschwindigkeit oder die Genauigkeit erhöhen, würden überleben. Dennoch glaubt Ray fest daran, daß chaotische Evolution getrennt von der Arbeit stattfinden soll. »Man will die Evolution vom Endverbraucher abkoppeln«, sagt er. Er stellt sich eine »digitale Landwirtschaft« vor, die offline, sozusagen im Hinterzimmer, stattfindet, so daß der Kunde die üblichen Fehler, die für die Evolution notwendig sind, nie zu Gesicht bekommt. Bevor eine sich weiterentwickelnde Anwendung an den Endverbraucher weitergegeben werden kann, wird sie »neutralisiert«, damit sie sich nicht weiterentwickeln kann, während sie benutzt wird.

Die Vorstellung einer Einzelhandels-Evolution ist nicht so weit hergeholt. Heute bereits kann man ein Tabellenkalkulationsprogramm kaufen, das auf der Softwareebene etwas Ähnliches tut. Es heißt logischerweise »Evolver«, Entwickler. »Evolver« ist eine Zeichenschablone für Tabellen auf dem Macintosh – für äußerst komplizierte Tabellen mit Hunderten von Variablen und »Was-wenn«-Funktionen, die von Programmierern und Datenbankspezialisten angewendet wird.

Angenommen, man hat die Anamnese von dreißigtausend Patienten vor sich. Wahrscheinlich wüßte man gerne, wie ein typischer Patient aussieht. Je größer der Datenbestand ist, desto schwieriger ist es, Einblick in seinen Inhalt zu bekommen. Der Großteil der Software kann Durchschnittswerte liefern, aber damit erhält man keinen »typischen« Patienten. Was man gerne wissen möchte, ist, welche Meßreihe – von den vielen tausend Messungen, die in den Krankengeschichten versammelt sind – Werte enthält, die denjenigen der größtmöglichen Anzahl von Menschen vergleichbar sind. Das Problem besteht darin, große Mengen sich aufeinander beziehender Variablen zu optimieren. Die Aufgabe ist jeder lebenden Spezies vertraut: Wie lassen sich Resultate, die von mehreren tausend Variablen abhängig sind, optimieren? Waschbären müssen ihr eigenes Fortbestehen sicherstellen, aber es gibt Tausende Variablen (Pfotengröße, Nachtsicht, Herzschlagfrequenz, Fellfarbe etc.), die sich im Laufe der Zeit verändern können, und jede Veränderung eines Parameters zieht die eines anderen nach sich. Der einzige Weg, durch diesen riesigen Raum möglicher Antworten zu gehen und sich etwas Hoffnung auf das Erreichen eines Optimums zu bewahren, ist die Evolution.

Die Evolver-Software optimiert das breitest mögliche Profil für die größte Anzahl von Patienten, indem sie versucht, einen typischen Patienten zu beschreiben, und anschließend testet, auf wieviele diese Beschreibung zutrifft. Danach wird das Profil in viele verschiedene Richtungen variiert, um zu sehen, ob es so für mehr Patienten taugt; dann wird abermals selektiert und wieder variiert, bis das Profil auf die größtmögliche Anzahl von Patienten paßt. Es handelt sich um eine Aufgabe, für die die Evolution besonders gut geeignet ist.

»Hill climbing« nennen Informatiker diesen Prozeß. Evolutionsprogramme versuchen den Gipfel in den Bibliotheken der Form zu erklettern, auf dem die optimale Lösung bereitliegt. Indem die Programme erbarmungslos zu besseren Lösungen gedrängt werden, steigen sie immer höher, bis sie nicht mehr höher klettern können. In dem Moment sind sie auf einem Gipfel – einem Optimum – irgendeiner Art angelangt. Die Frage lautet immer: Ist die Kuppe, auf der sie sich befinden, der höchste Gipfel in der Umgebung, oder ist das Programm auf einem vorgelagerten Hügel stecken geblieben – ohne die Möglichkeit zur Umkehr?

Eine Lösung – einen Gipfel – zu finden, ist nicht schwer. Was die Evolution in der Natur und Evolutionsprogramme in Computern auszeichnet, ist das Erklimmen globaler Gipfel – der höchsten Gipfel in der Umgebung –, wenn das Gelände drumherum von vielen falschen Gipfeln zerklüftet ist.

John Holland ist ein Mann von zwergenhaftem Wuchs in einem unbestimmbaren Alter, der einst an den ersten Computern der Welt arbeitete und jetzt an der Universität von Michigan unterrichtet. Er war der erste, dem es gelang, eine mathematische Methode zur Beschreibung der Optimierungsfähigkeit der Evolution in einer Form zu beschreiben, die sich auf einem Computer einfach programmieren ließ. Aufgrund der Art, in der seine Mathematik die Auswirkungen genetischer Information nachahmte, nannte Holland sie genetische Algorithmen, oder kurz GAs.

Anders als Tom Ray begann Holland mit Sex. Hollands genetische Algorithmen nahmen zwei Zeichenketten eines DNA-ähnlichen Computercodes, die ihre Aufgabe ziemlich gut erfüllten, und kombinierte die beiden nach dem Zufallsprinzip in einem sexuellen Austausch, um zu sehen, ob der Nachwuchscode noch etwas besser funktionieren würde. Als er sein System entwarf, mußte Holland dasselbe bedrohliche Hindernis überwinden, dem Ray begegnet war: Jede zufällige Generation eines Computerprogramms würde sehr wahrscheinlich kein etwas besseres oder etwas schlechteres Programm hervorbringen, sondern eines, das überhaupt keinen Sinn machte. Statistisch gesehen mußten Zufallsmutationen, die auf einen funktionierenden Code folgten, eine Reihe von Abstürzen produzieren.

Paarung anstelle von Mutation als Methode zur Stabilisierung von Computerevolutionen – um die Quote der vernünftigen Wesen zu erhöhen – war eine biotheoretische Entdeckung der frühen sechziger Jahre. Aber die sexuelle Paarung allein war, was ihre möglichen Resultate betraf, zu stark eingeschränkt. Mitte der sechziger Jahre konstruierte Holland seine GAs; sie basierten hauptsächlich auf Paarung und nur sekundär – als treibende Kraft im Hintergrund – auf Mutation. Mit der Kombination aus Sex und Mutation war das System flexibel und offen zugleich.

Wie viele andere Systemtheoretiker betrachtet Holland die Aufgabe der Natur und der Computer als zwei Erscheinungsformen derselben Sache. »Lebende Organismen sind perfekte Problemlöser«, schrieb Holland in einer Darstellung seiner Arbeit. »Sie zeigen eine Vielseitigkeit, welche die besten Computerprogramme beschämt. Diese Beobachtung ist besonders für Informatiker ärgerlich, die Monate und Jahre intellektueller Anstrengung mit einem Algorithmus zubringen können, während Organismen ihre Fähigkeiten durch den offensichtlich ungesteuerten Mechanismus der Evolution und der natürlichen Selektion erwerben.«

»Der evolutionäre Zugang«, schrieb Holland, »eliminiert eine der größten Hürden in der Softwareentwicklung, nämlich im voraus alle Charakteristika eines Problems bestimmen zu müssen.« Überall, wo es konfligierende, untereinander verknüpfte Variablen und ein in groben Zügen definiertes Ziel gibt, für das es Myriaden von Lösungen geben kann, lautet die Antwort: »Evolution«.

Genauso wie die Evolution mit *Populationen* von Individuen verfährt, verfahren die genetischen Algorithmen in ihrer Nachahmung der Natur: sie entwickeln einen riesigen Ausstoß von Code-Populationen, welche alle gleichzeitig ablaufen und mutieren. GAs sind Schwärme von Strategien, die sich gering voneinander unterscheiden und gleichzeitig versuchen, Gipfel in einer zerklüfteten Landschaft zu erklimmen. Weil eine Vielzahl von Code-Ketten parallel »klettern«, besucht die Population viele Regionen der Landschaft gleichzeitig. Das ist die Garantie dafür, daß sie den ganz großen Gipfel nicht verfehlt.

Impliziter Parallelismus heißt die Zauberformel, mittels derer Evolutionsprozesse die Garantie bieten, daß man nicht irgendeinen, sondern den höchsten Gipfel erklettert. Wie lokalisiert man das Nonplusultra? Indem man Teile der gesamten Landschaft gleichzeitig testet. Wie balanciert man tausend einander widerstreitende Variablen in einem komplexen Problem optimal aus? Indem man tausend Kombinationen gleichzeitig ausprobiert. Wie entwickelt man einen Organismus, der unter rauhen Bedingungen überleben kann? Indem man tausend leicht voneinander abweichende Einzelwesen auf einmal laufen läßt.

In Hollands Schema paaren sich die stärksten Bits des Programmcodes miteinander, unabhängig davon, an welcher Stelle sie sich innerhalb der Landschaft befinden. Da hohe Performanz die Paarungsrate in einer bestimmten Gegend erhöht, konzentriert sich die Aufmerksamkeit des genetischen Algorithmensystems auf die vielversprechendsten Gegenden der gesamten Landschaft und hält andererseits Rechenleistung von wenig aussichtsreichen Gegenden fern. Der Parallelismus wirft demnach ein großes Netz über die Problemlandschaft, während er gleichzeitig die Anzahl der Codeketten reduziert, die manipuliert werden müssen, um die Gipfel zu finden.

Parallelismus ist einer der Wege, die an der Dummheit und Blindheit von Zufallsmutationen vorbeiführen. Es ist die große Ironie des Lebens, daß eine geistlose Handlung, die sequentiell wiederholt wird, nur die Absurdität vertiefen kann, während eine geistlose Handlung, die parallel von einem Schwarm aus Individuen unter den richtigen Bedingungen wiederholt wird, zu all dem führen kann, was wir interessant finden.

John Holland schuf die genetischen Algorithmen, als er sich in den sechziger Jahren mit den Funktionsweisen der Anpassung beschäftigte. Bis zum Ende der achtziger Jahre fand seine Arbeit, abgesehen von einem Dutzend fanatischer Informatikstudenten, keine Beachtung. Einige andere Forscher, wie Lawrence Vogel und Hans Bremermann, beschäftigten sich in den sechziger Jahren unabhängig voneinander mit der mechanischen Evolution von Populationen; sie stießen auf dieselbe Gleichgültigkeit der Wissenschaftlergemeinschaft. Den Informatiker Michael Conrad, der jetzt an der Wayne State University in Michigan arbeitet, trieb es in den siebziger Jahren ebenfalls von der Beschäftigung mit dem Problem der Anpassung zur Entwicklung von Computermodellen, in denen die Evolution ganzer Populationen simuliert wurde. Auch ihm trat dasselbe Schweigen entgegen wie Holland zehn Jahre zuvor. Die Gesamtheit dieser Arbeiten schien den Informatikern zu obskur, und den Biologen blieb sie völlig unbekannt.

Nicht mehr als eine Handvoll Studenten schrieben ihre Abschlußarbeiten über genetische Algorithmen, bis im Jahr 1975 Hollands Buch *Adaptation in Natural and Artificial Systems* erschien. Nur 2500 Exemplare des Buches wurden verkauft, bis es 1992 erneut aufgelegt wurde. Zwischen 1972 und 1982 wurden im ganzen naturwissenschaftlichen Bereich nur zwei Dutzend Aufsätze über GAs veröffentlicht. Es ließ sich nicht einmal behaupten, daß die computerisierte Evolution eine Kultgemeinde hatte.

Das mangelnde Interesse der Biologie war verständlich (aber nicht empfehlenswert); Biologen dachten, daß die Natur viel zu komplex sei, um von damaligen Computern sinnvoll dargestellt werden zu können. Das mangelnde Interesse der Computerwissenschaftler hingegen ist erstaunlich. Bei den Nachforschungen für dieses Buch war ich oft verblüfft darüber, wie ein derart fundamentaler Prozeß wie die digitale Evolution so vollständig ignoriert werden konnte. Heute glaube ich, daß die Mißachtung mit dem chaotischen Parallelismus, der der Evolution eigen ist, und mit dem grundlegenden Konflikt zu tun hat, den dieser für das herrschende Computerdogma, von Neumanns sequentieller Computerarchitektur, darstellte.

Der erste funktionierende elektronische Computer war der ENIAC, der 1945 zum ersten Mal hochgefahren wurde, um für die U.S. Army ballistische Berechnungen durchzuführen. Der ENIAC war ein riesiger Wirrwarr aus 18 000 heißen Vakuumröhren, 70 000 Widerständen und 10 000 Kondensatoren. Die Befehle an die Maschine wurden übermittelt, indem 6 000 Schalter von Hand umgelegt werden mußten, bevor das Programm gestartet wurde. Im Grunde errechnete die Maschine alle Werte gleichzeitig und parallel. Es war eine Plackerei, den Rechner zu programmieren.

Das Computergenie von Neumann änderte dieses unbeholfene Programmiersystem von Grund auf für den EDVAC, den Nachfolger des ENIAC, den ersten Allzweckrechner mit einem gespeicherten Programm. Von Neumann hatte über Systemlogik nachgedacht, seit er 24 Jahre alt war. Bereits 1927 veröffentlichte er seine ersten Überlegungen zu mathematisch logischen Systemen und zur Spieltheorie. In Zusammenarbeit mit dem EDVAC-Forscherteam fand er einen Weg, um die heiklen Berechnungen in den Griff zu bekommen, die zur Programmierung einer Maschine durchgeführt werden mußten, die imstande war, mehr als nur ein Problem zu lösen. Von Neumann hatte die Idee, ein Problem in diskrete logische Schritte zu zerlegen, ähnlich den Schritten in einer langen Divisionsrechnung, und die Zwischenwerte der Rechnung zeitweise im Computer in einer Form zu speichern, daß sie als Input für das nächste Teilstück des Problems verwendet werden konnten. Indem er die Berechnungen durch eine koevolutionäre Programmschleife (was heute Unterprogramm genannt wird) rückkoppelte und die in der Maschine fest gespeicherte Programmlogik mit der Antwort interagieren ließ, war von Neumann in der Lage, jedes Problem anzugehen und es in eine Folge von Einzelschritten zu zerlegen, die der menschliche Verstand nachvollziehen konnte. Er erfand auch eine Schreibweise, um diesen schrittweisen Kreislauf zu beschreiben: das heute allgemein gebräuchliche Flußdiagramm. Von Neumanns sequentielle Computerarchitektur – bei der ein Befehl nach dem anderen ausgeführt wird – war erstaunlich wandelbar und für das Programmieren durch Menschen äußerst geeignet. Er veröffentlichte die allgemeinen Richtlinien für diese Architektur im Jahr 1946. Unmittelbar danach wurden sie zum Standard für jeden handelsüblichen Computer – ausnahmslos.

1949 arbeitete John Holland am Projekt »Whirlwind« mit, einem Nachfolger des EDVAC. 1950 stieß er zum Team für logische Konzeption, das an etwas mit der Bezeichnung IBMs »Defense Calculator« arbeitete, woraus später der IBM 701 wurde, der erste in größeren Stückzahlen hergestellte Computer der Welt. Computer waren damals raumfüllende Rechenmaschinen, die eine Menge Elektrizität verbrauchten. Und Mitte der fünfziger Jahre war Holland Teil des legendären Kreises von Denkern, die damit begannen, die Möglichkeiten künstlicher Intelligenz auszuloten.

Während solche erlauchten Geister wie Herbert Simon und Alan Newall das Lernen für eine vornehme und hochwertige Errungenschaft hielten, begriff Holland es als aufpolierte Form primitiver Anpassung. Wären wir in der Lage, Anpassung, insbesondere evolutionäre Anpassung, zu verstehen, könnten wir, so glaubte Holland, bewußtes Lernen verstehen und vielleicht sogar imitieren. Aber obwohl andere die Parallele von Evolution und Lernen sehr wohl zu schätzen wußten, war die Evolution der beschwerliche Weg in einem sich rasant entwickelnden Bereich.

Als Holland 1953 in der mathematischen Bibliothek der University of Michigan herumstöberte, ohne nach etwas Bestimmtem zu suchen, hatte er eine Offenbarung. Er stieß auf ein Buch von R. A. Fischer aus dem Jahr 1929, *Genetical Theory of Natural Selection.* Darwin hatte die folgenreiche Verschiebung von der Vorstellung der Lebewesen als Einzelwesen zur Vorstellung von Populationen von Einzelwesen angeführt, Fischer war es jedoch gewesen, der dieses Populationsdenken in eine quantitative Wissenschaft transformiert hatte. Was wie eine Gruppe umherflatternder Schmetterlinge aussah, die sich im Lauf der Zeit weiterentwickelten, hatte Fischer begonnen, als geschlossenes System zu betrachten, das durch die Population hindurch differenzierte Informationen parallel übermittelte. Und er hatte die

Gleichungen ausgearbeitet, die diese Verbreitung von Information beherrschten. Fischer hatte eigenhändig eine neue Welt menschlichen Wissens aufgetan, indem er die größte Kraft der Natur – die Evolution – mit Hilfe des mächtigsten Werkzeugs der Menschheit – der Mathematik – bezwang. »Damals stellte ich zum ersten Mal fest, daß man der Evolution mit Mathematik sinnvoll beikommen kann«, erinnert sich Holland an diese Begegnung. »Die Idee spornte mich enorm an.« Holland war so verliebt in die Idee, Evolution als eine Art Mathematik zu behandeln, daß er in einem verzweifelten Versuch, an eine Ausgabe des vergriffenen Textes zu kommen – in jenen Tagen gab es noch keine Kopierer –, die Bibliothek inständig (und erfolglos) bat, ihm ihren Band zu verkaufen. Holland saugte Fischers Vorstellungen in sich auf und wandte sich dann seiner eigenen Vision von »Schmetterlingen« zu: als Koprozessoren im RAM eines Computers. Holland betrachtete künstliches Lernen im Kern als eine Sonderform von Anpassung. Er war sich ziemlich sicher, daß es ihm gelingen würde, das Prinzip der Anpassung im Computer zu implementieren. Mit den Erkenntnissen von Fischer – daß Evolution eine Klasse der Wahrscheinlichkeit ist – machte sich Holland an die Arbeit und versuchte, einen Evolutionscode für eine Maschine zu schreiben.

Gleich zu Beginn seiner Anstrengungen stieß er auf das Dilemma, daß Evolution wie ein Parallelrechner funktioniert, während alle verfügbaren elektronischen Computer mit von Neumanns sequentiellen Prozessoren bestückt waren.

In seinem Eifer, einen Computer zur Plattform für Evolution umzubauen, tat Holland das einzig Vernünftige: er entwickelte einen klotzigen Parallelcomputer, um seine Experimente durchzuführen. Bei einem Parallelcomputer werden, statt hübsch der Reihe nach, viele Befehle gleichzeitig abgearbeitet. 1959 schrieb er einen Artikel, in dem er, wie es der Titel ankündigt, einen »Universal Computer Capable of Executing an Arbitrary Number of Sub-programs Simultaneously« beschreibt, einen neumodischen Apparat, der unter dem Namen »Holland Machine« bekannt wurde. Es sollten allerdings noch beinahe dreißig Jahre vergehen, bevor ein solcher Apparat gebaut wurde.

In der Zwischenzeit mußten Holland und andere Computerevolutionäre auf sequentielle Computer zurückgreifen, um ihre Evolution voranzutreiben. Mit verschiedenen Tricks programmierten sie ihre schnellen sequentiellen Prozessoren so, daß sie einen langsamen Parallelbetrieb simulieren konnten. Die Simulationen funktionierten gut genug, um einen Eindruck von der Leistung einer echten Parallelberechnung zu vermitteln.

Erst Mitte der achtziger Jahre begann Danny Hillis mit dem Bau des ersten richtigen Parallelrechners. Nur wenige Jahre zuvor hatte der Informatikstudent Hillis noch als Wunderkind gegolten. Seine Kapriolen und Hackereien waren sogar am MIT – jenem Campus, auf dem das Hacken erfunden worden war – legendär. Mit dem ihm eigenen Scharfsinn faßte Hillis für den Autor Steven Levy das Hindernis zusammen, zu dem der von Neumannsche Engpaß in Computern geworden war: »Je mehr Wissen man ihnen fütterte, desto langsamer wurden die Rechner. Der Mensch hingegen wird um so schneller, je mehr Wissen er hat. Dadurch befanden wir uns in der paradoxen Situation, daß die Computer, während wir versuchten, sie intelligenter zu machen, immer dümmer wurden.«

Hillis wollte eigentlich Biologe werden, aber sein Talent, komplexe Programme zu verstehen, trieb ihn in die KI-Labore am MIT, wo er schließlich versuchte, einen denkenden Computer zu bauen, »der stolz auf mich wäre.« John Holland verdankt er die fruchtbaren Bemerkungen zur Struktur eines schwarmartigen, tausendköpfigen Computer-Wesens. Schließlich leitete Hillis eine Gruppe, die den ersten Computer mit Parallelprozessor erfand, die Verknüpfungsmaschine (Connection Machine). 1988 wurde er mit allem Drum und Dran für eine Million Dollar pro Stück verkauft. Nun, da es die Maschine gibt, beschäftigt sich Hillis ernsthaft mit Computerbiologie.

»Wir kennen nur zwei Wege, um extrem komplizierte Dinge herzustellen«, sagt Hillis. »Einer davon ist die Konstruktion, der andere die Evolution. Und die komplexeren Dinge produziert die Evolution.« Wenn wir keinen Computer konstruieren können, der stolz auf uns ist, müssen wir ihn vielleicht mit Hilfe der Evolution züchten.

Hillis' erste vollständig parallel arbeitende Verknüpfungsmaschine verfügte über 64 000 Prozessoren, die unisono arbeiteten. Er konnte es kaum erwarten, daß die Evolution losging. Er impfte seinen Computer mit einer Population von 64 000 äußerst simplen Softwareprogrammen. Wie bei Hollands GA oder in Rays »Tierra« war jedes Einzelwesen eine Zeichenkette, die durch Mutation verändert werden konnte. Aber in Hillis' Verknüpfungsmaschine stand jedem Programm ein vollständiger Computerprozessor zur Verfügung, der nur für den Ablauf des Programms zuständig war. Deshalb reagierte die Population äußerst schnell und in Größenordnungen, die für sequentielle Computer nicht zu bewältigen gewesen wären.

Jedes Virus in Hillis' Suppe war zunächst eine beliebige Folge von Befehlen, aber nach zig Tausenden von Generationen wurden sie zu einem Programm, das eine lange Zahlenkette numerisch sortierte. Eine derartige Sortierroutine ist ein integraler Bestandteil fast aller größeren Computerprogramme; im Lauf der Jahre sind in den Informatikabteilungen viele hundert Arbeitsstunden darauf verwandt worden, den effizientesten Sortieralgorithmus zu konstruieren. Hillis brachte Tausende seiner Sortierprogramme dazu, sich im Computer zu vermehren, zufällig zu mutieren und gelegentlich auf sexuellem Wege Gene auszutauschen. Dann wurden sie von seinem System unter Verwendung evolutionärer Strategien getestet; dabei wurden die Schwächsten entfernt, so daß nur den kürzesten (den besten) Sortierprogrammen die Möglichkeit gegeben wurde, sich zu reproduzieren. Im Verlauf von zehntausend Generationen züchtete sein System ein Softwareprogramm, das beinahe so kurz war wie die besten Sortierprogramme, die von menschlichen Programmierern geschrieben worden waren.

Hillis führte daraufhin das Experiment erneut durch, allerdings mit einem wichtigen Unterschied: Er erlaubte der Sortierprüfung selbst zu mutieren, während die sich weiterentwickelnden Sortierprogramme letztere zu bestehen versuchten. Die Zeichenketten des Prüfungsprogramms variierten ständig und wurden dadurch immer komplizierter, um einem einfachen Sortierschema Widerstand zu leisten. Die Sortierprogramme mußten also ein bewegliches Ziel entschlüsseln, während die Prüfungsprogramme einem fliegenden Pfeil auszuweichen hatten. Hillis machte aus den Testziffern, die zuvor eine völlig passive Umwelt dargestellt hatten, einen aktiven Organismus. Wie Füchse und Hasen oder Monarch-Schmetterlinge und Seidenpflanzen wurden die Sortierprogramme und die Sortierprüfungen vom Drehbuch der Koevolution vorangetrieben.

Hillis, der im Grunde seines Herzens Biologe blieb, sah in der mutierenden Sortierprüfung einen parasitären Organismus, der den Sortierer zu stören versuchte. Er betrachtete seine Welt als ein Wettrüsten – parasitäre Attacke, Verteidigung des Wirts, Gegenattacke, erneute Verteidigung des Wirts und so weiter. Die Volksweisheit hält derart miteinander verzahnte Rüstungswettläufe für einen sinnlosen Zeitvertreib oder eine Art schicksalhafter Verblendung, in die man sich verrannt hat. Aber Hillis entdeckte, daß der Einsatz von Parasiten die Evolutionsrate der sortierenden Organismen *beschleunigte*, statt ihren Fortschritt zu lähmen. Parasitäres Wettrüsten ist vielleicht scheußlich, aber für die Evolution hat es die Funktion eines Turboladers.

Danny Hillis bestätigte Tom Rays Entdeckung: Die Evolution kann normale menschliche Fertigkeiten übertreffen. Die Parasiten, die in der Verknüpfungsmaschine gediehen, stachelten die Sortierprogramme dazu an, nach einer effizienteren Lösung als derjenigen zu suchen, die sie ohne Parasiten gefunden hätten. Nach 10 000 Programmschleifen Koevolution entwickelten Hillis' Kreaturen ein Sortierprogramm, das Informatikern zuvor nicht bekannt gewesen war. Besonders demütigend daran war, daß es nur einen Schritt hinter dem kürzesten je von Menschen konstruierten Algorithmus zurückblieb. Die blinde, stumme Evolution hatte ein geniales und ziemlich hilfreiches Softwareprogramm geschrieben.

Ein einzelner Prozessor der Verknüpfungsmaschine ist ziemlich dumm – vielleicht gerade so schlau wie eine Ameise. Auf sich selbst gestellt könnte ein einzelner Prozessor keine neue Lösung für irgend etwas finden, gleichgültig, wie viele Jahre er damit verbringen würde. Es käme auch nicht viel dabei heraus, wenn die 64 000 Prozessoren in Reihe geschaltet wären.

Aber 64 000 dumme, geistlose Ameisenhirne, die zu einem ausgedehnten, miteinander verbundenen Netzwerk verschaltet sind, werden zu einem Feld evolvierender Populationen und sehen zugleich aus wie ein Haufen Neuronen im Gehirn. Aus diesem Netzwerk der Dummheit tauchen brillante Lösungen auf, die die Menschen auf eine harte Probe stellen. Dieser Zugang einer »aus vielfacher Verknüpfung auftauchenden Ordnung« zur künstlichen Intelligenz wurde als »Konnektionismus« bekannt.

Der Konnektionismus ließ ältere Vermutungen einer tiefen Verbindung von Evolution und Lernen neu aufflammen. Die Konnektionisten, die es auf Formen des künstlichen Lernens abgesehen hatten, griffen das Modell riesengroßer Netze, die dumme Neuronen miteinander verbanden, auf und machten ihr eigenes Ding daraus. Sie entwickelten eine ganze Klasse von verknüpften, miteinander konkurrierenden Prozessen, die entweder auf virtuellen oder echten Parallelrechnern laufen und – vergleichbar den genetischen Algorithmen, aber mit verfeinerten (schlaueren) Rechensystemen – simultane Berechnungen en masse durchführen. Diese intelligenteren Netzwerke wurden neuronale Netzwerke genannt. Bis heute waren neuronale Netze beim Generieren partieller »Intelligenz« erst bedingt erfolgreich, auch wenn ihre Fähigkeiten, Muster zu erkennen, nutzbringend sind. Erstaunlich ist dagegen die Tatsache, daß *überhaupt etwas* aus einem Feld primitiver Verbindungen hervorgeht. Welche Magie muß in einem solchen Netz wirken, um ihm die fast göttliche Macht zu verleihen, eine Ordnung aus dummen, miteinander verbundenen Knotenpunkten hervorzubringen, oder aus geistlosen Prozessoren, die miteinander verschaltet sind, Software zu züchten? Zu welcher alchemistischen Transformation führt es, alles mit allem zu verbinden? Eben noch hatte man es mit einer Horde primitiver Einzelwesen zu tun, und im nächsten Augenblick, nachdem die Verbindung hergestellt ist, kommt eine nützliche Ordnung zum Vorschein.

Für einen flüchtigen Moment stellten sich die Konnektionisten vor, daß vielleicht alles, was man benötigte, um Vernunft und Bewußtsein zu erzeugen, ein hinreichend großes Feld miteinander verbundener Neuronen sei, aus dem heraus sich die rationale Intelligenz von alleine ergeben würde. Der Traum war sofort vorüber, als sie es ausprobierten.

Aber auf eine eigenwillige Weise verfolgen die künstlichen Evolutionisten noch immer den Traum des Konnektionismus. Nur sind sie, im Gleichschritt mit dem langsamen Gang der Evolution, geduldiger geworden. Aber gerade dieser langsame, sehr langsame Gang der Evolution stört mich. Ich faßte meine Bedenken Tom Ray gegenüber in folgende Worte: »Was mich nachdenklich stimmt an den Evolutions-Chips von der Stange und den Evolutionsmaschinen mit Parallelprozessor, ist, daß Evolution eine Unmenge an Zeit verbraucht. Wo soll diese Zeit herkommen? Beobachte einmal die Geschwindigkeit, in der die Natur arbeitet. Nimm zum Beispiel all die kleinen Moleküle, die sich in dem Moment zusammensetzen, wo wir hier miteinander reden. Die Natur ist *unglaublich* geschwind, weitläufig und mega-parallel, und jetzt versuchen wir, sie zu schlagen. Mir scheint es so, als stünde uns einfach nicht genug Zeit zur Verfügung, um es zu schaffen.«

Ray antwortete, darüber habe er sich auch schon den Kopf zerbrochen. »Andererseits bin ich erstaunt, wie schnell es in meinem System, das nur von einem virtuellen Prozessor unterstützt wurde, zur Evolution kam. Außerdem ist Zeit eine relative Größe. Bei der Evolution gibt eine Generation die Zeiteinheit vor. Für *uns* dauert eine Generation dreißig Jahre, aber für meine Kreaturen dauert sie den Bruchteil einer Sekunde. Und wenn ich Gott spiele, kann ich die globale Mutationsrate voll aufdrehen. Ich bin mir nicht sicher, aber vielleicht erhalte ich auf einem Computer mehr Evolution.«

Es gibt andere Gründe, Evolution auf dem Computer durchzuspielen. Zum Beispiel kann Ray die Reihe der Genome jeder Kreatur speichern und eine komplette demographische und genealogische Dokumentation über Geburt und Tod jeder Kreatur erhalten. Das produziert eine Datenlawine, deren Erstellung in der wirklichen Welt nicht möglich wäre. Und obwohl die Komplexität und die Kosten für das Herleiten der Information in dem Maße in die Höhe schnellen, wie die Komplexität der künstlichen Welt zunimmt, wird es hier wahrscheinlich auch weiterhin einfacher durchzuführen sein als in der nicht verdrahteten organischen Welt. Ray berichtete mir: »Selbst wenn meine Welt so komplex wird wie die richtige Welt, bleibe ich doch Gott. Ich bin allwissend. Ich erhalte Informationen zu allem, was immer momentan meine Aufmerksamkeit auf sich zieht, ohne es zu stören, ohne herumzulaufen und Pflanzen zu zertreten. Das ist ein entscheidender Unterschied.«

Benjamin Franklin hatte es im 18. Jahrhundert nicht leicht, seine Freunde davon zu überzeugen, daß die schwachen elektrischen Ströme, die er in seinem Labor erzeugte, im Grunde mit den donnernden Blitzen, die in der wilden Natur einschlugen, identisch waren. Der Unterschied im Größenmaßstab zwischen seinen künstlich produzierten winzigen Funken und den monströsen, im Himmel erzeugten Blitzstrahlen, die die Wolkendecke durchfuhren und Bäume zerschmetterten, war nur ein Teil des Problems. Vor allem fanden es die Beobachter unnatürlich, daß Franklin behauptete, die Natur nachbilden zu können.

Heute hat Tom Ray Schwierigkeiten, seine Kollegen davon zu überzeugen, daß die Evolution, die er in seinem Labor synthetisiert hat, im Grunde mit der Evolution identisch ist, die den Tieren und Pflanzen in der Natur ihre Gestalt gab. Der Unterschied im Zeitmaßstab zwischen den wenigen Stunden, in denen sich seine Welt entwickelt, und den Milliarden Jahren, in denen sich die wilde Natur entwikkelte, ist nur ein Teil des Problems. Vor allem finden es die Skeptiker unnatürlich, daß Ray behauptet, einen so wenig faßbaren und natürlichen Prozeß nachbilden zu können.

Zweihundert Jahre nach Franklin ist der künstlich erzeugte Blitz – gezähmt, genormt und durch Kabel in Häuser und Werkzeuge geleitet – zur primären Organisationsgrundlage unserer Gesellschaft, insbesondere unserer digitalen Gesellschaft geworden. In 200 Jahren wird die künstliche Anpassung – gezähmt, genormt und in jeden mechanischen Apparat geleitet, über den wir verfügen – zur wichtigsten Organisationsgrundlage unserer Gesellschaft geworden sein.

Bislang hat noch kein Informatiker eine künstliche Intelligenz generiert – wie wünschenswert, ungeheuer mächtig und lebensverändernd dies auch wäre. Noch hat kein Biochemiker künstliches Leben erzeugt. Aber die Evolution einzufangen und bei Bedarf wiederzuerschaffen, wie Ray und andere es vorgemacht haben, wird mittlerweile von vielen Technikern als der glimmende Funke verstanden, der unsere Träume hinsichtlich des künstlichen Lebens und der künstlichen Intelligenz zum Leben erwecken und ihr furchteinflößendes Potential freisetzen könnte. Wir können sie eher züchten als herstellen.

Wir haben Maschinen gebaut, die so kompliziert sind, wie es ohne computerunterstützte Konstruktion gerade noch möglich ist. Die Art von Projekten, die jetzt als Pläne auf dem grünen Tisch liegen – Softwareprogramme, die zig Millionen Zeilen Programmcode umfassen, erdumspannende Kommunikationssysteme, Produktionsstätten, die sich auf rasch verändernde globale Kaufgewohnheiten einstellen und innerhalb von Tagen mit neuen Maschinen bestückt sein müssen, Spielzeug- und Serviceroboter –, sie alle verlangen einen Grad von Komplexität, den nur noch die Evolution koordinieren kann.

Weil Evolution langsam, unsichtbar und diffus ist, ist sie von der Aura eines Geistes umgeben, an den man in dieser schnell getakteten, distanzlosen Welt der vom Menschen geschaffenen Maschinen kaum glauben kann. Aber ich ziehe es vor, mir die Evolution als eine natürliche Technologie vorzustellen, die sich leicht in einem Computerprogramm unterbringen läßt. Es ist diese Hyper-Kompatibilität von Evolution und Computern, die die künstliche Evolution bis in unser digitales Leben hinein vorwärtstreiben wird.

Künstliche Evolution ist allerdings nicht auf Silizium beschränkt. Evolution wird überall dorthin importiert, wo das Konstruieren stagniert. Synthetische Evolutionstechnologie wird heute bereits in jener Pionierwissenschaft eingesetzt, die man früher Genforschung nannte. Hier treffen wir auf reale Probleme. Man benötigt ein Medikament, um eine Krankheit zu bekämpfen, deren Funktionsweise gerade entdeckt wurde. Man kann sich die Funktionsweise wie ein Schloß vorstellen. Das einzige, was man braucht, ist das richtige Schlüsselmolekül – ein Medikament –, das den Zylinder drehen kann und den Riegel zurückschnappen läßt.

Organische Moleküle sind ungeheuer komplex. Sie bestehen aus Tausenden von Atomen, die auf Milliarden Arten angeordnet sein können. Nur die chemischen Bestandteile eines Proteins zu kennen, bedeutet noch kein großes Wissen über seine Struktur. Extrem lange Aminosäureketten sind zu einem kompakten Bündel zusammengefaltet, so daß die »hot spots« – die Aktionspunkte des Proteins – auf der Außenseite genau in der richtigen Position gehalten werden. Ein Protein zu falten ist in etwa so schwierig, wie einen über eine Meile gespannten Faden, der an sechs Stellen blau markiert ist, aufzurollen und dabei zu versuchen, den Faden so zu bündeln, daß die sechs blauen Punkte alle an verschiedenen Stellen liegen, dabei aber von außen sichtbar bleiben. Es gibt unzählbar viele Möglichkeiten, wie man dabei vorgehen könnte, von denen aber nur ganz wenige erfolgreich wären. Und normalerweise würde man nicht einmal wissen, welchem Abschnitt man sich gerade nähert, bis man ihn zum Großteil aufgerollt hätte. Im ganzen Universum gibt es nicht genug Zeit, um alle Varianten durchzuprobieren.

Die Hersteller von Medikamenten haben zwei traditionelle Verfahren, um mit dieser Komplexität zurechtzukommen. In der Vergangenheit verließen sich die Pharmazeuten auf Versuch und Irrtum. Sie probierten alle in der Natur vorkommenden Substanzen, soweit sie verfügbar waren, durch, um zu sehen, ob eine davon zu einem vorgegebenen Schloß paßte. Oft aktivierten ein oder zwei natürliche Komponenten ein paar Positionen des Zylinders – eine Art Teilschlüssel. Aber heute, im Zeitalter der Konstruktion, versuchen die Biochemiker die Verbindung zwischen dem genetischen Code und dem gefalteten Protein zu entziffern, um zu sehen, ob sie die Abfolge von Schritten rekonstruieren können, die notwendig ist, um eine molekulare Form zu erzeugen. Selbst wenn es hier Teilerfolge gegeben hat, sind Proteinfaltungen und genetische Schleichpfade immer noch viel zu komplex, als daß man sie kontrollieren könnte. Folglich ist dieser logische Zugang an die Grenze dessen gestoßen, was wir an Komplexität konstruieren können.

Seit dem Ende der achtziger Jahre jedoch haben biogenetische Labors in der ganzen Welt mit der Verfeinerung eines neuen Verfahrens begonnen, das sich des einzigen anderen Werkzeugs bedient, das uns zur Erzeugung komplexer Dinge zur Verfügung steht: der Evolution. Kurz gesagt, generiert das evolutionäre System Milliarden von Zufallsmolekülen, die alle am Schloß ausprobiert werden. Von Milliarden fader Kandidaten enthält ein Molekül ein Barthaar, das an einer Position von, sagen wir, insgesamt sechs Positionen des Schlosses paßt. Dieser »warme« Teilschlüssel wird im Schloß belassen. Der Rest wandert in den Gully. Dann werden eine Milliarde neuer Varianten des verbliebenen warmen Schlüssels erzeugt (die alle das funktionierende Merkmal behalten) und wieder am Schloß ausprobiert. Vielleicht wird ein weiterer warmer Schlüssel gefunden, der jetzt bereits an zwei Stellen paßt. Dieser Schlüssel wird überleben, der Rest sterben. Wieder werden eine Milliarde Varianten von ihm hergestellt, und der am besten angepaßte dieser Generation wird bis zur folgenden überleben. In weniger als zehn Generationen, in denen die Testabfolge von Selektion und Mutation wiederholt wird, findet dieses molekulare Zuchtprogramm ein Medikament – vielleicht ein lebensrettendes Medikament –, das an allen Stellen des Schlosses greift. Beinahe jede Art von Molekül läßt sich mittels Evolution erzeugen. Ein Evolutionsbiotechniker könnte eine optimierte Version von Insulin erzeugen, indem er beispielsweise einem Hasen Insulin injiziert und diesem danach die Antikörper entnimmt, die sein Immunsystem als Reaktion auf das *Toxikum* erzeugt. (Antikörper haben die komplementäre Form des Toxikums.) Der Biotechniker gibt die extrahierten Insulin-Antikörper anschließend in ein Evolutionssystem, in dem die Antikörper die Rolle des Schlosses spielen, an dem die Schlüssel ausprobiert werden. Nach mehreren Generationen der Evolution würde er eine dem Antikörper komplementäre Form oder eine tatsächlich funktionierende Alternative zur Insulinform erhalten. Kurz gesagt, er hätte eine neue Form von Insulin. Alternativversionen natürlicher Substanzen können viele Vorteile bieten: sie können kleiner sein, leichter vom Körper aufgenommen werden, weniger Nebenwirkungen zeigen, leichter herzustellen oder gezielter einzusetzen sein.

Natürlich können die Bioevolutionäre auch genauso gut einen Antikörper eines Hepatitis-Virus entnehmen und dann die Imitation eines Hepatitis-Virus züchten, der auf den Antikörper paßt. Statt eines perfekt sitzenden Antikörpers würde der Biochemiker ein Ersatzmolekül selektieren, dem exakt die Aktivierungsfelder fehlen, die für die tödlichen Folgen der Krankheit verantwortlich sind. Wir nennen diesen nicht ganz perfekten Ersatz Impfstoff. Dementsprechend lassen sich auch Impfstoffe evolvieren, anstatt sie planmäßig zu konstruieren.

Alle üblichen Anlässe für die Medikamentenwicklung eignen sich für die Evolutionsmethode. Das molekulare Ergebnis ist von herkömmlichen, »rational« entwickelten Medikamenten nicht zu unterscheiden. Der einzige Unterschied besteht darin, daß wir, obwohl ein evolviertes Medikament wirkt, nicht wissen, warum und wie es das tut. Das einzige, was wir wissen, ist, daß wir ihm einen schwierigen Test vorgelegt haben und daß es ihn bestanden hat. Unserem Verständnis entzogen, sind diese erfundenen Medikamente »irrational entwickelt«.

Die Evolution von Medikamenten erlaubt es dem Forscher, dumm zu sein, während die Evolution die Schläue langsam akkumuliert. Andrew Ellington, ein Evolutionsbiochemiker an der Indiana University, sagte gegenüber *Science*, daß man in Evolutionssystemen »das Molekül über sich selbst reden läßt, während man selbst zuhört; denn es weiß mehr über sich als der Forscher«.

Medikamente mit Hilfe der Evolution zu entwickeln wäre ein Segen für die Medizin. Aber wenn wir Software züchten und das System später auf seiner eigenen Grundlage laufen lassen können, so daß sich die Software selbst züchtet und zu was auch immer führt, können wir dann auch Moleküle auf die Reise einer Evolution ohne Grenzen schicken?

Ja, aber es handelt sich um eine schwierige Aufgabe. Tom Rays elektronische Evolutionsmaschine ist schwer auf Draht, was Erbinformationen, nicht aber, was Körper angeht. Molekulare Evolutionsprogramme sind schwer auf Draht, was Körper betrifft, aber knauserig mit Erbinformationen. Nackte Information läßt sich kaum löschen, und ohne Tod gibt es keine Evolution. Fleisch und Blut dienen der Sache der Evolution außerordentlich, denn ein Körper bietet einen leichten Weg, um Information sterben zu lassen. Ein System, das die beiden Fäden, vererbbare Information und sterbliche Körper, in sich vereinen kann, erfüllt die Anforderungen eines Evolutionssystems.

Gerald Joyce, Biochemiker in San Diego, der sich zuvor mit der Chemie fossiler Lebensformen beschäftigte, fand einen einfachen Weg, um die duale Natur aus Information und Körper in einem stabilen, künstlichen Evolutionssystem zu integrieren. Es gelang ihm, indem er eine wahrscheinliche frühere Stufe des Lebens auf der Erde – die »RNA-Welt« – in einer Teströhre nachbildete.

RNA ist ein sehr ausgeklügeltes Molekularsystem. Es war nicht die erste Lebensform, aber alles Leben auf der Erde war irgendwann mit großer Sicherheit RNA-Leben. Joyce sagt: »In der Biologie deutet alles auf die Tatsache hin, daß vor 3,9 Milliarden Jahren RNA allem anderen die Show stahl.«

RNA bietet einen einzigartigen Vorteil, dessen sich kein anderes uns bekanntes System rühmen könnte. Es fungiert zugleich als Körper und Information, Phänotyp und Genotyp, Botschafter und Botschaft. Ein RNA-Molekül ist das Fleisch, das mit der Welt in Verbindung steht, und zugleich die Information, die das Erbe der Welt ist oder zumindest an die Folgegeneration weitergegeben wird. Auch wenn es durch seine Einzigartigkeit Beschränkungen unterliegt, ist RNA doch ein wunderbar kompaktes System, um mit der künstlichen Evolution, deren Ende offen ist, zu beginnen.

Gerald Joyce leitet eine bescheidene Gruppe von Graduierten und Postdoktoranden am Scripps Institute, einem schicken Labor an der Kalifornischen Küste in der Nähe von San Diego. Seine experimentellen RNA-Welten sind winzige Tropfen, die sich am Grund von kaum fingerhutgroßen Mikroteströhrchen aus Plastik sammeln. Jederzeit warten Dutzende dieser pastellfarbenen Röhren, die in Styroporschachteln auf Eis liegen, darauf, auf Körpertemperatur erwärmt zu werden, um mit dem Evolutionsprozeß zu beginnen. Einmal erwärmt, produziert die RNA eine Milliarde Kopien pro Stunde.

»Was wir hier haben«, sagt Joyce, indem er auf eine der winzigen Röhren zeigt, »ist ein riesiger Parallelprozessor. Einer der Gründe, warum ich mich für die Biologie statt für die Computersimulation der Evolution entschied, lautet, daß nicht ein einziger Computer auf der gesamten Erde, zumindest in naher Zukunft, mir 10^{15} parallele Mikroprozessoren zur Verfügung stellen kann.« Die Tropfen am Boden der Röhren sind etwa so groß wie der intelligente Teil von Computerchips. Joyce poliert das Image noch ein wenig auf: »Eigentlich ist unser künstliches System selbst gegenüber dem Spielen mit *natürlicher* Evolution im Vorteil, weil es nicht genügend natürliche Systeme gibt, die es uns erlauben würden, 10^{15} Einzelwesen innerhalb einer Stunde laufen zu lassen.«

Zusätzlich zu der intellektuellen Revolution, die ein sich selbst erhaltendes Lebenssystem einleiten würde, sieht Joyce in der Evolution eine kommerziell verwertbare Chance zur Erzeugung nützlicher Chemikalien und Medikamente. Er stellt sich molekulare Evolutionssysteme vor, die 24 Stunden am Tag und 365 Tage im Jahr in Betrieb sind: »Du stellst ihnen eine Aufgabe und sagst, wag dich bloß nicht aus deiner Kammer, bis Du herausgefunden hast, wie man das Molekül A in das Molekül B konvertieren kann.«

Joyce rattert eine Liste biotechnischer Firmen herunter, die sich bereits heute der Forschung in Richtung gesteuerter Molekularevolution verschrieben haben (Gilead, Ixsys, Nexagen, Osiris, Selectide, Darwin Molecule). Seine Liste umfaßt nicht die etablierten biotechnischen Unternehmen, wie Genentech, deren Forschungen in gesteuerten Evolutionstechniken fortgeschritten sind, die aber gleichzeitig konventionelle Pharmaforschung betreiben. Darwin Molecule, deren wichtigster Patentinhaber der Komplexitätsforscher Stuart

Kauffman ist, brachte mehrere Millionen Dollar auf, um die Macht der Evolution für die Entwicklung von Medikamenten nutzbar zu machen. Manfred Eigen, Nobelpreisträger für Biochemie, bezeichnet die gesteuerte Evolution als die »Zukunft der Biotechnologie«.

Aber ist das wirklich Evolution? Ist das derselbe lebendige Geist, der uns Insulin, Augenwimpern und Waschbären überhaupt erst gebracht hat? Er ist es. »Wir nähern uns der Evolution mit großem D, wie Darwin«, erzählte mir Joyce. » Aber weil der Selektionsdruck von uns bestimmt wird, statt von der Natur, nennen wir sie gesteuerte Evolution.«

Gesteuerte Evolution ist ein anderer Name für beaufsichtigtes Lernen, ein anderer Name für *die* Methode, die Bibliothek zu durchqueren, ein anderer Name für Züchtung. Statt die Selektion einfach auftauchen zu lassen, bleibt die Auswahl aus den Varianten von Hunden, Tauben, Pharmazeutika oder Computergraphiken Sache des Züchters.

David Ackley erforscht neuronale Netze und genetische Algorithmen in Bellcore, den Labors für Forschung und Entwicklung von Baby Bells. Von allen, die mir je begegnet sind, hat Ackley die originellste Art, mit Evolutionssystemen umzugehen.

Ackley ist ein Bär von einem Mann, der seine Bemerkungen auf eine beiläufig frotzelnde Art macht. 1990 brachte er auf der zweiten Konferenz für Künstliches Leben 250 ernsthafte Wissenschaftler mit einem teuflisch lustigen Video über eine ziemlich bedeutende künstliche Lebenswelt zum Lachen, die er und sein Kollege Michael Littman geschaffen hatten. Seine »Kreaturen« waren eigentlich Bits programmierter Codes, die sich nicht groß von einem klassischen GA unterschieden, aber er verpaßte ihnen Gesichter, die blöd grinsten, wenn sie sich gegenseitig anknabberten oder gegen die Wände seiner graphischen Welt stießen. Die Cleveren überlebten, die Dummen starben. Wie andere zuvor hatte Ackley herausgefunden, daß seine Welt imstande war, erstaunlich angepaßte Organismen zu entwickeln. Erfolgreiche Einzelwesen konnten so alt werden wie Methusalem – 25 000 Tageseinheiten in seiner Welt. Diese Wesen wußten, wie man mit einem Minimum an Aufwand zu dem kam, was man benötigte, und wie man sich aus Streitigkeiten heraushielt. Nicht nur die Individuen, sondern auch die Populationen, die dieselben Gene besaßen, überlebten ausgesprochen lange.

Als Ackley mit den Genen dieser bauernschlauen Kreaturen herumspielte, entdeckte er ein paar Reserven, die bisher noch nicht genutzt waren. Er sah, daß er ihre Chromosomen auf gottähnliche Weise optimieren konnte, um diese Reserven zugänglich zu machen und sie so noch besser an die Umwelt anzupassen, die er für sie geschaffen hatte. Also modifizierte er in einem Akt frühzeitiger virtueller Genmanipulation ihren weiterentwickelten Code und setzte sie wieder in seine Welt ein. Als Individuen waren sie hochgradig angepaßt, gediehen prächtig und machten mehr Punkte auf der Meßlatte der Angepaßtheit als irgendeine Kreatur zuvor.

Allerdings mußte Ackley feststellen, daß ihre Populationszahlen immer unter denjenigen des natürlich entwickelten Typus lagen. Als Gruppe waren sie anämisch. Obwohl sie nie ausstarben, waren sie immer gefährdet. Ackley hatte den Eindruck, daß ihre geringe Zahl es der Spezies nicht erlaubte, länger als 300 Generationen zu überdauern. Während also handgefertigte Gene für Einzelwesen optimal waren, fehlte ihnen die Robustheit ursprünglich gewachsener Gene, die für die Spezies optimal waren. Hier fand sich in der Heimwerkerwelt eines Mitternachtshackers das erste Stückchen eines handfesten Beweises für die ökologische Weisheit: Was das Beste für ein Individuum ist, ist noch lange nicht das Beste für die Spezies.

»Es ist hart zu akzeptieren, daß wir nicht herausfinden können, was auf lange Sicht das Beste ist«, sagte Ackley auf der Konferenz für Künstliches Leben unter großem Applaus, »aber ich glaube, so ist das Leben.«

Bellcore erlaubte Ackley, seine Mikrogötterwelt weiter zu betreuen, weil man dort erkannt hatte, daß Evolution eine Form von Datenverarbeitung ist. Bellcore war und ist immer noch an besseren Methoden der Programmierung interessiert, vor allem wenn sie auf Modellen verteilter Datenverarbeitung basieren; denn letztlich ist ein Telefonnetz ein dezentraler Computer. Wenn die Evolution eine nützliche Art vernetzter Datenverarbeitung ist, was könnte es dann mit einigen andere Methoden auf sich haben? Und welche Verbesserungen oder Variationen können wir, wenn überhaupt, zu den Evolutionstechniken beisteuern? Die bekannte Bibliothek- oder Raummetapher aufgreifend, schwärmt Ackley: »Der Raum von Rechenmaschinen ist unvorstellbar groß, und wir haben erst sehr kleine Nischen darin erkundet. Was ich betreibe und noch intensivieren will, ist, den Raum zu vergrößern, den sich die Menschen unter Computertechnologie vorstellen.«

Von allen möglichen Formen der Computertechnologie ist Ackley vor allem an Prozessen interessiert, die Lernen unterstützen. Solide Lernmethoden brauchen intelligente Lehrer; das ist eine Form von Lernen. Ein intelligenter Lehrer sagt einem Lernenden, was er zu wissen hat, und der Lernende analysiert die Information und speichert sie. Ein weniger intelligenter Lehrer kann auch nach einer anderen Methode unterrichten. Er selbst kennt die Inhalte nicht, aber er weiß, wann der Schüler die richtige Antwort errät – in etwa wie ein Aushilfslehrer einen Test korrigieren mag. Errät der Schüler eine teilweise richtige Antwort, kann der schwache Lehrer ihm einen Hinweis geben, ob es »wärmer« oder »kälter« wird, um so dem Lernenden weiterzuhelfen. Auf diesem Weg kann ein schwächerer Lehrer möglicherweise Informationen zu Tage fördern, über die er selbst nicht verfügt. Ackley hat die schwache Lernform auf die Spitze getrieben, um die Datenverarbeitung zu optimieren: die geringste Informationsmenge so unter Druck zu setzen, daß die größtmögliche Informationsmenge herauskommt. »Ich versuche, mir die dümmste und dürftigste Information auszudenken«, erzählte mir Ackley. »Und ich glaube, ich habe sie gefunden. Meine Antwort heißt: Es ist der Tod.«

Der Tod ist der *einzige* Lehrer innerhalb der Evolution. Ackleys Mission war es, folgendes herauszufinden: Was kann man lernen, wenn man nur den Tod als Lehrer einsetzt? Wir wissen es nicht sicher, aber hier sind einige Kandidaten: kreisende Adler, die Navigationssysteme von Tauben oder die Wolkenkratzer der Termiten. Es dauert ein bißchen, aber die Evolution *ist* clever. Und doch ist sie offensichtlich blind und dumm. »Ich kann mir keine dümmere Art von Lernen vorstellen als die natürliche Selektion«, sagt Ackley.

Im Raum aller Möglichkeiten der Programmierung und des Lernens nimmt die Selektion eine besondere Position ein. Sie besetzt den extremen Punkt, an dem der Informationstransfer minimiert ist. Sie bildet die niedrigste Grundlinie von Lernen und Intelligenz, unterhalb derer kein Lernen möglich ist und oberhalb derer intelligenteres, komplizierteres Lernen stattfindet. Auch wenn wir den Charakter der natürlichen Selektion in koevolutionären Welten noch nicht vollständig verstehen, bleibt die natürliche Selektion der elementare Schmelztiegel des Lernens. Könnten wir Evolution graduell messen (was wir noch nicht können), hätten wir eine erste Richtschnur, um daran andere Formen des Lernens zu taxieren.

Natürliche Selektion tritt in vielen Erscheinungsformen auf. Ackley hatte recht; Informatiker merken jetzt, daß es viele Weisen der Programmierung gibt – von denen viele evolutionär sind. Soweit man weiß, kann es Hunderte von Evolutions- und Lernverfahren geben. Aber alle diese Strategien führen eine Suchroutine in der Bibliothek oder im Raum durch. »Die Entdeckung der Vorstellung der ›Suche‹ war die einzige und einzig brillante Idee, die die traditionelle Forschung zur Künstlichen Intelligenz je hatte«, behauptet Ackley. Eine Suche kann auf verschiedene Weise durchgeführt werden. Natürliche Selektion – wie sie im organischen Leben durchgeführt wird – ist nur eine Geschmacksrichtung unter vielen.

Das biologische Leben ist mit einer bestimmten Hardware auf ewig verbunden: mit den auf Kohlenstoff basierenden DNA-Molekülen. Diese Hardware schränkt das Spektrum des Suchvorgangs durch natürliche Selektion ein, der erfolgreich mit ihr durchgeführt werden kann. Mit der neuen Computerhardware, vor allem mit Parallelrechnern, lassen sich eine Unmenge neuer Anpassungssysteme hevorzaubern, und vollkommen unterschiedliche Suchstrategien können sich daran machen, diese umzuformen. Ein Chromosom aus der biologischen DNA kann seinen Code beispielsweise nicht an DNA-Moleküle anderer Organismen weitergeben, so daß diese die Botschaft erhalten und ihren Code verändern können. Aber in einer Computerumwelt ist dies schon möglich.

David Ackley und Michael Littman, die beide zur Forschungsgruppe »Kognitive Wissenschaft« von Bellcore gehören, machten sich daran, ein nicht-darwinsches Evolutionssystem auf einem Computer herzustellen. Sie wählten eine geradezu logische Alternative: Die Evolution nach Lamarck – die Vererbung erworbener Merkmale. Der Lamarckismus ist sehr verlockend. Intuitiv könnte ein solches System der Darwinschen Version gegenüber als äußerst vorteilhaft erscheinen, weil Mutationen, von denen man vermutet, daß sie nützlich sind, vielleicht schneller von der Genlinie aufgenommen werden. Aber ein Blick auf seine strengen Computer-Anforderungen überzeugt den hoffnungsfrohen Techniker schnell davon, wie unwahrscheinlich ein solches System im wirklichen Leben wäre.

Wenn ein Hufschmied kräftige Bizepse erwirbt, wie kann dann sein Körper diese Veränderung bis in seine Gene zurückverlegen, was notwendig wäre, um dieses positive Merkmal zu reproduzieren? Der Nachteil eines Lamarckistischen Systems besteht in der Notwendigkeit der Zurückverfolgung einer bestimmten vorteilhaften Veränderung durch embryonale Entwicklung bis zum genetischen Bauplan. Da jede Veränderung an der Gestalt eines Organismus von mehr als einem Gen oder von vielen Befehlen, die in der komplizierten Entwicklung des Körpers zusammenwirken, verursacht sein kann, verlangt das Entwirren des verstrickten Ursachennetzes einer beliebigen äußeren Gestalt nach einem Orientierungssystem, das beinahe so komplex wie der Körper selbst ist. Biologische Evolution nach Lamarck wird von einem strengen mathematischen Gesetz behindert: daß es äußerst einfach ist, Primzahlen miteinander zu multiplizieren, aber äußerst schwierig, die Primzahlen aus dem Produkt abzuleiten. Die besten Verschlüsselungsschemata basieren genau auf dieser asymmetrischen Problematik. Der biologische Lamarckismus hat wahrscheinlich nicht stattgefunden, weil er nach einem unwahrscheinlichen biologischen Entschlüsselungsschema verlangt.

Aber Recheneinheiten benötigen keine Körper. In der Computerevolution (wie etwa in Tom Rays elektronischer Evolutionsmaschine) vermehrt sich der Computercode zugleich als Gen und Körper. Dementsprechend ist das Dilemma, einen Genotyp aus einem Phänotyp abzuleiten, ein rein akademisches Problem. In künstlichen Computerwelten funktioniert die Lamarckistische Evolution. Ackley und Littman implementierten ein Lamarckistisches System in einem Parallelrechner mit 16000 Prozessoren. Jeder Prozessor unterstützte eine Unterpopulation aus 64 Einzelwesen, bei einer Gesamtzahl von etwa einer Million Individuen. Um die dualen Informationsstränge aus Körpern und Genen zu simulieren, fertigte das System für jedes Individuum eine Kopie seines Gens an und nannte die Kopie »Körper«. Jeder Körper unterschied sich ein wenig im Computercode von seinen Millionen Geschwistern, die alle versuchten, dasselbe Problem zu lösen. Die Wissenschaftler von Bellcore starteten zwei Versuche. Im Darwinschen Versuch mutierte der Körpercode im Laufe der Zeit. Durch Zufall konnte ein Typ, der Glück hatte, an einen Code gelangen, der eine bessere Lösung darstellte, so daß das System ihn zwecks Paarung und Reproduktion auswählte. Aber im Darwinismus muß er für die Paarung seine Original-Gen-Kopie verwenden – den Code, den er ererbte, und nicht den optimierten Körpercode, den er im Laufe seines Lebens erworben hat. Das ist der biologische Weg; wenn sich der Hufschmied paart, verwendet er den Code des Körpers, den er ererbte, und nicht etwa desjenigen, den er im Lauf seines Lebens erworben hat.

Im Lamarckistischen Versuch hingegen kann der glückliche Typ mit dem verbesserten Code, der zur Paarung ausgewählt wird, den verbesserten Code, den er in seiner Lebenszeit erwarb, zur Grundlage seiner Paarung machen. So als ob der Hufschmied seine gewaltigen Arme an seinen Nachwuchs weitergeben könnte.

Beim Vergleich der beiden Systeme fanden Ackley und Littman heraus, daß zumindest bei den komplizierten von ihnen untersuchten Problemen das Lamarcksche System beinahe doppelt so gute Lösungen fand wie die Darwinsche Methode. Das intelligenteste Lamarckistische Individuum war bei weitem intelligenter als das intelligenteste Darwinsche. »Die Lamarckistische Evolution bewirkt«, so Ackley, »daß sie sehr schnell die Idioten in einer Population unter Druck setzt«. Ackley brüllte einmal in einen Raum voller Wissenschaftler: »Lamarck sprengt einfach die Darwinschen Pforten!«

Im mathematischen Sinn impft die Lamarckistische Evolution die Ursuppe mit ein wenig Lernen. Lernen wird als Anpassung innerhalb einer individuellen Lebenszeit definiert. In der klassischen Darwinschen Evolution zählt individuelles Lernen nicht viel. Aber die Lamarcksche Evolution erlaubt es, daß die im Verlauf eines Lebens erworbene Information (auch diejenige, wie man Muskeln aufbaut oder Gleichungen löst) dem langfristigen, dummen Lernen, das mittels der Evolution stattfindet, inkorporiert wird. Die Lamarckistische Evolution liefert intelligentere Antworten, weil sie eine intelligentere Form der Suche ist.

Die Überlegenheit des Lamarckismus überraschte Ackley, weil er dachte, die Natur würde alles gut können: »Aus der Sicht eines Informatikers erscheint es ziemlich dumm, daß die Natur eine Darwinistin und keine Lamarckistin ist. Aber die Natur klebt an den Chemikalien. Wir nicht.« Das brachte ihn dazu, über andere Formen von Evolution und andere Suchmethoden nachzudenken, die nützlicher sein könnten, wenn man nicht darauf festgelegt war, mit Molekülen zu arbeiten.

Eine Forschergruppe in Mailand entwickelte einige neue Varianten von Evolution und Lernen. Ihre Methoden stopften ein paar Löcher in dem von Ackley vorgeschlagenen »Raum aller möglichen Formen der Programmierung«. Weil sie sich vom Kollektivverhalten von Ameisenkolonien inspirieren ließen, nannten die Mitglieder der Mailänder Gruppe ihre Forschungen »Ameisen-Algorithmen«.

Ameisen haben vernetzte Parallelsysteme voll im Griff. Ameisen sind die Vorgeschichte sozialer Organisation und die Zukunft von Computern. Eine Kolonie mag aus einer Million Arbeitern und Hunderten von Königinnen bestehen, und ihre gesamte Masse kann eine Stadt bauen, während sie sich gegenseitig nur verschwommen wahrnehmen. Ameisen können in ein Feld ausschwärmen und die erlesenste Nahrung darauf ausfindig machen, als wäre der Schwarm ein großes zusammengesetztes Auge. Sie weben die Pflanzendecke aus parallelen, koordinierten Reihen zusammen und halten ihr Nest gemeinsam auf einer konstanten Temperatur, obwohl noch nie eine einzelne Ameise gelebt hat, die wußte, wie man Temperatur reguliert.

Eine Armee aus Ameisen, die zum Messen zu blöd sind, und zu blind, um weit zu sehen, können in größter Geschwindigkeit den kürzesten Weg durch ein zerklüftetes Gelände finden. Diese Schläue spiegelt vollkommen die evolutionäre Suche: Dumme und blinde Agenzien versuchen zur gleichen Zeit den Weg durch ein vom Computer zerklüftetes Gelände zu optimieren. Ameisen *sind* eine parallelverarbeitende Maschine.

Echte Ameisen kommunizieren miteinander über ein chemisches System, das Pheromon heißt. Ameisen sprühen Pheromone auf andere Ameisen und ihre Umwelt. Diese aromatischen Düfte zerstreuen sich mit der Zeit. Die Düfte können auch von einer Kette von Ameisen weitergegeben werden, die einen Geruch aufnehmen und nachbauen, um ihn an andere weiterzugeben. Pheromone kann man sich als Information denken, die im Ameisensystem verbreitet oder kommuniziert wird.

Die Mailänder Forschergruppe (Alberto Colorni, Marco Dorigo und Vittorio Maniezzo) entwickelte Formeln nach dem Modell der Ameisenlogik. Ihre virtuellen Ameisen (»vants«) waren dumme, in einem riesigen Verbund parallel arbeitende Prozessoren. Jede Vant hatte einen mageren Speicher und konnte lokal kommunizieren. Dennoch hatten am Lohn des Erfolgs in einer Art von verteilter Programmierung alle teil.

Die Italiener unterwarfen ihre Ameisenmaschine einem Testprogramm, indem sie das bekannte Problem des Handelsreisenden als Vergleichspunkt heranzogen. Das Problem lautet: Wie verläuft die kürzeste Strecke zwischen einer großen Anzahl von Städten, wenn man jede Stadt nur einmal aufsuchen darf? Jede virtuelle Ameise der Kolonie wanderte von Stadt zu Stadt und hinterließ dabei eine Spur aus Pheromonen. Je kürzer die Strecke zwischen zwei Städten war, desto weniger Pheromon konnte verfliegen. Je stärker das Pheromonsignal, desto mehr Ameisen folgten dieser Strecke. Kürzere Wege waren demnach selbstverstärkend. Bei einem Lauf über ca. 5000 Runden hatte das Ameisengruppenhirn eine annähernd optimale Strecke für den gesamten Plan entwickelt.

Die Mailänder Forscher experimentierten mit Variationen. Machte es einen Unterschied, ob die virtuellen Ameisen alle in einer Stadt starteten oder gleichmäßig verteilt wurden? (Verteilung war besser.) Machte es einen Unterschied, wie viele von ihnen man gleichzeitig laufen ließ? (Je mehr, desto besser; beim Verhältnis von einer Ameise pro Stadt war der Vorteil am größten.) Indem sie Parameter variierte, fand die Forschergruppe eine Reihe programmierbarer Ameisensuchverfahren heraus.

Ameisenalgorithmen sind eine Art Lamarckistischer Suche. Stößt eine virtuelle Ameise auf eine kurze Strecke, wird diese Information indirekt an die anderen durch die Intensität der Pheromonspur weitergegeben. Auf diese Art wird das Lernen im Laufe eines Ameisenlebens indirekt in das Informationserbe der gesamten Kolonie inkorporiert. Einzelne Ameisen geben das, was sie gelernt haben, erfolgreich an ihren Schwarm weiter. Rundfunken (Broadcasting) ist genauso wie traditionelles Unterrichten ein Teil der Lamarckistischen Suche.

Ackley: »Es gibt andere Wege, Informationen auszutauschen als Sex. Die 20-Uhr-Nachrichten zum Beispiel.«

Die Schläue der echten wie der virtuellen Ameisen besteht darin, daß die Menge an Information, die ins »Rundfunken« investiert wird, sehr gering ist, sehr lokal geschieht und sehr schwach ist. Die Überlegung, schwache Verbreitung in die Evolution einzuführen, erscheint sehr attraktiv. Sollte es irgendeinen Lamarckismus in der irdischen Biologie geben, dann ist er sehr tief vergraben. Aber es bleibt ein ganzes Universum voller seltsamer Arten möglicher Programmierung übrig, das verschiedene Weisen Lamarckistischer Verbreitung anwenden könnte. Ich kenne Programmierer, die mit Algorithmen herumblödeln, um die »memetische« Evolution – den Strom der Ideen (Meme) von einem Geist zum andern – nachzuahmen, und die auf diese Weise versuchen, das Zentrum und die Macht der Evolution einzufangen. Von allen möglichen Wegen, um die Knotenpunkte in vernetzten Computern zu verbinden, sind nur wenige (etwa die Ameisenalgorithmen) bislang untersucht worden.

Noch 1990 wurden Parallelrechner von Experten als umstritten, zu speziell und als Außenseiterphänomen verhöhnt. Sie seien unübersichtlich und schwer zu programmieren. Die Außenseiter stimmten dem nicht zu. 1989 schloß Danny Hillis mit einem führenden Computerexperten eine kühne Wette ab, die durch die Öffentlichkeit ging. Er behauptete, daß bereits 1995 pro Monat mehr Bits von Parallelrechnern verarbeitet würden als von sequentiellen Maschinen. Es sieht so aus, als hätte er recht behalten. Als die sequentiellen Rechner hörbar unter der Last stöhnten, komplexe Aufgaben durch den kleinen Trichter des Von-Neumann-Prozessors zu quetschen, schwang plötzlich die Expertenmeinung innerhalb der Computerindustrie um. Peter Denning signalisierte die neue Perspektive, als er in einem von *Science* veröffentlichen Artikel schrieb (»Highly Parallel Computation«, 30. November 1990): »Parallele Computerarchitekturen sind das einzige Mittel, um die Rechengeschwindigkeiten zu erreichen, die die fortgeschrittenen wissenschaftlichen Probleme erfordern.« John Koza vom Institut für Informatik in Stanford sagt schlicht: »Parallelrechner sind die Zukunft des Computers. Punkt.«

Aber Parallelrechner sind weiterhin schwer zu handhaben. Parallele Software ist ein verworrenes Netz horizontaler, simultaner Kausalzusammenhänge. Man kann in solcher Nicht-Linearität nicht nach Fehlern suchen, weil sie nur aus verborgenen Ecken besteht. Es gibt keinen Erzählfaden, an dem man sich entlanghangeln könnte. Der Code hat die Integrität eines Wasserballons, der sich an einer Stelle ausbeult, wenn eine andere eingedrückt wird. Parallelrechner können leicht gebaut werden, lassen sich aber nicht leicht programmieren.

Parallelrechner verkörpern die Herausforderung aller vernetzten Schwarmsysteme, wie Telefonnetze, Militärsysteme, das planetarische 24-Stunden-Netz der Finanzmärkte und große Computernetzwerke. Ihre Komplexität stellt unsere Fähigkeit, sie zu steuern, auf die Probe. »Die Komplexität, eine hochgradig parallele Maschine zu programmieren, liegt wahrscheinlich jenseits unseres Vermögens«, erzählte mir Tom Ray. »Ich glaube nicht, daß wir je in der Lage sein werden, eine Software zu schreiben, die die Kapazität des Parallelismus voll ausschöpft.«

Für die Erfüllung unseres Wunsches nach parallelverarbeitender Software könnten Rays Ansicht nach kleine, dumme, Parallelkreaturen sorgen, die eine bessere Software »schreiben« als Menschen. »Sieh Dir ökologische Zusammenhänge an«, sagt er, »sie sind nichts anderes als parallele Optimierungstechniken. Ein vielzelliger Organismus arbeitet im Grunde genommen mit einem vielfach parallelen Code von astronomischen Ausmaßen. Die Evolution kann sich Wege der parallelen Programmierung ›ausdenken‹, für die wir Ewigkeiten brauchen würden. Sobald wir Software mittels Evolution entwickeln können, sind wir weit voraus.« Bei solchen Dingen wie verzweigten Netzwerken, sagt Ray, »ist die Evolution die *natürliche* Art der Programmierung.«

Die natürliche Art der Programmierung! Das ist eine Lektion, die dem Ego die Luft rausläßt. Die Menschen sollten sich an das halten, was sie am besten können: kleine, elegante Minimalsysteme, die schnell und scharfsinnig sind. Der natürlichen Evolution (künstlich initiiert) sollte die große Schufterei überlassen werden.

Danny Hillis ist zu derselben Schlußfolgerung gelangt. Er meint es ernst, wenn er sagt, daß er seine Verknüpfungsmaschine kommerzielle Software entwickeln lassen will. »Wir wollen, daß diese Systeme ein Problem lösen, das wir gerade noch benennen, aber nicht lösen können.« Eines dieser Probleme ist die Erzeugung eines Steuerungsprogramms für Flugzeuge, das viele Millionen Zeilen umfaßt. Hillis schlägt vor, ein Schwarmsystem einzurichten, das versuchen würde, eine verbesserte Steuerungssoftware für Flugzeuge zu entwickeln, während kleine parasitäre Programme versuchen würden, es abstürzen zu lassen. Wie seine Experimente gezeigt haben, begünstigen Parasiten eine schnellere Annäherung an eine fehlerfreie, stabile Navigationssoftware. Hillis: »Statt unzählige Stunden mit dem Konstruieren von Programmcodes, mit Fehlersuche usw. zu verbringen, sollten wir lieber mehr Zeit auf den Bau besserer Parasiten verwenden!«

Selbst wenn es den Technikern tatsächlich gelingen sollte, ein derart riesiges Programm wie eine Navigationssoftware zu konstruieren – es ausführlich zu testen wird unmöglich sein. Dinge aber, die nicht gemacht, sondern gewachsen sind, verhalten sich anders. »Diese Art Software würde in einer Umgebung entstehen, welche von Tausenden von Gegnern bevölkert wäre, die sich rund um die Uhr um nichts anderes kümmern als herauszubekommen, was mit dem Programm nicht stimmt«, sagt Hillis und denkt an seine Parasiten. »Was auch immer überleben wird, ist rücksichtslos getestet worden.« Evolution ist aber nicht nur in der Lage, Dinge zu kreieren, die wir nicht machen können, sie kann sie auch besser machen – fehlerloser, als wir es könnten. »Ich würde eher ein Flugzeug besteigen, das von einer Software gesteuert wird, die von einem solchen Programm erzeugt wurde, als ein Flugzeug, das von einer Software gesteuert wird, die ich selbst geschrieben hätte«, sagt Hillis, der Programmierer der Extraklasse.

Das Anruflenkungsprogramm für Ferngespräche kommt auf eine Größe von ungefähr zwei Millionen Zeilen Programmcode. Im Sommer 1990 verursachten drei fehlerhafte Zeilen davon den plötzlichen Ausfall des landesweiten Telefonsystems. Und zwei Millionen Zeilen sind mittlerweile nicht mehr besonders viel. Die Kriegscomputer an Bord des Marine-U-Boots Seawolf enthalten 3,6 Millionen Zeilen Programmcode. »NT«, das neue Betriebssystem für Workstations von IBM, das von Microsoft 1993 auf den Markt gebracht wurde, erfordert 4 Millionen Zeilen Programmcode. Programme mit 100 Millionen Zeilen liegen nicht in ferner Zukunft.

Wenn Computerprogramme zu Milliarden Zeilen Programmcode anschwellen, wird es zur Hauptaufgabe werden, sie am Laufen und am Leben zu erhalten. Ein zu großer Teil der Wirtschaft und die Existenz zu vieler Menschen wird von diesen Programmen abhängen, als daß sie auch nur für einen Moment zusammenbrechen dürften. David Ackley glaubt, daß die Sicherung von Zuverlässigkeit und Betriebszeit zur *primären* Aufgabe der Software selbst wird. »Ich behaupte, daß bei einem wirklich komplexen Programm das *Überleben* einen immer größeren Teil seiner Rechenleistung in Anspruch nehmen wird.« Gegenwärtig ist nur ein kleiner Teil eines Programms für die Aufrechterhaltung, Fehlerkorrektur und Pflege bestimmt. »In der Zukunft«, sagt Ackley voraus, »werden 99 Prozent der vorhandenen Programmschleifen dafür aufgewendet werden, daß es sich selbst kontrolliert und am Laufen hält. Nur das verbleibende eine Prozent wird für die Aufgaben des Nutzers verwendet werden – Telefonschaltungen oder was auch immer. Denn das Ungetüm kann die Aufgaben des Nutzers nur ausführen, wenn es überlebt.«

In dem Maße, wie die Software umfangreicher wird, wird das Überleben wichtiger, aber auch zunehmend schwieriger. Das Überleben in der Alltagswelt der täglichen Anwendung bedeutet Flexibilität und Weiterentwickelbarkeit. Und es verlangt nach einer höheren Arbeitsleistung. Ein Programm überlebt nur dann, wenn es kontinuierlich seinen Status analysiert, seinen Programmcode neuen Anforderungen anpaßt, sich selbst reinigt, unaufhörlich Anomalien wegschneidet und sich immer anpaßt und weiterentwickelt. Die Programmierung muß gären und sich so verhalten, als wäre sie lebendig. Ackley nennt das »Software-Biologie« oder »lebende Programmierung«. Selbst wenn sie rund um die Uhr per Pager erreichbar wären, könnten Informatiker keinen Code aus Milliarden Zeilen am Leben erhalten. Künstliche Evolution ist vielleicht der einzige Weg, um die Software am Laufen zu halten und lebendig aussehen zu lassen.

Künstliche Evolution ist das Ende der Hegemonie der Konstruktion. Die Evolution wird uns ins Jenseits unserer Planungsfähigkeit befördern. Die Evolution wird Dinge fertigen, die wir nicht fertigen können. Die Evolution wird sie fehlerfreier machen, als wir das können. Und die Evolution wird sie am Laufen halten, was wir nicht können. Aber der Preis für Evolution ist der Titel dieses Buches. Tom Ray erklärt: »Ein Teil des Problems in einem Evolutionssystem liegt darin, daß wir Kontrolle abgeben.«

Kein Mensch wird die mittels Evolution erzeugte Navigationssoftware verstehen, der sich Danny Hillis anvertrauen würde. Es wird ein unentwirrbares Spaghettigericht aus fünf Millionen Strängen Unsinn sein – von denen vielleicht nur zwei Millionen wirklich gebraucht werden. Aber es wird fehlerfrei funktionieren.

Niemand wird in der Lage sein, die lebende Software, mit der Ackleys evolviertes Telefonsystem läuft, zu reparieren. Die Programmzeilen liegen nach einem unverständlichen Muster unter einem planlosen Netz kleiner Maschinen begraben. Wenn die Software jedoch ins Schlingern gerät, wird sie sich selbst wieder stabilisieren.

Niemand wird die Bestimmung der Kreaturen in Tom Rays Suppe steuern. Sie sind brillant im Erfinden neuer Tricks, aber man kann ihnen nicht sagen, an welchem Trick sie als nächstes arbeiten sollen. Die Evolution allein kann sich der Komplexitäten annehmen, die wir erzeugen, aber die Evolution entzieht sich unserer totalen Kontrolle.

Bei Xerox PARK arbeitet Ralph Merkle an sehr kleinen Molekülen, die sich reproduzieren können. Weil diese Replikatoren im mikroskopischen Maßstab von Nanometern leben (sie sind kleiner als Bakterien), wird ihre Konstruktionstechnik Nanotechnologie genannt. Irgendwann in der nahen Zukunft werden die Konstruktionsfertigkeiten der Nanotechnologie und die Konstruktionsfertigkeiten der Biotechnologie konvergieren; beide behandeln Moleküle als Maschinen. Die Nanotechnologie birgt dasselbe Potential für künstliche Evolution wie biologische Moleküle. Merkle erzählte mir: »Ich will nicht, daß die Nanotechnologie evolviert. Ich möchte sie in einem Faß behalten, eingesperrt von internationalem Recht. Das gefährlichste, was der Nanotechnologie geschehen könnte, ist Sex. Ja, ich glaube, es sollte internationale Absprachen gegen Sex im Bereich der Nanotechnologie geben. Sobald man Sex hat, hat man Evolution, und sobald man Evolution hat, bekommt man Schwierigkeiten.«

Die Schwierigkeiten der Evolution befinden sich nicht völlig außerhalb unserer Kontrolle; etwas Kontrolle abzugeben, ist schlichtweg ein Handel, auf den wir uns einlassen, wenn wir Evolution anwenden. Die Dinge, auf die wir bei der Konstruktion stolz sind – Präzision, Berechenbarkeit, Exaktheit und Richtigkeit – werden abgeschwächt, wenn Evolution eingeführt wird.

Sie müssen abgeschwächt werden, weil die Überlebensfähigkeit in einer Welt von Unfällen, unvorhersehbaren Umständen und sich verschiebenden Umwelten – kurz gesagt, der echten Welt – nach einer krauseren, lockereren, anpassungsfähigeren und weniger präzisen Haltung verlangt. Das Leben verläuft unkontrolliert. Vivisysteme sind nicht berechenbar. Lebende Kreaturen sind nicht exakt. »Das Prinzip der Richtigkeit wird über Bord geworfen werden«, sagt Ackley über komplexe Programme. »Richtigkeit ist eine Eigenschaft kleiner Systeme. In der Gegenwart von Veränderungen in großem Maßstab wird Richtigkeit durch Überlebensfähigkeit ersetzt werden.«

Wenn ein Telefonsystem mit einer anpassungsfähigen, mittels Evolution erstellten Software läuft, gibt es keinen richtigen Weg, es zu bedienen. Ackley fährt fort: »Zukünftig über ein System zu sagen, daß es ›richtig‹ ist, wird sich nach bürokratischer Augenwischerei anhören. Wonach die Menschen ein System bewerten werden, wird sich an dem Raffinement seiner Reaktionen bemessen, und danach, wie gut es auf das Unerwartete reagieren wird.« Wir werden Richtigkeit gegen Flexibilität und Haltbarkeit eintauschen. Wir werden einen gewaschenen Leichnam gegen ein schmuddeliges Leben eintauschen. Ackley: »Es wird zu Ihrem Vorteil sein, ein Monster zu haben, das außer Kontrolle aber reaktionsfähig ist, und das ein Prozent seiner selbst auf Ihr Problem verwendet, statt eine kleine, devote, rechtschaffene Ameise von einem Programm zu haben, das keinen Schimmer davon hat, was in der Welt vor sich geht.«

Einer von Stuart Kauffmans Studenten fragte ihn einmal während einer Vorlesung: »Wie entwickeln Sie mit Hilfe der Evolution Dinge, die Sie nicht wollen? Ich verstehe, wie Sie ein System dazu bringen, das zu evolvieren, was Sie wollen; aber wie können Sie sich sicher sein, daß es nicht das erzeugt, was Sie nicht wollen?« Gute Frage. Wir können das, was wir wollen, so eng definieren, daß wir in die Lage versetzt werden, es zu züchten. Aber oft wissen wir nicht einmal, was wir nicht wollen. Oder wenn wir es wissen, ist die Liste der inakzeptablen Dinge so lang, daß sie sinnlos ist. Wie können wir nachteilige Nebenwirkungen aussondern?

»Man kann es nicht«, antwortete Kauffman unumwunden.

Das ist der Deal mit der Evolution. Wir tauschen Macht gegen Kontrolle. Für Kontroll-Junkies wie uns ist es ein Geschäft mit dem Teufel.

Gib die Kontrolle auf, und wir werden mittels künstlicher Evolution neue Welten und unerhörte Reichtümer schaffen. Laß es laufen, und es wird blühen.

Haben wir der Versuchung jemals widerstanden?

15

DIE ZUKUNFT DER KONTROLLE

Das Beste an den Dinosauriern aus *Jurassic Park* ist, daß sie genügend künstliches Leben besitzen, um als Zeichentrickdinos in einem Film Marke Familie Feuerstein wiederverwendet werden zu können.

Sie werden natürlich nicht genau dieselben sein. Sie werden zahmer, länger, runder und folgsamer sein. Aber im Dino wird das digitale Herz von *T. Rex* und *Velocyraptor* schlagen – unterschiedliche Körper, aber dasselbe Dinosauriertum. Mark Dippe, der Zauberer von Industrial Light and Magic, der die virtuellen Dinosaurier erfand, braucht nur die Einstellungen in den digitalen Genen der Kreaturen zu verändern, um sie in knuddelige Haustiere zu verwandeln, ohne daß sie etwas von ihrer überzeugenden Leinwandpräsenz einbüßen.

Dennoch sind die Dinosaurier aus *Jurassic Park* Zombies. Sie haben wunderbar simulierte Körper, aber es fehlt ihnen ein eigenständiges Verhalten, ein eigener Wille, ein eigener Antrieb zum Überleben. Sie sind geisterhafte Stockpuppen, die von Computer-Animatoren geführt werden. Eines Tages jedoch werden die Dinosaurier vielleicht zu Pinocchios, die ein eigenes Leben haben.

Bevor die Dinosaurier aus *Jurassic Park* in die photorealistische Welt eines Spielfilms eingeführt wurden, lebten sie in einer leeren Welt, die aus nur drei Dimensionen bestand. In diesem Traumland – stellen wir es uns als den Ort vor, an dem die fliegenden Logos der Fernsehstationen leben – gibt es Ton, Licht und Raum, aber nicht viel mehr. Wind, Gravitation, Trägheit, Reibung, Steifheit und all die kleinen Eigenheiten der materiellen Welt fehlen und müssen von einfallsreichen Trickfilmern künstlich erzeugt werden.

»In der traditionellen Trickfilmtechnik muß alles Wissen über Bewegungsabläufe aus dem Kopf des Zeichners kommen«, sagt Michael Kass, Entwickler von Computergrafiken bei Apple. Als Walt Disney beispielsweise zeichnete, wie Micky Maus auf ihrem Hintern die Treppe runterhüpfte, stellte er auf Zeichenpapier die Gesetze der

Erdanziehung dar, wie sie seiner Wahrnehmung nach funktionierten. Micky gehorchte Disneys Vorstellungen der Bewegungsabläufe, ob sie nun realistisch waren oder nicht. Meistens waren sie es nicht, aber das machte schon immer ihren Reiz aus. Viele Zeichner übertrieben, veränderten oder ignorierten die physikalischen Gesetze der realen Welt, um die Lacher auf ihrer Seite zu haben. Aber der gegenwärtige Kinostil setzt rigoros auf Realismus. Das moderne Publikum will, daß E. T.s fliegendes Fahrrad wie ein »echtes« fliegendes Fahrrad reagiert und nicht, als ob es aus einem Trickfilm stamme.

Kass versucht, die Physik in die simulierten Welten einzubauen. »Wir erinnerten uns an die Tradition, daß der Zeichner die physikalischen Gesetze im Kopf hatte, und beschlossen, daß statt dessen der Computer über einiges physikalisches Wissen verfügen sollte.«

Beginnen wir etwa beim Traumland der fliegenden Logos. Eines der Probleme mit dieser einfachen Welt ist laut Kass der Umstand, daß »die Dinger aussehen, als ob sie überhaupt kein Gewicht hätten«. Um diese Welt realistischer zu gestalten, könnten wir den Objekten Masse und Gewicht und ihrer Umwelt Schwerkraft verleihen, so daß ein fliegendes Logo, das zu Boden stürzt, mit derselben Beschleunigung fällt wie ein echtes Logo, das auf die Erde plumpst. Die Gravitationsgleichung ist sehr einfach, und sie in eine kleine Welt einzupflanzen nicht schwierig. Wir könnten dem animierten Logo noch eine Sprungformel beigeben, so daß es »aus eigener Kraft« ganz natürlich vom Boden zurückspringt. Es folgt der Schwerkraft und den Regeln kinetischer Energie und Reibung, die seine Bewegung verlangsamen. Man kann ihm auch eine gewisse Steifheit verleihen – etwa die von Kunststoff oder Metall –, so daß es bei einem Zusammenprall realistisch reagiert. Das Endergebnis vermittelt den Eindruck einer Realität, in der ein Chrom-Logo auf den Boden schlägt und in immer kleiner werdenden Sätzen zurückschnellt, bis es klirrend zur Ruhe kommt.

Wir könnten damit fortfahren, zusätzliche Formeln physikalischer Gesetze anzuwenden, wie Elastizität, Oberflächenspannung oder Dreheffekte, und diese der Umwelt einschreiben. Indem wir die Komplexität der künstlichen Umwelten steigern, werden diese zum fruchtbaren Boden für synthetisches Leben.

Deshalb waren die Dinosaurier aus *Jurassic Park* so lebensecht. Wenn sie ihre Beine hoben, mußten sie ihr virtuelles Körpergewicht überwinden. Ihre Muskeln spannten sich an und entspannten sich. Berührten sie wieder den Boden, so aus Gründen der Schwerkraft, und das Auftreten der Füße setzte sich in der Beinbewegung fort.

Die sprechende Katze aus dem Disney-Film *Hocus Pocus,* der im Sommer 1993 in die Kinos kam, war eine virtuelle Figur, die den Dinosauriern ähnelte – allerdings in Nahaufnahme. Die Trickfilmer bauten eine digitale Katzenform und »pausten« ihre Fellmaserung von einer fotografierten Katze ab, der sie bis auf ihre bemerkenswerten Reden zum Verwechseln ähnlich war. Ihre Mundbewegungen waren von einem Menschen abgepaust. Das Ding war ein virtueller Katzen-Mensch-Hybrid.

Ein Kinopublikum sieht, wie Herbstlaub die Straße hinabweht. Das Publikum bemerkt nicht, daß es sich bei der Szene um eine Computeranimation handelt. Das Geschehen sieht echt aus, weil das Video aus etwas Echtem besteht: einzelne virtuelle Blätter, die von einem virtuellen Wind eine virtuelle Straße hinabgeweht werden. Wie bei Reynolds virtuellen Fledermausscharen gibt es eine Unmenge echter Dinge, die an einem Ort, an dem physikalische Gesetze gelten, tatsächlich von einer Kraft vorwärtsgetrieben werden. Die virtuellen Blätter besitzen Eigenschaften wie Gewicht, Form und Oberfläche. Werden sie einem virtuellen Wind ausgesetzt, folgen sie einer Reihe von Gesetzen, die den realen Gesetzen, welche reale Blätter befolgen, analog sind. Das Verhältnis aller Teile untereinander ist so real wie ein Tag in Neuengland, obwohl der Mangel an Detailtreue keine glaubwürdigen Nahaufnahmen zuläßt. Die verwehten Blätter sind weniger gezeichnet als einfach losgelassen.

Animationen ihrer eigenen Physik folgen zu lassen, ist die neue Rezeptur des Realismus. Wenn sich Terminator II aus einer Lache von geschmolzenem Chrom erhebt, wirkt das erstaunlich überzeugend, weil das Chrom den physikalischen Zwängen von Flüssigkeiten (wie etwa der Oberflächenspannung) in einem vergleichbar funktionierenden Universum gehorcht. Es *ist* eine Flüssigkeit, als Simulation.

Kass und Gavin Miller, sein Kollege bei Apple, entwarfen Computerprogramme, welche die Art und Weise, in der Wasser einen seichten Flußlauf hinabrinnt oder als Regen in eine Pfütze fällt, in allen Feinheiten wiedergeben konnten. Sie statteten ein simuliertes Universum mit den Gesetzen der Hydrologie aus, indem sie die Formeln mit einer Animationsmaschine verschalteten. Ihre Videoclips zeigen eine flache Welle, die bei weichem Licht über eine trockene sandige Küste rollt, sich in der unregelmäßigen Weise echter Wellen bricht, dann zurückweicht und nassen Sand zurückläßt. In Wirklichkeit handelt es sich dabei nur um Gleichungen.

Um diese digitalen Welten in der Zukunft tatsächlich funktionieren zu lassen, muß alles dafür Geschaffene auf Gleichungen reduziert werden. Nicht nur Dinosaurier und Wasser, sondern letztlich auch die Bäume, an denen die Saurier herumkauen, die Jeeps (die in einigen Szenen von *Jurassic Park* digital waren), Gebäude, Kleidung, Eßtische und das Wetter. Würde dies nur der Filme wegen geschehen, geschähe es überhaupt nicht. Aber jedes fabrizierte Stück wird in naher Zukunft computergestützt designt und hergestellt werden. Schon heute werden Teile von Automobilen zunächst auf Computerbildschirmen simuliert; später dann wird die entsprechende Gleichung direkt an die Dreher und Schweißer in den Fabriken übermittelt, die den Zahlen ihre endgültige Form geben. Eine neue Weise der industriellen Fertigung, vollautomatisierte Produktion genannt, erhält die Daten aus der CAD-Anwendung und erzeugt unmittelbar einen dreidimensionalen Prototyp aus Metall oder flüssigem Kunststoff. Zunächst besteht ein Objekt nur aus Linien auf dem Bildschirm; dann ist es ein massiver Gegenstand, den man in die Hand nehmen und um den man herumgehen kann. Anstatt die Zeichnung einer Schaltung zu drucken, »druckt« die automatische Fertigung die tatsächliche Schaltung selbst. In dringenden Fällen werden Ersatzteile für Fertigungsmaschinen heute in extra hartem Kunststoff direkt in der Fabrik kopiert; sie halten solange, bis das Originalersatzteil eintrifft. In nicht allzu ferner Zukunft wird der kopierte Gegenstand das Originalersatzteil sein. John Walker, der Gründer des weltweit ersten CAD-Programms, Auto-CAD, äußerte sich gegenüber einem Reporter: »Beim CAD geht es um den Modellbau von Objekten aus der wirklichen Welt im Computer. Ich glaube, zur gegebenen Zeit wird jeder Gegenstand in der Welt, ob er künstlich hergestellt ist oder nicht, im Computer modelliert werden. Das ist ein sehr, sehr großer Markt. Er umfaßt alles.«

Inklusive der Biologie. Blumen können bereits in Computern modelliert werden. Przemyslaw Prusinkiewicz, Informatiker an der University of Calgary in Kanada, verwendet ein mathematisches Modell des pflanzlichen Wachstums, um dreidimensionale virtuelle Blumen zu erzeugen. Offensichtlich folgt der Großteil des Pflanzenwuchses einigen wenigen einfachen Gesetzen. Die Zeichen für das Blühen mögen kompliziert sein. Der Blühvorgang mag von mehreren interagierenden Nachrichten bestimmt sein. Aber diese interagierenden Signale lassen sich relativ einfach in einem Programm kodieren.

Die Mathematik des Pflanzenwuchses wurde 1968 von dem Biotheoretiker Aristid Lindenmeyer ausgearbeitet. Seine Gleichungen formulierten den Unterschied zwischen einer Gartennelke und einer Rose. Er läßt sich auf eine Reihe von Variablen in einem numerischen Samen reduzieren. Eine vollständige Pflanze belegt vielleicht nur ein paar Kilobytes auf einer Festplatte – so klein wie ein Samenkorn. Wenn das Samenkorn vom Computerprogramm entpackt wird, wächst eine Blumengrafik auf dem Bildschirm. Zuerst sprießt ein grünes Keimblatt, Blätter entrollen sich, eine Knospe nimmt Form an, und dann, im richtigen Moment, geht die Blüte auf. Prusinkiewicz und seine Studenten haben die botanische Literatur durchgeackert, um herauszufinden, wie Blumen mit mehreren Blütenständen erblühen, oder wie ein Gänseblümchen entsteht, und wie eine Ulme oder Eiche die für sie typischen Astgabeln ausbildet. Sie stellten außerdem algorithmische Wachstumsgesetze für Hunderte von Seemuscheln und Schmetterlingen zusammen. Die grafischen Ergebnisse überzeugen vollkommen. Das Standbild eines der von Prusinkiewicz im Computer gezogenen spanischen Fliederzweige mit seinen Myriaden von Blüten könnte als Foto in einem Saatgutkatalog verwendet werden.

Anfänglich war es eine unterhaltsame akademische Beschäftigung, aber mittlerweile wird Prusinkiewicz von Gartenbauexperten bedrängt, die alle seine Software wollen. Sie würden eine Menge Geld für ein Programm ausgeben, das ihren Kunden zeigt, wie ihre Gartenentwürfe in zehn Jahren oder schon im kommenden Frühling aussehen werden.

Die beste Methode, eine lebende Kreatur zu kopieren, ist, so dachte Prusinkiewicz, sie zu züchten. Die Wachstumsgesetze, die er aus der Biologie extrapoliert und dann in eine virtuelle Welt eingesetzt hat, werden dazu verwendet, Bäume und Blumen für Filmkulissen anzubauen. Als Umwelt eignen sie sich wunderbar für Dinosaurier und andere digitale Figuren.

Brøderbund Software, ein ehrwürdiger Verlag, der Unterrichtssoftware für Personalcomputer verlegt, vertreibt ein Programm, das physikalische Kräfte modelliert – eine neue Lernmethode für den Physikunterricht. Wenn man das Physikprogramm auf dem Macintosh aufruft, startet ein Miniaturplanet, der die Sonne auf dem Computerbildschirm umrundet. Der virtuelle Planet gehorcht den Kräften von Schwerkraft, Bewegung und Reibung, die in das Miniaturuniversum eingeschrieben sind. Indem die Schüler mit Kräften wie Impuls und Gravitation spielen, können sie ein Gefühl dafür entwickeln, wie die Physik des Sonnensystems funktioniert.

Wie weit können wir damit gehen? Wenn wir immer weitere Kräfte hinzufügten, denen der Miniaturplanet gehorchen müßte – wie elektrostatische Anziehung, Magnetismus, Reibung, Thermodynamik und Volumen –, wenn wir jede einzelne Erscheinung, die wir in der realen Welt sehen, in dieses Programm integrierten, welche Art von Sonnensystem würden wir dann am Ende im Computer erhalten? Wenn man einen Computer dazu verwendet, das Modell einer Brücke zu entwerfen – mit allen Kräften, die durch die Stahlkonstruktion, durch Wind und Schwerkraft auf sie einwirken –, könnten wir dann je zu dem Punkt gelangen, an dem sich behaupten ließe, wir hätten eine Brücke im Computer? Und ließe sich das auch mit dem Leben machen?

So schnell die Physik auch in die digitalen Welten vordringt, das Leben greift noch schneller auf sie über. Um zu sehen, wie weit das generierte Leben in das computerisierte Kino eingesickert ist und mit welchen Folgen, unternahm ich eine Reise durch die Trickfilmstudios, die auf dem neuesten Stand der Technik sind.

Micky Maus ist eine der Vorfahren des künstlichen Lebens. Micky, die heute 69 Jahre alt ist, wird sich bald dem digitalen Zeitalter stellen müssen. In einem der dauerhaft »provisorischen« Gebäude in einem abgelegenen Teil der Glandale Studios von Disney plant der Aufsichtsrat behutsam die Automation von animierten Figuren und Hintergründen. Ich sprach mit Bob Lambert, dem Leiter für Technologieforschung in Disneys Trickfilmabteilung.

Das erste, was Bob Lambert mir gegenüber klarstellte, war, daß Disney keine Eile habe, die Trickfilmerei vollständig zu automatisieren. Trickfilm war ein Handwerk, eine Kunst. Das größte Kapital des Disney-Konzerns lag in diesen Fertigkeiten, und seine Kronjuwelen – Micky Maus und seine Freunde – wurden vom Publikum als mustergültige Kunstwerke angesehen. Wenn Computeranimation irgend etwas mit den Holzrobotern zu tun haben sollte, die die Kinder samstags morgens in den Zeichentrick-Serien sehen, dann wolle Disney nichts damit zu tun haben. Lambert: »Wir können darauf verzichten, daß die Leute sagen: ›Da wird schon wieder ein Kunsthandwerk vom schwarzen Computerloch geschluckt‹.«

Außerdem gibt es noch das Problem mit den Künstlern selbst. Lambert: »Sehen Sie, wir haben 400 Damen in weißen Kitteln, die seit 30 Jahren Micky malen. Wir können das nicht von heute auf morgen ändern.«

Das zweite, was Lambert klarstellen wollte, war, daß die Herstellung der legendären Disney-Filme seit 1990 bereits teilweise automatisiert vor sich gegangen ist. Schrittweise digitalisierten sie ihre Welten. Ihre Trickfilmer hatten verstanden, daß diejenigen, die ihre künstlerische Intelligenz nicht vom Kopf in eine beinahe lebendige Simulation überführten, bald in einem anderen Sinne zu Dinosauriern würden. »Ehrlich gesagt«, fuhr Lambert fort, »verlangten unsere Trickfilmer seit 1992 lautstark danach, Computer verwenden zu dürfen.«

Das riesige Uhrwerk in dem Disney-Film *Der große Mäusedetektiv* war das computergenerierte Modell einer Uhr, über das von Hand gezeichnete Figuren liefen. In *Bernhard und Bianca* tauchte der Albatros Oliver in ein virtuelles New York ein, eine vollständig computergenerierte Umwelt, die aus einer großen Datenbank mit New Yorker Gebäuden erzeugt wurde, welche eine große Baufirma aus kommerziellen Interessen zusammengestellt hatte. Und in *Die kleine Meerjungfrau* begegnete Arielle simulierten Fischschwärmen, Seegras, das sich selbständig hin- und herwiegte, und Luftblasen, die dank physikalischer Gesetze aufstiegen. Aus Respekt vor den 400 Damen in Weiß wurde jedoch jedes Einzelbild dieser computergenerierten Hintergrundszenen auf hochwertigem Zeichenpapier ausgedruckt und von Hand koloriert, um es den anderen Teilen des Films anzupassen. *Die Schöne und das Biest* war der erste Disney-Film, der sich zumindest in einer Szene der »papierlosen Animation« bediente. Die Tanzszene am Ende des Films wurde mit Ausnahme der handgezeichneten Figuren der Schönen und des Biests digital erstellt und wiedergegeben. Der Wechsel innerhalb des Films vom echten zum gefälschten Zeichentrick war für meine Augen kaum wahrnehmbar. Der Übergang stach nicht etwa deshalb heraus, weil die automatisierte Animation weniger anmutig als die von Hand erstellte gewesen wäre, sondern weil sie besser war – weil sie fotografischer aussah als die gezeichneten Tricksequenzen.

Die erste völlig papierlose Disney-Figur war der fliegende (laufende, Zeichen gebende, springende) Teppich in *Aladin*. Um ihn herzustellen, wurde die Form eines persischen Teppichs auf einem Computerbildschirm wiedergegeben. Der Animator legte seine Einstellungen fest, indem er den Cursor bewegte, der Computer baute dann die »dazwischenliegenden« Einzelbilder auf. Anschließend wurde die digitalisierte Teppichbewegung in die digitalisierte Version des handgezeichneten Films eingefügt. In *König der Löwen* gibt es mehrere Tiere, die in der Art der Dinosaurier aus *Jurassic Park* computergeneriert sind, darunter auch einige Tiere mit halbwegs selbständigen Verhaltensmustern von Herden oder Schwärmen. Zum Zeitpunkt, als ich dieses Buch schrieb, arbeitete Disney gerade am ersten vollständig digitalen Trickfilm. Er ist in der Hauptsache die Arbeit des ehemaligen Disney-Zeichners John Lassiter. Fast die gesamte Computeranimation wurde von Pixar gemacht, einem kleinen, innovativen Studio, das sich in einem umgebauten Gewerbepark im kalifornischen Richmond Point befindet.

Ich stattete Pixar einen Besuch ab, um zu sehen, welche Art von künstlichem Leben dort ausgebrütet wird. Pixar hat vier Wettbewerbspreise für kürzere Computeranimationen gewonnen, die Lassiter gestaltet hat. Lassiter liebt es, Objekte zu animieren, die normalerweise leblos sind – ein Fahrrad, ein Spielzeug, eine Lampe oder Nippes, der im Regal steht. Zwar gelten die Filme von Pixar unter Computergrafikern als die technisch ausgereiftesten Computeranimationen, doch ist zumindest der gezeichnete Anteil auch hier handgefertigt. Anstelle eines Bleistifts verwendet Lassiter beim Malen einen Cursor, um seine vom Computer dreidimensional wiedergegebenen Objekte zu verändern. Möchte er etwa, daß ein Spielzeugsoldat traurig wirkt, bewegt er den Cursor auf das glückliche Gesicht der Figur auf dem Computerbildschirm und zieht die Mundwinkel der Zeichnung nach unten. Nach einer ersten Bewertung des Gesichtsausdrucks entscheidet er vielleicht, daß die Augenbrauen des Spielzeugsoldaten nicht ganz so schnell nach unten fallen sollten oder daß seine Augen zu langsam blinzeln. Also verändert er die digitalisierte Form mit Hilfe des Cursors. »Ich kenne keinen anderen Weg, um ihm zu sagen, wie er mit seinem Mund beispielsweise so machen soll«, sagt Lassiter, indem er seinen Mund zu einem O als Ausdruck spöttischer Verblüffung verzieht, »der auch nur etwas schneller oder besser wäre, als es selbst zu tun«.

Mehr über diese Kommunikationsprobleme erfahre ich von Ralph Guggenheim, dem Produktionsleiter bei Pixar: »Die meisten Handzeichner glauben, daß Pixar einen Computer mit Drehbüchern füttert und hinten der fertige Film herauskommt. Deshalb durften wir früher nicht an Trickfilmfestivals teilnehmen. Aber wenn wir wirklich so arbeiten würden, könnten wir keine großartigen Geschichten erfinden ... Das größte Problem, das wir jeden Tag bei Pixar haben, ist, daß die Computeranimation den Animationsvorgang umkehrt. Sie verlangt von den Trickfilmern eine Beschreibung dessen, was sie animieren wollen, bevor sie damit beginnen.«

Animatoren, wirkliche Künstler, sind in dem Sinne wie Schriftsteller, weil sie nicht wissen, was sie sagen wollen, bis sie es sich selbst sagen hören. Guggenheim wiederholt: »Animatoren wissen erst, welche Figur sie zeichnen, wenn sie sie zeichnen. Sie werden ihnen erzählen, daß es zu Beginn der Geschichte sehr langsam voran geht, weil sie sich erst mit ihrer Figur vertraut machen müssen. Wenn sie die Hälfte des Films fertig haben, kennen sie die Figur gut und rasen durch die Einzelbilder.«

In dem kurzen Trickfilm *Tin Toy* wackelt die Feder auf dem Hut des Spielzeugsoldaten ganz natürlich, wenn er seinen Kopf ruckartig bewegt. Diese Wirkung wurde mittels virtueller Physik erzielt, oder, wie es die Animatoren nennen, mit »Zögern, Ziehen, Wackeln«. Bewegte sich der Federkiel, verhielt sich der Rest der Feder so, als wäre er ein Springpendel – eine ziemlich durchschnittliche physikalische Gleichung. Das genaue Zittern der Feder war zuvor nicht berechnet worden, doch es sah sehr realistisch aus, da die Feder physikalischen

Schwingungen gehorchte. Aber das Gesicht des Spielzeugsoldaten wurde immer noch ausschließlich von einem erfahrenen menschlichen Trickzeichner verändert. Der Trickzeichner ist ein Schauspielerersatz. Er stellt eine Figur dar, indem er sie zeichnet. Auf dem Tisch jedes Trickzeichners steht ein Spiegel, den er dazu benutzt, seine eigene übertriebene Mimik wiederzugeben.

Ich fragte die Künstler von Pixar, ob sie sich eine selbständige Computerfigur zumindest *vorstellen* könnten – einen Drehbuchentwurf einzufüttern und einen digitalen, Unheil stiftenden Daffy Duck herauszubekommen. Einmütige ernste Verneinung und Kopfschütteln waren die Antwort. »Wenn es ausreichen würde, ein Drehbuch in einen Computer einzugeben, um eine glaubwürdige Figur zum Leben zu erwecken, dann gäbe es auf der Welt keine schlechten Schauspieler«, sagte Guggenheim. »Aber wir wissen, daß nicht alle Schauspieler großartig sind. Man kann Elvis- und Marilyn Monroe-Darsteller jederzeit und überall sehen. Warum fallen wir nicht auf sie herein? Weil Schauspieler eine komplexe Aufgabe zu erfüllen haben. Sie müssen wissen, wann sie mit dem rechten Mundwinkel zu zucken oder wie sie ein Mikrofon zu halten haben. Wenn so etwas einem menschlichen Schauspieler schon Schwierigkeiten bereitet, wie soll diese Aufgabe dann ein Computerdrehbuch lösen?«

Die gestellte Frage ist die nach der Kontrolle. Es zeigt sich, daß das Geschäft mit Spezialeffekten und Animation ein Wirtschaftszweig von Kontroll-Freaks ist. Sie glauben, daß die Finessen der Schauspielerei so subtil sind, daß nur ein menschlicher Aufseher die Wahlmöglichkeiten einer digitalen oder gezeichneten Figur steuern kann. Sie haben recht.

Aber morgen werden sie nicht mehr recht haben. Wenn sich die Leistungsfähigkeit von Computern weiterhin so steigert, wie es bisher der Fall gewesen ist, werden wir innerhalb der nächsten fünf Jahre eine Figur zu Gesicht bekommen, einen Filmstar, der durch Übertragung synthetischen Verhaltens auf einen synthetischen Starkörper erzeugt wurde.

An den Dinos in *Jurassic Park* wurde sehr deutlich, daß die künstliche Darstellung von Körpern heute beinahe perfekt ist. Die körperliche Erscheinung der Dinos war visuell nicht von unserer Erwartung an einen gefilmten Dinosaurier zu unterscheiden. Eine Reihe von Labors für digitale Effekte sind gerade dabei, die Bestandteile für einen glaubhaften digitalen menschlichen Schauspieler zusammenzutragen. Ein Labor hat sich auf die Herstellung von perfektem digitalen menschlichen Haar spezialisiert, ein anderes darauf, die Hände richtig hinzubekommen, und noch ein anderes auf Gesichtszüge. Digitale Figuren werden bereits in Hollywood-Filme eingefügt (ohne daß das irgend jemand bemerkt), wenn für eine synthetische Szene Menschen benötigt werden, die sich in der Ferne bewegen. Realistische Kleidung, die natürlich fällt und Falten wirft, ist immer noch eine Herausforderung; ist sie nicht perfekt, verleiht sie der virtuellen Person einen unechten Ausdruck. Aber zunächst werden digitale Figuren bei gefährlichen Stunts eingesetzt oder in Mischszenen eingearbeitet werden – aber nur in Totalaufnahmen oder Massenszenen, nicht in Nahaufnahmen, denen größere Aufmerksamkeit zuteil wird. Eine virtuelle menschliche Form, die vollständig glaubwürdig wäre, ist eine knifflige Angelegenheit, aber ihre Ausführung steht nahe bevor.

Weit entfernt ist man hingegen von der überzeugenden Simulation menschlicher Bewegungsabläufe, und noch weiter von einer glaubwürdigen Mimik. Die endgültige Grenze, so die Grafikexperten, ist die menschliche Ausdrucksfähigkeit. Die Bemühungen, ein menschliches Gesicht zu kontrollieren, haben heute die Ausmaße eines kleineren Feldzugs angenommen.

In den Colossal Picture Studios in einem Industriegebiet am Stadtrand von San Francisco arbeitet Brad de Graf an der Imitation menschlichen Verhaltens. Colossal ist ein wenig bekanntes Studio für Spezialeffekte, das aber für einige der bekanntesten Trickfilmreklamen im Fernsehen arbeitet. Colossal machte auch für MTV die avantgardistische Trickfilmserie *Liquid Television*, in der bewegte Stockfiguren, abgerissene Marionetten auf Motorrädern, bewegte Scherenschnitte und die bösen Buben *Beavis and Butt-head* auftreten.

De Graf arbeitet in einem vollgestopften Büro, das sich in einem umgestalteten Lagerhaus befindet. In mehreren großen Räumen leuchten bei gedämpftem Licht zwei Dutzend große Computermonitore. So sieht ein Trickfilmstudio der neunziger Jahre aus. Auf den Computern – grafische Hochleistungs-Workstations von Silicon Graphics – sind Projekte in verschiedenen Arbeitsstadien zu sehen, unter anderem auch eine vollständig computerisierte Büste des Rockstars Peter

Gabriel. Gabriels Kopfform und Gesicht wurden gescannt, digitalisiert und zu einem virtuellen Peter Gabriel zusammengefügt, welcher den Körper des lebendigen in den Musikvideos ersetzen kann. Warum Zeit damit verschwenden, vor Kameras herumzutanzen, wenn man genausogut im Aufnahmestudio sein oder am Pool liegen kann? Ich beobachtete eine Animatorin beim Manipulieren des virtuellen Stars. Sie versuchte Gabriels Mund zu schließen, indem sie an dem Cursor zog, um seinen Kiefer anzuheben. »Hoppla«, sagte sie, als sie zu weit zog, und Gabriels Unterlippe nach oben segelte und in seine Nase eindrang. Eine scheußliche Grimasse.

Ich war in Grafs Atelier, um Moxy zu besuchen, die erste vollständig computer*animierte* Figur. Auf dem Bildschirm sieht Moxy wie ein Zeichentrickhund aus. Er hat eine große Nase, ein abgekautes Ohr, zwei weiße Handschuhe als Hände und Arme wie Gummischläuche. Er hat auch eine äußerst lustige Stimme. Seine Bewegungen sind nicht gezeichnet. Sie sind von einem menschlichen Schauspieler geklaut. In einer Ecke des Raumes gibt es ein selbstgemachtes virtuelles Realitäts-»Waldo«. Ein Waldo (so benannt nach einer Figur aus einer alten Science-fiction Geschichte) ist ein Gerät, das es einer Person ermöglicht, eine Puppe aus der Entfernung zu steuern. Die erste Waldo-gesteuerte Computeranimation war ein experimenteller Kermit-Frosch, der von einem handgroßen Puppenwaldo bewegt wurde. Moxy ist eine virtuelle Figur mit einem vollständigen Körper, eine virtuelle Marionette.

Wenn ein Animator Moxy tanzen lassen will, zieht er sich einen gelben Helm über, auf dessen Spitze ein Stab klebt. Am Ende des Stabes befindet sich ein Ortungssensor. Der Animator streift sich Schulter- und Hüftsensoren über und hebt dann zwei Styroporplatten auf, die wie zwei sehr große Handschuhkarikaturen aussehen. Er winkt mit ihnen herum – auf ihnen befinden sich ebenfalls Ortungssensoren –, während er tanzt. Auf dem Bildschirm tanzt der Zeichentrickhund Moxy in seinem verrückten Trickfilmraum im Gleichschritt mit.

Moxys bester Trick ist, daß er automatisch seine Lippen synchron bewegen kann. Eine aufgezeichnete menschliche Stimme strömt in einen Algorithmus, der berechnet, wie sich Moxys Lippen bewegen sollten, und sie dann bewegt. Den Studioprogrammierern macht es Spaß, Moxy alle möglichen ungeheuerlichen Dinge mit den Stimmen anderer Personen sagen zu lassen. Eigentlich kann Moxy auf viele Arten bewegt werden – indem man an Reglern dreht, Befehle eintippt, mittels Cursorbewegung oder durch autonomes Verhalten, das von Algorithmen generiert wird.

Das ist die nächste Stufe für de Graf und andere Animatoren: Figuren wie Moxy mit Einzelbewegungen zu bestücken – aufstehen, sich bükken, etwas Schweres hochheben –, die wieder zu einer geschmeidigen, glaubwürdigen Bewegung zusammengesetzt und dann auf eine komplexe menschliche Figur angewendet werden können.

Die Bewegung einer menschlichen Figur zu berechnen, ist für die heutigen Computer, wenn ihnen genug Zeit zur Verfügung gestellt wird, bereits möglich. Aber das im Fluge zu tun, wie es der Körper im richtigen Leben macht, in einer Welt, die sich bewegt, während man überlegt, wo man seinen Fuß hinsetzt – eine solche Berechnung ist beinahe unmöglich, wenn die Simulation gut sein soll. Der menschliche Körper verfügt über etwa 200 bewegliche Gelenke. Die Gesamtzahl der möglichen Positionen, die eine menschliche Figur mit 200 beweglichen Teilen einnehmen kann, ist astronomisch hoch. Sich in Echtzeit an der Nase zu kratzen, erfordert mehr Computerleistung, als uns in Großrechnern zur Verfügung steht.

Aber damit ist das Maximum an Komplexität noch nicht erreicht, denn jede Körperposition kann auf mehreren Wegen eingenommen werden. Wenn ich meinen Fuß anhebe, um in einen Schuh zu schlüpfen, dirigiere ich mein Bein durch Hunderte von Kombinationen von Oberschenkel-, Unterschenkel-, Fuß- und Zehenbewegungen in die genaue Position. Tatsächlich sind die Abfolgen meiner Gliederbewegungen beim Gehen so komplex, daß es Platz für Millionen unterschiedlicher Umsetzungen gibt. Andere können mich erkennen – oft aus dreißig Meter Entfernung, ohne mein Gesicht zu sehen – ausschließlich an meiner unbewußten Wahl der Fußmuskeln, die ich beim Gehen gebrauche. Die Kombinatorik einer anderen Person zu imitieren, ist schwierig.

Forscher, die versuchen, menschliche Bewegungen in künstlichen Figuren zu simulieren, finden schnell heraus, was die Zeichner von Bugs Bunny und Schweinchen Dick schon immer gewußt haben: daß einige kombinatorische Abfolgen »natürlicher« erscheinen als andere. Wenn Bugs nach einer Möhre greift, wirken einige Wege des

Arms zum Gemüse hin menschlicher als andere. (Das Verhalten von Bugs simuliert selbstverständlich nicht einen Hasen, sondern einen Menschen). Und es hängt viel von der zeitlichen Abfolge ab. Eine animierte Figur, welche die Abfolge menschlicher Bewegungen einwandfrei beherrscht, kann immer noch roboterartig wirken, wenn etwa die relativen Geschwindigkeiten des schwingendem Arms und schreitenden Beins nicht angepaßt sind. Das menschliche Gehirn entdeckt solche Fälschungen mit Leichtigkeit. Deshalb ist das Timing ein weiterer Aspekt innerhalb der Komplexität der Bewegung.

Frühe Versuche, künstliche Bewegung zu erzeugen, zwangen die Techniker, sich intensiv mit der tierischen Verhaltenslehre zu befassen. Um Fahrzeuge mit Beinen zu konstruieren, die auf dem Mars umherstreifen könnten, untersuchten die Forscher Insekten – nicht um zu lernen, wie man Beine baut, sondern um herauszufinden, wie Insekten die simultane Bewegung von sechs Beinen koordinieren.

In den firmeneigenen Studios von Apple Computers beobachtete ich einen Spezialisten für Computergrafik, der immer wieder das Video einer laufenden Katze abspielte, um ihre Bewegungen zu zerlegen. In Verbindung mit einem Stoß wissenschaftlicher Papiere über die Reflexe von Katzengliedern half ihm das Videoband, die Architektur des Katzengangs herauszufinden. Er hatte vor, diese Architektur später einer digitalisierten virtuellen Katze zu transplantieren. Letztlich hoffte er, ein generisches Fortbewegungsmuster für Vierfüßler abstrahieren zu können, das sich Hunden, Geparden, Löwen oder was auch immer anpaßt. Das Aussehen des Tieres war ihm völlig gleichgültig; das Modell, mit dem er arbeitete, war eine äußerst simple Figur. Ihn interessierte allein die Organisation der komplizierten Bein-, Gelenk- und Fußbewegung.

Im Labor von David Zeltzer im MIT Media Lab entwickelten Examenskandidaten einfache Stockpuppen, die »von selbst« über eine unebene Landschaft gehen konnten. Die Tiere bestanden aus nicht mehr als vier Beinen mit einem Stock als Rückgrat. Jedes Bein besaß in der Mitte ein Gelenk. Die Studenten stellten den »Animat« in eine bestimmte Richtung auf, woraufhin er seine Beine bewegte, mit dem Ziel, die Erhöhungen und Vertiefungen aufzuspüren, um sie durch einen daran angepaßten Gang auszugleichen. Das Ergebnis war ein bemerkenswert überzeugendes Porträt einer Kreatur, die über ein zerklüftetes Terrain geht. Aber anders als in den herkömmlichen Road-Runner-Trickfilmen entschied hier kein Mensch darüber, wohin jedes Bein in jedem Moment des Bildes gesetzt wurde. In gewisser Weise entschied die Figur es selbst. Zeltzers Gruppe bevölkerte ihre Welt schließlich mit autonomen sechsbeinigen Animaten und brachte sogar ein zweibeiniges Etwas dazu, ein Tal hinunter- und wieder hinaufzulaufen.

Zeltzers Studenten bauten Lemonhead zusammen, eine Zeichentrickfigur, die selbständig laufen konnte. Seine Art zu Laufen war realistischer und komplizierter als diejenige der Stockpuppe, weil er aus einer größeren Anzahl von Körperteilen und Gelenken bestand. Er konnte um Hindernisse, etwa umgefallene Baumstämme, in einem realistischen Bewegungsablauf herumgehen. Lemonhead inspirierte Steve Strassman, einen weiteren Studenten in Zeltzers Labor, herauszufinden, wie weit er mit dem Aufbau einer Bibliothek von Verhaltensweisen kommen würde. Die Idee bestand darin, eine generische Figur wie Lemonhead zu bauen und ihr Zugang zu einem »Katalog« mit Bewegungs- und Verhaltensclips zu geben. Brauchst Du ein Niesen? Da hast du ein Laufwerk voll davon!

Strassman wollte einer Figur Anweisungen in einfachem Englisch geben. Man sagt ihr, was sie tun soll, und die Figur fischt sich die geeigneten Verhaltensweisen aus den »vier Nahrungsgruppen des Verhaltens« heraus und kombiniert sie zur Abfolge einer vernünftigen Bewegung. Befiehlt man ihr aufzustehen, weiß sie, daß sie zunächst die Füße unter dem Stuhl hervorziehen muß. »Sehen Sie«, warnt mich Strassman, bevor er mit seiner Vorführung beginnt, »dieser Typ wird keine Sonaten schreiben, aber er wird auf einem Stuhl sitzen.«

Strassman startete zwei Figuren, John und Mary. Alles geschah in einem schlichten Zimmer, in das man aus einem schrägen Winkel oberhalb der Decke hineinsah – wie das Auge Gottes. »Desktop-Theater« nannte es Strassman. Die Ausgangssituation war, daß das Paar sich gelegentlich stritt. Strassman arbeitete an einer Abschiedsszene. Er tippte: »In der Szene wird John wütend. Ruppig hält er Mary das Buch hin, aber sie lehnt es ab. Er knallt es auf den Tisch. Mary erhebt sich, während John wütend vor sich hinstarrt.« Dann drückte er die Start-Taste.

Der Computer denkt eine Sekunde darüber nach, dann führen die Figuren auf dem Bildschirm das Stück auf. John runzelt die Stirn; seine Bewegungen mit dem Buch fallen knapp aus; er ballt die Fäuste. Plötzlich steht Mary auf. Ende. In ihren Bewegungen liegt keine Grazie, nichts besonders Menschliches. Und es ist schwer, den flüchtigen Bewegungen zu folgen, weil sie keine Aufmerksamkeit auf sich ziehen. Das Gefühl, einbezogen zu sein, fehlt, aber dort, in dem winzigen künstlichen Raum, interagieren Figuren gemäß eines göttlichen Drehbuches miteinander.

»Ich bin ein Regisseur mit Sitzfleisch«, sagt Strassman. »Wenn es mir nicht gefällt, wie die Szene gelaufen ist, lasse ich sie erneut spielen.« Also gibt er eine neue Variante ein: »In dieser Szene wird John traurig. Er hält das Buch in seiner linken Hand. Freundlich streckt er es Mary entgegen, aber sie lehnt höflich ab.« Und wieder führen die Figuren die Szene auf.

Die Feinheiten sind das Schwierigste. »Wir greifen nicht zum Telefonhörer wie nach einer toten Ratte«, sagt Strassman. »Ich könnte meinen Vorrat an Handbewegungen erweitern, aber das Problem besteht darin: Wer oder was verwaltet ihn? Wo wird die Bürokratie erfunden, die die Auswahlprozeduren kontrolliert?«

Mit dem, was sie an den Stockpuppen und Lemonhead gelernt hatten, verhalfen Zeltzer und sein Kollege Michael McKenna dem Skelett eines sechsbeinigen Animaten zum Körper einer scheußlichen Kakerlake aus Chrom und machten das Insekt zum Star in einem der seltsamsten Computertrickfilme, die je hergestellt wurden. Der Form halber hatte das fünfminütige Video mit dem scherzhaften Titel »Der grinsende Schrecken des Todes« auch ein Erzählgerüst; die Geschichte handelte davon, wie ein riesiger Metallkäfer aus dem Weltraum auf der Erde landet und eine Stadt zerstört. Die Story war zwar zum Gähnen langweilig, aber der Star, der sechsbeinige Schrecken, war der erste wirkliche Animat – ein künstliches Tier, das sich selbständig bewegte.

Wenn die riesige Chromkakerlake die Straße hinunterkroch, war ihr Verhalten »frei«. Die Programmierer sagten ihr: »Lauf über dieses Gebäude!« und die virtuelle Kakerlake im Computer fand heraus, wie sie ihre Füße zu bewegen und welchen Winkel ihr Körper einzunehmen hatte, und daraufhin malte sie ein glaubwürdiges Videoporträt, wie sie sich an fünfstöckigen Steinhäusern hoch- und dann über sie hinwegwand. Die Programmierer richteten ihre Bewegungen eher aus, als sie zu diktieren. Wenn sie von Gebäuden herunterkam, wurde die gigantische Roboterkakerlake von der Schwerkraft auf den Boden gezogen. Fiel sie, bewirkten die simulierte Schwerkraft und Friktion, daß ihre Beine ganz realistisch einknickten und wegrutschten. Die Kakerlake spielte die Szene, ohne die Regisseure in Verzweiflung über die Details ihrer Fußbewegungen zu stürzen.

Der nächste Schritt zur Geburt einer selbständigen virtuellen Figur befindet sich gerade im Versuchsstadium. Man nehme die von unten nach oben organisierte Verhaltensmaschinerie der Riesenkakerlake und überziehe sie mit dem bezaubernden Kadaver eines Dinos aus *Jurassic Park*, um einen digitalen Filmschauspieler zu erhalten. Man ziehe den Schauspieler auf, füttere ihn gut mit Rechenleistung und führe ihn dann wie einen echten Schauspieler. Man gebe ihm allgemeine Anweisungen – »Gehe auf Futtersuche« –, und er wird selbständig herausfinden, wie er die Bewegungen seiner Gliedmaßen koordinieren muß, um den Befehl auszuführen.

Diesen Traum umzusetzen, ist natürlich nicht so leicht. Fortbewegung ist nur ein Teil des Bewegungsablaufs. Simulierte Kreaturen müssen sich nicht nur bewegen, sie müssen sich auch orientieren, Gefühle ausdrücken und reagieren können. Um ein Geschöpf zu erfinden, das mehr kann als nur gehen, brauchen Animatoren (und die Entwickler von Robotern) einen Weg, um sich das angeborene Verhalten in allen Formen anzueignen.

1940 begann ein Trio von legendären Tierbeobachtern – Konrad Lorenz, Karl von Frisch und Niko Tinbergen –, den logischen Unterbau tierischen Verhaltens zu beschreiben. Lorenz teilte sein Haus mit Gänsen, von Frisch lebte zwischen Bienenschwärmen, und Tinbergen brachte seine Tage mit Stichlingen und Seemöwen zu. Mit strengen und intelligenten Versuchen machten die drei Verhaltensforscher aus den altertümlichen Tiermärchen eine respektable Wissenschaft, die Ethologie. 1973 erhielten sie für ihre Pionierleistungen gemeinsam den Nobelpreis. Als sich später Cartoonisten, Ingenieure und Informatiker in ethologische Fachliteratur vertieften, fanden sie zu ihrer großen Überraschung einen beachtlichen, von den drei Verhaltensforschern bereits ausgearbeiteten Rahmen, der, so wie er war, in den Computer übertragen werden konnte.

Der springende Punkt in der ethologischen Architektur ist die Idee der Dezentralisierung. Tinbergens Werk *The Study of Instinct* (1951) zufolge ist das Verhalten eines Tieres eine dezentrale Koordination voneinander unabhängiger Bewegungs- bzw. Antriebszentren, die miteinander wie Verhaltensbausteine kombiniert werden. Einige Verhaltensmodule bestehen aus einem Reflex; sie rufen eine einfache Funktion auf, wie etwa: wegziehen bei Hitze oder blinzeln bei Berührung. Der Reflex hat keine Ahnung davon, wo er sich befindet und was sonst noch vor sich geht, noch kennt er die gegenwärtigen Ziele des Körpers, in dem er sich befindet. Er kann jederzeit ausgelöst werden, wenn der entsprechende Reiz auftritt.

Eine männliche Forelle reagiert instinktiv auf folgende Stimuli: eine paarungsbereite weibliche Forelle, einen in der Nähe befindlichen Wurm, einen sich von hinten nähernden Räuber. Wenn aber alle drei Stimuli gleichzeitig auftreten, dominiert das Räubermodul und unterdrückt die Freß- und Paarungsinstinkte. Manchmal, wenn es zu einem Konflikt zwischen Handlungsmodulen oder mehreren Stimuli gleichzeitig kommt, werden Managementmodule aktiviert, um die Entscheidung zu fällen. Man befindet sich etwa mit verschmierten Händen in der Küche, und das Telefon klingelt, während es gleichzeitig an der Wohnungstür klopft. Die gegensätzlichen Antriebe – zum Telefon zu springen, sich die Hände abzuwischen, zur Tür zu stürzen – können zur Lähmung führen, wenn sie nicht von einem dritten Modul, dem gelernten Verhalten, entschieden werden, vielleicht einem, das den Schrei auslöst: »Bitte warten Sie!«

Weniger passiv läßt sich ein Tinbergensches Antriebszentrum auch als »Handlungseinheit«, als Agens vorstellen. Ein Agens (welche physikalische Form es auch immer annimmt) bemerkt einen Stimulus und reagiert darauf. Seine Reaktion, oder in der Computersprache sein »Output«, läßt sich als Input für andere Module, Antriebszentren oder Agenzien vermuten. Der Output eines Agens kann möglicherweise andere Module *in Bereitschaft versetzen* (den Gewehrhahn spannen) oder andere Module, die sich bereits in Bereitschaft befinden, *aktivieren* (den Abzugbügel durchziehen). Oder das Signal kann ein benachbartes Modul *deaktivieren* (die Waffe sichern). Sich zugleich das Bäuchlein zu reiben und sich auf den Kopf zu klopfen ist knifflig, denn aus irgendeinem unbekannten Grund unterdrückt die eine

Handlung die andere. Im allgemeinen kann ein Output sowohl Zentren in Bereitschaft versetzen als auch andere ausschalten. Das ist natürlich die Anlage eines Netzwerks, das sich vor zirkulärer Kausalität nicht mehr retten kann und auf dem Sprung in den Kreislauf der Selbsterschaffung ist.

Auch aus dem Dickicht dieser blinden Reflexe tritt also äußerliches Verhalten hervor. Aufgrund des verteilten Ursprungs des Verhaltens können sehr einfache Akteure der unteren Ebenen unerwartet komplexes Verhalten auf höheren Ebenen erzeugen. »Innerhalb« der Katze entscheidet kein zentrales Modul darüber, ob sie ihr Ohr kratzen oder ihre Pfote lecken soll. Statt dessen wird das Betragen der Katze von einem wirren Netz unabhängiger »Verhaltensagenzien« – Katzenreflexen – bestimmt, die sich gegenseitig aktivieren und ein grobes Muster bilden (genannt Lecken oder Kratzen), das aus dem aufgegliederten Netz hervortritt.

Dies klingt deshalb sehr nach Brooks' Subsumtionsarchitektur, weil es im Kern nichts anderes ist. Tiere sind Roboter, die funktionieren. Die dezentralisierte, verteilte Kontrolle, von der die Tiere regiert werden, ist auch die Weise, in der Roboter und digitale Kreaturen funktionieren.

Netzdiagramme miteinander verbundener Verhaltensmodule in ethologischen Lehrbüchern hinterlassen bei Informatikern den Eindruck von Flußdiagrammen aus der Computerlogik. Die Botschaft lautet: Verhalten ist programmierbar. Durch die Einrichtung einer Schaltung aus Untereinheiten des Verhaltens läßt sich jede Art von Persönlichkeit programmieren. Es ist theoretisch machbar, in einem Computer jede Stimmung zu erzeugen, jede anspruchsvolle Reaktion, zu der ein Tier in der Lage ist. Filmfiguren werden von derselben Bottom-up-Kontrolle des Verhaltens angetrieben werden wie Robbie, der Roboter – und von exakt demselben Schema, das man von lebenden Singvögeln und Stichlingen abgelesen hat. Aber statt Preßluftschläuche Druck ausüben zu lassen oder Fischschwänze zum Zucken zu bringen, wälzt das dezentralisierte System Datenbits um, die ein Bein auf dem Bildschirm bewegen. Auf diese Weise verhalten sich autonome animierte Figuren in Filmen nach denselben generellen Organisationsregeln wie echte Tiere. Obwohl synthetisch, ist ihr Verhalten *reales* Verhalten (oder zumindest hyperreales Verhalten).

Folglich sind Zeichentrickfiguren einfach Roboter ohne echten Körper.

Aber es kann mehr als nur Bewegung programmiert werden. Charakter – im altmodischen Wortsinn – kann in Computerbits verpackt werden. Depression, Euphorie und Wutausbrüche werden die Zusatzmodule für das Betriebssystem einer Kreatur sein. Einige Software-Unternehmen werden bessere Versionen von Angstgefühlen verkaufen als andere. Vielleicht werden sie »relationale Angst« verkaufen – Angst, die sich nicht nur in den Körper der Kreatur einschreibt, sondern in sukzessive Gefühlsmodule einsickert und sich erst nach und nach, im Laufe der Zeit verflüchtigt.

Verhalten will frei sein. Um aber für den Menschen Nutzen abzuwerfen, muß künstlich erzeugtes Verhalten überwacht und kontrolliert werden. Wir wollen, daß Robbie, der Roboter, und Bugs Bunny ohne unsere Aufsicht selbständig Dinge vollbringen. Gleichzeitig aber ist nicht alles, was Robbie oder Bugs tun könnten, auch produktiv. Wie können wir einem Roboter mit oder ohne Körper oder irgendeiner Form künstlichen Lebens erlauben, sich nach Gutdünken zu verhalten, während wir sie immer noch so steuern, daß sie uns von Nutzen sind?

Überraschenderweise wurden einige Antworten darauf in einem Forschungsprojekt zur interaktiven Literatur gefunden, das an der Carnegie Mellon University begonnen worden war. Der Leiter des Projekts, Joseph Bates, baute eine Welt, die er »Oz« nannte und die ein wenig dem kleinen Zimmer von John und Mary glich, das Steve Strassman geschaffen hat. In Oz gibt es Figuren, eine physikalische Umwelt und eine Handlung – dasselbe Trio an Bestandteilen wie im klassischen Drama. Im klassischen Drama determiniert die Handlung sowohl die Figuren als auch die Umwelt. In Oz ist die Kontrollfunktion etwas umgedreht; Figuren und Umwelt beeinflussen die Handlung.

Oz wurde geschaffen, um Menschen Freude zu bereiten. Es ist eine phantasievolle virtuelle Welt, die sowohl mit Automaten als auch mit von Menschen gesteuerten Figuren bevölkert ist. Ziel ist es, eine Umwelt, eine narrative Struktur und Automaten so zu gestalten, daß ein Mensch an der Geschichte teilhaben kann, ohne deren Ablauf zu zerstören, ohne sich aber auch als bloßer Beobachter zu fühlen. David

Zeltzer, der das Projekt mit einigen Ideen unterstützte, hat ein wunderschönes Beispiel zur Hand: »Würden wir Ihnen eine digitale Version von Moby Dick zur Verfügung stellen, gäbe es keinen Grund, warum Sie nicht ihre eigene Kajüte auf der *Pequod* haben sollten. Sie könnten sich mit Starbuck unterhalten, während er dem weißen Wal nachjagt. In der Geschichte gibt es genügend Platz, um Sie miteinzubeziehen, ohne daß man die Handlung ändern müßte.«
An Oz sind drei neue Grenzgebiete der Kontrollforschung beteiligt:

- Wie organisiert man eine Handlung, die Umwege zuläßt, ohne jedoch das anvisierte Ziel aus den Augen zu verlieren?
- Wie baut man eine Umwelt, die für Überraschungen gut ist?
- Wie erschafft man Kreaturen, die genügend, aber nicht im Übermaß Autonomie besitzen?

Von Strassmans »Desktop-Theater« kommen wir zu Joseph Bates' »Computer-Drama«. Bates stellt sich ein Drama mit verteilter Kontrolle vor. Eine Erzählung wird zu einer Art Koevolution, bei der vielleicht nur noch die äußeren Umrisse vorgegeben sind. Man kann mitten in einer Folge von *Star Trek* sein und versuchen, andere Handlungsstränge einzuflechten, oder man könnte sich auf einer Reise mit einem synthetischen Don Quixote befinden und neuen Hirngespinsten begegnen. Bates, der sich hauptsächlich für die Erfahrungen des menschlichen Nutzers von Oz interessiert, faßt sein Vorhaben in folgende Worte: »Die Frage, an der ich arbeite, lautet: Wie erlegt man den Nutzern ein Schicksal auf, ohne ihnen die Freiheit zu nehmen?«
Für meine Suche nach der Zukunft der Kontrolle, die eher aus der Perspektive des Geschaffenen als der des Schöpfers durchgeführt wird, wäre die Frage folgendermaßen umzuformulieren: Wie gibt man einer Figur des künstlichen Lebens ein Schicksal, ohne ihr die Freiheit zu nehmen?
Brad de Graf glaubt, daß diese Verschiebung der Kontrolle auch die Absicht der Autoren verschiebt. »Wir erschaffen ein neues Medium. Statt eine Geschichte zu erfinden, erfinde ich eine Welt. Statt mir Handlungen und Dialoge für eine Figur auszudenken, erschaffe ich eine Persönlichkeit.«
Als ich die Gelegenheit hatte, mit einigen künstlichen Figuren herumzuspielen, die Bates entwickelt hatte, bekam ich ein Gefühl dafür,

wieviel Spaß man mit diesen haustierartigen Kreaturen mit eigener Persönlichkeit haben kann. Bates nennt seine Lieblinge »Woggles«. Woggles gibt es in drei Ausführungen: ein blauer Kloß, ein roter Kloß und ein gelber Kloß. Die Klöße sind dehnbare Kugeln mit zwei Augen. Sie hüpfen in einer einfachen Welt aus Trittsteinen und ein paar Höhlen umher. Jede Wogglefarbe steht für bestimmte Verhaltensabfolgen. Eine für schüchtern, eine für aggressiv, eine für folgsam. Wenn ein Woggle einem anderen Woggle Angst einjagt, streckt sich der aggressive Woggle zu voller Länge, um den Angreifer abzuschrecken. Der Schüchterne schrumpft und flieht.

Normalerweise hüpfen die Woggles und machen das, was Woggles untereinander so machen. Aber wenn ein Mensch in Gestalt eines Cursors ihre Welt betritt, reagieren sie auf den Besucher. Manchmal verfolgen sie ihn oder gehen ihm aus dem Weg und warten, bis er gerade nicht in der Nähe ist, um einen anderen Woggle zu belästigen. Man ist zwar auf der Bühne, kontrolliert aber nicht die Show.

Einen besseren Einblick in die Zukunft der Kontrolle unserer Lieblinge erhielt ich durch den Prototyp einer Welt, die in gewisser Weise eine Fortführung von Bates Woggle-Welt ist. Eine Gruppe von Leuten, die sich in den Labors von Fujitsu in Japan mit Virtueller Realität (VR) beschäftigt, schnappten sich Woggle-ähnliche Figuren und verliehen ihren Körpern virtuelle Dreidimensionalität. Ich beobachtete einen Typ, wie er mit einem monströsen VR-Helm auf dem Kopf und Datenhandschuhen an den Händen eine Vorführung machte.

Er befand sich in einer Phantasiewelt unter Wasser. Aus der Entfernung schimmerte der schwache Glanz eines versunkenen Schlosses im Hintergrund. Der unmittelbare Spielbereich war mit einigen griechischen Säulen und brusthohem Seegras ausstaffiert. Drei »Quallen« hüpften herum, und ein kleiner Hai zog seine Kreise. Die Quallen, in der Form von Pilzen und etwa der Größe von Hunden, wechselten je nach Stimmung oder Verhalten ihre Farbe. Spielten sie miteinander, waren sie alle blau. Sie hüpften unermüdlich auf ihren fetten Wampen herum. Wenn der VR-Typ ihnen Zeichen machte, zu ihm zu kommen, indem er mit der Hand winkte, sprangen sie erregt auf ihn zu, wurden orange und hüpften auf und ab wie junge Hunde, die darauf warten, daß man ihnen einen Stock zuwirft. Schenkte er ihnen Aufmerksamkeit, schlossen sie zufrieden ihre Augen. Der Typ konnte die weniger freundlich gesonnenen Fische zu sich rufen, indem er sie aus der Ferne mit einem blauen Laserstahl aus seinem Zeigefinger berührte. Dadurch veränderte sich die Farbe des Fisches und sein Interesse am Menschen. Solange er hin und wieder vom blauen Strahl gestreift wurde, zog er immer engere Kreise und schwamm ganz dicht vorüber, aber kam nie zu nah – wie eine Katze.

Selbst wenn man das Schauspiel von außen betrachtete, wurde deutlich, daß künstliche Figuren mit dem schwächsten selbständigen Verhalten und einer dreidimensionalen Form in einem mit anderen geteilten dreidimensionalen Raum eine bestimmte eigenständige Präsenz haben. Ich konnte mir vorstellen, ein Abenteuer mit ihnen zu erleben. Ich konnte sie mir als Dinosaurier vorstellen; und mich richtig ängstigen. Sogar der Fujitsu-Typ zuckte einmal zusammen, als die virtuellen Fische zu dicht an seinen Kopf heranschwammen. »Virtuelle Realität«, sagt de Graf, »ist nur dann interessant, wenn sie mit interessanten Figuren bevölkert ist«.

Pattie Maes, für künstliches Leben zuständige Forscherin am MIT, verabscheut die Virtuelle Realität von Brillen und Handschuhen. Sie empfindet solche Bekleidung als »zu künstlich« und beengend. Sie und ihre Kollegin Sandy Pentland ersannen eine andere Möglichkeit, mit virtuellen Kreaturen in Kontakt zu treten. Ihr System, mit dem Namen ALIVE, erlaubt es einem Menschen, mit animierten Kreaturen via Computerbildschirm und Videokamera zu spielen. Die Kamera ist auf den menschlichen Mitspieler gerichtet und fügt den Beobachter so in die virtuelle Welt ein, die er oder sie auf dem Bildschirm verfolgt.

Dieser feine Trick vermittelt ein echtes Gefühl von Intimität. Indem ich meine Arme bewege, kann ich mit kleinen »Hamstern« auf dem Bildschirm spielen. Die Hamster sehen wie kleine Toaster auf Rädern aus, aber sie sind Animaten, die eigenständige Ziele verfolgen und über ein reichhaltiges Repertoire an Antrieben, Wahrnehmungs- und Reaktionsmöglichkeiten verfügen. Wenn sie seit einiger Zeit nichts mehr gefressen haben, durchstreifen die Hamster ihren abgeschlossenen Pferch auf der Suche nach »Nahrung«. Sie suchen die Nähe ihrer Artgenossen; manchmal jagen sie sich. Sie fliehen vor meiner Hand, wenn ich sie zu schnell bewege. Bewege ich sie langsam, versuchen sie, ihr neugierig zu folgen. Ein Hamster kann sich aufrichten und um Futter betteln. Wenn sie müde werden, kippen sie um und schlafen ein. Sie sind gleichweit von Robotern und animierten Tieren entfernt, und nur wenige Schritte von authentischen virtuellen Figuren.

Pattie Maes versucht, ihren Geschöpfen beizubringen, »das Richtige zu tun«. Sie will, daß ihre Kreaturen aus ihren eigenen Umwelterfahrungen ohne intensive menschliche Aufsicht lernen. Die Dinosaurier aus *Jurassic Park* werden solange keine echten Figuren sein, wie sie nicht lernfähig sind. Es wird kaum etwas bringen, einen virtuellen menschlichen Schauspieler herzustellen, solange er oder sie nicht lernen kann. Gemäß dem Modell der Subsumptionsarchitektur strukturiert Maes die Algorithmen zu Hierarchien, die es ihren Geschöpfen nicht nur ermöglichen, sich anzupassen, sondern sich selbst zu immer komplexeren Verhaltensweisen hochzuarbeiten und – wesentlicher Bestandteil der gesamten Struktur – aus diesen Verhaltensweisen auch *ihre eigenen Ziele* entstehen zu lassen.

Die Animatoren bei Disney und Pixar trifft beim Gedanken daran beinahe der Schlag, aber eines Tages wird Micky ihrem eigenen Plan folgen.

Wir schreiben das Jahr 2001. Es ist Winter. In einer Ecke des Filmgeländes der Disney-Studios wird ein Anhänger als geheimes Forschungslabor aufgestellt. Filmspulen mit alten Disney-Cartoons, Stapel von Gigabyte-Festplatten und drei 24jährige Computergrafikkünstler sind darin versteckt. Innerhalb von ungefähr drei Monaten dekonstruieren sie Micky Maus. Als potentielles 3D-Wesen, das in nur zwei Dimensionen erscheint, wird sie wieder zusammengefügt. Sie kann selbständig laufen, springen, tanzen, Überraschung ausdrücken oder zum Abschied winken. Sie kann ihre Lippen bewegen, aber nicht sprechen. Die runderneuerte Maus paßt auf eine tragbare 2-Gigabyte-Wechselplatte.

Die Platte wird zu den alten Trickfilmstudios gebracht – vorbei an Reihen verlassener staubiger Zeichnerarbeitsplätze gelangt sie in einen separaten Raum, in dem die Workstations von Silicon Graphics leuchten. Micky Maus wird in einen Computer gesteckt. Zuvor haben die Animatoren für Micky eine bis ins einzelne ausgestattete künstliche Welt geschaffen. Sie wird auf die Bühne gestellt, und das

Band wird eingeschaltet. Kamera läuft! Wenn Micky Maus auf der Treppe ihres Hauses stolpert, zieht sie die Schwerkraft nach unten. Die simulierte Physik ihres gummiartigen Hinterteils, das gegen die Holzstufen prallt, erzeugt realistische Hüpfer. Ihre Mütze wird von einem virtuellen Wind weggeblasen, der durch die offene Haustür zieht, und wenn beim Versuch, der Mütze hinterherzulaufen, der Teppich unter ihr wegrutscht, wellt dieser sich entsprechend den physikalischen Gesetzen des Stoffgewebes, gerade so wie Micky unter ihrem eigenen simulierten Gewicht zusammenbricht. Der einzige Befehl, den Micky erhalten hatte, war, den Raum zu betreten und ihren Hut nicht zu verlieren. Der Rest geschah von selbst.

In einigen Jahren wird Micky nicht mehr gezeichnet. Es ist nicht mehr notwendig. Naja, manchmal unterstützen die Animatoren die Produktion und retuschieren hier und da einen schwierigen Gesichtsausdruck – für die Trainer sind sie bloß Maskenbildner –, aber im Prinzip wird Micky ein Drehbuch ausgehändigt, dem sie gehorcht. Und sie – oder einer ihrer Klone – arbeitet das ganze Jahr über, und mehr als nur an einem Film gleichzeitig. Und sie beschwert sich nie, versteht sich.

Die Grafikprogrammierer sind nicht zufrieden. Sie schließen eines von Maes' Lernmodulen an Mickys Programm an. Ist es eingeschaltet, wird Micky als Schauspielerin reifer. Sie reagiert auf die Gefühle und Handlungen der anderen großen Schauspieler in ihren Szenen – Donald Duck und Goofy. Jedesmal, wenn eine Szene wiederholt wird, merkt sie sich, wie sie sie beim letzten geglückten Take gespielt hat, und betont diese Geste beim nächsten Mal. Auch äußerlich entwickelt sie sich weiter. Die Programmierer frisieren ihren Code, verleihen ihren Bewegungen eine verbesserte Geschmeidigkeit, erweitern das Spektrum ihrer Ausdrucksmöglichkeiten und möbeln den Grund ihres Seelenlebens auf. Sie kann jetzt die »Gefühlvolle« spielen, wenn es gefragt ist.

Aber nach mehr als fünf Jahren des Lernens fängt Micky an, ihre eigenen Vorstellungen zu entwickeln. Sie reagiert irgendwie feindselig auf Donald und wird wütend, wenn sie mit dem Holzschläger eins über den Kopf kriegt. Und wenn sie wütend ist, wird sie starrsinnig. Sie sträubt sich, wenn der Regisseur sie anweist, über den Rand einer Klippe zu springen, weil sie im Laufe der Jahre gelernt hat, Hindernissen und Abgründen auszuweichen. Mickys Programmierer beschweren sich, daß sie nicht um diese Eigensinnigkeit herum programmieren können, ohne all die anderen fein aufeinander abgestimmten Charakterzüge und Fertigkeiten zu zerstören, die Micky erworben hat. »Sie ist wie ein einheitliches Ökosystem«, sagen sie. »Man kann nicht ein Ding entfernen, ohne alle anderen zu beeinträchtigen.« Ein Grafikprogrammierer bringt es auf den Punkt: »Eigentlich geht es um Psychologie. Die Maus hat eine richtige Persönlichkeit. Man kann sie nicht isolieren, man muß sich ihr widmen.«

Und so hat Micky Maus im Jahr 2007 schon ziemlich viel von einer Schauspielerin. Sie ist ein »heißes Geschoß«, wie das die Agenten nennen. Sie kann sprechen. Sie kommt mit jeder nur erdenklichen Slapstick-Vorgabe zurecht. Sie macht ihre Stunts alle selbst. Sie hat eine ganze Menge Humor und das sagenhafte Timing eines Komikers. Das einzige Problem ist, daß es eine Strafe ist, mit ihr zu arbeiten. Unvermutet gerät sie außer Kontrolle und dreht durch. Die Regisseure hassen sie. Aber sie finden sich mit ihr ab – sie haben Schlimmeres gesehen – weil, naja, weil sie Micky ist.

Und das Beste von allem: Sie wird nie sterben, nie alt werden.

Die Disney Studios kündigten diese Emanzipation der Zeichentrickfiguren in ihrem eigenen Film *Roger Rabbit* an. Die Figuren in diesem Film führen ein unabhängiges Leben und haben ihre eigenen Träume, aber sie dürfen die Trickfilmstadt, ihre eigene virtuelle Welt, nicht verlassen, außer wenn wir sie für unsere Filme benötigen. Am Drehort können die Trickfiguren kollegial und freundlich sein – oder es bleiben lassen. Sie haben dieselben Launen und Wutausbrüche wie menschliche Schauspieler. Roger Rabbit ist reine Fiktion, aber eines Tages wird Disney es mit einem selbständigen Roger Rabbit zu tun bekommen, der außer Kontrolle ist.

Kontrolle – darum geht es. In ihrem ersten Film, *Steamboat Willie,* war Micky unter totaler Kontrolle von Walt Disney. Disney und die Maus waren eins. Je mehr lebensähnliches Verhalten Micky eingepflanzt wird, desto weniger eins ist sie mit ihren Schöpfern und desto mehr gerät sie außer Kontrolle. Das ist ein alter Hut für alle, die Kinder oder Haustiere haben. Aber es ist etwas völlig neues für jemanden, der für eine Trickfigur oder Maschinen zuständig ist, die immer schlauer werden. Natürlich sind weder Kinder noch Haustiere völlig unkontrollierbar. Da gibt es die direkte Autorität, die in ihrem Gehorsam zum Ausdruck kommt, und die größere indirekte Kontrolle, die wir in ihrer Erziehung und Ausbildung ausüben.

Der beste Weg wäre, Kontrolle als Spektrum zu fassen. Am einen Ende befindet sich die totale Dominanz der »hundertprozentigen« Kontrolle. Am anderen Ende der »totale Kontrollverlust«. Dazwischen gibt es verschiedene Formen der Kontrolle, für die wir keine Namen haben.

Bis vor kurzem befanden sich all unsere Artefakte, alles, was wir von Hand geschaffen hatten, unter unserer Herrschaft. Aber seit wir synthetisches Leben in unseren Artefakten kultivieren, kultivieren wir den Verlust unserer Befehlsgewalt. »Das Ende der Kontrolle« ist, um aufrichtig zu sein, eine große Übertreibung des Zustandes, in dem sich unsere belebten Maschinen befinden werden. Mittelbar werden sie unter unserem Einfluß und unserer Führung bleiben, nur eben befreit von unserer Dominanz.

Obwohl ich überall gesucht habe, konnte ich nirgends das Wort finden, das diese Art von Einfluß beschreibt. Wir haben einfach kein Wort, um eine solche lockere Beziehung zwischen einem einflußnehmenden Schöpfer und einer Schöpfung mit eigenem Willen auszudrücken – etwas, wovon wir noch mehr zu sehen bekommen werden. Für die Eltern-Kinder-Beziehung sollte es ein solches Wort geben, das ist aber leider nicht so. Bei den Schafen kommen wir schon weiter, wie der Ausdruck »hüten« zu verstehen gibt. Wenn wir eine Schafherde hüten, wissen wir, daß wir nicht im Vollbesitz der Herrschaft sind, aber wir sind auch nicht ohne Kontrollmöglichkeit. Vielleicht werden wir künstliche Lebensformen »hüten«.

Außerdem »hegen« wir Pflanzen, wenn wir sie beim Erreichen ihrer natürlichen Ziele unterstützen, oder sie ein wenig für unsere eigenen Zwecke umlenken. »Managen« ist wahrscheinlich die Bedeutung, die der generellen Form von Kontrolle am nächsten kommt, die wir für künstliches Leben, etwa eine virtuelle Micky Maus, benötigen. Die Probleme mit einem schwierigen Kind, mit einem bellenden Hund oder mit der 300 Mitarbeiter starken Verkaufsabteilung lassen sich managen.

»Managen« ist dicht dran, aber ebenfalls nicht perfekt. Auch wenn wir ursprüngliche Naturgebiete wie die Everglades managen, haben wir eigentlich nur eine geringe Mitsprache bei dem, was zwischen Algen, Schlangen und Sumpfgras abläuft. Obwohl wir die Volkswirtschaft managen, tut sie, was sie will. Und obwohl wir ein Telekommunikationsnetz managen, haben wir keine Einsicht darin, wie eine bestimmte Verbindung aufgebaut wird. Das Wort »Management« impliziert mehr Kontrollmöglichkeit, als wir in den oben angeführten Beispielen wirklich haben oder in den sehr komplexen Systemen der Zukunft haben werden.

Das Wort, nach dem ich suche, lautet eher »Ko-Kontrolle«. Das damit Gemeinte begegnet einem bereits heute an einigen technischen Schauplätzen. Einen Jumbo-Jet bei schlechtem Wetter zu fliegen oder zu landen, ist eine sehr komplexe Aufgabe. Hunderte von gleichzeitig aktiven Systemen, eine extrem kurze Reaktionszeit aufgrund der hohen Fluggeschwindigkeit, die desorientierenden Auswirkungen von Langstreckenflügen ohne Schlaf und das instabile Wetter – all dies spricht dafür, daß der Computer der bessere Pilot ist. Allein die Zahl der Menschenleben, um die es geht, läßt keinen Raum für Fehler oder zweitbeste Lösungen. Warum sollte man das Düsenflugzeug nicht von einer sehr intelligenten Maschine kontrollieren lassen?
Dementsprechend löteten Techniker einen Autopiloten zusammen, und es stellte sich heraus, daß er sehr fähig ist. Er fliegt und landet den Jumbo Jet »wunderbar«. Der automatische Flug erhört auch das Gebet der Fluglotsen nach mehr Übersicht – alles unter digitaler Kontrolle. Die ursprüngliche Idee war, daß die Piloten aus Fleisch und Blut den Computer überwachen sollten, für den Fall, daß irgend etwas schiefginge. Das einzige Problem dabei ist, daß Menschen äußerst ungeeignet dafür sind, etwas passiv zu überwachen. Sie fangen an, sich zu langweilen und Tagträumen nachzuhängen. Dann entgehen ihnen wichtige Details. Und kommt es zu einem Notfall, erwischt er sie eiskalt.
Deshalb kam man auf die Idee, das Verhältnis umzudrehen und den Computer die Piloten überwachen zu lassen. Dieser Ansatz wurde im europäischen Airbus A 320 umgesetzt, einem der bislang am weitesten automatisierten Flugzeuge. Seit seiner Einführung im Jahr 1988 überwacht der Bordcomputer den Piloten. Wenn der Pilot am Steuerknüppel zieht, um die Richtung des Flugzeugs zu verändern, errech-

net der Computer die maximale Neigung nach links oder rechts, aber er wird das Flugzeug nie mehr als 67 Grad seitlich oder mit der Nase 30 Grad nach oben oder unten kippen lassen. Im Wortlaut des *Scientific American* heißt dies, »die Software spinne einen elektronischen Kokon, der das Flugzeug an der Überschreitung seiner strukturellen Grenzen hindert«. Es bedeutet außerdem, wie die Piloten bemängeln, daß der Pilot Kontrolle abgibt. 1989 erlebten Piloten von British Airways sechs Zwischenfälle mit Boeings 747, bei denen sie sich über ein vom Computer veranlaßtes Herunterfahren der Leistung hinwegsetzen mußten. Wäre es ihnen nicht möglich gewesen, den fehlerhaften Autopiloten auszuschalten – laut der Firmenleitung von Boeing handelte es sich um einen Programmierungsfehler –, hätte der Irrtum fatale Folgen haben können. Der Airbus A320 räumt den Piloten eine derartige Entscheidung trotzdem nicht ein.

Menschliche Piloten hatten den Eindruck, für ihre Kontrolle über das Flugzeug kämpfen zu müssen. Sollte der Computer ein Pilot oder ein Navigationssystem sein? Die Piloten witzelten, daß man statt des Computers genausogut einen Hund hätte ins Cockpit stecken können. Die Aufgabe des Hundes ist es, den Piloten zu beißen, wenn er die Armaturen zu berühren versucht, und die einzige Aufgabe des Piloten besteht darin, den Hund zu füttern. In der Tat werden Piloten in dem Fachchinesisch des automatisierten Fliegens zu »Systemmanagern«.

Ich bin mir ziemlich sicher, daß der Computer auf dem Sitz des Kopiloten landen wird. Vieles wird er gänzlich außerhalb des Einflusses des Piloten tun. Aber der Pilot wird das Verhalten des Computers managen oder hüten. Und die beiden – Maschine und Mensch – werden sich in einer dauerhaften Auseinandersetzung befinden, wie alle selbständigen Dinge. Flugzeuge werden mittels Ko-Kontrolle geflogen werden.

Peter Litwinowicz, Grafiker bei Apple, gelang ein großer Softwarecoup. Er extrahierte Körper- und Gesichtsbewegungen eines lebendigen menschlichen Schauspielers und übertrug sie auf digitale Schauspieler. Er ließ einen menschlichen Darsteller auf eine etwas theatralische Weise einen trockenen Martini bestellen. Er bediente sich dieser Mimik und Gestik – die hochgezogene Augenbraue, das Grinsen um die Mundwinkel, den Kopfschwung –, um das Gesicht einer Katze zu kontrollieren. Die Katze brachte die Szene genauso rüber, wie es der Schauspieler getan hätte. Als Zugabe legte Litwinowicz die Mimik des Schauspielers auf eine Zeichentrickfigur, dann auf eine starre klassische Maske, und schließlich brachte er einen Baumstamm damit zum Leben.

Menschliche Schauspieler werden nicht arbeitslos werden. Einige synthetische Figuren werden völlig autonom agieren, die meisten jedoch die Gestalt von Cyborgs besitzen. Ein Schauspieler wird eine Katze animieren, und das Sträuben der künstlichen Katze wird dem Schauspieler dabei helfen, eine bessere Katze zu werden. Ein Schauspieler kann in derselben Art von Ko-Kontrolle auf einem Cartoon »reiten«, wie ein Cowboy ein Pferd oder ein Pilot ein computergesteuertes Flugzeug reitet. Der grüne Körper eines Ninja Turtle kann auf eigenen Füßen durch die Welt sausen, aber der menschliche Schauspieler, der an der Kontrolle teilhat, sorgt hier und da für die passenden Feinheiten eines Lächelns oder legt letzte Hand an einen Brummton, indem er ihn höhnisch ausklingen läßt.

James Cameron, der Regisseur von *Terminator II,* erzählte vor nicht allzu langer Zeit einer Zuhörerschaft von Computergrafikspezialisten: »Schauspieler lieben Masken. Sie haben nichts dagegen, acht Stunden in der Maske zu sitzen, um geschminkt zu werden. Wir müssen sie zu Partnern bei der Erschaffung synthetischer Charaktere machen. Sie werden neue Körper und neue Gesichter bekommen, die ihnen Gelegenheit bieten, ihr Können zu erweitern.«

Die Zukunft der Kontrolle: Partnerschaft, Ko-Kontrolle, Cyborg-Kontrolle. Das alles heißt, daß der Schöpfer die Kontrollfunktionen und sein Schicksal mit seinen Geschöpfen teilen muß.

16

EIN OFFENES UNIVERSUM

Ein Schwarm Honigbienen stiehlt sich heimlich aus dem Stock davon und hängt dann als Traube vom Ast eines Baumes herab. Hat ein sich in der Nähe befindender Imker Glück, läßt sich der Schwarm auf einem Ast nieder, der leicht zu erreichen ist. Die mit Honig vollgefressenen Bienen, die keine Brut mehr zu beschützen haben, sind so folgsam wie Marienkäfer.

Ein- oder zweimal erlebte ich es, daß ein Schwarm in Kopfhöhe am Baum hing und ich ihn in einen meiner leeren Bienenkörbe stecken konnte. Wie man 10 000 Bienen vom Ast eines Baumes in einen Korb befördert, ist wirklich eines der erregendsten Schauspiele, die man erleben kann.

Schauen Nachbarn zu, kann man sie beeindrucken. Man legt einen weißen Bogen Papier oder einen großen Karton auf den Boden direkt unter die summende Bienentraube. Dann schiebt man das Flugbrettchen am unteren Flugloch eines leeren Bienenkastens unter eine Ecke des Blattes, so daß aus dem Tuch oder Karton eine riesige Rampe wird, die zur Öffnung des Bienenkastens führt. Man hält theatralisch inne und schüttelt dann den Ast ein einziges Mal, dies aber heftig.

Die Bienen fallen wie ein Klumpen vom Baum und verstreuen sich auf der weißen Fläche wie schäumende schwarze Melasse. Tausende von Bienen kriechen in einer chaotisch summenden Masse übereinander. Dann fällt einem allmählich etwas auf. Die Bienen reihen sich selbst vor dem Einflugloch des Bienenkastens auf und marschieren hinein, als ob sie kleine Roboter wären, über die man befehlen könnte. Und genau das sind sie. Kniet man sich über das Tuch und hält seine Nase dicht über den Fleck aus kriechenden Bienen, kann man einen Duft wahrnehmen, der an Rosen erinnert. Man kann sehen, daß die Bienen sich krümmen und beim Laufen wild mit den Flügeln schlagen. Sie verströmen den Rosenduft aus einer Drüse, die an ihrem Hinterteil sitzt, und wedeln diesen Duft zu den Truppen hinter ihnen. Der Geruch bedeutet: »Die Königin ist hier, folge mir.« Die zweite folgt der ersten und die dritte der zweiten, und fünf Minuten später hat sich das Blatt fast geleert, wenn sich die letzte des Schwarms selbst in den Kasten saugt.

Das erste Leben auf der Erde wäre zu einer solchen Darbietung nicht in der Lage gewesen. Das lag nicht daran, daß die richtigen Variationen fehlten. Bei all den Möglichkeiten, die die ursprünglichen Gene boten, gab es einfach keinen Platz für solch ein wildes Gebaren. Den Duft einer Rose zu verwenden, um 10 000 fliegende Bienen zu einem entschlossen kriechenden Tier zu koordinieren, lag außerhalb der Möglichkeiten der ersten Lebensformen. Nicht nur, daß die frühen Lebensformen noch nicht den Raum – Arbeiterinnen, Beziehung zur Königin, Blütenhonig, Baum, Stock, Pheromone – erzeugt hatten, in dem die Vorführung stattfinden konnte, sie verfügten nicht einmal über die Werkzeuge, um diesen Raum zu schaffen.

Die Natur bietet eine atemberaubende Vielfalt, weil sie ihrem Wesen nach grenzenlos ist. Das Leben beschränkte sich nicht darauf, seine strahlende Vielfalt innerhalb des begrenzten Raumes der wenigen Gene zu erzeugen, die es als erstes schuf. Im Gegenteil war eine der ersten Entdeckungen, die das Leben machte, wie man neue Gene, mehr Gene, veränderte Gene und eine größere genetische Bibliothek erschafft.

Ein Buch in Borges' Bibliothek umfaßt eine Million Gene, das Einzelbild eines hochauflösenden Hollywood-Spielfilms 30 Millionen. Doch wie riesig die aus ihnen aufgebauten Bibliotheken auch sein mögen, verglichen mit der Meta-Bibliothek aller möglichen Bibliotheken bilden sie nur eine dünne Staubschicht.

Es ist eines der Gütesiegel des Lebens, daß es nie aufhört, den Raum seines eigenen Daseins zu erweitern. Die Natur ist eine unaufhörlich expandierende Bibliothek der Möglichkeiten. Sie ist ein offenes Universum. Zur selben Zeit, da das Leben die unwahrscheinlichsten Bücher in den Regalen der Bibliothek aufstöbert, ergänzt es den Raum der Sammlung um neue Flügel und schafft Platz für noch mehr ihrer unwahrscheinlichen Texte.

Wir wissen nicht, wie das Leben die Schwelle vom festen Genraum zum variablen Genraum überschritt. Vielleicht war es die Aufgabe eines bestimmten Gens, die Anzahl der Gene auf einem Chromosom zu bestimmen. Indem dann dieses eine Gen mutierte, konnte sich die Summe der Gene in einem Strang erhöhen oder verringern. Vielleicht wurde die Größe des Genoms aber auch indirekt von mehr als einem Gen bestimmt. Oder, noch anders und wahrscheinlicher, die Größe eines Genoms wird von der Struktur des genetischen Systems selbst festgelegt.

Tom Ray konnte zeigen, daß in seiner Welt sich selbst replizierender Organismen sofort variable Genomlängen auftauchten. Seine Kreaturen bestimmten ihre Genome (und damit die Größe ihrer möglichen Bibliotheken) selbständig, und zwar in einem Spektrum, das von seinem unerwartet kurzen »22er« bis zu einer Kreatur reichte, die 23 000 Bytes umfaßte.

Die Folge eines offenen Genoms ist eine offene Evolution. Ein System, das von vornherein festlegt, wieviel Gene es gibt und was jedes Gen zu tun hat, kann sich nur bis an seine bereits festgelegten Grenzen entwickeln. Die ersten Systeme von Dawkins, Latham, Sims und der russischen Programmierer von »El-Fish« waren an diese Grenzen gebunden. Sie konnten alle möglichen Bilder einer gegebenen Größe und Tiefe erzeugen, aber nicht alle möglichen Kunstwerke. Ein System, das die Rolle oder Anzahl der Gene nicht von vornherein festlegt, kann heute hier und morgen dort sein. Das ist der Grund, warum Tom Rays Kreaturen solche Begeisterung hervorrufen. Theoretisch könnte diese Welt, würde man sie lange genug laufen lassen, alles Mögliche in der ultimativen Bibliothek entwickeln.

Es gibt mehr als eine Art, ein offenes Genom zu organisieren. Karl Sims machte sich 1990 die unglaubliche Rechnerleistung des CM2 zunutze, um einen neuen Typ künstlicher Welt ins Leben zu rufen, welche aus Genen unbestimmter Länge bestand – eine Welt, die seiner Welt der botanischen Bilder weit überlegen war. Sims gelang dieser Trick, indem er ein Genom schuf, das aus kleinen *Gleichungen* anstelle langer Ziffernreihen zusammengesetzt war. In seiner ursprünglichen Bibliothek festgelegter Gene kontrollierte jedes den grafischen Parameter einer Pflanze; seine zweite Bibliothek bestand aus Gleichungen variabler und unbegrenzter Länge, die Rundungen, Farben, Formen und Umrisse malten.

Sims' Gleichungs-Gene waren kleine, in sich abgeschlossene logische Einheiten einer Computersprache (LISP). Jedes Modul bestand aus einem arithmetischen Befehl wie *Addieren, Subtrahieren, Multiplizieren, Sinus, Kosinus.* Sims nannte diese Einheiten »Primitive« – ein logisches Alphabet. Verfügt man über ein entsprechend primitives Alphabet, kann man alle möglichen Gleichungen aufstellen, gerade so wie man mit dem gleichermaßen differenzierten Alphabet der Laute alle gesprochenen Sätze erzeugen kann. *Addieren, Multiplizieren, Sinus* usw. lassen sich kombinieren, um jede beliebige mathematische Gleichung aufzustellen. Da es möglich ist, jeden Umriß als Gleichung zu beschreiben, kann dieses primitive Alphabet jedes Bild herstellen. Erhöht man die Komplexität der Gleichung, steigert sich auf subtile Weise auch die Komplexität des Bildes, das von ihr hervorgebracht wird.

Es gab einen überraschenden zweiten Vorteil, mit einer Bibliothek aus Gleichungen zu arbeiten. In Sims' erster Welt (und in Tom Rays »Tierra« sowie bei Danny Hillis' koevolutionären Parasiten) waren die Organismen Binärzeichenketten, die zufällig ein Zeichen veränderten, gerade so wie sich die Bücher in der Borgesschen Bibliothek Buchstabe für Buchstabe veränderten. In Sims' optimiertem Universum waren die Organismen Ketten aus *logischen Einheiten*, die per Zufall eine Einheit veränderten. Das ist vergleichbar mit einer Borgesschen Bibliothek, in der statt Buchstaben Worte ausgetauscht werden. Jedes Wort in jedem Buch wäre richtig geschrieben, und daher würde auch jede Seite in jedem Buch einem vernünftigeren Muster folgen. Aber während die Ursuppe einer Borgesschen Bibliothek, die aus Buchstaben besteht, Zehntausende von Worten benötigte, um gestartet werden zu können, konnte Sims alle möglichen Gleichungen erzeugen, indem er mit einer Ursuppe anfing, in der sich nur etwa ein Dutzend mathematische Primitive tummelten.

Dennoch bestand der revolutionärste Vorteil eines Systems, das logische Einheiten statt Binärzeichen weiterentwickelte, darin, daß das System ohne Verzögerung den Weg ins unbegrenzte Universum einschlug. Logische Einheiten sind selbst Funktionen und nicht bloß Funktionswerte wie Binärzeichen. Durch das Hinzufügen oder Verändern eines logischen Primitiven hier und da verschiebt oder erweitert sich die gesamte Funktionsvielfalt des Programms. *Neuartige* Funktionen und neuartige Dinge werden aus einem solchen System auftauchen.

Das ist es, was Sims herausfand. Vollkommen neuartige Bilder entwickelten sich aus diesen Gleichungen und malten sich von alleine auf den Bildschirm des Computers. Das erste, was ihn verblüffte, war die Ergiebigkeit des Raums. Durch die Festlegung der Primitiven auf logische Teile stellte das LISP-Alphabet sicher, daß die meisten Gleichungen *irgendein Muster* zeichneten. Statt einer Fülle von schmierigen grauen Mustern fanden sich fast überall, wo er hinkam, erstaunliche Sehenswürdigkeiten. Jede beliebige Stichprobe führte ihn mitten in die »Kunst«. Der erste Bildschirm war voll mit wilden roten und blauen Zickzackmustern. Auf dem nächsten Bildschirm pulsierten schwebende gelbe Kugeln. Die folgende Generation brachte gelbe Kugeln mit einem diesigen Horizont hervor, die übernächste scharf umrissene Wellen mit einem blauen Horizont. Die wiederum nächste kreisrunde Schmutzflecken in gelber Pastellfarbe, die an Butterblumen erinnerten. Fast jede Veränderung brachte eine erstaunlich einfallsreiche Szenerie hervor. Innerhalb einer Stunde wurden Tausende überwältigender Bilder aus ihren Verstecken aufgescheucht und erblickten zum ersten und letzten Mal das Licht der Welt. Es war, als schaue man dem bedeutendsten Maler der Welt beim Anfertigen von Entwürfen über die Schulter, wobei er nie ein Thema oder ein Muster wiederholte.

Während Sims ein Bild auswählte, Variationen davon züchtete, und dann das nächste auswählte, entwickelte er nicht nur Bilder. Unterhalb von alldem entwickelte Sims Logik. Eine relativ kleine logische Gleichung zeichnete ein komplexes Bild, das den Blick magisch auf sich zog. Einmal entwickelte Sims' System die folgenden neun Zeilen logischen Codes:

```
(cos (round (atan (log (invert y) (+ (bump (+ (round x y)
y) # (0.46 0.82 0.65) 0.02 #(0.1 0.06 0.1) #(0.99 0.06
0.41) 1.47 8.7 3.7) (color-grad (round (+ y y) (log (in-
vert x) (+ (invert y) (round (+ y x) (bump (warped-ifs
(round y y) y 0.08 0.06 7.4 1.65 6.1 0.54 3.1 0.26 0.73
15.8 5.7 8.9 0.49 7.2 15.6 0.98) #(0.46 0.82 0.65) 0.02
#(0.1 0.06 0.1) #(0.99 0.06 0.41) 0.83 8.7 2.6))))) 3.1
6.8 #(0.95 0.7 0.59) 0.57))) #(0.17 0.08 0.75) 0.37)
(vector y 0.09 (cos (round y y)))))
```

Fleischgeworden auf Sims' Farbmonitor, zeichnete die Gleichung etwas, das zwei Schichten aus Eiszapfen glich und von hinten von einem arktischen Sonnenuntergang angestrahlt wurde. Es ist ein fesselndes Bild. Das Eis ist in großer Detailtreue modelliert und durchscheinend, der Horizont im Hintergrund abstrakt und klar. Das Bild hätte von einem Sonntagskünstler gemalt sein können. Wie Sims sich ausdrückte: »Diese Gleichung wurde in nur wenigen Minuten aus dem Nichts entwickelt – wahrscheinlich viel schneller, als das Bild entworfen werden könnte.«

Aber Sims ist völlig ratlos, wenn es um die Erklärung der Gleichungslogik geht, und darum, weshalb sie ein Eisbild erzeugt. Für ihn sieht die Gleichung genauso verworren und rätselhaft aus wie für uns. Die verzwickte Vernunft der Gleichung liegt jenseits eines schnellen mathematischen Verstehens.

Die bombastische Idee, logische Programme zu entwickeln, wurde von John Koza, einem Informatikprofessor in Stanford, übernommen. Koza war ein Student von John Holland, der dessen Wissen über genetische Algorithmen aus der Dunkelheit der sechziger und siebziger Jahre in späten achtziger Jahre hinüberrettete, in denen die Parallelverarbeitung eine Renaissance erlebte.

Anstatt den Raum der möglichen Gleichungen nur zu erkunden, wie das der Künstler Sims tat, wollte Koza die beste Gleichung züchten, um ein bestimmtes Problem zu lösen. Man könnte sich vorstellen, daß im Raum der möglichen Bilder sich ein Bild befände, welches Kühe, die es anstarrten, dazu brächte, mehr Milch zu geben. Mit Kozas Methode ließen sich die Gleichungen züchten, welche dieses bestimmte Bild zeichnen würden: Koza würde solange diejenige Gleichung belohnen, welche ein Bild zeichnete, das die Milchproduktion auch nur minimal erhöhte, bis es zu keiner weiteren Steigerung mehr käme. Für seine wirklichen Experimente wählte Koza allerdings praktischere Testfelder, wie beispielsweise die Suche nach einer Gleichung zur Steuerung eines beweglichen Roboters.

Aber in gewisser Weise waren seine Forschungen denen von Sims und anderen ähnlich. Er war ein Jäger in der Borgesschen Bibliothek der möglichen Computerprogramme – nicht auf einer ziellosen Mission, um zu sehen, was es dort gab, sondern um die beste Gleichung für ein bestimmtes *praktisches* Problem zu finden. Koza schrieb in

Genetic Programming: »Ich behaupte, daß das Verfahren zur Lösung dieser Probleme umformuliert werden kann zur Suche nach einem besonders gut angepaßten Computerprogramm im Raum der möglichen Computerprogramme.«

Aus demselben Grund behaupteten Informatiker, daß Rays Schema der Computerevolution nicht funktionieren könne. Kozas Begierde, Gleichungen zu »finden«, indem er sie züchtete, war ein Angriff auf die Konvention. Jeder wußte, daß logische Programme zerbrechlich waren und selbst die geringfügigste Veränderung nicht verziehen. In der theoretischen Informatik gab es für Programme nur zwei Zustandsformen: entweder fehlerfrei zu laufen oder modifiziert zu werden und durchzufallen. Die dritte Form – zufällig modifiziert und doch funktionstüchtig – stand nicht auf dem Plan. Leichte Modifikationen wurden Defekte genannt, und die Leute zahlten eine Menge Geld dafür, um vor ihnen verschont zu bleiben. Sollte eine fortlaufende Modifikation und Verbesserung (Evolution) von Computergleichungen überhaupt möglich sein, könnte das nur in wenigen ausgewählten Bereichen oder spezialisierten Programmtypen der Fall sein, dachten die Experten.

Zur großen Überraschung zeigte die künstliche Evolution, daß der Sachverstand der Experten völlig falsch gelegen hatte. Sims, Ray und Koza lieferten den Beweis dafür, daß logische Programme sich mittels fortschreitender Modifikation weiterentwickeln können.

Koza gründete seine Methode auf die intuitive Vermutung, daß, wenn zwei mathematische Gleichungen irgendwie effektiv zur Lösung eines Problems beitragen, wenigstens einige Abschnitte von ihnen nützlich sein müssen. Und wenn die nützlichen Teile von beiden zu einem neuen Programm kombiniert würden, wäre das Ergebnis vielleicht effektiver als jedes der beiden Elterteile alleine. Koza fügte in Tausenden von Kombinationen Einzelteile von zwei Eltern zufällig wieder zusammen und vertraute auf die hohe Wahrscheinlichkeit, daß eine dieser Zufallskombinationen die optimale Anordnung nützlicher Teile einschließen würde.

Es gibt viele Ähnlichkeiten zwischen den Methoden von Koza und Sims. Auch Kozas Ursuppe war eine Mischung aus ungefähr einem Dutzend arithmetischer Primitiver, wie *Addieren, Multiplizieren, Kosinus*, die in der Computersprache LISP wiedergegeben wurden. Die Einheiten waren zufällig zusammengebunden, um logische Bäume zu bilden, eine hierarchische Organisation, etwa so wie das Flußdiagramm eines Computers. Kozas System erzeugte als Zuchtstamm 500 bis 10 000 verschiedene logische Einzelbäume. Nach ungefähr 50 Generationen näherte sich die Suppe einem annehmbaren Nachfahren. Vielfalt wurde durch den sexuellen Austausch von Ästen von einem Baum zum nächsten erzwungen. Manchmal wurde ein langer Ast aufgepfropft, manchmal nur ein Zweig oder ein Blatt, das an der Spitze saß. Jeden Ast kann man sich als intaktes Unterprogramm vorstellen, das aus kleineren Zweigen besteht. Bei dieser Art von Austausch konnten Teile einer Gleichung (ein Ast) oder ein kleines Programm, das nützlich war und funktionierte, erhalten oder gar weitergegeben werden.

Alle Arten von verborgenen Problemen können durch die Weiterentwicklung von Gleichungen gelöst werden. Ein typisches Rätsel, das Koza dieser Kur unterzog, war, wie man einen Besen auf einem Skateboard balanciert. Das Skateboard mußte von einem Motor vor- und zurückbewegt werden, um den auf dem Kopf stehenden Besen in der Mitte des Skateboards in der Senkrechten zu halten. Die Berechnungen für die Steuerung des Motors sind erschreckend umfangreich, aber nicht sehr verschieden von den Steuerschaltkreisen, die für die Bewegung von Roboterarmen gebraucht werden. Koza glaubte, er könnte mit Hilfe von Evolution ein Programm entwickeln, das diese Steuerung leisten würde.

Andere Probleme, an denen er evolutionäre Gleichungen testete, waren: Strategien, um sich durch ein Labyrinth zu bewegen; Methoden zur Optimierung der Suche nach der kürzesten Strecke zwischen mehreren Orten (bekannt als das Problem des Handlungsreisenden); Strategien für den Sieg bei einfachen Spielen wie dem Tick-Tack-Spiel. In jedem dieser Fälle suchte Kozas System statt einer genauen Antwort auf ein bestimmtes Testbeispiel eine *Formel* für das dem Test zugrunde liegende Problem. Je größer die Zahl der Fälle, in denen eine brauchbare Formel getestet wurde, desto besser wurde die Formel von Generation zu Generation.

Zwar führt das Züchten von Gleichungen zu Lösungen, aber diese sind meistens unvorstellbar scheußlich. Als Koza anfing, das Innenleben seiner hochentwickelten Beute zu inspizieren, bekam er denselben Schock, den Sims und Ray bekommen hatten: die Lösungen waren das reinste Chaos! Die Evolution ging weite Umwege. Oder sie grub sich durch das Problem hindurch, indem sie einen weitschweifigen Umweg durch ein logisches Hintertürchen beschritt. Die Evolution barst vor Redundanz. Sie war das Gegenteil von elegant. Statt eine fehlerhafte Sektion zu entfernen, fügte die Evolution einfach eine korrigierende Sektion hinzu oder legte das Hauptereignis neu an – um den defekten Sektor herum. Die fertige Formel sah aus wie eine wunderbare Rube-Goldberg-Sammlung irgendwelcher Gegenstände, die aufgrund eines glücklichen Zufalls funktionierte. Und genau das war sie natürlich auch.

Nehmen wir als Beispiel ein Problem, mit dem Koza einmal seine Evolutionsmaschine fütterte. Es war die Funktion zweier sich ineinander schlingender Spiralen. Eine grobe Vorstellung davon gibt die doppelte Spirale einer Sandmühle für Kinder. Kozas evolutionäre Gleichungsmaschine sollte eine Gleichung entwickeln, die in der Lage war zu bestimmen, auf welcher der beiden ineinander gewundenen Spirallinien sich jeder der etwa 200 Datenpunkte befand.

Koza würzte seine Ursuppe mit etwa 10 000 zufällig erzeugten Computerformeln. Er ließ sie gedeihen, während seine Maschine die Gleichungen selektierte, die der gewünschten Formel am nächsten kamen. Während Koza schlief, tauschten die Programmbäume Äste und brachten gelegentlich ein Programm zur Welt, das besser funktionierte als seine Vorgänger. Als er in die Ferien fuhr, ließ er die Maschine weiterlaufen. Als er zurückkam, hatte das System eine Antwort entwickelt, die die Zwillingsspiralen perfekt klassifizierte.

Das war die Zukunft der Softwareprogrammierung! Definiere ein Problem, und die Maschine wird eine Lösung finden, während die Informatiker Golf spielen. Aber die Lösung, die Kozas Maschine fand, verrät uns eine Menge über das Handwerk der Evolution. Hier die von ihr präsentierte Gleichung:

```
(SIN (IFLTE (IFLTE (+ Y Y) (+ X Y) (- X Y) (+ Y Y)) (* X
X) (SIN (IFLTE (% Y Y) (% (SIN (SIN (% Y 0.30400002))) X)
(% Y 0.30400002) (IFLTE (IFLTE (% (SIN (% (% Y (+ X Y ))
0.30400002)) (+ X Y)) (% X 0.10399997) (- X Y) (* (+ -
0.12499994 -0.15999997) (- X Y))) 0.30400002 (SIN (SIN
```

```
(IFLTE (% (SIN (% (% Y 0.30400002) 0.30400002)) (+ X Y))
(% (SIN Y) Y) (SIN (SIN (SIN (% (SIN X) (+ -0.12499994 -
0.15999997))))) (% (+ (+ X Y) (+ Y Y)) 0.30400002)))) (+
(+ X Y) (+ Y Y))))) (SIN (IFLTE (IFLTE Y (+X Y) (- X Y)
(+Y Y)) (* X X) (SIN (IFLTE (% Y Y) (% (SIN (SIN (% Y
0.30400002))) X) (% Y 0.30400002) (SIN (SIN (IFLTE
(IFLTE (SIN (% (SIN X) (+ -0.12499994 -0.15999997))) (%
X -0.10399997) (- X Y) (+ X Y)) (SIN (% (SIN X) (+ -
0.12499994 -0.15999997))) (SIN (SIN (% (SIN X) (+ -
0.12499994 -0.15999997)))) (+ (+ X Y) (+ Y Y))))))) (% Y
0.30400002))))).
```

Das ist nicht nur scheußlich, sondern auch unverständlich. Selbst für einen Mathematiker oder Computerprogrammierer ist diese entwickelte Formel die reinste Tantalusqual. Tom Ray behauptet, daß die Evolution einen Programmcode schreibt, den ein menschlicher Programmierer nur unter Drogeneinfluß schreiben würde, aber vielleicht ist es präziser, wenn man sagt, daß die Evolution einen Programmcode schreibt, den nur ein Außerirdischer schreiben würde; er ist entschieden unmenschlich. Indem Koza die Entstehung der Gleichung entlang ihrer Vorfahren zurückverfolgte, konnte er schließlich herausfinden, auf welche Art das Programm das Problem in Angriff nahm. Mit purer Hartnäckigkeit und unter Ausnutzung aller Haken und Ösen fand es einen mühseligen, umständlichen Weg zu seiner eigenen Antwort. Aber es funktionierte.

Die Antwort, die die Evolution entdeckte, hinterläßt einen seltsamen Eindruck, denn fast jeder Gymnasiast könnte eine elegante einzeilige Gleichung aufschreiben, die die beiden Spiralen beschriebe.

In Kozas Welt gab es keinen evolutionären Druck zur Erzeugung einfacher Lösungen. Sein Experiment hätte die gekürzte Gleichung nicht finden können, weil es dafür nicht strukturiert war. Koza versuchte, in anderen Abläufen Kürze als Prinzip anzuwenden; es stellte sich aber heraus, daß das Prinzip der Kürze die Effizienz der Lösungen drosselte. Die kurzen Lösungen waren mittelmäßig bis schlecht. Koza hat einige Anhaltspunkte dafür gewonnen, daß ein besserer Weg, um prägnante Gleichungen zu entwickeln, darin besteht, erst das System eine Lösung finden zu lassen, die ungefähr funktioniert, und sie dann herunterzukürzen. Aber Koza ist felsenfest davon überzeugt, daß Sparsamkeit überschätzt wird. Sie entspricht, meint er, nur der »menschlichen Ästhetik«. Die Natur ist nicht besonders sparsam. David Stork beispielsweise analysierte, als er noch Wissenschaftler in Stanford war, die neuralen Schaltungen in den Muskeln von Flußkrebsschwänzen. Das Netzwerk löst ein merkwürdiges Zurückschnellen aus, wenn der Flußkrebs fliehen will. Für Menschen sieht die Schaltung nach barocker Komplexität aus und könnte leicht durch das schnelle Entfernen einiger überflüssiger Schleifen vereinfacht werden. Aber das Chaos funktioniert. Die Natur vereinfacht nicht, nur um elegant zu sein.

Menschen suchen nach einfachen Formeln wie Newtons *f=ma*, meint Koza, weil sich darin unser angeborener Glaube spiegelt, daß am Grunde des Universums alles in bester Ordnung ist. Noch wichtiger scheint zu sein, daß Schlichtheit der menschlichen Bequemlichkeit entspricht. Die herzerwärmende Schönheit, die wir bei *f=ma* fühlen, wird von dem kalten Sachverhalt gestärkt, daß es sich um eine viel leichter anwendbare Formel handelt als Kozas Spiralmonster. In der Zeit vor Computern und Rechenmaschinen war eine einfache Gleichung *nützlicher,* weil sie leichter fehlerfrei berechnet werden konnte. Komplizierte Gleichungen waren eine tückische Schinderei. Aber innerhalb eines bestimmten Bereichs lassen sich weder Natur noch Parallelrechner von gebündelter Logik beeindrucken. Die zusätzlichen Schritte, die wir als scheußlich und verdummend empfinden, sind in ihrer langweiligen Genauigkeit nicht zu übertreffen.

Die große Ironie, daß das menschliche Bewußtsein – trotz der Tatsache, daß das Gehirn als Parallelmaschine funktioniert – unfähig ist, parallel zu denken, stellt die Kognitionswissenschaftler vor ein großes Rätsel. Es gibt einen beinahe unheimlich anmutenden blinden Fleck in unserem Verstand. Begriffe der Wahrscheinlichkeit, der horizontalen Kausalität und der simultanen Logik können wir nicht von Natur aus begreifen. So denken wir einfach nicht. Statt dessen zieht sich unser Denken auf die fortlaufende Erzählung – lineare Geschichten – zurück. Das ist der Grund, warum die ersten Computer nach dem von Neumannschen linearen Modell programmiert wurden: weil Menschen so denken.

Und das ist auch der Grund, warum Parallelcomputer eher evolviert als konstruiert werden müssen: Weil wir einfältig sind, wenn es ans parallele Denken geht. Computer und Evolution funktionieren parallel, das Bewußtsein linear. In der Winterausgabe 1992 von *Daedalus* veröffentlichte James Bailey, der Marketingleiter von Thinking Machines, einen sehr provozierenden Beitrag über den wunderbaren Bumerangeffekt von Parallelrechnern auf unser Denken. Unter dem Titel »Erst geben wir unseren Computern eine neue Form. Dann geben sie uns eine neue Form« argumentiert Bailey, daß Parallelrechner neue Gebiete unserer intellektuellen Landschaft erschließen. Neue Formen der Computerlogik stellen uns wiederum vor neue Fragen und verlangen uns neue Perspektiven ab. »Vielleicht«, so vermutet Bailey, »existieren vollständig neue Formen der Kalkulation, Formen, die nur in der Parallelität Sinn machen.« So zu denken wie die Evolution, kann neue Pforten des Universums öffnen.

John Koza sieht einen weiteren unnachahmlichen Vorteil der Evolution in ihrer Fähigkeit, sowohl an schlecht definierten wie an parallelen Problemen zu arbeiten. Das Problem, Computern beizubringen, wie sie Probleme lösen lernen, liegt darin, daß wir bisher bei jedem neu auftauchenden Problem Schritt für Schritt neu programmieren mußten. Wie müssen Computer konstruiert sein, um zu tun, was getan werden muß, ohne daß ihnen in jedem Augenblick gesagt werden muß, was und wie es zu tun ist?

Koza glaubt, daß Evolution die Antwort darauf ist. Evolution erlaubt es der Software eines Computers, ein Problem zu lösen, bei dem Reichweite, Art und Bereich der Antwort(en) vielleicht überhaupt nicht klar sind – so wie das in der wirklichen Welt normalerweise der Fall ist. Problem: Eine Banane hängt an einem Baum; wie lautet die Programmroutine, um an sie heranzukommen? Die meisten lernfähigen Computer, die es bis heute gibt, können dieses Problem nicht lösen, ohne daß wir dem Programm ausdrücklich bestimmte enge Parameter vorgeben: Wie viele Leitern gibt es in der Nähe? Irgendwelche langen Stangen?

Hat man die Grenzen der Antwort festgelegt, haben wir die Frage zur Hälfte selbst beantwortet. Wenn wir ihm nicht sagen, welche Steine sich in der Nähe befinden, wissen wir, daß wir die Antwort »Wirf einen Stein nach der Banane« nicht bekommen werden. Bei der Evolution könnte dies durchaus der Fall sein. Noch wahrscheinlicher wäre es, daß uns die Evolution Antworten anbieten würde, die wir nie erwartet hätten: Benutze Stelzen; lerne hoch zu springen, setze Vögel als Hilfskräfte ein; warte bis nach einem Sturm; mache Kinder und stell sie auf deinen Kopf. Die Evolution war nicht so engstirnig zu verlangen, daß Insekten fliegen oder schwimmen müssen, sondern nur, daß sie sich auf irgendeine Art schnell genug bewegten, um ihren Feinden entkommen und Beute fangen zu können. Das offene Problem der Flucht führte zu den engen Antworten wie dem Wasserfloh, der auf Zehenspitzen über das Wasser geht, oder Grashüpfern, die Riesensprünge machen.

Jeder, der sich ein wenig mit künstlicher Evolution beschäftigt, ist erstaunt über die Leichtigkeit, mit der die Evolution das Unwahrscheinliche erzeugt: »Evolution schert sich nicht darum, ob etwas sinnvoll ist; es geht ihr um das, was funktioniert«, sagt Tom Ray.

Die Natur des Lebens ist es, auf allen möglichen Umwegen Freude zu bereiten. Sie verletzt alle Regeln, die sie aufstellt. Nehmen wir zum Beispiel folgende biologischen Kuriositäten: ein Fischweibchen, das von einem Männchen befruchtet wird, das in ihr lebt. Organismen, die kleiner werden, wenn sie wachsen. Pflanzen, die nie sterben. Biologisches Leben ist ein Zauberladen, in dem die Regale nie leer sind. Tatsächlich ist der Katalog der natürlichen Seltsamkeiten fast so lang wie die Liste aller Kreaturen; *jedes* Geschöpf kriegt das Leben auf irgendeine Art geregelt, indem es die Regeln neu auslegt.

Der Katalog der Erfindungen des Menschen ist bei weitem nicht so vielfältig. Die meisten Maschinen sind so konzipiert, daß sie eine bestimmte Aufgabe erfüllen können. Sie folgen, einer alten Definition gemäß, unseren Regeln. Stellen wir uns jedoch eine ideale Maschine vor: Die Maschine unserer Träume würde sich anpassen und – besser noch – entwickeln.

Anpassung ist der Vorgang, eine Struktur so zurechtzubiegen, daß sie in eine neue Lücke paßt. Evolution hingegen ist eine tiefergehende Veränderung, die der Architektur der Struktur selbst eine neue Gestalt gibt – wie sie sich biegen *kann* – und oft neue Lücken für andere schafft. Wenn wir die organisatorische Struktur einer Maschine im voraus festlegen, bestimmen wir auch im voraus, welche Probleme sie lösen kann. Die ideale Maschine ist eine generelle Problemlöserin welche eine unbegrenzte Menge von Dingen tun kann. Das bedeutet daß sie auch eine unbegrenzte Struktur haben muß. Koza schreibt: »Größe, Form und strukturale Komplexität [einer Lösung] sollten Teil der Antwort sein, die von einer Problemlösungstechnik gegeben wird – nicht Teil der Frage.« Sobald man erkannt hat, daß ein System selbst die Antworten festlegt, die das System geben kann – was wir letztlich wollen –, besteht die Möglichkeit, Maschinen zu erzeugen, die keine im voraus festgelegte Architektur haben. Wir wollen eine Maschine, die sich permanent neu erschafft.

Diejenigen, die daran interessiert sind, künstliche Intelligenz voranzutreiben, sagen dazu natürlich »Amen«. In der Lage zu sein, eine Lösung zu präsentieren, ohne übermäßig darauf gestoßen zu werden, wo die Lösung vielleicht liegen wird – bei Menschen wird das Querdenken genannt –, ist beinahe die Definition menschlicher Intelligenz.

Die einzige uns bekannte Maschine, die ihre inneren Verbindungen verändern kann, ist die lebendige graue Masse, die wir Gehirn nennen. Die einzige Maschine, die ihre eigene Struktur erzeugen könnte und deren Herstellung wir uns gegenwärtig gerade noch vorstellen können, wäre ein Softwareprogramm, das sich selbst neu programmieren könnte. Die Evolutionsgleichungen von Sims und Koza sind die ersten Schritte in Richtung einer sich selbst programmierenden Maschine. Eine Gleichung, die andere Gleichungen hervorbringen kann, ist der Mutterboden für solches Leben. Gleichungen, die andere Gleichungen hervorbringen, sind ein unbegrenztes Universum. Jede mögliche Gleichung kann auftauchen, darunter auch sich selbst reproduzierende Gleichungen und Formeln, die sich sozusagen in den eigenen Schwanz beißen, um sich zu stützen. Diese Art von rekursivem Programm, das in sich selbst hineinreicht und seine eigenen Regeln umschreibt, steht am Anfang der großartigsten Macht, die es gibt: der unablässigen Schaffung von Neuem.

»Ständige Erneuerung« ist John Hollands Slogan. Er hat jahrelang nach dem Sinn künstlicher Evolution geforscht. Woran er wirklich arbeite, sagt er, sei eine neue Mathematik der ständigen Erneuerung. Hilfsmittel zur Erzeugung unbegrenzter Neuheiten.

Karl Sims erzählte mir: »Evolution ist ein sehr nützliches Werkzeug. Sie ist eine Möglichkeit, neue Dinge zu erforschen, an die man selbst nie gedacht hätte. Sie ist eine Möglichkeit, Dinge zu verfeinern. Und sie ist eine Möglichkeit, Vorgänge zu erkunden, ohne sie verstehen zu müssen. Wenn Computer schnell genug sind, können sie all dieses tun.«

Erkundungen außerhalb der Reichweite unseres eigenen Verstehens und die Verfeinerung dessen, was wir haben, sind Geschenke, die wir von einer gelenkten, überwachten, verbessernden Evolution erhalten können. »Aber bei der Evolution«, sagt Tom Ray, »geht es nicht nur um Optimierung. Wir wissen, daß die Evolution über die Optimierung hinausgehen und neue Dinge erschaffen kann, die dann wieder zu optimieren sind.« Wenn ein System neue Dinge zur Optimierung erzeugen kann, besitzen wir ein unablässiges Erneuerungswerkzeug und unbegrenzte Evolution.

Sowohl Sims' Selektion von Bildern als auch Kozas Softwareselektion beim Züchten von Logik sind Beispiele dafür, was die Biologen Züchten oder künstliche Selektion nennen. Das Kriterium für »angepaßt« – was selektiert wird – wird vom Züchter bestimmt und ist deshalb ein Kunstprodukt oder künstlich. Um fortwährende Erneuerung zu erhalten – Dinge zu finden, die wir nicht vorausahnen –, müssen wir das System selbst die Kriterien definieren lassen, nach denen es selektiert. Das verstand Darwin unter »natürlicher Selektion«. Das Selektionskriterium wurde von der Natur des Systems festgelegt; es kam natürlich zustande. Auch unbegrenzte künstliche Evolution verlangt nach natürlicher Selektion, oder wenn man so will, künstlicher natürlicher Evolution. Die Selektionsmerkmale sollten auf natürliche Weise aus der künstlichen Welt selbst hervorgehen.

Tom Ray aktiviert das Werkzeug der künstlichen natürlichen Selektion, indem er seine Welt ihre eigene Anpassungsselektion vornehmen läßt. Deshalb ist seine Welt theoretisch dazu in der Lage, vollständig neue Dinge zu entwickeln. Aber Ray »trickste« ein bißchen, um sie zum Laufen zu bringen. Er wollte nicht warten, bis seine Welt die Selbstreproduktion von alleine entwickelte. Also setzte er von Anfang an einen selbstreproduzierenden Organismus ein, und einmal eingeführt, verschwand die Reproduktion nicht mehr. In Rays Metaphorik heißt das, er startete das Leben auf dem Niveau von Einzellern und beobachtete dann eine »kambrische Explosion« neuer Organismen. Aber er verteidigt sich nicht: »Ich versuche nur, Evolution zu bekommen, und es ist mir eigentlich gleichgültig wie. Auch wenn ich die Physik und Chemie meines Systems so lange anstacheln muß, bis sie eine reichhaltige, endlose Evolution aushalten können, werde ich glücklich sein. Ich fühle mich nicht schuldig, daß ich sie manipulieren mußte, um sie dorthin zu bekommen. Wenn ich eine Welt mittels Konstruktion bis an die Schwelle einer kambrischen Explosion führen und sie dann selbst über ihren Rand kochen lassen kann, wird das sehr eindrucksvoll sein. Die Tatsache, daß ich sie manipuliert habe, um sie dorthin zu bekommen, wird angesichts dessen, was dabei herauskommt, bedeutungslos sein.«

Ray beschloß, daß es Herausforderung genug war, eine funktionierende, unbegrenzte künstliche Evolution zum Laufen zu bringe. Er manipulierte sein System so lange, bis es sich selbst evolvieren konnte. Wie Karl Sims sagte, ist Evolution ein Werkzeug. Es kann mit Konstruktion kombiniert werden. Nach Monaten der Konstruktion bediente sich Ray der künstlichen natürlichen Selektion. Aber man kann auch die umgekehrte Reihenfolge wählen. Andere Forscher werden ein Ergebnis, das sie nach Monaten der Evolution erhalten haben, mittels Konstruktion weiterentwickeln.

Als Werkzeug eignet sich Evolution für drei Dinge:

- An einen Ort zu kommen, wohin man den Weg nicht findet
- An einen Ort zu kommen, den man sich nicht vorstellen kann
- Völlig neue Orte zu erschließen, zu denen man gelangen kann

Die dritte Verwendung ist die Pforte zu einem offenen Universum – die nicht überwachte, nicht gesteuerte Evolution. Es ist Hollands sich ständig erweiternde Erneuerungsmaschine – das Ding, das sich selbst erzeugt.

Amateur-Götter wie Ray, Sims und Dawkins haben von ihrer Verwunderung darüber berichtet, in welcher Weise die Evolution den begrenzten Raum erweiterte, den sie glaubten, geschaffen zu haben. »Er ist viel größer, als ich angenommen hatte«, bekommt man überall zu hören. Ich erhielt einen ähnlich überwältigenden Eindruck, als ich durch den Bilderraum von Karl Sims' evolutionärer Ausstellungsinstallation stapfte bzw. buchstäblich sprang. Jedes neue Bild, das ich fand (oder das mich fand), war farbenprächtig, unerwartet komplex und phänomenal anders als alle, die ich zuvor gesehen hatte. Jedes neue Bild schien das Universum der möglichen Bilder zu vergrößern. Ich stellte fest, daß meine Vorstellung eines Bildes bislang von der Naturschönheit oder von Bildern geprägt war, die Menschen gemalt hatten. Aber in Sims' Welt wartete eine unermeßliche Anzahl weder von Menschen noch von der Natur geschaffener, atemberaubender Ansichten darauf, enthüllt zu werden.

Die Evolution hat meine Vorstellung von dem, was möglich ist, erweitert. Das biologische System des Lebens ist ihr sehr ähnlich. Abschnitte der DNA sind Funktionseinheiten – logische Entwickler, die den Raum der Möglichkeiten erweitern. Die DNA gleicht völlig den Prozeduren von Sims und Kozas logischen Einheiten. (Oder sollten wir es lieber umgekehrt formulieren?) Eine Handvoll Einheiten kann vermischt und zu einem Programmcode für eine astronomisch große Zahl möglicher Proteine zusammengefügt werden. Die Proteine, die von diesem kleinen funktionalen Alphabet erzeugt werden, dienen als Gewebe, Krankheit, Heil- oder Geschmacksstoffe, Signale und als größter Teil der Infrastruktur des Lebens.

Biologische Evolution ist unbegrenzte Evolution der DNA-Einheiten, die neue DNA-Einheiten in einer Bibliothek züchten, die sich immer weiter ausdehnt und deren Grenzen nicht bekannt sind.

Der Molekularzüchter Gerald Joyce sagt von sich, daß er glücklich damit sei, »Moleküle zum Spaß und für den Profit zu entwickeln«. Aber sein wirklicher Traum ist es, ein alternatives Schema für eine unbegrenzte Evolution auszuhecken. Er erzählte mir: »Mich interessiert, ob wir den Prozeß der Selbstorganisation unter unserer eigenen Kontrolle in Gang setzen können.« Der Präzedenzfall, mit dem sich Joyce und seine Kollegen beschäftigen, besteht darin, ob ein einfaches Ribosom die Fähigkeit entwickeln kann, sich selbst zu replizieren – ein äußerst wichtiger Schritt, über den Tom Ray einfach hinwegging. »Unser ausdrückliches Ziel ist es, ein evolutionierendes System in Bewegung zu setzen. Wir wollen, daß Moleküle lernen, selbständig Kopien von sich anzufertigen. Dann hätten wir eine autonome statt einer gesteuerten Evolution.«

Gegenwärtig ist eine autonome, sich selbst erhaltende Evolution für die Biochemiker nur ein Traum. Bisher hat niemand ein evolutionäres System dazu nötigen können, einen »evolutionären Schritt« zu tun, einen, der einen chemischen Prozeß in Gang setzt, den es zuvor nicht gab. Bis heute haben Biochemiker mittels Evolution lediglich solche Moleküle neu entwickelt, die Probleme auflösen, von denen man bereits vorher wußte, wie sie zu lösen waren. »Bei der echten Evolution geht es darum, etwas Neuartiges zu entdecken und nicht bloß interessante Varianten abzuspulen«, sagt Joyce.

Ein funktionierendes, autonomes, evolvierendes Molekularsystem wäre ein unglaublich leistungsfähiges Werkzeug. Es wäre ein offenes System, *das alle möglichen Biologien erzeugen könnte.* »Es wäre der Triumph der Biologie!« ruft Joyce aus, das Äquivalent, so glaubt er, zu der Auswirkung, die es haben würde, »eine andere Lebensform im Universum zu finden, die glücklich wäre, mit uns Materialproben auszutauschen«.

Aber Joyce ist Wissenschaftler und vermeidet es, daß sein Enthusiasmus überhand nimmt: »Wir sagen nicht, daß wir Leben schaffen werden und daß dieses Leben seine eigene Kultur entwickeln wird. Das ist unsinnig. Wir sagen, daß wir eine künstliche Lebensform erzeugen werden, deren Chemie etwas anders funktionieren wird, als sie es jetzt tut. Das ist nicht unsinnig. Das ist realistisch.«

Chris Langton allerdings findet die Aussicht, daß das künstliche Leben seine eigene Kultur erschafft, nicht so verrückt. Über Langton ist viel geschrieben worden, weil er ein Außenseiter war, der den modischen Bereich des künstlichen Lebens mitbegründete. Er hat eine interessante Geschichte hinter sich, die es wert ist, kurz wiedergegeben zu werden, weil sein eigener Werdegang das Aufkommen der vom Menschen gemachten, unbegrenzten Evolution zusammenfaßt.

Vor einigen Jahren besuchten Langton und ich eine einwöchige wissenschaftliche Konferenz in Tucson und schwänzten einen Nachmittag, um unsere Köpfe wieder frei zu bekommen. Ich war eingeladen, das noch unfertige Biosphäre 2-Projekt zu besichtigen, das eine Autostunde entfernt lag. Also rollten wir auf dem schwarzen Asphaltband dahin, das sich durch die Ebenen des südlichen Arizona windet, und Langton erzählte mir die Geschichte seines Lebens.

Damals arbeitete Langton am Los Alamos National Laboratory als Informatiker. Die gesamte Stadt und das Labor von Los Alamos waren ursprünglich erbaut worden, um die ultimative Waffe zu erfinden. Daher erstaunte es mich, daß Langton seine Geschichte damit begann, daß er während des Vietnam-Krieges Kriegsdienstverweigerer gewesen war.

Als Kriegsdienstverweigerer erhielt Langton die Möglichkeit, einen Ersatzdienst als Sanitäter im General Hospital in Boston, Massachusetts, zu absolvieren. Er wurde für die unattraktive Aufgabe eingeteilt, Leichen vom Krankenhauskeller in den Keller des Leichenschauhauses zu transportieren. Gleich in der ersten Arbeitswoche luden Langton und ein Kollege eine Leiche auf ein Krankenhausbett und schoben sie durch den naßdunklen unterirdischen Korridor, der die beiden Gebäude miteinander verband. Sie mußten das Bett über eine kleine Betonbrücke schieben, die sich unter der einzigen Lampe des Tunnels befand. Als der Wagen gegen eine Kante stieß, rülpste der Leichnam, setzte sich auf und begann von der Matratze zu rutschen! Chris drehte sich nach seinem Kollegen um, aber er sah nur noch in einiger Entfernung die Türen hinter ihm zuschlagen. Tote Dinge konnten sich verhalten, als wären sie lebendig! Leben war Verhalten; das war die erste Lektion.

Langton teilte seinem Chef daraufhin mit, diesen Job nicht mehr machen zu wollen. Ob er wohl etwas anderes tun könnte? »Kannst du Computer programmieren?« wurde er gefragt. »Sicher«.

Er bekam einen Job als Programmierer an den ersten Computermodellen. Manchmal ließ er nachts auf den ungenutzten Computern ein banales Spiel laufen. Der Name des Spiels war »Life«, erdacht von John Conway und für Großrechner geschrieben von Bill Gosper, einem der ersten Hacker. Das Spiel hatte einen sehr einfachen Programmcode, der unendliche Variationen einer Form generierte, deren Muster an wachsende biologische Zellen erinnerten, welche sich in einer Nährlösung reproduzierten und fortpflanzten. Langton erinnerte sich, wie er eines Nachts alleine arbeitete und plötzlich die Anwesenheit von jemandem im Raum spürte, von etwas Lebendigem, das ihn anstarrte. Er blickte auf und sah auf dem Bildschirm ein unglaubliches Muster aus sich selbst reproduzierenden Zellen. Ein paar Minuten später spürte er wieder diese Gegenwart. Wieder blickte er auf und sah, daß das Muster gestorben war. Da fühlte er, daß das Muster lebendig gewesen war – lebendig und so real wie Formen in einer Nährlösung –, aber auf einem Computerbildschirm. Die bombastische Vorstellung, daß ein Computerprogramm vielleicht das Leben einfangen könnte, nahm in Langtons Denken Gestalt an. Er begann mit dem Spiel zu experimentieren. Er untersuchte es und fragte sich, ob es möglich wäre, ein Spiel wie »Life« zu entwickeln, das unbegrenzt wäre – so daß die Dinge von alleine anfangen würden, sich zu entwickeln. Er feilte an seinen Programmierkünsten. Langtons Job in der Klinik war es, ein Programm vom veralteten Großrechner auf einen neueren, völlig anders konzipierten Rechner zu übertragen. Um dies tun zu können, mußte er einen Trick anwenden: die *Hardware*-Oprerationen des alten Rechners abstrahieren und in die *Software* des neueren einschreiben – das grundsätzliche Verhalten der Hardware extrahieren und in immaterielle Symbole verwandeln. Auf diese Weise würden alte Programme im neuen Rechner auf einem virtuellen alten Rechner laufen: als Softwareemulation. Langton erzählte: »Das war eine erste Erfahrung, wie man einen Prozeß von einem Medium auf ein anderes überträgt. Die Hardware spielte keine Rolle. Man konnte ihre Operationen auf jeder beliebigen anderen Hardware laufen lassen. Es ging darum, die essentiellen Vorgänge einzufangen.« Seither beschäftigte ihn die Frage, ob sich das Leben vom Kohlenstoff auf Silizium übertragen läßt.

Nach seinem Zivildienst verbrachte Langton die Sommermonate mit Drachenfliegen. Zusammen mit einem Freund bekam er einen Job als Drachenflieger in Grandfather Mountain, einem Gebirge in North Carolina – als fliegende Touristenattraktion für 25 Dollar pro Tag. Sie blieben bei Windgeschwindigkeiten von über 60 Stundenkilometern stundenlang in der Luft. Als er eines Tages von einer plötzlich auftauchenden Turbulenz erfaßt wurde, stürzte Langton vom Himmel. In Fötushaltung schlug er auf den Boden und brach sich 35 Knochen, darunter alle am Kopf außer dem Schädelknochen. Obwohl er seine Knie am Gesicht zerschmetterte, blieb er am Leben. Die folgenden sechs Monate verbrachte er auf dem Rücken liegend bei halbem Bewußtsein.

Als er sich von seinem schweren Unfall erholte, hatte Langton den Eindruck, als würde sein Gehirn erneut »booten«, so wie ausgeschaltete Computer ihr Betriebssystem neu aufbauen müssen, wenn sie eingeschaltet werden. Die Grundfunktionen seines Denkens tauchten eine nach der anderen wieder auf. Wie an eine göttliche Erscheinung erinnert sich Langton an den Moment, als sein Selbstwahrnehmungssinn – das Gefühl, sich in einem Körper zu befinden – wiederkehrte. Plötzlich erlebte er die »tiefe innere Gewißheit«, daß sein Selbst wieder verankert sei, als ob der Apparat das »Booten« erfolgreich abgeschlossen hätte und nun auf eine Anwendung wartete. »Ich habe die persönliche Erfahrung gemacht, wie sich das Heranzüchten eines Denkens anfühlt«, erzählte er mir. Gerade so, wie er Leben im Computer erblickt hatte, wurde ihm nun die innere Einsicht zuteil, daß sich sein Leben in einer Maschine abspielte. Gab es denn Zweifel an der Unabhängigkeit des Lebens von seiner Matrix? War es nicht möglich, daß das Leben in seinem Körper und in seinem Rechner identisch waren?

Wäre es nicht großartig, dachte er, wenn er auf dem Wege der Computerevolution irgend etwas zum Leben erwecken könnte! Er beschloß, mit der menschlichen Kultur zu beginnen. Das schien für den Anfang leichter zu sein als eine Simulation von Zellen und DNA. In seinem vierten Studienjahr an der University of Arizona schrieb Langton eine Hausarbeit über die »Evolution der Kultur«. Er wollte seine Anthropologie-, Physik- und Informatikprofessoren dazu bringen, ihm zu erlauben, als Abschlußarbeit einen Computer zu bauen, auf dem man künstliche Evolution laufen lassen könnte, aber sie machten ihm keine Hoffnung darauf. Also kaufte er sich einen eigenen Apple II und programmierte seine erste künstliche Welt. Es klappte zwar nicht mit der Selbstreproduktion oder natürlichen Selektion, aber er entdeckte die Theorie zellulärer Automaten, und wie sich herausstellte, war das »Spiel des Lebens« nur ein Spezialfall davon.

Und er begegnete John von Neumanns Beweisen zur künstlichen Selbstreproduktion aus den vierziger Jahren. Von Neumann hatte eine Formel gefunden, die sich selbst reproduzierte. Aber das Programm war schwerfällig, auf unelegante Weise kompliziert und plump. Langton verbrachte monatelang Nacht für Nacht damit, seinen Apple II zu programmieren (ein technischer Vorteil, der von Neumann nicht zur Verfügung stand; er mußte mit Bleistift und Papier arbeiten). Schließlich hatte Langton, einzig getrieben von seinem Traum, künstliches Leben in Silizium zu erschaffen, die damals kleinste bekannte sich selbst reproduzierende Maschine gebaut. Auf dem Computerbildschirm sah der sich selbst reproduzierende zelluläre

Automat aus wie ein kleines blaues Q. Es gelang Langton, auf einer nur 94 Zeichen umfassenden Programmschleife die drei wichtigsten Informationen unterzubringen: eine vollständige Darstellung der Schleife, Befehle für die Reproduktion und den Trick, eine identische Schleife auszuwerfen. Er phantasierte. Wenn er in der Lage war, einen solch einfachen Replikator zu konstruieren, wie viele andere essentielle Prozesse des Lebens könnte er wohl ebenfalls nachahmen? Aber was waren die anderen essentiellen Prozesse des Lebens?

Eine gründliche Konsultation der vorhandenen Literatur zeigte, daß sehr wenige wissenschaftliche Beiträge zu einer so einfachen Frage geschrieben worden waren – und das wenige, das es gab, lag hier und da verstreut. Durch seine neue Stellung in den Labors von Los Alamos ermutigt, konzentrierte Langton 1987 seine Energie auf das Zustandekommen eines »interdisziplinären Workshops zu Synthese und Simulation lebender Systeme« – die erste Konferenz zu dem, was Langton jetzt künstliches Leben nannte. Bei seiner Suche nach allem und jedem, was das Verhalten lebender Systeme repräsentieren könnte, öffnete Langton den Workshop für Chemiker, Biologen, Informatiker, Mathematiker, Materialforscher, Philosophen, Robotiker und Computeranimatoren. Ich war einer der wenigen Journalisten, die daran teilnahmen.

Während des Workshops begann Langton mit seiner Suche nach einer Definition des Lebens. Die bereits existierenden schienen nicht adäquat zu sein. Nachdem im Anschluß an die Eröffnungskonferenz zunehmend darüber nachgedacht wurde, schlug der Physiker Doyne Farmer eine Liste von Merkmalen zur Definition des Lebens vor. Das Leben, sagte er, zeichnet sich aus durch:

- Muster in Zeit und Raum
- Selbstreproduktion
- Informationsspeicher für seine Selbstreproduktion (Gene)
- Stoffwechsel, um die Muster weiterbestehen zu lassen
- Funktionale Interaktion – es tut etwas
- Interdependenz einzelner Teile – oder die Fähigkeit zu sterben
- Stabilität bei Störungen
- Die Fähigkeit, sich weiterzuentwickeln

Die Liste provoziert. Obwohl wir Computerviren nicht für lebendig halten, erfüllen sie die meisten der obengenannten Bedingungen. Sie sind ein Muster, das sich reproduziert; sie schließen eine Kopie ihrer eigenen Darstellung ein; sie verbrauchen »Stoffwechselzyklen« des Computers (CPU); sie können sterben, und sie können sich weiterentwickeln. Wir könnten behaupten, daß Computerviren die ersten Beispiele entstehenden künstlichen Lebens sind.

Andererseits kennen wir alle ein paar Dinge, an deren Lebendigkeit wir nicht zweifeln, die aber nicht alle Kriterien der Liste erfüllen. Ein Maultier kann sich nicht selbst reproduzieren, und ein Herpes-Virus hat keinen Stoffwechsel. Langtons Erfolg beim Erschaffen einer sich selbst reproduzierenden Einheit machte ihn skeptisch gegenüber der Erreichbarkeit eines Konsenses: »Jedesmal, wenn wir erfolgreich die Definition des Lebens synthetisch erfüllen, wird die Definition verlängert oder verändert. Nehmen wir beispielsweise Gerald Joyces Definition des Lebens – ein sich selbst erhaltendes chemisches System mit den Voraussetzungen für eine Darwinsche Evolution. Ich glaube, daß im Jahr 2000 ein Labor irgendwo auf der Welt ein System herstellen wird, das diesen Definitionen entspricht. Aber dann werden die Biologen einfach das Leben neu definieren.«

Mehr Glück hatte Langton bei der Definition des künstlichen oder artifiziellen Lebens, das kurz »A-Life« genannt wird. A-Life ist, sagte er, »der Versuch, die Logik des Lebens von verschiedenen materiellen Formen zu abstrahieren«. Seine These besagte, daß Leben ein *Prozeß* ist – ein Verhalten, das nicht an eine bestimmte materielle Erscheinungsform gebunden ist. Was beim Leben zählt, ist nicht der Stoff, aus dem es gemacht ist, sondern das, was es tut. Leben ist ein Verb, kein Nomen. Farmers Liste mit genauen Beschreibungen des Lebens enthält Handlungen und Verhaltensweisen. Informatikern fällt es nicht schwer, sich die Eigenschaften des Lebens als Prozeßvarianten zu denken. Steen Rasmussen, ein Kollege von Langton, der sich gleichfalls für künstliches Leben interessierte, warf einmal seinen Bleistift auf den Tisch und stöhnte: »Im Westen glauben wir, daß ein Bleistift realer ist als seine Bewegung.«

Wenn die Bewegung des Bleistiftes die Essenz – der reale Teil – ist, dann ist »künstlich« ein trügerisches Wort. Auf der ersten Konferenz für künstliches Leben, auf der Craig Reynolds vorführte, wie er mit drei simplen Regeln Dutzende computeranimierter Vögel dazu brachte, selbständig einen Schwarm zu bilden, konnte jeder sehen, daß die Schwarmbildung real war. *Künstliche Vögel* formten einen *natürlichen Schwarm.* Langton faßte die Lektion so zusammen: »Das Wichtigste, was man sich zu A-Life merken muß, ist, daß der künstliche Teil nicht das Leben, sondern das Material ist. Reale Dinge geschehen. Wir beobachten reale Phänomene. Es ist echtes Leben in einem künstlichen Medium.«

Die Biologie – das Studium der Grundprinzipien des Lebens – befindet sich gerade in einem Umbruch. Langton sagt, daß sich die Biologie dem »fundamentalen Hindernis gegenübersieht, daß es unmöglich ist, generelle Prinzipien aus einzelnen Beispielen abzuleiten«. Da wir nur über ein einziges gemeinsames Beispiel, das irdische Leben, verfügen, ist der Versuch unsinnig, seine essentiellen und universellen Merkmale von den beiherspielenden zu unterscheiden, die auf die gemeinsame Herkunft des Lebens auf diesem Planeten zurückzuführen sind. Wie viel von dem, was wir für Leben halten, verdankt sich beispielsweise einer Basis aus Kohlenstoffverbindungen? Wir können es nicht wissen, ohne zumindest ein weiteres Beispiel des Lebens zu haben, das nicht auf Kohlenstoffverbindungen basiert. Um allgemeingültige Prinzipien und Theorien des Lebens abzuleiten – das heißt Merkmale zu identifizieren, die auf jedes Vivisystem oder Leben zutreffen –, brauchen wir, so Langton, »eine Gesamtheit von Einzelfällen. Da es ziemlich unwahrscheinlich ist, daß sich in absehbarer Zukunft außerirdische Lebensformen zu Forschungszwecken zur Verfügung stellen werden, bleibt uns nur die Möglichkeit, andere Formen des Lebens selbst zu entwickeln.« Das ist Langtons Mission – ein anderes Leben zu erschaffen, oder vielleicht sogar mehrere andere »Leben«, als Basis für eine echte Biologie, eine echte Logik des Bios. Da diese anderen Leben Kunstprodukte des Menschen und nicht der Natur sind, nennen wir sie künstliches Leben; aber sie sind so real, wie wir es sind.

Die Natur dieser ehrgeizigen Herausforderung trennt die Wissenschaft vom künstlichen Leben von der Biologie. Die Biologie versucht, das Leben zu verstehen, indem sie es auseinandernimmt und auf seine Bestandteile reduziert. Künstliches Leben hingegen kann nicht zerlegt werden, und so kann es nur Fortschritte machen, indem es Lebendiges zusammensetzt und aus Einzelteilen zusammenfügt. Statt das Leben zu analysieren, wird es synthetisiert. Aus diesem Grund, sagt Langton, »kommt das künstliche Leben der Praxis einer synthetischen Biologie gleich«.

Künstliches Leben bekennt sich zu neuen Lebensformen und einer neuen Definition des Lebens. »Neues« Leben ist eine alte Kraft, die Materie und Energie neu organisiert. Unsere antiken Vorfahren waren sehr großzügig darin, Dinge für lebendig zu halten. Aber im Zeitalter der Wissenschaft treffen wir eine sorgfältige Unterscheidung. Wir nennen Tiere und grüne Pflanzen lebendig, aber wenn wir von einer Institution wie dem Postamt als einem »Organismus« sprechen, sagen wir, daß es lebensähnlich ist oder aussieht, »als wäre es lebendig«.

Wir (und damit meine ich zuallererst die Wissenschaftler) fangen gerade an zu erkennen, daß die Organisationen, die früher im metaphorischen Sinne lebendig genannt wurden, wirklich leben, nur daß sie von einem Leben, das größer dimensioniert und dessen Definition umfassender ist, in Gang gesetzt worden sind. Ich nenne dieses größere Leben »Hyperleben«. Das Hyperleben ist eine besondere Art von Vivisystem, ausgestattet mit Integrität, Widerstandsfähigkeit und Geschlossenheit – eher ein starkes Vivisystem als ein lockeres. Ein Regenwald und ein Immergrün, ein elektronisches Netzwerk und ein Servomechanismus, SimCity und New York City sind allesamt Formen des Hyperlebens. Hyperleben ist meine Bezeichnung für die Art von Leben, die sowohl den AIDS-Virus als auch Computerviren umfaßt.

Das biologische Leben ist nur eine Spezies des Hyperlebens. Das Telefonnetz ist eine weitere Spezies. Ein Ochsenfrosch ist zum Bersten voll mit Hyperleben. Das Projekt Biosphäre 2 in Arizona wimmelt von Hyperleben, ebenso »Tierra« und Terminator 2. Eines Tages wird das Hyperleben in Autos, Gebäuden, Fernsehern und Reagenzgläsern blühen.

Das soll nicht heißen, daß organisches Leben und maschinelles Leben identisch wären; das sind sie nicht. Wasserflöhe werden immer bestimmte Eigenschaften behalten, die nur dem auf Kohlenstoff basierenden Leben eigen sind. Aber organisches und künstliches Leben teilen sich eine Reihe von Eigenschaften, mit deren Bestimmung wir gerade erst begonnen haben. Und selbstverständlich kann es zukünftig auch andere Formen des Hyperlebens geben, die wir noch nicht beschreiben können. Man kann sich verschiedenartige Möglichkeiten des Lebens vorstellen, die neuentstandene Merkmale von Hyperleben besitzen, welche in keinem ihrer Elternteile zu finden sind – sonderbare Zucht-Hybride mit biologischen und synthetischen Anteilen, Cyborgs (halb Tier und halb Maschine) wie in den alten Science-fiction-Geschichten.

Jeder Versuch des Menschen, Leben zu erschaffen, gleicht dem Flug einer Sonde in den Raum möglicher Hyperlebensformen. Dieser Raum schließt alle Bemühungen ein, die Ursprünge irdischen Lebens noch einmal zu erschaffen. Aber die Herausforderung geht weit darüber hinaus. Das Ziel des künstlichen Lebens ist nicht nur die Beschreibung des Raums des »Lebens, wie wir es kennen«. Die Hoffnung, die Langton beflügelt, besteht darin, den Raum *aller* möglichen Lebensformen zu kartographieren, eine Suche, die uns in das weit entfernte Reich des »Lebens, wie es sein könnte« vordringen läßt. Hyperleben ist diejenige Bibliothek, die alle lebendigen Dinge enthält, alle Vivisysteme, alle Splitter des Lebens, alles, was sich gegen das zweite Gesetz der Thermodynamik sträubt, alle zukünftigen und vergangenen Anordnungen von Materie, die zu unbegrenzter Evolution fähig sind, und alle Beispiele einer Erscheinungsform des Wunderbaren, die wir noch nicht richtig definieren können.

Der einzige Weg, diese *Terra incognita* zu erkunden, besteht darin, viele Beispiele zu konstruieren und zu sehen, ob sie in das Universum passen. Wie Langton in seiner Einführung zum Bericht der zweiten Konferenz über künstliches Leben schrieb: »Wenn die Biologen ›das Band der Evolution zurückspulen‹ und immer wieder unter neuen Ausgangsbedingungen oder dem Einfluß anderer äußerer Störquellen von vorne anfangen könnten, besäßen sie ein lückenloses und verallgemeinerbares *Gesamtbild* der evolutionären Bahnen.« Man fängt bei Null an, ändert die Regeln ein wenig ab und baut dann ein Beispiel für künstliches Leben. Diesen Vorgang wiederholt man einige dutzend Male. Jeder Fall synthetischen Lebens wird dem Beispiel des erdgebundenen organischen Lebens hinzugefügt, um so das vollständige Gesamtbild des Hyperlebens zu erschließen.

Da Leben eine Eigenschaft der Form und nicht der Materie ist, können wir desto mehr Beispiele des »Lebens, wie es sein könnte« ansammeln, desto mehr Stoffen wir lebendige Verhaltensformen einpflanzen können. Deshalb ist das künstliche Leben ein weites Feld und verfährt eklektisch bei der Berücksichtigung aller Zugänge zur Komplexität. Auf einer typischen Zusammenkunft von A-Life-Forschern finden sich Biochemiker, Computercracks, Spieleentwickler, Animatoren, Physiker, Mathematiker und Robotiker. Ihr unausgesprochenes Anliegen besteht darin, die Definition des Lebens zu knacken.

Eines Abends – nach einer späten Vorlesung auf der ersten Konferenz über künstliches Leben, während einige von uns die Sterne am nächtlichen Wüstenhimmel beobachteten – trug der Mathematiker Rudy Rucker die überschwenglichste Motivation für die Erforschung künstlichen Lebens vor, die ich je gehört habe: »Gegenwärtig besteht ein normales Computerprogramm vielleicht aus tausend Zeilen Programmcode, um ein paar Minuten zu laufen. Beim künstlichen Leben geht es darum, einen Computercode zu entdecken, der nur ein paar Zeilen lang ist und tausend Jahre lang läuft.«

Das scheint wohl zu stimmen. Dasselbe wünschen wir uns für unsere Roboter: Einige Jahre an ihnen bauen, um sie dann Jahrhunderte arbeiten und vielleicht sogar ihre Nachfolger selbst bauen zu lassen. Nichts anderes als eine Eichel – ein paar Zeilen Code, die als 180-jährige Eiche ablaufen.

Die Besucher der Konferenz glaubten, daß das Entscheidende nicht nur die Neudefinition von Biologie und Leben war, sondern auch die Neufassung der Begriffe »künstlich« und »real«. Ganz im Gegensatz zum »Publish or Perish« des altvertrauten akademischen Gebarens, traten die meisten Pioniere des künstlichen Lebens – sogar die Mathematiker – für den neuentstandenen akademischen Wahlspruch ein: »Demo or Die«. Die einzige Möglichkeit, sich mit künstlichem Leben und Hyperleben erste Sporen zu verdienen, bestand darin, ein funktionierendes Beispiel auf die Beine zu stellen und es in Aktion zu zeigen. Ken Karakotsios, ein früherer Apple-Mitarbeiter, erinnert sich, wie es bei ihm mit dem »Leben, wie es sein könnte« begann: »Jedesmal, wenn ich vor einem Computer saß, versuchte ich das ›Spiel des Lebens‹ einzuprogrammieren.« Das führte schließlich zu einem bemerkenswerten Macintosh-A-Life-Programm namens »SimLife«. In »SimLife« erschafft man eine Hyperlebenswelt und setzt kleine

Kreaturen hinein, die sich gemeinsam zu einer immer komplexeren künstlichen Ökologie entwickeln. Zur Zeit bemüht sich Karakotsios das größte und beste Spiel des Lebens zu schreiben, das ultimative lebende Programm: »Wissen Sie, das einzige, das groß genug ist, damit das ultimative Spiel des Lebens darauf laufen kann, ist das Universum. Das einzige Problem mit dem Universum als Plattform ist allerdings, daß darauf gerade das Programm von jemand anderem läuft.«

Larry Yaeger, derzeit Mitarbeiter bei Apple, drückte mir einmal seine Visitenkarte in die Hand. Darauf stand: »Larry Yaeger – Mikrokosmischer Gott.« Yaeger erschuf »Polyworld«, eine raffinierte Computerwelt mit Organismen, die die Form von Polygonen haben. Die Polys fliegen zu Hunderten herum, paaren sich, brüten Nachkommen aus, verbrauchen Ressourcen, lernen (eine Fähigkeit, die ihnen ihr Schöpfer Yaeger verlieh), passen sich an und entwickeln sich weiter. Yaeger erforschte den Raum möglichen Lebens. Was würde sich daraus ergeben? »Zunächst«, sagte Yaeger, »belastete ich die Eltern nicht mit Energiekosten, wenn sie Nachwuchs bekamen. Sie konnten den Nachwuchs gewissermaßen umsonst haben. Aber ich erhielt immer mehr von dieser eigenartigen Spezies, diesen trägen Kannibalen, denen es gefiel, in der Ecke herumzulungern, immer in der Nähe ihrer Eltern und Kinder, und die gar nichts taten, sich nie fortbewegten. Das einzige, was sie taten, war, sich zu paaren, miteinander zu kämpfen und sich gegenseitig aufzufressen. Nun, warum arbeiten, wenn man seine Kinder essen kann!«

»Ein zentraler Ansporn zur Erforschung des künstlichen Lebens ist die Ausdehnung der Biologie auf eine umfassendere Klasse von Lebensformen als diejenige, die zur Zeit auf der Erde anzutreffen ist«, schreibt Doyne Farmer über die Lust der Götter am künstlichen Leben.

Künstliches Leben nimmt noch aus einem weiteren Grund eine Sonderstellung unter allen menschlichen Anstrengungen ein. Solche Götter wie Yaeger erweitern das Feld des Lebens, weil das »Leben, wie es sein könnte« ein Gebiet ist, das wir nur untersuchen können, wenn wir es zunächst einmal erschaffen. Wir müssen das Hyperleben herstellen, um es zu erkunden, und um es zu erkunden, müssen wir es herstellen.

Aber während wir geschäftig neue Formen des Hyperlebens erschaffen, schleicht sich eine unbequeme Vorstellung in unsere Gedanken. Das Leben benutzt uns. Organisches, auf Kohlenstoffen aufbauendes Leben ist nur die erste, älteste Form des Hyperlebens, das sich innerhalb von Materie herausbildet. Das Leben hat den Kohlenstoff erobert. Aber jetzt kocht das Leben über und will die Form von Kristallen, Kabeln, biochemischen Gelen und hybriden Zellen aus Nerven und Silizium annehmen. Schauen wir uns die Zielrichtung des Lebens an, müssen wir dem Entwicklungsbiologen Lewis Held rechtgeben: »Embryozellen sind nichts als maskierte Roboter.« In seinem Beitrag zu den Tagungsberichten der zweiten Konferenz für künstliches Leben schrieb Tom Ray: »Virtuelles Leben ist irgendwo da draußen und wartet darauf, daß wir Umwelten erzeugen, in denen es sich entwickeln kann.« Wie Steven Levy in *Künstliches Leben aus dem Computer* berichtete, erzählte Langton ihm: »Es gibt diese anderen Formen von Leben, die anfangen wollen zu existieren. Und sie benutzen mich als Vehikel für ihre Reproduktion und Implementierung.«

Leben – das Hyperleben – will alle möglichen Biologien und alle möglichen Datenauswertungen erforschen, aber es benutzt uns, um sie zu erzeugen, denn sie zu erzeugen ist der einzige Weg, sie zu erforschen oder zu vervollständigen. Die Menschheit ist demnach, je nachdem wie man es betrachtet, eine reine Durchgangsstation beim Galopp des Hyperlebens durch den Raum – oder die entscheidende Startrampe für den Flug in ein unendliches Universum.

»Mit dem Aufkommen des künstlichen Lebens sind wir vielleicht die erste Spezies, die ihre eigenen Nachfolger erzeugt«, schrieb Doyne Farmer in seinem Manifest *Artificial Life: The Coming Evolution.* »Wie werden diese Nachfolger aussehen? Wenn wir an unserer Aufgabe als Schöpfer scheitern, können sie tatsächlich kalt und grausam sein. Aber wenn wir Erfolg haben, können sie wunderbare, erleuchtete Geschöpfe sein, die uns bei weitem an Intelligenz und Weisheit überragen.« Ihre Intelligenz mag »für niedere Lebensformen, wie wir es sind, nicht verständlich sein«. Wir haben uns immer gescheut, Gott zu spielen. Wenn das Hyperleben durch unsere Hilfe Räume finden sollte, in denen es Kreaturen entwickeln kann, welche uns erfreuen und uns zu Diensten sind, können wir stolz sein. Sollten aber durch unsere Mühen Nachfolger entstehen, die uns überlegen sind, werden wir es mit der Angst zu tun bekommen.

Chris Langtons Büro befand sich schräg gegenüber des Atommuseums in Los Alamos, eine Mahnung an das Zerstörungspotential, das wir in uns tragen. Dieses Potential trieb Langton vorwärts. »In der Mitte dieses Jahrhunderts hatte die Menschheit die Macht erlangt, das Leben auszulöschen«, schrieb er in einer seiner Seminararbeiten. »Am Ende des Jahrhunderts wird sie in der Lage sein, es zu erschaffen. Es ist schwer zu sagen, was uns die größere Last der Verantwortung auf die Schultern legt.«

Hin und wieder erschaffen wir Raum für andere Varianten des Lebens. Straffällig werdende jugendliche Hacker bringen leistungsfähige Computerviren in Umlauf. Japanische Industrielle schweißen intelligente Zeichenroboter zusammen. Hollywoods Regisseure erschaffen virtuelle Dinosaurier. Biochemiker spritzen selbstevolvierende Moleküle in kleine Teströhren. Eines Tages werden wir eine unbegrenzte Welt erzeugen, die immer weiterexistieren kann und fortlaufend Neues erzeugt. Dann werden wir einen nächsten lebendigen Vektor im Raum des Lebens erzeugt haben.

Wenn Danny Hillis sagt, daß er einen Computer bauen möchte, der stolz auf ihn sein könnte, macht er keinen Witz. Was wäre menschlicher, als Leben zu geben? Ich glaube: Leben *und* Freiheit zu geben. *Unbegrenztes* Leben zu geben. Zu sagen, das ist dein Leben, *und* hier sind die Autoschlüssel. Dann läßt man es frei schalten und walten, wie auch wir es tun – im Laufe der Zeit wird sich alles weitere schon ergeben. Tom Ray erzählte mir einst: »Ich möchte kein Leben in den Computer herunterladen, ich möchte Computer ins Leben hineinladen.«

17

DIE STRUKTUR ORGANISIERTEN WANDELS

Schlägt man ein beliebiges Buch über Evolution auf, sprudeln die Seiten über von Geschichten über Veränderungen. Die Begriffe *Anpassung, Entstehung der Arten* und *Mutation* entstammen alle dem Sprachgebrauch der Transformation – der Differenzen im Laufe der Zeit. In der Sprache des Wandels, die uns die Evolutionsforscher beschert haben, erzählen wir unsere Geschichte als eine der Veränderungen, Metamorphosen und Neuerungen. »Neu« ist unser Lieblingswort.

Selten findet man jedoch ein Buch über Evolutionstheorie, das uns die Geschichte der Beständigkeit erzählt. Im Index wird man vergeblich nach *Stagnation, Standhaftigkeit, Stabilität* oder irgendeinem anderen Wort aus der Sprache der Dauer suchen. Trotz der überwältigenden Tatsache, daß die Evolution beinahe die gesamte Zeit damit verbringt, kaum etwas zu verändern, schweigen sich Lehrer und Lehrbücher über die Formen der Beständigkeit aus.

Zu unrecht ist der Dinosaurier zum Symbol des Unwillens gegenüber der Veränderung geworden. Wir stellen ihn uns als eine turmhohe Bestie vor: Mit hängendem Unterkiefer glotzt sie stumpfsinnig dem fliegenden Getier nach, das ihre trägen Füße umflattert. »Sei kein Dinosaurier!« ermahnen wir den Zaghaften. »Laßt euch nicht vom Fortschritt überrollen!« rufen wir den Langsamen zu. Paßt euch an, oder ihr werdet platt gemacht.

Wenn ich das Wort »Evolution« als Suchbegriff in den Online-Katalog meiner Bibliothek eingebe, bekomme ich eine Liste von Büchern mit Titeln wie:

Die Evolution der Sprache in China
Die Evolution der Musik
Die Evolution politischer Parteien in der Frühzeit der Vereinigten Staaten
Die Evolution der Technologie
Die Evolution des Sonnensystems

Es liegt auf der Hand, daß »Evolution«, wie sie in diesen Titeln verwendet wird, ein gebräuchlicher Fachbegriff für die im Laufe der Zeit gewachsene Veränderung ist. Aber was verändert sich denn auf der Welt nicht nach und nach? Fast jede Veränderung um uns herum ist gewachsen. Katastrophische Veränderungen sind selten, und kontinuierliche katastrophische Veränderungen über lange Zeiträume hinweg nahezu unbekannt. Ist jeder langfristige Wandel evolutionär?

Einige Leute vertreten diese Ansicht. Die Satzung der Washington Evolutionary Systems Society, einer rührigen nationalen Vereinigung von 180 Mitgliedern aus Forschung und Technik, betrachtet jedes System »ohne Beschränkung des zu untersuchenden Systemtyps« als evolutionär. »Alles, was wir um uns herum sehen und erfahren, ist Produkt eines fortwährenden evolutionären Prozesses.« Eine Durchsicht dessen, was sie als evolutionär erachten – »Evolution der Objektivität, Evolution von Wirtschaftsunternehmen« – veranlaßte mich, Bob Crosby, den Gründer der Gesellschaft, zu fragen: »Gibt es irgendwelche Systeme, die Sie nicht als evolutionär betrachten?« Seine Antwort: »Wir können nicht entdecken, daß es irgendwo keine Evolution gibt.« Ich habe in diesem Buch versucht, das Wort nicht in dieser Bedeutung zu gebrauchen, aber es ist mir nicht vollständig gelungen.

Trotz der Verwirrung um das Wort »Evolution« wurzeln unsere stärksten Ausdrücke für Veränderung im Organischen: *wachsen, entwickeln, entfalten, mutieren, lernen, verwandeln, anpassen.* Die Natur ist das Reich geordneten Wandels.

Ungeordneter Wandel war bisher die Domäne der Technologie. Der strenge Begriff für ungeordneten Wandel ist »Revolution« – ein Typ drastischer diskontinuierlicher Veränderung vor allem bei von Menschen gemachten Dingen. Die Natur kennt keine Revolutionen.

Die Technologie führte das Konzept der Revolution als normalen Veränderungsmodus ein. Seit der Industriellen Revolution und ihren Folgeerscheinungen, der Französischen und Amerikanischen Revolution, sind wir Zeugen einer ununterbrochenen Serie von Revolutionen geworden, die durch technischen Fortschritt ausgelöst wurden – die Revolutionen der elektrischen Apparate, der Antibiotika und Chirurgie, des Plastiks, der Autobahnen, der Geburtenkontrolle usw. Heutzutage werden soziale wie technologische Revolutionen im Wochenrhythmus verkündet. Genmanipulation und Nanotechnologie –

Technologien, die per definitionem bedeuten, daß wir alles machen können, was wir uns wünschen – versprechen Revolutionen jeden Tag.

Aber tägliche Revolutionen werden meiner Meinung nach von täglichen Evolutionen verdrängt werden. Die letzte Revolution in der Technologie wird darin bestehen, dem evolutionären Wandel in die Arme zu fallen. Wissenschaft und Wirtschaft versuchen heute, sich den Wandel dienstbar zu machen – ihn strukturiert einfließen zu lassen –, so daß er ununterbrochen am Werk ist und verläßliche Gezeiten von Mikrorevolutionen statt dramatischer und zerstörerischer Makrorevolutionen produziert. Wie können wir den Wandel so in das Künstliche einpflanzen, daß er sowohl geordnet als auch autonom verläuft?

Die Evolutionsforschung ist längst nicht mehr nur für Biologen, sondern auch für Techniker wertvoll. Künstliche Evolution entsteht in unserer Umwelt; aber daß die Erforschung der (natürlichen wie künstlichen) Evolution in unserer Achtung steigt, ist genauso wichtig. Alvin Toffler war der erste Futurologe, der das öffentliche Bewußtsein mit der Tatsache konfrontierte, daß sich nicht nur technologische und kulturelle Angelegenheiten schnell verändern, sondern der Takt der Veränderung selbst sich zu beschleunigen scheint. Wir leben in einer Welt dauernden Wandels und müssen lernen, das zu verstehen. Von natürlicher Evolution verstehen wir nicht besonders viel. Durch die jüngste Erfindung einer künstlich erzeugten natürlichen Evolution und deren Erforschung können wir die organische Evolution besser verstehen, besser mit dem Wandel in unserer gemachten Welt umgehen, ihn sichtbar machen und vorhersagen. Künstliche Evolution ist die zweite Lernstufe einer neuen Biologie der Lebewesen und die erste Lernstufe einer neuen Biologie der Maschinen.

Das Ziel lautet beispielsweise, ein Auto herzustellen, das seine Karosserie und seine Räder der Straßenbeschaffenheit anpaßt; oder eine Straße, die ihren eigenen Zustand erkennt und sich selbst repariert; eine Autofabrik so flexibel zu gestalten, daß die Autos individuell auf jeden Kundenwunsch hin zugeschnitten werden können; einem Schnellstraßensystem die Wahrnehmung des Verkehrsaufkommens zu verschaffen, um dieses zu verringern; schließlich einer Stadt beizubringen, wie sie ihr Verkehrsaufkommen ausbalanciert. Dies alles schreibt der Technologie die Fähigkeit zu, sich selbst zu verändern. Aber anstatt ständig Veränderung kleinteilig hineinzupumpen, würden wir dem System lieber das gesunde Herz des Wandels – einen anpassungsfähigen Geist – einpflanzen. Dieser magische Geist heißt künstliche Evolution. In höherer Dosierung gebiert Evolution künstliche Intelligenz, in abgeschwächter Form fördert sie sanfte Anpassung. Hier wie dort ist Evolution die breite, selbstgeleitete Kraft, die Maschinen noch immer in starkem Maße fehlt.

Das postmoderne Denken akzeptiert gutgläubig die einstmals verstörende Feststellung, daß Evolution gegenüber der Zukunft blind ist. Letztlich sind wir Menschen unfähig, alle unsere zukünftigen Bedürfnisse vorherzusehen – halten uns aber, was Vorhersagen angeht, für überdurchschnittlich begabt. Ironischerweise ist die Evolution noch ignoranter, als wir glauben: sie ist blind für Kommen und Gehen. Nicht nur blind dafür, wie Dinge sein werden, sondern auch dafür, wie sie jetzt sind oder früher waren. Die Natur weiß nicht, was sie gestern getan hat, und es ist ihr gleichgültig. Sie führt nicht Buch über ihre Erfolge, klugen Veränderungen oder nützlichen Strategien. Wir – alle Organismen – sind eine historische Aufzeichnung der Arten, aber unsere Geschichte ist nicht leicht zu entschleiern und kann ohne beträchtliche Intelligenz nicht entziffert werden.

Ein gewöhnlicher Organismus hat nicht die geringste Ahnung von den Details, die in seinen unteren Schichten am Werk sind. Eine Zelle ist eine taube Nuß hinsichtlich ihrer eigenen Gene. Pflanzen wie Tiere sind kleine pharmazeutische Fabriken, die gelegentlich biochemische Stoffe ausstoßen, bei denen den Gentechnikern die Kinnladen herunterklappen. Aber weder eine Zelle, noch ein Organ, noch ein Individuum, noch eine Art merkt sich die Entstehung der Errungenschaften – was gerade für was verantwortlich ist. »Es funktioniert, warum sich sorgen?« lautet des Lebens tiefste Erkenntnis.

Wenn wir Natur als System betrachten, erwarten wir kein Bewußtsein, bloß Buchhaltung. Wie aber jeder weiß, gibt es ein Gesetz, das der Biologie heilig ist: das »zentrale Dogma«. Das zentrale Dogma besagt, daß Natur keine Buchhaltung führt. Genau genommen besagt es, daß Information von den Genen zum Körper wandert, aber niemals einen Rechenschaftsbericht in die umgekehrte Richtung sendet

– vom Körper zurück zu den Genen. So gesehen ist die Natur blind für ihre Vergangenheit.

Wenn die Natur in Organismen Information in beide Richtungen übertrüge, würde das eine Lamarckistische Evolution ermöglichen, die eine Zwei-Wege-Kommunikation zwischen den Genen und ihren Produkten erforderte. Die Vorteile des Lamarckismus sind beeindruckend. Wenn ein Tier schnellere Beine braucht, um zu überleben, kann es sich der Körper-Gen-Kommunikation bedienen, um die Gene dazu zu bewegen, eine schnellere Beinmuskulatur aufzubauen, und diese Innovation dann an seine Nachkommen weitergeben. Die Evolution würde wie verrückt beschleunigt.

Aber die Lamarckistische Evolution ist auf einen Organismus angewiesen, der ein Arbeitsverzeichnis seiner Gene besitzt. Wenn der Organismus einer rauhen Umwelt ausgesetzt wäre – zum Beispiel extremer Höhe – würde er alle Gene seines Körpers benachrichtigen, welche die Atmung beeinflussen können, und sie bitten, sich darauf einzustellen. Sicherlich kann der Körper eines Organismus diese Botschaft über festgelegte hormonelle und chemische Kreisläufe an einzelne Körperorgane übermitteln. Ebenso könnte er dasselbe den Genen mitteilen, wenn er die richtigen herauspicken könnte. Aber genau diese buchhalterischen Hausarbeiten werden nicht erledigt. Der Körper merkt sich nicht, wie er ein Problem löst. Deshalb kann er nicht sagen, welche Gene den Bizeps eines Schmieds anschwellen lassen oder welche Gene Atmung und Blutdruck regulieren. Und da Millionen von Genen Milliarden von Eigenschaften produzieren – und ein Gen mehr als eine Eigenschaft bestimmen kann, wie auch eine Eigenschaft von mehr als einem Gen bestimmt werden kann –, müßte die Komplexität der Buchführung und Indizierung die Komplexität des Organismus selbst übersteigen.

Das Problem liegt dementsprechend nicht so sehr darin, daß Information nicht vom Körper zu den Genen übertragen werden kann, sondern daß die Kommunikation dadurch blockiert wird, daß sie kein klares Ziel hat. Es gibt keine zentrale Geninstanz, die die Nachrichtenübermittlung beaufsichtigt. Das Genom ist das ultimative dezentrale System – zügellose Redundanz, massiver Parallelismus, keine Leitzentrale, niemand, der jeder Transaktion über die Schulter schaut.

Was jedoch, wenn die Möglichkeit bestünde, dies zu umgehen? Echte genetische Zwei-Wege-Kommunikation würde Licht in eine Reihe interessanter Fragen bringen: Böte es irgendeinen biologischen Vorteil, wenn ein solcher Mechanismus möglich wäre? Was bräuchte man darüber hinaus für eine Lamarckistische Biologie? Könnte die Biologie selbst jemals auf dem Weg zu einem solchen Mechanismus gewesen sein? Wenn dies möglich ist, warum ist es nie passiert? Ließe sich ein funktionierender biologischer Lamarckismus als Gedankenexperiment skizzieren?

Aller Wahrscheinlichkeit nach erfordert eine Lamarckistische Biologie einen Typus hochgradiger Komplexität – eine Intelligenz –, welchen die meisten Organismen nicht erreichen können. Aber dort, wo die Komplexität zur Intelligenz *reicht*, wie in menschlichen Organismen und Organisationen sowie deren robotischen Abkömmlingen, ist Lamarckistische Evolution möglich und vorteilhaft. Ackley und Littman haben gezeigt, daß von Menschen programmierte Computer eine Lamarckistische Evolution in Gang setzen könnten.

Im letzten Jahrzehnt haben die meisten Biologen eine Beobachtung bestätigt, die ein paar vereinzelte Biologen seit hundert Jahren predigen: Wenn ein Organismus ausreichend Komplexität in seinem Körper erreicht, kann er diesen Körper nutzen, um seinen Genen beizubringen, was sie zu ihrer Entwicklung wissen müssen. Da dieser Mechanismus eine Mischform aus Evolution und Lernen darstellt, hat er eine große Bedeutung für den Bereich des Künstlichen.

Jeder Tierkörper birgt in sich eine allerdings begrenzte Kraft, sich an verschiedene Umwelten anzupassen. Menschen können sich an ein Leben in größerer Höhe akklimatisieren. Unser Puls, Blutdruck und unsere Lungenkapazität muß und wird den niedrigeren Luftdruck kompensieren. Diese Veränderungen werden wieder rückgängig gemacht, sobald wir uns in geringere Höhe begeben. Aber unserem Akklimatisierungsvermögen sind Grenzen gesetzt. Für uns liegt sie bei etwa 7000 Metern über dem Meeresspiegel. Jenseits dieser Höhe kann sich der Körper nicht auf einen Langzeitaufenthalt einstellen.

Man stelle sich eine menschliche Ansiedlung im Hochland der Anden vor. Die Menschen sind von der Ebene an einen Ort gezogen, für den sie nicht gerade optimal geschaffen sind – die Luft ist dünn. In den Tausenden von Jahren, die sie dort gelebt haben, mußten ihre

Herzen und Lungen – ihre Körper – Überstunden machen, um mit der Höhe zurecht zu kommen. Wenn in ihrem Dorf eine »Laune der Natur« geboren wird, jemand, dessen Körper auf eine genetisch tüchtigere Weise mit dem Streß der großen Höhe zurecht kommt – etwa durch eine bessere Zusammensetzung des Hämoglobins statt durch schnelleren Herzschlag –, dann ist diese Laune der Natur im Vorteil. Wenn sie Kinder bekommt, könnte sich dieses Merkmal über Generationen hinweg im ganzen Dorf verbreiten, weil Verringerung der Belastung für Herz und Lunge von Vorteil ist. Durch die gewöhnliche Darwinistische Dynamik natürlicher Selektion wird die Mutation der Höhenanpassung für den Genpool des Dorfs dominant.

Oberflächlich betrachtet scheint hier lediglich klassischer Darwinismus am Werk zu sein. Aber damit eine Darwinistische Evolution stattfinden kann, mußte der Organismus erst viele Generationen hindurch ohne den Vorteil der genetischen Veränderung an diesem Ort überleben. *Also war es die Flexibilität des Körpers, die die Bevölkerung lange genug überleben ließ, so daß die Mutation entstehen und sich in den Genen verankern konnte.* Eine vom Körper angeführte Anpassung (eine somatische Anpassung) wurde nach und nach von den Genen assimiliert. Der Biotheoretiker C. H. Waddington nannte diesen Transfer »genetische Assimilation«, der Kybernetiker Gregory Bateson »somatische Anpassung«. Bateson verglich letztere mit dem Wandel der Gesetzgebung innerhalb der Gesellschaft – erst erzeugen die Menschen eine Veränderung, dann wird sie Gesetz. Bateson schreibt: »Der weise Gesetzgeber wird nur selten eine neue Verhaltensregel initiieren; gewöhnlich wird er sich damit bescheiden, das per Gesetz zu bestätigen, was für die Menschen schon allgemein üblich geworden ist.« In der technischen Literatur ist diese genetische Bestätigung auch als Baldwin-Effekt bekannt, benannt nach J. M. Baldwin, einem Psychologen, der seine Idee zum ersten Mal 1896 als »New Factor in Evolution« veröffentlichte.

Nehmen wir an, es gibt noch ein weiteres Dorf in den Bergen, diesmal im Himalaja in einem Tal namens Shangri La, dessen Bewohner in der Lage sind, sich bis zu einer Höhe von 10 000 Metern zu akklimatisieren – 3 000 Meter mehr als das Andenvolk –, aber auch auf Höhe des Meeresspiegels leben können. Über Generationen breitet sich eine Mutation aus, um diese Fähigkeit in den Genen der Dorfbewohner fest zu verankern, genauso wie sie es in den Anden getan hat. Von den beiden Bergdörfern hat die Himalayabevölkerung nun einen Körpertyp, der dehnbarer, flexibler und deshalb letztlich unter evolutionären Gesichtspunkten anpassungsfähiger ist. Das klingt vielleicht nur wie ein Schulbeispiel des Lamarckismus, aber Giraffen, die in der Lage sind, ihre Hälse enorm zu strecken, können diese Anpassung tatsächlich so lange in ihren Körpern verankern, bis ihre Gene hinterherkommen. Solange sie ihrem Fell einen großen Spielraum der Beanspruchung zumuten können, werden sie langfristig einen Wettbewerbsvorteil haben.

Die Evolutionslehre besagt, daß es sich auszahlt, in einen flexiblen Phänotyp zu investieren. Es macht mehr Sinn, über einen anpassungsfähigen Körper zu verfügen, als mit einem unbeweglichen Körper jedesmal darauf zu warten, daß eine Mutation auftaucht, wenn eine Anpassung nötig wird. Aber somatische Flexibilität ist »teuer«. Ein Organismus kann nicht an allen Stellen gleich flexibel sein. Sich an eine Belastung anzupassen, verringert die Möglichkeit, sich auf eine andere einzustellen. Eine Verankerung im genetischen Code ist effizienter, braucht aber Zeit; damit sie funktioniert, muß die Belastung über eine lange Periode konstant bleiben. In einer sich schnell verändernden Umwelt halten die Vorteile der Kompensation den Körper flexibel. Ein beweglicher Körper ist vorausschauend, oder besser gesagt, er kann mögliche genetische Anpassungen ausprobieren und sich in sie verbeißen wie ein Jagdhund in ein schottisches Moorhuhn.

Aber die Geschichte ist noch radikaler, als es den Eindruck hat, denn es ist das *Verhalten*, das den Körper verändert. Die Giraffe muß zuerst (aus welchen »giraffischen« Gründen auch immer) höher hängende Blätter wollen und sich dann wieder und wieder nach ihnen strecken. Die Menschen mußten sich entscheiden, in höher gelegene Dörfer zu ziehen. Über das Verhalten kann ein Körper seine Optionen auskundschaften und seinen Anpassungsspielraum erkunden.

Laut Waddington besteht die genetische Anpassung, der Baldwin-Effekt, in der Umwandlung von erworbenen Merkmalen in ererbte. Tatsächlich läuft dies auf die natürliche Selektion von Merkmals*kontrollen* hinaus. Genetische Anpassung dehnt die Reichweite der Evolution auf die nächste Stufe aus. Anstatt die Skala der Wahlmöglichkeiten auf das beste Merkmal abzustimmen, erlaubt die somatische und verhaltensmäßige Anpassung der Evolution eine schnellere Kontrolle darüber, wie die Skala aussieht, wie weit sie reicht und in welche Richtung sie führt.

Anpassung über das Verhalten funktioniert auch auf andere Weise. Naturforscher haben nachgewiesen, daß Tiere ständig außerhalb ihrer gewohnten Umgebung umherstreunen und sich in Gebieten niederlassen, wo sie »nicht hingehören«. Koyoten schleichen zu weit nach Süden, Spottdrosseln fliegen zu weit nach Norden. Und dann bleiben sie. Ihre Gene unterstützen die Veränderung durch die Annäherung an eine Anpassung, die vielleicht als vages Verlangen begann.

Was als vages Verlangen beginnt, kann dem klassischen Lamarckismus gefährlich nahekommen, sobald es den Status individuellen Lernens erreicht. Eine Finkenart hat gelernt, einen Kaktusstachel aufzupicken, um nach Insekten zu stochern. Mit diesem Verhalten eröffnete sich der Fink eine neue Nische. Durch Lernen – als freiwilligen Akt verstanden – verändert er seine Evolution. Es ist durchaus möglich, wenn nicht gar wahrscheinlich, daß dieses Lernen seine Gene beeinflussen wird.

Einige Informatiker gebrauchen den Terminus »lernen« in einem saloppen, kybernetischen Sinn. Gregory Bateson beschrieb die Anpassungsfähigkeit des Körpers als eine Art des Lernens. Er sah wenig Sinn darin, zwischen den Versuchen, die der Körper unternimmt, und denjenigen, die die Evolution oder das Denken unternehmen, zu unterscheiden. In dieser Lesart *lernt* der anpassungsfähige Körper, sich auf Belastungen einzustellen. »Lernen« bedeutet Anpassung während der Lebenszeit, nicht über Generationen. Die Informatiker machen keinen rechten Unterschied zwischen Lernen durch Verhalten und somatischem Lernen. Es zählt nur, daß beide Typen der Anpassung *innerhalb der Lebenszeit eines Individuums* nach dem geeigneten Raum suchen.

Ein Organismus hat genügend Spielraum, sich während seines Lebens selbst umzuformen. Robert Reid von der Victoria-Universität in Kanada legt nahe, daß Organismen auf Umweltveränderungen mit folgenden Plastizitätstypen reagieren können:

- *Morphologische Plastizität* – ein Organismus kann mehr als eine Körperform besitzen

- *Physiologische Anpassungsfähigkeit* – das Gewebe eines Organismus kann sich selbst modifizieren, um sich Belastungen anzupassen
- *Flexibles Verhalten* – ein Organismus kann etwas Neues tun oder sich woanders hinbegeben
- *Intelligentes Wählen* – ein Organismus kann aufgrund früherer Erfahrungen eine Wahl treffen oder nicht
- *Unterweisung durch Tradition* – ein Organismus kann von den Erfahrungen anderer beeinflußt werden oder lernen

Jede dieser Möglichkeiten bildet eine Grenzlinie, an der entlang die Organismen nach besseren Wegen suchen können, sich selbst für eine koevolutionäre Umwelt zu rüsten. Sofern diese fünf Optionen Anpassungen innerhalb einer Lebensdauer darstellen, die zu einem späteren Zeitpunkt assimilierbar sind, können wir sie als fünf Varianten vererbbaren Lernens bezeichnen.

Erst in den letzten Jahren wurde damit begonnen, die perspektivenreiche Verbindung zwischen Lernen, Verhalten, Anpassung und Evolution zu erforschen. Der größte Teil dieser aufregenden Arbeit wurde anhand von Computersimulationen durchgeführt. Von Biologen wurde das mehr oder weniger ignoriert – was kein solches Stigma mehr darstellt wie früher einmal. Eine Reihe von Forschern wie David Ackley und Michael Littman (1990) und Geoffrey Hinton und Steven Nowlan (1987) haben klar und eindeutig gezeigt, daß eine lernfähige Population von Organismen – das heißt eine Population, die ihre Anpassungsfähigkeit durch Änderung des Verhaltens erprobt – sich schneller weiterentwickelt als eine nicht lernfähige Population. In den Worten von Ackley und Littman: »Wir haben herausgefunden, daß es der Kombination von Lernen und Evolution besser gelang, anpassungsfähige Populationen zu erzeugen, die bis zum Ende unserer Simulation überlebten, als einer von beiden Formen allein.« Bei ihren Organismen ist das sondierende Lernen im wesentlichen das zufällige Erforschen eines vorgegebenen Problems. Im Dezember 1991 aber präsentierten zwei Forscher, Parisi und Nolfi, auf der »Ersten Europäischen Konferenz für Künstliches Leben« Ergebnisse, die zeigten, daß selbstgesteuertes Lernen – bei dem die Aufgabenstellung von den Populationen selbst gewählt wird – optimale

Lernerfolge erzielte, die wiederum eine Anpassung verstärken können. Parisi und Nolfi stellten die kühne These auf, die sich in der Biologie mehr und mehr durchsetzt, daß Verhalten und Lernen zu den *Ursachen* genetischer Evolution gehören.

Kommen wir zu einem weiteren Einwand. Hilton und Nolan vermuten, daß der Baldwinismus höchstwahrscheinlich nur bei »krassen« Problemlagen funktioniert. Sie behaupten: »Für Biologen, die glauben, daß evolutionäre Räume sanfte Hügel enthalten ..., ist der Baldwin-Effekt von geringem Interesse, aber für Biologen, die an der Behauptung zweifeln, daß die natürlichen Suchräume so niedlich strukturiert sind, ist der Baldwin-Effekt ein wichtiger Mechanismus, der es den Anpassungsprozessen innerhalb von Organismen erlaubt, ihren Entwicklungsraum bedeutend zu verbessern.« Der Organismus schafft sich seine eigenen Möglichkeiten.

»Die Darwinistische Evolution hat das Problem«, erzählte mir Michael Littman, »daß sie großartig ist, wenn man Zeit zur Entwicklung hat!« Aber wer kann Millionen von Jahren warten? Im Rahmen der gemeinsamen Anstrengungen, künstliche Evolution in Produktionssysteme einzuführen, besteht die Möglichkeit, die Entwicklungsgeschwindigkeit zu beschleunigen, indem man die Suppe mit Lernen anreichert. Künstliche Evolution wird wahrscheinlich eine bestimmte Menge künstliches Lernen und künstliche Intelligenz benötigen, wenn sie in menschlichen Zeiträumen ablaufen soll.

Lernen plus Evolution ist das Grundrezept für Kultur. Möglicherweise können Lernen und Verhalten Information genauso an die Gene weitergeben, wie die Gene Information an Lernen und Verhalten weitergeben können. Ersteres heißt genetische, letzteres kulturelle Anpassung.

Die Menschheitsgeschichte ist die Geschichte kulturellen Wandels. Während sich die Gesellschaften entwickeln, werden die biologisch vererbten Fähigkeiten und Gedächtnisinhalte ständig von der gemeinsamen Fähigkeit zu lernen und zu lehren enteignet.

Unter diesem Blickwinkel – einer recht alten Idee – eröffnet jeder kulturelle Lernschritt, der von der frühen Menschheit errungen wurde (Feuer, Hammer, Schrift), einen »Möglichkeitsraum«, der es Geist und Körper der Menschen erlaubt, sich zu wandeln, so daß einiges, was die Menschheit einst auf biologischen Wegen getan hat, danach von der Kultur geleistet wird. Nach und nach wurde die Biologie des Menschen abhängig von seiner Kultur und unterstützte zunehmend die weitere Kulturalisierung – denn die Kultur übernahm einige biologische Funktionen. Mit jeder zusätzlichen Woche, in der ein Kind von der Kultur (der Weisheit der Großeltern) anstatt von tierischen Instinkten großgezogen wurde, bekam die menschliche Biologie eine zusätzliche Möglichkeit, diese Aufgabe unwiderruflich der kulturellen Fortbildung zu übertragen.

Der Kulturanthropologe Clifford Geertz faßt diese Übergabe folgendermaßen zusammen:

> Das langsame, beständige, beinahe glaziale Wachstum der Kultur während der Eiszeit veränderte das Gleichgewicht des Selektionsdrucks für den sich entwickelnden Homo sapiens in der Weise, daß es eine stärker steuernde Rolle in seiner Evolution spielte. Die Perfektionierung der Werkzeuge, das Einführen organisierter Jagd- und Erntetechniken, die Anfänge echter Familienorganisation, die Entdeckung des Feuers und – der entscheidende Punkt, wenn es bis jetzt auch sehr schwer ist, ihn im Detail nachzuverfolgen – das wachsende Vertrauen in signifikante Symbolsysteme (Sprache, Kunst, Mythen, Rituale) für die Orientierung, Kommunikation und Selbstkontrolle schufen zusammen für den Menschen eine neue Umwelt, an die er sich dann anpassen mußte ... Wir waren gezwungen, die Gesetzmäßigkeit und Präzision detaillierter genetischer Kontrolle über unser Verhalten aufzugeben ...

Wenn wir Kultur jedoch als eigenes, sich selbst organisierendes System ansehen – ein System mit Regulationssmechanismen und Überlebensdrang – wird die Menschheitsgeschichte noch interessanter. Wie Richard Dawkins gezeigt hat, können Systeme mit sich selbst replizierenden Ideen oder Memen schnell ihre eigenen Regulationsmechanismen und Verhaltensmuster aufbauen. Ich unterstelle einer kulturellen Daseinsform kein höheres Motiv als den primitiven Trieb, sich selbst zu reproduzieren und ihre Umwelt so zu modifizieren, daß es ihrer Verbreitung nützt. Eine Überlebensmöglichkeit für sich selbst organisierende Kultursysteme ist der Verbrauch menschlicher Bioressourcen. Daher verfolgen menschliche Körper oft das legitime Ziel, sich bestimmten Aufgaben zu entziehen. Bücher entlasten den menschlichen Geist von langfristigen Speicherpflichten, machen ihn frei für andere Dinge, während Sprache unbeholfene Handzeichenkommunikation zu einer ökonomischen, energiesparenden Äußerung verdichtet. Über Generationen von Gesellschaften hinweg eignet sich die Kultur mehr von den Funktionen und Informationen des organischen Gewebes an. Die Soziobiologen E. O. Wilson und Charles Lumsden verwendeten mathematische Modelle, um zu etwas zu gelangen, das sie die »Tausend-Jahre-Regel« nennen. Sie berechneten, daß kulturelle Evolution sich entlang signifikanter genetischer Veränderungen ereignet und diese in einem Zeitraum von nur einem Jahrtausend einholt. Sie vermuten, daß die gewaltigen Veränderungen, die wir in unserer Kultur während des letzten Jahrtausends gesehen haben, zum Teil in genetischen Veränderungen begründet sind, auch wenn diese nicht sichtbar sind.

So eng sind Gene und Kultur verbunden, daß Wilson und Lumsden behaupten, Gene und Kultur seien untrennbar voneinander abhängig. »Ein Wandel der einen erzwingt unvermeidlich einen Wandel der anderen«. Kulturelle Entwicklung kann Genome formen, aber man kann ebensogut behaupten, daß Gene die Kultur formen müssen. Wilson glaubt, daß eine genetische Veränderung die Voraussetzung für kulturellen Wandel ist. Solange die Gene nicht so flexibel sind, sich dem kulturellen Wandel anzupassen, wird dieser auf lange Sicht nicht Fuß fassen können, glaubt Wilson.

Die Kultur folgt unseren Körpern, während unsere Körper der Kultur folgen. Ohne Kultur scheinen Menschen ihre ausdrücklich menschlichen Talente zu verlieren. (Als etwas unbefriedigenden Beleg dafür können wir das Unvermögen der von Tieren aufgezogenen »Wolfskinder« anführen, sich zu kreativen Erwachsenen zu entwickeln.) Kultur und Fleisch verschmelzen also zu einer symbiotischen Beziehung. In Danny Hillis' Terminologie sind Menschen »die erfolgreichsten Symbionten der Welt«; Kultur und Biologie verhalten sich zueinander wie nützliche Parasiten – das tollste Beispiel für Koevolution, das wir kennen. Und wie alle Fälle von Koevolution beinhaltet es positive Rückkopplung und befolgt das Gesetz der zunehmenden Erträge.

Kulturelles Lernen verschaltet die Biologie neu – präziser ausgedrückt, es erlaubt der Biologie, sich selbst umzugestalten –, so daß die

Biologie für weitere Kulturalisierung empfänglich wird. Folglich neigt die Kultur dazu, sich selbst zu beschleunigen. Auf dieselbe Weise, wie Leben mehr Leben und mehr Arten von Leben hervorbringt, erzeugt Kultur mehr Kultur und mehr Arten von Kultur. Ich meine das in dem strengen Sinn, daß Kultur Organismen produziert, die von ihrer Biologie her besser geeignet sind, auf kulturellem statt auf biologischem Wege zu produzieren, zu lernen und sich anzupassen. Dies bedeutet auch, daß wir Gehirne haben, die Kultur produzieren, weil die Kultur Gehirne schuf, welche dies vermochten. Mit anderen Wortes: Jedes Spurenelement von Kultur bei den Vorläufern des Menschen trug dazu bei, die Nachkommen so zu formen, daß sie mehr Kultur schufen.

Aus der Sicht des menschlichen Körpers erscheint diese beschleunigte Evolution in Richtung eines auf Information basierenden Systems wie eine biologische Verkümmerung. Aus der Sicht von Büchern und Lernen sieht es nach Selbstorganisation aus – Kultur dehnt sich auf Kosten der Biologie aus. Ebenso wie das Leben die Materie erbarmungslos infiltriert und sie dann für immer entführt, entführt das kulturelle Leben die Biologie. Genau genommen vertrete ich hier die These, daß Kultur unsere Gene modifiziert.

Ich habe absolut keinen biologischen Beweis für all das. Ich höre gelegentlich Behauptungen wie die von Stephen Jay Gould, daß »die Morphologie des Menschen sich in den letzten 25 000 Jahren seit dem Cro-Magnon nicht verändert hat«, aber ich bin mir nicht sicher, was das für diese Idee bedeutet und wie wahr seine Behauptung überhaupt ist. Andererseits setzt die Devolution unheimlich schnell ein. Eidechsen und Mäuse können als Bewohner lichtloser Höhlen ihr Augenlicht (sozusagen) augenblicklich verlieren. Das Fleisch, scheint mir, ist jederzeit bereit, einen Teil seiner täglichen Plackerei aufzugeben, wenn es die Möglichkeit dazu bekommt.

Mein gewichtigeres Argument lautet, daß die Vorteile einer Lamarkkistischen Evolution derart groß sind, daß die Natur Wege gefunden *hat*, sie zu verwirklichen. In Darwinscher Metaphorik würde ich ihren Erfolg so beschreiben: Die Evolution studiert die Welt täglich, nicht um besser angepaßte Organismen, sondern um Wege zu finden, ihre eigenen Fähigkeiten zu steigern. Sie versucht stündlich, eine Grenze der Anpassung zu erreichen. Ihre eigenen unaufhörlichen

Bemühungen erzeugen einen immensen Druck, ihre eigenen Fähigkeiten zur Anpassung zu steigern – als würde die ganze Masse des Ozeans einen Spalt suchen, durch den sie versickern kann. Die Evolution erforscht die Oberfläche des Planeten, um Wege zu finden, sich selbst zu beschleunigen, sich selbst beweglicher, entwicklungsfähiger zu machen – nicht etwa, weil sie anthropomorph wäre, sondern weil die Beschleunigung der Anpassung die galoppierende Ringschaltung ist, auf der sie reitet. Sie sucht, ohne es zu wissen, nach den Vorteilen Lamarckistischer Evolution, weil der Lamarckismus einen Spalt darstellt, der geringeren Widerstand und größere Entwicklungsfähigkeit ermöglicht.

Als sich Tiere mit komplexen Verhaltensmustern entwickelten, begann die Evolution aus ihrer Darwinistischen Zwangsjacke auszubrechen. Tiere konnten reagieren, wählen, auswandern, sich anpassen und dem Aufblühen einer pseudo-lamarckistischen Evolution Platz einräumen. Als sich menschliche Gehirne entwickelten, schufen sie Kultur, was die Geburt eines echt Lamarckistischen Systems vererbbarer Errungenschaften erlaubte.

Die Darwinistische Evolution lernt ziemlich langsam. In Marvin Minskys Worten ist »die Darwinistische Evolution sogar *stumpfsinniges* Lernen.« Worauf die Evolution später in primitiven Gehirnen traf, war ein Weg der Selbstbeschleunigung, indem sie das Lernen in den menschlichen Verhaltenskomplex einführte. Und worauf die Evolution schließlich im menschlichen Gehirn stieß, war die notwendige Komplexität, um Bevorstehendes im voraus zu bestimmen und den Fortgang der Evolution zu steuern.

Evolution ist eine Struktur organisierten Wandels. Aber sie ist mehr. Evolution ist eine Struktur organisierten Wandels, die selbst Veränderungen und Neuordnungen durchmacht.

Die Evolution auf der Erde hat während ihres vier Milliarden Jahre langen Lebens bereits strukturelle Veränderungen durchgemacht – und es waren wahrscheinlich nicht die letzten. Die Evolution der Evolution läßt sich in der folgenden Reihe historischer Evolutionstypen zusammenfassen:

- Autogenese von Systemen
- Reproduktion

- Genetische Steuerung
- Somatische Plastizität
- Gedächtniskultur
- Selbstgesteuerte Evolution

Unter den präbiotischen Bedingungen in der Frühzeit der Erde, bevor es irgendein Leben zu entwickeln gab, begünstigte die Evolutionsdynamik das Überleben von allem, was stabil war. (Hier beißt sich die Katze in den Schwanz, denn am Anfang *war* Stabilität Überleben.)

Stabilität erlaubte der Evolution langfristiger zu wirken und ermöglichte ihr so, zusätzliche Stabilität zu erzeugen. Durch die Arbeit von Walter Fontana und Stuart Kauffmann (siehe Kapitel 19) wissen wir, daß eine völlig unkomplizierte chemische Zusammensetzung aus einfachen Komponenten, die ihre eigene Reaktion beschleunigen kann, zu einer Art chemischem Selbsthilfe-Ring wird. Das erste Stadium der Evolution bildete also die Entwicklung einer Matrix sich selbst erzeugender Komplexität, die der Evolution eine Population dauerhafter Objekte an die Hand gab, mit denen sie weiterarbeiten konnte.

Im nächsten Stadium entwickelte die Evolution sich *selbst reproduzierende* Stabilität. Selbstreproduktion eröffnete die Möglichkeit von Fehlerhaftigkeit und Variation. Dann entwickelte die Evolution die natürliche Selektion und entfesselte ihre bemerkenswerte Suchenergie.

Als nächstes trennte sich der Vererbungsmechanismus vom Überlebensmechanismus, und die Evolution entwickelte das duale System von Genotyp und Phänotyp. Indem sie einem kompakten Genotyp erlaubte, riesige Bibliotheken möglicher Formen zu beschreiben, eröffnete sich die Evolution ein weites Operationsfeld.

Als die Evolution komplexere Körper- und Verhaltensformen entwickelte, brachte sie Körper hervor, die sich selbst umgestalteten, und Tiere, die sich ihre eigenen Nischen wählten. Diese Wahlmöglichkeiten öffneten der Evolution den Raum körperlichen »Lernens«, um sich weiterzuentwickeln.

Das Lernen beschleunigte den nächsten Schritt, die Entwicklung einer komplexen, symbolischen Lernmaschine – das menschliche Gehirn. Menschliches Denken entwickelte Kultur und eine Evolution, die auf dem Gedächtnis (den Gedanken) beruhte. Die Evolution konnte sich nun selbst in einer selbstbewußten und »intelligenteren« Art mit Hilfe einer neuen, riesigen Bibliothek von Möglichkeiten beschleunigen. In diesem Stadium der Geschichte befinden wir uns jetzt. Nur Gott allein weiß, wohin sich die Evolution als nächstes entwickeln wird. Wird die von Menschen künstlich erzeugte Evolution die Bühne für eine neues Stück der Evolution aufschlagen? Der offensichtliche Kurs, den die Evolution früher oder später zwangsläufig einzuschlagen scheint, ist Selbststeuerung. Durch *Selbststeuerung* entscheidet die Evolution selbst, in welche Richtung sie sich entwickelt. Das ist unter Biologen unumstritten.

Ich ziehe es vor, diese Geschichte umzuformulieren, und behaupte, daß die Evolution schon immer so verfuhr, Räume möglicher *Evolutionen* zu erkunden, und daran auch festhalten wird. Genauso wie es einen Raum möglicher Bilder, einen Raum möglicher biologischer Formen und einen Raum möglicher Berechnungen gibt, gibt es auch einen Raum – von dessen Größe wir nichts wissen – von Möglichkeiten, Räume zu erkunden. Diese Metaevolution, Hyperevolution, Tiefenevolution oder vielleicht sogar ultimative Evolution durchwandert die Landschaft aller möglichen Evolutionsspiele auf der Suche nach dem Trick, der es ihr erlaubt, ihre Suche nach allen möglichen Evolutionen zu vervollständigen.

Organismen, Meme und Biome sind nur Wege der Evolution, ihre Entwicklung in Gang zu halten. Worauf die Evolution wirklich hinaus will, ist die Entdeckung (oder Erschaffung) eines Mechanismus, der schnellstmöglich die im Universum möglichen Formen, Dinge, Ideen und Prozesse entdeckt (oder erschafft). Ihr letztliches Ziel besteht darin, nicht Formen, Dinge und Ideen, sondern neue Möglichkeiten zu erschaffen, mit deren Hilfe neue Dinge gefunden oder erschaffen werden können. Die Hyperevolution leistet dies, indem sie sich aus eigener Kraft eine vielschichtige Strategie erarbeitet, die kontinuierlich ihre Reichweite vergrößert, kontinuierlich neue Bibliotheken möglicher, neu zu erkundender Orte anlegt und kontinuierlich nach besseren, kreativeren Schöpfungswegen sucht.

Das klingt wie eine doppelt gemoppelte Lappalie, aber ich weiß nicht, wie ich es weniger rekursiv ausdrücken könnte. Vielleicht so: Die Evolution hat die Aufgabe, alle möglichen Möglichkeiten zu erschaffen, indem sie die Räume schafft, in denen diese existieren können.

Das nüchterne Konzept der Evolution ist so machtvoll und universell, daß es bisweilen alles zu durchdringen scheint. Theodosius Dobzhansky, ein Pionier der Genetik, schreibt in *Mankind Evolving*:

> Ist Evolution eine Theorie, ein System oder eine Hypothese? Sie ist viel mehr – sie ist ein generelles Postulat, dem alle Theorien, Hypothesen und Systeme sich in Zukunft beugen und dem sie entsprechen müssen, wenn sie bedenkenswert und wahr sein wollen. Evolution ist ein Licht, das alle Tatsachen erleuchtet, eine Flugbahn, der alle Gedankenlinien folgen müssen – das ist Evolution.

Die Rolle der Evolution, alles zu erklären, taucht sie jedoch in ein religiöses Licht. Wie Bob Crosby von der Washington Evolutionary Systems Society in aller Offenheit bemerkt: »Wir sehen die Evolution, wo andere die Hand Gottes sehen.«

Zur Evolution als Religion gibt es einiges zu sagen. Die Evolutionstheorie als Rahmenerzählung ist umfassend, reichhaltig, beinahe selbsterklärend, nicht diskutierbar und hat inzwischen lokale private Gemeinschaften hervorgebracht, die sich monatlich treffen, wie zum Beispiel Crosbys Verein. Die Autorin Mary Midgley beginnt ihre dünne, aber wunderbare Monographie *Evolution as a Religion* mit diesen vier Sätzen: »Die Evolutionstheorie ist nicht einfach ein schwerfälliger Teil der theoretischen Wissenschaft. Sie ist, ob sie will oder nicht, auch eine mächtige volkstümliche Erzählung über die Abstammung des Menschen. Jede Erzählung braucht Symbolkraft. Wir sind wahrscheinlich die erste Kultur, die das nicht zu ihrer Hauptfunktion macht.«

Ihre Argumente richten sich nicht im geringsten gegen die Glaubwürdigkeit der Evolutionstheorie, sondern eher gegen die Vorstellung, daß wir die logischen Aspekte der Evolution von allem anderen trennen könnten, was diese mächtige Idee mit uns als Menschen anstellt.

Es sind die unerforschten Folgen der Evolution – wie immer sie zustande kommen und worauf immer sie hinauslaufen –, von denen ich glaube, daß sie langfristig unsere Zukunft bestimmen werden. Zweifellos werden unsere Entdeckungen hinsichtlich der geheimen, schwer ergründbaren Natur der Evolution auch unsere Seelen berühren werden.

18

POSTDARWINISMUS

Sie hat vollkommen unrecht. Sie hat genauso unrecht wie die Immunologie vor Pasteur. So unrecht wie die Phrenologie. Nicht einer der entscheidenden Grundsätze *stimmt*«, so die Biologin Lynn Margulis freimütig zu ihrem neuesten Untersuchungsgegenstand: dem Dogma der Darwinschen Evolutionslehre.

Bis jetzt behielt Margulis immer recht mit dem, was sie als unwahr brandmarkte. Im Jahre 1965 erschütterte sie die Welt der Mikrobiologie mit ihrer ketzerischen These von der symbiotischen Herkunft von Zellen mit einem Zellkern. Ihre Behauptung, daß frei umherschwimmende Bakterien bei der Entstehung von Zellen mitwirken, löste bei den Traditionalisten ungläubiges Kopfschütteln aus. Im Jahre 1974 rüttelte Margulis (gemeinsam mit James Lovelock) erneut an den Fundamenten der Biologie, indem sie die These aufstellte, daß atmosphärische, geologische und biologische Prozesse auf der Erde so eng miteinander verknüpft seien, daß sie wie ein einziges lebendes, sich selbst regulierendes System funktionieren – Gaia. Damit hat sie das moderne Gerüst der ein Jahrhundert alten Darwinistischen Theorie an den Pranger gestellt, die die Meinung vertritt, daß neue Arten aus einer ungebrochenen Linie gradueller, unabhängiger und zufälliger Variationen entstehen.

Margulis ist nicht die einzige, die das Bollwerk Darwinistischer Theorie herausfordert, aber nur wenige tun dies so konsequent. Die Ablehnung von Darwin mag Nichteingeweihten wie ein kreationistischer Glaube an die Schöpfung erscheinen; die Stigmatisierung, die jeder Anflug von Schöpferglaube für die eigene wissenschaftliche Reputation mit sich bringt, hat im Verein mit der einschüchternden Genialität Darwins alle außer den verwegensten Bilderstürmern davon abgehalten, die Darwinsche Theorie öffentlich in Zweifel zu ziehen.

Worüber sich Margulis aufregt, ist die erstaunliche, grundsätzliche *Unvollständigkeit* der Darwinschen Theorie. Der Fehler des Darwinismus liegt darin, daß er Wichtiges ausläßt und das Falsche hervorhebt.

Zahlreiche Mikrobiologen, Genetiker, Biotheoretiker, Mathematiker und Informatiker behaupten inzwischen, daß das Leben mehr zu bieten hat, als der Darwinismus ihm zugestehen möchte. Sie wollen Darwins Leistung nicht schmälern; sie wollen lediglich darüber hinaus gehen. Ich nenne diese Leute »Postdarwinisten«. Weder Lynn Margulis noch andere Postdarwinisten leugnen die tatsächliche Allgegenwart von natürlicher Selektion innerhalb der Evolution. Ihre Kontroverse mit Darwin bezieht sich auf die stark verallgemeinernde Natur seiner Argumentation – auf die Tatsache, daß sie letztlich nicht viel erklärt, und die wachsende Einsicht, daß Darwin allein nicht genügt, um alles zu erklären, was wir beobachten. Die entscheidenden Fragen, die die Postdarwinisten aufwerfen, lauten: Wo liegen die Grenzen der natürlichen Selektion? Was kann die Evolution nicht bewirken? Und wenn die blinde natürliche Selektion Grenzen hat, was ist sonst noch in der Evolution, wie wir sie verstehen, und darüber hinaus am Werk?

Dem gegenwärtigen Glauben des Darwinistischen Biologen zufolge gibt es in der Natur nichts, was nicht mit dem elementaren Prozeß der natürlichen Selektion erklärt werden kann. Im akademischen Jargon heißt diese Haltung dementsprechend Selektionismus – die Position fast aller heute arbeitenden Biologen. Weil diese Haltung Darwinistischer als Darwin selbst ist, wird sie bisweilen Neodarwinismus genannt.

Bei der Beschäftigung mit künstlicher Evolution erhalten die Grenzen (wenn es welche gibt) der natürlichen Selektion oder der Evolution im allgemeinen eine praktische Bedeutung. Wir hätten gerne eine künstliche Evolution, die eine unbegrenzte Vielfalt erzeugt, aber bisher ist das nicht so leicht hinzubekommen. Wir würden die Dynamik natürlicher Selektion gerne auf sehr große, ausdifferenzierte Systeme ausdehnen, aber wir wissen nicht, wie weit sie sich ausdehnen läßt. Wir hätten gerne eine künstliche Evolution, die wir ein bißchen besser kontrollieren können als die organische Evolution. Ist das möglich?

Fragen wie diese haben die Postdarwinisten dazu bewogen, alternative Evolutionstheorien – viele davon gab es bereits vor Darwin – neu zu überdenken, die von der Darwinistischen Vorherrschaft in den Hintergrund gedrängt worden sind. In einer Art intellektuellem »Survival of the Fittest« messen heutige Biologen diesen »minderwertigen«, aus dem Feld geschlagenen Theorien wenig Bedeutung bei, so daß sie als Randexistenzen allein in vergriffenen Büchern überleben. Aber die Ansätze dieser kreativen Theorien sind auf eine neues Feld namens künstliche Evolution zugeschnitten und werden behutsam zwecks Überprüfung rekonstruiert.

Die meisten Sternforscher, Geologen und Biologen zu Darwins Zeit zögerten (trotz seines dauernden Drängelns), Darwins allgemeine Theorie nach ihrer Veröffentlichung im Jahr 1859 als Ganzes anzuerkennen. Sie akzeptierten seine Abstammungslehre – »Vererbung mit nichterblicher Abänderung« – oder die graduelle Entstehung neuer Arten aus vorhandenen Arten. Aber gegenüber seinen Ausführungen zur Selektion – daß winzige zufällige Verbesserungen allein für alles verantwortlich sein sollten – blieben sie skeptisch, weil sie spürten, daß Darwins Erklärung nicht hundertprozentig den Tatsachen der Natur entsprach – Tatsachen, mit denen sie in einer Weise vertraut waren, wie sie heute, in der Ära der Spezialisierung und der isolierten Labors, sehr selten geworden ist. Aber da sie weder eine zwingende Widerlegung noch eine alternative Theorie gleicher Qualität anbieten konnten, ging ihre eindrucksvolle Kritik in Korrespondenzen und gelehrten Disputen unter.

Auch Darwin hatte keinen konkreten Mechanismus zu bieten, nach dem die von ihm vorgeschlagene natürliche Selektion ablaufen sollte. Und von Genen wußte er gar nichts. Die ersten fünfzig Jahre, die auf die Veröffentlichung von Darwins Glanzleistung folgten, standen ganz im Zeichen ergänzender Evolutionstheorien, bis die Vorherrschaft Darwins durch die Entdeckung der Gene und später der DNA gestärkt wurde. Als Quelle beinahe jeder radikal evolutionären Anschauung, die heute im Umlauf ist, dient fast immer irgendein Theoretiker aus den Jahren vor der Akzeptierung des Darwinismus als Dogma.

Keinem war die Schwäche der Darwinschen Theorie bewußter als Darwin selbst. Als problematisches Beispiel diente Darwin die erstaunlich facettenreiche Raffinesse des menschlichen Auges (seitdem stützte sich jeder Kritiker Darwins ebenfalls auf dieses Beispiel). Das äußerst feine Zusammenwirken von Linse, Iris, Retina usw. scheint der Plausibilität von Darwins »allmählich anwachsender« Chancenverbesserung zu trotzen. Wie Darwin an seinen amerikanischen Freund Asa Gray schrieb: »Was die schwachen Punkte angeht, bin ich ganz Deiner Meinung. Das Auge jagt mir bis heute kalte Schauder den Rücken hinunter.« Die Schwierigkeit für Gray war, sich vorzustellen, wie irgendein Teil eines unfertigen Auges, eine Retina ohne Linse oder umgekehrt, seinem Besitzer nützlich sein könnte. Da die Natur Innovationen nicht horten kann (»Achtung, das wird in der Kreidezeit mal nützlich sein!«), muß jeder Schritt der Entwicklung sofort nutzbar und lebensfähig sein. Innovationen müssen von Anfang an funktionieren. Selbst findige Menschen können nicht durchweg auf eine so anspruchsvolle Art gestalten. Deshalb erscheint die Natur in ihrer Schaffenskraft übermenschlich.

Man stelle sich vor, sagt Darwin, daß wir die winzigen mikroevolutionären Veränderungen, die wir in Züchtungen kultivieren, hochrechnen – eine Erbse mit besonders großer Schote wird vergrößert oder ein kleines Pferd noch kleiner gezüchtet. Man stelle sich weiterhin vor, daß wir diese leichten Veränderungen erweitern, die von Millionen Jahren der Selektion verursacht worden sind; wir addieren alle winzigen Unterschiede, bis wir größere Veränderungen beobachten. Auf diese Weise, so Darwin, entstehen Korallenriffe und Armadille aus Bakterien – durch Akkumulation von Mikroveränderungen. Darwin fordert, daß wir die Logik minimaler Veränderungen ausweiten, um im großen Maßstab Erde und Zeit zu erfassen.

Das Argument, daß die natürliche Selektion herangezogen werden kann, um alles im Leben zu erklären, ist ein *logisches* Argument. Aber die menschliche Vorstellungskraft und die menschliche Erfahrung wissen, daß Logik nicht immer den Tatsachen entspricht. Logisch zu sein ist ein notwendiges, aber kein hinreichendes Wahrheitskriterium. Jedes Flattern eines Schmetterlingflügels, jede Krümmung eines Blatts, jede Fischart wird im Neodarwinismus mit Selektion durch Anpassung erklärt. Es scheint absolut nichts zu geben, was nicht als Anpassungsvorteil erklärt werden kann. Aber, wie Richard Lewontin, ein namhafter Neodarwinist, sagt: »Natürliche Selektion erklärt nichts, weil sie alles erklärt.«

Biologen können nicht ausschließen (oder zumindest haben sie es noch nicht), daß noch andere in der Natur herrschende Kräfte eine Rolle spielen und ähnliche Wirkungen innerhalb der Evolution erzielen. Deshalb bleibt der Neodarwinismus, solange die Evolution nicht unter kontrollierten Bedingungen im Freiland oder im Labor wiederholt werden kann, eine nette Story aus der Reihe »So könnte es gewesen sein« – eher Fiktion als Wissenschaft. Der Wissenschaftsphilosoph Karl Popper behauptete schlichtweg, daß der Neodarwinismus überhaupt keine wissenschaftliche Theorie darstelle, da er nicht falsifiziert werden könne. »Weder Darwin noch irgendein Darwinist hat bisher eine wirklich kausale Erklärung für die evolutionäre Anpassung irgendeines einzelnen Organismus oder Organs geliefert. Bisher wurde einzig gezeigt, – und das ist sehr viel [sic!] – daß eine solche Erklärung existieren könnte – das heißt, diese Theorien sind logisch nicht unmöglich.«

Das Leben hat seine Probleme mit der Kausalität. Alle aus Koevolution hervorgegangenen Organismen scheinen sich selbst erschaffen zu haben und machen es der Kausalität deswegen schwer, Fuß zu fassen. Ein Teil der Suche nach vollständigeren Erklärungen der Evolution ist der nach einem umfassenderen logischen Verständnis von spontaner Komplexität und den Regeln, nach denen Daseinsformen aus einem Netz von Einzelteilen entstehen. Die Suche nach künstlicher Evolution – die bisher hauptsächlich in Computersimulationen stattfindet – ist eng an neue Wege der wissenschaftlichen Beweisführung gebunden. Vor der Ankunft des allgegenwärtigen Computers bestand Wissenschaft aus zwei Komponenten: Theorie und Experiment. Eine Theorie entwirft ein Experiment, und das Experiment bestätigt oder widerlegt dann die Theorie.

Aber Computer haben eine dritte Art hervorgebracht, wie man Wissenschaft betreiben kann: durch Simulation. Eine Simulation ist Theorie und Experiment zugleich. Indem man ein Computerprogramm wie beispielsweise Tom Rays künstliche Evolution ablaufen läßt, wird eine Theorie ausprobiert und gleichzeitig etwas Reales in Gang gesetzt, und es werden falsifizierbare Daten gesammelt. Möglicherweise wird das Dilemma, Kausalitäten in komplexen Systemen zu ermitteln, durch diese neuen Erkenntnismodelle umgangen, bei denen man das Reale erforscht, indem man funktionierende

Surrogate modelliert. Künstliche Evolution ist gleichzeitig Theorie und Test für natürliche Evolution und selbst etwas Originäres.

Überall auf der Welt führen Naturforscher Langzeit-Beobachtungen zur Evolution von Populationen wildlebender Organismen durch: Schnecken auf Tahiti, Fruchtfliegen auf Hawaii, Finken auf den Galápagosinseln und Seeforellen in Afrika. Mit jedem weiteren Forschungsjahr steigt die Chance, daß Wissenschaftler Langzeit-Evolution in freier Wildbahn *in Aktion* vorführen können. Kurzzeitstudien an Bakterien und unlängst an Mehlkäfern zeigen eine kurzfristige Evolution von Organismen im Labor. Bisher haben die Ergebnisse dieser Experimente mit lebenden Populationen die Erwartungen der neodarwinistischen Theorie erfüllt. Genau wie Darwin es vorhergesagt hat, werden im Laufe der Zeit die Schnäbel von Finken auf den Galápagosinseln als Reaktion auf durch Trockenzeiten verursachte Veränderungen der Nahrungsgrundlagen dicker.

Diese sorgfältigen Messungen belegen, daß in der Natur eine sich selbst steuernde Anpassung tatsächlich spontan auftritt. Genauso eindeutig demonstrieren sie, daß eine merkliche Veränderung von allein auftreten kann, indem sich die ständige unmerkliche Auslöschungsarbeit an den Untüchtigen summiert. Aber die Ergebnisse zeigen keine Entwicklung von neuen Stufen der Vielfalt, neuen Arten von Lebewesen oder etwa neu entstehender Komplexität.

Trotz genauer Beobachtung waren wir im Laufe der überlieferten Geschichte niemals Zeugen des Auftauchens neuer Arten in freier Wildbahn. Bemerkenswerterweise war es uns ebensowenig vergönnt, aus einer Züchtung eine neue Tierart hervorgehen zu sehen. Das schließt das Nichtauftauchen neuer Fruchtfliegenarten im Laufe von Millionen von Generationen mit ein, während derer in wohlüberlegter Weise sowohl sanfter als auch weniger sanfter Druck auf die Fliegenpopulationen ausgeübt wurde, um eine Ausdifferenzierung der Arten zu erreichen. Auch beim Leben im Computer, wo der Terminus »Arten« noch keinerlei Bedeutung hat, ist kein überbordendes Auftauchen völlig neuer *Typen* von Varietäten jenseits einer Initialzündung zu bemerken. Was wir in freier Wildbahn, bei der Züchtung und beim künstlichen Leben beobachten, ist das Auftauchen von Variation. Aber das Fehlen größerer Veränderungen zeigt uns deutlich, daß die Variationsgrenzen eng gezogen zu sein scheinen und oft innerhalb der Arten verlaufen.

Die Standarderklärung dafür lautet, daß wir mit einer lächerlichen, unendlich kleinen Zeitspanne geologische Ereignisse in Echtzeit messen. Was erwarten wir also? Das Leben war Milliarden von Jahren bakterienförmig, bevor etwas passierte. Also, Geduld bitte! Deshalb wandten sich Darwin und andere Biologen Fossilienfunden zu, um die Evolution zu belegen. Und obwohl die Fossilienfunde zweifelsohne Darwins umfassendere Thesen belegen – daß Gestaltveränderungen sich mit der Zeit in den Nachkommen akkumulieren – haben die Fossilienfunde nicht bewiesen, daß diese Veränderungen allein oder zumindest hauptsächlich auf natürliche Selektion zurückzuführen sind.

Bisher hat noch niemand anhand von Fossilienfunden (des wirklichen Lebens oder des Computerlebens) die exakten Übergangsmomente belegen können, in denen die natürliche Selektion ihre Komplexität aufs nächste Niveau hochfährt. Eine argwöhnische Barriere auf der Grenze zwischen den Arten muß diese kritische Veränderung entweder zurückhalten oder uns die Sicht darauf versperren. Steven Jay Gould glaubt, daß die exakten Umformungsperioden wegen ihrer (nach evolutionären Maßstäben) beinahe momentanen Erscheinungsform nicht aus den Fossilienfunden hervorgehen. Mag diese Theorie stimmen oder nicht, es liegt nahe, einen natürlichen Grenzfaktor für das Hochrechnen von Minimalveränderungen anzunehmen, den die Evolution irgendwie überwinden muß.

Synthetisch reproduzierte Urformen des Lebens und künstliche Evolution in Computern haben bereits eine Reihe nicht alltäglicher Überraschungen ans Licht gebracht. Doch künstliches Leben kämpft mit derselben Unpäßlichkeit wie seine Cousine, die künstliche Intelligenz. Keine mir bekannte künstliche Intelligenz – handle es sich nun um einen autonomen Roboter, eine lernende Maschine oder ein umfassendes Kognitionsprogramm – funktionierte länger als 24 Stunden erfolgreich. Nach einem Tag hat sich künstliche Intelligenz festgefahren. Und genauso ergeht es künstlichem Leben. Bei den meisten Versuchsläufen von computeranimiertem Leben verpuffen die Neuerungen ziemlich schnell. Während die Programme mitunter funktionieren und am laufenden Band kleinere Variationen produzieren, erklimmen sie nach dem ersten Anlauf keine neuen Stufen von Komplexität und bieten keine weiteren Überraschungen mehr (das gilt auch für Tom Rays Tierra-Welt). Vielleicht wären sie dazu in der Lage, wenn sie mehr Zeit zur Verfügung hätten. Doch bis jetzt hat, aus welchem Grund auch immer, computeranimiertes Leben, das auf schnörkelloser natürlicher Selektion beruht, das Wunder einer Evolution mit offenem Ausgang noch nicht erleben dürfen, das seine Schöpfer und ich liebend gerne zu Gesicht bekämen.

Der französische Evolutionist Pierre Grasse pflegte zu sagen: »Variation ist eine Sache, Evolution eine ganz andere; das kann nicht stark genug betont werden. Mutationen sorgen für Veränderung, aber nicht für Fortschritt.« Wenn also natürliche Selektion für Mikroveränderungen verantwortlich sein mag – einen Variationstrend –, läßt sich dagegen nicht unwidersprochen behaupten, daß sie es auch für Makroveränderungen ist – für die Schöpfung einer unerwarteten neuen Form und für einen unbegrenzten Fortschritt zu wachsender Komplexität.

Viele der in diesem Buch angedeuteten Verheißungen der künstlichen Evolution bleiben selbst dann aktuell, wenn die künstliche Evolution lediglich anpassungsfähige Mikroveränderung ist. Spontan gesteuerte Variation und Selektion sind unglaublich wirksame Mechanismen der Problemlösung. Natürliche Selektion funktioniert sogar unmittelbar und kurzfristig. Wir können sie benutzen, um zu finden, was wir nicht sehen, und um etwas zu ergänzen, was wir uns nicht vorstellen können. Die Frage wird sein, ob zufällige Variation und Selektion allein ausreichen, um langfristig ständige Neuerungen zu produzieren. Wenn aber »natürliche Selektion nicht ausreicht«, was ist dann darüber hinaus bei wilder Evolution mit im Spiel, und was davon müßten wir auf künstliche Evolution übertragen, um sich selbst organisierende Komplexität zu erzeugen?

Die meisten Kritiker der natürlichen Selektion gestehen Darwin zu, daß er mit dem »Überleben der Angepaßtesten« recht hatte. Natürliche Selektion bedeutet hauptsächlich Zerstörung des Unangepaßten. Ist die Anpassung einmal geleistet, trennt die natürliche Selektion rücksichtslos die Spreu vom Weizen.

Aber man jagt noch immer dem Gespenst hinterher, etwas Nützliches zu schaffen. Die Darwinistische Perspektive versäumt es, eine einleuchtende Erklärung für den Ursprung der Angepaßtheit zu geben. Woher stammt die Angepaßtheit, bevor sie selektioniert wird? Nach der heute geläufigen Auslegung von Neodarwinismus verdankt sich Angepaßtheit zufälliger Variation. Zufällige Variation in den Chromosomen produziert zufällige Variation im Entwicklungswachstum von Organismen, was dem gesamten Organismus für immer erhöhte Angepaßtheit sichert. Angepaßtheit wird zufällig erzeugt.

Wie Experimente mit natürlicher und mit künstlicher Evolution gezeigt haben, kann dieser simple Vorgang koordinierten Wandel kurzfristig steuern. Aber angenommen, die natürliche Selektion würde all die unzähligen Fehlschläge ausmerzen und unendlich viel Zeit haben – kann zufällige Mutation dann die ununterbrochene Serie nötiger Gewinner *erzeugen*, damit die Selektion unter ihnen auswählen kann? Die Darwinsche Theorie trägt die enorme Beweislast, daß die negative und bremsende Kraft selektiven Sterbens in Verbindung mit der blinden und chaotischen Kraft des Zufalls den beständigen, kreativen und positiven Drang zu mehr Komplexität produzieren kann, den wir seit Milliarden von Jahren durchgängig in der Natur beobachten können.

Der Postdarwinismus behauptet, daß bei der langfristigen Evolution andere Kräfte im Spiel sind. Diese gesetzmäßigen Veränderungsmechanismen gestalten das Leben zu neuen Formen der Angepaßtheit um. Ihre unsichtbare Dynamik erweitert die Bibliothek, auf deren Grundlage die natürliche Selektion arbeiten kann. Tiefergreifende Evolution muß nicht mystischer sein als natürliche Selektion. Man stelle sich jede Dynamik – Symbiose, gerichtete Mutation, Saltationismus, Selbstorganisation – als einen Mechanismus vor, der als Ergänzung zu Darwins unbarmherziger Selektion langfristig evolutionäre Neuerungen hervorbringt.

Von der Symbiose – der Verschmelzung zweier Organismen zu einem – nahm man einst an, daß sie nur in merkwürdigen Einzelfällen wie bei Flechten auftritt. Nachdem Lynn Margulis die bakterielle Symbiose zum zentralen Ereignis der urzeitlichen Zellbildung erklärte, entdeckten Biologen, daß die Symbiose in mikrobischem Leben häufig auftaucht. Da mikrobisches Leben den Großteil des Lebens auf der Erde ausmacht (und schon immer ausgemacht hat) und

Gaias wichtigstes Zugpferd ist, wird die weitverbreitete Symbiose zu einem grundlegenden Ereignis in Vergangenheit und Gegenwart.

Im Gegensatz zum traditionellen Bild einer Population – in deren eingefahrenen Abläufen winzige, zufällige und zunehmende Veränderungen gären, bis sie zu einer neuen stabilen Konfiguration vorstossen – legt uns Margulis die Vorstellung des zufälligen Verschmelzens zweier funktionierender einfacher Systeme zu einem größeren, komplexeren System nahe. Beispielsweise könnte sich ein erprobtes System für den Sauerstofftransport in einer Zellart mit einem existierenden Luftaustauschsystem einer anderen Zellart vermählen. Durch Symbiose zusammengefügt, könnten die beiden Arten ein Atmungssystem bilden, das sich durch Wachstum wohl kaum entwickelt hätte.

Als Beispiel wählt Margulis ihre eigenen Studien der symbiotischen Natur von Zellen mit einem Zellkern. Diese sich entwickelnden Zellen mußten den pfiffigen Prozeß der Photosynthese und der Atmung, der von verschieden Bakterienarten bereits erarbeitet worden war, nicht in Milliarden von Jahren über Versuch und Irrtum neu erfinden. Statt dessen verleibten sich die mit Membranen versehenen Zellen die Bakterien und ihre Informationserträge als komplett zugehörige, für sie arbeitende Hilfssysteme ein. Sie kidnappten sich ihre Innovationen.

In einigen Fällen kann es vorkommen, daß sich die Genstränge zweier symbiotischer Partner vereinen. Ein möglicher Mechanismus der Koordination von Information, die für diese Art von Symbiose benötigt wird, ist der bekannte interzelluläre Gentransfer, der sehr häufig bei Bakterien in der freien Natur auftritt. Das Know-how eines Systems kann zwischen verschiedenen Spezies hin und her befördert werden. Die neue Bakteriologie betrachtet alle Bakterien der Welt als einen einzigen, sich genetisch austauschenden Superorganismus, der in immensem Tempo genetische Neuerungen aufnimmt und an seine einzelnen Glieder sendet. Gentransfer über Artengrenzen hinweg taucht (mit unbekannter Häufigkeit) auch bei komplexeren Spezies wie etwa dem Menschen auf. Alle möglichen Spezies tauschen Gene beständig aus, wobei oftmals einfache Viren als Zwischenträger fungieren. Viren selbst werden mitunter für Symbionten gehalten. Einige Biologen glauben, daß große Ballungen menschlicher DNA zwi-

schengeschaltete Viren waren. Einige denken dabei sogar an eine Schleife – daß viele den Menschen befallende Krankheitserreger Flüchtlinge sind, die der menschlichen DNA entkommen sind.
Sollte das der Wahrheit entsprechen, bietet die symbiotische Anlage einer Zelle Stoff für einige Lehrstunden. Erstens ist sie ein Beispiel für merkliche evolutionäre Veränderung, die, im Widerspruch zum Darwinistischen Dogma, nicht auf eine unmittelbare Verbesserung für das Individuum angewiesen ist (weil das Individuum verschwindet). Zweitens ist sie ein Beispiel für evolutionäre Veränderung, die nicht durch minimal wachsende Unterschiede akkumuliert wurde – auch das ein Widerspruch zum Darwinistischen Dogma.
Im großen Maßstab könnte Symbiose als Routineverfahren viele Formen von Komplexität in der Natur hervorbringen, die vielfältige und gleichzeitig ablaufende Innovationen zu erfordern scheinen. Für die Evolution würde sie verschiedene andere Vorteile bringen – etwa vorrangig die Kraft der Kooperation auszunutzen statt ausschließlich auf Wettbewerb zu setzen. Zumindest nährt die Kooperation eine Reihe unterschiedlichster Nischen und eine Form der Vielfalt, die der Wettbewerb nicht zustandebringen kann – wie beispielsweise Flechten. Mit anderen Worten: Sie entfesselt durch die Erweiterung der Bibliothek der Formen eine neue Dimension der Evolution. Genauso kann eine kleine Dosis symbiotischer Zusammenarbeit zur rechten Zeit Äonen winziger Veränderungen ersetzen. Mit einer einzigen wechselseitigen Beziehung kann die Evolution eine Million Jahre individueller Versuche und Irrtümer überspringen.
Vielleicht hätte die Evolution Zellen mit einem Zellkern auch ohne Symbiose entdecken können, aber das hätte eine weitere Milliarde Jahre (oder sogar fünf?) in Anspruch genommen. Schließlich führt die Symbiose weit auseinanderliegendes Know-how wieder zusammen, das sich auf die verschiedenen genealogischen Zweige des Lebens verteilt. Das Bild, das man sich dabei vor Augen führen muß, ist das Baumdiagramm des Lebens, das sich immer weiter unterteilt, verzweigt und verästelt. Symbiotische Zusammenschlüsse bringen dagegen auseinanderliegende Zweige des Lebensbaums wieder zusammen bzw. lassen sie sich überschneiden. Die bildliche Darstellung einer Evolution, die Symbiose mit einschließt, würde eher einem Dornengestrüpp als einem Baum ähneln. Wenn das Dickicht

des Lebens auf diese Weise verstrickt ist, könnte dies ein Überdenken unserer Vergangenheit und Zukunft erforderlich machen.

Die natürliche Selektion ist ein ziemlich grimmiger Sensenmann. Darwin stellte die kühne These auf, daß sich im Zentrum der Evolution viele kleine Massenvernichtungen abspielen, viele kleine willkürliche Tode, die sich aus dem Wegwerfoptimismus auf Kosten unbedeutenderer Varianten nähren und sich entgegen den Erwartungen zu etwas wirklich Neuem und Sinnvollem aufsummieren könnten. Im Drama der traditionellen Selektionstheorie spielt der Tod die Hauptrolle. Selektion funktioniert zielstrebig durch Zermürbung. Sie ist eine Redakteurin, die nur ein Wort kennt: »Nein.« Die Variation bildet das Gegengewicht zu dieser monotonen Todesmelodie, indem sie Neues in Hülle und Fülle zur Welt bringt. Auch sie kennt nur ein Wort: »Vielleicht.« Die Variation stößt massenweise verfügbare »Vielleichts« aus, die unverzüglich vom Tod niedergemäht werden. Massenhafte Mittelmäßigkeit wird von willkürlichem Sterben zurückgewiesen. Gelegentlich produziert dieses Duett zumindest in der Theorie ein »Ja!« – einen Seestern, Nierenzellen oder Mozart. Auf den ersten Blick ist Evolution durch natürliche Selektion eine erschreckende Hypothese.

Der Tod schafft Platz für das Neue. Er eliminiert das Ineffektive. Aber die Behauptung, daß der Tod der *Grund* für die Entwicklung von Flügeln oder das Funktionieren von Augäpfeln sei, ist eigentlich falsch. Die natürliche Selektion sondert bloß die unförmigen Flügel und die blinden Augen aus. »Die natürliche Selektion ist die Redakteurin, nicht die Autorin«, sagt Lynn Margulis. Wer ist dann für die Entstehung von Innovationen wie Fliegen und Sehen verantwortlich?

Die Evolutionstheorie seit Darwin weist, was die Entstehung von Innovationen angeht, eine trostlose Bilanz auf. Wie schon der Titel seines Buchs betont, war die Entstehung der Arten das größte Rätsel, das Darwin zu lösen hoffte, nicht die Entstehung von Individualität. Seine Frage lautete: Wo kamen neue Arten von Lebewesen her? Und nicht: Woher kamen die Variationen zwischen den Individuen?

Die Genetik, die als völlig eigenständiges Wissensgebiet begann, richtete ihre Aufmerksamkeit auf die Variabilität und die Entstehung von Innovationen. Frühe Genetiker wie Mendel und William Bateson (Gregory Batesons Vater und der Mann, der den Begriff »Genetik« einführte) bemühten sich zu erklären, wie Variationen entstehen und an nachfolgende Generationen weitergegeben werden. Sir Francis Galton zeigte, daß aus statistischen Gründen – das Hauptbeschäftigungsfeld der Genetik vor dem Aufkommen der Biotechnologie – angenommen werden konnte, daß die Verbreitung von Variationen innerhalb von Populationen zufällig war.

Als später entdeckt wurde, daß der Vererbungsmechanismus aus einem Code von vier zu einer langen Molekülkette aneinandergereihten Symbolen bestand, konnte man sich den zufälligen Sprung eines Symbols an einem zufälligen Punkt des Bandes leicht als Grund für die Variation vorstellen und problemlos in ein mathematisches Modell umsetzen. Diese molekularen Sprünge werden im allgemeinen mit kosmischen Strahlen oder dem thermodynamischen Rauschen in Verbindung gebracht. Eine monströse Mutation, die früher eine unberechenbare Größe darstellte, wurde seitdem einfach als Sprung verstanden, als eine bloße Abweichung von der durchschnittlichen Variation. Kurze Zeit später begann man, alle Variationen in einem Organismus – von Sommersprossen bis zum Wolfsrachen – als statistische Stufen mutationsbedingter Abweichungen zu behandeln. Aus der Variation wurde so Mutation, und »Mutation« wurde untrennbar zu »zufälliger Mutation« zusammengesetzt. Heute scheint der Begriff der zufälligen Mutation redundant zu sein. Welche andere Art von Mutation könnte es sonst geben?

Bei computerunterstützter künstlicher Evolution werden Mutationen von elektronischen Zufallsgeneratoren erzeugt. Aber die exakten letztendlichen Ursachen von Mutationen und Variationen in der Biologie sind noch immer ungewiß. Sicher wissen wir nur dies: Variation wird ausdrücklich nicht von *zufälliger* Mutation verursacht – zumindest nicht immer; sie folgt einer gewissen Ordnung. Das ist eine alte Idee. Schon 1926 taufte der Theoretiker Jan Christiaan Smuts diese genetische Semi-Ordnung auf den Namen »innere Selektion«.

Ein plausibles Szenario für innere Selektion erlaubt kosmischer Strahlung, vermeintlich zufällige Abweichungen im DNA-Code zu produzieren, die dann in den Zellen von einem bekannten Selbstreparaturmechanismus korrigiert werden, der auf eine differenzierte (aber unbekannte) Weise arbeitet – einige korrigiert er, andere läßt er durchgehen. Die Korrektur von Abweichungen kostet sehr viel Energie, Kosten, die gegen den möglichen Vorteil der Variationen aufgewogen werden müssen. Wenn die Abweichung an einer voraussichtlich günstigen Stelle auftritt, bleibt sie; wenn sie auftritt, wo sie Scherereien verursacht, wird sie korrigiert. Nehmen wir ein hypothetisches Beispiel: Der Zitronensäurezyklus ist die Grundlage der Energiegewinnung für jede Zelle deines Körpers. Über Hunderte von Millionen Jahren hat er prima funktioniert. Es gäbe einfach zu wenig zu gewinnen und zu viel zu verlieren, um jetzt daran herumzufummeln. Sobald eine Variation im Code für den Zitronensäurezyklus entdeckt wird, wird sie ausgemerzt. Andererseits würde es sich vielleicht lohnen, Proportion und Größe des Körpers zu verändern; lassen wir diesen Bereich also für Variationen offen. Wenn es auf diese Weise funktioniert, wäre differenzierte Variabilität damit gleichzusetzen, daß die eine Zufälligkeit »gleicher« als die andere wäre. Eine faszinierende Konsequenz dieses Szenarios wäre, daß eine Mutation im Regulationsapparat selbst eine enorme Auswirkung haben könnte, die weit über die einer Mutation in den davon beherrschten Gensträngen hinausginge. Ich werde später darauf zurückkommen.

Weil Gene in so starker Wechselwirkung stehen und sich gegenseitig regulieren, bildet das Genom ein komplexes Ganzes, das sich dem Wandel widersetzt. Nur bestimmte Bereiche können überhaupt variieren, weil die meisten Gene so abhängig voneinander sind – fast ein geschlossenes Gitternetz bilden –, daß eine Variation gar nicht in Betracht kommt. In den Worten des Evolutionisten Ernst Mayr: »Freie Variabilität findet sich nur in einem begrenzten Teil des Genotyps.« Die Macht dieses genetischen Holismus kann man in der Tierzucht sehen. Die Züchter treffen gewöhnlich auf unerwünschte Nebeneffekte, die ausgelöst werden, wenn bei der Züchtung eines bestimmten Merkmals unbekannte Gene aktiviert werden. Trotzdem kehren die Organismen, sobald der Druck auf dieses eine Merkmal aufgehoben wird, in den folgenden Generationen schnell wieder zum Ursprungstyp zurück, als ob das Genom auf seinen Ausgangspunkt zurückgesprungen wäre. Die Variation in realen Genen funktioniert ganz anders, als wir uns das vorstellen. Die Tatsachen sprechen gegen Zufälligkeit und für Begrenztheit, wenn die Variation denn überhaupt zustande kommt.

Man erhält den Eindruck einer hochflexiblen Genbürokratie, die das Leben anderer Gene organisiert. Das Erstaunlichste an der Sache ist, daß die gleiche Genbürokratie sich im gesamten Bereich des Lebens, von der Fruchtfliege bis zum Wal, eingebürgert hat. Zum Beispiel findet sich in jedem Wirbeltier eine nahezu identisch gebaute Selbststeuerungssequenz (ein Hauptschalter-Gen, das Bündel von anderen Genen anschaltet).

Die Logik nichtzufälliger Variation ist so überlegen, daß ich zunächst verblüfft war, daß es mir nicht gelungen ist, einen heute arbeitenden Biologen aufzutreiben, der noch an die pure Zufälligkeit von Mutation glaubt. Die nahezu einmütige Anerkennung, daß Mutationen »nicht wirklich zufällig« sind, bedeutet für die Biologen (soweit ich das überblicke), daß einzelne Mutatioen mehr als nur zufällig sein mögen – die Skala reicht von beinahe zufällig bis plausibel; aber sie glauben weiterhin, daß sich, statistisch gesehen, langfristig die Masse der Mutationen zufällig verhält. »Ach, Zufall ist bloß eine Entschuldigung für Ignoranz«, stichelt Lynn Margulis.

Diese abgeschwächte Version von nichtzufälliger Mutation ist so gut wie unumstritten, aber die strengere Version gilt eher als pikante Häresie. Sie besagt, daß Variationen bewußt gewählt werden können. Es verhalte sich weniger so, daß die Genbürokratie bloß die zufälligen Variationen redigiere, sondern eher so, daß sie von ihr programmatisch produziert würden. Die Genome erzeugten Mutationen zu bestimmten Zwecken. Direkte Mutationen könnten den blinden Prozeß der natürlichen Selektion aus ihrer Sackgasse hinaus in Richtung wachsender Komplexität treiben. In gewisser Weise würde der Organismus das selbständige Erzeugen von Mutationen als Reaktion auf Umweltfaktoren steuern. Ironischerweise sprechen mehr harte Laborfakten für die strengere Version der gerichteten Mutation als für die abgeschwächte.

Nach den Gesetzen des Neodarwinismus kann die Umwelt, und zwar nur die Umwelt, Mutationen selektieren; aber die Umwelt kann niemals Mutationen induzieren oder steuern. Im Jahre 1988 veröffentlichte der Harvard-Genetiker John Cairns gemeinsam mit Kollegen Beweise für umweltverursachte Mutationen bei Kolibakterien. Sie stellten die kühne These auf, daß die Bakterien unter bestimmten Bedingungen die benötigten Mutationen spontan in direkter Reaktion auf Beanspruchungen durch ihre Umwelt hervorbringen würden. Cairns war sogar so frech, sein Papier mit der Behauptung zu schließen, daß, welcher Prozeß auch immer für die direkte Mutation verantwortlich sei, »er ebensogut einen Mechanismus für die Vererbung erworbener Charakteristika darstellen könne« – eine ungehörige Anspielung auf die Theorie von Darwins Rivalen Jean-Baptiste Lamarck.

Eine anderer Molekularbiologe, Barry Hall, veröffentlichte Resultate, die nicht nur Cairns' Behauptungen stützten, sondern verblüffende zusätzliche Belege für direkte Mutationen in der Natur brachten. Hall fand heraus, daß Kolikulturen die benötigten Mutationen in einem hundert Millionen Mal größerem Umfang produzierten, als es statistisch bei einem Zufall zu erwarten war. Weiterhin fand er bei der seriellen Analyse der mutierten Bakterien die Mutationen nur in Bereichen, die dem Selektionsdruck ausgesetzt waren. Das bedeutet, daß die erfolgreichen Bazillen nicht verzweifelt alle möglichen Mutationen starteten, um die eine zu finden, die funktionierte; sie legten sich auf die eine Abweichung fest, die den Anforderungen entsprach. Hall entdeckte einige so komplexe gerichtete Variationen, daß sie die Mutation von zwei Genen gleichzeitig erforderten. Für ihn war dies »das beinahe Unmögliche, das dem höchst Unwahrscheinlichen die Krone aufsetzt«. Diese Formen wundersamer Veränderung sind nicht die feine Art regelmäßiger zufälliger Akkumulation, derer sich die natürliche Selektion eigentlich befleißigen sollte. Sie umweht der Hauch von gestalterischer Absicht.

Hall wie Cairns nehmen für sich in Anspruch, alle anderen Erklärungen für ihre Ergebnisse sorgfältig ausgeschlossen zu haben, und stehen zu ihrer Behauptung, daß die Bakterien ihre eigenen Mutationen steuern. Wie dem auch sei, solange sie nicht mit einem Mechanismus aufwarten können, der erklärt, wie eine dumme Bakterie wissen kann, welche Mutation sie braucht, sind andere Molekularbiologen kaum bereit, ihren strikten Darwinismus aufzugeben.

Der Unterschied zwischen wilder Evolution in der Natur und synthetischer Evolution in Computern besteht darin, daß Software keinen Körper besitzt. Die Art Software, die man von Disketten lädt, ist unkompliziert. Wenn man den Programmcode verändert (hoffentlich zum Besseren), läßt man das Programm ablaufen, und es erfüllt seine Aufgabe. Es gibt keinen Unterschied zwischen dem, was das Programm ist, und dem, was es tut, außer der Verdrahtung der Maschine, auf der es läuft.

Biologie ist ganz anders. Wenn wir ein hypothetisches DNA-Bruchstück als Softwarecode ansehen und es verändern, ergibt sich daraus ein Körper, der erst wachsen muß, bevor sich die Wirkung der Veränderung manifestieren kann. Die Entwicklung vom befruchteten Ei zum Tier kann sich für den Eiproduzenten über Jahre hinziehen, bevor sie abgeschlossen ist; deshalb kann die Wirkung der Veränderung je nach Wachstumsstadium unterschiedlich beurteilt werden. Dieselbe anfängliche Veränderung des Codes kann sich auf den wachsenden, mikroskopisch kleinen Fötus in der einen Weise auswirken und auf den geschlechtsreifen Organismus ganz anders, sollte er solange überleben. Auf jeden Fall liegt zwischen der Veränderung des Codes und ihrer endgültigen Auswirkung (etwa längere Finger) eine Kette körperlicher Zwischenstadien, die den mit dem Körper verbundenen physikalischen und chemischen Vorgängen unterliegen – den Enzymen, Proteinen und dem lebenden Gewebe – und die ebenfalls über die Softwareveränderungen indirekt beeinflußt werden müssen. Das verkompliziert die mutationsbedingte Variation enorm. Das Programmieren von Computern ist da kein angemessener Vergleich mehr.

Du hattest einmal die Größe eines Punkts. Für kurze Zeit bist du als vielzellige Kugel umhergeschlittert, ganz ähnlich den Grünalgen. Ströme haben dich umflutet und gewaschen. Erinnerst du dich? Dann hast du zu wachsen begonnen. Du hast wie ein Schwamm gelebt, rohrförmig, ganz Darm. Leben war Essen. Du hast Rückenmark entwickelt, um zu fühlen, dir Kiemenbögen zugelegt, um das Atmen vorzubereiten und Nahrung intensiver zu verbrennen. Du hast einen Schwanz entwickelt, um dich zu bewegen, zu steuern, zu entscheiden. Du warst kein Fisch, aber ein menschlicher Embryo, der die Rolle eines Fischembryos spielte. Du bist in jeden embryonalen Tiergeist hinein- und wieder hinausgeschlüpft, und hast die Aufgabe von Möglichkeiten, die für deine Bestimmung notwendig waren, noch einmal durchgespielt. Sich entwickeln heißt, Wahlmöglichkeiten zu vergeben. Etwas Neues werden heißt, all die Dinge anzuhäufen, die man nicht länger sein kann.

Die Evolution ist zwar erfinderisch, aber sie ist auch konservativ und behilft sich mit dem, was erreichbar ist. Die Biologie beginnt selten von vorn. Sie fängt mit der Vergangenheit an, die sich in der Entwicklung der Organismen herausgebildet hat. Sobald ein Organismus seine vorgeburtliche Entwicklung abschließt, blockieren die Millionen von Kompromissen, die er bislang getroffen hat, für immer die Möglichkeit, sich in bestimmte andere Richtungen zu entwickeln. Evolution ohne Körper kennt keine Beschränkungen. Evolution mit Körper, ausgestattet mit Entwicklungsfähigkeit und durch laufenden Erfolg an Rückzügen gehindert, ist durch endlose Zwänge gebunden. Aber diese Zwänge geben ihr einen festen Halt. Möglicherweise muß sich künstliche Evolution, um irgend etwas zu erreichen, auch einen Körper überstreifen.

Sobald es Körper im Raum gibt, kommt die Zeit ins Spiel. Mutationen blühen in gewachsenen Körpern – in der Dimension der Zeit (das ist ebenfalls etwas, von dem künstliche Evolution bisher sehr wenig hat: Zeit zur Entwicklung). Die Entwicklung im frühen Embryonalstadium zu verändern, bedeutet mit dem Faktor Zeit zu spielen. Je früher sich eine Mutation in der embryonalen Entwicklung ausdrückt, desto kraftvoller wird sie im gesamten Organismus widerhallen. Das lockert auch die Zwänge zum Schutz vor Fehlschlägen. Je früher also die Mutation in der Entwicklung auftritt, desto geringer ist die Wahrscheinlichkeit, daß sie funktionstüchtig sein wird. Mit anderen Worten: Je komplexer ein Organismus wird, desto unwahrscheinlicher ist es, daß er eine sehr frühe Veränderung überlebt.

Eine frühzeitige Entwicklungsveränderung hat den Vorteil, daß eine kleine Mutation eine ganze Reihe von Veränderungen nach sich ziehen kann. Ein Schubs zum richtigen Zeitpunkt, und zehn Millionen Jahre Evolution werden ausradiert bzw. heraufbeschworen. Der berühmte Antennapedia-Mutant der Drosophila-Fliege ist ein gutes Beispiel. Diese punktgenaue Mutation bringt den Beingestaltungsapparat der embryonalen Fliege dazu, ein Bein an der Stelle auszubilden, wo eigentlich der Fühler sitzen sollte. Die geplagte Fliege wird mit einem Pseudofuß geboren, der ihr aus der Stirn ragt – ausgelöst durch eine winzige Veränderung am Code, die selbst wiederum zum Auslöser für Veränderungen an anderen Genen wird. Alle möglichen Monster können auf diese Weise ausgebrütet werden. Das führt Entwicklungsbiologen zu der Frage, ob die sich selbst regulierenden Gene eines Organismus in der Lage sein könnten, die Gene, die diese frühen Stränge beeinflussen, zu brauchbaren Mißgeburten zurechtzumodeln und so Darwins kumulative natürliche Selektion zu umgehen.

Das Merkwürdige an Mißbildungen ist jedoch, daß sie inneren Gesetzmäßigkeiten zu folgen scheinen. Auch wenn uns ein zweiköpfiges Schaf als zufälliger Defekt erscheinen mag, ist es das nicht. Bei der Untersuchung von Mißgeburten fanden Biologen heraus, daß derselbe Typ von Monstrosität bei vielen Arten auftrat und daß ihre Absonderlichkeiten sogar in Kategorien eingeteilt werden konnten. Zum Beispiel werden sich bei einem Zyklopen (der mit einem einzigen Auge geboren wird) die Nasenlöcher fast immer oberhalb des Auges befinden – eine relativ verbreitete Mißgeburt bei Säugetieren, einschließlich des Menschen. Das gilt unabhängig von der Spezies, bei der dies auftritt. Ebenso ist Zweiköpfigkeit viel üblicher als Dreiköpfigkeit. Da jedoch keine dieser Mutationen eine Variation ist, die einen Fortpflanzungsvorteil bietet, und nur wenige dieser Mißgeburten überleben, kann nicht die Selektion dafür verantwortlich sein, daß das eine dem anderen vorgezogen wird. Diese Mutanten-Ordnung muß intern generiert werden.

Während des frühen und mittleren 19. Jahrhunderts konstruierte ein französisches Vater-Sohn-Team, Etienne und Isidore Geoffroy Saint Hilaire, ein Klassifikationsschema für natürliche Mißbildungen. Ihre Taxonomie von Mutanten lief entlang dem Linnéschen System der natürlichen Arten: Jeder Monstrosität wurde eine Klasse, Ordnung, Familie, Gattung und auch Art zugeordnet. Ihre Arbeit begründete die moderne Wissenschaft der Mißbildungen – die Teratologie. Die vorgeschlagene Ordnung behielt über die Einführung der natürlichen Selektion hinaus ihre Gültigkeit.

Pere Alberch vom Museum für Vergleichende Zoologie in Harvard ist ein zeitgenössischer Fürsprecher der Teratologie in der Evolutionsbiologie. Er interpretiert die Mißbildungssystematiken als bislang übersehene Entwürfe einer strengen inneren Selbstorganisation in lebenden Organismen. Er behauptet: »Die Ergebnisse der Teratologie sind ein hervorragendes Dokument der Möglichkeiten eines gegebenen Entwicklungsprozesses. Trotz starker negativer Selektion treten Mißbildungen nicht nur organisiert und in Abstufungen auf, sondern illustrieren darüber hinaus allgemeine Transformationsregeln. Diese Eigenschaften gelten nicht ausschließlich für die Teratologie; sie sind eher generelle Eigenschaften aller sich entwickelnden Systeme.«

Der geordnete Körperbau von Monstern – es ist immerhin ein wohlgeformter Fuß, der einer mutierten Drosophila aus der Stirn ragt – spricht für eine tiefgehende innere Kraft, die die äußere Gestalt von Organismen zu steuern hilft. Dieses »internalistische« Erklärungsmuster unterscheidet sich vom orthodoxen »externalistischen« Zugriff der meisten Anpassungstheoretiker, die in der allgegenwärtigen natürlichen Selektion die hauptsächliche Gestaltungskraft sehen. Als ketzerischer Internalist schreibt Alberch:

> Der internalistische Zugriff geht davon aus – und das ist der Kern dieser Theorie –, daß morphologische Unterschiede durch Störungen in Parameterwerten wie Diffusionsrate, Zelladhäsion usw. erzeugt werden, während die Interaktionsstruktur zwischen den Komponenten konstant bleibt. Unter dieser Voraussetzung wird das System selbst bei zufälligen Störungen der Systemparameter – entweder durch genetische Mutation, umweltbedingte Veränderungen oder experimentelle Manipulation während der Entwicklung – eine begrenzte und diskrete Teilmenge von Phänotypen erzeugen. Daher ist der Bereich der möglichen Formen ein Merkmal der inneren Struktur des Systems.

Es gibt also vielleicht aus demselben Grund zweiköpfige Mißgeburten, aus dem wir zwei Arme haben; höchstwahrscheinlich verdankt sich keins von beiden der natürlichen Selektion. Viel eher können die innere Struktur, besonders die Genomstruktur, und die gespeicherte Morphogenese der Entwicklung einen gleich großen oder größeren Einfluß auf die mögliche Vielfalt biologischer Organisationen ausüben.

Die Körper, welche sich die Gene zugelegt haben, spielen eine unglaubliche Rolle für deren Evolution. Wenn sich zwei Chromosomen über Sexualität rekombinieren, tun sie dies nicht nackt, sondern bekleidet mit einer gigantischen Eizelle, der bei der Ausführung des Gens ein Mitbestimmungsrecht zukommt. Die Eidotterzelle ist zum Bersten voll mit hormonähnlichen Wirkstoffen und Proteinen, die Erbinformationen tragen, und wird von ihrer eigenen, nichtchromosomalen DNA kontrolliert. Die Eizelle beeinflußt die Chromosomengene, sobald sie sich auszubilden beginnen. Sie steuert sie, richtet sie aus und dirigiert die Konstruktion ihres Babys. Es ist keine Übertreibung zu behaupten, daß der letztlich reproduzierte Organismus teilweise von der Eizelle und nicht von den Genen gesteuert wird. Die Beschaffenheit der Eizelle kann durch Streß, Alter, Ernährung usw. beeinträchtigt werden. Schon vor deiner Geburt – tatsächlich seit dem Moment deiner Zeugung – wirst du von Kräften genetisch geformt, die nichts mit deiner genetischen Information zu tun haben. Erbinformationen existieren nicht unabhängig von ihrer physischen Form. Der Ursprung des vererbbaren Körpers eines Organismus – die Morphogenese – verdankt sich einer Partnerschaft von nichtgenetischem Zellmaterial und Erbgenen – Körper und Genen. Die Evolutionstheorie und besonders die Evolutionsgenetik können die Evolution solange nicht vollständig verstehen, wie sie sich über die komplizierte Morphologie des Lebens hinwegsetzen. Künstliche Evolution wird erst dann wirklich zu blühen beginnen, wenn sie einen Körper findet.

Wie die meisten Zellen mit Zellkern enthält jede biologische Eizelle über die Chromosomen hinaus verschiedene Bibliotheken von DNA-Information. Das Überraschende für die Standardtheorie ist dabei, daß die Eizelle in ihrem Innern kontinuierlich Bits ihres Codes zwischen den Dateien ihrer hauseigenen DNA und den Dateien der ererbten chromosomalen DNA austauschen kann. Wenn die Information der hauseigenen DNA von der Erfahrung der Eizelle geformt und dann auf die chromosomale DNA übertragen werden könnte, würde das über das sogenannte »zentrale Dogma« hinausgehen, welches besagt, daß die Information in der Biologie nur von den Genen zum Zellkörper fließen kann – nicht umgekehrt. Das heißt, es gibt keine direkte Rückkopplung vom Körper (Phänotyp) zu den Genen (Genotyp). Jedes Gesetz in der Art des »zentralen Dogmas« sollte uns stutzig machen, führt der Darwinismus-Kritiker Arthur Koestler aus, weil »es das einzige Beispiel wäre, das sich in der Natur für einen biologischen Prozeß ohne Rückkopplung finden ließe«.

Schöpfer künstlicher Evolution haben zwei Lektionen in Morphogenese zu lernen. Die eine lautet, daß Veränderungen des ausgewachsenen Organismus in Embryonen sowohl indirekt durch die Umwelt des Muttereis als auch direkt durch die Erbfolge ausgelöst werden. Dieser Prozeß läßt genügend Raum für unkonventionellen Informationsfluß von der Zelle (der Mutterzelle) zu den Genen über Steuerungsfaktoren und intrazellulären DNA-Austausch. Der deutsche Morphologe Rupert Riedl beschreibt dies folgendermaßen: »Neolamarckismus verlangt direkte Rückkopplung. Neodarwinismus verneint jegliche Rückkopplung. Beide liegen falsch. Die Wahrheit liegt in der Mitte. Es gibt Rückkopplung, aber keine direkte.« Eine wichtige Möglichkeit für indirekte Rückkopplung zu den Genen bietet das sehr frühe embryonale Wachstumsstadium, jene Stunden der Menschwerdung, wenn die Gene Fleisch werden.

Während dieser Stunden ist der Embryo ein Verstärker. Daraus ergibt sich die zweite Lektion: Kleine Veränderungen können im Laufe der Entwicklung verstärkt werden. Auf diese Weise überspringt die Morphogenese die von Darwin postulierten Entwicklungsstufen. Auf diesen Punkt machte Richard Goldschmidt aufmerksam, ein Genetiker in Berkeley, dessen Überlegungen zu sprunghafter Evolution zu seinen Lebzeiten belächelt und geschmäht wurden. Sein Hauptwerk, *The Material Basis of Evolution* (1940), wurde als Produkt eines Halbirren links liegen gelassen, bis Steven Jay Gould in den Siebzigern eine Kampagne startete, um Goldschmidts Ideen wiederzubeleben. Goldschmidts Titel spiegelt mein Anliegen, daß Evolution eine Vermischung von Materie und Information ist und daß genetische Logik nicht von den Gesetzen der materiellen Form getrennt werden kann, der sie innewohnt. (Eine Folgerung dieser Ansicht wäre, daß künstliche Evolution ein wenig anders verläuft als die natürliche, solange sie in ein anderes Substrat eingebettet bleibt.)

Ohne dafür Anerkennung zu ernten, verbrachte Goldschmidt sein Leben mit dem Nachweis, daß eine Extrapolation der graduellen Übergänge bei der Mikroevolution (von der roten zur gelben Rose) die Makroevolution (vom Wurm zur Schlange) nicht erklären könne. Statt dessen folgerte er aus seiner eigenen Forschung zur Entwicklung von Insekten, daß die Evolution in Sprüngen voranschreite. Eine kleine Veränderung in einem frühen Entwicklungsstadium führe zu einer großen Veränderung – einer Mißbildung – im Erwachsenenstadium. Die am radikalsten veränderten Formen würden nicht bis zur Geburt überleben, aber ab und zu würden auch große Veränderungen eine Einheit bilden, und hoffnungsträchtige Monster geboren. Diese vielversprechenden Monster hätten zum Beispiel komplette Flügel, anstelle der von der Darwinistischen Theorie geforderten halbflügeligen Zwischenformen. Organismen könnten vollständig ausgebildet in Nischen vorstoßen, die eine Reihe unvollständig ausgebildeter Übergangsarten niemals erreichen würden. Das Auftauchen solcher Mißgeburten würde ebenso das tatsächliche Fehlen von Übergangsformen in Fossilienstammbäumen erklären.

Goldschmidt stellte die verblüffende Behauptung auf, daß seine vielversprechenden Monster höchst einfach durch kleine Verschiebungen in den Entwicklungsabläufen erzeugt werden könnten. Er entdeckte »Steuergene«, die den zeitlichen Ablauf von lokalen Wachstums- und Ausdifferenzierungsprozessen kontrollierten. Zum Beispiel würde ein Eingriff an dem Gen, das die Pigmentrate regelt, Raupen mit völlig veränderten Farbmustern hervorbringen. Sein Fürsprecher Gould schreibt dazu: »Kleine Veränderungen im frühen Embryonalstadium summieren sich über das Wachstum zu gründlichen Unterschieden bei Erwachsenen ... Mir ist tatsächlich nicht klar, wie die meisten größeren evolutionären Übergänge überhaupt vollzogen werden können, wenn wir uns nicht auf diskontinuierlichen Wandel durch ratenweise geringfügige Veränderung berufen.«

Bei den Fossilienfunden gibt es eine gravierende und unübersehbare Lücke an Zwischenformen. Nur weil sich die Kreationisten hämisch darüber freuen, sollten andere sich nicht in Versuchung bringen lassen, das zu ignorieren. Die »fossilen Lücken« waren ein Loch in Darwins Theorie, von dem er versprach, daß es sich in Zukunft schließen lassen werde, sobald größere Gebiete der Erde von professionellen Evolutionisten erkundet sein würden. Die Lücken ließen sich nicht im mindesten schließen. Waren sie einst ein »Geschäftsgeheimnis« unter Paläontologen, werden die Lücken heute von allen führenden Autoritäten der Evolution anerkannt.

In den Augen der Wissenschaftshistoriker war Darwins konsequenteste These, daß das diskontinuierliche Bild des Lebens insgesamt eine Illusion war. Die Vorstellung der »unbestechlichen Essenz«, die jeder Art von Tier oder Pflanze eigen ist – ein Prinzip, das die antiken Philosophen schon immer gelehrt hatten –, war seiner Ansicht nach falsch. Die Bibel sprach von Geschöpfen, die »jedes nach seiner Art gemacht waren«, und die meisten Biologen jener Tage einschließlich des jungen Darwin glaubten, die jeweiligen Arten hielten sich in idealer Weise an ihresgleichen. Auf den Typus kam es an, nicht auf das einzelne Lebewesen. Der aufgeklärte Darwin verkündete jedoch, daß erstens sich jedes einzelne Lebewesen signifikant unterscheide; zweitens alles Leben von dynamischer Plastizität und zwischen den einzelnen Lebewesen unendlich formbar sei, mit der Folge, daß schließlich drittens einzig zu Populationen zusammengefaßte einzelne Lebewesen von Belang seien. Die Artengrenzen seien durchlässig und illusorisch. Indem er die Diskontinuität von der Art zu den einzelnen Lebewesen verschob, löste er sie auf. Das Leben wurde zu einem gleichmäßig verteilten Sein.

Aber die Forschungsergebnisse zu komplexen Systemen – insbesondere zu komplexen Systemen, die sich anpassen, lernen und sich entwickeln – legen nahe, Darwins revolutionärste Prämissen in Frage zu stellen. Leben ballt sich größtenteils zu Klumpen zusammen und besitzt nur geringe Plastizität. Arten halten entweder durch oder sterben. Nur unter den mysteriösesten und ungewissesten Bedingungen mutieren sie zu etwas anderem. Im Großen und Ganzen gliedern sich komplexe Gegenstände in Klassen, und diese Klassen haben Bestand. Stase der Klasse ist die Norm: Die übliche Lebensspanne für eine Art liegt zwischen einer und zehn Millionen Jahren.

Systeme, die Organismen ähneln – Wirtschaftsunternehmen, das Denken, Ökogemeinschaften, Nationalstaaten – differenzieren sich natürlich ebenso zu dauerhaften Zusammenballungen aus. Menschlichen institutionellen Zusammenballungen – Kirchen, Ministerien, Firmen – fällt es leichter zu wachsen, als sich weiterzuentwickeln. Wird von ihnen eine Anpassung verlangt, die sich zu weit von ihren Ursprüngen entfernt, gehen die meisten von ihnen zugrunde.

»Organische« Einheiten sind nicht unendlich formbar, weil sich komplexe Systeme nicht ohne Schwierigkeiten zu einer Folge funktionaler Zwischenstufen der Entwicklung modifizieren lassen. Ein komplexes

System (wie ein Zebra oder eine Firma) ist bezüglich der Richtung, in die es sich entwickeln kann, strengen Begrenzungen unterworfen, weil es eine Hierarchie bildet, die vollständig aus Untereinheiten zusammengesetzt ist, welche ebenfalls in ihrem Anpassungsspielraum begrenzt sind, da sie wiederum aus Unter-Untereinheiten zusammengesetzt sind, und so weiter, die ganze Pyramide hinab.

Es dürfte demnach nicht überraschen, sollte sich herausstellen, daß die Evolution in Quantensprüngen voranschreitet. Die gegebenen Bestandteile eines Organismus können dieses oder jenes tun, aber nicht alles, was zwischen diesem oder jenem liegt. Die hierarchische Natur des Ganzen bewahrt es davor, alle möglichen Zustände zu erreichen, die theoretisch möglich wären. Gleichzeitig gibt das hierarchische Arrangement dem Ganzen die Kraft, einige Verschiebungen größeren Ausmaßes vorzunehmen. Eine Aufzeichnung dieses Organismus würde also zeigen, daß er von diesem zu jenem springt. In der Biologie nennt man das saltatorisch (vom lateinischen *saltare*, springen), und es ist bei Biologen völlig aus der Mode. Ein leichtes saltatorisches Moment erlebte mit dem Interesse für Goldschmidts genetisch vielversprechende Monster einen zweiten Frühling, aber richtiggehender Saltationismus, der Übergangsformen auf signifikante Weise überspringen würde, wäre zur Zeit die reinste Häresie. Dennoch muß die unabhängige koevolutionäre Anpassung, die für komplexe Daseinsformen grundlegend ist, evolutionäre Quantensprünge verursachen. Künstliche Evolution hat bisher noch keinen ausreichend komplexen »Organismus« mit hierarchischer Tiefenstruktur geschaffen, weshalb wir noch nicht wissen, in welcher Form Saltationismus in synthetischen Welten wohl auftreten wird.

Die morphogenetische Entwicklung von der Eizelle zur lebenden Kreatur trägt schwer an den vielen Erblasten, die die mögliche Vielfalt der potentiellen Abkömmlinge einschränken. Überall setzt die Materie, aus der Körper bestehen, physikalische Zwänge, die die Zahl der Tierarten, die geformt werden können, begrenzen. Es wird keine Elefanten mit Beinen so dünn wie die von Ameisen geben. Jeder Brocken genetischer Information besteht aus einem Protein, das sich physikalisch bewegen muß, um zu kommunizieren. So umfassend die DNA auch ist, so lassen sich doch aufgrund der physikalischen Einschränkungen der Gene einige Botschaften nur schwer oder überhaupt nicht einem komplexen Körper einschreiben.

Da die Gene ihre eigene, von den Organismen unabhängige Dynamik entwickeln, schreiben sie vor, was aus ihnen geboren werden kann. Innerhalb des Genoms sind die Gene so weitreichend miteinander verbunden, daß sie zu einem Gitter zusammengeschlossen sein können – *A* wartet auf *B*, *B* wartet auf *C*, und *C* wartet auf *A*. Diese interne Verkettung wird zu einer konservierenden Kraft in den Genomen, die dafür sorgt, es unverändert zu lassen – ungeachtet dessen, welchen Körper es erzeugt. Wie ein komplexes System neigt der genetische Schaltkreis dazu, sich durch Beschränkung der erlaubten Variationen gegen Störungen zu wehren. Das Genom versucht als zusammenhängendes Ganzes weiterzubestehen.

Wenn künstliche oder natürliche Evolution einen Genotyp (etwa den einer Taube) aus einer Stabilitätslage in Richtung einer gewünschten Eigenschaft (etwa weiße Farbe) bewegt, produziert die allseitige Verknüpfung der Gene untereinander vielfältige Nebeneffekte (etwa Kurzsichtigkeit). Als passioniertem Taubenzüchter war das Darwin nicht entgangen, und er bezeichnete dies als das »geheimnisvolle Gesetz der Wechselwirkungen beim Wachstum«. Ernst Mayr, der Grandseigneur des Neodarwinismus, notiert: »Ich kann mich nicht an ein einziges erschöpfendes Züchtungs-Experiment der letzten 50 Jahre erinnern, bei dem solche unerwünschten Nebeneffekte nicht aufgetreten wären.« Mutationen nur eines einzigen Merkmals, auf denen die traditionellen genetischen Experimente an Populationen aufgebaut sind, kommen selten vor. Gene funktionieren gewöhnlich im Verbund und sind selber ein komplexes, anpassungsfähiges System. Die Gene besitzen ihre eigene Weisheit und ihr eigenes Beharrungsvermögen. Eben darum gelten auch für Mißgeburten Gesetze.

Das Genom muß stark genug von seiner gewöhnlichen Anordnung abweichen, ehe es eine substantiell abweichende äußere Form erzeugen kann. Wenn das Genom durch Konkurrenzdruck aus seiner gewohnten Umlaufbahn »gerissen« wird, muß es auf materieller Ebene seine Verkettungsmuster neu ordnen, um stabil zu bleiben. Kybernetisch ausgedrückt muß es sich in einem anderen Kraftfeld ansiedeln, einem, das auf seine eigene Weise Einheit und Zusammenhalt, ein eigenes Gleichgewicht ausbildet.

Bevor ein Organismus die Weltbühne betritt und sich direkt der natürlichen Selektion im Konkurrenzkampf ums Überleben stellt, hat er bereits zwei Stufen innerer Selektion durchlaufen – erstens die internen Zwänge der Genome und zweitens die Gesetze der Körperform. Und noch eine dritte Stufe der inneren Selektion beeinflußt einen Organismus, bevor er sich wirklich mit der natürlichen Selektion befassen kann. Eine Veränderung, die vom Genom und dann von der Körperform akzeptiert wird, muß daraufhin auch von der Population insgesamt akzeptiert werden. Ein einzelnes Lebewesen mit einer brillanten Mutation wird diese Neuerung nach seinem Tod mit ins Grab nehmen, falls diese Gene sich nicht innerhalb der Population ausbreiten. Populationen entwickeln ihre eigenen Vereinheitlichungskräfte und tragen so zu einem aus dem Ganzen entstehenden Verhalten bei, als wären sie ein großes, homöostatisch ausbalanciertes System – die Population als einzelnes Lebewesen.

Daß überhaupt jemals etwas Neues diese Entwicklungshürden überwindet, grenzt an ein Wunder. In *Eine neue Philosophie der Biologie* schreibt Mayr: »Das schwierigste Kunststück der Evolution ist das Ausbrechen aus der Zwangsjacke ihrer Bindekraft. Das ist der Grund dafür, daß in den letzten 500 Millionen Jahren so relativ wenig neue Strukturtypen entstanden sind, und das ist wohl auch der Grund, warum 99,999 Prozent aller Evolutionslinien erloschen sind. Sie starben aus, weil die internen Bindekräfte sie davon abhielten, schnell auf plötzliche neue Umweltanforderungen zu reagieren.« Stagnation, lange eines der großen Rätsel in einer sich laufend koevolutionär verändernden Welt, hat jetzt eine Entschuldigung.

Ich behandele diese Dinge deshalb so gründlich, weil die Zwänge der biologischen die Hoffnungen der künstlichen Evolution sind. Jede negative Beschränkung in der Evolutionsdynamik kann auch positiv betrachtet werden. Die beschränkenden Kräfte, die das Alte erhalten, stellen auch das Neue zusammen. Die empfindliche Anziehungskraft, die die Organismen an ihrem Ort hält und sie davor bewahrt, gelegentlich in andere Formen abzugleiten, ist dieselbe Anziehungskraft, die Organismen vor allem in bestimmte Formen hineindrängt. Der selbstverstärkende Aspekt der inneren Selektion der Gene – die die Aufgabe ihrer Stabilität so erschwert – gleicht einem Tal, das zufällige Anordnungen hinabzieht und in seinem Becken des Möglichen zur Ruhe kommen läßt. Über Millionen von Jahren liefern diese vielfältigen Stabilitätsmechanismen von Genom und Körper den Arten eine Mitte und setzen sich über die Auswirkungen der natürlichen Selektion hinweg. Wenn eine Art tatsächlich einmal durch einen radikalen Sprung ausbricht, locken dieselben Bindungskräfte – wiederum jenseits des Einflusses der natürlichen Selektion – sie in einen neuen Zustand des Gleichgewichts hinein. Es mag vielleicht merkwürdig klingen, aber Beschränkungen sind kreativ.

Deshalb gilt das, was über das Aussterben gesagt wurde – daß es von Beschränkungen verursacht wird – wohl ebenso für Entstehungsprozesse. Die emergente Bindung auf verschiedenen Stufen der Biologie und nicht die natürliche Selektion per se wird der Grund für die Entstehung von 99,999 Prozent aller Lebensformen sein. Die Rolle der Beschränkungen beim Zusammenbau des Lebens – was einige Selbstorganisation nennen – ist bisher nicht gemessen worden, aber wahrscheinlich ungeheuer groß.

In seinem Werk *Über die Entstehung der Arten*, das mehr als ein Jahrhundert vor dem ersten Computer geschrieben wurde, bedient sich Darwin eines Bildes, das präzise die Aufgabe der Evolution in den Computerwelten veranschaulicht. Die Evolution, sagt Darwin, »ist weltweit täglich und stündlich still und unmerklich dabei, jede noch so leichte Variation zu prüfen, die schlechten zu verwerfen und die guten zu sammeln und aufzubewahren ...«. Genauso sieht das algorithmische Durchforsten der Bibliothek der Formen aus. Ist die Bibliothek der möglichen biologischen Lebensformen ein unermeßlicher Raum mit nur einigen, spärlich gesäten kohärenten Werken, oder ist sie voll davon? Wie wahrscheinlich ist es, daß ein zufälliger evolutionärer Schritt tatsächlich verwirklicht wird? Wie dicht sind funktionierende Organismen im Möglichkeitsraum gebündelt? Wie weit sind lebensfähige Abstammungslinien voneinander isoliert?

Wenn die Artendichte möglicher Lebensformen mit realisierbaren Lebewesen ausreichend bevölkert ist, kann der Möglichkeitsraum leichter vom zufallsgetriebenen Gang der natürlichen Selektion durchsucht werden. Ein nach dem Zufallsprinzip durchsuchbarer Raum voller Verheißungen eröffnet der Evolution unzählige Pfade, denen sie mit der Zeit folgen kann. Wenn andererseits funktionierende Lebensformen spärlich und voneinander isoliert gesät sind, wird die natürliche Selektion allein wahrscheinlich nicht in der Lage sein, neue Formen des Lebens zu finden. Die Verteilung funktionaler Einheiten im Leben könnte so spärlich sein, daß sich in einem Großteil des Raums möglicher Organismen nicht ein durchführbares Beispiel findet. In diesem unermeßlichen Raum der Fehlschläge sind mögliche Lebensformen vielleicht als zusammengestoppeltes Flickwerk oder als Zusammenballungen einiger weniger gewundener Pfade zu finden.

Wenn der Raum lebenstüchtiger Organismen überhaupt dürftig ist, braucht die Evolution natürlich etwas, das sie durch die leeren Wüstenlandschaften führt, wenn sie von einem Flecken lebensfähiger Kreaturen zum nächsten gelangen will. Ein Hindurchmarschieren nach der Methode von Versuch und Irrtum, wie er der natürlichen Selektion zugrunde liegt, kann nur allzu schnell ins Nichts führen.

Wir wissen eigentlich wenig über die tatsächliche Verteilung des Lebens in der Bibliothek der Wirklichkeiten. Vielleicht sind die Möglichkeiten so spärlich und unfruchtbar, daß es nur einen einzigen Lebenspfad gibt – den Pfad, auf dem wir uns gegenwärtig befinden. Vielleicht gibt es aber auch breite Schnellstraßen in der Bibliothek, die Routen durch eine gewisse Anzahl von Engpässen bahnen, die von allen Lebewesen durchquert werden müssen – beispielsweise die Vierbeinigkeit, der röhrenförmige Darm, die fünffingrige Hand. Oder vielleicht existiert eine insgeheime Ausrichtung im Lebenssubstrat, so daß man schließlich, gleichgültig von welchem Ausgangspunkt aus, an den Küsten bilateraler Symmetrie, unterteilter Gliedmaßen und Intelligenz der einen oder anderen Art landet. Wir wissen es einfach nicht. Aber bei der künstlichen Evolution könnten wir es wissen.

Diese fruchtbaren Fragen nach den grundlegenden Gesetzen der Evolution wurden nicht in biologischen Begriffen gestellt, sondern in der Sprache einer neuen Wissenschaft, der Wissenschaft von der Komplexität. Die Biologen sind etwas zerknirscht darüber, daß der Antrieb für diesen postdarwinistischen Konvergenzpunkt hauptsächlich von Mathematikern, Physikern, Informatikern und Systemtheoretikern kommt – Leuten, die den Unterschied zwischen *Cantharellus cibarius* und *Amantia muscaria* (einer von beiden ist ein tödlicher Pilz)

nicht einmal erkennen könnten, wenn ihr Leben davon abhinge. Die Naturforscher haben nichts als Verachtung für solche Leute übrig, die so bereitwillig die Komplexität der Natur zu Computermodellen vereinfachen und die Ergebnisse des höchst bewundernswerten Naturbeobachters Charles Darwin außer Acht lassen.
Darwin selbst erinnerte seine Leser im Vorwort zur dritten Auflage der *Über die Entstehung der Arten* an die Tiefe seiner Einsichten:

> Da meine Schlußfolgerungen in letzter Zeit mißinterpretiert worden sind und da behauptet worden ist, daß ich die Abänderungen der Arten ausschließlich der natürlichen Selektion zuschriebe, sei es mir erlaubt zu bemerken, daß ich in der ersten Ausgabe dieser Arbeit wie auch in den folgenden an überaus deutlicher Stelle – nämlich am Ende der Einleitung – die folgenden Worte geschrieben habe: »Ich bin überzeugt, daß die natürliche Selektion das wichtigste, wenn auch nicht das ausschließliche Mittel zur Abänderung der Lebensformen gewesen ist.« Das hat wohl nichts genutzt. Groß ist die Macht beständiger Fehlinterpretation.

Der Neodarwinismus legte eine wunderbare Evolutionsgeschichte als Folge der natürlichen Selektion vor, eine So-ist-es-Geschichte, deren Logik man unmöglich widersprechen konnte. Da die natürliche Selektion logischerweise alle Dinge erschaffen konnte, wurden alle Dinge durch natürliche Selektion erschaffen. Solange diese Argumentation sich auf die Geschichte unseres Lebens auf der Erde bezog, mußte man sich mit dieser breit angelegten Interpretation begnügen, bis nicht unwiderlegbare Beweise für das Gegenteil auftauchten. Diese Beweise gibt es noch immer nicht. Die Puzzleteile, die ich hier mit Symbiose, gesteuerter Mutation, Saltationismus und Selbstorganisation vorlege, sind weit davon entfernt, sich zusammenzufügen. Aber sie offenbaren ein Muster: Evolution besteht zusätzlich zur natürlichen Selektion aus vielfältigen anderen Komponenten. Und darüber hinaus bekommen diese Bruchstücke und Fragen Aufwind von der kühnen und gewagten Vision, Evolution außerhalb der Biologie synthetisch ablaufen zu lassen.
In dem Augenblick, in dem wir versucht haben, die Dynamik der natürlichen Evolution auf ein künstlich hergestelltes Medium zu

übertragen, rückte die innere Natur der Evolution in den Brennpunkt der Forschung. Evolution, die in den Computer importiert wurde, hat den ersten neodarwinistischen Test durchlaufen. Sie zeigt spontane Selbstselektion als Form der Anpassung und als Mittel zur Erzeugung von wirklicher Neuheit.

Aber wenn künstliche Evolution ein der natürlichen Evolution ebenbürtiges Kraftwerk an Kreativität werden soll, müssen wir ihr entweder ungeheure Zeiträume zur Verfügung stellen, über die wir nicht verfügen, oder sie mit weiteren schöpferischen Elementen der natürlichen Evolution anreichern, sollten solche überhaupt existieren. Zu guter Letzt wird das Experimentieren mit künstlicher Evolution den wahren Charakter der historischen Evolution des Lebens auf der Erde in einer Weise erhellen, wie wir es uns weder von gegenwärtigen Beobachtungen noch von Fossilien aus der Vergangenheit erhoffen können.

Ich finde es nicht alarmierend, daß die Evolutionstheorie womöglich von Postdarwinisten ohne biologische Ausbildung übernommen wird. Die große Lektion, die die künstliche Evolution uns *jetzt schon* erteilt hat, lautet, daß Evolution kein biologischer Vorgang ist. Sie ist ein gebündelter technologischer, mathematischer, informatischer und biologischer Prozeß. Man könnte beinahe sagen, es handele sich um ein physikalisches Gesetz, ein Prinzip, das über alle erschaffenen Mannigfaltigkeiten regiert, ob sie nun Gene besitzen oder nicht.

Der am wenigsten gewürdigte Aspekt von Darwins natürlicher Selektion ist die Frage nach ihrer Unvermeidbarkeit. Die Bedingungen für natürliche Selektion sind sehr spezifisch, doch werden sie erfüllt, stellt sich natürliche Selektion zwangsläufig ein.

Natürliche Selektion kann sich nur einstellen, wenn Dinge in Populationen und Schwärmen auftreten. Sie ist ein Phänomen von Massen, die in Raum und Zeit verteilt sind. Der Prozeß muß eine Population betreffen, die erstens Variationen irgendeines Merkmals bei einzelnen Lebewesen aufweist, bei der zweitens dieses Merkmal hinsichtlich der Fruchtbarkeit, der Fortpflanzungs- oder der Überlebensfähigkeit einen Unterschied ausmacht, und innerhalb derer drittens dieses Merkmal irgendwie von den Eltern an Nachkommen weitergegeben wird. Unter diesen Bedingungen wird sich natürliche Selektion so unzweifelhaft einstellen, wie sieben auf sechs folgt oder das

Amen in der Kirche. Der Evolutionstheoretiker John Endler formuliert das folgendermaßen: »Natürliche Selektion sollte wahrscheinlich nicht als biologisches Gesetz bezeichnet werden. Sie läuft nicht aus biologischen Gründen ab, sondern nach den Gesetzen der Wahrscheinlichkeit.«

Natürliche Selektion ist jedoch nicht mit Evolution gleichzusetzen – und Evolution nicht mit natürlicher Selektion. Ebensowenig wie Arithmetik mit Mathematik oder Mathematik mit Arithmetik gleichgesetzt werden kann. Man kann behaupten, daß die gesamte Mathematik sich aus Additionen zusammensetzt. Subtraktion ist umgekehrte Addition, Multiplikation eine Sequenz von Additionen, und alle komplexen Funktionen bauen auf diese reine Extrapolation der Addition auf. So ungefähr lautet das Argument der Neodarwinisten: Jegliche Evolution setzt sich aus Extrapolationen von natürlicher Selektion zusammen. Es liegt zwar ein Körnchen Wahrheit in dieser Sichtweise, aber sie würgt das Verständnis und die Würdigung komplexerer Sachverhalte ab. Während Multiplikation genau die Form einer Additionsreihe darstellt, entstehen doch neue Kräfte aus dieser Abkürzung, die nicht zu verstehen wären, wenn Multiplikation nur als wiederholte Addition gedacht wird. Wenn man sich an der Addition festhält, kommt man nicht bis zu $E=mc^2$.

Ich glaube an eine Mathematik des Lebens. Natürliche Selektion ist vielleicht dessen Additionsfunktion. Aber die Entstehung des Lebens, den erstaunlichen Trend zu Komplexität und die Erfindung von Intelligenz vollständig zu erklären, erfordert mehr als Addition. Dazu bedarf es einer reichen Mathematik mit aufeinander aufbauenden komplexen Funktionen; tiefergreifende Evolution ist notwendig. Natürliche Selektion genügt nicht, bei weitem nicht. Es müssen mehr kreative, schöpferische Prozesse beigemischt werden, um viel zu vollbringen. Es muß mehr geben, um es natürlich zu selektieren.

Die Postdarwinisten haben gezeigt, daß so etwas wie eine monolithische Evolution, die von einer eindimensionalen natürlichen Selektion gesteuert wird, nicht existiert. Es wäre passender zu behaupten, daß die Evolution vielfältig und weitreichend ist. Wahre Evolution ist eine Anhäufung vieler Arten von Evolution; sie ist eine vielgesichtige Göttin, eine Schöpferin mit vielen Armen, die mit zahlreichen Methoden arbeitet, von denen die natürliche Selektion von Variationen vielleicht die universellste ist. Eine nirgendwo verzeichnete Vielfalt von Evolutionen macht die wahre Evolution aus, gerade so wie unsere Gehirne aus einer ganzen Sozietät dämlicher Einzelfunktionen und einer Palette von Denkformen bestehen. Unterschiedliche Evolutionen schreiten in verschieden großen Schritten, in unterschiedlichem Tempo und auf verschiedene Weise voran. Außerdem verändert sich diese Evolutionsmischung mit der Zeit. Bestimmte Evolutionstypen waren für die allerfrühesten Stadien des Lebens bedeutsam; einige kommen heute, vier Milliarden Jahre später, stärker zum Zuge. Ein bestimmter Typus (die natürliche Selektion) wird quer durch die Vielfalt überall zu finden sein, während andere selten und in ihrer Rolle festgelegt sein werden. Eine tiefgreifende pluralistische Evolution, wie die Intelligenz, ist eine emergente Eigenschaft einer Gemeinschaft von Triebkräften.

Wenn wir eine künstliche Evolution konstruieren, um Maschinen und Software zu züchten, müssen wir auch über diesen homogenen Charakter der Evolution nachdenken. In einer funktionierenden künstlichen Evolution mit der Möglichkeit, unbegrenzte Kreativität aufrecht zu erhalten, würde ich erwarten, folgende Triebkräfte vorzufinden (von denen ich glaube, daß sie bis zu einem gewissen Grad in der biologischen Evolution beheimatet sind, aber, auf künstliche Weise erzeugt, in deutlicherer Ausprägung erscheinen können als in der Biologie):

- *Symbiose* – einfacher Informationsaustausch, der das Zusammenfügen selbständiger Entwicklungslinien erlaubt
- *Gesteuerte Mutation* – nichtzufällige Mutation und Crossover-Mechanismen mit direkter Kommunikation zur Umwelt
- *Saltationismus* – Funktionsbündelung, hierarchisch geordnete Kontrollebenen, Modularisierung der Komponenten und Anpassungsprozesse, die ein ganzes Bündel auf einmal modifizieren
- *Selbstorganisation* – eine Entwicklung, die auf bestimmte Formen (wie vier Räder) voreingestellt ist, die zu vorherrschenden Standards werden

Künstliche Evolution wird nicht in der Lage sein, alles herzustellen Es wird viele Dinge geben, die wir uns bis ins Detail vorstellen können – und die nach den Gesetzen der Physik und der Logik funktionieren sollten –, welche die synthetische Evolution aufgrund ihrer Beschränkungen jedoch nicht erreichen wird.

Noch ahnungslos stellen die rechnerbegeisterten Postdarwinisten die Frage: Wo sind die Grenzen der Evolution? Was kann die Evolution nicht leisten? Die Grenzen organischer Evolution mögen nicht endgültig sein, aber ihre Voreinstellungen und Unfähigkeiten enthalten möglicherweise die Antwort auf die Frage nach dem schöpferischem Vermögen der Evolution. Wo sind die vakanten schwarzen Löcher in der Landschaft möglicher Kreaturen? Ich kann nur nachbeten, was Alberch, der Herr der Monster, gesagt hat: »Ich bin mehr an den leeren Räumen, den Morphologien interessiert, die, obwohl vorstellbar, noch nicht verwirklicht worden sind.« Oder wie Lewontin es ausdrücken würde: »Eine Evolution, die nicht alles kann, kann einiges erklären.«

19

DER SCHMETTERLING SCHLÄFT

Einige Ideen werden, als Fakten verpackt, in unser Gehirn eingespeist; andere Ideen dagegen überfallen uns unvermittelt, ohne den leisesten Beleg dafür, daß sie wahr sein könnten, aber mit all der ihnen innewohnenden Überzeugungskraft. Ideen der letzteren Art kann man sich schwerer aus dem Kopf schlagen. Die Idee des Antichaos – gewissermaßen »Ordnung gratis« – war eine Vision der unüberprüfbaren Art.

Die Idee wurde vor etwa dreißig Jahren Stuart Kauffman zugestellt, damals Medizinstudent am Dartmouth College. Soweit sich Kauffman erinnert, stand er vor dem Schaufenster einer Buchhandlung und war in Tagträumen über eine bestimmte Chromosomenstruktur versunken. Kauffman war ein kräftiger Kerl mit krausem Haar, nettem Lächeln und ohne Zeit zum Lesen. Während er ins Schaufenster starrte, tauchte ein Buch vor seinem geistigen Auge auf, ein Buch, das seinen Namen an der Stelle trug, wo Autoren genannt werden, ein Buch, das er in der Zukunft schreiben würde.

Die Vision offenbarte ihm Buchseiten, die mit einem Netz untereinander verbundener Pfeile übersät waren, die wie ein Weberschiffchen in ein lebendiges Knäuel hinein- und wieder hinausfuhren. Doch das Durcheinander war nicht ohne Ordnung. Das Knäuel sprühte mysteriöse, fast kabbalistische »Bedeutungsfunken« entlang der Fäden. Kauffman bemerkte, wie aus den Verzweigungen über »unterirdische Kanäle« ein Bild aufstieg – so wie manchmal die Erinnerung an ein Gesicht den wirr zerstückelten Flächen eines kubistischen Gemäldes entspringen kann.

Als Medizinstudent, der sich mit Zellentwicklung befaßte, sah Kauffman die verflochtenen Linien in seiner Phantasie als Querverbindungen zwischen Genen. Plötzlich war Kauffman sich sicher, daß aus diesem zufälligen Gewirr eine unbeabsichtigte Ordnung entstehen würde – die Architektur eines Organismus. Aus dem Chaos würde grundlos Ordnung hervorgehen: Ordnung gratis. Die Komplexität aus Punkten und Pfeilen schien eine *spontane Ordnung* zu generieren. Kauffman kam die Abbildung ziemlich bekannt und vertraut vor. Es würde seine Aufgabe sein, sie zu erklären und zu beweisen. »Ich weiß nicht, warum es gerade diese Frage, dieser schlecht beleuchtete Pfad war«, sagt er, aber es wurde für ihn zu einem »tief empfundenen Bild, das mir von nun an am Herzen lag«.

Kauffman folgte seiner Vision, indem er mit der wissenschaftlichen Erforschung der Zellentwicklung begann. Wie viele andere Entwicklungsbiologen erforschte er die berühmte Fruchtfliege *Drosophila* in ihrer Entwicklung vom befruchteten Ei bis zum ausgewachsenen Exemplar. Wie gelingt es der ursprünglich isolierten Eizelle einer beliebigen Kreatur, sich zu teilen und zu spezialisieren – erst in zwei, dann vier, dann acht neue Zellarten? Bei einem Säugetier würde die ursprüngliche Eizelle je eine Reihe von Darmzellen, Hirnzellen und Haarzellen hervorbringen; doch jede wirklich spezialisierte Zellreihe nutzt vermutlich dieselbe Basissoftware. Nach relativ wenigen Zellteilungsgenerationen, kann sich ein Zelltyp in alle zur Auswahl stehenden Varianten und Gestalten vom Elefant bis zur Eiche teilen. Das Ei eines menschlichen Embryos braucht sich nur fünfzigmal zu teilen, um die Billionen von Zellen zu erzeugen, aus denen ein Baby entstehen wird.

Welche unsichtbare Hand steuerte die Bestimmung jeder einzelnen Zelle auf ihrem sich fünfzigmal gabelnden Erfolgsweg und führte sie vom gewöhnlichen Ei zu Hunderten von spezialisierten Zellarten? Wie konnten sich die Zellen überhaupt unterschiedlich entwickeln, da alle vermutlich von identischen Genen angetrieben wurden? (Oder waren die Gene doch unterschiedlich?) Was steuerte die Gene? François Jacob und Jacques Monod entdeckten ein wichtiges Mosaiksteinchen, als sie 1961 auf das Regulatorgen stießen und es beschrieben. Die Funktion des Regulatorgens war phänomenal: Es schaltete andere Gene an. Auf einen Schlag wischte es alle Hoffnung auf ein sofortiges Verstehen von DNA und Leben hinweg. Das Regulatorgen setzte den kybernetischen Schlüsseldialog in Gang: Was steuert die Gene? Andere Gene! Und was steuert diese Gene? Andere Gene! Und was …

Dieses sich in Spiralen drehende Duett erinnerte Kauffman an sein

vertrautes Bild. Einige Gene steuern andere, die wiederum noch andere steuern – das war das verknäulte Netz der in alle Richtungen zeigenden Einflußpfeile aus seinem Traumbuch.
Jacobs und Monods Regulatorgen spiegelte eine »spaghettiähnliche« Vision von Steuerung wider – ein dezentralisiertes Netz von Genen, die das Zellnetzwerk seiner eigenen Bestimmung zuführen. Kauffman war entzückt. Sein Bild der »Ordnung gratis« brachte ihn auf die ziemlich abseitige Idee, daß einige der Differenzierungen (Ordnung), die ein Ei durchlief, unvermeidlich waren, gleichgültig, mit welchen Genen man begonnen hatte.
Er war überzeugt, daß sich diese Behauptung überprüfen ließe, indem man alle Gene der Fruchtfliege durch zufällige Gene ersetzen würde. Er wettete darauf, daß man dabei zwar keine *Drosophila* herausbekäme, aber dieselbe Folge von Mutationen zu Monstern und Mißgeburten wie beim natürlichen Verlauf der Dinge erhielte. »Die Frage, die ich mir stellte«, erinnert sich Kauffman, »lautete folgendermaßen. Wenn man Gene nur nach dem Zufallsprinzip zusammenschusterte, würde dabei etwas herauskommen, das sinnvoll aussieht?« Rein intuitiv vermutete er, daß allein aufgrund der dezentralen Steuerung von unten nach oben und einer Zellorganisation, bei der alles mit allem verknüpft ist, sich gewisse Klassen von Mustern unvermeidlich einstellten. *Unvermeidlich!* Das war der Keim der Häresie. Etwas, dem man seine Jahre opfern konnte!
»An der medizinischen Fakultät hatte ich eine schwere Zeit«, berichtet er weiter, »weil ich, statt Anatomie zu lernen, alle Notizbücher mit kleinen Modellgenomen vollkritzelte.« Der Weg, diese Häresie zu beweisen, führte, so Kauffmans kluge Entscheidung, nicht über den Kampf mit der Natur im Labor, sondern über die Entwicklung mathematischer Modelle – Computer zu nutzen, wo immer man Zugang zu ihnen hatte. Unglücklicherweise gab es keine mathematischen Modelle, die in der Lage waren, der lateralen Kausalität von riesigen Schwärmen nachzuspüren. Also begann Kauffman eigene zu erfinden. Gleichzeitig (um 1970) entdeckten in ungefähr einem halben Dutzend weiterer Forschungsbereiche mathematisch versierte Wissenschaftler (wie John Holland) Verfahren, welche ihnen erlaubten, die Wirkungen einer Masse wechselseitig abhängiger Knotenpunkte zu simulieren, deren Werte simultan voneinander abhingen.

Dieses Ensemble mathematischer Techniken, das Kauffman, Holland und andere ersonnen haben, trägt noch immer keinen adäquaten Namen, aber ich werde es hier »Netzmathematik« nennen. Einige der Techniken sind begrifflich eingeführt, etwa parallele Datenverarbeitung, Boolescher Verband, neuronale Netze, Spingläser, zelluläre Automaten, Klassifikationssysteme, genetische Algorithmen und Schwarmkomputation. Jede Andeutung von Netzmathematik beinhaltet die laterale Kausalität tausender Funktionen in simultaner Wechselwirkung. Und jede Variante von Netzmathematik versucht, Ereignisse zu koordinieren, die massenhaft und gleichzeitig auftreten – jenen Typus nichtlinearer Ereignisse, die in der realen Welt der Lebewesen allgegenwärtig sind. Netzmathematik steht in krassem Gegensatz zur Newtonschen Mathematik, einer klassischen Mathematik, die den meisten physikalischen Problemen so gut entspricht, daß sie als einzige Form der Mathematik galt, die ein sorgfältiger Wissenschaftler benötigte. Es ist nahezu unmöglich, Netzmathematik ohne Computer anzuwenden.

Die große Vielfalt von Schwarmsystemen und Netzmathematik führte Kauffman zu der Frage, ob diese Art verrückter Schwarmlogik – und die unvermeidliche Ordnung, von der er sicher war, daß sie daraus entstünde – eher allgemeingültiger als spezieller Natur sei. Beispielsweise sahen sich Physiker, die mit magnetischem Material arbeiteten, einem ärgerlichen Problem gegenüber. Gewöhnliche Eisenmagnete – von der Art, wie sie an Kühlschranktüren kleben und sich in Kompassen drehen – besitzen Partikel, die sich von allein in beinahe ritueller Einförmigkeit in dieselbe Richtung ausrichten und ein starkes magnetisches Feld erzeugen. Leicht magnetische »Spingläser« hingegen enthalten Wischiwaschi-Partikel, die einen magnetischen »Spin« in eine Richtung besitzen, der *teilweise von der Richtung abhängt, in die sich ihre Nachbarn drehen.* Ihre »Wahl« übt mehr Einfluß auf die benachbarten Partikel aus, aber richtet auch ein wenig Aufmerksamkeit auf weiter entfernte. Spürt man den wechselseitig abhängigen Feldschleifen dieses Netzes nach, erhält man das vertraute Knäuel von Kreisläufen aus Kauffmans Urbild. Spingläser bedienen sich verschiedener Formen der Netzmathematik, um ein Modell nichtlinearen Materialverhaltens zu erstellen, von dem man später herausfand, daß es auch anderen Schwarmmodellen zugrunde lag.

Kauffman war sich sicher, daß genetische Schaltkreise eine ähnliche Architektur aufwiesen.

Anders als die klassische Mathematik trägt die Netzmathematik Züge, die sich der unmittelbaren Anschauung entziehen. Ganz allgemein können kleine Veränderungen des Inputs in einem sich wechselseitig beeinflussenden Schwarm enorme Variationen beim Output hervorrufen. Die Wirkungen sind nicht proportional zu den Ursachen – der Schmetterlingseffekt.

Selbst die einfachsten Gleichungen, in die die Zwischenergebnisse wieder zurückfließen, können so veränderte und unerwartete Wendungen hervorbringen, daß sich aus rein theoretischen Überlegungen wenig über den Charakter der Gleichungen ableiten läßt. Die verschlungenen Verbindungen zwischen den Teilen sind so hoffnungslos ineinander verwickelt und das sie beschreibende Kalkül so unhandlich, daß die einzige Methode, um auch nur zu erraten, was sie produzieren mögen, darin besteht, die Gleichungen auszuführen – im Computerjargon: sie »ablaufen« zu lassen. Der Samen einer Blume ist in vergleichbarer Weise komprimiert. Die in ihm gespeicherten chemischen Abläufe sind so ineinander verwickelt, daß die Untersuchung eines unbekannten Saatkorns – unabhängig davon, wie intelligent sie durchgeführt wird – nicht die letztendliche Gestalt der entpackten Pflanze vorhersagen kann. Der schnellste Weg, den Output einer Saat zu beschreiben, ist der, sie auszusäen.

Gleichungen werden in Computern ausgesät. Kauffman ersann das mathematische Modell eines genetischen Systems, das in einem gewöhnlichen Computer ausgesät werden konnte. Jedes der 10 000 Gene seiner simulierten DNA ist ein klitzekleines Bit des Programms, das andere Gene an- oder abschalten kann. Was die Gene hervorbrachten und wie sie miteinander verbunden wurden, blieb dem Zufall überlassen.

Kauffmans Gedanke war folgender: Die eigentliche Topologie eines derart komplizierten Netzwerks würde Ordnung hervorbringen – spontane Ordnung! – unabhängig davon, welche Aufgabe die Gene hätten.

Während Kauffman an seinem simulierten Gen arbeitete, wurde ihm klar, daß er dabei war, ein generisches Modell für jedes beliebige Schwarmsystem zu entwickeln. Sein Programm konnte das Modell für ein Bündel von Agenzien erstellen, die in einem riesigen Feld simultan in Wechselwirkung treten. Dabei konnte es sich um Zellen, Gene, Konzerne, Black-boxes oder einfache Regeln handeln – einfach um alles, was Inputs registriert und einen Output erzeugt, der vom Nachbarn wiederum als Input interpretiert wird.

Kauffman nahm diesen Schwarm von Akteuren und stellte sie nach dem Zufallsprinzip zu einem interagierenden Netzwerk zusammen. Nachdem sie erst einmal verknüpft waren, ließ er sie aufeinander los und zeichnete ihr Verhalten auf. Er stellte sich jeden Netzwerkknoten als Schalter vor, der bestimmte Nachbarknoten an- bzw. abschalten konnte. Der Zustand der Nachbarknoten wirkte wiederum regulierend auf den initiierenden Knoten zurück. Schließlich erreichte dieser wirbelnde Wirrwarr wechselseitigen Anschaltens einen stabilen und meßbaren Zustand. Erneut gestaltete Kauffman die gesamten Netzverbindungen nach dem Zufallsprinzip um und ließ die Knotenpunkte aufeinander los, bis sie sich stabilisierten. Diesen Vorgang wiederholte er viele Male, bis er den Raum der möglichen zufälligen Verbindungen »erkundet« hatte. Daraus lernte er, wie das generische Verhalten eines Netzes unabhängig von dessen Inhalt aussah. Ein vereinfachtes analoges Experiment bestünde etwa darin, zehntausend Behörden auszuwählen, die Angestellten nach dem Zufallsprinzip über Telefonnetzwerke miteinander zu verbinden und dann die durchschnittlichen Auswirkungen dieser Netzwerke zu messen – unabhängig davon, worüber die Leute sich austauschen.

Indem er diese generischen, interaktiven Netzwerke zehntausende Male laufen ließ, erfuhr Kauffman genug, um das Verhalten solcher Schwarmsysteme unter spezifischen Bedingungen zu skizzieren. Besonders interessierte ihn, welche *Art* von Verhalten ein generisches Genom erzeugen würde. Er programmierte Tausende zufällig zusammengestellter genetischer Systeme und ließ diese Zusammenstellungen dann auf dem Computer laufen – Gene, die einander an- und abschalteten und sich wechselseitig beeinflußten. Er fand heraus, daß sie sich »Talbecken« einiger weniger Verhaltensweisen zuordneten.

Langsam tröpfelt Wasser aus einem Gartenschlauch und bildet dabei ein unregelmäßiges, aber beständiges Muster. Kaum dreht man den Hahn mehr auf, läuft es abrupt in einem chaotischen (aber beschreibbaren) Sturzbach heraus. Dreht man den Hahn bis zum Anschlag auf, strömt es auf eine dritte Weise wie ein Fluß heraus. Versucht man nun den Hahn vorsichtig genau bis zu der Grenze zwischen der einen und der anderen Geschwindigkeit aufzudrehen, bemerkt man die »Weigerung« des Wassers, auf der Grenze zwischen den Zuständen zu verharren; statt dessen fällt es in den einen oder anderen Zustand zurück, als würde es zu einer – beliebigen – Seite hingezogen werden – wie ein Regentropfen, der auf den Kamm einer kontinentalen Wasserscheide fällt und letztlich seinen Weg entweder in das Pazifik- oder das Atlantikbecken finden muß.

Früher oder später wird die Dynamik des Systems ihren Weg in zumindest ein »Talbecken« finden, das die sich verändernden Bewegungen in einem beständigen Muster einfängt. Nach Kauffmans Ansicht wird ein zufällig zusammengestelltes System seinen Weg zu einem Grundmuster (in ein Talbecken) finden; somit entsteht aus dem Chaos Ordnung gratis.

Nach unzähligen genetischen Simulationen entdeckte Kauffman ein ungefähres Verhältnis zwischen der Anzahl der Gene und der Anzahl der Becken, in denen sich die Gene niederließen. Diese Proportion war identisch mit dem Verhältnis der Anzahl der Gene in biologischen Zellen zur Anzahl der Zelltypen (Leberzellen, Blutzellen, Hirnzellen), die diese Gene hervorbrachten – ein Verhältnis, das bei allem Lebenden annähernd konstant ist.

Kauffman behauptet, daß dieses universale Verhältnis nahelegt, daß sich die Anzahl der Zelltypen in der Natur aus der Zellarchitektur selbst ableiten läßt. Die Anzahl der Zelltypen in einem Körper hätte dann wenig mit natürlicher Selektion und mehr mit der Mathematik komplexer Geninteraktionen zu tun. Wie viele weitere biologische Formen gibt es noch, so Kauffmans Frage, die der Selektion so gut wie gar nichts schulden?

Ihm schwebte eine Möglichkeit vor, diese Frage experimentell zu beantworten. Aber zuvor benötigte er eine Methode, um Zufallsgruppierungen von Leben zusammenzubrauen. Er entschied sich, die Entstehung des Lebens zu simulieren, indem er – zumindest in der Simulation – alle möglichen Pools von Lebensvorläufern erzeugte. Er würde die virtuellen Pools mit diesen Ingredienzen in zufällige Interaktion treten lassen. Wenn er dann zeigen könnte, daß aus diesem Gebräu unweigerlich Ordnung hervorgeht, hielte er einen Beweis in

Händen. Der Trick dabei wäre, den Molekülen zu erlauben, in einem »Schoßspiel« zusammenzulaufen.

Das Schoßspiel erreichte den Höhepunkt seiner Popularität vor etwa zehn Jahren. Es handelt sich um ein spektakuläres Freiluftspiel, das die Macht der Kooperation feiert. Der Spielleiter des Schoßspiels nimmt eine Gruppe von 25 oder mehr Leuten und läßt sie sich eng zusammen in einem Kreis aufstellen, so daß jeder Mitspieler auf den Hinterkopf seines Vordermanns starrt. Man stelle sich einfach eine Menschenschlange vor einem Kino vor und verbinde sie zu einem ordentlichen Kreis. Auf Kommando des Spielleiters beugt dieser Kreis aus Menschen die Knie und setzt sich auf den spontan gebildeten Schoß des Hintermanns. Wird das synchron durchgeführt, wird der sich setzende Menschenring von einem sich selbst tragenden kollektiven Stuhl gestützt. Wenn nur eine Person den Schoß des Hintermanns verfehlt, bricht der gesamte Kreis zusammen. Der Weltrekord für ein stabiles Schoßspiel liegt bei mehreren hundert Teilnehmern.

Autokatalytische Anordnungen und monomanische Kreise von sich in den Schwanz beißenden Schlangen sind dem Schoßspiel sehr verwandt. Mischung (oder Funktion) *A* bewirkt Mischung (oder Funktion) *B* unter Mitwirkung von Mischung (oder Funktion) *C*. *C* selbst wird jedoch von *A* und *D* erzeugt. *D* entsteht aus *E* und *C* usw. Keines kann ohne die anderen existieren. Anders ausgedrückt heißt dies, daß für eine spezielle Mischung oder Funktion die einzige Möglichkeit, langfristig zu überleben, darin besteht, ein Erzeugnis einer anderen Mischung oder Funktion zu sein. In dieser zirkulären Welt sind alle Ursachen Wirkungen, so wie alle Knie Schöße sind. Entgegen der Ansicht des gesunden Menschenverstands hängt jede Existenz von der wechselwirkenden Existenz aller anderen ab.

Auf jeden Fall beweist die Durchführbarkeit des Schoßspiels, daß zirkuläre Kausalität nicht unmöglich ist. Eine Tautologie kann 200 Pfund Lebendgewicht tragen. Sie ist Realität. Tautologie ist tatsächlich ein essentieller Bestandteil stabiler Systeme.

Der Kognitionsphilosoph Douglas Hofstadter nennt diese paradoxen Zirkel »Seltsame Schleifen«. Als Beispiel führt er die scheinbar ständige Verschiebung in der Tonhöhe in einem Kanon von Bach oder die endlos steigenden Stufen in einem Treppenhaus von Escher an. Das wohlbekannte Paradox des Kreters, der behauptet, daß alle Kreter lügen, zählt er ebenso dazu wie Gödels Beweis der Unbeweisbarkeit mathematischer Axiome. Hofstadter schreibt in *Gödel, Escher, Bach*: »Das Phänomen der ›Seltsamen Schleifen‹ taucht immer dann auf, wenn man sich durch die verschiedenen Stufen hierarchischer Systeme auf- oder abwärts bewegt und unerwartet wieder am Ausgangspunkt ankommt.«

Für Leben und Evolution sind diese seltsamen Schleifen zirkulärer Kausalität eine Notwendigkeit – auf einer grundlegenden Stufe sind beide tautologisch. Es ist unmöglich, Leben oder unbegrenzte Evolution zu erreichen ohne ein System, das diese essentielle logische Inkonsistenz sich im Kreis drehender Ursachen enthält. In derart komplexen Anpassungsprozessen wie Leben, Evolution und Bewußtsein scheinen sich die primären Ursachen zu verschieben, als wären sie eine von Escher gezeichnete optische Illusion. Zum Teil liegt das Problem der Menschen, die ein solch kompliziertes System wie unsere eigene Biologie aufzubauen versuchen, darin, daß wir in der Vergangenheit auf einem gewissen Grad an logischer Konsistenz bestanden haben, einer Art Uhrwerklogik, die das Entstehen autonomer Ereignisse verhindert. Aber wie der Mathematiker Gödel gezeigt hat, ist Inkonsistenz ein unvermeidlicher Zug jedes autarken Systems, das sich aus konsistenten Teilen zusammensetzt.

Gödels Theorem von 1931 zeigt unter anderem, daß Versuche, sich selbst verschlingende Schleifenbildung auszuschließen, fruchtlos sind, weil es, in Hofstadters Worten, »unter Umständen sehr schwer ist, überhaupt herauszufinden, wo genau Selbstreferenz auftauchen wird«. Solange man die einzelnen Teile auf einer »lokalen« Stufe untersucht, scheinen sie den Gesetzmäßigkeiten zu folgen; nur wenn sich die gesetzestreuen Teile zu einem Ganzen formen, taucht Widersprüchlichkeit auf.

Der junge italienische Wissenschaftler Walter Fontana lieferte 1991 den mathematischen Beweis dafür, daß eine lineare Folge, bei der Funktion *A* Funktion *B* erzeugt, welche ihrerseits Funktion *C* erzeugt, sehr leicht umgebogen und kybernetisch zu einer sich selbst generierenden Schleife geschlossen werden kann, so daß die letzte Funktion zur Mitverursacherin der Anfangsfunktion wird. Als Kauffman zum ersten Mal Fontanas Arbeit begegnete, war er von ihrer Schönheit begeistert. »Man muß sich einfach in sie verlieben! Funktionen erzeugen sich wechselseitig selber. Von außerhalb aller Definitionsräume kommen sie heran und fassen sich an den Armen zu einem schöpferischen Reigen!« Kauffman nannte eine solche autokatalytische Anordnung ein »Ei«. Er sagt: »Ein Ei ist ein Satz von Regeln mit der Eigenschaft, daß die Regeln, die aufgestellt werden, exakt dieselben sind wie diejenigen, von denen sie erzeugt werden. Mit Verrücktheit hat das gar nichts zu tun.«

Um ein Ei zu bekommen, beginnt man mit einem riesigen Pool verschiedener Agenzien. Dabei kann es sich um eine Auswahl von Proteinteilen oder um Programmcodefragmente handeln. Wenn man sie lange genug miteinander interagieren läßt, werden sie kleine Schleifen von Dingen produzierenden Dingen produzieren. Wenn genügend Zeit und Spielraum vorhanden ist, wird sich das ausbreitende Netzwerk dieser lokalen Schleifen im System schließlich solange selbständig vermehren, bis *jeder* Erzeuger in diesem Kreislauf ein Produkt eines anderen ist, bis jede Schleife sich mit allen anderen Schleifen in unzähligen parallelen Wechselwirkungen zusammengeschlossen hat. In diesem Moment des »katalytischen Zusammenschlusses« wechselt das Netz der Teile plötzlich in einen stabilen Zustand – das System sitzt auf seinem eigenen Schoß, sein Anfang ruht auf seinem Ende und umgekehrt.

Das Leben begann in einer Suppe von »Polymeren, die auf Polymere einwirkten, um neue Polymere zu bilden«, behauptet Kauffman. Er demonstrierte die theoretische Fruchtbarkeit dieser Logik, indem er Experimente durchführte, bei denen »Symbolketten auf Symbolketten einwirken, um neue Symbolketten zu erzeugen«. Seine Annahme war, daß er Proteinfragmente und Programmcodefragmente als logische Äquivalente gleichsetzen könnte. Als er Netzwerke aus Bits von Programme programmierenden Programmen als Modelle für Proteine laufen ließ, erhielt er autokatalytische Systeme, die so zirkulär waren wie das Schoßspiel: Sie hatten keinen Anfang, keine Mitte und kein Ende.

Das Leben tritt mit einem Mal als vollständiges Ganzes auf, so wie ein Kristall plötzlich in seiner endgültigen Form (wenn auch im Kleinformat) in einer übersättigten Lösung erscheint: er beginnt nicht als vager Halbkristall, taucht nicht als halbmaterialisierter Geist auf, sondern ist – Abrakadabra! – sofort als Ganzes da, so wie der Kreis eines Schoßspiels plötzlich aus einer gebogenen Linie von 200 Leuten entsteht. »Das Leben begann als etwas Ganzes und miteinander Verbundenes, nicht als etwas Unzusammenhängendes und Unorganisiertes«, schreibt Stuart Kauffman. »In einem tieferen Sinn *kristallisierte* das Leben.«

»Ich hoffe zeigen zu können«, fährt er fort, »daß Selbstreproduktion und Homöostase, die grundlegenden Merkmale von Organismen, natürliche kollektive Auswirkungen der Polymerchemie sind. Von einer hinreichend komplexen Anordnung katalytischer Polymere ist zu erwarten, daß sie auch im Kollektiv katalytisch sind.« Und schon schlägt Kauffman wieder den Bogen zur Unvermeidlichkeit. »Wenn mein Modell stimmt, sind die Pfade des Lebens im Universum eher Boulevards als verwinkelte Hinterhofgassen.« Mit anderen Worten: Unter den gegebenen chemischen Voraussetzungen »ist Leben unvermeidlich«.

»Wir müssen uns daran gewöhnen, uns mit Milliarden von Dingen zu beschäftigen«, behauptete Kauffman einmal vor einem wissenschaftlichen Publikum. Riesige Mengen funktionieren anders: je mehr Polymere, desto exponentiell mehr mögliche Interaktionen, bei denen ein Polymer die Herstellung eines anderen Polymers auslösen kann. Ab einer bestimmten Schwelle werden die Polymere ein selbsterzeugtes, sich selbst erhaltendes und veränderndes Netzwerk chemischer Abläufe bilden. Solange die Energie fließt, schnurrt das Netzwerk, und die Schleife steht.

Programme, Chemikalien oder Erfindungen können unter den richtigen Umständen neue Programme, Chemikalien oder Erfindungen erzeugen. Das genau ist das Modell des Lebens. Ein Organismus produziert neue Organismen, die selbst wieder neue Organismen erzeugen. Eine kleine Erfindung (der Transistor) ruft andere Erfindungen hervor (den Computer), die ihrerseits wieder andere Erfindungen ermöglichen (Virtuelle Realität). Kauffman will diesen Prozeß mathematisch verallgemeinern, um grundsätzlich sagen zu können, daß Funktionen neuere Funktionen ausbrüten, die ihrerseits weitere Funktionen gebären.

»Vor fünf Jahren«, erinnert sich Kauffman, »saßen Brian Goodwin [ein Evolutionsbiologe] und ich in irgendeinem Bunker aus dem Ersten Weltkrieg in Norditalien und unterhielten uns während eines stürmischen Regens über autokatalytische Systeme. Ich hatte damals dieses starke Gefühl, daß eine grundlegende Ähnlichkeit zwischen der natürlichen Selektion – wie Darwin sie uns lehrte – und dem Wohle von Nationen – wie Adam Smith sie uns lehrte – bestand. Bei beiden spielt die unsichtbare Hand eine Rolle. Ich wußte nicht, wie ich weiter vorgehen sollte, bis ich Walter Fontanas Arbeit über autokatalytische Anordnungen zu sehen bekam, die einfach großartig ist.«

Ich erwähnte Kauffman gegenüber die kontrovers diskutierte Idee, daß in jeder Gesellschaft mit dem richtigen Grad an Kommunikations- und Informationsvernetzung Demokratie unvermeidbar sei. Wo Ideen frei fließen und neue Ideen erzeugen können, wird sich die politische Organisation schließlich in Richtung Demokratie bewegen, die eine unwiderstehlich starke Anziehung ausübt. Kauffman stimmte dieser Parallele zu: »Als College-Student schrieb ich 1958 oder 59 einen Aufsatz in Philosophie, an dem mein ganzes Herz hing. Ich versuchte herauszufinden, warum Demokratie funktioniert. Es liegt auf der Hand, daß Demokratie nicht deshalb funktioniert, weil sie das Gesetz der Mehrheit ist. Heute, 33 Jahre später, sehe ich, daß Demokratie eine Ordnung ist, die streitenden Minoritäten erlaubt, relativ flexible Kompromisse zu schließen. Sie bewahrt Gruppierungen davor, sich in regional gute, aber global schlechte Lösungen zu verrennen.«

Es fällt nicht schwer, sich Kauffmans Netzwerke aus Boolescher Logik und zufälligen Genomen als Spiegel der Arbeitsweise von Rathäusern und Hauptstädten vorzustellen. Indem Minikonflikte und Mikrorevolutionen in einem kontinuierlichen Prozeß auf lokaler Ebene organisiert werden, lassen sich Makro- und Megarevolutionen großen Ausmaßes vermeiden, und das ganze System ist weder chaotisch noch stagniert es. Dauernder Wandel wird in Kleinstädten ausgefochten, während die Nation bewundernswert stabil bleibt – und so ein Klima schafft, in dem die Kleinstädte unablässig nach Kompromissen suchen. Diese zirkuläre Unterstützung ist ein weiteres »Schoßspiel« und ein Indikator dafür, das solche Systeme in ihrer Dynamik sich selbst erhaltenden Vivisystemen ähneln.

»Es ist nur eine Ahnung«, warnt mich Kauffman, »aber man kann den Weg von Fontanas ›Kette erzeugt Kette erzeugt Kette‹ über ›Erfindung erzeugt Erfindung erzeugt Erfindung‹ zu kultureller Evolution und schließlich zum Wohl der Nationen *erspüren.*« Kauffman macht keinen Hehl aus dem Ausmaß seiner Ambitionen: »Ich suche nach dem selbsterklärenden großen Bild, das alles zusammenfügt, von der Entstehung des Lebens als einem selbstorganisierenden Gefüge, über die Entstehung von spontaner Ordnung im Regulationssystem der Genome und die Entstehung von anpassungsfähigen Systemen bis hin zur unbekannten Entsprechung des Zweiten Hauptsatzes der Thermodynamik. Das alles gehört in ein Bild. Ich fühle wirklich, daß es so ist. Die Frage, an der ich mich jedoch tatsächlich abarbeite, lautet: Können wir beweisen, daß eine endliche Menge von Funktionen diese unendliche Menge von Möglichkeiten erzeugt?«

Ich nenne das eine »Kauffman-Maschine«. Eine kleine, aber gut ausgewählte Menge von Funktionen, die sich zu einem selbsterzeugenden Ring verbinden und einen unendlichen Strom komplexerer Funktionen hervorbringen. Die Natur ist voll von Kauffman-Maschinen. Eine Eizelle, die den Körper eines Wals hervorbringt, ist eine, die Evolutionsmaschine, die in Milliarden von Jahren einen Flamingo aus einem Bakterientropfen erzeugt, eine andere. Läßt sich eine Kauffman-Maschine künstlich herstellen? Korrekterweise sollte man lieber von einer Von-Neumann-Maschine sprechen, weil von Neumann sich dieselbe Frage bereits in den frühen vierziger Jahren stellte. Er fragte sich, ob eine Maschine eine andere Maschine herstellen kann, die komplexer ist als sie selbst. Wie man es auch ausdrücken mag, die Frage lautet immer: Wie baut sich Komplexität von alleine auf?

»Grob gesagt, läßt sich die Frage erst dann experimentell stellen, wenn der intellektuelle Rahmen vorhanden ist. Der entscheidende Punkt besteht darin, die wichtigen Fragen zu stellen«, warnte mich Kauffman. Während unseres Gesprächs ertappte ich ihn häufig dabei, wie er laut dachte. Oft verstieg er sich in wilde Spekulationen, hakte bei einer nach und wirbelte sie herum, um sie von allen Seiten zu betrachten. »Wie stellt man diese Frage?« fragte er sich rhetorisch selber. Seine Suche gilt eher der Frage aller Fragen als der Antwort aller Antworten. »Wenn die Frage erst einmal gestellt ist«, behauptete er, »besteht eine gute Chance, irgendeine Antwort zu finden.«

Eine Frage, die zu stellen sich lohnt – so sah Kauffman seine Anmerkungen zu selbstorganisierter Ordnung in evolutionären Systemen.

»Irgendwie ist jeder tief in seinem Herzen in der Lage, Fragen zu stellen, von denen wir glauben, daß sie in dem Sinne grundlegend sind, daß eine Antwort wirklich wichtig wäre«, vertraute er mir an. »Warum wir um alles in der Welt gerade diese Fragen nicht stellen, ist mir ein Rätsel.«

Es gab viele Momente, in denen ich spürte, daß Stuart Kauffman – Doktor der Medizin, Philosoph, Mathematiker, Biotheoretiker und Mac-Arthur-Preisträger – von den wilden Fragen, mit denen er sich beschäftigte, in Verlegenheit gebracht wurde. »Ordnung gratis« wird einer konservativen Wissenschaft entgegengehalten, die in der Vergangenheit jede Theorie versteckter schöpferischer Ordnung im Universum abgelehnt hat. Während der Rest der heutigen wissenschaftlichen Welt in jedem Winkel des Universums Schmetterlinge des Zufalls unkontrollierbare, nichtlineare Wirkungen aussäen sieht, stellt Kauffman die Frage, ob die Schmetterlinge des Chaos nicht vielleicht schlafen. Er ruft die Möglichkeit einer übergreifend gültigen, formgebenden Kraft wach, die der Schöpfung innewohnt, die Unordnung besänftigt und eine geordnete Stille gebiert. Das ist eine Vorstellung, die für viele nach Mystizismus klingt. Gleichzeitig ist das Verfolgen und Ausgestalten dieser einen gewaltigen Frage der Grund für Kauffmans beachtlichen Stolz und Antrieb. »Ich müßte lügen, wenn ich verschweigen wollte, daß ich, als ich mich mit 23 Jahren zu fragen begann, wie um alles in der Welt ein Genom mit 100 000 Genen die Entstehung von differenzierten Zelltypen kontrolliert, den Eindruck hatte, etwas Bedeutendes entdeckt zu haben – ich hatte eine bedeutsame Frage gefunden. Und das fühle ich noch immer. Ich glaube, Gott war sehr nett zu mir.«

»Wenn Sie etwas hierüber schreiben«, sagt Kauffman sanft, »drücken Sie sich bitte so aus, als handele es sich dabei nur um Verrücktheiten. Aber wäre es nicht wunderbar, wenn es auf irgendeine Weise Gesetze gäbe, die Gesetze machen, welche Gesetze machen, so daß das Universum, mit den Worten John Wheelers, etwas ist, das einen Blick auf sich selbst wirft!? Das Universum erläßt seine eigenen Gesetze und entsteht aus etwas Selbstkonsistentem. Vielleicht ist die Vorstellung nicht unmöglich, daß Quarks, Gluonen, Atome und Elementarteilchen die Gesetze, nach denen sie einander transformieren, selbst erfunden haben.«

Tief in seinem Innern spürte Kauffman, daß seine Systeme sich von alleine aufbauten. Irgendwie hoffte er zu entdecken, daß evolutionäre Systeme ihre eigene Struktur kontrollieren. Nach dem ersten Blick auf sein visionäres Bild von einem Netzwerk hatte er die Vorahnung, daß in diesen Verknüpfungen die Antwort auf die Selbststeuerung der Evolution liegt. Er war nicht damit zufrieden zu zeigen, daß Ordnung spontan und unvermeidlich entstand. Er spürte auch, daß die *Kontrolle* dieser Ordnung genauso spontan entstand. Zu diesem Zweck entwarf er in Computersimulationen Tausende von Programmdurchläufen zufallsbedingter Anordnungen, um zu sehen, welcher Typ von Verknüpfung einem Schwarm die höchste Anpassungsfähigkeit erlaubte. »Anpassungsfähigkeit« heißt die Fähigkeit eines Systems, seine inneren Verknüpfungen so einzurichten, daß es sich in seine Umgebung dauerhaft einpaßt. Kauffman betrachtet einen Organismus, etwa eine Fruchtfliege, als etwas, das das Netzwerk seiner Gene mit der Zeit so einstellt, daß das Ergebnis dieses genetischen Netzwerks – nämlich der Fliegenkörper – auf bestmögliche Weise zu seinen sich verändernden Umweltbedingungen hinsichtlich Nahrung, Unterkunft und natürlichen Feinden paßt. Die Frage, die sich zu stellen lohnte, lautete: Was kontrolliert die Evolutionsfähigkeit des Systems? Konnte der Organismus seine Evolutionsfähigkeit selbst kontrollieren?

Die Hauptvariable, mit der Kauffman spielte, war die Verknüpfungsrate des Netzwerks. In einem spärlich verknüpften Netzwerk wäre ein Knotenpunkt im Durchschnitt nur mit einem einzigen anderen Knotenpunkt verbunden. In einem vielfältig verknüpften Netzwerk wäre jeder Knotenpunkt mit zehn, hundert, tausend oder Millionen anderer Knotenpunkte verbunden. Theoretisch ist die Grenze der Anzahl der möglichen Verbindungen eines Knotenpunkts einfach die Gesamtzahl aller Knotenpunkte minus eins. Ein millionenköpfiges Netzwerk könnte an jedem Knotenpunkt eine Million minus eins Verbindungen besitzen; jeder Knotenpunkt ist mit jedem verbunden. Um unseren oben angestellten, zugegebenermaßen hinkenden Vergleich noch einmal anders zu formulieren: Jeder Angestellte von General Motors könnte direkt mit allen anderen 749 999 GM-Angestellten verbunden werden.

Während Kauffman den Verknüpfungsparameter seiner generischen

Netzwerke variierte, entdeckte er etwas, was das Management von GM nicht verwundert hätte. Ein System, in dem eine geringe Zahl von Agenzien andere Agenzien beeinflußte, war nicht sehr anpassungsfähig. Die Verknüpfungssuppe war zu dünn, um Innovationen zu übertragen. Das System würde sich nicht weiterentwickeln. Sobald Kauffman die durchschnittliche Verknüpfungsrate zwischen den Knotenpunkten erhöhte, wurde das System elastischer, »sprang zurück«, wenn es gestört wurde. Das System konnte Stabilität aufrechterhalten, während die Umgebung sich veränderte. Es würde sich weiterentwickeln. Der völlig unerwartete Befund lautete jedoch, daß jenseits eines bestimmten Grads von Verknüpfungselastizität eine weitere Erhöhung der Verknüpfungsfähigkeit die Anpassungsfähigkeit des Systems als Ganzes nur *vermindern* würde.

Kauffman stellte diesen Effekt grafisch als Hügel dar. Der Gipfel des Hügels bedeutete optimale Veränderungsflexibilität. Die eine Senke des Hügels war ein kaum verknüpftes System: plattfüßig und stagnierend. Die andere Senke war ein überverknüpftes System: ein gefrorenes Gitter Tausender gegenseitiger Anziehungskräfte. An einem Knotenpunkt zerrten so viele widersprüchliche Einflüsse, daß ganze Abschnitte des Systems in völliger Paralyse erstarrten. Kauffman nannte dieses zweite Extrem eine »Komplexitätskatastrophe«. Zur Überraschung vieler war es möglich, eine zu hohe Verbindungsrate zu haben. Langfristig litt ein übermäßig verknüpftes System genauso an Schwäche wie eine Masse unkoordinierter Einzelgänger.

Irgendwo in der Mitte befand sich der Spitzenwert gerade richtiger Verknüpfungsfähigkeit, die dem Netzwerk seine maximale Wendigkeit verlieh. Kauffman entdeckte diesen meßbaren »Goldsträhnen«-Punkt in seinen Modellnetzwerken. Kauffmans Kollegen hatten zunächst Schwierigkeiten, an diesen Maximalwert zu glauben, weil er der unmittelbaren Erfahrung zu widersprechen schien. Die optimale Verknüpfungsrate für die von Kauffman herausdestillierten und untersuchten Systeme lag sehr niedrig, »irgendwo im einstelligen Bereich«. Große Netzwerke mit Tausenden von Mitgliedern paßten sich bei weniger als zehn Verknüpfungen pro Mitglied am besten an. Einige Netze erzielten ihre Höchstleistung bei durchschnittlich weniger als zwei Verbindungen pro Knotenpunkt! Ein riesiges paralleles System mußte nicht großartig verknüpft sein, um sich anzupassen.

Minimale durchschnittliche Verknüpfung, weitflächig vollzogen reichte aus.

Kauffmans zweite unerwartete Entdeckung war, daß dieser niedrige Optimalwert nicht stark zu schwanken schien, und zwar unabhängig davon, wie viele Mitglieder sich zu einem speziellen Netzwerk zusammenfanden. Wenn mit anderen Worten dem Netzwerk mehr Mitglieder hinzugefügt werden, zahlt es sich (in Form systemweiter Anpassung) nicht aus, die Zahl der Verknüpfungen an jedem Knotenpunkt zu erhöhen. Um eine möglichst schnelle Evolution zu erzielen, sollte man Mitglieder hinzufügen, aber nicht die durchschnittliche Verbindungsrate heraufsetzen. Dieses Ergebnis bestätigte, was Craig Reynolds anhand seiner synthetischen Herden herausgefunden hatte: Man kann einer Herde mehr und mehr Mitglieder zuführen, ohne die Struktur neu konfigurieren zu müssen.

Kauffman fand heraus, daß am unteren Ende, bei weniger als zwei Verbindungen pro Agent bzw. Organismus, das ganze System nicht gewandt genug war, um mit der Veränderung Schritt zu halten. Besaß die Gemeinschaft der Agenzien keine ausreichende interne Kommunikation, konnte sie ein Problem nicht als Gruppe lösen. Genauer gesagt, sie zerfiel in isolierte Bündel mit kooperativer Rückkopplung, aber ohne gemeinsame Interaktion.

Bei der idealen Verbindungsrate war die ideale Informationsmenge zwischen den Agenzien im Fluß, und das System als Ganzes fand immer die optimalen Lösungen. Das bedeutete, daß das Netzwerk stabil blieb und als Ganzes überdauerte, auch wenn sich seine Umgebung rasch veränderte.

Das Kauffmansche Gesetz besagt, daß ab einem bestimmten Punkt der Steigerung des Verbindungsreichtums zwischen den Agenzien die Anpassung einfriert. Nichts geht mehr, weil zu viele Aktionen von zu vielen anderen, widersprüchlichen Aktionen abhängen. Beschreibt man es mit einer Landschaftsmetapher, produzieren extreme Verknüpfungsraten extreme Zerklüftung und lassen mit hoher Wahrscheinlichkeit jede Bewegung zu einem Sturz von einem Anpassungsgipfel in ein Tal von Nichtangepaßtheit werden. Noch anders ausgedrückt: Wenn zu viele Agenzien aufeinander einreden, setzt bürokratische Leichenstarre ein. Anpassungsfähigkeit haucht in einem starren Gitterraster ihren Geist aus. Für die gegenwärtige Kultur, die sich den Tugenden der Vernetzung verschrieben hat, ist diese niedrige Höchstmarke von Verknüpfung eine unerwartete Nachricht.

Dem sollten wir postmodernen Kommunikationsjunkies Beachtung schenken. In unserer vernetzten Gesellschaft vergrößern wir sowohl die absolute Zahl der vernetzten Menschen (ständig wächst das globale Netzwerk der Netzwerke um 15 Prozent zusätzlicher Nutzer pro Monat!) als auch die Zahl der Menschen und Orte, mit denen jeder Teilnehmer vernetzt ist. Faxgeräte, Telefone, persönlich adressierte Postwurfsendungen und große Datenbanken mit Querverweisen in Unternehmen und Verwaltungen bewirken eine Vermehrung der Verknüpfungen zwischen allen Personen. Diese Expansion steigert die Anpassungsfähigkeit unseres Systems (Gesellschaft) insgesamt aber nicht.

Stuart Kauffmans Simulationen sind so rigoros, originell und unter Wissenschaftlern so respektiert, wie es ein mathematisches Modell nur sein kann. Dies vielleicht auch deswegen, weil er ein echtes (Computer-)Netzwerk benutzt, um ein hypothetisches Netzwerk nachzubilden, statt wie üblich den umgekehrten Weg zu gehen und ein hypothetisches Modell zur Nachbildung von etwas Realem zu nutzen. Ich gebe jedoch zu, daß es ein wenig überzogen ist, die Ergebnisse einer rein mathematischen Abstraktion auf die regellosen Verhältnisse der Wirklichkeit anzuwenden. Nichts könnte ungeregelter verlaufen als Online-Netzwerke, biologisch-genetische Netzwerke oder internationale Wirtschaftsnetzwerke. Stuart Kauffman selbst ist allerdings darauf bedacht, aus seinem generischen Testfeld das Verhalten echten Lebens abzuleiten. Der große Vergleich zwischen komplexen Netzwerken in der Realität und seinen eigenen, *in silico* ablaufenden mathematischen Simulationen ist nichts Geringeres als Kauffmans Heiliger Gral. Er sagt, seine Modelle »riechen, als wären sie echt«. Schwarmgleiche Netzwerke, darauf wettet er, verhalten sich auf einer bestimmten Stufe alle gleich. Kauffman stellt gerne die Spekulation an, daß »IBM und Kolibakterien die Welt in der gleichen Weise wahrnehmen«.

Ich bin geneigt, mich seiner Wette anzuschließen. Wir besitzen die Technologie, alle mit allen zu vernetzen, aber diejenigen unter uns, die versucht haben, auf diese Weise zu leben, kommen langsam zu der Ansicht, daß wir unsere Verbindungen kappen müssen, um irgendwie handlungsfähig zu bleiben. Wir leben in einer Welt sich beschleunigender Vernetzung; letztlich sind wir dabei, beständig Kauffmans Hügel hinaufzusteigen. Aber wir müssen uns ein wenig zurückhalten, damit wir nicht über den Gipfel hinausschießen und in einer Talfahrt zunehmender Vernetzung bei sinkender Anpassungsfähigkeit wieder hinunterrutschen. Verbindungstrennung ist eine Möglichkeit, um das System vor Über-Vernetzung zu bewahren und unser Kultursystem auf dem Grat maximaler Entwicklungsfähigkeit balancieren zu lassen.

Die Kunst der Evolution ist die Kunst, dynamische Komplexität zu bewältigen. Dinge zu vernetzen ist nicht schwierig; die Kunst liegt darin, Wege zu finden, sie organisiert, indirekt und begrenzt zu vernetzen.

Aus seinen Experimenten mit künstlichem Leben in Schwarmmodellen leitete Chris Langton, ein Institutskollege Kauffmans in Santa Fe, eine abstrakte Qualität (den sogenannten Lambda-Parameter) ab, welche die Wahrscheinlichkeit vorhersagt, daß eine bestimmte Zusammensetzung von Regeln für einen Schwarm einen sogenannten *sweet spot*, einen optimalen Bereich interessanten Verhaltens produzieret. Systeme, die sich auf Werten außerhalb dieses Kernbereichs gründen, neigen dazu, auf zwei Arten zu scheitern. Entweder wiederholen sie starre Muster oder sie verlieren sich im weißen Rauschen. Die Werte, die im Bereich des Lambda *sweet spot* liegen, erzeugen die längsten Durchläufe interessanten Verhaltens.

Durch die Feinabstimmung des Lambda-Parameters kann Langton eine Welt so einstellen, daß Evolution oder Lernen höchst einfach ablaufen. Langton beschreibt die Schwelle zwischen einem bewegungslosen Wiederholungszustand und einem gasförmigen Rauschen als einen »Phasenübergang« – derselbe Begriff, den Physiker gebrauchen, um den Übergang einer Flüssigkeit in den gasförmigen oder festen Zustand zu beschreiben. Am meisten verblüfft jedoch Langtons Behauptung, daß in dem Moment, wo der Lambda-Parameter sich dem Phasenübergang annähert – dem *sweet spot* maximaler Anpassungsfähigkeit –, er sich verlangsamt. Das heißt, das System neigt dazu, auf der Kuppe zu verweilen, anstatt sich hindurchzuzoomen. Wenn es sich der Stelle annähert, von der aus es sich am besten entwickeln kann, verweilt es. Das Bild, das Langton zeichnen möchte, ist das eines Systems, das in Zeitlupe auf einer endlosen perfekten Welle surft: Je perfekter der Wellenritt, desto langsamer vergeht die Zeit. Diese kritische Verlangsamung auf dem »Wellenkamm« könnte dabei helfen zu erklären, warum ein fragiles embryonales Vivisystem seine Evolution aufrechterhalten kann. Wenn sich ein Zufallssystem dem Phasenübergang nähert, würde es in den *sweet spot* »hineingezogen« werden, an dem es sich weiterentwickeln kann, und daraufhin versuchen, diesen Kernbereich beizubehalten. Das ist die homöostatische Rückkopplungsschleife, die ihren eigenen Schoß bildet. Eingedenk der Tatsache, daß der Kernbereich wenig »statisch« ist, sollte man die Rückkopplungsschleife besser »homöodynamisch« nennen. Stuart Kauffman spricht auch davon, die Parameter seiner simulierten generischen Netzwerke auf den *sweet spot* hin »abzustimmen«. Im Spektrum der unzähligen Möglichkeiten, eine Million Gene oder eine Million Neuronen zu vernetzen, gibt es einige wenige Grundeinstellungen, von denen mit viel größerer Wahrscheinlichkeit zu erwarten ist, daß sie das Lernen und die Anpassung im gesamten Netzwerk unterstützen. Systeme, die sich auf den evolutionären *sweet spot* einpendeln, lernen am schnellsten, passen sich ohne weiteres an und entwickeln sich am leichtesten. Sollten Langton und Kauffman recht haben, wird ein evolutionäres System diesen Punkt von selbst finden. Langton entdeckte einen Anhaltspunkt dafür, wie das geschehen könnte. Er fand heraus, daß dieser Punkt genau auf der Kippe zum chaotischen Verhalten steht. Er behauptet, daß hochgradig anpassungsfähige Systeme, so frei beweglich sie auch sein mögen, nur um Haaresbreite davon entfernt sind, außer Kontrolle zu geraten. Leben ist demnach ein System, das weder in Nichtkommunikation stagniert noch durch zuviel Kommunikation auskristallisiert. Leben ist eher ein »auf der Kippe zum Chaos« lavierendes Vivisystem – auf dem Lambda-Punkt, wo gerade genug Information fließt, um alles zu gefährden.

Starre Systeme können sich jederzeit verbessern, indem sie die Zügel ein wenig schleifen lassen, und turbulente Systeme können sich immer dadurch steigern, daß sie sich selbst ein wenig mehr organisieren. Mitchell Waldrop erläutert Langtons Gedanken in seinem Buch *Inseln im Chaos* folgendermaßen: Wenn ein anpassungsfähiges System nicht den goldenen Mittelweg einschlägt, würde man erwarten, daß es in einem Gewaltakt auf den *sweet spot* hingeführt wird. Ruht das System erst einmal ausbalanciert auf dem Scheitelpunkt zwischen Starrheit und Chaos, ist zu erwarten, daß es in dem Moment, in dem es davon wegzutreiben beginnt, sich aufgrund seiner adaptiven Natur selbständig wieder dorthin zurückbewegen würde. »Mit anderen Worten«, schreibt Waldrop, »es ist mit Lernen und Evolution zu rechnen, um den Scheitelpunkt des Chaos zu stabilisieren.« Ein selbstverstärkender *sweet spot*. Nennen wir ihn dynamisch stabil, weil sein Ort wandert. Lynn Margulis nennt diesen im Fluß befindlichen, dynamisch stabilen Zustand »homöorhetisch« – das Einschleifen auf einen beweglichen Punkt. Dasselbe ewige Beinahe-Fallen balanciert die chemischen Abläufe der irdischen Biosphäre in einem zweckmäßigen Ungleichgewicht aus.

Kauffman nimmt diesen Begriff auf, indem er Systeme, die sich im Lambda-Bereich einrichten, »ausbalancierte Systeme« nennt. Sie sind auf der Kippe zwischen Chaos und starrer Ordnung ausbalanciert. Beginnt man erst einmal nach ausbalancierten Systemen Ausschau zu halten, kann man überall im Universum, auch außerhalb der Biologie, auf sie stoßen. Viele Kosmologen, wie zum Beispiel John Barrow, glauben, daß das Universum selbst ein höchst prekäres, anhand einer Reihe bemerkenswert empfindlicher Werte (wie Gravitationsstärke oder Elektronenmasse) ausbalanciertes System ist. Durch eine so geringfügige Abweichung wie 0,000001 Prozent hätte es im Frühstadium seiner Entstehung kollabieren oder keine Materie bilden können. Die Liste solcher »Koinzidenzien« ist so lang, daß sie ganze Bücher füllen würde. Folgt man dem Physiktheoretiker Paul Davies, dann liefern die Koinzidenzien »zusammengenommen den eindrücklichen Beweis, daß Leben, wie wir es kennen, sehr stark abhängig ist von der Art der physikalischen Gesetze, und von einigen, scheinbar zufälligen Ereignissen bei der Wahl der tatsächlichen Werte für verschiedene Teilchenmassen, Kraftstärken usw. durch die Natur.« Kurz, das Universum und das uns bekannte Leben balancieren am Rande des Chaos.

Was wäre, wenn ausbalancierte Systeme sich selbst einstellen und nicht von Schöpfern eingestellt werden? Ein komplexes System, das sich selbst ausbalanciert, hätte einen ungeheuren evolutionären Vorteil in der Biologie. Es könnte sich schneller entwickeln, mehr lernen und sich ohne weiteres anpassen. Wenn die Evolution auf eine selbstregulierende Funktion hin selektiert, sagt Kauffman, dann »könnte die Fähigkeit zu Evolution und Anpassung selbst eine Errungenschaft der Evolution sein«. Tatsächlich würde eine selbstregulierende Funktion auf einer höheren Stufe der Evolution unvermeidlich ausgewählt werden. Kauffman vertritt die Auffassung, daß Gensysteme sich tatsächlich selbst einstellen, indem sie die Anzahl der Verknüpfungen, die Größe des Genoms usw. in ihren eigenen Systemen auf optimale Flexibilität hin regulieren.

Selbsteinstellung ist möglicherweise der geheimnisvolle Schlüssel zu einer unaufhörlichen Evolution – der Heilige Gral einer unbegrenzten Evolution. Chris Langton beschreibt eine zeitlich unbegrenzte Evolution formal als System, dem es gelingt, sich selbst zu immer höheren Stufen der Komplexität hin einzustellen, oder, um in seinem Bild zu bleiben, ein System, dem es gelingt, *über mehr und mehr Parameter, die seine Entwicklungsfähigkeit betreffen, die Kontrolle zu gewinnen* und auf dem Scheitelpunkt das Gleichgewicht zu halten.

In Langtons und Kauffmans System beginnt die Natur als Pool interagierender Polymere, die sich in einem autokatalytischen Prozeß auf dem Wege der Vernetzung zu neuen interagierenden Polymeranordnungen verbinden, so daß eine bestmögliche evolutionäre Entwicklung stattfinden kann. Diese evolutionsbegünstigende Umgebung erzeugt Zellen, die ebenfalls lernen, ihre interne Vernetzungsfähigkeit so zu justieren, daß dem System eine optimale Entwicklungsfähigkeit erhalten bleibt. Jeder Schritt baut die Stellung am Rande des Chaos weiter aus und hält die Balance auf dem schmalen Pfad optimaler Flexibilität, der die Komplexität weiter vorantreibt. Solange das System auf dem Kamm der Entwicklungsfähigkeit reitet, surft es weiter voran.

Bei künstlichen Systemen, behauptet Langton, will man etwas Ähnliches erreichen. Das erste Ziel, nach dem jedes System strebt, ist das Überleben. Die zweite Suche gilt den idealen Einstellungsparametern, die dem System maximale Flexibilität sichern. Aber am spannendsten ist die dritte Suche: die Suche nach Strategien und Rückkopplungsmechanismen, die die Selbsteinstellung des Systems mit jedem Schritt seines Weges steigern. Kaufmanns Hypothese lautet, daß Systeme, die dafür konstruiert sind, sich selbst einzustellen, »wahrscheinlich in dem Fall das unvermeidliche Selektionsziel der natürlichen Auslese« sind, wenn sie »sich ohne weiteres anpassen können. Die Fähigkeit, aus der natürlichen Selektion Vorteile zu ziehen, könnte eines der ersten Merkmale sein, die aus der Selektion hervorgehen.«

Als Langton und seine Kollegen auf der Suche nach dem *sweet spot*, an dem das Leben auf des Messers Schneide balanciert, den Raum aller möglichen Welten erkundeten, hörte ich, wie sie sich selbst »Surfer auf der Suche nach der unendlichen Welle in einem endlosen Sommer« nannten.

Rich Bageley, ebenfalls vom Santa Fe-Institut, erzählte mir: »Ich suche nach Dingen, die ich beinahe, aber nicht gänzlich vorhersagen kann.« Er verdeutlichte, daß es sich dabei um etwas handele, das weder regelmäßig noch chaotisch sei. Ein Höhenkamm dazwischen, gefährlich und beinahe außer Kontrolle.

»Jawohl«, antwortete Langton, der unser Gespräch mithörte. »Genau. Wie Ozeanwellen bei einem Wellenritt. Sie machen bumm, bumm, bumm, regelmäßig wie der Herzschlag. Dann plötzlich, WOOOMMM, eine unerwartet große Welle. Das ist es, wonach wir suchen. Diesen Ort wollen wir finden.«

20

EINE ZUNEHMENDE STRÖMUNG

Im frühen 19. Jahrhundert war Wärme ein unergründliches Rätsel. Jedermann wußte intuitiv, daß ein heißer Gegenstand seine Wärme an die Umgebung abgab und sich auf diese Weise ein kalter Gegenstand erwärmen konnte. Aber eine verständliche Theorie darüber, wie das mit der Wärme wirklich funktionierte, konnten die Wissenschaftler nicht aufstellen.

Eine echte Wärmetheorie mußte einige seltsame Vorgänge erklären können. Es war klar, daß sich ein sehr heißer und ein sehr kalter Gegenstand, die sich im selben Raum befinden, mit der Zeit derselben Temperatur annähern würden. Aber einige Gegenstände, etwa ein Becken mit einem Gemisch aus Eis und Wasser, würden sich nicht genauso schnell erwärmen wie dasselbe Becken, wenn es entweder nur mit Eis oder nur mit Wasser gefüllt wäre. Heiße Gegenstände dehnen sich aus; kalte Gegenstände ziehen sich zusammen. Bewegung konnte sich in Wärme auflösen. Wärme konnte Bewegung auslösen. Und einige Metalle nahmen an Gewicht zu, wenn sie erhitzt wurden. Deswegen wurde der Wärme ein Gewicht beigemessen.

Die ersten Erforscher des Phänomens Wärme hatten keine Ahnung, daß sie dabei waren, Temperatur, Kalorien, Reibung, Arbeit, Leistung, Energie und Entropie zu untersuchen – alles Begriffe, die sie erst später erfinden sollten. Viele Jahrzehnte lang war es niemandem so recht klar, was er eigentlich untersuchte. Die geläufigste Theorie dieser Zeit war, daß Wärme eine alles durchdringende, elastische Flüssigkeit sei – ein stofflicher Äther.

Im Jahre 1824 stellte ein Ingenieur der französischen Armee namens Carnot ein Prinzip auf, das später als Zweiter Hauptsatz der Thermodynamik bekannt wurde. Grob ausgedrückt besagt es folgendes: Alle Systeme an jedem Ort erschöpfen sich mit der Zeit. Zusammen mit dem Ersten Hauptsatz (Energieerhaltungssatz) lieferte Carnots Zweiter Hauptsatz dem folgenden Jahrhundert nicht nur den Schlüssel für das Verständnis von Wärme, sondern auch für den größten Teil der Physik, der Chemie und der Quantenmechanik. Kurz gesagt, die Theorie der Wärme bildet das Fundament der gesamten modernen Naturwissenschaft.

Die Biologie hingegen besitzt keine grundlegende Theorie. Unter den Erforschern von Komplexität kursiert zur Zeit der Witz, daß Biologie heute ein »Warten auf Carnot« sei. Biotheoretiker glauben sich in einer ähnlichen Lage zu befinden wie die Wärmeforscher des 19. Jahrhunderts vor der Entdeckung der Thermodynamik. Biologen sprechen über Komplexität, ohne ein Maß für Komplexität zu haben; sie stellen Hypothesen über die Evolution auf, ohne ein zweites Beispiel von Evolution als Vergleichspunkt zu haben. Dann denken sie an die Zeit, als Wärme ohne eine Vorstellung von Kalorien, Reibung, Arbeit oder wenigstens Energie diskutiert werden mußte. So wie Carnot mit seinem allgemeinen Gesetz vom Wärmetod und dem Sturz ins Chaos der Physik einen Rahmen gab, hoffen einige Biotheoretiker auf einen Zweiten Hauptsatz der Biologie, der einen Rahmen setzen würde für die übergreifende Tendenz des Lebens, Ordnung im Chaos zu entdecken. Der Witz hat einen spöttischen Unterton, denn in Becketts berühmtem Stück ist Godot eine mysteriöse Figur, die sich niemals zeigt.

Die Suche nach einem Zweiten Hauptsatz der Biologie, einem Gesetz für die Entstehung von Ordnung, steht unbewußt hinter einem Großteil der Erforschung grundlegender Formen der Evolution und der Suche nach Hyperleben. Viele Postdarwinisten bezweifeln, daß die natürliche Selektion allein mächtig genug ist, Carnots Zweiten Hauptsatz der Thermodynamik aufzuwiegen. Dennoch existieren wir, also muß es irgend etwas geben. Sie wissen nicht genau, wonach sie suchen, aber intuitiv spüren sie, daß es sich dabei um eine komplementäre Kraft zur Entropie handelt. Manche nennen es Anti-Entropie, manche Negentropie, einige Extropie. Gregory Bateson fragte einmal: »Gibt es die biologische Gattung ›Entropie‹«?

Die Suche nach dem Geheimnis des Lebens kommt in den offiziellen Verlautbarungen der Forscher gewöhnlich nicht explizit zum Ausdruck. Aber zu vorgerückter Stunde drehen sich viele ihrer Gespräche genau darum. Sie deuten eine erste schwach erkennbare Vision an. Jeder erkennt einen anderen Teil, wie jene Blinden, die einen Elefanten ertasten. Sie suchen nach wissenschaftlichen Begriffen für das, was sie glauben oder vermuten. Die Vision, der sie nachspüren, würde ich folgendermaßen beschreiben:

Seit dem Urknall vor ungefähr zehn Milliarden Jahren existiert ein heißes Universum. Nach ungefähr zwei Dritteln dieser Geschichte macht irgend etwas Klick, und eine unersättliche Kraft beginnt, die entweichende Wärme und Ordnung in abgegrenzte Bereiche höherer Ordnung zu entführen. Das Erstaunliche an dieser Entführerin ist erstens ihre Selbsterhaltung und zweitens ihre Selbstverstärkung: Je mehr es von ihr gibt, desto mehr macht sie aus sich.

Der weiße Blitz gebar also zwei Ströme. Ein Strom fließt immerzu abwärts. Diese Kraft beginnt als wilder, heißer Tanz und verebbt als stumme Kälte. Dieser Sturzbach verkörpert Carnots deprimierenden Zweiten Hauptsatz. Wenn etwas makaber ist, dann dieses Gesetz: Jegliche Ordnung wird schließlich dem Chaos unterliegen, jedes Feuer wird verlöschen, alle Vielfalt wird eingeebnet, jede Struktur wird sich schließlich selbst auslöschen.

Der zweite Strom fließt parallel, aber mit gegenteiligem Effekt. Er zweigt die Wärme ab, bevor sie sich zerstreut (denn verteilen muß sie sich) und zieht Ordnung aus der Unordnung. Er leiht sich die nachlassende Energie und erhöht den Einsatz zu einem immer größeren Fluß.

Die zunehmende Strömung nutzt den kurzen Moment der Ordnung, um alle möglichen zerstreuten Kräfte, derer sie habhaft werden kann, an sich zu reißen, um eine Plattform zu errichten, von der aus sie nach dem nächsten Auftauchen von Ordnung fischen kann. Sie spart nichts und setzt alles wieder aufs Spiel. Sie investiert ihre gesamte Ordnung, um beim nächsten Mal Komplexität, Wachstum und Ordnung zu erhöhen. Auf diese Weise zapft sie das Chaos an, um Anti-Chaos zu züchten. Wir nennen das Leben.

Die zunehmende Strömung ist eine Welle: eine leichte Erhebung inmitten eines zurückweichenden Meers der Entropie; ein permanenter, in sich selbst zusammenstürzender Wellenkamm, für immer im Zustand des Beinahe-Zusammenbruchs.

Die Welle ist eine dünne Linie, die sich durch das Universum bewegt, eine Schwelle zwischen den Abgründen des Chaos. Die eine Seite neigt sich zu gefrorener, grauer Starre, die andere rutscht in eine übererregte, schwarze Leere. Die Welle ist das ewige Bewegungsmoment zwischen den beiden – eine ewige Flüssigkeit. Der Anziehungskraft der Entropie kann man nicht widerstehen; aber solange der Wellenkamm auf ewig in sich zusammenfällt, wird die biologische Ordnung auf ihm surfen können.

Die sich auftürmende Welle staut eine Ordnung auf, die als Planke dient, um sich selbst mit von außen bezogener Energie in das nächste Reich einer höheren Ordnung auszudehnen. Solange Carnots Kraft talwärts fließt und das Universum auskühlt, kann die zunehmende Strömung Wärme stehlen, um so an manchen Stellen bergauf fließen zu können. Sie baut sich auf, indem sie sich aus eigener Kraft hocharbeitet.

Wie das Pyramidenmodell oder der Bau von Luftschlössern ist das Spiel, mittels Ordnung mehr Ordnung zu erwerben, ein Spiel, das entweder weiter expandiert oder zusammenbrechen muß. Unsere gemeinsame Geschichte als Lebewesen ist die Geschichte eines Schwindlers, der eine idiotensichere Masche gefunden hat, um abzusahnen – und bisher damit überlebt hat. »Leben, könnte man sagen, ist die Kunst zu überleben«, schrieb der Biotheoretiker C. H. Waddington.

Vielleicht habe nur ich diese weitgehend poetische Vision, eine Vision, die ich dann fälschlicherweise in die Kommentare anderer hineingelesen habe. Aber das glaube ich nicht. Dafür habe ich zu viele Hinweise von Wissenschaftlern gehört. Ich glaube auch nicht, daß es sich dabei noch länger um reinen Mystizismus handelt, genauso wenig wie man Carnots Hauptsatz noch als Mystizismus bezeichnen würde. Sicher, die Geschichte ist auf menschliche Hoffnung gebettet, aber die Hoffnung, die ich teile, gilt der Entdeckung eines falsifizierbaren wissenschaftlichen Gesetzes. Obwohl es ähnliche Theorien wie die der zunehmenden Strömung gegeben hat, die ausgesprochen vitalistische Ideen transportierten, muß eine zweite Kraft nicht weniger wissenschaftlich sein als die Gesetze der Wahrscheinlichkeit oder die Darwinsche Kraft der natürlichen Selektion.

Noch immer blockiert eine Aura des Zögerns die Vorstellung einer zunehmenden Strömung. Große Bedenken werden aufgewühlt. Man behauptet vor allem, daß eine zunehmende Strömung eine Gerichtetheit oder Zielvorgabe innerhalb des Universums voraussetze. Während sich der Rest des Universums abwärts bewegt, schreitet das Hyperleben unaufhörlich in die Gegenrichtung, das Universum hinauf. Leben entwickelt sich zu mehr Leben, mehr Arten von Leben, komplexerem Leben, zu einem Mehr von irgend etwas. An diesem Punkt fängt der Skeptizismus an. Ein moderner Intellektueller wittert hier Fortschrittsglaube.

Fortschritt riecht nach Anthropozentrismus. Für manche trägt er den Stallgeruch von Religiosität. Unter den ersten und leidenschaftlichsten Anhängern von Darwins skandalöser Theorie befanden sich protestantische Theologen und Priesterseminaristen. In ihr fanden sie den wissenschaftlichen Beweis für die Überlegenheit des Menschen. Der Darwinismus bot ein wunderbares Modell für den geordneten Marsch des empfindungslosen Lebens zum Gipfel der anerkannten Vollkommenheit: dem Mann.

Auch der andauernde Mißbrauch von Darwins Theorien zur Untermauerung des Rassismus war der Idee eines evolutionären »Fortschritts« nicht besonders förderlich. Wichtiger für die Geschichte vom Untergang des Fortschritts war die allgemeine Abwertung der menschlichen Stellung: vom Zentrum des Kosmos zu einem unbedeutenden Anhängsel eines unbedeutenden Spiralarms in einem staubigen Winkel des Universums. Um welchen Fortschritt könnte es bei der Evolution gehen, wenn wir eine Randexistenz sind?

Der Fortschritt ist tot, und es gibt nichts, was ihn ersetzen könnte. Genauso wie in der postmodernen Geschichtsforschung, Wirtschaftswissenschaft und Soziologie, ist der Tod des Fortschritts auch in der Evolutionsforschung so gut wie amtlich. Als Wandel ohne Fortschritt sehen wir Modernen unser Schicksal.

Die Theorie einer zweiten Kraft eröffnet die Möglichkeit von Fortschritt erneut und wirft lästige Fragen auf: Wenn es einen zweiten Hauptsatz des Lebens gibt – eine zunehmende Strömung – in welche Richtung fließt sie dann? Welche Richtung könnte die Evolution haben, wenn sie überhaupt eine Richtung besitzt? Macht das Leben Fortschritte, oder geht es einfach weiter? Besitzt die Evolution vielleicht einfach ein Gefälle, das ihre Möglichkeiten formt und sie teilweise vorhersehbar macht? Folgt die Evolution des Lebens (des organischen wie künstlichen) auch kleinen Trends? Spiegeln die menschliche Zivilisation und andere Vivisysteme organisches Zusammenleben, oder kann eine Art ohne die andere Fortschritte machen? Würde eine künstliche Evolution Gesetzen und Zielen folgen, die sich vollständig von den Wünschen ihrer Erzeuger unterscheiden?

Unserer erste Antwort müßte lauten, daß jeglicher in Leben und Gesellschaft erkennbare Fortschritt eine von Menschen erzeugte Illusion ist. Die in der Biologie weitverbreitete Idee einer »Leiter des Fortschritts« oder einer »großen Kette der Lebenwesen« hält den erdgeschichtlichen Tatsachen nicht stand.

Nehmen wir als Ausgangspunkt die erste Form des Lebens. Man stelle sich bildlich vor, alle Abkömmlinge dieses ersten Lebens bildeten eine sich langsam füllende Kugel; ihr Radius wäre die Zeit. Jede lebende Kreatur zu einer gegebenen Zeit wäre ein Punkt auf einer Oberfläche mit eben diesem Zeitradius.

An der Marke zum viermilliardsten Jahr (der heutigen Zeit) besteht das Leben auf der Erde aus etwa 30 Millionen Arten, die sich auf der Oberfläche drängeln. Ein Punkt repräsentiert zum Beispiel den Menschen; ein anderer auf der gegenüberliegenden Seite der Kugel das Kolibakterium. Alle Punkte auf der Kugel sind gleich weit vom ersten Leben entfernt; deshalb ist keines dem anderen überlegen. Alle zu einem bestimmten Zeitpunkt auf der Erdkugel lebenden Kreaturen sind *gleichwertig entwickelt*, weil sie der Evolution gleich lang ausgesetzt waren. Menschen sind, um es unumwunden zu sagen, nicht höher entwickelt als die meisten Bakterien.

Betrachtet man das Kugelbild, fällt es schwer, sich einen Punkt – den Menschen – auf irgendeine Weise als Gipfel des gesamten Globus vorzustellen. Vielleicht ist irgendeiner der anderen gleichzeitig entwickelten 30 Millionen Punkte – etwa der Flamingo oder der Giftsumach – der Clou der Evolution. Solange das Leben neue Nischen erkundet, expandiert der gesamte Globus und vergrößert dabei die Anzahl der koevolutionär entwickelten Orte.

Das Kugelbild des Lebens unterminiert stillschweigend das immer wieder auftauchende Bild einer fortschrittlichen Evolution: jenes Bild vom Leben, das als Tropfen beginnt und die Erfolgsleiter bis zum Menschsein emporklimmt. Dieses Bild ignoriert eine Milliarde anderer Leitern, die in das Bild aufgenommen werden sollten, einschließlich der allzu geläufigen Geschichte vom Leben als einem Tropfen, der eine Leiter ins Nichts erklimmt, auf dessen Gipfel sich ein nur leicht unterschiedlicher Tropfen befindet. Die Natur kennt keine Gipfel, nur eine mit Millionen Punkten übersäte Kugel. Es ist egal, was du tust, solange du etwas tust.

Sich herumtreiben und sich nicht ändern geht auch. Es gibt mehr Beispiele für Arten, die ihre Entwicklungszeit mit Wassertreten verbracht haben, als für solche, die sich radikal verändert haben. Der Lohn ist jedoch in beiden Fällen der gleiche. Der *Homo sapiens* und das Kolibakterium gehören beide zur Überlebenselite. Und keiner von beiden hat für die nächsten Millionen Jahre dem anderen gegenüber einen großen Überlebensvorteil. (Tatsächlich geben einige Pessimisten dem Kolibakterium eine Chance von hundert zu eins, daß es den Menschen überlebt, obwohl es zur Zeit nur in unseren Eingeweiden leben kann.)

Wenn wir dem zustimmen können, daß das evolutionäre Leben keine Fortschritte macht, vielleicht gibt es in ihm aber doch eine grundsätzliche Ausrichtung?

Bei einem Schnelldurchgang durch die Lehrbücher über Evolution bin ich auf kein einziges gestoßen, in dem die Worte »Trend« oder »Richtung« im Register zu finden waren. Im Eifer des Gefechts, den Fortschrittsgedanken aus der Evolution zu löschen, haben viele Neodarwinisten jeglichen Gedanken an Trends oder Richtungen in der Evolution gleich mit verbannt. Steven Jay Gould, einer der freimütigsten Gegner evolutionärer Trends, ist einer der wenigen Biologen, die diese Idee wenigstens diskutieren.

Die zentrale Metapher aus *Zufall Mensch: Das Wunder des Lebens als Spiel der Natur* – Goulds unterhaltsamem Buch über die Neuinterpretation der Fossilien aus dem Burgess-Schiefer – ist die der Geschichte des Lebens als Videoband. Man kann sich vorstellen, das Leben zurückzuspulen, durch ein göttliches Wunder eine Schlüsselszene am Anfang zu verändern und dann das Leben von diesem Punkt an noch einmal ablaufen zu lassen. Diese altehrwürdige literarische Technik erreichte ihren Höhepunkt in dem klassischen, typisch amerikanischen Weihnachtsfilm *It's a Wonderful Life (Ist das Leben nicht schön)*, dem Gould seinen Titel entlehnte. In diesem fast archetypischen Drama spielt Jimmy Stewarts Schutzengel ihm das Leben so vor, wie es ohne Stewart verlaufen wäre.

Wenn wir das Epos der Entfaltung des biologischen Lebens auf der

Erde noch einmal abspielen könnten, würde es dann auf eine ähnliche Geschichte wie die uns bekannte hinauslaufen? Würde das Leben einige seiner bekannten Stufen erneut erklimmen, oder würde es uns mit entgegengesetzten Alternativen verblüffen? Gould entspinnt eine meisterhafte Erzählung darüber, warum er glaubt, daß wir das Leben auf der Erde nicht wiedererkennen würden, wenn die Evolution noch einmal von vorn abgespielt werden könnte.

Aber da wir schon einmal dieses magische Band des Lebens in unseren Apparat eingelegt haben, gibt es weitere, vielleicht interessantere Dinge, die wir damit anstellen können. Wäre, wenn wir das Licht löschten, die Kassette willkürlich einige Male herumdrehten und sie dann abspielen würden, ein Besucher aus einem anderen Universum in der Lage festzustellen, ob das Band ordnungsgemäß vorwärts oder auf unkonventionelle Weise rückwärts abgespult wird?

Was würde der Bildschirm zeigen, wenn wir das Epos vom Wunder des Lebens rückwärts abspielten? Löschen wir das Licht und schauen einmal. Die Geschichte beginnt mit einer großartigen bläulichen Erde, die von einem sehr dünnen Film lebender Dinge umhüllt ist; einige von ihnen beweglich, andere eingewurzelt. Die Besetzungsliste der auftretenden Arten geht in die Millionen, die Hälfte davon Insekten. In der Eröffnungsszene geschieht nicht viel. Pflanzen mutieren zu endlosen Formen. Einige größere, recht bewegliche säugetierartige Etwasse gehen in ähnliche, aber kleinere säugetierartige Etwasse über. Massen von Insekten verschmelzen zu anderen Insekten, während einige, gänzlich neue insektenartige Wesen auftauchen. Auch diese gehen allmählich in anderen auf. Wenn wir einen beliebigen Darsteller herausgreifen und ihm in Zeitlupe folgen, ist es schwer zu unterscheiden, ob viele wahrnehmbare Veränderungen vorwärts oder rückwärts ablaufen. Um die Show zu beschleunigen, stellen wir auf schnelles Vorspulen (für uns Zurückspulen).

Der Bildschirm zeigt, wie das Leben auf dem Planeten spärlicher wird. Viele, aber nicht alle Tiere beginnen zu schrumpfen. Die absolute Zahl der Arten sinkt. Die Handlung verlangsamt sich. Lebewesen übernehmen weniger Rollen, und die Rollen verändern sich desto weniger, je weiter das Band läuft. Das Leben schrumpft in Ausdehnung und Größe immer weiter zusammen, bis es klein, sanft und nackt zu wenigen Grundbestandteilen geworden ist. In einem äußerst langweiligen Finale verschwindet die letzte lebende Art langsam in einem einzigen winzigen, amorphen Tropfen.

Zur Erinnerung: Ein weites, komplexes, zusammengerolltes Gewebe diverser Formen fällt einfach zusammen zu einem relativ einfachen, einförmigen Stückchen Protein, das sich hauptsächlich selbst vervielfältigt.

Was glaubst du, Freund von Thor? Ist das Stückchen das Alpha oder das Omega?

Bestimmt hat das Leben eine zeitliche Ausrichtung, aber davon abgesehen, würden Neodarwinisten argumentieren, ist nichts sicher. Da es keine Richtungstrends in der organischen Evolution gibt, kann nichts über die Zukunft des Lebens vorhergesagt werden. Daher ist die Unvorhersehbarkeit der Natur der Evolution eine der wenigen Vorhersagen, die wir treffen können. Die Neodarwinisten rechnen damit, daß die Evolution unvorhersehbar ist. Wer hätte erraten können, daß, als die Fische sich im Ozean tummelten – damaliger »Gipfel« an Leben und Komplexität –, die langfristig wirklich bedeutsame Entwicklung von einigen häßlichen Kreaturen in ausgetrockneten Schlammpfützen in Landnähe vorangetrieben wurde. Land, was ist das?

Andererseits brachten die Postdarwinisten das Wort »unvermeidlich« auf. Im Jahre 1952 schrieb der Kybernetiker Ross Ashby in seinem einflußreichen Buch *Design for a Brain*: »Die Entwicklung des Lebens auf der Erde darf *nicht* als etwas Besonderes angesehen werden. Sie war im Gegenteil unvermeidlich. Es war in dem Sinne unvermeidlich, daß ein System von der Größe und grundlegenden Stabilität der Erdoberfläche, das über fünf Milliarden Jahre leicht am Köcheln gehalten wird, nur durch ein Wunder nicht in einen Zustand geraten würde, in dem sich die Variablen zu in hohem Maße selbsterhaltenden Formen zusammenfinden.«

Hartgesottene Biologen zucken zusammen, wenn das Wort »unvermeidlich« in einem Satz zusammen mit Evolution auftaucht. Ich glaube, dieser Reflex ist ein instinktives Überbleibsel aus der Zeit, als »unvermeidlich« gleichbedeutend mit »Gott« war. Allerdings gestehen sogar orthodoxe Biologen ein, daß einer der wenigen legitimen Verwendungszwecke für künstliche Evolution die Erforschung von Richtungstrends in der Evolution ist.

Könnten im physikalischen Universum einige grundlegende Zwänge existieren, die das Leben in eine bestimmte Bahn lenken? Gould greift diesen Gedanken auf, indem er den Möglichkeitsraum des Lebens mit einem »sehr breiten, geringen und einheitlichen Gefälle« vergleicht. Zufällig darauf tröpfelndes Wasser sickert hinunter und gräbt dabei einen chaotischen Pfad von Mikrokanälen. Neu entstandene Kanäle werden verstärkt, wenn mehr Wasser hinunterfließt, dabei schnell kleine Täler gräbt und so dauernd den Ort nachfolgender größerer Canyons festlegt.

In Goulds Bild steht jede winzige Rinne für die historische Zeitlinie einer Spezies. Die anfängliche Rinne bestimmt den Kurs für die nachfolgenden Formen von Gattung, Familie und Art. Am Anfang hängt es nur vom Zufall ab, wohin die Rinne mäandert; hat sie ihren Weg aber einmal gefunden, ist der Verlauf der folgenden Canyons festgelegt. Auch wenn er zugibt, daß in seinem Bild ein Anfangsgefälle existiert, »das dem Wasser, das auf den Gipfel tropft, eine bevorzugte Richtung verleiht«, besteht Gould darauf, daß nichts den mit Gewißheit *ungewissen* Kurs der Evolution unterbricht. In seinen Worten: Wenn man dieses Experiment immer wieder von neuem durchführt und jedes Mal mit demselben noch völlig glatten Gefälle beginnt, werde man bei jedem Durchgang eine höchst unterschiedliche Landschaft von Tälern und Anhöhen erhalten.

Das Merkwürdige an der Sache ist jedoch, daß die Ergebnisse eine andere Sichtweise nahelegen, wenn man Goulds Gedankenexperiment wirklich als richtigen Test in einer Sandkiste durchführt. Das erste, was auffällt, wenn man, wie ich es getan habe, das Experiment wieder und wieder durchführt, ist, daß die Landschaftsformationen eine sehr begrenzte Teilmenge aller möglichen Formen bilden. Manche uns vertraute Landschaftsformen – Hügellandschaften, Vulkankegel, Bögen, terassenförmige Täler – tauchen niemals auf. Daher kann man mit Sicherheit voraussagen, welche Strukturen die Täler und die daraus entstehend Canyons im allgemeinen annehmen werden: sanfte Senken.

Während zweitens die ursprüngliche Rinne als Reaktion auf den zufällig fallenden Tropfen einen zufälligen Anfang besitzt, folgt die Gestalt der weiteren Kanalbildung einem recht homogenen Kurs. Der Canyon entwickelt sich in einer unvermeidlichen Folge. Bleibt man in Goulds Bild, dann ist der Ur-Tropfen die erste auftretende Art; es kann irgendein unerwarteter Organismus sein. Obwohl sich seine Merkmale nicht vorhersagen lassen, besagt die Sandkasten-Analogie, daß seine Nachkommen sich in Abhängigkeit von der natürlichen Beschaffenheit des Sandes irgendwie vorhersagbar entwickeln. Während es also Punkte in der Evolution gibt, an denen die Ergebnisse auf die Anfangsbedingungen reagieren (die explosionsartige Vermehrung im Kambrium könnte ein solcher sein), schließt das keineswegs den Einfluß großer Trends aus.

Um die Jahrhundertwende machten sich angesehene Biologen schon einmal für Trends innerhalb der Evolution stark. Eine Version ist unter dem Namen Orthogenese bekannt. Orthogenetisches (geradliniges) Leben schritt in direkter Linie von Organismus *A* durch das Alphabet des Lebens zum Organismus *Z*. Nur wenige Orthogenetiker glaubten damals wirklich, daß die Evolution voranschreite, ohne sich zu verzweigen: Man stelle sich vor, man steige eine Leiter hinauf, jede Art wäre eine Sprosse, und mit jeder Sprosse nähere man sich der himmlischen Vollkommenheit. Aber selbst Orthogenetiker, die nicht so linear dachten, waren häufig Anhänger des Übernatürlichen. Sie glaubten, daß die Evolution eine Ausrichtung habe, weil sie gesteuert wird. Die steuernden Kräfte waren übernatürliche Absichten, einige mysteriöse vitalistische Kräfte, die lebende Dinge durchdrangen, oder Gott selbst. Diese Ideen lagen deutlich außerhalb des wissenschaftlichen Horizonts und die Begeisterung von Mystikern und New Age-Anhängern ließ das an sich schon geringe Interesse der Wissenschaftler an diesem Gedanken vollends erlöschen.

Aber im Laufe der letzten Jahrzehnte entwickelten gottlose Techniker Maschinen, die sich ihre eigenen Ziele stecken und ihren eigenen Zwecken zu dienen scheinen. Einer der ersten, die die Selbststeuerung bei Maschinen entdeckten, war Norbert Wiener, der eigentliche Gründungsvater der Kybernetik. Wiener schrieb 1950: »Nicht nur, daß wir Maschinen Zielstrebigkeit einbauen können; in der überwältigenden Mehrzahl der Fälle wird eine Maschine, die so konstruiert wurde, daß sie gewissen Störfaktoren ausweicht, nach erreichbaren Zielen suchen.« Wiener deutete an, daß ab einem bestimmten Schwellenwert der Komplexität einer mechanischen Konstruktion, das Auftauchen von Zielgerichtetheit unvermeidbar ist.

Unser eigener Verstand ist eine Sozietät aus bewußtseinslosen Agenzien; Ziele entstehen aus dieser Mischung auf exakt dieselbe Weise, wie Ziele in anderen nichtintentionalen Vivisystemen entstehen. In einem durchaus wörtlichen Sinn hat ein bescheidener Thermostat ein Ziel und eine Richtung – die passende Temperatur zu finden und zu halten. Verblüffend zielgerichtetes Verhalten kann aus ziellosen Teilverhaltensformen entstehen, wie sie in der Software entwickelt werden. Rod Brooks' MIT-Moboter, die nach dem Prinzip der Kontrolle von unten konstruiert sind, erfüllen komplizierte Aufgaben, die auf Entscheidungen und Zielen beruhen, welche sich aus einfachen Schaltkreisen ohne Zielvorgabe ergeben. Genghis, das Roboter-Insekt *will* über Telefonbücher klettern.

Als die Evolutionisten Gott aus der Evolution vertrieben, glaubten sie, damit jeden Anschein von Ziel und Richtung losgeworden zu sein. Evolution war eine Maschine ohne Konstrukteur, eine Uhr aus den Händen eines blinden Uhrmachers.

Doch wenn wir sehr komplexe Maschinen konstruieren und uns an künstlicher Evolution versuchen, stellen wir fest, daß beide von selbst laufen und zu einem kleinen Teil ihrem eigenen Plan folgen. Sind die selbstorganisierende, spontane Ordnung, die Kauffman in anpassungsfähigen Systemen am Werk sieht, und die teleologischen Ziele, die Rod Brooks in Maschinen züchten kann, ausreichend, um zu vermuten, daß auch die Evolution – wie immer sie entstand – eigene Ziele und Richtungen entwickelt haben könnte?

Bei genauerer Betrachtung werden wir feststellen, daß Richtungen und Ziele in biologischen Systemen aus richtungslosen Massen und ziellosen Teilen entstehen können, ohne daß wir dafür vitalistische oder übernatürliche Erklärungen bemühen müssen. Evolutionsexperimente in Computersimulationen bestätigen diese inhärente Teleologie, diesen selbsterzeugten »Trend«. Zwei Komplexitätstheoretiker, Mark Bedau und Norman Packard, haben für eine Reihe von evolutionären Systemen Messungen angestellt und behaupten, daß, »ebenso wie die aktuelle Chaosforschung gezeigt hat, daß deterministische Systeme unvorhersehbar sein könnten, diese auch teleologisch sein können«. Jenen, denen die Ohren abzufallen drohen, wenn sie »Ziel und Evolution« in einem Atemzug hören, könnte es helfen, sich weniger bewußte Ziele und Pläne oder gewollte Absichten vorzustellen und mehr einen »Antrieb« oder eine »Tendenz«.

In der gleich folgenden Liste weise ich auf mögliche größere, selbsterzeugte Tendenzen innerhalb der Evolution hin. Tendenzen in dem Sinn, wie ich sie hier gebrauche, sind Verallgemeinerungen und bringen Ausnahmen mit sich. Nicht jeder Ableger einer Kategorie wird diesem Trend folgen.

Als Beispiel soll Copes Gesetz dienen, das man oft in Lehrbüchern findet. Cope war ein schwadronierender Knochensammler in den zwanziger Jahren, der Dinosaurier auf mehr als eine Weise bekannt machte. Er war einer der ersten Dinosaurierexperten und rührte unermüdlich die Werbetrommel für diese exotischen Kreaturen. Cope bemerkte, daß Säugetiere und Dinosaurier aufs Ganze gesehen mit der Zeit immer größer zu werden schienen. Nachdem spätere Paläontologen sorgfältigere Untersuchungen vorgenommen hatten, stellte sich jedoch heraus, daß das nur für etwa zwei Drittel der verzeichneten Fälle galt; es lassen sich viele Ausnahmen von seinem Gesetz finden, selbst bei den Arten, die ihm dabei vorschwebten. Wäre Copes Gesetz ohne Ausnahmen gewesen, wären die größten Lebewesen auf der Erde nicht »primitive«, unter dem Waldboden versteckte Pilze von der Größe ganzer Straßenblocks. Dennoch *gibt* es mit Sicherheit einen Langzeittrend in der Evolution, dergestalt, daß kleine Lebewesen wie Bakterien großen Lebewesen wie Walen vorausgegangen sind.

Allen Warnungen zum Trotz unterscheide ich ungefähr sieben Trends bzw. Richtungen, die aus der unablässigen, pausenlosen Plackerei der organischen Evolution hervorgegangen sind. Diese sieben Trends sind, soweit man weiß, dieselben, die der künstlichen Evolution im Langzeitversuch zugrunde liegen; man könnt sie als Trends der Hyperevolution bezeichnen: *Irreversibilität, wachsende Komplexität, wachsende Vielfalt, wachsende Zahl von Individuen, wachsende Spezialisierung, wachsende wechselseitige Abhängigkeit, wachsende Entwicklungsfähigkeit.*

- *Irreversibilität* – die Evolution macht keine Rückwärtsbewegungen (auch bekannt als Dollos Gesetz). Es gibt Ausnahmen von diesem Niemals-zurück-Prinzip. Ein Wal hat sich in gewisser Weise zurückbewegt, um wieder zum Fisch zu werden. Aber das ist die Ausnahme, die die Regel bestätigt. Im allgemeinen sind gegenwärtige Erscheinungsformen des Lebens nicht darum bemüht, in Nischen der Vergangenheit zurückzufallen.

Auch werden hart erkämpfte Eigenschaften nicht leichtsinnig aufgegeben. Es ist ein Axiom der kulturellen Evolution, daß Technologien, die einmal erfunden worden sind, nie mehr »wegerfunden« werden können. Wenn ein Vivisystem erst einmal Sprache und Gedächtnis für sich entdeckt hat, wird es darauf nicht mehr verzichten.

Ist das Leben einmal da, wird es nicht mehr zurückweichen. Wenn Leben sich in einer Umgebung (in heißen Quellen, auf Hochgebirgsfelsen, in Robotern) ansiedelt, wird es seine Anwesenheit dort hartnäckig verteidigen. Leben beutet die unorganische Welt aus, verwandelt sie rücksichtslos in etwas Organisches. »Atome, die einmal in den reißenden Strom lebender Materie hineingezogen worden sind, verlassen ihn nicht so einfach wieder«, schreibt Vernadsky.

Vor der Entstehung des Lebens war die Erde per definitionem ein steriler Planet. Es wird aber gemeinhin anerkannt, daß die Erde, obwohl steril, die für das Leben notwendigen Ingredienzen zusammenköchelte. Im wesentlichen war sie ein Nährboden aus Agar-Agar, der darauf wartete, befruchtet zu werden. Man stelle sich eine ungeheure Schüssel mit einem Umfang von 8000 Meilen mit pasteurisierter Hühnerbrühe vor. Eines Tages träufelt man eine Zelle hinein, und tags darauf ist die ozeanische Schüssel durch die Kraft exponentiellen Wachstums randvoll mit Zellen. Nach ein paar Jahrzehnten haben sich alle Spielarten von Zellen in jeden Winkel geschlängelt. Selbst wenn es hundert Jahre gedauert hätte, ist das in erdgeschichtlichen Zeitdimensionen nur ein winziger Augenblick. Leben ist entstanden. Ein Blinzeln, und es läßt sich nicht mehr verdrängen.

Hat künstliches Leben die Computer erst einmal infiltriert, wird es nicht mehr weichen und immer irgendwo in irgendeinem Computer vorhanden sein.

- *Wachsende Komplexität* – wenn ich meine Freunde frage, ob die Evolution eine Richtung hat, lautet die Antwort gewöhnlich (wenn ich überhaupt eine bekomme): »Sie wird komplexer.«

Obwohl es für fast jeden offensichtlich ist, daß die Evolution sich in Richtung größerer Komplexität bewegt, besitzen wir kaum Definitionen für Komplexität, die wirklich etwas aussagen. Moderne Biologen stellen die Idee, daß Leben nach Komplexität strebt, in Frage. Steven

Jay Gould sagte mir rundheraus: »Die Illusion einer Bewegung in Richtung wachsender Komplexität ist ein reines Kunstprodukt. Bei der Konstruktion von Dingen muß man mit dem Einfachen beginnen, deshalb kommen komplexe Dinge natürlich später.«

Aber es gibt viele einfache Dinge, die die Natur nie gemacht hat. Wenn es keinen Drang zu Komplexität gibt, warum nicht bei der Bakterie Halt machen und noch ein paar Millionen mehr einzellige Arten erfinden? Oder warum nicht beim Fisch aufhören und alle möglichen Fischformen ergänzen? Warum die Dinge verkomplizieren? Und schließlich, warum hat das Leben als einfache Form begonnen? Wir kennen kein Gesetz, das besagt, daß Dinge komplexer werden *müssen.*

Wenn es einen echten Trend zu mehr Komplexität gibt, muß er von irgend etwas angetrieben werden. In den letzten hundert Jahren wurde eine Reihe von Theorien dazu vorgelegt. Sie lassen sich in den folgenden, sich überschneidenden Zusammenfassungen auflisten (geordnet nach dem Jahr, in dem sie zum ersten Mal aufgestellt worden sind):

- Galoppierende Replikation und Duplikation von Teilen erzeugt Komplexität (1871)
- Die Unwirtlichkeit der natürlichen Umwelt verursacht Ausdifferenzierungen von Teilen, die sich zu Komplexität anhäufen (1890)
- Komplexität ist thermodynamisch wirksamer (1960)
- Komplexität ist ein unbeabsichtigtes Nebenprodukt der Selektion nach anderen Merkmalen (1960)
- Ein komplexer Organismus erschafft um sich herum eine Nische für mehr Komplexität; Komplexität ist also eine positive Rückkopplungsschleife, die sich selbst ausdehnt (1969)
- Da es für ein System einfacher ist, ein Teil hinzuzufügen, als eins zu entfernen, wird Komplexität akkumuliert (1976)
- Der Zufall allein produziert Komplexität (1986)
- Endloses Wettrüsten eskaliert in Komplexität (1986)

Da der Begriff der Komplexität zur Zeit vage und unpräzise ist, hat niemand eine systematische Studie der Fossilienfunde unternommen, um zu bestimmen, ob es im Laufe der Zeit ein quantitatives Anwachsen von Komplexität gegeben hat oder nicht. Es existieren einige Studien zu einzelnen, kurzen Abstammungslinien von Organismen (unter Verwendung unterschiedlicher Maßstäbe für Komplexität), und sie haben gezeigt, daß einige Merkmale dieser Kreaturen manchmal an Komplexität zulegen und manchmal nicht. Kurz, wir wissen nicht sicher, was geschieht, wenn Organismen anscheinend komplexer werden.

- *Wachsende Vielfalt* – dieser Punkt bedarf einer sorgfältigen Erläuterung. Die berühmte Fossilienschicht der Weichtiere im Burgess-Schiefer zwingt uns momentan, neu darüber nachzudenken, was wir unter Vielfalt verstehen. Wie Gould in *Zufall Mensch* berichtet, weist der Burgess-Schiefer ein bemerkenswert großes Spektrum an fremdartigen Organismen auf, die während des Innovationsschubs im Kambrium gediehen. Diese phantastischen Kreaturen sind von ihrer grundlegenden Anlage her wesentlich vielfältiger als die Kreaturen, von denen wir abstammen. Was wir seit dem Burgess-Schiefer erleben, argumentiert Gould, ist eine Abnahme der Vielfalt an Bauplänen bei gleichzeitiger enormer Zunahme minderwertiger verkitschter Verzierungen.

Zum Beispiel produziert das Leben Millionen weiterer Insektenarten in immer prächtigeren Varianten, aber keine neuen Arten von Lebewesen wie Insekten. Endlose Trilobitenvarianten, aber keine neuen Klassen wie etwa Trilobiten. Und da der Burgess-Schiefer ein riesiges Buffet von Strukturvarianten anbietet, das die armselige Auswahl grundlegender Baupläne, die das Leben in demselben Landstrich heute zu bieten hat, aus dem Feld schlägt, könnte man behaupten, daß die konventionelle Sichtweise, daß Vielfalt klein beginnt und sich mit der Zeit aufbläht, genau umzudrehen ist.

Wenn man unter Vielfalt signifikante Varianten versteht, ist die Vielfalt im Begriff zu schrumpfen. Einige Paläontologen nennen diese grundlegendere Vielfalt der Baupläne »Disparität«, um sie von der gewöhnlichen Artenvielfalt zu unterscheiden. Der signifikante Unterschied (die fundamentale Disparität) zwischen einem Hammer und einer Säge ist größer als der zwischen einer elektrischen Tischsäge und einer Kreissäge oder all den bizarren elektrischen Geräten, die heutzutage hergestellt werden. Gould drückt das so aus: »Drei blinde Mäuse verschiedener Rasse machen keine vielfältige Fauna aus, ein Elefant, ein Baum und eine Ameise schon – auch wenn jede Zusammenstellung nur drei Arten enthält.« In Anerkennung der Tatsache, daß es viel schwieriger ist, sich wirklich innovative Basisbaupläne vorzustellen (man versuche, sich eine universelle Alternative zum röhrenartigen Darmsystem vorzustellen!), gewichten wir eine grundsätzlich klar unterscheidbare Logik stärker.

Weil flexible Baupläne selten sind, ist es von besonderer Bedeutung, wenn die meisten davon ohne Ersatz verloren gehen, wie es nach dem Kambrium geschah. Das bringt Gould zu der »überraschenden Tatsache in der Geschichte des Lebens – eine merkliche Abnahme der Disparität, gefolgt von einer außerordentlichen Zunahme an Vielfalt innerhalb der wenigen überlebenden Formen«. Nimm zehn Formen, schmeiß neun davon weg und zieh die zehnte in Abermillionen Varianten durch, wie bei den Käfern. Der »Anstieg der Vielfalt des Lebens«, den wir seit dem Kambrium mit der Evolution verbinden, müßte sich also genaugenommen auf die Ebene der Vielfalt innerhalb der Arten beziehen, denn innerhalb der Arten gibt es heute mehr Unterarten als jemals zuvor.

- *Wachsende Zahl von Individuen* – absolut gesehen gibt es heute auch mehr lebende Einzelorganismen als vor einer Milliarde Jahren oder vielleicht sogar vor einer Million Jahren. Vermutlich entstand das Leben nur einmal, so daß es nur einen ersten lebenden Organismus gab – einzigartig wie Adam. Heute gibt es unzählige davon.

Es gibt einen anderen wichtigen Weg, der zum rein zahlenmäßigen Wachstum der Lebensformen führt. Über- und untergeordnete Gruppen sind in hierarchischer Hinsicht selbst Individuen. Bienen verbinden sich, um eine Kolonie zu bilden; somit ist die Gesamtzahl der Individuen nun die Zahl der einzelnen Bienen plus einem Superorganismus. Ein Mensch ist ein Individuum, das sich aus Millionen individueller Zellen zusammensetzt, die der wachsenden Gesamtsumme lebender Individuen ebenfalls hinzugezählt werden können. Jede dieser Zellen könnte einen Parasiten beherbergen, also noch mehr Individuen. Unter Ausnutzung vieler Arten von Überschneidung können sich alle möglichen Individuen auf demselben begrenzten Raum ineinander einnisten, so daß in einem Kubikmeter Raum ein Bienenschwarm samt Zellen, Milben und Virusinfektionen wohl mehr Individuen zählt als derselbe Rauminhalt voller Bakterien.

Stanley Salthe schreibt in *Evolving Hierarchical Systems*: »In einer endlichen materiellen Welt kann eine unendliche Zahl von einzigartigen Individuen existieren, wenn sie sich ineinander einnisten und diese Welt sich ausdehnt.«

- *Wachsende Spezialisierung* – das Leben beginnt als Prozeß, der vieles zugleich erreicht. Mit der Zeit differenziert sich ein einzelnes Leben zu vielen verschiedenen Individuen aus, die spezialisierte Dinge tun. So wie sich die unspezialisierte Eizelle durch Epigenese zu Legionen spezialisierter Eizellen ausdifferenziert, teilen sich Tiere und Pflanzen in der Evolution zu Arten, die von begrenzteren Nischen abhängig sind. Tatsächlich meint das Wort »Evolution« ursprünglich den Entwicklungsvorgang von der Eizelle zum Embryo. Erst später wurde der Begriff auf die zeitgebundene organische Veränderung übertragen. Herbert Spencer definierte Evolution 1862 erstmals als »Wandel von einer undefinierten, unzusammenhängenden Homogenität zu einer definierten, zusammenhängenden Heterogenität; über kontinuierliche Ausdifferenzierung und Integration.«

Die bislang aufgelisteten Trends lassen sich mit wachsender Spezialisierung verbinden, um folgendes umfassendes Bild zu zeichnen: Leben beginnt als ungeteilte, einfache, vage, ungeformte Kreativität, die sich mit der Zeit mehr und mehr in einer Wolke präziser, unflexibler, maschinenartiger Strukturen verfestigt. Einmal ausdifferenziert kehren Zellreihen selten zum Allgemeineren zurück. Einmal spezialisiert kehren Tiere selten zum Allgemeineren zurück. Mit der Zeit wächst der prozentuale Anteil spezialisierter Organismen, die Formen der Spezialisierung nehmen ebenso zu wie der Grad der Spezialisierung. Die Evolution bewegt sich in Richtung Detail.

- *Wachsende wechselseitige Abhängigkeit* – Biologen haben herausgefunden, daß primitive Organismen direkt von der natürlichen Umwelt abhängig sind. Einige Bakterien leben im Felsinneren; einige Flechten vertilgen Stein. Leichte Störungen des physikalischen Habitats dieser Organismen haben schwerwiegende Folgen (aus diesem Grund haben die Flechten für den sauren Regen dieselbe Bedeutung wie die Kanarienvögel für den Untertagebergbau). Während sich das Leben entwickelt, löst es sich vom Anorganischen und interagiert mehr mit dem Organischen. Während Pflanzen direkt in der Erde wurzeln, sind Tiere, die in Pflanzen wurzeln, weniger an die Erde gebunden. Amphibien und Reptilien legen im allgemeinen ihre Eier und überlassen sie dann den Elementen, während Vögel und Säugetiere ihre Jungen aufziehen, die somit von Geburt an mehr an das Leben gebunden sind. Mit der Zeit ist die enge Verbindung mit der Erde und den Mineralien durch eine Abhängigkeit von anderen lebenden Dingen abgelöst worden. Parasiten, die sich im warmen Inneren tierischer Eingeweide kuscheln, kommen möglicherweise niemals mit etwas anderem als organischem Leben in Berührung. Ebenso Tiere in Sozialverbänden: Zwar leben Ameisen im Erdboden, aber das einzelne Ameisenleben ist weit mehr von anderen Ameisen abhängig als von der Beschaffenheit des Bodens. Zunehmendes Sozialverhalten ist noch eine weitere Form wachsender wechselseitiger Abhängigkeit des Lebens von anderen Leben. Die Menschen sind ein Extrembeispiel für diese wachsende Abhängigkeit des Lebens von anderem Leben anstelle von Leblosem.

Die Evolution zieht das Leben weg von der Trägheit der Masse und bindet es, wo immer möglich, an sich selbst – und schafft so ein grosses Etwas aus dem Nichts.

- *Wachsende Entwicklungsfähigkeit* – im Jahre 1987 legte der Zoologe Richard Dawkins auf dem First Artificial Life Workshop ein Papier mit dem Titel »The Evolving of Evolvability« vor, in dem er Durchführbarkeit und Vorteile einer Evolution der Evolution auslotete. Ungefähr zur selben Zeit beschrieb Christopher Wills in *Wisdom of the Genes* ein Szenario, wie Gene ihre eigene Entwicklungsfähigkeit steuern können.

Dawkins' Überlegungen waren von seinen Versuchen inspiriert, künstliche Evolution für die Computersimulation »Biomorph Land« zu schaffen. Während er Gott spielte, begriff er, daß bestimmte seltene Innovationen nicht nur einem Individuum einen unmittelbaren Vorteil verschaffen würden, sondern auch mit der »Evolution schwanger gingen« und zukünftigen Nachkommen die Möglichkeit zu weitreichenden Variationen erleichterten. Als Beispiel führte er die Herausbildung des ersten Tiers im wirklichen Leben an und bezeichnete es als »Mißgeburt, die nicht gerade ein besonders erfolgreiches Individuum [war]«. Aber irgend etwas bei der Abspaltung der Tiere war ein Wendepunkt, der einer Abstammungslinie von erstklassigen *Evolutionsnutznießern* zur Geburt verhalf.

Dawkins schlug eine natürliche Selektion höherer Ordnung vor, »die nicht nur Phänotypen bevorzugt, die bei der Anpassung erfolgreich sind, sondern auch die Tendenz begünstigt, sich in eine bestimmte Richtung zu entwickeln oder einfach die Tendenz, sich überhaupt zu entwickeln.« Mit anderen Worten: Die Evolution selektiere nicht nur nach Überlebens- sondern auch nach Entwicklungsfähigkeit.

Die Fähigkeit zur Evolution beruht nicht auf einem einzigen Merkmal oder einer einzigen Funktion – etwa der Mutationsrate –, obschon eine Funktion wie die Mutationsrate bei der Entwicklungsfähigkeit von Organismen eine Rolle spielen wird. Wenn eine Art nicht die erforderliche Vielfalt hervorbringen kann, wird sie sich nicht entwickeln. Die Fähigkeit, ihren Körper zu modifizieren, spielt ebenso eine Rolle für ihre Entwicklungsfähigkeit wie ihre Verhaltensplastizität. Die Flexibilität ihres Erbguts ist von entscheidender Wichtigkeit. Letztlich ist die Entwicklungsfähigkeit einer Art eine Systemeigenschaft, die ebensowenig wie die Überlebensfähigkeit eines Organismus an einen einzigen Ort gebunden ist.

Wie alle von der Evolution selektierten Merkmale muß auch die Entwicklungsfähigkeit über Akkumulation hergestellt werden. Eine einmal angenommene schwache Innovation kann als Plattform für die Geburt einer mächtigeren Innovation dienen. Auf diese Weise etabliert eine schwache Entwicklungsfähigkeit eine ausbaufähige Basis, von der aus die Entwicklungsfähigkeit weiter zunehmen kann. Auf sehr lange Sicht ist die Entwicklungsfähigkeit eine essentielle Komponente der Überlebensfähigkeit. Daher würde sich in einer Abstammungslinie von Organismen, deren Gene so geschaltet sind, daß ihre Entwicklungsfähigkeit wächst, deutlich die Fähigkeit (und der Vorteil) zur Weiterentwicklung steigern. Und so weiter ad infinitum.

Die Evolution der Evolution ähnelt der Erfüllung des Wunsches, den Aladdins Lampe versagen würde: des Wunsches nach drei weiteren Wünschen. Es ist die Kraft, die Spielregeln legal zu verändern. Marvin Minsky beobachtete eine ähnliche Kraft der Veränderung, die ihre eigenen Regeln verändert, in der Entwicklung des Denkens beim Kind. Minsky: »Geistige Fähigkeiten können sich nicht einfach durch die Anhäufung von Wissen ausbilden. Das Kind muß ebenso neue und bessere Wege entwickeln, um sich dessen zu bedienen, was es schon weiß. Das ist das Papert-Prinzip: Einige der entscheidendsten Schritte beim geistigen Wachstum beruhen nicht einfach auf der Anhäufung neuer Fertigkeiten, sondern auf dem Erwerb neuer organisatorischer Fähigkeiten, das zu nutzen, was man bereits weiß.«

Das große Angriffsziel der Evolution ist der Prozeß, in dem sich der Wandel selbst verändert. Die Evolution der Evolution bedeutet nicht nur, daß die Mutationsrate sich weiterentwickelt, auch wenn dies damit einhergehen kann. Tatsächlich ist die Mutationsrate zeitlich bemerkenswert konstant, nicht nur in der organischen Welt, sondern auch in der Welt der Maschinen und des Hyperlebens. (Nur selten übersteigt die Mutationsrate wenige Prozent, und ebenso selten sinkt sie unter ein Hundertstel Prozent. Irgendwo bei einem Promill scheint die Idealmarke zu liegen. Das bedeutet, daß eine absurde wilde Idee unter tausend genügt, um die Evolution am Laufen zu halten.)

Natürliche Selektion neigt dazu, die Mutationsrate für maximale Entwicklungsfähigkeit beizubehalten. Deswegen wird die natürliche Selektion alle Parameter eines Systems so optimieren, daß eine weitere Selektion stattfinden kann. Doch diese Einstellung optimaler Entwicklungsfähigkeit ist ein bewegliches Ziel, das sich verschiebt, wenn man nach ihm greift. In gewisser Hinsicht ist ein evolutionäres System stabil, weil es ständig in den bevorzugten Zustand optimaler Entwicklungsfähigkeit zurückkehrt. Aber da sich dieser Punkt bewegt – wie die Farben eines Chamäleons auf einem Spiegel – befindet sich das System in einem beständigen Ungleichgewicht.

Das Geniale an evolutionären Systemen ist, daß sie ein Mechanismus zur Erzeugung ständigen Wandels sind. Unaufhörlicher Wandel bedeutet nicht wiederkehrender Wandel; vielmehr gleicht er der kaleidoskopischen Dynamik von Fußgängerbewegungen an einer Straßenecke. Das ist unaufhörliche Dynamik. Unaufhörlicher Wandel bedeutet anhaltendes Ungleichgewicht, den dauerhaften Zustand des Beinahe-Kippens. Es ist ein Wandel, der selbst dem Wandel unterliegt. Das Ergebnis wird ein System sein, das sich beständig am Rand der Selbstauslöschung verändert.

Oder am Rand der Geburt. Die Entwicklungskapazität selbst muß sich entwickeln. Woraus sollte die Evolution sonst am Anfang entstanden sein?

Wenn wir die Theorie akzeptieren, daß sich Leben aus einer Art

Nichtleben bzw. Protoleben entwickelt hat, *muß die Evolution dem Leben vorangegangen sein.* Natürliche Selektion ist keine biologische Folgeerscheinung; bei protolebendigen Populationen könnte sie sehr gut funktionieren. Sind erst einmal grundlegende Varianten der Evolution in Gang gesetzt, steuert sie mehr komplexe Vielfalt bei, als die Komplexität der Formen zuläßt. Anhand der Fossilienfunde des Erdenlebens können wir die allmähliche Akkumulation verschiedener einfacher Evolutionstypen in dem organischen Ganzen verfolgen, das wir heute Evolution nennen. Evolution ist ein Konglomerat vieler Prozesse, die eine Sozietät von Evolutionen bilden. Während ihrer langsamen Entwicklung *hat die Evolution selbst an Vielfalt, Komplexität und Entwicklungsfähigkeit zugenommen.* Veränderung verändert sich selbst.

Die Evolution der Evolution läßt sich zu folgender Hypothese zusammenfassen. Am Anfang begann die Evolution als eine in sich abweichende Selbstreplikation, die genügend Populationen erzeugte, um eine natürliche Selektion einzuleiten. Als die ersten Populationen hervorsprudelten, wurde eine gerichtete Mutation wichtig. Die nächste Bewegung und Vermischung brachte die Symbiose, die sich den von der natürlichen Selektion erzeugten Wandel zunutze machte. Als die Formen der Lebewesen umfangreicher wurden, setzten Formbeschränkungen ein. Als die Genome an Länge zunahmen, begann die innere Selektion das Erbgut zu beherrschen. Mit der Kohärenz der Gene setzte die Selektion der Artenbildung und Artenniveaus ein. Als genügend komplexe Organismen existierten, entstand eine Evolution der Körperformen und ihrer Verhaltensweisen. Als schließlich die Intelligenz die Bühne betrat, übernahm eine Lamarckistische Kulturevolution die Leitung. Jetzt, wo wir Menschen Gentechnologie und selbstprogrammierende Roboter eingeführt haben, wird sich der Charakter der Evolution auf der Erde kontinuierlich fortentwickeln.

Die Geschichte des Lebens ist demnach das Voranschreiten über eine Reihe von Evolutionstypen, die von der expandierenden Komplexität des Lebens hervorgerufen worden sind. Wenn die Lebensformen an Hierarchie zunehmen – Gene, Zellen, Organismen, Arten –, verändert die Evolution ihre Arbeitsweise. Leo Buss, Biologe an der Yale Universität, behauptet, daß in jedem Entwicklungsstadium der Evolution die Einheit, die der natürlichen Selektion unterworfen ist, die verwickelte Hierarchie auf ein neues Selektionsniveau verschiebt. Buss schreibt: »Die Geschichte des Lebens ist eine Geschichte von verschiedenen Selektionseinheiten.« Die natürliche Auslese selektiert Individuen. Buss behauptet, daß das, was ein Einzelwesen ausmacht, sich im Laufe der Evolution entwickelt. Zum Beispiel waren vor Milliarden Jahren die Zellen das Ziel der natürlichen Selektion, aber als sich die Zellen zusammenschlossen, wurden die Zellverbände – vielzellige Organismen – zu dem Einzelwesen, auf das sich die natürliche Selektion richtete. Eine Art, diesen Vorgang zu untersuchen, besteht darin, die Bestandteile zu beschreiben, aus denen sich ein evolutionäres Individuum entwickelt. Am Anfang war das Individuum ein stabiles System, dann ein Molekül, dann eine Zelle, dann ein Organismus. Was dann? Seit Darwin haben viele einfallsreiche Evolutionisten den Gedanken einer »Gruppenselektion« vorgetragen, einer Evolution, die Artengruppen wie ein Individuum behandelt. Bestimmte *Typen* von Arten würden nicht aufgrund der Überlebensfähigkeit der Organismen, sondern aufgrund unbekannter Qualitäten der Art überleben oder sterben – vielleicht aufgrund ihrer Entwicklungsfähigkeit.

Gruppenselektion ist noch immer eine kontrovers diskutierte Idee, aber nicht weniger umstritten als Buss' umfassendere Schlußfolgerung, daß »die Hauptzüge der Evolution in den Übergangsperioden zwischen den Selektionsphasen herausgebildet wurden«. Er sagt: »Bei jedem Übergang – in jedem Stadium der Geschichte des Lebens, in dem eine neue selbstreproduzierende Einheit entstand – änderten sich die Regeln der Arbeitsweise der natürlichen Selektion vollständig.« Kurz, natürliche Evolution der Evolution.

Künstliche Evolution wird sich ebenso weiterentwickeln, auf künstliche wie auf natürliche Weise. Wir werden sie so konstruieren, daß sie bestimmte Arbeiten erledigt, und wir werden viele Arten künstlicher Evolution züchten, damit bestimmte Tätigkeiten besser verrichtet werden können. Viele Jahre später wird man in der Lage sein, eine bestimmte Marke künstlicher Evolution aus einem Katalog auszuwählen, um genau die richtige Menge von Neuerung oder die perfekte Portion Selbstorganisation zu bekommen. Aber künstliche Evolution wird sich auch auf einer bestimmten Grundlage entwickeln, die sie mit allen evolutionären Systemen teilt. Jede Variante wird mit Sicherheit außerhalb unserer vollständigen Kontrolle bleiben und ihr eigenes Programm in sich tragen.

Wenn es wirklich Varianten künstlicher Evolution gibt und eine Mischung aus Subevolutionen, die sich selbst innerhalb dessen entwickeln, was wir Evolution nennen, welches sind dann die Merkmale dieser umfassenderen Evolution, dieses sich wandelnden Wandels? Welche Züge trägt die Hyperevolution – sowohl die allgemeine Klasse der Evolutionen, als auch die umfassendere Evolution, die sich durch sie hindurch zieht – und worauf läuft sie hinaus? Was will die Evolution?

Ich sichte das Beweismaterial und sage, sie bewegt sich auf sich selbst zu. Der Evolutionsprozeß setzt sich unermüdlich wieder zusammen und erneuert sich mit der Zeit immer und immer wieder. Mit jeder Erneuerung wird die Evolution zu einem Prozeß mit verbesserten Selbstveränderungsfähigkeiten. Sie ist somit »Quelle und Erfüllung in einem«.

Die Mathematik der Evolution führt nicht zu mehr Flamingos, mehr Löwenzahn oder mehr von irgendeiner speziellen Daseinsform. Produktivität ist eher ein kostenloses Nebenprodukt der Evolution – hier bitte, ein paar Millionen Frösche. Statt dessen bewegt sich die Evolution auf eine Selbstaktualisierung zu.

Leben ist die Grundlage der Evolution. Leben liefert das Rohmaterial an Organismen und Arten, die der Evolution erlauben, sich selbst weiterzuentwickeln. Ohne eine Parade komplexer werdender Organismen kann die Evolution nicht mehr Entwicklungsfähigkeit entwickeln. Also erzeugt die Evolution Komplexität, Vielfalt und Millionen von Lebewesen und schafft sich dadurch selbst Raum, sich zu einem machtvolleren Evolutionsschöpfer weiterzuentwickeln.

Jede selbstevolutionäre Evolution muß eine raffinierte Verwandlungskünstlerin sein. Eine Verwandlungskünstlerin ist niemals mit ihrer neuen Erscheinung zufrieden. Jedesmal, wenn sie sich an ihrem äußersten Ende packt, sich selbst umstülpt und dabei zu einem noch gewundeneren, flexibleren, krauseren und von sich selbst noch abhängigeren Etwas wird, ruht sie immer weniger, bis sie sich wieder in den Schwanz beißt.

Was hat das Universum davon, wenn es diese unbarmherzige Evolution zu mehr Evolutionsfähigkeit zuläßt?

Möglichkeiten, soweit ich das sehe.

Und Möglichkeiten gefallen mir als Zielvorgabe ausgezeichnet.

21

DIE NEUN GESETZE GOTTES

Aus nichts macht die Natur etwas.

Am Anfang ist der Planet eine Steinwüste; dann gibt es Leben, massenhaft Leben. Zunächst kahle Hügel; dann Bäche voller Fische, Rohrkolben und rotfiedrige Stärlinge. Erst eine Eichel; dann einen Eichenwald.

Ich wünschte, ich besäße die Fähigkeit, so etwas zu schaffen. Erst ein dickes Stück Metall; dann einen Roboter. Erst eine Handvoll Drähte; dann ein Gehirn. Erst ein paar alte Gene; dann einen Dinosaurier.

Wie macht man etwas aus nichts? Obwohl die Natur den Trick beherrscht, haben wir durch reine Beobachtung bisher nicht viel darüber in Erfahrung gebracht. Wir haben mehr durch unsere Fehlschläge bei der Herstellung von Komplexität gelernt, und indem wir diese Erfahrungen mit unseren kleinen Erfolgen bei der Nachahmung und dem Verständnis natürlicher Systeme in Zusammenhang gebracht haben. So habe ich von den Grenzen der Informatik, den Rändern der biologischen Forschung und aus den merkwürdigsten Winkeln interdisziplinärer Experimente die *Neun Gesetze Gottes* zusammengestellt, die das Ausbrüten von etwas aus nichts regeln:

- *Verteile das Leben*
- *Steuere es von unten nach oben*
- *Sorge für zunehmende Erträge*
- *Züchte durch Ballung*
- *Maximiere die Randzonen*
- *Ehre deine Irrtümer*
- *Strebe nicht nach Optimierung; setz dir vielfältige Ziele*
- *Suche beständiges Ungleichgewicht*
- *Verändere Veränderungen*

Diese neun Gesetze sind die Funktionsprinzipien von Systemen, die so vielfältig sind wie die biologische Evolution und »SimCity«. Natürlich will ich nicht behaupten, daß es die einzigen Gesetze sind, die man braucht, um aus nichts etwas zu machen; aber aus der Unmenge von Beobachtungen, die in der wissenschaftlichen Erforschung von Komplexität angehäuft wurden, stellen diese Prinzipien die weitgreifendsten, treffendsten und repräsentativsten Verallgemeinerungen dar. Solange man sich an diese neun Regeln hält, kann man es meiner Meinung nach als Gott ziemlich weit bringen.

- *Verteile das Leben* – der Geist eines Bienenstocks, das Verhalten eines Wirtschaftssystems, das Denken eines Supercomputers und das Leben in mir sind auf eine Vielzahl kleinerer Einheiten verteilt (die selbst wieder unterteilt sein können). Wenn die Summe der Teile mehr ergibt als die einzelnen Teile, dann ist auch dieses zusätzliche Sein (dieses Etwas aus nichts) über die einzelnen Teile verteilt. Immer, wenn wir etwas im Nichts entdecken, werden wir feststellen, daß es aus einem Feld vieler kleiner, interaktiver Teile entsteht. All die Geheimnisse, die uns brennend interessieren – Leben, Intelligenz, Evolution – lassen sich auf dem Nährboden breitgestreuter Systeme entdecken.
- *Steuere von unten nach oben* – wenn alles mit allem über ein weitverteiltes Netzwerk verbunden ist, geschieht alles zugleich. Wenn alles auf einmal geschieht, umgehen weitreichende und sich schnell verändernde Probleme einfach jegliche zentrale Autorität. Deshalb muß die Gesamtsteuerung von den einfachsten, voneinander abhängenden Handlungen ausgehen, die statt von einer zentralen von lokalen und parallelen Gewalten und Befehlen gelenkt werden. Eine Masse *kann* sich selbst steuern, und auf dem Gebiet schneller, einschneidender und heterogener Veränderung kann nur eine Masse steuern. Um aus nichts etwas zu erhalten, müssen Steuerungsprozesse ganz unten in größter Einfachheit angesiedelt sein.
- *Sorge für zunehmende Erträge* – jedes Mal, wenn man sich einer Idee, einer Sprache oder einer Fähigkeit bedient, reaktiviert und stärkt man diese und macht so ihre zukünftige Wiederverwendung wahrscheinlicher. Man kennt dies als positive Rückkopplung oder Schneeballeffekt. Erfolg erzeugt Erfolg. Im Evangelium lautet dieses Prinzip sozialer Dynamik: »Wer hat, dem wird gegeben.« Alles und jedes, was die eigene Umwelt ändert, um die Hervorbringung seiner selbst

zu verbessern, nimmt an dem Spiel teil, das die Erträge anwachsen lassen soll. Alle großen, stabilen Systeme spielen dieses Spiel. Dieses Gesetz bestimmt Wirtschaft, Biologie, Informatik und Psychologie. Das Leben auf der Erde verändert die Erde, um mehr Leben hervorzubringen. Vertrauen schafft Vertrauen. Befehle erzeugen mehr Befehle. Wer hat, dem wird gegeben.

- *Züchte durch Ballung* – die einzige Möglichkeit, ein funktionierendes komplexes System herzustellen, besteht darin, mit einem einfach funktionierenden System anzufangen. Versuche zur sofortigen Installation hochkomplexer Organisationen – etwa der Intelligenz oder Marktwirtschaft – ohne entsprechendes Wachstum sind zwangsläufig zum Scheitern verurteilt. Eine Prärie zusammenzubauen benötigt Zeit – auch wenn man alle Teile beisammen hat. Es kostet Zeit, jedes Teil sich im Wettkampf mit allen anderen bewähren zu lassen. Komplexität entsteht, indem man sie nach und nach aus einfachen Modulen zusammensetzt, welche unabhängig voneinander operieren können.
- *Maximiere die Randzonen* – das Geheimnis der Erschaffung der Welt liegt in ihrer Heterogenität. Eine einheitliche Daseinsform muß sich durch gelegentliche welterschütternde Revolutionen an die Welt anpassen, von denen eine sie sicher auslöschen wird. Eine mannigfaltige, heterogene Daseinsform kann sich dagegen in tausend täglichen Minirevolutionen an die Welt anpassen, wobei sie sich in einem Zustand ständiger, aber niemals tödlicher Erschütterung befindet. Mannigfaltigkeit bevorzugt entlegene Grenzen, Peripherien, versteckte Ecken, chaotische Momente und isolierte Gruppen. In Wirtschafts-, Ökologie-, Evolutions- und Organisationsmodellen sorgt eine gesunde Randzone für beschleunigte Anpassung, sie erhöht die Flexibilität und ist fast immer der Ausgangspunkt für Innovationen.
- *Ehre deine Irrtümer* – ein Trick funktioniert nur solange, bis alle ihn kennen. Vom Gewohnten abzugehen, erfordert ein neues Spiel oder ein neues Territorium. Aber das Verlassen konventioneller Methoden, Spiele oder Territorien ist unweigerlich mit Irrtümern verbunden. Selbst die brillanteste Tat menschlicher Genialität ist letzten Endes eine Sache von Versuch und Irrtum. »Ein Irrtum, der vertrieben wird, ist Teil von Gottes Plan«, schrieb der visionäre Dichter William Blake. Irrtum, ob zufälliger oder vorsätzlicher, muß ein integra-

ler Bestandteil jedes Schöpfungsprozesses werden. Evolution läßt sich als systematisches Irrtumsmanagement betrachten.

- *Strebe nicht nach Optimierung; setze dir vielfältige Ziele* – einfache Maschinen können effizient sein, komplexe anpassungsfähige Maschinerien jedoch nicht. Eine komplizierte Struktur hat viele Meister und kann keinem allein dienen. Nicht durch die Optimierung irgendeiner einzelnen Funktion kann ein Großsystem überleben, sondern dadurch, daß es möglichst vielen Funktionen genügt (sie gerade gut genug erfüllt). Ein anpassungsfähiges System muß sich zum Beispiel entscheiden, entweder einen bekannten Erfolgspfad auszuschlachten (eine aktuelle gängige Strategie zu optimieren) oder Ressourcen abzuzweigen, um neue Pfade zu erkunden (und dabei Energie bei dem Versuch zu verschwenden, weniger effiziente Methoden auszuprobieren). So unüberschaubar sind die verflochtenen Triebkräfte in jeder komplexen Daseinsform, daß es unmöglich ist, die tatsächlichen Gründe für ihr Überleben zu entflechten. Überleben ist ein Ziel, das in alle Richtungen zeigt. Die meisten Organismen sind so »vielgerichtet«, daß sie eher ungeschliffene Variationen darstellen, die zufällig funktionieren, als präzise Gestaltungen aus Proteinen, Genen und Organen. Vergiß die Eleganz, wenn du etwas aus nichts erschaffen willst; wenn es funktioniert, ist es wunderschön.
- *Suche beständiges Ungleichgewicht* – weder Konstanz noch schonungslose Veränderung wird einer Schöpfung förderlich sein. Eine gute Schöpfung muß, wie guter Jazz, das Verhältnis von festem Grundgerüst zu häufigen schrägen Noten ausbalancieren. Gleichgewicht heißt Tod. Sich auf einem Gleichgewichtspunkt zu stabilisieren, ist für ein System um nichts besser als eine Explosion: Beide Male bedeutet es den raschen Tod. Gleichgewicht wie Ungleichgewicht führen beide zu nichts. Damit aus nichts etwas wird, ist beständiges Ungleichgewicht vonnöten – ein ewiger Zustand des Surfens auf der Kippe zwischen Anhalten und Fallen. Die Fähigkeit, sich auf diesem fließenden Übergang einzurichten, ist noch immer der geheimnisvolle Heilige Gral der Schöpfung, nach dem alle Amateurgötter suchen.
- *Verändere Veränderungen* – Veränderungen können strukturiert werden. Genau das tun große komplexe Systeme: sie koordinieren Veränderungen. Sobald extrem große Systeme aus komplizierten Syste-

men aufgebaut werden, beginnt jedes System, die Organisation anderer Systeme zu beeinflussen und schließlich zu verändern. Das heißt, wenn die Spielregeln einen Aufbau von unten nach oben vorgeben, ist es wahrscheinlich, daß die Wechselwirkungen der Kräfte auf der untersten Ebene die Regeln des Spiels im weiteren Verlauf verändern werden. Mit der Zeit werden dann die Veränderungsregeln selbst verändert. Evolution handelt – im alltäglichen Sprachgebrauch – davon, wie sich eine Daseinsform im Laufe der Zeit verändert. In einem tiefergehenden Sinne handelt Evolution – wie man sie formal definieren könnte – davon, wie sich die Regeln für die sich mit der Zeit verändernden Daseinsformen mit der Zeit ebenfalls verändern. Will man das meiste aus nichts herausholen, braucht man sich selbst verändernde Regeln.

Diese neun Prinzipien unterstützen das Ehrfurcht einflößende Funktionieren von Prärien, Flamingos, Zedernwäldern und Augäpfeln, aber auch die natürliche Selektion innerhalb erdgeschichtlicher Zeiträume oder die Entwicklung eines Elefantenbabys aus einem winzigen Keim aus Elefantensperma und -eizelle.

Dieselben Prinzipien der Bio-Logik werden heute auf Computerchips, elektronische Kommunikationsnetze, Robotormodule, pharmazeutische Forschung, Softwareentwicklung und Unternehmensführung übertragen, damit diese künstlichen Systeme ihre eigene Komplexität in den Griff bekommen.

Wenn der Technos vom Bios belebt wird, erhalten wir Artefakte, die sich anpassen, lernen und entwickeln können. Wenn unsere Technologie sich anpaßt, lernt und sich entwickelt, werden wir eine neo-biologische Zivilisation erhalten.

Zusammen genommen bilden alle komplexen Dinge ein ununterbrochenes Kontinuum zwischen den Extremen einer starren Uhrwerksmechanik und einer überladenen natürlichen Wildheit. Das Kennzeichen des Industriezeitalters war seine Begeisterung für die mechanische Konstruktion. Das Kennzeichen einer neo-biologischen Zivilisation liegt darin, die Gestaltung ihrer Kreationen wieder dem Organischen zu überlassen. Aber im Unterschied zu früheren menschlichen Gesellschaften, die sich auf die Entdeckung biologischer Lösungen verließen – von Naturheilmitteln, tierischen Proteinen, Naturfarbstoffen und ähnlichem – verschweißt die neo-biologische Kultur organisierte Technologie und unreglementierte Natur, bis beide ununterscheidbar werden, so unvorstellbar das zunächst klingen mag.

Die hochgradig biologische Natur der kommenden Kultur beruht auf fünf Einflüssen:

- Trotz steigender Technisierung unserer Welt wird das organische Leben – wildes wie gezähmtes – im globalen Maßstab weiterhin die Hauptquelle menschlicher Erfahrung ausmachen
- Maschinen werden einen biologischeren Charakter annehmen
- Technologische Netzwerke werden die menschliche Kultur noch ökologischer und evolutionärer machen
- Biokonstruktion und Biotechnologie werden die Bedeutung mechanischer Technologie in den Schatten stellen
- Die Wege der Biologie werden als Idealwege verehrt werden

In der kommenden neo-biologischen Ära wird alles, worauf wir uns verlassen und was wir befürchten, eher geboren als gemacht sein. Schon jetzt haben wir Computerviren, neuronale Netze, Biosphäre 2, Gentherapie und Chipkarten – alles von Menschenhand konstruierte Artefakte, die mechanische mit biologischen Prozessen verbinden. Zukünftige bionische Hybriden werden noch verwirrender, noch allgegenwärtiger und noch mächtiger sein. Ich stelle mir vor, diese Welt könnte voll sein von mutierenden Gebäuden, lebenden Silikonpolymeren, Softwareprogrammen, die sich offline weiterentwickeln, anpassungsfähigen Autos, Räumen mit Möbeln, die sich koevolutionär mitentwickeln, Insektobotern zu Reinigungszwecken, künstlichen biologischen Viren, die Krankheiten heilen, neuronalen Heinzelmännchen, cyb-organischen Körperteilen, Nahrungsmitteln aus der Genforschung, simulierten Persönlichkeiten und einer tiefgreifenden Ökologie von Rechenoperationen in ständiger Bewegung.

All dies durchströmt der Fluß des Lebens – zumindest dessen liquide Logik.

Es sollte uns nicht überraschen, daß das Leben, nachdem es den Großteil der trägen Materie auf der Erde gebändigt hat, dazu übergeht, sich die Technologie untertan zu machen, sie ebenfalls unter seine Herrschaft ständiger Evolution und ewiger Erneuerung zu bringen und eine Ordnung zu errichten, die außerhalb unserer Kontrolle liegt. Auch ohne Kontrolle müssen wir weiterleben – eine neo-biologische Technologie ist weitaus lohnender als eine Welt von Uhren, Getrieben und vorhersehbarer Einfachheit.

So komplex die Dinge heute auch sein mögen – morgen wird alles noch komplexer sein. Die Wissenschaftler und Projekte, von denen hier berichtet wurde, versuchten die Gesetze des Entwerfens so nutzbar zu machen, daß Ordnung aus dem Chaos entspringen kann und organisierte Komplexität nicht in unorganisierte Komplikationen zerfällt – kurz, daß aus nichts etwas geschaffen werden kann.

NACHWORT
ZUR DEUTSCHEN AUSGABE

Was würde ich heute an diesem Buch – drei Jahre nach Beendigung meiner Arbeit daran – grundsätzlich ändern? Nun, sollte ich es noch einmal schreiben, ich wäre in meinen Voraussagen um einiges gewagter und futuristischer. Dies wird vermutlich die meisten Leserinnen und Leser der deutschen Ausgabe verblüffen, scheint doch das Buch voller Spekulationen und Prognosen zu stecken. Doch nun weiß ich, daß ich einige der außerordentlichsten Implikationen meiner These zurückgehalten habe – aus Angst, als fanatisch abgestempelt zu werden. Ich blieb also moderat, während die Zeitläufe mit dem Buch gleichgezogen haben. Die einst außergewöhnliche Vorstellung, daß Natur und Maschinen verschmelzen, wurde in den vergangenen Jahren beinahe ein Allgemeinplatz sowohl im kulturellen als auch im wirtschaftlichen Leben Amerikas. Daß ein Geschäft wie ein ökologisches Ganzes geführt werden sollte, gilt in Management-Kreisen heute tatsächlich als anerkannte Sicht der Dinge.

Viele andere Phänomene lassen meine These der Biologisierung von Maschinen mittlerweile recht zahm erscheinen. Ende 1994 verwendete Leo Adelman, ein Wissenschaftler an der University of Southern California, DNA-Moleküle zur Berechnung einer bestimmten Version eines berühmt-berüchtigten mathematischen Problems. Für die meisten digitalen Rechner ist diese Aufgabenstellung zu vertrackt, die organische DNA löste sie hingegen mit größter Akkuratesse. Dies war der erste Auftritt eines »DNA-Computers« und ein unwiderlegbarer Beweis für die Verschmelzung der Natur mit der Maschine – ein Beispiel allerdings, auf das ich in einem Akt der Selbstzensur verzichtet hatte, schien doch zum damaligen Zeitpunkt der Gedanke an einen echten DNA-Computer ungeheuerlich.

Nach Beendigung dieses Buches haben sowohl IBM als auch Interval, ein Forschungslabor in Kalifornien, angekündigt, sich des Computerviren-Problems durch die Schaffung eines Immunsystems für

Netzwerke annehmen zu wollen. Anstatt die Viren vollständig außer Gefecht zu setzen, hat man sich dafür entschieden, ein gewisses Aufkommen zu tolerieren und jedem einzelnen Virus einen Antikörper entgegenzusetzen. Das ist ein weiteres Beispiel für das Zusammenkommen biologischer Prinzipien und digitaler Technologie – und ein weiterer Beleg für dezentralisierte Kontrolle. Noch vor drei Jahren hätte ich es nicht gewagt, diese Entwicklung für heute vorauszusagen.

Als ich zum ersten Mal von Rod Brooks' Vision berichtete (Kapitel 3), schnelle, billige und autonome insektenähnliche Roboter auf den Mars zu schicken, schien die Vorstellung buchstäblich weithergeholt. Doch der billige, sechsrädrige *Pathfinder* ist mittlerweile erfolgreich auf dem roten Planeten gelandet, streift dort dieser Tage umher und beweist den außerordentlichen Wert dezentralisierter Insekten-Intelligenz.

Doch nicht alle Dinge verlaufen streng nach Plan. Kurz nachdem dieses Buch ans Licht der Öffentlichkeit kam, wurde das Projekt »Biosphäre 2«, von dem ich in zwei Kapiteln berichtet habe, zuerst geschlossen und dann wiederbelebt. In einem Hollywood-tauglichen Drama schmiß der Finanzier von Bio2 den charismatischen Projektleiter mit Hilfe bewaffneter Polizisten raus und beendete das menschliche Habitat. Menschen sollten nicht länger unter der Kuppel und damit außerhalb der natürlichen Biosphäre leben. Zum Schluß konnten die Biosphäriker nicht genügend Nahrung züchten, und der Sauerstoffgehalt wurde instabil.

Dafür übernahmen Wissenschaftler die Arche. Nun begehen sie die Kuppel und passieren zweimal täglich die Luftschleusen, um all die vielfältigen Spezies zu untersuchen und um jene Experimente durchzuführen, die in Anwesenheit des Menschen nicht möglich waren. Während also das Bewohner-Projekt gescheitert ist, wird Biosphäre 2 als wundersames wissenschaftliches Laboratorium weitergeführt. Es wird von der Columbia University betreut, und tatsächlich leben und arbeiten mehr Spezies und Wissenschaftler damit als jemals zuvor – und dies mit zunehmenden wissenschaftlichen Ergebnissen. Durch das Fehlen des Menschen in diesem Experiment hat das mediale Interesse daran abgenommen, so daß der Verlauf der Dinge nun beinahe ignoriert wird. Meine Beschreibungen von Bio2 widmeteten sich hauptsächlich der wissenschaftlichen Frühphase, und die meisten Aspekte davon werden nun durch die neuesten Untersuchungen bestätigt: Die Lektionen, die uns Bio2 lehren kann, bleiben somit ungebrochen gültig.

Trotz all dieser Veränderungen und meinem Bedauern darüber, nicht ein wenig kühner gewesen zu sein, bin ich doch glücklich, daß die Hauptthese meines Buches mehr als aktuell geblieben ist: Alles Wilde und alles, was wir erschaffen, werden zunehmend ähnlicher. Wenn wir uns fragen, in welche Richtung sich unsere technologische Umwelt entwickeln wird, lautet die Antwort schlicht: Die Zukunft der Maschinen heißt Biologie; die Zukunft der Wirtschaft heißt Netzwerk.

Wenig ist sicher, aber – nunmehr doch mit ein wenig Kühnheit – diese Prinzipien sind es.

Kevin Kelly

Pacifica, Kalifornien, im Juli 1997

Berlin 29.6.99

DANKSAGUNG

Kaum eine der Ideen in diesem Buch kann ich als meine eigene bezeichnen. Zusätzlich zu den Büchern und Artikeln, die in der Bibliographie aufgelistet sind, stammt ein Großteil der Ideen, die ich hier vorstelle, aus Gesprächen, Briefwechseln und langen Interviews, die ich zusammengefaßt, umformuliert oder zitiert habe. Ohne Ausnahme war jede der folgenden Personen äußerst großzügig und brachte mir Zeit und Geduld für meine endlosen Fragen entgegen. Für meine idiosynkratischen Auslegungen ihrer Ideen sind sie selbstverständlich nicht verantwortlich. Einige Interviewpartner halfen mir in der Entstehungsphase des Buches mit wertvollen Korrekturen und Kommentaren. Darüber hinaus waren diejenigen, die mit einem Sternchen gekennzeichnet sind, so freundlich, Teile des fertiggestellten Manuskripts durchzusehen. Ich möchte ihnen danken.

Ralph Abraham
David Ackley
Ormond Aebi
John Allen
Noberto Alvarez
Robert Axlerod
Howard Baetjer
Will Baker
John Perry Barlow
Joseph Bates
Mark Bedau
Russell Brand
Stewart Brand*
Jim Brooks
Rod Brooks
Amy Bruckman
Tony Burgess*
Arthur Burks
L.G. Callahan
William Calvin
David Campbell
Peter Cariani
Mike Cass
David Chaum
Steve Cisler
Michael Cohen
Robert Collins
Michael Conrad
Neale Cosby
George Cowan
Brad Cox
Jim Crutchfield
Paul Davies
Richard Dawkins
Bill Dempster
Brad de Graf
Daniel Dennett*
Jamie Dinkelacker
Jim Drake
Gary Drescher
K Eric Drexler
Kathy Dyer
Esther Dyson
Doyne Farmer*
David Fine

Paul Fishwick
Anita Flynn
Walter Fontana
Heinz von Foerster
Jay Forrester
Stephanie Forrest
John Gall
Eugene Garfield
John Geanokoplos
Murray Gell-Mann
George Gilder*
John Gilmore
Narenda Goel
Lloyd Gomez
Steven Jay Gould
Ralph Guggenheim
Jeff Haas
Stuart Hameroff
Dan Harmony
Phil Hawes
Neal Hicks
Danny Hillis*
Carl Hodges
Malone Hodges
Douglas Hofstadter
John Holland*
John Hopfield
Eric Hughes
David Jefferson
Bill Jordan
Gerald Joyce
Ted Kaehler
James Kalin
Mitch Kapor
Ken Karakotsios
Stuart Kauffman*
Alan Kaufman
Ed Knapp
Barry Kort
John Koza
Bob Lambert
David Lane
Chris Langton*
Jaron Lanier
William Latham
Don Lavoie
Mike Leibhold
Linda Leigh
Steven Levy
Kristian Lindgren
Seth Lloyd
James Lovelock
Pattie Maes
Tom Malone
Lynn Margulis
Maja Matrick
Tim May
David McFarland
John McLeod
H. R. McMasters
Dana Meadows
Dennis Meadows
Ralph Merkle
Gavin Miller
John Miller
Mark Miller
Scott Miller
Marvin Minsky
Melanie Mitchell
Max More
Mark Nelson
Ted Nelson
Tim Oren
Norm Packard
Steve Packard
John Patton
Mark Pauline
Jim Pelkey
Stuart Pimm*
Charlie Plott
P. Prusinkiewcz
Steen Rasmussen
Tom Ray
Mitchel Resnick
Craig Reynolds
Howard Rheingold*
David Rogers
Rudy Rucker
Jonathan Schull
Ted Schultz
Barry Silverman
Herbert Simon
Karl Sims*
Peter Sprague
Bruce Sterling*
Steve Strassman
Chuck Taylor
Mark Thompson
Hardin Tibbs
Mark Tilden
Ralph Toms
Joe Traub
Michael Travers
Dean Tribble
Roy Valdes
Fransisco Varela
Michael Wahrman
Roy Walford
Gary Ware
Peter Warshall
Jordan Weisman

Jim Wells
Mark Wieser
Lawrence Wilkinson
Greg Williams
Christopher Wills
Johnny Wilson
Stewart Wilson
David Wingate
Ben Wintraub
Ben Wise
Steven Wolfram
Will Wright
Larry Yaeger
David Zeltzer

BIBLIOGRAPHIE

Ahmadjian, Vernon. *Symbiosis: An Introduction to Biological Associations*. Hanover, 1986.

Alberch, Pere. »Orderly Monsters: Evidence for internal constraint in development and evolution«. In *The Construction of Organisms: Opportunity and Constraint in the Evolution of Organic Form.*, Thomas, R. D. K. und W. E. Reif, Hrsg.

Aldersy-Williams, Hugh. »A solid future for smart fluids«. *New Scientist*, 17. März 1990.

Allen, Thomas B. *War Games: The Secret World of the Creators, Players, and Policy Makers Rehearsing World War III Today*. McGraw-Hill, 1981.

Allen, T. F. H. und Thomas B. Starr. *Hierarchy: Perspectives for Ecological Complexity*. University of Chicago Press, 1982.

Allen, John. *Biosphere 2: The Human Experience*. Penguin, 1991.

Allman, William F. *Menschliches Denken – künstliche Intelligenz: Von der Gehirnforschung zur nächsten Computer-Generation*. Aus dem Amerikan. von Siegfried Schmitz. München: Droemer Knaur, 1990.

Amato, Ivan. »Capturing Chemical Evolution in a Jar«. *Science*, 255; 14. Februar 1992.

Amato, Ivan. »Animating the Material World«. *Science*, 255; 17. Januar 1992.

Anderson, Philip W., Kenneth J. Arrow und David Pines. *The Economy as an Evolving Complex System*. Addison-Wesley, 1988.

Aspray, William und Arthur Burks, Hrsg. *Papers of John von Neumann on Computers and Computer Theory*. The MIT Press, 1967.

Axelrod, Robert. *Die Evolution der Kooperation*. München: Oldenbourg, 1995.

Badler, Norman I., Brian A. Barsky und David Zeltzer, Hrsg. *Making Them Move: Mechanics, Control, and Animation of Articulated Figures*. Morgan Kaufmann Publishers, 1991.

Bajema, Carl Jay, Hrsg. *Artificial Selection and the Development of Evolutionary Theory*. Hutchinson Ross Publishing, 1982.

Basalla, George. *The Evolution of Technology*. Cambridge University Press, 1988.

Bass, Thomas A. *The Eudaemonic Pie*. Houghton Mifflin, 1985.

ders. »Road to Ruin«. *Discover*, Mai 1992.

Bateson, Gregory. *Ökologie des Geistes: Anthropologische, psychologische, biologische und epistemologische Perspektiven*. Dt. von Hans Günter Holl. Frankfurt am Main: Suhrkamp, 1980.

ders. *Geist und Natur: Eine notwendige Einheit*. Dt. von Hans Günter Holl. Frankfurt am Main: Suhrkamp, 1982.

Bateson, Mary Catherine. *Our Own Metaphor*. Smithsonian, 1972.

dies. *Mit den Augen einer Tochter: Meine Erinnerung an Margaret Mead und Gregory Bateson.* Aus dem Amerikan. von Rosemarie Lester. Reinbek: Rowohlt, 1988.

Bateson, Gregory und Mary Catherine Bateson. *Wo Engel zögern: Unterwegs zu einer Epistemologie des Heiligen.* Dt. von Hans-Ulrich Möhring. Frankfurt am Main: Suhrkamp, 1993.

Baudrillard, Jean. »Die Präzession der Simulakra«. In *Agonie des Realen.* Berlin: Merve, 1978.

Beaudry, Amber A. und Gerald F. Joyce. »Directed Evolution of an RNA Enzyme«. *Science,* 257; 31. Juli 1992.

Bedau, Mark A. »Measurement of Evolutionary Activity, Teleology, and Life«. In *Artificial Life II,* Langton, Christopher G., Hrsg. Addison-Wesley, 1990.

ders. »Naturalism and Teleology«. In *Naturalism: A Critical Appraisal,* Wagner, Steven und Richard Warner, Hrsg. University of Notre Dame Press, 1993.

Bedau, Mark A., Alan Bahm und Martin Zwick. »The Evolution of Diversity«. 1992.

Bell, Gordon. »Ultracomputers: A Teraflop Before Its Time«. *Science,* 256; 3. April 1992.

Bergson, Henri. *Schöpferische Entwicklung.* Dt. von Gertrud Kantorowicz. Zürich: Coron Verlag, 1967.

Berry, F. Clifton. »Re-creating History: The Battle of 73 Easting«. *National Defense,* November 1991.

Bertalanffy, Ludwig von. *General System Theory.* George Braziller, 1968.

Biosphere 2 Scientific Advisory Committee. »Report to the Chairman, *Space Biosphere Ventures.*« Space Biosphere Ventures, 1992.

Bolter, Jay David. *Writing Space: The Computer, Hypertext, and the History of Writing.* Lawrence Erlbaum Associates, 1991.

Bonner, John Tyler. *The Evolution of Complexity, by Means of Natural Selection.* Princeton University Press, 1988.

Botkin, Daniel B. *Discordant Harmonies: A New Ecology for the Twenty-First Century.* Oxford University Press, 1990.

Bourbon, W. Thomas und Williams T. Powers. »Purposive Behavior: A tutorial with data.« Unveröffentlicht, 1988.

Bowler, Peter J. *The Eclipse of Darwinism: Anti-Darwinian Evolution Theories in the Decades around 1900.* The John Hopkins University Press, 1983.

ders. *The Invention of Progress.* Basil Blackwell, 1989.

Braitenberg, Valentino. *Vehicles: Experiments in Synthetic Psychology.* The MIT Press, 1984.

Brand, Stewart. *II Cybernetic Frontiers.* Random House, 1974.

ders. *Media Lab: Computer, Kommunikation und neue Medien. Die Erfindung der Zukunft am MIT.* Aus d. Amerikan. von Michael Mutz. Reinbek: Rowohlt, 1990.

Bratley, Paul, Bennet L. Fox und Linus E. Schrage. *A Guide to Simulation.* Springer Verlag, 1987.

Briggs, John. *Die Entdeckung des Chaos: Eine Reise durch die Chaos-Theorie.* München/Wien: Hanser, 1990.

Brooks, Daniel und R. E. O. Wiley. *Evolution as Entropy*. The University of Chicago Press, 1986.

Brooks, Rodney A. »Elephants Don't Play Chess.« *Robotics and Autonomous Systems*, 6; 1990.

ders. »Intelligence without Representation.« *Artificial Intelligence*, 47; 1991.

ders. »New Approaches to Robotics.« *Science*, 253; 1991.

Brooks, Rodney A. und Anita Flynn. »Fast, Cheap and Out of Control: A Robot Invasion of the Solar System.« *Journal of The British Interplanetary Society*, 42; 1989.

Brooks, Rodney A., Pattie Maes, Maja J. Mataric und Grinell More. »Lunar Base Construction Robots.« *IROS*, IEEE International Workshop on Intelligence Robots & Systems, 1990.

Bruckman, Amy. »Identity Workshop: Emergent Social and Psychological Phenomena in Text-Based Virtual Reality.« Unveröffentlicht, 1992.

Buss, Leo W. *The Evolution of Individuality*. Princeton University Press, 1987.

Butler, Samuel. »Darwin Among the Machines.« In *Canterbury Settlement*. AMS Press, 1923.

ders. *Evolution, Old and New*. AMS Press, 1968.

Cairns-Smith, A.G. *Seven Clues to the Origin of Life*. Cambridge University Press, 1985.

Card, Orson Scott. *Das große Spiel*. Dt. von Karl-Ulrich Burgdorf. Bergisch Gladbach: Bastei-Lübbe, 1986.

Casdagli, Martin. »Nonlinear Forecasting, Chaos and Statistics.« In *Nonlinear Modeling and Forecasting*, Casdagli, M. und S. Eubank, Hrsg. Addison-Wesley, 1992.

Cellier, Francois E. *Progress in Modelling and Simulation*. Academic Press, 1982.

Chapuis, Alfred. *Automata: A Historical and Technological Study*. B. T. Batsford, 1958.

Chaum, David. »Security Without Identification: Transaction Systems to Make Big Brother Obsolete.« *Communications of the ACM*, 28, 10; Oktober 1985.

Cherfas, Jeremy. »The ocean in a box«. *New Scientist*, 3. März 1988.

Cipra, Barry. »In Math, Less Is More – Up to a Point«. *Science*, 250; 23. November 1990.

Clearwater, Scott H., Bernardo A. Huberman und Tad Hogg. »Cooperative Solution of Constraint Satisfaction Problems«. *Science*, 254; 22. November 1991.

Cohen, Frederick B. *A Short Course on Computer Viruses*. ASP Press, 1990.

Cole, H. S. D. et al. *Models of Doom*. Universe Books, 1973.

Colinvaux, Paul. *Why Big Fierce Animals Are Rare*. Princeton University Press, 1978.

Conrad, Michael und H. H. Pattee. »Evolution Experiments with an Artificial Ecosystem«. *Journal of Theoretical Biology*, 28; 1970.

Conrad, Michael. *Adaptability: The Significance of Variability from Molecule to Ecosystem*. Plenum Press, 1983.

ders. »The brain-machine disanalogy«. *Biosystems*, 22; 1989.

ders. »Physics and Biology: Towards a Unified Model«. *Applied Mathematics and Computation*, 32; 1989.

Cook, Theodore Andre. *The Curves of Life*. Dover, 1914.

Crutchfield, James P. »Semantics and Thermodynamics«. In *Nonlinear Modeling and Forecasting*, Casdagli, M. und S. Eubank, Hrsg. Addison-Wesley, 1992.

Culotta, Elizabeth. »Forecasting the Global AIDS Epidemic«. *Science*, 253; 23. August 1991.

dies. »Forcing the Evolution of an RNA Enzyme in the Test Tube«. *Science*, 257; 31. Juli 1992.

Dadant & Sons, Hrsg. *The Hive and the Honey Bee*. Dadant & Sons, 1946.

Darwin, Charles. *Die Entstehung der Arten durch natürliche Zuchtwahl*. Aus dem Engl. von Carl W. Neumann. Stuttgart: Reclam, 1995.

Davies, Paul. »A new science of complexity«. *New Scientist*, 26. November 1988.

ders. *Der Plan Gottes*. Aus dem Engl. von Anita Ehlers. Frankfurt am Main/Leipzig: Insel Verlag, 1996.

Dawkins, Richard. *Das egoistische Gen*. Aus dem Engl. von Karin de Sousa Ferreira. Reinbek: Rowohlt, 1996.

ders. *Der blinde Uhrmacher: Ein neues Plädoyer für den Darwinismus*. Aus dem Engl. von Karin de Sousa Ferreira. München: dtv, 1996.

ders. »The Evolution of Evolvability«. In *Artificial Life*, Langton, Christopher G., Hrsg. Addison-Wesley, 1988.

Dempster, William F. »Biosphere II: Technical Overview of a Manned Closed Ecological System«. *Society of Automotive Engineers*, SAE Technical Paper Series #891599, 1989.

Denton, Michael. *Evolution: A Theory in Crisis*. Burnett Books, 1985.

Depew, David J. und Bruce H. Weber, Hrsg. *Evolution at a Crossroads*. The MIT Press, 1985.

De Robertis, Eddy M. et al. »Homeobox Genes and the Vertebrate Body Plan«. *Scientific American*, Juli 1990.

Dixon, Dougal. *Die Welt nach uns: Eine Zoologie der Zukunft*. Aus dem Engl. von Margaret Auer. München: Bertelsmann, 1982.

Dobzhansky, Theodosius. *Dynamik der menschlichen Evolution: Gene und Umwelt*. Aus dem Amerikan. von Gerhard Heberer. Frankfurt am Main: S. Fischer, 1965.

Drake, James A. »Community-assembly Mechanics and the Structure of an Experimental Species Ensemble«. *The American Naturalist*, 137; Januar 1991.

Drexler, K. Eric. »Hypertext Publishing and the Evolution of Knowledge«. *Social Intelligence*, 1; 2, 1991.

Dupre, John, Hrsg. *The Latest on the Best: Essays on Evolution and Optimality*. The MIT Press, 1987.

Dykhuizen, Daniel E. »Experimental Evolution: Replicating History«. *Trends in Ecology and Evolution*, 7; August 1992.

Dyson, Freeman. *From Eros to Gaia*. HarperCollins, 1990.

ders. *Die zwei Ursprünge des Lebens*. Aus dem Engl. von Ernst Peter Fischer. München: Droemer Knaur, 1990.

ders. *Infinite in All Directions*. Harper & Row, 1988.

Eco, Umberto. *Travels in Hyperreality*. Harcourt Brace Jovanovich, 1986.

Eigen, Manfred und Peter Schuster. *The Hypercycle: A Principle of Natural Self-Organization.* Springer Verlag, 1979.

Eldredge, Niles. *Unfinished Synthesis: Biological Hierarchies and Modern Evolutionary Thought.* Oxford University Press, 1985.

ders. *Macroevolutionary Dynamics: Species, Niches, and Adaptive Peaks.* McGraw-Hill, 1989.

Endler, John A. *Natural Selection in the Wild.* Princeton University Press, 1986.

Flynn, Anita, Rodney A. Brooks und Lee S. Tavrow. »Twilight Zones and Cornerstones: A gnat robot double feature«. MIT Artificial Intelligence Laboratory, *A.I. Memo* 1126; 1989.

Foerster, Heinz von. »Circular Causality: Fragments«. Intersystems Publications, um 1980.

ders. *Observing Systems.* Intersystems Publications, 1981.

Fogel, Lawrence J., Alvin J. Owens und Michael J. Walsh. *Artificial Evolution Through Simulated Evolution.* John Wiley & Sons, 1966.

Folsome, Clair E. »Closed Ecological Systems: Transplanting Earth's Biosphere to Space«. *AIAA*, Mai 1987.

Folsome, Clair E. und Joe A. Hanson. »The Emergence of Materially-closed-system Ecology«. In *Ecosystem Theory and Application*, Polunin, Nicholas, Hrsg. John Wiley & Sons, 1986.

Forrest, Stephanie, Hrsg. *Emergent Computation.* North-Holland, 1990.

Frazzetta, T. H. *Complex Adaptations in Evolving Populations.* Sinauer Associates, 1975.

Frosch, Robert A. und Nicholas E. Gallopoulos. »Strategies for Manufacturing«. *Scientific American*, September 1989.

Gardner, M. R. und W. R. Ashby. »Connectance of Large Dynamic (Cybernetic) Systems: Critical Values for Stability«. *Nature*, 228; 5273, 1970.

Gelernter, David. *Gespiegelte Welten im Computer.* Aus dem Amerikan. von Johannes Leckebusch. München/Wien: Hanser, 1996.

Gell-Mann, Murray. »Simplicity and Complexity in the Description of Nature«. *Engineering & Science*, 3, Frühjahr 1988.

George, F. H. *The Foundations of Cybernetics.* Gordon and Breach Science Publishers, 1977.

Gilder, George. *Microcosmos: The Quantum Revolution in Economics and Technology.* Simon and Schuster, 1989.

Gleick, James. *Chaos - die Ordnung des Universums. Vorstoß in Grenzbereiche der modernen Physik.* Aus dem Amerikan. von Peter Pange. München: Droemer Knaur, 1990.

Goldberg, David E. *Genetic Algorithms in Search, Optimization, and Machine Learning.* Addison-Wesley, 1989.

Goldschmidt, Richard. *The Material Basis of Evolution.* Yale University Press, 1940.

Gould, Stephen Jay. *Darwin nach Darwin.* Dt. von Henriette Beese. Berlin: Ullstein, 1984.

ders. *Der Daumen des Panda.* Aus dem Engl. von Klaus Laermann. Basel/Boston/ Berlin: Birkhäuser, 1987.

ders. *Wie das Zebra zu seinen Streifen kommt.* Dt. von Stephen Cappellari. Basel/ Boston/Berlin: Birkhäuser, 1986.

ders. *Zufall Mensch: Das Wunder des Lebens als Spiel der Natur.* Aus dem Amerikan. von Friedrich Griese. München/Wien: Hanser, 1991.

ders. »Opus 200«. *Natural History*, August 1991.

Gould, Stephen Jay und R.C. Lewontin. »The spandrels of San Marco and the Panglossian paradigm: a critique of the adaptationist programme«. *Proceedings of the Royal Society of London*, B 205; 1979.

Gould, Stephen Jay, and Elisabeth S. Vrba. »Exaptation – a missing term in the science of form«. *Paleobiology*, 8; 1, 1982.

Grasse, Pierre P. *Evolution of Living Organisms: Evidence for a New Theory of Transformation.* Academic Press, 1977.

Hamilton, William D., Robert Axelrod und Reiko Tanese. »Sexual reproduction as an adaptation to resist parasites (A Review)«. *Proceedings of the National Academy of Science*, USA, 87; Mai 1990.

Harasim, Linda M., Hrsg. *Global Networks.* The MIT Press, 1993.

Hayes-Roth, Frederick. »The machine as partner of the new professional«. *IEEE Spectrum*, 1984.

Heeter, Carrie. »BattleTech Masters: Emergence of the First U.S. Virtual Reality SubCulture«. Michigan State University, Computer Center, 1992.

Heims, Steve J. *The Cybernetics Group.* The MIT Press, 1991.

Hillis, W. Daniel. *The Connection Machine.* The MIT Press, 1985.

ders. »Intelligence as an Emergent Behavior«. In *Artificial Intelligence*, Graubard, Stephen, Hrsg. The Press, 1988.

Hiltz, Starr Roxanne und Murray Turoff. *The Network Nation: Human Communication via Computer.* The MIT Press, überarbeitete Auflage 1993.

Hinton, Geoffrey E. und Steven J. Nowlan. »How Learning Can Guide Evolution«. *Complex Systems*, 1; 1987.

Ho, Mae-Wan und Peter T. Saunders. *Beyond Neo-Darwinism.* Academic Press, 1984.

Hofstadter, Douglas R. *Gödel, Escher, Bach: Ein endloses geflochtenes Band.* Aus dem Amerikan. von Philipp Wolff-Windegg und Hermann Feuersee. Stuttgart: Klett-Cotta, 1995.

Hölldobler, Bert und Edward O. Wilson. *Ameisen – die Entdeckung einer faszinierenden Welt.* Aus dem Amerikan. von Susanne Böll. Basel/Boston/Berlin: Birkhäuser, 1995.

Huberman, B. A. *The Ecology of Computation.* Elsevier Science Publishers, 1988.

Johnson, Phillip E. *Darwin on Trial.* Regnery Gateway, 1991.

Kanerva, Pentti. *Sparse Distributed Memory.* The MIT Press, 1988.

Kauffman, Stuart A. »Antichaos and Adaptation«. *Scientific American*, August 1991.

ders. »The Sciences of Complexity and ›Origins of Order‹«. Santa Fe Institute, technical report 91-04-021; 1991.

ders. *The Origins of Order: Self Organization and Selection in Evolution.* Oxford University Press, 1993.

Kauppi, Pekka E., Karl Mielikainen und Kullervo Kuusela. »Biomass and Carbon Budget of European Forests, 1971 to 1990«. *Science*, 256; 3. April 1992.

Kay, Alan C. »Computers, Networks and Education«. *Scientific American*, September 1991.

Kleiner, Art. »The Programmable World«. *Popular Science*, Mai 1992.

Kochen, Manfred. *The Small World*. Ablex Publishing Corporation, 1989.

Koestler, Arthur. *Der Mensch, Irrläufer der Evolution: Die Kluft zwischen Denken und Handeln. Eine Anatomie menschlicher Vernunft und Unvernunft*. Aus dem Engl. von Jürgen Abel. Frankfurt am Main: Fischer Taschenbuch Verlag, 1993.

Korner, Christian und John A. Arnone. »Responses to Elevated Carbon Dioxide in Artificial Tropical Ecosystems«. *Science*, 257; 18. September 1992.

Koza, John. *Genetic Programming: On the Programming of Computers by Means of Natural Selection*. The MIT Press, 1992.

Langreth, Robert. »Engineering Dogma Gives Way to Chaos«. *Science*, 252; 10. Mai 1991.

Langton, Christopher G., Hrsg. *Artificial Life*. Addison-Wesley, 1987.

Langton, Christopher G. et al., Hrsg. *Artificial Life II*. Addison-Wesley, 1992.

Lapo, Andrey. *Traces of Bygone Biospheres*. Synergetic Press, 1987.

Laszlo, Ervin. *Evolution, the Grand Synthesis*. Shambhala, 1987.

Latil, Pierre de. *Thinking by Machine: A Study of Cybernetics*. Houghton Mifflin, 1956.

Layzer, David. *Die Ordnung des Universums*. Aus dem Amerikan. von Anita Ehlers. Frankfurt am Main/Leipzig: Insel Verlag, 1995.

Lenat, Douglas B. »The Heuristics of Nature: The Plausible Mutation of DNA«. Stanford Heuristic Programming Project, technical report HPP-80-27; 1980.

Leopold, Aldo. *Aldo Leopold's Wilderness: Selected early writings by the author of* A Sand County Almanac. Stackpole Books, 1990.

Levy, Steven. *Künstliches Leben aus dem Computer*. Aus dem Engl. von Hans W. Kothe. München: Droemer Knaur, 1996.

Lewin, Roger. *Die Komplexitätstheorie: Wissenschaft nach der Chaosforschung*. Aus dem Amerikan. von Hainer Kober. München: Droemer Knaur, 1996.

Lightman, Alan und Owen Gingerich. »When Do Anomalies Begin?« *Science*, 255; 7. Februar 1991.

Lima-de-Faria, A. *Evolution without Selection: Form and Function by Autoevolution*. Elsevier, 1988.

Lipset, David. *Gregory Bateson: The Legacy of a Scientist*. Prentice-Hall, 1980.

Lloyd, Seth. »The Calculus of Intricacy«. *The Sciences*, Oktober 1990.

Lovece, Joseph A. »Commercial Applications of Unmanned Air Vehicles«. *Mobile Robots and Unmanned Vehicles*, 1, Juli/August 1990.

Lovelock, James. *Das Gaia-Prinzip: Die Biographie unseres Planeten*. Aus dem Engl von Peter Gillhofer und Barbara Müller. Frankfurt am Main/Leipzig: Insel Verlag, 1995.

Lovtrup, Soren. *Darwinism: The Refutation of a Myth*. Croom Helm, 1987.

Macbeth, Norman. *Darwin Retried*. Gambit Incorporated, 1971.

Maes, Pattie. »How to do the Right Thing«. *Connection Science*, 1; 3, 1989.

dies. »Situated Agents Can Have Goals«. *Robotics and Autonomous Systems*, 6; 1990.

Malone, Thomas W., Joanne Yates und Robert I. Benjamin. »Electronic Markets and Electronic Hierarchies«. *Communications of the ACM*, 30; 6, 1987.

Mann, Charles. »Lynn Margulis: Science's Unruly Earth Mother«. *Science*, 252; 19. April 1991.

Margalef, Ramon. *Perspectives in Ecological Theory*. The University of Chicago Press, 1968.

Margulis, Lynn und Rene Fester, Hrsg. *Symbiosis as a Source of Evolutionary Innovation: Speciation and Morphogenesis*. The MIT Press, 1991.

Markoff, John. »The Creature That Lives in Pittsburgh«. *The New York Times*, 21. April 1991.

May, Robert M. »Will a Large Complex System be Stable?« *Nature*, 238; 18. August 1972.

Mayo, Oliver. *Natural Selection and its Constraints*. Academic Press, 1983.

Mayr, Ernst. *Eine neue Philosophie der Biologie*. Aus dem Engl. von Inge Leipold. München/Zürich: Piper, 1991.

Mayr, Otto. *The Origins of Feedback Control*. The MIT Press, 1969.

ders. *Authority, Liberty & Automatic Machinery in Early Modern Europe*. John Hopkins University Press, 1986.

Mazlish, Bruce. *Faustkeil und Elektronenrechner: Die Annäherung von Mensch und Maschine*. Aus dem Amerikan. von Christian Stahlhut. Frankfurt am Main/Leipzig: Insel Verlag, 1996.

McCulloch, Warren S. »An Account of the First Three Conferences on Teleological Mechanisms«. Josiah Macy, Jr. Foundation, 1947.

McKenna, Michael, Steve Pieper und David Zeltzer. »Control of a Virtual Actor: The Roach«. *Computer Graphics*, 24; 2, 1990.

McShea, Daniel W. »Complexity and Evolution: What Everybody Knows«. *Biology and Philosophy*, 6; 1991.

Meadows, Donella H., Dennis L. Meadows et al. *The Limits to Growth*. New American Library, 1972.

Meadows, Donella H., Dennis L. Meadows und Jorgen Randers. *Beyond the Limits: Confronting Global Collapses, Envisioning a Sustainable Future*. Chelsea Green Publishing, 1992.

Metropolis, N. und Gian-Carlo Rota, Hrsg. *A New Era in Computation*. The MIT Press, 1992.

Meyer, Jean-Arcady und Stewart Wilson, Hrsg. *From Animals to Animats*. The MIT Press, 1991.

Meyer, Thomas P. und Norman Packard. »Local Forecasting of High Dimensional Chaotic Dynamics«. Center for Complex Systems Research, The Beckman Institute, University of Illinois, technical report CCSR-91-1; 1991.

Midgley, Mary. *Evolution as a Religion: Strange Hopes and Stranger Fears*. Methuen & Co, Ltd., 1985.

Miller, James Grier. *Living Systems*. McGraw-Hill, 1978.

Minsky, Marvin. *Mentopolis*. Aus dem Amerikan. von Malte Heim. Stuttgart: Klett-Cotta, 1990.

Modis, Theodore. *Die Berechenbarkeit der Zukunft: Warum wir Vorhersagen machen können*. Aus dem Engl. von Eberhard Schmitt. Basel/Boston/Berlin: Birkhäuser, 1994.

Mooney, Harold A. *Convergent Evolution in Chile and California*. Dowden, Hutchinson & Ross, 1977.

Morgan, C. Lloyd. *Emergent Evolution*. Henry Holt and Company, 1923.

Moss, J. Eliot B. *Nested Transactions: An Approach to Reliable Distributed Computing.* The MIT Press, 1985.

Motamedi, Beatrice. »Retailing Goes High-Tech«. *San Francisco Chronicle*, 8. April 1991.

Needham, Joseph. *Wissenschaft und Zivilisation in China.* Dt. von Rainer Herbster. Frankfurt am Main: Suhrkamp, 1984.

Negroponte, Nicholas P. »Products and Services for Computer Networks«. *Scientific American*, September 1991.

Nelson, Mark. »Bioregenerative Life Support for Space Habitation and Extended Planetary Missions«. *Space Biosphere Ventures*, 1989.

Nelson, Mark und Gerald Soffen, Hrsg. *Biological Life Support Systems.* Synergetic Press, 1990.

Nelson, Mark, Tony L. Burgess et al. »Using a closed ecological system to study Earth's biosphere: Initial results from Biosphere 2«. *BioScience*, April 1993.

Nitecki, Matthew H., Hrsg. *Evolutionary Progress.* University of Chicago Press, 1988.

O'Neill, R. V. *A Hierarchical Concept of Ecosystems.* Princeton University Press, 1986.

Obenhuber, D. C. und C. E. Folsome. »Carbon recycling in materially closed ecological life support systems«. *BioSystems*, 21; 1988.

Odum, Eugene P. *Prinzipien der Ökologie: Lebensräume, Stoffkreisläufe, Wachstumsgrenzen.* Aus dem Amerikan. von Sabine Grein. Heidelberg: Spektrum der Wissenschaft, 1991.

Olson, R. L., M. W. Oleson und T. J. Slavin. »CELSS for Advanced Manned Mission«. *HortScience*, 23(2); April 1988.

Pagels, Heinz R. *The Dreams of Reason: The Computer and the Rise of the Sciences of Complexity.* Bantam, 1988.

Parisi, Domenico, Stefano Nolfi und Federico Cecconi. »Learning, Behavior, and Evolution«. In *Proceedings of the First European Conference on Artificial Life*, The MIT Press, 1991.

Pattee, Howard H. *Hierarchy Theory: The Challenge of Complex Systems.* George Braziller, 1973.

Pauly, Philip J. *Controlling Life: Jacques Loeb & the Engineering Ideal in Biology.* University of California Press, 1987.

Pimm, Stuart L. »The complexity and stability of ecosystems«. *Nature*, 307; 26. Januar 1984.

ders. *The Balance of Nature?* University of Chicago Press, 1991.

Pimm, Stuart L., John H. Lawton und Joel E. Cohen. »Food web patterns and their consequences«. *Nature*, 350; 25. April 1991.

Pines, David, Hrsg. *Emerging Syntheses in Science.* Addison-Wesley, 1988.

Porter, Eliot und James Gleick. *Nature's Chaos.* Viking, 1990.

Poundstone, William. *Prisoner's Dilemma.* Doubleday, 1992.

Powers, William T. *Living Control Systems.* The Control Systems Group, 1989.

Prusinkiewicz, Przemyslaw und Aristid Lindenmayer. *The Algorithmic Beauty of Plants.* Springer Verlag, 1990.

Pugh, Robert E. *Evaluation of Policy Simulation Models: A Conceptual Approach and Case Study.* Information Resources Press, 1977.

Raup, David M. *Ausgestorben: Zufall oder Vorsehung?* Aus dem Amerikan. von Sebastian Vogel. Köln: vgs, 1992.

Reid, Robert G. B. *Evolutionary Theory: The Unfinished Synthesis.* Croom Helm, 1985.

Rheingold, Howard. *Tools for Thought.* Prentice Hall Books, 1985.

Ricklefs, Robert E. *Ecology.* Chiron Press, 1979.

Ridley, Mark. *Evolution: Probleme – Themen – Fragen.* Aus dem Engl. von Klaus Riedle. Basel/Boston/Berlin: Birkhäuser, 1992.

Roberts, Peter C. *Modelling Large Systems.* Taylor & Francis, 1978.

Robinson, Herbert W. und Douglas E. Knight. *Cybernetics, Artificial Intelligence, and Ecology.* Spartan Books, 1972.

Root, A. I., Hrsg. *The ABC and XYZ of Bee Culture.* A. I. Root Company, 1962.

Rosenfield, Israel. *The Invention of Memory.* Basic Books, 1988.

Sagan, Dorion. *Biospheres: Metamorphosis of Planet Earth.* McGraw-Hill, 1990.

Salthe, Stanley N. *Evolving Hierarchical Systems: Their Structure and Representation.* Columbia University Press, 1985.

Saunders, Peter T. »The complexity of organisms«. In *Evolutionary Theory: Paths into the Future*, Pollard, J. W., Hrsg. John Wiley and Sons, 1984.

Schement, Jorge Reina und Leah A. Lievrouw. *Competing Visions, Complex Realities: Social Aspects of the Information Society.* Ablex Publishing, 1987.

Schneider, Stephen, H. Penelope und J. Boston, Hrsg. *Scientists on Gaia.* The MIT Press, 1991.

Schrage, Michael. *Shared Minds: The New Technologies of Collaboration.* Random House, 1990.

Schull, Jonathan. »Are species intelligent?« *Behavioral and Brain Sciences*, 13; 1, 1990.

Schulmeyer, G. Gordon. *Zero Defect Software.* McGraw-Hill, 1990.

Scientific American, Hrsg. *Automatic Control.* Simon and Schuster, 1955.

Simon, Herbert A. *Die Wissenschaften vom Künstlichen.* Aus dem Engl. von Oswald Wiener. Wien/New York: Springer, 1994.

ders. *Models of My Life.* Basic Books, 1991.

Slater, Philip. »Democracy is Inevitable«. *Harvard Business Review*, September/ Oktober 1990.

Smith, Reid G. *A Framework for Distributed Problem Solving.* UMI Research Press, 1981.

Smith, John Maynard. *Did Darwin Get it Right? Essays on Games, Sex and Evolution.* Chapman and Hall, 1989.

Sober, Elliott. *The Nature of Selection: Evolutionary Theory in Philosophical Focus.* The University of Chicago Press, 1984.

Sonea, Sonrin und Maurice Panisset. *A New Bacteriology.* Jones and Bartlett, 1983.

Spencer, Herbert. *The Factors of Organic Evolution.* Williams and Nograte, 1887.

Stanley, Steven. »An Explanation for Cope's Rule«. *Evolution*, 27; 1973.

ders. *The New Evolutionary Timetable.* Basic Books, 1981.

Steele, E. J. *Somatic Selection and Adaptive Evolution: On the Inheritance of Acquired Characters.* University of Chicago Press, 1979.

Stewart, Ian. *Spielt Gott Roulette? Uhrwerk oder Chaos.* Aus dem Engl. von Gisela Menzel. Frankfurt am Main/Leipzig: Insel Verlag, 1995.

Stewart, Thomas A. »Brainpower«. *Fortune*, 3. Juni 1991.

Symonds, Neville. »A fitter theory of evolution?« *New Scientist*, 21. September 1991.
Tainter, Joseph A. *The Collapse of Complex Societies*. Cambridge University Press, 1988.
Taylor, Gordon Rattray. *Das Geheimnis der Evolution*. Aus dem Engl. und bearb. von Joachim A. Frank. Frankfurt am Main: Fischer Taschenbuch Verlag, 1987.
Thompson, D'Arcy. *On Growth and Form*. Cambridge University Press, 1917.
Thompson, John. *Interaction and Coevolution*. John Wiley & Sons, 1982.
Thompson, Mark. »Lining the Wild Bee«. In *Fire Over Water*, Reese, Williams, Hrsg. Tanam Press, 1986.
Thomson, Keith Stewart. *Morphogenesis and Evolution*. Oxford University Press, 1988.
Thorpe, Col. Jack. »73 Easting Distributed Simulation Briefing«. Institute for Defense Analyses, 1991.
Tibbs, Hardin. *Industrial Ecology*. Arthur D. Little, 1991.
Todd, Stephen und William Latham. *Evolutionary Art and Computers*. Academic Press, 1992.
Toffler, Alvin. *Machtbeben: Der globale Vorstoss der Informationseliten*. Aus dem Amerikan. von Hermann Kusterer. Düsseldorf: Econ Verlag, 1993.
Toffoli, Tommaso und Norman Margolus. *Cellular Automata Machines: A New Environment for Modeling*. The MIT Press, 1987.
Travis, John. »Electronic Ecosystem«. *Science News*, 140; 10. August 1991.
Vernadsky, Vladimir. *The Biosphere*. Synergetic Press, 1986.
Vernon, Jack A. *Inside the Black Room*. Clarkson N. Potter, 1963.
Vrba, Elisabeth S. und Niles Eldredge. »Individuals, hierarchies, and process: towards a more complete evolutionary theory«. *Paleobiology*, 10; 2, 1984.
Waddington, C. H. *The Strategy of the Genes*. George Allen & Unwin Ltd, 1957.
Waddington, C. H., Hrsg. *Towards a Theoretical Biology*. Aldine Publishing, 1968.
Wald, Matthew L. »The House That Does Its Own Chores«. *The New York Times*, 6. Dezember 1990.
Waldrop, M. Mitchell. *Inseln im Chaos: Die Erforschung komplexer Systeme*. Dt. von Anita Ehlers. Reinbek: Rowohlt, 1993.
Warrick, Patricia S. *The Cybernetic Imagination in Science Fiction*. The MIT Press, 1980.
Weinberg, Gerald M. *Systemdenken und Softwarequalität*. Aus dem Amerikan. von Robert Leonhardt. München/Wien: Hanser, 1994.
Weinberg, Gerald M. und Daniela Weinberg. *General Principles of System Design*. Dorset House Publishing, 1979.
Weiner, Jonathan. *Die nächsten 100 Jahre: Wie der Treibhauseffekt unser Leben verändern wird*. Aus dem Amerikan. von Malte Heim. München: Bertelsmann, 1990.
Weintraub, Pamela. »Natural Direction«. *Omni*, Oktober 1991.
Weiser, Mark. »The Computer for the 21st Century«. *Scientific American*, September 1991.
Wesson, Robert. *Chaos, Zufall und Auslese in der Natur*. Aus dem Amerikan. von Peter Gillhofer. Frankfurt am Main/Leipzig: Insel Verlag, 1995.
Westbroek, Peter. *Life as a Geological Force*. W. W. Norton, 1991.
Wheeler, William Morton. *Emergent Evolution and the Development of Societies*. W. W. Norton & Company, 1928.
Whyte, Lancelot Law. *Internal Factors in Evolution*. George Braziller, 1965.

Wiener, Norbert. *Kybernetik: Regelung und Nachrichtenübertragung im Lebewesen und in der Maschine.* Dt. von E. H. Serr. Düsseldorf: Econ Verlag, 1992.

Wilson, Edward O. *The Insect Societies.* Harvard University Press, 1971.

Wright, Robert. *Three Scientists and Their Gods.* Times Books, 1988.

Yoshida, Atsuya und Jun Kakuta. »People Who Live in an On-line Virtual World«. *IEEE International Workshop on Robot and Human Communication*, technical report 92TH0469-7; 1992.

Zeltzer, David. »Autonomy, Interaction and Presence«. *Presence: Teleoperators and Virtual Environments*, 1; 1, 1992.

Zorpette, Glenn. »Emulating the battlefield«. *IEEE Spectrum*, September 1991.

Zubek, John P., Hrsg. *Sensory Deprivation: Fifteen Years of Research.* Meridth Corporation, 1969.

Zurek, Wojciech H., Hrsg. *Complexity, Entropy and the Physics of Information.* Addison-Wesley, 1990.

PERSONEN- UND SACHREGISTER

Clifford Stoll

Die Wüste Internet

Geisterfahrten auf der Datenautobahn

Aus dem Amerikanischen von Hans Jörg Friedrich

Band 13850

Ich, ein Internet-Süchtiger? Hören Sie mal, ich lebe ein erfülltes Leben. Ich habe Familie, Freunde und einen Beruf. Computer sind eine Nebenbeschäftigung, nicht mein Lebensinhalt. Der Jupiter geht im Osten auf und blickt hinab auf die Farm in Connecticut, wo ich meine Ferien verbringe. Die Finger an den Tasten, in den kalten Schein meiner Kathodenstrahlröhre getaucht, beantworte ich E-Mail. Diese Nacht warten zwanzig Briefe auf Antwort, drei Leute im Netz wollen mit mir plaudern, es gibt ein Dutzend Newsgroups zu lesen und einen Haufen Dateien runterzuladen. Wie soll ich da hinterherkommen? Ich hole tief Luft und ziehe den Stecker aus der Dose... Die schlechte Nachricht dieses Buches lautet: So wunderbar, wie sie uns versprochen wurde, ist die schöne neue Welt des Internet gar nicht. Die gute Nachricht lautet – ebenso. Es ist nur gut, wenn die Euphorie um die Datenautobahn ein wenig gedämpft wird. Stoll, einer der Pioniere des Internet, hält den Online-Gläubigen den Spiegel vor – mit Sachkenntnis, Anschaulichkeit und trockenem Witz.

Fischer Taschenbuch Verlag

fi 1910 / 8

Clifford Stoll

Kuckucksei

Die Jagd auf die deutschen Hacker,
die das Pentagon knackten

Aus dem Amerikanischen von Gabriele Herbst

Band 10277

Als neu eingestellter Systemmanager am Lawrence Berkeley Laboratory in Kalifornien mußte Stoll einen Abrechnungsfehler von 75 Cent für in Anspruch genommene, aber nicht bezahlte Computerarbeitszeit überprüfen. Dies bereitete ihm um so mehr Kopfzerbrechen, als er bei dieser Überprüfung auf die Spur von Hackern stieß, denen es gelungen war, in seine Datennetze einzudringen. Datennetze, die von hochgeheimen Militärunterlagen bis zum bargeldlosen Zahlungsverkehr alles mögliche verwalten. Stolls Warnungen an FBI-Bürokraten in Washington fruchteten nichts. Auf eigene Faust verfolgte er die Hacker nun durch die Datennetze. Aber auch die Hacker waren clever und ihrem Verfolger meist um eine atemberaubende Nasenlänge voraus. Ein Jahr dauerte es, bis Stoll sie nach einer digitalen Reise quer durch Nordamerika und Europa in Hannover lokalisieren konnte. Und es stellte sich heraus, daß die Hacker hauptsächlich militärische Geheimnisse der Amerikaner im Auftrag des KGB ausgeforscht hatten. Eine authentische Geschichte, die beweist, daß die Wirklichkeit viel sensationeller sein kann als jede Fiktion.

Fischer Taschenbuch Verlag

fi 1931 / 9

Paul Strathern

Crick, Watson & die DNA

Aus dem Englischen von Xenia Osthelder

Band 14112

Die Entdeckung der doppelt gewundenen Struktur der DNA, dem Baustein allen Lebens, durch **Francis Crick** und **James Watson** hatte gewaltige Auswirkungen. Nicht nur ganze Forschungszweige in Biochemie und medizinischer Forschung sind daraus entstanden, auch unser Alltagsleben hat sich seitdem verändert: Gentechnisch veränderte Lebensmittel wurden erst aufgrund dieser Entdeckung möglich. Die grundsätzliche Manipulierbarkeit des Erbguts hat auch neue ethische Fragen aufgeworfen. Die Erforschung der DNA-Struktur war ein spannendes Rennen zahlreicher Forscher um die Aufschlüsselung des Bauprinzips der Erbsubstanz. Paul Strathern schildert diesen Wettlauf, der zum Höhepunkt der wissenschaftlichen Karriere der beiden Biologen und Startpunkt einer neuen Wissenschaft – der Genetik – wurde, und erklärt die Bedeutung ihrer Entdeckung für dieses Jahrhundert.

Fischer Taschenbuch Verlag

fi 441 / 7

Paul Kennedy

In Vorbereitung auf das 21. Jahrhundert

Aus dem Amerikanischen von Gerd Hörmann

Band 13285

In Vorbereitung auf das 21. Jahrhundert ist ein in seinen Prognosen und Einschätzungen kühnes und für einen Historiker ungewöhnliches und nicht risikoloses Werk, das die jetzt in ihren Ansätzen sichtbaren Trends von Ökologie, Wirtschaft und Politik in das nächste Jahrtausend fortschreibt. Paul Kennedy hat einen enormen Reichtum von Quellenmaterial verarbeitet, um seine Schlüsse auf eine solide wissenschaftliche Basis zu stellen. Mit dem kühlen Blick und der Konzentration auf die wesentlichen Strömungen, die für den großen Historiker Kennedy charakteristisch sind, schätzt er die Chancen einzelner Länder und Regionen ein, mit dem bevorstehenden globalen Wandel fertigzuwerden. Ganz am Anfang von Paul Kennedys Ausblick steht das große Problem der Menschheitsentwicklung: die Bevölkerungsexplosion, die allein bereits die Zukunft der Weltgesellschaft bedroht. Teil II des Buches wendet sich einzelnen Staaten oder Regionen zu und versucht, ihre Chancen im nächsten Jahrhundert einzuschätzen. Der japanische »Plan« für die Welt nach 2000 macht den Anfang, dann folgen Indien und China, die Staaten der früheren UdSSR, Europa und die Vereinigten Staaten.

Fischer Taschenbuch Verlag

fi 1821 / 7

Gero Jenner

Die arbeitslose Gesellschaft

Gefährdet die Globalisierung den Wohlstand?

Band 13896

Die Diskussion um die Globalisierung und ihre Folgen (vor allem die Abkoppelung von nationalen Steuerungsmechanismen) hat in den letzten Jahren an Intensität gewonnen. In der stark emotionalisierten Diskussion prallen marktliberale Glaubenssätze und sozialstaatliche Überzeugungen aufeinander. Ohne ideologische Scheuklappen befragt Gero Jenner marktliberale Credos der Deregulierung und sozialpolitische Verteidigungslinien auf ihre soziale und ökonomische Vernunft. Er tut dies in einer beeindruckend klaren Sprache, einer auch für ökonomische Laien verständlichen Argumentation und ohne Scheu vor vermeintlichen Tabus. Er bedient keine Vorurteile, sondern liefert unbequeme Einsichten: Globalisierung ja, aber nicht als Verwirklichung eines ultraliberalen Programms, das zur Gefahr für Demokratie, Frieden und Wohlstand wird. Dem Zerfall der Nationalstaaten in verbissen um Wettbewerbsvorteile konkurrierende Regionen kann nur Einhalt geboten werden durch eine Wirtschafts- und Sozialpolitik, die technologischen mit sozialem Fortschritt verbindet.

Fischer Taschenbuch Verlag

fi 452 / 8

Christian Ankowitsch

Briefe aus dem Bergwerk der ZEIT – 1-30

Geschichten, die ich nie erleben wollte und dann doch toll fand – über Gürteltiere, Männer im Keller, nackte Nonnen online, ein blaues Sofa, Chefs, sowie schätzungsweise 3127 weitere abgeschwiffene (neue Rechtschreibung, vollkommen illegal) Gedanken im Grenzbereich zwischen Hysterie und Radio Dubai oder so

Band 14095

Kennen Sie den Herrn Radtke aus der Erdgeschoßwohnung, der auf seinem Sofa geboren wurde und dort auch verbleichen wird? Und Klemens P., der seit drei Monaten in Christian A.'s Keller sitzt und in Papieren kramt? Und die dümmsten Namen von Frisiersalons? Nicht? Dann ist es höchste Zeit für einen Ausflug! Der österreichische ›Zeit‹-Autor Christian Ankowitsch erfreut seit Sommer 1996 eine stetig wachsende Gemeinde von Fans mit seinen ›Briefen aus dem Bergwerk‹. Allwöchentlich steigt er hinunter in die Stollen, die der Alltag bohrt, und schürft dort Tiefsinniges und Irrsinniges. Gedruckt sind diese Briefe bisher allerdings nirgends – sie erscheinen bisher nur auf dem elektronischen »Newsletter« der ›Zeit‹. Wir drucken, wie es der Computer will: groteske Zeilenumbrüche, wechselnde Schriftgrößen, alle Tippfehler, dafür kein »ß« und keine Umlaute. Köstliche Klatschkolumnen mit Computerschlagseite. Ist Kult.

Fischer Taschenbuch Verlag

fi 2123 / 2

Christian Ankowitsch

Weitere Briefe aus dem Bergwerk der ZEIT

Band 14128

Es spricht für die gelassene Meisterschaft des Autors, daß man diesen zweiten Band so lesen kann, als habe es nie einen ersten gegeben. Hat man ihn dann gelesen, wird es einen nach mehr gelüsten - und man muß nicht erst lange auf den dritten Band warten, sondern kann erfreut zum ersten greifen. Die Edition der bisher nur im Newsletter der ZEIT erschienenen und daher ohne Umlaute und ß-zetts zur Welt gekommenen Briefe fortzusetzen hat der Verlag sich nach kürzerem Ringen spontan entschlossen, obwohl der in vielerlei Hinsicht bemerkenswerte Erfolg des Auftaktbandes noch gar nicht absehbar war. In diesem Band geht es neben anderem endlich um das Gürteltier sowie um kalten Cappuccino aus Zweilitergläsern, das Uernchen mit Tante Agathe drin, portugiesische Zugluft-/Käferhunde, Tretautos und Freddy Quinn.

Fischer Taschenbuch Verlag

fi 485 / 10

John Gribbin

Schrödingers Kätzchen und die Suche nach der Wirklichkeit

Aus dem Englischen von Christiana Goldmann

Band 14151

In seinem jüngsten Buch geht es dem Astrophysiker John Gribbin darum, neueste Erkenntnisse aus der Elementarteilchenphysik zu vermitteln und zu zeigen, welchen Einfluß diese Erkenntnisse für unseren Begriff der Wirklichkeit haben. Im Zentrum steht das Rätsel des Lichts, das je nach Betrachtung als Welle oder als Teilchenstrom erscheint. Gribbin erläutert anhand einiger neuer Modelle, daß sich dieses Paradox zwar nicht auflösen, das »Aussehen«, die Realität von Welt sich aber auch nicht auf eine Frage der Betrachtung reduzieren läßt. Eine einzige und endgültige Beschreibung der Welt wird es niemals geben.

Fischer Taschenbuch Verlag

fi 1135 / 4

Ronald Munson

Fan Mail

Roman

Aus dem Amerikanischen von
Susanne Aeckerle

Band 12879

Fan Mail ist Spannung der Spitzenklasse – der erste Briefroman des elektronischen Zeitalters. Der Leser wird zum High-Tech-Voyeur, dem sich in Faxen, Mailbox-Botschaften, Briefen, Büro-Memos, Anrufbeantworter-Aufzeichnungen allmählich das ganze private und berufliche Beziehungsnetz einer jungen Fernsehmoderatorin erschließt – und die Geschichte einer wahnwitzigen Bedrohung durch einen anonymen Zuschauer. Seit langem hat kein Thriller mehr ein so einhellig begeistertes Medienecho gefunden und so viele begeisterte Leser, allen voran mehrere TV-Moderatorinnen.

Fischer Taschenbuch Verlag

fi 2049 / 3

Berlin

29. 6. 99